TRAITÉ THÉORIQUE ET PRATIQUE

DES

DONS ET LEGS

AUX

ÉTABLISSEMENTS PUBLICS

OU D'UTILITÉ PUBLIQUE

aux Congrégations et Communautés religieuses,
aux Associations syndicales, aux Syndicats professionnels
aux Pauvres, aux Communes,
aux Départements, aux Colonies et à l'État

PAR

THÉODORE TISSIER

DOCTEUR EN DROIT, AUDITEUR AU CONSEIL D'ÉTAT

TOME PREMIER

NOTIONS HISTORIQUES — CAPACITÉ DE RECEVOIR

PARIS

PAUL DUPONT, ÉDITEUR

4, RUE DU BOULOI

1896

DONS ET LEGS

AUX

ÉTABLISSEMENTS PUBLICS OU D'UTILITÉ PUBLIQUE

EXTRAIT DU « RÉPERTOIRE DU DROIT ADMINISTRATIF »

PUBLIÉ SOUS LA DIRECTION DE

M. E. LAFERRIÈRE, Vice-Président du Conseil d'État.

Paris. — Imp. PAUL DUPONT, 4, Rue du Bouloi (Cl.) 57.3.96.

TRAITÉ THÉORIQUE ET PRATIQUE

DES

DONS ET LEGS

AUX

ÉTABLISSEMENTS PUBLICS

OU D'UTILITÉ PUBLIQUE

aux Congrégations et Communautés religieuses,
aux Associations syndicales, aux Syndicats professionnels
aux Pauvres, aux Communes,
aux Départements, aux Colonies et à l'État.

PAR

THÉODORE TISSIER

DOCTEUR EN DROIT, AUDITEUR AU CONSEIL D'ÉTAT

TOME PREMIER

NOTIONS HISTORIQUES — CAPACITÉ DE RECEVOIR

PARIS
PAUL DUPONT, ÉDITEUR
4, RUE DU BOULOI

1896

AVERTISSEMENT

Ce n'est pas, à proprement parler, une nouvelle édition de notre *Traité théorique et pratique des dons et legs aux établissements publics ou d'utilité publique*, publié en 1890, que nous faisons paraître aujourd'hui; sous un titre ancien nous offrons au public un ouvrage nouveau qui a été préalablement inséré dans le *Répertoire du droit administratif*.

Nous avons conservé notre plan primitif et nous n'avons rien abandonné de nos théories, mais d'un manuel qui se bornait à un simple exposé des règles essentielles, nous nous sommes proposé de faire une monographie, dans laquelle se trouveraient étudiées, à la lueur des principes, toutes les questions de quelque importance qui se soulèvent dans la pratique.

Nous avons recherché les difficultés que le Conseil d'État a eu à résoudre et nous avons retenu celles qui sont d'ordre juridique pour les examiner à notre tour et discuter les solutions qu'elles ont reçues. Ce n'était pas assez, d'ailleurs, d'analyser et de commenter dans le corps de notre ouvrage les avis du Conseil d'État; nous les avons reproduits intégralement en note, selon l'usage adopté pour le *Répertoire du droit administratif*. Ces avis, qui étaient inédits pour la plupart, abondent en indications précieuses et, en en répandant la connaissance, l'on ne peut que contribuer aux progrès de la science administrative. Les arrêts du Conseil d'État ne sont pas moins intéressants à consulter que ses avis; nous les avons recueillis avec soin. Enfin, en une matière qui touche à la fois au droit public et administratif et au droit civil, nous avons cru devoir mettre en regard des monuments de la jurisprudence administrative ceux de la jurisprudence judiciaire; nous avons rapporté en grand nombre des arrêts de la Cour de cassation et des Cours d'appel et même des jugements de tribunaux civils.

Notre ouvrage, en même temps qu'il a un caractère doctrinal, est donc un véritable recueil de jurisprudence. Il est suivi d'un code des lois, décrets et ordonnances de la matière.

TH. T.

5 février 1896.

N. B. — Le numéro qui accompagne les avis et les notes du Conseil d'État rapportés dans notre ouvrage, est celui sous lequel ont été enregistrées au Secrétariat général les affaires auxquelles se rapportent ces notes et avis.

DONS ET LEGS

AUX

Établissements publics ou d'utilité publique

TITRE PRÉLIMINAIRE.

NOTIONS HISTORIQUES.

1. La législation qui régit de nos jours les libéralités faites en faveur des personnes morales n'a pas été improvisée ; elle est le résultat du long travail des siècles.

Dès lors, l'on ne saurait, dans l'examen de cette importante partie de notre droit, se borner à un inventaire des règles actuellement en vigueur ; si l'on veut comprendre le présent, il faut, tout d'abord, jeter un coup d'œil sur le passé.

Cette étude rétrospective est nécessaire pour montrer qu'en ce qui concerne la condition juridique des personnes morales, et spécialement leur faculté de recevoir, notre droit ne s'est formé ni d'un seul jet ni au hasard ; il a suivi dans son développement une progression continue et logique.

Toutefois dans la marche de nos lois la Révolution marque un temps d'arrêt.

Le régime créé par les anciens édits sombre pendant la Révolution et les gens de mainmorte, — c'est ainsi qu'on appelait autrefois les personnes morales, — disparaissent. Mais la crise n'est que passagère et les gens de mainmorte ne tardent pas à revivre sous des dénominations rajeunies. Immédiatement se pose la question de savoir si des dons et des legs pourront leur être faits; le Code civil la résout affirmativement et il ressuscite, tout en les amendant dans une certaine mesure, les règles qui gouvernaient la capacité des personnes morales avant 1789. C'est ainsi que la tradition que l'on pouvait croire abandonnée à jamais recouvre son empire et que l'œuvre législative momentanément suspendue reprend son mouvement ascensionnel.

Dans notre titre préliminaire nous nous proposons de décrire ce processus et de noter ses phases successives depuis les origines jusqu'à nos jours.

SECTION PREMIÈRE.

DROIT ANCIEN.

§ 1er. — *Législation antérieure à l'Édit d'août 1749.*

2. En matière de dons et legs faits aux personnes morales les principes de la législation romaine ont exercé sur notre ancien droit une influence considérable; ils méritent donc d'être décrits au moins d'une manière sommaire.

3. A Rome, un acte de la puissance publique était nécessaire pour conférer à une institution ou à une collectivité quelconque la personnalité morale et l'aptitude à recevoir des libéralités. Cette règle, qui était connue dès les premiers jours de la République, a été maintenue par l'Empire et elle avait, à l'époque classique, une portée à peu près absolue; si plus tard elle a été assez gravement battue en brèche, elle n'a cependant jamais été tout à fait abolie.

Sous la République, le bienfait de la vie civile ne pouvait être octroyé que par une loi ou un sénatus-consulte; à compter de l'Empire, il fallut un sénatus-consulte ou une constitution impériale (L. 1, *princ.*, Dig., *Quod cuj. un.*, III, 4; — L. 3, § 1, *De coll.*, XLVII, 22).

Non seulement la création des personnes morales était subordonnée au bon plaisir de l'autorité souveraine, mais encore il dépendait de celle-ci de fixer plus ou moins arbitrairement les limites de leur capacité et d'ouvrir un champ plus ou moins vaste à leur activité juridique. Quelques exemples permettront d'en juger.

Ce n'est qu'assez tard et en vertu d'une constitution de l'empereur Léon de l'an 469 qu'il fut permis d'une manière générale aux villes ou cités d'être instituées héritières (L. 12, Cod. Justin., *De her. inst.*, VI, 24) ; auparavant le sénatus-consulte Apronien leur avait conféré le droit de recueillir des hérédités fidéicommissaires (L. 26, Dig., *ad S. C. Trebell.*, XXVI, 1), et sous les empereurs Nerva et Hadrien les legs leur étaient devenus accessibles (Ulp., *Reg.*, XXIV, § 28).

Quant aux associations et aux corporations, elles n'obtinrent jamais qu'à titre individuel (*speciali privilegio*) la faculté de recevoir des successions testamentaires (L. 8, Cod. Justin., *De her. inst.*, VI, 24) ; au contraire, par cela même qu'elles avaient été autorisées à se former (*coire*), elles étaient de plein droit capables de recueillir des legs (L. 20, Dig., *De reb. dub.*, XXXIV, 5 ; — LL. 73, § 1, 117 et 122 *princ.*, *De leg.*, XXX).

Les personnes morales reconnues par le droit romain étaient assez nombreuses ; elles peuvent, suivant la tradition, être classées en deux catégories :

« Les unes, dit M. Accarias (1), manifestent extérieurement leur existence par une réunion d'individus déterminés sans laquelle on ne les conçoit pas : elles sont l'expression et la résultante d'une collection d'intérêts appartenant en commun à ces individus, mais à eux seuls. Les autres personnifient un intérêt général d'une nature permanente : elles répondent ou sont censées répondre à un besoin de tout le monde, plutôt qu'elles n'expriment les intérêts exclusifs d'une certaine classe de personnes ».

Les personnes morales de la première catégorie s'appellent COMMUNAUTÉS (*universitates*) et c'est parmi elles que nous avons pris les exemples cités plus haut ; les cités ou villes et les associations et corporations constituent, en effet, des *universitates* par excellence. Les personnes morales de la seconde

(1) Accarias, *Précis de droit romain*, t. I, n° 187 *a*.

catégorie ont reçu des commentateurs de droit romain le nom de FONDATIONS PIEUSES *(pia corpora)*.

Les COMMUNAUTÉS ont toujours été strictement soumises à la nécessité d'une reconnaissance légale ; cette obligation ne comportait de tempéraments que pour les associations ou corporations religieuses (L. 1, § 1, Dig., *De coll. et corp.*, XLVII, 22). Quant aux FONDATIONS PIEUSES, elles ont fini sous le Bas Empire par se former presque librement.

Tant que dura le paganisme, les fondations pieuses restèrent assez rares ; elles ne se composaient que de quelques temples (Ulp., *Reg.*, XXII, § 6 ; — L. 20, § 1, Dig., *De ann. leg.*, XXXIII, 1). Mais le christianisme accrut considérablement le nombre des fondations pieuses, en couvrant le monde romain d'une multitude d'églises, de monastères et d'établissements de bienfaisance qui étaient doués d'une personnalité morale très étendue (LL. 1, 13 et 15, Cod. Justin., *De sacr. eccles.*, I, 2).

Ces fondations chrétiennes qui portaient le nom de *venerabiles loci* profitaient non seulement des libéralités qui leur étaient directement adressées, mais aussi de celles que l'on faisait à Jésus-Christ, aux archanges, aux martyrs, aux pauvres et aux captifs (L. 26, Cod. Justin., *De sacr. eccl.*, I, 2 ; — LL. 24 et 49, *De ep. et cler.*, I, 3), et les legs qui les concernaient étaient vus avec tant de faveur qu'ils échappaient à la réduction établie par la loi Falcidie au profit des héritiers institués (L. 49, Cod. Justin., *De episc. et cler.*, I, 3 ; — Nov. 131, cap. 12).

Peu à peu le contrôle que l'autorité civile exerçait sur la formation des *venerabiles loci* se relâcha et Justinien en arriva à admettre qu'ils pourraient être créés sans autorisation législative spéciale et avec le seul consentement des évêques (Nov. 67 et 131, cap. 7 et 11).

Dans le dernier état de la législation romaine, les FONDATIONS PIEUSES avaient donc secoué le joug de la puissance publique ; il ne pesait plus que sur les COMMUNAUTÉS et encore toutes celles-ci n'y étaient-elles pas soumises. Les associations ou corporations religieuses s'étaient, en effet, dégagées de la tutelle de l'État.

D'ailleurs, il est remarquable qu'à Rome l'autorité publique n'a jamais mis obstacle qu'à la création des personnes morales, et qu'après leur avoir permis de se former elle les laissait vivre dans la plus complète indépendance. Une fois constituées, les COMMUNAUTÉS et les FONDATIONS étaient soustraites à toute espèce de surveillance ; elles accomplissaient librement les différents actes de leur vie civile et notamment elles n'avaient besoin d'aucune autorisation pour recueillir les libéralités qui leur étaient faites.

4. Le droit romain pénétra de bonne heure en Gaule, probablement dès le Ier siècle de l'ère chrétienne, et à la veille de l'invasion des Barbares il y était seul en vigueur, à l'exclusion de toute autre législation. Il se présentait sous forme de droit écrit et les dispositions que l'on appliquait étaient tirées principalement du Code théodosien promulgué en 438 et des œuvres des cinq jurisconsultes Papinien, Paul, Ulpien, Gaius et Modestinus auxquelles Valentinien III avait attribué une valeur législative en 426.

Les lois de Rome étant devenues celles de la Gaule, la question des dons et legs était résolue de la même façon dans les deux pays (1) et il est inutile de revenir sur les règles qui ont été exposées plus haut ; les Gallo-Romains y obéissaient au même titre que les autres citoyens de l'Empire.

Mais nous devons nous demander ce qu'il advint lors de l'établissement des Barbares, — Francs, Burgondes et Wisigoths, — sur le sol gaulois.

Les Gallo-Romains conservèrent la jouissance de leurs lois qui étaient en même temps celles de l'Église ; la législation romaine survécut à l'invasion. Mais, dans les temps troublés qui suivirent la conquête, les textes originaux cessèrent assez vite d'être consultés et les rois barbares durent faire rédiger à l'usage de leurs sujets romains des compilations spéciales, dont la plus célèbre est la *lex romana Wisigothorum* ou *bréviaire d'Alaric* qui finit par se répandre dans toute la Gaule. C'était encore du droit romain, mais du droit romain singulièrement dégénéré.

---

(1) Thibault-Lefebvre, *Code des donations pieuses* (1850), p. XXI.

Si les Barbares respectèrent la législation des vaincus, ils ne l'adoptèrent pas pour eux-mêmes et ils continuèrent à vivre sous l'empire des coutumes germaniques qui firent l'objet de rédactions officielles et se transformèrent ainsi en lois écrites.

Les différentes races établies dans notre pays étaient donc régies par des lois distinctes qui s'appliquaient parallèlement sans se pénétrer mutuellement et cet état de droit que l'on a qualifié de système de la *personnalité des lois* a duré jusqu'à la chute de la monarchie franque, c'est-à-dire jusque vers la fin du xe siècle.

Les lois romaines et les lois barbares qui fonctionnaient ainsi côte à côte étaient d'accord pour n'apporter aucune entrave à la formation des personnes morales; elles ne faisaient allusion ni les unes ni les autres à la possibilité d'une intervention de la puissance publique en cette matière.

Le silence gardé sur ce point par les lois romaines peut paraître étrange au premier abord; ne savons-nous pas, en effet, qu'avant la conquête elles faisaient de l'autorité souveraine la dispensatrice de la personnalité morale ?

Le mutisme des lois romaines est cependant naturel. En effet, l'invasion a fait disparaître toutes les personnes morales qui existaient en Gaule, sauf celles qui dépendaient de l'Église; or nous avons fait observer que, d'après la législation romaine du Bas-Empire, les personnes morales, communautés ou fondations, se formaient librement, du moment qu'elles avaient un caractère pieux ou religieux. Les lois romaines pratiquées dans la monarchie franque n'ont fait que maintenir ces franchises de l'Église et, si elles se taisent sur les pouvoirs de tutelle qui étaient anciennement reconnus à l'autorité publique, c'est qu'ils n'auraient trouvé matière à s'exercer qu'en ce qui concernait les communautés laïques ou civiles et que celles-ci, supprimées lors de la conquête, n'ont commencé à reparaître que beaucoup plus tard, probablement à la suite de l'affranchissement des communes.

Pendant plusieurs siècles, il n'y a eu, en réalité, dans notre pays, qu'une personne morale, l'Église, fractionnée en une foule d'individualités secondaires, dont la création échappait à tout contrôle effectif du prince.

« Anciennement, dit Denisart (1), un corps était suffisamment autorisé dans le royaume par le consentement de la puissance publique qu'une possession paisible faisait présumer ».

5. Aux lois personnelles ont succédé des coutumes territoriales à partir du xe siècle ; cette révolution législative a coïncidé avec l'avènement de la féodalité, c'est-à-dire avec l'émiettement de la souveraineté et l'abaissement du pouvoir royal. Celui-ci, menacé de toutes parts, ne pouvait que persévérer dans l'attitude passive qu'il avait adoptée vis-à-vis des personnes morales et jamais peut-être il n'a fait preuve à leur égard de plus de faiblesse.

Mais dans la seconde moitié du xie siècle et durant le xiie se produisit une renaissance des études de droit romain et les légistes se plurent à exhumer les textes qui faisaient du prince un monarque tout puissant ; c'est ainsi qu'ils tirèrent de l'oubli cette règle romaine aux termes de laquelle aucune personne morale ne pouvait naître sans le consentement du souverain et, en rappelant ce principe, ils eurent bien soin de laisser dans l'ombre les atténuations considérables qu'il avait subies à la fin du Bas-Empire.

« Puisque le roi est à la république ce que l'âme est au corps, dit le conseiller d'État Le Bret (2), est-il pas juste qu'il ne se fasse rien de public dans son État sans sa permission? C'est pourquoi l'on a toujours tenu pour maxime qu'on ne pouvait établir aucune congrégation ni collège, soit pour la religion, soit pour la police, sans le congé du prince ; d'où vient que le jurisconsulte dit en la loi 1 *ff. De colleg. illicit Mandatis principalibus præcipitur præsidibus provinciarum, ne patiantur esse collegia sodalitia, ne tandem sub eo prætextu illicita collegia coeant, quod non tantum in Urbe, sed et in Italia, et in provinciis locum habere, Divus quoque Severus rescripsit ;* ce qu'il avait appris de la loi Licinia, dont parle

---

(1) Denisart, t. V, vo Corps, § 2.

(2) Œuvres de Messire Le Bret, conseiller ordinaire du roi en ses conseils d'État et privé, ci-devant avocat général en la Cour des aides et depuis au Parlement de Paris, *Traité de la souveraineté du roy* (1689), liv. I, chap. xv, p. 30.

Cicéron dans l'oraison qu'il a faite pour Plancius, qui fit revivre l'ancienne ordonnance, par laquelle il était défendu d'instituer aucun collège sans la permission de ceux qui avaient en main l'autorité publique. »

Les lois romaines, dont Le Bret, à la suite de nombreux jurisconsultes, a tiré un parti si considérable en faveur de la cause royale, se sont propagées dans toute la France avec rapidité ; dès le XIIIe siècle leur influence se faisait sentir partout, mais dans des conditions différentes suivant les régions. Le degré d'autorité dont elles jouissaient était, en effet, assez variable pour que l'on ait pu diviser l'ancienne France en pays de coutumes et pays de droit écrit.

Dans les pays du Midi, le droit romain se fit recevoir en qualité de loi écrite et positive et il se substitua presque complètement aux coutumes ; le Digeste, le Code, les Institutes et les Novelles de Justinien acquirent la valeur de véritables textes législatifs. Dans les pays du Centre et du Nord, le droit romain n'a pas supplanté les coutumes, il s'est contenté de s'infiltrer en elles et de les pénétrer de son génie.

L'action que le droit romain a ainsi exercée dans les pays de coutumes, pour être plus modeste que dans les pays de droit écrit, n'en a pas été moins profitable à la royauté ; les prétentions du souverain ont été consacrées par des brocards qui ne sont pas moins énergiques que les lois romaines, sur lesquelles ils ont été modelés. C'est ainsi que, dans ses *Institutes coutumières*, Antoine Loysel formule cet axiome : « L'on ne se peut assembler pour faire corps de communauté sans congé et lettres du roi » (1).

Dans les pays de coutumes comme dans les pays de droit écrit des dispositions législatives tirées directement du droit romain ou inspirées par lui ont donc expressément remis la formation des personnes morales entre les mains du roi ; mais il ne s'agissait là que de règles locales présentant une grande diversité et il appartenait à la royauté seule de poser un principe général qui s'appliquerait uniformément dans toute la France. Elle n'y a pas manqué.

---

(1) Loysel, *Institutes coutumières*, édition Dupin et Laboulaye, t. I, n° 400, p. 381.

6. Deux ordonnances méritent principalement de fixer notre attention : ce sont la Déclaration du 7 juin 1659 et l'Édit de Saint-Germain-en-Laye de décembre 1666.

Ces deux actes, qui subordonnent à une permission expresse du prince la formation des corps moraux, sont exclusivement relatifs aux établissements fondés par le clergé, tels que maisons régulières, communautés religieuses et confréries, et l'on n'y trouve aucune allusion aux établissements laïques. Il n'en faudrait pas conclure que les établissements civils pouvaient se fonder sans autorisation ; s'ils sont passés sous silence, c'est uniquement parce qu'au XVIIe siècle ils étaient encore assez rares et que leur nombre ne tendait que peu à s'accroître. Ils étaient considérés comme une quantité négligeable.

La Déclaration royale du 7 juin 1659 porte défenses d'établir aucunes communautés religieuses, séminaires et confréries, sans permission du roi par lettres patentes, enregistrées dans les cours souveraines. Cet acte, que la jurisprudence moderne a eu l'occasion de rappeler (2), est curieux par le principe qu'il pose ; il l'est aussi par les considérations de son préambule, bien faites pour montrer combien le pouvoir royal avait de peine à se faire obéir du clergé.

Ce préambule est ainsi conçu : « Les rois nos prédécesseurs ayant jugé combien il était important pour l'ordre de l'État et le bien de leur service qu'il ne se fît dans le royaume aucun établissement de maisons régulières, communautés, séminaires et confréries sans leur autorisation et permission portées par lettres patentes scellées du grand sceau, ils ont de temps en temps, pour maintenir un règlement si juste, si utile et si nécessaire, fait défenses par diverses ordonnances (2) de faire aucun établissement de cette nature, sans leur permission expresse, vérifiée dans une cour souveraine, avec le consentement des évêques et des villes où les établissements doivent être faits, ce qui a été longtemps religieusement observé ; néanmoins nous avons depuis eu avis que, par un abus et

(1) V. Cass. civ. 3 juin 1861, Congrégation des Frères de Saint-Joseph du Mans (*infra*, n° 41).

(2) V. notamment la déclaration royale du 21 novembre 1629.

licence préjudiciables à notre autorité et au public, tous ces bons et utiles règlements ont été méprisés et que l'on a entrepris, contre l'ordre de l'Église et au mépris de notre autorité, d'établir des maisons régulières, des communautés, séminaires, des confréries en plusieurs endroits de notre royaume sans le consentement des évêques et des villes et sans nos lettres patentes duement vérifiées, ce qui cause un grand scandale et fait naître diverses plaintes de voir l'autorité de l'Église méprisée et nos lois et ordonnances violées, dont l'on voit arriver tous les jours de grands inconvénients, la licence faisant entreprendre d'établir souvent des communautés sans aucun revenu, en sorte que l'on a vu plusieurs être obligées d'abandonner leurs couvents et laisser par décret les lieux qui étaient consacrés à Dieu ; d'autres ont même formé des règles et des constitutions pour leurs communautés sans être approuvées. A ces causes, etc. »

L'Édit de décembre 1666, œuvre du chancelier Séguier, offre un intérêt encore plus vif que la Déclaration royale de 1659, non seulement parce qu'au lieu de se borner à de simples prohibitions, il pose un ensemble assez complet de règles applicables aux communautés et fondations religieuses, mais parce qu'il est, en général, considéré comme le premier acte législatif, ayant exigé l'autorisation du souverain pour la création des établissements de bienfaisance (1).

Nous pouvons laisser de côté le préambule de cet Édit, car il présente la plus grande analogie avec celui de la Déclaration de 1659 et il en est même sur plusieurs points la copie littérale ; nous retiendrons uniquement le dispositif, qui est assez étendu et dont nous rapporterons ou analyserons les principales dispositions.

L'Édit commence par affirmer la nécessité d'une autorisation royale : « Voulons et nous plaît qu'à l'avenir il ne pourra être fait aucun établissement de collèges, monastères, communautés religieuses ou séculières, *même sous prétexte d'hospice*, en aucunes villes ou lieux de notre royaume, pays,

---

(1) Cass. req. 24 novembre 1868, bureau de bienfaisance de Beaumont-sur-Sarthe (*infra*, n° 158). — Cass. civ. 3 janvier 1866, bureau de bienfaisance de Capestang (*infra*, n° 158).

terres et seigneuries de notre obéissance, sans permission expresse de nous, par lettres patentes bien et dûment enregistrées en nos cours de parlement, et sans que nosdites lettres, ensemble lesdits arrêts d'enregistrement d'icelles, aient été enregistrées dans les bailliages, sénéchaussées ou sièges royaux, dans le ressort desquels ils seront situés ; et ce par ordonnance des lieutenants généraux esdits sièges, rendues sur les conclusions des substituts de nos procureurs généraux en iceux, et en cas que lesdits monastères, collèges ou communautés soient établis dans l'enceinte, faubourgs ou proche d'aucunes de nos villes, voulons que nosdites lettres, arrêts de nos cours, et ordonnances desdits lieutenants généraux rendus en conséquence, soient enregistrées dans les hôtels communs desdites villes, de l'ordonnance des magistrats d'icelles. »

L'Édit prévoit ensuite qu'il pourra être formé opposition à l'exécution des lettres patentes ; l'opposition, portée devant le roi, aura un effet suspensif.

D'autre part, il est stipulé que la délivrance des lettres patentes sera précédée d'une enquête, dont les formes et les conditions sont soigneusement indiquées.

Puis l'Édit formule la sanction des règles qu'il vient d'énoncer. « En cas que ci-après il se fasse aucun établissement de communauté régulière ou séculière sans avoir été satisfait à toutes les conditions ci-dessus énoncées, sans exception d'aucunes, nous déclarons dès à présent, comme pour lors, l'assemblée qui se fera sous ce prétexte être illicite, faite sans pouvoir, et au préjudice de notre autorité et des lois du royaume. Déclarons lesdites prétendues communautés *incapables d'ester en jugement, de recevoir aucuns dons et legs de meubles et immeubles et de tous autres effets civils ;* comme aussi toutes dispositions tacites ou expresses faites en leur faveur nulles et de nul effet et les choses par elles acquises ou données, confisquées aux hôpitaux généraux des lieux. »

Ce ne sont pas seulement les établissements illégalement formés qui sont frappés, ce sont également les archevêques et évêques, les supérieurs et supérieures d'ordres religieux, les officiers royaux et les magistrats municipaux, qui auront laissé les établissements s'installer irrégulièrement ; des peines sont instituées contre eux.

Enfin, désireux de rompre complètement avec les errements du passé et les abus constatés, l'Edit ajoute : « Et d'autant que certaines congrégations, monastères et communautés ont ci-devant obtenu de nous des permissions générales d'établir des *maisons ou hospices* dans toutes les villes de notre royaume, où ils seront appelés du consentement de l'évêque et des habitants, sans avoir besoin de nouvelles lettres, comme aussi l'amortissement de tous les biens qu'ils pourraient acquérir pour la dotation desdits monastères, nous avons par ces présentes révoqué et révoquons lesdites permissions pour quelque cause et en quelques termes qu'elles aient été accordées, les déclarant nulles et de nul effet. Nous avons pareillement révoqué toutes lettres d'amortissement accordées à quelques communautés que ce soit, pour les biens qu'elles doivent ci-après acquérir, nonobstant les arrêts de vérification desdites lettres, auxquelles nous défendons à nos juges, officiers et justiciers d'avoir aucun égard ».

L'expérience a doté le roi d'un large scepticisme et il n'a qu'une confiance limitée dans la soumission du clergé ; aussi toutes les précautions qu'il vient de prendre pour assurer à l'avenir l'observation de ses ordres lui semblent-elles insuffisantes et il se hâte d'ajouter que, si des communautés ou monastères étaient fondés sans autorisation préalable, ils se rendraient à tout jamais indignes et incapables d'être autorisés.

Voilà d'énergiques paroles ; mais, si parler est bien, agir vaut mieux encore et la moindre suppression d'établissement illégalement créé aurait plus vivement impressionné l'Eglise que toutes les menaces suspendues sur sa tête. C'est ce qui n'a pas été compris, car l'Edit, après avoir formulé les prohibitions ci-dessus rappelées, n'a rien de plus pressé que de confirmer l'existence des communautés irrégulièrement établies avant sa promulgation. Seules les communautés fondées durant les trente dernières années sont tenues de faire des déclarations à l'autorité, pour être pris à leur égard telles mesures qu'il appartiendra ; toutes les autres sont laissées en repos. C'est une première marque de faiblesse ; une seconde la suit immédiatement.

Dans la disposition finale il est indiqué que les séminaires diocésains échappent aux prescriptions de l'Édit ; le roi s'en remet pour ces établissements à la vigilance des évêques. Ainsi les séminaires, qui avaient été soumis au droit commun par la Déclaration de 1659, y sont soustraits par l'Édit de 1666.

7. Les ordonnances de 1659 et de 1666 ont inscrit dans la législation générale de la France le principe de la suprématie royale et elles ont tendu à y soumettre les corps et communautés, en faisant de la personnalité morale un privilège que le prince seul pouvait accorder.

Il faut bien avouer d'ailleurs que, si ces ordonnances peuvent se réclamer des règles du droit romain, elles les ont singulièrement exagérées.

En effet, deux classes de personnes morales étaient connues à Rome : les communautés (*universitates*) et les fondations pieuses (*pia corpora*). Or, si l'on consulte le droit romain dans son dernier état, l'on constate que la nécessité d'une reconnaissance légale ne s'appliquait ni aux fondations pieuses ni aux associations ou corporations religieuses, qui constituaient une importante fraction des communautés.

Notre ancien droit, en supprimant ces immunités spéciales, a manifestement accru aux dépens de l'Église les prérogatives de l'autorité civile.

Le conseiller d'État Le Bret lui-même, qui, dans son *Traité de la souveraineté du roy* aime à citer les textes du Digeste, ne se dissimule guère l'extension qui a été donnée aux dispositions des lois romaines et il en est réduit à justifier les empiètements de la royauté par des considérations purement politiques. Voici comment il défend la tutelle que le roi entend exercer sur tous les corps et communautés, y compris ceux qui ont un caractère religieux ou ecclésiastique.

« On dit, expose-t-il (1), que c'est violer la liberté de l'Église, blesser la piété, et enfin refroidir la dévotion publique, que de lui donner ce frein et cette contrainte, vu même que la loi romaine contenait ces mots : *sed religionis causa coire non prohibentur* ; voulant par là excepter toutes les congré-

(1) Le Bret, *Traité de la souveraineté du roy* (1689), liv. I, chap. XV.

gations qui se faisaient pour honorer Dieu et le servir avec plus de dévotion et de respect. A quoi l'on répond que ce n'est point diminuer la liberté de l'Église, ni affaiblir la piété des hommes, que de faire approuver par le prince leurs vœux et leurs bonnes intentions, d'autant que c'est lui qui doit, puis après prêter main-forte à leur exécution, et qui en doit être le gardien et le protecteur ».

En un mot, la portée des textes romains a été élargie, mais la raison d'État le voulait ainsi.

N'est-ce pas cette même raison d'État qui est au fond du *Traité de la République*, dans lequel l'un des plus célèbres jurisconsultes du XVIe siècle, Bodin, a vigoureusement plaidé la cause de la monarchie ? Bodin ne connaît aucune des restrictions qui avaient été apportées, à Rome, au pouvoir du prince. « Aucune association ne peut faire un corps, ni être réputée collège, ou communauté, si elle n'est pas autorisée par la puissance législative. Les collèges de religion, les universités, ni aucun autre ne sont exceptés de cette règle. Il doivent tous tenir leur pouvoir, quant au civil, du souverain sous la domination duquel ils sont établis » (1).

Voilà formulées en termes aussi absolus que possible les prétentions de la royauté ; Bodin a évidemment servi de guide et d'inspirateur aux rédacteurs de la Déclaration du 7 juin 1659 et de l'Édit de décembre 1666.

8. Si, tout en recevant certains développements sur lesquels nous venons de nous expliquer, la nécessité de l'intervention du prince dans la création des personnes civiles a été empruntée par notre vieux droit au droit romain, en revanche, notre ancienne législation a consacré une véritable innovation en faisant défense aux corps et communautés, même légalement reconnus, de recevoir aucune libéralité immobilière sans autorisation du souverain. A Rome la puissance publique se bornait à donner ou à refuser son approbation à la création des communautés et des fondations et, lorsqu'elle leur avait permis de se former, elle se désintéressait absolument de leurs

---

(1) *Abrégé de la République de Bodin*, par Lavie, président au Parlement de Bordeaux (1755), liv. I, chap. XVII, p. 146.

acquisitions, qu'elles fussent mobilières ou immobilières, à titre gratuit ou onéreux. Elle laissait les communautés et fondations régulièrement établies exercer en toute liberté les droits que comportait la personnalité civile dont elles étaient investies.

Chez nous la même indépendance a été longtemps accordée aux personnes morales, mais elle a fini par être supprimée et le prince s'est arrogé la faculté de contrôler leurs acquisitions immobilières et notamment les dons et legs d'immeubles qui leur étaient faits; cette intervention de la royauté était absolument nécessaire pour défendre la société civile contre les tendances du clergé et surtout des ordres religieux à l'accaparement de la propriété foncière.

« Les communautés, dit Bodin (1), sont des gouffres d'où rien ne doit naturellement ressortir. Sans des précautions indispensables, elles engloutiraient insensiblement tout l'État ».

Sous les rois Francs, ces précautions indispensables ont fait défaut et les dons et legs immobiliers faits aux corps moraux n'étaient sujets à aucune autorisation.

« Dans la monarchie franque, dit M. Esmein (2), tous les établissements ecclésiastiques avaient le droit d'acquérir des biens de toute nature et par tous les modes d'acquisition sans limite ni contrôle. Les couvents comme les églises avaient conquis le droit de recevoir des libéralités testamentaires. L'Église usa largement de ce droit. Par son influence sur la royauté, par son ascendant sur l'esprit des fidèles, elle obtint des rois et des particuliers d'abondantes donations consistant surtout en immeubles: elle tendit à devenir le plus grand propriétaire foncier et la constitution de cet immense patrimoine devait avoir de profondes et durables conséquences. »

De son côté, Guizot constate ainsi le développement prodigieux qu'en l'absence de tout frein les libéralités pieuses prirent dans notre pays (3).

« Tant que dura l'anarchie de l'invasion, la protection d'une

(1) *Abrégé de la République de Bodin*, par Lavie, président au Parlement de Bordeaux (1755).

(2) Esmein, *Cours élémentaire d'histoire du droit français*, p. 160.

(3) Guizot, *Essais sur l'histoire de France*, IVe essai, chap. I.

église ou d'un monastère était presque la seule force dont les petits propriétaires pussent espérer quelque sécurité. *On la recherchait par des donations*. Les églises étaient des lieux d'asile ; *on les enrichissait* pour les récompenser du refuge qu'on y avait trouvé. Les domaines de certaines églises étaient exempts de tout tribut ou redevance envers le roi... *On donnait ses terres à ces églises en s'en réservant l'usufruit*, afin de participer ainsi à leurs immunités, et ce fut là une des causes qui multiplièrent surtout ce genre de donation. »

Il ne faudrait pas croire que seules les lois romaines dans la monarchie franque s'abstenaient d'opposer aucune barrière aux acquisitions des établissements religieux ou ecclésiastiques de toutes sortes ; les lois barbares n'étaient pas moins favorables à l'Église que le droit romain.

« Si un homme libre, dit la loi des Alamans, veut donner son bien ou se donner lui-même à l'Église, que personne ne s'y oppose, ni duc, ni comte, ni aucune autre personne. Que la propriété de ces biens reste éternellement acquise à l'Église (1). » La loi des Bavarois contient une règle analogue (2).

A la vérité, quelques tentatives aussi passagères qu'inutiles furent faites par la royauté pour arrêter ce flot montant de la richesse ecclésiastique.

Ainsi, au VIe siècle, si nous en croyons Grégoire de Tours, Chilpéric défendit les institutions d'héritier, qui se faisaient au profit de l'Église (3) ; mais elle pouvait continuer à acquérir à tout autre titre et notamment elle avait le droit de recevoir des legs. Au surplus, la prohibition, édictée par Chilpéric, fut

(1) *Lex Alamannorum*, tit. I, chap. I. « Si quis liber suas res vel semetipsum ad Ecclesiam tradere voluerit, nullus habeat licentiam contradicere ei, non dux, non comes, nec ulla persona.... et proprietas de ipsis rebus ad ipsam Ecclesiam permaneat. »

(2) *Lex Bajuvariorum*, tit. I, cap. I. « Si quis liber persona voluerit et dederit res suas ad Ecclesiam pro redemptione animæ suæ, licentiam habeat de portione sua, postquam cum filiis suis partivit. Nullus enim prohibeat, non rex, non dux, nec ulla persona habeat potestatem prohibendi ei. »

(3) Sancti Georgii Florentii GREGORII, EPISCOPI TURONENSIS, *Historiæ ecclesiasticæ Francorum*, lib. VI, cap. XLVI (édit. Guadet et Taranne, t. I, p. 460).

révoquée, peu de temps après sa mort, par son frère, Gontran (1).

Cette entrave une fois supprimée, le nombre des libéralités ne fit que grandir. « Bien des gens, dit Eusèbe de Laurière (2), après s'être dépoüillez de tous leurs biens en faveur de l'Église, se donnèrent encore eux-mêmes, ou plutôt se donnèrent eux-mêmes avec leurs biens, persuadez, comme il se lit dans plusieurs anciens actes, que par la servitude de leurs corps ils acquéraient la liberté de leurs âmes. Et les *legs pieux*, qui dans les premiers temps n'étaient qu'une aumône, étant devenus une dette, on alla jusqu'à refuser en France la sépulture à ceux qui étaient décédés sans vouloir laisser une partie de leurs biens à l'Église. » C'était la charité forcée.

Ces abus allaient sans cesse grandissants et cependant la royauté ne faisait rien pour les réprimer.

Vainement a-t-on voulu soutenir qu'elle s'était efforcée de les combattre et qu'elle avait usé d'une arme qui consistait dans le refus de confirmation. En réalité, dans la monarchie franque, les acquisitions du clergé n'étaient nullement contrôlées par l'autorité souveraine. Sans doute, l'Église a pris assez vite l'habitude de faire confirmer les dons et legs qui lui étaient faits par le seigneur suzerain du lieu de la situation des biens donnés ou légués, afin que, le cas échéant, celui-ci prêtà main-forte à l'exécution desdites libéralités; parfois la confirmation était, en outre, demandée au roi.

Mais cette confirmation ne doit pas être confondue avec l'autorisation que l'on eut à solliciter plus tard de la royauté (3) ; elle était délivrée sans aucune vérification préalable des donations et testaments et elle avait pour but unique de donner plus de sécurité à ces actes, en les authentiquant en quelque sorte. Elle ne comportait pas plus un contrôle des libéralités que la formule exécutoire apposée aujourd'hui sur les grosses des actes notariés.

Le véritable caractère des actes confirmatifs a été for

(1) Gregor. Turon., lib. 7, cap. VII (édit. Guadet et Taranne, t. II, p. 12).
(2) Laurière, *De l'origine du droit d'amortissement*, p. 10.
(3) Thibault-Lefebvre, *Code des donations pieuses* (1850), p. XLVI.

exactement indiqué par Eusèbe de Laurière qui déclare que « si les rois des deux premières races confirmaient souvent les acquisitions que l'Église avait faites » c'était uniquement « pour rendre les acquisitions plus stables et pour empêcher que l'Église n'en fût dépouillée, par la suite, par chicane ou par violence, ce qui arrivait souvent dans les siècles barbares et peu policez (1) ».

Il n'y a donc dans la confirmation rien qui ressemble à l'autorisation des dons et legs, et celle-ci n'a été introduite dans notre droit que sous les rois de la troisième race. Elle est née d'une institution féodale qui s'appelait l'*amortissement ;* c'est ce qu'il nous sera aisé de démontrer.

9. Sous les Capétiens, les fiefs de viagers devinrent héréditaires et les seigneurs, qui d'abord voulurent bien accorder gratuitement l'investiture aux héritiers de leurs vassaux, ne tardèrent pas à se la faire payer, en introduisant les droits de *relief* et de *rachat*, les *quints* et *requints ;* mais ils se trouvaient privés de tous ces droits lorsque des fonds étaient acquis et possédés par des gens d'Église : aussi, afin de se dédommager, subordonnèrent-ils l'investiture et la saisine de ces derniers au payement d'une finance appelée INDEMNITÉ.

Les chartes des XIe et XIIe siècles établissent que le clergé devait indemniser seulement le *seigneur immédiat ;* le roi lui-même n'avait aucune prérogative à exercer s'il ne s'agissait pas de terres relevant directement de lui.

Il était nécessaire pourtant que la royauté intervînt d'une manière générale pour opposer partout en France une digue à l'envahissement des biens de mainmorte ; elle le comprit et elle n'eut pour légitimer son ingérence qu'à invoquer des principes constants du droit féodal.

Un vassal *diminuait* ou *abrégeait* son fief en affranchissant, moyennant INDEMNITÉ, les terres acquises par les gens d'Église des droits et des services dont elles étaient tenues, mais il n'était pas seul à souffrir de cet abrégement et son suzerain en supportait le contre-coup ; celui-ci devait donc être appelé

---

(1) Laurière, *De l'origine du droit d'amortissement*, p. 20.

à donner son consentement : sinon il gagnait l'hommage et les services des héritages et des fiefs affranchis sans permission. Or, ce qui était vrai entre le vassal et son suzerain l'était de même entre ce dernier et le seigneur supérieur, dont il était le vassal, et entre les autres seigneurs suzerains, en remontant de degré en degré jusqu'au roi. Un arrière-fief ne pouvait donc être abrégé sans la permission de tous les seigneurs auxquels il ressortissait, y compris le roi qui, dans le cas où l'on s'était passé de son autorisation, avait le droit de contraindre le possesseur du fief à *vider ses mains*.

Sous ce prétexte, les officiers royaux, vers le milieu du XIIIe siècle, saisirent au nom du roi tous les fonds dont les églises étaient en possession sans son consentement ou sans celui de ses prédécesseurs (1).

Puis, en 1275, Philippe III le Hardi, voulant atténuer ce que ces mesures avaient de trop rigoureux, rendit l'ordonnance suivante :

« Voulant pourvoir au bien des églises et au repos de nos sujets, nous avons résolu, après une mûre délibération, d'ordonner par ces présentes que nos sénéchaux, nos baillis, nos prévôts, nos vicomtes et nos autres officiers cessent d'inquiéter les églises pour raison des acquisitions qu'elles ont faites jusqu'à présent *dans les terres de nos barons*, qui ont été publiquement en possession, eux et leurs ancêtres, sans empêchement de notre part, ni de la part de nos prédécesseurs, de donner des fonds aux églises et de les dispenser de mettre hors de leurs mains ceux qu'elles ont acquis sans notre consentement.

« Nous défendons aussi à nos officiers de troubler les églises pour les héritages qu'elles ont fait AMORTIR par trois seigneurs, sans compter la personne de qui elles les ont acquis.

« Nous ne voulons pas non plus qu'on les contraigne, pour nous et en notre nom, de mettre hors de leurs mains les fonds qu'elles ont acquis depuis 29 années *dans nos terres*, *dans nos fiefs et nos arrière-fiefs*, pourvu qu'elles nous payent en argent l'estimation des fruits de deux années, *si ces fonds leur*

(1) Laurière, *op. cit.*, p. 97.

ont été donnés en aumône. Et si elles les ont acquis *à titre onéreux* par quelque contrat que ce soit, notre intention est qu'elles soient aussi dispensées d'en vider leurs mains, en nous payant en argent la valeur des fruits de trois années. Et à l'égard des fonds qu'elles possèdent dans les alleux situés dans nos terres, dans nos fiefs et nos arrière-fiefs, si ces fonds leur ont été donnés en aumône et qu'elles aiment mieux les retenir que de les mettre hors de leurs mains, elles nous payeront la valeur des fruits d'une année et de deux, si elles les ont acquis à titre onéreux. »

L'ordonnance de 1275 établit, on le voit, une distinction entre les acquisitions faites par le clergé, suivant qu'elles ont eu lieu dans les terres des barons, dans celles des autres seigneurs ou dans celles du roi. Ont-elles été réalisées dans la mouvance des barons, tous les amortissements accordés par par ceux-ci sont confirmés. Ont-elles été faites, au contraire, dans la mouvance de seigneurs qui n'avaient pas la qualité de barons, Philippe III ne confirme les amortissements qu'autant qu'ils ont été approuvés par trois seigneurs suzerains. Enfin, s'il s'agit de fonds acquis dans la mouvance du roi depuis vingt-neuf ans, les églises seront obligées d'en vider leurs mains, à moins qu'elles ne payent la valeur d'une, de deux ou de trois années des fruits de ces fonds, selon les cas.

Au surplus, le roi s'arrogeait pour l'avenir le droit exclusif d'amortir, sauf dans les terres de ses barons; il était donc important de savoir ce qu'il fallait entendre par *barons* et, à cet effet, Philippe le Hardi publia, en 1277, une seconde ordonnance qui réservait cette qualification aux seuls *pairs* de la couronne.

Moins d'un siècle plus tard, les pairs furent dépouillés de ce privilège par l'ordonnance de Charles V du 8 mai 1372, et désormais la faculté d'amortir devint un monopole du roi. « Item, dit Bouteiller (1), a le roi la connaissance et la seigneurie de amortir l'héritage en son royaume et non autre... ne autrement que par sa grâce, ne tient, ne vaut amortisse-

(1) Bouteiller, *Somme rurale*, liv. II, tit. I.

ment par autre fait. » Nous trouvons également ce brocard dans Loysel (1) : « Nul ne peut amortir que le roi. »

10. D'après une opinion assez communément admise par nos anciens auteurs et développée notamment par Claude de Ferrière (2), c'est saint Louis et non Philippe le Hardi qui, le premier, aurait imposé aux gens de mainmorte l'obligation de faire amortir, moyennant finance, toutes leurs acquisitions immobilières ; cette assertion se rencontre également dans le préambule d'une déclaration royale du 5 juillet 1689.

Mais, comme l'a démontré Laurière (3), c'est là une erreur, et d'ailleurs il est à noter que les jurisconsultes, qui font remonter au règne de saint Louis l'origine du droit d'amortissement, se contentent d'une simple affirmation et ne citent aucun texte concluant à l'appui de leur dire.

Il est donc malaisé de voir dans l'opinion de ces auteurs autre chose que le désir de placer sous le patronage d'un roi, que l'Église a mis au nombre de ses saints, un impôt particulièrement désagréable à celle-ci ; le procédé était peut-être habile, mais la vérité historique se trouvait sacrifiée très certainement.

Nous persistons, pour notre part, à considérer l'ordonnance de 1275 comme le premier acte législatif rendu en matière d'amortissement.

11. L'amortissement est né des principes qui régissaient l'*abrègement des fiefs ;* mais était-ce là sa seule base ? La plupart des jurisconsultes des XVIIe et XVIIIe siècles lui assignent un second fondement. « L'amortissement, dit Denisart (4), dérive de la faculté existante dans le roi comme souverain, et indépendamment de tous les principes relatifs aux fiefs, de veiller sur les acquisitions qui sont faites par les

(1) Loysel, *Institutes coutumières*, liv. I, chap. LIX (édit. Dupin et Laboulaye, t. I, p. 108).

(2) Ferrière, *Dictionnaire de droit et de pratique*, v° GENS DE MAINMORTE. — V. aussi Ferrière, *Commentaire de la Coutume de Paris, Traité des fiefs* (édit. en 4 vol. de 1714, t. I, p. 63).

(3) Laurière, *op. cit.*, p. 101, note K.

(4) Denisart, t. I, v° AMORTISSEMENT, § II, n° 3.

corps et de les permettre ou de les défendre, selon qu'il paraît expédient pour le bien de l'État. »

Les auteurs, qui soutenaient cette thèse, ajoutaient généralement que, si le droit d'amortissement est un attribut d'essence royale, il a dû toujours appartenir à la monarchie et que l'innovation de Philippe le Hardi a simplement consisté à faire payer aux gens de mainmorte une formalité qui jusque-là était gratuite.

« L'amortissement, dit David Hoüard (1), est un droit essentiellement inhérent à la souveraineté..... Quoique ce mot d'amortissement désigne assez clairement la signification qu'on doit lui donner, quant à son effet, il n'indique cependant pas l'origine de ce droit. Cette origine est aussi ancienne que la monarchie française. Philippe le Hardi a pu être le premier qui ait fait acheter le droit d'amortissement aux ecclésiastiques; mais tous les rois ses prédécesseurs l'avaient exercé sans contradiction. »

Denisart est un peu moins affirmatif et il avoue qu'il n'est pas démontré que les prédécesseurs de Philippe le Hardi aient exercé le droit d'amortissement, mais il déclare que, s'ils n'ont pas usé de cette faculté, ce n'est pas parce qu'elle leur faisait défaut, mais bien parce qu'ils n'ont pas voulu ou osé s'en prévaloir.

Si les jurisconsultes que nous venons de citer s'étaient bornés à soutenir qu'à leur époque la faculté d'amortissement reposait non seulement sur la théorie de l'abrégement de fief, mais encore et surtout sur un droit royal de haute police, ils auraient eu complètement raison ; mais où ils se trompent, c'est lorsqu'ils allèguent que cette faculté a toujours existé.

Le seul argument un peu sérieux qu'ils puissent invoquer en faveur de leur opinion est tiré des *actes confirmatifs* délivrés par les rois des deux premières races. Or la confirmation, comme nous l'avons expliqué plus haut, intervenait simplement pour faciliter la preuve des conventions et les

---

(1) Hoüard, avocat au Parlement de Normandie et conseiller échevin de la ville de Dieppe, *Anciennes lois des Français conservées dans les coutumes anglaises, recueillies par Littleton*, t I, p. 215 (1766).

authentiquer en quelque sorte; mais à aucun degré elle ne constituait un moyen de surveiller et, au besoin, de restreindre les acquisitions des gens de mainmorte. La royauté était encore trop faible pour songer à jouer un pareil rôle (1).

En réalité, c'est bien au XIIIe siècle seulement et à l'abri des règles concernant l'abrégement des fiefs que le contrôle des actes de la vie civile des gens de mainmorte a pris naissance; trois siècles devaient encore s'écouler avant qu'il ne trouvât une autre justification dans des nécessités supérieures d'ordre public. Cette idée nouvelle n'a pu prendre corps que le jour où la monarchie, sortie victorieuse de sa lutte contre la féodalité et parvenue à l'absolutisme, s'est mise à gouverner et à faire sentir vigoureusement son action politique et administrative, c'est-à-dire à la fin du XVIe siècle ou au commencement du XVIIe.

Sous cette réserve, nous ne demandons pas mieux que de constater que le droit de haute police du roi est vite devenu le fondement le plus solide de l'amortissement et que la base féodale de cette institution a tendu de jour en jour à perdre de sa consistance.

Il y a même ceci de remarquable : c'est que l'amortissement a pu être englobé par la Révolution dans la ruine de la féodalité, sans que les pouvoirs de contrôle qu'il conférait à l'autorité publique à l'égard des gens de mainmorte aient pour cela disparu, parce qu'à la fin de l'ancien régime ces pouvoirs trouvaient leur raison d'être moins dans les principes du droit féodal que dans des considérations d'ordre public, destinées à demeurer toujours vraies.

Cette évolution du droit d'amortissement, qui a abouti presque sans secousse à la règle moderne, consignée dans l'article 910 du Code civil, n'avait peut-être pas encore été décrite, et cependant elle est des plus curieuses, car elle permet de voir dans l'article 910 la résultante du travail des siècles et non une improvisation géniale du premier Consul, comme certains seraient tentés de le croire ou de le dire.

12. L'on s'est efforcé parfois de rattacher l'amortissement

---

(1) Cf. Thibault-Lefebvre, *Code des donations pieuses* (1850), p. LVI.

à une prétendue incapacité des gens de mainmorte et l'on a dit qu'il avait pour but de les rendre habiles à acquérir et à posséder des immeubles.

Loin d'entraver les acquisitions immobilières, l'amortissement aurait donc été destiné à les rendre possibles et la royauté l'aurait introduit dans notre législation par esprit de faveur pour les gens de mainmorte.

« Si les communautés ecclésiastiques et séculières, dit Laurière (1), sont incapables, selon tous nos auteurs, de posséder des fonds..., il est évident que les droits d'indemnité et d'amortissement, bien loin d'être des obstacles à leurs acquisitions, sont au contraire des tempéraments et des moyens qui ont été trouvés pour les faciliter. De sorte qu'il serait peut-être à souhaiter pour le bien public que ce tempérament fût aboli, afin que les communautés ecclésiastiques, qui ont tant de passion de s'agrandir, cessassent d'acquérir et afin qu'elles fissent à l'avenir plus d'aumônes, n'ayant plus occasion de thésauriser. »

Laurière paraît croire que les jurisconsultes sont unanimes à faire de l'incapacité des gens de mainmorte la base de l'amortissement et, en effet, ils le définissent, en général : « la permission octroyée par le roi aux gens de mainmorte de posséder des biens immeubles. »

Mais, pour la plupart, ils ont été simplement séduits par la brièveté de la formule et ils ne se sont pas embarrassés de savoir si ce brocard correspondait exactement au fond de leur pensée. Tel qui se refuse énergiquement à faire reposer l'amortissement sur une soi-disant incapacité des gens de mainmorte n'hésite pas à reproduire la définition usuelle ; nous citerons notamment Denisart, qui ne se fait aucun scrupule de la répéter, parce qu'à son avis elle ne tire pas à conséquence. « Le défaut de payement des droits, explique-t-il (2), étant la suite du passage des fonds aux gens de mainmorte, il est à peu près indifférent de définir l'amortissement une permission donnée aux gens de mainmorte de posséder un fonds ou

(1) Laurière, *op. cit.*, p. 17.
(2) Denisart, v° AMORTISSEMENT, § II, n° 2.

de le définir l'affranchissement des devoirs, dont le fonds est tenu. »

En réalité, les auteurs, qui ont entendu se prononcer d'une manière catégorique contre la capacité des gens de mainmorte, forment une infime minorité, et le seul qui jouisse d'une véritable autorité est Claude de Ferrière. Il invoque en faveur de sa thèse la tradition et se fonde sur ce que « par les anciennes lois et constitutions du royaume, les églises et communautés ecclésiastiques ne pouvaient acquérir et posséder aucuns héritages (1) ».

Mais cet argument historique est contraire à la vérité des faits; nous savons, en effet, que jusqu'au XIIe siècle, l'Église était absolument libre d'acquérir et de posséder des biens de toutes sortes et sa capacité n'était mise en doute par personne. « Gens d'église, de communauté et mortemain, dit Loysel (2), peuvent acquérir au fief, seigneurie et censive d'autrui. »

Pothier expose, de son côté, qu'avant l'Édit de 1749, les communautés « n'etaient pas absolument incapables des héritages; *elles acquéraient valablement*, sauf à pouvoir être contraintes à vider leurs mains dans un certain temps de ce qu'elles avaient acquis. *C'était plutôt la faculté de retenir qui leur manquait que la faculté d'acquérir* (3). »

D'ailleurs, si l'assertion de Ferrière avait été fondée, elle aurait eu pour effet de restreindre le droit d'amortissement aux acquisitions faites par le clergé, tandis qu'en fait et en droit il s'appliquait à tous les gens de mainmorte sans distinction.

L'amortissement n'est donc pas un bienfait accordé aux gens de mainmorte, mais une arme dirigée contre eux : son objet est de permettre au roi d'opposer, s'il y a lieu, un veto à l'exercice de leur capacité et non de lever une incapacité,

---

(1) Claude de Ferrière, *Coutume de Paris*, *Traité des fiefs*, t. I, p. 63, (1714). — *Conf.* Ferrière, *Dictionnaire de droit et de pratique*, v° AMORTISSEMENT.

(2) Loysel, *Institutes coutumières*, liv. I, chap. LVII (édit. Dupin et Laboulaye, t. I, p. 105). — *Conf.* Laurière, *De l'origine du droit d'amortissement*, p. 178.— Pothier, *Traité des personnes et des choses*, 1re partie, tit. VII, n° 215 (*Œuvres de Pothier*, édit. Bugnet, t. IX, p. 80).

(3) Pothier, *op. cit.*, n° 219.

qui n'a jamais existé que dans l'imagination de certains auteurs (1).

13. Quelles que soient les divergences constatées entre nos anciens jurisconsultes, touchant l'origine du droit d'amortissement, ils se trouvent tous réunis lorsqu'il s'agit de déclarer que la concession de l'amortissement est purement facultative pour le roi.

Ferrière exprime, cette fois, l'opinion universelle lorsqu'il dit : « Les gens de mainmorte ne peuvent obliger le roi de leur amortir les héritages (2). »

Remarquons, d'ailleurs, que l'amortissement avec ce caractère facultatif s'appliquait non seulement aux fiefs, comme nous l'avons supposé jusqu'ici, c'est-à-dire aux terres nobles, mais encore aux censives ou tenures roturières et aux alleux.

Toutes les acquisitions immobilières des gens de mainmorte étaient donc assujetties à une permission du roi, délivrée sous forme de lettres patentes portant amortissement, et c'est ainsi que la nécessité d'une autorisation des dons et legs a pris naissance.

14. Le taux de la finance à payer au prince pour l'obtention des lettres d'amortissement avait été fixé, d'une façon méthodique et détaillée, par un édit de Charles VI du mois d'octobre 1402, mais, le recouvrement des droits établis par cet acte important ayant suscité de vives résistances, la royauté fut obligée, par la suite et à plusieurs reprises, de légiférer à nouveau sur ce sujet. Les ordonnances rendues en cette matière sont même si nombreuses que nous devons nous contenter de citer les principales.

Au XVIIe siècle, nous rencontrons la déclaration de Louis XIII du 19 avril 1639 et celles de Louis XIV des 5 juillet 1689 et 9 mars 1700, et, au début du XVIIIe siècle, la déclaration du 21 novembre 1724 et l'arrêt du Conseil du roi du 21 janvier 1738.

Si de nombreuses variations peuvent être relevées dans les

---

(1) Cf. Paul Cauvès, *Grande Encyclopédie*, t. II, v° AMORTISSEMENT, p. 796.
(2) Ferrière, *Coutume de Paris*, *Traité des fiefs*, p. 64.

règles d'exigibilité et de perception du droit d'amortissement, il n'en est que plus important de signaler une exemption de la finance qui fut établie dès l'origine au profit des fondations charitables et qui a été constamment maintenue.

Le 29 octobre 1344, Philippe de Valois adressait aux gens des Comptes l'ordonnance suivante, rapportée par Fontanon (1). « Philippe, à nos amez et feaux les gens de nos comptes, salut. Nous avons entendu que les commissaires, etc., s'efforcent par vertu de leur commission prendre et lever finance des acquets que les prieurs, les maistres, les frères et gouverneurs des maisons-Dieu et hospitaux, où les pauvres sont hébergez, et des maladreries de notre royaume, ont fait et acquis pour leurdites maisons et pour soutenir les pauvres. Nous pour ce *avons ordonné et ordonnons qu'aucune finance n'en soit prise*, mais dès maintenant les en quittons et leur donnons pour Dieu et en aumosne et de notre grâce especial toute telle finance qui nous en peut et doit appartenir. »

De même, la déclaration royale du 19 avril 1639 exonère du payement des droits d'amortissement « les hôpitaux et Hôtels-Dieu, actuellement employez à l'entretien et nourriture des pauvres », et les termes de cette déclaration ont été reproduits par celles des 5 juillet 1689 et 9 mars 1700.

Enfin l'arrêt du Conseil du roi du 21 janvier 1738 renferme les dispositions suivantes : « Art. 3. Les hôpitaux particuliers et Hôtels-Dieu, les maisons et communautés, tant séculières que régulières, où l'hospitalité est exercée, jouiront de la même exemption des droits d'amortissement que les hôpitaux généraux, pour toutes les acquisitions, échanges, *dons et legs*, de quelque nature qu'ils puissent être, constructions et reconstructions de bâtiments destinés et employés, soit au logement, subsistance et entretien des malades et des pauvres, soit à leur instruction gratuite ; en cas de cessation de l'emploi ou destination, l'amortissement sera payé comme à l'article précédent.

Art. 4. Les maisons et écoles de charité des paroisses et

---

(1) Fontanon, *Les édicts et ordonnances des rois de France*, t. II, p. 431 (1611).

les charités des fabriques, ensemble les assemblées des pauvres, tant des villes que de la campagne, par quelques personnes qu'elles soient administrées, ne payeront aucuns droits d'amortissement pour toutes les acquisitions de bâtiments destinés et employés comme à l'article 3, et sous la même condition. »

Denisart, qui rapporte ces dispositions, a soin de faire remarquer « que l'exemption accordée aux hôpitaux n'a pour objet que la remise de la finance du droit d'amortissement; car pour ce qui est de l'amortissement en lui-même, on ne connaît aucune loi qui les en dispense et l'on ne voit point le motif de les en dispenser ».

Si donc les fondations charitables étaient placées au point de vue fiscal sous un régime privilégié, les pouvoirs de tutelle royale ne cessaient pas néanmoins de s'exercer à leur égard; la nécessité de l'amortissement était aussi générale que possible.

15. Notre esquisse des règles de l'amortissement serait incomplète si nous ne passions pas, d'une manière au moins sommaire, la revue des personnes auxquelles elles s'appliquaient, c'est-à-dire des gens de mainmorte. Ceux-ci sont énumérés minutieusement par l'Édit du mois de décembre 1691, portant création de 400 greffiers des gens de mainmorte (1).

Sans rapporter textuellement la liste détaillée donnée par l'édit, nous diviserons les gens de mainmorte qu'il désigne en trois classes (2).

La première se composait des corps ou des établissements dont l'institution était purement ecclésiastique, et elle se partageait elle-même en deux parties : 1° tous les *ecclésiastiques particuliers*, comme archevêques, évêques, abbés, doyens, prévôts, chanoines, en tant que bénéficiers; 2° toutes les *communautés ecclésiastiques*, séculières et régulières, de l'un et l'autre sexe.

La seconde classe comprenait les établissements, dont l'ins-

---

(1) V. Néron, *Recueil d'édits et d'ordonnances royaux* (1720), t. II, p. 236.

(2) V. notamment Denisart, v° GENS DE MAINMORTE; Ferrière, *Dictionnaire de droit et de pratique*, *eod.* v°.

titution présentait un caractère mixte et était tout à la fois civile et ecclésiastique : les hôpitaux, les Hôtels-Dieu, les fabriques et les confréries, par exemple.

Dans la troisième classe se trouvaient les corps exclusivement civils : les municipalités, les communautés d'habitants, les universités, les collèges, les corps et communautés de marchands ou d'artisans.

En somme, les gens de mainmorte étaient aussi nombreux que divers et, par suite, l'amortissement avait un large champ d'application.

§ 2. — *Édit d'août 1749.*

16. Nous avons montré dans le paragraphe précédent comment l'on avait été amené de bonne heure, en France, à reconnaître la double nécessité de soumettre la création des gens de mainmorte à l'approbation du roi et de contrôler leurs acquisitions immobilières; cette double nécessité a été proclamée par un grand nombre d'ordonnances, dont nous avons cité les principales.

Mais il y a loin de la théorie à la pratique. Il ne suffit pas, en effet, de poser des règles; il faut encore savoir et pouvoir les faire respecter : or la royauté a trop souvent fait preuve de faiblesse et d'indécision, lorsqu'il s'est agi d'assurer l'observation de ses volontés.

Malgré les prohibitions formelles des édits ci-dessus rappelés, une véritable génération spontanée de gens de mainmorte a continué à se produire, en dehors de toute intervention de la puissance souveraine. Quant à l'amortissement, la royauté apportait dans l'application de cette mesure de salut public des tempéraments qui en détruisaient presque tout l'effet.

En effet, à côté des *amortissements particuliers*, qui étaient accordés à telle ou telle communauté et « par lesquels étaient déclarés par le menu et en détail, par tenans et aboutissans, les héritages féodaux, roturiers, ou francs aleux, qui étaient amortis, » l'on admettait, au dire de Ferrière (1), deux espèces

---

(1) Ferrière, *Coutume de Paris*, *Traité des fiefs*, p. 64.

d'amortissement, qui constituaient un abandon plus ou moins complet des prérogatives royales.

Il y avait d'abord des *amortissements généraux* « qui étaient accordés par le Roy à tout un pays, ou à toute une province, ou à un diocèse, par lesquels étaient amortis tous les biens et les héritages possédés par tous les gens de mainmorte de la province, sans les spécifier ni déclarer par le menu et en détail. » En outre, il existait des *amortissements mixtes*, qui n'étaient ni généraux pour un pays, une province ou un diocèse, ni particuliers pour un simple héritage, mais qui « concernaient généralement toutes les terres, seigneuries, cens, rentes et droits immobiliers appartenant à une abbaye, à un prieuré, à un chapitre, à une communauté, à quelque titre que ce fût, sans les déclarer ni spécifier ».

Si donc l'on descend au fond des choses, l'on constate que la royauté n'était pas parvenue à se rendre effectivement maîtresse des gens de mainmorte et que, dans la lutte entreprise contre eux, elle était loin d'avoir eu le dessus.

Une démonstration énergique était devenue nécessaire au XVIIIe siècle. C'est ce que comprit le chancelier d'Aguesseau; il reprit, compléta et, au besoin, aggrava toutes les dispositions des ordonnances antérieures, en les réunissant dans un texte unique : l'Édit d'août 1749, que l'on a justement appelé le *code des gens de mainmorte*.

17. L'Édit d'août 1749 contient deux séries d'articles. Les uns se réfèrent à la reconnaissance légale des établissements de mainmorte, tandis que les autres fixent les règles applicables aux acquisitions faites par ces établissements et traitent de l'amortissement.

Mais, avant d'entrer dans le détail de ces articles, il importe de lire attentivement le préambule de l'Édit; cet exposé de motifs présente encore aujourd'hui un haut intérêt par suite des idées générales qu'il exprime et qui n'ont pas cessé d'être vraies.

« Louis, etc. Le désir, que nous avons de profiter du retour de la paix pour maintenir de plus en plus le bon ordre dans l'intérieur de notre royaume, nous fait regarder comme un des principaux objets de notre attention les inconvénients de la multiplication des *établissements des gens de mainmorte* et de la facilité qu'ils trouvent à acquérir des fonds naturellement destinés à la subsistance et à la conservation des familles; elles ont souvent le déplaisir de s'en voir privées soit par la disposition que les hommes ont à former des établissements nouveaux qui leur soient propres et fassent passer leur nom à la postérité avec le titre de fondateur, soit par une trop grande affectation pour des établissements déjà autorisés, dont plusieurs testateurs préfèrent l'intérêt à celui de leurs héritiers légitimes. Indépendamment même de ces motifs, il arrive souvent que, par les ventes qui se font à des gens de mainmorte, les biens immeubles qui passent entre leurs mains cessent pour toujours d'être dans le commerce, en sorte qu'une très grande partie des fonds du royaume se trouve actuellement possédée par ceux dont les biens, ne pouvant être diminués par des aliénations, s'augmentent au contraire continuellement par de nouvelles acquisitions.

« Nous savons que les rois nos prédécesseurs en protégeant *les établissements qu'ils jugeaient utiles à leur État* ont souvent renouvelé les défenses d'en former de nouveaux sans leur autorité et le feu roi, notre très honoré seigneur et bisaïeul, y ajouta des peines sévères, par ses lettres patentes, en forme d'édit du mois de décembre 1666.

« Il est d'ailleurs dans notre royaume un genre de biens, tels que les fiefs et les censives, dont les établissements même les plus autorisés pouvaient être contraints à vider leurs mains, parce qu'en diminuant par l'acquisition qu'ils en faisaient les droits dus à notre domaine, ils diminuaient aussi ceux des seigneurs particuliers, lorsque les fonds acquis étaient dans leur mouvance; et ils ne pouvaient s'affranchir de cette obligation qu'en obtenant des lettres d'amortissement, qui ne devaient leur être accordées qu'en connaissance de cause, et toujours relativement au bien de l'État. Mais ce qui semblait devoir arrêter les progrès de leurs acquisitions a servi, au contraire, à les augmenter contre l'intention du législateur, par l'usage qui s'est introduit de recevoir d'eux, sans aucun examen, le droit d'amortissement qu'ils se sont portés sans peine à payer dans l'espérance de faire mieux valoir les fonds qu'ils acquerraient que les anciens propriétaires.

« La multiplication des rentes constituées sur des particuliers a contribué encore à l'accroissement des biens possédés par les gens de mainmorte, parce qu'il arrive souvent, ou par la négligence du débiteur à acquitter les arrérages de ces rentes, ou par les changements qui surviennent dans sa fortune, qu'ils trouvent moyen de devenir propriétaires des fonds même sur lesquels elles étaient constituées.

« Ils se sont servis enfin de la voie du retrait féodal pour réunir à leur domaine les fiefs vendus dans leur mouvance; plusieurs coutumes, à la vérité, les ont déclarés incapables d'exercer ce droit; mais le silence des autres donne lieu de former un doute sur ce sujet, qui ne peut être entièrement résolu que par notre autorité.

« Le meilleur usage que nous puissions en faire dans une matière si importante est de concilier autant qu'il est possible l'intérêt des familles avec la faveur des *établissements véritablement utiles au public;* c'est ce que nous nous proposons de faire, soit en nous réservant d'autoriser ceux qui pourraient être fondés sur des motifs suffisants de religion et de charité, soit en laissant aux gens de mainmorte déjà établis la faculté de nous exposer les raisons qui peuvent nous porter à leur permettre d'acquérir quelques fonds; et en leur conservant une entière liberté de posséder des rentes constituées sur nous ou sur ceux qui sont de la même condition qu'eux, dont la jouissance leur sera souvent plus avantageuse, et toujours plus convenable au bien public, que celle des domaines ou des rentes hypothéquées sur les biens des particuliers. »

18. Les treize premiers articles de l'Édit de 1749, relatifs à la reconnaissance légale des établissements de mainmorte, s'occupent successivement de ceux qui viendront à être formés et de ceux qui existent déjà.

L'article premier statue, en ces termes, à l'égard des futurs établissements : « Renouvelant en tant que de besoin les défenses portées par les ordonnances des rois nos prédécesseurs, voulons qu'il ne puisse être fait aucun nouvel établissement de chapitres, collèges, séminaires, maisons ou communautés religieuses, même sous prétexte d'hospices, congrégations, confréries, hôpitaux, ou autres *corps et communautés*, soit *ecclésiastiques* séculières ou régulières, soit *laïques* de quelque qualité qu'elles soient, ni pareillement aucune création de chapelles, ou autres *titres de bénéfices*, dans toute l'étendue de notre royaume, terres et pays de notre obéissance, si ce n'est en vertu de notre permission expresse portée par nos lettres patentes, enregistrées en nos parlements ou conseils supérieurs, chacun dans son ressort, en la forme qui sera prescrite ci-après ».

Tout en confirmant les dispositions de l'Édit de 1666 sur la nécessité des lettres patentes, l'Édit de 1749 établit la formalité d'une enquête de *commodo* et *incommodo* faite à la requête du procureur général (art. 7). D'autre part, des oppositions peuvent être formées, avant ou après l'enregistrement, et l'article 8 en attribue la connaissance aux parlements et conseils supérieurs.

Sans insister davantage sur ces règles de détail, nous arrivons immédiatement à la sanction que comporte le défaut d'autorisation et qui consiste dans l'incapacité absolue des établissements non reconnus.

L'article 9 s'exprime ainsi : « Désirant assurer pleinement l'exécution des dispositions du présent Édit, concernant les établissements mentionnés dans l'article 1er, déclarons nuls tous ceux qui seraient faits à l'avenir sans avoir obtenu nos lettres patentes et les avoir fait enregistrer dans les formes ci-dessus prescrites. Voulons que *tous les actes et dispositions qui pourraient avoir été faits en leur faveur, directement ou indirectement, par lesquels ils auraient acquis des biens de quelque nature que ce soit, à titre gratuit ou onéreux, soient déclarés nuls*, sans qu'il soit besoin d'obtenir des lettres de rescision contre lesdits actes; et que ceux qui seront ainsi établis, ou qui auraient été chargés de former ou administrer lesdits établissements, soient déchus de tous les droits résultant desdits actes et dispositions, même de la répétition des sommes qu'ils auraient payées pour lesdites acquisitions, ou employées en constitution de rentes; ce qui sera observé nonobstant toutes prescriptions et tous consentements exprès ou tacites qui pourraient avoir été donnés à l'exécution desdits actes ou dispositions. »

Ainsi les établissements non reconnus ne peuvent faire

aucune acquisition ni mobilière ni immobilière et notamment ils sont inhabiles à recevoir des libéralités de quelque espèce que ce soit; tout ce que l'on ferait en leur faveur serait nul et, pour que cette nullité ne puisse être évitée, l'article 10 stipule que « les enfants ou présomptifs héritiers seront admis, même du vivant de ceux qui auraient fait lesdits actes et dispositions, à réclamer les biens par eux donnés ou aliénés. »

A défaut d'enfants ou d'héritiers, ou si ceux-ci n'agissent pas, les seigneurs immédiats peuvent réclamer les biens donnés aux établissements non reconnus ou aliénés à leur profit (art. 11).

Enfin, en cas d'abstention de toutes les personnes susvisées, le roi décide que « lesdits biens seront vendus au plus offrant et dernier enchérisseur et que le prix en sera confisqué à son profit, pour être par lui appliqué à tels hôpitaux ou employé au soulagement des pauvres, ou à tels ouvrages publics qu'il jugera à propos » (art. 12).

Des mesures rigoureuses sont donc édictées pour que dorénavant la nécessité de l'approbation royale ne soit plus éludée par les gens de mainmorte ; mais, en même temps, l'obligation de l'autorisation est déclarée inapplicable aux fondations pieuses ou charitables, qui viendraient à être mises à la charge ou créées au profit de corps, communautés ou titres de bénéfices déjà légalement constitués et qui ne formeraient pas par elles-mêmes des personnes morales nouvelles.

Le roi exempte, en effet, de l'autorisation « les fondations particulières qui ne tendraient à l'établissement d'aucun nouveau corps, collège ou communauté ou à l'érection d'un nouveau titre de bénéfice, et qui n'auraient pour objet que la célébration des messes ou obits, la subsistance d'étudiants, ou de pauvres ecclésiastiques ou séculiers, des mariages de pauvres filles, écoles de charité, soulagement de prisonniers ou incendiés, ou autres *œuvres pieuses de même nature et également utiles au public* » (art. 3).

Il suffit de faire homologuer les actes ou dispositions, qui contiennent ces fondations, par les parlements et conseils supérieurs.

En outre, Denisart fait remarquer que, quoique les fabriques ne soient pas comprises dans les établissements exceptés par l'article 3 de l'Édit, elles peuvent cependant être érigées sans lettres patentes (1). Il s'appuie sur ce que plusieurs lois ont ordonné qu'on formât des fabriques dans toutes les paroisses où il n'y en aurait pas d'établies : elles ont donc, conclut-il, un motif d'utilité reconnu qui doit être encouragé.

19. L'Édit d'août 1749 ne se borne pas à formuler les règles applicables à la création de nouveaux établissements de mainmorte ; il fixe, en outre, le sort des établissements déjà existants et il dispose que, s'ils ont été fondés sans autorisation depuis l'Édit de décembre 1666 ou dans les trente années précédentes, ils seront déclarés nuls. La même nullité s'étendra à tous actes ou dispositions faits en leur faveur (art. 13).

Toutefois le roi se réserve « à l'égard de ceux desdits établissements qui subsistent paisiblement, et sans aucune demande en nullité formée avant la publication du présent Édit, de se faire rendre compte tant de leur objet que de la nature et quantité des biens dont ils sont en possession, pour y pourvoir ainsi qu'il appartiendra, soit en leur accordant ses lettres patentes, s'il y échet, soit en réunissant lesdits biens à des hôpitaux ou autres établissements déjà autorisés, soit en ordonnant qu'ils seront vendus, et que le prix en sera appliqué, ainsi qu'il est porté par l'article précédent (art. 12), » c'est-à-dire à des œuvres charitables ou utiles.

20. Les dispositions, dont nous avons rendu compte jusqu'ici, ont trait à la reconnaissance légale des établissements des gens de mainmorte (art. 1 à 13) ; dans ses articles 14 et suivants, l'Édit envisage les acquisitions desdites gens et fixe leur régime.

« Les gens de mainmorte ayant une fois reçu leur existence dans l'État, dit Denisart (2), doivent avoir le moyen d'y subsister et, par conséquent, la faculté d'y posséder des biens. Cette faculté tient au droit naturel. Mais les gens de mainmorte forment dans l'État des familles qui ne peuvent s'accroître comme les familles particulières. » Les raisons qui s'opposent

(1) Denisart, v° Gens de mainmorte, § II, n° 3.
(2) Denisart, *Eod.* v°, § IV, n° 1.

à l'enrichissement indéfini des gens de mainmorte sont déduites avec beaucoup de force dans le préambule de l'Édit et nous n'y reviendrons pas; elles devaient conduire le roi, tout en consacrant le droit d'acquérir, à remédier aux abus qu'entraînerait une liberté illimitée.

Les dispositions de l'Édit, observe le jurisconsulte que nous venons de citer (1), « remplissent ce double objet; il n'y en a pas une seule qui ne suppose ou reconnaisse dans les gens de mainmorte la *faculté d'acquérir*. On voit seulement que le législateur a voulu limiter l'*usage de cette faculté* et la restreindre dans de justes bornes. »

Les intentions de l'auteur de l'Édit de 1749 sont donc bien claires; voyons comment elles ont été réalisées.

L'on doit distinguer deux catégories de biens soumis à des règles complètement opposées. Les uns ne sauraient être acquis que moyennant l'obtention de lettres patentes et il est permis seulement d'en faire l'objet d'actes entre-vifs; au contraire, les gens de mainmorte peuvent acquérir les autres sans autorisation, soit entre-vifs, soit par disposition testamentaire.

L'article 14 énumère les biens dont l'acquisition est subordonnée à la délivrance de lettres d'amortissement; ce sont « les fonds de terre, les maisons, les droits réels, les rentes foncières non rachetables, même les rentes constituées sur des particuliers. »

Les lettres patentes sont nécessaires, aux termes de l'article 16, par quelque contrat que les gens de mainmorte acquièrent les biens ci-dessus énumérés « soit par vente, adjudication, échange, cession ou transport, même en payement de ce qui leur serait dû, *soit par donation entre-vifs, pure et simple, ou faite à la charge de services ou fondations* et, en général, pour quelque cause gratuite ou onéreuse que ce puisse être. »

Si les modes d'acquisition entre-vifs sont tous indistinctement astreints à la formalité de l'autorisation, ils sont, en même temps, comme nous l'avons annoncé, les seuls que l'Édit mette à la disposition des gens de mainmorte, lorsqu'il s'agit

(1) Denisart, *op. et loc. cit.*

des biens visés à l'article 14; les libéralités testamentaires sont absolument prohibées par l'article 17. « Défendons de faire à l'avenir aucune disposition de dernière volonté pour donner aux gens de mainmorte des biens de la qualité marquée par l'article 14. Voulons que lesdites dispositions soient déclarées nulles, quand même elles seraient faites à la charge d'obtenir nos lettres patentes, ou qu'au lieu de donner directement lesdits biens aux gens de mainmorte, celui qui en aurait disposé aurait ordonné qu'ils seraient vendus ou régis par d'autres personnes, pour en remettre le prix ou les revenus. »

Les lettres patentes, dans les cas où l'on peut les demander, c'est-à-dire en matière d'actes entre-vifs, ne sont délivrées qu'après une information sur la nature et la valeur des biens, sur l'utilité et les inconvénients de l'acquisition que les gens de mainmorte en voudraient faire (art. 20). Si les lettres patentes sont accordées, il faut les communiquer au procureur général; il est alors procédé à une seconde information de *commodo* et *incommodo* sur l'acquisition projetée et les lettres patentes sont communiquées aux seigneurs, auxquels les biens ressortissent. Puis il reste à solliciter et à obtenir l'enregistrement desdites lettres (art. 21).

S'il survient des oppositions avant ou après l'enregistrement, elles sont jugées sur les conclusions du procureur général (même article).

Afin d'assurer l'observation de la formalité des lettres patentes, l'Édit de 1749 impose aux notaires, tabellions ou autres officiers publics une obligation, qui a passé avec quelques modifications dans l'ordonnance du 14 janvier 1831, celle de ne recevoir certains actes au nom des gens de mainmorte qu'après qu'il leur aura été justifié de l'autorisation royale. « Défendons à tous notaires, tabellions ou autres officiers de passer aucun contrat de vente, échange, donation, cession ou transport des biens mentionnés dans l'article 14, ni aucun bail à rente ou constitution de rente sur des particuliers, au profit desdites gens de mainmorte ou pour l'exécution desdites fondations, qu'après qu'il leur sera apparu de nos lettres patentes et de l'enregistrement d'icelles, desquelles lettres et arrêt il sera fait mention expresse dans lesdits contrats ou autres actes, à peine de nullité, d'interdiction contre lesdits notaires, tabellions ou autres officiers, de dommages-intérêts des parties, s'il y échet, et d'une amende qui sera arbitrée suivant l'exigence des cas » (art. 22).

Si l'on ne s'est pas pourvu de l'autorisation, dans les cas où celle-ci est exigée, les actes et dispositions faits en faveur des gens de mainmorte sont frappés de nullité ; l'article 27 stipule, en effet, que l'on appliquera aux acquisitions effectuées sans lettres patentes par « les gens de mainmorte, corps ou communautés valablement établis » la règle édictée par l'article 9 pour toutes les acquisitions des « nouveaux établissements non autorisés. »

L'article 27 ajoute : « Voulons pareillement que les personnes dénommées aux articles 10 et 11 puissent répéter lesdits biens, ainsi qu'il est porté auxdits articles, et qu'en cas de négligence de leur part, ils soient vendus sur la réquisition de notre procureur général, suivant ce qui est prescrit par l'article 12. » Ainsi un immeuble a-t-il été donné sans autorisation à un établissement de mainmorte ? Les enfants ou héritiers présomptifs pourront réclamer le bien donné, même du vivant du donateur ; à leur défaut, le seigneur, dont relève immédiatement le bien, est admis à le revendiquer. Enfin, en cas d'inaction des enfants ou présomptifs héritiers et du seigneur immédiat, le procureur général poursuivra la vente aux enchères de l'immeuble donné irrégulièrement et le prix en sera confisqué par le roi pour être par lui employé en œuvres charitables ou utiles.

Pour échapper aux rigueurs de l'Édit, les gens de mainmorte pourraient être tentés de recourir à une interposition de personne. Non seulement le défaut d'autorisation entraînerait la nullité de l'acquisition réalisée par cette voie détournée, mais l'article 24 de l'Édit prononce contre le prête-nom une amende de trois mille livres et même « une plus grande peine, suivant l'exigence des cas, » c'est-à-dire une amende arbitraire.

La nécessité des lettres patentes ne concerne que les biens énumérés par l'article 14, parmi lesquels figurent les rentes constituées sur des particuliers ; quant aux rentes constituées sur le roi, le clergé, les diocèses, les pays d'État, les villes et les communautés, l'article 18 dispose expressément qu'elles pourront être acquises sans autorisation, soit entre vifs, soit par testament. La liberté d'acquérir n'a paru présenter ici aucun inconvénient parce que, le créancier et le débiteur étant des personnes morales, il y a compensation et la propriété de mainmorte ne s'accroît pas.

En sus desdites rentes constituées, les gens de mainmorte peuvent-ils également, sans contrôle, recevoir par don ou par legs des objets mobiliers ou de l'argent, « des sommes mobiliaires »? Denisart répond affirmativement (1) : « L'Édit ne s'en explique pas, dit-il, mais il suffit pour qu'elles puissent être données ou léguées aux gens de mainmorte qu'elles ne soient pas du nombre des biens dont l'acquisition leur est interdite par l'article 14 du même Édit. »

Un peu plus loin, il présente encore, à l'appui de son opinion, les considérations suivantes : « Les meubles n'ont pas une valeur durable; l'argent lui-même n'est pas toujours destiné à faire des acquisitions, qui augmentent la richesse; il peut être employé à des réparations ou à des reconstructions, à des emplois dont l'objet est d'entretenir un établissement, sans porter aucun préjudice aux particuliers. Il aurait été contre l'ordre d'interdire aux gens de mainmorte ces moyens de subsister ou d'entretenir leur existence, lorsqu'il n'en résultait aucun dommage pour les particuliers. ».

L'avis de Denisart était généralement accepté et nous le tenons pour bien fondé.

21. L'Édit d'août 1749 est-il parvenu, au point de vue des acquisitions des gens de mainmorte, à concilier d'une manière équitable et rationnelle l'utilité desdites gens avec l'intérêt des familles et celui de l'État? L'on pourrait en douter.

L'Édit se montre, en effet, tout à la fois trop rigoureux et trop bienveillant envers les gens de mainmorte.

N'est-ce pas un excès de rigueur, qui provoquera la fraude, que d'interdire absolument les libéralités immobilières de dernière volonté? Et, d'autre part, n'est-ce pas un excès de bienveillance, dont le résultat sera d'énerver l'action de l'Édit,

(1) Denisart, v° Gens de mainmorte, § IV, n° 4.

que de soustraire à toute autorisation l'acquisition de la plupart des rentes constituées et de tous les effets mobiliers? Nous savons bien que sur ce dernier point l'on invoquera l'adage de l'ancien droit, devenu de nos jours un non-sens, « *res mobilis, res vilis* »; on ne manquera pas non plus d'objecter que, la nécessité des lettres d'amortissement étant née de la théorie de l'abrégement des fiefs, il était bien difficile d'étendre son domaine d'application au delà des bien immobiliers. Mais, pour être historiquement explicable, le vice de l'Édit n'en existe pas moins.

22. Nous ne voulons pas achever l'examen de l'Édit d'août 1749 sans appeler l'attention sur un point des plus importants; il s'agit des confiscations éventuelles que le roi établit à son profit et qui, si elles n'atteignent que certains biens acquis sans autorisation par les établissements légalement reconnus, englobent toutes les richesses mobilières et immobilières des établissements non reconnus.

Nous ne trouvons dans notre législation moderne rien de semblable. Non seulement la confiscation y est inconnue, mais il n'a été rien mis à sa place. On conteste à l'État le droit d'appréhender comme biens vacants et sans maîtres les biens des établissements non reconnus, dont la dissolution a été prononcée par l'autorité compétente, et, en tous cas, l'État ne serait certainement pas fondé à revendiquer les biens reçus sans autorisation par les établissements reconnus.

Il est permis de reprocher à l'Édit d'août 1749 d'avoir consacré une solution trop violente et peut-être, en effet, aurait-il pu procéder avec moins de brutalité; mais, en réglant le sort des biens irrégulièrement transmis, il a eu, du moins, le mérite de chercher à trancher une difficulté que le législateur contemporain, effrayé par la complexité du problème, a préféré ignorer.

§ 3. — *Législation postérieure à l'Édit d'août 1749.*

23. Pendant la période de quarante ans, qui sépare l'Édit de 1749 de la Révolution, l'on trouve encore certaines dispositions législatives intéressantes à noter au point de vue de l'histoire des dons et legs aux gens de mainmorte. Les unes abordent la question fiscale, qui était restée en dehors de l'Édit, et déterminent les règles d'exigibilité et de liquidation de la finance, afférentes à l'amortissement; les autres ont pour but d'interpréter ou d'amender l'Édit lui-même.

24. Nous excéderions les cadres de cette étude, en nous appesantissant sur les règles de perception du droit d'amortissement; quelques brèves observations suffiront.

Aux termes de l'article 23 de l'Édit de 1749, le roi « s'était réservé, au surplus, d'expliquer plus amplement ses intentions sur le cas où le droit d'amortissement sera dû et sur la quotité dudit droit ». Jusqu'à nouvel ordre, les dispositions législatives antérieures et notamment celles de l'arrêt du Conseil du roi du 21 janvier 1738 étaient donc restées en vigueur; mais elles n'ont pas tardé à être modifiées, afin de donner satisfaction, dans une certaine mesure, aux réclamations du clergé, qui ne cessait de soulever des difficultés au sujet du recouvrement de l'impôt.

Nous nous bornerons à citer les arrêts du Conseil du roi des 13 avril 1751, 24 novembre et 24 décembre 1775 (1) et 5 décembre 1785 (2), qui contiennent des prescriptions destinées pour la plupart à alléger le poids de la finance qu'avaient à payer les gens de mainmorte à l'occasion de l'amortissement des biens par eux acquis à titre gratuit ou onéreux.

25. A côté des arrêts susvisés du Conseil du roi, qui ne touchent qu'au droit fiscal, l'on trouve des dispositions qui développent ou modifient celles de l'Édit d'août 1749 et qui, par suite, intéressent le droit public et administratif.

Deux objets principaux avaient été envisagés par l'Édit de 1749 : la reconnaissance légale des établissements de mainmorte et l'exercice de leur faculté d'acquérir.

Ces deux points sont repris successivement par la déclaration royale du 20 juillet 1762, qui se propose d'élucider certaines obscurités et de faire droit à certaines réclamations.

---

(1) Denisart, v° AMORTISSEMENT, § VI, n° 9, 19 et 20.
(2) Denisart, v° GENS DE MAINMORTE, § IV, n° 6.

Cette déclaration n'a pas été enregistrée au parlement de Paris; mais elle a été remplacée pour cette Cour par une autre déclaration du 26 mai 1774, qui n'en est que la répétition littérale et à laquelle l'enregistrement a été accordé.

En soumettant à l'assentiment du roi le maintien des établissements de mainmorte qui s'étaient librement formés depuis l'Édit de décembre 1666 ou dans les trentes années précédentes, et en faisant de cette approbation la condition essentielle de leur existence légale, l'Édit de 1749 avait négligé de s'expliquer spécialement sur les séminaires fondés sans lettres patentes soit avant, soit après l'Édit de décembre 1666. Devait-on, en conséquence, considérer comme rétroactivement abrogée la disposition de cet Édit, qui les dispensait de l'autorisation royale?

L'article 1er de la déclaration de 1762 confirme les séminaires établis avant 1749 dans la jouissance de leurs droits, tout en rappelant que l'obtention des lettres patentes est nécessaire pour les nouveaux séminaires; il est ainsi conçu : « Interprétant en tant que de besoin notre Édit du mois d'août 1749, déclarons n'avoir entendu comprendre dans la disposition de l'article 13 les séminaires, dont les établissements ont été faits avant ledit Édit, qui demeureront autorisés et confirmés en vertu des présentes; et, à l'égard des séminaires que les archevêques et évêques jugeraient à propos d'établir par la suite dans notre royaume, voulons que l'article 1er de notre dit Édit soit exécuté selon la forme et teneur. »

Nous avons dit qu'aux termes de l'article 3 de l'Édit de 1749 la nécessité de l'approbation royale demeurait étrangère à certaines fondations pieuses ou charitables, lorsqu'elles n'entraînaient pas la constitution d'un nouvel être moral et qu'elles étaient simplement mises à la charge ou créées au profit d'établissements déjà légalement reconnus.

L'on se demanda quelles étaient, au juste, ces fondations; l'article 3 de la déclaration de 1762 résout ainsi cette question : « Déclarons avoir entendu comprendre au nombre des fondations mentionnées en l'article 3 dudit Édit, celles des vicaires ou des secondaires amovibles, des chapelains qui ne sont pas en titre de bénéfice, des services et prières, des lits ou places dans les hôpitaux et autres établissements de charité bien et dûment autorisés, des bouillons ou tables de pauvres des paroisses, des distributions à des pauvres, et autres fondations, qui, ayant pour objet des œuvres de religion ou de charité, ne tendraient pas à établir un nouveau corps, collège ou communauté ou un nouveau titre de bénéfice; voulons qu'il en soit usé par rapport aux fondations mentionnées au présent article, ainsi qu'il est prescrit par l'article 3 de notre édit. »

L'Édit d'août 1749 avait gravement atteint les gens de mainmorte dans leur faculté d'acquérir, en leur défendant de recevoir par testament « aucuns fonds de terre, maisons, droits réels, rentes foncières non rachetables, même des rentes constituées sur des particuliers » (art. 17); la déclaration du 20 juillet 1762 supprime, en partie, cette prohibition.

Après avoir autorisé, dans son article 8, le dépôt au Trésor royal « des deniers comptants appartenant aux *hôpitaux* et autres *établissements de charité*, aux *églises paroissiales*, *fabriques* d'icelles, *écoles de charité*, *tables ou bouillons des pauvres de paroisses*, provenant des remboursements qu'ils auront reçus, des *dons et legs* qui leur auront été faits, ou de leurs épargnes, » et décidé que les fonds ainsi déposés produiront intérêt au denier ving-cinq, la déclaration arrive à la disposition qui nous occupe.

« En considération de la faveur que méritent les hôpitaux et autres établissements énoncés en l'article précédent, dit l'article 9, voulons que les dispositions de dernière volonté par lesquelles il leur aurait été donné depuis l'Édit du mois d'août 1749 ou leur serait donné à l'avenir des rentes, biens fonds et autres immeubles de toute nature soient exécutées, dérogeant à cet égard à la disposition de l'article 17 dudit Édit, sous les clauses, conditions et réserves énoncées dans les articles suivants. »

La grâce accordée aux établissements dont s'agit comporte des restrictions, qui en atténuent sensiblement la portée.

Les *rentes* léguées pourront être remboursées par les débiteurs ou retirées par les héritiers et représentants du testateur dans le délai d'une année (art. 10); une faculté semblable de retrait appartient dans le même délai aux héritiers et représentants de celui qui a donné un *immeuble* par testament (art. 11).

L'article 12 veut que, si le remboursement des rentes ou le retrait des immeubles n'a pas été fait dans l'année, les établissements légataires soient tenus de mettre ces rentes ou ces immeubles hors de leurs mains, c'est-à-dire de les aliéner. D'autre part, l'article 14 décide que les biens fonds non amortis, dont les gens de mainmorte sont obligés de vider leurs mains, seront assujettis à toutes les charges publiques, tant qu'ils resteront en leur possession ; il dispose, en effet, que « lesdits gens de mainmorte seront tenus de payer la taille pour raison de la propriété et de l'exploitation desdits biens, les vingtièmes et toutes les impositions généralement quelconques, mises ou à mettre, comme s'ils étaient possédés par les autres sujets non privilégiés. »

Des précautions ont donc été prises pour rendre la faveur concédée par la Déclaration de 1762 aussi inoffensive que possible et, dans ces conditions, il semble qu'au lieu de réserver le bénéfice de cette mesure bienveillante à un petit nombre de gens de mainmorte l'on aurait pu sans danger les appeler tous à y participer.

Cette réforme était réclamée avec instance et cependant elle n'avait pas encore été accomplie par la royauté, lorsque la Révolution a éclaté ; elle n'a été réalisée que par le législateur moderne, qui a supprimé complètement la distinction établie par l'Édit de 1749 entre les donations entre vifs et les libéralités testamentaires. Aujourd'hui les unes et les autres sont accessibles aux établissements publics ou d'utilité publique, sauf à être autorisées par le gouvernement.

26. La déclaration royale du 20 juillet 1762 est le dernier acte législatif que nous ayons à signaler dans l'histoire des dons et legs avant 1789 et si, au moment de clore cette étude de l'ancien droit nous jetons un coup d'œil en arrière sur le chemin que nous avons parcouru, il nous est permis de constater qu'au cours de nos recherches nous avons rencontré une double règle dont le droit moderne s'est emparé.

De nos jours, la faculté de recevoir n'appartient qu'aux établissements légalement reconnus et les libéralités qu'on leur fait sont soumises à une autorisation de la puissance publique ; ce double principe n'a pas été inventé par nos contemporains, nous l'avons vu naître et se développer avant la Révolution.

Les lois anciennes et modernes ne sont pas néanmoins identiques et l'on doit relever, notamment en ce qui concerne l'autorisation des dons et legs, d'importantes différences. Avant 1789, l'autorisation n'était exigée que pour les libéralités immobilières et elle donnait lieu au payement d'une finance ; actuellement elle s'applique indistinctement aux dons et legs de meubles et d'immeubles et elle est gratuite.

Les innovations de la législation contemporaine s'expliquent fort aisément et, loin de présenter un caractère arbitraire, elles ont été amenées tout naturellement par la logique des événements.

Si la nécessité de l'autorisation ne concernait, avant la Révolution, que les libéralités immobilières, c'était par un ressouvenir de l'origine féodale de la formalité ; mais, la féodalité une fois tombée, il n'existait plus aucune bonne raison pour ne pas faire subir aux meubles et aux immeubles le même traitement. Ils devaient, les uns comme les autres, être assujettis au contrôle de l'autorité publique.

D'autre part, on comprend que, sous l'ancien régime, le roi n'autorisât les libéralités que moyennant l'acquittement d'une certaine somme, car la finance qu'il exigeait était la rançon des droits et des services que les immeubles acquis par les gens de mainmorte cessaient de supporter. Mais aujourd'hui les dons et legs faits aux établissements publics ou d'utilité publique entraînent la perception des mêmes droits de mutation que les libéralités adressées à des particuliers ; en outre, les personnes morales payent un impôt destiné à dédommager l'État du préjudice permanent que lui cause la propriété de mainmorte, la *taxe des biens de mainmorte*, à laquelle viennent se joindre quelquefois les *droits d'accroissement*. Dans ces circonstances, l'autorisation ne saurait, sans quelque injustice, être subordonnée à l'acquittement d'une redevance et l'on a sagement agi en la rendant gratuite.

Malgré les divergences que nous venons d'indiquer, le présent se rattache assez étroitement au passé et l'on peut dire que la législation moderne des dons et legs procède de l'ancienne. Si elle s'en est écartée sur quelques points, c'est afin de se mettre en harmonie avec le nouvel ordre de choses issu de la Révolution et l'influence de notre vieux droit ne s'en fait pas moins sentir d'une manière très nette dans l'œuvre du législateur contemporain.

SECTION II.

DROIT INTERMÉDIAIRE.

27. Le droit intermédiaire comprend toutes les lois rendues depuis la déclaration de l'Assemblée constituante du 17 juin 1789 jusqu'à la promulgation du titre préliminaire du Code civil (24 ventôse an XI); il se divise, en ce qui concerne les dons et legs faits aux établissements publics ou d'utilité publique, en deux parties bien distinctes, dont l'une correspond à la suppression des gens de mainmorte et l'autre à leur résurrection.

28. Les premières années de la Révolution sont marquées par la destruction progressive des corps et communautés qui s'étaient multipliés d'une façon si prodigieuse dans l'ancienne France; les gens de mainmorte périrent un à un et la nation mit la main sur leurs richesses mobilières et immobilières.

Cette page de notre histoire contient un enseignement; elle montre combien l'existence des personnes morales est artificielle et contingente puisque le jour où elles cessent de paraître utiles et où elles pourraient devenir dangereuses l'État les anéantit et s'empare de leurs biens.

29. La loi des 2-4 novembre 1789 mit tous les biens ecclésiastiques à la disposition de la nation (1) ; elle se bornait à une simple déclaration de principe votée sur la motion de Mirabeau, mais on allait bientôt passer aux mesures d'exécution.

---

(1) Loi des 2-4 novembre 1789. — L'Assemblée nationale décrète : 1° que tous les biens ecclésiastiques sont à la disposition de la nation, à la charge de pourvoir, d'une manière convenable, aux frais du culte, à l'entretien de ses ministres, et au soulagement des pauvres, sous la surveillance et d'après les instructions des provinces; 2° que dans les dispositions à faire pour subvenir à l'entretien des ministres de la religion il ne pourra être assuré à la dotation d'aucune cure moins de douze cents livres par année, non compris le logement et les jardins en dépendant.

La loi des 12 juillet-24 août 1790 *sur la constitution civile du clergé*, tout en maintenant les séminaires et les titres d'archevêque, d'évêque, de curé et de vicaire, abolit tous les bénéfices ecclésiastiques ; son article 20 est ainsi conçu : « Tous titres et offices autres que ceux mentionnés en la présente constitution, les dignités, canonicats, prébendes, demi-prébendes, chapelles, chapellenies, tant des églises cathédrales que des églises collégiales, et tous chapitres réguliers et séculiers de l'un et de l'autre sexe, les abbayes et prieurés en règle ou en commande, aussi de l'un et de l'autre sexe, et tous autres bénéfices et prestimonies généralement quelconques, de quelque nature et sous quelque dénomination que ce soit, sont, à compter du jour de la publication du présent décret, éteints et supprimés sans qu'il puisse jamais en être établi de semblables. »

Cette suppression était faite sous réserve des droits des tiers, ainsi qu'il résulte des articles 24 et 25 :

« Art. 24. Les fondations de messes et autres services acquittés présentement dans les églises paroissiales par les curés et par les prêtres qui y sont attachés, sans être pourvus de leur place en titre perpétuel de bénéfice, continueront provisoirement à être acquittées et payées comme par le passé. »

« Art. 25. Les fondations faites pour subvenir à l'éducation des parents des fondateurs continueront à être exécutées conformément aux dispositions écrites dans les titres de fondations ; et à l'égard de toutes autres fondations pieuses les parties intéressées présenteront leurs mémoires aux assemblées de département pour, sur leur avis et celui de l'évêque diocésain, être statué par le Corps législatif sur leur conservation ou leur remplacement. »

Les congrégations religieuses furent dissoutes et leurs biens attribués au domaine national.

Plusieurs lois ont été nécessaires pour arriver à ce résultat. D'abord la loi des 13-19 février 1790 prohiba les « vœux monastiques solennels des personnes de l'un ou de l'autre sexe », et supprima, en conséquence, les congrégations et ordres *réguliers* ou autrement dit les ordres et congrégations dont les membres étaient astreints par des vœux solennels à vivre sous l'empire d'une certaine règle (1). Les biens de ces corporations furent définitivement nationalisés par la loi des 26 septembre-16 octobre 1791 qui, comme celle des 12 juillet-24 août 1790 tint à honneur de ne pas toucher aux droits des tiers (2).

Quant aux congrégations *séculières*, elles subsistèrent jusqu'en 1792 ; elles se distinguaient des congrégations *régulières* en ce que leurs membres n'étaient pas liés par des vœux solennels et elles se divisaient en congrégations ecclésiastiques et congrégations laïques, suivant que les individus qui les composaient étaient ou non engagés dans les ordres sacrés. Elles furent anéanties par la loi du 18 août 1792 qui statua sur

---

(1) Loi des 13-19 février 1790. — Art. 1er. La loi constitutionnelle du royaume ne reconnaîtra plus de vœux monastiques solennels de personnes de l'un ni de l'autre sexe : en conséquence, les ordres et congrégations *réguliers* dans lesquels on fait de pareils vœux sont et demeureront supprimés en France, sans qu'il puisse en être établi de semblables à l'avenir.

Art. 2. Tous les individus de l'un et de l'autre sexe existant dans les monastères et maisons religieuses pourront en sortir en faisant leur déclaration devant la municipalité du lieu et il sera pourvu incessamment à leur sort par une pension convenable. Il sera pareillement indiqué des maisons où seront tenus de se retirer les religieux qui ne voudront pas profiter de la disposition du présent. Au surplus, il ne sera rien changé quant à présent à l'égard des maisons chargées de l'éducation publique et des établissements de charité et ce jusqu'à ce qu'il ait été pris un parti sur ces objets.

Art. 3. Les religieuses pourront rester dans les maisons où elles sont aujourd'hui, les exceptant expressément de l'article qui oblige les religieux de réunir plusieurs maisons en une seule.

(2) Loi des 26 septembre-16 octobre 1791. — Art. 1er. Les biens dépendant des fondations faites en faveur d'ordres, de corps et de corporations qui n'existent plus dans la législation française, soit que lesdites fondations eussent pour objets lesdits ordres, corps, corporations en commun, ou les individus, qui en faisaient partie, considérés comme membres desdits ordres, corps et corporations, font partie des biens nationaux et sont comme tels à la disposition de la nation.....

Art. 3. L'assemblée réserve à la législature d'établir les règles d'après lesquelles il sera statué sur les demandes particulières qui pourraient être formées en conséquence des clauses écrites dans les actes de fondation.

Art. 4. — Et néanmoins les individus qui jouiraient de quelque partie desdites fondations uniquement à titre de secours pour subvenir à leurs besoins continueront d'en jouir personnellement, aux termes desdites fondations. Les fondations faites dans les paroisses seront au surplus exécutées en conformité des précédents décrets.

l'aliénation et l'administration de leurs biens. Les mêmes mesures étaient prises à l'égard des confréries (1).

Un instant, les fabriques purent croire qu'elles conserveraient leur patrimoine ; en effet, la loi des 28 octobre-5 novembre 1790 sursit provisoirement à réunir au Domaine national les biens de ces établissements (2). Mais la loi des 19 août-3 septembre 1792 décida que les immeubles fabri-

---

(1) Loi du 18 août 1792. — TITRE Ier. *Suppression des congrégations séculières et des confréries.* — Art. Ier. Les corporations connues en France sous le nom de congrégations séculières ecclésiastiques, telles que celles des prêtres de l'Oratoire de Jésus... ; les congrégations laïques, telles que celles des frères de l'Ecole chrétienne... ; les congrégations de filles telles que celles de la Sagesse... et généralement toutes les corporations religieuses et congrégations *séculières* d'hommes et de femmes, ecclésiastiques ou laïques, même celles uniquement vouées au service des hôpitaux et au soulagement des malades, sous quelque dénomination qu'elles existent en France, soit qu'elles ne comprennent qu'une seule maison, soit qu'elles en comprennent plusieurs; ensemble les familiarités, confréries, les pénitents de toutes couleurs, les pèlerins et toutes autres associations de piété ou de charité, sont éteintes et supprimées à dater du jour de la publication du présent décret...

TITRE II. *De l'aliénation et de l'administration des biens des congrégations séculières, des collèges, des confréries et autres associations supprimées.* — Art. Ier. Les biens formant la dotation des corporations connues en France sous le nom de congrégations séculières ecclésiastiques ou laïques d'hommes ou de femmes, sous quelque dénomination qu'elles existent, soit qu'elles ne comprennent qu'une seule maison, soit qu'elles en comprennent plusieurs, même des ermites qui vivent seuls ; ceux des séminaires-collèges et des collèges, des bourses et des fondations desservies par les congrégations ou dont elles jouissaient, à quelque titre que ce fût, ensemble les biens dépendant des familiarités, confréries, pénitents de toutes couleurs, des pèlerins et autres associations de piété ou de charité, dénommées ou non dénommées dans l'article Ier du titre Ier du présent décret, seront dès à présent administrés et les immeubles réels vendus dans la même forme et aux mêmes conditions que les autres domaines nationaux, sauf les exceptions et les modifications ci-après énoncées.

(2) Loi des 28 octobre-5 novembre 1790. — TITRE Ier. *De la distinction des biens nationaux à vendre dès à présent et de l'administration générale.* — Art. Ier. L'Assemblée nationale décrète qu'elle entend par biens nationaux : 1° tous les biens des domaines de la couronne ; 2° tous les biens des apanages ; 3° tous les biens du clergé ; 4° tous les biens des séminaires diocésains. — L'Assemblée ajourne tout ce qui concerne : 1° les biens des fabriques ; 2° les biens de fondations établies dans les églises paroissiales ; 3° les biens des séminaires-collèges, des collèges, des établissements d'études ou de retraite, et de tous établissements destinés à l'enseignement public ; 4° les biens des hôpitaux, maisons de charité et autres établissements destinés au soulagement des pauvres ainsi que ceux des ordres de Malte et de tous autres ordres religieux militaires.

ciens seraient vendus comme biens nationaux (1) et elle fut suivie d'autres dispositions législatives qui achevèrent la ruine des fabriques.

Désormais l'Église était dépouillée de tous ses biens et le principe inscrit dans la loi des 2-4 novembre 1789 était entièrement appliqué.

30. Au surplus, les biens ecclésiastiques ne furent pas seuls visés par les lois révolutionnaires; le Domaine national s'enrichit aux dépens de tous les établissements de mainmorte même laïques.

C'est ainsi que la Convention nationale porta la main sur le patrimoine des établissements de bienfaisance ; la loi du 19 mars 1793 qui fit de l'assistance des pauvres « une dette nationale », ordonna la mise en vente des biens des « hôpitaux, fondations et dotations en faveur des pauvres » (2).

Un autre exemple peut être tiré de la loi du 4 nivôse an II qui a mis à la disposition de la nation les biens des tribunaux consulaires (3).

L'abolition des établissements de mainmorte a donc été aussi générale que possible et les seuls corps moraux dont la Révolution ait toléré l'existence sont les communes dont les biens restèrent intacts.

— Art. 2. L'Assemblée décrète que tous lesdits biens déclarés nationaux seront vendus dès à présent et, en attendant, qu'ils seront administrés par les corps administratifs, sous les exceptions et modifications ci-après.

(1) Loi des 19 août-3 septembre 1792. — Art. 1er. Les immeubles réels affectés aux fabriques des églises cathédrales, paroissiales et succursales à quelque titre et pour quelque destination que ce puisse être seront vendus dès à présent, dans la même forme et aux mêmes conditions que les autres biens nationaux... — Art. 4. Toutes ventes d'immeubles réels affectés aux fabriques qui auraient été faites jusqu'à présent dans les formes prescrites pour la vente des biens nationaux, sont validées par ce décret.

(2) Loi du 19 mars 1793. — Art. 5. Au moyen de ce que l'assistance du pauvre est une dette nationale, les biens des hôpitaux, fondations et dotations en faveur des pauvres, seront vendus dans la forme qui sera réglée par le comité d'aliénation et, néanmoins, cette vente n'aura lieu qu'après l'organisation complète, définitive et en pleine activité des secours publics.

(3) Loi du 4 nivôse an II. — Art. 1er. Les biens meubles et immeubles appartenant, à quelque titre que ce soit, aux ci-devant tribunaux consulaires font partie des propriétés nationales.

31. Les diverses lois que nous venons de signaler peuvent se justifier par le caractère même des personnes morales; ce sont des individus qui n'existent qu'en vertu d'une fiction juridique que la puissance publique crée à leur profit et qu'elle est toujours libre de faire cesser.

Nous avons constaté que dans l'ancien droit, et notamment d'après l'Édit d'août 1749, aucun établissement de mainmorte ne pouvait se former sans le consentement du prince et qu'il dépendait de l'autorité royale seule de faire sortir du néant des êtres de raison investis de droits analogues à ceux des êtres physiques ; la Révolution s'est emparée de ce principe et elle en a conclu que, du moment que l'existence des corps moraux n'avait aucun fondement en dehors du bon vouloir de la puissance publique, il appartenait toujours à l'État, dont les droits sont imprescriptibles, de faire rentrer dans le néant les établissements de mainmorte, en leur retirant l'autorisation qu'ils avaient obtenue.

Que ce soient ces idées qui aient animé le législateur révolutionnaire, c'est ce que démontrent jusqu'à l'évidence les débats qui ont précédé la loi des 2-4 novembre 1789 relative aux biens ecclésiastiques.

Cette loi a été proposée par Mirabeau qui en a rédigé lui-même les termes et voici comment il la défendait : « M. l'abbé Maury, disait-il, dans la séance de l'Assemblée nationale du 2 novembre 1789, prétend que les corps peuvent s'établir sans le concours de la loi et par la seule volonté des individus auxquels il plaît de former une agrégation politique. Mais il est facile de lui répondre que ce n'est point la réunion matérielle des individus qui forme une agrégation politique ; qu'il faut pour cela qu'une telle agrégation soit regardée comme un individu dans la société générale ; qu'elle ait une personnalité distincte de chacun de ses membres et qu'elle participe aux effets civils ; or il est évident que de pareils droits intéressant la société entière ne peuvent émaner que de sa puissance ; et à moins de supposer que quelques individus peuvent faire des lois, il est absurde de soutenir qu'ils puissent établir des corps ou que les corps puissent se former d'eux-mêmes. »

De son côté, Thouret a prononcé, le 23 octobre 1789, un discours qui est resté célèbre et au cours duquel il s'est exprimé ainsi : « Il faut distinguer entre les personnes, les particuliers ou individus réels et les corps qui, les uns par rapport aux autres, et chacun relativement à l'État forment des personnes morales et fictives. — Les individus et les corps diffèrent essentiellement par la nature de leurs droits et par l'étendue d'autorité que la loi peut exercer sur ces droits. — Les individus existant indépendamment de la loi et antérieurement à elle ont des droits résultant de leur nature et de leurs facultés propres, droits que la loi n'a pas créés, mais qu'elle a seulement reconnus, qu'elle protège et qu'elle ne peut pas plus détruire que les individus eux-mêmes. Tel est le droit de propriété relativement aux particuliers. — Les corps, au contraire, n'existent que par la loi : par cette raison, elle a sur tout ce qui les concerne et jusque sur leur existence même une autorité illimitée. Les corps n'ont aucun droit réel par leur nature, puisqu'ils n'ont pas même de nature propre. Ils ne sont qu'une fiction, une conception abstraite de la loi, qui peut les faire comme il lui plaît, et qui après les avoir faits, peut les modifier à son gré. — Ainsi la loi après avoir créé les corps peut les supprimer. »

Thouret disait encore dans la séance du 30 octobre 1789 : « Les corps n'existent pas par eux mais par la loi et la loi doit mesurer l'étendue dans laquelle elle leur donnera la communication des droits des individus. Tous les corps ne sont que des instruments fabriqués par la loi pour faire le plus grand bien possible. Que fait l'ouvrier lorsque son instrument ne lui convient plus ? Il le brise ou le modifie. »

C'est sous l'empire de ces théories auxquelles elle a donné son plein assentiment que l'Assemblée nationale a préludé à la suppression des gens de mainmorte et à la confiscation de leur patrimoine en décidant que les biens ecclésiastiques seraient mis à la disposition de la nation.

Toute la législation révolutionnaire est pénétrée des mêmes principes.

32. La Révolution ne s'est pas seulement accordée avec l'ancien régime pour admettre que l'existence des corps moraux dépend entièrement du consentement de l'autorité souveraine et que leur personnalité est essentiellement fictive, elle

a en outre rendu hommage dans les circonstances suivantes, à la vieille tradition qui interdisait aux gens de mainmorte d'acquérir des immeubles à titre gratuit ou onéreux sans autorisation du prince.

La loi des 5-19 décembre 1790 a aboli un grand nombre de taxes fiscales participant de la nature des impôts indirects et les a remplacées par une seule contribution qu'elle a qualifiée de droit d'enregistrement. Parmi les taxes supprimées se trouvait l'AMORTISSEMENT ; dans l'esprit du législateur ce n'était pas seulement la finance, c'était aussi la formalité elle-même qui disparaissait ; dès lors les acquisitions immobilières des établissements de mainmorte n'allaient-elles pas devenir libres ? L'Assemblée nationale s'est aperçue du danger et dans le *Titre des exceptions* qui termine la loi des 5-19 décembre 1790 elle a inscrit une disposition ainsi conçue : « L'Assemblée nationale se réserve au surplus de statuer sur la fixation des droits qui seront payés pour les acquisitions, à quelque titre que ce soit, de biens immeubles réels ou fictifs qui pourront être faites par les hôpitaux, collèges, académies et autres établissements permanents et sur les formalités qui seront nécessaires pour *autoriser ces acquisitions.* »

Cette réserve n'a été suivie d'aucun effet et cela pour une bonne raison, c'est que les gens de mainmorte ont tous été supprimés successivement ; il n'y avait donc plus matière à aucun contrôle ni à aucune autorisation d'acquisitions.

La disposition finale de la loi des 5-19 décembre 1790 n'en est pas moins intéressante à rappeler, parce qu'elle montre combien les hommes de la Constituante, tout en étant révolutionnaires, avaient une notion saine et précise des principes d'ordre et d'autorité.

33. En l'an IV commence la seconde période du droit intermédiaire ; elle coïncide avec la résurrection de certains établissements de mainmorte. Les établissements de bienfaisance renaissent de leurs cendres.

Nous avons dit plus haut que la loi du 19 mars 1793 avait ordonné que les biens des établissements de bienfaisance seraient nationalisés et mis en vente, dès qu'il aurait été procédé à la réorganisation des secours publics mis désormais à la charge de l'Etat ; cette réorganisation ne fut pas attendue et la loi du 23 messidor an II prononça la confiscation des biens des établissements charitables et prescrivit leur aliénation immédiate (1).

Mais dès le 9 fructidor an III, il fut sursis à la vente des biens des « hospices de vieillards, de malades, d'enfants, maisons de secours et autres établissements de bienfaisance (2) » et la loi du 2 brumaire an IV étendit le bénéfice de ce sursis au mode de gestion et perception des recettes desdits établissements ; les administrations locales et particulières rentrèrent en jouissance de leurs revenus (3).

Désormais les établissements de bienfaisance étaient virtuellement réintégrés dans leur qualité de personnes morales : des dispositions législatives ultérieures confirmèrent cette restauration et lui donnèrent un caractère définitif : nous citerons notamment les lois des 28 germinal an IV, 16 vendémiaire et 20 ventôse an V.

La loi du 7 frimaire an V, relative à l'organisation des secours à domicile, dispose expressément qu'en outre du droit des pauvres qu'elle institue chaque bureau de bienfaisance recevra « les dons qui lui seront offerts (art. 7) ».

---

(1) Loi du 23 messidor an II. — Art. 1er. Les créances passives des hôpitaux, maisons de secours, hospices, bureaux des pauvres et autres établissements de bienfaisance, sous quelque dénomination qu'ils soient, sont déclarées dettes nationales... - Art. 2. L'actif des établissements mentionnés en l'article précédent, fait partie des propriétés nationales ; il sera administré et vendu conformément aux lois existantes pour les domaines nationaux.

(2) Loi du 9 fructidor an III. — La Convention nationale, sur la motion de l'un de ses membres, décrète qu'il est sursis à la vente des biens des hospices de vieillards, de malades, d'enfants, maisons de secours et autres établissements de bienfaisance, jusqu'au rapport qui lui sera fait sous une décade, par ses comités de secours publics et des finances, sur la demande en rapport de la loi du 23 messidor.

(3) Loi du 2 brumaire an IV. — Art. 1er. En attendant qu'il ait été statué sur l'organisation définitive des secours, l'exécution de la loi du 23 messidor an II est suspendue en ce qui concerne l'administration et la perception des revenus des hôpitaux, maisons de secours, hospices, bureaux de bienfaisance et autres établissements de bienfaisance sous quelque dénomination qu'ils soient connus. — Art. 2. Chaque administration particulière jouira provisoirement, comme par le passé, des revenus qui lui étaient affectés.

Après la charité, ce fut la religion qui bénéficia de mesures réparatrices.

La convention passée le 26 messidor an IX entre le pape et le gouvernement français et connue sous le nom de Concordat porte que « Sa Sainteté, pour le bien de la paix et l'heureux rétablissement de la religion catholique, déclare que ni elle ni ses successeurs ne troubleront en aucune manière les acquéreurs des biens ecclésiastiques aliénés, et qu'en conséquence la propriété de ces mêmes biens, les droits et revenus y attachés, demeureront incommutables entre leurs mains ou celles de leurs ayants cause », (art. 13) mais elle ajoute presque aussitôt, à titre de compensation, en quelque sorte, que « le gouvernement prendra des mesures pour que les catholiques français puissent, s'ils le veulent, faire, en faveur des églises, des fondations » (art. 15).

Les articles organiques du Concordat ont mis à exécution la promesse contenue dans l'article 15 de ladite convention tout en édictant certaines mesures de précaution indispensables. Les articles 11, 23 et 35 de la loi du 18 germinal an X ont permis aux séminaires et chapitres de se reconstituer avec l'assentiment du gouvernement; l'article 73 statue, de son côté, en ces termes : « Les fondations qui ont pour objet l'entretien des ministres et l'exercice du culte ne pourront consister qu'en rentes sur l'Etat; elles seront acceptées par l'évêque diocésain et ne pourront être exécutées qu'avec l'autorisation du gouvernement »; enfin l'article 76 annonce qu' « il sera établi des fabriques pour veiller à l'entretien et la conservation des temples, à l'administration des aumônes. »

Les cultes protestants furent placés sur un pied d'égalité avec le culte catholique et l'un de leurs articles organiques (loi du 18 germinal an X) stipula que « les dispositions portées par les articles organiques du culte catholique sur la liberté des fondations et sur la nature des biens qui peuvent en être l'objet seront communes aux églises protestantes » (art. 8). Les articles 9, 10 et 14 ont prévu l'existence de séminaires qui devaient se former avec l'approbation gouvernementale et les articles 20 et 23 ont confié à des consistoires locaux le soin de veiller « à l'administration des biens de l'église et à celle des deniers provenant des aumônes. ».

Les biens ecclésiastiques vont se reformer peu à peu, grâce aux mesures législatives qui précèdent ; voici maintenant la loi du 11 floréal an X, qui se préoccupe de doter l'instruction publique d'un patrimoine propre.

L'article 43 de cette loi est ainsi conçu : « Le gouvernement autorisera l'acceptation des dons et fondations des particuliers en faveur des écoles ou de tous autres établissements d'instruction publique. Le nom des donateurs sera inscrit à perpétuité dans les lieux auxquels leurs donations seront appliquées. »

En somme, les représentants officiels de l'enseignement, de la religion et de la charité ont été tour à tour admis à constituer des corps nouveaux pour le bien du service public dont ils étaient respectivement chargés ; le réveil des établissements de mainmorte était donc à peu près général en l'an X et, depuis cette époque, ils n'ont fait que se multiplier.

34. Il semble, au premier abord, que, durant la période qui va de l'an IV à l'an X, le droit intermédiaire n'ait vécu qu'au jour le jour et qu'aucun principe général ne l'ait animé ni dirigé.

Cependant, en y regardant d'un peu près, l'on découvrira au fond des diverses lois de cette époque les mêmes idées maîtresses.

D'abord il est certain que le législateur a considéré qu'il avait seul qualité pour instituer des établissements capables d'acquérir et de posséder ; mais il s'est contenté de créer des catégories et, au moins en matière ecclésiastique, il a appelé le gouvernement à approuver la formation de chacun des établissements appartenant à l'une des classes légalement reconnues. La personnalité des nouveaux corps moraux est essentiellement artificielle, comme l'était celle des gens de mainmorte supprimés par la Révolution ; elle repose tout entière sur un acte de concession émané de l'autorité souveraine. D'ailleurs elle n'est pas seulement arbitraire dans son principe, elle l'est également dans ses effets ; ses limites dépendent du caprice du législateur. C'est ainsi que la loi du 18 germinal an X restreint dans des limites très étroites la capacité des établissements ecclésiastiques.

En second lieu, les libéralités faites en faveur des personnes morales ne peuvent être acceptées qu'avec l'autorisation du gouvernement ; c'est ce qui ressort de la loi du 18 germinal an X pour les établissements ecclésiastiques et de celle du 11 floréal de la même année pour les établissements d'instruction publique. L'autorisation est exigée pour les libéralités mobilières aussi bien que pour celles qui ont pour objet des immeubles et à ce point de vue le droit intermédiaire contient une innovation par rapport à l'ancien droit qui n'imposait la nécessité d'une autorisation royale qu'en matière immobilière. Sous réserve de l'autorisation gouvernementale, les legs sont accessibles aux corps moraux aussi bien que les donations entre vifs et par là encore le droit intermédiaire se distingue du droit ancien ou tout au moins de l'Édit d'août 1749, qui ne permettait pas de faire des dispositions de dernière volonté au profit des établissements de mainmorte.

Le principe qui tend à subordonner l'acceptation des libéralités faites aux personnes morales à une autorisation gouvernementale n'a été énoncé par la législation intermédiaire qu'en ce qui concerne les établissements ecclésiastiques ou scolaires; il n'est pas inscrit dans la loi du 7 frimaire an V, qui a conféré aux bureaux de bienfaisance la faculté de recevoir des dons (art. 7). Mais si la loi de l'an V a omis de le rendre applicable aux établissements de cette espèce, c'est simplement, à notre avis, parce qu'elle n'a prévu pour eux que l'éventualité de dons manuels obtenus au moyen de quêtes ou de souscriptions; or, si l'on songe que ces dons forment la ressource normale et quotidienne des bureaux de bienfaisance et qu'ils sont la plupart du temps très modiques, l'on comprend que, sous peine de rendre impossible le fonctionnement de ces établissements, le législateur ait dû s'abstenir d'exiger que de telles libéralités fussent soumises au contrôle de l'autorité supérieure. Quant aux libéralités résultant de testaments ou d'actes entre vifs, il n'y est fait aucune allusion par la loi du 7 frimaire an V; il n'a été permis que plus tard aux bureaux de bienfaisance d'en recevoir et ce n'est que plus tard aussi que le législateur a cru nécessaire d'accorder au gouvernement un droit de surveillance (art. 910 et 937 du Code civil et arrêté consulaire du 4 pluviôse an XII): la formalité de l'autorisation n'a d'ailleurs jamais été applicable aux dons manuels de minime importance faits à ces établissements par voie de quêtes ou de de souscriptions.

SECTION III.

DROIT MODERNE.

35. Le Code civil ne contient que deux articles relatifs aux libéralités faites en faveur des personnes morales : les articles 910 et 937.

L'article 910 est ainsi conçu : « Les dispositions entre vifs ou par testament au profit des hospices, des pauvres d'une commune, ou d'établissements d'utilité publique n'auront leur effet qu'autant qu'elles seront autorisées par un arrêté du gouvernement ». Quant à l'article 937, il dispose que « les donations faites au profit d'hospices, des pauvres d'une commune ou d'établissements d'utilité publique seront acceptées par les administrateurs de ces communes ou établissements, après y avoir été dûment autorisés. »

L'article 910 renferme au moins en germe toute une théorie de la personnalité morale et de ses effets quant à la faculté d'acquérir à titre gratuit ; il est le siège de la matière, le pivot de tout le système et cependant il a passé pour ainsi dire inaperçu dans la discussion du Code civil.

Le texte voté est celui qui avait été préparé par le Conseil d'État ; il n'a subi aucune retouche.

Lorsqu'il a été communiqué officieusement au Tribunat, sa section de législation a fait une observation de pure forme ; elle est ainsi conçue : « La section propose de dire *autorisées et approuvées*. L'autorisation préalable du gouvernement est nécessaire pour les dispositions entre vifs ; et quant aux testaments qui doivent d'abord être faits, ils ne doivent qu'être approuvés par le gouvernement (1) ».

Il n'a pas été tenu compte de cette observation qui, sans doute, a paru oiseuse, et voici comment dans la séance du Corps législatif du 2 floréal an XI (22 avril 1803) Bigot Préameneu, conseiller d'Etat et orateur du gouvernement, s'expri-

---

(1) Locré, *Législation civile, commerciale et criminelle de la France*, t. XI, p. 306.

mait au sujet du fond même de l'article. « On ne met pas, disait-il dans son exposé des motifs, au nombre des incapables de recevoir les hospices, les pauvres d'une commune et les établissements d'utilité publique. Il est, au contraire, à désirer que l'esprit de bienfaisance qui caractérise les Français répare les pertes que ces établissements ont faites pendant la Révolution ; mais il faut que le gouvernement les autorise. Ces dispositions sont sujettes à des règles dont il doit maintenir l'exécution. Il doit connaître la nature et la quantité des biens qu'il met ainsi hors du commerce, il doit même empêcher qu'il n'y ait dans ces dispositions un excès condamnable (1) ».

Dans son rapport fait au Tribunat le 9 floréal an XI (29 avril 1803), Jaubert disait : « Les hospices, les pauvres d'une commune, les établissements d'utilité publique ne pourront recevoir qu'en vertu d'une autorisation du gouvernement ; le zèle et la piété ne doivent pas excéder les bornes légitimes. L'intérêt de la société, celui des familles exigeaient cette limitation qui, au reste, sera encore plus sage que le fameux Édit de 1749 où ne se trouvaient des dispositions restrictives que sur les immeubles (2) ».

Enfin le 13 floréal an XI (3 mai 1803), dans le discours qu'il a fait devant le Corps législatif en apportant le vœu du Tribunat tendant à l'adoption du titre des donations entre vifs et des testaments, Favard s'est borné à analyser l'article 910 sans le commenter (3).

Les travaux préparatoires du Code civil ne nous fournissent donc que peu de lumière sur le sens et la portée de l'article 910.

L'article 937 a tenu une place encore plus restreinte dans l'élaboration du titre des donations et des testaments.

Bigot-Préameneu n'a consacré que ces quelques paroles à l'article 937 dans son exposé des motifs fait au Corps législatif : « Quant aux donations qui seront faites aux hospices, aux pauvres des communes, et aux établissements d'utilité publique, elles seront acceptées par leurs administrateurs,

---

(1) Locré, *Législation civile, etc.*, t. XI, p. 365-366.
(2) Locré, *op. cit.*, t. XI, p. 443.
(3) Locré, *op. cit.*, t. XI, p. 493.

lorsque le gouvernement, qui veille aux droits des familles comme à l'intérêt des pauvres, les y aura autorisés (1) » et Jaubert dans son rapport fait au Tribunat s'est contenté de dire : « Il est naturel ... que l'autorisation du gouvernement doive précéder l'acceptation des administrateurs des communes ou des hospices ou des établissements d'utilité publique (2) ».

De ces divers travaux préparatoires nous ne voulons pour le moment retenir qu'une chose, parce qu'elle a un intérêt historique et qu'elle montre qu'entre l'ancien droit et le droit moderne il n'y a pas de solution de continuité, c'est l'allusion faite par Jaubert à l'Édit d'août 1749. Jaubert a indiqué que l'article 910 tendait à renforcer les dispositions restrictives de l'Édit de 1749 en ce sens qu'il appliquait aux libéralités mobilières comme aux libéralités immobilières la nécessité d'une autorisation gouvernementale; c'est donc dans l'ancien droit combiné avec les innovations du droit intermédiaire que les auteurs du Code civil ont puisé leur inspiration.

L'aperçu historique de Jaubert est d'ailleurs incomplet ; il aurait fallu faire remarquer que, si les dispositions de l'Édit de 1749 sont aggravées à un certain point de vue, elles ont fait place sous un autre rapport à des dispositions plus libérales. L'article 910 du Code civil, à l'exemple du droit intermédiaire, n'a-t-il pas en effet reconnu aux personnes morales la capacité nécessaire pour recevoir des legs aussi bien que des dons ?

36. Sans entrer dans le commentaire de l'article 910 du Code civil et en nous maintenant strictement sur le terrain historique, nous ne pouvons nous dispenser d'observer qu'un double principe se trouve consigné dans l'article précité.

L'un est énoncé expressément et il a pour objet de soumettre l'acceptation des dons et legs de toute espèce à l'agrément du gouvernement, lorsqu'ils sont adressés aux hospices, aux pauvres d'une commune ou aux établissements d'utilité publique.

L'autre n'admet à la jouissance du droit de recevoir des

---

(1) Locré, *Législation civile, etc.*, t. XI, p. 392.
(2) Locré, *op. cit.*, t. XI, p. 457.

dons et legs, sous réserve de l'approbation gouvernementale, que les établissements auxquels la personnalité morale a été conférée par un acte de l'autorité souveraine ; il considère la capacité de recevoir des dons et legs comme un bienfait des pouvoirs publics et non comme une faculté naturelle.

Ce second principe ne découle qu'implicitement de l'article 910 du Code civil ; il n'y est pas formulé en termes exprès, mais il est facile de l'en déduire.

Quels sont, en effet, en dehors des hospices et des pauvres, les établissements que l'article 910 investit de la faculté de recevoir des libéralités ? Ce sont les *établissements d'utilité publique*.

Or, à l'époque où a été promulgué le Code civil, les *établissements d'utilité publique* ne formaient pas comme aujourd'hui une classe spéciale parmi les personnes morales ; on ne les opposait pas aux *établissements publics*. Ils comprenaient l'ensemble des établissements légalement reconnus.

On vivait encore sous l'empire des théories que Thouret avait développées devant l'Assemblée constituante dans la séance du 23 octobre 1789. Nous avons vu plus haut (V. *supra*, n° 31) comment l'éminent jurisconsulte expliquait que « les corps n'existent que par la loi » et qu' « ils ne sont qu'une fiction, une conception abstraite de la loi qui peut les faire comme il lui plaît et qui après les avoir faits peut les modifier à son gré » ; il ajoutait que les corps « n'ont pu être introduits et ne peuvent être conservés qu'à raison de leur *utilité publique* » et il terminait par ces mots : « si nous examinons tous les établissements de ce genre, il n'y en a pas un qui n'ait eu pour motif, certain ou présumé, un service et des fonctions destinées à *l'utilité générale*. »

Ainsi dans la bouche de Thouret les expressions de « corps » et d' « établissements d'utilité publique » étaient synonymes et en même temps elles étaient équivalentes à celle d' « établissements légalement reconnus » ; la loi seule pouvait créer des corps, des établissements d'utilité publique.

Or il n'est pas douteux que les rédacteurs du Code civil n'aient parlé le même langage que Thouret et il s'ensuit que lorsqu'ils ont conféré aux établissements d'utilité publique le droit d'acquérir à titre gratuit, c'est bien aux établissements légalement reconnus qu'ils ont entendu l'attribuer; la loi était, à leurs yeux, la source de la personnalité morale. Un établissement n'est apte à recevoir des dons et legs qu'à raison de son utilité publique dûment constatée soit par la loi elle-même soit par le gouvernement agissant en vertu d'une délégation du législateur.

L'article 910 a donc bien consacré deux règles distinctes dont il a trouvé le germe dans l'ancien droit et que le droit intermédiaire avait proclamées :

1° Aucun établissement ne *jouit* de la faculté de recevoir des dons et legs qu'autant qu'il a été légalement reconnu ;

2° Un établissement légalement reconnu ne saurait *exercer* sa faculté d'acquérir à titre gratuit que moyennant l'autorisation du Gouvernement.

37. Que sont devenues ces deux règles depuis le Code civil ?

La première, aux termes de laquelle la capacité de recevoir est un privilège exclusivement réservé aux établissements légalement reconnus, est restée intacte et elle a conservé une portée générale ; diverses lois l'ont d'ailleurs tirée des limbes où l'avait laissée le Code civil et en ont fait l'application expresse à des catégories déterminées d'établissements. Nous citerons notamment la loi du 2 janvier 1817 sur les établissements ecclésiastiques (art. 1er), celle du 24 mai 1825 sur les congrégations et communautés religieuses de femmes (art. 4), celle du 15 juillet 1850 sur les sociétés de secours mutuels (art. 7) et celle du 12 juillet 1875 sur les établissements d'enseignement supérieur (art. 11).

Toutefois nous devons signaler dans la législation la plus récente un mouvement qui tend à la simplification de la reconnaissance légale; depuis quelques années le législateur est porté à prescrire ou à permettre par voie de disposition générale la création d'établissements nouveaux auxquels il confère lui-même d'avance et en bloc le bienfait de la vie civile. Ces établissements tiennent leur existence directement de la loi, sans que le gouvernement ait à approuver la formation de chacun d'eux en particulier ; l'obligation d'une reconnaissance individuelle disparaît.

C'est ainsi que la loi du 28 mars 1882 (art. 17), généralisant une disposition contenue dans l'article 15 de la loi du 10 avril 1867, a décidé qu'une caisse des écoles serait établie dans toutes les communes. De même, les lois des 21 juin 1865 et 22 décembre 1888 prévoient, à côté des associations syndicales autorisées, des associations syndicales libres qui se forment en dehors de tout contrôle administratif. Aux termes de l'article 2 de la loi du 21 mars 1884 les syndicats professionnels peuvent « se constituer librement sans l'autorisation du gouvernement ». Enfin une loi qui ne date que de quelques mois, la loi du 15 juillet 1893 sur l'assistance médicale gratuite, vient de décider que chaque commune serait dotée d'un bureau d'assistance.

Tantôt le législateur fixe d'une manière plus ou moins précise les conditions d'organisation et de fonctionnement des établissements qu'il institue de la sorte, en vertu d'une disposition générale ; c'est ce qu'il a fait pour les associations syndicales, les syndicats professionnels et les bureaux d'assistance. Tantôt, au contraire, il se contente d'indiquer la destination des nouveaux établissements et il se désintéresse absolument de leurs statuts dont il ne détermine même pas les grandes lignes; il a agi ainsi pour les caisses des écoles. Une seule règle consistant à exiger que les secours fussent répartis par les commissions scolaires était posée par la loi du 28 mars 1882; elle a été abrogée par la loi du 19 juillet 1889 (art. 54).

Ces divers établissements qui puisent leur existence légale dans la loi même, sans passer par l'intermédiaire du gouvernement, ne jouissent pas tous des mêmes droits. Leur personnalité est plus ou moins arbitrairement découpée ; elle est souvent rudimentaire et l'on a soutenu notamment que pour les syndicats professionnels elle ne comportait pas la faculté de recevoir des dons et des legs.

Il n'y en a pas moins dans les lois que nous venons de citer une tendance favorable à la diminution des prérogatives de la puissance publique.

Jusqu'à ces derniers temps il ne suffisait pas pour qu'un établissement fût investi de la personnalité morale qu'il appartînt à l'une des espèces auxquelles la loi a ouvert l'accès de ce privilège; il fallait, en outre, que cet établissemen eût reçu expressément et spécialement de l'autorité compétente la permission de se former. L'on exigeait tout à la fois la reconnaissance de l'*espèce* et celle de l'*individu*.

C'est l'obligation de cette dernière reconnaissance qui a été abolie par les lois que nous avons mentionnées plus haut; des deux phases par lesquelles passait l'enfantement d'une personne morale ces lois n'ont laissé subsister que la première.

Cette innovation n'a été appliquée encore qu'à quelques établissements, mais n'est-elle pas destinée à se généraliser? C'est ce qu'il est encore impossible de prévoir. L'on peut se demander si le mouvement libéral qui a été imprimé à la législation au cours de ces dernières années se trouve maintenant enrayé ou s'il est appelé à s'étendre; et s'il s'étend aboutira-t-il simplement à la suppression universelle de la nécessité d'une reconnaissance individuelle ou n'ira-t-il pas plus loin et n'arrivera-t-il pas à l'abolition de toute reconnaissance même ne s'appliquant qu'aux espèces et non aux individus? Toutes les hypothèses sont possibles et, du moment que le législateur est entré dans la voie de la liberté, il n'y a rien d'invraisemblable à ce qu'il soit tenté de parcourir le chemin jusqu'au bout et à ce qu'un jour il laisse les personnes morales se former en toute indépendance.

Mais nous n'en sommes pas encore là et présentement il est de règle absolue que les établissements légalement reconnus constituent seuls des personnes morales : ce principe ne comporte aucune exception.

38. La seconde règle posée par l'article 910 du Code civil et rappelée par différentes lois ultérieures (Loi du 2 janvier 1817 sur les donations et legs aux établissements ecclésiastiques, art. 1er; loi du 24 mai 1825 relative à l'autorisation et à l'existence légale des congrégations et communautés religieuses de femmes, art. 4; loi du 5 juin 1835 relative aux caisses d'épargne, art. 10; loi du 15 juillet 1850 sur les sociétés de secours mutuels, art. 7; etc., etc.) consiste à subordonner à l'autorisation du gouvernement l'acceptation des dons et legs faits aux personnes morales; elle a été assez gravement entamée et elle est loin d'avoir conservé sa physionomie primitive.

Elle a, en effet, subi deux sortes d'atteintes qui seront décrites en détail dans le cours de cet ouvrage, mais que nous voulons immédiatement caractériser en quelques mots.

En premier lieu, le législateur a supprimé la nécessité de l'autorisation pour quelques personnes morales dans certains cas limitativement énumérés et sous certaines conditions. Il n'y a jusqu'ici que les départements, les communes et les colonies qui aient été appelés à bénéficier de cet allègement de la tutelle gouvernementale inspiré par la politique de décentralisation; le joug de la puissance publique n'a cessé de peser dans aucune mesure sur les autres corps moraux.

En second lieu, l'autorisation n'a plus toujours besoin d'émaner du gouvernement, c'est-à-dire du chef de l'État comme l'exigeait l'article 910 du Code civil; elle est accordée dans d'assez nombreuses circonstances par les sous-préfets, les préfets ou les ministres, en vertu de diverses dispositions législatives ou réglementaires.

De ces nouvelles règles de compétence les unes ont été édictées valablement par des lois ou des décrets-lois; les autres sont énoncées par de simples décrets ou ordonnances qui, à notre avis, n'ont pu régulièrement déroger à l'article 910 du Code civil : telles sont celles qui ont été formulées par l'ordonnance du 2 avril 1817 et les décrets des 13 avril 1861, 15 février 1862 et 29 mars 1890. Les dispositions par lesquelles l'ordonnance et les décrets susvisés ont porté atteinte aux prérogatives du chef de l'État nous paraissent entachées d'excès de pouvoirs ; elles ne s'en appliquent pas moins journellement et l'on n'a jamais songé dans la pratique à se prévaloir de leur illégalité.

Si la formalité de l'autorisation a été simplifiée par les lois, décrets et ordonnances qui ont fait passer aux mains d'autorités inférieures une partie des pouvoirs du chef de l'État, l'on serait tenté de dire qu'en revanche elle a été compliquée par l'article 1er de l'ordonnance du 2 avril 1817, aux termes duquel le chef de l'État, lorsqu'il est compétent pour statuer, ne peut le faire que le Conseil d'État entendu.

Mais ce serait méconnaître la vérité historique ; en exigeant l'intervention du Conseil d'État, l'ordonnance du 2 avril 1817 n'a fait aucune innovation ; elle s'est bornée à consacrer par un texte formel la pratique constante. Au reste, il convient de se reporter au texte de l'article 910 du Code civil tel qu'il résulte de l'édition de 1804 ; tandis, en effet, que l'autorisation doit être donnée par une « ordonnance royale » d'après l'édition de 1816 et par un « décret impérial » suivant l'édition de 1807, c'est un « arrêté du gouvernement » qu'exige l'édition primitive. Or, dans le langage de l'époque, le gouvernement c'était le chef de l'État délibérant en son conseil ; l'article 910 sous-entendait donc que le Conseil d'État serait consulté sur les autorisations à délivrer aux personnes morales et l'ordonnance du 2 avril 1817 a simplement dégagé un principe qui n'existait qu'à l'état latent dans la rédaction originaire de l'article 910.

TITRE PREMIER.

DE LA CAPACITÉ DE RECEVOIR.

CHAPITRE PREMIER

DE LA DISTINCTION DES ÉTABLISSEMENTS RECONNUS ET NON RECONNUS ET DE SES CONSÉQUENCES AU POINT DE VUE DE LA CAPACITÉ DE RECEVOIR.

§ 1er. — *De la reconnaissance légale nécessaire pour conférer à un établissement la capacité de recevoir.*

39. Il est de droit public en France qu'aucune personne morale capable de recevoir des dons et des legs ne peut exister qu'en vertu d'un acte de la puissance publique; les établissements légalement reconnus jouissent seuls de la vie civile et du droit d'acquérir à titre gratuit.

Cette règle fondamentale, qui fait de la faculté de recevoir un privilège exclusivement réservé aux établissements auxquels l'autorité souveraine l'a conféré, était consacrée par l'ancien droit qui l'avait inscrite dans l'Édit d'août 1749; le droit intermédiaire lui a rendu un hommage solennel et, si elle n'est pas expressément formulée dans le Code civil, il est du moins facile de la déduire de l'article 910 qui est ainsi conçu : « Les dispositions entre vifs ou par testament au profit des hospices, des pauvres d'une commune, ou d'établissements d'utilité publique n'auront leur effet qu'autant qu'elles seront autorisées par un arrêté du gouvernement (édition de 1804), — un décret impérial (édition de 1807), — une ordonnance royale (édition de 1816). »

Nous avons indiqué plus haut, au cours de nos recherches

historiques (V. *supra*, n° 36), que dans ce texte l'expression d' « établissement d'utilité publique » était synonyme de celle d' « établissement légalement reconnu » et que par conséquent l'article 910 supposait nécessairement que les établissements qui sollicitaient l'autorisation d'accepter des dons ou des legs avaient été préalablement investis par l'autorité compétente de la capacité de recevoir.

Il nous paraît inutile de revenir ici sur cette démonstration que nous croyons avoir faite d'une manière absolument péremptoire et il ne nous reste plus qu'à insister sur le sens et la portée de la règle que nous venons d'énoncer.

40. Nous n'avons pas à rechercher dans cet ouvrage de quelle autorité doit émaner la reconnaissance légale des établissements divers que comporte notre organisation sociale et politique; nous ne nous préoccuperons pas davantage des formes et des conditions auxquelles cette reconnaissance est subordonnée.

De telles questions excèdent manifestement le cadre de notre étude. Nous nous demanderons simplement en quoi consiste la reconnaissance légale et quels sont les caractères essentiels ou autrement dit les traits capitaux qui permettent de la distinguer d'autres actes de l'autorité publique avec lesquels l'on serait tenté de la confondre.

41. Il est certain d'abord que l'on ne saurait considérer comme légalement reconnues les associations de plus de vingt personnes et les communautés ou congrégations religieuses qui ont été autorisées à se former par application des articles 291 et suivants du Code pénal et de diverses lois de police; l'autorisation qu'elles ont obtenue n'est pas un acte de reconnaissance légale, c'est-à-dire un brevet de personnalité morale; elle a uniquement pour but et pour effet de régulariser leur situation au point de vue de la police générale de l'État et de les mettre à l'abri de l'application des peines portées contre les associations, communautés et congrégations illicites. Elle les place *extra pœnam*, elle rend leur *existence de fait* licite, mais elle ne la transforme pas en une *existence de droit* comportant la faculté de recevoir des libéralités.

Il en est ainsi alors même que ces associations, congrégations ou communautés seraient devenues les auxiliaires de l'Administration et qu'elles auraient été associées étroitement à son action. C'est ce qui résulte de la jurisprudence suivie par la Cour de cassation à l'égard des congrégations religieuses d'hommes qui, au lieu d'être autorisées comme telles par une loi, ont été reconnues comme établissements d'utilité publique par décret ou par ordonnance et admises à seconder l'Université dans sa tâche, à titre d'associations enseignantes ou charitables. Par un arrêt du 3 juin 1861, rendu conformément aux conclusions de M. le procureur général Dupin dans une affaire intéressant la congrégation des frères de Saint-Joseph du Mans, la chambre civile de la Cour de cassation a déclaré « qu'aux termes de la loi du 2 janvier 1817 qui n'a fait que proclamer de nouveau l'un des principes permanents du droit public de la France consacré sous l'ancienne monarchie par la déclaration du roi du 27 juin 1659 et par l'édit du mois d'août 1749, aucune communauté religieuse d'hommes ne peut tenir l'existence et la capacité civiles pour recevoir des libéralités que d'un acte de l'autorité législative » et « qu'en l'absence d'une loi qui ait reconnu la congrégation religieuse des frères de Saint-Joseph du Mans, il n'y a point été et il n'aurait pu y être suppléé par l'ordonnance du 25 juin 1823, laquelle en autorisant cet établissement comme association charitable *a eu seulement pour effet de régulariser sa situation au point de vue de la police des associations* et aussi d'autoriser les services de ladite association comme dépendance de l'Université pour l'instruction primaire » (1).

---

(1) Cass. civ. 3 juin 1861. — La Cour; — Sur le premier moyen... Sur le second moyen; — Attendu qu'aux termes de la loi du 2 janvier 1817 qui n'a fait que proclamer de nouveau l'un des principes permanents du droit public de la France consacré sous l'ancienne monarchie par la déclaration du roi du 27 juin 1659 et par l'édit du mois d'août 1749, aucune communauté religieuse d'hommes ne peut tenir l'existence et la capacité civiles pour recevoir des libéralités que d'un acte de l'autorité législative; — Attendu qu'en l'absence d'une loi qui ait reconnu la congrégation religieuse des frères de Saint-Joseph du Mans, il n'y a point été et il n'aurait pu y être suppléé par l'ordonnance du 25 juin 1823, laquelle en autorisant cet établissement comme association charitable a eu seulement pour effet de régulariser sa situation au point de vue de la police des associations et aussi d'autoriser les services de ladite association comme dépendance de l'Université pour l'instruction pri-

La jurisprudence du Conseil d'État n'est pas moins formelle sur ce point ; elle dénie la personnalité civile aux congrégations religieuses d'hommes autorisées par décret ou ordonnance comme associations enseignantes ou charitables. Aux termes d'un avis du 16 juin 1881, le Conseil d'État, consulté par le ministre de l'Instruction publique et des Beaux-Arts sur la *question de savoir si la Société de Marie autorisée par ordonnance royale du 16 novembre 1825 comme association charitable en faveur de l'instruction primaire possèdait la personnalité civile*, a répondu « que l'ordonnance du 16 novembre 1825, autorisant cette congrégation comme association charitable en faveur de l'instruction primaire, n'a pu suppléer à la loi qui était nécessaire pour lui donner la personnalité civile » (1).

---

maire ; — Attendu que si ladite ordonnance a disposé dans son article 3 « que l'Université pourra, en se conformant aux lois et règlements de l'administration publique, recevoir les legs et donations qui seraient faits en faveur de ladite association », cette disposition n'a point relevé la congrégation de son incapacité civile pour recevoir elle-même directement des libéralités et pour faire acte d'établissement ecclésiastique légalement constitué en acceptant ces libéralités sans l'intervention de l'Université ainsi que le demandeur prétend pouvoir le faire pour ladite communauté, étant son supérieur ;

Sur le troisième moyen...

Sur le quatrième moyen... ; — Par tous ces motifs, rejette (M. Quénault, rapporteur).

(1) Avis C. d'Ét. 16 juin 1881 sur la question de savoir si la Société de Marie, autorisée par ordonnance royale du 16 novembre 1825, comme association charitable en faveur de l'instruction primaire, possède la personnalité civile (n° 35,392). — Le Conseil d'État qui, sur le renvoi ordonné par M. le ministre de l'Instruction publique et des Beaux-Arts, a pris connaissance d'une dépêche ministérielle appelant le Conseil d'État à examiner la question de savoir si la Société de Marie, autorisée par ordonnance royale du 16 novembre 1825, comme association charitable en faveur de l'instruction primaire, possède la personnalité civile ; — Vu la loi du 2 janvier 1817, l'ordonnance du 2 avril 1817 et la loi du 24 mai 1825 ; — Vu les ordonnances du 29 février 1816, articles 36 et 37, du 14 avril 1824, article 12, et 21 avril 1828 et la loi du 15 mars 1850, articles 31 et 79 ; — Vu l'ordonnance du 16 novembre 1825 autorisant la société établie à Bordeaux (Gironde), sous le nom de Société de Marie, comme association charitable en faveur de l'instruction primaire, ensemble les statuts annexés à ladite ordonnance ; — Vu les décrets des 18 avril 1857 et 18 août 1860 ;

Considérant que, d'après les principes de notre droit public, les congrégations religieuses ne peuvent, avec l'autorisation du gouvernement, recevoir des libéralités ou acquérir des biens immeubles ou des rentes

Cette solution a été confirmée par un avis du Conseil d'État du 1er février 1883 concernant l'Institut des Petits Frères de Marie qui n'a été autorisé par aucune loi et qui a été simplement reconnu comme établissement d'utilité publique par un décret du 21 juin 1851; cet institut a été déclaré dénué de toute personnalité morale et incapable de recevoir des dons ou des legs (1).

---

que si elles ont été reconnues par une disposition législative ; que, si la loi du 24 mai 1825 a permis au gouvernement, dans certains cas et certaines conditions, de constituer, par simple décret, en personnes civiles les congrégations religieuses de femmes, aucun texte de loi ne lui donne le même droit en ce qui concerne les associations religieuses d'hommes ; — Considérant, en fait, qu'aucune loi n'a reconnu la Société de Marie ; que l'ordonnance du 16 novembre 1825, autorisant cette congrégation comme association charitable en faveur de l'instruction primaire, n'a pu suppléer à la loi qui était nécessaire pour lui donner la personnalité civile; que l'incapacité de cette association pour recueillir directement des libéralités ressort même de l'obligation où l'on s'est trouvé, pour parer à son défaut de qualité, d'insérer dans l'ordonnance de 1825 un article spécial disposant que « le conseil royal de l'Instruction publique pourra, en se conformant aux lois et règlements de l'administration publique, recevoir les legs et donations qui seraient faits en faveur de ladite association et de ses écoles » (art. 2); Que le décret du 18 avril 1857, en abrogeant cette disposition de l'ordonnance de 1825, n'a pu avoir pour conséquence de conférer à ladite association une capacité qui ne lui avait jamais appartenu.

Est d'avis : — Que la Société de Marie ne possède pas la personnalité civile (M. Valabrègue, rapporteur).

(1) Avis C. d'Ét. 1er février 1883 (nº 38,902). — Le Conseil d'État qui, sur le renvoi ordonné par M. le ministre de l'Intérieur et des Cultes, a pris connaissance d'un projet de décret tendant notamment à autoriser l'acceptation d'un legs fait par la demoiselle Rosalie Béroud à l'Institut des Petits Frères de Marie; — Vu la loi du 2 janvier 1817 et l'ordonnance du 2 avril 1817; — Vu le décret du 21 juin 1851 qui a reconnu comme établissement d'utilité publique l'Institut des Petits Frères de Marie ; — Vu la loi du 15 mars 1850 ; — Vu l'avis du Conseil d'État en date du 16 juin 1881 ;

Considérant que d'après les principes de notre droit public les congrégations religieuses d'hommes ne peuvent, avec l'autorisation du gouvernement, recevoir des libéralités ou acquérir des biens immeubles ou des rentes, que si elles ont été reconnues par une disposition législative; que l'article 31 de la loi du 15 mars 1850, en accordant aux supérieurs des associations religieuses reconnues comme établissements d'utilité publique, le droit de présentation aux places d'instituteurs communaux n'a nullement dérogé aux principes qui régissent les congrégations ; — Considérant, en fait, qu'aucune loi n'a reconnu l'Institut des Petits Frères de Marie ; que vainement on invoque le décret qui a reconnu cette association comme établissement d'utilité publique pour soutenir qu'elle a pleine capacité de recevoir et d'acquérir ; qu'un

42. En dehors des congrégations ou communautés religieuses et des associations de plus de vingt personnes auxquelles le gouvernement a permis de se former conformément aux articles 291 et suivants du Code pénal et aux lois de police qui régissent la matière, il existe des établissements dont l'autorité publique autorise ou approuve la création, sans cependant leur conférer la personnalité civile.

Telles sont les associations de bienfaisance autorisées, en vertu de la loi du 24 juillet 1889, à se vouer à la protection des enfants moralement abandonnés; ces associations jouissent bien d'une certaine individualité puisqu'elles sont aptes à exercer, sous certaines conditions, les droits de la puissance paternelle et cependant elles ne sauraient recevoir aucun don ni aucun legs.

Les écoles supérieures de commerce reconnues par l'État en vue de l'application de l'article 23 de la loi du 15 juillet 1889 sur le recrutement de l'armée (V. *infra*, n° 174) et les sociétés hippiques ou sociétés d'encouragement pour l'amélioration de la race chevaline approuvées par l'autorité publique ne sont pas moins incapables; elles ne sont pas, en effet, en possession d'une véritable reconnaissance légale.

Un arrêt de la chambre civile de la Cour de cassation du 25 mai 1887 a permis de douter de l'incapacité des sociétés hippiques; il porte, en effet, qu' « elles tiennent tant de la nature de leur objet que de l'adhésion de l'autorité publique à leur institution une individualité véritable (1) ». Mais il résulte des termes

---

décret ne saurait, en effet, en vertu des principes ci-dessus exposés, conférer la personnalité civile à une association qui, à raison de sa nature et de la qualité des personnes qui la composent, est régie par des lois spéciales;

Est d'avis que l'Institut des Petits Frères de Marie n'a pas de personnalité civile et qu'en conséquence il y a lieu de remplacer l'article 6 du projet de décret par une disposition portant qu'il n'y a pas lieu de statuer sur la libéralité faite à cet établissement (M. Bonthoux, rapporteur).

(1) Cass. civ. 25 mai 1887. — La Cour; — Sur le premier moyen du pourvoi : — Vu les articles 1856, 1857 et 1859 du Code civil et 59 et 69 du Code de procédure civile; — Attendu que les sociétés d'encouragement pour l'amélioration de la race chevaline forment des associations instituées avec le concours et l'approbation de l'autorité publique dans un but d'intérêt général et public distinct de l'intérêt des particuliers

mêmes de l'arrêt que le seul effet de cette individualité est de permettre aux sociétés hippiques d'ester en justice soit en demande, soit en défense, par l'intermédiaire de leur comité ou conseil d'administration; leur personnalité ne dépasse pas ces bornes et ne va pas jusqu'au droit de recevoir des libéralités. C'est ce qu'a très sagement décidé un arrêt de la cour de Nîmes du 18 juillet 1892, confirmant, par adoption des motifs, un jugement du tribunal civil d'Avignon du 17 novembre 1891 intéressant la société hippique de Cavaillon; la cour a déclaré que « la simple approbation de l'autorité publique ne saurait équivaloir à une reconnaissance légale » et que si la société hippique de Cavaillon « a en tant que société de fait une individualité juridique distincte de celle des membres qui la composent, cette circonstance ne lui donne pas le caractère de personne morale capable de recevoir un legs » (1).

---

qui les composent; que leur existence est soumise, en outre, et plus particulièrement pour l'organisation des courses, à des règlements arrêtés par le ministre compétent, en vertu de la délégation qu'il a reçue de l'article 26 du décret du 4 juillet 1806; qu'elles tiennent tant de la nature de leur objet que de l'adhésion de l'autorité publique à leur institution une individualité véritable; qu'elles peuvent donc agir ou être actionnées judiciairement en la personne des membres du comité d'administration régulièrement nommés par l'assemblée générale des associés avec mission de les diriger ou administrer, sans qu'il soit nécessaire que les statuts contiennent la mention d'un pouvoir spécial d'ester en justice pour l'association conféré à ses administrateurs;

D'où il suit qu'en jugeant le contraire et en déclarant non recevable l'action dirigée contre le comité d'administration de la société hippique des Vosges par la dame Chollet afin d'obtenir réparation du préjudice que lui avait causé, aux courses d'Épinal du 19 juin 1881, la maladresse d'un préposé de ladite société, l'arrêt attaqué (Nancy, 20 décembre 1884) a faussement appliqué et par suite violé les dispositions de lois susvisées : — Par ces motifs, casse (M. Greffier, rapporteur).

(1) Trib. civ. d'Avignon, 17 novembre 1891. — Le tribunal; — Attendu, en droit que les sociétés et corporations qui n'ont pas été reconnues par le gouvernement n'ont aucune personnalité civile et sont dépourvues d'existence légale; qu'en conséquence les donations ou legs faits en leur faveur doivent être réputés non avenus au même titre que les dispositions s'adressant à des individus non conçus; — Attendu que cette nullité étant d'ordre public ne peut être couverte par aucun acte d'exécution, car il importe que les droits de l'État soient respectés; — Attendu qu'il est constant, en fait, que la Société hippique de Cavaillon n'a pas été reconnue d'utilité publique; que la simple approbation de l'autorité publique ne saurait équivaloir à une reconnaissance légale; — que si elle a, en tant que société de fait, une individualité juridique distincte de celle des membres qui la composent, cette circonstance ne

La société hippique de Cavaillon s'est pourvue en cassation contre la décision de la cour de Nîmes, mais son recours a été rejeté par un arrêt de la chambre des requêtes du 2 janvier 1894 qui porte que, tout en ayant obtenu l'approbation du pouvoir administratif, les sociétés de courses manquent de « la véritable personnalité civile qui, réservée aux seuls établissements légalement reconnus par l'État, leur permet d'être gratifiés par testament » (1).

Bien entendu, l'incapacité des sociétés hippiques, des écoles supérieures de commerce et des associations protectrices des enfants moralement abandonnés cesse lorsqu'elles sont régulièrement reconnues comme établissements d'utilité publique.

43. Les explications qui précèdent montrent qu'un acte quelconque par lequel l'autorité publique a adhéré à la for-

---

lui donne pas le caractère de personne morale capable de recevoir un legs; — Attendu que l'arrêt de la Cour de cassation, en date du 25 mai 1887, a eu en vue l'exercice des actions judiciaires par les associations de fait et leur a reconnu, dans ce but, une individualité véritable, résultant de l'approbation donnée par l'autorité publique à leur formation, mais non la capacité d'acquérir et de recevoir comme personnalité morale; — Attendu que la délivrance, faite le 5 juillet 1890, ne rend pas Valérian irrecevable à se restituer contre un consentement basé sur une erreur juridique, et ne saurait avoir aucun effet ni mettre obstacle à l'application d'un principe d'ordre public; — Attendu qu'il échet d'ordonner la restitution des fonds reçus par la Société hippique seulement du jour de la demande en justice, ladite Société étant réputée avoir possédé de bonne foi, en vertu de la délivrance à elle faite;

Par ces motifs, déclare nul et de nul effet le legs fait au profit de la Société hippique de Cavaillon; condamne, en conséquence, Duchers et consorts, chacun en ce qui le concerne, à restituer le domaine du Rieutord dont la délivrance a été mal à propos consentie le 5 juillet 1890... — Sur appel, la cour de Nîmes a rendu le 18 juillet 1892 un arrêt confirmatif.

(1) Cass. req. 2 janvier 1894. — La Cour; — Sur le moyen pris de la violation des articles 1842 et suivants du Code civil, de la violation et fausse application des articles 16, 26, 28 du décret du 4 juillet 1806 sur les haras et fausse application de l'article 910 du Code civil; — Attendu que les statuts de la société demanderesse auxquelles se sont référées les conclusions prises en cause d'appel et les motifs de l'arrêt attaqué (Nîmes, 18 juillet 1892) ne présentent point la substance du contrat de société tel qu'il est défini par l'article 1832 du Code civil, ses adhérents n'étant conviés à aucun partage des bénéfices à réaliser par le résultat des opérations en vue desquelles leurs souscriptions ont été recueillies; qu'en cet état l'institution dont il s'agit ne pouvait être capable de recevoir des libéralités que dans le cas où elle aurait le caractère d'établissement 'u ilité ublique reconnu par la loi ou par un décret

mation d'un établissement ne saurait équivaloir à une reconnaissance légale; celle-ci ne peut consister que dans un acte législatif, gouvernemental ou administratif, ayant expressément pour but de créer une personne morale ou autrement dit de mettre un établissement à même d'avoir un patrimoine et de l'accroître par les modes d'acquisition de droit commun.

La reconnaissance légale suppose nécessairement un acte formel émané de l'autorité compétente; l'on ne saurait jamais prétendre la faire résulter, par voie de déduction, d'une disposition de loi, de décret ou d'arrêté qui l'aurait établie d'une manière indirecte ou détournée.

Dès lors, l'on aperçoit clairement le sens de la règle d'après laquelle la personnalité morale n'appartient qu'aux établissements qui ont été l'objet d'une reconnaissance légale. Il ne suffit pas, pour transformer un établissement en une personne morale, d'une simple attache de la puissance publique; il faut un acte officiel qui, tout en sanctionnant la création de cet établissement, spécifie qu'il jouira, dans une mesure plus ou moins large, des avantages de la vie civile.

44. A peine est-il besoin d'ajouter que l'on ne doit regarder comme légalement reconnus que les établissements régulièrement constitués, c'est-à-dire fondés et organisés conformément aux prescriptions de la loi.

C'est en partant de cette idée qu'aux termes d'une note du 18 février 1885 la section de l'Intérieur du Conseil d'État a estimé qu'il n'y avait pas lieu de statuer sur un legs fait à la fabrique de la chapelle du Sacré-Cœur à Lille, le décret du 22 janvier 1874 qui avait autorisé cette chapelle n'ayant pas

---

rendu sur avis du Conseil d'État; qu'à la vérité les associations formées dans un but d'intérêt général et spécialement les sociétés de courses, lorsqu'elles ont obtenu l'approbation du pouvoir administratif, trouvent tant dans la nature de leur objet que dans cette adhésion de l'autorité publique une individualité propre qui les rend idoines à fonctionner dans l'ordre de l'entreprise déterminée par leurs statuts et, par suite, à soutenir les procès qui s'y rapportent; mais qu'elles ne sauraient acquérir ainsi la véritable personnalité civile qui, réservée aux seuls établissements légalement reconnus par l'État, leur permet d'être gratifiés par testament; qu'en appliquant ces principes à la cause la cour de Nîmes n'a violé aucune loi; — Par ces motifs, rejette (M. Cotelle, rapporteur).

été précédé des formalités exigées par les lois et règlements (1).

Nous pouvons ajouter que les associations syndicales ne forment des personnes morales qu'autant qu'elles poursuivent l'un des objets limitativement énumérés par les lois des 21 juin 1865 et 22 décembre 1888 et cette solution doit être adoptée, qu'il s'agisse d'associations syndicales libres ou d'associations syndicales autorisées. La section de l'Intérieur du Conseil d'État a donc fort justement, aux termes d'une note du 16 avril 1889, refusé de considérer comme un établissement légalement reconnu, capable de recevoir un legs, l'association syndicale du parc de Maisons-Laffitte, qui a été autorisée par arrêté préfectoral du 6 février 1869, à l'effet d'exécuter tous travaux propres à améliorer ou à embellir les chemins, routes, places et squares dudit parc; l'article 1er de la loi du 21 juin 1865 ne prévoit pas les travaux de cette nature : ils ont été mis pour la première fois à la portée des associations syndicales par la loi du 22 décembre 1888 qui était inapplicable à l'association du parc de Maisons-Laffitte (2).

(1) Note de la section de l'Intérieur 18 février 1885 (n° 53,396). — La section de l'Intérieur, des Cultes, de l'Instruction publique et des Beaux-Arts du Conseil d'État, après avoir pris connaissance de nouveau d'un projet de décret tendant à autoriser la fabrique de la chapelle vicariale du Sacré-Cœur de Lille à accepter un legs de 2,000 francs, considérant que le décret du 22 janvier 1874 qui a autorisé ladite chapelle n'a pas été rendu conformément aux règles prescrites par les lois et règlements et, notamment, par l'article 9 du décret du 30 septembre 1807, qui exige que l'établissement des chapelles ait été préalablement provoqué par une délibération du conseil municipal, contenant l'engagement de doter le chapelain ; considérant que le conseil municipal de Lille a protesté, en 1873, et proteste encore aujourd'hui contre la reconnaissance de ladite chapelle, estime qu'il n'y a pas lieu de statuer en l'état, tant que le décret du 22 janvier 1874 n'aura pas été régularisé et que la chapelle n'aura pas été érigée conformément aux lois, soit comme chapelle vicariale, soit comme annexe (M. Devillers, rapporteur).

(2) Note de la section de l'Intérieur 16 avril 1889 (n° 77,547). — La section de l'Intérieur, de l'Instruction publique, des Cultes et des Beaux-Arts du Conseil d'État, qui a pris connaissance d'un projet de décret tendant à autoriser divers établissements de la Seine et de Seine-et-Oise à accepter les libéralités qui leur ont été faites par le sieur Cadots, n'a pas cru devoir autoriser l'association syndicale du parc de Maisons-Laffite à accepter la somme de 10,000 francs qui lui a été léguée. Cette association n'a pu, en effet, être régulièrement constituée en association syndicale, car les travaux qu'elle a en vue d'exécuter et qui

Le principe qui a servi de base à la note de la section de l'Intérieur du 16 avril 1889 a une portée générale et il a été invoqué contre des sociétés de secours mutuels qui, tout en ayant été approuvées par arrêté ministériel ou préfectoral, en vertu du décret-loi du 26 mars 1852, enfreignaient par leurs statuts certaines dispositions légales. Les sociétés de secours mutuels non reconnues comme établissements d'utilité publique et simplement approuvées ne sont pas privées de toute personnalité morale ; elles jouissent dans les limites fixées par l'article 8 du décret du 26 mars 1852 d'une certaine capacité, à la condition toutefois que leurs statuts ne soient entachés d'aucune illégalité. Dans le cas contraire, elles ne constituent à aucun degré des personnes morales. C'est ce que le Conseil d'État a maintes fois décidé à l'occasion de libéralités adressées à une société de secours mutuels approuvée par arrêté ministériel et connue sous le nom d' « Association générale de prévoyance et de secours mutuels des médecins de France » ; un avis du 25 janvier 1883 notamment a proclamé que, cette association s'écartant du but spécial assigné aux sociétés de secours mutuels et n'ayant pas été établie suivant les formalités voulues, l'approbation donnée à ses statuts n'a pu lui conférer la personnalité qu'elle ne pourrait tenir que d'un décret rendu en Conseil d'État (1).

---

ont pour but l'amélioration, les embellissements de toute nature des chemins, routes, places, squares du parc de Maisons-Laffite ne sauraient se rattacher à l'une ou l'autre des catégories de travaux limitativement énumérés à l'article 10 de la loi du 21 juin 1865, comme pouvant faire l'objet d'une association syndicale. La section a donc substitué à l'article 3 un article portant qu'il n'y a pas lieu de statuer sur le legs fait à l'association du parc de Maisons-Laffitte, cette association n'ayant pas la personnalité civile (M. Bonthoux, rapporteur).

(1) Avis C. d'Et. 25 janvier 1883 (n° 41,592). — Le Conseil d'Etat qui, sur le renvoi ordonné par M. le ministre de l'Intérieur et des Cultes, a pris connaissance d'un projet de décret tendant à autoriser la Société de secours mutuels, dite Association générale de prévoyance et de secours mutuels des médecins de France, à Paris, à accepter le legs d'une somme de 10,000 francs à elle fait par le sieur Campbell ; — Vu la loi du 20 juillet 1850 ; — Vu le décret du 26 mars 1852 ; — Vu les statuts de la Société ;

Considérant que les sociétés de secours mutuels, dont le but est d'assurer des secours temporaires aux sociétaires malades, blessés ou infirmes et de pourvoir à leurs frais funéraires, ne possèdent la person-

Par suite de considérations de fait, dont nous n'avons pas à apprécier la valeur, le ministre de l'Intérieur a toujours refusé de s'incliner devant les avis du Conseil d'État relatifs à cette société et il a fait autoriser, par décrets du Président de la République, l'acceptation de libéralités dont elle était l'objet ; le principe de droit sur lequel repose la solution adoptée par le Conseil d'État n'en est pas moins incontestable.

45. Le défaut de reconnaissance légale entraîne l'incapacité absolue de recevoir.

Nous verrons, au cours du paragraphe suivant, que la sanction de cette incapacité consiste dans la nullité des dons et legs faits aux établissements non reconnus (V. *infra*, n°s 57 et suiv.).

Mais quelle que soit l'incapacité d'un établissement non reconnu les legs faits en sa faveur seront valables toutes les fois qu'il sera constant que, sous le nom de cet établissement, le testateur a voulu instituer une personne capable.

Il est de principe, en effet, que les testaments ne doivent pas être interprétés judaïquement et qu'il faut s'attacher moins à la lettre qu'à l'esprit des actes de dernière volonté. Il importe donc peu qu'en apparence le testateur ait appelé un établissement non reconnu à recueillir un legs, si, au fond, il résulte des dispositions testamentaires sainement entendues que le véritable institué n'est pas cet établissement, mais un tiers jouissant de la faculté d'acquérir à titre gratuit.

---

nalité civile et la capacité de recevoir, aux termes de la loi du 20 juillet 1850, qu'à la condition d'avoir été reconnues comme établissements d'utilité publique ; que si, par dérogation à cette loi, le décret du 26 mars 1852 a permis de suppléer à la reconnaissance par une approbation des statuts, résultant d'un arrêté ministériel pour le département de la Seine, c'est seulement lorsque ces statuts se renferment dans les limites tracées par les lois ou décrets précités, et que toutes les conditions imposées à leur constitution ont été observées ; — Considérant que les statuts de l'Association générale de prévoyance et de secours mutuels des médecins de France s'écartent du but spécial assigné aux sociétés de secours mutuels et que les formalités exigées pour la formation de ces sociétés n'ont pas été observées ; qu'il suit de là que l'approbation donnée aux statuts par application du décret du 26 mars 1852 n'a pu conférer à l'association la personnalité civile et la capacité qu'elle ne pourrait tenir que d'un décret rendu en Conseil d'État ;

Est d'avis qu'il n'y a lieu d'adopter le projet de décret présenté (M. Hipp. Duboy, rapporteur).

46. La règle que nous venons de formuler trouvera notamment son application en cas de legs faits à des sociétés de charité ou de bienfaisance dépourvues d'existence légale, s'il est établi qu'en réalité ce sont les pauvres secourus par ces sociétés que le testateur a voulu instituer et que l'établissement visé par l'acte de dernière volonté doit, dans l'esprit du *de cujus*, jouer simplement le rôle d'exécuteur testamentaire ou de distributeur d'aumônes Les pauvres constituent une collectivité vivant d'une vie propre et ils sont capables par eux-mêmes de recevoir des libéralités (V. *infra*, nos 125 et suiv.); si un legs leur est adressé par l'intermédiaire d'un établissement non reconnu, celui-ci ne peut le recueillir, mais le représentant légal des pauvres a qualité pour le revendiquer sauf, s'il y a lieu, à faire déclarer non écrite la clause qui donne vocation à l'établissement non reconnu pour intervenir dans l'administration des biens légués ou dans la distribution des secours (1).

C'est en ce sens que la chambre civile de la Cour de cassation s'est prononcée par un arrêt remarquable en date du 6 novembre 1866 (2) et il ne semble pas que cette doctrine soit sérieusement contestable.

---

(1) Cf. C. De Baulny, des libéralités faites en faveur des établissements de bienfaisance non légalement reconnus (*Revue critique de législation et de jurisprudence*, 1859, t. XIV, p. 237).

(2) Cass. civ. 6 novembre 1866. — La Cour; — Attendu que la cour impériale de Caen étudiant avec soin les divers testaments faits par le curé Varin et cherchant dans la comparaison de leurs termes la véritable intention du testateur est arrivée à cette conclusion que le legs des deux tiers de sa fortune fait par Varin devait être considéré comme s'adressant non pas à l'établissement des Petites-Sœurs des Pauvres de Caen mais aux pauvres eux-mêmes, recueillis et soignés par les religieuses; que cette interprétation de la volonté du défunt, résultat d'une saine et juste appréciation des actes et des faits de la cause, ne laissait plus place à l'application des prohibitions édictées par l'article 911 du Code Napoléon et l'article 4 de la loi du 24 mai 1825, puisqu'il était souverainement jugé que le legs à titre universel objet du litige appartenait non pas à un établissement religieux non autorisé, ni à une congrégation de femmes incapable de recevoir à titre universel, mais était au contraire la propriété des pauvres de Caen légalement représentés au procès par le maire de cette ville; que dans de pareilles circonstances l'arrêt attaqué (Caen, 29 février 1864) a pu, sans violer aucune loi, ordonner l'exécution du testament dans les termes par lui précisés; — Par ces motifs, rejette (M. Rieff, rapporteur).

Elle a pour elle non seulement la haute autorité de la Cour suprême, mais encore celle du Conseil d'État, ainsi qu'il résulte d'un célèbre avis de principe émis le 7 décembre 1858 par la section de l'Intérieur au rapport de M. de Bussierre. Cet avis porte « qu'aux termes de l'ordonnance réglementaire du 2 avril 1817 c'est aux maires qu'il appartient d'accepter les dons et legs faits pour le soulagement et l'instruction des pauvres; que dès lors l'autorité municipale est fondée à réclamer l'autorisation d'accepter les legs faits à des établissements non légalement reconnus, lorsque ces legs portent évidemment le caractère de dispositions faites au profit soit de la généralité des pauvres, soit d'une catégorie spéciale des indigents de la commune » (1).

---

(1) Avis de la section de l'Intérieur du 7 décembre 1858. — La section de l'Intérieur, qui a pris connaissance d'une dépêche par laquelle le ministre de l'Intérieur, en renvoyant à son examen les pièces concernant un legs fait à la crèche de Saint Philippe-du-Roule à Paris, l'invite à émettre un avis sur la question de l'acceptation des libéralités qui sont faites à des établissements charitables non reconnus;

Sur la question de principe; — Vu les avis du Conseil d'État des 11 juillet 1849 (legs à la société de charité maternelle de Rouen) et 26 décembre 1849 (legs à divers établissements d'Elbeuf), les avis du comité de l'Intérieur des 17 janvier 1849 (legs Lequesne) et 21 novembre 1851 (legs Besson) et les avis de la section de l'Intérieur des 23 septembre 1856 (legs Gönner), 9 février 1858 (legs Grinesen) et 18 mai 1858 (legs Periès); — Vu l'article 725 du Code Napoléon et l'ordonnance royale réglementaire du 2 avril 1817;

Considérant qu'aux termes de l'ordonnance réglementaire ci-dessus visée c'est aux maires qu'il appartient d'accepter les dons et legs faits pour le soulagement et l'instruction des pauvres; que dès lors l'autorité municipale est fondée à réclamer l'autorisation d'accepter les legs faits à des établissements non légalement reconnus, lorsque ces legs portent évidemment le caractère de dispositions faites au profit soit de la généralité des pauvres, soit d'une catégorie spéciale des indigents de la commune; — Considérant qu'il importe toutefois de réserver à l'autorité supérieure une entière liberté d'appréciation des demandes de cette nature; — Considérant, en effet, que l'extrême variété des circonstances d'espèce doit conduire dans cette matière à des décisions diverses et que le consentement donné par les héritiers à la délivrance des legs ne peut être considéré comme le seul motif ni même comme le motif principal de décider; que s'il est vrai, comme l'indique M. le ministre de l'Intérieur dans sa dépêche ci-dessus visée, que ce consentement doit en règle générale lever tous les doutes en ce qui touche les chances de contestations judiciaires qu'il importe d'éviter aux communes, il peut arriver aussi que nonobstant l'adhésion des héritiers le gouvernement ne juge pas à propos d'autoriser l'acceptation des legs par l'entremise de l'autorité municipale, soit parce que ces

Plus récemment, par un avis du 6 avril 1881 relatif à un legs fait par la dame Vve Costallat à l'orphelinat de Bagnères-de-Bigorre tenu par les sœurs de la Croix et à l'asile Saint-Frai dirigé par les sœurs de Notre-Dame des Sept-Douleurs, la section de l'Intérieur admettait qu'il y avait lieu d'autoriser le maire de Bagnères à accepter cette libéralité, en se fondant

---

libéralités ne lui paraîtraient pas rentrer suffisamment dans le cadre des prévisions de l'ordonnance réglementaire de 1817 soit pour tout autre motif ressortant des circonstances de chaque espèce ; mais que d'autre part il est possible aussi que le consentement des héritiers ne paraisse même pas nécessaire ; qu'en effet le testateur, tout en désignant comme légataire un établissement charitable non légalement reconnu, peut avoir employé des termes tels, être entré dans des explications si formelles, qu'aucun doute ne saurait s'élever sur l'intention qu'il avait de gratifier de sa libéralité non pas l'établissement charitable lui-même, en sa qualité personnelle, mais uniquement la classe spéciale d'indigents à laquelle l'établissement désigné consacre ses soins; qu'il existe d'ailleurs un grand nombre d'établissements charitables qui, bien que non légalement reconnus, se rattachent par des liens si étroits à l'administration municipale, soit par l'effet de subventions fixes et annuelles qui leur sont attribuées sur le budget communal, soit même par les détails de leur organisation intérieure, qu'ils peuvent être considérés comme ayant réellement acquis le caractère d'établissements communaux ; et qu'enfin le respect de la volonté des testateurs et l'intérêt des pauvres doivent conduire à rechercher autant que possible l'interprétation la plus favorable à l'accomplissement des legs; — Considérant que c'est en se plaçant suivant les particularités de chaque espèce aux divers points de vue qui viennent d'être indiqués que le Conseil d'État et la section de l'Intérieur ont pris dans cette matière des décisions dont les contradictions signalées par M. le ministre de l'Intérieur ne sont qu'apparentes et qui découlent réellement des mêmes principes ; — Est d'avis qu'en règle générale il y a lieu d'autoriser les administrations municipales à accepter les libéralités faites à des établissements non légalement reconnus lorsque ces libéralités rentrent dans les prévisions de l'ordonnance réglementaire du 2 avril 1817, sauf toutefois l'appréciation des circonstances particulières de chaque espèce et en se conformant d'ailleurs à la jurisprudence établie par les précédents du Conseil d'État notamment par les avis qui ont été ci-dessus rappelés ;

En ce qui touche le legs fait à la crèche de Saint-Philippe-du-Roule ; — Vu l'extrait du testament par lequel la dame Vve Leclerc a légué la nue propriété d'une rente de 180 francs 4 1/2 0/0 sur l'État à la crèche de Saint-Philippe-du-Roule (1er arrondissement de Paris) ; l'acte du 8 novembre 1853 par lequel la légataire universelle de la dame Vve Leclerc a consenti la délivrance des legs ; la lettre du président du conseil d'administration de la crèche de Saint-Philippe-du-Roule ; — Vu l'avis de la section de l'Intérieur du 30 octobre 1855 (legs Pélicier); — Considérant que la destination du legs de la dame Vve Leclerc est évidemment de concourir au soulagement des mères indigentes du premier

sur ce que « le legs avait été fait non à ces établissements incapables n'ayant pas d'existence légale mais à certaines catégories de pauvres » et que « le maire est, d'après l'ordonnance du 2 avril 1817, le représentant légal des pauvres » (1).

Il n'est pas sans intérêt de rapprocher de ces décisions celle par laquelle la section de l'Intérieur, en vertu d'une note du 2 avril 1884, a considéré qu'un legs fait à un bureau de bien-

---

arrondissement de Paris; — Considérant que la légataire universelle de la testatrice consent à la délivrance du legs; — Considérant d'ailleurs que ledit legs consiste dans la nue-propriété d'une inscription de rente dont les arrérages devront recevoir après l'extinction de l'usufruit dont cette rente est grevée la destination indiquée par la testatrice ; que dès lors il importe dans l'intérêt des pauvres que l'autorité municipale intervienne dans l'acceptation du legs afin d'assurer à perpétuité son emploi conformément aux intentions de la testatrice; — Considérant qu'en autorisant le directeur de l'Assistance publique à Paris à accepter le legs de la dame Vve Leclerc l'autorité supérieure prendrait une décision qui n'aurait rien d'inconciliable avec celle résultant de l'avis du 30 octobre 1855 relatif à un legs fait à la crèche du 11e arrondissement de Paris; qu'en effet, dans l'espèce à laquelle se rapportait ledit avis il s'agissait d'un legs d'une somme de 100 francs, somme minime dont les héritiers consentaient la délivrance et dont la distribution immédiate, conformément aux intentions du testateur, était par conséquent suffisamment assurée, sans qu'il ait paru nécessaire de faire intervenir l'autorité municipale;

Est d'avis qu'il y a lieu d'autoriser le directeur de l'administration générale de l'Assistance publique à Paris à accepter le legs de la nue-propriété d'une rente de 180 francs sur l'État fait par la dame Vve Leclerc au profit des mères pauvres du 1er arrondissement de Paris pour être employé conformément aux intentions de la testatrice (M. de Bussierre, rapporteur).

(1) Avis de la section de l'Intérieur du 6 avril 1881 (no 38,571). — La section de l'Intérieur qui a pris connaissance d'un projet de décret portant qu'il n'y a pas lieu d'autoriser l'acceptation d'un legs fait par la dame Vve Costallat en faveur de l'orphelinat de Bagnères, dirigé par les sœurs de la Croix, et de l'asile Saint-Frai, dirigé par les sœurs de N.-D. des Sept-Douleurs; — Vu les testament et codicille de la dame Vve Costallat en date des 30 avril 1873 et 2 mars 1875; — Vu les consentements en délivrance de l'héritier naturel et universel et des autres héritiers naturels en date du 28 février 1879; — Vu l'avis du préfet des Hautes-Pyrénées en date du 10 novembre 1880; — Vu la délibération du conseil municipal de Bagnères de Bigorre en date du 23 octobre 1877;

Considérant qu'il résulte, tant du testament de la dame Vve Costallat que du consentement en délivrance du légataire universel que la testatrice a légué une somme de 10,000 francs, moitié aux orphelines élevées dans l'orphelinat dirigé à Bagnères par les sœurs de la Croix, moitié aux infirmes recueillis dans l'établissement de Mlle Saint-Frai; que le legs a été fait non à ces établissements incapables n'ayant pas d'exis-

faisance qui avait cessé d'exister pouvait être revendiqué au nom des pauvres par leur représentant légal (1).

Il ne saurait être question, bien entendu, de substituer les mandataires officiels des pauvres aux établissements non reconnus dans l'acceptation des legs faits à ces derniers qu'autant qu'en fait ces legs s'adressent moins aux établissements désignés par les testateurs qu'aux catégories de pauvres que ces établissements ont pour mission de secourir. S'il en était autrement et que les testateurs aient voulu instituer les établissements eux-mêmes et non les pauvres, cette substitution serait interdite.

Un legs ayant été fait à un hôpital qui n'avait pas d'existence légale, un décret du 19 mars 1877 avait autorisé le représentant légal des pauvres à accepter ce legs, au lieu et place de l'hôpital institué, mais un arrêt de la cour de Toulouse du 14 janvier 1880 a repoussé la demande en délivrance formée par le mandataire des pauvres, en s'appuyant sur ce que le testateur n'avait pas institué les pauvres de la commune, mais l'hôpital. La chambre des requêtes de la Cour de cassation a rejeté le pourvoi dirigé contre cet arrêt en déclarant que la cour d'appel avait « souverainement apprécié à quelle personne s'appliquait le legs contesté » et que d'ailleurs « aucune règle de droit ne lui imposait l'obligation de refaire le testament afin d'empêcher la caducité d'une disposition qui ne présentait ni ambiguïté ni incertitude » (2).

---

tence légale, mais à certaines catégories de pauvres; que le maire est, d'après l'ordonnance du 2 avril 1817, le représentant légal des pauvres;

Est d'avis que le maire de Bagnères soit autorisé à accepter, au nom des pauvres, le legs de 10,000 francs fait par la dame Vve Costallat aux orphelins et aux infirmes par ses testament et codicille en date des 30 avril 1873 et 2 mars 1875 (M. Mourier, rapporteur).

(1) Note de la sect. de l'Intérieur du 2 avril 1881 (n° 50,532). — La section de l'Intérieur, des Cultes, de l'Instruction publique et des Beaux-Arts du Conseil d'État, tout en adoptant le projet de décret tendant à l'acceptation de legs faits à divers établissements publics du département de la Marne, a cru devoir modifier l'article 3. En effet, si le bureau de bienfaisance de Jalons n'existe plus, le maire de la commune reste toujours le représentant légal des pauvres, véritables bénéficiaires du legs, et il a par suite qualité pour recevoir les libéralités faites à leur profit (M. Devillers, rapporteur).

(2) Cass. req. 8 août 1881. — La Cour; sur le moyen unique pris d'un excès de pouvoir, de la violation des articles 1156 et 1157 du Code civil,

De son côté, le Conseil d'État a, à la date du 30 octobre 1884, émis l'avis qu'il n'y avait pas lieu d'autoriser le maire de Tarare à accepter un legs charitable fait par le sieur Faye à l'établissement de la Providence de Tarare non légalement reconnu parce que « le legs avait été fait expressément à l'établissement de la Providence, et non aux pauvres ou à une catégorie de pauvres de la commune de Tarare » (1).

Au surplus, il importe de ne pas se méprendre sur la portée de la règle qui veut qu'un legs adressé à un établissement non légalement reconnu échappe à la caducité lorsque sous le couvert dudit établissement ce sont les pauvres qui ont été institués légataires.

---

et de la fausse application de la règle que l'intention du testateur doit être recherchée *in testamento, non aliunde*; — Attendu que même en supposant régulière en la forme la demande en délivrance que l'arrêt (Toulouse, 14 janvier 1880) a déclaré irrecevable, à défaut de qualité du bureau de bienfaisance pour agir au nom de l'hôpital, seul dénommé au testament, le pourvoi ne peut contester devant la Cour de cassation une décision qui a souverainement apprécié à quelle personne s'appliquait le legs contesté; — Attendu, en effet, que l'arrêt a procédé d'une manière irréprochable en étudiant les expressions employées par le testateur, la place qu'elles occupent, le sens grammatical qui leur appartient; qu'il ne s'est pas déterminé par une théorie préconçue qui l'aurait empêché de recourir à tous les moyens de vérification; — Attendu qu'aucune règle de droit ne lui imposait l'obligation de refaire le testament afin d'empêcher la caducité d'une disposition qui ne présentait ni ambiguïté ni incertitude;... — Par ces motifs, rejette. (M. Babinet, rapporteur).

(1) Avis C. d'Ét. 30 octobre 1884 (n°s 52,150). — Le Conseil d'État qui, sur le renvoi ordonné par M. le ministre de l'Intérieur, a pris connaissance d'un projet de décret tendant à statuer sur les libéralités faites par le sieur Pierre-Marie Faye suivant son testament mystique du 13 février 1881 à divers établissements des départements du Rhône et de la Loire; — Vu le testament mystique par lequel le sieur Pierre-Marie Faye a légué « à l'établissement de la Providence de Tarare 20,000 francs »; — Vu les autres pièces du dossier;

Considérant que l'établissement de la Providence administré par le conseil de fabrique de l'église de Saint-André de Tarare (Rhône) n'ayant pas été reconnu comme établissement d'utilité publique, ne possède pas la personnalité civile; que d'autre part il ne se rattache par aucun lien à l'administration municipale; — Considérant en outre que le legs a été fait expressément à l'établissement de la Providence et non aux pauvres ou à une catégorie de pauvres de la commune de Tarare;

Est d'avis qu'il y a lieu de substituer à l'article 5 du projet de décret proposé autorisant le maire de Tarare à accepter ce legs au nom des pauvres une disposition portant qu'il n'y a lieu de statuer sur cette libéralité (M. Valabrègue, rapporteur).

Elle ne signifie point que le représentant légal des pauvres devra ou pourra, après avoir recouvré le montant du legs, s'en dessaisir au profit de l'établissement incapable ; sinon elle servirait à abriter une fraude et il faudrait la condamner. Elle doit être entendue en ce sens que le représentant légal des pauvres est propriétaire exclusif des biens légués et qu'il a seul qualité pour les gérer et les administrer.

Quant à la question de savoir si dans la distribution des secours à provenir des revenus ou du capital des biens légués il aura l'obligation ou, au moins, la faculté de se faire assister par l'établissement non légalement reconnu, elle sera examinée plus loin (1).

47. Il peut être valablement fait des legs en faveur d'un établissement dépourvu d'existence légale, non seulement lorsque derrière cet établissement se trouve la personnalité des pauvres, mais encore lorsqu'il s'agit d'un établissement qui, sans jouir par lui-même de la personnalité civile, se rattache à une commune par des liens si étroits qu'il y a lieu de le regarder comme s'absorbant en celle-ci et comme lui empruntant sa vie juridique. Dans de telles circonstances la commune est le véritable institué : c'est elle que le testateur a voulu gratifier sous le nom d'établissement non légalement reconnu ; elle est donc fondée à revendiquer le legs fait à ce dernier.

La règle que nous venons de formuler sera applicable notamment en cas de legs fait à un établissement charitable non légalement reconnu, lorsqu'en raison des particularités de l'espèce les pauvres ne sauraient se comporter comme les véritables attributaires du legs ; à défaut de la personnalité des pauvres, celle de la commune sauvera le legs de la caducité.

C'est ce qui se trouve incidemment exprimé dans l'avis précité de la section de l'Intérieur du 7 décembre 1858. Cet avis porte « qu'en règle générale il y a lieu d'autoriser les administrations municipales à accepter les libéralités faites à

(1) Cf. de Baulny. Des libéralités en faveur des établissements de bienfaisance non légalement reconnus (*Revue critique de législation et de jurisprudence*, 1859, t. XIV, p. 248 et suiv.).

des établissements non légalement reconnus lorsque ces libéralités rentrent dans les prévisions de l'ordonnance réglementaire du 2 avril 1817 » ; or il ne se fonde pas seulement pour justifier cette solution sur ce que la plupart du temps les pauvres auront le droit de réclamer de pareils legs : il fait, en outre, observer à titre de considération accessoire « qu'il existe un grand nombre d'établissements charitables qui, bien que non légalement reconnus, se rattachent par des liens si étroits à l'administration municipale, soit par l'effet de subventions fixes et annuelles qui leur sont attribuées sur le budget communal, soit même par les détails de leur organisation intérieure, qu'ils peuvent être considérés comme ayant réellement acquis le caractère d'*établissements communaux.* »

Cette expression d' « établissements communaux » n'a pas été mise là au hasard, elle a été prise avec le sens très précis qu'elle avait dans l'article 48 de la loi du 18 juillet 1837 d'après lequel le maire pouvait toujours, en vertu d'une délibération du conseil municipal, accepter à titre conservatoire, les dons et legs faits à la commune et aux *établissements communaux* et dans l'article 19 de la même loi, où il est dit que le conseil municipal délibère sur l'acceptation définitive des dons et legs faits à la commune et aux *établissements communaux.*

Voilà donc la personnalité de la commune qui apparaît et qui, au cas où celle des pauvres ne saurait entrer en jeu, relève de leur incapacité les établissements charitables non reconnus ; mais le rôle de légataire ne saurait, bien entendu, être ainsi attribué à la commune que s'il est conforme aux intentions du testateur, ce qui n'est présumable qu'autant qu'il y a une union étroite de la commune et de l'établissement dépourvu d'existence légale.

Sous cette réserve, la commune pourra faire profiter de sa personnalité non seulement les établissements charitables, mais toute espèce d'établissements. C'est ce que la section de l'Intérieur paraît avoir un peu perdu de vue lorsque, par une note du 26 juillet 1882 (1), elle a émis l'opinion que le maire

---

(1) Note de la section de l'Int. 26 juillet 1882 (n° 43,971). — La section de l'Intérieur, des Cultes, de l'Instruction publique et des Beaux-Arts du

d'Auxerre ne pouvait être autorisé à accepter un legs fait en faveur de deux établissements d'orphelines dépourvus de personnalité morale, sous prétexte qu'il n'était pas le « représentant légal de la généralité des orphelines d'Auxerre », mais seulement des orphelines pauvres. Sans doute le maire d'Auxerre n'avait pas qualité pour réclamer le legs au nom des orphelines, mais il aurait pu le revendiquer au nom de la commune, et la section de l'Intérieur n'aurait dû lui opposer un refus d'autorisation que si elle avait constaté que les établissements d'orphelines visés dans le testament ne se rattachaient pas à la ville par des liens assez étroits pour qu'ils eussent la qualité d'établissements communaux ; sinon au fond, au moins dans sa rédaction, la note du 26 juillet 1882 ne nous paraît donc pas à l'abri de toute critique.

Nous n'avons, au contraire, aucune objection à élever contre une note du 13 juillet 1886 aux termes de laquelle la section de l'Intérieur a estimé qu'il n'y avait pas lieu d'autoriser les villes de Caen et de Bayeux à accepter un legs fait à des sociétés d'agriculture, alors que l'on invoquait « ce fait seul que ces sociétés avaient leur siège dans ces villes » (1). Il est cer-

---

Conseil d'État, qui a pris connaissance d'un projet de décret tendant à autoriser divers établissements des départements de la Nièvre et de l'Yonne à accepter les libéralités qui leur ont été faites a, tout en l'adoptant, cru devoir remplacer l'article 6 par un article portant « qu'il n'y a pas lieu de statuer sur le legs de 2,000 francs fait aux orphelines 'Auxerre, les deux établissements d'orphelines établis dans cette ville n'ayant pas d'existence légale ». Il est vraisemblable que la testatrice en aisant cette disposition et conformément à l'interprétation qu'en a donnée l'héritier, a eu en vue les orphelines recueillies dans les établissements d'orphelines fondés à Auxerre. Ces établissements n'étant pas reconnus ne peuvent recueillir la libéralité ; mais le maire ne saurait l'accepter, car il n'est pas le représentant légal de la généralité des orphelines d'Auxerre (M. Bonthoux, rapporteur).

(1) Note de la section de l'Int. du 13 juillet 1886 (n° 60,263). — La section de l'Intérieur, de l'Instruction publique, des Beaux-Arts et des Cultes du Conseil d'Etat, qui a pris connaissance d'un projet de décret tendant à autoriser divers établissements du Calvados et du Var à accepter les libéralités qui leur ont été faites par le sieur Letot a, tout en l'adoptant, cru devoir supprimer l'article 8 qui autorise les villes de Caen et de Bayeux à accepter le legs fait à l'Association normande, à la Société d'horticulture de Caen, à la Société d'agriculture et des beaux-arts de Bayeux, et consistant dans une médaille d'or qui, pendant une durée de quinze ans, sera remise par voie de dotation à chacune de ces sociétés. La section estime que l'acceptation par les villes de Caen et

tain que cette circonstance était trop insignifiante pour justifier l'intervention des municipalités.

Dans cette affaire la section de l'Intérieur nous paraît avoir été mieux inspirée que le Conseil d'État lorsque, le 22 février 1873, il a admis qu'un legs fait au comice agricole de Béthune pouvait être accepté au nom des communes situées dans son ressort par ce motif unique que ledit comice, bien que n'existant pas à titre de personne civile « est en fait une institution légale dont l'objet se rapporte directement aux intérêts agricoles des diverses communes comprises dans sa circonscription » (1). Cette considération était insuffisante du moment que le Conseil d'Etat ne constatait pas que le comice agricole de Béthune fût administrativement placé sous la dépendance des communes dont il représentait les intérêts agricoles.

L'on comprend mieux l'intervention d'une commune, lorsqu'un legs est fait à une compagnie de sapeurs-pompiers, car alors on a affaire à un corps de citoyens chargés d'un véritable service municipal qui doit bénéficier de la personnalité de la commune (2).

---

de Bayeux de la libéralité faite aux sociétés d'agriculture ne saurait se justifier par ce fait seul que ces sociétés ont leur siège dans ces villes. Elle pense que la libéralité ne constituant pas une fondation perpétuelle et le légataire universel ayant donné son consentement à la délivrance, rien ne s'oppose à ce qu'elle soit considérée comme une charge d'hérédité et dès lors, il n'y a pas lieu de statuer (M. Bonthoux, rapporteur).

(1) Avis du C. d'Et. 22 février 1873 (nº 1,654). — Le Conseil d'Etat qui, sur le renvoi ordonné par M. le ministre de l'Intérieur, a pris connaissance d'un projet de décret ayant pour objet d'autoriser le département du Pas-de-Calais à accepter le legs d'une rente de 2,000 francs, léguée par le sieur Grenier au comice agricole de Béthune ; — vu les pièces du dossier...

Considérant que si le comice agricole de Béthune n'existe pas à titre de personne civile, il est en fait une institution légale dont l'objet se rapporte directement aux intérêts agricoles des diverses communes comprises dans sa circonscription ; que le bénéfice de la charge imposée aux bureaux de bienfaisance doit, en définitive, profiter à ces communes et que le préfet peut être autorisé à l'accepter au nom des intérêts agricoles desdites communes ;... — Est d'avis qu'il y a lieu de modifier la rédaction du projet de décret dans le sens des observations qui précèdent (M. de Franqueville, rapporteur).

(2) Note de la section de l'Int. du 7 juillet 1886. — La section de l'Intérieur, de l'Instruction publique, des Beaux-Arts et des Cultes du Conseil

La commune est également tout naturellement désignée pour accepter les legs faits aux collèges municipaux, si l'on admet qu'ils n'ont pas de personnalité propre (V. *infra*, n° 144; Note de la sect. de l'Int. 27 juin 1882, donation Boilley, M. Cottu, rapporteur) ; en effet, ces établissements d'instruction publique offrent incontestablement le caractère « d'établissements communaux », au sens légal du mot (1).

Il ne nous semble pas non plus contestable que les communes chefs-lieux de canton qui sont propriétaires du mobilier des justices de paix et chargées de son entretien (L. 5 avril 1884, art. 136, n° 8) peuvent recevoir pour le compte de ces tribunaux des legs, tels que celui d'une bibliothèque (2).

---

d'Etat, tout en adoptant le projet de décret tendant à autoriser notamment l'acceptation du legs fait par le sieur Bargoin en faveur de la compagnie de sapeurs-pompiers de Clermont-Ferrand, a cru devoir, conformément à la jurisprudence, prescrire le placement de cette libéralité *au nom de la ville*, les pompiers étant considérés comme faisant partie d'un service municipal : en conséquence, la section a modifié en ce sens la rédaction de l'article 9 (M. de Villeneuve, rapporteur).

(1) Note de la section de l'Int. du 4 juillet 1883 (n° 47,549). — La section de l'Intérieur, des Cultes, de l'Instruction publique et des Beaux-Arts du Conseil d'Etat, tout en adoptant le projet de décret relatif à une donation faite par la dame Macler au collège de Montbéliard, a cru devoir faire accepter cette libéralité par le maire de Montbéliard, et non par le principal du collège. Il s'agit en effet d'un établissement communal et, d'après la jurisprudence, le maire a seul qualité pour accepter (M. Sevène, rapporteur).

(2) Avis de la section de l'Int. du 19 novembre 1873 (n° 6,177).—La section de l'Intérieur, de la Justice, de l'Instruction publique, des Cultes et des Beaux-Arts qui, sur le renvoi ordonné par M. le ministre de l'Intérieur, a pris connaissance d'un projet de décret tendant à l'acceptation de legs faits par le sieur Duchêne à divers établissements du département du Gers ; — vu le testament public du sieur Duchêne en date du 3 juin 1864 ; — vu l'acte de décès du testateur, du 27 août 1871 ; — vu le consentement de la légataire universelle et des héritiers naturels, des 5 et 22 octobre 1871 ; — vu la délibération du bureau de bienfaisance de Valence, du 21 février 1872, et l'avis du conseil municipal, du 31 mars 1872 ; — vu l'avis du ministre de l'Instruction publique et des Cultes, du 15 avril 1873 ; — vu l'avis du ministre de la Justice, du 30 juillet 1873 ; — vu les autres pièces du dossier.

Considérant que la disposition par laquelle le sieur Duchêne a légué « à la justice de paix de Valence (Gers), sa bibliothèque, ses livres et ses cartes de géographie » constitue une libéralité qui peut être acceptée, conformément à l'avis de M. le ministre de la Justice, par le maire au nom de la commune propriétaire du mobilier de la justice de paix ;... — Est d'avis qu'il y a lieu d'adopter le projet de décret après l'avoir modifié dans le sens des observations qui précèdent (M. Vallon, rapporteur).

Nous pourrions multiplier les exemples d'institutions ou d'établissements qui vivent ainsi de la vie municipale, mais il vaut mieux nous en tenir là, afin de ne pas anticiper sur la théorie générale des dons et legs faits en faveur des communes (V. *infra*, n°s 109 et suiv.).

48. Ce qu'il importe de dire actuellement, c'est que si les établissements non légalement reconnus qui gravitent dans l'orbite de la commune peuvent recevoir des libéralités testamentaires par l'entremise de l'administration municipale, c'est uniquement parce qu'il est raisonnable de supposer que le testateur a voulu instituer la commune ; mais ce n'est là qu'une simple présomption qui tomberait devant la preuve du contraire et notamment devant des clauses qui tendraient directement ou indirectement à exclure la commune du bénéfice d'une libéralité de dernière volonté.

Dans ce cas, le legs fait à un établissement non légalement reconnu ne peut être vivifié par l'intervention de la commune et l'on doit le regarder comme caduc.

Cette règle nous paraît s'imposer non seulement aux tribunaux civils qui sont juges de la validité des legs, mais aussi à l'administration supérieure qui est chargée d'autoriser l'exécution de ces libéralités. En principe, nous estimons qu'il ne convient de permettre à une commune d'accepter des legs faits aux établissements sur lesquels elle exerce une autorité ou un contrôle qu'autant que cette façon de procéder semble répondre aux intentions du testateur ; s'il en est autrement, l'autorisation doit, en général, être refusée, alors même que les héritiers consentiraient à délivrer les legs à la commune. Il n'est pas exact, en effet, de dire, comme l'a fait l'avis précité de la section de l'Intérieur du 7 décembre 1858 émis au rapport de M. de Bussierre, que le consentement des héritiers « doit, en règle générale, lever tous les doutes en ce qui touche les chances de contestations judiciaires qu'il importe d'éviter aux communes » ; la vérité est que les héritiers sont toujours libres de revenir sur leur adhésion et que, lorsqu'une libéralité a été faite par leur auteur à un établissement non légalement reconnu, ils ont le droit d'en faire déclarer la nullité, alors même qu'ils l'auraient délivrée volontairement et en connaissance de cause. C'est ce que nous montrerons au cours du paragraphe suivant (V. *infra*, n° 67).

49. Ce qu'il est loisible à la commune de faire dans sa sphère, le département et l'Etat le font également à bon droit dans la leur. Ils peuvent réclamer en leur propre nom et soustraire ainsi à la caducité les dons et legs faits aux établissements non légalement reconnus dont l'action, au lieu d'être circonscrite dans les bornes d'une commune, a pour limites celles du département ou de l'Etat; mais, bien entendu, ce droit de revendication n'existe au profit du département ou de l'Etat qu'autant que les établissements gratifiés se rattachent à l'une de ces unités administratives d'une façon assez étroite pour qu'ils constituent de véritables établissements départementaux ou nationaux et encore même dans cette hypothèse l'intervention du département ou de l'Etat n'est-elle légitime que si elle est conforme aux intentions du testateur ou du donateur.

En thèse générale, lorsqu'une libéralité a été faite à un établissement incapable qui offre dans une mesure plus ou moins large un caractère départemental ou national, il est permis de présumer qu'en réalité c'est le département ou l'Etat que le bienfaiteur a voulu gratifier, mais il n'est pas impossible d'imaginer telles circonstances exceptionnelles dans lesquelles cette présomption serait reconnue fausse. L'établissement institué ne peut alors être relevé de son incapacité par l'intervention du département ou de l'Etat; il ne faut pas oublier, en effet, qu'en ces matières la volonté du donateur ou du testateur est la loi suprême qu'il faut sans cesse consulter et contre laquelle rien ne saurait prévaloir. Quelque désir que l'on ait de sauver une libéralité de la caducité, l'on doit s'abstenir de faire jouer le rôle de donataire ou de légataire à une personne à laquelle l'auteur de la libéralité n'a pas voulu conférer cette qualité.

Sous cette réserve, il convient d'admettre en principe que les établissements nationaux ou départementaux dépourvus de personnalité propre sont représentés par le département ou l'Etat qui leur prête personnalité. Nombreux sont les établissements qui peuvent ainsi se parer d'une capacité d'emprunt;

nous en donnerons plus loin des exemples lorsque nous aborderons dans une vue d'ensemble l'étude des dons et legs faits aux départements et à l'Etat (V. *infra*, nos 91 et suiv. et nos 104 et suiv.).

50. Si sous certaines conditions et moyennant certaines restrictions la commune, le département et l'Etat ont le droit de se substituer à des établissements dépourvus d'existence légale et de se dire et porter donataires ou légataires à leur lieu et place, il est plus douteux que les établissements publics jouissent de la même faculté et puissent absorber dans leur personnalité des établissements annexes non légalement reconnus.

Les conditions d'existence des établissements publics sont, en effet, bien différentes de celles de la commune, du département et de l'Etat.

La commune, le département et l'Etat ont la plénitude de la représentation des intérêts collectifs des citoyens et ils disposent pour la gestion de ces intérêts de moyens d'action à peu près illimités ; il est donc juridiquement admissible que, pour la satisfaction des besoins communs auxquels ils sont chargés de pourvoir, ils se fassent aider ou suppléer par des organismes spéciaux qui sont comme leurs mandataires et constituent en quelque sorte des prolongements de la commune, du département et de l'Etat. Dès lors, si un établissement dénué d'existence légale poursuit un objet d'utilité collective et qu'*en fait* il soit subordonné à la commune, au département ou à l'Etat, rien ne s'oppose, *en droit*, à ce qu'il participe à la personnalité de la commune, du département ou de l'Etat.

Les établissements publics sont loin d'avoir les coudées aussi franches que ceux-ci.

D'abord ils ne sont pas préposés à la gestion de la généralité des intérêts collectifs des citoyens d'une circonscription territoriale, mais à la satisfaction de certains besoins spéciaux ; la mission qu'ils ont à remplir est plus ou moins strictement limitée. En un mot, ils sont dominés par le *principe de la spécialité* que nous étudierons dans un chapitre ultérieur (V. *infra*, nos 226 et suiv.). A ce premier point de vue, les établissements publics diffèrent sensiblement de la commune, du département ou de l'Etat dont la mission est pour ainsi dire indéfinie ou du moins est simplement spécialisée en ce sens que la commune, le département et l'Etat doivent pourvoir à des intérêts collectifs et non à des intérêts individuels et que les seuls intérêts collectifs dont ils sont chargés sont ceux qui sont propres aux citoyens qui composent l'État, le département ou la commune. La commune ne gère que les intérêts collectifs des citoyens de sa circonscription, à l'exclusion des intérêts des citoyens qui relèvent d'autres unités administratives. Le département gère les intérêts collectifs de ses ressortissants, mais son activité ne doit pas se porter sur la France tout entière et, en sens inverse, elle ne doit pas se confiner dans les limites d'une commune. Enfin l'Etat gère les intérêts collectifs de l'ensemble des citoyens français et non pas seulement ceux qui ne concernent que les citoyens de tel département ou de telle commune. Voilà dans quelle mesure le principe de la spécialité nous paraît applicable à la commune, au département et à l'Etat ; à l'égard des établissements publics il a des effets bien plus considérables. Il les oblige à ne s'occuper que d'une catégorie déterminée d'intérêts collectifs ; ils ne peuvent pas satisfaire à des besoins de toute nature, mais seulement à des besoins de l'espèce fixée par leur charte constitutive. Leur vocation est bornée.

Mais ce n'est pas tout et quand bien même, comme le pensent quelques-uns, l'on devrait rejeter le principe de la spécialité, les établissements publics n'en seraient pas moins embarrassés, à notre avis, dans des lisières que ne connaissent ni la commune, ni le département, ni l'Etat.

A supposer que la capacité des établissements publics ne soit pas limitée quant au but à atteindre, personne ne songera à contester qu'elle l'est, au moins, quant aux *moyens* à employer.

Le conseil municipal règle par ses délibérations les affaires de la commune (L. 5 avril 1884, art. 61) ; il jouit donc, en principe, et sous réserve des cas où l'approbation de l'autorité supérieure est nécessaire, d'une entière liberté dans la tractation desdites affaires, et notamment dans la désignation du personnel chargé des services municipaux. Il peut, pour la réalisation d'un objet déterminé, faire appel à tel concours qui lui plaît, s'adresser à tel collaborateur qui lui convient. Telle n'est point, en général, la condition des établissements publics. Les textes législatifs ou réglementaires qui fixent l'organisation et le fonctionnement de ces établissements ne les laissent pas libres d'agir au mieux des intérêts qui leur sont confiés et, en particulier, ils déterminent le personnel chargé d'administrer chaque établissement. Tout autre personnel a un caractère illicite et c'est sans droit qu'un établissement se ferait aider ou remplacer dans l'exercice de ses attributions par des auxiliaires que les lois ou règlements n'auraient pas prévus.

Ces principes une fois posés, examinons le cas où un établissement non légalement reconnu se réclame d'un établissement public pour jouir, par l'entremise de celui-ci, du droit de recevoir des libéralités. Un établissement public a-t-il qualité pour jouer ce rôle d'intermédiaire et faire profiter de sa capacité un établissement incapable ?

Pour répondre à cette question, il convient, en premier lieu, de rechercher si l'établissement dépourvu d'existence légale, qui a été institué donataire ou légataire, se rattache étroitement à l'établissement public mis en cause et en constitue une dépendance ; il n'y a là qu'une difficulté d'espèce. Mais la *question de fait* se complique d'une *question de droit* ; il s'agit de savoir, dans le cas où l'établissement incapable ressortit réellement à l'établissement capable, si ce rattachement est légal. Un lien de fait ne suffirait pas ; il faut un lien de droit. Si ce dernier fait défaut, l'établissement public n'a aucune qualité pour intervenir au lieu et place de l'établissement non reconnu (1).

Or, la question de droit se dédouble.

---

(1) Avis de la section de l'Int. du 19 mars 1884 (nº 50,540). — La section de l'Intérieur, etc... qui, sur le renvoi ordonné par M. le ministre de l'Intérieur, a pris connaissance d'un projet de décret tendant notamment à autoriser la commission administrative du bureau de bienfaisance de Saint-Germain-en-Laye à accepter le legs fait par le sieur Le Roux à l'orphelinat de Saint-Louis-de-Gonzague ; — Considérant que l'orphelinat

L'on doit commencer par se demander si la mission à laquelle se consacre l'établissement non reconnu rentre bien dans les attributions légales de l'établissement reconnu et n'expose pas ce dernier à violer le principe de la spécialité. Si ce principe était méconnu, la relation qui existerait ou que l'on tenterait de créer entre les deux établissements n'aurait aucune valeur légale et ne permettrait pas à l'un de suppléer à l'incapacité de l'autre.

C'est ainsi, par exemple, que, si un legs a été fait en faveur des vicaires successifs d'une paroisse, l'inexistence d'une mense vicariale entraîne nécessairement la caducité du legs, sans que celui-ci puisse être réclamé par la mense curiale, car cet établissement, en gérant les intérêts des vicaires, sortirait de ses attributions légales. Telle est la solution qui découle d'un avis de la section de l'Intérieur du 21 novembre 1889, que nous ne pouvons qu'approuver (1).

De même c'est avec raison, suivant nous, qu'en s'appuyant sur le principe de la spécialité la section de l'intérieur du Conseil d'État a émis, à la date du 26 avril 1888, l'avis que le consistoire israélite de Paris ne pouvait être autorisé à accepter le legs fait à une association dépourvue de personnalité morale, la Société de l'étude talmudique, car « la fondation ou l'entretien de sociétés d'études ne rentre dans aucune des attributions spéciales conférées aux consistoires israélites de la métropole » (2).

---

légataire n'a pas d'existence légale ; que, d'autre part, il n'est rattaché au bureau de bienfaisance par aucun lien de droit qui permette de faire accepter la libéralité par cet établissement ; — Est d'avis qu'il y a lieu de substituer à l'article 3 une disposition portant qu'il n'y a pas lieu de statuer sur le legs fait par le sieur Le Roux à l'orphelinat de Saint-Louis-de-Gonzague (M. de Villeneuve, rapporteur).

(1) Avis de la section de l'Int. du 21 novembre 1889 (n° 80,337). — La section de l'Interieur, etc... qui a pris connaissance du projet de décret ci-joint ayant pour but de statuer sur les dispositions contenues dans le testament du sieur Buron ; — Considérant que les desservants successifs de la paroisse de Torcé (Ille-et-Vilaine) n'ont pas qualité pour représenter les vicaires de cette paroisse ; que la libéralité ne constitue qu'une simple charge d'hérédité ; — Est d'avis qu'il n'y a pas lieu d'adopter le projet de décret proposé (M. Mourier, rapporteur).

(2) Avis de la section de l'Int. du 26 avril 1888 (n° 71,085). — La section de l'Intérieur, etc... qui a pris connaissance d'un projet de décret tendant à autoriser le Consistoire israélite de Paris à accepter la libé-

Au contraire, aucun obstacle tiré du principe de la spécialité ne s'oppose à ce qu'un legs fait en faveur des prêtres âgés ou infirmes, à un diocèse, c'est-à-dire à une circonscription ecclésiastique dépourvue d'existence légale, soit revendiqué par la caisse des retraites du diocèse; la section de l'Intérieur l'a formellement déclaré, aux termes d'une note du 22 décembre 1885 (1) et elle ne faisait ainsi que confirmer la solution admise par un avis du comité de législation du 26 mars 1841 que nous rapporterons plus loin et qui a nié la personnalité du diocèse (V. *infra*, n° 179).

La section de l'Intérieur a encore admis qu'un legs grevé de messes fait en faveur d'une église qui n'est pas régulière-

---

ralité résultant de la disposition testamentaire prise par le sieur Lévy-Weill, à la date du 13 mars 1885, et ainsi conçue : « Je lègue à la société de l'étude talmudique à Paris : mille francs » ; — Vu le testament du sieur Weill, en date du 13 mars 1885 ; — Vu les articles 910 et 937 du Code civil, la loi du 2 janvier 1817, les ordonnances des 12 avril 1817 et 14 janvier 1831 ; — Vu le règlement du 10 décembre 1806, organisant le culte israélite, le décret du 17 mars 1808, rendant exécutoire ce règlement, l'ordonnance du 29 juin 1819, l'ordonnance du 25 mai 1844, portant règlement pour l'organisation du culte israélite; — Vu la délibération du Consistoire israélite de Paris, en date du 27 avril 1884, par laquelle le Consistoire a demandé l'autorisation d'accepter, au nom de la société de l'étude talmudique, le legs de 1,000 francs fait à ladite société;

Considérant que le Consistoire israélite de Paris sollicite l'autorisation d'accepter la libéralité faite à la société de l'étude talmudique qui n'a pas la personnalité civile ; — Considérant que la fondation ou l'entretien de sociétés d'études ne rentre dans aucune des attributions spéciales conférées aux consistoires israélites de la métropole par les textes ci-dessus visés et que les établissements publics ne sauraient être autorisés à recevoir des libéralités que dans l'intérêt des services qui leur sont légalement confiés et dans la limite des attributions qui en dérivent ; — Est d'avis que le Consistoire israélite de Paris ne saurait être autorisé à accepter le legs fait à la société de l'étude talmudique (M. Silhol, rapporteur).

(1) Note de la section de l'Int. du 22 décembre 1885 (n° 57,007). — La section de l'Intérieur, etc... qui a été saisie d'un projet de décret relatif à des legs faits par la demoiselle Roumesse à divers établissements du Jura, n'a pas cru pouvoir adopter l'article 2 du projet de décret portant qu'il n'y a pas lieu de statuer sur deux legs faits au diocèse de Saint-Claude. Elle a pensé que ces legs, faits l'un pour les prêtres âgés ou infirmes, l'autre pour la fondation d'une bourse au profit d'un séminariste, pouvaient être acceptés par les établissements bénéficiaires, savoir : par la caisse des retraites et par le grand séminaire. La section estime, en conséquence, qu'il y aurait lieu de compléter l'instruction dans le sens des observations qui précèdent. (M. Manégat, rapporteur).

ment ouverte au culte est valablement réclamé par la fabrique de la paroisse à laquelle se rattache ladite église si le testateur a eu, avant tout, l'intention de faire célébrer des messes et n'a attaché qu'une importance secondaire au lieu de culte où elles seraient dites (1). Cette solution est contestable à bien des égards, notamment en ce que, pour valider le legs, elle le refait en partie, mais au moins, en substituant un établissement capable à un établissement incapable, ne se heurte-t-elle à aucune objection fondée sur le principe de la spécialité. Les églises irrégulièrement ouvertes font une concurrence illégale aux églises dont l'ouverture a eu lieu dans les formes et moyennant les conditions voulues, de sorte que la décision susvisée de la section de l'Intérieur, loin de risquer de faire sortir les fabriques des églises paroissiales du cercle de leur mission propre, tend à leur restituer le plein exercice de leurs attributions légales.

Mais à défaut de la règle de la spécialité un second principe peut empêcher qu'un établissement public pare par son intervention à l'incapacité d'un établissement non reconnu qui en dépend. Nous avons dit que le personnel désigné par les lois et règlements avait seul qualité pour s'immiscer dans la gestion des intérêts confiés aux établissement publics et

(1) Note de la section de l'Int. du 11 février 1892 (n° 90,705). — La section de l'Intérieur, etc... qui a pris connaissance d'un projet de décret portant qu'il n'y a pas lieu de statuer sur le legs d'une somme de 1,500 francs fait par le sieur Mourot à l'église de Noncourt (Vosges), laquelle n'est pas régulièrement ouverte au culte, a remarqué que les revenus de la libéralité devaient, aux termes de la disposition testamentaire, être employés à faire dire chaque année des messes pour le repos de l'âme du testateur. Il lui a semblé, dans ces conditions, qu'il convenait de faire accepter cette libéralité par la fabrique de l'église de Saint-Christophe qui la revendique et dont dépend, pour le culte, l'église de Noncourt. En choisissant l'église de Noncourt comme exécuteur de ses intentions pieuses, le testateur ignorait sans doute que cette église n'était pas régulièrement ouverte au culte et l'on ne saurait, sans méconnaître ouvertement ses intentions, le priver des services religieux qu'il a cru nécessaires au salut de son âme. La section a cru, en conséquence, devoir modifier la rédaction du projet de décret dans le sens des observations qui précèdent en spécifiant que les messes demandées par le sieur Mourot devraient être célébrées dans l'église de Saint-Christophe. — Il a paru, en outre, indispensable de viser la délibération par laquelle le conseil de fabrique de Saint-Christophe revendique la libéralité. (M. Noël, rapporteur.)

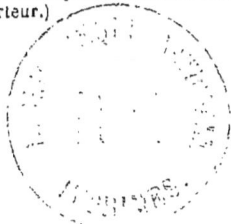

que l'on ne pouvait recourir aux bons offices d'autres individus. Dès lors, à moins d'une clause formelle de ses statuts qui l'y autorise, un établissement public n'a pas le droit de s'annexer un autre établissement pour l'accomplissement de sa tâche, et s'il l'a fait, il ne peut faire profiter de sa personnalité l'établissement non reconnu dont il a accepté l'aide et l'assistance.

51. C'est à ce point de vue que nous nous placerons pour critiquer plusieurs notes et avis du comité ou de la section de l'Intérieur du Conseil d'État qui ont admis des fabriques à revendiquer des libéralités faites à des confréries qui leur servaient d'auxiliaires dans l'exercice de leurs attributions.

Un avis du comité de l'Intérieur du 10 juillet 1835, émis au rapport de M. Lucas, s'exprime ainsi au sujet des confréries : « Il y a lieu, dit-il (1), de remarquer que leur existence se confond avec celle des fabriques ; qu'en effet les confréries ne sont que des réunions volontaires de personnes pieuses qui, de l'agrément des fabriques et même ordinairement encouragées par elles, s'occupent des différents soins du culte. Par ces motifs, les legs faits en faveur des confréries doivent être acceptés par les fabriques, parce que ces dernières seules sont vraiment légataires, quoique sous une fausse dénomination. »

Cette jurisprudence a été confirmée par un avis de la section de l'Intérieur du 4 janvier 1873 (2) et par une note plus

---

(1) Cet avis est relaté par M. de Baulny dans son article sur les libéralités en faveur des établissements de bienfaisance non légalement reconnus. (*Revue critique*, 1859, t. XIV, p. 255.)

(2) Avis de la section de l'Int. du 4 janvier 1873 (nos 100 et 141). — La section de l'Intérieur, de la Justice, de l'Instruction publique, des Cultes et des Beaux-Arts, qui, sur le renvoi ordonné par M. le ministre de l'Instruction publique et des Cultes, a pris de nouveau connaissance d'un projet de décret relatif à l'acceptation des libéralités de M. l'abbé Machon ; — Considérant que les confréries auxquelles ont été faites les libéralités sur lesquelles l'article 10 du projet propose de déclarer qu'il n'y a pas lieu de statuer n'ont pas le caractère de confréries proprement dites ; qu'elles ne forment que de simples réunions concourant avec la fabrique, et sous sa direction, à l'œuvre de la fabrique elle-même ; que dès lors rien ne s'oppose à ce que la fabrique soit autorisée à accepter en leur nom les sommes qui leur sont attribuées par le testateur ; — Est d'avis qu'il y a lieu de modifier le projet de décret dans le sens de l'observation qui précède. (M. de Franqueville, rapporteur.)

récente de la même section, en date du 29 avril 1885 (1). L'avis du 4 janvier 1873 porte que les confréries visées par le projet du décret soumis à la section « n'ont pas le caractère de confréries proprement dites ; qu'elles ne forment que de simples réunions concourant avec la fabrique, et sous sa direction, à l'œuvre de la fabrique elle-même » et la note du 29 avril 1885 dit que la confrérie du Saint-Sacrement et la congrégation de la Sainte-Vierge, gratifiées de legs par le sieur Barangcr, « sont de simples œuvres paroissiales se rattachant à la fabrique par leurs attributions, qui consistent principalement dans l'ornementation de certaines chapelles. »

Ces diverses décisions reposent toutes sur la même erreur. Elle supposent que, par cela même qu'une confrérie se rattache à une fabrique, celle-ci peut la couvrir de sa personnalité et lui communiquer une parcelle de sa vie juridique ; elles ne se préoccupent pas du point de savoir si le lien qui unit la confrérie à la fabrique a un caractère licite. C'est cependant la question capitale qu'il convenait d'examiner et, si elle avait été agitée, la solution adoptée par la section de l'Intérieur aurait été différente ; la section aurait dû reconnaître qu'un concours ne saurait être prêté aux fabriques par des confréries qu'en violation de la loi.

Si l'on consulte le décret du 30 décembre 1809, qui constitue la charte fondamentale des fabriques, l'on n'y rencontre aucune disposition qui autorise les membres du conseil ou du bureau à déléguer une partie de leurs attributions à des personnes de bonne volonté ; or ce silence du décret de 1809 suffit pour rendre l'emploi d'auxiliaires absolument extra-légal.

---

(1) Note de la section de l'Int. du 29 avril 1885 (n° 53,347). — La section de l'Intérieur, des Cultes, de l'Instruction publique et des Beaux-Arts du Conseil d'Etat, qui a pris connaissance du projet de décret ci-joint, relatif aux legs faits par le sieur Baranger à divers établissements d'Indre-et-Loire, a reconnu que la confrérie du Saint-Sacrement et la congrégation de la Sainte-Vierge sont de simples œuvres paroissiales se rattachant à la fabrique par leurs attributions, qui consistent principalement dans l'ornementation de certaines chapelles. Elle a pensé que dans cette situation, il était possible d'autoriser le trésorier de cet établissement à accepter les libéralités. En conséquence, elle a modifié le projet de décret dans le sens des observations qui précèdent. (M. Mourier, rapporteur.)

Mais, quand bien même la fabrique aurait le droit d'associer à son œuvre des collaborateurs officieux, il est certain que cette faculté comporterait une exception en ce qui concerne les confréries.

Celles-ci, en effet, ont été dissoutes par la loi du 18 août 1792 dont l'article 1er (Titre Ier), porte que « les familiarités, confréries, les pénitents de toutes couleurs, les pèlerins et toutes autres associations de piété ou de charité sont éteintes et supprimées à dater du jour de la publication du présent décret » et cette mesure législative non seulement n'a été rapportée par aucune disposition de loi ultérieure, mais encore elle a été implicitement confirmée par le décret du 30 décembre 1809, dont l'article 36-1° attribue aux fabriques les biens des confréries.

Si les confréries se sont reconstituées sous l'égide des fabriques, c'est donc contrairement à la volonté du législateur et en vertu d'une simple tolérance du gouvernement; leur permettre de jouir par l'intermédiaire des établissements paroissiaux d'une personnalité d'emprunt, c'est faire dans la voie de l'illégalité un pas de plus et ouvrir la porte aux plus condamnables abus.

Il n'y a aucune distinction à établir entre les confréries et les communautés ou congrégations; le législateur révolutionnaire dont l'œuvre subsiste les a mises sur le même plan en les englobant dans la même proscription. Les confréries, comme les communautés et congrégations, ne peuvent se former et acquérir la personnalité civile que moyennant certaines conditions rigoureuses dont l'observation ne peut être éludée par aucun procédé tel que le rattachement des confréries aux fabriques.

Nous ne saurions donc admettre que les fabriques recueillent pour le compte des confréries les libéralités qui sont faites à ces dernières et la solution admise par les décisions ci-dessus relatées de la section de l'Intérieur du Conseil d'État ne nous paraît pas juridique.

D'ailleurs dans ces derniers temps la section de l'Intérieur paraît s'être aperçue qu'elle avait fait fausse route; saisie d'un projet de décret relatif à un legs fait par la demoiselle Rimbaud à la confrérie des pauvres femmes de la paroisse de

Saint-Agricol (Vaucluse), elle a, aux termes d'une note du 26 juillet 1890, exprimé l'opinion que « la confrérie des pauvres femmes de la paroisse de Saint-Agricol étant dépourvue d'existence légale, il est impossible d'autoriser le trésorier de la fabrique à accepter le legs fait à cette confrérie » et « qu'il n'y a pas lieu de statuer sur cette libéralité » (1).

Mais cette note est conçue dans des termes tels que l'on ne sait s'il s'agit d'une décision de principe ou d'une solution d'espèce. La section a-t-elle entendu faire application à un cas particulier d'une règle qui s'opposerait à l'incorporation des confréries aux fabriques ou, au contraire, ne s'est-elle prononcée contre l'intervention de la fabrique de la paroisse de Saint-Agricol que parce que la confrérie intéressée ne se rattachait pas suffisamment à cet établissement?

Les termes de la note du 26 juillet 1890 ne permettent pas de répondre avec certitude à cette question.

La jurisprudence actuelle de la section de l'Intérieur est donc enveloppée d'une certaine obscurité qu'il serait désirable de voir dissiper par un avis de principe, lorsqu'une occasion favorable se présentera.

Au surplus, des difficultés analogues à celles qui concernent les confréries peuvent se soulever à propos d'autres établissements non reconnus qui réclameraient le patronage d'établissements reconnus, et il importe de poser en principe, comme nous l'avons fait, qu'un établissement public n'a pas le droit, dans le silence de ses statuts, de se faire aider ou suppléer par des établissements annexes et que, par suite, il n'est pas fondé à revendiquer pour le compte d'établissements auxiliaires les libéralités qui leur sont faites. De telles libéralités sont néces-

---

(1) Note de la section de l'Int. du 26 juillet 1890 (n° 88,923). — La section de l'Intérieur, de l'Instruction publique, des Cultes et des Beaux-Arts du Conseil d'Etat qui a pris connaissance du projet de décret relatif aux legs faits par la demoiselle Rimbaud à divers établissements (Vaucluse), estime que la confrérie des pauvres femmes de la paroisse de Saint-Agricol étant dépourvue d'existence légale, il est impossible d'autoriser le trésorier de la fabrique à accepter le legs fait à cette confrérie. — La section a donc cru devoir substituer à l'article 1er du projet de décret un article portant qu'il n'y a pas lieu de statuer sur cette libéralité. (M. Dejamme, rapporteur.)

sairement caduques, comme s'adressant à des établissements non légalement reconnus.

La section de l'Intérieur a essayé, il est vrai, d'échapper à cette conclusion en décidant que l'établissement public qui intervient au nom d'un établissement dépourvu d'existence légale doit garder pour lui-même le montant des dons et legs faits aux établissements non reconnus dont il a la tutelle ou le contrôle et ne s'associer ces établissements incapables ni pour l'administration ni pour l'emploi des biens donnés ou légués. Grâce à cette précaution l'on échappe à l'objection tirée de l'illégallité du concours prêté par un établissement non reconnu à un établissement public, puisqu'on supprime ce concours, mais en même temps l'on risque fort de méconnaître les intentions de l'auteur de la libéralité et de n'anéantir une cause de caducité du don ou du legs qu'en en faisant surgir une autre.

C'est sous le bénéfice de ces observations que nous rappelons la note susvisée du 11 février 1892, aux termes de laquelle la section de l'Intérieur a admis que la fabrique de la paroisse de Saint-Christophe (Vosges) pouvait être autorisée à accepter un legs grevé de messes fait à une église irrégulièrement ouverte au culte et située dans la même paroisse, mais à la condition que les messes seraient dites dans l'église de Saint-Christophe et non dans le lieu de culte dépourvu d'existence légale.

De même, en déclarant, suivant une note précitée du 22 décembre 1885, que la caisse des secours pour les prêtres âgés ou infirmes du diocèse de Saint-Claude avait qualité pour accepter un legs fait au diocèse, la section de l'Intérieur a évidemment sous-entendu que le profit du legs irait exclusivement à la caisse de secours sans pouvoir être détourné d'aucune façon par le diocèse qui, dans l'état actuel de la législation et de la jurisprudence, n'est pas une personne morale, mais une simple circonscription ecclésiastique sur laquelle s'étend la juridiction épiscopale.

52. Du moment qu'en général les établissements publics n'ont pas le pouvoir de se substituer à des établissements non reconnus pour les relever de leur incapacité, à plus forte raison cette prérogative doit-elle être refusée aux établissements d'utilité publique.

Les règles d'organisation et de fonctionnement des établissements d'utilité publique sont, en effet, encore plus rigides et moins souples que celles des établissements publics.

Ces derniers ne sont régis que par des textes généraux de lois, d'ordonnances ou de décrets qui concernent toute une nature d'établissements et qui se contentent de fixer les conditions fondamentales de leur existence sans descendre dans les menus détails; au contraire, chaque établissement d'utilité publique a ses statuts et règlements spéciaux approuvés par l'autorité compétente et fixant avec la plus extrême minutie leur constitution et leur mode d'administration.

Comment dans ces conditions un établissement d'utilité publique pourrait-il émettre valablement la prétention de fonder et d'entretenir des succursales et établissements secondaires ou de grouper autour de lui des institutions similaires? Comment surtout serait-il fondé à absorber ces établissements accessoires dans sa personnalité et à leur communiquer un reflet de sa vie juridique? De tels établissements, à moins qu'ils n'aient été prévus par les statuts de l'établissement d'utilité publique auquel ils se rattachent, offrent un caractère illicite et ils ne sauraient jouir du privilège de la capacité civile ni par eux-mêmes ni du chef de l'établissement dont ils sont les clients.

Telle est la solution qui ressort très nettement d'une note du 29 juin 1892 par laquelle la section de l'Intérieur a refusé d'approuver un projet de décret tendant à faire accepter par la Société des crèches reconnue comme établissement d'utilité publique un legs fait à la crèche de Sainte-Geneviève qui n'avait pas de personnalité morale (1). Cette note explique que « la proposition faite dans le projet est contraire à la jurispru-

(1) Note de la section de l'Intérieur du 29 juin 1892 (n° 92,370). — La section de l'Intérieur, des Cultes, de l'Instruction publique et des Beaux-Arts du Conseil d'Etat, qui a pris connaissance du projet de décret tendant à autoriser divers établissements à accepter des libéralités contenues dans le testament de la demoiselle Rimbaud, estime que la société des Crèches, reconnue comme établissement d'utilité publique, ne saurait être autorisée à accepter le legs de 1,000 francs fait à la crèche de Sainte-Geneviève. Si ce dernier établissement n'a pas la personnalité civile, il appartient à ceux qui le représentent de solliciter,

dence du Conseil d'État qui n'admet pas, en ce qui concerne les établissements d'utilité publique..., la substitution d'un établissement jouissant de la capacité civile à un établissement qui en serait dépourvu ».

Cette substitution n'a pas seulement le tort d'être contraire aux statuts de l'établissement d'utilité publique auquel on fait prendre la place de l'établissement non reconnu ; elle risque en outre, le plus souvent, de n'être pas conforme aux intentions de l'auteur de la libéralité.

Or, l'on ne saurait trop répéter que, pour qu'une personne morale puisse revendiquer une libéralité adressée à un établissement dépourvu d'existence légale, il est nécessaire que sous le nom de l'établissement non reconnu le testateur ait réellement entendu gratifier la personne morale qui réclame la libéralité. Il est permis à la rigueur de passer outre à la lettre d'un testament pour s'en tenir à l'esprit ; mais l'on doit bien se garder de violer à la fois l'esprit et la lettre, car alors la substitution d'un légataire non dénommé par le testateur au légataire qu'il a désigné n'aurait plus aucune base légale.

53. Pour en finir avec les libéralités faites en faveur d'établissements non reconnus qui dépendent d'établissements ayant une existence légale, il ne nous reste plus qu'à nous occuper des dons et legs adressés aux succursales et annexes non autorisées de congrégations religieuses autorisées. La succursale ou annexe est évidemment incapable de rien recevoir par elle-même mais profite-t-elle de la capacité de la congrégation et peut-elle recevoir des dons et legs par l'entremise de celle-ci?

En d'autres termes une congrégation autorisée a-t-elle le

---

la reconnaissance d'utilité publique qui lui donnera l'aptitude à recevoir. Mais la proposition faite dans le projet est contraire à la jurisprudence du Conseil d'Etat qui n'admet pas, en ce qui concerne les établissements d'utilité publique, notamment les congrégations religieuses, la substitution d'un établissement jouissant de la capacité civile à un établissement qui en serait dépourvu. En conséquence, la section a cru devoir supprimer l'article 1er et le remplacer par un autre article disposant qu'il n'y avait pas lieu de statuer sur le legs fait à la crèche Sainte-Geneviève, cet établissement étant dépourvu de l'existence légale. (M. de Moüy, rapporteur.)

droit de recevoir une libéralité à elle faite dans l'intérêt d'un de ses établissements particuliers non autorisés ou adressée directement à cet établissement particulier?

Observons tout de suite que la question ne se pose guère qu'en ce qui concerne les congrégations de femmes qui seules font l'objet d'une législation générale sujette à interprétation (loi du 24 mai 1825 et décret du 31 janvier 1852); les congrégations d'hommes ne jouissent qu'en très petit nombre du bénéfice de l'autorisation et elles sont presque exclusivement régies par des statuts particuliers qui peuvent seulement soulever des difficultés d'espèce et non des difficultés de principe. Dans ces conditions, il nous paraît convenable d'écarter les congrégations d'hommes de la discussion théorique qui va suivre et de concentrer toute notre attention sur les congrégations de femmes.

Le point de droit qui nous préoccupe a donné lieu devant la Cour de cassation à des débats mémorables qu'il importe de retracer ici.

Le sieur Lefebvre de Trois-Marquets, décédé le 29 janvier 1843, avait fait un legs en faveur de la maison des dames de la charité d'Arras qui, tout en se rattachant à la congrégation des sœurs de Saint-Vincent-de-Paul régulièrement autorisée par décret du 8 novembre 1809, ne justifiait personnellement d'aucune autorisation spéciale.

Une ordonnance du 6 mars 1847 autorisa, par application de l'article 3 de la loi du 24 mai 1825, la congrégation des sœurs de Saint-Vincent-de-Paul à fonder à Arras un établissement de son ordre et habilita la supérieure générale de la congrégation à accepter au nom dudit établissement le legs fait à celui-ci par le sieur Lefebvre de Trois-Marquets. Le dispositif de cette ordonnance est ainsi conçu : « Art. 1er. La congrégation des sœurs de la charité de Saint-Vincent-de-Paul, dont la maison chef d'ordre est à Paris, est autorisée à fonder à Arras un établissement de son ordre, à la charge par les membres de cet établissement de se conformer aux statuts approuvés par décret du 8 novembre 1809 pour la maison mère. — Art. 2. La supérieure générale des sœurs de la charité de Saint-Vincent-de-Paul est autorisée à accepter au nom de la communauté du même ordre établie à Arras (Pas-de-

Calais) par l'article 1er de la présente ordonnance le legs fait à cet établissement par le sieur, Thomas-François-Joseph Lefebvre de Trois-Marquets suivant son testament public du 24 janvier 1843 aux clauses et conditions y énoncées, et consistant dans la nue-propriété, etc., etc... »

Conformément à cette ordonnance d'autorisation, le legs a été accepté par la supérieure générale de la congrégation de Saint-Vincent-de-Paul suivant acte authentique du 19 janvier 1848, mais les héritiers du sieur Lefebvre de Trois-Marquets se sont refusés à le délivrer, en se fondant sur ce qu'il était fait à un établissement qui était dépourvu d'existence légale au moment du décès du testateur.

Dans ces circonstances, la supérieure générale de la congrégation a formé devant l'autorité judiciaire une action en délivrance, mais cette demande, après avoir subi l'épreuve d'un débat en première instance, a été rejetée par arrêt de la cour de Douai du 30 juin 1851 qui a déclaré nul le legs de Trois-Marquets.

Ledit arrêt a été déféré à la censure de la Cour de cassation par la congrégation des sœurs de Saint-Vincent-de-Paul, qui à l'appui de son pourvoi invoquait deux moyens : le premier consistait à soutenir que la maison d'Arras avait une existence légale avant le décès du sieur Lefebvre de Trois-Marquets, et le second à dire qu'à supposer que cette maison n'eût été autorisée pour la première fois que par l'ordonnance du 6 mars 1847 la supérieure de la congrégation de Saint-Vincent-de-Paul avait qualité pour revendiquer le legs de Trois-Marquets, sinon au nom de la maison d'Arras, du moins au nom de la congrégation qui absorbait dans sa personnalité une annexe trop peu importante pour constituer un établissement sujet à la nécessité d'une autorisation particulière.

Ce second moyen a été favorablement accueilli par la Cour de cassation qui, suivant arrêt de sa chambre civile du 6 mars 1854, rendu au rapport de M. Glandaz, a cassé la décision de la Cour de Douai (1).

---

(1) Cass. civ., 6 mars 1854. — La Cour; — Sur la deuxième branche du deuxième moyen; — Vu l'article 4 de la loi du 24 mai 1825 et l'article 927 du Code Napoléon; — Attendu que Lefebvre de Trois-Marquets

L'arrêt de la Cour suprême porte notamment « que les religieuses d'Arras détachées de la maison mère conformément au but de leur institut et aux prescriptions de leur saint fondateur rappelées dans tous les actes législatifs qui en ont favorisé l'exécution ne formaient pas par le seul fait de leur résidence même prolongée dans la ville d'Arras, un établissement particulier ; qu'elles sont restées membres de la congrégation mère et ont continué à participer de sa vie civile ; que le legs à elles adressé, en leur qualité de sœurs de la charité, n'était en réalité qu'un legs fait à la communauté même, avec affectation spéciale aux sœurs chargées de la représenter et d'accomplir son œuvre charitable dans la ville d'Arras ; qu'il suffisait donc pour la validité de ce legs que la communauté fût régulièrement approuvée ».

L'affaire a été renvoyée devant la cour d'Amiens qui a refusé de s'incliner devant l'arrêt de la Cour suprême et décidé,

---

a légué plusieurs immeubles et rentes à la maison des Dames de la Charité d'Arras ; qu'il est décédé le 29 janvier 1843 ; — Attendu que les religieuses de la maison d'Arras appartenaient toutes à la congrégation des sœurs de Saint-Vincent-de-Paul, régulièrement autorisée par décret du 8 novembre 1809 ; — Attendu que les religieuses d'Arras, détachées de la maison mère, conformément au but de leur institut et aux prescriptions de leur saint fondateur, rappelées dans tous les actes législatifs qui en ont favorisé l'exécution, ne formaient pas par le seul fait de leur résidence, même prolongée, dans la ville d'Arras, un établissement particulier ; qu'elles sont restées membres de la congrégation mère et ont continué à participer de sa vie civile ; que le legs à elles adressé, en qualité de sœurs de la charité, n'était en réalité qu'un legs fait à la communauté même, avec affectation spéciale aux sœurs chargées de la représenter et d'accomplir son œuvre charitable dans la ville d'Arras ; qu'il suffisait donc, pour la validité de ce legs, que la communauté fût régulièrement approuvée ; qu'aux termes des statuts de l'ordre, de l'article 12 du décret du 18 février 1809, de l'article 16 de l'instruction du 17 juillet 1825 concernant l'exécution de la loi du 24 mai précédent, la supérieure générale avait seule qualité pour accepter le legs ; que cette acceptation, autorisée par ordonnance royale du 6 mars 1847, a été réalisée suivant acte authentique du 19 janvier suivant ; que toutes les conditions voulues par la loi se trouvaient donc accomplies ; d'où il suit, qu'en déclarant nul le legs de Trois-Marquets et en rejetant la demande en délivrance de la supérieure générale des sœurs hospitalières de Saint-Vincent-de-Paul l'arrêt attaqué (Douai, 30 juin 1851), a faussement appliqué l'article 4 de la loi du 24 mai 1825 et violé l'article 937 du Code Napoléon ; — sans qu'il soit besoin de statuer sur le premier moyen et sur la première branche du second moyen ; — Casse. (M. Glandaz, rapporteur.)

comme la cour de Douai, par arrêt du 14 juillet 1854, que le legs de Trois-Marquets était nul.

Mais, sur le pourvoi formé par la congrégation des sœurs de Saint-Vincent-de-Paul, la Cour de cassation, aux termes d'un arrêt de ses chambres réunies du 17 juillet 1856 (1), a maintenu la thèse juridique admise par sa chambre civile le 6 mars 1854 et cassé en conséquence l'arrêt de la cour d'Amiens.

L'arrêt des chambres réunies, rendu au rapport de M. Plougoulm, déclare que conformément à leurs statuts, les sœurs de la congrégation de Saint-Vincent-de-Paul « vont s'établir là où les appellent les besoins de la charité publique ; qu'en accomplissant ainsi la pensée de leur fondateur elles ne se séparent pas de la maison mère, quel que soit le lieu de leur résidence, quelle qu'en soit la durée ; qu'au contraire ces sœurs détachés de l'établissement principal continuent de former un seul corps avec lui, soumises aux mêmes statuts, participant à la même vie civile » ; l'arrêt fait remarquer, d'autre part, que, dans l'espèce, les religieuses établies à Arras

---

(1). Cass., ch. réunies, 17 juillet 1856. — La Cour ; — Vu l'article 4 de la loi du 24 mai 1825 et l'article 937 du Code Napoléon ; — Attendu que, d'après les lettres patentes de 1657 qui ont institué la congrégation de Saint-Vincent-de-Paul, lettres confirmées par le décret de 1809, les sœurs dépendant de cette communauté vont s'établir là où les appellent les besoins de la charité publique ; qu'en accomplissant ainsi la pensée de leur fondateur, elles ne se séparent pas de la maison mère, quel que soit le lieu de leur résidence, quelle qu'en soit la durée ; qu'au contraire, ces sœurs détachées de l'établissement principal continuent de former un seul corps avec lui, soumises aux mêmes statuts, participant à la même vie civile ; — Attendu qu'il est reconnu par l'arrêt attaqué (Amiens, 14 juillet 1854) que les religieuses établies à Arras, s'y trouvaient dans ces conditions ; qu'elles ont continué d'y secourir les pauvres en vertu de la faculté accordée à la maison mère et non sous forme d'institution publique ; — Attendu que, dans cette situation, le legs fait par Lefebvre de Trois-Marquets à la maison des Dames de Charité d'Arras, n'était en réalité qu'un legs fait à la congrégation elle-même, mais sous la condition de faire profiter de la libéralité la maison désignée : — Attendu que cette intention du testateur est accomplie dans l'espèce par la déclaration énoncée en l'acte régulier d'acceptation, ledit acte du 19 janvier 1848, fait aux termes de la loi de 1825, par la supérieure générale de la congrégation ; que toutes les conditions voulues par la loi pour la validité des legs se trouvent accomplies ;

D'où il suit, qu'en déclarant nul le legs de Trois-Marquets, l'arrêt attaqué a faussement appliqué l'article 4 de la loi du 24 mai 1825 et viole l'article 937 du Code Napoléon ; — Casse. (M. Plougoulm, rapporteur.)

s'y trouvaient dans ces conditions, c'est-à-dire comme membres de la maison mère et non d'un établissement particulier, et il ajoute « que, dans cette situation, le legs fait par Lefebvre des Trois-Marquets à la maison d'Arras n'était en réalité qu'un legs fait à la congrégation elle-même, mais sous la condition de faire profiter de la libéralité la maison désignée. »

En somme, la jurisprudence de la Cour de cassation, telle qu'elle résulte des arrêts des 6 mars 1854 et 17 juillet 1856, repose sur une distinction qu'elle établit entre les diverses succursales ou annexes d'une congrégation à supérieure générale. Les unes, en raison de leur importance forment des établissements particuliers au sens des articles 1 et 3 de la loi du 24 mai 1825, et à ce titre elles ne sont aptes à recevoir des libéralités soit de leur propre chef, soit du chef de la congrégation dont elles dépendent que si elles ont fait l'objet d'une autorisation spéciale. Les autres moins importantes ne constituent pas des établissements particuliers, mais de simples réunions de religieuses qui, loin de se séparer de la maison mère, continuent de former un seul corps avec elle et participent à la même vie civile ; ces annexes ou succursales ne peuvent de leur propre chef recueillir des libéralités, mais elles jouissent de cette prérogative par l'intermédiaire de la congrégation et du chef de celle-ci.

La congrégation est apte à recevoir les dons et legs qui lui sont faits dans l'intérêt de ses petites succursales ou annexes, ou qui sont adressés directement à celles-ci.

54. La jurisprudence de la Cour de cassation nous paraît critiquable, mais avant d'expliquer les raisons pour lesquelles nous croyons devoir la repousser, nous exposerons la jurisprudence adoptée en cette matière par le Conseil d'État.

Cette jurisprudence a passé par quatre phases successives.

Durant la première période qui a suivi immédiatement la promulgation de la loi du 24 mai 1825, le Conseil d'État a pensé que les établissements importants dépendant des congrégations religieuses devaient seuls être autorisés par ordonnances royales et que de petits établissements, tels que de simples écoles tenues par une ou deux institutrices, n'avaient pas besoin de cette autorisation ; il en concluait que la congrégation pouvait être habilitée à accepter les libéralités qui lui étaient faites dans l'intérêt de succursales de minime importance ou qui s'adressaient directement à ces succursales.

Cette jurisprudence a été appliquée jusqu'en 1849. A cette époque est intervenu un avis du Conseil d'État déclarant que, dès qu'une religieuse venait s'installer dans une commune, sa présence suffisait pour donner naissance à un établissement au sens de la loi de 1825 et que cet établissement était sujet à la nécessité d'une autorisation spéciale; à défaut de cette autorisation, aucune libéralité ne pouvait être faite ni à la congrégation pour le compte de cet établissement ni à l'établissement lui-même (Avis de la section du contentieux du 27 novembre 1849).

Les arrêts de la Cour de cassation des 6 mars 1854 et 17 juillet 1856 ont provoqué un nouveau revirement dans la jurisprudence du Conseil d'État; un avis de la section de l'Intérieur du 19 juillet 1861 concernant les congrégations enseignantes porte dans son dispositif « qu'il y a lieu de distinguer dans les établissements dépendant des congrégations religieuses, ceux qui sont de véritables succursales de la maison mère et pour lesquels on continuerait d'exiger l'autorisation légale et ceux qui n'étant que des établissements scolaires existent en vertu de la loi de 1850 » (1). Cet avis marque un retour aux premiers errements du Conseil d'État.

---

(1) Avis de la section de l'Int. du 19 juillet 1861. — La section de l'Intérieur, etc., qui, sur le renvoi ordonné par M. le ministre de l'Instruction publique et des Cultes, a pris connaissance d'un projet de décret qui a pour objet d'autoriser la congrégation des Filles de Jésus, existant à Vaylats (Lot) à fonder un établissement de son ordre à Saint-Antoine (Lot-et-Garonne), et à réaliser une acquisition dans l'intérêt de cet établissement; — Vu la loi du 24 mai 1825; — l'avis de la section du contentieux du Conseil d'Etat en date du 27 novembre 1849; — la loi du 15 mars 1850; — les décrets des 31 janvier et 9 mars 1852; — Vu le procès-verbal annexe de la séance de la section de l'Intérieur du 19 juillet 1861, relatant les observations verbales présentées par M. le ministre de l'Instruction publique et des Cultes;

En ce qui touche la question de principe; — Considérant que la loi de 1825 a déterminé les règles à suivre pour les autorisations de congrégations religieuses et de leurs établissements; — que de 1825 à 1849 on a pensé que les établissements importants dépendant de congrégations religieuses devaient être autorisés par ordonnances royales; mais que les simples écoles tenues par une ou deux institutrices n'avaient

Le bénéfice de la doctrine formulée par l'avis du 19 juillet

---

pas besoin de cette autorisation et que la congrégation mère pouvait être autorisée à acquérir ou à posséder dans l'intérêt de ces écoles; — Considérant qu'en 1849 est intervenu un avis du Conseil d'Etat déclarant que la présence d'une simple sœur institutrice constituait un établissement dans le sens prévu par la loi de 1825, et que cet établissement devait être soumis aux formalités prescrites par cette loi pour l'instruction des reconnaissances légales d'établissements; que la jurisprudence résultant de cet avis et suivie jusqu'à ce jour n'a plus depuis 1850 la même raison d'être; — Considérant qu'il existe en France un très grand nombre d'écoles tenues par des sœurs; que ces établissements se contentent généralement de l'existence de fait, sans demander une autorisation légale; mais qu'en vertu de l'avis précité, les maisons mères n'ont été autorisées à acquérir ou à posséder que pour ceux de leurs établissements précédemment autorisés ou à qui l'on conférait l'existence civile par le même décret qui autorisait à acquérir ou à posséder; — Qu'il en est résulté, toutes les fois qu'une congrégation religieuse a voulu réaliser une acquisition ou accepter une libéralité pour le moindre de ses établissements, pour une simple école libre ou communale, l'obligation de demander la reconnaissance légale d'un établissement religieux qui, quelquefois, se trouve en réalité, représenté par une simple institutrice; — Qu'il ne paraît pas nécessaire de maintenir cette obligation en présence de la loi de 1825 et de la loi de 1850, et qu'au contraire, il paraît équitable de donner aux congrégations et aux communes l'autorisation d'acquérir ou de posséder pour les écoles religieuses, lorsque le gouvernement n'y verra aucun inconvénient;

Considérant que dans la jurisprudence suivie jusqu'ici, toutes les reconnaissances légales et autorisations de posséder ont été accordées en se servant du mot générique d'établissement, pour désigner toute espèce de réunion de religieuses quelle qu'elle fût; que cette jurisprudence à l'inconvénient de diminuer singulièrement le rôle de surveillance attribué à l'Etat sur ces sortes d'affaires, puisqu'une autorisation donnée à une simple école sous ce nom d'établissement, peut s'appliquer, sans que le gouvernement ait à intervenir, à un noviciat, un couvent, ou tout autre établissement dont la création devrait être soumise à l'approbation du gouvernement; — Qu'il y aurait donc lieu, pour faire cesser ces inconvénients, de spécifier dans le dispositif des décrets qui autoriseront des reconnaissances légales quel est le caractère de l'établissement à fonder; qu'il importerait de même, lorsqu'il s'agira de simples écoles, de spécifier dans les décrets qui autoriseront des acquisitions ou des acceptations de dons et legs que l'autorisation n'est donnée que pour telle ou telle destination déterminée par l'instruction ou par la volonté des donateurs ou testateurs; — Considérant enfin que les congrégations religieuses sont avant tout des établissements d'utilité publique; que c'est l'intérêt public qui doit attirer sur elles la faveur du gouvernement; qu'en conséquence, lorsqu'une congrégation veut fonder une école libre dans une commune où il n'y a pas d'école communale de filles, c'est d'une bonne administration de s'efforcer de rendre communale cette même école; que si, pour des raisons quelconques, cette combinaison ne peut se réaliser, l'Etat a sans contredit la faculté de mettre des conditions à l'autorisation qu'il accorderait à une congrégation pour acquérir ou posséder; qu'il y aurait donc lieu d'imposer à l'école desservie par

1861 a été étendu aux congrégations charitables par un avis de la section de l'Intérieur du 13 août 1861 (1).

Mais la jurisprudence consacrée par les avis des 19 juillet et 13 août 1861 n'a été que passagère et, depuis 1880, le Conseil d'État exige la formalité de l'autorisation pour toutes espèces d'annexes ou de succursales d'une congrégation religieuse, si peu importants que soient ces établissements parti-

---

les religieuses l'obligation d'admettre gratuitement les enfants pauvres inscrits sur la liste dressée conformément à l'article 145 de la loi de 1850, c'est-à-dire de faire ce que ferait l'école communale dont elle veut tenir la place.

Est d'avis : — 1° qu'il y a lieu de distinguer dans les établissements dépendant des congrégations religieuses, ceux qui sont de véritables succursales de la maison mère et pour lesquels on continuerait d'exiger l'autorisation impériale, et ceux qui n'étant que des établissements scolaires, existent en vertu et sous l'empire de la loi de 1850; — 2° que pour ces derniers, le gouvernement pourrait, lorsqu'il le jugera convenable, donner aux maisons mères l'autorisation d'acquérir ou de posséder; — 3° qu'il convient de considérer les congrégations religieuses que l'Etat n'a autorisées que dans un but d'utilité publique comme destinées bien plutôt à la direction d'établissements communaux qu'à l'entreprise d'établissements libres et que, pour ceux-ci, afin de leur ôter toute apparence d'entreprises privées et en quelque sorte industrielles, il y a lieu de leur imposer au moins, les obligations que remplissent les écoles communales à l'égard des enfants pauvres;

En ce qui touche l'espèce; — Faisant l'application des principes développés plus haut;

Est d'avis qu'il y a lieu : — 1° de supprimer l'article 1er du projet de décret; — 2° de modifier l'article 2 en insérant un alinéa ayant pour objet de spécifier l'emploi qui devra être fait des immeubles acquis ou échangés, et d'imposer à la congrégation l'obligation de recevoir dans son école les enfants pauvres, inscrits sur la liste dressée conformément à l'article 45 de la loi de 1850 (M. Hély d'Oissel, rapporteur).

(1) Avis de la section de l'Int. du 13 août 1861. — La section de l'Intérieur, etc., qui, sur le renvoi ordonné par M. le ministre de l'Instruction publique et des Cultes, a pris connaissance d'un projet de décret ayant pour objet d'autoriser la congrégation des Sœurs de Saint-Vincent-de-Paul à fonder à Nolay (Côte-d'Or) un établissement de son ordre et le bureau de bienfaisance à accepter des dons faits à la maison de charité de Nolay; — Vu les demandes du bureau de bienfaisance et du conseil d'administration de la congrégation; — Vu la lettre du ministre de l'Intérieur, en date du 25 juillet 1860; — Vu l'avis de la section de l'Intérieur, en date du 19 juillet 1861, au sujet de la fondation d'un établissement religieux à Saint-Antoine (Lot-et-Garonne); — Vu le projet de décret adopté par la section, à la date du 13 août 1861, au sujet d'un legs fait à la commune de Soligni-la-Trappe, et le rapport à l'empereur joint au même décret; — Vu les autres pièces du dossier:

Considérant qu'aux termes de la lettre susvisée de M. le ministre de l'Intérieur les congrégations hospitalières ne doivent pas avoi eur

culiers ; les annexes ou succursales non autorisées ne peuvent rien recevoir ni par elles-mêmes ni par la congrégation.

Un avis de la section de l'Intérieur du 21 juillet 1880, relatif à un legs fait par la demoiselle Ardy aux sœurs de la charité de Sainte-Marie, établies à Glazais (Deux-Sèvres), déclare « que l'article 3 de la loi du 24 mai 1825 soumet à la nécessité d'une autorisation spéciale tout établissement nouveau d'une congrégation religieuse de femmes déjà autorisée, et qu'aux termes de l'article 4, les établissements dûment autorisés sont seuls capables d'accepter les libéralités qui leur sont faites ; qu'on ne saurait, en présence de dispositions aussi formelles, distinguer entre les établissements qui, à raison de leur importance, ne pourraient accepter aucune libéralité avant d'avoir obtenu leur reconnaissance préalable et ceux qui, moins importants, se confondraient dans la personnalité des congrégations elles-mêmes, qui accepteraient, à leur place, les libéralités faites en leur faveur ; qu'en dehors des difficultés d'appréciation, une pareille distinction, à l'appui de laquelle on a

---

siège dans les maisons dont le service leur est confié, afin qu'elles ne s'y trouvent pas dans une situation mixte, propre à amener entre le domaine charitable et celui des religieuses une confusion préjudiciable aux pauvres ; que la congrégation de Saint-Vincent-de-Paul ne paraît avoir demandé la reconnaissance légale d'un établissement à Nolay que pour pouvoir accepter le bénéfice indirect résultant, pour cette congrégation, des libéralités faites à la maison de charité de Nolay, sous la condition que cette maison serait desservie par des Sœurs de Saint-Vincent-de-Paul ; que, suivant l'avis de la section de l'Intérieur, du 19 juillet 1861, cette reconnaissance légale n'est pas nécessaire pour que la congrégation puisse accepter le bénéfice qui lui appartient ; — Considérant que les libéralités faites à l'intention de la maison de charité de Nolay doivent être acceptées par le bureau de bienfaisance, représentant légal de cette maison et seul donataire ; que la congrégation ne pourrait tout au plus demander son intervention que pour accepter le bénéfice indirect qui résulte pour elle de la désignation qui en est faite par les donateurs ; que cette intervention de la congrégation paraît inutile, et que, dans le cas où on jugerait à propos d'en faire mention dans le projet de décret, il serait désirable que l'autorisation d'accepter fût réduite au bénéfice résultant pour la congrégation de la désignation des donateurs et que cette autorisation fût d'ailleurs accordée par un article spécial, afin d'éviter toute confusion avec l'affectation de la commune ;

Est d'avis qu'il y a lieu : 1° de supprimer l'article 1er du projet de décret ; 2° de modifier l'article 2, conformément aux considérations qui précèdent et au projet de décret de Soligni-la-Trappe (M. Hély d'Oissel, rapporteur).

vainement invoqué la loi du 15 mars 1850, aurait encore l'inconvénient de reconnaître l'existence d'une possession collective commune à tous les établissements d'une même congrégation et de faciliter ainsi aux congrégations le moyen de s'étendre indéfiniment et d'échapper aux prescriptions de la loi du 24 mai 1825 » (1).

Cet avis a été suivi de plusieurs autres émis dans le même sens; le Conseil d'État exige que tous les établissements particuliers relevant de congrégations à supérieure générale soient spécialement autorisés et la sanction de cette règle

---

(1) Avis de la section de l'Int. du 21 juillet 1880 (n° 31, 313). — La section de l'Intérieur, des Cultes, de l'Instruction publique et des Beaux-Arts qui, sur le renvoi ordonné par M. le ministre de l'Intérieur et des Cultes, a pris connaissance d'un projet de décret autorisant l'acceptation de divers legs faits à des établissements des Deux-Sèvres et autorisant également la supérieure générale des sœurs de la Charité de Sainte-Marie, reconnues à Angers par décrets des 15 novembre 1810 et 14 décembre 1852, à accepter le legs d'une rente de 200 francs fait par la demoiselle Ardy aux sœurs de cet ordre etablies à Clazaïs (Deux-Sèvres) et décidant, en outre, qu'en cas de remboursement de ladite rente, le capital en provenant serait placé en rentes sur l'État au nom de la congrégation, avec mention sur l'inscription de la destination des arrérages ; — Vu l'avis de la section du 13 août 1861 ; — Vu les pièces du dossier ; — tout en adoptant dans son ensemble le projet de décret dont s'agit ;

Considérant que l'article 3 de la loi du 24 mai 1825 soumet à la nécessité d'une autorisation spéciale tout établissement nouveau d'une congrégation religieuse de femmes déjà autorisée et qu'aux termes de l'article 4 les établissements dûment autorisés sont seuls capables d'accepter les libéralités qui leur sont faites; qu'on ne saurait, en présence de dispositions aussi formelles, distinguer entre les établissements qui, à raison de leur importance, ne pourraient accepter aucune libéralité avant d'avoir obtenu leur reconnaissance préalable et ceux qui, moins importants, se confondraient dans la personnalité des congrégations elles-mêmes qui accepteraient à leur place les libéralités faites en leur faveur; qu'en dehors des difficultés d'appréciation une pareille distinction, à l'appui de laquelle on a vainement invoqué la loi du 15 mars 1850, aurait encore l'inconvénient de reconnaître l'existence d'une possession collective commune à tous les établissements d'une même congrégation et de faciliter ainsi aux congrégations le moyen de s'étendre indéfiniment et d'échapper aux prescriptions de la loi du 24 mai 1825; — Considérant d'ailleurs que la faculté pour les congrégations de solliciter la reconnaissance des établissements qu'elles créent est de nature à concilier les prescriptions de la loi avec la volonté des testateurs;

Est d'avis qu'il appartient au gouvernement d'apprécier dans chaque affaire si les besoins scolaires ou hospitaliers de la commune sont de nature à justifier, au point de vue de l'intérêt public, la création d'un établissement nouveau et, dans l'espèce, de surseoir à statuer sur la libéralité faite aux sœurs de Clazaïs jusqu'à ce qu'elles aient sollicité et obtenu leur reconnaissance (M. Cotelle, rapporteur).

consiste en ce que non seulement une congrégation n'est pas autorisée à accepter les legs faits à ses succursales non reconnues, mais encore en ce qu'elle n'est pas habilitée à accepter les dons et legs dont elle a été gratifiée elle-même dans l'intérêt desdites succursales (1).

Cette jurisprudence comporte d'ailleurs un tempérament. Dans le cas où une libéralité a été faite en faveur d'un établissement non autorisé dépendant d'une congrégation autorisée, le Conseil d'État admet qu'un même décret peut autoriser la fondation de l'établissement et l'acceptation de la libéralité (2).

---

(1) Avis de la sect. de l'Int. du 12 janvier 1881 (n° 37,742). — La section de l'Intérieur, qui a pris connaissance d'un projet de décret tendant à autoriser la supérieure générale de la congrégation des sœurs de la Providence, reconnue à Portrieux (Vosges), à accepter le legs fait aux sœurs de cet ordre à Seilhac (Corrèze) ;

Considérant que les sœurs établies à Seilhac ne constituent point dans cette commune un établissement reconnu distinct de la maison mère établie à Portrieux, mais ne sont installées dans cette localité qu'à titre d'institutrices communales; que dès lors elles n'ont pas de personnalité civile ; — Est d'avis qu'il y a lieu de substituer au projet de décret présenté un projet de décret portant qu'il n'y a pas lieu d'autoriser la congrégation à accepter la libéralité qui lui a été faite (M. Bonthoux, rapporteur).

Avis du C. d'Ét. du 3 juillet 1884 (n° 48,036). — Le Conseil d'État qui, sur le renvoi ordonné par le ministre de la Justice et des Cultes, a pris connaissance d'un projet de décret statuant sur les libéralités faites par la dame Bardet à divers établissements du département des Deux-Sèvres; — Vu le testament de la dame Bardet en date du 30 octobre 1878; — Vu l'avis du ministre de l'Instruction publique du 19 mai 1883, ensemble l'avis du préfet des Deux-Sèvres du 14 mars 1884 ; — Vu la loi du 24 mai 1825 ;

Considérant que l'acceptation du legs fait par la dame Bardet à la congrégation des sœurs de Sainte-Philomène de Salvert (Vienne) ne saurait être autorisée qu'autant que les sœurs de cet ordre, qui dirigent l'école libre installée dans la commune de Châtillon-sur-Thouet, auraient été reconnues comme établissement particulier de la congrégation ; — Considérant que l'utilité de cette reconnaissance ne résulte pas de l'instruction; que le préfet des Deux-Sèvres et le ministre de l'Instruction publique sont, l'un et l'autre, défavorables à cette création ;

Est d'avis qu'il y a lieu de substituer au projet de décret un article portant que la supérieure générale de ladite congrégation n'est pas autorisée à accepter la libéralité précitée et de supprimer la disposition par laquelle le maire de la commune de Châtillon-sur-Thouet était autorisé à accepter le bénéfice de ce legs (M. Valabrègue, rapporteur). — f. Avis de la sect. de l'Int., 20 février 1884, legs dame Lecerf à Filles de la Charité de Saint-Vincent-de-Paul (M. Mourier, rapporteur).

(2) Voir l'avis de la section de l'Intérieur du 21 juillet 1880.

155. En décidant dans le dernier état de sa jurisprudence, que tous les établissements dépendant d'une congrégation à supérieure générale sont astreints, quelque minime que soit leur importance, à la nécessité d'une autorisation spéciale et qu'en l'absence de cette autorisation ils sont incapables de rien recevoir ni de leur propre chef, ni du chef de la congrégation, nous croyons que le Conseil d'État a fidèlement et sainement interprété la loi du 24 mai 1825.

Les arguments développés par l'avis de la section de l'intérieur du 21 juillet 1880 nous paraissent décisifs; ils réfutent péremptoirement la doctrine contenue dans les avis précédemment émis en sens contraire par le Conseil d'État et dans les arrêts de la Cour de cassation des 6 mars 1854 et 17 juillet 1856.

D'abord, il est contraire aux termes mêmes de la loi de vouloir classer les annexes ou succursales des congrégations en deux catégories, d'après leur importance; cette distinction de deux sortes d'établissements, dont les uns seraient sujets à la nécessité d'une autorisation spéciale et les autres y échapperaient, est nettement condamnée par le texte de l'article 3 de la loi du 24 mai 1825. Cet article dispose qu'il ne sera formé *aucun établissement* sans une autorisation spéciale; la règle qu'il énonce est aussi absolue que possible et elle ne comporte pas la moindre exception. Comment, dès lors, arguer du peu d'importance d'un établissement pour soutenir qu'il ne rentre pas dans les prévisions de l'article 3 de la loi de 1825? Émettre une pareille prétention, ce n'est pas interpréter la loi du 24 mai 1825, c'est la refaire.

Au surplus, la distinction que l'on veut introduire de force dans la disposition de l'article 3 de la loi de 1825 est de nature à soulever dans la pratique de nombreuses contestations, faute d'un critérium qui permette de l'appliquer avec sûreté; d'après quels procédés dosera-t-on l'importance d'un établissement? Quand un établissement sera-t-il considéré comme assez important pour devoir être autorisé spécialement et quand aura-t-il trop peu d'importance pour être soumis à l'obligation d'une autorisation particulière? L'on ne nous le dit pas et, tout en affirmant l'existence de deux classes d'établissements, on laisse dans le vague et l'indécision la ligne de démarcation qui les sépare. Si des difficultés viennent à se manifester dans la mise en œuvre du système que nous combattons, l'Administration et l'autorité judiciaire, chargées chacune en ce qui la concerne de les résoudre, seront abandonnées à leurs seules lumières et l'on aura ainsi inauguré le régime de l'arbitraire le plus complet. La distinction que la Cour de cassation a consacrée n'est donc pas moins condamnable dans ses conséquences que dans son principe.

Nous ajouterons qu'en reconnaissant à des établissements non autorisés dépendant d'une congrégation autorisée le droit de recevoir des dons et legs par l'intermédiaire de cette congrégation, toutes les fois qu'ils sont peu importants, l'on ne viole pas seulement l'article 3 de la loi du 24 mai 1825, l'on méconnaît, en outre, l'article 4 de la même loi, sinon dans ses termes, du moins dans son esprit. Il résulte, en effet, des débats qui ont précédé le vote de cet article à la Chambre des pairs (séance du 8 février 1825) et notamment de la suppression du mot « congrégation » inséré dans le texte primitif de l'article 4, que le législateur n'a pas voulu qu'une congrégation religieuse à supérieure générale constituât une personne morale ayant un patrimoine collectif qui serait commun à la maison mère et aux succursales ; ce n'est pas à proprement parler à la congrégation que la faculté d'acquérir ou de posséder a été conférée, mais bien plutôt à son établissement principal et à ses établissements secondaires régulièrement autorisés, qui forment des personnes morales distinctes, dotées chacune d'un patrimoine particulier (1). En un mot, la congrégation est moins une personne morale qu'un syndicat de personnes morales.

Dans ces conditions, il est clair que puisque la congrégation

(1) Avis de la section de l'Intérieur du 17 janvier 1881 (n° 36, 110). — La section de l'Intérieur, qui a pris connaissance des observations présentées par M. le ministre de l'Intérieur et des Cultes dans sa dépêche en date du 16 octobre dernier, au sujet d'une note et d'un projet de décret adoptés par elle dans sa séance du 8 septembre 1880, relativement à des legs faits par la dame veuve Bérard à divers établissements, notamment à l'établissement des sœurs de Notre-Dame de Charité du Bon Pasteur existant à Toulon (Var) ; — Vu la loi du 24 mai 1825 ; — Considérant que la discussion qui s'est élevée lors du vote de l'article 4 de la loi du 24 mai 1825 et la suppression du mot congrégation qui se trouvait dans le projet primitif n'autorisent pas le placement au *nom des congré-*

religieuse est incapable de rien recevoir pour elle-même, elle ne peut non plus rien recevoir pour le compte ou dans l'intérêt de ses succursales non autorisées; elle est impuissante à communiquer aux établissements particuliers qu'elle renferme dans son sein une personnalité dont elle est elle-même privée. Les dons et legs faits à une congrégation autorisée pour une succursale non reconnue ou adressés directement audit établissement ne sauraient être recueillis par la congrégation; ils ne peuvent l'être que par la succursale elle-même, si le gouvernement l'autorise tout à la fois à se former et à accepter la libéralité dont elle a été gratifiée.

56. Jusqu'ici nous n'avons fait porter nos observations que sur les congrégations à supérieure générale et nous avons gardé le silence sur les communautés à supérieure locale.

Le moment est venu de rechercher si ces dernières, lorsqu'elles ont été autorisées, peuvent recevoir des dons et legs dans l'intérêt des établissements religieux non reconnus qui leur sont affiliés.

Cette question a été résolue affirmativement par le Conseil d'État dans l'espèce suivante.

La demoiselle Rullier avait légué à la communauté hospitalière de Saint-Alexis, existant à Limoges à titre de communauté à supérieure locale, en vertu d'un décret du 11 janvier 1881, un immeuble situé dans la même ville et elle avait prescrit que cet immeuble servirait de siège à un orphelinat dirigé par les sœurs de Saint-Alexis. La communauté s'est pourvue auprès du gouvernement à l'effet d'être autorisée à fonder un second établissement de son ordre à Limoges et à accepter le legs fait par la demoiselle Rullier en faveur de cet établissement.

---

gations des libéralités faites aux établissements qui en dépendent; que ce serait, en effet, admettre une possession collective commune à tous les établissements d'une même congrégation, ce qui serait manifestement contraire à l'esprit comme au texte de l'article 4 de la loi du 24 mai 1825;

Par ces motifs, persiste dans son avis du 8 septembre 1880 et considère qu'il y a lieu, tout en faisant accepter la libéralité dont il s'agit par la supérieure générale de la congrégation, d'en prescrire le placement *au nom de l'établissement de Toulon* et non pas *au nom de la congrégation* (M. Cotelle, rapporteur).

Appelé à se prononcer sur le mérite de cette double demande, le Conseil d'État a, à la date du 16 juin 1887 (1), émis un avis aux termes duquel il a déclaré que la communauté de Saint-Alexis, ayant été autorisée à titre de communauté à supérieure locale, ne saurait être habilitée à créer une succursale, mais que rien ne l'empêchait d'établir un orphelinat qui ne constituerait qu'une simple annexe de la maison-mère et qui serait administré, sous l'autorité de la supérieure, par des sœurs déléguées à cet effet; en conséquence, et vu les renseignements très favorables recueillis dans l'instruction, le Conseil d'État a estimé qu'il y avait lieu d'autoriser la communauté de Saint-Alexis à accepter, aux clauses et conditions imposées par la testatrice, le legs fait par la demoiselle Rullier.

Cette décision ne saurait, suivant nous, être approuvée.

Les arguments sur lesquels le Conseil d'État s'est fondé pour refuser aux congrégations à supérieure générale l'autorisation

---

(1) Avis C. d'Ét., 16 juin 1887 (nº 62,622). — Le Conseil d'État qui, sur le renvoi ordonné par M. le ministre de l'Intérieur et des Cultes, a pris connaissance d'un projet de décret tendant : 1º à refuser à la congrégation hospitalière de Saint-Alexis l'autorisation de fonder à Limoges un second établissement de son ordre; 2º à refuser à la supérieure de ladite congrégation l'autorisation d'accepter le legs qui lui a été fait par la demoiselle Rullier, à charge de recueillir de jeunes orphelines dans l'immeuble légué;

Considérant que l'établissement des sœurs de Saint-Alexis, autorisé à Limoges par le décret du 11 janvier 1881, possède en vertu de l'article Ier de ses statuts le droit de s'occuper d'œuvres charitables et que la destination du legs de la demoiselle Rullier rentre essentiellement dans sa mission telle qu'elle est définie par lesdits statuts; que, dès lors et en présence des renseignements très favorables recueillis dans l'instruction même, rien ne s'oppose à ce que la congrégation soit autorisée à accepter la libéralité dont il s'agit; — Considérant, d'autre part, que la congrégation autorisée à titre de *congrégation à supérieure locale* ne saurait fonder des succursales ou établissements distincts de l'établissement principal; — qu'il résulte d'ailleurs de la délibération du conseil d'administration de la communauté, en date du 24 mai 1886, que la maison de Nazareth, objet du legs de la dame Rullier, sera une simple annexe de la maison mère et devra être administrée, sous l'autorité de la supérieure, par des sœurs déléguées à cet effet; que dès lors il n'y a pas lieu d'autoriser la congrégation de Saint-Alexis à fonder à Limoges un second établissement;

Est d'avis qu'il convient de substituer au projet de décret proposé une disposition autorisant la congrégation de Saint-Alexis à accepter aux clauses et conditions imposées, le legs de la dame Rullier et qu'il n'y a pas lieu de statuer sur le surplus des conclusions de la congrégation devenues sans objet (M. de Villeneuve, rapporteur).

d'accepter des libéralités dans l'intérêt de succursales ou d'annexes non reconnues (1) s'opposent avec non moins de force à ce que cette autorisation soit accordée à des communautés à supérieure locale ; de plus, ces dernières se heurtent à une objection qui leur est spéciale et qui à elle seule suffirait pour les empêcher de recevoir des libéralités pour le compt d'établissements auxiliaires non reconnus.

En effet, tandis que les congrégations à supérieure générale peuvent, avec l'autorisation du gouvernement, fonder des établissements particuliers, les communautés à supérieure locale sont régies par des statuts qui leur interdisent d'avoir aucune succursale. Donc, si une communauté à supérieure locale vient à établir une succursale, elle le fait en violation de sa charte constitutive et il nous semble évident qu'elle ne saurait faire participer à sa personnalité un établissement dont l'existence est entachée de ce vice originel et qui non seulement n'est pas reconnu, mais n'est pas susceptible de l'être.

C'est cependant cette impossibilité statutaire de fonder des succursales qui a entraîné la décision prise par le Conseil d'État à la date du 16 juin 1887 ; la haute assemblée a pensé que, du moment qu'une communauté à supérieure locale ne pouvait, à cause de ses statuts, être autorisée par le gouvernement à créer des succursales, il fallait, sous peine d'emprisonner son action dans un cercle d'une étroitesse excessive, lui reconnaître la faculté d'avoir des annexes qui ne formeraient pas de véritables succursales et qui seraient placées sous l'autorité immédiate de la maison-mère.

Cette conclusion ne nous semble pas logique et nous croyons, pour notre part, que, si une seule maison est insuffisante pour permettre à une communauté à supérieure locale d'exercer utilement sa mission, il n'y a qu'un moyen de sortir d'embarras, c'est de transformer la communauté en une congrégation à supérieure générale. Quant à dire qu'il y a deux genres de succursales et que les unes, en raison de leur importance ne sauraient être fondées par les communautés à supérieure locale, même avec l'autorisation du gouvernement, tandis que

(1) Voir l'avis de la section de l'Intérieur du 21 juillet 1880

les autres, moins considérables, pourraient être établies par ces communautés, sans approbation gouvernementale, nous nous y refusons. La distinction que l'on propose n'est pas seulement arbitraire, elle est contraire aux dispositions des articles 3 et 4 de la loi du 24 mai 1825. Qu'il soit question de congrégations à supérieure générale ou de communautés à supérieure locale, la loi de 1825 s'oppose à ce que des établissements auxiliaires, même de minime importance, soient fondés et jouissent directement ou indirectement de la personnalité morale en l'absence de toute autorisation. Si petite que soit une succursale non autorisée d'une communauté à supérieure locale autorisée, elle est incapable de recevoir la moindre libéralité par l'intermédiaire de cette communauté ; d'ailleurs, l'autorisation de cet établissement secondaire serait contraire aux statuts de la communauté, de sorte que l'incapacité dont il est atteint ne peut être levée par un décret qui autoriserait en même temps l'établissement et l'acceptation de la libéralité dont il est gratifié.

§ 2. — *Sanction de l'incapacité des établissements non reconnus. Nullité des dons et legs.*

67. La sanction de l'incapacité des établissements non reconnus consiste dans la nullité des dons et legs qui leur sont adressés.

Les libéralités faites ouvertement au profit d'établissements qui n'ont pas d'existence légale sont infiniment rares. Presque toujours l'on se sert de voies détournées pour gratifier des établissements incapables ; ainsi l'on dissimule une libéralité sous les apparences d'un contrat à titre onéreux ou bien l'on a recours à une interposition de personne. Souvent même ces deux procédés sont employés cumulativement et il arrive qu'une donation entre vifs est faite à un établissement incapable sous forme de vente et avec l'aide d'un prête-nom.

Il n'est pas toujours aisé de percer à jour de pareilles fraudes, mais dès qu'elles sont découvertes, elles doivent être réprimées par application de l'article 911 du Code civil, dont le premier alinéa est ainsi conçu : « Toute disposition au profit d'un incapable sera nulle, soit qu'on la déguise sous la forme d'un contrat onéreux, soit qu'on la fasse sous le nom de personnes interposées. »

58. C'est à l'autorité judiciaire qu'il incombe de prononcer la nullité des dispositions faites au profit d'établissements incapables, sous couleur de contrats à titre onéreux, ou par l'entremise de personnes capables ; elle a le droit et le devoir de déclarer ces libéralités nulles, quand bien même leur exécution aurait été autorisée par le gouvernement.

C'est ce que la Cour de cassation a récemment décidé, aux termes d'un arrêt du 24 novembre 1891, par lequel elle a cassé un arrêt de la cour d'appel de Rouen du 28 décembre 1887, relatif à une libéralité faite par le sieur de Bosmelet (1). Suivant acte du 10 février 1845, le baron de Bosmelet avait donné à l'archevêché de Rouen une rente de 950 francs, destinée à assurer à perpétuité l'institution d'un chapelain dans l'oratoire

---

(1) Cass. civ. 24 novembre 1891. — La Cour, — Vu l'article 911 du Code civil ; — Attendu qu'il ressort de l'acte litigieux que le baron de Bosmelet, père du demandeur, a fait donation à l'archevêché de Rouen d'une rente de 950 francs, garantie par hypothèque, en vue d'assurer, à perpétuité, l'institution d'un chapelain dans l'oratoire privé de son habitation ; qu'il est expressément déclaré dans l'acte que tel a été le seul motif de la donation ; que toutes les clauses en ont été effectivement combinées dans le but de faire parvenir l'émolument aux chapelains successifs de Bosmelet ; qu'on ne saurait donc envisager lesdites clauses, ainsi que l'a fait l'arrêt attaqué, comme constituant de simples prestations mises à la charge de l'évêché ; qu'on doit reconnaître, au contraire, que les conditions du contrat ont ouvertement pour objet direct et presque exclusif la fondation, dans une chapelle privée, contrairement à l'article 11 de la loi du 18 germinal an X, d'un office ecclésiastique pourvu à perpétuité d'un revenu qui lui serait propre, c'est-à-dire d'un établissement ecclésiastique que la loi ne reconnaît pas, mais à qui la mense épiscopale, donataire apparent, serait chargée d'assurer les effets de la libéralité ; — Attendu, il est vrai, qu'une ordonnance royale du 25 novembre 1847 a autorisé l'archevêque de Rouen à accepter pour lui et ses successeurs la donation dont s'agit ; mais que cette ordonnance, simple acte de tutelle administrative, n'a point eu à juger si la donation était valide en soi et n'a rien statué à cet égard ; que, cette question étant du domaine de l'autorité judiciaire, la cour d'appel ne pouvait déclarer, comme elle l'a fait, que les clauses et conditions de la donation susdite ont été souverainement appréciées par l'ordonnance d'acceptation ; — D'où il suit que l'arrêt attaqué (Rouen, 28 décembre 1887), sous prétexte d'interpréter la donation du 10 février 1845, en a dénaturé le sens et l'objet et qu'en se refusant à y voir une donation au profit d'une personne, incapable de recevoir, il a violé l'article 911 susvisé ; — Par ces motifs, casse, etc. (M. Faure-Biguet, rapporteur).

privé de son château et, par ordonnance royale du 25 novembre 1847, l'archevêque de Rouen avait été autorisé à accepter cette donation pour lui et ses successeurs. La Cour de cassation déclare « que les conditions du contrat ont ouvertement pour objet direct et presque exclusif la fondation dans une chapelle privée, contrairement à l'article 11 de la loi du 18 germinal an X, d'un office ecclésiastique pourvu à perpétuité d'un revenu qui lui serait propre, c'est-à-dire d'un établissement ecclésiastique que la loi ne reconnait pas, mais à qui la mense épiscopale, donataire apparent, serait chargée d'assurer les effets de la libéralité » et elle en conclut que cette donation est nulle, par application de l'article 911, comme faite sous le nom d'une personne interposée à un incapable. Elle réfute d'ailleurs l'objection tirée de ce que la donation avait été autorisée par ordonnance du 25 novembre 1847, en faisant observer « que cette ordonnance, simple acte de tutelle administrative, n'a point eu à juger si la donation était valide en soi et n'a rien statué à cet égard » et elle ajoute « que, cette question étant du domaine de l'autorité judiciaire, la Cour d'appel ne pouvait déclarer, comme elle l'a fait, que les clauses et conditions de la donation susdite ont été souverainement appréciées par l'ordonnance d'acceptation. »

Mais de ce que le gouvernement, lorsqu'il accorde la permission d'accepter un don ou un legs, ne préjuge en rien le point de savoir si cette libéralité est valable, il ne faut pas conclure qu'il n'ait pas à l'examiner ; sans doute, il n'a pas qualité pour dire qu'une libéralité est ou n'est pas valable, mais de l'opinion qu'il se formera sur cette question il peut faire dépendre l'autorisation ; le gouvernement a toujours le droit de mettre obstacle, en vertu de l'article 910 du Code civil, à l'exécution d'une disposition dont la nullité lui paraît évidente, et notamment d'un don ou d'un legs qui s'adresse manifestement à un établissement incapable par l'entremise d'un établissement capable.

La jurisprudence du Conseil d'État est fixée en ce sens ; de nombreuses décisions en font foi.

Nous citerons notamment une note du 19 juillet 1892, par laquelle la section de l'Intérieur s'est prononcée contre l'autorisation d'un legs fait à la cure de Vimoutiers, en se fondant sur ce que la mense curiale n'était évidemment qu'une personne interposée chargée de remettre le montant du legs à des œuvres non reconnues (1).

De même, la section a émis des avis défavorables à l'autorisation de l'acceptation de libéralités faites à des fabriques ou à des communes, dans l'intérêt de lieux de cultes non autorisés ; elle estime, en effet, que les fabriques et les communes ne sont alors donataires ou légataires qu'en apparence et que les véritables institués sont des établissements non reconnus (2).

---

(1) Note de la section de l'Int. du 19 juillet 1892 (n° 92,340). — La section de l'Intérieur, qui a pris connaissance d'un projet de décret relatif aux legs faits par la demoiselle Hébert à divers établissements de l'Orne, a substitué à l'article 5 du projet primitif deux articles dont l'un porte qu'il n'y a pas lieu de statuer sur les legs faits à des œuvres dépourvues d'existence légale et dont l'autre refuse au curé de Vimoutiers l'autorisation d'accepter ces legs à défaut desdites œuvres. Il paraît, en effet, à la section, qu'en instituant éventuellement le curé, la testatrice n'a eu d'autre but que de relever les œuvres de la Propagation de la foi, de la Sainte-Enfance, des Écoles d'Orient et de Saint-François-de-Sales de leur incapacité civile (M. Simon, rapporteur).

(2) Avis de la section de l'Int. du 3 décembre 1890 (n° 76,436). — La section de l'Intérieur, qui a pris connaissance d'un projet de décret relatif à des legs faits par la dame Vve Lechevrel à divers établissements (Seine-Inférieure), notamment à la commune de Montivilliers ; — Considérant que la chapelle, érigée dans le cimetière de Montivilliers n'a aucun titre légal ; qu'elle est destinée, il est vrai, aux personnes qui viennent prier pour les morts, mais qu'un service religieux y est célébré chaque année le jour des Rogations par le clergé paroissial ; — Considérant que sans rechercher si un service religieux par an suffit à conférer actuellement à cette chapelle le caractère de lieu du culte non autorisé, elle pourrait l'acquérir par la tolérance de l'administration qui a déjà admis dans une certaine mesure une dérogation à l'application rigoureuse de la loi ; — Considérant que, dans ces conditions, le legs fait à la commune de Montivilliers pour les réparations de cette chapelle n'est pas susceptible d'être autorisé ; — Est d'avis... (M. Dejamme, rapporteur).

Avis Sect. de l'Int. 13 mars 1889 (n° 77,588). — La section de l'Intérieur, qui a pris connaissance d'un projet de décret tendant à autoriser la fabrique de Barville (Creuse) à accepter le legs de la dame Bessède, consistant en une somme de 1,000 francs, destinée à obtenir un binage dans la chapelle de Saint-Alvard ou à réparer cette chapelle qui n'a pas d'existence légale ; — Considérant qu'il est impossible d'affecter un legs, fait sous ces conditions précises, à relever les murs du cimetière, ainsi que le propose la fabrique, et que cet ouvrage est complètement en dehors de la destination fixée par la testatrice ; — Considérant, d'autre part, que la chapelle de Saint-Alvard, bénéficiaire du legs, est dépourvue d'existence légale et que la fabrique ne saurait être autorisée à entreprendre des travaux dans ladite chapelle ; — Est d'avis qu'il n'y a pas lieu d'autoriser la fabrique de Barville à accepter le legs de la dame Bessède (M. Simon, rapporteur).

Elle s'est également opposée, à plusieurs reprises, au cours de ces dernières années, à ce que des fabriques fussent autorisées à accepter des libéralités destinées à l'entretien perpétuel d'aumôniers dans des chapelles domestiques (1) et sa jurisprudence actuelle est ainsi en harmonie complète avec celle de la Cour de cassation, telle qu'elle résulte de l'arrêt précité du 24 novembre 1891.

En somme, l'autorité administrative ne se désintéresse pas du point de savoir si les libéralités dont l'examen lui est soumis cachent une disposition faite au profit d'établissements incapables, mais si l'interposition de personnes ne lui a pas paru démontrée et qu'elle ait autorisé l'exécution des libéralités, les tribunaux n'en ont pas moins le droit de dévoiler la fraude et de prononcer la nullité des dons et legs faits à des établissements incapables à l'aide d'un prête-nom.

La question de validité des dons et legs reste entière, malgré l'autorisation administrative, et les juges civils la tranchent en toute indépendance.

Leur mission ne laisse pas, d'ailleurs, que d'être délicate, ainsi qu'on le verra par les développements qui vont suivre.

---

(1) Avis de la Sect. de l'Int. 23 octobre 1888 (n° 73,947). — La section de l'Intérieur, qui a pris connaissance d'un projet de décret tendant à autoriser la fabrique de l'église de Pouancé (Maine-et-Loire) à accepter le legs qui lui a été fait par le sieur de Préaulx, consistant en une somme de 25,000 francs, dont le revenu devra être affecté à perpétuité au traitement d'un aumônier désigné par l'autorité diocésaine et chargé de dire tous les jours une messe dans la chapelle du château de Pouancé, érigée en chapelle domestique par décret du 3 juin 1876; — Considérant qu'il résulte des termes du décret précité que l'autorisation d'ériger une chapelle domestique dans le château de Pouancé n'a été conférée à titre personnel au sieur de Préaulx que pour son usage et celui des personnes de sa maison; que ladite autorisation doit être considérée comme périmée par suite du décès du sieur de Préaulx et que la chapelle du château de Pouancé n'a plus aujourd'hui de titre légal; — Considérant, d'autre part, que la fondation des services religieux célébrés dans ladite chapelle par le ministère d'un prêtre spécialement destiné à cette mission paraît être dans l'intention du testateur une condition essentielle et le motif déterminant de la libéralité faite à la fabrique; que l'exécution de cette condition étant actuellement impossible, attendu que la chapelle du château de Pouancé n'est pas régulièrement ouverte à l'exercice du culte, il n'y a pas lieu d'autoriser en l'état l'acceptation du legs.

Est d'avis qu'il n'y a pas lieu d'adopter le projet de décret proposé (M. de Villeneuve, rapporteur).

59. De tous les contrats à titre onéreux, la vente est celui qui sert le plus souvent à dissimuler les libéralités adressées à des établissements non reconnus ; les décisions judiciaires nous offrent de nombreux exemples de fraudes de cette espèce. C'est ainsi que la Cour de cassation a, par arrêt du 17 février 1864, proclamé la nullité d'une vente qui avait été passée entre la dame Priou et la dame Marchand, qui n'était que le prête-nom d'une communauté non reconnue ; cet arrêt porte « qu'il est établi en fait que la vente consentie le 6 août 1836 par la dame Priou à la dame Marchand ne constituait dans la réalité qu'une donation faite par personne interposée à la communauté religieuse de la Salle de Vihiers, non autorisée et par conséquent incapable d'acquérir à titre gratuit » (V. *infra*, n° 84).

Quelquefois la donation affecte la forme d'une société universelle de gains contractée entre le donateur et un ou plusieurs administrateurs ou représentants de l'établissement donataire ; la Cour de cassation a eu l'occasion de réprimer une fraude de ce genre par un arrêt du 26 février 1849. Il s'agissait, dans l'espèce tranchée par cet arrêt, d'une donation faite à une communauté non reconnue, l'abbaye de Notre-Dame-de-la-Grâce, de la Trappe de Bricquebec, par l'abbé Cladel, membre de cette communauté, sous l'apparence d'une société universelle de gains conclue entre ledit abbé Cladel et les autres religieux appartenant à la même maison (1).

D'autres combinaisons plus ou moins ingénieuses ont été inventées et l'on a usé des contrats onéreux les plus divers pour masquer des libéralités entre vifs faites en faveur d'établissements incapables et notamment de congrégations religieuses de femmes ou d'hommes non autorisées. Quelque mode de simulation que l'on emploie, la libéralité est nulle en vertu de l'article 911 du Code civil.

---

(1) Cass. req. 26 février 1849. — La Cour, — Attendu que l'arrêt attaqué (Caen, 20 juillet 1846) déclare qu'il est constant, en fait, que l'acte dont il s'agit au procès n'a eu pour objet que de déguiser, sous la forme empruntée d'un contrat de société, une libéralité faite à des personnes incapables de recevoir à ce titre ; que, reposant ainsi sur une appréciation d'actes et de faits qui ne saurait être revisée, ledit arrêt n'a pu contrevenir à aucune loi ; — Rejette (M. Mesnard, rapporteur).

60. L'interposition de personnes prévue par l'article 911 ne se présente pas toujours sous la même forme.

Tantôt l'interposition est simple, c'est-à-dire qu'entre l'auteur de lal ibéralité et l'établissement incapable auquel s'adresse le don ou le legs il n'y a qu'un intermédiaire ; le donateur ou le testateur institue un donataire ou légataire apparent qui est chargé de transmettre directement l'objet de la disposition au véritable donataire ou légataire.

Tantôt l'interposition est double ou triple et la libéralité ne doit, dans l'intention du donateur ou du testateur, arriver jusqu'à l'établissement non reconnu qu'en passant par l'entremise de deux ou trois donataires ou légataires successifs. En d'autres termes, l'identité du véritable donataire ou légataire est dissimulée à l'aide de plusieurs masques superposés qu'il est nécessaire de lever l'un après l'autre pour parvenir à le connaître.

Mais que l'interposition soit simple, double ou triple, elle entraîne toujours les mêmes conséquences ; les dons et legs faits en faveur d'un établissement non reconnu sous le couvert de plusieurs prête-noms sont aussi nuls que s'il n'y avait qu'un seul intermédiaire ; aussi la Cour de cassation n'a-t-elle pas hésité à proclamer la nullité de legs universels faits par le sieur Mariet-Jauzion au profit des sieurs Gratien et Victor Delbès, qui étaient chargés de faire passer l'hérédité au sieur Joseph Delbès, appelé lui-même à servir de prête-nom à des établissements incapables. L'arrêt de la Cour suprême, rendu à la date du 14 avril 1885 (1), porte « qu'en admettant qu'un

(1) Cass. req. 14 avril 1885. — La Cour, — Sur la première branche du premier moyen tirée de la violation des articles 895, 910 et 911 du Code civil et 7 de la loi du 20 avril 1810; — Attendu qu'en admettant qu'un legs universel fait par personne interposée à une personne capable soit valable, il résulte, dans l'espèce, des constatations de l'arrêt attaqué (Pau, 21 mars 1884) que Joseph Delbès, à qui Gratien et Victor Delbès institués nominalement légataires universels dans le testament des 5 et 28 juin 1869 de Mariet Janzion devaient faire passer l'hérédité de ce dernier n'était pas le véritable bénéficiaire des legs, qu'il n'était lui-même qu'un simple intermédiaire chargé de transmettre à son tour ladite hérédité aux pauvres, aux Frères, aux Sœurs, à l'église; qu'en déclarant dans cet état des faits les testaments dont il s'agit nuls en ce qui concerne les legs universels faits à Gratien et à Victor Delbès, la cour d'appel de Pau n'a violé aucun des articles susvisés ; — Par ces motifs, rejette (M. Petit, rapporteur).

legs universel fait par personne interposée à une personne capable soit valable, il résulte, dans l'espèce, des constatations de l'arrêt attaqué que Joseph Delbès, à qui Gratien et Victor Delbès institués nominalement légataires universels dans le testament des 5 et 28 juin 1869 de Mariet-Jauzion devaient faire passer l'hérédité de ce dernier, n'était pas le véritable bénéficiaire des legs, qu'il n'était lui-même qu'un simple intermédiaire chargé de transmettre à son tour ladite hérédité aux pauvres, aux frères, aux sœurs, à l'Église. »

61. Il n'est pas nécessaire, pour qu'une interposition de personnes tombe sous le coup des dispositions de l'article 911 du Code civil, qu'un concert frauduleux ait existé entre le disposant et la personne interposée ; une libéralité est nulle comme faite à un incapable par personne interposée par cela seul que le disposant n'a pas voulu faire du donataire ou du légataire capable désigné dans l'acte de donation ou dans le testament un donataire ou un légataire sérieux et qu'il a entendu gratifier un établissement non reconnu par l'entremise de ce donataire ou légataire fictif. La nullité des dons et legs faits à un établissement dépourvu d'existence légale sous le couvert d'un prête-nom tient uniquement à l'intention frauduleuse qui a inspiré ces libéralités, et elle est indépendante de toute convention qui aurait été passée entre le disposant et le donataire ou le légataire apparent dans le but de transmettre le montant des dons et legs à l'établissement non reconnu.

Cette doctrine est celle qui découle d'un arrêt du 20 juin 1888 (1) par lequel la chambre des requêtes de la Cour de cas-

(1) Cass. req. 20 juin 1888. — La Cour, — Sur le moyen tiré de la violation de l'article 911 du Code civil ; — Attendu que l'arrêt attaqué (Rennes, 22 mars 1887) reconnaît en termes exprès que la nullité des dispositions faites en faveur d'un incapable sous le nom de personnes interposées dépend uniquement de l'intention qu'a eue le disposant de faire fraude à la loi et que cette nullité peut être prononcée malgré l'absence de toute collusion de la part des légataires apparents ; — Mais attendu qu'il incombait aux consorts Hamard, demandeurs en nullité du testament de l'abbé Guitton, d'établir que dans la pensée de ce dernier la congrégation de l'oratoire de Rennes était le véritable bénéficiaire du legs fait en apparence aux abbés Plaine et Mottais ; — Attendu que la cour d'appel, analysant d'abord les actes émanés du testateur lui-même a tiré de cet examen des objections suffisantes, dit l'arrêt,

sation a rejeté un pourvoi formé contre une décision de la cour de Rennes du 22 mars 1887 relatif à un legs fait par l'abbé Guitton aux abbés Plaine et Mottais ; le pourvoi reprochait à l'arrêt attaqué de s'être fondé uniquement sur le défaut de tout concert frauduleux pour refuser de voir dans les abbés Plaine et Mottais les prête-noms de la congrégation non autorisé dite de l'Oratoire de Rennes. L'arrêt de la Chambre des requêtes déclare ce grief non justifié *en fait*; il constate que, contrairement aux allégations du pourvoi, « l'arrêt attaqué reconnaît en termes exprès que la nullité des dispositions faites en faveur d'un incapable sous le nom de personnes interposées dépend uniquement de l'intention qu'a eue le disposant de faire fraude à la loi et que cette nullité peut être prononcée malgré l'absence de toute collusion de la part des légataires apparents ». Ainsi la Cour de cassation n'a rejeté le pourvoi dirigé contre l'arrêt de la cour de Rennes que parce que, dans l'espèce, le principe que nous avons posé n'avait pas été violé ; si cette règle avait été méconnue par l'arrêt attaqué, celui-ci n'aurait pas échappé à la cassation.

62. Toute libéralité faite à un établissement incapable par l'intermédiaire d'un prête-nom ou, comme l'on dit vulgairement, d'un « homme de paille » est nulle par application de l'article 911 du Code civil, mais cette interposition de personne n'est jamais présumable de plein droit ; c'est au demandeur en nullité de la prouver ; la Cour de cassation le déclare expressément dans son arrêt susvisé du 20 juin 1888 concernant le legs Guitton. Cette règle ne comporte aucune exception.

Vainement a-t-on soutenu que, lorsqu'un don ou un legs est

---

pour inspirer des doutes sur le bien fondé de la demande ; que si les juges du fond ont cru devoir ensuite constater que les abbés Plaine et Mottais, hommes renommés pour leur désintéressement et leur piété, n'avaient point fait profiter l'oratoire des biens de l'abbé Guitton, ce défaut de restitution et la bonne foi reconnue des légataires sont invoqués dans les motifs de la décision attaquée non pas comme un obstacle légal à l'application de l'article 911, mais comme simple présomption de fait tendant avec d'autres à prouver que le testateur n'avait aucune arrière-pensée de fidéicommis puisqu'il ne s'en est jamais ouvert à ses confidents les plus intimes ; — Attendu que cette appréciation déduite des circonstances de la cause est souveraine et ne saurait violer aucune loi ; — Par ces motifs, rejette (M. Cotelle, rapporteur).

fait aux membres d'une congrégation ou communauté religieuse non autorisée, il doit de plein droit être présumé fait à la congrégation ou communauté, sauf aux religieux ou religieuses institués donataires ou légataires à faire la preuve contraire et à établir qu'ils sont les véritables bénéficiaires de la libéralité. Cette thèse a été soutenue par M. Émile Ollivier (1).

Elle ne nous paraît pas admissible.

Sans doute, les membres des congrégations ou communautés religieuses sont liés par un vœu de pauvreté et il est, par suite, assez naturel de supposer que, s'ils reçoivent un don ou un legs, ils s'en dépouilleront au profit de leur congrégation ou communauté; cependant l'on ne saurait aller jusqu'à dire qu'ils doivent être de plein droit considérés comme les prête-noms de celle-ci, car, malgré leur vœu de pauvreté, ils ont le droit de conserver le montant des libéralités qu'ils recueillent. En effet, il convient d'observer, comme l'a fait la Cour de cassation, aux termes d'un arrêt du 26 avril 1865, « que sous la législation actuelle, les vœux formés par les personnes engagées dans les ordres religieux ne constituent qu'un engagement de conscience qui peut lier dans le for intérieur, mais qui n'est point obligatoire aux yeux de la loi civile; qu'ensuite la profession religieuse n'enlève rien aux membres des communautés de leur capacité civile ; qu'ils peuvent donc, comme tous les autres citoyens, posséder personnellement ; qu'ils conservent la libre jouissance de leur fortune patrimoniale et de celle qui peut leur échoir par donation ou testament ou de toute autre manière. »

Cette déclaration de principe a été faite par la Cour de cassation dans une espèce où il s'agissait de savoir si un legs universel fait à une religieuse appartenant à une congrégation autorisée s'adressait, en réalité, à cette dernière et si, par suite, il était nul, par application de l'article 4 de la loi du 24 mai 1825, qui ne permet aux établissements religieux reconnus d'acquérir qu'à titre particulier ; mais la doctrine exprimée par l'arrêt de la Cour suprême a une portée générale et

---

(1) Emile Ollivier, *Revue pratique*, 1858, t. V, p. 97.

elle a pour effet d'exclure toute présomption légale d'interposition de personne, qu'il soit question de legs universels faits en faveur d'une religieuse dépendant d'une congrégation autorisée ou de libéralités quelconques adressées à un membre d'une communauté ou congrégation non autorisée.

C'est donc avec raison, selon nous, que, suivant arrêt du 10 janvier 1883 (1), la cour d'appel de Lyon a dit « que si les communautés religieuses non autorisées ne sont pas des per-

(1) Lyon, 10 janvier 1883. — La Cour; — Considérant que si les communautés religieuses non autorisées ne sont pas des personnes civiles reconnues par la loi et sont incapables de recueillir des dons et legs, les membres de ces communautés n'en ont pas moins personnellement la jouissance de tous les droits civils et la capacité de recevoir des dispositions entre vifs et testamentaires, sans qu'il existe contre eux aucune présomption légale de fidéicommis ou d'interposition de personnes au profit de leur communauté; — Considérant qu'à la vérité tous les modes de preuve sont admissibles pour attaquer les testaments faits en fraude des prohibitions légales et qu'il n'est pas même nécessaire d'établir l'existence d'un concert entre le testateur et le légataire à cet égard ; mais qu'il faut néanmoins que le fidéicommis tacite résulte de présomptions graves, précises et concordantes qui soient de nature à constituer pour le juge une preuve manifeste ; que la foi qui est due aux testaments ne saurait être détruite par de simples soupçons ou des conjectures plus ou moins fondées qui les livreraient à tous les périls des interprétations les plus arbitraires ; — Considérant que les premiers juges ont méconnu ces règles élémentaires en matière de preuves; qu'ils ont annulé le testament de la demoiselle Hélène Ballofet en se fondant sur de simples considérations tirées soit de la qualité de la légataire universelle, supérieure du couvent des religieuses de Radines, soit de l'absence de ses besoins et de l'usage probable qu'elle était réputée devoir faire de la libéralité en faveur du couvent ou d'autres bénéficiaires inconnus ; qu'ils ont d'ailleurs eux-mêmes contredit ces présomptions par les faits qu'ils ont constatés dans leur précision. puisqu'ils ont reconnu que le choix de la testatrice avait été déterminé par des relations anciennes de famille et d'amitié et que le legs fait en faveur de la demoiselle Georges avait dès lors une explication naturelle et légitime, en dehors de toute hypothèse de fidéicommis ; — Considérant que toutes les circonstances de la cause, loin de confirmer ces appréciations, concourent au contraire à établir que l'institution contenue au testament a été sincère et que la testatrice a bien eu la volonté de gratifier personnellement sa légataire universelle ; — Considérant donc que c'est à tort que les premiers juges ont cru devoir annuler un legs universel qui a été fait personnellement à la demoiselle Georges, sans condition ni réserve et qui est justifié à son égard par les sentiments les plus légitimes d'affection et de reconnaissance ;

Par ces motifs..., infirme; — Emendant, déclare les consorts Verzieux mal fondés dans leur demande en nullité; maintient le legs fait au profit de la demoiselle Georges par Hélène Ballofet dans son testament authentique du 30 décembre 1872.

sonnes civiles reconnues par la loi et sont incapables de recueillir des dons et legs, les membres de ces communautés n'en ont pas moins personnellement la jouissance de tous les droits civils et la capacité de recevoir des dispositions entre vifs et testamentaires, sans qu'il existe contre eux aucune présomption légale de fidéicommis ou d'interposition de personnes au profit de leur communauté ».

La solution consacrée par cet arrêt nous paraît d'autant mieux fondée qu'en règle générale le dol ne se présume pas (art. 1116 C. civ.); une disposition législative spéciale est nécessaire pour créer une présomption de fraude. Or il n'existe aucun texte de loi qui déclare que les libéralités faites aux membres des congrégations ou communautés non autorisées seront réputées faites aux congrégations ou communautés elles-mêmes.

Enfin observons que si, toutes les fois que les membres des congrégations ou communautés religieuses non autorisées sont institués légataires ou donataires, il était légalement présumable qu'ils ne sont que des personnes interposées, ce serait une erreur de croire, comme l'a fait M. Émile Ollivier, qu'il leur serait permis d'administrer la preuve contraire; il résulte en effet de l'article 1352 du Code civil que nulle preuve n'est admise contre une présomption légale qui est de nature à entraîner la nullité d'un acte. L'opinion que nous combattons aboutirait donc dans certains cas à faire regarder comme nulles des libéralités qui seraient faites à des citoyens capables et non pas à des établissements dépourvus d'existence légale et partant frappés d'incapacité; nous nous refusons à croire que le législateur ait voulu une pareille iniquité.

63. Si dans la matière qui nous occupe il n'existe jamais de présomption légale d'interposition de personnes, en revanche, l'existence de cette fraude peut être établie par tous les moyens ordinaires de preuve.

Un arrêt de la Cour de cassation du 3 juin 1861 relatif à un legs fait par personne interposée à une congrégation d'hommes non autorisée, la congrégation des frères de Saint-Joseph du Mans, a déclaré « que l'on doit considérer comme faites en fraude d'une loi d'ordre public les dispositions testamentaires qui ont pour objet de transmettre par l'intermédiaire d'une personne interposée les biens légués à des établissements incapables de recevoir ; — que l'existence d'une pareille fraude peut être établie par tous les modes de preuve, même par de simples présomptions dont le mérite et la portée sont appréciés souverainement par les juges du fait » (1).

Les divers modes de preuve admis en matière civile sont énumérés par l'article 1316 du Code civil ; ils consistent dans la preuve littérale, la preuve testimoniale, les présomptions, l'aveu de la partie et le serment. Ils peuvent être tous employés pour démontrer une interposition de personnes.

De tous ces moyens de preuve celui auquel il convient d'accorder le plus de confiance est évidemment la preuve par écrit ; elle a été employée notamment dans une espèce tranchée par un arrêt de la cour d'appel de Nancy du 6 février 1892 (2).

---

(1) Cass. civ. 3 juin 1861. — La Cour, — Sur le premier moyen ; — Attendu que l'on doit considérer comme faites en fraude d'une loi d'ordre public les dispositions testamentaires qui ont pour objet de transmettre par l'intermédiaire d'une personne interposée les biens légués à des établissements incapables de recevoir ; — Attendu que l'existence d'une pareille fraude peut être établie par tous les modes de preuve, même par de simples présomptions dont la vérité et la portée sont appréciées souverainement par les juges du fait ; — Attendu qu'après s'être livrée à une appréciation de cette nature la cour impériale d'Angers (23 février 1859) a déclaré que l'abbé Moreau, dans le testament fait à son profit le 28 juillet 1847, n'est qu'une personne interposée dans le but d'éluder les dispositions de la loi pour transmettre les biens de la testatrice aux communautés qu'il dirige, lesquelles sont incapables de recevoir ; — Attendu que cette déclaration souveraine exclut tout débat sur le sens du testament dont il s'agit et sur l'intention de la testatrice ;

Sur le deuxième moyen... ; — Par tous ces motifs, rejette (M. Quénault, rapporteur).

(2) Nancy, 6 février 1892. — Attendu qu'aux termes de l'article 911 du Code civil est nulle toute disposition au profit d'un incapable faite sous le nom de personnes interposées ; — Attendu que le don manuel dont excipe l'abbé Vigneron (curé d'Hudiviller), intimé, présente ce double caractère d'être fait par personne interposée et d'avoir été consenti au profit de personnes incertaines ou incapables de recevoir ; — Attendu que la correspondance échangée entre Calimbre, auteur du don manuel, et l'abbé Vigneron, bénéficiaire apparent de ce don, ne permet pas de douter que, au lieu d'être personnellement donataire des valeurs mobilières aujourd'hui en sa possession, l'abbé Vigneron ait été simplement une personne interposée ; que Calimbre a eu l'intention de fonder à Hudiviller une école libre de filles et de confier à l'abbé Vigneron les fonds nécessaires pour l'établissement de cette école ; que cette intention résulte de plusieurs lettres écrites par l'abbé Vigneron en réponse

Quant à la preuve testimoniale, l'on a quelquefois soutenu qu'elle ne pouvait être utilisée en notre matière; mais il n'existe aucune raison sérieuse pour écarter ce mode de preuve, et c'est à bon droit que, par un arrêt du 15 décembre 1891 concernant des legs faits par la dame Daveria (1), la

à des lettres émanées de Calimbre, mais que jamais dans aucune pièce de cette correspondance il n'est fait allusion à un désir exprimé par Calimbre de faire en faveur de l'abbé Vigneron personnellement et à son usage exclusif une libéralité quelconque; — Attendu que la comparution des parties ordonnée par le tribunal a mis en relief d'une façon plus frappante encore le rôle de personne interposée que Calimbre a attribué à l'abbé Vigneron; que M. le curé de Saint-Georges affirme avoir reçu de Calimbre une réponse à une question par lui adressée sur la destination à donner aux valeurs remises à l'abbé Vigneron « que ces valeurs étaient données pour une bonne œuvre »; que l'abbé Vigneron lui-même, rendant compte dans sa comparution devant les premiers juges des négociations engagées entre lui et Calimbre, reconnaît que « Calimbre lui avait promis de lui donner de l'argent pour aider à payer la construction et l'entretien de l'école libre à fonder »; — Attendu que les termes du testament authentique de Calimbre attestent encore le caractère impersonnel du don des valeurs mobilières fait à l'abbé Vigneron; que par ce testament Calimbre déclare donner à « la cure » de Hudiviller le terrain destiné à la construction de l'école projetée, démontrant ainsi que c'est « à la cure », à un être impersonnel par conséquent, et non à la personne même de l'abbé Vigneron qu'il entend confier l'établissement de l'école libre dont il a voulu gratifier la commune de Hudiviller; — Attendu que, ainsi fait par personne interposée, le don manuel aujourd'hui attaqué par les hoirs Calimbre était en outre fait au profit d'un incapable; — Attendu, en effet, que le bénéficiaire réel de ce don manuel était une personne incertaine, indéterminée, n'ayant pas d'existence propre, c'est-à-dire l'école à créer, école existant seulement à l'état de projet et par conséquent incapable de recevoir; — Attendu que dans ces conditions, c'est à tort que les premiers juges ont rejeté la demande des époux Herbier et consorts; que cette demande doit au contraire être accueillie et l'abbé Vigneron condamné à restituer les titres et valeurs à lui remis de la part de Calimbre ou à payer la somme en représentant la valeur; — Par ces motifs, infirme.

(1) Cass. req. 15 décembre 1891. — La Cour, — Sur le premier moyen pris de la violation, pour fausse application de l'article 911 du Code civil, des règles de la loi en matière d'interprétation de testament et de fidéicommis prohibés; — Attendu qu'il entrait dans les pouvoirs de la cour d'appel de rechercher et d'apprécier souverainement si les dispositions testamentaires de la dame Deveria n'avaient pas pour objet de transmettre, par l'intermédiaire d'une personne interposée, les biens légués à des établissements publics incapables de recevoir; que l'existence d'une pareille fraude peut être établie par tous les modes de preuve; que dès lors, en ordonnant une enquête pour la vérification des présomptions de fraude qui d'après elle se montraient d'ores et déjà dans la cause, la cour de Nîmes (24 fév. 1890) n'a pu ni violer ni faussement appliquer les dispositions de lois et règles ci-dessus visées, etc. Par ces motifs, rejette. (Denis, rapporteur.)

Cour de cassation, saisie d'un pourvoi formé contre une décision de la cour d'appel de Nîmes du 24 février 1890, a jugé « qu'il entrait dans les pouvoirs de la cour d'appel de rechercher et d'apprécier souverainement si les dispositions testamentaires de la dame Daveria n'avaient pas pour objet de transmettre, par l'intermédiaire d'une personne interposée, les biens légués à des établissements publics incapables de recevoir; que l'existence d'une pareille fraude peut être établie par tous les modes de preuve; que dès lors, en ordonnant une enquête pour la vérification des présomptions de fraude qui, d'après elle, se montraient d'ores et déjà dans la cause, la cour de Nîmes n'a pu ni violer ni faussement appliquer les dispositions des lois et règles ci-dessus visées (art. 911 C. civ. et règles de la loi en matière d'interprétation de testament et de fidéicommis prohibés) ».

Les seules présomptions qui puissent servir à démontrer une interposition de personne sont des présomptions de fait; nous avons établi plus haut qu'il n'existait aucune présomption légale de prête-nom. Or, il convient de rappeler qu'aux termes de l'article 1353 du Code civil, « les présomptions qui ne sont point établies par la loi sont abandonnées aux lumières et à la prudence du magistrat qui ne doit admettre que des présomptions graves, précises et concordantes ». La cour de Lyon a donc eu raison de dire dans un arrêt susvisé du 10 janvier 1883 « que la foi qui est due aux testaments ne saurait être détruite par de simples soupçons ou des conjectures plus ou moins fondées qui les livreraient à tous les périls des interprétations les plus arbitraires ».

L'aveu de la partie, d'après l'article 1354 du Code civil, est extra-judiciaire ou judiciaire; nous ajouterons que l'aveu judiciaire peut être spontané ou, au contraire, provoqué par un interrogatoire sur faits et articles. Cette procédure est souvent suivie dans les instances relatives aux libéralités faites par personne interposée à des établissements incapables; elle l'a été, par exemple, dans l'espèce qui a donné lieu à un arrêt précité de la cour de Nancy du 6 février 1892. Il n'est pas rare qu'elle constitue la ressource unique des demandeurs en nullité, et ceux-ci sont alors menacés d'un échec à peu près certain, car l'expérience a démontré que l'interrogatoire sur faits et articles ne donnait, en général, aucun résultat.

L'aveu judiciaire est indivisible en vertu de l'article 1356 du Code civil; aussi un arrêt de la Cour de cassation du 15 février 1892, rendu à l'occasion d'un legs fait au sieur Casimir Julien (1), déclare-t-il que « c'est à tort que les demandeurs en cassation allèguent que ledit Casimir Julien aurait avoué l'interposition de personne ;. que la partie des conclusions sur laquelle ils se fondent pour le soutenir ne porte ni n'implique un pareil aveu ; que la personne instituée, si elle reconnaissait que le legs fait à son profit avait été inspiré au testateur parce qu'il la croyait pénétrée des mêmes sentiments que lui, ajoutait que cette institution avait eu lieu sans recommandation ni mandat d'aucune sorte ».

La délation de serment n'est qu'un moyen de provoquer l'aveu de la partie; elle ne saurait donc donner lieu de notre part à aucune observation particulière.

64. La question de savoir si une libéralité s'adresse bien au donataire ou légataire capable désigné dans l'acte de do-

---

(1) Cass. req. 15 février 1892. — La Cour, — Sur le moyen unique du pourvoi fondé sur la violation des articles 893, 911, 1356 du Code civil et 7 de la loi du 20 avril 1810 (en ce que l'arrêt attaqué a validé les dispositions testamentaires faites par une personne interposée à des incapables ou à des individus non spécialement désignés, alors que ladite personne avouait l'interposition de personne); — Attendu que les juges du fond ont un pouvoir souverain pour reconnaître en dehors des cas d'interposition légalement présumée si le légataire dans le testament est ou non une personne interposée et que l'arrêt attaqué (Toulouse, 18 mars 1890) n'a fait qu'user de ce pouvoir souverain en déclarant non établie l'interposition de Casimir Julien; — Attendu que c'est à tort que les demandeurs en cassation allèguent que ledit Casimir Julien aurait avoué l'interposition de personne; que la partie des conclusions sur laquelle ils se fondent pour le soutenir ne porte ni n'implique un pareil aveu; que la personne instituée, si elle reconnaissait que le legs fait à son profit avait été inspiré au testateur parce qu'il la croyait pénétrée des mêmes sentiments que lui, ajoutait que cette institution avait eu lieu sans recommandation ni mandat d'aucune sorte;— Attendu qu'elle repoussait d'ailleurs formellement et incontestablement l'existence de toute interposition de personne, puisque le procès qu'elle soulevait n'avait d'autre but que de faire repousser une pareille prétention; qu'à ce point de vue le moyen manque en fait; qu'il a été largement satisfait aux prescriptions de la loi de 1810; qu'il n'est dès lors justifié de la violation d'aucun des articles de lois susvisés; — Par ces motifs, rejette. (M. Féraud-Giraud, rapporteur.)

nation ou dans le testament ou si, au contraire, elle est faite au profit d'un établissement incapable sous le nom de ce donataire ou légataire n'est, à vrai dire, qu'une question de fait dont les juges du fond sont les appréciateurs souverains (V. les arrêts précités de la Cour de cassation des 3 juin 1861, 15 décembre 1891 et 15 février 1892).

La tâche des tribunaux civils est ardue et il est le plus souvent difficile de démasquer la fraude résultant d'une interposition de personnes. Mais, dès que cette ruse est découverte, il y a lieu d'appliquer les dispositions de l'article 911 du Code civil avec la plus grande rigueur; aussi ne pouvons-nous nous expliquer un arrêt du 26 février 1862 par lequel la Cour de cassation s'est refusée à déclarer nul en vertu de l'article 911 du Code civil un legs fait par la dame Marie Colombet à la communauté charitable de la Ronconny par l'intermédiaire de la supérieure et de l'économe de cette communauté non reconnue, sous le triple prétexte que ce legs était éventuel, modique et accessoire à un autre legs valable (1). Cet arrêt porte « qu'à

(1) Cass. req. 26 février 1862. — La Cour, — Sur le moyen unique tiré de la violation des articles 911 et 1099 du Code Napoléon, de l'article 2 de l'ordonnance du 17 janvier 1817 et de l'article 4 de la loi du 24 mai 1825; — Attendu que l'arrêt attaqué (Lyon, 27 avril 1861) constate, en fait, que le legs contenu au testament de Marie Colombet était destiné à la jeune Marie Landré; que c'était en vue d'assurer, d'une manière conforme à ses idées et à ses sentiments religieux, le sort de cette enfant qu'elle avait combiné ses dispositions testamentaires de façon à la gratifier dans tous les cas; — Attendu que cette appréciation rentrait dans le domaine souverain des juges du fond et ne peut tomber sous la censure de la Cour de cassation; — Attendu qu'à la vérité il a été question dans le testament de la petite communauté de femmes de la Ronconny qui est appelée à recueillir dans certains cas une partie du egs dont la valeur totale n'excède pas 5 ou 6,000 francs, mais qu'il n'est parlé de cette éventualité que comme d'une chose incertaine; — Attendu d'ailleurs que cette disposition éventuelle ne porte que sur une faible somme et qu'il résulte de l'arrêt attaqué que la pensée qu'avait pu avoir la testatrice de donner aux défenderesses éventuelles la possibilité d'accroître les ressources de la petite communauté charitable de la Ronconny n'était qu'une pensée accessoire à la disposition principale faite au profit et dans l'intérêt de Marie Landré; — Attendu que par suite de ces constatations la cour de Lyon, sans rechercher si la communauté de la Ronconny constituait une communauté religieuse non autorisée, a décidé avec raison que la disposition testamentaire de Marie Colombet ne contenait aucune fraude à la loi et que les légataires instituées ne pouvaient être considérées comme personnes interposées; — Par ces motifs, rejette (M. Pécourt, rapporteur).

la vérité il a été question dans le testament de la petite communauté de femmes de la Ronconny, qui est appelée à recueillir dans certains cas une partie du legs, dont la valeur totale n'excède pas 5,000 ou 6,000 francs, mais qu'il n'est parlé de cette éventualité que comme d'une chose incertaine ; — que d'ailleurs cette disposition éventuelle ne porte que sur une faible somme et qu'il résulte de l'arrêt attaqué que la pensée qu'avait pu avoir la testatrice de donner aux défenderesses éventuelles (l'une supérieure et l'autre économe de la communauté) la possibilité d'accroître les ressources de la petite communauté charitable de la Ronconny n'était qu'une pensée accessoire à la disposition principale faite au profit et dans l'intérêt de Marie Landré ». Les motifs sur lesquels la Cour de cassation s'est appuyée pour ne pas prononcer la nullité de la libéralité faite sous le couvert de prête-noms à la communauté non autorisée de la Ronconny sont d'une telle faiblesse qu'il nous paraît superflu de les réfuter.

L'arrêt du 26 février 1862 n'est évidemment qu'un arrêt d'espèce et nous aurions mauvaise grâce à insister.

65. La disposition faite au profit d'un établissement incapable sous le nom d'une personne interposée est nulle, en vertu de l'article 911 du Code civil, non seulement à l'égard de l'établissement incapable, mais encore par rapport à la personne interposée.

De plus, l'on devrait considérer comme atteintes par la nullité édictée par l'article 911 du Code civil les dispositions accessoires qui auraient pour but de faciliter le succès de l'interposition de personne et notamment celles qui auraient pour objet l'exhérédation des parents du donateur ou du testateur. Aux termes d'un arrêt susvisé du 3 juin 1861 relatif à un legs fait sous le couvert d'un prête-nom à la congrégation des Frères de Saint-Joseph du Mans, la Cour de cassation a expressément sanctionné la thèse que nous soutenons (1).

---

(1) Cass. civ. 3 juin 1861. — La Cour, — Sur le premier moyen...; — Sur le second moyen...;

Sur le troisième moyen...;

Sur le quatrième moyen; — Attendu que la cour impériale d'Angers a déclaré, dans l'arrêt attaqué, « que l'exhérédation de la femme Houd-

Le plus souvent l'exclusion des héritiers du sang n'est pas ouvertement prononcée et elle ne résulte que d'une manière indirecte de l'institution d'un légataire universel.

S'il est établi que le légataire universel n'a été institué qu'afin d'enlever par sa présence aux héritiers non réservataires le droit de faire proclamer la nullité de legs particuliers ou de donations entre vifs que le *de cujus* a faits à des établissements incapables, le legs universel doit être déclaré nul comme entaché de fraude.

Mais, bien entendu, c'est aux héritiers du sang à établir que le titre en vertu duquel se présente le légataire universel n'est pas sincère; s'ils ne parviennent pas à faire cette preuve, le legs universel sera maintenu et son titulaire aura seul qualité pour se prévaloir de la nullité des dons et legs adressés par le *de cujus* à des établissements incapables, car elle ne saurait profiter qu'à lui.

C'est ainsi que, par arrêt du 17 mai 1852, la Cour de cassation a déclaré les héritiers de la dame de la Barmondière non recevables à poursuivre la nullité d'une donation entre vifs que celle-ci avait faite à une congrégation religieuse non autorisée sous forme de vente et par l'intermédiaire de plusieurs prête-noms; la Cour suprême s'est fondée pour écarter leur action sur ce que par testament du 14 avril 1842 la dame de la Barmondière avait institué le sieur de Verna pour son légataire universel et que les héritiers du sang ne prouvaient pas que ledit sieur ne fût pas un légataire universel sérieux (1).

bert proposée à la testatrice par un des frères de la communauté, conseillée et formellement demandée par l'abbé Moreau lui-même, se lie essentiellement à l'institution dudit ecclésiastique comme personne interposée; qu'elle est un moyen employé pour assurer le succès de cette disposition principale et qu'elle participe du même caractère de fraude »; — Attendu qu'en vertu du droit qui lui appartenait de rechercher et d'apprécier tous les éléments de la combinaison imaginée pour éluder les prohibitions de la loi, la cour impériale a pu juger que l'exhérédation de la femme Houdbert, adoptée comme un moyen de faciliter le succès du fidéicommis tacite en supprimant un obstacle à l'exécution de cette disposition principale, faisait partie de la même combinaison frauduleuse et se trouvait, par conséquent, infectée de la même nullité; — Par tous ces motifs, rejette (M. Quénault, rapporteur).

(1) Cass. req. 17 mai 1852. — La Cour; — Attendu que le principe posé par la cour d'appel, d'après lequel le légataire universel investi de

S'il incombe aux héritiers légitimes de démontrer le caractère fictif et imaginaire d'un legs universel qui, d'après leur dire, est simplement destiné à les empêcher de se prévaloir de la nullité de libéralités faites sous le nom de personnes interposées à des établissements incapables, ne leur suffira-t-il pas pour faire cette preuve d'établir que le légataire universel n'est appelé à recueillir aucun émolument?

Sur ce point la jurisprudence de la Cour de cassation ne nous fournit pas une réponse précise.

Aux termes de deux arrêts des 5 juillet 1886 et 6 novembre 1888 relatifs à un legs universel fait par la demoiselle Baron au sieur Armand de Biencourt, arrêts qui feront plus loin l'objet d'une étude particulière (v. *infra*, n° 75), la Cour de cassation a décidé qu'un legs universel était valable par cela seul que son titulaire avait vocation à l'universalité des biens de la succession du *de cujus* et quand bien même l'exécution des charges d'hérédité absorberait complètement l'émolument du legs (Cf. *infrà*, n° 70, Nancy, 9 déc. 1891).

Dans une autre affaire plus récente la Cour de cassation a été moins affirmative; saisie d'un pourvoi dirigé contre un arrêt de la cour d'appel de Toulouse du 2 janvier 1888 qui avait déclaré nul un legs universel qui ne conférait à son titulaire aucun émolument, elle a, par arrêt du 18 février 1891, cassé l'arrêt attaqué parce qu'il reposait sur une allégation

---

tous les droits et actions du testateur doit profiter seul de la caducité des dispositions de celui-ci est à l'abri de toute critique; qu'il n'aurait pu recevoir d'exception dans la cause qu'autant qu'il eût été prouvé que le titre en vertu duquel se présentait Félicien de Verna n'était point sincère et qu'au lieu des droits d'un légataire universel il n'avait reçu de la défunte que les pouvoirs d'un exécuteur testamentaire; — Attendu qu'il est établi par l'arrêt attaqué (Lyon, 27 février 1851) que le titre de légataire universel donné au défendeur éventuel était sérieux et vrai; que les demandeurs eux-mêmes en avaient reconnu la sincérité; que l'allégation d'un pacte entre lui et la testatrice, à l'effet de ne point attaquer la prétendue vente du domaine de Montgré, n'est établie par aucun document du procès ni par des présomptions capables d'en justifier l'existence; — Attendu qu'en tirant de ce point de fait la conséquence que les héritiers du sang non réservataires étaient sans qualité et sans droit pour attaquer un acte dont la nullité ne pouvait profiter qu'au légataire universel, la cour d'appel, loin de violer la loi, en a fait au contraire une juste application; — Rejette (M. Hardoin, rapporteur).

inexacte en fait et non parce qu'il consacrait une théorie juridiquement inexacte (1).

Pour notre part, nous serions assez disposé à admettre qu'en principe un legs universel est valable, bien qu'il ne procure à l'institué aucun bénéfice; mais évidemment il doit, par dérogation à cette règle générale, être considéré comme nul lorsqu'il est entaché de fraude. Or, s'il y a des circonstances dans lesquelles un légataire universel, tout en ne tirant aucun profit de la succession, est un légataire sérieux, il faut reconnaître que ces circonstances sont rares et que presque toujours un legs universel qui ne comporte aucun émolument offre un caractère frauduleux, alors d'ailleurs qu'en sus de cette dispo-

(1) Cass. civ. 18 février 1891. — La Cour, — Sur le second moyen du pourvoi : — Vu les articles 911 et 967 du Code civil; — Attendu qu'après avoir expressément déclaré que Saint-Pé, légataire universel de la dame Alzieu, n'est pas un fidéicommissaire chargé par la testatrice de transmettre à des incapables tout ou partie de la succession, l'arrêt attaqué (Toulouse, 2 janvier 1888) prononce néanmoins la nullité du legs dont s'agit en se fondant sur ce que ledit legs ne conférerait à Saint-Pé aucun émolument et servirait uniquement à couvrir une donation manuelle de 210,000 francs faite par la dame Alzieu, de son vivant, à des personnes inconnues et dont par suite la capacité ne peut être vérifiée; d'où l'arrêt tire cette conséquence que le legs universel dont s'agit ne peut être considéré comme sérieux et doit être annulé comme contenant une interposition de personnes; — Mais, attendu qu'il résulte des énonciations de l'arrêt attaqué lui-même et des termes du testament que, si la fortune entière de la dame Alzieu se composait d'une somme de 210,000 francs, qui ne s'est pas retrouvée dans la succession et d'une somme de 60,000 francs distribuée en legs particuliers, le legs universel fait à Saint-Pé ne lui conférait pas moins un émolument certain et sérieux, qu'en effet, sans qu'il soit besoin d'examiner si l'éventualité de la caducité des legs particuliers ne suffisait pas pour donner un intérêt au legs universel, une clause expresse du testament porte que les 60,000 francs distribués en legs particuliers seront payables sans intérêts un an après le décès de la testatrice; d'où il suit que les intérêts de ladite somme de 60,000 francs devaient profiter, pendant une année au moins, au légataire universel; — Attendu que, loin de contester ce résultat, les consorts Belaval l'ont expressément reconnu puisqu'ils ont eux-mêmes déclaré, suivant l'arrêt attaqué, que Saint-Pé devait profiter personnellement du surplus de la succession; — Attendu qu'en cet état des faits il n'est pas légalement possible de dire que le legs universel fait à Saint-Pé ne lui confère aucun avantage et ne peut être considéré comme sérieux; — Attendu, dès lors, qu'en prononçant par ce seul motif la nullité dudit legs universel l'arrêt attaqué a faussement appliqué l'article 911 du Code civil et par suite violé ledit article 911 et l'article 967 du même code; — Par ces motifs, casse (M. Dareste, rapporteur).

sition le *de cujus* a fait des donations entre vifs ou des legs particuliers à des établissements non reconnus. Un tel legs universel ne peut guère s'expliquer que par le désir du testateur d'éluder les dispositions de l'article 911 du Code civil en ôtant à ses héritiers légitimes le droit d'attaquer les libéralités qu'il a adressées à des incapables; les juges devront donc se montrer enclins à le déclarer nul comme fait en fraude de la loi.

66. L'article 10 de l'Édit d'août 1749, tout en frappant de nullité les dispositions entre vifs faites en faveur d'établissements incapables, porte que les héritiers du donateur ont le droit, même du vivant de celui-ci, de réclamer les biens donnés et il admet que cette revendication peut être exercée pour le tout par un seul héritier (V. *supra*, n° 18).

La Cour de cassation a, par arrêt du 30 mai 1870 (1), déclaré « que cette disposition exceptionnelle de l'Édit n'ayant point été reproduite dans nos lois modernes et n'étant point en harmonie avec leur texte et leur esprit ne saurait être considérée comme encore en vigueur ».

En conséquence, l'on doit reconnaître que, tant que vit le donateur, personne autre que lui, sous l'empire de la législation actuelle, n'a la faculté de se prévaloir de la nullité des dispositions qu'il a faites au profit d'établissements incapables et qu'après son décès ses héritiers naturels ou testamentaires ne peuvent invoquer cette nullité que chacun dans la mesure de sa vocation héréditaire.

67. La nullité qui atteint les dons et legs faits à des établissements non reconnus est une nullité d'ordre public; par suite,

---

(1) Cass. civ. 30 mai 1870 (Lacordaire c. Sandreau et autres). — La Cour..., Sur le troisième moyen...; — Attendu qu'à défaut d'une violation du droit commun, le pourvoi signale dans l'arrêt attaqué (Toulouse, 24 janvier 1868) une contravention à l'article 10 de l'Édit du mois d'août 1749, qui permettait à un seul enfant ou présomptif héritier de réclamer, même du vivant de ses parents donateurs, les biens dont ceux-ci avaient disposé en faveur d'établissements de mainmorte; mais que cette disposition exceptionnelle de l'Édit, qui n'a été invoquée ni en première instance ni en appel, n'ayant point été reproduite dans nos lois modernes et n étant point en harmonie avec leur texte et leur esprit, ne saurait être considérée comme encore en vigueur; — Par ces motifs, rejette (M. Quénault, rapporteur).

elle ne saurait être couverte ni par une ratification expresse, ni par une confirmation tacite résultant, par exemple, de l'exécution volontaire desdites libéralités.

Cette règle a été formellement énoncée par la Cour de cassation à propos d'un legs fait par le sieur Tiffy à l'hôpital de Capestang qui avait été irrégulièrement transformé en bureau de bienfaisance; la Cour suprême a, aux termes d'un arrêt du 3 janvier 1866 dont le texte sera rapporté plus loin (V. *infrà*, n° 158), décidé, « qu'en l'état les administrateurs du bureau de bienfaisance de Capestang étaient sans qualité pour réclamer le payement de la rente léguée par Tiffy à l'hôpital de la même ville; — que la fin de non-recevoir qui leur a été opposée sur ce fondement par Victorine Tiffy, veuve Bigel, étant d'ordre public n'a pu être couverte par aucun acte d'exécution. »

Si un don ou un legs fait à un établissement incapable a été exécuté, les parties intéressées n'en sont donc pas moins recevables à demander aux tribunaux de le déclarer nul. La nullité du don ou du legs une fois reconnue, elles peuvent répéter le montant de la libéralité tant en capital qu'en intérêts ou fruits. C'est ce que la Cour de cassation a jugé par arrêt du 13 juin 1870 (1) à l'occasion d'un legs fait par personne interposée à une communauté religieuse non autorisée et déclaré nul sur la demande des époux Servent; l'arrêt de la

---

(1) Cass. civ. 13 juin 1870. — La Cour, — Vu les articles 1131 et 1333 du Code Napoléon; — Attendu que, sur la demande des époux Servent, il a été sommairement jugé par l'arrêt de la cour impériale de Montpellier, du 13 août 1866, que le testament de Séraphine Guibal, du 10 mai 1832, et la transaction à laquelle il a donné lieu le 22 décembre 1851, étaient radicalement nuls, comme ayant eu pour objet de gratifier, par personnes interposées, le monastère de la Visitation de Montpellier qui, n'étant pas autorisé, était incapable de recevoir; — Attendu que par une conséquence nécessaire de cette décision, les époux Servent ont qualité et le droit de répéter les payements qu'ils ont fait antérieurement en vertu des titres annulés, même à titre d'intérêts, ces payements étant nuls, pour avoir été faits sans cause ou sur une cause illicite; que cette nullité étant d'ordre public ne pouvait être couverte par aucune ratification et que la connaissance que les demandeurs pouvaient avoir de cette nullité ne saurait former obstacle à l'action en répétition par eux intentée; qu'en jugeant le contraire, l'arrêt attaqué (Montpellier, 2 juin 1868) a formellement violé les articles ci-dessus visés; — Par ces motifs, casse (M. Mercier, rapporteur).

Cour suprême porte « que les époux Servent ont qualité et le droit de répéter les payements qu'ils ont fait antérieurement en vertu de titres annulés, même à titre d'intérêts, ces payements étant nuls pour avoir été faits sans cause ou sur une cause illicite ; — que cette nullité étant d'ordre public ne pouvait être couverte par aucune ratification et que la connaissance que les demandeurs pouvaient avoir de cette nullité ne saurait former obstacle à l'action en répétition par eux intentée. »

68. De ce que les dons et legs faits au profit d'établissements non reconnus sont frappés d'une nullité d'ordre public, il faut encore conclure que le vice dont ces libéralités sont entachées ne peut être purgé au moyen de la *prescription décennale* instituée par l'article 1304 du Code civil.

Bien plus, nous croyons qu'un établissement non reconnu ne saurait opposer à une action en revendication de biens qui lui ont été donnés ou légués la *prescription trentenaire*.

En effet, nous estimons avec MM. Aubry et Rau (1) que l'action en revendication « est imprescriptible en ce sens qu'elle n'est pas susceptible de s'éteindre directement, par cela seul qu'elle n'aurait pas été intentée dans un délai déterminé ou que le propriétaire aurait, même pendant un temps plus ou moins long, cessé d'exercer son droit de propriété. Elle ne peut s'éteindre qu'indirectement par l'usucapion, c'est-à-dire par une possession contraire, réunissant tous les caractères exigés pour l'acquisition d'un droit de propriété ou de servitude ». Or, si longtemps qu'un établissement non reconnu conserve des biens qui lui ont été donnés ou légués, comment pourrait-il en acquérir la propriété par prescription ? C'est ce qu'il est impossible d'imaginer et, par suite, l'action en revendication des biens donnés ou légués à un établissement non autorisé est imprescriptible tant que ces biens restent entre les mains de l'établissement donataire ou légataire.

Cette proposition nous paraît juridiquement inattaquable et, en fait, personne ne s'est risqué à la combattre de front; mais

---

(1) Aubry et Rau, 4e édition, t. VIII, § 772, p. 429.

l'on s'est efforcé d'en paralyser les effets par une voie détournée en prétendant que l'action en revendication doit être précédée d'une demande en nullité des dons et legs litigieux et que celle-ci est susceptible de se prescrire par trente ans. En d'autres termes, l'action en revendication de biens donnés ou légués à un établissement non reconnu serait bien théoriquement imprescriptible, mais dans la pratique il ne conviendrait de la considérer comme telle qu'à la condition que la nullité des dons et legs ait fait l'objet d'une réclamation judiciaire dans le délai de trente ans imparti par l'article 2262 du Code civil.

C'est cette thèse que la Cour de cassation a consacrée par un arrêt du 5 mai 1879 concernant une donation faite sous forme de vente et par personne interposée à une congrégation religieuse non autorisée (1) ; on lit dans cet arrêt « qu'aux termes de l'article 2262 (C. civ.) toutes les actions, tant réelles que personnelles, sont prescrites par trente ans ; que cette disposition s'applique particulièrement au cas où il s'agit de nullités radicales et d'ordre public ; que la prescription ainsi établie n'a pas pour effet de donner à la convention prohibée une existence légale, mais qu'elle anéantit toutes les actions tendant à en faire prononcer l'annulation ; — que la demande des consorts Ovize, envisagée soit dans ses termes, soit dans son objet

(1) Cass. req. 5 mai 1879. — La Cour, — Sur le premier moyen ;... — Sur le deuxième moyen, tiré de la violation des articles 1 et 2 de la loi du 2 janvier 1877 et 2229 du Code civil et de la fausse application de l'article 2262 du même Code ; — Attendu qu'aux termes de l'article 2262 du Code civil toutes les actions, tant réelles que personnelles, sont prescrites par trente ans ; que cette disposition est générale et s'applique particulièrement au cas où il s'agit de nullités radicales et d'ordre public ; que la prescription ainsi établie n'a pas pour effet de donner à la convention prohibée une existence légale, mais qu'elle anéantit toutes les actions tendant à en faire prononcer l'annulation ; — Attendu que la demande des consorts Ovize, envisagée soit dans ses termes, soit dans son objet essentiel, avait pour but de faire décider, préablement à toute revendication, que le contrat de vente du 10 septembre 1845 était nul, comme contenant une donation, sous le nom de personnes interposées, au profit de la congrégation des frères de Saint-Viateur ; qu'en déclarant cette action éteinte par la prescription trentenaire et en rejetant par suite les conclusions qui s'y rattachaient, l'arrêt attaqué (Lyon, 12 juillet 1878), n'a violé aucune des dispositions légales invoquées à l'appui du pourvoi ; — Par ces motifs, rejette. (M. Almeras Latour, rapporteur.)

essentiel, avait pour but de faire décider, *préalablement à toute revendication*, que le contrat de vente du 10 septembre 1845 était nul comme contenant une donation, sous le nom de personnes interposées, au profit de la congrégation des frères de Saint-Viateur ; qu'en déclarant cette action éteinte par la prescription trentenaire et en rejetant, par suite, les conclusions qui s'y rattachaient, l'arrêt attaqué n'a violé aucune des dispositions légales invoquées à l'appui du pourvoi. »

L'expédient imaginé par l'arrêt de la Cour suprême du 5 mai 1879 n'a, suivant nous, aucune valeur juridique. Il repose, en effet, tout entier sur une confusion des actes *inexistants* ou *nuls de plein droit* et des actes *simplement nuls* ou *annulables ;* ces deux espèces d'actes doivent cependant être soigneusement distinguées l'une de l'autre. « L'annulation d'un contrat nul ou annulable, dit M. Baudry-Lacantinerie (1), ne peut avoir lieu que par l'effet d'un jugement qui la prononce expressément sur la demande des personnes auxquelles la loi accorde l'action en nullité. Il n'est pas besoin, au contraire, de s'adresser au juge pour détruire, pour briser un contrat inexistant ; car *on n'annule pas le néant*. Si la justice intervient (et son intervention peut devenir nécessaire en cas de contestation) l'office du juge se réduira à constater le fait de l'inexistence du contrat et à en déduire les conséquences. »

Or, si l'on considère qu'une donation faite à un établissement non reconnu viole une loi d'ordre public, l'on est bien obligé de reconnaître qu'elle n'est pas un acte simplement nul ou annulable, mais un acte nul de plein droit ou inexistant. Cette donation n'est qu'une apparence sans réalité, un pur fait destitué de tout effet civil, en un mot le néant, et, comme le dit M. Baudry-Lacantinerie qui, lui-même, emprunte cette formule à M. Demolombe, on n'annule pas le néant. Dans ces conditions, nous estimons que le donateur peut, sans avoir préalablement provoqué en justice dans un délai de trente ans l'annulation de la donation qu'il a faite à un établissement non reconnu, revendiquer directement contre l'établissement dona-

(1) Baudry-Lacantinerie, *Précis de droit civil*, t. II, n° 1149.

taire les biens dont il l'a gratifié et cette demande en revendication considérée en elle-même et dégagée de toute espèce de préliminaire est certainement imprescriptible.

Il est vrai que, d'après M. Ch. Beudant (1), si la solution adoptée par l'arrêt du 5 mai 1879 ne peut juridiquement se fonder sur les motifs invoqués par la Cour de cassation, elle serait susceptible de se justifier par d'autres arguments. M. Beudant pense que, d'une manière générale, on ne saurait « remettre en question des faits remontant à plus de trente ans ». A supposer donc qu'une donation faite à un établissement non reconnu ait été exécutée par le donateur et que celui-ci s'avise, trente ans après, de répéter les biens dont il s'était effectivement dépouillé, l'établissement incapable, pour se défendre, n'a qu'à répondre : « On ne remet pas en question ce qui remonte si loin dans le passé » et M. Beudant ajoute que « ce ne sont pas les conséquences inhérentes à la théorie des nullités, c'est l'application d'une règle qu'expliquent des considérations supérieures d'ordre public ».

Nous répondrons que la règle dont se prévaut le savant jurisconsulte n'est écrite nulle part et que, quand l'article 2262 du Code civil établit la prescription trentenaire pour les *actions*, l'on ne saurait l'appliquer aux *faits* sans ajouter à la loi. Il nous semble même que, loin d'étendre de cette façon arbitraire la disposition de l'article 2262, l'on doit admettre, comme nous l'expliquions plus haut, que, malgré les apparences, elle ne concerne pas toutes les *actions* et que l'exception de prescription ne peut servir à faire repousser une demande en revendication que lorsque celui qui invoque ce moyen de défense a acquis par prescription la chose litigieuse. Dès lors, nous croyons que, faute de pouvoir acquérir par l'usucapion les biens qui lui ont été donnés ou légués, un établissement non reconnu est éternellement exposé à une action en revendication et qu'il ne jouit point, pour écarter une pareille réclamation, du bénéfice de la prescription trentenaire.

D'ailleurs, si l'action en revendication qui compète au dona-

(1) Note de M. Beudant sous Req. 5 mai 1879 (Dalloz, 1880, 1re partie, p. 145).

eur ou aux héritiers du testateur ou donateur s'éteignait par la prescription trentenaire, voici, cette prescription une fois acquise, ce qui arriverait par cela même que l'établissement donataire ou légataire ne serait pas devenu propriétaire de la chose qui lui a été donnée ou léguée ; cette chose serait désormais un bien vacant et sans maître qui tomberait dans le domaine de l'État (art. 539 et 713 C. civ.). « Le résultat est assurément inattendu, même quelque peu étrange », avoue M. Beudant ; nous le trouvons, pour notre part, tellement singulier qu'il suffirait pour faire condamner l'opinion dont il découle. Une théorie dont l'aboutissement offre une pareille absurdité est nécessairement fausse dans son point de départ.

§ 3. — *Distinction des dons ou legs et des charges de donation ou d'hérédité. Difficultés spéciales aux fondations.*

1° Des charges de donation ou d'hérédité, par opposition aux dons ou legs.

69. Il convient d'établir une distinction entre les dons et legs proprement dits faits à des établissements non reconnus et les simples charges de donation ou d'hérédité dont l'exécution est susceptible de leur profiter ; les legs sont nuls, tandis que généralement l'on admet que rien, en principe, ne s'oppose à la validité des charges de donation ou d'hérédité.

Nous verrons plus loin qu'il est non moins capital de ne pas confondre les dons et legs adressés à des établissements reconnus avec les charges de donation ou d'hérédité à l'accomplissement desquelles ces établissements sont intéressés ; les dons et legs sont soumis à la nécessité d'une autorisation gouvernementale, tandis que les charges de donation ou d'hérédité y échappent (V. *infra* n°s 346 et suiv.).

La distinction des dons ou legs et des charges de donation ou d'hérédité offre donc un double intérêt. Elle doit être prise en considération tant au point de vue de la validité des dispositions entre vifs ou par testament qu'en ce qui concerne le contrôle que le gouvernement exerce sur elles.

Elle sera examinée, en ce qui a trait à la formalité de l'autorisation, dans un chapitre ultérieur ; en ce moment, elle ne nous intéresse qu'en tant que la validité des libéralités entre vifs ou testamentaires en dépend.

Dans les explications qui vont suivre immédiatement, nous laisserons de côté la distinction des dons et des charges de donation pour nous attacher exclusivement à celle des legs et des charges d'hérédité; celle-ci seule offre un sérieux intérêt dans la pratique. D'ailleurs, le criterium qui permet de différencier les charges de donation des dons proprement dits est identique à celui qui sert à distinguer les charges d'hérédité des legs.

A notre avis, une disposition testamentaire constitue un legs au profit d'un établissement non reconnu toutes les fois que le testateur a voulu conférer à cet établissement le droit de la faire exécuter; au contraire, il ne faut regarder que comme une simple charge d'hérédité susceptible de bénéficier à un établissement incapable une disposition testamentaire, dont l'exécution est laissée à la discrétion des héritiers du *de cujus* et qui, tout en intéressant l'établissement incapable, n'est destinée, dans l'esprit du disposant, à créer aucun droit en faveur dudit établissement. Le legs suppose une vocation héréditaire ou, en d'autres termes, une institution qui n'existe pas en cas de simple charge de succession.

La distinction des legs et des charges d'hérédité soulève donc, avant tout, une question d'interprétation des intentions du testateur et cette question ne saurait être résolue que grâce à un examen attentif et minutieux des circonstances de chaque espèce.

Dans la pratique, les charges héréditaires ne sont séparées le plus souvent des legs proprement dits que par des nuances presque imperceptibles; ces deux espèces de dispositions testamentaires n'en doivent pas moins être gouvernées, comme nous le faisions observer au début de ce paragraphe, par des principes diamétralement opposés.

En effet, les legs faits à des établissements non autorisés sont nuls; au contraire, il faut tenir pour valables les charges d'hérédité qui sont de nature à profiter éventuellement à des établissements dépourvus d'existence légale.

Si un legs adressé à un établissement non reconnu est nul, c'est parce que cet établissement est frappé d'une incapacité absolue de recevoir; or cette cause de nullité n'existe pas en cas de simple charge d'hérédité. Une telle charge, même lorsqu'elle est susceptible de procurer un bénéfice à un établissement non reconnu, ne comporte, par définition, aucune vocation héréditaire au profit de celui-ci; l'établissement non reconnu, qui est intéressé à l'exécution d'une charge d'hérédité, n'est directement appelé par le testateur à rien recevoir et, par conséquent, son incapacité importe peu. Il n'y a qu'une personne dont la capacité doive être vérifiée, c'est celle de l'héritier naturel ou testamentaire dont l'émolument est diminué par l'existence de la charge héréditaire; si cet héritier est capable, rien ne s'oppose à la validité de la charge dont les biens successoraux se trouvent grevés.

Sans doute, lorsqu'une charge d'hérédité viendra à être accomplie au profit d'un établissement qui n'avait pas d'existence légale au moment du décès du testateur, les actes d'exécution qui auront servi à transmettre à cet établissement des biens dépendant de la succession seront nuls s'il n'a pas été reconnu depuis la mort du *de cujus*; mais la charge considérée en elle-même et avant toute exécution est valable.

70. Cette doctrine a été formellement consacrée par la Cour de cassation qui décide que, quand un testateur a prescrit qu'une certaine somme serait prélevée sur le montant de sa succession pour être employée en prières ou en bonnes œuvres, il n'y a pas là un legs nul comme fait à des personnes incertaines ou incapables, mais une simple charge de succession parfaitement valable.

La Cour de cassation a jugé, par arrêt du 16 juillet 1834 (1),

(1) Cass. civ. 16 juillet 1834. — La Cour, — Sur le premier moyen, — Attendu que le legs contentieux n'est point un legs incertain; que son objet et son application sont clairement désignés; que la volonté du testateur ne présente rien d'arbitraire; que rien n'est plus licite qu'un legs fait par un ecclésiastique ou par toute autre personne applicable à des prières pour son âme ou à de bonnes œuvres; que ces mots n'ont pas besoin d'autre explication et qu'il est bien permis à un mourant qui ne peut prévoir quels seront les malheureux qui auront de plus grands besoins de s'en rapporter à une ou deux personnes par lui désignées pour distribuer ses dons; — Attendu que, dans l'espèce, et d'après les faits énoncés dans l'arrêt (Caen, 10 décembre 1831), le testateur a commencé par répartir entre ses héritiers la presque totalité de la for-

« que rien n'est plus licite qu'un legs fait par un ecclésiastique ou toute autre personne, applicable à des prières pour son âme ou à de bonnes œuvres;... qu'il est bien permis à un mourant, qui ne peut prévoir quels seront les malheureux qui auront de plus grands besoins, de s'en rapporter à une ou deux personnes par lui désignées pour distribuer ses dons; — que, dans l'espèce et d'après les faits énoncés dans l'arrêt, le testateur a commencé par répartir entre ses héritiers la presque totalité de la fortune par lui acquise et n'a laissé qu'une partie du prix de son mobilier pour faire prier pour son âme et pour être distribuée en bonnes œuvres; que cette disposition est moins encore un LEGS qu'une CHARGE DE LA SUCCESSION comme seraient des funérailles ou un certain nombre de messes prescrites par le testament ».

L'arrêt indique pourquoi la disposition litigieuse est une charge d'hérédité et non un legs; il montre qu'elle est « destinée à des prières et à de bonnes œuvres et non attribuable spécialement à un corps ou à un établissement, mais laissée à l'arbitrage des exécuteurs testamentaires, *arbitrio boni viri*, qui doivent faire la répartition suivant les besoins et les circonstances.

A une date plus récente, dans une espèce où il s'agissait de dispositions testamentaires par lesquelles l'abbé Rousset avait prescrit qu'une somme de 5,000 francs serait prélevée sur sa succession pour être affectée à des prières et à de bonnes œuvres, la Cour de cassation a rendu un arrêt (1) qui porte « que

---

tune par lui acquise et n'a laissé qu'une partie du prix de son mobilier pour faire prier pour son âme et pour être distribuée en bonnes œuvres; — Attendu que cette disposition est moins encore un legs qu'une charge de la succession, comme seraient des funérailles ou un certain nombre de messes prescrites par un testament;

Sur le second moyen; — Attendu que l'article 910 du Code civil et les décrets ou ordonnances qui s'y rapportent ne sont point applicables à l'espèce, puisque le legs attaqué n'est fait ni à un établissement public ni à une commune, ni aux pauvres d'une commune, mais qu'il est destiné à des prières et à de bonnes œuvres et non attribuable spécialement à un corps ou à un établissement, mais laissé à l'arbitrage des exécuteurs testamentaires, *arbitrio boni viri*, qui doivent faire la répartition suivant les besoins et les circonstances; — Rejette (M. Bonnet, rapporteur).

(1) Cass. civ. 13 juillet 1859. — La Cour; — Sur le premier et le deuxième moyens du pourvoi: — Attendu que l'arrêt attaqué (Bor-

l'action en nullité dirigée contre ces dispositions comme constituant des legs faits à des personnes incertaines a été justement repoussée ; — que le testateur, usant de la latitude qui lui était accordée par la loi pour la manifestation de ses dernières volontés, a pu, sans faire de légataires particuliers, imposer à sa succession certaines charges et en confier l'accomplissement à son exécuteur testamentaire ».

L'arrêt développant cette idée ajoute que le mandat conféré à l'exécuteur testamentaire « a pu comprendre le soin de choisir les prêtres qui diront les messes pour le repos de l'âme du testateur et de leur offrir une rétribution qui, étant due pour un service, n'a point le caractère d'une libéralité ; —

---

deaux 24 nov. 1857), appréciant le sens, le caractère et la portée des dispositions de l'abbé Rousset, d'après les intentions expliquées par lui dans son testament, a déclaré que cet ecclésiastique avait voulu qu'une somme de 5.000 francs fût prélevée sur sa succession pour être employée en prières et en bonnes œuvres dont l'accomplissement a été par lui confié à l'abbé Parenteau, son exécuteur testamentaire ; — Attendu que l'action en nullité dirigée contre ces dispositions comme constituant des legs faits à des personnes incertaines a été justement repoussée ; — Attendu que le testateur, usant de la latitude qui lui était accordée par la loi pour la manifestation de ses dernières volontés, a pu, sans faire de légataires particuliers, imposer à sa succession certaines charges et en confier l'accomplissement à son exécuteur testamentaire ; — Attendu que ce mandat a pu comprendre le soin de choisir les prêtres qui diront les messes pour le repos de l'âme du testateur et de leur offrir une rétribution qui, étant due pour un service, n'a point le caractère d'une libéralité ; attendu, en outre, que, pourvu qu'il ne soit fait aucune fraude aux dispositions des lois et ordonnances concernant les fondations et les dons aux établissements religieux ou charitables, et lorsqu'il ne s'agit que d'une distribution d'aumônes, il est permis de s'en rapporter à son exécuteur testamentaire pour répartir entre les malheureux qui auront les plus grands besoins, une somme destinée par le testateur à ces actes de charité, et que l'arrêt attaqué, qui en a apprécié dans l'espèce le but et l'importance, a décidé avec raison que ce mandat était valable ; — Attendu qu'il a été constaté par l'arrêt attaqué que les dispositions testamentaires de l'abbé Rousset ne renferment point de libéralité au profit d'établissements publics ou d'associations, ni de legs ou fondations en faveur des pauvres d'une commune ou de l'église ; — D'où il suit qu'il n'y avait point lieu dans l'espèce à l'application de l'article 910 du Code Napoléon, ni des autres dispositions énoncées par le pourvoi et qu'en déclarant les époux Monnereau et consorts mal fondés tant en leur action en nullité du testament de l'abbé Rousset et de l'acte de délivrance qui l'a suivi que dans leur demande en sursis jusqu'à l'obtention d'une autorisation administrative, la Cour impériale de Bordeaux n'a violé aucune loi ; — Par ces motifs, rejette, etc. (M. Quénault, rapporteur).

qu'en outre, pourvu qu'il ne soit fait aucune fraude aux dispositions des lois et ordonnances concernant les fondations et les dons aux établissements religieux ou charitables et lorsqu'il ne s'agit que d'une distribution d'aumônes, il est permis de s'en rapporter à son exécuteur testamentaire pour répartir entre les malheureux qui auront les plus grands besoins une somme destinée par le testateur à ces actes de charité et que l'arrêt attaqué qui en a apprécié dans l'espèce le but et l'importance a décidé avec raison que ce mandat était valable ».

La jurisprudence des Cours d'appel est conforme à celle de de la Cour de cassation ; nous n'en voulons pour preuve qu'un arrêt particulièrement intéressant rendu par la Cour de Nancy à la date du 9 décembre 1891 (1).

---

(1) Nancy, 9 décembre 1891. — La Cour, — Tant sur l'appel de Félicien Poirson que sur l'intervention des demoiselles Masson ; — Attendu que, par son testament authentique du 23 novembre 1889, reçu aux minutes de Me Webcker, notaire à Blamont, et enregistré, la veuve Poirson a institué le sieur Félicien Poirson son légataire universel, aux conditions suivantes : « Tout le surplus de ma succession, après exécution des volontés exprimées ci-dessus et dans mon testament olographe, appartiendra à M. Félicien Poirson, propriétaire, demeurant à Domèvre, auquel je donne et lègue, pour en disposer en œuvres de bienfaisance, selon les instructions que je lui ai données verbalement pour, par lui, en faire et disposer dès le jour de mon décès »... ; Attendu que les époux Gérardin ont attaqué ce legs en se fondant sur ce que Félicien Poirson ne serait pas un légataire véritable, mais un simple fidéicommissaire, un tiers interposé chargé d'exécuter des volontés non suffisamment exprimées par la testatrice et de remettre la totalité des capitaux qu'il recueillerait dans la succession à des personnes non dénommées, incertaines ou incapables ; — ... Mais attendu qu'il est admis par la jurisprudence que la disposition testamentaire par laquelle le testateur ordonne à un légataire universel d'employer en bonnes œuvres ce qui restera de la succession après l'acquittement des legs particuliers ne constitue pas un legs fait à des personnes incertaines ; qu'il a le caractère d'une simple charge de la succession et est, dès lors, valable ; — Attendu effectivement que ce qui détermine la nature et le caractère juridique d'un legs universel, c'est non l'avantage réel qu'en retire le légataire, mais le droit éventuel à l'universalité de la succession qui lui est confiée ; que, quelle que soit la part que ce légataire doive recueillir dans l'hérédité, par cela seul que ce legs contient une vocation, même éventuelle, à l'universalité du patrimoine du testateur, la disposition est valide et constitue un legs universel ; qu'il importe peu que les charges imposées au légataire doivent absorber en totalité l'émolument de la disposition faite à son profit, puisqu'il n'en est pas moins le continuateur juridique du testateur, en sa qualité de légataire universel de ce dernier ; — Attendu que dans la cause actuelle les faits se

Au surplus, il résulte de la jurisprudence de la Cour suprême que ce qui fait qu'une charge d'hérédité se différencie d'un legs, c'est que les avantages devant résulter de l'acquittement d'une charge de succession ne sont pas applicables à tel ou tel bénéficiaire nommément désigné par le testateur et qu'il dépend plus ou moins complètement de l'héritier ou de l'exécuteur testamentaire de choisir les attributaires de cette libéralité. En d'autres termes, une disposition testamentaire constitue un legs ou une charge d'hérédité, suivant que le testateur a enjoint à son héritier ou exécuteur testamentaire d'en faire profiter une ou plusieurs personnes spécifiées dans le testament ou lui a laissé la liberté de désigner les bénéficiaires. Tout est donc subordonné, en cette matière, comme nous le faisions observer plus haut, à la volonté du testateur.

Il est vrai que, dans les espèces qu'elle a eu à juger, la Cour de cassation ne s'est pas contentée, pour attribuer à une disposition testamentaire les caractères d'une charge d'hérédité, d'invoquer l'intention du testateur; elle constate, en outre, aux termes de son arrêt du 16 juillet 1834, que la disposition litigieuse est modique et son arrêt du 13 juillet 1859 porte que le testament n'impose à l'exécuteur testamentaire, en fait de bonnes œuvres, que la distribution d'aumônes.

Mais, si le plus souvent une charge d'hérédité a un objet modique et est relative à des sommes à répartir une fois pour toutes entre certains bénéficiaires et non à des fondations, ces

---

prêtent d'autant plus à cette interprétation de la loi que la testatrice a clairement indiqué et voulu, comme il a été dit déjà, que Félicien Poirson, son légataire, eût sous certaines charges et conditions la pleine et exclusive propriété des capitaux qu'il devait recueillir dans sa succession, circonstance qui ne se retrouvait même pas dans les espèces jugées par la Cour suprême et par la Cour de Bourges, dans leurs arrêts des 5 juillet 1886 et 11 janvier 1887, invoqués par l'appelant à l'appui de ses prétentions; que, dans ces espèces, notamment dans la première, tous les biens meubles et immeubles légués devaient être affectés à la fondation d'une école libre de garçons, tant en capital qu'en revenus; — Attendu qu'il y a donc lieu d'infirmer le jugement entrepris et, jugeant à nouveau, de dire que Félicien Poirson n'est pas personne interposée pour bénéficiaires non dénommés, incertains ou incapables; — Par ces motifs, — Dit que Félicien Poirson n'est pas une personne interposée pour bénéficiaires non dénommés, incertains ou incapables; — Déboute les époux Gérardin de la demande par eux introduite, dans laquelle ils sont déclarés non recevables et mal fondés.

caractères n'ont rien d'essentiel et ils ne permettent pas de reconnaître sûrement une charge d'hérédité, car ils peuvent se rencontrer également dans un legs. Ils sont susceptibles dans une certaine mesure, lorsque la volonté du testateur est équivoque, de faire présumer que l'on se trouve en présence d'une charge d'hérédité plutôt que d'un legs; mais de leur présence l'on ne saurait conclure infailliblement, dans tous les cas, qu'une disposition testamentaire constitue une charge héréditaire et non un legs fait à des incapables. Telle est évidemment la pensée qui se cache au fond des arrêts susvisés de la Cour de cassation des 16 juillet 1834 et 13 juillet 1859.

D'ailleurs, la Cour suprême n'a pas hésité à considérer comme une charge d'hérédité et non comme un legs une disposition par laquelle un testateur affectait à des œuvres de bienfaisance une somme qui ne s'élevait pas à moins de 200,000 fr. (Cass. civ. 6 juillet 1871) (1); elle n'estime donc pas que la

---

(1) Cass. civ. 6 juillet 1871. — La Cour; — Attendu que si le droit spécial de l'enregistrement pose les bases des droits à percevoir et en fixe les quotités, il appartient à l'Administration de rechercher, pour l'application de la loi fiscale, quels sont, d'après les règles ordinaires du droit commun, la nature réelle et le caractère légal des actes et des contrats qui donnent ouverture à ces perceptions; — Attendu que, dans son testament du 5 mars 1838, Auguste Minoret, qui est décédé le 1er octobre 1840, a dit qu'il serait prélevé sur sa succession une somme de 200,000 francs, qui devait être employée en œuvres de bienfaisance, selon les vues et l'autorisation de sa sœur, Lucile Minoret, l'une de ses légataires universelles; qu'une semblable disposition faite pour certaines œuvres, au choix d'un tiers, sans indication d'aucune personne certaine et déterminée, ne constitue point un legs particulier qui aurait eu pour effet de saisir, dès la mort du testateur, les établissements de bienfaisance qui seraient désignés plus tard pour en recueillir, en tout ou en partie, le bénéfice; qu'elle n'a apporté aucun obstacle à la transmission sur la tête des légataires universels de l'intégralité des valeurs héréditaires, pour lesquelles ils ont effectivement payé, comme personnellement débiteurs, les droits de mutation par décès; que par l'attribution qu'ils ont faite des sommes prélevées aux établissements qui ont été successivement choisis, et notamment à la congrégation de Sainte-Philomène, qui même n'a eu d'existence légale qu'en 1854, il s'est ainsi opéré une nouvelle transmission de propriété des légataires universels aux établissements gratifiés, transmission qui a été soumise aux droits de mutation exigibles d'après les lois existantes à l'époque où elle s'est réalisée;

D'où il suit qu'en validant la contrainte décernée pour obtenir le payement des droits auxquels a donné ouverture l'acte d'abandon du 5 mai 1866, le jugement attaqué a fait une exacte application des lois de la matière; — Rejette (M. Larombière, rapporteur).

modicité soit de l'essence des charges de succession. D'autre part, elle a jugé, ainsi que nous le verrons plus loin (V. *infra*, nos 72 et suiv.), que des fondations peuvent être valablement faites par voie de charge d'hérédité.

71. La jurisprudence administrative établit, comme la jurisprudence judiciaire, une distinction entre les legs et les charges d'hérédité.

Un legs a-t-il été fait à un établissement non reconnu, il intervient un décret portant expressément qu' « il n'y a pas lieu de statuer sur la libéralité faite à ..., cet établissement n'ayant pas d'existence légale » ; au contraire, lorsqu'un testament contient une simple charge d'hérédité susceptible de profiter éventuellement à un établissement non reconnu, l'autorité administrative n'intervient aucunement, même pour dire qu'elle n'a pas à statuer : elle s'abstient purement et simplement.

Dans le premier cas, en employant une formule qui équivaut à un refus d'autorisation, elle s'oppose dans la mesure de ses moyens à la réalisation des intentions du testateur, tandis que, dans le second, elle laisse à entendre par son abstention qu'elles peuvent s'exécuter sans son assentiment.

La distinction des legs et des charges d'hérédité est nettement mise en lumière par ces errements de l'Administration; elle n'est expressément formulée dans aucun avis ni dans aucune note du Conseil d'État, mais elle résulte de l'ensemble de la jurisprudence de la haute assemblée.

Le Conseil d'État a même une tendance à exagérer la notion de la charge de succession et à assimiler à de simples charges héréditaires les legs peu importants, alors surtout qu'ils n'impliquent aucune fondation.

C'est qu'ainsi un legs de 500 francs ayant été fait à une communauté non autorisée, la communauté des sœurs d'Epone, la section de l'Intérieur a émis, à la date du 9 mars 1892, l'avis que le gouvernement devait s'abstenir de statuer sur cette libéralité testamentaire (1); la décision de la section se fonde

(1) Avis de la section de l'Int. du 9 mars 1892 (no 91, 162). — La section de l'Intérieur, qui a pris connaissance d'un projet de décret tendant :

sur ce qu' « à raison du peu d'importance du legs dont s'agit, qui peut être l'objet d'une distribution immédiate, il y a lieu de l'assimiler à une charge d'hérédité ».

Aux termes d'un avis du 21 novembre 1889, ci-dessus rapporté (V. *supra*, n° 50), la section de l'Intérieur a décidé que, comme s'il s'agissait d'une charge d'hérédité, le gouvernement n'avait pas à statuer sur un legs fait par le sieur Baron au profit des vicaires successifs de la paroisse de Torcé (Ille-et-Vilaine), c'est-à-dire en faveur d'un établissement ecclésiastique non reconnu ; ce qui, dans cette espèce, a entraîné la décision de la section, c'est que, tout en comportant une fondation, le legs en question était modique.

La jurisprudence consacrée par les deux avis des 21 novembre 1889 et 9 mars 1892 nous paraît prêter à la critique; nous estimons, quant à nous, que l'on ne doit jamais assimiler des legs à des charges d'hérédité, sous quelque prétexte que ce soit, et que, si la loi n'interdit pas à un testateur d'imposer à son héritier des charges qui risqueront de profiter à des établissements non reconnus, il ne saurait leur faire des legs, quand bien même ces libéralités auraient pour objet des sommes minimes qui devraient être distribuées immédiatement après le décès du testateur.

Une charge d'hérédité ne confère pas de vocation héréditaire à celui qui est intéressé à son exécution ; dès lors, si elle est susceptible de bénéficier éventuellement à un établissement incapable, l'on ne peut pas dire que le testateur ait fait au profit de cet établissement une disposition prohibée par l'ar-

---

1° à déclarer qu'il n'y a pas lieu de statuer sur le legs d'une somme de 500 francs fait par la dame veuve Magnier aux sœurs d'Epone pour être distribuée aux malades indigents de la commune, lesdites sœurs n'étant pas reconnues dans les conditions prescrites par la loi du 24 mai 1825; 2° à autoriser le bureau de bienfaisance d'Epone à accepter ladite libéralité;

Considérant qu'à raison du peu d'importance du legs dont s'agit, qui peut être l'objet d'une distribution immédiate, il y a lieu de l'assimiler à une charge d'hérédité sur laquelle il n'y a pas lieu de statuer; qu'il convient d'autant plus d'adopter cette solution que le ministre de l'Intérieur a estimé qu'il n'y avait pas lieu de statuer sur un autre legs de 500 francs fait par la même testatrice dans le même testament au curé d'Epone pour les pauvres; — Est d'avis qu'il n'y a pas lieu d'adopter le projet de décret proposé (M. de Villeneuve, rapporteur).

ticle 911 du Code civil. Au contraire, un legs consiste toujours dans une disposition faite en faveur de celui qui est appelé à le recueillir, de sorte que, s'il s'adresse à un établissement incapable, il est nécessairement fait en violation de l'article 911, quel que soit son objet et de quelque façon qu'il doive être employé.

Dans ces conditions, il est du devoir du gouvernement de s'opposer à l'exécution de tous les legs adressés aux établissements dépourvus d'existence légale, même de ceux qui sont modiques et n'impliquent pas une fondation.

Au surplus, si le gouvernement a à tort considéré comme une charge d'hérédité, dont il n'a pas à empêcher l'accomplissement, une disposition testamentaire qui offre les caractères d'un legs fait à un établissement incapable, l'autorité judiciaire n'en reste pas moins libre de dire que cette disposition est un legs et non une charge de succession et qu'en conséquence elle est nulle par application de l'article 911 du Code civil. En effet, lorsque le gouvernement tolère l'exécution de legs faits en fraude des prescriptions de l'article 911, il ne fait pas disparaître la nullité dont ces legs sont atteints; cette nullité subsiste e rien ne s'oppose à ce qu'elle soit proclamée par la juridiction civile sur la demande des intéressés dont les droits demeurent intacts.

Même lorsque le gouvernement autorise expressément l'acceptation de legs, il ne préjuge en rien le point de savoir s'ils sont valables; cette question rentre dans la compétence exclusive de l'autorité judiciaire qui peut déclarer nul un legs dont le gouvernement a permis l'acceptation.

2° Fondations.

72. Nous avons dit (V. *supra*, n° 70) que la Cour de cassation avait, aux termes de deux arrêts des 16 juillet 1834 et 13 juillet 1859, admis que les charges d'hérédité étaient valables, alors même qu'elles pouvaient éventuellement bénéficier à des établissements incapables; mais les arrêts précités se rapportent uniquement à des dispositions testamentaires qui imposaient à des héritiers l'obligation de faire dire des prières

ou de distribuer des aumônes aussitôt ou du moins peu d temps après le décès des testateurs.

Or il convient de se demander si, au lieu d'une charge don l'accomplissement est en quelque sorte immédiat et instantané, un testateur pourrait, sans méconnaître les prescriptions de l'article 911 du Code civil, grever sa succession d'une charge perpétuelle et, par exemple, exiger de ses héritiers la création et l'entretien d'un hôpital, d'un hospice ou d'une école.

En d'autres termes, l'idée de charge héréditaire est-elle compatible avec celle de fondation ? La distinction des legs et des charges d'hérédité s'applique-t-elle en matière de fondations ou, au contraire, doit-on décider que toute disposition testamentaire ayant pour objet une fondation constitue nécessairement un legs fait à un établissement à naître, c'est-à-dire à un établissement dépourvu de toute existence de fait et de droit et, par suite, incapable de recevoir, par application de l'article 911 du Code civil ?

La question est des plus graves ; c'est, en effet, la liberté des fondations privées qui est en jeu.

La Cour de cassation, devant qui s'est agité le problème que nous venons d'énoncer, a professé trois opinions successives. Ces variations de la jurisprudence de la Cour suprême suffisent pour montrer combien grandes sont les difficultés inhérentes au sujet qui nous occupe.

73. A l'origine, la Cour de cassation a adopté le système suivant. Une disposition testamentaire qui a pour objet une fondation ne doit jamais être regardée comme une simple charge d'hérédité et elle renferme, dans tous les cas, un legs adressé à l'établissement qu'il s'agit de fonder. En principe, une telle libéralité est donc nulle comme faite au profit d'un établissement incapable ; par exception, elle est valable si, sous le nom de l'établissement incapable, une personne morale apte à recevoir a été instituée : le testateur a-t-il, par exemple, prescrit à son héritier la création d'un établissement charitable, cette disposition de dernière volonté, bien qu'elle constitue moins une charge d'hérédité qu'un legs proprement dit, est valable, parce qu'elle s'adresse, sous le couvert de l'établissement dont le testateur a voulu la création, aux

pauvres qui ont le droit d'en revendiquer le bénéfice par l'intermédiaire de leur représentant légal.

Tel est le système qui découle d'un arrêt de la Cour de cassation du 4 août 1856, rendu dans une espèce dont les circonstances méritent d'être précisées.

Par testament olographe du 3 mai 1849, le sieur Hubert avait légué tous ses biens au sieur Tandou, à la charge par ledit légataire universel et les héritiers mâles de celui-ci, indéfiniment représentés par le plus âgé d'entre eux, d'établir et de maintenir à perpétuité une maison de refuge destinée à recueillir gratuitement des ouvriers honnêtes, domiciliés à Paris ou à la Villette et « malheureux par suite d'accidents, de maladie, de leur grand âge, charges de famille, manque d'ouvrage et de toute autre cause qu'une inconduite grave et notoire et surtout par suite de leurs opinions démocratiques et socialistes ». Le testament portait que le sieur Tandou et ses héritiers « devraient accomplir la mission qui leur est imposée au profit des ouvriers susdésignés par eux-mêmes ou l'un d'eux personnellement..., sans pouvoir jamais, à telle époque que ce puisse être, la transmettre à l'administration des hospices, ni au bureau de bienfaisance, ni à aucune autre autorité administrative quelconque non plus qu'à aucune personne privée... Le tout à peine de révocation du legs universel ».

L'administration générale de l'Assistance publique de Paris et le bureau de bienfaisance de la Villette ont été autorisés à accepter, au nom des pauvres, aux clauses et conditions énoncées dans le testament, en tant qu'elles n'étaient pas contraires aux lois et à l'ordre public, le legs universel fait par le sieur Hubert et ils se sont adressés à la justice pour obtenir la délivrance de cette libéralité, tout en demandant que les clauses et conditions relatives au mode d'administration de la maison de refuge, à l'exclusion de l'autorité administrative et à la préférence à accorder aux ouvriers démocrates et socialistes, fussent déclarées nulles et non avenues comme illicites et immorales.

Ils ont eu successivement gain de cause devant le tribunal civil de la Seine, suivant jugement du 2 mars 1855, et devant la cour d'appel de Paris, en vertu d'un arrêt du 27 novembre de la même année.

Le sieur Tandou a déféré cet arrêt à la censure de la Cour de cassation, en se fondant sur ce que les dispositions du testament du sieur Hubert relatives à l'établissement d'une maison de refuge constituaient une simple charge d'hérédité et non un legs fait aux pauvres ouvriers de Paris et de la Villette; mais son pourvoi a été rejeté par un arrêt de la chambre des requêtes du 4 août 1856 qui a jugé que l'on se trouvait en présence d'un legs et non d'une charge de succession (1).

---

(1) Cass. Req. 4 août 1856. — La Cour, — Attendu qu'il résulte évidemment, et des expressions mêmes dans lesquelles est conçu le testament de Hubert et de la combinaison de ses diverses dispositions sainement entendues, que l'intention du testateur était de faire en faveur des ouvriers pauvres un véritable legs dont la propriété leur appartînt toujours, et que, dès lors, il était du devoir de la justice d'assurer la durée perpétuelle de cette fondation en la dégageant, aux termes de l'article 900 C. Nap., des conditions impossibles ou contraires aux lois ou aux mœurs qui auraient pu la vicier ou la faire périr, contrairement à la pensée charitable qui domine l'ensemble du testament; — Attendu que le mode d'administration indiqué par Hubert pour l'établissement par lui fondé manquait absolument, et pour le présent et encore plus pour l'avenir, de toutes les garanties de stabilité et de bonne direction nécessaires à la conservation du patrimoine des pauvres; que le défaut d'unité dans les éléments de cette administration, telle que le testament la constituait aujourd'hui, l'incertitude qu'il laissait subsister sur son renouvellement successif et l'extrême probabilité de sa dissolution complète dans un avenir plus ou moins rapproché par la mort ou la dispersion de ceux qui la composaient, constituaient véritablement une condition impossible du nombre de celles qui, aux termes de l'article 900, doivent être réputées non écrites; — Attendu que le mode de direction indiqué par Hubert devant ainsi disparaître, il y avait nécessairement lieu de pourvoir à l'administration de la fondation, dans les termes ordinaires du droit, sans égard au vœu exprimé par ledit Hubert pour l'exclusion perpétuelle de toute intervention de la part de l'autorité administrative, exclusion qui, constituant également par elle-même une condition contraire aux lois, devait être aussi réputée non écrite; — Attendu qu'il y avait lieu pareillement de déclarer non écrite, comme contraire aux lois et aux mœurs, la clause du testament par laquelle Hubert appelait de préférence à profiter de la fondation par lui faite ceux des pauvres ouvriers qui seraient tombés dans le malheur par suite de leurs opinions démocratiques et socialistes; qu'en effet le maintien de cette clause eût constitué une sorte de prime d'encouragement offerte, à perpétuité, aux passions anarchiques et subversives, sous l'impression desquelles le testament avait été rédigé, tandis que sa suppression ne portait aucune atteinte à la pensée généreuse du testateur; — Attendu qu'en le jugeant ainsi et en annulant par ces motifs les clauses dont il s'agit, l'arrêt attaqué (Paris, 27 novembre 1855), loin de violer aucune des dispositions législatives invoquées à l'appui du pourvoi, a fait, au contraire, à l'espèce une juste application des principes de la matière; — Rejette (M. Cauchy, rapporteur.

Au premier abord, l'on serait tenté de croire que l'arrêt du 4 août 1856 est une décision d'espèce et non une décision de principe; en effet, s'il déclare que la fondation instituée par le sieur Hubert constitue moins une simple charge d'hérédité qu'un legs fait aux ouvriers pauvres, c'est en s'appuyant sur l'intention du testateur telle qu'elle « résulte évidemment et des expressions mêmes dans lesquelles est conçu le testament de Hubert et de la combinaison de ses diverses dispositions sainement entendues ».

Mais, en réalité, l'arrêt de la chambre des requêtes repose sur une thèse de droit, car, s'il a admis que le testateur avait entendu faire un legs aux pauvres ouvriers, c'est uniquement parce qu'il s'agissait d'une fondation perpétuelle; la chambre des requêtes n'a interprété, comme elle l'a fait, les dernières volontés du sieur Hubert que parce que celui-ci avait voulu que le bénéfice de ses dispositions testamentaires appartînt *toujours* aux pauvres ouvriers.

La doctrine qui ressort de l'arrêt du 4 août 1856 est donc celle-ci. Des dispositions de dernière volonté qui comportent une fondation perpétuelle ne peuvent pas n'être que de simples charges d'hérédité; elles renferment nécessairement un legs fait au profit de l'institution ou de l'établissement à fonder; ce legs, suivant les circonstances, sera nul ou valable. Dans l'espèce à laquelle s'applique l'arrêt du 4 août 1856 la Cour de cassation a pensé que, si le sieur Hubert avait fait un legs en faveur d'une maison de refuge à créer, ce legs s'adressait aux pauvres qui y seraient recueillis bien plutôt qu'à la maison même; elle en a conclu que ce legs était valable. Mais si l'on suppose qu'il n'eût pu être suppléé à l'incapacité de l'établissement projeté par l'intervention des pauvres ou d'une autre personne morale, les dispositions testamentaires du sieur Hubert auraient été déclarées nulles.

Dès lors, l'on aperçoit clairement les conséquences auxquelles aboutit la théorie consacrée par l'arrêt du 4 août 1856. De deux choses l'une : ou la disposition par laquelle un testateur a mis à la charge de son héritier une fondation perpétuelle constitue un legs fait, sous le nom du futur établissement, aux pauvres, à une commune, à un département ou à un établissement public et alors elle est valablement faite, mais c'est à un organe de l'administration publique que sera confiée son exécution ; ou bien derrière l'établissement à fonder ne se trouve aucune personne morale publique qui ait qualité pour se substituer à lui et alors la disposition testamentaire est nulle.

Le système auquel la chambre des requêtes a donné son adhésion peut, en définitive, se résumer dans cette formule : une fondation sera publique ou elle ne sera pas.

C'est la négation de la liberté des fondations privées ou, si l'on aime mieux, c'est la négation des charges d'hérédité, en tant qu'elles auraient pour objet des fondations.

Ce système a été encore tout récemment appliqué par la cour d'appel de Besançon dans un arrêt du 26 mars 1891 relatif à un legs universel que la demoiselle Goguillot avait fait au sieur Ferdinand Barraud à charge de fonder un hôpital dans la commune de Flangebouche (1).

---

(1) Besançon, 26 mars 1891. — La Cour, — Attendu que les divers actes de dernière volonté de la demoiselle Goguillot ne contenant à la charge du légataire aucune obligation de faire, mais seulement une obligation de donner, il en résulte que les pauvres de Flangebouche sont des légataires particuliers, fondés à demander la délivrance, et non les bénéficiaires d'une charge dont ils seraient en droit de réclamer l'exécution ; qu'il ne ressort pas, en effet, de ces actes l'obligation par le légataire universel de faire ou construire, avec les deniers de la succession, l'hôpital qui est l'objet des libéralités de la demoiselle Goguillot et d'assurer son fonctionnement, tout en restant propriétaire des fonds ; que le testament lui impose seulement l'obligation de délivrer aux pauvres de Flangebouche ou, en employant les termes mêmes du testament de 1877, d' « affecter » des immeubles déterminés, dont un château, à la fondation d'un hôpital qui, lorsqu'il aura acquis la capacité civile, deviendra propriétaire des immeubles que le légataire universel aura été contraint de lui abandonner ; qu'on est en présence d'une libéralité directe faite aux pauvres et par conséquent d'un legs ; — Attendu que la mission de surveillance de l'hôpital, confiée au légataire universel par le codicille authentique du 14 août 1881, n'est pas davantage une charge corrélative à la libéralité ; que c'est un mandat accessoire donné à Ferdinand Barraud et qui ne se rattache qu'indirectement à la disposition principale ;

Attendu que les divers testaments ou codicilles de la demoiselle Goguillot ont attaché au legs fait aux pauvres de Flangebouche diverses conditions qui sont d'une exécution impossible ou illicite ; — qu'ainsi elle a frappé certaines parties des immeubles légués d'inaliénabilité perpétuelle (testament du 26 juillet 1877), elle a entendu que l'hôpital serait desservi par les sœurs franciscaines de Calais et qu'il serait administré par son légataire universel, en dehors de toute

74. La Cour de cassation n'a pas tardé à renoncer au système que nous venons de développer et à admettre qu'une fondation perpétuelle peut être valablement faite, sous forme de simple charge d'hérédité, à la condition que l'héritier

---

immixtion de l'autorité publique (codicille du 11 septembre 1881); — Or il est certain : que la condition d'inaliénabilité est nulle comme contraire à la libre circulation des biens; que les sœurs franciscaines désignées par le testament refusent de faire le service de l'hôpital; que d'autre part la défense faite à l'autorité publique de s'immiscer dans l'administration des biens légués aux pauvres est contraire à la loi; — Mais que la conséquence de l'impossibilité d'exécution de ces conditions n'est pas, ainsi que le prétend le légataire universel, la nullité de la disposition essentielle, à savoir : la fondation de l'hôpital; — qu'il faudrait, pour que l'inexécution des conditions entraînât cette caducité, soit que ces conditions formassent avec la disposition principale un tout indivisible, soit que la certitude s'imposât que l'exécution de ces conditions a été déterminante de la volonté de la testatrice et impulsive de sa libéralité; qu'on ne peut arriver à un pareil résultat; que, d'une part, les conditions forment si peu avec la disposition principale un tout indivisible, que rien ne se conçoit plus facilement que le fonctionnement de l'hôpital, abstraction faite de leur exécution; que d'autre part, et spécialement en ce qui concerne la clause relative aux sœurs de Calais et la direction religieuse de la maison, on ne peut affirmer que les conditions aient été déterminantes, à ce point que la demoiselle Goguillot lui aurait sacrifié la fondation qu'elle déclare « avoir été le vœu le plus cher de toute sa vie » ; qu'on le peut d'autant moins admettre qu'on manque d'éléments certains à cet égard et qu'on serait obligé, pour arriver à l'anéantissement d'une disposition intéressant à un haut degré les indigents, de recourir à des inductions hasardées; que c'est un principe en droit que les testateurs sont présumés n'avoir pas voulu subordonner l'existence de leurs libéralités à l'exécution des conditions ultérieurement reconnues impossibles ou contraires aux lois; — Mais, qu'en fait, on doit d'autant plus reculer devant de semblables conséquences, que la testatrice, dans les trois actes de dernière volonté qui s'échelonnent entre le 26 juillet 1877 et le 11 septembre 1881, n'a écrit nulle part qu'elle entendait expressément qu'à défaut d'exécution des conditions qu'elle imposait le legs serait caduc et la fondation non avenue; que, cependant, la rédaction de ces actes est le plus souvent longue, compliquée, minutieuse, chargée de détails de toute sorte, et qu'on ne conçoit pas, si sa volonté de supprimer l'hôpital en cas d'inexécution était aussi absolue, qu'elle n'ait pas manifesté nettement, à cet égard, ses intentions, alors que toutes ses pensées, dans les derniers temps de sa vie, convergeaient vers cette fondation; — Attendu que, sans doute, la testatrice était animée d'une ardente piété; qu'elle voulait certainement que sa fondation revêtit un caractère religieux et fût desservie par des sœurs d'un ordre déterminé; qu'il est désirable évidemment que ces conditions soient respectées; — Mais qu'on doit craindre, en l'absence d'un texte suffisamment précis, de dépasser ses intentions en affirmant qu'elle subordonnait à certaines modalités de fonctionnement la création de cet asile destiné dans sa pensée, non seulement à secourir les malheureux, mais encore à perpétuer dans

chargé de la réalisation des intentions du testateur ait reçu de celui-ci l'ordre de faire le nécessaire pour que l'établissement à créer soit reconnu comme établissement d'utilité publique; si cette reconnaissance ne doit pas être demandée par l'héri-

---

son pays, par un édifice qui devait porter son nom, le souvenir de sa famille et le sien (testament de 1877); que les considérations qui l'ont déterminée sont donc complexes, multiples, et qu'on ne peut affirmer, en l'absence d'indication précise de la testatrice, quelle est celle qui, plutôt qu'une autre, aurait été impulsive et déterminante; que d'ailleurs, dès que les sœurs franciscaines de Calais refusent de faire le service de l'hôpital, on ne peut, sans ajouter au testament, imposer au légataire d'autres obligations équivalentes ou similaires, à ce point de vue particulier des dispositions litigieuses; que la condition du service de l'hôpital par les sœurs franciscaines est donc impossible à réaliser, en raison de leur refus; qu'elle doit être purement et simplement réputée non écrite et considérée comme non déterminante de la condition principale qui subsiste; — Attendu qu'il en est de même en ce qui concerne la clause relative à l'interdiction faite à l'autorité publique de s'immiscer dans l'administration de l'hôpital, que dès que la demoiselle Goguillot gratifiait les pauvres de la commune sans détermination de personnes, elle appelait par cela même le maire de Flangebouche, qui est leur représentant légal, à venir demander la délivrance du legs qui lui était fait et à prendre les mesures nécessaires pour que la fondation fût exécutée; qu'il y a une contradiction évidente entre la disposition principale et la condition qui devrait disparaître pour cette seule raison, si même elle ne devait pas être réputée non écrite, comme contraire à la loi; — Mais que dans tous les cas, on ne saurait considérer cette condition inscrite tardivement par la demoiselle Goguillot dans ses actes de dernière volonté, où elle n'apparaît que dans le dernier codicille de 1881 comme impulsive de la libéralité faite en 1877, alors surtout qu'on sait que cette condition sera en partie exécutée, les règlements permettant à Ferdinand Barraud de prendre part aux travaux et aux délibérations de la commission administrative de l'hôpital à créer;

Par ces motifs; — Dit que la disposition contenue dans le testament du 26 juillet 1877 de la demoiselle Goguillot, affectant des propriétés de la commune de Flangebouche à la création d'un hôpital destiné à recevoir des orphelines pauvres, des vieillards sans ressources et des malades indigents, constitue un legs au profit des pauvres de Flangebouche; — Dit que Vivot, en sa qualité de maire en exercice de Flangebouche, représentant légal des pauvres, a qualité pour demander la délivrance dudit legs, à charge de se conformer aux dispositions de l'article 910 C. civ.; — Dit non écrites, conformément à l'article 900, les clauses des testaments et codicilles relatives à la desservance de l'hôpital par les sœurs franciscaines et à la non-ingérence de l'État, du canton ou de la commune dans l'administration de l'hôpital; — Dit que ces clauses n'ont pas été déterminantes de la libéralité faite par la demoiselle Goguillot qui devra recevoir son exécution; — Prononce, en conséquence, au profit de Vivot ès qualités et sous la réserve toutefois qu'il devra préalablement obtenir les autorisations administratives nécessaires, la délivrance du legs qui lui est fait par le testament.

tier, la disposition testamentaire qui institue une fondation est nulle.

Ce système a été consacré par un arrêt de la chambre des requêtes du 7 novembre 1859 relatif à l'espèce suivante.

La dame Delivet, décédée le 31 mars 1854, avait fait un estament par lequel elle instituait la demoiselle Jeanne sa légataire universelle, à charge de fonder dans la commune de Ducey un établissement scolaire et charitable et de le faire reconnaître comme établissement d'utilité publique.

La commune et le bureau de bienfaisance de Ducey alléguèrent qu'en disposant de ses biens en faveur d'un établissement scolaire et charitable qui n'existait pas encore la dame Delivet avait voulu leur faire un legs et ils actionnèrent la demoiselle Jeanne en justice pour obtenir la délivrance de cette prétendue libéralité.

Par jugement du 22 août 1857 le tribunal civil d'Avranches fit droit à cette demande, mais son jugement fut infirmé par un arrêt de la cour d'appel de Caen du 22 juin 1858.

Dans le dispositif de cet arrêt la cour « déclare que la dame Delivet n'a fait aucun legs à la commune et au bureau de bienfaisance de Ducey et que le legs doit vertir exclusivement au profit de l'établissement spécial qui doit être fondé avec l'autorisation du gouvernement sous le nom des Saints-Pères ; — en conséquence, déclare le maire et les membres du bureau de bienfaisance non recevables dans leur action : — donne acte à la demoiselle Jeanne de ce qu'elle entend se pourvoir devant l'empereur pour faire décider que l'établisement des Saints-Pères, tel qu'il a été conçu par la dame Delivet, doit être autorisé; — réserve les parties à faire stauer, s'il y a lieu, par qui de droit, sur les autres questions du procès, après le résultat des démarches qui seront faites tant par la demoiselle Jeanne que par le maire et le bureau de bienfaisance, si ceux-ci le jugent convenable, pour obtenir cette autorisation. »

Un pourvoi ayant été formé contre cette décision, la Cour de cassation l'a rejeté par un arrêt du 7 novembre 1859, dans les motifs duquel on lit notamment « que de la combinaison des différentes clauses du testament la cour de Caen a tiré cette conséquence que la testatrice n'avait fait aucun legs en faveur de la commune ou de ses pauvres, que son intention avait été de fonder, sous le nom des Saints-Pères, un établissement de charité devant avoir une existence spéciale et indépendante, et qu'elle avait manifesté la volonté que la commune et le bureau de bienfaisance resteraient étrangers à l'établissement qu'elle voulait créer ; — que cette interprétation est juste et souveraine ; qu'ainsi c'est à bon droit que l'arrêt attaqué a décidé que la fondation dont il s'agit était une *charge du legs universel* fait à la demoiselle Jeanne et que le maire et le bureau de bienfaisance manquaient de la qualité nécessaire pour demander l'exécution du testament » (1).

La jurisprudence inaugurée par l'arrêt du 7 novembre 1859 a été confirmée par un autre arrêt de la chambre des requêtes du 8 avril 1874 relatif à un legs universel fait à la charge d'achever la fondation, à Anduze, d'un établissement dit Asile de Bon-Secours et d'obtenir la reconnaissance de l'asile comme établissement d'utilité publique.

L'arrêt du 8 avril 1874 rendu sur un pourvoi formé contre une décison de la cour d'appel d'Aix du 13 mars 1873 porte « que des termes des testament et codicille sus-énoncés (testament du 6 août 1864 et codicille du 14 juillet 1866) et des faits

---

(1) Cass. Req., 7 novembre 1859. — La Cour, — Sur le moyen unique tiré de la violation des articles 900, 910, 937, 1011 C. Nap. et de l'article 3 de l'ordonnance royale du 2 avril 1817 ; — Attendu que le maire et les membres du bureau de bienfaisance de la commune de Ducey demandaient la délivrance du legs fait par la veuve Delivet en vue de l'établissement de salles d'asile pour les enfants pauvres et les malades de Ducey ; — Attendu que la question principale et dominante était de savoir si le testament de la veuve Delivet contenait un legs fait directement, soit à la commune, soit au bureau de bienfaisance en faveur des pauvres et s'ils avaient qualité pour en demander la délivrance ; — Attendu que, de la combinaison des différentes clauses du testament, la cour de Caen a tiré cette conséquence que la testatrice n'avait fait aucun legs en faveur de la commune ou de ses pauvres, que son intention avait été de fonder, sous le nom des Saints-Pères, un établissement de charité devant avoir une existence spéciale et indépendante, et qu'elle avait manifesté la volonté que la commune et le bureau de bienfaisance resteraient étrangers à l'établissement qu'elle voulait créer ; — Attendu que cette interprétation est juste et exacte et d'ailleurs souveraine ; qu'ainsi c'est à bon droit que l'arrêt attaqué (Caen, 22 juin 1858) a décidé que la fondation dont il s'agit était une charge du legs universel fait à la demoiselle Jeanne et que le maire et le bureau de bienfaisance manquaient de la qualité nécessaire pour demander l'exécution du testament ; — Rejette (M. Pécourt, rapporteur).

souverainement appréciés par les juges du fond il résulte que les libéralités faites en vue de la fondation et au profit de l'établissement de Bon-Secours étaient, en réalité, au cas arrivé du décès du testateur avant l'entier accomplissement de son œuvre, une charge imposée par lui à son légataire universel; qu'en droit, si un établissement de bienfaisance non encore autorisé au moment du décès du testateur n'a pas la capacité légale pour recueillir un legs fait à son profit, aucune loi ne s'oppose à ce qu'un légataire universel ayant capacité soit chargé par le testateur de la fondation d'un tel établissement commencé par le testateur lui-même, de son vivant, et d'en poursuivre la reconnaissance légale, et que cette reconnaissance obtenue, l'établissement dûment autorisé a droit et qualité pour réclamer le bénéfice de la disposition testamentaire, laquelle n'est qu'une *charge de l'institution* faite au profit d'un autre gratifié » (1).

De la combinaison des arrêts des 7 novembre 1859 et 8 avril 1874 il résulte :

1° Qu'une fondation perpétuelle peut être valablement instituée par voie de charge d'hérédité, du moment que l'existence de cette fondation est subordonnée par le testateur à la reconnaissance légale de l'établissement à créer;

2° Que, dès que l'établissement dont le testateur a prescrit la fondation par voie de charge d'hérédité a été reconnu, sui-

---

(1) Cass. req. 8 avril 1874. — La Cour, — Sur le premier moyen de cassation...; — Sur le deuxième moyen de cassation tiré de la violation des articles 906 et 910 du Code civil; — Attendu que par son testament du 6 août 1864 le testateur exprimait sa volonté de fonder lui-même, de son vivant, à Andnze, son pays natal, l'établissement dit asile de Bon-Secours, en y consacrant la plus grande partie de sa fortune et, pour le cas où il mourrait avant d'avoir accompli son œuvre, chargeait son légataire universel d'en continuer et achever l'exécution et d'introduire, poursuivre ou renouveler la demande en reconnaissance de l'asile comme établissement d'utilité publique; qu'il résulte des termes d'un codicille ajouté par le testateur à la date du 14 juillet 1866 qu'à cette époque l'établissement était en voie de construction; qu'enfin le testateur étant décédé en 1868, le légateur universel, aujourd'hui demandeur en cassation, a, conformément à la volonté dudit testateur, achevé la fondation de l'asile dont l'existence légale a été reconnue par le décret de la délégation du Gouvernement de la Défense nationale en date du 19 décembre 1870, autorisant en même temps ledit asile à accepter la libéralité dont il s'agit dans la cause; — Attendu que, des termes des

vant les conditions et dans les formes légales, il a droit et qualité pour réclamer l'exécution des volontés du *de cujus*.

En somme, si l'on veut caractériser ce système, l'on peut dire qu'il a consacré la liberté des fondations privées, tout en la mitigeant par la nécessité d'une reconnaissance légale.

75. Un troisième système se trouve formulé dans deux arrêts de la Cour de cassation des 5 juillet 1886 et 6 novembre 1888 relatifs à un legs universel fait par la demoiselle Baron au profit du sieur Armand de Biencourt et à charge d'établir, à perpétuité, dans la commune d'Azay-le-Rideau une école de garçons.

Par testament olographe du 1er août 1882, la demoiselle Baron avait exprimé ses dernières volontés dans les termes suivants : « Au nom du Père, du Fils et du Saint-Esprit, — Ceci est mon testament entièrement écrit de ma main et que je veux être ponctuellement et fidèlement exécuté après ma mort : — Je donne et lègue tous mes biens meubles et immeubles et généralement tout ce que je posséderai à ma mort à M. le comte Armand de Biencourt, aux conditions suivantes : — 1° Tous mes biens susmentionnés seront employés à l'établissement à perpétuité à Azay-le-Rideau d'une école libre de garçons dirigée par un instituteur chrétien, catholique, congréganiste ou laïque, au choix du légataire ; — 2° En aucun cas, sous aucun prétexte et dans aucun

---

testament et codicille sus-énoncés et des faits souverainement appréciés par les juges du fond, il résulte que les libéralités faites en vue de la fondation et au profit de l'asile de Bon-Secours étaient, en réalité, au cas arrivé du décès du testateur avant l'entier accomplissement de son œuvre, une charge imposée par lui à son légataire universel; —Attendu, en droit, que si un établissement de bienfaisance, non encore autorisé au moment du décès du testateur, n'a pas la capacité légale pour recueillir un legs fait à son profit, aucune loi ne s'oppose à ce qu'un légataire universel ayant capacité soit chargé par le testateur de continuer et achever la fondation d'un tel établissement commencé par le testateur lui-même, de son vivant, et d'en poursuivre la reconnaissance légale et que cette reconnaissance obtenue, l'établissement dûment autorisé a droit et qualité pour réclamer le bénéfice de la disposition testamentaire, laquelle n'est qu'une charge de l'institution faite au profit d'un autre gratifié;

Sur le troisième moyen de cassation... ; — Sur le quatrième moyen de cassation...; — Par ces motifs, rejette (M. Sallé, rapporteur).

temps on ne pourra changer l'affectation de mes biens ci-dessus désignés; — 3° Le légataire aura soin de prendre toutes dispositions nécessaires pour assurer après sa mort la continuité de son œuvre ; — 4° Il va sans dire que tous les frais de succession seront prélevés sur mes biens, de manière à laisser mon légataire complètement indemne ; — 5° Si, à l'ouverture de ma succession, ma fortune une fois réalisée n'était pas suffisante pour fonder l'école susdite, les fonds seront capitalisés jusqu'à l'obtention de la somme voulue ; — 6° De même, si en raison des temps et des circonstances, cette *fondation* était rendue impossible à l'époque de mon décès ou plus tard, les revenus de mes biens seront employés en œuvres pies, au choix de mon légataire, jusqu'à ce que des temps et des circonstances meilleures permettent d'accomplir ma volonté. — Fait à Azay-le-Rideau, le 1er août 1882. — *Signé* : ÉLÉONORE BARON. »

La demoiselle Baron est décédée le 27 mars 1883 et sur la demande des héritiers légitimes de ladite demoiselle le legs universel fait en faveur du sieur de Biencourt a été déclaré nul par jugement du tribunal civil de Chinon du 29 janvier 1884.

Le sieur de Biencourt ayant interjeté appel de cette décision, la cour d'appel d'Orléans l'a confirmée par un arrêt du 8 janvier 1885, qui s'appuie principalement sur ce que, l'émolument de la disposition faite au profit de l'appelant étant entièrement absorbé par la fondation d'une école de garçons, ledit appelant ne pouvait être considéré comme investi, en réalité, de la qualité de légataire universel, alors d'ailleurs qu'il n'était tenu d'aucune des dettes de la succession.

Mais sur pourvoi la Cour de cassation a, par arrêt du 5 juillet 1886, rendu au rapport de M. Monod (1), cassé la dé-

(1) Cass. civ. 5 juillet 1886. — La Cour, — Sur le moyen unique : — Vu l'article 1003 du Code civil ; — Attendu que par son testament olographe en date du 1er août 1882, la demoiselle Baron a légué tous ses biens meubles et immeubles et généralement tout ce qu'elle possédait à sa mort, au sieur Armand de Biencourt ; — Attendu qu'il ressort manifestement de cette disposition, vocation au profit de de Biencour à l'universalité des biens composant la succession de la testatrice; qu'il importe peu dès lors que l'exécution des charges qui ont été imposées

cision de la cour d'appel d'Orléans qui, suivant elle, avait méconnu la portée juridique des clauses du testament de la demoiselle Baron. L'arrêt du 5 juillet 1886, après avoir rappelé les termes dans lesquels la demoiselle Baron a légué tous ses biens au sieur de Biencourt porte « qu'il ressort manifestement de cette disposition vocation au profit de de Biencourt à l'universalité des biens composant la succession de la testatrice ; qu'il importe peu dès lors que l'exécution des charges qui ont été imposées audit de Biencourt et l'accomplissement du mandat qu'il a par là même à remplir doive absorber en totalité l'émolument de la disposition faite à son profit ; qu'il n'en reste pas moins le continuateur juridique de la personne de la testatrice en sa qualité de légataire universel de cette dernière; — que, si le testament porte que tous les frais de la succession doivent être prélevés sur les biens de la demoiselle Baron, il ne suit pas de là que le légataire universel ne soit pas tenu des dettes ».

L'affaire a été renvoyée devant la cour d'appel d'Angers qui, à l'exemple de la Cour de cassation, a jugé, par arrêt du 22 juin 1887, que le legs universel fait au profit du sieur de Biencourt était valable (1).

---

audit de Biencourt et l'accomplissement du mandat qu'il a par là même à remplir doive absorber en totalité l'émolument de la disposition faite à son profit ; qu'il n'en reste pas moins le continuateur juridique de la personne de la testatrice, en sa qualité de légataire universel de cette dernière ; — Attendu que si le testament porte que tous les frais de la succession doivent être prélevés sur les biens de la succession de la demoiselle Baron, il ne suit pas de là que le légataire universel ne soit pas tenu des dettes ; — Attendu cependant que l'arrêt attaqué (Orléans, 8 janvier 1885), décide que de Biencourt n'était pas, en réalité, investi de la qualité de légataire universel, parce que, de la juste et saine application des termes mêmes du testament, il résulterait qu'aucune portion des biens composant la succession, n'est susceptible de se réunir légitimement aux biens de l'institué, qui ne serait pas tenu des dettes; qu'en statuant ainsi, l'arrêt attaqué a méconnu la portée juridique des clauses du testament de la demoiselle Baron et violé l'article susvisé : — Par ces motifs, casse, etc. (M. Monod, rapporteur).

(1) Angers, 22 juin 1887. — La Cour, — Attendu que par son testament olographe du 1er août 1882, déposé aux rangs des minutes de Me Bérot, notaire à Azay-le-Rideau, suivant acte du 23 mars 1883, enregistré, la demoiselle Baron a légué tous ses biens meubles et immeubles et généralement tout ce qu'elle devait posséder à son décès, au comte Armand de Biencourt, aux conditions suivantes, ci-après littéralement

Les héritiers légitimes de la demoiselle Baron se sont pourvus en cassation contre cet arrêt en faisant valoir que, quand bien même le défaut d'émolument ne s'opposerait pas à la validité du legs universel adressé au sieur de Biencourt, ce legs

---

reproduites dudit testament... (V. plus haut le texte du testament); — Attendu que c'est à tort que le tribunal de première instance de Chinon a déclaré nul ce testament et a considéré de Biencourt comme un fidéicommissaire ou une personne interposée, chargée d'assurer la *transmission des biens* à des tiers, au profit desquels ce testament serait véritablement fait, et cela aux motifs que ledit testament refuserait à de Biencourt la libre disposition des biens légués et que la demoiselle Baron n'aurait entendu le gratifier d'aucune partie de son hérédité; que celle-ci ne pourrait, à aucun moment et dans aucune circonstance, tomber dans son patrimoine, et que le véritable légataire universel étant inconnu il serait impossible aux héritiers du sang de vérifier s'il est capable de recevoir; qu'il est de principe qu'une disposition faite à une personne incertaine et laissée à la volonté d'un tiers est nulle et ne peut avoir aucun effet; — Attendu que la demoiselle Baron a donné et légué à de Biencourt tous les biens qu'elle laisserait à sa mort et qu'aux termes de l'article 1003 du Code civil le legs universel est la disposition testamentaire par laquelle le testateur donne à une ou plusieurs personnes l'universalité des biens qu'il laissera à son décès; — Attendu que pour la validité d'un legs universel il n'est pas nécessaire que le légataire institué ait la libre disposition des biens légués, ni qu'il doive personnellement tirer profit d'une partie quelconque de ces biens, qu'il suffit que l'institution contienne vocation même éventuelle du légataire à l'universalité des biens composant la succession, l'exécution des charges et conditions dût-elle absorber la totalité de l'hérédité; qu'il n'en est pas moins le continuateur juridique de la personne du défunt; — Attendu que dans la cause, malgré les conditions apposées à son legs, c'est de Biencourt qui est appelé à recueillir l'hérédité de la demoiselle Baron; c'est lui qui est investi de la propriété de tous les biens qui composent cette hérédité; qui a le droit d'en réaliser la valeur et qui est le continuateur juridique de la personne de la testatrice, ayant seul titre et qualité pour exercer les actions dépendant de sa succession; que c'est lui, enfin, qui est tenu des dettes, s'il y en a, le testament ne l'en exonérant pas et ne le rendant indemne que des frais de succession; — Attendu qu'il n'est donc pas exact de soutenir que l'hérédité de la demoiselle Baron n'est pas entrée dans le patrimoine de Biencourt, que ce qui n'y peut entrer (sauf le cas où les conditions viendraient à être réputées non écrites), c'est seulement l'avantage devant résulter pour les jeunes garçons d'Azay-le-Rideau de l'emploi prescrit de la valeur des biens de cette hérédité; — Attendu qu'un testament peut subordonner l'institution universelle par lui faite à telles conditions qui lui conviennent; que si ces conditions sont, soit impossibles, soit contraires aux lois ou aux mœurs, elles sont réputées non écrites, mais que la validité du legs universel n'en est point atteinte; — Attendu que la demoiselle Baron a donc pu valablement imposer à son légataire universel les conditions exprimées dans son testament, ces conditions étant licites et leur exécution n'étant nulle-

devrait être déclaré nul parce qu'il était fait sous le nom d'une personne interposée à un établissement incapable, l'école à fonder.

Mais leur pourvoi a été rejeté par un arrêt de la chambre

---

ment impossible ; — Attendu que, pour qu'il y ait fidéicommis ou interposition de personne, il faut que l'on trouve à côté du légataire apparent, un légataire occulte et l'obligation pour le légataire apparent de conserver et de rendre les biens à celui qui doit les recueillir réellement ; — Attendu que, dans l'espèce, il ne résulte pas du testament de la demoiselle Baron (et qu'en dehors de ce testament il n'est pas fait la preuve) qu'un autre que de Biencourt doive, comme légataire occulte, recueillir et recevoir de lui les biens de ladite demoiselle, ni que de Biencourt doive conserver ces biens pour les rendre à une autre personne ; — Attendu qu'on ne peut trouver cette autre personne ni dans les jeunes garçons d'Azay-le-Rideau qui ne devront profiter que de la fondation de l'école, ni dans l'école à fonder, ni dans l'instituteur qui devra la diriger, et qu'on ne saurait se prévaloir de ce que cette école serait encore incertaine ou inexistante, ou que l'instituteur serait encore inconnu, puisque ni l'école, ni l'instituteur ne sont appelés à recueillir l'hérédité de la demoiselle Baron, et que la valeur des biens à provenir de cette hérédité doit seulement être employée à fonder l'école et à salarier l'instituteur ; — Qu'en ce qui concerne le cas éventuel où les « revenus » devraient être employés en œuvres pies, la testatrice avait incontestablement le droit de s'en rapporter, quant à ce, au choix de son légataire, puisqu'elle eût même pu ne prescrire à de Biencourt aucun emploi des revenus des biens légués ; — Attendu que le véritable légataire universel de la demoiselle Baron n'est donc autre que de Biencourt et qu'il est capable de recevoir ; — Attendu, dès lors, que l'obligation par de Biencourt de conserver et de rendre les biens de la demoiselle Baron fait également défaut dans la cause ; — Attendu que la charge de consacrer la fortune « une fois réalisée » de ladite demoiselle, à la fondation d'une école ou, le cas échéant, les revenus de cette fortune à des œuvres pies ne peut être considérée comme une obligation de conserver et de rendre les biens constituant ladite fortune au moment de l'ouverture de la succession ; que cette charge est au contraire exclusive de l'obligation de conserver et de rendre lesdits biens ; — Attendu qu'on ne saurait, d'autre part, confondre le légataire, celui qui est appelé à recueillir le legs (ne dût-il pas en profiter personnellement), avec le bénéficiaire de la charge ou de la condition imposée au legs ; — Attendu que, dans l'espèce, la personne appelée à recueillir le legs est de Biencourt et que les bénéficiaires de la condition ou de la charge imposée au legs sont non pas l'école à fonder ou l'instituteur qui devra la diriger, mais les jeunes garçons d'Azay-le-Rideau qui fréquenteront ladite école ; — Attendu que la disposition relative à la fondation de ladite école et celle purement éventuelle des œuvres pies n'ont donc rien d'incertain et sont au contraire suffisamment déterminées dans leur objet et dans leur application ; qu'au surplus, elles ne constituent ni le legs universel ni de véritables libéralités, mais sont de véritables conditions du legs universel ou des charges de la succession ; — Attendu enfin que l'obligation imposée au légataire universel

des requêtes du 6 novembre 1888, rendu au rapport de M. Cotelle (1). Cet arrêt est très court et il résulte de ses énonciations que la cour d'Angers était souveraine pour déclarer, contrairement aux allégations des demandeurs en cassation, que dans les dispositions de dernière volonté de la demoiselle Baron relatives à la fondation d'une école de garçons il ne fallait point voir un legs fait à cette école par l'intermédiaire du sieur de Biencourt, en violation de l'article 911 du Code civil, mais une simple charge d'hérédité valablement imposée audit sieur qui était un légataire sérieux.

En définitive, si l'on rapproche les termes de l'arrêt de la

---

de prendre toutes les dispositions nécessaires pour assurer, après sa mort, la continuation de l'œuvre indiquée est, elle aussi, une disposition licite, puisqu'elle n'est que la conséquence du caractère de perpétuité que la testatrice a pu et a voulu imprimer à sa fondation; — Attendu que l'opposition faite par Considérant, les époux Bernard et les époux Clémenceau à la vente des biens de la succession de la demoiselle Baron a eu lieu sans droit; mais, attendu que de Biencourt ne justifie pas d'un préjudice assez sérieux pour motiver l'obtention par lui de dommages-intérêts;

Dit bien fondé l'appel émis par de Biencourt envers le jugement du tribunal civil de Chinon, du 29 janvier 1884; — Infirme en conséquence cette décision, et jugeant à nouveau, sauf du chef de la jonction des deux instances qui est maintenue, sans s'arrêter à la demande de dommages-intérêts dudit de Biencourt dont il est débouté, déclare Considérant, les époux Bernard et les mariés Clémenceau non recevables et en tous cas mal fondés dans leur demande en nullité du testament de la demoiselle Baron; — Déclare, au contraire, ce testament valable, pour être exécuté selon sa forme et teneur; — Dit nulle et de nul effet, l'opposition formée par les susnommés à la vente des biens dépendant de la succession de la demoiselle Baron; — Ordonne que dans les trois jours du présent arrêt, ils rapporteront mainlevée de cette opposition et qu'à défaut par eux de ce faire dans ce délai la présente décision tiendra lieu de ladite mainlevée; — Condamne Considérant, les époux Bernard et les époux Clémenceau en tous les dépens de première instance et d'appel tant devant la cour d'Orléans que devant la cour d'Angers.

(1) Cass. req. 6 novembre 1888. — La Cour, — Sur le moyen tiré de la violation de l'article 911 du Code civil; — Attendu que l'arrêt attaqué déclare que de Biencourt, institué légataire universel par la demoiselle Baron, a été considéré à tort par les premiers juges comme une personne interposée, à l'effet d'assurer la transmission des biens de la succession à des tiers; que c'est lui-même qui, saisi de la propriété desdits biens, sans avoir à les rendre à d'autres, est véritablement gratifié de l'hérédité; — Attendu que cette appréciation des intentions de la demoiselle Baron, déduite des termes de son testament et des circonstances de la cause, est souveraine et ne saurait violer aucune loi; — Rejette (M. Cotelle, rapporteur).

chambre des requêtes du 6 novembre 1888 de ceux de l'arrêt de la chambre civile du 5 juillet 1886, il se dégage de la combinaison de ces deux décisions une doctrine très nette que l'on peut résumer ainsi.

Il est permis à un testateur de faire une fondation perpétuelle par voie de simple charge d'hérédité et ce sans même qu'il ait besoin d'inviter son héritier à faire reconnaître l'établissement à fonder comme établissement d'utilité publique.

Un pareil système aboutit à la liberté absolue des fondations privées.

Ce n'est pas à dire toutefois qu'il ne puisse se concilier avec une certaine ingérence des autorités administratives dans l'exécution des volontés du testateur ; la Cour de cassation a admis que, dans certains cas, les bénéficiaires d'une charge perpétuelle peuvent intervenir par l'intermédiaire de personnes morales publiques pour contraindre le légataire universel auquel elle a été imposée à s'en acquitter.

Quand l'intervention de personnes morales publiques sera-t-elle permise ? Tout dépend de l'intention du *de cujus*.

S'il a entendu conférer à son légataire universel un simple mandat d'honneur, la Cour de cassation décide que les bénéficiaires de la charge perpétuelle n'ont aucune action pour obliger le légataire universel à se conformer au désir exprimé par le testateur ; c'est ce qui résulte des motifs d'un arrêt de la chambre des requêtes du 4 avril 1863 (1).

---

(1) Cass. req., 4 avril 1863. — La Cour, — Sur les deux branches du moyen de cassation : — Attendu que le pourvoi suppose que le testament du sieur Augustin Ichez, en date du 7 janvier 1858, a eu pour objet de transmettre la fortune du disposant à des personnes incertaines ou incapables et que l'interposition de légataires fictifs ou apparents n'avait été qu'un moyen d'affranchir les légataires véritables des conséquences de leur incapacité ou de la nécessité d'obtenir l'autorisation d'accepter, si l'incapacité n'était pas absolue ; — Attendu que l'arrêt attaqué (Toulouse, 16 janvier 1861) constate, au contraire, que l'intention du testateur a été d'instituer, non des légataires fictifs, par les mains desquels devrait passer l'hérédité, sans faire impression sur leur tête, mais des légataires sérieux qui, par l'effet de l'institution, étaient investis du droit de librement disposer du patrimoine du défunt ; — Attendu que vainement on objecte que la recommandation faite par le sieur Augustin Ichez à Gautran et à Rouanet, légataires institués, d'établir à Jaladieu une école dirigée par les frères et destinée à pro-

Mais il peut se faire que le testateur ait voulu grever le légataire universel d'une véritable *obligation de faire* et le rendre débiteur des individus appelés à profiter de la charge perpétuelle ; dans cette hypothèse, les dispositions par lesquelles le *de cujus* a fait une fondation ont un caractère mixte : elles constituent tout à la fois une simple charge d'hérédité, en ce sens que les bénéficiaires de la fondation ne peuvent contraindre le légataire universel *à donner*, et un legs en ce sens qu'ils sont recevables à réclamer du légataire universel l'exécution d'une obligation de *faire*. S'ils sont représentés par une personne morale publique, celle-ci ne saurait demander qu'on lui délivre les biens et valeurs affectés au service de la fondation, mais elle a le droit d'exiger du légataire universel qu'il assure la création et le fonctionnement de l'établissement spécifié dans les dispositions testamentaires et, s'il s'y refuse, elle peut obtenir des dommages-intérêts.

Telle est la solution que la Cour de cassation a adoptée en rejetant, par arrêt du 5 janvier 1887 (1), le pourvoi dirigé

---

curer aux enfants de cette commune le bienfait d'une éducation morale et religieuse constitue un fidéicommis en faveur des frères ou de la commune de Jaladieu ; — Attendu, en effet, que l'arrêt déclare que la recommandation du testateur n'imposait à ses deux légataires qu'un mandat de confiance et d'honneur de fonder une école à Jaladieu, mais qu'il n'en résultait, soit pour les frères qui devaient la diriger moyennant salaire, soit pour la commune, aucun droit ni aucune action pour contraindre Gautran et Rouanet à se conformer au désir exprimé par le testateur ; — Attendu que la commune de Jaladieu et les frères des Ecoles chrétiennes n'ayant à recevoir aucune part du patrimoine du sieur Ichez, lequel devait être recueilli en entier par les défendeurs éventuels, il en résulte manifestement que les dispositions de lois relatives aux libéralités faites par personnes interposées au profit d'incapables ou à la nécessité d'obtenir l'autorisation du gouvernement, lorsque l'incapacité n'est pas absolue, ne peuvent recevoir aucune application dans la cause ; — Rejette (M. Calmetes, rapporteur).

(1) Cass. civ. 5 janvier 1887. — La Cour ; — Sur le premier moyen du pourvoi... ;

Sur le moyen additionnel : — Attendu que le maire d'Anneville, d'ailleurs régulièrement autorisé à plaider, avait qualité pour introduire une action tendant à la consécration et à la conservation des droits des pauvres de sa commune, même avant d'avoir obtenu l'autorisation d'accepter le legs dont il poursuivait judiciairement la reconnaissance, l'effet de cette reconnaissance restant toujours subordonné à l'autorisation qui serait ultérieurement obtenue, et l'arrêt ayant d'ailleurs sursis

contre une décision de la cour d'appel de Rouen du 24 mars 1884, relative aux dispositions de dernière volonté par lesquelles le sieur Jean Darcel avait prescrit à ses héritiers la fondation d'un hospice dans la commune d'Anneville.

La cour de Rouen a reconnu que, si les pauvres de la commune d'Anneville n'avaient pas droit à la délivrance des biens destinés à la construction et à l'entretien de l'hospice, ils pouvaient, du moins, contraindre les héritiers du sieur Jean Darcel à maintenir l'hospice par eux créé ; elle déclare, par adoption des motifs des premiers juges, que telles sont les conséquences légales de la charge imposée aux héritiers du sieur Darcel parce « qu'il ne s'agit pas ici d'une simple obligation morale imposée à ses légataires, mais d'une obligation de faire qui trouverait au besoin sa sanction dans les articles 1142 et 1144 du Code civil ; — qu'il est impossible de méconnaître que Jean Darcel a voulu gratifier à toujours les malheureux de la commune d'Anneville ».

à toute mesure d'exécution ; — Attendu que par suite, en statuant sur l'action ainsi introduite, l'arrêt attaqué (Rouen, 24 mars 1884) n'a violé aucune loi ;

Sur le deuxième moyen : — Attendu qu'il était nécessaire de dégager de l'ensemble des dispositions contenues dans le codicille de Jean Darcel ses véritables intentions relativement à l'établissement qu'il fondait au profit des pauvres de la commune d'Anneville ; — Que l'interprétation de ces dispositions rentrait dans les pouvoirs souverains des juges du fond ;

Sur le troisième moyen : — Attendu que la propriété des bâtiments dans lesquels était établi l'hospice fondé par Jean Darcel, du mobilier de cet hospice et de la rente de 3,000 francs destinée à l'entretien des vieillards, n'a été léguée à l'aîné des enfants d'Alphonse Darcel, qu'autant qu'Alphonse Darcel lui-même serait mort avant le testateur; — qu'une pareille disposition ne saurait constituer une substitution prohibée; qu'on ne saurait davantage voir les caractères d'une substitution de cette nature dans la disposition faite au profit des pauvres de la commune d'Anneville, ceux-ci n'étant bénéficiaires que de la charge imposée à Alphonse Darcel et à ses héritiers, ce qui ne constitue point l'obligation de conserver et de rendre; — Attendu, en ce qui touche la prétendue inaliénabité dont serait frappé l'immeuble dans lequel l'hospice des vieillards a été établi que, d'après une interprétation qui rentrait dans les pouvoirs des juges du fond, la charge imposée aux héritiers de Jean Darcel constituait simplement une obligation de faire qui se trouvait accomplie dès lors que les prescriptions accomplies dans le testament recevaient leur exécution dans un immeuble de même nature que celui désigné par le testateur ; — Que, dans ces conditions, ce dernier immeuble n'est pas frappé d'inaliénabilité ; — Par ces motifs, rejette. (M. Crépon, rapporteur.)

Dans les motifs qui lui sont propres la cour d'appel insiste sur ce que la créance dont les pauvres d'Anneville sont titulaires constitue pour eux un véritable legs, dont leur représentant légal peut exiger l'exécution, sauf à obtenir du gouvernement l'autorisation nécessaire pour se prévaloir dudit legs. Elle attribue donc aux dispositions du testament du sieur Darcel relatives à la fondation d'un hospice le double caractère d'une charge d'hérédité et d'un legs.

Ce double caractère n'est pas moins nettement mis en évidence par l'arrêt du 5 janvier 1887, aux termes duquel la Cour de cassation a rejeté le pourvoi formé contre l'arrêt de la cour de Rouen. L'arrêt du 5 janvier 1887 décide que les juges du fond étaient souverains pour dire que le sieur Jean Darcel, en ordonnant la fondation d'un établissement charitable, avait fait un legs au profit des pauvres et, d'autre part, il déclare que la propriété des biens affectés à la fondation appartient aux héritiers du sieur Jean Darcel, à l'exclusion des pauvres de la commune qui ne sont que les bénéficiaires *de la charge* imposée auxdits héritiers.

Il résulte donc de cet arrêt que, si un testateur qui veut faire une fondation a le droit de procéder par voie de simple charge d'hérédité et de n'attribuer à l'établissement à fonder ou aux bénéficiaires de la fondation aucune vocation aux biens composant sa succession, les mandataires officiels des pauvres ou de toute autre personne morale publique intéressée à la fondation peuvent, en même temps, être armés par le *de cujus* d'un certain droit de coercition vis-à-vis des héritiers chargés de l'acquittement de la charge d'hérédité.

Au surplus, cette immixtion de personnes morales publiques dans l'accomplissement de charges perpétuelles imposées à des héritiers, si limitée soit-elle, n'est permise que si elle est manifestement conforme à la volonté des testateurs ; d'autre part, il reste entendu que si ceux-ci ont voulu la proscrire, les charges dont les héritiers sont grevés n'en sont pas moins valables.

Telle est la doctrine qui découle de la dernière jurisprudence de la Cour de cassation et que la Cour de Paris s'est récemment appropriée par un arrêt du 17 juin 1892, concernant un legs universel fait par la dame Riquement aux demoi selles Mocquot, à charge de fonder un asile de vieillards à Saint-Florentin (1).

76. Des trois systèmes qu'a successivement admis la Cour de cassation quel est celui auquel il convient de donner la préférence ?

Nous résoudrons cette question en procédant par voie d'élimination, et d'abord nous écarterons le dernier système appliqué par la Cour de cassation ; ce système trouve son expression la plus nette dans les arrêts des 5 juillet 1886 et 6 novembre 1888 qui, à l'occasion du legs universel fait par la demoiselle Baron au sieur de Biencourt à charge d'établir une école, ont proclamé la liberté absolue des fondations privées.

Les arrêts des 5 juillet 1886 et 6 novembre 1888 contiennent une double affirmation. La Cour de cassation a tout à la fois

(1) Paris, 17 juin 1892. — La Cour ; — Considérant que la veuve Riquement a, par son testament en date du 8 février 1872, institué comme légataires universelles conjointement ses deux cousines, les demoiselles Mocquot, dont une seule est aujourd'hui survivante ; que ce testament est complété par divers codicilles en date des 12 février et 10 mars 1882, 15 février 1884 et 15 mars 1888, ayant pour objet principal la fondation d'un asile de vieillards à Saint-Florentin, par les soins des légataires universelles, assistées de Beau, notaire de la *de cujus* ; — Considérant que le maire de Saint-Florentin, agissant comme représentant légal des pauvres *dûment autorisé* à accepter le legs de la veuve Riquement, a assigné la demoiselle Mocquot en délivrance dudit legs ; que le litige pendant entre les parties porte sur la question de savoir si la fondation de l'asile Saint-Charles visé par la testatrice constitue, dans les termes du testament et dans l'intention de la testatrice, un legs au profit des vieillards pauvres de Saint-Florentin ou une simple charge du legs universel dont la demoiselle Mocquot est bénéficiaire, ne laissant, par suite, à l'autorité municipale aucun droit d'intervention, soit pour la construction, soit postérieurement pour l'administration de l'asile ; — Considérant qu'il y a lieu de remarquer, tout d'abord, que loin d'employer comme dans les autres disposition de son testament et de ses codicilles les mots impératifs « je donne et lègue » la veuve Riquement, après avoir déclaré qu'elle donnait et léguait à ses cousines Mocquot toute sa fortune à la charge de remplir les legs ci-dessous, ajoute : « Je laisse une somme de 300,000 francs pour la construction d'un asile de vieillards dans la maison que j'ai achetée au sieur Louis Moreau, à la condition que cet asile sera tenu par des religieuses » ; que, dans le codicille du 15 février 1884, relatif au capital d'une rente viagère de 10,000 francs à joindre après le décès du bénéficiaire aux 300,000 francs déjà attachés à l'asile, la veuve Riquement déclare expressément « qu'elle s'en rapporte à la loyauté de ses légataires universelles pour l'exécution de cette charge » ; que dans un autre codicille elle ajoute : « J'espère que mes cousines respecteront

déclaré que les legs universels grevés de fondations perpétuelles ne tombent pas sous l'application de l'article 911 du Code civil et qu'ils satisfont aux prescriptions de l'article 1003 du même code. De ces prémisses elle a conclu que de tels legs sont valables.

Cette conclusion, à notre avis, est fausse, parce que, si un legs universel fait à charge de fonder et d'entretenir un établissement à perpétuité n'est pas nul en vertu des articles 911 et 1003 du Code civil, il l'est par application de l'article 896 dudit Code qui interdit les substitutions.

Des fondations ne peuvent être valablement faites par voie de charge d'hérédité qu'autant qu'elles ne sont pas destinées à durer plus longtemps que le légataire universel auxquelles elles sont imposées ; du moment que le testateur a entendu leur conférer un caractère perpétuel, elles sont frappées de

---

mes dernières volontés et qu'elles tiendront à édifier de plus en plus l'œuvre et nommer des hommes capables de diriger les travaux, » et ailleurs : « Je compte sur Me Beau, notaire à Saint-Florentin, pour activer les constructions nécessaires pour l'installation prompte de l'asile Saint-Charles et ne rien négliger pour l'utilité de cette œuvre fondée pour la mémoire de la famille Riquement-Michelin, tenue par des religieuses » ; — Qu'il résulte de ces diverses dispositions que la veuve Riquement a entendu confier à ses légataires universelles une mission déterminée en créant une œuvre privée personnelle et de famille, placée exclusivement sous la direction des personnes choisies par elles, aussi bien pour la construction que pour l'administration ultérieure ; — Qu'en vain il est objecté qu'il s'agit d'une fondation de bienfaisance et que la disposition deviendrait caduque comme faite à des personnes incertaines si, pour être valable, elle ne devait être réputée faite aux vieillards pauvres de Saint-Florentin, représentés par le maire ; — Considérant que la testatrice dénomme la fondation tantôt « asile de vieillards » et tantôt « asile Saint-Charles », sans que le mot pauvres ait été jamais employé par elle ; qu'il n'est pas démontré qu'elle n'ait entendu faire profiter de sa libéralité que les personnes se trouvant dans un état d'indigence absolue, ni qu'elle ait voulu l'appliquer exclusivement aux vieillards de Saint-Florentin ; que la fondation, telle qu'elle a entendu la constituer, en dehors de toute intervention administrative, n'est ni interdite par la loi ni par sa nature contraire à l'ordre public ; qu'elle constitue non un legs particulier spécial, mais une charge du legs universel dont l'exécution est confiée à la loyauté des bénéficiaires de ce legs, assistées par Me Beau ;

Par ces motifs, dit que les testament et codicilles de la veuve Riquement ne constituent pas des legs au profit des pauvres ou des vieillards pauvres de Saint-Florentin, représentés par le maire de la commune ; — Déboute, en conséquence, Lancôme ès nom, de toutes ses demandes, fins et conclusions, principales et subsidiaires, etc.

nullité en raison même de cette clause de pérennité, parce que, toutes les fois, au moins, que le légataire universel est un simple particulier et qu'il n'a pas reçu le mandat de faire déclarer d'utilité publique l'établissement à fonder, la perpétuité de la fondation ne peut être obtenue qu'à l'aide de substitutions prohibées par l'article 896 du Code civil.

Rien n'est plus facile à démontrer.

L'on sait que la substitution prohibée consiste essentiellement dans une disposition par laquelle un donataire ou un légataire est chargé de conserver pendant toute sa vie les biens faisant l'objet de la libéralité et les rendre à un tiers à l'époque de son décès. En d'autres termes, les caractères distinctifs de la substitution prohibée sont au nombre de trois : la charge de conserver, la charge de rendre et entre les deux un *trait de temps* qui est mesuré sur l'existence du donataire ou du légataire.

Or ces trois conditions constitutives de la substitution prohibée se rencontrent dans tous les legs universels grevés de fondations perpétuelles.

Que l'on se reporte à l'espèce qui a donné lieu aux arrêts de la Cour de cassation des 5 juillet 1886 et 6 novembre 1888 et l'on constatera que dans son testament du 1er août 1882 la demoiselle Baron, après avoir disposé de tous ses biens au profit du sieur de Biencourt et à charge de les employer à l'établissement *à perpétuité* d'une école de garçons, dit que son légataire universel ne pourra jamais changer l'affectation des biens qui font l'objet du legs — voilà la *charge de conserver* — et « qu'il aura soin de prendre toutes les dispositions nécessaires pour assurer après sa mort la continuité de son œuvre », — voilà la *charge de rendre* avec un *trait de temps* qui est de la durée de la vie du légataire universel.

Il y a là tous les éléments essentiels de la substitution prohibée ; la testatrice les a mis elle-même en évidence et ils sautent aux yeux.

Les signes distinctifs de la substitution prohibée n'apparaissent pas avec autant de clarté dans tous les legs universels grevés de fondations perpétuelles, mais il n'est pas de legs de cette espèce dans lesquels on ne soit sûr de les trouver.

La perpétuité de la fondation ne saurait, en effet, être réalisée que si le légataire universel garde entre ses mains la propriété des biens légués, tant qu'il vit, et si, à sa mort, il est tenu de la transmettre à un tiers, qui lui-même, à l'époque de son décès, devra la faire passer à une autre personne à charge de la conserver et de la rendre ; la propriété des biens affectés à la fondation est donc destinée à passer successivement dans différentes mains entre lesquelles elle sera indisponible et ce jusqu'à la consommation des siècles. C'est moins à une substitution prohibée qu'à une série illimitée de substitutions prohibées que l'on aura recours.

Nous avons donc eu raison de dire que des dispositions testamentaires qui imposent à un légataire universel une fondation perpétuelle sont nulles par application de l'article 896 du Code civil et la Cour de cassation n'aurait, sans doute, pas manqué de le reconnaître dans l'espèce tranchée par les arrêts des 5 juillet 1886 et 6 novembre 1888 si la question de substitution prohibée lui avait été soumise, mais les héritiers légitimes de la demoiselle Baron ne paraissent pas l'avoir soulevée.

Il est vrai que dans une autre affaire relative à un legs universel fait par le sieur Jean Darcel, à charge de fonder un hospice à Anneville, la Cour de cassation a eu à se préoccuper de cette question, mais, au lieu de la résoudre dans un sens ou dans l'autre par son arrêt précité du 5 janvier 1887, elle a préféré passer à côté.

Elle a dit qu'il n'y avait pas de substitution prohibée dans la disposition par laquelle le testateur léguait successivement l'universalité de ses biens à Alphonse Darcel et à l'aîné des enfants de celui-ci, parce que l'aîné des enfants d'Alphonse Darcel n'était appelé à hériter qu'autant que son père serait décédé avant le sieur Jean Darcel, et « qu'on ne saurait davantage voir les caractères d'une substitution de cette nature dans la disposition faite au profit des pauvres de la commune d'Anneville, ceux-ci n'étant bénéficiaires que de la charge imposée à Alphonse Darcel et à ses héritiers, ce qui ne constitue point l'obligation de conserver et de rendre. »

Nous reconnaissons bien volontiers qu'aux deux points de vue envisagés par la Cour de cassation les dispositions testamentaires du sieur Jean Darcel n'étaient pas entachées de substitution prohibée, mais elles étaient infectées de ce vice sous un troisième rapport que la Cour suprême n'a pas considéré. Elles renfermaient une substitution prohibée parce que le légataire universel appelé à recueillir les biens du sieur Jean Darcel, que ce fût Alphonse Darcel ou l'aîné des enfants de celui-ci, ne pouvait assurer la pérennité de la fondation charitable dont s'agissait que s'il devait se substituer à l'infini d'autres personnes chargées successivement de continuer son œuvre après sa mort. C'est en ce sens que les dispositions testamentaires du sieur Jean Darcel contrevenaient aux prescriptions de l'article 896 du Code civil.

L'arrêt du 5 janvier 1887 a été rendu sur le pourvoi formé contre un arrêt de la cour d'appel de Rouen du 24 mars 1884.

Devant cette cour la question de substitution prohibée avait été posée dans toute son ampleur et il est intéressant de connaître comment les juges d'appel, tout en abordant de front toutes les difficultés du sujet, s'étaient flattés de les avoir surmontées.

L'arrêt de la cour d'appel de Rouen du 24 mars 1884 déclare « que la disposition faite par Jean Darcel, après avoir été librement acceptée par Alphonse Darcel, son légataire et son héritier, a été exécutée par ce dernier pendant plus de quarante ans jusqu'à son décès ; que la charge qui en résultait pour lui, reconnue par une exécution persévérante sans la moindre réserve, était entrée passivement dans son patrimoine où ses héritiers l'ont recueillie à leur tour, quand ils ont accepté sa succession ; — que cette disposition a été constitutive pour eux, comme elle l'avait été pour leur auteur, d'une charge perpétuelle ; qu'elle a pour but et pour effet de conférer en même temps un droit perpétuel aux pauvres qui en sont l'objet ; que les héritiers d'Alphonse Darcel ont été mis en ses lieu et place, non point en vertu d'une substitution qui, au mépris de la loi, leur aurait imposé une charge de conserver et de rendre, mais en vertu du principe de droit commun qui fait passer à l'héritier les charges qu'il trouve dans une succession dont il a les profits. »

Le principe de droit commun invoqué par la cour de Rouen n'avait rien à faire dans l'espèce. Sans doute, il explique comment une *charge d'hérédité* peut se perpétuer en passant de la tête du légataire universel sur celle de ses héritiers; mais il ne répond pas à la question de savoir comment la propriété des biens affectés à l'exécution de cette charge sera susceptible de se transmettre de mains en mains, à travers les siècles, sans être détournée de la destination prescrite par le testateur. Or il est évident que les biens ne pourront conserver indéfiniment leur destination primitive que s'ils sont indisponibles entre les mains de leurs propriétaires successifs; or cette indisponibilité, qui ne saurait résulter que d'une obligation de conserver et de rendre, est précisément ce qui constitue la substitution prohibée.

Vainement a-t-on pensé qu'il y aurait un moyen de conférer à une fondation un caractère perpétuel sans employer la voie de la substitution prohibée; ce moyen consisterait à n'attribuer à aucun individu la propriété des biens affectés au service de la fondation et à la faire reposer sur la tête d'un être abstrait qui serait la succession. Sans doute, l'emploi d'un pareil procédé serait exclusif de toute substitution prohibée, mais il aboutirait à transformer la succession en une espèce d'établissement de mainmorte dont l'existence serait contraire à la loi. La combinaison à laquelle nous venons de faire allusion est donc radicalement nulle; c'est ce que la Cour de cassation a proclamé aux termes d'un arrêt du 17 novembre 1863 (1).

Si l'on écarte cette combinaison aussi bizarre que peu juridique et que d'ailleurs il soit interdit de faire au profit d'un particulier un legs universel grevé d'une charge perpétuelle, l'on est forcé de reconnaître qu'un testateur ne dispose d'aucun

---

(1) Cass. civ. 17 nov. 1863. — La Cour, — Attendu qu'il résulte des testaments qui donnent lieu au procès et de leur interprétation par l'arrêt attaqué (Rennes, 27 février 1860) : 1° que Baudoin a disposé seulement des revenus de ses biens et qu'il a été dans sa pensée de n'attribuer à qui que ce fût la propriété de ses meubles et de ses immeubles; 2° qu'il a entendu qu'après lui cette propriété appartînt à ce qu'il a appelé *sa succession;* qu'il a institué à cet effet un gérant perpétuel qui devait en conserver indéfiniment la saisine, pourvoir aux nécessités de leur administration, avec faculté d'acquérir au nom de la *succession* sans jamais pouvoir aliéner; 3° qu'en vue de cette institution d'un être fictif créé par lui, Baudoin a exprimé la volonté qu'aucun de ses parents ne fût appelé à son hoirie; que de l'institution d'un gérant perpétuel, capable d'acheter, mais incapable d'aliéner, il résulte que le testateur, après avoir exclu expressément ses successeurs réguliers a de plus

procédé légal pour instituer une fondation sans le concours de l'autorité publique et que la liberté absolue des fondations privées n'existe pas dans l'état actuel de notre droit.

77. Est-ce à dire que nos lois prohibent complètement les fondations privées et qu'elles n'admettent que les fondations publiques ? A l'origine, la Cour de cassation l'a cru. Elle s'est, en effet, refusée, aux termes d'un arrêt précité du 4 août 1856, à distinguer, en matière de fondations, les simples charges d'hérédité des legs faits au profit d'établissements non reconnus (V. *supra*, n° 73) ; il en résultait que les fondations faites par voie de charge de succession étaient nulles, en vertu des dispositions de l'article 911 du Code civil, à moins que sous le nom de l'établissement à créer ne se cachât une personne morale publique ayant qualité pour jouer en son lieu et place le rôle de légataire. Donc, de deux choses l'une : ou la fondation imposée par le testateur n'était pas réalisée ou elle était transformée en une fondation publique.

Ce système qui arrive à entraver absolument les fondations privées en confondant les charges d'hérédité avec les legs n'est évidemment pas mieux fondé que le système opposé qui, pour consacrer sans réserve la liberté des fondations, est obligé d'exalter à l'excès la notion de la charge d'hérédité.

Si les effets de la charge de succession ne sont pas illimités, elle n'est pas non plus nécessairement frappée de stérilité ; la nullité dont l'article 911 du Code civil frappe les legs adressés à des établissements qui n'ont encore ni existence de

---

entendu exclure l'État ; — Attendu que de là il suit que le testateur, au moyen d'une exclusion universelle, a cherché à mettre ses biens hors de commerce, à les frapper perpétuellement d'indisponibilité et à instituer sous le nom de sa succession une espèce d'établissement de mainmorte ; qu'une disposition de cette nature est contraire à la loi et à l'ordre public ; que l'exclusion universelle pour arriver à ce but illégal, ayant une cause illicite, est frappée de la même nullité ; qu'il n'est pas possible de distinguer entre l'exclusion expresse de la famille et l'exclusion implicite de l'État ; que ces exclusions étant ainsi réputées non écrites, les biens dont le testateur n'a pas disposé régulièrement doivent être attribués aux héritiers du sang et subsidiairement seulement à l'État ; qu'en statuant conformément à ces principes l'arrêt attaqué n'a violé aucune loi ; — Par ces motifs, rejette. (M. Bayle-Mouillard, rapporteur.)

fait ni existence de droit n'atteint pas les charges d'hérédité qui concernent des établissements à naître. Les charges d'hérédité doivent être distinguées des legs en matière de fondations comme lorsqu'il s'agit de dispositions par lesquelles un testateur a simplement demandé que des aumônes soient distribuées ou des messes dites le lendemain de son décès.

Nous avons exposé précédemment, en nous plaçant dans cette dernière hypothèse, qu'une charge héréditaire se différencie essentiellement d'un legs en ce que le titulaire de ce dernier tient du testateur lui-même sa vocation aux biens qu'il recueille, tandis que le bénéficiaire de la charge n'a aucune vocation héréditaire et n'est appelé à profiter de certains biens successoraux que par l'héritier préposé à l'exécution de la charge d'hérédité. En d'autres termes, une disposition testamentaire constitue un legs ou une charge d'hérédité suivant que l'émolument qui y est attaché a été attribué à tel ou tel par le testateur ou qu'il doit l'être par l'héritier aux personnes ou aux établissements que celui-ci choisira.

Dès lors, il n'y a pas de raison pour que la notion de la charge d'hérédité soit éliminée de la matière des fondations.

L'on se trouve, avons-nous dit, en présence d'une charge de succession et non d'un legs lorsque des sommes doivent être employées par l'héritier à faire dire des messes ou à secourir des pauvres le lendemain du décès du testateur, mais que ni les prêtres chargés de célébrer les messes ni les pauvres ne puisent dans le testament le droit de réclamer la délivrance desdites sommes ; de même l'on peut avoir affaire à une charge d'hérédité plutôt qu'à un legs lorsque l'héritier est tenu de consacrer certains biens de la succession à une fondation. Il suffit, dans ce cas, pour qu'il ne s'agisse que d'une charge de succession, qu'aucune vocation héréditaire n'ait été conférée par le testateur à l'établissement dont il a prescrit la formation ; or il sera généralement présumable que, si le testateur a chargé son héritier de créer et d'organiser un établissement, il lui a confié également le soin de le pourvoir d'une dotation et qu'il n'a directement investi le futur établissement d'aucun droit sur les biens héréditaires. Toutes les fois que l'exécution des dispositions testamentaires est ainsi subordonnée entièrement à la bonne volonté de l'héritier, elles n'offrent pas les caractères d'un legs adressé à l'établissement à fonder, mais ceux d'une simple charge d'hérédité susceptible de bénéficier éventuellement à cet établissement; elles ne sont donc pas nulles par application de l'artile 911 du Code civil.

L'arrêt susvisé de la Cour de cassation du 4 août 1856 repose sur une doctrine contraire et si, dans l'espèce à laquelle il s'applique, la Cour suprême a tenu pour valables les dispositions testamentaires du sieur Hubert, c'est parce que, tout en estimant que celui-ci avait fait un legs à un établissement inexistant et partant incapable, elle a pensé que ce legs s'adressait, sous le nom dudit établissement, aux pauvres de Paris et de la Villette.

C'est à tort, suivant nous, qu'aux termes de son arrêt du 4 août 1856 la Cour de cassation a décidé que les représentants légaux des pauvres avaient qualité pour revendiquer le bénéfice de dispositions testamentaires par lesquelles le sieur Hubert avait chargé son légataire universel, le sieur Tandou, d'établir à perpétuité à Paris ou à la Villette une maison de refuge pour les ouvriers indigents. Dans l'espèce les pauvres n'étaient pas des légataires; ils n'étaient que les bénéficiaires d'une charge imposée au légataire universel et par conséquent leurs mandataires officiels n'avaient aucune qualité pour réclamer la délivrance des biens affectés par le sieur Hubert à la fondation charitable qu'il avait faite dans son testament. L'on était acculé, en effet, à ce dilemme : ou la charge imposée par le sieur Hubert à son légataire universel était valable et celui-ci avait seul le droit de l'exécuter; ou elle était nulle et cette nullité ne pouvait être couverte par l'intervention des représentants légaux des pauvres, auxquels le testament n'attribuait aucune vocation héréditaire.

Les charges d'hérédité ayant pour objet des fondations ne sont pas nulles en vertu de l'article 911 du Code civil, mais elles peuvent l'être par application de l'article 896 du même Code. Si le testateur a voulu que son légataire universel assurât par lui-même la perpétuité de la fondation, nous avons dit plus haut (v. *supra*, n° 76) que la charge de succession n'était pas valable parce que son exécution ne pouvait avoir lieu qu'à l'aide de substitutions prohibées; la charge n'est légalement établie, à notre avis, que si le légataire universel est tenu de s'adresser au gouvernement pour faire reconnaître l'établissement à fonder comme établissement d'utilité publique; dans ce cas, la pérennité de la fondation résulte de la reconnaissance légale et il n'est plus besoin de recourir à la voie de la substitution prohibée.

Nous aboutissons ainsi après avoir repoussé successivement les deux systèmes extrêmes qui affirment ou nient absolument la liberté des fondations privées à nous prononcer pour le système intermédiaire qui résulte des arrêts précités de la Cour de cassation des 7 novembre 1859 et 8 avril 1874; ce système qui consacre la liberté des fondations particulières, tout en la tempérant par la nécessité d'une reconnaissance légale, mérite d'être étudié d'une façon approfondie.

78. Dans le système qui proclame sans restriction la liberté des fondations privées, il y a une part de vérité et une part d'erreur; il est exact que les charges d'hérédité susceptibles d'intéresser des établissements incapables ne doivent pas être confondues avec des legs faits à ces établissements, mais il est faux que le testateur puisse faire reposer à perpétuité sur la tête de son légataire universel et des héritiers de celui-ci la propriété des biens grevés d'une charge d'hérédité.

Quant au système qui repousse totalement la liberté des fondations privées, il contient aussi un mélange de vérité et d'erreur. Il met avec raison en évidence l'impossibilité légale où se trouve un testateur de confier à un simple particulier livré à ses seules forces le soin de fonder quelque chose de perpétuel, mais il a tort d'en conclure qu'une disposition testamentaire ayant pour objet une fondation perpétuelle n'est valable qu'autant qu'elle est faite en faveur d'une personne morale publique.

A chacun de ces systèmes nous prenons ce qu'il a de bon et nous laissons ce qu'il a de mauvais; nous arrivons ainsi à un système mixte qui tient compte de la distinction des legs et des charges d'hérédité, mais qui ne considère comme valable une charge imposée à un simple particulier et consistant dans une fondation perpétuelle que si le gouvernement est appelé par le testateur à accorder le bénéfice de la reconnaissance légale à l'établissement à fonder.

Ce système transactionnel se réclame des arrêts de la Cour de cassation des 7 novembre 1859 et 8 avril 1874 relatifs l'un à la fondation d'un établissement scolaire et charitable dans la commune de Ducey et l'autre à la fondation d'un établissement dit « Asile de Bon-Secours » dans la commune d'Anduze (V. *supra*, n° 74).

Toutefois nous avons des réserves à faire sur l'une des dispositions de l'arrêt du 8 avril 1874.

Cet arrêt porte non seulement « que si un établissement de bienfaisance non encore autorisé au moment du décès du testateur n'a pas la capacité légale pour recueillir un legs fait à son profit, aucune loi ne s'oppose à ce qu'un légataire universel ayant capacité soit chargé par le testateur de continuer et achever la fondation d'un tel établissement commencée par le testateur lui-même de son vivant et d'en poursuivre la reconnaissance légale » mais encore « que, cette reconnaissance obtenue, l'établissement dûment autorisé a droit et qualité pour réclamer le bénéfice de la disposition testamentaire, laquelle n'est qu'une charge de l'institution faite au profit d'un autre gratifié ».

Nous ne pouvons admettre qu'un établissement, dont la fondation a été imposée à un légataire universel par voie de charge d'hérédité, ait droit et qualité, après sa reconnaissance légale, pour poursuivre en justice l'exécution des dispositions du testament qui le concernent.

Nous ne saurions, en effet, nous lasser de répéter que ce qui distingue une simple charge de succession d'un legs proprement dit c'est qu'elle ne comporte pas de la part du bénéficiaire une vocation héréditaire ; le bénéficiaire d'une charge d'hérédité ne puise dans le testament aucune vocation directe ou indirecte aux biens successoraux et il est complètement désarmé vis-à-vis du légataire universel qui n'est tenu d'aucune dette envers lui.

Il importe donc peu que l'établissement fondé par le légataire universel ait été reconnu légalement car, si cette reconnaissance lui confère avec la personnalité morale la faculté générale d'ester en justice, il n'en reste pas moins comme auparavant privé de toute vocation héréditaire qui lui permette de réclamer devant les tribunaux l'exécution de la charge dont il est bénéficiaire.

Sans doute, cet établissement est intéressé à l'accomplissement des volontés du testateur, mais un intérêt ne suffit pas pour autoriser une demande en justice, il faut un droit; or l'établissement dont la fondation incombait au légataire universel n'a été investi par le *de cujus* d'aucun droit. Sinon l'on ne voit pas en quoi une charge d'hérédité se différencierait d'un legs et il n'y aurait aucune bonne raison pour déclarer celui-ci nul et celle-là valable.

Il nous semble donc que la Cour de cassation a commis une sorte d'hérésie juridique en faisant découler d'une simple charge d'hérédité le droit de saisir la justice d'une demande en délivrance et nous nous refusons, pour notre part, à attribuer à un établissement qui n'est pas légataire la faculté de s'adresser aux tribunaux pour obtenir l'exécution de dispositions testamentaires susceptibles de lui profiter.

La solution que nous proposons nous paraît inattaquable en théorie et ce n'est qu'au point de vue pratique qu'elle pourrait laisser à désirer. L'on a fait observer que, si l'établissement bénéficiaire d'une charge d'hérédité ne disposait d'aucun moyen de coercition à l'égard du légataire universel, il était à craindre que cette charge restât inexécutée.

Nous ne nous dissimulons pas le risque que notre opinion fait courir à l'établissement bénéficiaire, mais il ne faut pas s'en exagérer l'importance.

Si l'établissement qui a été fondé et reconnu en exécution d'une charge d'hérédité ne peut actionner le légataire universel en justice pour le contraindre à ne pas détourner de leur destination les capitaux et revenus affectés par le testateur à la fondation, l'inobservation des dispositions testamentaires expose le légataire universel à des actions de la part d'autres personnes.

D'abord nous observerons que, si le légataire universel ne se confond pas avec l'héritier légitime, celui-ci peut demander la révocation de la libéralité faite à celui-là en cas d'inexécution des charges auxquelles elle était subordonnée.

D'autre part, le testateur peut à côté du légataire universel placer un exécuteur testamentaire dont la mission est de le contrôler et de l'obliger à se conformer strictement aux intentions du *de cujus*.

L'exécution des charges héréditaires n'est donc pas nécessairement laissée à la discrétion du légataire universel.

79. Si en matière de fondations privées la jurisprudence de la Cour de cassation est sujette aux variations, celle du Conseil d'État n'est pas moins indécise.

Elle n'est d'ailleurs formulée dans aucun avis de principe et l'on en est réduit à consulter la pratique journalière pour rechercher quelle est l'orientation de la jurisprudence de la haute assemblée.

Lorsque le Conseil d'État se trouve en présence de fondations imposées à un légataire universel, il est, en général, peu sympathique à l'idée de charge d'hérédité et il a une tendance à considérer toutes les dispositions testamentaires qui ont pour objet des fondations comme des legs faits à des établissements non reconnus.

Dès lors, de deux choses l'une : ou le Conseil d'État estime que l'incapacité de l'établissement non reconnu peut être couverte par l'intervention d'une personne morale publique, telle que la collectivité des pauvres d'une commune, et celle-ci est autorisée à accepter la libéralité résultant pour elle des dispositions de dernière volonté du *de cujus*; ou, au contraire, le Conseil d'État pense qu'aucune personne morale publique n'a qualité pour se substituer à l'établissement non reconnu, et alors il adopte l'une des deux solutions suivantes. Ou il décide qu'il n'y a pas lieu de statuer sur le legs fait à l'établissement désigné dans le testament, cet établissement n'ayant pas d'existence légale, ou bien il reconnaît ledit établissement comme établissement d'utilité publique et il l'autorise à accepter la libéralité faite à son profit.

Cette jurisprudence ne paraîtra pas absolument correcte à ceux qui, comme nous, croient que la charge d'hérédité se distingue du legs proprement dit, même en cas de fondation perpétuelle. Du moment qu'il ne s'agit pas d'un legs fait à un établissement à fonder, mais d'une simple charge d'hérédité ayant pour objet la fondation d'un établissement, l'héritier auquel incombe l'exécution de cette charge a seul qualité pour se dire le continuateur juridique de la personne du testateur; il n'existe aucune vocation héréditaire ni au profit de l'établissement à créer ni en faveur de la personne morale, dont il est destiné à seconder l'action, et il convient de ne faire intervenir dans l'acceptation des dispositions faites par le défunt ni cette personne morale ni cet établissement, quand bien même celui-ci viendrait à être reconnu comme établissement d'utilité publique.

L'accomplissement des volontés du défunt relève exclusivement de l'héritier, sauf à ce dernier, lorsqu'il aura fondé l'établissement prévu dans le testament, à s'adresser au gouvernement pour le faire reconnaître comme établissement d'utilité publique. L'établissement ainsi érigé à l'état de personne morale ne continue pas la personne du testateur mais celle de l'héritier; il est l'ayant cause du second et non du premier.

§ 4. — *Du point de savoir si un établissement peut recevoir un don ou un legs en vertu d'une reconnaissance légale postérieure à la donation ou au décès du testateur.*

80. « Pour être capable de recevoir entre vifs, dit l'article 906 du Code civil, il suffit d'être conçu au moment de la donation. — Pour être capable de recevoir par testament, il suffit d'être conçu à l'époque du décès du testateur. — Néanmoins la donation ou le testament n'auront leur effet qu'autant que l'enfant sera né viable ».

La règle formulée par les deux premiers alinéas de l'article 906 est des plus claires tant qu'il ne s'agit que de l'appliquer aux personnes physiques; elle devient obscure, au contraire, dès que l'on veut déterminer les conséquences légales qu'elle comporte à l'égard des personnes morales.

L'article 906 du Code civil doit-il être entendu en ce sens qu'un établissement n'a la capacité de recevoir entre vifs ou par testament qu'autant qu'il est déjà légalement reconnu et que, par suite, il jouit de la personnalité civile au moment de la donation ou du décès du testateur? Ou, au contraire, convient-il d'admettre que si un établissement institué donataire ou légataire n'est pas encore reconnu au moment de la donation ou du décès du testateur il n'en a pas moins le droit de recueillir la libéralité qui lui a été faite, pourvu qu'il soit ultérieurement reconnu?

81. Bien entendu, la question ne se pose pas à l'égard des établissements qui n'ont même pas une existence de fait à l'époque de la donation ou du décès du testateur; les dons et legs qu'on leur adresse sont incontestablement nuls, à moins que sous leur nom le donateur ou le testateur n'ait entendu instituer une personne morale apte à recevoir et, par exemple, les pauvres ou une commune.

C'est ainsi qu'un legs universel ayant été fait au profit d'un hospice que la ville de Beaumont-sur-Sarthe se proposait de fonder la Cour de cassation a jugé, par arrêt du 2 mai 1864 (1), que ce legs était valable parce qu'il s'adressait en réalité à la

---

(1) Cass. civ. 2 mai 1864. — La Cour, — Sur le premier moyen...;

Sur le deuxième moyen : — Attendu qu'aux termes de l'article 48 de la loi du 18 juillet 1837 le maire peut toujours à titre conservatoire accepter les legs en vertu d'une délibération du conseil municipal et que le décret impérial ou l'arrêté du préfet qui interviennent ensuite ont effet du jour de cette acceptation; que cette disposition a été introduite afin d'empêcher que les délais et formalités imposés aux communes pour se faire habiliter ne deviennent pour elles une cause de préjudice; que son résultat pour les communes légataires est qu'elles ont, à partir du jour de l'acceptation, droit à tous les avantages attachés aux legs dont les effets sont conservés pour elles, sauf à ne demeurer définitivement investies de leur jouissance qu'au cas où le pouvoir compétent aura accordé, s'il y a lieu, l'autorisation exigée par la loi, et qu'ainsi le maire a capacité pour faire, comme conséquence de son acceptation, tous les actes tendant à conserver l'intégralité des droits dévolus à la commune; — Attendu que sur la demande en délivrance formée au nom de la commune, après acceptation par le maire en vertu de la délibération du conseil municipal, l'arrêt attaqué n'a pas ordonné la délivrance actuelle et sans condition des legs faits au bureau de bienfaisance et à la ville de Beaumont; qu'il n'a ordonné cette délivrance qu'à titre conservatoire, sous deux conditions : l'une que l'autorisation impériale prescrite par l'article 910 du Code Napoléon sera préalablement obtenue; l'autre que la ville se conformerait aux intentions de la testatrice pour la fondation d'un hospice; — D'où il suit qu'en ordonnant à titre conservatoire et sous la condition d'une autorisation préalable la délivrance des legs dont s'agit avec attribution des fruits à partir de la demande en délivrance, l'arrêt attaqué (Angers, 12 février 1862) n'a point violé les articles 910 et 1014 du Code Napoléon e a fait une juste application de la loi du 18 juillet 1837;

Sur le troisième moyen; — Attendu que l'interprétation du fait de savoir en faveur de quelle personne un testateur a exprimé la volonté

ville et « qu'ainsi la validité du legs universel dépendait de la capacité de la ville pour recevoir et non de celle de l'hospice ».

De même, elle a déclaré valable par arrêt du 8 avril 1891 le legs fait par la dame Roger-Laley à l'hospice de Deulémont qui n'était encore que projeté, en se fondant sur ce que le testament devait être interprété « en ce sens que le legs était fait non à une administration hospitalière qui n'existait pas, mais à la commune de Deulémont, afin de lui donner les ressources nécessaires pour assurer le service d'un hospice dans un immeuble qui appartenait déjà à la commune et qui était destiné à cet usage » (1).

Mais, quand aucune personne morale n'a qualité pour se substituer à un établissement dépourvu de toute existence de fait et de droit lors du décès du testateur, les legs dont il est gratifié sont sans discussion possible voués à la nullité, alors

---

d'instituer un legs appartient à l'appréciation souveraine du juge du fait chargé de constater et de déclarer le sens véritable des clauses du testament; — Attendu qu'il a été déclaré par l'arrêt attaqué que la fondation d'un hospice à Beaumont-sur-Sarthe est la disposition capitale du testament et que la testatrice a institué légataire à titre universel la ville de Beaumont de tous les immeubles dont elle n'avait pas disposé; — Attendu que la ville étant ainsi reconnue légataire c'est par son intermédiaire que l'hospice est appelé à recueillir le bénéfice de la fondation dont la ville a été chargée et à raison de laquelle une maison lui avait été directement léguée pour son établissement; qu'ainsi la validité du legs universel dépend de la capacité de la ville pour recevoir et non de celle de l'hospice; qu'en validant dans cette circonstance le legs qu'il déclarait fait à la ville de Beaumont l'arrêt attaqué n'a pas violé l'article 906 du Code Napoléon. — Rejette. (M. Renouard, rapporteur.)

(1) Cass. req. 8 avril 1891. — La Cour, — Sur l'unique moyen du pourvoi pris de la violation des articles 895, 906 et 911 du Code civil et 3 de l'ordonnance du 2 avril 1817; — Attendu, en fait, que la dame Roger-Laley a dit, dans son testament, qu'elle donnait et léguait une certaine portion de ses biens à l'hospice de Deulémont à établir et que l'arrêt attaqué (Douai, 2 juillet 1890) a interprété cette disposition en ce sens que le legs était fait, non à une administration hospitalière qui n'existait pas, mais à la commune de Deulémont, afin de lui donner les ressources nécessaires pour assurer le service d'un hospice dans un immeuble qui appartenait déjà à la commune et qui était destiné à cet usage; — Et attendu, en droit, que la décision du point de savoir en faveur de quelle personne un testateur a exprimé la volonté d'instituer un legs appartient à l'appréciation souveraine du juge du fait chargé de constater et de déclarer le sens véritable des clauses du testament; — Rejette. (M. Demangeat, rapporteur.)

même qu'il viendrait à être créé et reconnu ultérieurement; un testateur peut, dans les conditions et sous les réserves indiquées au paragraphe précédent (V. *supra*, nos 72 et suiv.), faire un legs universel à un particulier, à charge de fonder un établissement, mais il n'a pas le droit d'adresser directement un legs à un établissement à fonder.

Sur ce point tout le monde est de notre avis, et la controverse ne commence à naître que lorsqu'on envisage les dons et legs adressés à un établissement qui, au moment de la donation ou du décès du testateur, avait une *existence de fait*, mais ne jouissait pas encore d'une *existence de droit* et n'a été reconnu qu'ultérieurement.

Là est le vif de la question.

82. Il convient de déblayer immédiatement le terrain de la discussion, en en écartant les dons et legs faits à des établissemenrs qui n'ont qu'une existence de fait et non de droit, mais qui, en raison des liens étroits qui les rattachent à une personne morale, peuvent être considérés comme s'absorbant en elle et lui empruntent sa capacité. Cette hypothèse a été examinée plus haut (V. *supra*, nos 45 et suiv.) et nous n'avons pas à y revenir.

Nous savons comment l'Etat, les départements, les communes, les pauvres et même parfois les établissements publics ont la faculté de recevoir des libéralités pour certains établissements non reconnus; notamment les pauvres sont admis sous certaines conditions à revendiquer par l'intermédiaire de leurs représentants officiels les libéralités faites en faveur d'établissements charitables dépourvus d'existence légale. Il est également loisible à un département, à une commune, à une chambre de commerce et même, suivant nous, à un syndicat professionnel de recevoir des dons et legs pour le compte d'une école professionnelle non reconnue comme établissement d'utilité publique, mais fondée et entretenue par le département, la commune, la chambre de commerce ou le syndicat professionnel.

Nous noterons d'ailleurs que le législateur a expressément admis dans un cas particulier qu'une libéralité pouvait être faite à un organisme qui n'a qu'une existence de fait par l'entremise d'une personne morale dont il dépend ; il reconnaît, en effet, en termes formels, la validité d'une donation ou d'un legs qui ont été « faits à un hameau ou quartier d'une commune qui n'est pas encore à l'état de section ayant la personnalité civile » (Loi du 5 avril 1884, art. 111, § 3).

Un établissement qui, tout en n'existant qu'en fait et non en droit, s'absorbe dans une personne morale vient-il à être légalement reconnu, cette reconnaissance n'a ni pour but ni pour effet de lui ouvrir les portes de la vie civile, mais simplement de transformer sa capacité indirecte en une capacité directe et de le dispenser à l'avenir de recourir à un intermédiaire pour recevoir des dons et des legs. Il devient une personne morale autonome, mais cette accession à l'existence légale n'était pas indispensable pour lui permettre de recueillir des libéralités; il le pouvait déjà en se parant d'une personnalité d'emprunt.

Nous n'insisterons pas davantage et nous ne nous occuperons plus désormais que de l'hypothèse où une libéralité est faite à un établissement non reconnu qui ne se rattache à aucune personne morale, dont il soit le satellite. Nous rechercherons quel doit être le sort d'une pareille libéralité, notamment dans le cas où elle résulte d'un acte de dernière volonté.

83. Trois opinions sont en présence.

D'après M. Alfred Gautier, professeur à la Faculté de droit d'Aix, toute disposition testamentaire intéressant un établissement qui n'était pas encore reconnu lors de la mort du testateur et ne l'a été que plus tard serait nécessairement nulle, et ce, sans qu'il y eût lieu de distinguer entre les legs et les charges d'hérédité (1).

La thèse soutenue par M. Alfred Gautier ne compte que peu de partisans et l'on tend, en général, à en atténuer la rigueur ; l'on dit qu'une disposition testamentaire concernant un établissement non reconnu est nulle quand elle est faite directement en faveur de cet établissement sous forme de legs, et qu'elle est valable, au contraire, si elle constitue simplement

---

(1) Alfred Gautier, *Revue critique de législation et de jurisprudence*, 877, t. XLIII, p. 145.

une charge d'un legs universel adressé à un tiers capable de recevoir. Ce système a reçu l'approbation de la Cour suprême; il est de plus enseigné par M. Demolombe (1) et MM. Aubry et Rau (2).

M. Marguerie va plus loin; d'après lui, un établissement qui a une simple existence de fait n'en est pas réduit à ne pouvoir recueillir que le bénéfice de charges d'hérédité et il est apte à recevoir des legs pourvu que, s'il n'a pas été reconnu avant la mort du testateur, il le soit après (3).

« Une libéralité faite à un établissement non reconnu, dit-il, est valable si l'établissement obtient du gouvernement sa reconnaissance légale et l'autorisation d'accepter la libéralité; peu importe que l'auteur de la libéralité ait indiqué ou non qu'il subordonnait l'effet de sa disposition à la condition de la reconnaissance et de l'autorisation ultérieures. C'est là une condition qui doit toujours être présumée sous-entendue, car, qu'elle soit exprimée ou non, elle est toujours dans la pensée des disposants. »

De ces trois systèmes quel est celui auquel il y a lieu de s'arrêter? C'est ce que nous allons essayer de déterminer.

84. Le système auquel s'est ralliée la Cour de cassation et qui tient le milieu entre ceux de MM. Gautier et Marguerie se trouve formulé dans plusieurs arrêts, dont les uns proclament la nullité de legs faits à des établissements qui n'ont été reconnus qu'après la mort des testateurs et dont les autres admettent la validité de charges d'hérédité concernant ces établissements.

Deux arrêts de la Chambre civile des 12 avril 1864 (4) et

---

(1) Demolombe, *Cours de Code Napoléon*, t. XVIII, nos 588 et suiv.

(2) Aubry et Rau, *Cours de droit civil français*, 4e édit., t. VII, § 649, p. 24 et suiv.

(3) Marguerie, *Étude sur les libéralités faites aux établissements non reconnus* (*Revue critique*, 1878, t. XLIV, p. 513 et suiv.). — Cf. Troplong, *Donations*, t. II, no 612.

(4) Cass. civ. 12 avril 1864. — La Cour, — Attendu que le testament de la demoiselle de Bousmard, décédée le 18 mars 1855, contenait un legs au profit de la Société philomathique de Verdun; que par décret impérial du 4 avril 1860 cette société a été reconnue comme établissement d'utilité publique et autorisée à accepter le legs dont il s'agit; — Attendu que cette autorisation ne fait pas obstacle à ce que les héritiers du

14 août 1866 (1) ont déclaré nuls des legs faits à la Société philomathique de Verdun à et la Société d'agriculture d'Indre-et-Loire qui, par décrets rendus après la mort des testateurs, avaient été tout à la fois reconnues comme établissements d'utilité publique et autorisées à accepter les libéralités dont elles avaient été gratifiées. Ces arrêts exposent « qu'une société non légalement reconnue, n'ayant pas lors du décès du testateur une existence légale, une personnalité juridique, est sans qualité pour recevoir le bénéfice du legs fait à son profit et qu'aucun acte postérieur d'autorisation ne peut rétroagir à une époque antérieure au décès, ni dépouiller les hé-

---

sang contestent la validité dudit legs, n'ayant été donnée que sauf les droits des tiers; — Attendu qu'il est de droit public en France qu'aucune communauté, association ou corps moral ne peut exister qu'en vertu d'un acte de l'autorité publique; que jusque-là un corps semblable ne constitue pas une personne civile et ne peut acquérir ni posséder légalement; — Attendu que c'est au moment du décès du testateur que se déterminent les droits de chacun à sa succession légitime ou testamentaire; qu'à ce moment les héritiers du sang sont saisis de plein droit, à moins qu'ils ne se trouvent en présence d'ayants droit capables de recueillir; qu'une société non légalement reconnue n'ayant pas lors du décès une existence légale, une personnalité juridique, est sans qualité pour recueillir le bénéfice du legs fait à son profit; et qu'un acte postérieur d'autorisation ne peut rétroagir à une époque antérieure au décès ni priver les héritiers légitimes de droits à eux acquis par le fait même de ce décès;

D'où il suit qu'en rejetant la demande en délivrance de legs formée par la Société philomathique de Verdun par le motif qu'elle n'avait été reconnue comme établissement d'utilité publique que postérieurement au décès de la demoiselle de Bousmard, testatrice, la cour impériale de Nancy (6 mars 1862) n'a violé aucune loi; — Par ces motifs, rejette. (M. Sévin, rapporteur.)

(1) Cass. civ. 14 août 1866. — La Cour, — Sur le moyen unique du pourvoi; — Attendu qu'il est de droit public en France qu'aucune communauté, association ou corps moral ne peut exister qu'en vertu d'un acte de l'autorité publique; qu'une société non légalement reconnue, n'ayant pas lors du décès du testateur une existence légale, une personnalité juridique, est sans qualité pour recevoir le bénéfice du legs fait à son profit et qu'aucun acte postérieur d'autorisation ne peut rétroagir à une époque antérieure au décès ni dépouiller les héritiers légitimes des droits à eux acquis par le fait même de ce décès; — Attendu en fait que le sieur Dauphin est décédé le 20 décembre 1854 laissant un testament par lequel il léguait à la Société d'agriculture, sciences et arts du département d'Indre-et-Loire divers immeubles et valeurs pour fonder une ferme modèle et des courses de chevaux et de chars; — Attendu qu'à cette date ladite société n'était pas reconnue; qu'elle n'a été autorisée et n'a commencé à avoir une existence légale qu'en vertu du décret du 16 août 1859; qu'en déclarant donc caduc et nul le legs fait dans un tes-

ritiers légitimes des droits à eux acquis par le fait même de ce décès ».

Des principes analogues ont été appliqués par la Cour de cassation en matière de dispositions entre vifs. La chambre des requêtes a jugé, par arrêt du 17 février 1864 (1), qu'une donation faite le 6 août 1836 par la dame Priou à la communauté religieuse de la Salle de Vihiers qui avait été autorisée par décret du 2 avril 1852 était nulle parce que ce décret ne pouvait avoir d'effet rétroactif (art. 2 du Code civil) et « qu'il résulte d'ailleurs des termes de l'article 4 de la loi du 24 mai 1825 que les communautés religieuses de femmes ne peuvent accepter des donations que lorsqu'elles ont été

---

tament dont l'auteur était décédé dès 1854, l'arrêt attaqué (Orléans, 16 décembre 1864) n'a fait qu'appliquer à la cause les principes les plus certains de notre droit public et privé ; — Attendu que pour échapper à cette nullité le pourvoi essaye en vain de soutenir que la disposition testamentaire dont il s'agit ne constituait pas un legs proprement dit, mais une simple charge du legs universel ; que la qualification de legs a été souverainement attribuée à ladite disposition par les juges du fond et qu'elle est d'ailleurs basée sur les termes formels du testament ; que, dès lors, la Société d'Indre-et-Loire autorisée seulement après le décès du testateur est sans droit et sans qualité pour recueillir le legs fait ou même pour poursuivre l'exécution d'une prétendue charge résultant du testament du sieur Dauphin ; qu'en cet état, loin d'avoir violé les dispositions de la loi, l'arrêt attaqué en a fait au contraire une juste application ; — Rejette. (M. Férey, rapporteur.)

(1) Cass. req. 17 février 1864. — La Cour, — Attendu qu'il est établi en fait que la vente consentie le 6 août 1836 par la dame Riou à la dame Marchand ne constituait dans la réalité qu'une donation faite par personne interposée à la communauté religieuse de la Salle-de-Vihiers non autorisée et par conséquent incapable d'acquérir à titre gratuit ; qu'à la vérité ladite communauté a obtenu le 2 avril 1852 l'autorisation qui lui manquait au moment de la vente, mais que le décret présidentiel qui a donné à ladite communauté une existence légale n'a point dérogé et ne pouvait déroger au principe posé dans l'article 2 du Code Napoléon ; que la loi n'a point d'effet rétroactif ; qu'il résulte d'ailleurs des termes de l'article 4 de la loi du 24 mai 1825 que les communautés religieuses de femmes ne peuvent accepter de donations que lorsqu'elles ont été dûment autorisées, d'où il suit que l'autorisation légale doit toujours précéder l'acceptation ; — Attendu qu'au moment de la mort de la dame Riou, Frédéric Riou son fils a recueilli dans la succession de sa mère et possède aujourd'hui l'immeuble qui avait fait l'objet de la donation déguisée de 1836 ; qu'en décidant qu'à aucune époque la communauté de la Salle-de-Vihiers n'avait eu de droit sur cet immeuble, l'arrêt attaqué (Angers, 28 janvier 1863) a fait une juste application de la loi ; — Rejette. (M. Hardoin, rapporteur.)

dûment autorisées, d'où il suit que l'autorisation légale doit toujours précéder l'acceptation ».

Mais, par arrêt du 21 juin 1870 (1), la Cour de cassation a décidé, à l'occasion d'une disposition testamentaire qui concernait une société ayant pour but le placement en apprentissage des enfants pauvres de la ville d'Alençon, « que si une société de bienfaisance non encore autorisée au moment du décès du testateur ne peut recueillir les legs qui auraient été faits directement en sa faveur aucune loi ne s'oppose à ce que cette société une fois autorisée puisse réclamer l'exécution d'une charge imposée à son profit à un légataire capable sous la condition exprimée ou sous-entendue et acceptée par le légataire capable que la charge n'aura effet qu'à partir du moment où la société aura acquis une existence légale (2) ».

Le système qui se dégage de la combinaison des arrêts des 17 février et 12 avril 1864, 14 août 1866 et 21 juin 1870 nous paraît entaché d'illogisme, et nous ne croyons pas qu'il soit possible de concilier d'une manière satisfai-

---

(1) Cass. req. 21 juin 1870. — La Cour, — Sur le premier moyen du pourvoi; — Attendu que si une société de bienfaisance non encore autorisée au moment du décès du testateur ne peut recueillir les legs qui auraient été faits directement en sa faveur, aucune loi ne s'oppose à ce que cette société une fois autorisée puisse réclamer l'exécution d'une charge imposée à son profit à un légataire capable sous la condition exprimée ou sous-entendue et acceptée par le légataire capable que la charge n'aura effet qu'à partir du moment où la société aura acquis une existence légale; — Attendu en fait que dans l'espèce la testatrice n'avait fait aucune disposition directe en faveur de la société ayant pour but le placement en apprentissage des enfants pauvres de la ville d'Alençon, mais que en léguant à ladite ville une rente de 1,000 francs elle l'avait chargée de remettre chaque année à ladite société une somme de 300 francs; — Attendu que cette société a été autorisée par décret du 14 juillet 1865;

Sur le deuxième moyen; — Attendu que la condition accomplie a un effet rétroactif; qu'ainsi l'effet de l'autorisation du 14 juillet 1865 a été de rendre exigibles toutes les annuités échues; — Attendu, d'autre part, qu'il est jugé souverainement en fait que c'est par sa faute que la ville d'Alençon est exposée à ne pas recevoir le montant du legs qui lui a été fait; que c'est donc à bon droit que l'arrêt attaqué l'a condamnée à acquitter la charge qui lui avait été imposée et à laquelle elle s'était volontairement soumise; — Rejette. (M. Dagallier, rapporteur.)

(2) Il convient de rapprocher de cet arrêt celui de la chambre des requêtes du 8 avril 1874, relatif à une charge d'hérédité ayant pour but la fondation d'un asile à Anduze (Gard) (V. *supra*, n° 74).

sante ces différentes décisions. Sans doute, nous reconnaissons qu'il importe, en principe, de distinguer les legs des charges d'hérédité, mais c'est à la condition que le bénéficiaire de la charge n'ait aucun droit à faire valoir vis-à-vis de l'héritier qui en est grevé ; si l'on admet, au contraire, comme l'a fait la Cour de cassation, aux termes de son arrêt de 21 juin 1870, que l'établissement non reconnu au profit duquel un testateur a imposé une charge à son légataire universel est fondé à agir en justice contre ce dernier, il n'y a plus aucun motif plausible pour distinguer entre une charge d'hérédité et un legs et il est irrationnel de déclarer celui-ci nul et celle-là valable.

Nous repoussons donc sans hésitation le système adopté par la Cour de cassation et nous croyons qu'il n'est permis de choisir qu'entre le système qui considère comme nulles les dispositions testamentaires de toute espèce intéressant les établissements non reconnus et celui qui regarde comme valables non seulement les charges d'hérédité susceptibles de leur bénéficier, mais encore les legs qui leur sont adressés, pourvu que la reconnaissance légale qui n'existait pas au moment du décès du testateur intervienne ultérieurement.

Après mûre réflexion, nous croyons devoir nous prononcer en faveur de ce second système.

85. L'article 906 du Code civil ne dit pas que, pour être capable de recevoir entre vifs ou par testament, il faut être *né* au moment de la donation ou du décès du testateur, mais qu'il suffit d'être *conçu* à cet instant.

Or il y a pour les personnes morales comme pour les personnes physiques une *conception* qui est antérieure de plusieurs mois à leur entrée dans la vie, et la reconnaissance légale d'un établissement est précédée d'une existence de fait assimilable à celle d'un enfant conçu ; l'on sait, en effet, que d'après une jurisprudence constante un établissement ne saurait être reconnu que s'il est déjà en plein fonctionnement et s'il justifie de ressources suffisantes pour assurer son avenir. La reconnaissance légale tend donc moins à lui permettre d'acquérir un patrimoine qu'à l'habiliter à conserver et, au besoin, à développer celui qu'il a déjà acquis.

« La reconnaissance est bien plutôt pour l'établissement qui l'obtient une déclaration et une constatation qu'une attribution d'existence. » Ainsi s'exprime M. Marguerie (1) et il ajoute aussitôt : « La situation de l'établissement non reconnu présente la plus grande analogie avec celle de l'enfant simplement conçu : oui, son élévation éventuelle à la vie civile est soumise à bien des doutes et à bien des incertitudes ; mais l'existence future de l'enfant simplement conçu n'est-elle pas aussi bien précaire et problématique ? L'enfant, une fois conçu, peut recevoir, mais à la condition qu'il naîtra *viable* : d'après nous, l'établissement qui, pendant sa période de formation, aura justifié des services qu'il était en état de rendre à la société, des ressources que la confiance publique lui aura confiées pour le mettre en état d'accomplir sa mission sera réputé *viable* pour la vie civile et il obtiendra la reconnaissance qui lui conférera la capacité exigée par l'article 906 du Code civil. »

Ce raisonnement est absolument péremptoire et c'est en vain que l'on a essayé de le réfuter.

L'article 906 du Code civil, a-t-on dit d'abord pour le battre en brèche, consacre une pure fiction ; il n'est que la traduction de l'adage latin « *Infans conceptus pro nato habetur, quoties de ejus commodis agitur* ». Or une fiction légale doit s'interpréter restrictivement, et de ce que l'article 906 tient pour né l'enfant simplement conçu, pourvu que plus tard il naisse viable, il n'est pas permis de conclure, par voie d'analogie, que l'établissement qui n'a qu'une existence de fait peut être considéré comme ayant déjà reçu l'existence légale, à la condition qu'il soit ultérieurement reconnu.

Nous répondrons que rien dans l'article 906 ne permet de de dire que ses dispositions reposent sur une fiction.

Lorsque le Code civil établit une fiction, il n'hésite pas à le déclarer expressément ; ainsi l'article 883 qui pose la règle de l'effet déclaratif du partage de succession dit que chaque cohéritier est *censé* avoir succédé seul et immédiatement aux

---

(1) Marguerie, *Étude sur les libéralités faites aux établissements non reconnus*. (*Revue critique*, 1878, t. XLIV, p. 523.)

effets compris dans son lot. Le mot « censé » indique qu'il ne s'agit là que d'une supposition légale. Or, nous ne trouvons dans l'article 906 du Code civil aucune expression analogue qui soit l'indice d'une fiction ; cette simple remarque, bien qu'elle n'intéresse que la forme de l'article 906, suffirait pour ruiner l'opinion que nous combattons. Au fond, d'ailleurs, nous croyons que, dans la pensée du législateur moderne, si l'enfant simplement conçu peut recevoir des libéralités, ce n'est pas parce qu'on doit, comme en droit romain, le considérer comme né toutes les fois que son intérêt le commande, mais parce qu'il a une certaine existence de fait qui, si rudimentaire qu'elle soit, appelle une existence de droit tout naturellement. Dans ces conditions et du moment que toute idée de fiction légale est écartée, la règle formulée par l'article 906 du Code civil peut sans inconvénient être étendue d'un cas que le législateur a expressément prévu à un autre qu'il a cru pouvoir passer sous silence ; elle n'a été faite en apparence que pour les personnes physiques, mais, en réalité, elle est applicable également aux personnes morales.

Il a été encore objecté à notre thèse que « c'est au moment du décès du testateur que se déterminent les droits de chacun à sa succession légitime ou testamentaire ; qu'à ce moment les héritiers du sang sont saisis de plein droit à moins qu'ils ne se trouvent en présence d'ayants droit capables de recueillir » et que, par suite, si un établissement légataire n'a été investi de la capacité de recevoir qu'après le décès du testateur, l'acte qui la lui a conférée « ne peut rétroagir à une époque antérieure au décès ni priver les héritiers légitimes de droits à eux acquis par le fait même de ce décès » (Voir l'arrêt précité de la Cour de cassation du 12 avril 1864).

Mais cette objection repose sur une pétition de principe. En effet, pour prétendre qu'en faisant remonter à l'époque du décès du testateur l'effet d'une reconnaissance postérieure, l'on viole les droits acquis aux héritiers légitimes par le fait même de ce décès, nos adversaires sont obligés de supposer qu'un établissement non encore reconnu au moment de la mort du *de cujus* ne jouit pas, même d'une manière simplement conditionnelle, de la capacité de recevoir ; or c'est précisément ce qu'il s'agit de démontrer. Nos contradicteurs résolvent donc la question par la question et leur argumentation est conséquemment dénuée de toute valeur.

Une dernière objection a été dirigée contre notre thèse; elle consiste à dire qu'il est impossible d'assimiler un établissement légataire, qui n'a qu'une existence de fait lors du décès du testateur, à un enfant simplement conçu, parce que la naissance de l'enfant doit fatalement se produire dans un délai plus ou moins bref, tandis que la reconnaissance de l'établissement peut n'avoir lieu que de nombreuses années après la mort du *de cujus*; or il est inadmissible, ajoute-t-on, que le sort des dispositions testamentaires reste indéfiniment en suspens ou, du moins, qu'il risque de demeurer dans l'indécision pendant trente ans, c'est-à-dire jusqu'à ce que les droits prétendus de l'établissement légataire soient éteints par la prescription.

Si réellement notre opinion devait avoir un pareil résultat, nous n'hésiterions pas à la répudier; mais l'éventualité indiquée par nos contradicteurs n'est pas à redouter et leur crainte nous paraît absolument chimérique. Elle n'a pu naître que dans l'esprit de théoriciens étrangers aux choses de l'administration; c'est ce qu'a fort bien démontré M. Marguerie.

« Nous croyons, dit-il, que la jurisprudence administrative peut apporter un correctif nécessaire et indispensable aux conséquences extrêmes du système que nous défendons. — Lorsqu'une donation ou un testament contient une libéralité au profit d'un établissement non autorisé, le gouvernement est d'ordinaire mis en demeure de se prononcer au moment de la donation ou de l'ouverture de la succession, soit par les auteurs de la libéralité ou leurs représentants, soit par l'établissement gratifié, tant sur la reconnaissance de l'établissement que sur l'acceptation de la libéralité. Lorsque le gouvernement estime que l'établissement n'est pas en situation d'être autorisé, il prononce à l'égard de la libéralité par la formule suivante que l'on peut lire dans de nombreux décrets : *il n'y a pas lieu de statuer sur la libéralité faite à....., cet établissement n'ayant pas d'existence légale*. Si l'établissement obtenait ultérieurement la reconnaissance légale et venait solliciter l'autorisation d'accepter une libéralité qui aurait été l'objet d'une semblable disposition de décret, les héritiers seraient fondés, suivant nous, à se prévaloir, au besoin par la voie contentieuse, de la première décision du gouvernement. »

En définitive, nous croyons que l'on peut répondre d'une façon satisfaisante aux différentes objections qui ont été présentées contre notre système ; il nous est donc permis d'affirmer que rien ne s'oppose à la validité des dons et legs qui, tout en s'adressant à des établissements non encore reconnus au moment de la donation ou du décès du testateur, ont été faits sous la condition expresse ou sous-entendue que l'établissement donataire ou légataire serait ultérieurement reconnu.

86. C'est à l'autorité judiciaire de prononcer sur le point de savoir si un don ou un legs fait à un établissement qui n'a été l'objet d'une reconnaissance légale qu'après la donation ou le décès du testateur peut être considéré comme s'adressant à un établissement capable et si, par suite, il est valable, mais il se peut que les juges civils n'aient pas encore tranché cette question lorsque le gouvernement est appelé à autoriser l'acceptation du don ou du legs, en vertu de l'article 910 du Code civil : or, le gouvernement a le droit et le devoir de subordonner sa décision à l'examen de la capacité de l'établissement donataire ou légataire, sauf à réserver les droits de l'autorité judiciaire s'il autorise l'acceptation du don ou du legs. L'appréciation de la capacité de l'établissement donataire ou légataire relève ainsi, à des points de vue différents, des pouvoirs administratif et judiciaire. Nous avons dit comment l'article 906 du Code civil est interprété par la jurisprudence judiciaire ; il nous reste à indiquer de quelle façon l'entend la jurisprudence administrative.

Pendant longtemps, le Conseil d'État s'est montré défavorable à l'autorisation de l'acceptation de libéralités faites entre vifs ou par testament à un établissement dont la reconnaissance légale était postérieure à la donation ou au décès du testateur.

Voici, en effet, d'après M. Marguerie (1), les passages essentiels d'avis rendus en 1834 et 1838 :

---

(1) Marguerie, *Etude sur les libéralités faites aux établissements non reconnus* (*Revue critique*, 1878, t. XLIV. p. 515-516).

« L'autorisation d'un legs ou d'une donation faits à un établissement non encore autorisé impliquerait sa reconnaissance à une époque où il n'existait pas légalement. Elle ne peut donc être donnée, bien que cet établissement ait été reconnu depuis » (Avis des 14 mai 1834 et 11 mai 1838).

« L'autorisation ne peut pas être donnée alors même que, d'après les termes du testament ou de la donation, la libéralité aurait été subordonnée au cas où l'établissement viendrait à être autorisé » (Avis du 18 avril 1834). Cet avis porte qu'en effet « des motifs puissants d'ordre public s'opposent à ce qu'une pareille clause puisse valider une disposition nulle en elle-même et présenter ainsi un moyen trop facile d'éluder les lois qui ont voulu frapper d'interdit les établissements ecclésiastiques dont l'existence est illégale ».

Mais vers 1860, ainsi que l'explique M. Marguerie, un revirement s'est produit dans la jurisprudence du Conseil d'État et il a été admis que le gouvernement peut, par un même décret, reconnaître un établissement et l'autoriser à accepter les libéralités qui lui ont été faites à une époque où il n'avait qu'une existence de fait. Cette jurisprudence est encore aujourd'hui en vigueur et elle se pratique journellement (1).

Toutefois, il convient de reconnaître que le Conseil d'État

---

(1) Avis de la sect. de l'Int. du 17 janvier 1883 (n° 42,447). — La section de l'Intérieur qui a pris connaissance d'un projet de décret tendant notamment à autoriser l'acceptation d'un legs fait par la dame veuve Bouvet à l'établissement des Petites-Sœurs des Pauvres existant en fait au Mans ; — Considérant que l'établissement des Petites-Sœurs des Pauvres existant au Mans est dépourvu d'existence légale ; que les traités intervenus entre cette congrégation et la ville du Mans au sujet de la création et de l'administration dudit établissement n'ont pu avoir pour effet de lui conférer la personnalité civile et la capacité de recevoir des libéralités entre vifs ou testamentaires ; — Considérant toutefois que les services rendus au Mans par les Petites-Sœurs des Pauvres sont favorablement appréciés de la population ; que les sacrifices consentis par la ville en vue de l'agrandissement de leurs établissements témoignent de son utilité ; que dans ces conditions la reconnaissance légale de cet établissement pourrait paraître justifiée ;

Est d'avis qu'en l'état les Petites-Sœurs des Pauvres du Mans ne peuvent être autorisées à recueillir le legs de la dame veuve Bouvet ; que cependant il y a lieu de surseoir à statuer sur cette libéralité jusqu'à ce que la congrégation ait été invitée à demander, si elle le juge convenable, la reconnaissance légale de son établissement du Mans. (M. Cottu, rapporteur.)

a une tendance à ne l'appliquer en matière de legs qu'autant que les héritiers du testateur ne s'opposent pas à l'exécution des libéralités faites par leur auteur ; c'est ce qui résulte notamment d'une note de la section de l'Intérieur de 1873 (1).

Mais, si la haute assemblée attache la plus grande importance au consentement des héritiers, elle ne va pas jusqu'à le considérer comme absolument indispensable. Une note de la

---

(1) Cette note est rapportée ou plutôt analysée par M. Marguerie en ces termes : « La section de l'Intérieur a été appelée à se prononcer sur l'espèce suivante : un legs avait été fait à un établissement reconnu, mais reconnu postérieurement au décès du testateur, auteur de la libéralité. Pouvait-on, dans ce cas, autoriser l'établissement légataire à accepter le legs ?

« Suivant les principes du droit civil (art. 906), le légataire doit être au moins conçu à l'époque du décès du testateur ; doit-on, par analogie, exiger qu'un établissement institué légataire soit pourvu, pour avoir la capacité de recevoir, de la reconnaissance légale au moment du décès du testateur ? Sur ce point, les auteurs comme la jurisprudence ont mis en avant plusieurs systèmes.

« D'après un premier système, la disposition testamentaire faite en faveur d'un établissement non reconnu à l'époque du décès du testateur est radicalement nulle ; aucune volonté expresse ou tacite du testateur ne saurait couvrir cette nullité. — Suivant un second système, la nullité pourrait être couverte si le testateur avait déclaré dans son testament subordonner l'effet de sa disposition à la reconnaissance postérieure de l'établissement ; aux yeux de ceux qui soutiennent cette opinion, le legs était conditionnel et la condition n'avait rien de contraire aux lois. — Enfin, d'autres personnes vont plus loin et considèrent que la condition dont il vient d'être parlé est toujours sous-entendue, et que, par suite, le legs fait à un établissement non reconnu à l'époque du décès du testateur, mais reconnu postérieurement, est valable.

« La section n'avait pas à entrer dans l'examen de ces différents systèmes, qui sont du ressort exclusif de l'autorité judiciaire. Elle n'en a pas moins cru, dans les affaires ci-dessus rappelées, pouvoir et devoir accorder aux établissements légataires l'autorisation d'accepter la libéralité faite en leur faveur. *Elle y a été déterminée par ce fait que les héritiers avaient donné leur consentement* et qu'ainsi la question de droit ne se posait pas. La section a tenu à faire ressortir les motifs qui la guidaient, en ajoutant au dispositif ordinaire du décret que l'établissement était autorisé à accepter le bénéfice, non seulement du legs qui lui était fait, mais encore du consentement donné à son exécution. Et l'on ne peut pas dire qu'il y ait, dans le fait de ce consentement, une libéralité de la part de l'héritier, assujettie par suite aux formes des donations. En effet, tel qui ne voudrait pas personnellement faire une libéralité à l'établissement légataire entend au contraire respecter la volonté de son auteur et se considère comme moralement obligé, non pas à faire un don, mais à exécuter la disposition testamentaire. »

section de l'Intérieur, du 30 juillet 1884, porte que l'autorisation d'un legs fait à un établissement qui n'a été reconnu qu'après la mort du testateur peut être accordée « alors *surtout* que les héritiers naturels donnent leur consentement » (1), ce qui laisse à entendre que, si le consentement des héritiers du sang est une circonstance qui milite puissamment en faveur de l'autorisation, il n'en est pas néanmoins une condition essentielle.

La véritable pensée du Conseil d'État apparaît d'ailleurs clairement dans les termes dont il se sert pour rejeter une demande en autorisation lorsqu'il ne juge pas opportun de passer outre à l'opposition des héritiers ; le projet de décret qui sort de ses délibérations porte que « tel établissement n'est pas autorisé à accepter le legs qui lui a été fait » et non pas : « Il n'y a pas lieu de statuer sur le legs fait à tel établissement, cet établissement n'ayant pas d'existence légale au moment du décès du testateur. »

Aux termes d'une note du 29 juin 1892, la section de l'Intérieur s'est prononcée contre l'usage de cette seconde formule en se fondant sur ce qu'elle « n'est pas en harmonie avec la jurisprudence de la section qui reconnaît capacité aux établissements d'utilité publique pour accepter les legs qui leur sont faits lorsqu'ils ont été reconnus après le décès du testateur » (2).

---

(1) Note de la sect. de l'Int. du 30 juillet 1884 (n° 51,180). — La section de l'Intérieur, des Cultes, de l'Instruction publique et des Beaux-Arts du Conseil d'État, qui a pris connaissance du projet de décret ci-joint, relatif notamment à un legs de 2,000 francs fait par le sieur Limandas à la Société de secours mutuels des ouvriers de tous états à Trévoux (Ain), désirerait, avant de statuer, qu'il fût procédé à une instruction sur cette libéralité. — Le projet de décret porte, en effet, qu'il n'y a pas lieu de statuer sur ce legs, l'association instituée ayant été approuvée seulement le 1er novembre 1883, c'est-à-dire postérieurement au décès du testateur, survenu le 4 mars de la même année. Or, suivant les principes du droit civil (art. 906), le légataire doit être au moins conçu à l'époque du décès du testateur. Mais la section croit devoir rappeler que le Conseil d'État ne s'est point montré aussi rigoureux et que, d'après une jurisprudence constante, il accorde aux établissements légataires dans cette situation l'autorisation d'accepter les dispositions faites en leur faveur, alors surtout que les héritiers naturels donnent leur consentement et que la question de droit ne paraît pas devoir être soulevée, ce qui est le cas dans l'espèce actuelle. (M. Mourier, rapporteur.)

(2) Note de la sect. de l'Int. 29 juin 1892 (n° 92,476). — La section de l'Intérieur, tout en adoptant le projet de décret tendant à statuer sur les

Au surplus, il est constant que le Conseil d'État a, sans s'arrêter à l'opposition des héritiers, adopté divers projets de décret qui tendaient à autoriser l'acceptation de legs faits à des établissements qui n'avaient été reconnus qu'après la mort des testateurs; ce serait donc une erreur que de croire qu'il fait toujours dépendre sa décision du consentement des héritiers; à l'occasion il s'en passe.

---

legs faits par le sieur Puech, a cru devoir modifier la rédaction proposée pour l'article 2 relatif au legs fait à l'Œuvre des orphelines de Brassac, cette rédaction n'étant pas en harmonie avec la jurisprudence de la section qui reconnaît capacité aux établissements d'utilité publique pour accepter les legs qui leur sont faits, lorsqu'ils ont été reconnus après le décès du testateur. (M. Bienvenu Martin, rapporteur.)

CHAPITRE II.

DES DIVERSES ESPÈCES D'ÉTABLISSEMENTS CAPABLES DE RECEVOIR.

§ 1er. — *Observations préliminaires. Personnalité morale et individualité financière. Sociétés civiles et commerciales. Divisions et subdivisions des établissements capables.*

87. Il y a deux sortes de personnes morales : les personnes morales publiques et les personnes morales privées. Celles-ci sont gouvernées uniquement par le droit privé, tandis que celles-là relèvent, avant tout, du droit public (1).

Les personnes morales privées, ce sont les sociétés commerciales et, dans une certaine mesure, les sociétés civiles; elles se forment librement. Quant aux personnes morales publiques, elles ne se constituent qu'en vertu d'un acte de l'autorité souveraine et elles sont ordinairement désignées par l'expression *d'établissements légalement reconnus*.

Les établissements érigés à l'état de personnes morales publiques en vertu d'une reconnaissance légale jouissent du droit de recevoir des libéralités; au contraire, ce privilège fait défaut, suivant nous, aux personnes morales privées : les sociétés civiles et commerciales ne sauraient être instituées ni donataires ni légataires.

A la vérité, un jugement du tribunal civil de la Seine du 30 mars 1881 (2), concernant un legs fait à une société anonyme

---

(1) Ducrocq, *Cours de droit administratif*, 6e édit., t. II, n° 903, p. 103.

(2) Trib. civil de la Seine 30 mars 1881. — Le tribunal ; — Attendu que Emile Bourdier est décédé à Paris le 1er avril 1879, laissant un testament ainsi conçu : « J'institue pour mon légataire universel la compagnie dite Société des Sciences psychologiques, à la charge par elle

à capital variable, la Société des sciences psychologiques, a déclaré les sociétés commerciales aptes à acquérir à titre gratuit, sous prétexte qu'elles ont la qualité de personnes morales, et il semble, à en juger par l'un des motifs d'un arrêt du 2 janvier 1894 (V. *supra*, n° 42), que la Cour de cassation partage cette manière de voir.

Mais la doctrine formulée par le jugement du Tribunal civil de la Seine du 30 mars 1881 et incidemment indiquée par

---

de faire tirer une reproduction de mon ouvrage, les *Rudiments spirites*, au moins tous les deux ans; son siège social est rue des Petits-Champs, passage des Trois-Pavillons, et son directeur actuel, M. Leymarie. Dans le cas où nos lois s'opposeraient à mes volontés, je lègue tous mes biens, meubles et immeubles, à la commune de Brunoy (Seine-et-Oise), à la charge par elle de faire une création utile. — Paris, 20 février 1879 »; — Attendu que Leymarie, agissant au nom et comme administrateur général de la Société des Sciences psychologiques, dont le siège est à Paris, rue Neuve-des-Petits-Champs, passage des Trois-Pavillons, ladite société constituée suivant acte reçu par M° Vassal, notaire à Paris, le 25 juillet 1869, sous la dénomination: Société anonyme à parts d'intérêt et à capital variable de la Caisse générale et centrale de spiritisme; puis, postérieurement, sous la dénomination de : Société pour la continuation des œuvres spirites d'Allan Kardec, a fait assigner, suivant exploit du 27 novembre 1879 : 1° le maire de Brunoy, comme représentant la commune de Brunoy, légataire universelle substituée; — 2° M. Bourdier, héritier en ligne collatérale du *de cujus*, aux fins d'envoi en possession de la succession Bourdier;

... Sur le moyen fondé sur l'incapacité de la Société, dite Société pour la continuation des œuvres d'Allan Kardec, de recevoir par testament : — Attendu que les sociétés régulièrement organisées constituent des personnes morales, distinctes des associés eux-mêmes et capables d'avoir des droits propres; que si cette règle a parfois été mise en doute en ce qui concerne les sociétés civiles, elle a toujours été reconnue comme certaine à l'égard des sociétés commerciales; que, dès lors, ces sociétés ayant la personnalité civile ont la jouissance et l'exercice de tous les droits civils compatibles avec leur nature; qu'elles peuvent acquérir et posséder; qu'aux termes de l'article 902 du Code civil, elles peuvent recevoir, soit par donation entre vifs, soit par testament; — Attendu que si l'article 910 du Code civil soumet l'efficacité des dispositions entre vifs ou testamentaires faites au profit des hospices et des établissements d'utilité publique à l'autorisation administrative, cet article suppose la capacité de recevoir aux personnes morales qu'il désigne; que, par des raisons d'ordre public, faciles à comprendre, il soumet seulement les libéralités qui leur sont faites au contrôle et à l'autorisation du gouvernement; — Attendu que si la capacité indéfinie de recevoir peut présenter certains inconvénients, en ce qui concerne les sociétés anonymes soustraites, depuis 1867, à la tutelle administrative, ces inconvénients, qui trouveraient d'ailleurs leur limite dans les prescriptions d'ordre public, sont les conséquences du régime de liberté inauguré par le législateur; — Par ces motifs, etc.

l'arrêt du 2 janvier 1894 est évidemment fausse. D'abord il est constant qu'aucun texte législatif ne confère en termes exprès la personnalité morale ni aux sociétés civiles ni aux sociétés commerciales et que, si plusieurs articles du Code civil et du Code de commerce admettent implicitement l'individualité juridique des sociétés civiles et commerciales, ce n'est que dans des limites relativement étroites et en vue d'objets nettement déterminés. Les sociétés civiles et commerciales n'ont pas été investies en bloc par le législateur de tous les attributs de la personnalité morale; il leur en a été octroyé seulement quelques-uns qui ont été limitativement énumérés par des dispositions spéciales; les autres ne leur appartiennent pas. Or, c'est en vain que parmi les privilèges dont le législateur a formellement doté les sociétés civiles et commerciales l'on chercherait la faculté de recevoir des libéralités; elle n'est visée par aucune disposition particulière et par suite, elle excède les bornes de la personnalité des sociétés.

Mais ce n'est pas tout: les acquisitions à titre gratuit répugnent à la notion du contrat de société telle qu'elle résulte de l'article 1832 du Code civil, applicable en matière commerciale comme en matière civile: « La société, dit cet article, est un contrat par lequel deux ou plusieurs personnes conviennent de mettre quelque chose en commun dans la vue de partager le bénéfice qui pourra en résulter ».

De cette définition il résulte que ce qui est mis en commun par des associés c'est uniquement ce qu'ils apportent eux-mêmes en échange du droit de participer aux gains de l'entreprise sociale; le fonds commun prévu par l'article 1832 du Code civil ne comprend que des biens dont les associés ont abandonné la propriété ou la jouissance à la société pour s'assurer des avantages corrélatifs; en d'autres termes, il ne se constitue et ne se développe qu'au moyen de mises qui sont essentiellement des actes à titre onéreux puisque ceux qui les effectuent ne donnent que pour recevoir. Si des dispositions faites *à titre gratuit* en faveur de la société par l'un des associés ou par toute autre personne viennent grossir le fonds social, l'on s'écarte des prévisions de l'article 1832 du Code civil; l'on tend à faire sortir la société des cadres qui lui ont été assignés par le législateur. Cette simple considération suffirait pour condamner la solution qu'a consacrée le jugement du tribunal civil de la Seine du 30 mars 1881; l'on ne reste dans la vérité juridique qu'en déniant aux sociétés civiles et commerciales le droit de recevoir des libéralités entre vifs ou par testament.

88. Si, contrairement à notre opinion, l'on devait admettre que les sociétés civiles et commerciales tirent de leur individualité juridique le droit de recueillir des dons et legs, il n'y en aurait pas moins lieu d'établir une distinction très nette entre les personnes morales privées et les personnes morales publiques.

Il faut bien se garder de croire, en effet, qu'une agrégation ou une collectivité quelconque est libre de choisir la loi sous laquelle elle vivra et qu'elle peut indifféremment devenir une personne morale privée ou une personne morale publique, suivant qu'elle se réclamera du droit privé ou public.

C'est le législateur lui-même qui a tracé la ligne de démarcation qui sépare le domaine du droit privé de celui du droit public; elle a été fixée une fois pour toutes, à l'avance, et elle ne dépend en aucune façon du caprice des particuliers. Les diverses agrégations ou collectivités se répartissent en deux groupes d'une manière pour ainsi dire mécanique et automatique; elles se rangent de plein droit dans la catégorie des institutions publiques ou dans celle des institutions privées, suivant la nature de l'œuvre qu'elles poursuivent et sans que la volonté des individus qui entrent dans leur composition puisse exercer la moindre influence sur ce classement.

Ainsi une association religieuse, politique ou littéraire ressortit nécessairement au droit public et elle ne peut acquérir la personnalité morale qu'en vertu d'une reconnaissance légale; vainement s'efforcerait-elle d'obtenir les avantages de la vie civile sans le concours de l'autorité souveraine, en s'affublant de la qualité de société civile ou commerciale et, par exemple, en empruntant la forme d'une société en commandite par actions ou d'une société anonyme.

Les dons et legs que l'on ferait à cette association religieuse, politique ou littéraire, plus ou moins habilement déguisée en société commerciale, tomberaient sous le coup des dispositions de l'article 911 du Code civil, d'après lesquelles toute libéralité faite au profit d'un établissement non reconnu et partant incapable est nulle, quel que soit le masque qui dissimule l'identité de l'établissement donataire ou légataire.

Aux termes d'un arrêt précité du 26 février 1849, la Cour de cassation n'a pas hésité à proclamer la nullité d'une donation faite à une communauté religieuse, qui avait été constituée sous la forme d'une société universelle de gains (V. *supra*, nº 59); cette solution doit être généralisée et il convient de dire que, quand bien même les sociétés civiles et commerciales jouiraient, en règle générale, du droit de recevoir des dons et des legs, cette faculté ferait défaut à celles qui ne serviraient qu'à receler des agrégations ou collectivités soumises en raison de leur but aux règles du droit public et destinées, par suite, à ne pas jouir de la personnalité morale, tant qu'elles ne sont pas légalement reconnues. De telles agrégations ou collectivités ont beau se parer du nom de sociétés civiles ou commerciales, elles n'en sont pas moins dépourvues de toute individualité juridique. Leur nature s'oppose à ce qu'elles soient regardées comme des personnes morales privées et, à défaut de reconnaissance légale, elles ne forment pas des personnes morales publiques.

89. Nous venons de montrer qu'il convient de distinguer entre les sociétés civiles ou commerciales qui jouissent naturellement d'une certaine individualité juridique, par application des dispositions du Code civil et du Code de commerce, et les agrégations ou collectivités qui, d'après les principes du droit public, n'acquièrent la personnalité morale qu'en vertu d'une reconnaissance légale; il est non moins nécessaire de ne pas confondre les établissements légalement reconnus et érigés à l'état de personnes morales publiques avec les services publics qui sont investis simplement d'une individualité financière.

Cette distinction de la personnalité civile et de l'individualité financière présente une importance capitale; elle a été mise pour la première fois en lumière par MM. Marques di Braga et Camille Lyon dans leur Traité de la *Comptabilité de fait* (nºs 170 et suiv.).

Un service public est pourvu de l'individualité financière lorsqu'il a, en propre, un budget, un ordonnateur, un receveur, un payeur et des comptes; la personnalité morale produit des effets essentiellement différents: elle rend un service public apte à avoir un patrimoine particulier et à s'enrichir par les voies de droit commun, notamment au moyen de dons et de legs.

Or rien n'empêche qu'un service national, départemental ou communal obtienne une existence financière indépendante sans cependant qu'il se détache de l'Etat, du département ou de la commune au point de vue de la vie civile, de même qu'il peut être doté d'un patrimoine autonome, sans cesser de se confondre avec l'Etat, le département ou la commune, en ce qui concerne sa gestion financière.

Nous nous bornons, quant à présent, à énoncer le principe; nous en trouverons de nombreuses applications dans les paragraphes suivants.

Nous verrons, par exemple, que les sections de communes prévues par les articles 6 de la loi du 18 juillet 1837 et 7 de la loi du 5 avril 1884 jouissent de biens et de droits distincts de ceux des communes; elles sont investies de la personnalité morale. Mais à cette personnalité civile ne correspond aucune individualité financière; les sections de communes n'ont ni budgets, ni comptes, ni comptables qui leur soient propres.

A l'inverse, si l'on considère le groupement de communes qui sert de base à l'institution du fonds de cotisations municipales, l'on se trouve en présence d'une individualité financière nettement caractérisée à laquelle ne se rattache aucune personnalité civile.

Ces exemples choisis entre tant d'autres que nous aurions pu citer permettent d'apprécier à sa juste valeur le principe formulé d'une façon si saisissante par MM. Marques di Braga et Camille Lyon.

La distinction de la personnalité civile et de l'individualité financière ne doit pas être oubliée si l'on veut dresser aussi exactement que possible la liste des établissements capables de recevoir; l'on doit se garder tout à la fois d'exclure de cette liste les établissements qui ont un patrimoine propre, bien qu'ils ne possèdent ni budget, ni compte, ni comptable et d'y faire figurer des établissements qui, s'ils sont pourvus d'un organisme financier plus ou moins complet, n'ont pas et ne peuvent pas avoir de patrimoine autonome.

90. Les personnes morales publiques sont qualifiées le plus souvent d'*établissements légalement reconnus*.

Elles se divisent en deux grandes classes, dont l'une correspond aux *établissements publics* et l'autre aux *établissements d'utilité publique.*

Nous nous proposons d'étudier en détail les caractères et les conditions d'existence de ces diverses personnes morales dans un Traité spécial; nous devons nous contenter de fournir ici, d'une façon sommaire, les quelques notions qui sont indispensables à l'intelligence de la matière des dons et legs.

Les *établissements publics* sont des organes de l'administration publique doués de la personnalité civile.

Les *établissements d'utilité publique*, au contraire, ne constituent à aucun degré des rouages de la machine administrative; ce sont des établissements plutôt privés que publics, fondés et entretenus par des particuliers et investis par l'autorité souveraine de la qualité de personnes morales, à cause de l'utilité générale ou locale qu'ils présentent ou sont censés présenter. L'on pourrait, avec un auteur, les appeler des « établissements privés d'utilité publique (1) ».

Notre définition des établissements publics est assez large pour s'appliquer tout à la fois à l'État, aux départements, aux communes, aux colonies, aux services publics pourvus d'une existence civile autonome et même, dans une certaine mesure, aux pauvres. Ces derniers forment en effet, dans chaque commune, une collectivité qui a son mandataire pris dans les rangs de l'administration publique et une personnalité morale distincte de celle de la commune et des établissements municipaux de bienfaisance et d'assistance.

Mais ce n'est qu'en théorie que l'on prend l'expression d'*établissements publics* dans un sens aussi étendu; elle est exclusivement réservée, dans la pratique, aux services natio-

(1) Block, *Dictionnaire de l'administration française*, v° ÉTABLISSEMENTS PUBLICS.

naux, départementaux, communaux et coloniaux qui ont été érigés à l'état de personnes civiles.

« Pour mieux assurer l'accomplissement de quelques services publics, expose M. Aucoc (1), le législateur a cru utile d'en confier la gestion à des autorités spéciales, dans lesquelles il a espéré trouver une compétence et un zèle particuliers et il a personnifié les intérêts spéciaux auxquels pourvoyaient ces autorités, comme il avait personnifié les intérêts généraux dans l'État, les intérêts locaux dans les départements et les communes. Ainsi, à côté de l'État, des départements et des communes, il y a d'autres personnes publiques qui ont une existence civile distincte, qui ont le droit d'avoir des propriétés, des ressources spéciales, indépendantes de celles de l'État et des communautés territoriales. C'est ce que l'on appelle les établissements publics » (2).

M. Aucoc dit encore : « Le mot établissement public indique une personne civile, ayant une existence distincte et des ressources propres, créée pour la gestion d'un service public ».

Dans la langue usuelle l'on oppose donc les établissements publics non seulement aux établissements d'utilité publique mais encore à l'État, aux départements, aux communes et aux colonies dont ils sont en quelque sorte des démembrements; l'on divise en deux catégories les organes de l'administration publique pourvus de la personnalité civile : d'un côté, l'on met les établissements publics et, de l'autre, l'État, les départements, les communes et les colonies.

Quant aux établissements d'utilité publique, ils sont loin de comprendre, dans la pratique comme en théorie, l'universalité des établissements qui, tout en étant légalement reconnus, ont un caractère privé et ne peuvent être considérés comme des organes de l'administration publique. Non seulement, si l'on emploie le langage courant, l'on doit distinguer les congrégations et communautés religieuses des associations ou sociétés ordinaires qui seules peuvent devenir des établissements d'utilité publique, mais encore il faut laisser en dehors

---

(1) Aucoc, *Conférences sur l'administration et le droit administratif*, 3e édit., t. I, n° 198, p. 349.
(2) Aucoc, *op. cit.*, p. 351.

des établissements d'utilité publique et cataloguer séparément les associations et sociétés qui, comme les syndicats professionnels, ne tirent pas leur reconnaissance d'un acte spécial de l'autorité publique, mais d'une disposition législative générale.

En définitive, les termes d'*établissement public* et d'*établissement d'utilité publique* ont deux significations, l'une large et l'autre étroite, l'une théorique et l'autre pratique.

Scientifiquement, toutes les personnes morales publiques, c'est-à-dire toutes les personnes morales autres que les sociétés civiles et commerciales, constituent soit des établissements publics, soit des établissements d'utilité publique ; mais, si l'on se place à un point de vue empirique, la nomenclature des personnes morales publiques est plus compliquée ; elle comprend, indépendamment des établissements publics et d'utilité publique, l'État, les départements, les communes, les colonies, les pauvres, les congrégations et communautés religieuses autorisées, les associations syndicales et les syndicats professionnels ; nous étudierons successivement ces différentes espèces de personnes morales.

§ 2. — *État.*

91. L'État est la personne morale par excellence, celle dont émanent toutes les autres.

Il a la personnalité morale sans qu'elle lui ait été expressément conférée par aucune disposition législative ; il en jouit par la force même des choses ; sa capacité est plutôt naturelle qu'artificielle. Le jour même où l'État est né, il est entré de plein droit dans la vie civile et l'on ne comprend pas comment il aurait pu en être autrement, car, si l'État était dénué d'individualité juridique, il serait réduit à l'impuissance et empêché de remplir sa destinée ; il constituerait un véritable non-sens.

Au surplus, la personnalité civile de l'État est universellement admise. MM. Aubry et Rau et M. Laurent l'ont proclamée (1) ; de son côté, M. Aucoc s'exprime ainsi : « Les

(1) Aubry et Rau, *Cours de droit civil français*, 4e édit., t. I, § 54, p. 185 ; — Laurent, *Droit civil*, 3e édit., t. I, n° 292.

intérêts généraux de l'ensemble des citoyens français sont personnifiés dans l'État. L'État a son existence propre, ses propriétés, ses droits, ses charges et ses ressources » (1). M. Ducrocq n'est pas moins explicite. « L'État, dit-il (2), peut être envisagé dans le droit sous deux aspects, comme puissance publique et comme personne civile ou morale... L'État considéré comme être collectif, comme individu, est investi de droits et d'obligations analogues ou identiques à ceux des particuliers; il possède, il est propriétaire, il peut aliéner, il peut acquérir à titre onéreux ou à titre gratuit, comme le font les simples citoyens; comme eux, il a des créances et des dettes de capitaux ou de rentes ».

Ce qui est le plus intéressant à retenir des explications du savant professeur, c'est que l'État peut acquérir à titre gratuit; il puise dans son individualité juridique le droit de recevoir des dons et des legs.

92. L'État a des fonctions aussi nombreuses que variées; il manifeste son activité sous des aspects multiples; néanmoins, sa personnalité est une.

Telle est l'opinion courante, à laquelle nous croyons devoir nous ranger.

Elle a été combattue par MM. Marques di Braga et Camille Lyon qui, dans leur traité de la *Comptabilité de fait* (n° 172), considèrent l'État comme un être composé et non comme un être simple. Ils repoussent la conception « d'une personnalité civile qui serait unique dans son essence, mais multiple dans ses manifestations extérieures » et ils enseignent que l'État renferme dans son sein autant de personnes morales que de services publics généraux. En conséquence, ils admettent « l'existence d'une personnalité propre et distincte pour chacun des départements ministériels, pour le Trésor, pour le domaine national », et même pour « les grandes administrations de perception qui alimentent le Trésor public, celles qu'on appelle souvent les régies financières ».

---

(1) Aucoc, *Conférences sur l'administration et le droit administratif*, 3e édit., t. I, n° 48, p. 118.

(2) Ducrocq, *Cours de droit administratif*, 6e édit., t. II, nos 905 et 906, p. 103-104.

MM. Marques di Braga et Camille Lyon fondent leur thèse sur ce que les départements ministériels, le Trésor, le Domaine et les régies financières jouissent d'un patrimoine particulier et sont représentés en justice par des mandataires spéciaux; ils se réclament d'ailleurs de la jurisprudence administrative et judiciaire.

Nous croyons, quant à nous, que leur argumentation repose sur une équivoque.

Il est bien vrai qu'au Trésor, au Domaine et à chaque département ministériel ou régie financière correspondent des biens propres et un agent judiciaire distinct, mais au nom de qui ces biens sont-ils acquis et possédés? au nom de qui l'agent judiciaire plaide-t-il? Est-ce au nom du Trésor, du Domaine, du département ministériel, de la régie financière? Nullement, c'est au nom de l'État.

Il a paru opportun de ne pas confier à un seul agent général la gestion des biens et l'exercice des actions de l'État et de diviser la tâche entre les hauts fonctionnaires placés à la tête des grands services publics, mais il n'en résulte aucunement que ces services soient autonomes et jouissent par eux-mêmes de la personnalité civile. Ils forment par leur réunion l'État, qui est une personne civile, mais si on les envisage séparément, ils sont dépouillés de toute vie juridique.

La jurisprudence du Conseil d'État est fixée en ce sens et elle a toujours réprimé les tentatives que les grands services publics ont faites pour s'émanciper et conquérir leur indépendance.

La section de l'Intérieur, saisie d'un projet de décret qui tendait à autoriser l'acceptation d'un legs fait par le sieur Richaud pour les « veuves de marins sans ressources et chargées d'enfants en bas âge ou mineurs » et spécifiait que l'immatriculation des titres de rente légués serait faite *au nom du ministère de la Marine*, a substitué l'État au ministère de la Marine; ce changement de rédaction a fait l'objet d'une note du 13 mars 1889 qui le déclare conforme à la jurisprudence (1).

(1) Note de la sect. de l'Int. du 13 mars 1889 (n° 76,932). — La section de l'Intérieur, de l'Instruction publique, des Cultes et des Beaux-Arts, du Conseil d'État, qui a pris connaissance d'un projet de décret tendant

Plus récemment, le ministère de la Guerre demandait l'autorisation d'accepter un legs de livres et d'armes fait par le sieur Boilleau ; la section de l'Intérieur a fait remarquer, aux termes d'une note du 12 avril 1892 (1), que ce n'était pas au *département de la Guerre* que l'autorisation devait être accordée, mais au ministre de la Guerre agissant au nom de l'État.

La jurisprudence administrative est nettement défavorable à « l'existence d'une personnalité propre et distincte pour chacun des départements ministériels ». Vainement s'efforcerait-on de soutenir le contraire en faisant observer que le libellé des décrets portant autorisation de libéralités faites à l'État ne se borne pas à nommer l'État et spécifie le service public intéressé ; sans doute, ces décrets contiennent ordinairement la clause d'immatriculation « *au nom de l'État (ministère de...)* » mais, si l'on croit nécessaire de désigner le service qui doit profiter de la libéralité, ce n'est pas parce qu'il a qualité pour rien réclamer de son propre chef, c'est parce que, l'État étant suivant les cas représenté par des mandataires différents, l'on ne saurait se dispenser d'indiquer dans chaque espèce le fonctionnaire compétent pour accepter le don ou le legs fait à l'État.

Si l'autonomie des départements ministériels n'est pas admise par le Conseil d'État, celle des régies financières, du Trésor et du Domaine ne l'est pas davantage.

Quant à la jurisprudence judiciaire, il ne nous semble pas

à autoriser divers établissements du Finistère et du Var à accepter les libéralités qui leur ont été faites par le sieur Richaud, tout en l'adoptant, a apporté une modification à l'article 5 : 1° Elle a indiqué que le legs destiné à secourir les veuves de marins est un legs de nue propriété ; 2° Elle a, conformément à la jurisprudence, substitué l'immatriculation *au nom de l'État* des titres de rente à l'immatriculation *au nom du ministère de la Marine*. (M. Bonthoux, rapporteur.)

(1) Note de la sect. de l'Int. du 12 avril 1892 (n° 91,542). — La section de l'Intérieur, des Cultes, de l'Instruction publique et des Beaux-Arts du Conseil d'État, tout en adoptant le projet de décret tendant à autoriser l'acceptation des libéralités faites à divers établissements par le sieur Boilleau a cru devoir substituer dans l'article 2 à la formule d'autorisation accordée « au département de la Guerre » celle qu'elle adopte toujours dans les espèces analogues et qui fait intervenir le ministre de la Guerre au nom de l'État. (M. de Moüy, rapporteur.)

que MM. Marques di Braga et Camille Lyon soient fondés à l'invoquer en faveur de leur thèse. L'arrêt de la cour d'appel de Paris du 1er mars 1889 qu'ils citent à l'appui de leur opinion se contente d'ordonner la délivrance au ministre de la Guerre du legs résultant au profit du 62e régiment d'infanterie de ligne des dispositions de dernière volonté de la baronne Aymard et de décider : 1° qu'une somme de 25,000 francs non grevée d'usufruit sera payée audit ministre; — 2° que l'on emploiera une autre somme de 175,000 francs en un titre de rente sur l'État français immatriculé pour la nue propriété *au nom du ministre de la Guerre* et pour l'usufruit au nom de qui de droit (1) ; mais la Cour ne dit pas qui le ministre de la Guerre représente dans l'espèce, si c'est le *ministère de la Guerre* ou l'*État*. Il n'y a donc rien dans l'arrêt du 1er mars 1889 qui vienne confirmer la thèse de MM. Marques di Braga et Camille Lyon.

---

(1) Le 24 novembre 1886, le tribunal civil de la Seine a rendu le jugement suivant : — « Le tribunal ; — Joint, à raison de leur connexité, la demande de nullité de testament, formée par la princesse de Morra contre Coutant, et la demande en délivrance de legs, formée contre ce dernier par le ministre de la Guerre, et statuant par un seul et même jugement ;

« En ce qui touche l'intervention du ministre de la Guerre dans la première demande ; — Attendu que l'intervenant a qualité pour agir, comme représentant le 62e régiment d'infanterie de ligne, lequel est bénéficiaire d'un legs particulier, résultant à son profit du testament qui est attaqué par la princesse de Morra ; qu'il a de plus intérêt à combattre les prétentions de cette dernière puisque, le testament venant à être annulé, le legs dont il s'agit tomberait en même temps ; que l'intervention est donc recevable ;

« En ce qui touche la demande principale de la princesse de Morra ;...

« En ce qui touche les conclusions reconventionnelles de Coutant à la fin de dommages-intérêts ;...

« En ce qui touche la demande principale du ministre de la Guerre ; — Attendu que cette demande n'est pas contestée par Coutant qui déclare s'en rapporter à justice sur son admission ; que, quant aux dépens qu'elle a entraînés, ils devraient incomber à la succession, d'après l'article 1016 du Code civil, si le légataire universel n'avait été empêché de consentir la délivrance qui est aujourd'hui poursuivie par le ministre de la Guerre, à raison du procès dirigé contre lui par la princesse de Morra; qu'il y a lieu de les laisser à la charge du légataire particulier ;

« Par ces motifs ; — Reçoit le ministre de la Guerre intervenant dans l'instance engagée par la princesse de Morra et Coutant ; — Donne acte

Dès lors, nous ne pouvons que persister dans l'opinion que nous avons émise : à nos yeux la personnalité de l'État se caractérise par l'unité et non par la multiplicité.

93. Si l'État est un être simple et ne se décompose pas en autant d'individualités distinctes qu'il y a de services publics nationaux, ceux-ci n'en peuvent pas moins être institués donataires ou légataires.

Ils n'ont pas par eux-mêmes la capacité de recevoir, mais ils empruntent celle de l'État ; ils vivent, en effet, de la vie de l'État ou plutôt ils ne sont que les formes diverses que cette grande personne morale revêt pour travailler à la satisfaction des intérêts généraux.

Ainsi l'Université n'est plus pourvue de la personnalité civile depuis la loi du 7 août 1850 (art. 14), mais n'est-ce pas l'État enseignant ? Les musées nationaux, tels que ceux du Louvre et de Versailles, ne constituent pas des êtres moraux ; mais n'est-ce pas l'État propageant la connaissance et le goût des beaux-arts ? Les cours et tribunaux manquent absolument de vie juridique ; mais n'est-ce pas l'État rendant la justice ? Les armées de terre et de mer ne figurent pas davantage au

---

à ce dernier de ce qu'il a renoncé à exiger de la princesse de Morra la caution *judicatum solvi ;* — Déclare la princesse de Morra mal fondée dans ses demande, fin et conclusions, tant principales que subsidiaires, et l'en déboute ; — Déclare Coutant également mal fondé dans ses conclusions reconventionnelles, à fin d'allocation de dommages-intérêts, et l'en déboute ; — Condamne la princesse de Morra aux dépens de la demande contre Coutant et de l'intervention du ministre de la Guerre. Ordonne la délivrance au ministre de la Guerre du legs particulier résultant, au profit du 62e régiment d'infanterie de ligne, tant du testament de la baronne Aymard, du 6 mars 1881, que d'un codicille du 16 du même mois, ensemble les intérêts de la somme non grevée d'usufruit, à partir du jour de la demande ; — Ordonne, en conséquence, que Coutant payera au ministre de la Guerre la somme de 25.000 francs, non grevée d'usufruit, avec les intérêts à 5 0/0, à partir de ce jour ; — Ordonne également que Coutant emploiera la somme de 175,000 francs en un titre de rente sur l'État français, immatriculé pour la nue-propriété au nom du ministre de la Guerre, et pour l'usufruit, au nom de qui de droit, dans les termes du testament du 6 mars 1881 et du codicille du même mois ; — Condamne le ministre de la Guerre aux dépens de la demande par lui formée contre Coutant. »

Appel a été interjeté de ce jugement, mais la Cour de Paris a confirmé purement et simplement la décision des premiers juges par arrêt du 1er mars 1889.

nombre des personnes morales; mais n'est-ce pas encore l'État veillant à la sécurité du territoire national?

Dans ces conditions, il est permis d'adresser des libéralités à l'Université (1), aux musées nationaux (2), aux cours et tribunaux (3), aux armées de terre et de mer (4); n'importe qu'ils soient incapables, car le véritable donataire ou légataire c'est l'État et l'État jouit d'une capacité incontestable.

D'une façon générale, il est loisible de faire des dons ou des legs aux services publics nationaux ou à leurs annexes et dépendances; ces libéralités doivent être regardées comme faites à l'État lui-même et, par suite, elles sont valables.

Dans les *Notes de Jurisprudence* publiées en 1892 sous le haut patronage de M. Georges Coulon, président de la section de l'Intérieur du Conseil d'État, se trouve formulée la règle suivante : « Lorsqu'une libéralité est faite au profit d'un service public de l'État qui n'a pas la personnalité civile, elle est considérée comme faite à l'État et doit être acceptée par le ministre dans le département duquel rentre ce service, au nom de l'État et pour le compte de ce service » (5). Ce principe général comporte de nombreuses applications.

---

(1) Un décret a autorisé l'acceptation d'une libéralité faite à l'Université de France (D. 5 novembre 1877; *Bull. des lois* 1877, partie principale, t. II, p. 1078).

(2) Un décret a autorisé l'acceptation de libéralités faites au musée du Louvre et au musée de Versailles (D. 8 janvier 1889; *Bull. des lois*, 1889, partie principale, t. I, p. 34).

(3) V. *infra*, n° 94, pour les dons et legs aux cours et tribunaux.

(4) Des décrets ont autorisé l'acceptation de libéralités faites aux armées de terre et de mer (D. 2 janvier 1888, *Bull. des lois*, 1888, partie principale, t. I, p. 278), à un régiment (D. 3 septembre 1888, *Bull. des lois*, 1888, partie principale, t. II, p. 439), à un hôpital militaire (D. 27 mai 1887, *Bull. des lois*, 1887, partie principale, t. I, p. 1136), à l'hôtel des Invalides de Paris (D. 18 mai 1883, *Bull. des lois*, 1883, partie principale, t. II, p. 243), à la chapelle du château de Vincennes (D. 8 février 1889, *Bull. des lois*, 1889, partie principale, t. I, p. 532), à l'école polytechnique (D. 9 mars 1881, *Bull. des lois*, 1881, partie principale, t. I, p. 311), à l'école spéciale militaire de Saint-Cyr (D. 19 mai 1877, *Bull. des lois*, 1877, partie principale, t. II, p. 781), aux écoles militaires préparatoires (D. 28 janvier 1887, *Bull. des lois*, 1887, partie principale, t. I, p. 167), à l'école de médecine et de pharmacie militaires (D. 10 février 1885, *Bull. des lois*, 1885, partie principale, t. I, p. 719), à l'école de médecine navale (D. 18 septembre 1881, *Bull. des lois*, 1881, partie supplémentaire, t. II, p. 664).

(5) Notes de jurisprudence (section de l'Intérieur, des Cultes, de l'Ins-

L'École pratique des Hautes Études, l'École des Langues orientales vivantes, les Écoles françaises de Rome, d'Athènes et du Caire, l'Académie de France à Rome, l'École nationale des Beaux-Arts, le Conservatoire national de musique et de déclamation et plusieurs écoles qui, sans appartenir à l'Université, relèvent du ministère de l'Instruction publique et des Beaux-Arts, l'École nationale des Ponts et chaussées et l'École nationale supérieure des Mines, qui ressortissent au ministère des Travaux publics, l'École forestière, l'Institut national agronomique, l'École des Haras, les écoles nationales d'agriculture, les écoles vétérinaires qui dépendent du ministère de l'Agriculture, les écoles militaires, dont les unes sont placées sous l'autorité du ministre de la Guerre et les autres sous celle du ministre de la Marine, les hôpitaux et hospices militaires, les bibliothèques nationales, l'Observatoire de Paris, le Bureau des Longitudes, l'Imprimerie nationale, les manufactures de Sèvres, des Gobelins et de Beauvais, les commissions, conseils et comités techniques ou spéciaux institués auprès des différents ministres, les départements ministériels, les directions, divisions et bureaux des ministères, la Cour des comptes, le Conseil d'État, les conseils de préfecture et bien d'autres corps, établissements ou institutions qui ont un caractère national, manquent de la personnalité morale, mais rien ne s'oppose à ce qu'ils reçoivent des dons et legs par l'intermédiaire de l'État. Il n'est même pas nécessaire que le donateur ou le testateur nomme expressément celui-ci ; il le désigne suffisamment, quoique implicitement, en instituant donataire ou légataire l'une des autorités chargées de la gestion des intérêts nationaux.

Ce ne sont pas, d'ailleurs, seulement les organes du pouvoir exécutif et du pouvoir judiciaire qui participent à l'existence civile de l'État, ce sont aussi ceux du pouvoir législatif. Le Sénat et la Chambre des députés ne sont pas des personnes

truction publique et des Beaux-Arts du Conseil d'État) se référant à la période comprise entre le mois d'août 1879 et le 31 décembre 1891, recueillies et classées par M. Bienvenu Martin, maître des requêtes au Conseil d'État, et MM. Simon, Dejamme, Noël, Silhol, Moullé, auditeurs au Conseil d'État p. 178.

morales et cependant l'on aurait le droit de faire en leur faveur une disposition telle que celle-ci : « Je lègue mes livres à la bibliothèque de la Chambre des députés [ou du Sénat] » parce qu'en gratifiant l'une des assemblées législatives, c'est l'État lui-même que l'on gratifie.

94. Quelques services publics, tout en ressortissant à l'État, se rattachent par certains côtés aux départements ou aux communes.

Tel est le service de la justice qui a un caractère mixte.

La justice se rend au nom du peuple français et dès lors il est naturel d'admettre qu'au point de vue de l'existence civile les différents corps judiciaires sont absorbés dans la personnalité de l'État, ainsi que nous l'avons dit plus haut (V. *supra*, n° 93).

Mais l'administration de la justice n'exige pas seulement un personnel qui tient ses pouvoirs de l'État ; elle suppose, en outre, des édifices, un matériel et un mobilier.

Or si, en ce qui concerne la Cour de cassation et les cours d'appel, la gestion des immeubles et des meubles affectés au service de la justice appartient à l'État, elle est confiée aux départements et aux communes, lorsqu'il s'agit des autres juridictions, c'est-à-dire des cours d'assises, des tribunaux de première instance, des justices de paix, des tribunaux de commerce et des conseils de prud'hommes.

Dans ces conditions, si la Cour de cassation et les cours d'appel ne dépendent que de l'Etat, sous quelque rapport qu'on les envisage, et si, par suite, dans tous les cas celui-ci a seul qualité pour accepter les libéralités qui leur sont faites (1), les cours d'assises, les tribunaux de première instance, les justices de paix, les tribunaux de commerce et les conseils de prud'hommes ne forment un service de l'État

---

(1) Projet de décret adopté par le Conseil d'État le 8 août 1883 (n° 47,684). — Le président de la République française ; — Sur le rapport du ministre de l'Intérieur ; — Vu le testament olographe de la dame Laure-Camille-Lucille Tessier, veuve Laval, en date du 20 novembre 1879 ; — Vu l'acte de décès de la testatrice ; — Vu le consentement des héritiers ; — Vu les avis des préfets de Seine-et-Oise, de la Seine et de la Vendée, de l'évêque de Versailles, du garde des Sceaux, ministre de la

qu'en ce qui touche le personnel et ressortissent aux départements et aux communes pour tout ce qui a trait aux immeubles et meubles affectés à leur usage. Il s'ensuit que les libéralités adressées à ces cours et tribunaux sont acceptées tantôt par l'État et tantôt par les départements ou les communes, selon que le bénéfice en doit être appliqué au personnel ou au matériel (1).

Un testateur a-t-il fait en faveur d'un tribunal civil d'arrondissement la disposition suivante : « Je lègue au tribunal civil de X... la somme de 50,000 francs dont les intérêts seront distribués chaque année aux veuves et orphelins des magistrats de ce tribunal décédés sans fortune », c'est à l'État d'accepter cette libéralité ; le testateur a-t-il dit : « Je lègue mes livres de droit au tribunal civil de X... pour sa bibliothèque », l'acceptation d'un tel legs incombe au département dans le ressort duquel est situé le tribunal intéressé.

La distinction que nous venons de faire ne paraît pas avoir été aperçue par le ministre de l'Intérieur qui, dans une note insérée au *Bulletin officiel du ministère de l'Intérieur* (2), attribue sans aucune réserve aux départements et aux communes le soin d'accepter les dons et legs faits aux cours d'assises, aux tribunaux civils et aux justices de paix.

Justice et des Cultes, et du ministre de l'Instruction publique et des Beaux-Arts ; — Vu les autres pièces de l'affaire ; — Vu l'article 910 du Code civil ; — Le Conseil d'État entendu, décrète : — ... Art. 8. Le ministre de l'Intérieur est autorisé à accepter, sous les charges et conditions imposées, le legs de 12,000 francs fait par Mme Laval en faveur de la Cour d'appel de Paris (M. de Villeneuve, rapporteur).

(1) Voir *supra*, n° 47, un avis de la section de l'Intérieur du 19 novembre 1873 relatif à un legs de livres et de cartes de géographie fait par le sieur Duchêne à la justice de paix de Valence (Gers) ; l'acceptation de ce legs a été faite par le maire au nom de la commune propriétaire du mobilier (n° 6177 ; M. Vallon, rapporteur).

(2) Cette note est ainsi conçue :

« *Dons et legs. — Les cours d'appel, les tribunaux de 1re instance, les justices de paix, n'ayant pas d'existence civile, n'ont pas capacité pour accepter les libéralités qui leur sont faites.*

« *Cours d'appel.* — M. A... a légué à la cour d'appel de R... une somme de ..., avec le portrait de son frère. — Le ministre de l'Intérieur, d'accord avec son collègue, M. le ministre de la Justice, a émis l'avis que les membres d'une cour d'appel, considérés collectivement, n'avaient aucune existence juridique et ne pouvaient, par conséquent, être autorisés à accepter ou refuser une libéralité. Ce droit revient à

Il importe de rectifier ce que les termes de cette note ont de trop absolu et de faire à l'État sa part dans l'acceptation des libéralités adressées à ces cours et tribunaux.

95. Nous avons expliqué comment les établissements ou institutions qui concourent à l'exécution de services publics, les bibliothèques et les musées, par exemple, peuvent, du moment qu'ils relèvent de l'État, recevoir des libéralités par l'entremise de celui-ci ; il nous reste à nous demander si la même faculté appartient à de simples associations qui, sans contribuer à la gestion d'aucun service public, offrent un caractère d'utilité nationale et sont pour l'État des auxiliaires plus ou moins précieux.

Cette question nous paraît devoir être résolue affirmativement pour celles de ces associations que l'État a pris sous son égide et qui lui sont subordonnées par des liens étroits.

Tel est notamment le cas des cercles militaires ou réunions d'officiers, dont l'organisation est réglée par le décret du 12 juillet 1886 ; ces associations, tout en poursuivant un but d'intérêt national, ne sont, dans aucune mesure et à aucun point de vue, chargées d'un service public et cependant elles sont si intimement unies au département de la

---

l'État, qui est propriétaire du mobilier de la cour d'appel. — Dans l'espèce, la cour de R... ayant déclaré que des motifs de haute convenance et de dignité s'opposaient à l'acceptation d'un tel legs, un décret rendu sur l'avis conforme du Conseil d'État, a rejeté la libéralité faite à la cour.

« *Tribunaux et cours d'assises.* — Les départements étant obligés de pourvoir aux dépenses du matériel des cours d'assises et des tribunaux, c'est au conseil général qu'il appartient de délibérer sur l'acceptation ou le refus des libéralités qui pourraient être faites aux tribunaux et cours d'assises, et c'est le préfet qui, aux termes de l'article 53 de la loi du 10 août 1871, les accepte ou les refuse, soit en vertu de la décision du conseil général, lorsqu'il n'y a pas de réclamation, soit en vertu de la décision du gouvernement, lorsqu'il y a réclamation.

« *Justices de paix.* — Les justices de paix n'ont pas d'existence civile. — Le sieur D... ayant légué à la justice de paix de V... sa bibliothèque, ses livres et ses cartes de géographie, ce legs n'a pu être accepté par la justice de paix. Mais les communes chefs-lieux de cantons étant tenues, d'après la loi de 1837 (art. 30), de fournir le local et le mobilier de la justice de paix, un décret, rendu sur l'avis conforme du Conseil d'État, a autorisé, dans l'espèce, le maire de V... à accepter ledit legs par le motif qu'il constitue un véritable bénéfice pour la commune. » (*Bulletin officiel du ministère de l'Intérieur*, 1874, p. 158.)

Guerre qu'il convient d'admettre qu'elles ont le droit d'être instituées donataires ou légataires en empruntant la personnalité de l'État. La jurisprudence est fixée en ce sens (1).

Notre opinion est, en outre, consacrée en termes exprès par le décret du 5 février 1887, portant organisation du Cercle national des armées de terre et de mer; ce décret, rendu sur l'avis des sections réunies de l'Intérieur et des Finances du Conseil d'État, dispose, dans son article 3, que « les dons et legs dont le Cercle national peut être appelé à recueillir le bénéfice sont acceptés par le ministre de la Guerre, conformément aux lois et règlements sur la matière » (V. *infra*, n° 104).

Les associations amicales formées entre fonctionnaires et employés d'un service public national doivent être considérées comme aptes à recevoir des dons et des legs par l'intermédiaire de l'État, si celui-ci exerce sur elles une autorité sérieuse et effective et les tient plus ou moins dans sa main; de telles associations ne sont, en quelque sorte, que des ramifications de l'État qui les absorbe dans sa personnalité.

Mais il ne faut pas aller plus loin et dire que l'État fait participer à sa vie civile toutes les associations qui travaillent concurremment avec lui à la satisfaction des intérêts généraux, même celles qui n'ont aucune attache officielle. C'est donc avec raison que, par un arrêt du 16 décembre 1864 (2), la cour d'appel d'Orléans a jugé qu'une association dite Société

---

(1) Un décret a autorisé l'acceptation d'une libéralité faite à un cercle militaire (D. 23 mai 1882, *Bull. des lois*, 1882, partie principale, t. I, p. 79).

(2) Orléans, 16 décembre 1864. — La Cour... — Attendu que la Société d'agriculture d'Indre-et-Loire, n'étant pas autorisée au jour du décès de Louis Dauphin, n'existait pas légalement; qu'il est, en effet, de principe de droit public en France qu'aucune corporation, communauté ou association anonyme ne peut exister qu'en vertu d'un acte de l'autorité publique; que dès lors le legs fait à la Société est nul; — Attendu que l'autorisation obtenue par la Société d'agriculture d'Indre-et-Loire depuis le décès de Louis Dauphin, accordée d'ailleurs sans préjudice du droit des tiers, n'a pu rétroagir et valider ce legs, qui est définitivement caduc;... — Attendu que vainement la Société d'agriculture d'Indre-et-Loire prétend qu'elle représente l'État qui l'a autorisée à accepter le legs; que Dauphin, en testant en faveur de cette Société, l'ayant fait dans un intérêt public, le legs devait dans tous les cas profiter à l'État, qui est le tuteur et le représentant de cet intérêt; — Attendu que le rôle protecteur qui appartient à l'État, notamment en ce

d'agriculture d'Indre-et-Loire était mal venue à vouloir se parer de l'individualité juridique de l'État pour recueillir un legs à elle adressé, alors que, pour justifier une pareille prétention, elle se bornait à alléguer qu'elle avait été constituée pour défendre les intérêts agricoles dont l'État est le protecteur et que, par suite, elle le représentait dans l'espèce. Un pourvoi a été formé contre cette décision, mais il a été rejeté par un arrêt de la Cour de cassation du 14 août 1866 ci-dessus rapporté (V. *supra*, n° 84).

96. Parmi les établissements appelés à seconder l'Etat dans la gestion des services publics il y en a quelques-uns qui n'ont pas besoin de se servir de son intermédiaire pour acquérir à titre gratuit; ce sont ceux qui ont reçu avec le titre d'établissements publics une individualité propre.

Mais il n'est pas toujours aisé de distinguer les établissements pourvus d'une capacité directe de ceux qui ne jouissent qu'indirectement de la faculté de recevoir.

La condition juridique d'un assez grand nombre d'établissements nationaux est indécise et prête à la controverse.

C'est ainsi que, d'après quelques auteurs, la *Caisse nationale d'épargne* ou *Caisse d'épargne postale*, l'*établissement des Invalides de la marine*, les *établissements généraux de bienfaisance* et les *lycées* ne posséderaient pas par eux-mêmes la personnalité civile et seraient obligés de recourir à l'État pour bénéficier des avantages de la vie juridique; nous pensons, au contraire, qu'ils constituent de véritables établissements publics : notre opinion s'appuie sur des motifs qu'il serait pré

---

qui concerne les intérêts de l'agriculture ne lui donne pas la mission que prétend lui attribuer la Société d'agriculture de recueillir un legs qui n'a pas été fait nominativement à l'État et qu'il n'a jamais été dans la pensée du testateur de lui faire; que l'agriculture prise abstractivement, à supposer que le testateur n'ait point eu exclusivement en vue la Société d'agriculture d'Indre-et-Loire ne saurait constituer une personne civile et recueillir un legs qui n'est pas fait à une personne civile ayant mission légale pour la représenter; — Attendu enfin que le legs fait à la Société d'agriculture d'Indre-et-Loire est pur et simple et qu'il ne résulte d'aucun terme du testament qu'il ait été fait à la condition que la Société se ferait ultérieurement autoriser; qu'à tous les points de vue les prétentions de la Société d'agriculture d'Indre-et-Loire ne peuvent se soutenir; — Par ces motifs, confirme, etc.

maturé d'exposer ici. Nous les développerons avec plus d'opportunité dans un paragraphe ultérieur, lorsque nous aurons à énumérer les établissements publics et à dresser leur liste dans laquelle nous proposerons de comprendre les établissements auxquels nous venons de faire allusion (V. *infra*, nos 144 et suiv.).

97. S'il y a des établissements nationaux auxquels on a eu tort, suivant nous, de dénier la qualité d'établissement public, il en est d'autres, par contre, auxquels on s'est trop hâté de l'attribuer. C'est une erreur, par exemple, à notre sens, de croire, comme on le fait généralement, que la Caisse des dépôts et consignations est un établissement public, au sens juridique du mot, et qu'elle a une personnalité indépendante de celle de l'État.

La thèse que nous combattons a été défendue par des auteurs considérables et notamment par M. Aucoc (1) et MM. Marques di Braga et Camille Lyon (2). Elle a été consacrée par un arrêt de la chambre civile de la Cour de cassation du 22 février 1893 relatif à une espèce dans laquelle il s'agissait de savoir si la caisse des dépôts et consignations peut invoquer le bénéfice de la disposition de l'article 29 de la loi du 13 brumaire an VII, d'après laquelle, par dérogation au droit commun, « le timbre des quittances fournies à la République... est à la charge des particuliers qui les donnent ». La Chambre civile a décidé que « la Caisse des dépôts et consignations doit être considérée comme soumise à la loi générale qui impose au débiteur les frais de la quittance à lui délivrée » ; elle fait observer, à l'appui de cette solution, que si la disposition de l'article 29 de la loi du 13 brumaire an VII « toujours en vigueur, est applicable au payement des sommes réclamées directement au Trésor public ou à des administrations publiques non spécialement réglementées quant au mode de libération vis-à-vis des particuliers ayant sur elles des droits de créance, il en est autrement quand ces administrations, ayant une *personnalité civile distincte de l'État*, sont soumises

(1) Aucoc, *Conférences sur l'administration et le droit administratif*, 3e édit., t. I, no 207, p. 360-361, et t. II, no 604, p. 291.
(2) Marques di Braga et Camille Lyon, *Comptabilité de fait*, no 183.

à un ensemble de règles qui déterminent leur organisation, leurs attributions, leur mode d'administration et spécialement les conditions dans lesquelles elles devront se libérer vis-à-vis de leurs créanciers ; — qu'ainsi en est-il particulièrement de la Caisse des dépôts et consignations, *personne morale*, pour laquelle l'ordonnance royale du 3 juillet 1816 a, dans une section intitulée : obligations de la Caisse des dépôts et consignations et de ses préposés, fixé les règles suivant lesquelles les payements doivent être effectués par la Caisse, lorsqu'elle est débitrice. »

De son côté, par décision du 18 décembre 1862, le Conseil d'État, statuant au contentieux, a proclamé la complète autonomie de la Caisse des dépôts et consignations, en jugeant qu'une action en dommages-intérêts dirigée contre cette caisse par le sieur Bergerat était de la compétence de l'autorité judiciaire, malgré la règle qui veut que les tribunaux civils soient incompétents pour déclarer l'État débiteur; l'arrêt porte que « les contestations qui peuvent s'élever entre la Caisse des dépôts et consignations et les particuliers, relativement aux services dont cet établissement est tenu vis-à-vis des particuliers, en vertu des dispositions législatives, sont de la compétence des tribunaux ». M. le commissaire du gouvernement L'Hopital, conformément aux conclusions duquel a été rendu l'arrêt du 18 décembre 1862, en expliquait ainsi la portée par avance : « Que devient donc, a-t-il dit, l'obstacle qui serait élevé à l'encontre de la compétence judiciaire par le principe de l'État débiteur ? Il n'existe pas. — Le sieur Bergerat... a en face de lui seulement un établissement spécial, constitué par la loi, si on veut, surveillé par l'État, mais *distinct de l'Etat*, un mandataire judiciaire ou légal, justiciable comme tous les autres mandataires dans l'ordre civil des tribunaux qui peuvent le condamner et qui, soit dit en passant, le condamnent tous les jours ».

Enfin la section des finances du Conseil d'Etat a admis que la Caisse des dépôts et consignations jouissait personnellement du droit de recevoir des dons et legs et elle a, en conséquence, approuvé, le 18 mai 1875, un projet de décret portant que « le conseiller d'Etat, directeur général des Caisses d'amortissement et dépôts et des consignations était autorisé à accepter le legs fait à ces établissements par le sieur Guillemot (Gilbert-Marie-Hercule), aux clauses et conditions imposées par son testament en date du 5 septembre 1870 » (n° 13,205, M. Fabas, rapporteur).

En somme, d'après les principaux monuments de la doctrine et de la jurisprudence, il conviendrait de considérer la Caisse des dépôts et consignations comme un véritable établissement public dont l'existence civile se séparerait absolument de celle de l'État.

Cette thèse est-elle exacte ? M. Ducrocq ne le pense pas (1) et nous ne le pensons pas plus que lui.

La solution que l'on adopte communément, en doctrine comme en jurisprudence, repose sur la confusion de l'individualité juridique et de l'individualité financière. Nous avons montré plus haut comment ces deux personnalités doivent être soigneusement distinguées; elles vont ordinairement ensemble mais elles peuvent exister l'une sans l'autre (V. *supra*, n° 89).

Or s'il est incontestable que la Caisse des dépôts et consignations jouit de la personnalité financière, nous prétendons qu'elle manque de personnalité morale.

Nous reconnaissons que, tout en se livrant à des opérations de trésorerie, elle ne se confond aucunement avec le Trésor public et qu'elle manie, au moyen d'un mécanisme entièrement autonome, les deniers dont les lois et règlements lui ont confié la gestion.

Mais elle n'est propriétaire d'aucun des deniers qu'elle a entre les mains ; elle les administre au nom et pour le compte de l'État : celui-ci est maître de l'actif comme il serait, le cas échéant, responsable du passif de la Caisse des dépôts et consignations. Les lois annuelles de finances font figurer les bénéfices qu'elle réalise parmi les *produits divers* du budget général de l'État et ces bénéfices sont encaissés, en fin d'année, par le Trésor (2).

---

(1) Ducrocq, *Cours de droit administratif*, 6e édit., t. II, n° 1097, p. 260.

(2) Voir la loi du 26 juillet 1893 portant fixation du budget général des dépenses et des recettes de l'exercice 1894 (État J, 1re partie, § 5, et État K, § 5). Les bénéfices à réaliser par la Caisse des dépôts et consignations en 1894, et dont il est fait recette au budget de l'État sont évalués à 8,500,000 francs.

Ces diverses circonstances ont été relevées par M. Ducrocq, qui en indique les conséquences juridiques. « Tous les bénéfices nets des opérations de la Caisse des dépôts et consignations, dit-il, sont annuellement versés au Trésor. De sorte que c'est bien pour le compte de l'État que procède la Caisse des dépôts et consignations ; il en a le bénéfice moral, car la Caisse concourt à fortifier son crédit, tout en profitant elle-même de ce crédit ; il en a le bénéfice réel et pécuniaire par l'attribution légale des produits. Dans de telles conditions, comment y aurait-il place pour une personnalité civile distincte là où tous les produits nets sont annuellement et législativement attribués à l'État ? A qui profiteraient les dons et legs si ce n'est à l'État seul et directement, en augmentant cette somme de produits ? »

Ce raisonnement est absolument péremptoire et l'on n'a jamais essayé de le réfuter.

Au lieu de se défendre, l'on attaque.

Ce qui, d'après M. Aucoc, prouve que la Caisse des dépôts et consignations ne se confond pas avec l'État, « c'est que son budget ne figure pas au budget de l'État et n'y est même pas rattaché à titre d'annexe ».

Mais cette particularité s'explique très bien sans qu'il soit nécessaire, pour en rendre compte, de supposer que la Caisse des dépôts et consignations est investie de la qualité d'établissement public. Si les opérations de cette Caisse ne sont mentionnées ni dans le budget général de l'État, ni dans un budget annexe, c'est parce qu'elles consistent dans de simples opérations de trésorerie qui ont, par essence, un caractère extra-budgétaire. L'on ne saurait avoir égard dans un budget à des opérations de trésorerie que pour constater leur résultat probable qui, suivant qu'il s'agira d'un gain ou d'une perte, sera porté en recette ou en dépense ; or, nous savons que les bénéfices réalisés par la Caisse des dépôts et consignations sont inscrits parmi les produits divers du budget général de l'État.

Il est bon, d'ailleurs, de remarquer que, si le budget des dépenses et des recettes de la Caisse des dépôts et consignations n'est pas voté par les Chambres, il est, du moins, soumis à leur contrôle. L'article 10 de la loi de finances du 29 décembre 1888 porte, en effet, que « le rapport que produit la commis sion de surveillance placée près les caisses d'amortissement et des dépôts et consignations sur la direction morale et la situation matérielle de ces établissements devra être soumis au contrôle des Chambres pendant le premier semestre de chaque année. A ce rapport et pour être soumis au même contrôle devra être annexé l'*état des prévisions des recettes et des dépenses* pour l'année suivante. »

L'argument développé par M. Aucoc n'est donc pas irrésistible ; en existe-t-il d'autres sur lesquels l'on puisse fondre avec plus de solidité la personnalité civile de la Caisse des dépôts et consignations.

Nous n'en trouvons aucun ni dans le savant ouvrage de MM. Marques di Braga et Camille Lyon ni dans les arrêts susvisés de la Cour de casssation et du Conseil d'État.

MM. Marques di Braga et Camille Lyon se bornent à affirmer la personnalité de la Caisse des dépôts et consignations sans donner les motifs de leur opinion.

Quant à la Cour de cassation, non seulement elle n'indique pas, dans son arrêt du 22 février 1893, les raisons pour lesquelles la Caisse des dépôts et consignations serait un être moral, mais elle ne fait allusion à l'individualité juridique de cet établissement qu'incidemment et d'une façon, en quelque sorte, surabondante, car, pour décider que la Caisse des dépôts et consignations doit comme les débiteurs ordinaires supporter les frais de quittance, il lui suffisait de constater que ladite Caisse jouit d'une individualité financière distincte de celle de l'État.

L'arrêt du Conseil d'État du 18 décembre 1862 ne proclame pas, en termes exprès, la personnalité civile de la Caisse des dépôts et consignations ; il la suppose simplement. En tous cas, il ne la démontre pas.

Il ne faut pas accorder une trop grande importance au projet de décret que la section des finances a adopté dans sa séance du 18 mai 1875 et qui avait pour objet d'autoriser le directeur général de la Caisse des dépôts et consignations à accepter un legs fait à celle-ci ; la section n'a pas rendu une décision motivée. Nous ne nous trouvons pas en présence d'un avis ou d'une note, mais d'un simple « laisser-passer » qui ne saurait constituer un « précédent » et n'a que la valeur d'une solution d'espèce.

Dans ces conditions, ce serait peut-être trop s'avancer que de dire que le Conseil d'État et la Cour de cassation ont définitivement et irrévocablement condamné notre thèse et nous ne désespérons pas de voir, un jour ou l'autre, se produire un revirement dans la jurisprudence administrative et judiciaire à la suite d'un nouvel et sérieux examen de la question que nous venons d'agiter.

98. La *Caisse d'amortissement* est intimement unie à la Caisse des dépôts et consignations et elle est régie par les mêmes lois et règlements.

Nous estimons donc qu'à l'exemple de cette caisse elle ne possède pas par elle-même la personnalité morale et qu'elle ne peut recevoir des dons et des legs que par l'intermédiaire de l'État.

99. La *Caisse des chemins vicinaux* et la *Caisse des lycées, collèges et écoles primaires* qu'avaient instituées les lois des 11 juillet 1868 et 1er juin 1878, ont été supprimées le 1er janvier 1894 en vertu de l'article 53 de la loi du 26 juillet 1893; elles n'avaient pas plus que les Caisses d'amortissement et des dépôts et consignations la qualité d'établissement public; leur vie juridique se confondait avec celle de l'État.

100. L'*Administration des monnaies et médailles* a une certaine autonomie financière; elle est pourvue d'un budget spécial rattaché pour ordre au budget général de l'État. Mais elle est dénuée de toute personnalité civile.

C'est donc avec raison que le Conseil d'État a décidé, le 25 janvier 1883, qu'un legs fait au Musée monétaire dépendant de l'Administration des monnaies et médailles par le sieur Gatteaux ne devait pas être accepté par le directeur de cette administration, mais par le ministre des Finances; cette décision est fondée sur ce qu' « il résulte de toute la législation concernant la Monnaie des médailles que cette administration n'a pas une personnalité civile distincte de celle de l'État » (1).

(1) Note du C. d'Ét. du 25 janvier 1883 (n° 40,894). — Le Conseil d'État tout en approuvant le projet de décret qui a pour objet d'autoriser l'acceptation des legs faits par M. Gatteaux à divers musées et établissements publics a cru devoir modifier la rédaction de l'article 2. Il ré-

101. L'*École centrale des arts et manufactures* ne jouit-elle de la personnalité civile que par l'entremise de l'État ou, au contraire, a-t-elle été directement investie de ce privilège ?

Certains auteurs prétendent que l'École centrale constitue un véritable établissement public doué d'une individualité propre.

Mais, en exprimant cette opinion, ils n'ont peut-être pas tenu un compte suffisant de la distinction de l'individualité juridique et de l'individualité financière (V. *supra*, n° 89).

Il semble bien que l'École centrale n'est autonome qu'au point de vue financier.

Elle a été fondée en 1829 par MM. Olivier, Péclet, Lavallée et J.-B. Dumas et elle formait alors un simple établissement privé d'enseignement industriel. Vingt-huit ans plus tard, elle a été cédée par ses propriétaires à l'État en vertu d'une convention du 13 avril 1857 approuvée par la loi du 19 juin suivant. L'article 2 de cette loi porte que « les produits de l'École ne se confondront pas avec les recettes du Trésor et seront spécialement affectés aux dépenses de l'établissement ».

Il résulte de cette disposition que l'École centrale a été pourvue de l'individualité financière : l'exposé des motifs de la loi du 19 juin 1857 le déclare formellement. « M. Lavallée (l'un des fondateurs et le propriétaire de l'École), dit cet exposé, a fortement exprimé le désir que l'École fût soumise à un régime financier analogue à celui des lycées qui, à cet égard, sont traités comme des personnes civiles en ce sens que leurs recettes ne se confondent pas avec celles du Trésor. Pour un grand établissement d'instruction publique opérant des recettes aussi considérables et pouvant avoir éventuellement, dans une perspective éloignée, il est vrai, des dépenses importantes à supporter, ce régime qui comporte une certaine liberté d'allures

---

sulte de toute la législation concernant la Monnaie des médailles que cette administration n'a pas une personnalité civile distincte de celle de l'État et que le ministre des Finances dans les attributions duquel elle a été placée a seul qualité pour accepter les libéralités destinées à enrichir nos collections monétaires. Le Conseil d'État a cru devoir en conséquence autoriser le ministre des Finances aux lieu et place du directeur des monnaies et médailles à accepter le legs fait par M. Gatteaux au musée des médailles (M. Cottu, rapporteur).

a paru n'offrir aucun inconvénient et présenter même certains avantages. Il fait l'objet de l'article 2 du projet de loi ».

La pensée qui a animé les auteurs de l'exposé des motifs est bien claire; malheureusement le langage qu'ils ont employé pour l'exprimer est peu précis. Ils se sont servis incidemment du terme de « personne civile » qui pourrait prêter à confusion s'ils ne s'étaient hâtés d'ajouter qu'ils n'avaient en vue qu'une personnalité civile empêchant les recettes d'un établissement de se mélanger avec celles du Trésor, c'est-à-dire une simple personnalité financière.

D'ailleurs, en descendant au fond des choses, l'on se convainc que l'École centrale des arts et manufactures, tout en ayant été dotée d'un organisme financier distinct du Trésor, n'a pas reçu la vie juridique.

En vertu de l'article 1er de la convention du 13 avril 1857, homologuée par la loi du 19 juin suivant, « M. Martin-Lavallée et ses enfants ont cédé et transporté à l'État la propriété de l'établissement d'enseignement industriel existant à Paris sous la désignation d'*École centrale des arts et manufactures.* » L'État s'est donc rendu acquéreur de l'actif de cet établissement et il a mis ainsi la main sur un mobilier et un matériel d'une sérieuse importance; quant aux immeubles dans lesquels l'École centrale était installée, ils avaient été simplement pris en location et, par suite, l'État n'en devenait pas propriétaire.

Mais, à la suite d'une convention passée le 11 janvier 1881 et approuvée par la loi du 27 juillet de la même année, l'État a acheté à la Ville de Paris un terrain qui était occupé par le marché Saint-Martin et l'École centrale a été reconstruite et réinstallée sur cet emplacement.

C'est ainsi que le mobilier, le matériel et les locaux de l'École centrale sont devenus successivement la propriété de l'État; celui-ci les a-t-il rétrocédés à l'École? En aucune façon. Cette simple constatation suffirait pour permettre d'affirmer que l'on n'a pas voulu octroyer à l'École centrale la qualité d'établissement public.

Mais ce n'est pas tout; il importe de remarquer que ni dans la loi du 19 juin 1857 ni dans celle du 27 juillet 1881 il ne se rencontre aucune disposition qui attribue explicitement ou implicitement à l'École centrale le droit d'avoir un patrimoine;

ces lois ne contiennent donc même pas le germe d'une personnalité morale.

D'ailleurs, elles n'ont été suivies d'aucun décret destiné à reconnaître directement ou indirectement l'École comme établissement public ou d'utilité publique.

Il n'a donc été ni dans la pensée du législateur ni dans celle du gouvernement de faire de l'École centrale une personne morale distincte de l'État; telle est la conclusion à laquelle l'on aboutit logiquement (1).

Il semble cependant que la jurisprudence administrative incline à consacrer la solution contraire. Un décret du 20 septembre 1868, par exemple, a autorisé l'École centrale des arts et manufactures à acquérir un titre de rente 3 0/0 sur l'État de 6,585 francs et, après avoir spécifié que « cette acquisition serait faite à la diligence du directeur général de la Caisse des dépôts et consignations qui prélèverait la somme nécessaire à cet effet sur les fonds appartenant à l'École centrale et déposés à ladite caisse », il a décidé que « les rentes achetées seraient immatriculées *au nom de l'École* (2) ». Un autre décret, en date du 3 février 1880, a autorisé le ministre du Commerce à accepter au nom de l'École centrale un legs fait à cet établissement (3).

Cette jurisprudence en faveur de laquelle l'on ne pourrait, croyons-nous, invoquer aucun avis motivé ou aucune note du Conseil d'État ou de l'une de ses sections n'est pas justifiée et, suivant nous, les dons et legs faits à l'École centrale ne doivent pas être acceptés au nom de celle-ci, mais au nom de l'État avec affectation au service de l'École.

102. Les *Écoles nationales d'arts et métiers* d'Aix, d'Angers et de Châlons seraient susceptibles, d'après l'avis de certains auteurs, de figurer au nombre des établissements publics et leur existence civile ne se confondrait pas avec celle de l'État.

---

(1) Comp. Marques di Braga et Camille Lyon, *Comptabilité de fait*, n° 183.

(2) D. 20 septembre 1868. (*Bull. des lois* 1869, partie principale, t. I, p. 216.)

(3) D. 3 février 1880 (*Bull. des lois* 1880, partie principale, t. I, p. 923).

Les partisans de cette opinion peuvent être accusés de méconnaître la distinction de la personnalité morale et de l'individualité financière (V. *supra*, n° 89).

Celle-ci appartient dans une certaine mesure aux écoles nationales d'arts et métiers tandis que celle-là leur fait absolument défaut.

Il est vrai que le décret du 4 avril 1885 porte dans son article 44 que « les legs et donations faits aux écoles nationales d'arts et métiers continueront à recevoir leur destination aux conditions fixées par les ordonnances et décrets qui en auront autorisé l'acceptation » et que cette disposition qu reproduit presque textuellement celles de l'article 29 de l'ordonnance du 23 septembre 1832, de l'article 16 de l'arrêté gouvernemental du 19 décembre 1848, de l'article 48 du décret du 30 décembre 1865 et de l'article 48 du décret du 6 novembre 1873 semble indiquer que les écoles nationales d'arts et métiers ont la capacité de recevoir.

Mais il est permis de penser qu'en faisant allusion aux legs et donations faits aux écoles d'arts et métiers les auteurs de l'article 4 du décret du 4 avril 1885 ont voulu parler de libéralités adressées à ces établissements par l'intermédiaire de l'État et qu'ils n'ont pas considéré lesdites écoles comme des établissements publics autonomes.

Rien, d'ailleurs, dans les différents textes législatifs et réglementaires qui, depuis le commencement du siècle, ont fixé le régime des écoles nationales d'arts et métiers n'a trait ni à la constitution ni à la gestion d'un patrimoine qui serait propre à ces établissements. La personnalité morale ne nous paraît donc pas leur avoir été accordée et l'on ne doit pas, à notre avis, leur reconnaître le droit de recevoir des libéralités sans l'entremise de l'État.

La jurisprudence administrative, après quelques hésitations, ainsi qu'en témoigne notamment un décret du 16 juillet 1863 autorisant le directeur de l'École de Châlons à accepter une donation faite à cet établissement (1), est actuellement fixée

(1) D. du 16 juillet 1863, qui autorise le directeur de l'École impériale d'arts et métiers de Châlons (Marne) à accepter, aux clauses et conditions imposées, la donation d'une inscription de 5,000 francs de rente

en ce sens; la section de l'Intérieur a décidé, aux termes d'une note du 31 mai 1881, qu'un legs fait à ladite École de Châlons devait être accepté par le ministre du Commerce *au nom de l'État* (1).

103. MM. Marques di Braga et Camille Lyon enseignent que les *écoles manuelles d'apprentissage* et les *établissements* ou *caisses de pilotage* ont une individualité financière très nette, « sans qu'aucune disposition légale leur confère expressément la personnalité civile » (2).

Cette opinion nous paraît entièrement justifiée et nous n'hésitons pas à nous y rallier.

104. Le *Cercle national des armées de terre et de mer*, dont il a déjà été question plus haut (V. *supra*, n° 95), n'offre pas les caractères d'un établissement public et sa personnal morale est absorbée dans celle de l'État.

Des dons et legs peuvent être faits à ce Cercle et l'article 3 du décret du 5 février 1887 prévoit cette éventualité, mais il a été apporté dans la rédaction de cet article des précautions de style qui montrent suffisamment que le Cercle national des armées de terre et de mer ne jouit que d'une capacité d'emprunt.

« Les dons et legs dont le Cercle national est appelé à recueillir le bénéfice, porte l'article 3 du décret de 1887, sont acceptés par le ministre de la Guerre conformément aux lois et règlements sur la matière. »

Le Cercle national n'a pas qualité pour recevoir des libé-

---

3 0/0 sur l'État et d'une somme de 3,000 francs faite à ladite école par M. Xavier-François Jourdain, manufacturier à Altkirch (Haut-Rhin); le produit de ladite donation devant être, pour partie, distribué en récompenses et, pour partie, affecté à l'entretien d'élèves (*Bull. des lois*, 1863, partie principale, t. II, p. 615.)

(1) Note de la sect. de l'Int. du 31 mai 1881 (n° 39,410). — La section de l'Intérieur, des Cultes, de l'Instruction publique et des Beaux-Arts du Conseil d'État qui a pris connaissance d'un projet de décret tendant à autoriser par l'article 2 le ministre de l'Agriculture et du Commerce à accepter un legs de 2,000 francs fait à l'École nationale des arts et métiers de Châlons-sur-Marne, a cru devoir, pour se conformer à la jurisprudence habituelle, ajouter à cet article les mots « au nom de l'État ». (M. Bonthoux, rapporteur.)

(2) *Comptabilité de fait*, n° 183.

ralités ; il se borne simplement à recueillir le bénéfice des dons et legs qui sont faits dans son intérêt à l'État. D'ailleurs, il est si peu autonome que les dons et legs dont il est appelé à profiter ne sont pas acceptés par son conseil d'administration, mais par le ministre de la Guerre.

Enfin, si un doute pouvait subsister sur le défaut de personnalité civile du Cercle militaire, nous ferions observer que non seulement le décret du 5 février 1887 ne l'a reconnu ni comme établissement public ni comme établissement d'utilité publique, mais qu'il ne l'a même pas doté de véritables statuts. Il ne lui a donc pas communiqué une existence indépendante et il lui a seulement permis de vivre de la vie de l'État.

§ 3. — *Départements.*

105. Ce n'est pas ici le lieu de rechercher si le département a été érigé à l'état de personne civile dès le moment où il a été créé par la loi des 22 décembre 1789-8 janvier 1790 ou s'il n'a obtenu ce privilège qu'à une époque ultérieure en vertu du décret du 9 avril 1811, — par lequel a été concédée gratuitement aux départements la pleine propriété des édifices et bâtiments nationaux affectés au service de l'administration, de la justice et de l'instruction publique, — ou de la loi du 10 mai 1838 qui a été le point de départ des franchises départementales (1).

Ce qu'il est essentiel de constater, c'est que depuis cette dernière date la personnalité morale du département est au-dessus de tout débat ; les lois des 18 juillet 1866 et 10 août 1871 n'ont fait que l'accentuer et lui donner une physionomie plus originale et la loi du 18 juillet 1892 y a ajouté une véritable individualité financière.

La personnalité morale du département comporte le droit de recevoir des dons et legs ; c'est ce qu'établissaient déjà les

---

(1) Cf. Aucoc, *Conférences sur l'administration et le droit administratif*, 3e édit., t. I, n° 135.

lois des 10 mai 1838 (1) et 18 juillet 1866 (2) et ce que fait ressortir très nettement la loi du 10 août 1871 qui forme en quelque sorte le code actuel de la législation départementale (3).

106. La capacité du département est d'ailleurs des plus larges; il a, en effet, la plénitude de la représentation des intérêts collectifs des citoyens de son ressort et, pourvu qu'il n'étende pas son influence jusqu'au point d'empiéter sur le

---

(1) L. 10 mai 1838. — Art. 4. Le conseil général délibère : ... 7° sur l'acceptation des dons et legs faits au département. — Art. 31. L'acceptation ou le refus des legs et donations faits au département ne peuvent être autorisés que par une ordonnance royale, le Conseil d'État entendu. Le préfet peut toujours, à titre conservatoire, accepter les legs et dons faits au département : l'ordonnance d'autorisation qui intervient ensuite a effet du jour de cette acceptation.

(2) L. 18 juillet 1866. — Art. 1er. Les conseils généraux statuent définitivement sur les affaires ci-après désignées, savoir : ... 5° acceptation ou refus de dons et legs faits au département sans charges ni affectation immobilière, quand ces dons et legs ne donnent pas lieu à réclamation... — Art. 3. Les délibérations par lesquelles les conseils généraux statuent définitivement sont exécutoires si dans un délai de deux mois à partir de la clôture de la session elles n'ont pas été annulées pour excès de pouvoir ou pour une violation de la loi ou d'un règlement d'administration publique. Cette annulation ne peut être prononcée que par un décret rendu dans la forme des règlements d'administration publique... — Art 6. Les recettes du budget extraordinaire se composent : 3° des dons et legs.

(3) L. 10 août 1871. — Art. 46. Le conseil général statue définitivement sur les objets ci-après désignés, savoir : ... 5° acceptation ou refus des dons et legs faits au département, quand ils ne donnent pas lieu à réclamation... — Art. 47. Les délibérations par lesquelles les conseils généraux statuent définitivement sont exécutoires si, dans le délai de vingt jours à partir de la clôture de la session, le préfet n'en a pas demandé l'annulation pour excès de pouvoir ou pour violation d'une disposition de la loi ou d'un règlement d'administration publique. Le recours formé par le préfet doit être notifié au président du conseil général ou au président de la commission départementale. Si dans le délai de deux mois à partir de la notification l'annulation n'a pas été prononcée la délibération est exécutoire. Cette annulation ne peut être prononcée que par un décret rendu dans la forme des règlements d'administration publique... — Art. 53. Le préfet accepte ou refuse les dons et legs faits au département en vertu soit de la décision du conseil général, quand il n'y a pas de réclamation des familles, soit de la décision du gouvernement quand il y a réclamation. Le préfet peut toujours, à titre conservatoire, accepter les dons et legs. La décision du conseil général ou du gouvernement qui intervient ensuite a effet du jour de cette acceptation... — Art. 59. Les recettes du budget extraordinaire se composent : 3° des dons et legs.

domaine propre de l'État ou qu'au contraire il ne la restreigne pas jusqu'au point de se substituer à telle ou telle commune de sa circonscription, l'on peut dire qu'il a, sous réserve des droits de tutelle et de surveillance de l'autorité supérieure, un champ d'action en quelque sorte indéfini (V. *infra*, nos 259 et suiv.).

Les multiples services publics que peut organiser et gérer le département participent à sa personnalité et ils sont aptes à recevoir des dons et legs par son intermédiaire. En d'autres termes, le département est appelé par la loi à recueillir non seulement les libéralités qui lui sont adressées nominativement mais encore celles qui sont faites aux services départementaux.

Parmi les services qui profitent de la personnalité du département il faut citer notamment celui des enfants assistés (loi du 10 août 1871, art. 46-18°). Les établissements d'assistance publique créés par application de l'article 46-20° de la loi du 10 août 1871 et les caisses de retraites établies en faveur des fonctionnaires et employés départementaux, conformément au 21e alinéa du même article, peuvent également être institués donataires ou légataires par l'entremise du département. De même, nous savons que, quand il s'agit de dons et legs faits pour l'entretien ou l'embellissement de leurs locaux, de leur mobilier ou de leur matériel, les cours d'assises, les tribunaux civils et les tribunaux de commerce sont représentés par le département (loi du 10 août 1871, art. 60, n° 3). — V. *supra*, n° 94.

107. Certains services publics départementaux ou plutôt certains organismes qui en dépendent jouissent d'une personnalité propre en qualité d'établissements publics. Telles sont les institutions départementales d'assistance publique créées en vertu de l'article 46-20° de la loi du 10 août 1871, lorsqu'elles ont été de la part du Gouvernement l'objet d'une reconnaissance légale au moyen d'un décret délibéré en Conseil d'État; tels sont aussi les *dépôts de mendicité* établis par décret.

Il n'y a pas toujours dans la pratique une ligne de démarcation bien nette entre les établissements départementaux qui possèdent la personnalité morale de leur propre chef et ceux qui n'en jouissent que du chef du département.

C'est ainsi que, d'après l'opinion généralement admise, les asiles départementaux d'aliénés se confondent au point de vue de la vie civile avec les départements, tandis que selon nous ils ont une existence distincte ; les raisons sur lesquelles se fonde notre opinion seront exposées dans un paragraphe ultérieur (V. *infra*, n° 153).

108. Ce n'est pas seulement à des établissements chargés de la gestion d'un service public que le département est susceptible de prêter sa personnalité morale et sa faculté de recevoir des dons et legs, c'est aussi à des établissements privés, fondés et entretenus par des particuliers, mais à la condition que ces établissements se rattachent à l'administration départementale par des liens étroits (V. *supra*, n° 49).

Toutefois, il ne faut pas perdre de vue que, si le département a le droit d'intervenir pour suppléer à l'incapacité d'établissements non reconnus, ce n'est qu'autant que sous le nom de ces établissements le donateur ou le testateur a voulu gratifier le département. S'il en était autrement, l'intervention du département n'aurait aucune base légale.

109. Le département est découpé, par rapport à l'administration générale et à la justice, en arrondissements et ceux-ci se subdivisent, tant au point de vue judiciaire qu'en ce qui concerne le recrutement de l'armée et les élections au conseil général et au conseil d'arrondissement, en cantons.

Les arrondissements et les cantons sont de simples circonscriptions territoriales, dépourvues de personnalité morale ; leur inaptitude à acquérir à titre gratuit est absolue.

110. Est-ce à dire que toute libéralité qui leur est adressée doive demeurer sans effet ? Nous ne le pensons pas.

Il convient d'abord de remarquer que si, d'après les circonstances de l'espèce, un don ou un legs, dont un arrondissement ou un canton est l'objet, peut être considéré comme ayant été fait, dans la pensée du donateur ou du testateur, à l'un des services départementaux qui fonctionnent dans les limites de cet arrondissement ou de ce canton, le département a qualité pour le revendiquer. La libéralité échappe alors à la caducité.

De même, il faudrait tenir pour valable un don ou un legs fait à l'arrondissement ou au canton dans l'intérêt des pauvres, car ceux-ci sont investis par eux-mêmes de la capacité civile et peuvent, à défaut de l'arrondissement ou du canton, jouer le rôle de donataires ou de légataires. Nous ne faisons ici qu'indiquer cette solution ; elle sera mieux comprise quand nous présenterons dans un paragraphe ultérieur une théorie d'ensemble des dons et legs faits aux pauvres (V. *infra*, nos 125 et suiv.).

§ 4. — *Communes, sections et syndicats de communes.*

1° Communes.

111. L'on serait tenté, en s'inspirant des données de l'histoire, de dire que les communes sont des groupements naturels et en quelque sorte nécessaires, comme l'État, quoique dans une sphère inférieure ; tel n'est point cependant le caractère que leur attribue le législateur moderne. Le droit ne concorde pas avec les faits. Que l'on consulte les différentes lois qui ont régi la matière municipale depuis 1789 jusqu'à nos jours et l'on constatera qu'elles sont toutes d'accord pour regarder la commune comme une institution essentiellement artificielle ; la commune n'existe pas par elle-même mais en vertu d'un acte de la puissance souveraine : c'est une personne morale de formation purement législative.

Si la commune ne constitue qu'un être contingent, dont la vie dépend de la volonté du législateur, il faut se hâter d'ajouter que celui-ci s'est montré libéral envers elle et qu'il l'a investie d'une personnalité très large. L'un des effets principaux de cette personnalité consiste dans le droit de recevoir des dons et des legs (1).

(1) L. 5 avril 1884. — Art. 61. Le conseil municipal règle par ses délibérations les affaires de la commune... — Art. 68. Ne sont exécutoires qu'après avoir été approuvées par l'autorité supérieure les délibérations portant sur les objets suivants :... 8° l'acceptation des dons et legs faits à la commune lorsqu'il y a charges ou conditions ou lorsqu'ils donnent lieu à des réclamations des familles... — Art. 90. Le maire est chargé sous le contrôle du conseil municipal et la surveillance de l'administration supérieure :... 7° de passer... les actes de vente, échange, partage, acceptation de dons ou legs, acquisition, transaction, lorsque ces actes ont été autorisés conformément à la présente loi... — Art. 111. Les dé-

112. La commune a la plénitude de la représentation des intérêts collectifs des citoyens de sa circonscription et, pourvu qu'elle ne sorte pas de son domaine propre pour envahir celui du département ou de l'État, elle peut appliquer son activité aux objets les plus divers. Le nombre des services publics qu'elle a le droit d'instituer n'est pas arbitrairement fixé à l'avance; elle a qualité pour créer tous ceux qui correspondent à des besoins d'ordre municipal, sauf à obtenir, s'il y a lieu, l'approbation de l'autorité supérieure (V. *infra*, n°s 259 et suiv.).

Les services communaux régulièrement établis et les établissements ou les organismes qui en dépendent s'absorbent, au point de vue de la vie juridique, dans la commune et ils jouissent par son entremise de la faculté de recevoir (V. *supra*, n° 47).

Ainsi, il est incontestable que, bien qu'elles ne soient pas par elles-mêmes des personnes morales, les écoles primaires fondées et entretenues par la commune peuvent être instituées donataires ou légataires; d'après la jurisprudence, les dons et legs qu'on leur adresse sont censés faits à la commune (V. *infra*, n° 148).

Une compagnie de sapeurs-pompiers doit être considérée, aux termes d'une note ci-dessus relatée de la section de l'Intérieur en date du 7 juillet 1886 (V. *supra*, n° 47), « comme faisant partie d'un service municipal »; aussi est-elle apte à

---

libérations du conseil municipal ayant pour objet l'acceptation de dons et legs, lorsqu'il y a des charges ou conditions, sont exécutoires sur arrêté du préfet pris en conseil de préfecture. S'il y a réclamation des prétendants droit à la succession, quelles que soient la quotité et la nature de la donation ou du legs, l'autorisation ne peut être donnée que par décret rendu en Conseil d'État... — Art. 112. Lorsque la délibération porte refus de dons ou legs, le préfet peut par un arrêté motivé inviter le conseil municipal à revenir sur sa première délibération. Le refus n'est définitif que si par une seconde délibération, le conseil municipal déclare y persister... — Art. 113. Le maire peut toujours, à titre conservatoire, accepter les dons ou legs et former avant l'autorisation toute demande en délivrance. Le décret du Président de la République, l'arrêté du préfet ou la délibération du conseil municipal qui interviennent ultérieurement ont effet du jour de cette acceptation... — Art. 131. Les recettes du budget extraordinaire se composent: ... 3° des dons et legs.

recevoir des dons et des legs par l'intermédiaire de la commune dont elle est l'auxiliaire.

Il appartient à la Ville de Paris, d'après une note de la même section du 12 juillet 1892, d'accepter les dons et legs faits au corps des gardiens de la paix de ladite ville (1).

113. La commune fait participer à sa personnalité, non seulement les services publics et leurs annexes, mais encore certains établissements privés et certaines institutions particulières qui lui sont unis par des liens étroits ; nous avons dit plus haut comment et dans quelle mesure les institutions et les établissements non reconnus qui ont été fondés et sont entretenus par de simples citoyens peuvent être relevés de leur incapacité par l'intervention des communes. Nous n'avons rien à ajouter à nos précédentes explications auxquelles nous ne pouvons que nous référer (V. *supra*, nos 47 et 48).

114. Quelques établissements communaux sont érigés en établissements publics et ils ont, à ce titre, une existence juridique autonome ; ce sont de véritables personnes morales, à la différence des autres établissements municipaux qui ne sont rien par eux-mêmes et ne peuvent recueillir des libéralités que parce que la commune leur prête sa personnalité.

Ces deux sortes d'établissements sont faciles à distinguer en

---

(1) Note de la sect. de l'Int. du 12 juillet 1892 (nos 88,077-94, 425). — La section de l'Intérieur, des Cultes, de l'Instruction publique et des Beaux-Arts du Conseil d'État qui a pris connaissance du projet de décret tendant à autoriser l'acceptation des libéralités faites à divers établissements par le sieur Foucher n'a cru devoir adopter ce projet qu'en y introduisant les modifications suivantes. Dans l'article 1er elle a substitué pour l'acceptation le préfet de la Seine au directeur de l'Assistance publique de Paris : c'est en effet, conformément à la jurisprudence, au premier de ces fonctionnaires qu'il appartient de représenter les enfants assistés et les enfants moralement abandonnés et par suite d'accepter les libéralités qui les concernent, alors même que le testateur a nominalement institué l'Assistance publique.

En ce qui concerne le legs fait aux gardiens de la paix, elle pense qu'il y a lieu de surseoir à statuer pour compléter l'instruction. Si en effet le préfet de la Seine peut être considéré comme représentant la personnalité civile de la ville de Paris et par suite comme ayant capacité d'accepter au nom de ladite ville le legs fait à ces agents, il paraît utile de consulter le préfet de police et d'avoir son avis sur une question qui intéresse un personnel placé immédiatement sous ses ordres. (M. de Moüy, rapporteur.)

théorie ; dans la pratique, il n'en est pas toujours de même et l'on a quelquefois beaucoup de peine à résoudre la question de savoir si un établissement a une individualité propre ou s'il ne jouit que d'une personnalité d'emprunt ; l'on rencontre, en matière d'établissements municipaux, les mêmes embarras que dans la sphère des établissements départementaux et nationaux (V. *supra*, nos 96 et suiv., et n° 106). Il ne s'agit en somme que de difficultés d'espèce dans l'examen desquelles nous ne saurions entrer.

115. Les maires des communes sont appelés par l'article 3 de l'ordonnance du 2 avril 1817 à accepter les dons et legs « faits au profit de la généralité des habitants ou pour le soulagement et l'instruction des pauvres de la commune ». La généralité des habitants n'a d'autre personnalité que celle de la commune ; c'est donc au nom de la commune que sont acceptés les dons et legs adressés à cette collectivité. Quant aux pauvres, ils forment un être moral, distinct de la commune, et c'est en leur nom que le maire accepte les dons et legs qui leur sont faits (V. *infra*, nos 125 et suiv.).

116. Nous avons dit que la commune a la plénitude de la représentation des intérêts collectifs des citoyens de sa circonscription ; mais il faut bien se garder de croire qu'elle a seule qualité pour pourvoir dans tous les cas à la satisfaction desdits intérêts. Parallèlement à la commune des particuliers agissant isolément ou réunis en société ou association peuvent poursuivre certaines œuvres d'intérêt communal.

Dès lors, on aurait tort de dire que les souscriptions ouvertes ou que les quêtes ou collectes faites en vue d'un objet qui intéresse l'ensemble ou une fraction des habitants d'une commune constituent toujours et nécessairement une libéralité au profit de la commune et que celle-ci a dans tous les cas la faculté d'en revendiquer le montant. La commune n'est fondée à réclamer les deniers obtenus par voie de souscription, quête ou collecte que dans certaines circonstances qui demandent à être précisées (1).

---

(1) Cf. Marques di Braga et Camille Lyon, *Traité des obligations et de la responsabilité des comptables publics*, COMPTABILITÉ DE FAIT, nos 140 et suiv.

Si l'objet, auquel on entend consacrer le montant d'une souscription ou d'une quête, rentre dans les attributions exclusives d'un service municipal, la souscription ou quête nous apparaît comme un moyen de donner à la commune. Une quête a-t-elle été faite, par exemple, en vue de l'édification d'une mairie, de l'élargissement d'un chemin vicinal où du curage d'un abreuvoir municipal, il est certain que l'on se trouve en présence d'une libéralité faite à la commune.

Si nous supposons, au contraire, que l'œuvre à laquelle est destiné le montant d'une souscription ou d'une quête, tout en correspondant à un intérêt collectif, est de celles qui peuvent être accomplies par des particuliers et n'ont pas forcément un caractère public, la plus grande incertitude plane sur le point de savoir si les donateurs ont voulu gratifier la commune.

MM. Marques di Braga et Camille Lyon enseignent que pour résoudre ce problème il faut examiner trois éléments : la nature ou, ce qui revient au même, la forme de la libéralité, la qualité de l'intermédiaire ou du collecteur de deniers et l'intervention ou la non-intervention des représentants de la commune, ou autrement dit du maire et du conseil municipal, dans les questions se rattachant à l'organisation et à la destination de la souscription ou de la quête.

La nature de la libéralité est à envisager parce que, suivant qu'il s'agira d'une souscription, c'est-à-dire d'une libéralité à laquelle on s'engage par écrit vis-à-vis du collecteur de deniers, ou d'une quête qui a lieu en l'absence de tout acte et sans qu'aucun contrat soit passé entre le collecteur de deniers et le donateur, l'on devra se montrer plus ou moins difficile à attribuer à l'opération un caractère public et à la regarder comme faite pour le compte de la commune.

D'autre part, la qualité du collecteur de deniers est susceptible de fournir des indications précieuses sur le caractère de la quête ou de la souscription.

Le collecteur des offrandes est-il le maire ou un adjoint, il doit jusqu'à preuve contraire être réputé agir pour le compte de la commune. Cette présomption fait, au contraire, défaut si l'intermédiaire est un simple particulier.

Enfin, il convient de se demander si ce sont les représentants de la commune qui ont décidé que la quête ou souscription aurait lieu et si c'est par eux qu'en a été déterminé l'objet.

Le maire ou le conseil municipal a-t-il pris l'initiative de la quête ou de la souscription? A-t-il été fait état au budget communal du montant présumé des sommes à provenir de la quête ou souscription? L'assemblée communale a-t-elle réglé par avance l'emploi desdites sommes? Ces circonstances tendent à imprimer à la quête ou à la souscription un caractère public.

Dans les espèces où elles ne se rencontrent pas, il est peu probable que l'on ait fait appel à la générosité du public dans l'intérêt de la commune et il y a tout lieu de supposer que les donateurs ont eu en vue une œuvre purement privée.

Le sieur Pitre-Chevalier ayant provoqué et recueilli des souscriptions en vue de la construction d'une école à Marly-le-Roy, la Cour de cassation a décidé, par arrêt du 5 juillet 1870, que la commune ne pouvait revendiquer le produit de ces souscriptions.

L'arrêt commence par constater « qu'au moment où elles ont eu lieu elles n'ont pas eu pour objet la confection de travaux qui fussent actuellement publics, puisque le caractère public des bâtiments à construire était subordonné à leur affectation ultérieure comme école communale de filles et salle d'asile. » Elle fait ensuite observer « que Pitre-Chevalier a poursuivi personnellement son œuvre en ouvrant une souscription; qu'il a continué et achevé l'entreprise sans que la commune l'ait approuvé ou assisté en aucune manière; qu'il est impossible de comprendre comment agissant ainsi personnellement après le refus de concours et contre les intentions manifestes de la commune, il aurait cependant agi comme son représentant direct ou indirect; qu'en déduisant de ces constatations que Pitre-Chevalier n'avait agi ni comme mandataire ni comme *negotiorum gestor*, ni enfin comme promettant dans les termes d'une stipulation faite au profit de la commune et en repoussant en conséquence l'action en revendication de propriété l'arrêt attaqué n'a contrevenu à aucun des articles visés par le pourvoi (1). »

---

(1) Cass. civ. 5 juillet 1870. — La Cour; — Sur le premier moyen

Ce qui a entraîné la décision de la Cour suprême, c'est, on le voit, que les souscriptions étaient destinées à la construction d'une école qui ne devait pas nécessairement avoir un caractère public et que l'on avait devant soi un collecteur d'offrandes qui n'était qu'un simple particulier et avait agi sans le concours et même contre le gré de la commune.

L'arrêt du 6 juillet 1870 nous paraît avoir fait une saine application des principes de la matière.

2° Sections de communes.

117. La section de commune, dont il est question dans l'article 7 de la loi du 5 avril 1884 sur l'organisation munici-

---

fondé sur l'incompétence et l'excès de pouvoir ; — Attendu que l'action formée par le maire de la commune de Marly-le-Roi tendait à la revendication de la propriété du terrain acquis de Charles Gagné et des constructions élevées sur ledit terrain ; qu'elle se fondait sur l'engagement que Pitre-Chevalier aurait pris de remettre le tout à la commune et au bureau de bienfaisance aussitôt qu'il aurait achevé l'œuvre par lui entreprise à l'aide de souscriptions qu'il a provoquées et recueillies ; — Attendu qu'il est constaté en fait qu'aucune de ces souscriptions n'a été directement obtenue ni acceptée par la commune et qu'elles ont été toutes sollicitées par Pitre-Chevalier et versées entre ses mains ; qu'au moment où elles ont eu lieu elles n'ont pas eu pour objet la confection de travaux qui fussent actuellement publics, puisque le caractère public des bâtiments à construire était subordonné à leur affectation ultérieure comme école communale de filles et salle d'asile ; que dans ces circonstances et conditions la question de propriété, qui seule était débattue, entre les parties, rentrait pleinement, en l'absence de tout contrat administratif, dans la compétence des tribunaux ordinaires ; qu'il suit de là que les dispositions de loi sur lesquelles se fonde le moyen étaient inapplicables à l'espèce et que la cour impériale, en retenant la connaissance de la cause, s'est exactement conformée aux règles de sa compétence ;

Sur le second moyen fondé sur la violation des articles 1984, 1985, 1371, 1372 et 1121 du Code Napoléon ; — Attendu que la Cour n'a pas à examiner la question de savoir si parmi les subventions et souscriptions obtenues et employées par Pitre-Chevalier il en est qui auraient été faites, non pas uniquement en vue de l'œuvre par lui projetée mais bien en vue de l'intérêt communal et si, dans ce cas, il pourrait y avoir de ce chef une action en restitution à exercer soit de la part des souscripteurs dont les intentions n'auraient pas été suivies, soit même de la part de la commune dans l'intérêt de laquelle lesdites subventions et souscriptions auraient été consenties ; que la question de propriété a, en effet, formé l'unique objet du débat devant la cour impériale ; — Attendu à cet égard que par une appréciation souveraine des faits et do-

pale, a un patrimoine, des biens et des droits propres (1); elle jouit de la personnalité morale et, bien que ses représentants se confondent, en principe, avec ceux de la commune, elle est, au point de vue de la vie civile, distincte de celle-ci.

Elle peut recevoir des dons et legs et le maire qui a qualité pour les accepter, suivant les mêmes formes et dans les mêmes conditions que les libéralités faites à la commune, doit bien prendre garde que ce n'est pas au nom de la commune, mais au nom de la section de commune qu'il doit passer l'acte d'acceptation.

L'individualité de la section est d'ailleurs si bien séparée de celle de la commune que la communauté de représentation cesse lorsqu'elle pourrait mettre en péril les intérêts de la section; l'article 112, § 2, de la loi du 5 avril 1884 a prévu, en effet, le cas où le conseil municipal serait d'avis de refuser un don ou un legs fait à la section et il stipule que les habi-

cuments de la cause, l'arrêt attaqué déclare que Pitre-Chevalier a poursuivi personnellement son œuvre en ouvrant une souscription; qu'il a continué et achevé l'entreprise sans que la commune l'ait approuvé ou assisté en aucune manière; qu'il est impossible de comprendre comment, agissant ainsi personnellement, après le refus de concours et contre les intentions manifestes de la commune il aurait cependant agi comme son représentant direct ou indirect; qu'en déduisant de ces constatations que Pitre-Chevalier n'avait agi ni comme mandataire, ni comme *negotiorum gestor*, ni enfin comme promettant dans les termes d'une stipulation faite au profit de la commune et en repoussant en conséquence l'action en revendication de propriété, l'arrêt attaqué (Paris, 15 février 1867) n'a contrevenu à aucun des articles invoqués par le pourvoi; — Sur le troisième moyen... ; — Rejette. (M. Larombière, rapporteur.)

(1) L. 5 avril 1884. — Art. 7. La commune réunie à une autre commune conserve la propriété des biens qui lui appartenaient. — Les habitants de cette commune conservent la jouissance de ceux de ces mêmes biens dont les fruits sont perçus en nature. — Il en est de même de la section réunie à une autre commune, pour les biens qui lui appartenaient exclusivement. — Les édifices et autres immeubles servant à un usage public et situés sur le territoire de la commune ou de la section érigée en commune séparée deviennent la propriété de la commune à laquelle est faite la réunion ou de la nouvelle commune. — Les actes qui prononcent des réunions ou des distractions de communes en déterminent expressément toutes les autres conditions. — En cas de division, la commune ou section de commune réunie à une autre commune ou érigée en commune séparée reprend la pleine propriété de tous les biens qu'elle avait apportés.

tants de la section seront appelés à élire une commission syndicale qui délibérera sur l'acceptation de la libéralité (1).

112. La personnalité morale de la section de commune n'est accompagnée d'aucune personnalité financière ; nous avons déjà signalé cette particularité et nous avons fait observer que si presque toujours l'individualité juridique et l'individualité financière vont ensemble, rien n'empêche que l'une existe sans l'autre (V. *supra*, n° 89).

119. Des libéralités peuvent être faites non seulement aux sections de commune déjà existantes au moment de la donation ou du décès du testateur, mais encore à des sections à venir.

C'est ce qui résulte expressément de l'article 111, § 3, de la loi du 5 avril 1884 qui est ainsi conçu : « Si la donation ou le legs ont été faits à un hameau ou quartier d'une commune qui n'est pas encore à l'état de section ayant la personnalité civile, les habitants du hameau ou quartier seront appelés à élire une commission syndicale conformément à l'article 129 ci-dessous. La commission syndicale délibérera sur l'acceptation de la libéralité et, dans aucun cas, l'autorisation d'accepter ne pourra être accordée que par un décret rendu dans la forme des règlements d'administration publique. »

Ces dispositions confirment ce que nous avons dit dans un précédent chapitre ; elles montrent qu'il y a, au moins, une hypothèse dans laquelle l'on doit regarder comme valables les dons et legs adressés à une institution ou à un établissement qui n'a été légalement reconnu qu'après la donation ou le décès du testateur, c'est celle où l'institution ou l'établissement donataire ou légataire avait antérieurement à sa reconnaissance une existence de fait et dépendait d'une personne morale régulièrement constituée (V. *supra*, n° 82).

3° Syndicats de communes.

120. Les articles 116, 117, 161 et suivants de la loi du 5 avril 1884 prévoient l'établissement de groupements ou

---

(1) L. 5 avril 1884. — Art. 112, § 2. Si le don ou le legs a été fait à

d'associations de communes ayant pour objet soit l'entreprise ou la conservation d'ouvrages ou d'institutions d'utilité commune soit la gestion de droits ou de biens indivis (1).

Ces groupements ou associations de communes sont dénués de toute individualité juridique.

121. Il en est différemment des syndicats de communes institués en vue d'une œuvre d'utilité intercommunale conformément aux dispositions des articles qui ont été ajoutés à la loi susvisée par celle du 22 mars 1890 (2).

---

une section de commune et que le conseil municipal soit d'avis de refuser la libéralité il sera procédé comme il est dit au paragraphe 3 de l'article 111.

(1) L. 5 avril 1884. — Art. 116. Deux ou plusieurs conseils municipaux peuvent provoquer entre eux, par l'entremise de leurs présidents, et après en avoir averti les préfets, une entente sur les objets d'utilité communale compris dans leurs attributions et qui intéressent à la fois leurs communes respectives. Ils peuvent faire des conventions à l'effet d'entreprendre ou de conserver à frais communs des ouvrages ou des institutions d'utilité commune. — Art. 117. Les questions d'intérêt commun seront débattues dans des conférences où chaque conseil municipal sera représenté par une commission spéciale nommée à cet effet et composée de trois membres nommés au scrutin secret. Les préfets et les sous-préfets des départements et arrondissements comprenant les communes intéressées pourront toujours assister à ces conférences. Les décisions qui y seront prises ne seront exécutoires qu'après avoir été ratifiées par tous les conseils municipaux intéressés et sous les réserves énoncées au chapitre 3 du titre IV de la présente loi. — Art. 161. Lorsque plusieurs communes possèdent des biens ou des droits indivis, un décret du Président de la République instituera, si l'une d'elles le réclame, une commission syndicale composée de délégués des conseils municipaux des communes intéressées. Chacun de ces conseils élira, dans son sein, au scrutin, le nombre de délégués qui aura été déterminé par le décret du Président de la République. La commission syndicale sera présidée par un syndic élu par les délégués et pris parmi eux. Elle sera renouvelée après chaque renouvellement des conseils municipaux. Les délibérations sont soumises à toutes les règles établies pour les délibérations des conseils municipaux. — Art. 162. Les attributions de la commission syndicale et de son président comprennent l'administration des biens et droits indivis et l'exécution des travaux qui s'y rattachent. Ces attributions sont les mêmes que celles des conseils municipaux et des maires en pareille matière. Mais les ventes, échanges, partages, acquisitions, transactions, demeurent réservés aux conseils municipaux qui pourront autoriser le président de la commission à passer les actes qui y sont relatifs. — Art. 163. La répartition des dépenses votées par la commission syndicale est faite entre les communes intéressées par les conseils municipaux...

(2) L. 5 avril 1884 (complétée par celle du 22 mars 1890). — Art. 169. Lorsque les conseils municipaux de deux ou de plusieurs communes

Les syndicats, dont la création a été autorisée par décret rendu en Conseil d'État, sont aux termes mêmes de l'un de ces articles additionnels « des établissements publics investis de la personnalité civile » (art. 170) ; ils peuvent recevoir des dons et des legs (art. 177) (1).

122. L'association ou groupement de communes qui correspond au « fonds de cotisations municipales » a une individualité financière, mais manque de personnalité moral (V. *supra*, n° 89) (2).

---

d'un même département ou de départements limitrophes ont fait connaître par des délibérations concordantes, leur volonté d'associer les communes qu'ils représentent en vue d'une œuvre d'utilité intercommunale et qu'ils ont décidé de consacrer à cette œuvre des ressources suffisantes, les délibérations prises sont transmises par le préfet au ministre de l'Intérieur, et, s'il y a lieu, un décret rendu en Conseil d'État autorise la création de l'association, qui prend le nom de syndicat de communes. D'autres communes que celles primitivement associées peuvent être admises, avec le consentement de celles-ci, à faire partie de l'association. Les délibérations prises, à cet effet, par les conseils municipaux de ces communes et des communes déjà syndiquées sont approuvées par décret simple. — Art. 171. Le syndicat est administré par un comité... — Art. 176. L'administration des établissements faisant l'objet des syndicats est soumise aux règles du droit commun. Leur sont notamment applicables les lois qui fixent, pour les établissements analogues, la constitution des commissions consultatives ou de surveillance, la composition ou la nomination du personnel, la formation et l'approbation des budgets, l'approbation des comptes, les règles d'administration intérieure et de comptabilité. Le comité exerce, à l'égard de ces établissements, les droits qui appartiennent aux conseils municipaux à l'égard des établissements communaux de même nature. Toutefois si le syndicat a pour objet de secourir des malades, des vieillards, des enfants ou des incurables, le comité pourra décider qu'une même commission administrera les secours, d'une part à domicile et, d'autre part, à l'hôpital ou à l'hospice — Art. 178. Le syndicat peut organiser des services intercommunaux autres que ceux prévus au décret d'institution, lorsque les conseils municipaux des communes associées se sont mis d'accord pour ajouter ces services aux objets de l'association primitive. L'extension des attributions du syndicat doit être autorisée par décret rendu dans la même forme que le décret d'institution.

(1) L. du 5 avril 1884 (complétée par celle du 22 mars 1890). — Art. 170. Les syndicats de communes sont des établissements publics investis de la personnalité civile. Les lois et règlements concernant la tutelle des communes leur sont applicables... — Art. 177. Le budget du syndicat pourvoit aux dépenses de création et d'entretien des établissements ou services pour lesquels le syndicat est constitué. Les recettes de ce budget comprennent : ... 5° les produits des dons ou legs.

(2) Cf. Marques di Braga et Camille Lyon, *Traité des obligations et de la responsabilité des comptables publics*, COMPTABILITÉ DE FAIT, n° 185.

§ 5. — *Algérie et Colonies.*

123. L'Algérie est formée par la réunion de trois départements qui jouissent chacun de l'individualité juridique ; mais elle ne constitue pas par elle-même une personne morale. Les dons et legs qui lui sont faits doivent donc être déclarés nuls à moins qu'il ne s'agisse de libéralités charitables pouvant être revendiquées par les mandataires officiels des pauvres ou que le donateur ou testateur n'ait voulu désigner sous le nom de l'Algérie les départements dont elle est composée.

124. Les colonies sont plus favorisées que l'Algérie ; elles ont la personnalité civile et peuvent recevoir des dons et des legs (1). Cette règle ressort pour les colonies pourvues de conseils généraux ou coloniaux des textes organiques qui régissent ces assemblées ; elle est inscrite dans le sénatus-consulte du 4 juillet 1866 et le décret du 11 août de la même

(1) Un décret du 4 février 1893 a autorisé l'acceptation du legs fait par le sieur Bellier à la colonie de la Réunion; il est ainsi conçu :

Le Président de la République française ; — Sur le rapport du ministre du Commerce, de l'Industrie et des Colonies ; — Vu la délibération du conseil général de la Réunion, en date du 14 décembre 1891, acceptant le legs de 40,000 francs fait à la colonie par le sieur Adrien Bellier, dans les termes suivants : « Je donne et lègue à la colonie la somme de 40,000 francs, pour les intérêts de cette somme être annuellement et à perpétuité affectés à un prix qui sera décerné par le conseil général ou toute autre assemblée représentant le pays, après examen des rapports déposés, à cet effet, par les différents conseils municipaux de la colonie, à tout habitant du pays, homme ou femme, qui aura accompli, au cours de l'année, l'acte le plus méritoire, soit de patriotisme, soit de courage, soit d'humanité, ou encore à toute autre personne qui se serait signalée par une invention pratique, utile aux intérêts généraux du pays » ; — Vu le sénatus-consulte du 4 juillet 1866 sur la constitution des colonies ; — Vu le décret du 11 août 1866 sur le mode d'approbation des délibérations des conseils généraux des colonies ;

Le Conseil d'État entendu ; — Décrète : — Art. 1er. Est approuvée la délibération précisée du 14 décembre 1891 par laquelle le conseil général de la Réunion a accepté le legs de 40,000 francs fait à cette colonie par le sieur Adrien Bellier. Le montant dudit legs sera employé en rentes sur l'État ; le titre de rente sera immatriculé au nom de la colonie et mention sera faite sur l'inscription de la destination des arrérages. — Art. 2. Le ministre du Commerce, de l'Industrie et des Colonies est chargé de l'exécution du présent décret qui sera inséré au *Bulletin des Lois* et au *Bulletin officiel de l'Administration des colonies*.

année relatifs aux conseils généraux de la Martinique, de la Guadeloupe et de la Réunion (1), dans le décret du 23 décembre 1878 portant institution d'un conseil général à la Guyane française (2), dans le décret du 25 janvier 1879 portant réorganisation des conseils électifs dans les établissements français de l'Inde (3), dans le décret du 4 février 1879 insti-

(1) Sénatus-consulte du 4 juillet 1866, portant modification du sénatus-consulte du 3 mai 1854 qui règle la constitution des colonies de la Martinique, de la Guadeloupe et de la Réunion. — Art. 1er. Le conseil général statue : ... 7° sur l'acceptation ou le refus des dons et legs faits à la colonie sans charges ni affectation immobilière, quand ces dons et legs ne donnent pas lieu à réclamation... Les délibérations prises sur ces diverses matières sont définitives et deviennent exécutoires si, dans le délai d'un mois à partir de la clôture de la session, le gouverneur n'en a pas demandé l'annulation pour excès de pouvoir, pour violation d'un sénatus-consulte, d'une loi ou d'un règlement d'administration publique. — Cette annulation est prononcée, sur le rapport du ministre de la Marine et des Colonies, par décret de l'Empereur rendu dans la forme des règlements d'administration publique. — Art. 3. Le conseil général délibère : ... 2° sur l'acceptation ou le refus des dons et legs faits à la colonie en dehors des conditions spécifiées au paragraphe 7 de l'article 1er... Un règlement d'administration publique déterminera le mode d'approbation des délibérations prises par le conseil général en vertu du présent article.

D. 11 août 1866, qui détermine le mode d'approbation des délibérations prises par les conseils généraux de la Martinique, de la Guadeloupe et de la Réunion. — Art. 1er. Les délibérations du conseil général sur les matières énoncées en l'article 3 du sénatus-consulte du 4 juillet 1866 sont approuvées, savoir : par décret de l'Empereur, rendu en la forme de règlement d'administration publique, en ce qui concerne... l'acceptation ou le refus des dons et legs donnant lieu à réclamation ou faits à la colonie avec charge ou affectation immobilière...

(2) D. 23 décembre 1878, portant institution d'un conseil général à la Guyane française. — Art. 35. Le conseil général statue : ... 7° sur l'acceptation ou le refus des dons et legs faits à la colonie sans charge ni affectation immobilière, quand ces dons et legs ne donnent pas lieu à réclamation... Les délibérations sur ces matières sont définitives et deviennent exécutoires si, dans le délai d'un mois à partir de la clôture de la session, le gouverneur n'en a pas demandé l'annulation pour excès de pouvoir, pour violation des lois ou des règlements ayant force de loi. — Cette annulation est prononcée sur le rapport du ministre de la Marine et des Colonies, par décret du Président de la République. — Art. 37. Le conseil général délibère : ... 2° sur l'acceptation ou le refus des dons et legs faits à la colonie en dehors des conditions spécifiées au paragraphe 7 de l'article 35... — Art. 38. Les délibérations prises par le conseil général sur les matières énumérées en l'article précédent sont approuvées ou rejetées : 1° par décrets du Président de la République, en ce qui concerne les objets énoncés dans les nos 1, 2, 3 et 4.

(3) D. 25 janvier 1879, portant réorganisation des conseils électifs dans les établissements français de l'Inde. — Art. 32. Le conseil général sta-

tuant un conseil général au Sénégal et dépendances (1), dans les décrets des 8 février 1880 et 6 octobre 1887 concernant le conseil colonial de la Cochinchine (2), dans les décrets du

tue : ... 7° sur l'acceptation ou le refus des dons et legs faits à la colonie sans charge ni affectation immobilière, quand ces dons et legs ne donnent pas lieu à réclamation... Les délibérations prises sur ces diverses matières sont définitives et deviennent exécutoires si, dans le délai d'un mois à partir de la clôture de la session, le gouverneur n'en a pas demandé l'annulation pour excès de pouvoir, pour violation d'une loi ou d'un règlement d'administration publique. Cette annulation est prononcée sur le rapport du ministre de la Marine et des Colonies, par le Président de la République. — Art. 33. Le conseil général délibère : ... 2° sur l'acceptation ou le refus des dons et legs faits à la colonie en dehors des conditions spécifiées au paragraphe 7 de l'article 32... Les délibérations du conseil général prises en vertu du présent article sont approuvées, savoir, par décret du Président de la République en ce qui concerne : ... l'acceptation ou le refus des dons et legs donnant lieu à réclamation ou faits à la colonie avec charge ou affectation immobilière.

(1) D. 4 février 1879, instituant un conseil général au Sénégal et dépendances. — Art. 33. Le conseil général statue, en ce qui concerne les territoires compris dans l'étendue des circonscriptions électorales : ... 7° sur l'acceptation ou le refus des dons et legs faits à la colonie sans charges ni affectations immobilières, quand ces dons et legs ne donnent pas lieu à réclamation... — Art. 34... Les délibérations prises sur ces matières et sur celles comprises dans l'article précédent sont définitives et deviennent exécutoires si, dans le délai d'un mois à partir de la clôture de la session, le gouverneur n'en a pas demandé l'annulation pour excès de pouvoir ou violation des lois ou des règlements ayant force de loi. Cette annulation est prononcée, sur le rapport du ministre de la Marine et des Colonies, par décret du Président de la République. — Art. 35. Le conseil général délibère, en ce qui concerne toute l'étendue de la colonie : ... 2° sur l'acceptation ou le refus des dons et legs faits à la colonie en dehors des conditions spécifiées au paragraphe 7 de l'article 33 ;... 8° sur les matières énumérées dans l'article 33, quand il s'agit de territoires laissés en dehors des circonscriptions électorales. — Art. 36. Les délibérations prises par le conseil général sur les matières énumérées en l'article précédent doivent être approuvées : ... 1° par décret du Président de la République, en ce qui concerne les objets énoncés dans les paragraphes 1, 2, 3 et 4...

(2) D. 8 février 1880, instituant un conseil colonial en Cochinchine. — Art. 32. Le conseil colonial statue : ... 7° sur l'acceptation ou le refus des dons et legs faits à la colonie sans charge ni affectation immobilière, quand ces dons et legs ne donnent pas lieu à réclamation... Les délibérations prises sur ces matières sont définitives et deviennent exécutoires si, dans le délai d'un mois à partir de la clôture de la session, le gouverneur n'en a pas demandé l'annulation pour excès de pouvoir, pour violation des lois ou des règlements ayant force de loi. Cette annulation est prononcée, sur le rapport du ministre de la Marine et des Colonies, par décret du Président de la République. — Art. 33. Le conseil colonial délibère : ... 2° sur l'acceptation ou le refus des dons et

2 avril 1885 portant institution de conseils généraux à la Nouvelle-Calédonie et aux îles Saint-Pierre et Miquelon (1) et dans le décret du 28 décembre 1885 instituant un conseil

---

legs faits à la colonie en dehors des conditions spécifiées au paragraphe 7 de l'article 32 (abrogé par le décret du 6 octobre 1887). — Art. 34. Les délibérations prises par le conseil colonial sur les matières énumérées en l'article précédent sont approuvées : 1° par décrets du Président de la République, en ce qui concerne les objets énumérés dans les paragraphes 1, 2 et 3 (abrogé par le décret du 6 octobre 1887).

D. 6 octobre 1887, portant modification au décret du 8 février 1880, instituant un conseil colonial en Cochinchine. — Art. 1er. L'article 3 du décret du 8 février 1880, modifié par l'article 1er du décret du 19 juin 1886 et les articles 23, 26, 32 (nos 1, 2 et 3 du §§ 1er et 2), 33, 34, 38 et 40, instituant un conseil colonial en Cochinchine, sont abrogés et remplacés par les articles et paragraphes suivants : ... Art. 33. Le conseil colonial délibère : ... 2° sur l'acceptation ou le refus des dons et legs faits à la colonie en dehors des conditions spécifiées au paragraphe 7 de l'article 32... Les délibérations prises sur ces matières sont approuvées par décrets du Président de la République.

(1) D. 2 avril 1885, portant institution d'un conseil général à la Nouvelle-Calédonie. — Art. 40. Le conseil général statue définitivement sur les objets ci-après, savoir : ... 5° acceptation ou refus de dons et legs faits à la colonie, quand ils ne donnent pas lieu à réclamation. — Art. 41. Les délibérations par lesquelles le conseil général statue définitivement sont exécutoires si, dans le délai d'un mois à partir de la clôture de la session, le gouverneur n'en a pas demandé l'annulation pour excès de pouvoir ou pour violation d'une disposition des lois, décrets ou des règlements ayant force de loi ou de décret. Le recours formé par le gouverneur doit être notifié par le directeur de l'Intérieur au président du conseil général et au président de la commission coloniale. L'annulation ne peut être prononcée que par un décret rendu sur le rapport du ministre de la Marine et des Colonies. — Art. 43. Le conseil général délibère : ... 3° sur l'acceptation ou le refus des dons et legs faits à la colonie en dehors des conditions spécifiées au paragraphe 5 de l'article 40. — Art. 44. Les délibérations prises par le conseil général sur les matières énumérées en l'article précédent sont approuvées ou rejetées : 1° par décret rendu sous la forme des règlements d'administration publique et, en ce qui concerne les nos 1, 2, 3, 4 et 5... — Art. 48. Le gouverneur accepte ou refuse les dons et legs faits à la colonie en vertu, soit de la décision du conseil général, quand il n'y a pas de réclamation des familles, soit de la décision du gouvernement, quand il y a réclamation. Le gouverneur peut toujours, à titre conservatoire, accepter les dons et legs. La décision du conseil général ou du gouvernement qui intervient ensuite a effet du jour de cette acceptation.

D. 2 avril 1885, portant institution d'un conseil général aux îles Saint-Pierre et Miquelon. — Art. 41. Le conseil général statue définitivement sur les objets ci-après désignés, savoir : ... 5° acceptation ou refus des dons et legs faits à la colonie, quand ils ne donnent pas lieu à réclamation... — Art. 42. Les délibérations par lesquelles le conseil général statue définitivement sont exécutoires si, dans le délai de vingt jours à partir de la clôture de la session, le commandant n'en a pas demandé

général des établissements français de l'Océanie (1). Elle n'est formulée dans aucun texte pour nos colonies du Soudan, de la Guinée, de la Côte-d'Ivoire, du Dahomey, du Congo, de Diego-Suarez, de Mayotte et d'Obock où il n'existe pas de conseils électifs, mais nous croyons que, malgré ce silence du droit écrit, elle leur est applicable. Les actes qui ont constitué ces colonies en ont fait des personnes morales et rien n'indique que, tout en leur conférant l'individualité juridique, le gouvernement ait entendu leur en refuser certains attributs et leur interdire notamment de faire des acquisitions à titre gratuit. La faculté de recevoir entre vifs ou par testament est si peu le

---

l'annulation pour excès de pouvoir ou pour violation d'une disposition des lois, décrets, ou des arrêtés du commandant ayant force de loi ou de décret. Le recours formé par le commandant doit être notifié, par le chef du service de l'Intérieur, au président du conseil général et au président de la commission coloniale. Si, dans le délai de trois mois à partir de la notification, l'annulation n'a pas été prononcée, la délibération est exécutoire. Cette annulation ne peut être prononcée que par un décret, rendu sur le rapport du ministre de la Marine et des Colonies. — Art. 41. Le conseil général délibère : ... 3° sur l'acceptation ou le refus des dons et legs faits à la colonie en dehors des conditions spécifiées au paragraphe 5 de l'article 41. — Art. 45. Les délibérations prises par le conseil général sur les matières énumérées en l'article précédent sont approuvées ou rejetées : 1° par décret rendu dans la forme des règlements d'administration publique, en ce qui concerne les n°s 1, 2, 3 et 4... — Art. 49. Le commandant accepte ou refuse les dons et legs faits à la colonie, en vertu soit de la décision du conseil général, quand il n'y a pas de réclamation des familles, soit de la décision du gouvernement, quand il y a réclamation. Le commandant peut toujours, à titre conservatoire, accepter les dons et legs. La décision du conseil général ou du gouvernement qui intervient ensuite a effet du jour de cette acceptation.

(1) D. 28 décembre 1885, instituant un conseil général des établissements français de l'Océanie. — Art. 40. Le conseil général statue définitivement sur les objets ci-après désignés, savoir : ... 5° acceptation ou refus des dons et legs faits à la colonie, quand ils ne donnent pas lieu à réclamation... — Art. 41. Les délibérations par lesquelles le conseil général statue définitivement sont exécutoires si, dans un délai d'un mois à partir de la clôture de la session, le gouverneur n'en a pas demandé l'annulation pour excès de pouvoir ou pour violation des lois, décrets ou des règlements ayant force de loi ou de décret. Le recours formé par le gouverneur doit être notifié par le directeur de l'Intérieur au président du conseil général et au président de la commission coloniale. L'annulation ne peut être prononcée que par un décret, rendu sur le rapport du ministre de la Marine et des Colonies. — Art. 43. Le conseil général délibère : ... 3° sur l'acceptation ou le refus des dons et legs faits à la colonie en dehors des conditions spécifiées au para-

monopole des colonies dotées de conseils généraux ou coloniaux qu'antérieurement à la création du conseil général de la Nouvelle-Calédonie le décret du 12 décembre 1874 avait reconnu que des dons et des legs pouvaient être faits à cette colonie (1) ; il n'était évidemment pas dans la pensée des auteurs de ce décret d'accorder à la Nouvelle-Calédonie une faveur exceptionnelle : ils ne faisaient que lui appliquer une règle générale.

Non seulement les colonies peuvent être gratifiées de dons et de legs, mais, de plus, elles renferment des communes et divers établissements publics ou d'utilité publique qui sont doués, concurremment avec elle, de la capacité de recevoir. Les ordonnances et décrets organiques qui ont établi le régime administratif et politique de nos colonies font allusion aux dispositions qui peuvent être faites au profit de ces communes et établissements et déterminent les règles applicables à l'acceptation de ces libéralités (V. notamment les ordonnances des 21 août 1825, 9 février 1827 et 22 août 1833, pour la

---

graphe 5 de l'article 40. — Art. 44. Les délibérations prises par le conseil général sur les matières énumérées en l'article précédent sont approuvées ou rejetées : 1° par décret rendu sous la forme de règlement d'administration publique, en ce qui concerne les nos 1, 2, 3, 4 et 5... — Art. 48. Le gouverneur accepte ou refuse les dons et legs faits à la colonie, en vertu soit de la décision du conseil général, quand il n'y a pas de réclamation des familles, soit de la décision du gouvernement, quand il y a réclamation. Le gouverneur peut toujours, à titre conservatoire, accepter les dons et legs. La décision du conseil général ou du gouvernement qui intervient ensuite a effet du jour de cette acceptation.

D. 28 décembre 1885, concernant le gouvernement des établissements français de l'Océanie. — Art. 37. Il (le gouverneur) transmet au ministre les délibérations du conseil général relatives aux dons et legs faits à la colonie et qui contiendraient des clauses onéreuses ou donneraient lieu à des réclamations...

(1) D. 12 décembre 1874, concernant le gouvernement de la Nouvelle Calédonie. — Art. 48, § 1er. Le gouverneur propose au ministre, conformément à l'ordonnance royale du 25 juin 1833, l'acceptation des dons et legs pieux ou de bienfaisance dont la valeur est au-dessus de 3,000 francs. Il propose également à l'acceptation du gouvernement métropolitain les dons et legs faits à la colonie qui contiendraient des clauses onéreuses ou donneraient lieu à des réclamations. — § 2. Il statue sur l'acceptation des dons et legs pieux ou de bienfaisance de 3,000 francs et au-dessous et sur ceux faits à la colonie sans conditions onéreuses, quand ils ne donnent lieu à aucune réclamation. Il en rend compte au ministre de la Marine et des Colonies.

Réunion, la Martinique et la Guadeloupe et les ordonnances des 27 août 1828, 22 août 1833, 23 juillet 1840, 7 septembre 1840 et 18 septembre 1844, pour la Guyane, l'Inde, le Sénégal, Saint-Pierre et Miquelon. — V. aussi l'ordonnance du 25 juin 1833).

§ 6. — *Pauvres.*

125. Les pauvres forment dans chaque commune, en vertu d'une fiction légale, une collectivité ou agrégation investie de la personnalité morale et de la faculté de recevoir entre vifs ou par testament. C'est ce qui résulte incontestablement des dispositions des articles 910 et 937 du Code civil (1) et de l'ordonnance du 2 avril 1817 (2).

Ce principe a été souvent perdu de vue ; il a même quelquefois été nié et voici pourquoi.

Les pauvres d'une commune ont bien reçu l'individualité juridique, mais il n'a été créé en vue de la gestion de leurs intérêts et du maniement de leurs deniers aucun organisme administratif et financier qui leur appartienne en propre et d'une manière exclusive ; ils empruntent l'organisme financier et administratif dont ils ont besoin tantôt à la commune et

---

(1) C. civ. Art. 910. — Les dispositions entre vifs ou par testament, au profit des hospices, des *pauvres d'une commune* ou d'établissements d'utilité publique n'auront leur effet qu'autant qu'elles seront autorisées par un décret impérial. — Art. 937. Les donations faites au profit des hospices, des *pauvres d'une commune* ou d'établissements d'utilité publique seront acceptées par les administrateurs de ces communes ou établissements après y avoir été dûment autorisés.

(2) Ord. 2 avril 1817. — Art. 1er. Conformément à l'article 910 du Code civil et à la loi du 2 janvier 1817 les dispositions entre vifs ou par testament de biens meubles et immeubles au profit des églises, des archevêchés ou évêchés, des chapitres, des grands et petits séminaires, des cures et des succursales, des fabriques, des *pauvres*, des hospices, des collèges, des communes, et en général de tout établissement d'utilité publique et de toute association religieuse reconnue par la loi ne pourront être acceptées qu'après avoir été autorisées par nous, le Conseil d'État entendu... — Art. 3. L'acceptation desdits legs ou dons ainsi autorisée sera faite, savoir : ... par les administrateurs des hospices, bureaux de charité et de bienfaisance, lorsqu'il s'agit de libéralités en faveur des hôpitaux et autres établissements de bienfaisance;... par les maires des communes lorsque les dons ou legs seront faits au profit de la généralité des habitants ou pour le soulagement et l'instruction des pauvres de la commune...

tantôt aux établissements municipaux de bienfaisance qui eux-mêmes ont la personnalité civile.

Dès lors, l'individualité juridique des pauvres est comme éclipsée par celle de la commune et des établissements communaux voués à l'assistance ; mais pour être difficilement perceptible elle n'en existe pas moins (1). Nous allons essayer de la mettre en lumière.

126. Les mandataires officiels des pauvres varient suivant les cas (2).

Pour assurer le fonctionnement des modes normaux et habituels d'assistance, le législateur a créé quatre sortes d'établissements publics qui participent chacun dans la sphère de ses attributions à la représentation des pauvres (3).

Le service des secours à domicile est confié aux bureaux de bienfaisance ; celui de l'hospitalisation se trouve partagé entre

---

(1) Aubry et Rau, *Cours de droit civil français*, 4e édit., t. VII, § 656, p. 72 ; Demolombe, t. XVIII, nos 612 et 613.

(2) Marques di Braga et Camille Lyon, *Comptabilité de fait*, n° 176.

(3) Cass. req., 14 juin 1875. — La Cour, — Sur le premier moyen tiré de la violation des articles 967, 970 et 895 du Code civil par fausse application de l'article 900 du même Code ; — Attendu qu'il résulte des testaments de la veuve Bonnabaud et de l'interprétation souveraine qui leur a été donnée par l'arrêt attaqué (Riom, 17 juin 1874) : 1° que le don en faveur des soixante-quinze vieillards gratifiés de la ville de Clermont-Ferrand leur est fait directement, qu'ils sont les légataires certains et universels institués par la testatrice ; 2° que les vieillards gratifiés sont ceux qui, sans être réduits à la mendicité, n'ont que de trop faibles moyens d'existence et ne peuvent plus se procurer qu'une partie de ce qui leur est nécessaire ; — Attendu que les vieillards ainsi désignés sont au nombre de ceux qui, aux termes des lois et règlements sur les établissements de bienfaisance, ont droit à des secours ; qu'ils forment une catégorie des pauvres qui, aux termes des articles 910 et 917 du Code civil, peuvent recevoir des libéralités et sont représentés par les administrateurs des bureaux de bienfaisance ; que la disposition des testaments qui exclut le bureau de bienfaisance de l'administration des biens légués est contraire aux lois qui dans un intérêt d'ordre public ont créé et organisé les bureaux de bienfaisance ayant la mission de gérer, d'administrer les biens des pauvres, sous le contrôle de l'autorité administrative ; — D'où il suit qu'en réputant non écrite la clause qui interdit au bureau de bienfaisance de Clermont-Ferrand de s'ingérer dans la gestion des biens légués à une partie des pauvres de cette ville, l'arrêt n'a pas violé les articles du Code susvisés et a fait au contraire une juste application de l'article 900 du même Code.

Sur le deuxième moyen, en ses deux branches : — En ce qui touche a première branche tirée de la violation des articles 906, 1039 et 1043

les hôpitaux et les hospices : les premiers ont été institués pour recevoir et soigner des malades et les seconds pour recueillir, nourrir et entretenir des enfants, des vieillards et des incurables.

Les bureaux de bienfaisance et les hospices et hôpitaux correspondent à deux formes d'assistance d'origine très ancienne; il en a été imaginé dans ces derniers temps deux nouvelles dont l'on a chargé les caisses des écoles et les bureaux d'assistance médicale.

Les caisses des écoles ont un caractère mixte. Ce sont des établissements tout à la fois scolaires et charitables, affectés en même temps au service de l'assistance et à celui de l'enseignement, plutôt à celui-ci qu'à celui-là, ce qui explique qu'elles dépendent du ministre de l'Instruction publique, tandis que la tutelle des établissements charitables proprement dits appartient au ministre de l'Intérieur.

C'est la loi du 10 avril 1867 qui a permis la création de ces établissements « destinés à encourager et à faciliter la fré-

---

du Code civil; — Attendu que l'arrêt attaqué interprétant les dispositions testamentaires de la veuve Bonnabaud déclare que les vieillards pauvres de la ville de Clermont-Ferrand, qui se trouvent dans les conditions déterminées par la testatrice, sont les légataires certains institués directement par les testaments; que, l'article 910 déclarant les pauvres capables de recevoir les libéralités a eux faites, il en résulte que le legs fait à une catégorie déterminée des pauvres n'est pas fait à une personne incertaine; — Attendu que la mission donnée aux quatre juges de paix de Clermont-Ferrand, nommés exécuteurs testamentaires, de désigner les vieillards pauvres qui rempliraient les conditions indiquées dans les testaments ne peut être considérée que comme le mode d'exécution des libéralités faites à des personnes certaines; qu'elle ne substitue pas à la volonté de la testatrice un pouvoir arbitraire d'élire confié aux exécuteurs testamentaires.

En ce qui touche la deuxième branche tirée de la violation du principe d'ordre public, qui ne permet pas de mettre des biens hors du commerce (art. 6 du Code civil); — Attendu que la testatrice a prescrit la vente de tous ses biens pour le prix être employé à acquitter divers legs particuliers et le surplus être converti en rentes dont les arrérages serviraient à payer des pensions aux vieillards pauvres institués ses légataires universels; que la loi en autorisant les legs au profit des pauvres a par cela même permis la création de fondations destinées à les secourir; que ces fondations sont de leur nature perpétuelles; qu'un testateur en les instituant par ses dispositions de dernière volonté ne contrevient à aucun principe d'ordre public et ne viole pas l'article 6 du Code civil; — Par ces motifs, rejette. (M. Dumon, rapporteur.)

quentation de l'école par des récompenses aux élèves assidus et par des secours aux élèves indigents » (art. 15) ; la loi du 28 mars 1882 l'a rendue obligatoire (art. 17).

Les bureaux d'assistance médicale ont été établis par la loi du 15 juillet 1893 ; ils ont pour mission d'assurer le traitement des malades indigents, soit chez eux, soit dans les hôpitaux ; en outre dans les communes dépourvues de bureau de bienfaisance, ils gèrent le service des secours à domicile (art. 10).

De par les dispositions des lois des 28 mars 1882 et 15 juillet 1893, il existe dans chaque commune, au moins à l'état virtuel, une caisse des écoles et un bureau d'assistance médicale; au contraire, il n'y a de bureaux de bienfaisance et d'hospices ou hôpitaux que dans des communes relativement peu nombreuses. Il a été remédié dans une certaine mesure à la pénurie vraiment regrettable de bureaux de bienfaisance par la loi du 15 juillet 1893, puisque le bureau d'assistance médicale fait, le cas échéant, fonctions de bureau de bienfaisance; mais ce n'est là qu'un palliatif insuffisant. Le bureau d'assistance médicale n'est appelé à jouer le rôle de bureau de bienfaisance que par accident ; or, l'on peut craindre qu'il ne se désintéresse d'attributions qui ne rentrent pas dans sa tâche essentielle et il n'est guère permis d'espérer un bon fonctionnement du service des secours à domicile que si l'on fonde des bureaux de bienfaisance dans les communes où il n'en existait pas avant la loi du 15 juillet 1893. Il faut bien se garder, d'ailleurs, de croire que cette loi a proscrit la formation de nouveaux bureaux de bienfaisance : elle n'a pas abrogé la loi du 7 frimaire an V qui veut que des établissements de ce genre soient institués dans toutes les communes; elle l'a simplement complétée en édictant des mesures destinées à permettre d'attendre patiemment la création des bureaux de bienfaisance. C'est en ce sens que le Conseil d'État s'est prononcé aux termes d'un avis du 28 février 1894 (V. *infra*, n° 157), contrairement à une circulaire du ministre de l'Intérieur du 31 juillet 1893 (1).

---

(1) Circ. min. Int. 31 juillet 1893. — Monsieur le préfet, la loi du 15 juillet 1893 sur l'assistance médicale gratuite, publiée au *Journal*

Les bureaux de bienfaisance, les hospices et hôpitaux, les caisses des écoles et les bureaux d'assistance médicale sont aptes à recevoir des dons et legs ; ils ont qualité pour accepter non seulement les libéralités qui leur sont faites nominativement, mais encore celles qui s'adressent aux pauvres qu'ils sont chargés de secourir. Si un don ou un legs est fait aux pauvres sans autre indication, c'est le bureau de bienfaisance qui est compétent pour le revendiquer ; le mode d'assistance auquel est préposé cet établissement est, en effet, le mode de droit commun dans l'état actuel de notre législation et, dès lors, il est présumable que c'est cette forme de bienfaisance que le donateur ou le testateur a voulue, du moment qu'il n'a pas exprimé une intention contraire.

La personnalité des pauvres disparaît-elle complètement devant celle des bureaux de bienfaisance, hôpitaux ou hospices, caisses des écoles et bureaux d'assistance médicale? Nous ne le croyons pas. Ces établissements n'acceptent pas tout don ou legs charitable au même titre. Ils ne puisent dans leur individualité propre que le droit d'être institués personnellement donataires ou légataires ; si, de plus, ils sont compétents pour revendiquer des libéralités charitables dont les auteurs ne les ont pas nommés, ce n'est pas de leur propre chef qu'ils peuvent y prétendre, mais du chef des pauvres dont ils sont les mandataires officiels ; ils interviennent comme organes de la personnalité des pauvres et non en vertu de la personnalité dont ils sont eux-mêmes pourvus.

La personnalité des pauvres se confond si peu avec celle des établissements charitables dont elle emprunte les rouages administratifs et financiers qu'à une certaine époque la juris-

---

officiel du 18, a pour objet d'étendre à tous les départements et à toutes les communes de la République le bénéfice du service de la médecine gratuite, qui ne fonctionne, à l'heure actuelle, que dans 49 départements ; elle doit avoir pour résultat de régulariser le fonctionnement de cet important service ; enfin, elle lui assure le concours de l'État... Il ne vous échappera pas que l'article 10 institue, dans toute commune, un bureau d'assistance et confère à ce bureau tous les droits et attributions qui appartiennent au bureau de bienfaisance. L'intervention du gouvernement cesse donc d'être nécessaire pour l'institution de bureaux de bienfaisance et vous n'aurez plus à me saisir de demandes de création d'établissement de cette nature... Recevez, etc. — Le président du Conseil, ministre de l'Intérieur. Signé : CH. DUPUY.

prudence du Conseil d'État n'a pas hésité à l'en détacher complètement ; cette scission s'est produite en exécution de l'avis du Conseil d'État du 6 mars 1873 (V. *infra*, n° 234) et elle a duré jusqu'à celui du 7 juillet 1881 (V. *infra*, n° 235). Le Conseil d'État pendant cette période avait retiré aux établissements municipaux de bienfaisance la représentation légale des pauvres pour l'attribuer exclusivement au maire ; les établissements charitables ne pouvaient accepter que les dons et les legs qui leur étaient faits nommément ; si une libéralité était adressée aux pauvres sans autre précision, c'était au maire de l'accepter.

Depuis l'avis du 7 juillet 1881 les établissements municipaux de bienfaisance ont été réintégrés dans leur rôle de mandataires officiels des pauvres et ils ont recommencé à pouvoir accepter des libéralités charitables dont les auteurs ne les ont pas désignés expressément ; la personnalité des pauvres n'est plus tout à fait séparée de celle des établissements charitables comme sous l'empire de l'avis du 6 mars 1873 ; cependant elle subsiste et c'est elle qui sert de base au droit d'intervention de ces établissements dans le cas où ils n'ont pas été nominativement institués.

127. Si la personnalité des pauvres ne se confond pas avec celle des bureaux de bienfaisance, hospices, hôpitaux, caisses des écoles et bureaux d'assistance médicale, elle ne s'en distingue pas toujours très aisément ; elle n'apparaît nettement que si l'on envisage les modes d'assistance qui échappent à la compétence de ces établissements. Les bureaux de bienfaisance, hospices, hôpitaux, caisses des écoles, bureaux d'assistance médicale ne sont préposés qu'aux modes normaux et habituels de bienfaisance ; il existe d'autres modes que l'on pourrait qualifier d'exceptionnels et qui consistent dans des œuvres diverses, telles qu'asiles de nuit, bains gratuits, dots de ménages pauvres, prix de vertu, crèches, etc.

MM. Marques di Braga et Camille Lyon enseignent qu'en ce qui concerne ces derniers modes d'assistance les pauvres ont pour mandataire la commune (1) ; si cette thèse était vraie,

(1) Marques di Braga et Camille Lyon, *Comptabilité de fait*, n° 176.

il en résulterait qu'en matière de charité exceptionnelle la personnalité des pauvres serait dominée et obscurcie par celle de la commune de même que dans le cercle de l'assistance normale et habituelle elle l'est par celle des bureaux de bienfaisance, hôpitaux, hospices, caisses des écoles et bureaux d'assistance médicale.

Mais l'opinion développée par **MM.** Marques di Braga et Camille Lyon ne nous paraît pas fondée. Sans doute nous admettons avec eux que la commune a la vocation charitable, mais la seule conséquence à tirer de ce principe c'est que l'on peut faire des dons et legs à la commune dans l'intérêt des pauvres. Il ne faut pas aller plus loin et l'on ne doit jamais reconnaître à la commune la faculté de revendiquer des dons et legs qui ne s'adressent pas à elle mais aux pauvres institués directement par le donateur ou le testateur. La commune n'a dans aucun cas, suivant nous, la qualité de mandataire légal des pauvres. S'agit-il de libéralités affectées aux modes normaux et habituels d'assistance, les pauvres les acceptent par l'intermédiaire des bureaux de bienfaisance, hospices et hôpitaux, caisses des écoles et bureaux d'assistance médicale ; s'agit-il au contraire de dons ou de legs faits en vue de modes exceptionnels de charité, le soin de les accepter rentre dans les attributions des maires qui s'acquittent de cette mission pour leur propre compte et non pour celui des communes. En d'autres termes, lorsqu'aucun établissement municipal de bienfaisance n'est compétent pour servir de mandataire aux pauvres, ce serait une erreur de croire qu'ils sont représentés par les communes, qui elles-mêmes seraient représentées par leurs maires ; les maires sont les représentants immédiats des pauvres.

C'est en ce sens qu'est fixée la jurisprudence du Conseil d'État ; celle-ci a même été dans ces derniers temps jusqu'à décider que les libéralités faites à la commune pour les pauvres doivent, comme celles qui s'adressent aux pauvres de la commune, être acceptées par le maire, non comme représentant de la commune, mais comme représentant des pauvres.

Cette solution qui se fonde sur un prétendu défaut de vocation charitable de la commune ne nous paraît pas susceptible d'être approuvée ; nous le démontrerons plus loin (V. *infra*, n° 260). Nous croyons, pour notre part, que le maire n'a le droit de se prévaloir de son titre de mandataire officiel des pauvres pour accepter des dons et legs charitables qu'autant qu'il s'agit de libéralités faites aux pauvres et non à la commune pour les pauvres.

Au surplus, que l'on circonscrive l'action propre du maire dans des limites plus ou moins étroites, ce que nous tenons à constater c'est que lorsqu'il représente les pauvres, leur personnalité n'est voilée par l'interposition d'aucune autre individualité juridique et qu'elle est directement saisissable.

Tout en ayant une personnalité distincte de celle de la commune, les pauvres ont le même organisme administratif et financier. Qu'il y ait communauté d'organisme administratif, c'est ce qui est évident, puisque c'est le maire qui administre la collectivité des pauvres, de même qu'il administre la commune. Il y a également communauté d'organisme financier. Les deniers provenant des dons et legs faits aux pauvres sont versés dans la caisse municipale. Leur maniement est confié au receveur municipal ; il est décrit pour ordre au budget de la commune et il suit, en principe, pour toutes les règles de comptabilité le sort de ce budget.

Mais de ce que la personnalité des pauvres est étroitement associée à celle de la commune il ne s'ensuit nullement que ces deux individualités se pénètrent l'une l'autre. Elles poursuivent parallèlement leur carrière sans jamais se rencontrer ; sur aucun point la personnalité de la commune n'empiète ou ne déborde sur celle des pauvres.

D'abord, comme nous l'avons fait observer, l'acceptation des dons et legs faits aux pauvres a lieu au nom de ceux-ci et non pas au nom de la commune.

D'autre part, le conseil municipal ne délibère pas sur l'acceptation ou le refus des dons et legs adressés aux pauvres, par application des articles 61, 111 et 112 de la loi du 5 avril 1884 ; il est appelé à donner un simple avis conformément à l'article 70 de ladite loi (1). Dès lors, quand le maire repré-

---

(1) Note de la sect. de l'Int. du 9 novembre 1892 (n° 93, 726). — La section de l'Intérieur tout en adoptant le projet de décret concernant les legs faits par le sieur Malré à divers établissements de la Loire-Infé-

sente les pauvres dans l'acceptation ou le refus des dons et legs dont ils sont gratifiés, il n'est pas un agent d'exécution des décisions du conseil municipal dans les termes de l'article 90 de la loi du 5 avril 1884; il s'acquitte d'une fonction qui lui est attribuée par la loi et pour l'exercice de laquelle il est placé sous l'autorité de l'administration supérieure, en vertu de l'article 92 de la même loi.

Enfin si les deniers des pauvres sont, en vertu d'une tradition administrative incontestée, compris parmi ceux dont la gestion est décrite au budget municipal, ils ne se confondent pas cependant avec ceux de la commune; ils ne sont qu'entreposés au budget de la commune et, tout en étant soumis en principe aux règles de la comptabilité communale, ils conservent leur caractère intrinsèque de deniers charitables. Cela est si vrai que tandis qu'au point de vue de la commune les quêtes et souscriptions constituent des recettes extraordinaires, l'on doit, en vertu du droit commun suivi en matière charitable, inscrire au budget ordinaire les quêtes faites et les souscriptions ouvertes au profit des pauvres (1).

128. Avant la loi du 15 juillet 1893 il y avait un intérêt majeur à distinguer entre les communes où il se trouvait des hospices ou hôpitaux et des bureaux de bienfaisance et celles où il n'existait aucun établissement de ce genre.

Dans les premières le maire n'était chargé de la représentation des pauvres que lorsqu'il s'agissait de modes spéciaux ou exceptionnels d'assistance; dans les secondes, le rôle qui lui était dévolu était beaucoup plus considérable. Le maire avait la plénitude de la représentation des intérêts des pauvres; son action n'était limitée que par celle des caisses des écoles qui, depuis la loi du 28 mars 1882, existent sinon effectivement au moins virtuellement dans toute commune. Il avait

---

rieure, a cru devoir supprimer à l'article 3 la mention de la délibération du conseil municipal de Batz, en date du 22 mai 1892. Il n'appartient pas, en effet, au conseil municipal de statuer sur l'emploi des legs faits aux pauvres dans les communes où il n'existe pas de bureau de bienfaisance. Cette assemblée se borne alors à donner un avis sur l'acceptation des legs conformément à l'article 70 de la loi du 5 avril 1884. (M. Silhol, rapporteur.)

(1) Cf. Marques di Braga et Camille Lyon, *op.* et *loc. cit.*

notamment qualité pour accepter les dons et legs charitables qui par leur objet rentraient dans les attributions des hospices, hôpitaux et bureaux de bienfaisance, c'est-à-dire les dons et legs dont le montant devait être employé en secours à domicile ou en frais de séjour et de traitement des indigents dans les hospices et hôpitaux. Sur ce point il n'y avait aucune dissidence sérieuse ni en doctrine ni en jurisprudence.

MM. Marques di Braga et Camille Lyon eux-mêmes, qui dans leur Traité de la *Comptabilité de fait* ont enseigné qu'en matière d'assistance exceptionnelle les pauvres sont représentés par la commune et non par le maire, reconnaissaient qu'en ce qui concerne les deux modes essentiels d'assistance, — le service des secours à domicile et le service de l'hospitalisation, — c'était le maire en son nom propre et non pas au nom de la commune qui représentait les pauvres à défaut de bureau de bienfaisance et d'hospice ou d'hôpital (1).

Cet état de choses a été profondément modifié par la loi du 15 juillet 1893.

D'abord en ce qui touche le service des secours à domicile le maire est entièrement dépossédé de son rôle de mandataire légal des pauvres; en effet, la loi du 15 juillet 1893 a créé dans chaque commune un bureau d'assistance médicale qui fera fonctions de bureau de bienfaisance là où il n'existe pas déjà un établissement de ce genre et en attendant qu'il en soit créé un. Le bureau d'assistance médicale prend donc, en tant que bureau de bienfaisance, la place du maire.

Si nous considérons le service de l'hospitalisation dans une commune qui n'a ni hospice ni hôpital et qui est obligée de recourir aux hôpitaux et hospices des communes voisines, il y a lieu, pour déterminer les effets de la loi du 15 juillet 1893, d'établir une distinction.

S'agit-il de l'hospitalisation des enfants, des vieillards et des incurables dans les *hospices*, il n'y a, suivant nous, rien de changé à la situation existante et le maire est maintenu dans sa qualité de mandataire légal des pauvres.

S'agit-il, au contraire, de l'hospitalisation des malades dans

(1) Cf. Marques di Braga et Camille Lyon, *op.* et *loc. cit.*

les *hôpitaux*, le bureau d'assistance médicale est entièrement substitué au maire dans l'attribution de mandataire officiel des pauvres et il a qualité pour accepter les dons et legs destinés à assurer le traitement des malades à domicile ou le payement de leurs frais de séjour à l'hôpital.

Au surplus, le maire est compétent comme autrefois pour accepter les libéralités faites à charge de fondation d'hospice ou d'hôpital; c'est ce qui est énoncé formellement dans une note du Conseil d'État du 8 février 1894, dont la doctrine nous semble irréprochable (1).

129. La loi du 15 juillet 1893, en opérant une révolution dans la représentation légale des pauvres, ne s'est pas bornée à disposer pour l'avenir; elle a statué également pour le passé. Ses prescriptions ont un effet rétroactif.

En effet l'article 11 de ladite loi porte que « l'administration

---

(1) Note du C. d'Et. du 8 février 1894 (N° 99,344). — Le Conseil d'Etat, qui a examiné le projet de décret tendant à autoriser le bureau d'assistance de Laignes (Côte-d'Or) à accepter le legs universel fait par la demoiselle Fays au bureau de bienfaisance de cette commune à la charge notamment de fonder un hospice, fait remarquer qu'il résulte des termes u testament que ce n'est pas un dispensaire que la demoiselle Fays a entendu fonder avec le produit de son legs, mais un hospice devant contenir au moins deux lits pour les malades indigents de Laignes et des communes voisines. Or l'acceptation d'une semblable libéralité ne rentre pas dans les attributions du bureau d'assistance. Si les bureaux d'assistance sont, en vertu de l'article 11 de la loi du 15 juillet 1893, aptes à recevoir et à administrer les fondations, dons et legs faits aux pauvres ou aux communes en vue d'assurer l'assistance médicale, leur capacité sous ce rapport est limitée à ce qui constitue l'assistance médicale au sens de ladite loi, c'est-à-dire aux soins à donner aux malades à domicile et au payement des frais de séjour des malades dans les hôpitaux. La loi précitée n'a dans aucune de ses dispositions confié aux bureaux d'assistance la mission de fonder et d'entretenir des établissements hospitaliers et elle a par suite laissé intact le droit qui appartient au maire, en vertu de l'ordonnance du 2 avril 1817, de recevoir les libéralités faites à charge de fonder un hospice lorsqu'il n'existe pas dans la commune d'établissement de cette nature.

Le conseil a, en conséquence, substitué le maire de Laignes au nom des pauvres au bureau d'assistance pour l'acceptation du legs universel de la demoiselle Fays. D'autre part, le produit de la libéralité paraissant suffisant pour assurer dès maintenant, dans les conditions prévues au testament, l'installation et l'entretien de l'hospice dont la demoiselle Fays a imposé la fondation, le Conseil a pensé qu'il y avait lieu d'en autoriser la création par une disposition additionnelle insérée au projet de décret. (M. Bienvenu Martin, rapporteur.)

des fondations, dons et legs qui ont été faits aux pauvres ou aux communes en vue d'assurer l'assistance médicale est dévolue au bureau d'assistance. »

130. Les pauvres d'une commune ayant une personnalité propre et jouissant par eux-mêmes du droit de recevoir entre vifs ou par testament, l'on ne saurait considérer, en principe, comme nulles les libéralités charitables faites aux établissements dépourvus d'existence légale, car elles s'adressent, en général, moins à ces établissements qu'aux pauvres. L'établissement gratifié d'une libéralité charitable est ordinairement un simple intermédiaire destiné à faire parvenir aux pauvres le montant du don ou du legs; qu'importe dès lors qu'il soit incapable, puisqu'il n'est que le donataire ou légataire apparent et que le véritable donataire ou légataire est la collectivité des pauvres, dont la capacité est incontestable? A défaut de l'institué principal, les pauvres sont fondés en qualité d'institués subsidiaires à se dire et porter donataires ou légataires par l'organe de leurs mandataires légaux.

Telle est la théorie que nous avons développée dans un précédent chapitre (V. *supra*, n° 46) et sur laquelle il est inutile de revenir. Nous nous contenterons de rappeler qu'elle a été formellement consacrée par un arrêt de la Cour de cassation du 6 novembre 1866 relatif à un legs charitable fait par le curé Varin à un établissement religieux non autorisé et que, depuis un célèbre avis de principe de la section de l'Intérieur du 7 décembre 1858, rendu au rapport de M. de Bussierre, elle n'a jamais cessé d'être appliquée par la jurisprudence du Conseil d'État.

131. Les pauvres peuvent revendiquer par l'entremise de leurs représentants légaux les dons et legs qui sont faits dans leur intérêt à des établissements qui, tout en étant légalement reconnus, n'ont pas la vocation charitable et qui par conséquent sont incapables de recevoir des libéralités destinées au soulagement des indigents.

Nous n'avons pas pour le moment à montrer comment la capacité des établissements publics ou d'utilité publique est relative; nous le ferons tout au long dans le chapitre suivant lorsque nous étudierons le principe de la spécialité (V. *infra*, nos 226 et suiv.).

Ici il nous suffira de constater que les libéralités charitables faites à des établissements ayant une existence légale, mais étrangers au service de l'assistance, ne sont pas caduques, bien que ces établissements soient incapables de les recevoir ; elles peuvent être acceptées par les pauvres qui jouent le rôle d'institués subsidiaires et prennent la place des institués principaux.

Les pauvres font valoir leurs droits par l'organe de leurs représentants officiels qui varient suivant les cas et consistent tantôt dans les bureaux de bienfaisance, hospices, hôpitaux, caisses des écoles, bureaux d'assistance médicale et tantôt dans les maires des communes.

Le sieur Phélypeaux ayant légué à la fabrique de la paroisse de Saint-Bonaventure de Lyon une somme de 10,000 francs dont le revenu devait être employé tant au soulagement des pauvres de cette paroisse qu'à la célébration de messes, le Conseil d'État a adopté dans son assemblée générale du 25 janvier 1883 un projet de décret tendant à n'autoriser la fabrique à accepter cette libéralité que jusqu'à concurrence du capital nécessaire pour assurer la fondation des services religieux demandés par le testateur et à habiliter le bureau de bienfaisance de Lyon à accepter le surplus du legs (1).

Le vote émis par le Conseil d'État en cette occurrence est à

---

(1) Projet de décret adopté par le Conseil d'Etat le 25 janvier 1883 : — Art. 3. Le trésorier de la fabrique de l'église curiale de Saint-Bonaventure, à Lyon (Rhône), est autorisé à accepter aux clauses et conditions imposées, mais seulement jusqu'à concurrence de 500 francs, somme jugée nécessaire pour assurer la célébration des services religieux prévus par le testateur, le legs fait en faveur de cet établissement par le sieur Phélypeaux (Joseph-Francois), suivant son testament olographe du 12 novembre 1867, et consistant en une somme de 10.000 francs, dont le revenu sera employé au soulagement des *pauvres de cette paroisse*, à la charge de faire célébrer trois messes chaque année. — Cette somme sera placée en rentes sur l'Etat, avec mention sur l'inscription de la destination des arrérages. — Art. 4. Le bureau de bienfaisance de Lyon est autorisé à accepter le legs fait aux pauvres de la paroisse de Saint-Bonaventure par le sieur Phélypeaux, après déduction de la somme de 500 francs mentionnée dans l'article précédent. (M. Hippolyte Duboy, rapporteur.)

raprocher d'un avis du 1er décembre 1881 relatif à un legs charitable adressé à la Chambre des notaires de Paris (V. *infra*, n° 236) ; il a été suivi de nombreuses décisions de la section de l'Intérieur ou de l'Assemblée générale rendues dans le même sens.

C'est ainsi que des legs ayant été faits pour les pauvres à la fabrique de l'église d'Entraigues (Vaucluse) (1), à la cure de Mézin (2), au chapitre de l'église cathédrale de Beauvais (3),

---

(1) Note de la sect. de l'Int. du 13 juin 1883 (n° 47,223). — La section de l'Intérieur, des Cultes, de l'Instruction publique et des Beaux-Arts du Conseil d'Etat qui a pris connaissance d'un projet de décret tendant notamment (art. 3) à autoriser « la commission administrative du bureau de bienfaisance d'Entraigues (Vaucluse) à accepter le legs résultant pour les pauvres de cette commune, tant de la disposition par laquelle la dame veuve Perre a légué à la fabrique de l'église d'Entraigues une rente annuelle et perpétuelle de 200 francs, à la charge de faire distribuer chaque année pour 25 francs de pain aux pauvres, que de la *convention* intervenue entre ladite fabrique et le bureau de bienfaisance, aux termes de laquelle l'établissement religieux s'est engagé à abandonner la rente de 25 francs à l'établissement charitable », a remarqué que cet article n'était pas conforme à la rédaction proposée par le ministre de l'Intérieur. Cette dernière rédaction qui ne fait pas mention de la *convention* est plus conforme à la jurisprudence. Toutefois, avant d'autoriser le bureau de bienfaisance à recueillir la libéralité dont il s'agit, il y a lieu d'inviter cet établissement à remplir, à l'égard des héritiers naturels, les formalités de mise en demeure prescrites par l'ordonnance du 14 janvier 1831. L'accomplissement de cette formalité est d'autant plus nécessaire dans l'espèce que l'une des héritières a déclaré faire opposition à la délivrance du legs. (M. Cottu, rapporteur.)

(2) Note de la sect. de l'Int. du 17 mars 1891 (n° 86,291). — La section de l'Intérieur, de l'Instruction publique, des Cultes et des Beaux-Arts du Conseil d'Etat, tout en approuvant le projet de décret tendant à autoriser le bureau de bienfaisance de Mézin à accepter la libéralité résultant pour les pauvres des dispositions testamentaires de la dame veuve Sauvaige, estime qu'il convient d'ajouter au dispositif un article refusant au curé l'autorisation d'accepter le legs qu'il revendique. C'est, en effet, le curé de Mézin qui a été institué légataire par la testatrice, et l'intervention du bureau de bienfaisance ne s'explique qu'autant que cet ecclésiastique n'est pas habilité à recevoir une libéralité qu'il n'a pas qualité d'accepter, à raison de sa destination exclusivement charitable : aussi est-il nécessaire de statuer préalablement sur sa revendication et de lui refuser formellement l'autorisation pour permettre à l'établissement charitable de soutenir, avec un titre régulier, l'action que le curé de Mézin est sur le point de lui intenter. C'est pour atteindre ce résultat que la section estime qu'il y a lieu de faire au dispositif l'addition proposée. (M. de Moüy, rapporteur.)

(3) Note de la sect. de l'Int. du 8 août 1892 (n° 93,237). — La section de l'Intérieur, etc., qui a pris connaissance du projet de décret tendant à autoriser l'acceptation des diverses libéralités faites par le sieur Lau-

aux conseils presbytéraux de la Tremblable et d'Arvers (1), la section de l'Intérieur a estimé qu'à défaut des établissements institués qui n'avaient pas la vocation charitable les bureaux de bienfaisance des communes intéressées pouvaient, comme représentants légaux des pauvres, être autorisés à accepter les libéralités testamentaires en question.

La section de l'Intérieur a également décidé qu'il y avait lieu de substituer à la fabrique de l'église de Saint-Germain de Louviers (Eure) la caisse des écoles de ladite commune pour l'acceptation d'un legs fait en faveur des enfants pauvres fréquentant une école congréganiste (2).

---

rent, a cru devoir, tout en adoptant les propositions du gouvernement, insérer dans ce projet un article disposant qu'il serait statué ultérieurement sur la libéralité résultant, en faveur des pauvres, d'une disposition par laquelle le testateur a légué au chapitre de l'église cathédrale de Beauvais une somme de 12.000 francs, à la charge de faire dire 12 messes par mois et de distribuer le surplus des arrérages à six pauvres au choix des chanoines. Le projet de décret n'autorise le chapitre que jusqu'à concurrence de la somme nécessaire pour accomplir les services religieux et ne contient aucune disposition relative à l'émolument charitable. La section estime que cet émolument doit être recueilli par le représentant des pauvres et, pour permettre qu'on le mette en cause, sans retarder la solution des autres parties de l'affaire elle propose qu'il soit ultérieurement statué sur la libéralité faite aux pauvres de Beauvais par l'abbé Laurent. (M. de Moüy, rapporteur.)

(1) Avis de la sect. de l'Int. du 6 novembre 1887 (n° 66,939). — La section de l'Intérieur, etc., qui a pris connaissance d'un projet de décret tendant à approuver les délibérations des commissions administratives des bureaux de bienfaisance de la Tremblade et d'Arvers (Charente-Inférieure), portant refus d'accepter les legs faits par le sieur Corbeau; — Considérant que les legs dont s'agit sont évidemment avantageux aux pauvres dont les intérêts sont confiés aux bureaux de bienfaisance; que l'unique héritière du testateur a donné son consentement à la délivrance desdits legs; que, dans ces circonstances, il serait regrettable de priver les indigents d'une ressource considérable et que si les termes du testament instituent pour légataires les conseils presbytéraux de la Tremblade et d'Arvers, à charge de distribuer les revenus des legs aux pauvres, les intentions charitables du sieur Corbeau ne sont pas douteuses; — Est d'avis qu'il y a lieu d'inviter les bureaux de bienfaisance à revenir sur leurs décisions. (M. Simon, rapporteur.)

(2) Note de la sect. de l'Int. du 24 juin 1885 (n° 54,924). — La section de l'Intérieur, etc., qui a pris connaissance d'un projet de décret tendant à autoriser la fabrique de l'église succursale de Saint-Germain, à Louviers (Eure), à accepter les legs faits à cet établissement par les demoiselles de Riberprey et notamment le legs d'une somme de 500 francs, à la condition d'affecter annuellement 20 francs pour venir en aide aux enfants pauvres de l'école congréganiste du faubourg Saint-Germain,

Dans d'autres espèces ce sont les maires de communes dépourvues de bureau de bienfaisance qui ont été autorisés à accepter au nom des pauvres des legs faits dans l'intérêt de ceux-ci à des établissements manquant de vocation charitable. Telle est la solution qui a été adoptée dans les circonstances suivantes. La dame veuve Dupré ayant fait à la fabrique de Malemort (Vaucluse) un legs dont les revenus devaient être employés à distribuer annuellement quatre hectolitres de blé aux pauvres de cette commune, la fabrique ne fut pas autorisée à accepter cette libéralité (V. *infra*, n° 235, Avis C. d'Ét. 13 juillet 1881). Le maire de Malemort se présenta alors au nom des pauvres, à défaut de bureau de bienfaisance, et demanda à être habilité à accepter le legs. La section de l'Intérieur, saisie de l'affaire, estima, aux termes d'une note du 7 juin 1882 (1), qu'avant toute décision les héritiers devaient être mis en demeure de consentir ou de s'opposer à la délivrance du legs; puis, cette formalité ayant été accomplie, le Conseil d'État a, dans son assemblée générale du 13 no-

---

a considéré que la distribution de ces secours rentre dans les attributions de la caisse des écoles dont la création a été rendue obligatoire dans toutes les communes par la loi du 28 mars 1882, la distribution devant être faite par les soins de la commission scolaire. La section estime, en conséquence, qu'il y a lieu de provoquer une délibération du conseil d'administration de la caisse des écoles de Louviers, par laquelle ce comité demanderait l'autorisation d'accepter la libéralité. Elle désire, en outre, que le dossier soit complété par la production des statuts de la caisse des écoles de Louviers. (M. Dejamme, rapporteur.)

(1) Note de la sect. de l'Int. du 7 juin 1882 (n° 43,173). — La section de l'Intérieur, des Cultes, de l'Instruction publique et des Beaux-Arts du Conseil d'État, après avoir pris connaissance d'un projet de décret soumis à son examen, tendant à autoriser le maire de Malemort (Vaucluse), à accepter, au nom des pauvres, la libéralité résultant en leur faveur de la disposition testamentaire de la dame veuve Dupré, fait observer que la plupart des héritiers s'étaient opposés à la délivrance du legs fait à la fabrique. — L'autorisation d'accepter la libéralité faite aux pauvres ayant été refusée à la fabrique, le maire de Malemort demande à recueillir le legs fait en leur faveur. Dans ces conditions, la section estime que les formalités prescrites par l'ordonnance du 14 janvier 1831 doivent être remplies vis-à-vis des héritiers, pour les mettre en demeure de déclarer s'ils consentent à la délivrance du legs au maire de Malemort, représentant légal des pauvres. — En conséquence, la section est d'avis qu'avant de statuer, il y a lieu de compléter l'instruction dans le sens de l'observation qui précède. (M. Hippolyte Duboy, rapporteur.)

vembre 1884, adopté un projet de décret qui accordait au maire de Malemort l'autorisation qu'il avait sollicitée (1).

132. Les libéralités faites dans un but de bienfaisance à des établissements dépourvus d'existence légale ou à des établissements légalement reconnus mais dénués de la vocation charitable ne peuvent être acceptées par les représentants légaux des pauvres qu'autant qu'elles s'adressent aux pauvres sous le nom de ces établissements et que les donateurs ou testateurs n'ont attaché qu'une importance secondaire à l'intervention des établissements institués dans l'exécution de leurs intentions charitables.

Si cette intervention a été la cause impulsive et déterminante des dispositions faites en faveur des pauvres, celles-ci doivent rester sans effet; elles ne sauraient être acceptées ni par les établissements institués ni par les mandataires officiels des pauvres. En effet, les établissements institués sont incapables; quant aux pauvres ils sont capables, mais ils ne sont pas institués, ou du moins, ils ne le sont que par l'entremise des établissements désignés par les donateurs ou testateurs (V. *supra*, n° 46).

La dame veuve Saint-Aubin ayant fait à la fabrique de l'église de Marmande un legs universel à la charge notamment d'établir dans cette ville un asile pour les vieillards indigents et infirmes de cette paroisse, le Conseil d'État a estimé, aux termes d'un avis du 6 mai 1891, que l'intervention de la fabrique dans la fondation et l'administration de cet asile était la condition essentielle de la libéralité faite aux pauvres et

(1) Projet de décret adopté par le Conseil d'Etat le 13 novembre 1884. — Le Président de la République française, — Sur le rapport du ministre de l'Intérieur; — Vu le testament public de la dame veuve Dupré, du 23 août 1861; — l'acte de décès de la testatrice du 24 juin 1879; — les pièces constatatant la mise en demeure des héritiers naturels; — les consentements et l'opposition de plusieurs d'entre eux; — le décret du 1er août 1881; — la délibération du conseil municipal de Malemort, du 9 novembre 1881; — Le Conseil d'Etat entendu;

Décrète : — Art. 1er. Le maire de Malemort (Vaucluse), au nom des pauvres de cette commune, est autorisé à accepter le legs fait par la dame veuve Dupré, née Maurel, suivant son testament public, du 23 août 1861, de quatre hectolitres de blé à distribuer annuellement aux pauvres de ladite commune.

que par suite il n'y avait pas lieu d'autoriser le maire de Marmande à accepter, au lieu et place de la fabrique, cette libéralité (1).

Deux avis du Conseil d'État, l'un du 22 février 1883 et l'autre du 16 juin 1892 (2), consacrent des solutions analogues.

---

(1) Avis du C. d'Et. du 6 mai 1891 (n° 87,013). — Le Conseil d'Etat, qui, sur le renvoi ordonné par M. le ministre de l'Intérieur, a pris connaissance d'un projet de décret tendant à statuer sur les legs faits à divers établissements par la dame veuve Saint-Aubin ; — Considérant que la dame veuve Saint-Aubin, après avoir institué pour légataire universelle la fabrique de l'église de Marmande, à la charge notamment d'établir dans cette ville un asile pour les vieillards pauvres et infirmes de cette paroisse, ajoute qu'elle « entend et exige comme condition formelle, sans laquelle elle n'aurait pas fait ce legs, que la fabrique fonde et administre elle seule cet établissement comme elle l'entendra » ; — Considérant que si cette clause est illicite, il résulte clairement des termes dans lesquels elle est conçue que la testatrice a entendu en faire la condition essentielle de sa libéralité ; qu'on ne saurait, dès lors, sans méconnaître ouvertement sa volonté, autoriser le maire de Marmande à accepter, au lieu et place de la fabrique, le legs dont il s'agit ; — Est d'avis qu'il y a lieu de substituer à l'article 2 du projet de décret une disposition portant que le maire de Marmande n'est pas autorisé à accepter le legs universel fait par la dame veuve de Saint-Aubin à la fabrique de cette ville, à charge d'y établir un asile de vieillards. (M. Bienvenu Martin, rapporteur.)

(2) Avis du C. d'Ét. du 22 février 1883 (n° 41,987). — Le Conseil d'État, qui, sur le renvoi ordonné par M. le ministre de l'Intérieur, a pris connaissance d'un projet de décret tendant notamment à autoriser le maire de Rugles (Eure) à accepter, aux clauses et conditions, en tant qu'elles ne sont pas contraires aux lois, le legs fait au profit des pauvres de la commune et consistant en un immeuble d'une valeur de 6.000 francs et une somme de 50.000 francs, pour être affecté à la fondation d'un hospice ; — Considérant que, par son testament, en date du 15 décembre 1872, la dame veuve Toutenel a légué à la cure de Rugles un immeuble estimé 6.000 francs et une somme de 50.000 francs pour fonder un hospice placé sous la direction des curés successifs et desservi par des sœurs de leur choix ; que la testatrice a expressément déclaré qu'au cas où les conditions qu'elle indique ne seraient pas remplies, elle entend que le legs fasse retour à ses héritiers ; — Considérant que le conseil municipal a reconnu, dans sa délibération du 25 juin 1882, que le legs ainsi fait ne pouvait être accepté par la commune pour la fondation d'un établissement municipal de bienfaisance ; que les héritiers ont, d'ailleurs, manifesté l'intention de se prévaloir de la clause de retour stipulée à leur profit, en cas d'inexécution des conditions ; — Considérant que, dans ces circonstances, l'acceptation d'office imposée à la commune par l'article 2 du décret aurait comme résultat un procès qui ne présenterait aucune chance de succès et que le conseil municipal a manifesté l'intention de ne pas vouloir soutenir ; Est d'avis qu'il y a lieu de substituer à l'article 2 une disposition

133. A Paris, l'assistance publique est organisée d'une façon exceptionnelle en vertu de la loi du 10 janvier 1849; elle est concentrée entre les mains de l'*Administration générale de l'assistance publique* qui jouit de la personnalité civile (1).

Cette administration est, à l'exclusion du préfet de la Seine, maire de Paris, chargée de la représentation légale des pauvres; elle s'acquitte de cette mission, tantôt pour son propre

---

autorisant le maire à refuser, au nom de la commune, le legs précité. (M. de Villeneuve, rapporteur.)

Avis du C. d'Et. du 16 juin 1892 (n° 91,795). — Le Conseil d'État, qui, sur le renvoi ordonné par M. le ministre de la Justice et des Cultes, a pris connaissance d'un projet de décret tendant notamment : 1° à autoriser l'archevêque de Paris, au nom du grand séminaire de son diocèse, à accepter la libéralité résultant pour cet établissement de la disposition par laquelle la dame Maublanc a légué une somme de 26.000 francs à la fabrique de Notre-Dame-de-Plaisance, dont les arrérages seront affectés par les curés successifs, et sans aucun contrôle, à l'éducation et à l'entretien de deux séminaristes ; — 2° à autoriser le directeur de l'administration générale de l'assistance publique de Paris à accepter la libéralité résultant pour cet établissement de la disposition par laquelle la dame veuve Maublanc a légué à la fabrique de Notre-Dame-de-Plaisance une somme de 8.000 francs, dont les arrérages seront distribués, par les curés successifs et sans aucun contrôle, à des vieillards pauvres du quartier de Plaisance ;

Considérant que la dame veuve Maublanc a constitué par son testament susvisé du 16 mars 1886 la fabrique de Notre-Dame-de-Plaisance, à Paris, légataire de deux sommes de 26.000 francs et de 8.000 francs, dont les arrérages doivent être employés, sans aucun contrôle de la part de qui que ce soit, par les curés successifs, à l'éducation de deux séminaristes et au soulagement des vieillards pauvres du quartier de Plaisance ; qu'à la suite de ces dispositions, la testatrice ajoute que « si, par un motif quelconque, sa volonté expresse ne pouvait recevoir son exécution *dans les termes où elle la formule*, elle révoque sa donation » ; — Considérant que la clause, en vertu de laquelle les curés successifs sont chargés de distribuer les arrérages des legs ci-dessus, ne peut être exécutée sans violer le principe de la spécialité des établissements publics ; mais qu'on ne saurait, d'autre part, sans méconnaître les intentions formellement exprimées par la dame Maublanc, autoriser l'archevêque de Paris et le directeur de l'assistance publique, au lieu et place des curés successifs choisis par elle comme distributeurs des arrérages des sommes léguées ;

Est d'avis de substituer aux articles 3 et 4 du décret des dispositions refusant à l'archevêque de Paris et au directeur de l'assistance publique l'autorisation d'accepter les libéralités dont s'agit. (M. de Villeneuve, rapporteur.)

(1) L. 10 janvier 1849, sur l'organisation de l'Assistance publique à Paris. — Art. 1er. L'administration générale de l'Assistance publique à Paris comprend le service des secours à domicile et le service des hôpitaux et hospices civils. Cette administration est placée sous l'autorité

compte et tantôt pour le compte des hospices, hôpitaux et bureaux de bienfaisance qui, tout en étant placés dans sa dépendance, ont une individualité juridique distincte de la sienne (Avis sect. de l'Int. du 18 mars 1890 ; v. *infra*, n° 162).

Le directeur de l'administration générale de l'assistance publique a qualité pour accepter non seulement les libéralités faites pour les pauvres soit à cette administration elle-même, soit aux hospices, hôpitaux et bureaux de bienfaisance, mais encore celles qui s'adressent directement aux pauvres sans autre indication (1). En outre, il peut, au nom des pauvres, revendiquer les dons et legs faits à des établissements de bienfaisance dénués d'existence légale (avis de la sect. de l'Int. 7 décembre 1858 ; v. *supra*, n° 46) ou à des établissements qui, tout en étant légalement reconnus, manquent de vocation charitable (Avis C. d'Ét. 1er décembre 1881 ; v. *infra*, n° 236).

Il est fait échec au droit de représentation des pauvres attribué à l'administration générale de l'assistance publique en ce qui concerne les enfants indigents qui fréquentent les écoles. Les secours à donner à ces enfants ont un caractère mixte ; ils sont distribués dans un intérêt tout à la fois charitable et scolaire et ils rentrent dans les attributions des caisses des écoles des vingt arrondissements de Paris. Dès lors, ce

---

du préfet de la Seine et du ministre de l'Intérieur ; elle est confiée à un directeur responsable, sous la surveillance d'un conseil dont les attributions sont ci-après déterminées. — Art. 5. Le conseil de surveillance est appelé à donner son avis sur les objets ci-après énoncés :... 6° l'acceptation ou la répudiation des dons et legs faits aux établissements hospitaliers et de secours à domicile...

(1) Note de la sect. de l'Int. du 10 novembre 1891 (n° 89,042). — La section de l'Intérieur, des Cultes, de l'Instruction publique et des Beaux-Arts du Conseil d'État, qui a pris connaissance d'un projet de décret tendant à autoriser divers établissements de la Seine et de Seine-et-Oise à accepter les libéralités qui leur ont été faites par le sieur Carlier, tout en l'adoptant, a apporté une modification à l'article 1er qui autorise la Ville de Paris à accepter une somme de deux cent mille francs qui doit être répartie entre les vingt arrondissements. Du moment que cette libéralité est considérée comme faite aux pauvres des vingt arrondissements de Paris, c'est, conformément à la jurisprudence, au directeur de l'Assistance publique et non au préfet de la Seine qu'il appartient de l'accepter. — La section a cru également devoir viser la lettre par laquelle le légataire universel et l'exécuteur testamentaire ont déclaré que la libéralité faite à la Ville de Paris a un caractère essentiellement charitable. (M. Bonthoux, rapporteur.)

n'est pas à l'administration générale de l'assistance publique, mais aux caisses des écoles qu'il appartient d'accepter les dons et legs faits en faveur des élèves indigents des écoles primaires de Paris (1).

D'autre part, le soin d'accepter les libéralités adressées aux enfants assistés et aux enfants maltraités ou moralement aban-

---

(1) Trib. civ. de la Seine, 28 avril 1887. — Le Tribunal; — Attendu que Justin Tripier-Lefranc est décédé à Paris le 5 février 1883, laissant pour seul héritier Charles-Auguste Tripier-Lefranc, son fils ; — que ce dernier demande contre les exécuteurs testamentaires institués par le *de cujus* la nullité de trois legs résultant du testament de son père, en date du 13 juin 1881, en la forme olographe et de deux codicilles en date l'un et l'autre du 21 janvier 1882; — que le préfet de la Seine, comme représentant la Ville de Paris, et la caisse des écoles du 16e arrondissement de Paris en son propre nom interviennent dans l'instance ; — Attendu que leur intervention est régulière en la forme;

Au fond : — Attendu que le demandeur allègue que les dispositions qu'il s'agirait d'exécuter n'ont aucun caractère précis et ne désignent pas suffisamment les véritables attributaires des legs ; que les établissements d'enseignement que le testateur a eus en vue ne constituent pas des personnes civiles capables de recevoir des dons et legs; qu'enfin il conteste tant à la caisse des écoles qu'au préfet de la Seine toute qualité pour recueillir le bénéfice des libéralités invoquées ;

En ce qui touche le premier legs : — Attendu que, par son testament du 13 juin 1881, le *de cujus* a disposé ainsi qu'il suit : « Je donne et lègue aux écoles primaires libres laïques et religieuses du 16e arrondissement de Paris douze livrets de la Caisse d'épargne chacun d'une valeur de 500 francs une fois donnés, aux garçons et aux filles nés et élevés dans le 16e arrondissement de Paris qui auront le mieux travaillé et se seront le mieux conduits depuis leur entrée dans les écoles primaires »; — Attendu que les expressions employées par le testateur précisent parfaitement sa pensée ; qu'il n'est pas douteux que sa volonté a été que le legs profitât exclusivement aux écoles primaires libres du 16e arrondissement de Paris; qu'en conséquence, s'il existe un moyen légal de réaliser cette intention, la disposition devra recevoir effet; — Attendu que les caisses des écoles ont été instituées par la loi du 10 avril 1867 et qu'aux termes de l'article 15 de cette loi « elles sont destinées à encourager et à faciliter la fréquentation de l'école par des récompenses aux élèves assidus et par des secours aux élèves indigents »; — que la loi n'a pas limité leur action à la fréquentation d'une catégorie spéciale d'école; que par cela même qu'elle n'en exclut aucune les caisses peuvent intervenir dans l'intérêt d'écoles libres elles-mêmes; — que la loi du 28 mars 1882, en généralisant dans son article 17 l'établissement de la caisse des écoles, n'a pas modifié le principe de la loi de 1867 à laquelle elle se réfère expressément; — que d'ailleurs en ce qui concerne spécialement la caisse des écoles du 16e arrondissement de Paris, l'article 7 de ses statuts en date du 15 décembre 1878 approuvés par arrêté préfectoral du 9 janvier 1879 porte formellement que le comité d'administration a pour but « de pourvoir à tous les moyens

donnés est dévolu au préfet de la Seine et non au directeur de l'administration générale de l'assistance publique (V. *infra*, n° 136).

134. Nous avons indiqué comment est organisée, dans l'intérieur des communes, la représentation légale des pauvres et nous avons montré combien leur personnalité est nettement

---

propres à attirer les enfants dans les écoles communales ou libres »; — Attendu que, si cette caisse ne peut en principe être considérée comme appelée à recueillir toute libéralité faite à des établissements d'enseignement, dans la cause il s'agit d'une catégorie d'écoles désignées d'une manière générale, que la disposition doit s'interpréter dans un sens où elle peut produire effet; que dès lors le testateur doit être présumé avoir entendu gratifier l'institution qui, conformément à ses attributions pouvait faire profiter du legs les écoles libres; — que la caisse des écoles a mission à cet égard ainsi qu'il vient d'être dit; que, aux termes de l'article 15 susvisé de la loi de 1867, elle a capacité pour recevoir des dons et legs; que dans ces conditions elle peut valablement prétendre à l'attribution de ce premier legs; — que le préfet de la Seine déclare ne rien réclamer de cette disposition;

En ce qui touche le second legs : — Attendu que dans son testament le *de cujus* s'exprime ainsi : « Je donne et lègue... à M. Eugène Ricateau une rente viagère de 2,000 francs, dont le capital après sa mort reviendra à ma succession »; — que dans l'un de ses codicilles du 21 janvier 1882 il ajoute : « J'entends dans mon testament par ces mots « à ma succession » le retour dans les mains de mes exécuteurs testamentaires des sommes qui reviendront des legs de rentes viagères dont les titulaires sont décédés et dont je donne le capital à perpétuité aux établissements de bienfaisance du 16e arrondissement de Paris si ces rentes n'ont pas reçu une autre destination spéciale... »; — que dans un autre codicille du même jour il spécifie les établissements de bienfaisance qu'il qualifie ainsi « d'établissements de bienfaisance scolaires »; — que cette dernière désignation doit prévaloir en présence de l'intention manifeste du *de cujus* de favoriser le développement de l'enseignement primaire; — Attendu que la caisse des écoles du 16e arrondissement constitue essentiellement un établissement de bienfaisance scolaire; qu'en conséquence c'est à bon droit qu'elle prétend au bénéfice de la libéralité; — que la Ville de Paris la revendique par ce motif que le legs profite à la caisse des écoles; mais que celle-ci ayant, ainsi qu'il a été dit plus haut, une capacité propre pour recueillir les dons et legs, la prétention de la ville ne saurait être admise;

En ce qui touche le troisième legs : — Attendu que dans son testament, le *de cujus* dispose comme suit : « Je donne et lègue à Mme veuve Ropra une rente annuelle et viagère dont le capital reviendra après sa mort à ma succession... »; — que dans ce codicille susdaté confirmant cette disposition il ajoute : « Au décès de cette excellente personne, je confère et lègue le capital de cette rente aux écoles tout à la fois laïques et religieuses du 16e arrondissement de Paris », indiquant ensuite que l'emploi devra en être fait en achat de « bons et excellents livres »; — Attendu que par les motifs indiqués plus haut la caisse des écoles

caractérisée malgré les individualités qui le plus souvent s'y superposent et empêchent de la distinguer au premier coup d'œil.

Cette personnalité n'a-t-elle été établie qu'en faveur de l'ensemble des pauvres ou ne peut-elle pas, le cas échéant, être invoquée par telle ou telle espèce d'indigents? Telle est la question que nous avons à examiner. Nous croyons, pour notre

---

du 16e arrondissement a le droit de prétendre à l'attribution de ce legs; — Mais qu'il n'en est pas de même de la Ville de Paris, les écoles communales au nom seul desquelles elle pourrait agir ayant cessé antérieurement au 5 février 1883, date du décès du testateur, d'être à la fois laïques et religieuses par l'effet de la loi du 28 mars 1882 qui n'a pas admis l'instruction religieuse dans le programme de l'instruction primaire;

Attendu qu'il résulte de ce qui précède que la demande en nullité formée par Tripier-Lefranc des trois legs sus-relatés doit être rejetée; — que le préfet de la Seine n'ayant droit à recueillir aucun de ces legs, son intervention est sans objet et doit dès lors être déclarée mal fondée; — que l'intervention de la caisse des écoles doit au contraire être admise, son droit à se prétendre bénéficiaire des trois legs étant établi; — Attendu qu'elle a pu valablement intervenir dans l'instance même avant d'avoir obtenu l'autorisation d'accepter les libéralités, cette intervention, qui a pour objet de faire reconnaître son droit, constituant un acte conservatoire dans le sens de l'article 5 de l'ordonnance du 2 avril 1817; mais qu'elle ne peut avant cette autorisation demander la délivrance qui serait l'exécution à son profit des dispositions dont il s'agit;

Par ces motifs; — Reçoit le préfet de la Seine ès-qualités et la caisse des écoles du 16e arrondissement de Paris intervenant dans l'instance; — Déclare le préfet mal fondé en son intervention, l'en déboute; — Donne acte à Tripier-Lefranc de ce que le préfet déclare n'élever aucune prétention au legs de la somme de 6,000 francs sus-énoncé, seul point sur lequel, du reste, le préfet abandonne ses prétentions; — Et condamne le préfet aux dépens de ladite intervention envers Tripier-Lefranc et Hons-Olivier ès-qualités; — Déclare la caisse des écoles du 16e arrondissement de Paris bien fondée en son intervention; — Déclare qu'elle a droit : 1° au legs de la somme de 6,000 francs destinée à l'acquisition de 12 livrets de la caisse d'épargne chacun d'une valeur de 500 francs; 2° au legs du capital destiné à servir une rente viagère de 2,000 francs à Eugène Ricateau; 3° au legs du capital destiné à servir une rente non viagère de 600 francs à la veuve Ropra; — La déclare non recevable, quant à présent, à demander la délivrance desdits legs et en toutes ses conclusions relatives à cette délivrance; — Déclare Tripier-Lefranc et Hons-Olivier ès-qualités mal fondés en leurs fins et conclusions contre Hugué et consorts, exécuteurs testamentaires, les en déboute; — Et sauf ce qui est dit ci-dessus, quant à la délivrance des legs, déclare lesdits Tripier-Lefranc et Hons-Olivier mal fondés en toutes leurs fins et conclusions contre la caisse des écoles du 16e arrondissement de Paris, les en déboute; — Et les condamne aux dépens tant envers Hugué et consorts qu'envers ladite caisse des écoles.

part, que la personnalité des pauvres d'une commune est susceptible de se plier à toutes les combinaisons charitables et que par suite l'on doit considérer comme valables les libéralités qui ne s'adressent pas à tous les pauvres indistinctement, mais à des catégories déterminées par des conditions d'âge, de sexe, de religion ou de nationalité.

En Belgique, la jurisprudence administrative est, en général, défavorable à notre opinion et elle incline à ne pas permettre aux donateurs et testateurs de faire un choix entre les pauvres; ainsi un arrêté royal du 18 novembre 1880 a refusé d'autoriser un bureau de bienfaisance à accepter une donation qui n'était pas faite en faveur de tous les pauvres, mais uniquement au profit des petits cultivateurs d'une commune devenus invalides (1).

Mais en France la jurisprudence administrative et judiciaire proteste tout entière contre cette interprétation restrictive des dispositions législatives et réglementaires qui ont érigé les pauvres à l'état de personnes morales.

Les vrais principes de la matière sont énoncés par l'arrêt de la Cour de cassation du 14 juin 1875, dont le texte a été rapporté plus haut (v. *supra*, n° 126).

La dame veuve Bonnabaud avait fait un legs universel dont les revenus devaient servir à payer des pensions à soixante-quinze vieillards de la ville de Clermont-Ferrand qui « sans être réduits à la mendicité n'auraient que de trop faibles moyens d'existence et ne pourraient plus se procurer qu'une partie de ce qui leur était nécessaire ». La nullité de ce legs a été demandée sous prétexte qu'il n'était fait à aucune personne certaine, mais la Cour de cassation a rejeté cette prétention. L'arrêt du 14 juin 1875 déclare que le legs universel est fait directement aux vieillards désignés dans le testament; que ces vieillards « sont au nombre de ceux qui, aux termes des lois et règlements sur les établissements de bienfaisance, ont droit à des secours; — qu'ils forment une catégorie des pauvres qui, aux termes des art. 910 et 937 C. civ. peuvent recevoir des

(1) *Revue générale d'administration*, 1881, t. I, p. 221. — Cf. *Revue générale d'administration*, 1880, t. I, p. 107; et 1879, t. II, p. 114.

libéralités et sont représentés par les administrateurs des bureaux de bienfaisance » ; il fait observer, d'autre part, « que l'art. 910, déclarant les pauvres capables de recevoir les libéralités à eux faites, il en résulte que le legs fait à une catégorie déterminée de pauvres n'est pas fait à une personne incertaine. »

Si la doctrine qui découle de l'arrêt de la Cour de cassation du 14 juin 1875 est exacte, et nous avons tout lieu de croire qu'elle l'est, il nous sera peut-être permis de critiquer l'arrêt que cette Cour a précédemment rendu, à la date du 12 août 1863, et qui a déclaré nul, comme s'adressant à des personnes incertaines, un legs fait à « deux enfants naturels de l'âge de dix à douze ans, un garçon et une fille, pris dans l'un des hospices du département du Gers, sur le choix qu'en ferait la sœur supérieure de l'hôpital de Condom » (1). Il nous semble qu'un legs fait à deux pauvres à choisir entre ceux qui remplissent certaines conditions est aussi valable que celui qui est fait aux pauvres en général.

135. Il résulte indiscutablement des articles 910 et 937 du

---

(1) Cass. civ. 12 août 1863. -- La Cour; — Attendu qu'aux termes de l'article 895 du Code Napoléon, le testament est un acte par lequel le testateur dispose pour le moment où il ne sera plus; que le testateur doit donc choisir lui-même ses légataires et non pas en abandonner le choix au libre arbitre d'un tiers qui serait, en ce cas, le véritable disposant; qu'il n'en résulte pas sans doute que le testateur est obligé d'écrire dans son testament le nom même du légataire; qu'il peut se contenter de le désigner par une qualité ou même faire dépendre la désignation d'un événement futur ou de l'accomplissement d'une condition; mais que, dans tous les cas, il est nécessaire que la désignation soit suffisamment précise pour manifester la volonté du testateur lui-même; — Et attendu, en fait, que le sieur Guy a légué tous ses biens à deux enfants naturels, de l'âge de dix à douze ans, un garçon et une fille, pris dans l'un des hospices du département du Gers, sur le choix qu'en fera la supérieure de l'hôpital de Condom; — Attendu que ces circonstances d'âge, de sexe et de lieu ne sont pas suffisantes pour déterminer parmi les enfants naturels élevés dans les hospices du Gers, quels sont ceux que le sieur Guy a entendu gratifier; que la désignation de ces deux enfants est entièrement livrée au choix de la supérieure de Condom à qui nulle indication précise n'est donnée, à qui nulle condition n'est imposée; qu'un testament ainsi fait n'est pas conforme aux prescriptions de l'article 895 du Code Napoléon et que l'arrêt attaqué, en refusant de le déclarer valable, n'a violé aucune loi; — Par ces motifs, rejette. (M. Bayle-Mouillard, rapporteur.)

Code civil que des dispositions peuvent être faites entre vifs ou par testament au profit des pauvres d'une commune ; mais une controverse s'est élevée sur le point de savoir si l'on en peut faire également en faveur des pauvres d'un canton, d'un arrondissement, d'un département ; l'affirmative ne nous paraît pas douteuse.

Nous n'avons pas besoin, pour justifier notre opinion, de soutenir que pris dans leur ensemble et en bloc les pauvres d'un canton, d'un arrondissement ou d'un département jouissent de la faculté de recevoir ; il suffit, pour que notre thèse soit fondée, que l'individualité juridique ait été accordée aux pauvres de chacune des communes du canton, de l'arrondissement, du département, car les pauvres du canton, de l'arrondissement, du département ne sont en somme que la réunion des pauvres des différentes communes du canton, de l'arrondissement, du département. Cette réunion n'est pas par elle-même une personne morale, mais elle est une assemblée de personnes morales qui doivent être considérées comme ayant été instituées collectivement donataires ou légataires toutes les fois que des dons ou des legs sont adressés aux pauvres du canton, de l'arrondissement ou du département.

L'on ne saurait faire intervenir, pour l'acceptation de ces libéralités, tous les maires, tous les bureaux de bienfaisance, tous les hospices, tous les hôpitaux, tous les bureaux d'assistance médicale ou toutes les caisses des écoles du canton, de l'arrondissement, du département ; sinon l'on s'exposerait à des difficultés pratiques absolument inextricables. Il est nécessaire que les pauvres d'un canton, d'un arrondissement, d'un département n'aient qu'un représentant chargé de procéder pour eux tous à l'acceptation des dons et des legs dont ils sont gratifiés. Quel sera ce mandataire unique ? La loi ne nous fournit à cet égard aucune indication, mais la jurisprudence administrative a suppléé au silence du législateur.

Les libéralités faites en faveur des pauvres d'un département sont acceptées par le préfet ; en outre, chaque préfet est compétent pour accepter celles qui s'adressent aux pauvres des cantons, des arrondissements ou de plusieurs communes du département qu'il administre. Telle est la double règle formu lée dans un avis du Conseil d'État du 15 février 1837 (1); elle a été confirmée par un avis du 11 août 1885, relatif à un legs fait par le sieur Beaufils aux vieillards pauvres de dix-neuf communes du canton de Forges-les-Eaux (Seine-Inférieure) (2). Le conseil général n'a pas à statuer sur l'acceptation des libéralités dont il vient d'être question; elle ne dépend que du

---

(1) Avis du C. d'Ét. du 15 février 1837. — Le Conseil d'État qui, sur le renvoi ordonné par M. le ministre de la Justice et des Cultes, a examiné la question de savoir par qui devaient être acceptés les legs faits aux consistoires au profit des pauvres protestants, — Vu l'ordonnance du 2 avril 1817;

Considérant que toutes les libéralités faites en faveur des pauvres doivent, aux termes de cette ordonnance, être acceptées par les bureaux de bienfaisance ou les maires, qui sont leurs représentants légaux; qu'il n'appartient pas aux testateurs de modifier, à leur gré, les règles administratives et de conférer, soit aux consistoires, soit aux curés ou aux fabriques, dont les attributions se bornent à ce qui intéresse le service du culte, le droit de représenter les pauvres et d'exercer les actions qui leur appartiennent,

Est d'avis : 1° que tous legs faits en faveur des pauvres, à quelque classe ou religion qu'ils appartiennent et quels que soient d'ailleurs les termes du testament, ne peuvent être régulièrement acceptés que par les bureaux de bienfaisance; que le bureau seul doit être envoyé en possession des objets légués, mais que le droit d'intervenir dans la distribution des secours, lorsque le testateur en a manifesté l'intention, doit être accordé aux consistoires, curés ou fabriques; 2° que, dans le cas où le testateur aurait voulu que le profit du legs fût appliqué aux pauvres d'une circonscription ecclésiastique qui embrasserait plusieurs communes et où, par conséquent, plusieurs bureaux de bienfaisance seraient intéressés, l'acceptation doit être faite par le préfet, qui représente tous les établissements publics du département; 3° que, dans le cas où la circonscription ecclésiastique s'étendrait sur plusieurs départements, l'acceptation doit être faite par le ministre de l'Intérieur. (M. Vuillefroy, rapporteur.)

(2) Avis C. d'Ét. 11 août 1885 (n° 49,794). — Le Conseil d'État qui, sur le renvoi ordonné par M. le ministre de l'Intérieur, a pris connaissance du projet de décret tendant notamment à autoriser le bureau de bienfaisance de Forges-les-Eaux (Seine-Inférieure) à accepter le legs universel qui lui a été fait par le sieur Marius Beaufils, à charge de fonder dans les immeubles légués un hospice destiné à recevoir les vieillards de ladite commune et de 18 autres communes du même canton; — Considérant qu'en vertu des dispositions de la loi du 7 frimaire an V les bureaux de bienfaisance sont exclusivement chargés du service des secours à domicile et que la création et l'entretien d'établissements hospitaliers ne rentrent pas dans leurs attributions légales; — qu'il y aurait lieu, en conséquence, de faire intervenir pour l'acceptation de la libéralité précitée le préfet du département de la Seine-Inférieure, comme représentant légal des vieillards pauvres des communes désignées au testament; — qu'il conviendrait, en procédant à une nouvelle

préfet (1). Nous ajouterons que le maniement des deniers provenant de ces libéralités est décrit au budget du département, mais ils ne sont rattachés que pour ordre à ce budget dans lequel ils sont simplement entreposés (2); le conseil général n'exerce pas à leur égard les mêmes droits que vis-à-vis des deniers départementaux. Le préfet dispose librement des deniers charitables sans avoir besoin de réclamer de l'assemblée départementale le vote d'un crédit; c'est ce que MM. Marques di Braga et Camille Lyon expriment en disant que le préfet joint à sa qualité d'administrateur-ordonnateur celle d'autorité budgétaire (3).

---

instruction de l'affaire dans ce sens, d'inviter le préfet à consentir au profit des héritiers du testateur, qui sont dans une position digne d'intérêt, l'abandon d'un dixième de la succession;

Est d'avis qu'en l'état, il n'y a pas lieu d'adopter le projet de décret statuant sur l'acceptation des libéralités faites par le sieur Beaufils à divers établissements du département de la Seine-Inférieure. (M. de Villeneuve, rapporteur.)

(1) Note de la sect. de l'Int. du 26 décembre 1872 (n° 519). — La section de l'Intérieur, de la Justice, de l'Instruction publique, des Cultes et des Beaux-Arts du Conseil d'État a pensé qu'il y avait lieu d'ajouter un article 5 autorisant le préfet de Tarn-et-Garonne, *au nom des pauvres des communes qui composent le canton de Montech*, à refuser le legs dont les arrérages doivent être affectés au mariage le plus pauvre célébré chaque année dans le canton. — C'est par erreur que le conseil général de Tarn-et-Garonne a cru pouvoir statuer sur ledit legs dans sa séance du 5 avril 1872 comme représentant le canton; les pauvres d'une circonscription territoriale embrassant plusieurs communes d'un même département sont représentés par le préfet; leur personnalité ne se confond pas avec celle du département et l'autorisation d'accepter ou de refuser des legs faits à leur profit ne peut être donnée par le conseil général. — Dans l'espèce, la section de l'Intérieur, en présence de la situation des héritiers et du refus d'accepter de six des communes intéressées sur neuf, a pensé qu'il y avait lieu d'autoriser le préfet à répudier le legs. (M. de Marchéville, rapporteur.)

(2) Note du C. d'Ét. du 21 juin 1882 (n° 42,991-23,722). — Le Conseil d'État qui, sur le renvoi ordonné par le ministre de l'Intérieur, a pris connaissance d'un projet de décret autorisant les préfets de la Seine et de Seine-et-Marne à accepter les legs faits par le sieur Godard Desmarets aux pauvres de ces deux départements, a pensé qu'il y avait lieu de compléter les dispositions des articles 1 et 2 en vue d'assurer un contrôle effectif sur l'emploi des sommes léguées; il a, en conséquence, ajouté un paragraphe portant qu'il serait fait mention au budget départemental des charges et revenus résultant de l'acceptation de la libéralité. (M. de Villeneuve, rapporteur.)

(3) Marques di Braga et Camille Lyon. *Traité des obligations et de la responsabilité des comptables publics*, COMPTABILITÉ DE FAIT, n° 177.

136. C'est en vertu d'une attribution qui lui est propre e non pour le compte du département que le préfet est chargé, le cas échéant, de représenter les pauvres; cette règle, qui est expressément posée par une note de la section de l'Intérieur du 21 juillet 1885 concernant un legs fait par le sieur Charles Gobert aux pauvres de l'arrondissement de Brives-la-Gaillarde (1), comporte une exception relative aux enfants assistés et aux enfants maltraités ou moralement abandonnés. Le service des enfants assistés a été placé par l'article 46, n° 18, de la loi du 10 août 1871 au nombre des services départementaux (cf. loi du 18 juillet 1866, art. 1er, n° 16, applicable au département de la Seine) et celui des enfants maltraités ou moralement abandonnés, sans être rattaché aussi intimement au département, en dépend néanmoins dans une large mesure en vertu de la loi du 24 juillet 1889 (v. notamment les art. 11, 24 et 25). Dans ces conditions, le département doit être considéré comme le mandataire légal des enfants assistés et des enfants maltraités ou moralement abandonnés et il a qualité pour accepter les dons et legs qui leur sont faits; il en est ainsi même du département de la Seine, quelles que soient les prétentions rivales qu'ait fait valoir l'administration générale de l'Assistance publique de Paris. C'est en ce sens qu'est fixée la jurisprudence du Conseil

---

(1) Note de la sect. de l'Int. du 21 juillet 1885 (n° 54,897). — La section de l'Intérieur, des Cultes, de l'Instruction publique et des Beaux-Arts du Conseil d'État, avant de statuer sur le projet de décret qui autorise sous certaines réserves l'acceptation du legs universel fait par le sieur Gobert pour la fondation d'un asile de vieillards de l'arrondissement de Brives, a cru devoir modifier le dispositif du projet de décret conformément aux précédents et notamment à l'affaire de Mondoubleau (Loir-et-Cher), 26 décembre 1878. — L'article 1er devrait reconnaître comme établissement d'utilité publique l'asile de vieillards, dit maison d'asile Charles Gobert, et approuver ses statuts. — L'article 2 devrait autoriser la commission administrative dudit établissement, conjointement avec le préfet de la Corrèze, non plus *au nom du département*, mais *au nom des pauvres des communes comprises dans l'arrondissement de Brives*, à accepter le legs universel du sieur Gobert et la transaction passée avec ses héritiers. — Bien que cette transaction fasse figurer le préfet *comme représentant du département*, les héritiers n'auraient aucun intérêt à revenir sur cette transaction, sous prétexte que le décret fait intervenir le préfet *comme représentant des pauvres de plusieurs communes*. (M. de Salverte, rapporteur.)

d'État, attestée notamment par trois notes de la section de l'Intérieur des 1er août 1888 (legs Godin) (1), 25 février 1891 (legs Robert) (2) et 12 juillet 1892 (legs Foucher) (3), et une note de l'assemblée générale du 19 février 1891 (legs Lamare) (4).

De ce que la qualité de mandataire officiel des enfants assistés a été attribuée au département il ne s'ensuit pas qu'il ait seul le droit de recevoir des dons et des legs pour eux ; des libéralités peuvent être faites dans leur intérêt aux hospices dans lesquels ils sont recueillis et entretenus (cf. loi du 5 mai 1869, art. 5) (5) ; mais ce n'est pas à ces hospices d'accepter

---

(1) Note de la sect. de l'Int. du 1er août 1888 (n° 73,239). — La section de l'Intérieur, de l'Instruction publique, des Cultes et des Beaux-Arts du Conseil d'État, qui a pris connaissance d'un projet de décret tendant à statuer sur divers legs faits par la dame veuve Godin à des établissements de Seine-et-Oise, fait remarquer qu'il semble contraire à la législation actuellement en vigueur de faire accepter par le directeur général de l'Assistance publique à Paris un legs dont le produit doit être affecté aux dépenses du service *départemental* des enfants assistés. La libéralité s'adressant, d'après les termes du testament, non à l'hospice des enfants assistés, lequel est administré par l'Assistance publique, mais « aux enfants assistés », l'acceptation paraît devoir être faite par le préfet de la Seine, après délibération du conseil général. Dans ce cas, il conviendrait d'appeler cette assemblée à émettre son avis. (M. Bienvenu-Martin, rapporteur.)

(2) Note de la sect. de l'Int. du 25 février 1891 (n° 85,432). — La section de l'Intérieur, de l'Instruction publique, des Cultes et des Beaux-Arts du Conseil d'État, tout en adoptant le projet de décret tendant à statuer sur le legs universel fait à l'Assistance publique en faveur des enfants abandonnés les plus méritants par la demoiselle Robert, a cru devoir en modifier la rédaction. Il est plus conforme à la jurisprudence du Conseil de faire accepter la libéralité directement par le préfet de la Seine qui est le représentant du service intéressé. (M. de Moüy, rapporteur.)

(3) Le texte de la note du 12 juillet 1892 est rapporté plus haut (n° 112).

(4) Note du C. d'Ét. 19 février 1891 (n° 85,282). — Le Conseil d'État, tout en adoptant le projet de décret tendant à statuer sur le legs d'une somme de 55,000 francs fait à l'Assistance publique en faveur des enfants moralement abandonnés, par la demoiselle Lamare, a cru devoir en modifier la rédaction. Il est plus conforme à la jurisprudence du Conseil de faire accepter la libéralité directement par le préfet de la Seine qui est le représentant du service intéressé. (M. Bienvenu Martin, rapporteur.)

(5) Note de la sect. de l'Int. du 11 avril 1888 (n° 65,347). — La section de l'Intérieur, de l'Instruction publique, des Beaux-Arts et des Cultes du Conseil d'État fait remarquer qu'il résulte des observations

les dons et legs faits aux enfants assistés sans autre spécification, le département a seul qualité pour procéder à l'acceptation de ces libéralités.

C'est également le département qui serait chargé de représenter les aliénés indigents (loi du 10 août 1871, art. 46, n° 17 ;— cf. loi du 18 juillet 1866, art. 1er, n° 15, applicable au département de la Seine) si, conformément à la jurisprudence en vigueur, l'on devait admettre que les asiles publics d'aliénés régis par la loi du 30 juin 1838 n'ont pas une existence distincte de celle des départements; mais nous démontrerons plus loin que ces asiles constituent de véritables établissements publics doués d'une vie propre (V. *infra*, n° 153) : c'est donc à eux, suivant nous, et non aux départements qu'appartient la représentation légale des aliénés indigents.

Au surplus, si en général le département n'a pas à s'immiscer dans la représentation légale des pauvres, de sorte qu'il est sans qualité pour accepter en leur nom les dons et legs qui leur sont faits, il n'en est pas moins apte à être gratifié personnellement de toute espèce de libéralités destinées au soulagement des indigents; en effet, l'article 46, n° 20, de la

---

fournies en réponse à la note du 8 août 1887 que l'hospice des Enfants assistés de Paris est un établissement hospitalier originairement consacré à l'enfance et que c'est en raison de ce caractère qu'il a été déclaré dépositaire et affecté au service des enfants assistés organisé par le décret du 19 janvier 1811 ; que, dès lors, il constitue un établissement existant dans les mêmes conditions et avec les mêmes prérogatives que les autres hospices de Paris ou des villes administrées par une commission unique. Dès lors, s'il y a lieu d'autoriser conformément à la loi du 10 janvier 1849 l'acceptation de la libéralité par le directeur de l'Assistance publique à Paris, il convient de faire l'immatriculation de la rente constituée avec le produit de la libéralité au nom de l'hospice légataire. — Elle pense, en outre, que les libéralités faites aux hospices exclusivement en vue des enfants assistés devant être, d'après la loi du 5 mai 1869, affectées sans distinction aux dépenses intérieures et extérieures du service départemental, il n'est pas inutile de rappeler, suivant la jurisprudence, cette obligation dans le décret, sans préjudice du droit, si la libéralité est faite à un établissement consacré en vertu de son titre de fondation à l'assistance enfantine, de saisir l'autorité judiciaire de la question d'interprétation de la volonté du testateur ou du donateur et de celle d'attribution exclusive à l'hospice ou d'affectation au service départemental. La section estime, en conséquence, qu'il y a lieu de modifier dans le sens des observations qui précèdent le projet de décret. (M. de Moüy, rapporteur.)

loi du 10 août 1871 lui a attribué une vocation charitable aussi large que possible.

137. Les dons et legs faits en faveur de l'ensemble des pauvres de France sont-ils valables ? Ils le sont par cela même que dans toutes les communes les pauvres forment, en vertu des articles 910 et 937 du Code civil, des personnes morales capables de recevoir; en effet, ces dons et legs doivent être regardés comme s'adressant aux personnes morales dans lesquelles s'incarnent les pauvres des diverses communes qui composent la France.

C'est, en principe, au ministre de l'Intérieur d'accepter les dons et legs adressés à tous les pauvres de France, ainsi que les dons et legs faits aux pauvres de plusieurs départements ou de plusieurs communes, cantons ou arrondissements dépendant de départements différents; c'est ce qui résulte de l'avis susvisé du Conseil d'État du 15 février 1837 (V. *supra*, n° 135).

Si, en règle générale, le ministre de l'Intérieur procède, de préférence à tout autre ministre, à l'acceptation des libéralités charitables dont il vient d'être question, c'est qu'il est en quelque sorte le ministre de la bienfaisance publique et le tuteur né des pauvres.

Mais il y a certaines catégories d'indigents qui, en vertu de dispositions législatives particulières, échappent à sa protection; c'est ainsi que les secours à donner aux gens de mer, à leurs veuves ou à leurs orphelins ne rentrent pas dans les attribution du ministre de l'Intérieur, mais dans celles du ministre de la Marine. La distribution de ces secours est confiée à un établissement public qui dépend de ce ministre, la Caisse des invalides de la marine, qui nous paraît apte à accepter non seulement les dons et legs qui lui sont faits pour le soulagement des inscrits maritimes et des veuves et orphelins d'inscrits tombés dans le besoin, mais encore ceux qui sont faits directement à ces indigents; suivant nous, dans la sphère d'action qui lui est propre, la Caisse des invalides de la marine est chargée de la représentation légale des pauvres et elle exerce, par exception, des attributions qui, d'après le droit commun, devraient appartenir au ministre de l'Intérieur. C'est en ce sens que s'est prononcée la section des finances du Conseil d'État, à la date du 22 novembre 1892, en adoptant, au rapport de M. Marcel, un projet de décret tendant à autoriser le ministre de la Marine à accepter au nom de la Caisse des invalides de la marine un legs fait par le sieur Arson en faveur des marins et veuves de marins pauvres du syndicat maritime de la Bouille (1).

Les enfants pauvres qui fréquentent les écoles primaires sont représentés dans les communes par les caisses des écoles auxquelles il incombe d'accepter les dons et les legs dont ils sont gratifiés ; ces établissements ne ressortissent pas au ministère de l'Intérieur, mais au ministère de l'Instruction publique. En conséquence, lorsqu'une libéralité est faite entre vifs ou par testament aux élèves indigents de toutes les écoles primaires de France, il nous semble qu'en raison de l'impossibilité matérielle où l'on se trouve de faire intervenir les caisses des écoles de trente-six mille communes pour accepter ce don ou ce legs l'acceptation en doit être faite par le ministre de l'Instruction publique.

138. Les Français pauvres établis à l'étranger jouissent-ils aux yeux de la loi française de la faculté de recevoir des dons et legs ? L'affimative a été admise il y a une cinquantaine d'années par le Conseil d'État ; une ordonnance royale du

---

(1) Projet de décret adopté par la section des Finances le 22 novembre 1892 (n° 94,070). — Le Président de la République française ; — Sur le rapport du ministre de la Marine et des Colonies ; — Vu le testament olographe en date du 9 mars 1892 de M. Arson (Auguste-Paul), lieutenant de vaisseau en retraite ; — Vu l'acte de décès du testateur ; — Vu l'acte de notoriété dressé le 1er avril 1892 et duquel il résulte que le *de cujus* n'a laissé aucun héritier à réserve ; — Vu l'article 910 du Code civil ; — La section des Finances, de la Guerre, de la Marine et des Colonies du Conseil d'État entendue ; — Décrète : — Le ministre de la Marine et des Colonies est autorisé à accepter au nom de la Caisse des invalides de la marine, aux charges et conditions imposées, le legs universel et éventuel fait à la Marine par M. Arson (Auguste-Paul), suivant son testament olographe du 9 mars 1892 pour venir en aide aux marins et veuves de marins pauvres du syndicat maritime de La Bouille. — Art. 2. Dans le cas où la condition mise par le testateur à la réalisation du legs viendrait à se réaliser et à l'expiration de l'usufruit dont il est grevé, les immeubles faisant partie de la succession seront aliénés et l'actif placé en rentes 3 0/0 sur l'État français, immatriculées au nom de la Caisse des invalides avec mention sur l'inscription de la destination des arrérages. (M. Marcel, rapporteur.)

19 mai 1845, rendue conformément à l'avis de la haute assemblée, a autorisé le ministre des Affaires étrangères à accepter un legs fait par le sieur Stammati Bulgari en faveur des indigents français habitant Corfou (cf. Cons. d'État, Cont. 12 avril 1855, Bertrand, *Leb.*, page 267) (1); mais nous faisons les réserves les plus expresses sur la solution qu'a consacrée cette ordonnance et nous doutons fort que d'après la loi française il puisse être fait à nos concitoyens pauvres qui vivent à l'étranger des dons et des legs qui seraient acceptés par le ministre des Affaires étrangères. Les articles 910 et 937 du Code civil n'ont attribué la personnalité civile qu'aux pauvres de nos communes, de sorte qu'elle semble bien faire défaut aux indigents qui se trouvent au delà de nos frontières, ces indigents fussent-ils de nationalité française. Nous inclinons à croire qu'au point de vue de la loi française les libéralités qui s'adressent aux Français pauvres résidant à l'étranger sont nulles comme faites à des individus incertains; bien entendu, cette nullité ne saurait être couverte par l'intervention du mi-

---

(1) C. d'Ét. Cont. 12 avril 1855. — Vu la requête sommaire et le mémoire ampliatif présentés aux noms des sieurs Bertrand, Lacombe et consorts, tous les susnommés, Français indigents demeurant à Corfou... tendant à ce qu'il nous plaise annuler une décision en date du 15 octobre 1853, par laquelle notre ministre des Affaires étrangères a rejeté leurs réclamations contre le mode suivi par le consul de France à Corfou pour la distribution des sommes provenant d'un legs qui a été fait au profit des pauvres français demeurant à Corfou par un sieur Stammati Bulgari, décédé dans cette île le 14 juillet 1842 et que par une ordonnance royale, en date du 19 mai 1845, notre ministre des Affaires étrangères a été autorisé à accepter au nom desdits pauvres; ce faisant, décider que, conformément aux intentions du testateur, auxquelles s'est référée l'ordonnance d'autorisation précitée, il sera procédé entre les susnommés à la distribution immédiate et intégrale des sommes provenant du legs, proportionnellement aux besoins de chacun d'eux; — Vu les observations de notre ministre des Affaires étrangères... tendant à ce qu'il nous plaise déclarer le pourvoi des sieurs Bertrand Lacombe et consorts non recevable, subsidiairement mal fondé; — Vu un mémoire en réplique produit au nom des sieurs Bertrand, Lacombe et consorts,... tendant à ce qu'il nous plaise faire droit à leurs précédentes conclusions et subsidiairement, pour le cas où le sens du testament ne nous paraîtrait pas suffisamment établi, surseoir à statuer jusqu'à ce que l'autorité compétente ait prononcé sur le sens et l'interprétation à donner à ce testament; — Vu le testament du sieur Stammati Bulgari en date du 12 juillet 1842 et notamment la clause suivante de ce testament, dont les sieurs Lacombe et consorts donnent

nistre des Affaires étrangères, auquel le Conseil d'État s'est trop hâté de vouloir faire jouer à l'extérieur un rôle analogue à celui que remplit chez nous le ministre de l'Intérieur en vertu de l'avis du 15 février 1837.

139. Une libéralité testamentaire faite en faveur des pauvres sans autre précision s'adresse-t-elle à tous les pauvres de France ou à ceux d'une commune déterminée? Il n'y a pas d'hésitation possible sur la façon de résoudre cette question. Le droit commun en matière charitable est l'assistance municipale; l'on doit donc présumer qu'un testateur qui a fait un legs au profit des pauvres a voulu en appliquer le profit aux pauvres de telle ou telle commune et non pas à l'ensemble des pauvres de France.

140. Mais quelle est la commune dont le testateur a entendu gratifier les pauvres?

MM. Aubry, Rau et Demolombe disent que le legs est attribuable aux pauvres de la commune où le testateur avait

---

la traduction suivante : « Tout le restant argent qui m'appartient et que j'ai à Paris, Naples et Corfou sera réuni à la chancellerie du consulat français à Corfou, pour être partagé à tout Français pauvre qui, après ma mort, se trouvera à Corfou, en lui donnant un secours proportionné à ses besoins et cela jusqu'à ce que cet argent soit totalement épuisé. Je prie M. le consul de Saint-Sauveur et le banquier Jaroslaly de donner exécution à ce testament » ; — Vu l'ordonnance royale en date du 19 mai 1845 et notamment l'article 1er de cette ordonnance ainsi conçu : « Notre ministre des Affaires étrangères est autorisé à accepter la disposition faite par le sieur Bulgari dans son testament ci-dessus visé au profit des indigents français qui arriveraient à Corfou pour ladite disposition être exécutée conformément aux intentions du testateur » ; — Vu un extrait d'un jugement de la 1re chambre du tribunal civil de 1re instance du département de la Seine, en date du 30 avril 1853, par lequel le tribunal s'est déclaré incompétent pour statuer sur une demande formée par les sieurs Bertrand, Lacombe et consorts à l'effet d'obtenir la délivrance du legs qu'ils prétendaient avoir été fait à leur profit par le testament ci-dessus visé ; — Vu le règlement du 22 juillet 1806 ;

Considérant que par la décision attaquée notre ministre des Affaires étrangères s'est borné à maintenir les mesures prises par l'un de ses prédécesseurs pour l'exécution de l'ordonnance royale du 19 mai 1845 ; que les sieurs Bertrand, Lacombe et consorts ne sont pas recevables au nom des pauvres de Corfou à nous déférer cette décision par la voie contentieuse ; — Art. 1er. La requête des sieurs Bertrand, Lacombe et consorts est rejetée. (M. Lemarié, rapporteur.)

son domicile lors de son décès et où sa succession s'est ouverte (1). D'après une autre opinion dont les partisans se réclament de Pothier, le legs devrait être regardé comme fait aux pauvres de la commune où le testateur était domicilié lors de la confection de son testament. « Le legs fait aux pauvres indéterminément, disait Pothier, est valable. Les pauvres de la famille du testateur doivent être préférés à d'autres pour recueillir ce legs; sinon il est censé fait aux pauvres de la paroisse où il avait son domicile lors de la confection du testament (2). » M. Laurent enseigne « qu'en cette matière, il faut s'attacher non au domicile de droit, mais à la résidence de fait », et il ajoute que si le testateur ne résidait pas, lors de son décès, dans la même commune qu'à l'époque de la confection de son testament, la question de savoir quelle est des deux résidences successives du *de cujus* celle à laquelle il y a lieu d'avoir égard est une pure question de fait dont la solution dépend des circonstances (3).

Le système que préconise M. Laurent nous paraît très rationnel et nous n'hésitons pas à nous y rallier. Nous pensons avec ce savant jurisconsulte qu'un legs fait aux pauvres sans autre spécification est destiné aux pauvres de la résidence et non à ceux du domicile du testateur et que, si le *de cujus* après avoir testé dans une commune est décédé dans une autre, le legs pourra, suivant les circonstances de l'espèce, être revendiqué par les pauvres de l'endroit où a été fait le testament ou par ceux du lieu où est mort le testateur; mais dans le doute que doit-on décider?

Au premier abord il semble que pour apprécier sainement les intentions du testateur il faille se reporter à l'époque où il les a formulées; or il y a tout lieu de supposer que le jour où le *de cujus* a fait un legs aux pauvres il a songé à ceux qu'il avait alors sous les yeux, c'est-à-dire aux pauvres de la commune où il était en train de tester. C'est de ces considérations

---

(1) Aubry et Rau, *Cours de droit civil français*, 4e édit., t. VII, § 656, p. 72; — Demolombe, *Cours de Code Napoléon*, t. XVIII, n° 612.

(2) Introduction au titre XVI de la coutume d'Orléans, n° 38 (*Œuvres de Pothier*, édit. Bugnet, t. I, p. 413).

(3) Laurent, *Principes de droit civil français*, t. XI, n° 312.

que s'est, sans doute, inspiré le comité de l'Intérieur du Conseil d'État lorsque le 12 août 1834 il a émis un avis qui porte que « les legs faits aux pauvres sans aucune autre désignation sont censés faits au profit des pauvres de la commune où le testateur se trouvait lorsqu'il a testé » (1).

Mais l'on peut objecter qu'un testament ne constitue jusqu'à la mort de son auteur qu'un simple projet et que c'est ce décès seul qui lui imprime un caractère définitif; le testament est, aux yeux de la loi, un acte de *dernière volonté*. Dès lors, n'est-ce pas la pensée ultime du testateur dont il faut se préoccuper pour connaître le véritable sens des dispositions qu'il a prises? Et, s'il en est ainsi, n'est-il pas à présumer qu'il a voulu gratifier les pauvres du lieu où il est mort plutôt que ceux du lieu où il a écrit son testament?

Cette solution nous paraît théoriquement mieux fondée que celle qui a été adoptée par l'avis du 12 août 1834; en outre elle lui est indubitablement préférable au point de vue pratique. Il est assez souvent difficile de savoir le lieu où le testateur a fait son testament, tandis qu'en général et à moins de circonstances tout à fait exceptionnelles rien n'est plus aisé que de connaître le lieu où il est décédé.

En somme, nous tenons pour peu acceptable la règle formulée par l'avis du 12 août 1834 et nous serions assez disposé à admettre qu'un legs fait aux pauvres sans autre indication doit être considéré comme fait aux pauvres de la commune où résidait le testateur lors de son décès. La jurisprudence actuelle du Conseil d'État est favorable à cette manière de voir.

141. Il arrive assez fréquemment qu'au lieu de faire un don ou un legs aux pauvres un donateur ou un testateur les appelle simplement à recueillir le bénéfice d'une charge de donation ou d'hérédité (V. *supra*, nos 69 et suiv.); le donataire, le légataire ou l'héritier naturel auquel cette charge est imposée est entièrement maître de son exécution et il a seul qualité, à l'exclusion des mandataires officiels des pauvres, pour employer

(1) Le texte de cet avis est rapporté par MM. Vuillefroy et Monnier, *Principes d'administration*, p. 402.

au soulagement des indigents les sommes ou les biens que le donateur ou le testateur a affectés à cet usage.

C'est ce qui a été mis en lumière par les arrêts de la Cour de cassation des 16 juillet 1834 et 13 juillet 1859 (V. *supra*, n° 70), qui sont relatifs à des charges d'hérédité ayant pour objet des distributions d'aumônes, et par celui du 7 novembre 1859 (V. *supra*, n° 74) qui a trait à une fondation charitable instituée par voie de charge de succession (V. en sens contraire, Cass., 4 août 1856, *supra*, n° 73).

Toutefois il y a lieu, suivant nous, de rechercher si le donateur ou le testateur a entendu confier un simple mandat d'honneur au donataire ou à l'héritier naturel ou testamentaire ou s'il lui a imposé une véritable obligation de *faire*, et dans ce second cas les représentants officiels des pauvres nous paraissent qualifiés sinon pour obtenir la délivrance des sommes ou des biens destinés au soulagement des indigents, du moins pour contraindre le donataire ou l'héritier à exécuter les volontés du donateur ou du testateur. En ce sens l'on peut citer un arrêt de la Cour de cassation du 5 janvier 1887 (V. *supra*, n° 75).

142. Il peut être fait des dons aux pauvres non seulement dans les conditions et suivant les formes prévues par le Code civil, mais encore par voie de quêtes ou collectes.

Il rentre tout naturellement dans les attributions des maires et des administrateurs des établissements publics de bienfaisance de quêter pour les pauvres (loi du 7 frimaire an V, art. 8 ; arrêté ministériel du 5 prairial an XI ; décret du 30 décembre 1809, art. 75), mais les particuliers n'en ont pas moins la faculté de faire de leur côté des collectes dans l'intérêt des indigents et de distribuer eux-mêmes aux pauvres les offrandes qui leur ont été remises. Ces offrandes ne sauraient être réclamées par les maires ou administrateurs des établissements publics de bienfaisance.

Un avis de principe du Conseil d'État en date du 24 mars 1880 consacre expressément l'opinion que nous venons d'exprimer. Il porte, d'une part, « que la liberté de la charité privée ne saurait être contestée » et, d'autre part, que si le bureau de bienfaisance puise dans la loi du 7 frimaire an V, l'arrêté du ministre de l'Intérieur du 5 prairial an XI et l'article 75 du décret du 30 décembre 1809 le droit de faire des quêtes pour les indigents, aucune disposition législative ne lui a donné qualité « pour revendiquer les sommes recueillies par des tiers dans l'intérêt des pauvres; que le maire n'a pas davantage reçu de la loi ce droit de revendication » (1).

En somme, d'après l'avis du 24 mars 1880, les représentants légaux des pauvres ne peuvent pas revendiquer le montant des quêtes de bienfaisance faites par des particuliers

---

(1) Avis du C. d'Ét., 24 mars 1880, sur les questions suivantes : 1° Quelle est l'étendue des droits et prérogatives conférés aux bureaux de bienfaisance par les lois et règlements en vigueur, en ce qui concerne les quêtes et souscriptions? 2° Quels sont actuellement les moyens de sauvegarder ces droits? (n° 34,539). — Le Conseil d'État, consulté par M. le ministre de l'Intérieur et des Cultes sur les questions suivantes : 1° Quelle est l'étendue des droits et prérogatives conférés aux bureaux de bienfaisance par les lois et règlements en vigueur, en ce qui concerne les quêtes et souscriptions? 2° Quels sont actuellement les moyens de sauvegarder ces droits? — Vu la loi du 7 frimaire an V; — l'arrêté du ministre de l'Intérieur du 5 prairial an XI; — le décret du 12 septembre 1806; — le décret du 30 décembre 1809, article 75; — les articles 910 et 937 du Code civil; — l'ordonnance du 2 avril 1817, article 3;

Considérant, d'une part, que la liberté de la charité privée ne saurait être contestée; — Considérant, d'autre part, que la loi du 7 frimaire an V, qui a institué le bureau de bienfaisance pour distribuer des secours aux indigents, l'autorise à recevoir, en outre du dixième du prix des places dans les théâtres, « les dons qui lui sont offerts »; que l'arrêté du 5 prairial an XI lui accorde également le produit des quêtes faites par ses membres dans les édifices publics, des sommes trouvées dans les troncs placés par lui dans ces édifices et des collectes qu'il doit faire tous les trois mois; qu'enfin le décret du 30 décembre 1809 lui attribue la faculté de faire des quêtes dans les églises; qu'aucune disposition législative n'a étendu les droits conférés au bureau de bienfaisance par les lois, décrets, ordonnance et arrêté précités et ne lui a donné qualité pour revendiquer les sommes recueillies par des tiers dans l'intérêt des pauvres; que le maire n'a pas davantage reçu de la loi ce droit de revendication; mais qu'en vertu des articles 910 et 937 du Code civil et de l'article 3 de l'ordonnance du 2 avril 1817, il serait recevable à agir en justice et à faire tous actes destinés à assurer la conservation et l'emploi des sommes versées, si les intermédiaires venaient à les compromettre ou à les détourner du but charitable qui leur avait été assigné; que ces solutions laissent intacts les droits qui appartiennent au gouvernement pour maintenir le respect des lois qui régissent les quêtes dans les églises et pour réglementer celles qui seraient faites dans les lieux et édifices publics; — Est d'avis qu'il y a lieu de répondre aux questions posées par M. le ministre de l'Intérieur dans le sens des observations qui précèdent. (M. Hippolyte Duboy, rapporteur.)

parce que le législateur ne les a pas investis du monopole de la charité.

MM. Marques di Braga et Camille Lyon complètent cette argumentation de la façon suivante. Ils font remarquer que la quête ou collecte doit s'analyser autrement que comme un don fait à la personne morale constituée par l'ensemble des pauvres d'une commune ; il n'intervient, en effet, aucun acte juridique entre cette personne morale et l'individu qui remet une offrande aux quêteurs : le donateur, au lieu d'user du droit qu'il aurait certainement de distribuer ses aumônes lui-même, charge de ce soin des mandataires et leur abandonne le choix des pauvres à secourir. L'offrande est dominée par l'*intuitus personæ ;* en d'autres termes, elle ne s'adresse pas aux pauvres pris d'une façon indéterminée, mais à tel ou tel pauvre qui sera désigné par les quêteurs. Dans ces conditions, concluent MM. Marques di Braga et Camille Lyon, il est inutile de faire intervenir la représentation légale des pauvres pour la régularité de l'opération, « et en l'absence d'une institution directe toute revendication de sa part doit être écartée » (1).

Le raisonnement de MM. Marques di Braga et Camille Lyon paraîtra peut-être un peu subtil ; il n'en est pas moins irréfutable.

143. L'avis du 24 mars 1880, tout en proclamant que ni le bureau de bienfaisance ni le maire n'ont « qualité pour revendiquer les sommes recueillies par des tiers dans l'intérêt des pauvres », admet qu'en vertu des articles 910 et 937 du Code civil et de l'article 3 de l'ordonnance du 2 avril 1817 le maire « serait recevable à agir en justice et à faire tous actes destinés à assurer la conservation et l'emploi des sommes versées, si les intermédiaires venaient à les compromettre ou à les détourner du but charitable qui leur avait été assigné ».

Le maire exerce les droits qui lui sont attribués par cet avis à titre de mandataire officiel des pauvres ; mais son intervention, même en la renfermant dans les limites déterminées par l'avis du 24 mars 1880, n'est-elle pas en contradiction avec les

---

(1) Marques di Braga et Camille Lyon, *Traité des obligations et de la responsabilité des comptables publics*, COMPTABILITÉ DE FAIT, n° 140.

principes formulés avec tant de justesse par MM. Marques di Braga et Camille Lyon? Le maire, quoique représentant légal des pauvres, est sans qualité pour revendiquer le produit des quêtes de bienfaisance faites par des particuliers non seulement parce qu'il convient d'écarter toute idée d'un monopole légal de la charité, mais aussi parce que ces quêtes ne comportent aucune institution au profit de la personne morale dans laquelle s'incarne la communauté des pauvres. Or ce défaut d'institution ne s'oppose-t-il pas également à ce que le représentant des pauvres intente des actions en justice ou procède à des actes juridiques ayant pour but d'empêcher que les sommes provenant des quêtes ne soient dissipées ou détournées de leur destination charitable?

Nous ne le croyons pas. Si, en effet, la communauté des pauvres n'est, à l'occasion des quêtes privées, l'objet d'aucune institution de la part des donateurs, c'est en ce sens qu'il ne lui est conféré aucun droit sur les sommes versées, mais il n'est pas déraisonnable d'admettre que les collecteurs d'offrandes sont grevés envers la collectivité des pauvres d'une obligation de faire. Le maire, malgré son titre de mandataire officiel des pauvres, ne saurait réclamer les sommes provenant des quêtes privées, mais les quêteurs sont tenus vis-à-vis des pauvres pris collectivement d'une obligation de faire qui consiste à employer lesdites sommes selon le vœu des donateurs, et le maire peut, au nom des indigents, les contraindre par toutes les voies de droit à s'acquitter de cette dette (Cf. Cass. 5 janvier 1887. — V. *supra* nos 75 et 141).

Au surplus, nous estimons que le maire n'est compétent pour remplir, en matière de quêtes privées, la mission prévue par l'avis du 24 mars 1880 que dans la mesure où il a la qualité de représentant légal des pauvres; le cas échéant, il appartiendrait au bureau de bienfaisance, à l'hospice, à l'hôpital, à la caisse des écoles ou au bureau d'assistance médicale de prendre la place du maire dans la défense des intérêts des indigents. L'avis du 24 mars 1880 ne fait allusion qu'au maire, parce qu'il a été rendu sous l'empire de la jurisprudence inaugurée par l'avis du 6 mars 1873 (V. *infra*, n° 234), c'est-à-dire à une époque où les établissements municipaux de bienfaisance étaient exclus de la représentation légale des pauvres; mais, depuis l'avis du 7 juillet 1881 (V. *infra*, n° 236), ces établissements ont recouvré, chacun dans sa sphère, le droit de représenter les pauvres (V. *supra*, n° 126). Il n'y a donc plus aucune raison aujourd'hui pour que les bureaux de bienfaisance et autres établissements communaux d'assistance ne soient pas appelés concurremment avec les maires à exercer un contrôle sur les quêtes particulières de bienfaisance et, au besoin, à recourir à l'égard des collecteurs d'offrandes aux mesures de coercition indiquées par l'avis du 24 mars 1880.

§ 7. — *Etablissements publics*

1° Établissements d'instruction publique. Institut de France et Académies.

144. La loi du 10 mai 1806 disposait qu'il serait « formé sous le nom d'Université impériale un corps chargé exclusivement de l'enseignement et de l'éducation publics dans tout l'Empire ». Ce n'était qu'une décision de principe dont l'exécution fut assurée par le décret du 17 mars 1808 qui organisa l'Université de France et lui conféra avec le monopole de l'instruction publique la personnalité civile et le droit de recevoir des dons et des legs (D. du 17 mars 1808, art. 137; cf. D. du 15 novembre 1811, art. 175 et suiv.) (1).

L'Université a perdu son monopole; elle en a été dépossédée par les lois des 28 juin 1833, 15 mars 1850 et 12 juil-

(1) D. 17 mars 1808. — Art. 137. L'Université est autorisée à recevoir les donations et legs qui lui seront faits suivant les formes prescrites pour les règlements d'administration publique.

D. 15 novembre 1811. — Art. 175. Le grand maître pourra être autorisé à accepter, après délibération du conseil de l'Université, les donations et fondations qui seront faites à l'avenir à l'Université, en observant les formes et conditions prescrites pour les acceptations de donations et legs faits aux communes et aux hospices par nos arrêtés et décrets sur cette matière, dont les dispositions sont déclarées applicables aux legs et donations faits à l'Université impériale. — Art. 176. Les donateurs et fondateurs pourront mettre à leurs dons toutes les conditions qui ne seront pas contraires aux dispositions du titre V du décret du 17 mars 1808, à la police de l'Université et aux règles du droit commun. — Art. 179. Si le fondateur a désigné des administrateurs du bien affecté à la fondation, cette administration aura lieu sous la surveillance du recteur de l'Académie...

let 1875 qui ont rendu l'enseignement libre à tous ses degrés. Elle a été également dépouillée de sa personnalité civile; ce privilège lui a été retiré par la loi de finances du 7 août 1850 (art. 14).

La loi du 7 août 1850, tout en supprimant la personnalité morale de l'Université, a respecté celle des « établissements d'instruction publique » qui avaient un caractère universitaire; en effet, elle a décidé que « ces établissements continueraient de pouvoir acquérir et posséder sous les conditions déterminées par les lois » (art. 15) (1).

Les établissements que la loi du 7 août 1850 a ainsi maintenus en jouissance de l'individualité juridique sont les facultés et écoles d'enseignement supérieur, l'école normale supérieure, les lycées et les collèges.

Deux décrets du 25 juillet 1885 ont réglé, l'un « les conditions d'acceptation et d'emploi des dons et legs faits aux facultés et écoles d'enseignement supérieur de l'État », et l'autre « l'administration et la gestion financière des biens propres » desdites facultés et écoles (2); le second a été successivement

---

(1) L. 7 août 1850. — Art. 14. Les articles 131 et 137 du décret du 17 mars 1808 sont et demeurent abrogés. Les propriétés immobilières et revenus fonciers qui appartenaient à l'Université feront retour au domaine de l'État. La rente cinq pour cent de cinq cent vingt-trois mille quatre cent trente-trois francs (523,433 fr.) inscrite au nom de l'Université est annulée et sera rayée du grand livre de la dette publique; — Art. 15. Ne sont point comprises dans les prescriptions de l'article précédent les propriétés immobilières ou les rentes affectées à des établissements d'instruction publique. Ces établissements continueront de pouvoir acquérir et posséder sous les conditions déterminées par les lois.

(2) D. 25 juillet 1885, réglant les conditions d'acceptation et d'emploi des dons et legs faits aux facultés et écoles d'enseignement supérieur de l'État. — Art. 1er. L'acceptation des libéralités faites par acte entre vifs ou testamentaires au profit des facultés et écoles d'enseignement supérieur de l'État est autorisée par décret du Président de la République rendu en Conseil d'État sur la proposition du ministre de l'Instruction publique après avis du conseil des professeurs titulaires de la faculté ou école et du recteur de l'Académie. Il sera procédé pour l'instruction relative auxdites libéralités conformément aux dispositions de l'article 3 de l'ordonnance du 14 janvier 1831. — Art. 2. L'acceptation des dons et legs est faite par les doyens ou directeurs. — Art. 3. Lorsque les dons ou legs ont été faits sans affectation déterminée, l'emploi en est réglé par le décret d'autorisation.

D. 25 juillet 1885, réglant l'administration et la gestion financière des

complété et amendé par les décrets des 28 décembre 1885, 22 février 1890 et 10 août 1893 (1). Suivant les termes éloquents dont s'est servi dans le rapport qui précède au *Journal officiel* les décrets du 25 juillet 1885, le ministre de l'Instruction publique et des Beaux-Arts, M. René Goblet, l'on a voulu

---

biens propres des facultés et écoles d'enseignement supérieur de l'État. — Art. 1er. Les revenus et produits des dons et legs faits en faveur des facultés et écoles d'enseignement supérieur ainsi que les subventions allouées par les départements, les communes ou les particuliers et applicables au personnel, au matériel et aux bourses desdites facultés et écoles sont portés en recette au compte des « fonds de concours pour dépenses d'intérêt public » pour être employés dans l'intérêt exclusif de l'établissement en faveur duquel les libéralités ont été faites. — Art. 2. Les biens et ressources propres des facultés et écoles d'enseignement supérieur sont administrés sous l'autorité du ministre de l'Instruction publique par l'établissement qui en est propriétaire. — A cet effet, le doyen ou directeur représente la faculté ou école pour tous les actes relatifs à cette administration, notamment pour l'acceptation des dons et legs et la signatures des baux... — Art. 5. Les fonds provenant de dons et legs en numéraire sont versés à la Caisse des dépôts et consignations et les intérêts de ces fonds sont payés par cette caisse au trésorier général du département, siège de la faculté ou école, lequel en fait recette au compte susmentionné des fonds de concours. — Les titres de rentes et autres valeurs sont déposés à la Caisse des dépôts et consignations qui en perçoit les arrérages et en fait le reversement au trésorier général au titre des fonds de concours. — Les subventions et les dons et legs en numéraire susceptibles d'être employés dans le cours de l'exercice sont versés directement au trésorier, qui en fait recette au même titre.

(1) D. 28 décembre 1885, relatif à l'organisation des facultés et écoles d'enseignement supérieur. — Art. 16. Le conseil de la faculté se compose des professeurs titulaires. Il délibère sur l'acceptation des dons et legs faits en faveur de la faculté ; sur l'emploi des revenus et produits des dons et legs... — Art. 24. Le doyen représente la faculté. Il accepte les dons et legs ; il exerce les actions en justice conformément aux délibérations du conseil de la faculté.

D. 22 février 1890, relatif à la comptabilité des facultés et établissements d'enseignement supérieur assimilés. — Art. 1er. Il est institué pour chaque faculté et pour chacun des établissements assimilés qui comprennent les écoles supérieures de pharmacie et les écoles créées à Alger par la loi du 20 décembre 1879 un budget auquel sont inscrits en recettes : A. *Recettes ordinaires*... — B. *Recettes extraordinaires*, 7° le produit des dons et legs... ; en dépenses : A. *Dépenses ordinaires*, 1° les dépenses du personnel imputables sur les dons et legs et sur les subventions... — B. *Dépenses extraordinaires*, 18° les placements des fonds.

D. 10 août 1893, sur le régime financier et la comptabilité des facultés. — Art. 3. Les dépenses du budget ordinaire comprennent : ... les dépenses du personnel imputables sur le revenu des dons et legs... — Art. 4. Le budget extraordinaire comprend la recette et l'emploi des capitaux provenant de dons et legs...

faire des facultés et écoles d'enseignement supérieur « des personnes morales administrant elles-mêmes ce qu'elles auront reçu, soustraites par là aux vicissitudes de la politique, faisant œuvre libre et durable et trouvant dans leurs biens plus de sécurité, plus de dignité, plus d'indépendance et par suite un principe plus fécond d'initiative et de progrès ».

Les lycées, qui sous la Restauration et pendant toute la durée de la monarchie de Juillet, se sont appelés collèges royaux sont des personnes morales et vivent d'une vie indépendante de celle de l'État ; ils sont représentés dans les actes de la vie civile et spécialement dans l'acceptation des dons et legs par leurs proviseurs. (L. 11 floréal an X, art. 13, et Ord. 2 avril 1817). C'est ainsi qu'à la date du 18 mai 1881 la section de l'Intérieur du Conseil d'État a adopté un projet de décret tendant à autoriser le proviseur du lycée Louis-le-Grand à accepter un legs fait à cet établissement. (Cf. note de la section de l'Intérieur, du 27 juin 1882, donation Boilley) (1).

La jurisprudence de la section de l'Intérieur, ainsi que l'atteste la note précitée du 27 juin 1882, incline à refuser aux collèges communaux une personnalité morale distincte de celle des communes (Cf. note du 4 juillet 1883, *supra*, n° 47, et note du 15 février 1881) (2) ; mais il nous paraît

---

(1) Note de la sect. de l'Int. du 27 juin 1882 (n° 42,780). — La section de l'Intérieur, des Cultes, de l'Instruction publique et des Beaux-Arts du Conseil d'État, tout en approuvant le projet de décret ci-joint, tendant à autoriser l'acceptation de la donation faite par le sieur Boilley à la ville d'Arbois, a cru devoir supprimer l'article 2 : les collèges communaux constituent, en effet, des établissements municipaux, dépourvus de personnalité civile. — La section a, en second lieu, modifié l'article 3 du décret : il appartient au proviseur, représentant légal du lycée de Lons-le-Saunier, d'accepter le bénéfice éventuel pouvant résulter pour cet établissement de la fondation instituée par le sieur Boilley. (M. Cottu, rapporteur.)

(2) Note de la sect. de l'Int. du 15 février 1881 (n° 38,342). — La section de l'Intérieur, des Cultes, de l'Instruction publique et des Beaux-Arts du Conseil d'État qui, sur le renvoi ordonné par le ministre de l'Instruction publique, a pris connaissance d'un projet de décret tendant à autoriser l'acceptation de legs faits par le sieur Rollier à divers établissements de Salins (Jura), a modifié la rédaction de l'article 1er. — D'après une jurisprudence constante, le maire doit être autorisé à accepter, non le *bénéfice*, mais la *libéralité* résultant d'une disposition testamentaire en faveur d'un établissement communal d'instruction publique. (M. de Villeneuve, rapporteur.)

plus conforme à l'esprit comme au texte de la loi du 7 août 1850 de considérer ces collèges comme de véritables établissements publics ayant une vie propre (1). (Cf. décret du 12 août 1807 et ordonnance du 2 avril 1817.)

La loi du 9 brumaire an III décida qu'il serait créé une école normale destinée à former des professeurs pour les lettres et pour les sciences, mais à peine cette école était-elle ouverte qu'elle fut fermée par ordre de la Convention. Rétablie par le décret du 17 mars 1808, art. 110 et suiv., elle fut de nouveau supprimée par ordonnance du 6 septembre 1822. Un arrêté ministériel du 5 septembre 1826 la reconstitua sous le nom d'*École préparatoire pour les lettres et pour les sciences*, et elle reprit son titre d'*École normale* en vertu d'une ordonnance du 6 août 1830 ; la dénomination d'*école normale supérieure* lui a été donnée par l'ordonnance du 6 décembre 1845. Elle n'a peut-être pas eu, à l'origine, la personnalité civile, mais sous le gouvernement de Juillet il lui a été constitué plus ou moins régulièrement une dotation que la loi du 7 août 1850 a respectée et qu'elle a même rendue susceptible d'accroissement (art. 15). Nous croyons donc qu'on doit la regarder comme un établissement public capable d'acquérir et de posséder (2).

145. L'Université de France n'a pas recouvré l'existence civile qui lui a été enlevée en 1850, mais il s'est formé, sous

---

(1) Voir en ce sens, Marquès di Braga et Camille Lyon, *Comptabilité de fait*, n° 278 ; Ducrocq, *Cours de droit administratif*, 6e édit., t. II, n° 1532.

(2) Projet de décret adopté par la section de l'Intérieur le 7 août 1888 (n° 73,411). — Le Président de la République française, — Sur le rapport du ministre de l'Instruction publique et des Beaux-Arts ; — Vu l'acte notarié en date du 26 juin 1888 par lequel M. Noiret (Hippolyte-Octave), manufacturier, membre du conseil général du département des Ardennes, a fait don à l'École normale supérieure d'une somme de vingt mille francs (ci 20,000 fr.) qui devra être employée à l'acquisition d'un titre de rente 3 0/0 sur l'État français pour les arrérages être affectés au payement d'une bourse de voyage au profit de l'un des élèves sortants de la section des Lettres ; — Vu la délibération des maîtres de conférences titulaires de l'École normale supérieure en date du 4 juillet 1888 et la demande formée par le directeur de cet établissement le 20 du même mois ; — Vu la loi du 11 floréal an X ; — La section de l'Intérieur, etc., entendue ;

Décrète : — Art. 1er. Le directeur de l'École normale supérieure est

le nom de corps de facultés, des espèces d'universités régionales qui ont reçu la personnalité morale.

Le décret du 25 juillet 1885 « relatif à l'administration et à la gestion financière des biens propres des facultés et écoles d'enseignement supérieur de l'État » a pour la première fois rapproché les unes des autres les facultés et écoles d'enseignement supérieur d'un même ressort académique et institué un conseil général des facultés « chargé des intérêts communs des divers établissements d'enseignement supérieur du ressort »; ce conseil, d'après le décret du 28 décembre 1885 (art. 10), répartissait entre les budgets sur fonds de concours de chaque faculté ou école les dons, legs et subventions affectés à des services communs.

La loi de finances du 28 avril 1893 a fait un pas de plus; elle a décidé que « le corps formé par la réunion de plusieurs facultés de l'État dans un même ressort académique serait investi de la personnalité civile » et « qu'il serait représenté par le conseil général des facultés » (art. 71). (Cf. décret du 9 août 1893 modifiant le titre Ier du décret du 28 décembre 1885 relatif à l'organisation des facultés et décret du 10 août 1893 réglementant le régime financier et la comptabilité des corps de facultés) (1).

Désormais les universités régionales existent virtuellement; il ne manque plus guère que le mot. De nouvelles personnes morales sont nées, mais on ne leur a pas encore donné le titre qui leur convient. Il leur sera octroyé un jour ou l'autre.

---

autorisé à accepter, au nom de cet établissement, aux clauses et conditions énoncées dans l'acte notarié du 26 juin 1888 la donation de M. Noiret consistant en une somme de vingt mille francs qui devra être employée à l'acquisition d'un titre de rente 3 0/0 sur l'État français pour les arrérages être affectés au payement d'une bourse de voyage au profit de l'un des élèves sortants de la section des Lettres. — Art. 2. La bourse à attribuer sera désignée sous le nom de *Bourse Hippolyte Noiret*. (M. Dejamine, rapporteur.)

(1) D. 9 août 1893, modifiant le titre Ier du décret du 28 décembre 1885, relatif à l'organisation des facultés et des écoles d'enseignement supérieur. — Art. 1er. Les dispositions du titre Ier du décret du 28 décembre 1885 sont remplacées par les articles suivants : ... Art. 4. Le recteur est chargé, sous l'autorité du ministre, d'instruire les affaires qui intéressent le corps des facultés et d'assurer l'exécution des décisions du conseil général. A ce titre, il représente le corps des facultés

146. En dehors des facultés et écoles d'enseignement supérieur, des corps de facultés, de l'Ecole normale supérieure, des lycées et des collèges, il existe d'autres établissements d'instruction publique qui ont la personnalité morale. Nous citerons d'abord ceux qui relèvent du ministère de l'Instruction publique et des Beaux-Arts ; ce sont les caisses des écoles, les écoles normales primaires, le Collège de France, le Muséum d'histoire naturelle et l'École des chartes.

Le Muséum d'histoire naturelle et le Collège de France sont des établissements publics d'origine ancienne; avant 1789 ils étaient doués de la personnalité civile et la Révolution ne la leur a pas ôtée ; ils l'ont encore (1).

L'École des chartes, fondée en 1821, tient de l'ordonnance du 31 décembre 1846 son individualité juridique (2). Le 22 jan-

---

en justice et dans les actes de la vie civile... — Art. 7. Le conseil général délibère... ; 2° sur l'acceptation des dons et legs... — Art. 8. Les délibérations prises par le conseil général en vertu du précédent article ne sont mises à exécution qu'après approbation du ministre.

D. 10 août 1893, sur le régime financier et la comptabilité des corps de facultés. — Art. 3. Les dépenses du budget ordinaire afférentes à la bibliothèque et aux services déclarés communs par arrêtés ministériels, après avis du conseil général, comprennent : ... 2° les dépenses du personnel imputables sur le revenu des dons et legs... — Art. 4. Le budget extraordinaire comprend la recette et l'emploi des capitaux provenant de dons et legs...

(1) Projet de décret adopté par la section de l'Intérieur, le 29 décembre 1885 (n° 57,656). — Le Président de la République française ; — Sur le rapport du ministre de l'Instruction publique, des Beaux-Arts et des Cultes ; — Vu l'acte notarié en date du 1er décembre 1885, par lequel Mlle Peccot (Julie-Anne-Antoinette) et Mme veuve Vimont, née Lafond (Claudine-Henriette-Marguerite) ont fait don au Collège de France d'une somme de douze mille francs pour être employée à l'encouragement des hautes études mathématiques ; — Vu la délibération de l'assemblée des professeurs du Collège de France, en date du 15 novembre 1885, et la demande formée par l'administrateur de cet établissement le 7 décembre suivant ; — Vu la loi du 11 floréal an X ; — La section de l'Intérieur, etc., entendue ; — Décrète : — Art. 1er. L'administrateur du Collège de France est autorisé à accepter, au nom de cet établissement, aux clauses et conditions énoncées dans l'acte notarié du 1er décembre 1885, la donation de Mlle Peccot et de Mme veuve Vimont, consistant en une somme de douze mille francs pour être employée à l'encouragement des hautes études mathématiques. — Art 2. Le prix à distribuer sera désigné sous le nom de Claude-Antoine Peccot. (M. Mourier, rapporteur.)

Un décret du 24 mars 1888 a autorisé l'acceptation d'une libéralité faite au Muséum. (*Bulletin des lois*, 1888, part. princ., I, p. 1030.)

(2) Ord. 31 décembre 1846. — Art. 3. L'École des chartes reçoit, dans

vier 1895 la section de l'Intérieur a approuvé un projet de décret tendant à autoriser l'acceptation d'un don fait à cette école (1).

A diverses reprises, la personnalité morale des écoles normales primaires a été mise en doute, mais elle n'est plus discutable depuis que la loi du 19 juillet 1889 a expressément érigé ces écoles à l'état « d'établissements publics » (art. 47) (2).

Les caisses des écoles ont un caractère mixte ; elles concourent tout à la fois au service de l'enseignement et à celui de l'assistance publique. Leur origine remonte à la loi du 10 avril 1867 dont l'article 15 est ainsi conçu : « Une délibé-

---

les formes voulues pour les autres établissements publics, les livres, médailles, collections, monuments écrits ou figurés de toute nature, et les immeubles, rentes ou deniers qui peuvent lui être donnés ou légués, ainsi que toutes les fondations conformes à l'esprit et au but de l'institution.

(1) Note de la sect. de l'Int. 22 janvier 1895 (n° 102,815). — La section de l'Intérieur, des Cultes, de l'Instruction publique et des Beaux-Arts du Conseil d'État, tout en adoptant un projet de décret tendant à autoriser le directeur de l'École nationale des chartes à accepter, au nom de cet établissement, une donation d'une rente annuelle et perpétuelle de douze cents francs, a cru devoir viser le décret du 25 juillet 1885 relatif à l'acceptation et à l'emploi des dons et legs faits en faveur des facultés et écoles d'enseignement supérieur. (M. Delesseux, rapporteur.)

Projet de décret adopté par la section de l'Intérieur (même affaire). — Le Président de la République française ; — Sur le rapport du ministre de l'Instruction publique et des Beaux-Arts ; — Vu l'acte notarié... ; — Vu la délibération du conseil de perfectionnement de l'École nationale des chartes en date du 2 juin 1894 ; — Vu la loi du 11 floréal an X ; — Vu le décret du 25 juillet 1885 ; — La section de l'Intérieur, etc., entendue ; — Décrète : — Art. 1er. Le directeur de l'Ecole nationale des chartes est autorisé à accepter au nom de cet établissement, aux clauses et conditions énoncées dans l'acte notarié du 12 juillet 1894, la donation d'une rente annuelle et perpétuelle de douze cents francs faite à ladite école par Mme Arconati Visconti, pour servir deux pensions annuelles de six cents francs chacune à deux élèves sortant de l'école, choisis par le conseil de perfectionnement. — Art. 2. Ces pensions prendront le nom de « Fondation Peyrat ».

(2) L. 19 juillet 1889. — Art. 47. Les écoles normales primaires constitueront des établissements publics. — Toutefois, les conseils généraux donneront leur avis sur les budgets et les comptes de ces établissements. — Il est institué auprès de chaque école normale un conseil d'administration nommé pour trois ans. Ce conseil est composé : de l'inspecteur d'académie, de quatre membres désignés par le recteur et de deux conseillers généraux élus par leurs collègues. — Art. 48. Il est statué par des règlements d'administration publique rendus après avis du conseil supérieur de l'instruction publique... : 12° sur les règles d'administration et de comptabilité des écoles normales primaires et notamment sur le régime des écoles annexes...

ration du conseil municipal approuvée par le préfet peut créer, dans toute commune, une caisse des écoles destinée à encourager et à faciliter la fréquentation de l'école par des récompenses aux élèves assidus et par des secours aux élèves indigents. — Le revenu de la caisse se compose de cotisations volontaires et de subventions de la commune, du département ou de l'Etat. Elle peut recevoir, avec l'autorisation des préfets, des dons et des legs. — Plusieurs communes peuvent être autorisées à se réunir pour la formation et l'entretien de cette caisse. — Le service de la caisse des écoles est fait gratuitement par le percepteur. »

D'après le premier alinéa de cet article, l'établissement d'une caisse des écoles n'était que facultatif pour les communes ; il a été rendu obligatoire par l'article 17 de la loi du 28 mars 1882 qui porte que « la caisse des écoles instituée par l'article 15 de la loi du 10 avril 1867 sera établie dans toutes les communes. Dans les communes subventionnées dont le centime n'excède pas 30 francs, la caisse aura droit sur le crédit ouvert pour cet objet au ministère de l'Instruction publique à une subvention au moins égale au montant des subventions communales. — La répartition des secours se fera par les soins de la commission scolaire ».

Depuis cette loi l'on peut dire qu'il existe dans chaque commune une caisse des écoles, sinon d'une manière effective, au moins en puissance ; mais la législation qui les régit est des plus sommaires. La loi du 10 avril 1867 a été, en effet, abrogée par celle du 30 octobre 1886 (art. 61) ; d'autre part, le deuxième paragraphe de l'article 17 de la loi du 28 mars 1882 qui attribuait à la commission scolaire le soin de distribuer les secours se trouve frappé d'abrogation par la loi du 19 juillet 1889 (art. 54).

A l'heure actuelle, le but des caisses des écoles ne se trouve donc défini que par une référence à une disposition législative qui n'existe plus ; quant aux règles qui président à leur organisation et à leur fonctionnement, elles sont des plus incertaines. Mais l'essentiel pour nous est que les caisses des écoles ont la personnalité morale ; ce sont de véritables établissements publics dont l'individualité ne se confond en aucune façon avec celle des communes.

Nous avons indiqué plus haut que les caisses des écoles sont chargées de la représentation légale des enfants pauvres qui fréquentent les écoles primaires (v. *supra*, nos 126 et 133). Il en résulte qu'elles ne se bornent pas à recevoir les libéralités dont les auteurs les ont nominativement désignées et qu'elles ont qualité pour revendiquer les dons et legs faits aux élèves indigents des écoles primaires sans autre spécification (note de la section de l'Intérieur, du 20 février 1884; legs dame veuve Jouaud) (1); elles peuvent, en outre, réclamer ceux qui sont adressés dans l'intérêt de ces enfants à des établissements dépourvus d'existence légale ou à des établissements qui, tout en étant reconnus, manquent de vocation charitable. Nous avons cité plus haut une note de la section de l'Intérieur du 24 juin 1885 en vertu de laquelle la caisse des écoles de Louviers (Eure) a été autorisée à accepter le legs fait par la demoiselle de Riberprey à la fabrique de l'église succursale de Saint-Germain pour les enfants pauvres d'une école congréganiste (V. *supra*, n° 131); il faut joindre à cette note celle du 25 mai 1887, aux termes de laquelle la section de l'Intérieur a estimé que le legs fait par la dame veuve Cunin à la fabrique de l'église de Paroy (Doubs), pour les revenus être employés « à l'achat de livres et de fournitures de classe pour les enfants pauvres de la paroisse », devait être accepté par les caisses des écoles des trois communes de Paroy, Chay et Samson, dont la réunion forme la paroisse de Paroy (2).

(1) Note de la sect. de l'Int. du 20 février 1884 (n° 48,816). — La section de l'Intérieur, des Cultes, de l'Instruction publique et des Beaux-Arts du Conseil d'État, tout en adoptant le projet de décret ci-joint, relatif aux legs faits par la dame veuve Jouaud à divers établissements d'Ille-et-Vilaine, a modifié le texte de l'article 3, d'accord avec l'Administration. Elle a pensé que c'était la caisse des écoles qui devait être appelée à intervenir dans l'acceptation de la libéralité faite par la testatrice à l'école des filles, pour venir en aide aux enfants pauvres qui la fréquentent. Mais en présence du silence des statuts de la caisse des écoles, il paraît que ce n'est pas le maire qui doit accepter au nom de la caisse, mais bien le comité d'administration de cet établissement. — L'article 3 du projet de décret a donc été modifié dans le sens des observations qui précèdent. (M. Mourier, rapporteur.)

(2) Note de la sect. de l'Int. 25 mai 1887 (n° 64,620). — La section de l'Intérieur... tout en adoptant le projet de décret tendant à autoriser notamment les caisses des écoles de Paroy, Chay et Samson (Doubs) à

Si un don ou un legs est fait pour les enfants pauvres des écoles primaires, non plus à un établissement non reconnu ou dépourvu de vocation charitable, mais à une commune ou à un bureau de bienfaisance, il est accepté par la commune ou l'établissement donataire ou légataire, mais la distribution des secours appartient à la caisse des écoles sur les attributions de laquelle ne sauraient empiéter les autres organes de l'administration publique. C'est en ce sens que s'est prononcée la section de l'Intérieur, aux termes de deux notes des 9 novembre 1887 (1) et 14 novembre 1888, relatives aux legs faits par les sieurs de Smytère et Meslier à la ville de Cassel et au bureau de bienfaisance de Nesle en faveur des

---

accepter le bénéfice résultant pour ces établissements d'un legs contenu dans le testament olographe de la dame Jaudet, veuve Cunin, a cru devoir modifier la rédaction du projet de décret pour faire intervenir au nom de la caisse des écoles de chacune de ces communes le comité d'administration et non le maire qui préside seulement ledit comité d'administration. (M. Auzouy, rapporteur.)

(1) Note de la sect. de l'Int. du 9 novembre 1887 (n° 64,109). — La section de l'Intérieur, de l'Instruction publique, des Cultes et des Beaux-Arts du Conseil d'État, qui a de nouveau examiné le projet de décret tendant à statuer sur l'acceptation de divers legs faits par le sieur de Smytère à des établissements du Nord, a, tout en adoptant ledit projet, cru devoir le modifier sur les points suivants : — 1° Les arrérages du legs de 5,000 francs fait à la ville de Cassel devant être employés en achats de vêtements pour les enfants pauvres des écoles libres et des écoles communales, il a paru nécessaire d'indiquer que la répartition en serait faite annuellement par les soins du bureau de bienfaisance et de la caisse des écoles, le premier de ces établissements ayant qualité pour effectuer la distribution aux enfants pauvres des écoles libres, le second à ceux des écoles communales ; — 2° Un article additionnel a été inséré pour autoriser la caisse des écoles et le bureau de bienfaisance à accepter le bénéfice du legs dont il vient d'être parlé. (M. Bienvenu Martin, rapporteur.)

Projet de décret adopté par la section de l'Intérieur (même affaire). — Art. 1er. Le maire de Cassel, au nom de cette ville, est autorisé à accepter, aux clauses et conditions imposées, les legs à elle faits par le sieur Joseph-Philippe-Emmanuel de Smytère, suivant testament mystique du 3 octobre 1885, et consistant : 1° en une somme de 5,000 francs dont les arrérages seront affectés à une distribution deux fois par an de vêtements aux enfants les plus pauvres des deux sexes qui fréquentent les écoles, tant les écoles libres que les autres ; — 2° en divers documents, parchemins et volumes d'histoire, destinés à la bibliothèque de Cassel, et en divers exemplaires invendus d'ouvrages du testateur, qui seront distribués en prix aux élèves du collège. — La somme de 5,000 francs léguée sera placée en rente 3 0/0 sur l'État, au nom de la ville de Cassel, et mention sera faite sur l'inscription de

enfants pauvres fréquentant les écoles publiques de ces communes (1).

Il ne faudrait pas aller plus loin et l'on aurait tort, comme l'a fait la section de l'Intérieur dans les premiers temps qui ont suivi la loi du 28 mars 1882 (2), d'évincer les communes et les bureaux de bienfaisance de l'acceptation des dons et legs qui leur sont adressés pour les élèves indigents des écoles primaires et de la confier aux caisses des écoles. La capacité des communes et des bureaux de bienfaisance est restée après la loi du 28 mars 1882 ce qu'elle était avant ; ces personnes morales ont la vocation charitable et elles sont aptes à recevoir des libéralités dans l'intérêt des enfants pauvres qui fréquentent les écoles primaires, sauf à se faire suppléer par les caisses des écoles dans la répartition des secours.

---

la destination des arrérages, qui seront répartis annuellement par les soins du bureau de bienfaisance et de la caisse des écoles. — Art. 2. La commission administrative de la caisse des écoles et le bureau de bienfaisance de Cassel sont autorisés à accepter, chacun en ce qui le concerne, le bénéfice résultant, au profit de ces établissements, de la disposition par laquelle le sieur de Smytère, Joseph-Philippe-Emmanuel, a, suivant testament mystique du 3 octobre 1885, légué à la ville de Cassel une somme de 5,000 francs, dont les arrérages seront affectés à une distribution, deux fois par an, de vêtements aux enfants les plus pauvres des deux sexes qui fréquentent les écoles de la ville, tant les écoles libres que les autres.

(1) Note de la sect. de l'Int. 14 novembre 1888 (n° 74,388). — La section de l'Intérieur... avant de statuer sur le projet de décret tendant à l'acceptation des legs faits par le sieur Meslier à divers établissements de la Somme, croit devoir présenter les observations suivantes : 1° (sans intérêt)...; 2° en ce qui concerne les legs faits au bureau de bienfaisance de Nesle en faveur des enfants pauvres fréquentant les écoles publiques de la ville, la section estime que la distribution des revenus de ce legs rentre dans la capacité de la caisse des écoles et désire, en conséquence, que la commission administrative du bureau de bienfaisance soit invitée à consentir le versement, chaque année, à la caisse des écoles des arrérages des sommes léguées ou l'abandon immédiat du capital à ladite caisse. (M. Dejamme, rapporteur.)

(2) Note de la sect. de l'Int. du 3 mars 1885, legs Paiseur (n° 54,111). — La section de l'Intérieur, des Cultes, de l'Instruction publique et des Beaux-Arts du Conseil d'État, qui a pris connaissance d'un projet de décret tendant à autoriser le maire de Loisy-sur-Marne à accepter le legs fait à cette commune, à la charge par ladite commune de distribuer, tous les ans, huit livrets aux élèves les plus méritants et de remettre une somme de 100 francs à l'instituteur chargé de la direction de cette école, n'a pas cru devoir l'adopter en l'état. La section estime que ce n'est point à la commune, mais bien à la caisse des écoles qu'il

Une dernière question reste à examiner, c'est celle de savoir si les élèves indigents des écoles privées sont représentés par les caisses des écoles, au même titre que ceux des écoles publiques et peuvent recevoir des libéralités par l'entremise de ces établissements. Dans le sens de la négative, il est permis d'invoquer la note précitée de la section de l'Intérieur du 9 novembre 1887 (Cf. note du 25 mars 1890, legs Donnay) (1); mais l'affirmative qui s'appuie sur les notes susvisées de la même section des 24 juin 1885 et 25 mai 1887 et sur un jugement du tribunal civil de la Seine du 28 avril 1887 (V. *supra*, n° 133) nous paraît préférable. Les termes des lois des 10 avril 1867 et 28 mars 1882 sont généraux et ne font pas de distinction entre les élèves des écoles publiques et ceux des écoles privées.

147. Diverses écoles dépendent du ministère des Travaux publics, du ministère de l'Intérieur et des Cultes, du ministère du Commerce, de l'Industrie, des Postes et des Télégraphes, du ministère des Colonies, du ministère de l'Agriculture, du ministère des Finances, du ministère de la Justice et des ministères de la Guerre et de la Marine ; les seules qui aient été érigées à l'état de personnes morales sont les grands séminaires, les écoles secondaires ecclésiastiques ou petits séminaires, les institutions nationales des sourds-muets et des jeunes

---

appartient d'accepter les libéralités de cette nature. Les caisses des écoles sont, en effet, destinées, d'après l'article 15 de la loi de 1867, à encourager et à faciliter la fréquentation de l'école par des récompenses aux élèves assidus et des secours aux élèves indigents. La distribution des livrets, ordonnée par le testateur, rentre donc essentiellement dans leurs attributions. — En conséquence, la section est d'avis que, dans le cas où la caisse des écoles ne fonctionnerait pas dans la commune de Loisy-sur-Marne, il y aurait lieu de l'organiser et de l'autoriser à accepter la libéralité en question. (M. Bonthoux, rapporteur.)

(1) Note de la sect. de l'Int. du 25 mars 1890 (n° 80,696). — La section de l'Intérieur, de l'Instruction publique, des Cultes et des Beaux-Arts du Conseil d'État, tout en adoptant, en ce qui concerne les Petites-Sœurs-des-Pauvres, le projet de décret relatif aux legs de M. Donnay, de Liège, a jugé que M. le préfet du département de la Seine ne pouvait être autorisé à accepter la libéralité faite aux *écoles libres de Paris*, par ce double motif que ces établissements ne jouissent pas de la personnalité civile et qu'ils ne sauraient être assimilés aux pauvres. (M. du Mesnil, rapporteur.)

aveugles qui relèvent du ministre de l'Intérieur et des Cultes et l'École coloniale ressortissant au ministère des Colonies.

Les institutions nationales des sourds-muets et des jeunes aveugles figurent parmi les établissements généraux de bienfaisance ; nous en reparlerons un peu plus loin. (V. *infra*, n° 150.)

Il sera question des grands et des petits séminaires lorsque nous passerons en revue les établissements ecclésiastiques. (V. *infra*, n° 184.)

L'École coloniale, dont la création a été indirectement approuvée par l'article 57 de la loi de finances du 17 juillet 1889, a été organisée par un décret du 23 novembre de la même année, qui en fait un véritable établissement public capable de recevoir entre vifs et par testament (1).

Le privilège de la personnalité civile a été revendiqué par l'École centrale des arts et manufactures et par les Écoles nationales des arts et métiers, mais nous avons démontré plus haut qu'il ne leur appartient pas. (V. *supra*, n°s 101 et 102.)

148. Les établissements d'instruction publique qui, sans jouir par eux-mêmes de l'individualité juridique, se rattachent à des personnes civiles, peuvent recevoir des libéralités par l'intermédiaire desdites personnes. (Cf. n°s 45 et suiv.)

C'est ainsi que les dons et legs faits à l'École nationale des beaux-arts, au Conservatoire national de musique et de déclamation, à l'École des ponts et chaussées, à l'École nationale supérieure des mines, à l'École polytechnique, à l'École navale, sont de nature à être revendiqués par l'État. La Légion d'honneur, qui a la qualité d'établissement public, représente les écoles de Saint-Denis, d'Écouen et des Loges et accepte les dons et les legs qui leur sont adressés.

Les chambres de commerce absorbent dans leur individualité juridique les écoles commerciales qu'elles administrent

---

(1) D. 23 novembre 1889. — Art. 2. Le budget de l'école est arrêté par le conseil d'administration et approuvé par le ministre. Les recettes se composent : 1° des dons et legs... — Art. 3. Les dons et legs dont l'Ecole coloniale pourrait être appelée à recueillir le bénéfice sont acceptés par le président du conseil d'administration suivant les règles adoptées pour les dons et legs faits aux lycées.

en vertu du décret du 3 septembre 1851 (art. 14) et elles les font profiter de leur faculté de recevoir. (V. *infra*, n° 174.)

Les écoles maternelles et les écoles primaires élémentaires ou supérieures n'ont de leur propre chef aucune personnalité civile, mais par l'intermédiaire des communes elles jouissent du droit de recueillir toute espèce de libéralités, pourvu, bien entendu, qu'il s'agisse d'écoles publiques et non d'écoles privées (1).

149. L'Institut de France, dont l'origine remonte à la constitution du 5 fructidor an III, et les cinq académies qui le composent : l'Académie française, l'Académie des inscriptions et belles-lettres, l'Académie des sciences, l'Académie des beaux-arts et l'Académie des sciences morales et politiques sont investis de la personnalité civile ; le même privilège a été conféré à l'Académie de médecine (2).

Il est bon, d'ailleurs, de remarquer que l'individualité juridique de l'Institut est essentiellement distincte de celle des cinq académies qu'il renferme dans son sein ; c'est ce qu'a reconnu la section de l'Intérieur dans une note du 19 mars 1884 (3).

---

(1) Note de la sect. de l'Int. du 12 juillet 1892 (n° 92,966). — La section de l'Intérieur, des Cultes, de l'Instruction publique et des Beaux-Arts du Conseil d'État, tout en adoptant le projet de décret relatif à des legs faits par le sieur Schindler à divers établissements de Provins, a cru devoir le modifier sur deux points. Elle a pensé, d'une part, qu'il y avait lieu de n'autoriser le maire de Provins à accepter le legs fait aux écoles laïques et congréganistes de cette ville qu'en ce qui touche la part revenant aux écoles laïques communales, le maire n'ayant aucune qualité pour représenter les écoles privées; d'autre part que le legs de 100 fr. de rente fait à la ville de Provins pour être distribué en secours aux passants indigents et malades devait être accepté non par le maire au nom des pauvres, mais par le maire au nom de la commune, les secours à donner aux indigents de cette catégorie intéressant plutôt le service de la police locale que celui de l'assistance publique proprement dite. (M. Bienvenu Martin, rapporteur.)

(2) Ducrocq, *Cours de droit administratif*, 6e édit., t. II, n° 1550 et 1551.

(3) Note de la sect. de l'Int. du 19 mars 1884 (n° 50,506). — La section de l'Intérieur, des Cultes, de l'Instruction publique et des Beaux-Arts du Conseil d'État, avant de statuer sur le projet de décret tendant à autoriser le secrétaire perpétuel de l'Académie française à accepter le legs de la demoiselle Favré, a remarqué : 1° que d'après les termes du testament et du consentement du légataire universel ledit legs est fait à l'Institut de France ; 2° que l'Institut jouit de la personnalité civile depuis sa fondation et que la jurisprudence administrative à cet égard n'est pas

2° Établissements d'assistance publique.

a) Établissements généraux de bienfaisance.

150. Les établissements d'assistance publique qui ont un caractère national prennent le nom d'établissements généraux de bienfaisance ; ils sont au nombre de dix, savoir : la maison des Quinze-Vingts, l'Institution des jeunes aveugles, les Institutions des sourds-muets de Paris et de Chambéry, l'Institution des sourdes-muettes de Bordeaux, la maison de Charenton, les asiles de convalescence de Vincennes et du Vésinet, l'hospice du Mont-Genèvre et l'asile Vacassy.

Lesdits établissements, dont le fonctionnement est réglé par l'ordonnance du 21 février 1841 et l'arrêté du ministre de l'Intérieur du 22 juin de la même année, ont, à notre avis, une vie propre, indépendante de celle de l'État (1).

Cette solution n'a jamais été contestée en ce qui a trait aux établissements généraux de bienfaisance de création récente, dont la personnalité est expressément affirmée par les actes qui les ont constitués, mais elle a paru plus douteuse en ce qui concerne deux établissements d'origine ancienne, les maisons des Quinze-Vingts et de Charenton.

La question a été portée devant les sections réunies des Finances et de l'Intérieur qui, à la date du 6 janvier 1862, ont émis au rapport de M. de Lavenay un avis aux termes duquel « la maison de Charenton et celle des Quinze-Vingts, établissements généraux de bienfaisance, constituent des personnes civiles aptes à acquérir et à posséder » (2).

---

contestée ; 3° qu'il y a lieu dès lors d'appeler l'Institut de France à délibérer sur l'acceptation du legs de la demoiselle Favre, sauf pour lui à désigner ultérieurement l'Académie qui devrait être chargée de l'exécution de la disposition testamentaire. — La section estime qu'il y a lieu de faire une instruction nouvelle dans le sens des observations qui précèdent. (M. de Salverte, rapporteur.)

(1) Marques di Braga et Camille Lyon, *Comptabilité de fait*, n° 183 ; Ducrocq, 6e édit., t. II, n° 1555.

(2) Avis des sections réunies des Finances et de l'Intérieur du 6 janvier 1862. — Les sections réunies des Finances et de l'Intérieur, sur le renvoi qui leur a été fait par M. le ministre des Finances de la question de savoir si les maisons impériales de Charenton et des Quinze-Vingts

Il convient d'opposer aux établissements généraux de bienfaisance les hôpitaux ou hospices militaires et les hôpitaux ou hospices de la marine, qui, à l'exception de l'hospice des orphelines de la marine de Rochefort, n'ont pas la personnalité morale et ne peuvent recevoir des libéralités que par l'intermédiaire de l'État. (V. *infra*, n° 173.)

---

ont une existence propre et individuelle et peuvent acquérir ou posséder ; — Vu la loi des 2-4 novembre 1789 ; — la loi du 18 août 1792 ; — les décrets de la Convention nationale du 31 janvier et du 22 juillet 1793 ; — la loi du 23 messidor an II ; — la loi du 16 vendémiaire an V ; — les arrêtés du directoire exécutif du 27 prairial an V ; — la loi du 4 ventôse an IX ; — le décret du 1er complémentaire an XIII ; — la loi du 9 septembre 1807 ; — l'ordonnance du 8 février 1815 ; — la loi du 18 juillet 1838 ; — l'ordonnance du 21 février 1841 ;

En ce qui touche la maison de Charenton ; — Considérant que la maison de Charenton fut fondée en 1641 par le sieur Leblanc, seigneur de Saint-Jean-de-Dieu qui y établit sept lits pour les malades, sous le nom de Notre-Dame-de-la-Paix ; qu'elle fut confiée, en 1644, par le fondateur aux religieux de Saint-Jean-de-Dieu qui y ajoutèrent un pensionnat pour les fous ; que cette maison se soutenait par des ressources lui appartenant en propre et des dons volontaires ; qu'ainsi fondée par un laïque, consacrée exclusivement au soulagement des malades et seulement desservie par des religieux, elle présentait le caractère d'un établissement hospitalier; — Considérant que si la maison de Charenton a été momentanément supprimée et ses biens réunis au domaine de l'État, ces mesures n'ont pas été prises en exécution des lois des 2-4 novembre 1789 et 18 août 1792, relatives aux biens des congrégations religieuses et du clergé, mais en vertu de la loi du 23 messidor an II, relative aux biens des hospices ; qu'en effet, c'est seulement à la date du 23 messidor an III que la suppression de la maison de Charenton et la réunion de ses biens au domaine de l'État ont été prononcées, et qu'en outre, c'est du comité des secours publics qu'émane l'arrêté qui fut pris à cet effet; que le rétablissement de la maison de Charenton et la restitution d'une partie des immeubles qui en dépendaient, prescrits par un arrêté du directoire exécutif du 27 prairial an V n'ont pu être la conséquence que de la loi du 16 vendémiaire de la même année ; — Considérant que la loi du 9 septembre 1807, qui envoie divers hospices et établissements de charité en possession définitive des biens désignés aux états de concessions provisoires annexés au décret du 1er complémentaire an XIII, le tout à titre de remplacement des biens et capitaux dont ils avaient perdu la jouissance par l'effet de la loi du 23 messidor an II, comprend la maison de Charenton au nombre des hospices auxquels ses dispositions s'appliquent ; — Considérant qu'en fait, depuis le 27 prairial an V, date du rétablissement de la maison de Charenton, cette maison a toujours subsisté avec ses propres ressources ; qu'elle a capitalisé et placé en son nom les excédents de ses revenus ; qu'elle a esté en justice dans la personne de son directeur ; qu'elle a été expropriée de divers immeubles et a touché le prix de l'expropriation ; que ses budgets et ses comptes n'ont jamais fait partie des budgets et des comptes de l'État, même pour ordre ; qu'elle ne figure au budget de l'État que pour une subvention

b) Établissements départementaux d'assistance publique.

151. L'intervention du département, en matière d'assistance publique, se manifeste principalement en ce qui touche le service des enfants assistés et le service des aliénés qui font l'objet d'une législation particulière.

---

consistant dans un certain nombre de bourses dont l'État paye le montant à l'établissement et dont il dispose ; — Considérant que l'arrêté du 27 prairial an V et l'ordonnance du 21 février 1841, qui ont réglé le mode d'administration de la maison de Charenton, s'ils ne reconnaissent pas explicitement l'individualité de cette maison, semblent au moins la présupposer ; qu'en effet, l'article 6 de l'arrêté du 27 prairial an V dispose que la dépense de l'établissement sera acquittée avec le montant *de ses revenus* existants, du produit des pensions des non-indigents et, *en cas d'insuffisance*, avec le secours du gouvernement ; qu'il résulte de l'article 8 de l'ordonnance du 21 février 1841 que la maison de Charenton peut recevoir des dons et legs et que son directeur, chargé de l'administration intérieure, exerce aussi la gestion des *biens et revenus de l'établissement ;* de l'article 9 de la même ordonnance que la disposition des ordonnances des 31 octobre 1821 et 29 novembre 1831 sur la comptabilité des hospices sont applicables à la maison de Charenton ; — Considérant que, si l'établissement de Charenton est placé sous l'autorité du ministre de l'Intérieur, qui nomme le directeur et le comité de surveillance, c'est que cette maison, destinée à recevoir des malades de toutes les parties de la France, ne présente aucun caractère communal ni départemental ; qu'elle est subventionnée par l'État et que, dès lors, il est naturel qu'elle soit placée sous l'autorité immédiate de l'Administration supérieure, sans préjudice de son ancienne individualité ; — Considérant que, lors de la discussion qui a eu lieu à la Chambre des députés à l'occasion du crédit de 2,720,000 francs ouvert par la loi du 18 juillet 1838, pour la reconstruction de bâtiments dépendant de la maison de Charenton, si le ministre de l'Intérieur et quelques députés ont émis l'opinion que ces bâtiments appartenaient à l'État, la commission de la Chambre et d'autres orateurs les ont considérés comme appartenant à l'établissement même, qu'ils reconnaissaient comme personne civile ; que le vote qui a décidé que les reconstructions seraient faites en partie, au moyen des ressources disponibles de l'établissement, et pour le surplus à l'aide du crédit ouvert, ne présente rien d'incompatible avec le caractère mixte d'un établissement public, subsistant de ses propres ressources et subventionné par l'État.

En ce qui touche l'hospice des Quinze-Vingts : — Considérant qu'il n'est pas contesté qu'avant la Révolution, l'hospice des Quinze-Vingts constituait une personne civile et que les terrains ou bâtiments où il est établi lui appartenaient ; que l'administration des domaines soutient seulement que les biens de la maison des Quinze-Vingts ont été nationalisés par l'effet des lois du 31 janvier 1793 et du 23 messidor an II et que la loi du 16 vendémiaire an V n'a pas eu pour effet d'en opérer la restitution en sa faveur, par le motif que l'article 4 de cette loi dispose que les établissements existants, destinés aux aveugles et aux sourds-

152. Le service des enfants assistés ne comporte pas l'existence d'établissements spéciaux ; il est assuré par les hospices communaux désignés pour recevoir lesdits enfants.

Ces hospices peuvent être gratifiés de dons et de legs dans l'intérêt des enfants assistés; quant aux libéralités faites directement à ceux-ci, c'est au département qu'il appartient de les revendiquer. Telle est la règle que nous avons énoncée plus haut (V. *supra*, n° 136).

La loi du 5 mai 1869 relative aux dépenses du service des enfants assistés dispose que « le produit des fondations, dons et legs spéciaux faits à tous les hospices du département au profit des enfants assistés » est affecté au payement des dépenses intérieures et extérieures.

---

muets, resteraient à la charge du Trésor national ; — Considérant que si le décret de la Convention nationale, en date du 31 janvier 1793, a prescrit l'apposition des scellés sur les papiers de l'administration des Quinze-Vingts et a ordonné le versement au Trésor public des fonds trouvés dans la caisse de cet établissement, un autre décret, rendu peu après, par la même autorité, et portant la date du 22 juillet de la même année, dispose que les scellés « apposés sur les papiers de la maison des Quinze-Vingts, en vertu du décret du 31 janvier dernier, seront levés en présence de deux commissaires du département de Paris et que *les fonds appartenant audit hôpital* qui auraient été déposés à la trésorerie nationale, en exécution du même décret, et qui n'en ont pas été retirés par des décrets postérieurs, *seront incessamment replacés dans la caisse de cet hospice* »; — Considérant que, par suite du décret du 22 juillet 1793, les lois du 23 messidor an II et du 16 vendémiaire an V ne furent jamais appliquées à l'hospice des Quinze-Vingts, qui est toujours resté en possession de ses biens et dont les dépenses n'ont jamais été mises à la charge du Trésor national ; — Considérant qu'à la date du 27 prairial an V, un arrêté du pouvoir exécutif, par une mesure analogue à celle prise à l'égard de la maison de Charenton, décida que l'établissement des Quinze-Vingts serait administré par un *agent général*, sous l'autorité du ministre de l'Intérieur ; qu'une ordonnance du 8 février 1815, faisant revivre l'état de choses antérieur à la Révolution, substitua à l'autorité du ministre de l'Intérieur celle du grand aumônier ; que, sous l'une comme sous l'autre de ces autorités, l'établissement continua de s'administrer lui-même ; que, dans le cours de l'an V même, il renouvela en son nom vingt-huit baux à ferme ; que, postérieurement à l'an V, tous les actes relatifs à l'exploitation et à l'amodiation de ses biens ont été passés par sa propre administration et enregistrés comme ceux des autres établissements publics ; qu'en 1834, et pendant les années suivantes, la maison des Quinze-Vingts, stipulant comme propriétaire, a consenti, avec l'autorisation du gouvernement, des aliénations de biens pour une somme totale de 180,000 francs, laquelle somme a été versée dans sa caisse par les acquéreurs ; qu'en 1809 et 1810, des décrets rendus sur l'avis du onseil d'État ont fait application à cette maison de la loi

L'on a agité la question de savoir si la même solution devait être appliquée aux libéralités faites sans affectation particulière à des hospices qui se consacrent exclusivement à l'assistance des enfants; le Conseil d'État, statuant au contentieux, s'est prononcé dans le sens de la négative par arrêt du 13 juillet 1877 et il a jugé que, quand bien même un hospice était spécialement destiné à l'assistance des enfants, il avait la libre disposition des deniers provenant des dons et legs qui lui ont été faits sans clause expresse d'emploi au profit des enfants assistés. Nous ne pouvons que nous ranger à cette opinion qui se fonde sur le texte même de la loi du 5 mai 1869 (1).

---

du 4 ventôse an IX, qui affecte les rentes et les domaines nationaux usurpés par des particuliers, aux besoins des hospices les plus voisins et ordonne que, sur leur requête, les commissaires du gouvernement seront tenus de poursuivre la restitution de ces rentes et domaines, au profit desdits hospices : — Considérant enfin que la maison des Quinze-Vingts, comme celle de Charenton, fait face à ses dépenses avec ses ressources propres, que son budget et ses comptes figurent dans ceux de l'État ; qu'elle n'est que subventionnée par le Trésor ; que l'ordonnance royale du 22 février 1841 lui a reconnu les mêmes droits qu'à la maison de Charenton et l'a soumise au même régime, et que toujours elle a agi sans contestation comme ayant le caractère d'une personne civile;

Sont d'avis que la maison de Charenton et celle des Quinze-Vingts, établissements généraux de bienfaisance, constituent des personnes civiles, aptes à acquérir et à posséder. (M. de Lavenay, rapporteur.)

(1) C. d'Ét. Cont. 13 juillet 1877.— Le Conseil d'État statuant au contentieux; — Vu la requête présentée par les hospices de Gray... tendant à ce qu'il plaise au Conseil annuler avec toutes les conséquences de droit pour excès de pouvoir : 1° une décision du 23 octobre 1874 par laquelle le ministre de l'Intérieur a déclaré les hospices requérants mal fondés à refuser de tenir compte au département de la Haute-Saône, pour le service des enfants assistés, de la totalité des revenus des biens provenant de l'ancien hôpital du Saint-Esprit; 2° une décision du 25 janvier 1875 par laquelle le même ministre a refusé d'annuler un arrêté du 21 octobre 1874 par lequel le préfet du même département, se fondant sur ce que les hospices seraient débiteurs envers le département des sommes indûment retenues sur les revenus dont il s'agit, a refusé d'ordonnancer au profit desdits hospices le payement des dépenses faites par eux pour le service des enfants assistés, ensemble les actes du préfet que le ministre s'est appropriés; — *Ce faisant*... dire qu'aucun legs ou donation n'ayant été fait à l'hôpital du Saint-Esprit, en vue des enfants assistés, les hospices requérants doivent conserver l'entière jouissance de leurs revenus; — Subsidiairement, dire que, si une partie desdits revenus pouvait être réclamée par le département il n'appartiendrait qu'aux tribunaux civils de rechercher quelle pouvait être la part destinée par les fondateurs à secourir les enfants assistés et renvoyer, en conséquence, le département à se pourvoir devant le tribunal compé-

Si un doute vient à naître sur la véritable portée d'un don ou d'un legs pur et simple fait à un hospice désigné pour recueillir les enfants assistés il n'appartient qu'à l'autorité judiciaire de le lever et de décider si la libéralité doit ou non, dans l'esprit du donateur ou du testateur, s'appliquer au service des enfants assistés et si par suite les deniers à en provenir peuvent ou non être réclamés par le département pour

---

tent; — Vu le mémoire en défense présenté par le département de la Haute-Saône...; — Vu les observations du ministre de l'Intérieur tendant au rejet du pourvoi...; — Vu le mémoire en réplique présenté pour les hospices de Gray... par lequel ils concluent à ce qu'il plaise au Conseil annuler les décisions attaquées pour incompétence; — Subsidiairement annuler au fond et dire que les revenus entiers de la dotation de l'hôpital du Saint-Esprit leur appartiendront, à défaut d'affectations spéciales au profit des enfants assistés et que les sommes perçues par le département leur seront restituées avec les intérêts de droit; — Vu le mémoire en réplique présenté pour le département... tendant à ce qu'il plaise au Conseil... se déclarer compétent et rejeter, au fond, les conclusions des hospices avec dépens; — Vu la loi du 5 mai 1869; — Vu les lois des 7-14 octobre 1790 et 24 mai 1872, art. 9;

Considérant que le ministre de l'Intérieur, pour décider que la totalité des revenus de l'ancien hôpital du Saint-Esprit actuellement détenus par les hospices de Gray devaient être affectés au payement des dépenses des enfants assistés et que, par suite, ces hospices devaient imputer sur ces revenus les dépenses qu'ils avaient faites pour ce service, ne s'est pas fondé sur ce que ces biens proviendraient de fondations, dons et legs spéciaux faits au profit des enfants assistés; qu'il s'est fondé sur ce que, depuis le commencement du XVIIIe siècle jusqu'au décret du 19 janvier 1811, les biens de l'hôpital auraient été affectés, en fait, au service des enfants trouvés, pour décider que l'article 5 de la loi du 5 mai 1869 était applicable, sans qu'il y eût à rechercher quelle était l'intention des bienfaiteurs qui avaient constitué la dotation de l'hôpital; qu'ainsi en l'état il n'existe sur le sens et la portée des libéralités faites à l'hôpital du Saint-Esprit aucune contestation dont il y ait lieu de renvoyer la solution aux tribunaux civils; — Considérant qu'aux termes du paragraphe 1er de l'article 5 de la loi précitée les seules libéralités faites aux hospices qui puissent être employées au payement des dépenses du service des enfants assistés sont celles qui ont été faites au profit de ces enfants et qu'aucune autre disposition ne permet d'employer audit service les revenus des hospices qui, par des motifs de bonne gestion ou par suite d'arrangements ou de conventions, auraient cru devoir, postérieurement aux libéralités reçues par eux, restreindre leurs services à l'assistance des enfants; que s'il appartient au ministre de l'Intérieur dans les attributions duquel rentre le service des enfants assistés et, sous son autorité, au préfet de prendre les mesures nécessaires pour l'exécution de la loi du 5 mai 1869 qui a réglé le mode de répartition entre l'État, le département, les communes et les hospices des dépenses dudit service, il ne pouvait, sans excès de pouvoir, affecter à ces dépenses une partie

le compte dudit service par application de l'article 5 de la loi de 1869 (1).

Le service des enfants maltraités ou moralement abandonnés est, dans une large mesure, assimilé à celui des enfants assistés (loi du 24 juillet 1889, art. 11, 24 et 25); les premiers comme les seconds peuvent donc recevoir des libéralités par l'entremise des départements (V. *supra*, n° 136).

---

des revenus des hospices de Gray, sans avoir fait reconnaître qu'ils provenaient de fondations, dons et legs spéciaux faits au profit des enfants assistés, dans le sens du paragraphe 1er de l'article 5 de la loi précitée;

Sur les conclusions des hospices tendant à obtenir le remboursement avec les intérêts de droit des sommes qui auraient été indûment retenues par le département; — Considérant qu'il n'appartient pas au Conseil d'État lorsqu'il prononce l'annulation d'actes administratifs qui lui ont été déférés en vertu de la loi des 7-14 octobre 1790 et de l'article 9 de la loi du 24 mai 1872 de prescrire les mesures qui peuvent être la conséquence de cette annulation. — Art. 1er. Sont annulées pour excès de pouvoir les décisions ci-dessus visées du ministre de l'Intérieur des 23 octobre 1874 et 25 janvier 1875.— Art. 2. Le surplus des conclusions des hospices de Gray est rejeté. — Art. 3. Les frais de timbre et d'enregistrement seront supportés par le département de la Haute-Saône. (M. de Baulny, rapporteur.)

(1) Trib. confl. 11 décembre 1875. — Vu l'arrêté en date du 10 juillet 1875 par lequel le préfet du département des Pyrénées-Orientales a élevé le conflit d'attributions; — Vu...; — Vu l'arrêté du 23 décembre 1811 pris par le préfet du département des Pyrénées-Orientales pour l'organisation du service des enfants assistés...; ensemble le règlement des hospices civils de Perpignan en date du 21 septembre 1819... et l'arrêté préfectoral du 20 décembre 1861 pris pour le règlement du service des enfants assistés...; — Vu la loi du 5 mai 1869 relative aux dépenses du service des enfants assistés, notamment l'article 5 (*principium* et paragraphe 1er)...; — Vu la loi du 10 août 1871 relative aux conseils généraux, notamment l'article 3... et l'article 64; — Vu la loi des 16-24 août 1790, titre II, article 13, et la loi du 16 fructidor an III; — Vu les ordonnances du 1er juin 1828 et du 12 mars 1831, et la loi du 24 mai 1872;

Considérant que si le préfet chargé de l'exécution des décisions du conseil général a le droit de prendre des arrêtés pour la mise en recouvrement des ressources éventuelles portées en recette au budget du département il appartient aux tribunaux de juger les oppositions faites à ces arrêtés, que la matière est de leur compétence; — Considérant que tel était le caractère de l'arrêté du 22 mai 1874 pris par le préfet du département des Pyrénées-Orientales pour prescrire au trésorier-payeur général d'opérer la rentrée dans la caisse départementale d'une somme qui figurait au nombre des ressources affectées par le budget du département au service des enfants assistés, mais qui avait été recouvrée par le receveur des hospices comme faisant partie des revenus propres de l'hospice de la Miséricorde; — Considérant que l'opposition

153. L'article premier de la loi du 30 juin 1838 porte que « chaque département est tenu d'avoir un établissement public spécialement destiné à recevoir et soigner les aliénés ou de traiter, à cet effet, avec un établissement public ou privé soit de ce département soit d'un autre département ».

L'obligation qui incombe au département est dépourvue de sanction dans l'état actuel de la législation, puisque la loi du 10 août 1871 n'a pas imprimé un caractère obligatoire aux dépenses du service des aliénés; néanmoins, le département reste exclusivement chargé de cette partie de l'assistance et le conseil général statue définitivement sur les recettes et les dépenses des établissements départementaux d'aliénés et l'approbation des traités passés avec les établissements publics ou privés pour le traitement des aliénés. (Loi du 10 août 1871, art. 46, n° 17).

Si le département a créé un asile public d'aliénés, cet asile constitue-t-il un établissement public au sens juridique du mot? En d'autres termes, un asile départemental d'aliénés a-t-il une existence civile distincte de celle du département?

---

contre cet arrêté portée devant le tribunal civil de Perpignan par la commission administrative des hospices était motivée sur ce que la somme dont il s'agit proviendrait de libéralités faites à l'hospice de la Miséricorde par des donateurs ou testateurs dont la pensée n'avait pas été de gratifier le service des enfants assistés et que l'assignation portée précédemment par le département lui-même contre la commission administrative devant le tribunal pour voir dire que les revenus de la Miséricorde étaient spéciaux au service départemental des enfants assistés était motivée sur ce que le caractère général de ces revenus et des dons et legs qui en sont l'origine ne peut être interprétée que par les tribunaux;— Considérant qu'une pareille interprétation est de la compétence judiciaire; que ce principe n'est d'ailleurs pas contesté par l'arrêté de conflit qui reconnaît qu'après les décisions par lesquelles l'autorité compétente aurait statué sur les droits que l'hospice prétend tenir des dons et legs la somme litigieuse devra, s'il y a lieu, être remboursée en tout ou en partie par le département à l'hospice; — Considérant qu'à la vérité pour revendiquer au nom de l'autorité administrative le droit de statuer sur l'opposition en ce qui concerne l'exécution de l'arrêté préfectoral l'arrêté de conflit invoque le principe de la séparation des pouvoirs qui ne permet pas à l'autorité judiciaire de connaître des actes d'administration et de troubler les services publics; — Mais considérant que l'arrêté du 22 mai 1874 n'était qu'une injonction adressée au trésorier-payeur général et qui ne saurait faire obstacle à la compétence de l'autorité judiciaire pour prononcer sur une question de propriété et d'interprétation de certains titres de fondation, donations ou testaments... — Arrêté de conflit annulé. (M. L'Hôpital, rapporteur.)

Il n'y a, pour ainsi dire, qu'une voix dans la doctrine pour répondre négativement et déclarer que les asiles départementaux d'aliénés ne sont pas de véritables établissements publics; toutefois, l'on admet ordinairement que cette règle comporte une exception en ce qui touche les asiles créés en vertu d'actes antérieurs à la loi du 30 juin 1838. Ces asiles sont les suivants : l'asile d'Aix (Bouches-du-Rhône), l'asile Saint-Pierre de Marseille (Bouches-du-Rhône), les asiles de Bordeaux et de Cadillac (Gironde), les asiles d'Armentières et de Bailleul (Nord) et l'asile de Bassens (Savoie) (1).

La jurisprudence est fixée dans le même sens que la doctrine. Un avis du Conseil d'État du 6 avril 1842 (2), relatif à un projet d'ordonnance tendant à autoriser le directeur de l'asile d'aliénés de Saint-Yon de Rouen (Seine-Inférieure) à acquérir un terrain nécessaire à l'agrandissement de cet établissement, porte que les dispositions de l'ordonnance du 18 décembre 1839 rendue pour l'exécution de la loi du 1838 « ont limité les attributions du directeur des établissements d'aliénés à l'administration intérieure de l'établissement et à la gestion de ses biens et revenus » et que les actes de propriété doivent être faits par le préfet au nom du département. La doctrine de cet avis qui a été maintenue par une décision

(1) Cf. en ce qui touche l'asile de Bailleul. C. d'Ét. cont. 12 mars 1875, et en ce qui regarde l'asile d'Armentières, C. d'Ét. cont. 3 décembre 1886.

(2) Avis C. d'Ét. 6 avril 1842. — Le Conseil d'État, qui, sur le renvoi ordonné par M. le ministre de l'Intérieur, a pris connaissance d'un projet d'ordonnance ayant pour objet d'autoriser le directeur de l'asile d'aliénés de Saint-Yon de Rouen (Seine-Inférieure) à acquérir un terrain nécessaire à l'agrandissement de cet établissement;... Vu la loi sur les aliénés du 30 juin 1838; — Vu l'ordonnance du 18 décembre 1839, concernant l'organisation et l'administration des établissements publics et privés consacrés aux aliénés, et notamment l'article 6;

Considérant que l'asile d'aliénés de Saint-Yon de Rouen est un établissement départemental; que le conseil général, voulant agrandir cet établissement, a demandé que le préfet fût autorisé à faire l'acquisition projetée; que c'est au préfet qu'il appartient de faire, au nom du département, les actes de propriété; — Considérant, en outre, que les dispositions de l'ordonnance susvisée ont limité les attributions du directeur des établissements d'aliénés à l'administration intérieure de l'établissement et à la gestion de ses biens et revenus;

Est d'avis que le projet d'ordonnance qui lui est soumis soit modifié dans le sens des observations ci-dessus.

de la section de l'Intérieur du 27 juin 1855 relative à l'asile de Stephanefeld (Bas-Rhin) conduit à décider que c'est aux préfets agissant comme représentants des départements et non aux directeurs des asiles d'aliénés qu'il échet d'accepter les dons et legs faits à ces établissements (1).

Quelque répugnance que nous éprouvions à nous singulariser, il nous est impossible de partager l'opinion générale.

Le seul argument sur lequel elle se fonde est tiré de l'article 6 de l'ordonnance du 18 décembre 1839 qui se borne à confier au directeur d'un asile d'aliénés l'administration intérieure de l'établissement et la gestion de ses biens et revenus. Mais les dispositions de l'article 6 ne doivent pas être isolées de celles des autres articles.

L'article premier de l'ordonnance de 1839 déclare que « les établissements publics consacrés au service des aliénés seront administrés, sous l'autorité du ministre secrétaire d'État au département de l'Intérieur et sous la surveillance de commissions gratuites, par un directeur responsable dont les attributions seront ci-après déterminées ». Les termes de cet article sont aussi larges que possible et ils se réfèrent à l'administration d'une façon générale. C'est d'ailleurs ce qui ressort du rapport ministériel qui précède l'ordonnance du 18 décembre 1839; ce rapport est d'une netteté qui ne laisse rien à désirer. « Les dispositions dont je viens d'avoir l'honneur d'entretenir Votre Majesté, dit le ministre de l'Intérieur, réunissent entre les mains du directeur tous les pouvoirs relatifs à la direction et à l'administration des établissements ».

Que si dans l'article 6 de l'ordonnance il n'est plus question que de l'administration *intérieure*, il n'en faut pas conclure que cet article ait eu pour objet de restreindre la portée de l'article premier. L'article 6 ne vise qu'une partie des attributions du directeur; celui-ci en a d'autres dont il puise le principe dans l'article 16 qui est ainsi conçu : « Les lois et règlements relatifs à l'*administration générale* des hospices et établissements de bienfaisance, notamment en ce qui concerne l'ordre de leurs services financiers, la surveillance de la

---

(1) Cf Marques di Braga et Camille Lyon, *Comptabilité de fait*, n° 184.

gestion du receveur, les formes de la comptabilité, sont applicables aux établissements publics d'aliénés en tout ce qui n'est pas contraire aux dispositions qui précèdent ». Or l'administration générale des hospices et hôpitaux municipaux est confiée à une commission administrative dont le directeur de l'asile tient la place, ainsi qu'il résulte de la lecture du rapport qui précède l'ordonnance. Les attributions des directeurs d'asiles d'aliénés sont les mêmes que celles des commissions administratives des hospices et hôpitaux communaux. Les auteurs de l'ordonnance du 18 décembre 1839 ont voulu calquer l'administration des asiles d'aliénés sur celle des hospices et hôpitaux municipaux sauf à substituer à une commission dont la responsabilité aurait risqué d'être illusoire un seul agent responsable. « L'article 1er du projet, expose le ministre dans son rapport au roi, porte que les établissements publics consacrés en tout ou en partie au service des aliénés seront administrés sous l'autorité du ministre de l'Intérieur et des préfets des départements et sous la surveillance de commissions gratuites par un directeur responsable. — Dans l'état actuel de la législation qui régit les services charitables, les hospices et les établissements de bienfaisance, en général, ne sont point sous la direction d'un chef unique ; ils sont administrés par des commissions gratuites... Il ne m'a pas paru qu'une telle organisation pût être appliquée sans modification aux établissements destinés à recevoir des aliénés. La loi a imposé une grande responsabilité aux chefs de ces derniers établissements ; or, cette responsabilité s'affaiblirait en se répartissant entre plusieurs administrateurs et il serait difficile qu'elle ne devînt pas dans beaucoup de cas illusoire. Un directeur salarié pourra être soumis à des obligations plus étroites ». Ainsi les asiles publics d'aliénés diffèrent des hospices et hôpitaux municipaux en ce que leur administration, au lieu d'être attribuée à une commission, l'est à un directeur, mais à tous les autres points de vue ils leur ressemblent et ils sont administrés d'après des principes identiques. « Je n'ai pas cru, Sire, dit le ministre, qu'il fût nécessaire d'ordonner des dispositions spéciales relativement à l'administration des biens des asiles publics d'aliénés. Ces établissements devaient être naturellement soumis aux lois et règlements relatifs à l'administration générale des hospices et des établissements de bienfaisance, en tout ce qui n'est pas contraire aux dispositions qui précèdent ».

Ces explications du rapport sont la condamnation du système que nous combattons. De même qu'en ce qui touche l'administration générale des hospices et hôpitaux le maire n'intervient pas au nom de la commune, de même, en ce qui concerne l'administration générale des asiles publics d'aliénés, le préfet n'a pas à intervenir au nom du département; ces asiles sont représentés par leurs directeurs. La condition juridique des asiles départementaux d'aliénés est la même que celle des hospices et hôpitaux communaux; ils jouissent les uns et les autres d'une individualité propre, indépendante de la personnalité civile de la commune ou du département.

Au surplus, ceux qui refusent aux asiles départementaux d'aliénés la personnalité morale sont obligés d'avouer avec un arrêt du Conseil d'État du 23 mars 1880 (1) que ces établis-

---

(1) C. d'Ét. cont. 23 mars 1880. — Le Conseil d'État statuant au contentieux; — Vu la requête... pour le département de la Côte-d'Or... tendant à ce qu'il plaise au Conseil annuler le décret du 24 janvier 1877, qui a supprimé en recette et en dépense du budget rectificatif de la Côte-d'Or, pour l'exercice 1876, une somme de 23,000 francs provenant des fonds libres de l'asile départemental d'aliénés de Dijon; — Ce faisant, attendu que l'asile est la propriété du département et ne peut dès lors avoir une personnalité distincte de la sienne; qu'en inscrivant au budget du département les fonds libres de l'asile, le conseil général n'a fait qu'user des pouvoirs qu'il tient de l'article 46 § 17 de la loi du 10 août 1871; — Attendu que la délibération par laquelle le conseil général a statué sur les recettes de l'asile n'a pas été attaquée dans les délais et dans les formes prescrites par l'article 47 de la même loi et qu'elle est ainsi devenue exécutoire; — Attendu enfin que le décret qui règle le budget ne peut, aux termes de l'article 61, modifier les allocations qui y sont portées; dire que le décret du 24 janvier 1877 a été rendu en violation des articles 46, 47 et 61 de la loi du 10 août 1871 et en prononcer l'annulation; — Vu les observations présentées par le ministre de l'Intérieur, tendant au rejet de la requête par le motif que l'article 46 de la loi de 1871 n'a pas modifié la loi du 30 juin 1838 et l'ordonnance du 18 décembre 1839 qui donnent aux asiles départementaux d'aliénés une existence propre et un budget distinct de celui du département; que la délibération du conseil général relative au budget est régie par l'article 57 et non par l'article 47 de la loi du 10 août 1871; qu'enfin l'article 61 ne trouve pas son application dans l'espèce, la somme retranchée du budget étant par sa nature étrangère aux recettes départementales; — Vu la loi du 10 août 1871, la loi du 30 juin 1838 et l'ordonnance du 18 décembre 1839; — Vu la loi des 7-14 octobre 1790 et la loi du 24 mai 1872;

Considérant que, par ses délibérations des 31 août et 5 septembre

sements sont investis d'une personnalité financière très nettement caractérisée ; or, tout en reconnaissant que la personnalité morale et la personnalité financière peuvent, à la rigueur, exister l'une sans l'autre, nous tenons à faire observer que la séparation de ces deux individualités constitue une anomalie que l'on ne saurait admettre qu'autant qu'elle résulte d'un texte formel. En général, la personnalité financière doit faire présumer la personnalité morale. Cette présomption n'étant

---

1876, le conseil général de la Côte-d'Or, statuant sur les recettes et les dépenses de l'asile départemental d'aliénés, a décidé qu'une somme de 23,000 francs serait supprimée du budget dudit asile et affectée à des travaux d'utilité départementale ; qu'en exécution de cette décision, ladite somme de 23,000 francs a été inscrite au budget rectificatif du département pour l'exercice 1876 ; — Considérant que ledit budget, après avoir été réglé par un décret du 12 janvier 1877, a été modifié par un décret du 24 du même mois, qui en a retranché les sommes provenant des fonds libres de l'asile ; que ce décret a été pour ce motif déféré au Conseil d'État pour excès de pouvoir ; — Considérant que le ministre de l'Intérieur s'est fondé, pour soutenir que le décret attaqué a été légalement rendu et qu'il doit être maintenu, sur ce que le conseil général de la Côte-d'Or avait excédé ses pouvoirs et méconnu les dispositions de la loi du 10 juin 1838 et de l'ordonnance du 18 décembre 1839, d'après laquelle les asiles départementaux d'aliénés sont des établissements publics placés sous la surveillance de l'autorité publique et ayant des ressources et une comptabilité propres ; que le ministre s'est fondé, en outre, sur ce que les lois des 18 juillet 1866 et 10 août 1871, en transférant du préfet au conseil général, le droit de statuer sur les recettes et les dépenses des asiles départementaux, n'ont eu ni pour but ni pour effet de modifier le régime légal de ces établissements, ni de mettre tout ou partie de leurs ressources à la disposition du département ; — Mais considérant que si c'est à tort et par une fausse interprétation des lois précitées des 10 juin 1838 et du 10 août 1871, que le conseil général de la Côte-d'Or a disposé, au profit du budget du département, de la somme de 23,000 francs provenant des fonds libres de l'asile et si, par suite, ses délibérations des 31 août et 5 septembre 1876 étaient susceptibles d'être déférées à l'autorité compétente par application de l'article 47 de la loi du 10 août 1871, il résulte de l'instruction que lesdites délibérations n'ont été l'objet d'aucun recours dans les formes et délais prévus par l'article 47 ; qu'elles sont ainsi devenues définitives et exécutoires, et qu'il n'appartenait pas à l'administration supérieure de mettre obstacle par le décret attaqué du 24 janvier 1877 à l'exécution que les délibérations précitées avaient reçue lors du vote du budget rectificatif de l'exercice 1876 ; qu'il suit de là que ledit décret doit être annulé comme ayant été rendu en violation des articles 46 et 47 de la loi du 10 août 1871 ; — Art. 1er. Le décret du 24 janvier 1877 portant règlement du budget rectificatif du département de la Côte-d'Or pour l'exercice 1876 est annulé dans celles de ses dispositions qui suppriment en recette et en dépense une somme de 23,000 francs. (M. Tirman, rapporteur.)

détruite en ce qui touche les asiles publics d'aliénés par aucune disposition précise de loi, d'ordonnance ou de décret, il nous est permis d'affirmer que, du moment que lesdits asiles sont autonomes en matière financière, ils le sont également au point de vue de l'existence civile.

D'ailleurs est-ce bien une simple individualité financière que l'arrêt du Conseil d'État du 23 mars 1880 a entendu consacrer? « Être investi de l'individualité financière, disent MM. Marques di Braga et Camille Lyon (1), c'est avoir un budget, un ordonnateur, un payeur, des comptes ». Or, là ne se bornent pas les droits des asiles départementaux d'aliénés si l'on s'en rapporte à l'arrêt susvisé. L'arrêt du 23 mars 1880 déclare qu'il est interdit aux départements de disposer à leur profit des excédents de recettes des asiles publics d'aliénés. Une telle prohibition ne s'explique que si les deniers dont ces établissements ont la gestion leur appartiennent ; aux yeux du Conseil d'Etat, le droit de propriété est donc accessible aux asiles départementaux, ce qui implique qu'ils constituent des personnes morales.

En définitive, nous ne croyons pas trop nous avancer en disant que la doctrine formulée par l'avis du 6 avril 1842 a été fortement battue en brèche par l'arrêt du 23 mars 1880. La thèse que nous défendons est bien près de triompher.

Une objection a été faite à cette thèse. Les asiles départementaux d'aliénés, a-t-on dit, n'ont pas la qualité d'établissements publics, parce qu'ils sont institués en vertu de simples délibérations des conseils généraux, sans aucun acte de reconnaissance légale émanant du gouvernement.

Il est vrai que le gouvernement n'est pas appelé à approuver la formation des asiles départementaux d'aliénés, mais s'il en est ainsi, c'est parce que le législateur a lui-même décidé l création dans chaque département d'un asile d'aliénés; i ne s'est pas contenté de prévoir un genre nouveau d'établissements : il a mis au monde les établissements eux-mêmes. Le asiles publics d'aliénés existent virtuellement de par la loi du 30 juin 1838; les conseils généraux n'ont plus qu'à rendre cette existence effective.

(1) *Comptabilité de fait*, n° 171.

Quant aux règles d'organisation et de fonctionnement des asiles publics d'aliénés, elles sont fixées à l'avance et une fois pour toutes par l'ordonnance du 18 décembre 1839.

Dans ces conditions, l'autorisation particulière de chaque établissement n'aurait aucun but; elle constituerait une pure superfétation. Aussi n'est-elle pas exigée.

Mais un asile public d'aliénés n'est pas, en raison de l'absence de cette formalité, assimilable aux établissements non reconnus; par cela même qu'il a été fondé par application des dispositions générales de la loi du 30 juin 1838 et de l'ordonnance du 18 décembre 1839 il est légalement reconnu et à ce titre l'on doit le considérer comme un établissement public pourvu de la personnalité civile.

Les asiles départementaux d'aliénés sont dans la même situation que les caisses des écoles et les bureaux d'assistance médicale qui tiennent directement leur individualité juridique de la loi.

La personnalité morale des asiles publics d'aliénés est même moins exorbitante que celle des caisses des écoles, car ils ne peuvent naître et vivre qu'en se conformant aux règles minutieuses posées par la loi du 30 juin 1838, et par l'ordonnance du 18 décembre 1839 tandis que les conseils municipaux sont à peu près libres d'arrêter comme ils l'entendent les conditions d'organisation et de fonctionnement des caisses des écoles.

154. Le service des enfants assistés et celui des aliénés ne forment pas à eux seuls toute l'assistance départementale; celle-ci a des horizons pour ainsi dire illimités.

En effet, les conseils généraux statuent définitivement sur la « création d'institutions départementales d'assistance publique » en vertu de l'article 46-20° de la loi du 10 août 1871; cette disposition est aussi large que possible et laisse aux départements la plus grande initiative en matière de bienfaisance publique.

Les établissements fondés et entretenus par les départements en vertu de l'alinéa 20 de l'article 46 de la loi du 10 août 1871 ne possèdent pas la personnalité civile à moins qu'un décret rendu en Conseil d'État ne la leur ait conférée en les érigeant à l'état d'établissements publics (Cf. Décret du 24 avril 1884 annulant une délibération du conseil général de l'Aude relative à l'asile Bouttes Gach, *Revue générale d'administration*, 1884, t. II, p. 438).

M. Ducrocq enseigne que « les hospices publics départementaux ouverts à l'indigence et à la vieillesse (D. décent., tableau A, 29°) sont des personnes morales distinctes du département, formant des établissements publics comme les hospices communaux » (1). Si le savant professeur veut dire par là que la qualité d'établissement public appartient de plein droit aux asiles départementaux de vieillards et d'indigents, il se trompe; elle ne saurait leur être attribuée que par le gouvernement, en vertu d'un acte spécial et exprès de reconnaissance légale.

155. Il convient, en dernier lieu, de rattacher à l'assistance départementale les dépôts de mendicité.

Leur origine remonte au décret du 5 juillet 1808 dont l'article 2 voulait qu'il fût établi un dépôt de mendicité dans chaque département; l'article 6 du même décret disposait que chaque dépôt « serait créé et organisé par un décret particulier.»; un arrêté ministériel du 27 octobre 1808 confirmé par décret du 22 décembre suivant formula un règlement modèle applicable aux établissements dont la formation venait d'être prescrite.

Sous le premier Empire soixante-cinq dépôts de mendicité furent établis par application des textes précités et il n'est pas douteux qu'ils étaient chargés d'un véritable service d'État (Cf. Conseil d'État, Cont., 12 juillet 1878, Lebon, p. 679).

Mais les dépôts de mendicité créés par l'Empire furent supprimés par la Restauration et, lorsque sous le gouvernement de Juillet l'on entreprit de les reconstituer, on leur attribua un caractère départemental.

Aujourd'hui la formation des dépôts de mendicité dépend des conseils généraux en vertu de l'article 46-20° de la loi du 10 août 1871 au même titre que celle des autres institutions

---

(1) Ducrocq, *Cours de droit administratif*, 6e édit., t. II, n° 1556, p. 722.

départementales d'assistance publique. Toutefois, comme les articles 274 et suivants du Code pénal ne permettent de frapper des peines qu'ils prévoient tous les mendiants sans distinction que là où il existe « un établissement public organisé afin d'obvier à la mendicité », l'on a conservé l'usage de faire approuver la création et l'organisation des dépôts par décret rendu en Conseil d'État; dès lors ils constituent des établissements publics au sens juridique du mot, leur personnalité ne se confond pas avec celle des départements, et ils peuvent recevoir des libéralités entre vifs ou par testament.

c) **Établissements communaux d'assistance publique.**

136. L'assistance communale se présente sous deux aspects principaux: la distribution de secours à domicile et l'hospitalisation.

Des établissements publics ont été institués pour pourvoir à ces deux modes essentiels et fondamentaux de la charité. Les bureaux de bienfaisance ont reçu pour mission de gérer le service des secours à domicile, tandis que celui de l'hospitalisation a été partagé entre les hôpitaux et les hospices, destinés les premiers à recevoir et soigner les malades et les seconds à recueillir, nourrir et entretenir certaines catégories d'indigents (enfants, vieillards, incurables, etc.).

Pendant longtemps il n'y a pas eu d'autres établissements communaux d'assistance publique; il a fallu attendre jusqu'à ces dernières années pour voir naître deux catégories nouvelles d'établissements municipaux de bienfaisance: les caisses des écoles et les bureaux d'assistance médicale.

Les caisses des écoles, établies d'abord à titre facultatif par la loi du 10 avril 1867, puis rendues obligatoires pour toutes les communes par la loi du 28 mars 1882, ont pour but « d'encourager et de faciliter la fréquentation de l'école par des récompenses aux élèves assidus et par des secours aux élèves indigents » (Loi du 10 avril 1867, art. 15).

Officiellement les caisses des écoles sont rangées parmi les établissements d'instruction publique, mais ce classement est purement factice et, en réalité, les caisses des écoles sont des établissements charitables. Nous avons défini plus haut leur rôle et leurs attributions et montré comment, dans le domaine qui leur est propre, elles participent à la représentation légale des pauvres (V. *supra*, nos 126, 133 et 146); nous n'avons pas à revenir sur ces questions et nous ne pouvons que renvoyer le lecteur à nos précédentes explications.

L'article 10 de la loi du 15 juillet 1893 porte que « dans chaque commune un bureau d'assistance assure le service de l'assistance médicale » (V. *supra*, nos 126, 128 et 129). Les catégories d'indigents en vue desquelles fonctionne ce service se trouvent déterminées dans l'article 1er de la loi qui est ainsi conçu : « Tout Français malade, privé de ressources, reçoit gratuitement de la commune, du département ou de l'État, suivant son domicile de secours, l'assistance médicale à domicile ou, s'il y a impossibilité de le soigner utilement à domicile, dans un établissement hospitalier. — Les femmes en couches sont assimilées à des malades. — Les étrangers malades sont assimilés aux Français toutes les fois que le gouvernement aura passé un traité d'assistance réciproque avec leur nation d'origine ».

157. Il existe dans chaque commune, au moins d'une façon virtuelle, une caisse des écoles et un bureau d'assistance médicale en vertu des lois du 28 mars 1882 et 15 juillet 1893 ; au contraire, l'on ne rencontre de bureaux de bienfaisance que là où la création d'établissements de ce genre a été autorisée par le gouvernement.

Il n'est peut-être pas inutile d'ouvrir ici une parenthèse pour faire remarquer que les auteurs de la loi du 7 frimaire an V avaient voulu que des bureaux de bienfaisance fussent installés dans toutes les communes ; à cet effet, ils avaient adressé aux municipalités une injonction aussi générale que possible (art. 3), mais comme elle ne comportait aucune sanction elle n'a été suivie d'effet que dans un assez petit nombre de communes. Il y a plus ; le gouvernement, au lieu de pousser les municipalités à se conformer à la loi, a cru devoir mettre une entrave à l'exécution de leur obligation en ne permettant la fondation de bureaux de bienfaisance qu'autant qu'il était justifié d'un minimum de ressources fixé à cinquante francs de rente. Nous n'avons pas à rechercher si au point de vue des règles d'une bonne administration cette jurisprudence est justifiable ; nous

nous contenterons de faire remarquer qu'elle est directement contraire au vœu du législateur de l'an V.

Au surplus, le défaut de bureau de bienfaisance ne présentera plus désormais de sérieux inconvénients, car l'article 10 de la loi du 15 juillet 1893 stipule que dans les communes dépourvues d'établissements de cette espèce le bureau d'assistance médicale fera fonctions de bureau de bienfaisance.

Cette disposition législative a été interprétée par le ministre de l'Intérieur dans une circulaire précitée du 31 juillet 1893 (V. *supra*, n° 126), en ce sens qu'il n'y aurait plus lieu de fonder de bureaux de bienfaisance nulle part, quelque avantageux qu'il puisse être de confier la distribution des secours à domicile à un établissement spécial au lieu de la laisser entre les mains du bureau d'assistance médicale qui peut-être se désintéressera d'une fonction qu'il sera porté à considérer comme accessoire et secondaire. Mais cette façon d'entendre l'article 10 de la loi du 15 juillet 1893 nous paraît erronée; nous ne voyons rien dans ledit article qui s'oppose à la création de nouveaux bureaux de bienfaisance. La loi du 15 juillet 1893 n'a aucunement abrogé celle du 7 frimaire an V qui a mis les municipalités en demeure de fonder, dans toutes les communes, des bureaux de bienfaisance; les prescriptions formulées par le législateur de l'an V restent tout entières et c'est en attendant qu'elles soient exécutées partout que la loi du 15 juillet 1893 a permis au bureau d'assistance médicale de jouer le rôle de bureau de bienfaisance : il ne s'agit là que d'une organisation provisoire du service des secours à domicile. L'organisation définitive de ce service ne peut être obtenue que par la création d'un établissement spécial. C'est en ce sens que le Conseil d'État s'est prononcé aux termes d'un avis du 28 février 1894 (1).

(1) Avis C. d'Ét. 28 février 1894. — Le Conseil d'État qui, sur le renvoi ordonné par M. le ministre de l'Intérieur, a pris connaissance du projet de décret tendant, entre autres dispositions, à autoriser le bureau d'assistance de Chadurie (Charente) à accepter le legs universel fait par la dame Siret à cette commune en vue de la création d'un bureau de bienfaisance; — Vu les lois du 7 frimaire an V et du 5 août 1879; — Vu la loi du 15 juillet 1893, notamment les articles 10 et 11;

Considérant que la loi susvisée du 15 juillet 1893 est une loi spéciale

158. Les caisses des écoles, les bureaux d'assistance médicale, les bureaux de bienfaisance, les hospices et hôpitaux peuvent recevoir des libéralités, pourvu, bien entendu, qu'ils aient une existence légale.

Or il importe d'observer que, si les caisses des écoles et les bureaux d'assistance médicale tiennent directement leur personnalité civile de la loi, les bureaux de bienfaisance et les hospices et hôpitaux ne sont investis de l'individualité juridique qu'autant que leur création a été approuvée par le gouvernement.

Sous l'empire de la loi du 24 juillet 1867 (art. 14) un simple arrêté préfectoral suffisait pour autoriser l'établissement d'un bureau de bienfaisance (1), mais cette loi a été abrogée par celle du 5 avril 1884 (art. 168, n° 15), de sorte que la compétence des préfets a été supprimée et que l'on est revenu à l'application du droit commun, c'est-à-dire à la nécessité d'un décret délibéré en Conseil d'État.

Cette nécessité avait été affirmée par le décret de décentralisation du 25 mars 1852 (tableau A, n° 55, lettre Y) qui, à notre avis, l'a rappelée plutôt qu'il ne l'a créée. Cependant l'on a soutenu que les bureaux de bienfaisance institués en

---

sur l'assistance médicale et gratuite; que, loin d'abroger les lois en vigueur sur les bureaux de bienfaisance, elle fait, au contraire, mention de ces établissements et prévoit l'existence, dans la même commune, d'un bureau d'assistance médicale et d'un bureau de bienfaisance, avec des patrimoines séparés, des budgets distincts et des attributions différentes; — Considérant, d'autre part, qu'aucune disposition de la même loi n'interdit la création de bureaux de bienfaisance dans les communes qui en sont actuellement dépourvues et que ce n'est qu'à défaut d'un établissement de cette nature qu'aux termes de l'article 10 le bureau d'assistance possède les droits et attributions qui lui appartiennent; qu'il suit de là que la loi susvisée du 15 juillet 1893 n'a porté nulle atteinte aux lois et règlements qui autorisent la création de nouveaux bureaux de bienfaisance; — Considérant, dans l'espèce, que le legs de la dame Siret est fait expressément en vue de la création d'un bureau de bienfaisance dans la commune de Chadurie;

Est d'avis qu'il y a lieu de compléter le projet de décret dont il s'agit par une disposition portant que les arrérages du legs Siret seront capitalisés jusqu'à la création d'un bureau de bienfaisance dans la commune de Chadurie. (M. Simon, rapporteur.)

(1) Loi du 24 juillet 1867, sur les conseils municipaux. — Art. 1er. La création des bureaux de bienfaisance est autorisée par les préfets sur l'avis des conseils municipaux.

vertu d'arrêtés préfectoraux pendant la période comprise entre la loi du 7 frimaire an V et le décret du 25 mars 1852 avaient une existence légale et cette thèse a été formellement consacrée par deux arrêts de la chambre des requêtes de la Cour de cassation des 30 décembre 1873 (1) et 1er février 1875 (2) relatifs

---

(1) Cass. Req. 30 décembre 1873. — La Cour, — Sur le premier moyen... ;

Sur le deuxième moyen, tiré de la fausse application de la loi du 7 frimaire an V, du décret du 25 mars 1852 et de la violation, par suite, des articles 910 et 937 du Code civil ; — Attendu que l'arrêt attaqué (Paris, 3 mai 1872) constate, en fait, que le bureau de bienfaisance d'Épernay a été constitué en exécution et conformément aux prescriptions de la loi du 7 frimaire an V, par un arrêté du préfet de la Marne, intervenu le 14 frimaire an X, en suite des instructions du ministre de l'Intérieur du 28 vendémiaire précédent ; que les membres du conseil d'administration en ont été, en conséquence, nommés d'abord le 9 nivôse an X, par un arrêté du sous-préfet d'Épernay, régulièrement approuvé, et, plus tard, par le préfet de la Marne, conformément à l'ordonnance royale du 17 février 1818 et aux instructions ministérielles du 8 février 1823 ; et que, enfin, en 1806, 1834 et 1866 le bureau de bienfaisance d'Épernay a été autorisé à accepter des libéralités faites à son profit ; — Attendu que, dans ces circonstances, l'arrêt attaqué a dû considérer le bureau de bienfaisance comme légalement établi et a, en conséquence, validé, à bon droit, le legs à lui fait par la dame Thiercelin, dans son testament du 16 juillet 1867 ; — Attendu qu'on opposerait vainement un avis du Conseil d'État du 17 janvier 1806 ; qu'en effet, ainsi qu'il résulte avec évidence de la circulaire ministérielle du 3 novembre suivant, qui en accompagne l'envoi aux préfets, cet avis ne concerne que des établissements de bienfaisance fondés par des sociétés libres, et pour lesquels une autorisation spéciale sera désormais nécessaire, et non ceux qui, ayant été créés en exécution de la loi de l'an V, fonctionnaient alors avec le concours et sous la surveillance de l'Administration ; — Attendu que, si par décret du 25 mars 1852, invoqué par le pourvoi, le gouvernement s'était réservé le droit d'autoriser les bureaux de bienfaisance, ce droit a été abandonné aux préfets par la loi du 24 juillet 1867 ; — Rejette. (M. Dagallier, rapporteur.)

(2) Cass. Req. 1er février 1875. — La Cour, — Sur le moyen tiré de la violation des articles 910 et 937 du Code civil et 1032 du Code de procédure civile ; — Attendu que l'article 3 de la loi du 7 frimaire an V a donné à l'autorité municipale, à laquelle a été substituée l'autorité préfectorale, le droit d'organiser les bureaux de bienfaisance ; que ce principe n'a pas été modifié par l'avis du Conseil d'État du 17 janvier 1806, qui ne s'applique qu'aux établissements charitables fondés par des sociétés libres ; — Attendu qu'il est constaté, en fait, que le bureau de bienfaisance d'Ardentes a été organisé en 1833 par arrêté préfectoral, que son existence légale ne saurait donc être contestée ; — Attendu, au surplus, que si, par décret du 25 mars 1852, le gouvernement s'était réservé le droit d'autoriser la création des bureaux de bienfaisance, ce droit a été abandonné aux préfets par la loi du 24 juillet 1867 ; qu'en fait, l'arrêt attaqué (Bourges, 9 mars 1874) déclare que le préfet de

aux bureaux de bienfaisance d'Épernay (Marne) et d'Ardentes (Indre). Mais la doctrine contraire qui ressort d'un arrêt de la chambre civile de la même Cour du 3 janvier 1866 concernant le bureau de bienfaisance de Capestang (Hérault) (1) nous semble beaucoup plus sûre.

---

l'Indre aurait, au besoin, validé l'établissement du bureau de bienfaisance d'Ardentes par les nombreux arrêtés qu'il a pris, depuis 1868, pour en renouveler les administrateurs et par le contrôle qu'il n'a cessé d'exercer sur la gestion de ses revenus ; — D'où il suit que l'arrêt attaqué n'a pas violé les textes invoqués par le demandeur en cassation ;

Sur le deuxième moyen, tiré d'un excès de pouvoir, de la violation des articles 910, 937 du Code civil, ainsi que de l'article 48 de la loi du 18 juillet 1837 ; — Attendu qu'aux termes des articles 48 de la loi du 18 juillet 1837, 11 de la loi du 7 août 1851, 5 de l'ordonnance royale du 2 avril 1817, lorsque les bureaux de bienfaisance ont été institués légataires universels, le président de la commission administrative de ces bureaux de bienfaisance a le droit de provoquer toutes les mesures conservatoires qui doivent assurer la pleine et entière efficacité du legs, aussitôt que l'autorisation exigée par la loi interviendra ; — Attendu 1° que, pour obtenir le maintien des inscriptions hypothécaires prises à titre conservatoire sur les biens de la succession, le bureau de bienfaisance, dûment autorisé à ester en justice, avait qualité pour soutenir, contrairement à la prétention de son adversaire, qu'il était légataire universel de Léveillé et qu'Ardouin n'était qu'exécuteur testamentaire ; que, d'ailleurs, ce débat soulevait une question préjudicielle de nature à être vidée par l'autorité judiciaire, même avant l'autorisation administrative ; — Attendu 2° que l'arrêt attaqué reconnaissant au bureau de bienfaisance la qualité du légataire universel et à Ardouin celle de simple exécuteur testamentaire, a pu et a dû, pour assurer l'efficatité du testament, dans le cas où l'autorisation d'accepter le legs interviendrait, annuler l'ordonnance d'envoi en possession obtenue par Ardouin ; que celui-ci est d'autant moins fondé à se plaindre de cette disposition de l'arrêt attaqué que la cour d'appel lui accorde, en sa qualité d'exécuteur testamentaire, la saisine d'an et jour, sans qu'on puisse comprendre dans ce délai le temps pendant lequel les droits des parties sont restés ou resteront indécis, en l'absence d'une solution définitive ; — Attendu 3° que l'arrêt attaqué, loin de confirmer la disposition du jugement qui, reconnaissant à Ardouin la qualité de légataire universel, avait ordonné l'exécution immédiate et sans délai des charges imposées par le testament du 18 mai 1864, a, au contraire, réformé cette disposition, a déclaré le bureau de bienfaisance d'Ardentes légataire universel de Léveillé et a accordé la saisine d'an et jour, en sa qualité d'exécuteur ; que ce troisième grief manque donc en fait ; — D'où il suit que l'arrêt attaqué n'a commis aucun excès de pouvoir et n'a pas violé les textes susvisés ; — Rejette. (M. Dumon, rapporteur.)

(1) Civ. Cass. 3 janvier 1866. — La Cour, — Vu les articles 910, 937 du Code Napoléon et 1032 du Code de procédure civile : — Attendu qu'en admettant avec l'arrêt attaqué (Montpellier, 25 juin 1863) que le bureau de bienfaisance, dans le cas où il eût été légalement constitué, aurait pu recueillir le bénéfice du legs fait par Tiffy, il y avait lieu,

Les arrêts des 30 décembre 1873 et 1er février 1875 ont été rendus à un moment où la loi du 24 juillet 1867 était encore en vigueur : or cette circonstance paraît avoir exercé une influence prépondérante sur la décision de la Cour suprême. Les deux arrêts ne se contentent pas, en effet, d'affirmer que d'après la loi du 7 frimaire an V un décret n'était pas nécessaire pour approuver la formation d'un bureau de bienfaisance; ils portent que « si par le décret du 25 mars 1852, le gouvernement s'était réservé le droit d'autoriser la création des bureaux de bienfaisance, ce droit a été abandonné aux préfets par la loi du 24 juillet 1867 »; en outre, celui du 1er février 1875 dit que, dans l'espèce, « le préfet de l'Indre aurait au besoin validé l'établissement du bureau de bienfaisance d'Ardentes par les nombreux arrêtés qu'il a pris depuis 1868 pour en renouveler les administrateurs ». N'apparait-il pas clairement, à la lecture de ces arrêts, que la chambre des requêtes se trou-

---

pour la cour impériale d'examiner d'abord si la constitution de cet établissement était régulière et si, en conséquence, il avait qualité pour agir dans l'espèce ; — Attendu, en effet, que les tribunaux devant lesquels une demande est formée, au nom d'un établissement public, pour obtenir l'exécution d'une libéralité, ont le droit et le devoir de vérifier si l'établissement demandeur a qualité pour faire ordonner cette exécution à son profit ; — Attendu que, conformément à un principe de droit public, maintenu par le décret de décentralisation du 25 mars 1852, et qui n'a point cessé d'être en vigueur depuis les édits de décembre 1866 et d'août 1749, les hospices et les bureaux de bienfaisance ne peuvent être créés ni supprimés que par des actes émanés de l'autorité souveraine ; — Attendu qu'un acte de cette nature est nécessaire, d'après le même principe, pour transformer un hôpital en un bureau de bienfaisance : qu'en effet, une pareille transformation implique la suppression du premier de ces établissements et la création du second, l'hôpital et le bureau de bienfaisance ayant chacun une existence propre et individuelle et une destination spéciale ; — Attendu qu'il n'a point été justifié ni même allégué que la transformation de l'hôpital de Capestang en bureau de bienfaisance ait été opéré par un acte de l'autorité souveraine et que l'arrêté du préfet de l'Hérault ne saurait en tenir lieu ; — Attendu qu'il suit de là que, en l'état, les administrateurs du bureau de bienfaisance de Capestang étaient sans qualité pour réclamer le payement de la rente léguée par Tiffy à l'hôpital de la même ville; — Attendu que la fin de non-recevoir qui leur a été opposée sur ce fondement par Victorine Tiffy, veuve Biget, étant d'ordre public, n'a pu être couverte par aucun acte d'exécution ; qu'en décidant le contraire et en condamnant la demanderesse au payement de la rente envers le bureau de bienfaisance de Capestang, la cour impériale de Montpellier a formellement violé les articles sus-visés ; — Par ces motifs, casse. (M. Quénault, rapporteur

vant en présence d'une loi qui reconnaissait pour l'avenir l'existence légale des bureaux de bienfaisance créés par arrêté préfectoral a pensé qu'il n'y avait aucun inconvénient à passer l'éponge sur le passé en attribuant à la loi de 1867 une sorte d'effet rétroactif? Mais depuis que les arrêts précités ont été rendus la loi du 24 juillet 1867 a été abrogée; il convient donc de revenir à la stricte application des principes. Or ceux-ci s'opposent à ce que l'on considère comme légalement reconnus les bureaux de bienfaisance autorisés par les préfets depuis la loi du 7 frimaire an V jusqu'à celle du 24 juillet 1867, quand bien même leur création serait antérieure au décret du 25 mars 1852. L'arrêt de la chambre civile du 3 janvier 1866 a excellemment déclaré que « conformément à un principe de droit public maintenu par le décret de décentralisation du 25 mars 1852 et qui n'a point cessé d'être en vigueur depuis les édits de décembre 1666 et d'août 1749 les hospices et les bureaux de bienfaisance ne peuvent être créés ni supprimés que par des actes émanés de l'autorité souveraine ».

Les bureaux de bienfaisance, les hospices et les hôpitaux peuvent justifier de leur existence légale au moyen de titres anciens, c'est-à-dire antérieurs à la Révolution; en d'autres termes par cela même qu'ils ont été régulièrement autorisés avant 1789, ils ont la personnalité civile sans qu'ils soient tenus d'établir qu'ils ont été reconnus de nos jours par l'autorité compétente. C'est ce qu'a jugé un arrêt de la Cour de cassation du 24 novembre 1874 relatif à l'hospice de Montflanquin (1).

Il convient même d'admettre que les établissements de

---

(1) Cass. req. 24 novembre 1874. — La Cour, — Sur le moyen unique de cassation pris de la violation des articles 902, 911, 907, 1014 du Code civil et 1er de la loi du 2 janvier 1817; — Attendu que si aucune communauté ou association, aucun corps moral ne peut recueillir le bénéfice du legs fait à son profit sans justifier de son existence légale antérieurement au décès du testateur, la décision attaquée reconnait et déclare que l'hospice de Montflanquin, avant d'obtenir la délivrance du legs dont il avait été gratifié par Pierre Baffos, décédé en 1859, a fourni cette preuve au moyen d'arrêtés, titres et registres remontant au delà de 1789; — D'où il suit que dans l'espèce il a été satisfait au principe ci-dessus énoncé et que l'arrêt en le décidant ainsi n'a violé aucune loi; — Rejette. (M. Guillemard, rapporteur.)

bienfaisance créés avant l'édit de 1666 jouissent de l'individualité juridique sans avoir besoin de produire aucun acte de reconnaissance légale; telle est, du moins, la solution à laquelle s'est rangée la Cour de cassation dans un arrêt du 24 novembre 1868 intéressant le bureau de bienfaisance de Beaumont-sur-Sarthe (1).

159. Il existe parfois plusieurs hospices ou hôpitaux dans une même commune; ces établissements hospitaliers ont une représentation commune, ils sont administrés par une seule commission, mais ils n'en constituent pas moins des personnes morales distinctes qui peuvent, chacune de son côté, recevoir des dons et legs.

Investis individuellement du privilège de la vie civile, les hospices et hôpitaux d'une commune en jouissent aussi collectivement; l'ensemble des hôpitaux et des hospices constitue une personnalité civile distincte de celle de chacun des établissements dont il est composé (2).

Une commune peut renfermer plusieurs bureaux de bienfai-

---

(1) Cass. req. 24 novembre 1868. — La Cour, — Attendu qu'il est déclaré, en fait, par le juge du fond (Angers, 23 janvier 1868), que nonobstant la différence des noms l'établissement de charité aujourd'hui désigné sous le nom de « bureau de bienfaisance de Beaumont-sur-Sarthe est incontestablement le même établissement de bienfaisance que celui désigné autrefois sous le nom de maison de charité de Beaumont-sur-Sarthe »; — Qu'en l'absence de tout document de nature à l'infirmer cette appréciation doit être considérée comme souveraine; — Attendu qu'il est en outre déclaré par l'arrêt attaqué et non contesté par le pourvoi que l'établissement charitable de Beaumont existait antérieurement à l'édit de 1666 qui, le premier, exigea l'autorisation du souverain pour la création d'un établissement de ce genre; — Attendu que la loi du 23 messidor an II en réunissant au domaine de l'État l'actif et le passif des établissements de bienfaisance eut si peu la pensée d'enlever à ces établissements leur existence légale que l'article 4 charge la commission des secours publics de pourvoir à leurs besoins jusqu'à ce que la distribution des secours soit définitivement décrétée; — Attendu que c'est en les considérant comme toujours existants que la loi du 7 septembre 1807 ordonne la restitution à ces établissements, notamment à celui de Beaumont-sur-Sarthe, de leurs biens vendus; — Attendu qu'en cet état de la cause l'arrêt attaqué, en déclarant que l'établissement de charité de Beaumont-sur-Sarthe avait une existence légale et pouvait dès lors recueillir le legs fait à son profit, n'a violé ni la loi du 23 messidor an II ni celle du 7 septembre 1807; — Rejette. (M. Nachet, rapporteur.)

(2) Marques di Braga et Camille Lyon, *Comptabilité de fait*, n° 179.

sance; la loi du 7 frimaire an V a expressément prévu cette hypothèse (1). Nous ne faisons pas allusion ici à l'organisation des secours à domicile qui se rencontre dans quelques grandes villes où il y a autour d'un bureau central, seul pourvu de la capacité civile, des bureaux auxiliaires, simples agences d'exécution dont la personnalité se confond avec celle du bureau central, mais au système appliqué dans quelques communes rurales divisées en un certain nombre de sections dont chacune est pourvue d'un bureau de bienfaisance. Les bureaux de bienfaisance établis dans les diverses sections de ces communes sont absolument indépendants les uns des autres; ils jouissent individuellement de la personnalité civile et de l'aptitude à recueillir des libéralités (2).

160. D'après l'article 116 de la loi du 5 avril 1884, « deux ou plusieurs conseils municipaux peuvent provoquer entre eux par l'entremise de leurs présidents, et après en avoir averti les préfets, une entente sur les objets d'utilité communale compris dans leurs attributions et qui intéressent à la fois leurs communes respectives. Ils peuvent faire des conventions à l'effet d'entreprendre ou de conserver à frais communs des ouvrages ou des institutions d'utilité commune »; il ressort de cette disposition qu'il est loisible à deux ou plusieurs communes de se réunir pour fonder et entretenir en commun un hospice, un hôpital ou un bureau de bienfaisance.

Mais la loi du 5 avril 1884 n'a pas dit quel serait le régime des établissements intercommunaux de bienfaisance; en particulier, elle a omis de s'expliquer sur le point de savoir si ces établissements jouiraient de la personnalité civile. Il y avait là dans notre Code municipal une lacune qu'a comblée la loi du 22 mars 1890 en ajoutant à celle du 5 avril 1884 un titre VIII relatif aux syndicats de communes. Désormais quand des com-

---

(1) Loi du 7 frimaire an V. — Art. 3. Dans le mois qui suivra la publication de la présente, le bureau central, dans les communes où il y a plusieurs municipalités, et l'administration municipale dans les autres formeront, par une nomination au scrutin, un bureau de bienfaisance *ou plusieurs s'ils le croient convenable*: chacun de ces bureaux sera composé de cinq membres.

(2) Aucoc, *Sections de commune*, 2e édit., n° 7, p. 11.

munes voudront fonder des établissement intermunicipaux de charité, elles se syndiqueront. Les syndicats qui, à la différence des simples réunions de communes prévues par l'article 116, ne sauraient se former qu'en vertu d'un décret rendu en Conseil d'État et sont soumis, au point de vue de leur organisation et de leur fonctionnement, à des règles très précises, ont l'individualité juridique (V. *supra*, n° 121) ; de même, les établissements charitables dépendant desdits syndicats jouissent d'une personnalité morale incontestable; ils sont en effet entièrement assimilés aux établissements municipaux par l'article 176 qu'a ajouté à la loi du 5 avril 1884 celle du 22 mars 1890 (1).

Dans une circulaire du 10 août 1890 adressée aux préfets, le ministre de l'Intérieur a cru pouvoir avancer que la personnalité des établissements charitables intercommunaux, créés et entretenus par un syndicat, se confondait avec celle du syndicat, mais cette allégation était manifestement inexacte et la fausseté en a été proclamée par une note du Conseil d'État du 3 mars 1892 qui déclare que « la personnalité d'un hospice intercommunal ne doit pas être absorbée par celle du syndicat; de même qu'un hospice ordinaire a une existence distincte de celle de la commune dans laquelle il a été créé, de même un hospice intercommunal doit former un établissement indépendant du syndicat qui n'est, en réalité, que la représentation de plusieurs communes intéressées » (2).

---

(1) L. 5 avril 1884 (complétée par celle du 22 mars 1890). — Art. 176. L'administration des établissements faisant l'objet des syndicats est soumise aux règles du droit commun. Leur sont notamment applicables les lois qui fixent, pour les établissements analogues, la constitution des commissions consultatives ou de surveillance, la composition ou la nomination du personnel, la formation et l'approbation des budgets, l'approbation des comptes, les règles d'administration intérieure et de comptabilité. Le comité exerce à l'égard de ces établissements les droits qui appartiennent aux conseils municipaux à l'égard des établissements communaux de même nature. — Toutefois, si le syndicat a pour objet de secourir des malades, des vieillards, des enfants ou des incurables, le comité pourra décider qu'une même commission administrera les secours d'une part, à domicile, et d'autre part à l'hôpital ou à l'hospice.

(2) Note du C. d'Et. du 3 mars 1892 (n° 88,347). — Le Conseil d'État qui a pris connaissance d'un projet de décret tendant à autoriser les communes de Pantin, Bagnolet, Les Lilas, Le Pré-Saint-Gervais à se constituer en syndicat en vue de la création d'un hôpital intercommunal

Notons, en passant, que l'article 176 porte que « si le syndicat a pour objet de secourir des malades, des vieillards, des enfants ou des incurables » une même commission pourra réunir dans ses mains le service des secours à domicile et celui de l'hospitalisation. Il n'y en aura pas moins, à notre avis, autant de personnes morales que d'établissements formés par le syndicat et ce serait une erreur de croire que l'unité d'administration entraînera l'unité de vie civile.

161. Nous avons rencontré des dépôts de mendicité dans la sphère de l'assistance départementale ; il existe aussi des établissements charitables de cette espèce ayant un caractère municipal. C'est ainsi qu'un décret du 22 novembre 1869 a autorisé la fondation d'un dépôt de mendicité pour le service de la ville de Brest (*Bulletin des Lois*, 1870, partie princip., t. I, p. 27) ; de même, en vertu d'un décret du 23 juin 1888 (*Bulletin des Lois*, 1888, partie princip., t. I, p. 1059), un dépôt de mendicité a été installé à Romans (Drôme), au moyen des fonds provenant d'un legs fait à cette ville par la demoiselle Pigneron.

Les dépôts municipaux de mendicité dont la création a été approuvée par décret doivent être rangés au nombre des établissements publics et ils sont pourvus, à ce titre, de l'individualité juridique.

162. A Paris, l'assistance publique est l'objet d'une organi-

---

à Pantin a cru devoir y ajouter deux articles : l'un autorisant la création de l'hospice, l'autre indiquant que la commission administrative sera composée conformément à la loi du 5 août 1879.

Le Conseil estime, en effet, que la personnalité civile d'un hospice intercommunal ne doit pas être absorbée par celle du syndicat. De même qu'un hospice ordinaire a une existence distincte de celle de la commune dans laquelle il a été créé, de même un hospice intercommunal doit former un établissement indépendant du syndicat qui n'est en réalité que la représentation de plusieurs communes associées. Les hospices de cette nature doivent être administrés conformément aux lois qui régissent les hospices communaux et notamment le comité du syndicat n'a d'autre rôle à remplir vis-à-vis d'eux que celui dont est chargé le conseil municipal dans chaque commune à l'égard de l'établissement charitable qui y est installé. Ces principes semblent au Conseil résulter très nettement de l'article 176 de la loi du 22 mars 1890 et leur application rend indispensable l'insertion au projet de décret d'un article qui autorise la création de l'hospice. (M. Bonthoux, rapporteur.)

sation spéciale déterminée par la loi du 10 janvier 1849; les deux services des secours à domicile et de l'hospitalisation sont concentrés entre les mains de *l'administration générale de l'assistance publique* (V. *supra*, n° 133).

Cette administration à laquelle sont rattachés tous les bureaux de bienfaisance et hospices ou hôpitaux de la capitale est indiscutablement investie de la personnalité civile, mais l'on peut se demander si elle absorbe dans son individualité juridique celle des hospices ou hôpitaux et des bureaux de bienfaisance ou, si au contraire, ces établissements ont une vie propre. C'est en ce dernier sens, croyons-nous, qu'il convient de se prononcer.

A l'appui de notre opinion nous pouvons citer un avis de principe émis le 18 mars 1890 par la section de l'Intérieur du Conseil d'Etat; cet avis déclare que les bureaux de bienfaisance de la ville de Paris ont une personnalité civile distincte de l'administration générale de l'assistance publique et il ajoute « que si, en vertu de l'article 3 de la loi du 10 janvier 1849, les dons et legs faits aux bureaux de bienfaisance de Paris doivent être acceptés par le directeur de l'administration générale de l'assistance publique, qui est ainsi désigné comme leur représentant légal, cette acceptation doit être faite par celui-ci au nom de ces établissements » (1).

L'avis du 18 mars 1890 ne vise expressément que les bureaux de bienfaisance, mais la solution qu'il consacre doit être généralisée et il convient d'en étendre le bénéfice aux hospices et aux hôpitaux.

---

(1) Avis de la sect. de l'Int. du 18 mars 1890 (n° 58,885). — La section de l'Intérieur, etc., qui, sur le renvoi ordonné par M. le ministre de l'Intérieur, a examiné la question de savoir si les bureaux de bienfaisance de la Ville de Paris ont une personnalité civile distincte de celle de l'administration générale de l'assistance publique et si, par suite, les dons et legs faits auxdits bureaux doivent être acceptés et les fonds placés en leur nom ; — Vu la dépêche ministérielle du 21 juillet 1887 ; — Vu la loi du 7 frimaire an V ; — Vu la loi du 10 janvier 1849 ; — Vu le décret du 12 août 1886;

Considérant que les lois et décret susvisés ont formellement reconnu aux bureaux de bienfaisance de la Ville de Paris la faculté d'accepter des dons et legs ; qu'ils peuvent ainsi se constituer un patrimoine propre, sur lequel ils ont des droits privatifs, et que les ressources en provenant ne sauraient être confondues avec les fonds mis à leur dis-

163. Les établissements municipaux d'assistance publique sont-ils les mandataires officiels des pauvres ? Cette question a été examinée en détail dans un paragraphe précédent et nous ne pouvons que renvoyer le lecteur à nos précédentes explications (V. *supra*, nos 125 et suiv.).

3° Établissements de prévoyance.

164. La *caisse nationale des retraites pour la vieillesse*, dont la fondation remonte à la loi du 18 juin 1850, se trouve aujourd'hui placée sous l'empire de la loi du 20 juillet 1886 ; elle jouit de la personnalité civile ; telle est du moins la solution adoptée par la jurisprudence du Conseil d'Etat (1) et re-

---

position par l'administration générale de l'assistance publique ; qu'il suit de là que lesdits bureaux de bienfaisance ont une personnalité distincte de cette administration — que si, en vertu de l'article 3 de la loi du 10 janvier 1849 les dons et legs faits aux bureaux de bienfaisance de Paris doivent être acceptés par le directeur de l'administration générale de l'assistance publique qui est ainsi désigné comme leur représentant légal, cette acceptation doit être faite par celui-ci au nom de ces établissements ; — que dès lors l'immatriculation des titres de rente provenant des dons et legs doit avoir lieu au nom de l'établissement donataire ou légataire ;

Est d'avis de répondre à la question posée dans la dépêche susvisée dans le sens des observations qui précèdent. (M. de Villeneuve, rapporteur.)

(1) Note de la sect. des Trav. publ. 13 décembre 1876, legs Thierry (n° 19,901). — La section des Travaux publics, de l'Agriculture, du Commerce et des Affaires étrangères, tout en adoptant, en ce qui concerne la caisse des retraites pour la vieillesse le projet de décret tendant à autoriser l'acceptation de différents legs faits par le sieur Charles Thierry à divers établissements publics et d'utilité publique, a cru devoir préciser dans l'article 5 le caractère de la libéralité qui consiste seulement dans un legs de nue propriété. — Il a paru, d'autre part, nécessaire d'introduire dans ledit article une nouvelle disposition destinée à réserver à la commission instituée auprès du ministre du Commerce par l'article 13 de la loi du 18 juin 1850 le soin de déterminer ultérieurement l'emploi du legs qui, n'ayant pas été prévu par le testament, peut, à raison du fonctionnement particulier de l'établissement légataire, donner lieu à certaines difficultés d'appréciation. (M. Chabrol, rapporteur.)

A la suite de cette note interlocutoire qui a été communiquée à la section de l'Intérieur, celle-ci a adopté, le 3 janvier 1877, un projet de décret tendant à autoriser le directeur de la caisse des dépôts et consignation à accepter au nom et pour le compte de la caisse des retraites pour la vieillesse le legs fait par le sieur Thierry. (M. Vergé, rapporteur.)

commandée par M. Ducrocq (1) et par MM. Marques di Braga et Camille Lyon (2).

Cette solution n'est pas à l'abri de toute discussion; elle ne repose, en effet, sur aucun texte précis. Mais l'on peut faire remarquer qu'il paraît bien avoir été dans la pensée des auteurs de la loi du 18 juin 1850 d'attribuer à la caisse des retraites pour la vieillesse un patrimoine propre distinct de celui de l'Etat; l'article 12 de cette loi ne prévoit-il pas, en effet, que les rentes sur l'Etat à l'achat desquelles seront employées les sommes versées par les déposants seront inscrites au nom de la caisse ? D'autre part, l'article 10 de la loi de finances du 30 janvier 1884 a pourvu la caisse nationale des retraites d'une dotation spéciale. Ces dispositions législatives laissent à entendre que la personnalité de ladite caisse ne se confond pas avec celle de l'Etat. Elles ne sont pas reproduites par la loi du 20 juillet 1886, mais celle-ci n'a eu ni pour but ni pour effet de rien modifier à la situation juridique de la caisse nationale des retraites pour la vieillesse.

M. Ducrocq enseigne que la *caisse d'assurance en cas de décès* et la *caisse d'assurance en cas d'accidents*, créées par la loi du 11 juillet 1868, possèdent la personnalité civile (3), mais si cette opinion, en ce qui concerne la caisse d'assurances en cas d'accidents, peut se fonder sur le texte même de l'article 9 de la loi de 1868 (4), elle n'est justifiée par aucune disposition de ladite loi en ce qui a trait à la caisse d'assurance en cas de décès.

165. Nous croyons devoir ranger parmi les établissements publics pourvus d'une individualité juridique distincte de celle de l'Etat la *caisse nationale d'épargne* ou *caisse d'épargne postale* qui a été instituée par la loi du 9 avril 1881.

Au premier abord, l'on serait tenté de croire qu'elle s'identifie avec l'État; en effet, l'article 1er de la loi du 9 avril 1881, après avoir disposé que « les bureaux de poste français se-

---

(1) Ducrocq, *Cours de droit administratif*, 6e édit., t. II, no 1561.
(2) Marques di Braga et Camille Lyon, *Comptabilité de fait*, no 172.
(3) Ducrocq, *op. cit.*, no 1562.
(4) Marques di Braga et Camille Lyon, *op. cit.*, no 172.

ront appelés, au fur et à mesure, par des arrêtés ministériels, à participer au service de la caisse postale », dit que « l'administration des postes représente l'*État* dans ses rapports avec les déposants ».

Mais, si l'administration des postes représente l'État à l'égard des déposants, l'État lui-même représente la caisse d'épargne postale; c'est pour le compte de cette caisse et non pour son propre compte que l'État se livre, par l'intermédiaire de l'administration des postes, aux opérations prévues par la loi du 9 avril 1881. En d'autres termes, si les déposants ont affaire à l'État par l'entremise de l'administration des postes, il y a derrière l'État la caisse d'épargne postale qui s'en distingue comme un mandant de son mandataire.

D'ailleurs il est impossible de nier que la caisse d'épargne postale ait une personnalité propre en présence des dispositions des articles 15 et 16 de la loi du 9 avril 1881 ; le premier de ces articles porte que « des dons et legs pourront être faits au profit de la caisse d'épargne postale dans les formes et selon les règles prescrites pour les établissements d'utilité publique » et le second attribue à la caisse une dotation composée notamment « des dons et legs qui pourraient être consentis par des tiers ».

Nous avons à peine besoin de faire remarquer que le style des articles 15 et 16 de la loi du 9 avril 1881 manque de précision juridique ; si le législateur s'était piqué de parler une langue scientifiquement exacte, ce n'est pas aux établissements d'utilité publique mais aux établissements publics qu'il aurait assimilé la caisse d'épargne postale dans l'article 15 ; mais il n'en a pas moins manifesté de la façon la plus formelle sa volonté d'ériger la caisse d'épargne postale à l'état de personne morale (1).

166. En vertu de la loi du 30 novembre 1894 sur les habitations à bon marché (2), il pourra être établi dans chaque

(1) Marques di Braga et Camille Lyon, *Comptabilité de fait*, n° 183.

(2) L. 30 novembre 1894. — Art. 1er. Il pourra être établi dans chaque département un ou plusieurs comités des habitations à bon marché : — Ces comités ont pour mission d'encourager la construction des maisons à bon marché soit par des particuliers ou des sociétés, en vue de les

département un ou plusieurs comités chargés d'encourager la construction de ces habitations (art. 1er). Lesdits comités qui porteront le nom de *Comités des habitations à bon marché* seront aptes à « recevoir des dons et legs aux conditions prescrites par l'article 910 du Code civil pour les établissements d'utilité publique » ; toutefois leur capacité sera singulièrement bornée en matière immobilière, car ils ne pourront acquérir « d'autres immeubles que celui qui est nécessaire à leurs réunions » (art. 2).

Nous trouvons dans l'article 2 de la loi du 30 novembre 1894 la même impropriété d'expression que dans l'article 15 de la loi du 9 avril 1881 sur la caisse d'épargne postale ; il suffit de jeter un coup d'œil sur les règles d'organisation et de fonctionnement des comités des habitations à bon marché pour se convaincre que, quoi qu'en dise la loi du 30 novembre 1894, ce sont des établissements publics et non des établissements d'utilité publique.

Les auteurs de cette loi ont cru que, pour parler juste, ils n'avaient qu'à employer le même langage que l'article 910 du Code civil, mais à l'époque où a été fait le Code civil la distinction des établissements publics et d'utilité publique n'était pas encore connue et l'expression d'établissement d'utilité publique servait à désigner tous les établissements légalement autorisés (V. *supra*, n° 36), tandis qu'aujourd'hui elle n'est plus applicable qu'à une espèce particulière d'établissements

---

vendre à échéance fixe ou par payements fractionnés à des personnes n'étant propriétaires d'aucune maison, notamment à des ouvriers et employés vivant principalement de leur travail ou de leur salaire, soit par les intéressés eux-mêmes pour leur usage personnel. — Art. 2. Ces comités peuvent recevoir des subventions de l'Etat, des départements et des communes, ainsi que des dons et legs, aux conditions prescrites par l'article 910 du Code civil pour les établissements d'utilité publique. — Toutefois ils ne peuvent posséder d'autres immeubles que celui qui est nécessaire à leurs réunions... Dans le cas où ces comités cesseraient d'exister, leur actif après liquidation pourra être dévolu, sur avis du conseil supérieur institué à l'article 14 ci-après, aux sociétés de construction des habitations à bon marché, aux associations de prévoyance et aux bureaux de bienfaisance de la circonscription. — Art. 4. Ces comités sont institués par décret du Président de la République après avis du conseil général et du conseil supérieur des habitations à bon marché...

reconnus qui sont opposés aux établissements publics; elle a perdu sa signification primitive pour acquérir un sens étroit et limité, dont les auteurs de la loi du 30 novembre 1894 ne paraissent pas s'être doutés, lorsqu'ils ont classé les comités des habitations à bon marché parmi les établissements d'utilité publique.

4° Établissements institués en faveur des armées de terre et de mer.

167. L'ordre national de la *Légion d'honneur* a été créé par la loi du 29 floréal an X et son organisation d'abord fixée par deux arrêtés des 13 et 23 messidor an X, puis remaniée par l'ordonnance du 26 mars 1816, est aujourd'hui régie par le décret du 16 mars 1852. Il a, en vertu de ses statuts fondamentaux qui lui constituent une dotation mobilière et immobilière (1), une individualité juridique distincte de celle de l'État et il forme un établissement public capable de recevoir entre vifs et par testament (2). Les maisons d'éducation de la

---

(1) Marques di Braga et Camille Lyon, *op. cit.*, n° 172.

(2) Note de la section de législation 24 mai 1887 (n° 64.849). — La section de législation de la Justice et des Affaires étrangères du Conseil d'État, tout en adoptant au fond le projet de décret présenté par M. le garde des sceaux, ministre de la Justice, et tendant à ne pas autoriser la grande chancellerie de la Légion d'honneur à accepter un legs fait par le sieur Paul Sauvin, a dû le modifier en la forme pour le mettre en harmonie avec les précédents sur la matière. — La section croit devoir, en outre, rappeler à M. le garde des sceaux que les dossiers concernant les dons et legs faits à des établissements publics doivent contenir : 1° un extrait certifié, à défaut d'une expédition authentique du testament; 2° l'acte de décès du testateur. — Enfin il a paru à la section qu'aux termes de l'article 56 du décret organique du 16 mars 1852 sur la Légion d'honneur le conseil de l'ordre aurait dû être appelé à donner son avis sur l'affaire dont il s'agit. Cet article dispose, en effet, que le conseil donne son avis sur l'établissement du budget et le règlement des comptes de recettes et dépenses. L'acceptation et la répudiation des libéralités testamentaires faites en faveur de la grande chancellerie de la Légion d'honneur étant de nature à intéresser le budget et les comptes de cet établissement paraît, en conséquence, rentrer dans les matières sur lesquelles le conseil de l'ordre est appelé à donner son avis par application de l'article 56 précité. — La section a cru devoir passer outre, dans l'espèce, parce que le refus d'autorisation est motivé par l'illégalité de la condition imposée par le testateur et que la régularisation de la procédure n'aurait pu modifier la décision à intervenir, mais elle a pensé qu'il était utile de soumettre à M. le ministre les observations qui précèdent. (M. Vacherot, rapporteur.)

Légion d'honneur établies à Saint-Denis, à Écouen et aux Loges participent à sa personnalité civile et l'on peut leur faire des libéralités par son intermédiaire (1).

168. La *caisse de la dotation de l'armée*, instituée par la loi du 26 avril 1855, a été supprimée à la suite de celle du 1er février 1868 ; elle était apte, aux termes de la première de ces lois (art. 1er), à recevoir des dons et legs.

169. La *caisse des offrandes nationales en faveur des armées de terre et de mer* a été créée par décret du 18 juin 1860 ; de simple établissement d'utilité publique qu'elle était à l'origine, elle est devenue un établissement public depuis la loi du 27 novembre 1872 (2) ; des dons et legs peuvent lui être faits (V. décret du 9 janvier 1873, art. 2).

170. L'*établissement des invalides de la marine*, qui est constitué par la réunion de la caisse des invalides, de la caisse des prises et de la caisse des gens de mer, doit, suivant nous, être considéré comme un véritable établissement public.

D'abord il est certain que cet établissement est pourvu de l'individualité financière ; c'est ce qui ressort de l'article 1er du décret du 30 novembre 1887, d'après lequel l'établissement des invalides de la marine est essentiellement distinct et

(1) Projet de décret adopté par la section de législation le 21 juillet 1891 (n° 83,226). — Le Président de la République française ; — Sur le rapport du garde des sceaux, ministre de la Justice et des Cultes ; — Vu le testament olographe de la dame Delalande, née Bernhard, en date du 19 décembre 1890 ; — Vu l'acte de décès de la testatrice en date du 2 mars 1891 ; — Vu le consentement à délivrance donné par le légataire universel ; — Vu l'avis du conseil de l'ordre de la Légion d'honneur ; — Vu le décret organique de la Légion d'honneur du 16 mars 1852 ; — La section de législation de la Justice et des Affaires étrangères du Conseil d'État entendue ;

Décrète : — Art. 1er. Le grand chancelier de la Légion d'honneur, au nom de cet établissement, est autorisé à accepter aux clauses et conditions imposées le legs fait par la dame Eva-Valérie Bernhard, femme Delalande, suivant son testament olographe du 19 décembre 1890 et consistant dans la nue propriété d'une somme de 70,000 francs dont les intérêts seront affectés à la constitution d'un fonds de secours au profit d'anciennes élèves de la maison d'Écouen. — Lors de l'extinction de l'usufruit le produit de ce legs sera placé en rentes sur l'État au nom de la grande chancellerie de la Légion d'honneur avec mention sur l'inscription de la destination des arrérages. (M. Varagnac, rapporteur.)

(2) Marques di Braga et Camille Lyon, *op.* et *loc. cit.* ; — Ducrocq, *Cours de droit administratif*, 6e édit., t. II, n° 1560.

séparé du Trésor. Or, l'individualité financière fait, en général, présumer l'individualité juridique.

D'ailleurs la personnalité civile de l'établissement des invalides de la marine ou plutôt de la caisse des invalides avec laquelle il s'identifie le plus souvent peut se déduire d'une autre circonstance; elle résulte de ce que, depuis la loi des 30 avril-13 mai 1791, la caisse des invalides a une dotation particulière.

Il y a plus et l'on peut dire que le législateur a expressément affirmé l'individualité juridique de cette caisse; si, en effet, l'on consulte le budget de la caisse des invalides qui prend place tous les ans parmi les budgets annexes rattachés pour ordre au budget de l'État et est soumis au vote des Chambres, l'on voit figurer audit budget le produit des dons et legs faits à cette caisse (V. notamment l'état M faisant suite à la loi de finances du 26 juillet 1893) (1).

La thèse que nous soutenons est conforme à la jurisprudence du Conseil d'Etat d'après laquelle les libéralités faites à la caisse des invalides doivent être acceptées par le ministre de la Marine au nom de cette caisse et non pas au nom de l'État (2).

La caisse des invalides de la marine participe dans la sphère qui lui est propre à la représentation légale des pauvres; elle a qualité pour revendiquer les dons et les legs faits aux marins, veuves et orphelins de marins tombés dans l'indigence (V. *supra*, n° 137).

171. La *caisse des invalides de la guerre*, citée par M. Ducrocq (3), n'existe plus depuis la loi de finances du 21 avril 1832

(1) Marques di Braga et Camille Lyon, *op. cit.*, n° 183. — *Contra*, Ducrocq, *op. cit.*, n°s 1565 et suiv.

(2) Projet de décret, adopté par la section des Finances, le 18 novembre 1891 (n° 89,505). — Art. 1er. Le ministre de la Marine est autorisé à accepter au nom de la caisse des invalides de la marine le legs de 10,000 francs fait sans conditions à ladite caisse par M. Lefrançois-Dumanois (Henri-Alfred) suivant son testament susvisé. — Art. 2. Les fonds provenant de ladite libéralité seront placés en rentes 3 0/0 sur l'État et immatriculés au nom de la caisse des invalides. Les revenus en seront distribués chaque année en secours aux marins éprouvés par le malheur ainsi qu'à leurs veuves, orphelins et ascendants. Mention sera faite sur l'inscription de la destination de arrérages. (M. Dornois, rapporteur.)

(3) Ducrocq, *op. cit.*, n° 1570.

(art. 50); le décret du 25 mars 1811 en avait fait un établissement public capable de recevoir entre vifs ou par testament.

172. L'*établissement des pupilles de la marine*, créé le 11 novembre 1862, a été élevé au rang d'établissement public par décret du 8 avril 1863; mais la question s'est posée de savoir si le décret du 19 octobre 1868 qui l'a reconstitué sur de nouvelles bases a eu pour effet de le rayer du nombre des personnes morales. M. Ducrocq a soutenu la négative (1); c'est, au contraire, l'affirmative qui a été adoptée par la jurisprudence administrative.

Le sieur Daniel ayant fait un legs à l'établissement des pupilles de la marine, le Conseil d'État fut saisi d'un projet de décret tendant à autoriser le ministre de la Marine à accepter cette libéralité au nom dudit établissement; à la date du 14 novembre 1872, la haute assemblée a, tout en adoptant ce projet de décret, décidé que l'acceptation serait faite au nom de l'État et non pas au nom de l'établissement des pupilles de la marine (2). La jurisprudence inaugurée par cette décision a été

(1) Ducrocq, *Cours de droit administratif*, 6e édit., t. II, no 1559.

(2) Projet de décret adopté par le Conseil d'Etat le 14 novembre 1872 (no 932). — Le Président de la République française; — Sur le rapport du ministre de la Marine et des Colonies; — Vu le testament par acte public reçu le 12 mai 1872 par M. Félix-Edouard Brest, notaire à Toulon, par lequel le sieur François-Félix-Constitution-Carra Daniel, docteur en médecine, décédé à Toulon (Var), le 13 mai 1872, institue pour légataire universel l'institution des pupilles de la marine à la charge de pourvoir à toutes les dettes de sa succession et de payer les legs particuliers énumérés audit testament; — Vu l'acte de décès du sieur Daniel; — Vu l'acte sous seing privé par lequel la dame Vve Ferrat, sœur du testateur, déclare ne s'opposer en rien à l'exécution du testament, à la condition que la rente viagère de 200 francs que lui a léguée son frère sera par voie gracieuse portée à 600 francs conformément aux intentions que lui a fait connaître le ministre de la Marine et des Colonies; — Vu un certificat et deux extraits des matrices cadastrales des communes d'Hyères et de La Valette desquels il résulte que les immeubles de la succession ne sont grevés d'aucune hypothèque; — Vu ensemble les autres pièces jointes au dossier; — Vu l'article 910 du Code civil; — Vu en son article 31 le décret du 19 octobre 1868 portant réorganisation de l'établissement des pupilles de la marine; — Considérant que le sieur Daniel ne laisse aucun héritier à réserve; — Le Conseil d'État entendu; — Décrète :

Art. 1er. Le ministre de la Marine et des Colonies est autorisé à accepter, au nom de l'Etat, sous bénéfice d'inventaire, et pour être affecté à l'établissement des pupilles de la marine, le legs universel qui lui est fait

confirmée à plusieurs reprises par le Conseil d'État et notamment à l'occasion d'un legs fait par le sieur Poirier (1). Elle a puisé une nouvelle force dans le décret du 2 août 1884 qui a remplacé celui du 19 octobre 1868 ; en effet, le décret du 22 décembre 1872 qui a autorisé l'acceptation du legs Daniel dans les termes indiqués par le Conseil d'État est visé en tête du décret du 2 août 1884 qui s'en est ainsi, en quelque sorte, approprié la doctrine.

---

par le sieur Daniel (François-Félix-Constitution-Carra) de tous ses biens, meubles et immeubles aux charges, clauses et conditions énoncées dans le testament susvisé. — Art. 2. Le produit net du legs universel indiqué à l'article 1er sera converti en rentes sur l'État dont le titre sera inscrit sur le grand livre de la dette publique avec mention d'affectation à l'établissement des pupilles de la marine. — L'administration de la caisse des invalides de la marine, déjà dépositaire d'un titre de rente de même nature, appartenant audit établissement, sera également chargée de la conservation du titre de rente représentant le montant de la succession du sieur Daniel : elle en percevra les arrérages pour le compte de l'établissement des pupilles. (M. Le Blanc, rapporteur.)

(1) Projet de décret adopté par le Conseil d'État, le 12 juin 1884 (n° 48,045). — Le Président de la République française : — Sur le rapport du ministre de la Marine et des Colonies ; — Vu le testament olographe, en date du 15 novembre 1876, déposé au rang des minutes de Me Favard, notaire à Paris, et par lequel le sieur Poirier (Jacques-Léon), décédé à Paris, le 17 août 1882, désigne comme ses légataires, à titre universel, l'établissement des pupilles de la marine pour les deux tiers de ses biens et la Société de géographie de Paris pour le troisième tiers, sous réserve de l'accomplissement de certaines charges énumérées audit testament; — Vu l'acte de décès du sieur Poirier; — Vu la lettre par laquelle la dame veuve Dupuis, née Poirier, sœur du testateur, déclare ne s'opposer en rien à l'exécution du testament; — Vu la requête par laquelle la dame Launay, née Poirier, sœur du testateur, et omise par lui, demande qu'une rente viagère de 1,800 francs, réversible sur la tête de son mari, lui soit servie à titre gracieux par les légataires dans la proportion de leur émolument, savoir : 1,200 francs par le département de la Marine et des Colonies, et 600 francs par la Société de géographie ; — Vu l'inventaire des biens de la succession; — Vu la requête de la Société de géographie, consentant pour sa part au service de la rente sollicitée par ladite dame Launay ; — Vu le décret du 19 octobre 1868, portant réorganisation de l'établissement des pupilles de la marine et en particulier l'article 31 de cet acte; — Vu l'avis du préfet de la Seine; — Vu la dépêche du ministre de l'Instruction publique et des Beaux-Arts, en date du 29 février 1884; — Vu les pièces prévues à l'ordonnance du 14 janvier 1831; — Vu l'article 910 du Code civil; — Le Conseil d'État entendu; — Décrète :

Art. 1er. Le ministre de la Marine et des Colonies est autorisé à accepter, au nom de l'État et pour le compte de l'établissement des pupilles de la marine, aux charges, clauses et conditions imposées, le legs à titre universel fait par le sieur Poirier (Jacques-Léon), suivant

173. L'hospice des orphelines de la marine de Rochefort, destiné à recevoir 12 veuves infirmes et 40 orphelines de marins, militaires ou ouvriers de la marine est, d'après le décret du 8 septembre 1849 qui lui sert de charte constitutionnelle (1), un établissement public distinct de l'État; il jouit par lui-même de la faculté de recevoir des dons et legs (2).

Quant aux autres hospices ou hôpitaux de la marine et aux

---

son testament susvisé et consistant dans la propriété des deux tiers de ses biens meubles et immeubles, ledit legs évalué à la somme d'environ 292,000 francs; — Art. 2. A titre de disposition gracieuse, il sera servi, par le département de la Marine, à la dame Launay, née Poirier, sœur du testateur, une pension de 1,200 francs par an à prélever sur le revenu net du legs. — Cette pension incessible et insaisissable sera réversible sur la tête et au profit de M. Launay (Pierre-Rémy), époux de la titulaire. — Art. 3. Le produit du legs à titre universel, indiqué à l'article 1er ci-dessus, sera employé conformément aux indications données par le testateur en valeurs nominatives portant mention de l'affectation à l'établissement des pupilles de la marine. La caisse des Invalides sera chargée de la conservation des titres provenant de la succession du sieur Poirier, en percevra les arrérages pour le compte de l'établissement des pupilles et pourvoira au payement de la rente viagère accordée à Mme Launay et à son mari. (M. de Richemont, rapporteur.)

(1) D. 8 septembre 1849. — Art. 1er. L'hospice des orphelines de la marine, à Rochefort, demeure chargé de recevoir et d'entretenir douze veuves et quarante orphelines de marins, ouvriers et militaires de la marine (Lettres patentes de novembre 1779; arrêté du 9 messidor an IX). Il pourvoit à l'éducation de ces orphelines... — Art. 5. Une commission administrative est chargée, sous la surveillance du conseil d'administration du port, de l'administration de l'hospice et de la gestion de ses biens (L. 16 vendémiaire an V, 16 messidor an VII; ord. 31 octobre 1821)... La commission administrative, au nombre de trois membres au moins, délibère (instr. 8 février 1823) : ... 7° sur l'acceptation des dons et legs faits à l'hospice (ord. 2 avril 1817)... — Art. 7. Les revenus de l'hospice sont divisés en revenus ordinaires et revenus extraordinaires. Ses revenus ordinaires se composent : ... 6° de dons, collectes et aumônes... Les revenus extraordinaires se composent : ... 2° de legs et de donations... — Art. 9. Les dépenses extraordinaires sont : 1° les droits d'enregistrement pour donations, legs, etc... — Art. 15. Sont applicables à l'hospice, en tout ce qui n'est pas contraire aux dispositions qui précèdent les dispositions des lois, décrets et ordonnances relatifs aux hospices civils, en général, et particulièrement en ce qui se rapporte à l'acceptation des dons et legs, aux placements de fonds et aux emprunts, aux acquisitions, aliénations, ventes et échanges des propriétés de l'hospice et aux baux de ces propriétés.

(2) Projet de décret adopté par la section de l'Intérieur, le 18 mars 1893 (n° 93,346). — Art. 4. Le ministre de la Marine est autorisé à accepter, au nom de l'hospice des orphelines de la marine, à Rochefort le legs d'une somme de 1,000 francs qui a été fait à cet établissement

hospices ou hôpitaux militaires, ils n'ont pas de personnalité propre et il ne peut leur être fait des libéralités que par l'entremise de l'État.

5° Établissements créés dans l'intérêt du commerce, de l'industrie ou de l'agriculture.

174. Les *chambres de commerce* sont des personnes civiles aptes à recevoir des dons et legs; c'est ce qui résulte du décret du 3 septembre 1851 (art. 19), qui toutefois les qualifie à tort d'établissements d'utilité publique; elles sont des établissements publics dans toute la force du terme.

Les chambres de commerce sont chargées d'administrer les bourses qui se trouvent dans les mêmes villes qu'elles (décret du 3 septembre 1851, art. 13); c'est également à ces chambres qu'appartient la gestion des « établissements créés pour l'usage du commerce, comme les magasins de sauvetage, entrepôts, conditions pour les soies, cours publics pour la propagation des connaissances commerciales et industrielles s'ils ont été formés au moyen de contributions spéciales sur les commerçants » (art. 14).

Les bourses et autres établissements administrés par les chambres de commerce peuvent recueillir des dons et legs par l'intermédiaire de celles-ci (1). D'autre part, l'article 14 du dé-

---

par le sieur Monjalon (François). Ladite somme sera employée à l'achat d'un titre de rente 3 0/0 sur l'État, lequel sera immatriculé au nom de l'hospice des orphelines de la marine, à Rochefort. (M. Jules Noël, rapporteur.)

(1) Une école supérieure de commerce, reconnue dans les conditions prévues par l'article 23 de la loi du 15 juillet 1889 sur le recrutement de l'armée, ne tire pas de cette reconnaissance la faculté de recevoir des libéralités (V. *supra*, n° 42), mais peut-il lui être fait des dons et legs par l'entremise d'une chambre de commerce qui la patronne sans l'administrer ? Cette question s'est posée devant la section des Travaux publics qui l'a résolue dans le sens de la négative aux termes d'un avis du 6 août 1894 relatif à un legs fait à l'École supérieure de commerce de Marseille, qui a été reconnue par décret du 22 juillet 1890, en vertu de l'article 23 de la loi de 1889, et est placée sous le patronage de la chambre de commerce de cette ville. Cet avis est ainsi conçu :

« La section des Travaux publics, de l'Agriculture, du Commerce, de l'Industrie et des Postes et Télégraphes qui, sur le renvoi ordonné par le ministre du Commerce, a pris connaissance d'un projet de décret

cret du 3 septembre 1851 dispose que « l'administration de ceux de ces établissements qui ont été formés par dons, legs ou autrement peut leur être remise, d'après le vœu des souscripteurs et donateurs ».

175. Les *chambres consultatives des arts et manufactures*, dont l'origine remonte à la loi du 22 germinal an XI, ne sont ni des établissements publics ni des établissements d'utilité publique; elles n'ont pas la personnalité morale. Toutefois, il paraît naturel d'admettre qu'elles peuvent recevoir des dons et legs par l'intermédiaire des communes dans lesquelles elles sont établies; elles sont rattachées par des liens étroits à ces communes puisque ce sont les budgets municipaux qui supportent les menus frais des chambres consultatives des arts et manufactures (L. 5 avril 1884, art. 136, n° 15) et que le local dans lequel elles se réunissent doit leur être fourni par les municipalités (Arrêté du 10 thermidor an XI, art. 8).

176. Aux termes de l'article 10 du décret du 25 mars 1852, « les *chambres consultatives d'agriculture* sont reconnues comme établissements d'utilité publique et peuvent en cette qualité acquérir, recevoir, posséder et aliéner, après y avoir été dûment autorisées ». Ce décret, comme celui du 3 septembre 1851, relatif aux chambres de commerce, emploie par erreur l'expression d'établissement d'utilité publique au lieu et place de celle d'établissement public, mais cette incorrection de langage n'a pour nous que peu d'importance et ce qui est essentiel à constater c'est que les chambres consultatives d'agriculture ont la personnalité civile.

---

tendant à autoriser : 1° la chambre de commerce de Marseille à accepter le legs d'une somme de 10,000 francs fait à l'École supérieure de Marseille par le sieur Léon-Édouard Meyer...; — En ce qui concerne l'article 1er du projet de décret, ledit article ayant pour objet d'autoriser la chambre de commerce de Marseille à accepter le legs fait à l'Ecole supérieure de commerce; — Considérant, d'une part, que l'École supérieure de commerce de Marseille n'a ni demandé, ni obtenu sa reconnaissance comme établissement d'utilité publique; — Considérant, d'autre part, que cette école constitue un établissement autonome, indépendant de la chambre de commerce... — Est d'avis que les articles 1 et 5 du projet de décret doivent être supprimés, et qu'il n'y a lieu de maintenir que les articles 2, 3 et 4. » (M. Ernest Meyer, rapporteur.)

177. Les *comices agricoles*, créés conformément à la loi du 20 mars 1851, avec l'approbation de l'autorité administrative, ne doivent, malgré leurs attaches officielles, être regardés ni comme des établissements publics, ni comme des établissements d'utilité publique; la personnalité civile leur fait défaut (1).

L'on a quelquefois soutenu que les communes où ils ont leur siège peuvent revendiquer les dons et les legs dont ils sont gratifiés; mais cette opinion ne nous paraît pas fondée (V. *supra*, n° 47).

178. Les *associations syndicales* autorisées par application des lois des 21 juin 1865 et 22 décembre 1888 constituent des

---

(1) Cass. civ. 30 janvier 1878. — La Cour, — Vu les articles 1 à 5 de la loi du 20 mars 1851, l'article 1er de la loi du 25 mai 1838 et les articles 1218 et 1221 du Code civil;

Attendu que l'action de Briens et consorts avait pour objet le payement d'une somme principale de 5 francs formant pour chacun des sieurs Allain et Lebreton le montant de la cotisation par eux due comme membres du comice agricole de Bréhal; — Attendu que le tribunal civil de Coutances, statuant comme juge d'appel, a repoussé cette action comme non recevable pour le double motif : 1° qu'elle était formée sans droit ni qualité, les comices agricoles n'ayant aucune existence propre en dehors de l'Administration et ne pouvant être utilement représentés en justice par qui que ce soit ; — Et 2°, que les tribunaux civils seraient incompétents pour connaître d'une semblable action, l'Administration ayant seule le droit de recouvrer sous forme de rôle de contributions les cotisations dues par les membres d'un comice agricole;

Attendu, en premier lieu, que, si les comices agricoles ne forment pas des sociétés civiles ordinaires, ils constituent des associations d'individus dont la loi du 20 mars 1851 a déterminé les conditions d'existence et l'objet; que si le décret du 25 mars 1852 a supprimé leurs attributions comme corps électoral des chambres d'agriculture, il n'a nullement entendu leur enlever le caractère et les autres attributions qu'ils tenaient de la loi prédatée; que, loin d'en faire des institutions purement administratives rentrant dans la classe des services publics et de donner à l'Administration le droit exclusif de les régir et particulièrement de veiller à l'exécution des engagements pris par les associés les uns envers les autres, le législateur les a considérés, pour tout ce qui concerne leur organisation intérieure et la direction de leurs intérêts privés, comme des associations libres dans les limites tracées par leurs règlements, dont l'approbation par le préfet a paru la seule condition nécessaire à la garantie de leur fonctionnement ; que l'établissement matériel d'un comice agricole et l'accomplissement de sa mission, notamment l'organisation des concours, la distribution et, par conséquent, l'achat des objets destinés à être donnés à titre de primes ou de récompenses, impliquent essentiellement la création d'une caisse commune formée, au

établissements publics au dire de M. Léon Aucoc (1), tandis que, selon M. Ducrocq (2), dont l'opinion ne nous paraît pas susceptible d'être approuvée, elles ne seraient que des établissements d'utilité publique. En tous cas, il est hors de doute que les associations syndicales autorisées sont investies de la personnalité civile (L. 21 juin 1865, art. 3; Cf. D. 9 mars 1894) (3).

Le même privilège appartient aux syndicats institués pour l'ouverture, le redressement, l'élargissement, la réparation et l'entretien des chemins ruraux (L. 20 août 1881, art. 25) (4)

---

principal, par les cotisations des sociétaires; que l'engagement pris par un membre du comice de verser dans cette caisse une cotisation annuelle forme donc une obligation personnelle régie par le droit commun et dont les membres du comice ont le droit d'exiger et au besoin de poursuivre en justice l'entière exécution; — Attendu, quant à l'exercice de ce droit, que si l'obligation de verser une cotisation annuelle n'est pas indivisible quant à la somme promise, elle l'est, aux termes des articles 1218 et 1221, § 5, du Code civil, par le rapport sous lequel elle a été considérée dans l'engagement pris indivisément envers tous les membres du comice et envers chacun d'eux, puisqu'elle a pour objet de fournir à la réunion des membres les ressources correspondantes et indispensables à l'acquittement des charges dont elle est tenue; que, par conséquent, la demande en payement de cotisations peut être formée en justice, même par chacun des membres du comice individuellement et pour le tout; que, dès lors, la fin de non-recevoir, opposée par Allain et Lebreton et admise par le jugement attaqué contre l'action de Briens et consorts et tirée du défaut de droit et de qualité, n'est pas fondée;

Attendu, en second lieu, qu'elle n'est pas mieux fondée du fait de l'incompétence du tribunal civil; qu'en effet, il résulte de tout ce qui précède que l'engagement pris par Allain et Lebreton constituait un contrat purement civil et privé envers le comice agricole de Bréhal et les personnes qui le composaient; que, dès lors, il appartenait à l'autorité judiciaire et, dans l'espèce, au juge de paix de Bréhal de connaître d'une action qui avait pour objet d'en assurer l'exécution;

D'où il suit que le jugement attaqué, en rejetant comme non recevable et comme incompetemment formée, la demande de Briens et consorts contre Allain et Lebreton, a formellement violé les dispositions de loi invoquées par le pourvoi; — Casse. (M. Greffier, rapporteur.)

(1) Aucoc, *Conférences sur l'administration et le droit administratif*, t. I, 3e édit., no 206.

(2) Ducrocq, *Cours de droit administratif*, 6e édit., t. II, no 1574.

(3) L. 21 juin 1865. — Art. 2. Les associations syndicales sont libres ou autorisées. — Art. 3. Elles peuvent ester en justice par leurs syndics, *acquérir*, vendre, échanger, transiger, emprunter et hypothéquer.

D. 9 mars 1894. — Art. 40. Le directeur préside les réunions de l'assemblée générale et du syndicat. — Il représente l'association en justice et vis-à-vis des tiers dans tous les actes intéressant la *personnalité civile* de l'association...

(4) L. 20 août 1881, relative au Code rural (chemins ruraux). — Art. 25. Les associations ainsi constituées peuvent ester en justice par

et aux syndicats ayant pour objet la défense des vignes contre le phylloxera (L. 15 décembre 1888, art. 1er) (1).

6° Établissements ecclésiastiques.

a) Établissements du culte catholique.

179. La France est divisée, au point de vue du culte catholique, en paroisses, diocèses et métropoles ; aucune de ces circonscriptions ecclésiastiques ne jouit, à notre avis, de la personnalité civile.

Si l'individualité juridique, sans laquelle ne saurait exister la faculté de recevoir, fait défaut aux paroisses, elle a été, au contraire, attribuée aux fabriques des églises et chapelles paroissiales ; dès lors, quelque incapable que soit une paroisse, l'on doit tenir pour valables les dons et legs qui lui sont faits lorsqu'il est constant que sous le nom de la paroisse le donateur ou le testateur a voulu instituer la fabrique paroissiale (2).

---

leurs syndics ; elles peuvent emprunter. Elles peuvent aussi *acquérir* les parcelles de terrain nécessaires pour l'amélioration, l'élargissement, le redressement ou l'ouverture du chemin régulièrement entrepris ; les terrains réunis à la voie publique deviennent la propriété de la commune.

(1) L. 15 décembre 1888. — Art. 1er. Dans les contrées où l'invasion du phylloxera est menaçante et dans celles où son apparition se manifeste par des taches limitées au milieu des vignes, il peut être établi des associations syndicales autorisées pour l'application des moyens propres à le combattre. Ces associations sont régies par la loi du 21 juin 1865 sous les modifications ci-après...

(2) Trib. de Nantes, 24 avril 1890. — Le tribunal, — Attendu que le sieur Minatte est décédé, laissant un testament olographe en date du 16 décembre 1876, par lequel il institue pour légataire universel, en cas de prédécès de son frère « la paroisse de Notre-Dame-de-Toutes-Aides, commune de Doulon » ; que son frère étant prédécédé, la fabrique de la paroisse de Toutes-Aides s'est pourvue à l'effet d'être autorisée à recueillir le legs ainsi fait et qu'elle a obtenu, le 13 décembre 1889, l'autorisation de le recueillir pour moitié ; mais que la dame Süe, cousine germaine du *de cujus* et représentant la branche maternelle des héritiers naturels, demande la nullité du legs comme à fait une circonscription territoriale sans personnalité civile ou tout au moins à une personne incertaine ; — Attendu que la paroisse constitue, même dans le droit nouveau, une circonscription territoriale distincte de la commune, puisque la commune peut renfermer plusieurs paroisses ; qu'elle se compose d'une agrégation d'individus ayant des intérêts et des besoins communs, tant spirituels que temporels ; que son existence est reconnue par nos lois ; que l'article 76 de la loi du 18 germinal an X édicte qu'il sera

Certains auteurs soutiennent que les diocèses et les métropoles, à la différence des paroisses, constituent des personnes morales, mais leur opinion ne repose sur aucune base juridique et le Conseil d'État, après certaines hésitations, a fini par la condamner d'une manière très nette.

Il y a plusieurs phases à distinguer dans la jurisprudence de la haute assemblée.

établi près de chaque paroisse des fabriques pour veiller à l'entretien et à la conservation des temples, etc., et que le décret du 30 décembre 1809 a organisé des fabriques dans chaque paroisse; que les fabriques sont donc le véritable conseil d'administration des paroisses au point de vue temporel et que l'ordonnance royale du 2 avril 1817, en leur donnant la personnalité civile, a voulu leur donner les moyens de recueillir et de disposer légalement des ressources anciennes ou récentes mises à leur disposition; qu'il importe donc peu de savoir si les fabriques possèdent pour elles-mêmes, comme certains le pensent, ou si elles possèdent pour les paroisses, dès qu'il est certain que les fabriques ne peuvent posséder que pour les paroisses et que les paroisses ne peuvent posséder que par elles; que les auteurs les plus autorisés s'accordent à dire que la fabrique représente la paroisse pour tout ce qui concerne ses intérêts matériels; que le legs fait à la paroisse doit donc être recueilli et ne peut être recueilli que par la fabrique, personne légale établie auprès d'elle pour l'administrer;

Attendu, il est vrai, qu'un legs fait à la paroisse peut, dans certains cas, prêter à l'ambiguïté, à raison du sens impropre qu'un testateur a pu donner à ce mot et c'est pourquoi l'Administration a pu dire (V. *Bulletin du ministère de l'Intérieur* de 1859) que le legs fait à la paroisse est censé fait à la fabrique lorsqu'il est grevé de services religieux et censé fait à la commune s'il a pour but des institutions communales; mais que dans l'espèce il ne peut y avoir aucun doute sur la pensée du testateur qui lègue à la paroisse de Toutes-Aides de la commune de Doulon; qu'on ne peut soutenir que le legs est nul, faute de l'existence d'une personne civile apte à le recueillir; — Attendu qu'on ne peut pas davantage prétendre qu'il est fait à une personne incertaine à raison de l'existence dans toute paroisse d'une autre personnalité civile que la fabrique, à savoir la mense curiale qui a pour objet de pourvoir aux besoins des ministres du culte de la paroisse; — Attendu que rien, dans le testament du sieur Minatte, ne permet d'attribuer sa libéralité à la mense curiale qui n'y prétend pas; que c'est le curé qui la représente, comme la fabrique représente la paroisse, et que le legs est fait à la paroisse et non à la mense ou au curé; — Attendu que l'ensemble des dispositions, où le testateur exprime le désir qu'une messe soit chantée tous les ans à son intention, vient encore mettre en relief sa volonté de donner à la paroisse et de voir, par conséquent, son legs recueilli par la fabrique, son représentant légal; — Attendu qu'il n'y a aucun argument à tirer de la controverse existant tant sur la capacité de recevoir des diocèses qui n'ont pas la situation juridique faite aux paroisses par les lois précitées;

Par ces motifs, déboute les époux Sue de leurs demandes, fins et conclusions.

Avant 1840, les évêques ont été, à diverses reprises, autorisés par ordonnances ou décrets délibérés en Conseil d'État à acquérir à titre onéreux des biens meubles ou immeubles ou à accepter des libéralités au nom de leur évêché ou diocèse; ces deux expressions étaient considérées comme synonymes et le diocèse passait pour avoir la personnalité civile par cela même qu'elle avait été accordée à l'évêché par les textes en vigueur. Toutefois, il semble bien que cette jurisprudence n'ait été formulée dans aucun avis de principe; elle résultait simplement de la pratique courante.

En 1840, un revirement s'est produit dans la jurisprudence du Conseil d'État à l'occasion d'un projet d'ordonnance tendant à autoriser l'acceptation d'une donation faite au diocèse de Montauban par l'évêque dudit diocèse; le comité de législation émit, à la date du 8 juillet 1840, l'avis suivant : « Le comité... considérant qu'en admettant que la donation faite par l'évêque de Montauban à son diocèse eût été faite dans les formes voulues par la loi, il y aurait lieu d'attirer l'attention de M. le garde des sceaux sur la question de savoir si les diocèses, *n'étant pas des personnes civiles reconnues par la loi*, peuvent être autorisés à acquérir et s'il n'y aurait pas lieu d'inviter l'évêque de Montauban à conférer la donation projetée aux établissements diocésains qui peuvent être autorisés à l'accepter; — est d'avis qu'il y a lieu de compléter l'instruction. »

Cet avis n'était qu'une décision interlocutoire; le comité de législation préjugeait plutôt qu'il ne jugeait la question de la personnalité du diocèse; il ne voulait pas être accusé d'avoir émis un vote de surprise et, avant de prendre une résolution définitive, il provoquait les explications de l'Administration.

Le 8 décembre 1840, le garde des sceaux, ministre de la Justice et des Cultes, M. Martin (du Nord), adressa au Conseil d'État un rapport dans lequel il protestait en termes très vifs contre la doctrine indiquée dans l'avis du 8 juillet 1840; il allait jusqu'à dire que la négation de la personnalité civile du diocèse serait un « immense malheur ».

Le comité de législation, après avoir examiné attentivement les objections présentées par le garde des sceaux, les jugea mal fondées et il persista dans sa première manière de voir.

En conséquence, il rejeta le projet d'ordonnance ayant pour objet d'autoriser l'acceptation de la donation faite au diocèse de Montauban.

La jurisprudence inaugurée en 1840 ne tarda pas à être confirmée par plusieurs avis qu'il importe de citer. Un avis du 26 mars 1841 (1) porte « qu'aucune disposition législative n'a encore reconnu les diocèses comme personnes civiles et ne leur a conféré le droit d'acquérir, d'aliéner, d'accepter. » Un autre avis, émis le 21 décembre 1841, déclare « que, dans l'état actuel de la législation, les diocèses ne sont que des circonscriptions administratives et ne constituent pas des personnes civiles, capables de posséder, d'acquérir et de recevoir; que, si l'ordonnance du 2 avril 1817 autorise les évêques à accepter les libéralités faites à leur évêché, il s'agit, dans ladite ordonnance, de la mense épiscopale et non de la circonscription diocésaine; qu'il suit de là que les libéralités faites

---

(1) Avis du comité de législation, 26 mars 1841. — Le comité de législation qui, sur le renvoi ordonné par M. le garde des sceaux, ministre secrétaire d'Etat au département de la Justice et des Cultes, a pris connaissance d'un projet d'ordonnance tendant à autoriser l'acquisition faite, suivant acte public des 19 et 26 février 1840, par les vicaires capitulaires de Paris, au nom du diocèse, du sieur Ranzan, moyennant la somme de 85,000 francs, d'une maison avec dépendances, sise à Gentilly, pour servir de maison de campagne à l'école secondaire ecclésiastique de Paris : — Vu ledit projet d'ordonnance ; — Vu la demande de l'archevêque de Paris, en date du 13 décembre 1840, tendant à faire autoriser l'acquisition : — Vu l'acte public d'acquisition en date des 19 et 26 février; — Vu le procès-verbal d'estimation de l'immeuble ; — Vu la lettre de l'archevêque de Paris par laquelle il atteste que les fonds seuls du diocèse ont été employés à l'acquisition dont il s'agit : — Vu l'avis du préfet de la Seine, en date du 21 janvier 1841; — Vu le rapport adressé au roi par le ministre des Cultes en date du 26 février 1841 ; — Vu la loi du 2 janvier 1817 ; — Vu les ordonnances des 2 avril 1817 et 14 janvier 1831 ;

Considérant que le projet d'ordonnance porte que l'acquisition de la maison destinée à servir de maison de campagne à l'école secondaire de Paris est faite au nom du diocèse ; qu'aucune disposition législative n'a encore reconnu les diocèses comme personnes civiles et ne leur a conféré le droit d'acquérir, d'aliéner, d'accepter, etc, etc.; que la maison dont il s'agit est exclusivement destinée à l'usage de l'école secondaire ecclésiastique de Paris, établissement reconnu par la loi ; — Est d'avis que le diocèse de Paris ne peut être autorisé à acquérir à son nom la maison dont il s'agit et qu'il y a lieu de modifier le projet d'ordonnance dans ce sens que l'acquisition soit autorisée comme faite au nom de l'école secondaire ecclésiastique de Paris. (M. de Mézy, rapporteur.)

au profit d'un diocèse ne peuvent produire leur effet qu'autant qu'elles sont destinées à des établissements diocésains légalement reconnus, auquel cas c'est au nom de ces établissements que l'autorisation d'accepter lesdites libéralités doit être accordée. »

L'Administration ne se tint pas pour battue et elle multiplia ses efforts pour amener le Conseil d'État à se déjuger, mais toutes ses tentatives furent vaines. Les avis de 1840 et 1841 ont été confirmés par deux avis des 2 juin 1856 (1) et 14 avril 1860 (2); en outre, la haute assemblée a eu l'occasion

(1) Avis du C. d'Ét. 2 juin 1856. — Le Conseil d'État qui, sur le renvoi ordonné par le ministre de l'Instruction publique et des Cultes, a pris connaissance d'un projet de décret tendant à l'acceptation de legs faits par le sieur Vermot au diocèse de Besançon et à divers établissements des départements du Doubs, du Gard, du Jura, des Bouches-du-Rhône, de Lot-et-Garonne et de la Gironde; — Vu les testament et codicille olographes en date des 22 octobre et 14 août 1851, du sieur Alexandre Vermot; — Vu les demande et délibération de l'archevêque de Besançon et les différentes pièces du dossier;

En ce qui touche au legs fait au diocèse de Besançon de la propriété sise à Hérimoncourt; — Considérant que dans l'état actuel de la législation, les diocèses ne sont que de simples circonscriptions ecclésiastiques ou administratives et ne constituent pas des personnes civiles capables de posséder, d'acquérir et de recevoir; que dès lors, les libéralités faites au profit des diocèses ne peuvent être autorisées qu'en faveur de celui des établissements diocésains légalement reconnus, qui serait désigné par l'autorité épiscopale; — Considérant que par le testament susvisé le legs est fait au *diocèse* de Besançon et qu'en conséquence il y a lieu de surseoir à statuer sur le projet de décret autorisant l'acceptation dudit legs, jusqu'à ce que Mgr l'archevêque de Besançon ait désigné l'établissement diocésain auquel il se propose de faire application de la disposition testamentaire;

En ce qui touche les autres legs faits par le sieur Alexandre Vermot; — Considérant que rien ne s'oppose à l'autorisation demandée;

Est d'avis: — Qu'en ce qui concerne le legs fait au diocèse de Besançon, il y a lieu de compléter l'instruction dans le sens des observations qui précèdent et de donner suite au décret proposé en ce qui touche les autres libéralités. (M. Flandin, rapporteur.)

(2) Avis de la sect. de l'Int. du 14 avril 1860. — La section de l'Intérieur, de l'Instruction publique et des Cultes, qui, sur le renvoi ordonné par M. le ministre de l'Instruction publique et des Cultes, a pris connaissance d'un projet de décret concernant divers legs faits par le sieur Avon au diocèse de Nîmes, à la paroisse de Saint-Paul de Beaucaire, à l'hôpital des malades de Beaucaire et aux pauvres de Saint-Vincent-de-Paul; — Vu le testament du sieur Avon, en date du 2 mai 1855; — Vu les demandes et délibérations de l'évêque de Nîmes et des divers établissements intéressés; — Ensemble toutes les pièces du dossier; — Vu l'avis du Conseil d'État du 2 juin 1856;

En ce qui touche le legs fait au diocèse de Nîmes par le sieur Avon,

de maintenir sa jurisprudence dans les circonstances suivantes.

Saisie de deux projets de décret relatifs l'un à un legs fait au diocèse de la Rochelle par la dame Sorin-Dessources et l'autre à un legs adressé par la demoiselle de Monceaux au diocèse de Bayeux, la section de l'Intérieur avait, par délibérations des 1er juin 1865, 9 janvier et 6 mars 1866, exprimé l'avis qu'il y avait lieu : 1° d'inviter l'évêque de la Rochelle et l'évêque de Bayeux à désigner respectivement les établissements légalement reconnus auxquels ils se proposaient d'appliquer les libéralités de la dame Sorin-Dessources et de la demoiselle de Monceaux; 2° de faire intervenir ces établissements dans l'acceptation.

Les évêques refusèrent de faire la désignation qui leur était demandée. Dans ces conditions, le garde des sceaux crut devoir reprendre la question de principe; il soutint, dans une lettre adressée, le 30 avril 1866, au président du Conseil d'État, que les diocèses devaient être regardés comme des personnes civiles légalement représentées par les évêques et il invita, en conséquence, le Conseil d'État à renoncer à la jurisprudence inaugurée en 1840.

La section de l'Intérieur estima qu'il y avait lieu de faire droit à cette demande et par l'organe de son rapporteur,

---

consistant en deux rentes constituées ou perpétuelles de deux cents francs, à charge de faire célébrer, par an, cent messes basses à son intention; — Considérant que, dans l'état actuel de la législation, les diocèses ne sont que de simples circonscriptions ecclésiastiques ou administratives et ne constituent pas de personnes civiles capables de posséder et d'acquérir ou de recevoir; que la libéralité faite au profit d'un diocèse ne peut être autorisée qu'en faveur de celui des établissements légalement reconnus, qui serait désigné par l'autorité épiscopale; — Considérant que dans le testament susvisé du sieur Avon, en date du 2 mai 1855, le legs est fait au diocèse de Nîmes, et qu'en conséquence, il y a lieu de surseoir à statuer sur la partie du décret autorisant l'acceptation dudit legs, jusqu'à ce que l'évêque de Nîmes ait désigné l'établissement diocésain auquel il se propose de faire application de la disposition testamentaire et qui demeurerait chargé de son exécution;

En ce qui touche les autres libéralités faites par le sieur Avon; — Considérant que rien ne s'oppose à l'autorisation demandée;

Est d'avis : — Qu'en ce qui concerne le legs fait au diocèse de Nîmes, il y a lieu de compléter l'instruction dans le sens des observations qui précèdent et de donner suite au décret proposé, en ce qui touche les autres libéralités. (M. J. Henry de Villeneuve, rapporteur.)

M. Marbeau, maître des requêtes, elle soumit à l'assemblée générale du Conseil d'État un projet d'avis qui consacrait la thèse formulée par le garde des sceaux (distribution du 1er juillet 1867). Mais le Conseil d'État repoussa ce projet d'avis, le 21 novembre 1867, et maintint la jurisprudence constamment appliquée depuis plus de vingt-cinq ans.

Ce que le Conseil d'État de l'Empire n'avait pas fait, malgré de pressantes instances, il appartenait au Conseil d'État de la République, issu des suffrages de l'Assemblée nationale, de le faire.

Par dépêche du 27 novembre 1872 (1), le ministre de l'Ins-

(1) Lettre adressée par M. le ministre de l'Instruction publique et des Cultes à M. le président du Conseil d'État (27 novembre 1872). — Monsieur le président, le Conseil d'État rencontre assez fréquemment dans les libéralités soumises à son examen des legs faits au profit d'un *diocèse* ou d'un *évêché*. Jusqu'en 1840 il n'a point élevé de doute sur la validité de ces dispositions. Depuis cette époque, il a généralement considéré les dons et legs au profit d'un diocèse comme étant faits à un incapable et il a été d'avis qu'il n'y avait pas lieu de les autoriser: quant au mot *évêché* il n'a cru pouvoir lui donner d'autre acception que celle de mense épiscopale...

Mes prédécesseurs au ministère des Cultes et notamment MM. Vivien, Martin (du Nord) et Baroche ont résisté à cette nouvelle jurisprudence. Le Conseil d'État l'a maintenue tout en admettant d'assez nombreuses exceptions d'espèce et en paraissant même hésiter sur la question de principe. En 1867, un avis très fortement motivé de la section de l'Intérieur, de l'Instruction publique et des Cultes qui concluait à la capacité civile des diocèses n'a été rejeté en assemblée générale qu'à une voix de majorité et ce rejet n'a été accompagné d'aucun avis qui le motivât... Pendant quarante ans aucun doute ne s'est élevé sur l'existence civile des diocèses. C'est en 1840 seulement que le Conseil d'État a commencé à contester la capacité civile de ces établissements...

D'après cette nouvelle jurisprudence, l'évêque est incapable d'accepter toute libéralité faite dans l'intérêt général de son diocèse et ne pouvant être actuellement affectée à un établissement déterminé qui soit reconnu ou en mesure de l'être. Il est donc incapable d'accepter: — les dons et legs pour les prêtres infirmes dans les diocèses où l'on ne peut organiser une caisse de retraites; — les dons et legs pour faciliter l'exercice du culte dans le diocèse; — les dons et legs pour achats d'ornements ou de vases sacrés destinés aux églises du diocèse au choix du prélat; — les dons et legs de chapelles, calvaires ou édifices religieux n'offrant aucun intérêt paroissial; — les dons et legs pour bonnes œuvres indéterminées, etc. De semblables libéralités ne peuvent produire leur effet que lorsqu'il y a lieu de les affecter à des établissements diocésains légalement reconnus, au nom desquels l'autorisation d'accepter soit demandée et accordée. Les évêques seront donc invités à désigner les établissements qui pourront profiter de la libéralité; en cas de refu

truction publique et des Cultes, M. Jules Simon, saisit le Conseil d'État d'une demande d'avis de principe sur la question de savoir « si le diocèse est capable de posséder, d'acquérir et de recevoir et si, par suite, l'évêque peut être autorisé à accepter les libéralités faites directement à son diocèse dans un intérêt qui n'est représenté par aucun des établissements diocésains particuliers organisés et reconnus par la loi »; il sollicitait le Conseil d'État de la manière la plus vive de se prononcer dans le sens de l'affirmative. Il ne craignait pas de soutenir que le Conseil d'État, en 1867 comme en 1840 et 1841, avait « plutôt songé à refaire la loi qu'à l'appliquer »; il

---

du prélat de faire cette désignation, ou des héritiers du testateur d'y consentir, l'autorisation devra être refusée (Avis du C. d'Et., 2 juin 1856; Avis de la sect. de l'Int., 11 janvier et 14 avril 1860; lettre du président de la sect. de l'Int., 29 juillet 1870).

Une pareille doctrine paraît absolument inadmissible si l'on se place au point de vue théorique. Les intérêts *généraux* et *collectifs* ne sauraient être, en effet, moins dignes des préoccupations du législateur que les intérêts *secondaires* ou *locaux*. Aussi dans l'ordre civil les uns et les autres sont légalement représentés. Le département est, sans doute, une circonscription administrative; mais il n'en constitue pas moins, tout aussi bien que la commune, un être moral, une personne juridique pourvue d'un représentant qui est chargé de sauvegarder ses droits et ses intérêts. Dans l'ordre ecclésiastique et religieux, au contraire, suivant la doctrine qui prévaut aujourd'hui, les intérêts *locaux* ou secondaires auraient seuls des représentants légaux : le conseil de fabrique pour la paroisse ou l'église : le curé ou le desservant pour la cure ou la succursale; le doyen pour le chapitre; l'évêque pour la mense et le palais épiscopal, la cathédrale et les séminaires : les supérieurs pour les communautés religieuses. Mais les intérêts *généraux* et *collectifs* n'auraient point de mandataire ou de représentant légal. L'évêque qui a la direction, le gouvernement du diocèse (L. 18 germinal an X, art. 9, 36, 37) ne pourrait le représenter civilement : il serait incapable d'accepter aucune libéralité, de concourir à aucun acte de la vie civile qui intéressât la généralité des fidèles. Ces considérations permettent d'apprécier la gravité de la question que je vais serrer de plus près, en discutant la doctrine inaugurée par les avis du comité de législation de 1840 et 1841.

Ces avis de 1840 et de 1841 fidèlement reproduits dans les avis postérieurs se réduisent à deux propositions : « 1° les diocèses ne sont que des circonscriptions administratives; 2° aucune disposition législative ne les a reconnus comme personnes civiles et ne leur a conféré le caractère d'établissements publics ».

1° *Les diocèses ne sont que des circonscriptions administratives.* — Cette première proposition ne peut se concilier avec les textes de lois qui attribuent une circonscription aux diocèses et leur supposent une existence indépendante de cette circonscription. « Il sera fait une nouvelle circonscription des diocèses français (Concordat, art. 2; cf. art. 14 et

ajoutait que, quant à lui, il ne pouvait croire « que le législateur n'ait pas voulu donner au diocèse l'existence civile et le représentant légal qu'il accorde au chapitre, à la cure ou à la succursale ». M. Jules Simon disait encore qu'il était « très frappé des inconvénients pratiques qu'entraînait la jurisprudence actuelle ». En terminant, il déclarait que, si la person-

---

L. 18 germinal an X, art. 59). — L'établissement et la circonscription de tous ces diocèses seront concertés entre le roi et le Saint-Siège (L. 4 juillet 1821, art. 2) »...

2° *Aucune disposition législative n'a reconnu les diocèses comme personnes civiles et ne leur a conféré le caractère d'établissements publics.* — On ne saurait objecter l'absence de disposition expresse attribuant l'existence légale au diocèse. Aucun texte de loi ne confère explicitement et formellement cette existence civile à la commune, à la cure ou à la succursale, aux chapitres, menses épiscopales, cathédrales et séminaires, et cependant aucun doute n'existe sur la capacité civile de ces établissements. Notre législation n'a jamais déterminé, d'une manière précise et complète, les établissements qui jouissent de la vie civile. La doctrine a suppléé à ces lacunes et il est aujourd'hui universellement admis que tout établissement public organisé par la loi constitue un être moral, une personne civile, par le seul fait de son existence. Or, l'établissement public se reconnaît aux conditions suivantes : 1° un caractère d'intérêt général et de perpétuité; — 2° un siège déterminé ou une circonscription territoriale fixe, établie ou reconnue par l'autorité civile; — 3° une organisation sanctionnée par la loi; — 4° un administrateur spécial nommé ou institué par le gouvernement; — 5° des ressources propres. Le diocèse réunit incontestablement ces cinq conditions. — Il a un caractère d'intérêt général et de perpétuité que nul ne conteste; — Il a une circonscription fixe et un siège déterminé établi par la loi, des divisions territoriales réglées avec l'intervention du gouvernement (Concordat, art. 2 et 9; L. 18 germinal an X, art. 58 et 59; L. 4 juillet 1821, art. 2). — Il a une organisation propre. Le législateur lui reconnaît ou lui attribue : un chapitre, un séminaire (Concordat; L. 18 germinal an X), un gouvernement, des usages et coutumes (L. 18 germinal an X, art. 36, 37 et 38), un personnel (art. 33 et 34), des traitements pour le personnel (Concordat, art. 14). — Il est dirigé par un archevêque ou évêque nommé par le chef de l'État (Concordat, art. 14; L. 18 germinal an X, art. 9). — Il tient enfin de la loi des ressources propres ou le droit de s'en créer. Le Concordat et la loi du 18 germinal an X assurent le traitement de tous les titulaires qui prennent une part plus ou moins grande à sa direction; le décret du 19 thermidor an XIII constitue un fonds de secours à répartir par les évêques entre les ecclésiastiques âgés ou infirmes de leurs diocèses; le Concordat et la loi du 18 germinal an X, dans leur article 11 laissent à la charge des évêques les dépenses des chapitres et des séminaires et admettent ainsi l'existence de ressources diocésaines; enfin, l'article 73 de cette même loi de germinal an X reconnaît au diocèse la faculté de posséder et de se constituer une dotation en déclarant que « les fondations qui ont pour objet l'entretien des ministres et l'exercice du culte (*et sont ainsi destinées à pourvoir aux besoins généraux du diocèse*) seront acceptées par l'évêque diocésain ».

nalité morale du diocèse n'existait pas, il faudrait l'inventer; voici, en effet, comment il s'exprimait. « Je conclus en disant: que si la législation était muette sur la question de l'existence civile des diocèses, il serait d'une bonne politique et d'une bonne administration de reconnaître cette existence légale. »

Le Conseil d'État ne sut pas résister à l'éloquence persua-

Cette dernière disposition suffirait à elle seule pour établir que les diocèses ont une existence civile...

L'absence d'une disposition reconnaissant expressément l'existence civile du diocèse ne pourrait donc être invoquée contre cette existence légale, puisque nous trouvons la même lacune dans notre législation pour d'autres établissements dont la capacité civile n'est pas contestée. Mais je crois pouvoir aller plus loin et affirmer que le législateur reconnait l'existence civile du diocèse. Cette reconnaissance légale se trouve dans les articles 36 et 37 de la loi du 18 germinal au X, qui parlent du gouvernement des diocèses; dans l'article 38 de la même loi, qui interdit toute innovation dans les usages et coutumes des diocèses; dans l'article 73, que je viens également de citer; dans le rapport de M. Bigot de Préameneu, sur le projet de règlement devenu le décret du 6 novembre 1813 : « Les séminaires... sont des établissements dont les archevêques et évêques ont l'entière direction, et c'est au diocèse en général qu'appartiennent les biens formant leur dotation. » (H. Hüffer, *Forschungen auf dem Gebiete der Kirchenrechts*, p. 380, et *Archives nationales*.) Elle est expressément formulée dans l'ordonnance du 2 avril 1817, portant règlement d'administration publique, en exécution de la loi du 2 janvier 1817. Cette ordonnance range, en effet, les archevêchés et évêchés au nombre des établissements publics ou d'utilité publique qui peuvent être autorisés à accepter des dons et legs et elle reconnaît aux évêques le droit d'accepter les libéralités au nom de leur évêché.

On s'est efforcé d'écarter cet argument en contestant, dans cette ordonnance, au mot *évêché* le sens de *diocèse*. Le Conseil d'État, dans ces dernières années, a soutenu que le terme *évêché* signifiait *manse épiscopale* (*sic* pour *mense*)... Cette interprétation exclusive ne repose sur rien. Elle est contredite par des dispositions de lois ou de règlements d'administration publique. Elle est donc absolument inadmissible. L'examen attentif des textes amènera inévitablement à reconnaître que ce mot *évêché* est un terme complexe; que, dans nos lois, comme dans le langage usuel, il a une double, peut-être même une triple acception; qu'il signifie le plus souvent *diocèse;* qu'il est plus rarement employé pour *palais épiscopal;* qu'il n'a ce sens que dans les ordonnances de détail et que, si nous laissons de côté l'ordonnance du 2 avril 1817 qui est en discussion, il n'existe pas un seul texte où ce terme ait le sens de *mense épiscopale* que lui attribue surtout le Conseil d'État.

Reprenons ces trois points dont la démonstration décisive résoudra la question.

1° *Le mot évêché est souvent employé dans notre législation, comme dans le langage usuel, avec l'acception de diocèse.* — Pour s'en convaincre, il suffit de comparer : la rubrique du titre IV, section 1re, de la loi du 18 germinal an X : « De la circonscription des archevêchés et évêchés », avec l'article 59 : « La circonscription des métropoles et des diocèses

sive de M. Jules Simon et il émit le 13 mai 1874, au rapport de M. Ch. de Franqueville, un avis dont le dispositif porte « que le diocèse étant capable de posséder, d'acquérir et de

---

sera faite conformément au tableau ci-joint » ; — les articles 107 et 111 du décret du 30 décembre 1809 : « ... le chef-lieu de l'évêché..., s'il y a dans le même évêché plusieurs départements », avec l'article 106 : « Les départements compris dans un diocèse ». Les décrets d'érection des diocèses emploient aussi indifféremment les mots *évêchés* et diocèses...

2° *Le mot évêché est plus rarement et improprement employé dans le sens de palais épiscopal.* — Dans le décret organique précité de 1809, qui est, de l'aveu de tous, le règlement le plus remarquable et le mieux rédigé de notre législation, le *palais épiscopal* est appelé de son véritable nom (art. 107) ; il en est de même dans le décret du 6 novembre 1813 (art. 37 et 42). En laissant toujours de côté l'ordonnance de 1817 qu'il s'agit d'interpréter, nous ne trouvons pour la première fois le mot évêché avec le sens de palais épiscopal que dans les ordonnances des 7 avril 1819 et 4 janvier 1832 qui traitent de l'ameublement de ces palais, ordonnances qui ne sauraient prévaloir sur des règlements organiques.

3° *Il n'existe aucun texte autre que l'ordonnance de 1817 qui est en discussion où le nom évêché soit employé dans le sens de mense épiscopale.* — Le mot mense (de mensa — en anglais, *mess* — radical de commensal) signifie, dans son acception propre, *table* et, dans son acception figurée, ce qui est nécessaire pour la table, pour la nourriture et l'entretien. La *mense épiscopale*, la *mense canoniale*, la *mense conventuelle*, ce sont les revenus affectés à la nourriture et à l'entretien de l'évêque, des chanoines, des religieux. Tout ce qui concerne la mense épiscopale est réglé par le titre II du décret du 6 novembre 1813 (art. 29 à 48) et, dans aucun de ces articles, le mot évêché n'est pris dans cette acception. Il en est, au contraire, bien nettement distingué. « Art. 30 : Les papiers, titres, documents concernant les biens de cette *mense* seront déposés aux archives du secrétariat de l'*archevêché* ou *évêché*. » Tant qu'on n'aura pas produit un texte identifiant l'évêché et la *mense épiscopale*, il sera permis de nier qu'on puisse légalement faire cette confusion et donner au mot *évêché* cette seule signification.

Si nous demandons maintenant quelle acception doit avoir le mot évêché dans l'ordonnance du 2 avril 1817 (art. 1er et 3) nous dirons qu'il a, dans ces articles, un sens complexe, qu'il peut y signifier *palais épiscopal*, peut-être même *mense épiscopale*, mais que sa véritable acception, la seule qui soit vraiment légale, la seule qui repose sur la loi de germinal an X et sur le décret organique du 30 décembre 1809 est celle de *diocèse*.

Nous conclurons donc de tous les textes cités et discutés : — Que les mots *diocèse* et *évêché* sont employés indifféremment et comme synonymes par le législateur ; que l'être moral qu'il appelle tantôt *diocèse*, tantôt *évêché* a l'existence légale et la capacité d'acquérir, qu'il lui reconnaît expressément sous le nom d'évêché ; qu'on peut donc autoriser les *évêques*, en vertu de l'ordonnance de 1817 combinée avec la loi et le règlement organique précités à accepter des libéralités faites pour leur *diocèse* ou pour leur *évêché*.

Si les renseignements qui m'ont été fournis sont exacts, il paraîtrait

recevoir, les évêques peuvent être autorisés à accepter les libéralités faites à leur diocèse » (1).

La haute assemblée a cru pouvoir tirer argument en faveur

---

que pour repousser l'avis de la section de l'Intérieur, adoptant sur cette question les conclusions de mon prédécesseur, on a surtout invoqué, dans l'assemblée générale du Conseil d'État, des considérations législatives ; on a plutôt songé à refaire la loi qu'à l'appliquer... Je ne puis croire, ainsi que je le disais en commençant, que le législateur n'ait pas voulu donner au diocèse l'existence civile et le représentant légal qu'il accorde au chapitre, à la cure ou à la succursale, et je suis très frappé des inconvénients pratiques qu'entraîne la jurisprudence actuelle ..

Pour avoir la solution législative de la question et chercher le *quid utilius*, en laissant un instant de côté les textes précédemment invoqués, il suffirait d'examiner les trois points suivants :

« Le refus de reconnaître les diocèses comme personnes civiles empêchera-t-il les évêques de recevoir, *en fait*, des libéralités ?

« Ces libéralités, entravées dans leur cours régulier, iront-elles se verser dans les caisses municipale, départementale ou publique ?

« Les donations déguisées, anonymes ou manuelles, sont-elles préférables, au point de vue politique, à des donations faites régulièrement et régulièrement autorisées et acceptées ? »

Je réponds négativement à ces trois points et je conclus en disant que, si la législation était muette sur la question d'existence civile des diocèses, il serait d'une bonne politique et d'une bonne administration de reconnaître cette existence légale ; mais que nous n'avons pas à examiner cette question théorique, qui n'est pas de notre domaine ; et qu'il ne s'agit aujourd'hui que d'appliquer des textes dont le sens ne me paraît point douteux...

Agréez, etc. — Le ministre de l'Instruction publique et des Cultes. (*Signé* : Jules Simon.)

(1) Avis du C. d'Ét. 13 mai 1874, sur la question de savoir si les diocèses sont des personnes civiles capables de posséder, d'acquérir et de recevoir (n° 1896). — Le Conseil d'État, qui, sur le renvoi ordonné par M. le ministre de l'Instruction publique, des Cultes et des Beaux-Arts, a été saisi de la question de savoir, en principe, si le diocèse ou évêché est capable de posséder, d'acquérir et de recevoir, et si, par suite, l'évêque peut être autorisé à accepter les libéralités faites directement à son diocèse, dans un intérêt qui n'est représenté par aucun des établissements diocésains particuliers organisés et reconnus par la loi ; — Vu le concordat du 26 messidor an IX, notamment les articles 2, 3, 14 et 15 ; — Vu la loi organique du 18 germinal an X, notamment les articles 9, 11, 33, 34, 36, 37, 38, 58, 59 et 73 ; — Vu le décret du 19 thermidor an XIII ; — Vu le décret du 30 décembre 1809 sur les fabriques, notamment les articles 106, 107 et 111 ; — Vu le décret du 6 novembre 1813 sur les biens des cures, des menses épiscopales, des chapitres et des séminaires, notamment les articles 29 à 48 ; ensemble le rapport du ministre des Cultes, en date du 13 septembre 1813, qui précède ce décret ; — Vu la loi du 2 janvier 1817 ; — Vu l'ordonnance royale du 2 avril 1817 ; — Vu les décrets et ordonnances antérieurs à 1840, autorisant des archevêques et évêques à acquérir ou à accepter des biens meubles ou immeubles au nom de leur évêché ou diocèse ; — Vu les

de cette solution de l'article 73 de la loi du 18 germinal an X qui « confère à l'évêque le droit d'accepter les fondations ayant pour objet l'entretien des ministres et l'exercice du culte » et du décret du 13 thermidor an XIII qui lui « permet de prélever le sixième du produit de la location des chaises dans les églises pour en former un fonds de secours à répartir entre les ecclésiastiques âgés et infirmes »; ces dispositions, d'après l'avis du 13 mai 1874, « impliquent la personnalité

avis du comité de législation du Conseil d'État, en date du 8 juillet 1840, des 5, 26 mars et 21 décembre 1841, portant que les diocèses ne sont que des circonscriptions administratives et ne constituent pas des personnes civiles capables de posséder, d'acquérir et de recevoir; que les libéralités qui leur sont faites ne peuvent produire leur effet qu'autant qu'elles sont destinées à des établissements diocésains légalement reconnus, auquel cas c'est au nom de ces établissements que l'autorisation d'accepter lesdites libéralités doit être accordée; — Vu les décrets et ordonnances postérieurs à 1840, autorisant les archevêques ou évêques à acquérir, ou à accepter des libéralités, en faveur d'intérêts diocésains non représentés par un établissement légalement reconnu; — Vu le rapport adressé le 8 décembre 1840 au Conseil d'Etat par M. le garde des Sceaux, ministre de la Justice et des Cultes; — Vu la lettre adressée le 30 avril 1866 à M. le ministre président le Conseil d'Etat par M. le garde des Sceaux, ministre de la Justice et des Cultes; — Vu la dépêche adressée le 27 novembre 1872 à M. le président du Conseil d'Etat par M. le ministre de l'Instruction publique et des Cultes;

Considérant que l'article 73 de la loi organique du 18 germinal an X, rendu en exécution de l'article 15 du Concordat, confère à l'évêque le droit d'accepter les fondations ayant pour objet l'entretien des ministres et l'exercice du culte, et que le décret du 19 thermidor an XIII lui permet de prélever le sixième du produit de la location des chaises dans les églises, pour en former un fonds de secours à répartir entre les ecclésiastiques âgés et infirmes; — que ces dispositions impliquent la personnalité civile des diocèses reconstitués en exécution du Concordat par la loi du 18 germinal an X; — qu'ainsi, au moment où fut votée la loi du 2 janvier 1817, les diocèses se trouvaient au nombre des établissements ecclésiastiques reconnus, qui peuvent, aux termes de cette loi, accepter des libéralités et acquérir des biens, meubles et immeubles; — que l'article 3 de l'ordonnance du 2 avril 1817, rendue pour l'exécution de la loi précitée, qui désigne l'évêque diocésain pour accepter les legs faits à l'évêché, comprend, sous la dénomination d'évêché, l'ensemble des intérêts exprimés soit dans ladite ordonnance, soit dans les lois antérieures, sous les noms d'église, diocèse, mense épiscopale et autres établissements diocésains; — que rien, ni dans le texte, ni dans les travaux préparatoires de l'ordonnance de 1817, n'indique qu'elle ait entendu attribuer au mot *évêché* le sens restreint de *mense épiscopale*; — qu'au contraire, dans un grand nombre de textes législatifs, notamment les articles 2 et 3 du Concordat, 36 et 58 de la loi du 18 germinal an X, 107 et 111 du décret du 30 décembre 1809, les mots *évêché* et *diocèse* sont synonymes et employés indifféremment par le législateur; — que les

civile des diocèses reconstitués en exécution du concordat par la loi du 18 germinal an X ».

La haute assemblée affirme ensuite « qu'ainsi, au moment où fut votée la loi du 2 janvier 1817, les diocèses se trouvaient au nombre des établissements ecclésiastiques reconnus qui peuvent, aux termes de cette loi, accepter des libéralités et acquérir des biens meubles et immeubles » et que « l'article 3 de l'ordonnance du 2 avril 1817 rendue pour l'exécution de la loi précitée, qui désigne l'évêque diocésain pour accepter les legs faits à l'évêché comprend, sous la dénomination d'évêché,

---

actes spéciaux qui ont constitué certains établissements diocésains particuliers n'ont pu avoir pour résultat d'enlever au diocèse sa personnalité, pas plus que les établissements spéciaux institués dans le département n'effacent la personnalité du département ; — que ces établissements particuliers sont, d'ailleurs, loin de suffire à tous les intérêts religieux du diocèse ; — que, par application de ces principes, avant comme après l'ordonnance de 1817 jusqu'en 1840, les évêques ont été autorisés à posséder et à acquérir au nom de leur diocèse ; — que si, en 1840, le comité du Conseil d'Etat a contesté l'existence civile du diocèse en le considérant comme une simple circonscription administrative, et en attribuant au mot *évêché*, contenu dans l'ordonnance de 1817, le sens exclusif de *mense épiscopale*, cette jurisprudence nouvelle, contraire à celle qui avait été admise par les auteurs mêmes des dispositions que le Conseil d'Etat est chargé d'appliquer, combattue par tous les ministres des cultes depuis 1840 jusqu'à ce jour, et difficile à concilier avec le texte et l'esprit de la législation ci-dessus rappelée, n'a pas sensiblement modifié la pratique du gouvernement et du Conseil d'Etat lui-même ; — qu'en effet, depuis 1840, comme antérieurement, de nombreux décrets délibérés en Conseil d'Etat ont autorisé les évêques à accepter les libéralités faites en vue d'intérêts généraux de leurs diocèses, tels que : l'entretien des prêtres auxiliaires, l'enseignement religieux de la jeunesse, les retraites paroissiales, les secours aux fabriques pauvres, la fondation, la restauration, l'acquisition et l'entretien de chapelles de pèlerinages ou autres édifices n'ayant aucun caractère paroissial, les bonnes œuvres en général, la célébration de messes et services, les secours aux prêtres âgés et infirmes, les besoins généraux du diocèse, les œuvres de bienfaisance, etc., bien que les libéralités de cette nature ne puissent être considérées comme faites à l'un des établissements diocésains légalement reconnus ; — Considérant, d'ailleurs, que l'évêque ne pourra acquérir à titre gratuit ou onéreux, au nom de son diocèse, que sous le contrôle du gouvernement, qui restera toujours juge de l'opportunité de l'autorisation, et en se conformant aux principes généraux de la législation, aux règles spéciales auxquelles sont soumis les établissements ecclésiastiques et aux conditions qui pourront être déterminées dans chaque espèce ;

Est d'avis : — Que le diocèse étant capable de posséder, d'acquérir et de recevoir, les évêques peuvent être autorisés à accepter les libéralités faites à leur diocèse. (M. Ch. de Franqueville, rapporteur.

l'ensemble des intérêts exprimés, soit dans ladite ordonnance, soit dans les lois antérieures sous les noms d'église, diocèse, mense épiscopale et autres établissements diocésains ».

Les autres considérations développées dans l'avis du 13 mai 1874 sont des considérations de fait plutôt que des considérations de droit et elles ne pouvaient fortifier au point de vue juridique la thèse adoptée par le Conseil d'État.

M. de Fourtou qui avait succédé à M. Jules Simon comme ministre des Cultes, avant que le Conseil d'État n'eût donné la consultation qui lui avait été demandée, était en parfaite communion d'idées avec son prédécesseur et il s'empressa de notifier aux archevêques et évêques par circulaire du 15 mai 1874 l'avis de la haute assemblée (1).

Mais le triomphe de la doctrine de MM. Jules Simon et de Fourtou a été éphémère et, dès le 17 mars 1880, le Conseil d'État revenant à la jurisprudence de 1840 et 1841 a émis, au rapport de M. Marguerie, un avis qui porte « que dans l'état actuel de notre législation, l'évêché ou mense épiscopale constitue une personne civile, mais que le diocèse ne repré-

---

(1) Circ. du ministre de l'Instruction publique et des Cultes aux archevêques et évêques, 15 mai 1874. — Monseigneur, depuis 1840, le Conseil d'État s'est refusé à reconnaître la personnalité et la capacité civile du diocèse, bien qu'en fait il ait donné son approbation à un grand nombre d'ordonnances ou décrets qui supposaient l'existence légale de cet établissement. Le ministre des Cultes, resté fidèle à l'ancienne jurisprudence, a plusieurs fois tenté de la faire prévaloir sur une doctrine nouvelle, si fréquemment démentie par la pratique. Les efforts de mes prédécesseurs ont été infructueux et, dans ces derniers temps, on ne croyait pas pouvoir aller au delà d'un système mixte qui accordait à l'évêque une capacité personnelle plus étendue, sans reconnaître la vie civile à l'établissement ecclésiastique dont il est titulaire. Je me suis refusé à accepter une transaction qui me paraissait être inexacte en doctrine, insuffisante dans la pratique, et j'ai cru devoir intervenir personnellement dans la discussion d'une question si controversée et si importante pour l'épiscopat. — Je suis heureux de vous annoncer, Monseigneur, qu'après un examen approfondi des différents systèmes en présence, le Conseil d'État, adoptant ma proposition, a reconnu que le diocèse avait une existence légale et qu'il avait, par suite, la capacité juridique d'acquérir, de posséder, d'accomplir, en un mot, tous les actes de la vie civile, comme les autres établissements publics. — J'ai l'honneur d'adresser à Votre Grandeur un exemplaire de l'avis en ce sens, délibéré dans les séances des 30 avril, 7 et 13 mai courant. — Agréez, Monseigneur, l'assurance de ma haute considération. — Le ministre de l'Instruction publique et des Cultes. (*Signé :* De Fourtou.)

sente qu'une division du territoire français qui a été faite au point de vue religieux et sur laquelle s'étend la juridiction épiscopale » (1).

---

(1) Avis du C. d'Ét., 17 mars 1880 : 1° Sur un projet de décret tendant à déclarer qu'il n'y a pas lieu d'autoriser l'acceptation d'un legs de divers immeubles fait au diocèse de Clermont par l'abbé François-Louis Bastier de Meydat ; 2° Sur la question de savoir, en principe, si le diocèse constitue une personne civile capable de posséder, d'acquérir et de recevoir (n° 32,153). — Le Conseil d'État qui, sur le renvoi ordonné par M. le ministre de l'Intérieur et des Cultes, a pris connaissance d'un projet de décret portant : Il n'y a pas lieu d'autoriser l'acceptation du legs fait au diocèse de Clermont (Puy-de-Dôme) par l'abbé François-Louis Bastier de Meydat, suivant son testament olographe du 21 juin 1877 et consistant en trois maisons, avec dépendances, situées à Clermont et estimées ensemble 85,070 francs; — Vu le testament de l'abbé Bastier de Meydat ; — Vu la lettre, en date du 31 décembre 1879, par laquelle M. le ministre de l'Intérieur et des Cultes, se référant aux conclusions d'un rapport adressé par lui au président de la République, le 10 novembre 1879, sur la capacité civile des établissements ecclésiastiques, exprime l'opinion que les diocèses ne constituent pas des personnes civiles capables de posséder, d'acquérir et de recevoir ; — Vu les autres pièces produites ; — Vu le Concordat du 26 messidor an IX, notamment les articles 2, 3, 14 et 15 ; — Vu la loi organique du 18 germinal an X, notamment les articles 9, 11, 33, 34, 36, 37, 38, 58, 59 et 73 ; — Vu le décret du 19 thermidor an XIII ; — Vu le décret du 30 décembre 1809 sur les fabriques des églises, notamment les articles 106, 107 et 111 ; — Vu le décret du 6 novembre 1813 sur les biens des cures, des menses épiscopales, des chapitres et des séminaires, notamment les articles 29 à 48 ; — Vu la loi du 2 janvier 1817 ; — Vu l'ordonnance royale du 2 avril 1817 ; — Vu les avis du comité de législation du Conseil d'État, en date des 8 juillet 1840, 5, 26 mars et 21 décembre 1841 ; — Vu la dépêche adressée le 27 novembre 1872 à M. le président du Conseil d'État, par M. le ministre de l'Instruction publique et des Cultes ; — Vu l'avis du Conseil d'État, du 13 mai 1874 ; — Vu le rapport adressé le 10 novembre 1879 au président de la République par M. le ministre de l'Intérieur et des Cultes ;

En ce qui touche la question de principe : — Considérant que la personnalité civile d'un établissement ne peut résulter que d'une disposition précise ou d'un ensemble de dispositions impliquant son existence ; — Considérant qu'il n'a jamais été contesté que la personnalité civile du diocèse n'a été établie par aucun texte formel, mais qu'il a été soutenu que l'article 73 de la loi du 18 germinal an X, rendue en exécution de l'article 15 du Concordat, et le décret du 19 thermidor an XIII impliquent cette personnalité ; — Considérant que l'article 73 de la loi du 18 germinal an X se borne à désigner l'évêque pour accepter les fondations qui ont pour objet l'entretien des ministres et l'exercice du culte, sans indiquer au nom de quel établissement cette acceptation doit avoir lieu ; que cette désignation de l'évêque diocésain n'avait d'autre but que de permettre l'exécution des libéralités pieuses jusqu'à ce que les divers organes du culte catholique aient été constitués avec leurs attributions spéciales et en vue de leur mission particulière ; que, d'une part, d'après le décret

Cet avis a été rendu conformément aux conclusions d'un rapport adressé au Président de la République par le ministre de l'Intérieur et des Cultes, M. Lepère, le 10 novembre 1879 (1);

---

du 6 novembre 1813, les libéralités faites pour l'entretien des ministres du culte doivent être attribuées aux cures ou succursales, menses épiscopales, chapitres et séminaires, suivant la catégorie d'ecclésiastiques que les bienfaiteurs ont entendu gratifier, et que, d'autre part, d'après l'article Ier du décret du 30 décembre 1809, les fabriques ont été chargées d'administrer tous les fonds qui sont affectés à l'exercice du culte; — Considérant que, si le décret du 19 thermidor an XIII a constitué un fonds de secours pour les ecclésiastiques âgés et infirmes et a confié à l'évêque l'administration de ce fonds de secours, la seule conséquence à en tirer est que l'évêque peut être autorisé à accepter des libéralités dans l'intérêt des prêtres âgés et infirmes; qu'il résulte de ce qui précède que ni l'article 73 de la loi organique du 18 germinal an X, ni le décret du 19 thermidor an XIII ne contiennent de dispositions relatives à la personnalité civile du diocèse; — Considérant que, si l'ordonnance du 2 avril 1817 autorise les évêques à accepter les libéralités faites à leurs évêchés et si le mot *évêché* a dans plusieurs textes législatifs ou réglementaires le sens du mot *diocèse*, ladite ordonnance prise en exécution de la loi du 2 janvier précédent n'a pas eu pour objet et n'aurait pu avoir pour effet de créer un établissement dont l'existence n'aurait pas été précédemment reconnue; que le mot *évêché*, dans ladite ordonnance, ne peut s'appliquer qu'à l'ensemble des biens, constitués sous le nom de *mense épiscopale* par le décret du 6 novembre 1813, dont les évêques, appelés au gouvernement des diocèses, ont successivement la jouissance ou l'usufruit en raison de l'exercice de leurs fonctions; que, dans l'état actuel de notre législation, l'*évêché* ou *mense épiscopale* constitue une personne civile, mais que le *diocèse* ne représente qu'une division du territoire français, qui a été faite au point de vue religieux et sur laquelle s'étend la juridiction épiscopale;

En ce qui touche le décret proposé : — Considérant que le diocèse n'ayant pas la personnalité civile, il y a lieu de substituer à la formule proposée par le projet de décret la formule adoptée par la jurisprudence pour les libéralités faites aux établissements dépourvus d'existence légale,

Est d'avis : 1° Que la question de principe soit résolue dans le sens des observations qui précèdent; 2° Que le dispositif du décret porte qu'il n'y a pas lieu de statuer sur le legs fait au diocèse de Clermont, le diocèse n'ayant pas d'existence civile. (M. R. Marguerie, rapporteur.)

(1) Rapport présenté par M. le ministre de l'Intérieur et des Cultes à M. le Président de la République sur la capacité civile des établissements ecclésiastiques. Autorisation des dons et legs faits en leur faveur (10 novembre 1879). — Monsieur le Président, par des avis des 6 mars, 24 juillet 1873 et 13 mai 1874, le Conseil d'État a inauguré une jurisprudence nouvelle et en contradiction avec les principes que jusqu'alors il avait affirmés et défendus avec autant d'énergie que de persévérance. Cette jurisprudence a étendu dans la plus large proportion la capacité des établissements ecclésiastiques ou pour mieux dire elle a supprimé les limites dans lesquelles avait été jusqu'alors renfermée cette capacité. Elle a enfin créé une personnalité civile inconnue au législateur, la personnalité du diocèse...

Les articles 2 et 14 du Concordat, l'article 59 de la loi du 18 germinal

il reprend un à un les arguments invoqués par l'avis du 13 mai 1874 et il n'en laisse pas un seul debout.

---

an X et l'article 2 de la loi du 4 juillet 1821, qui tous s'appliquent aux *diocèses*, ne s'en occupent qu'à titre de simples *circonscriptions* administratives, sans contenir aucune disposition tendant à les faire considérer comme des établissements publics ayant des attributions propres et régulièrement déterminées.

Le décret du 6 novembre 1813 sur la conservation et l'administration des biens que possède le clergé reconnaît, il est vrai, aux archevêques et évêques, comme aux curés et desservants, le droit de posséder des biens et, par suite, d'en acquérir ou d'en recevoir par libéralités; mais il a soin de le limiter à leur *mense*, sorte de dotation du siège épiscopal formant le patrimoine des évêques successifs et constituant une sorte de complément de traitement. Rien dans ce décret, pas plus que dans un aucun autre texte de loi ou de décret, ne saurait être invoqué pour justifier le droit des archevêques et évêques à recevoir et à posséder des biens de diverses natures pour toutes destinations, et de devenir ainsi de grands propriétaires dans l'intérêt général de leur diocèse.

L'ordonnance réglementaire du 2 avril 1817, relative à l'acceptation et à l'emploi des dons et legs faits aux établissements ecclésiastiques et religieux, proteste contre une pareille extension donnée à la capacité civile des évêques et dispose expressément que l'acceptation par eux de ces libéralités ne sera autorisée qu'autant qu'elles auront pour objet leur *évêché*, c'est-à-dire leur *mense épiscopale*, leur *cathédrale* et leurs séminaires.

C'est en ce sens que les avis de principe du comité de législation des 8 juillet 1840, 5, 26 mars et 21 décembre 1841 ont résolu la capacité essentiellement restreinte des archevêques et évêques et déclaré que les diocèses ne sont que des circonscriptions administratives et ne constituent pas des personnes civiles capables de posséder, d'acquérir et de recevoir; qu'en conséquence les dons et legs qui leur sont faits ne peuvent produire leur effet qu'autant qu'ils sont destinés à des établissements diocésains légalement reconnus, au nom desquels l'autorisation d'accepter ces libéralités doit être accordée.

Depuis cette époque jusqu'en 1874, les dons et legs au profit des diocèses ont été considérés généralement comme étant faits à des incapables, et le Conseil d'État a été d'avis qu'il n'y avait pas lieu de les autoriser. Il a même considéré que le mot *évêché* ne pouvait avoir d'autre acception légale que celle de *mense épiscopale*.

L'avis du 13 mai 1874 est venu, après une expérience de près de quarante ans, changer cette jurisprudence. En reconnaissant, par simple voie administrative, la capacité des diocèses, cet avis, comme je l'ai déjà fait remarquer, a tranché une question qu'il ne lui appartenait pas de résoudre.

L'Assemblée nationale elle-même, à l'occasion de la discussion de la loi sur l'enseignement supérieur, a refusé de consacrer cette décision et de reconnaître les diocèses comme des établissements publics.

Aussi, je n'hésite pas à proposer le retour pur et simple à la jurisprudence de 1840, conforme à la législation et aux règles d'une sage administration.

Agréez, Monsieur le Président, l'assurance de ma haute considération.
Le ministre de l'Intérieur et des Cultes. (*Signé :* Ch. Lepère.)

L'avis du 17 mars 1880 démontre que ni l'article 73 de la loi du 18 germinal an X ni le décret du 13 thermidor an XIII n'impliquent la personnalité civile du diocèse. Il fait observer, en effet, « que l'article 73 de la loi du 18 germinal an X se borne à désigner l'évêque pour accepter les fondations qui ont pour objet l'entretien des ministres et l'exercice du culte, sans indiquer au nom de quel établissement cette acceptation doit avoir lieu; que cette désignation de l'évêque diocésain n'avait d'autre but que de permettre l'exécution des libéralités pieuses jusqu'à ce que les divers organes du culte catholique aient été constitués avec leurs attributions spéciales et en vue de leur mission particulière; que, d'une part, d'après le décret du 6 novembre 1813, les libéralités faites pour l'entretien des ministres du culte doivent être attribuées aux cures ou succursales, menses épiscopales, chapitres et séminaires, suivant la catégorie d'ecclésiastiques que les bienfaiteurs ont entendu gratifier et que, d'autre part, d'après l'article 1er du décret du 30 décembre 1809, les fabriques ont été chargées d'administrer tous les fonds qui sont affectés à l'exercice du culte ».

Il ajoute que « si le décret du 19 thermidor an XIII a constitué un fonds de secours pour les ecclésiastiques âgés et infirmes et a confié à l'évêque l'administration de ce fonds de secours la seule conséquence à en tirer est que l'évêque peut être autorisé à accepter des libéralités dans l'intérêt des prêtres âgés et infirmes ».

L'avis du 17 mars 1880, après avoir ainsi réduit à néant les raisons tirées en faveur de la personnalité civile des diocèses de l'article 73 de la loi du 18 germinal an X et du décret du 13 thermidor an XIII, expose « que, si l'ordonnance du 2 avril 1817 autorise les évêques à accepter les libéralités faites à leurs évêchés et si le mot *évêché* a dans plusieurs textes législatifs ou réglementaires le sens du mot *diocèse*, ladite ordonnance prise en exécution de la loi du 2 janvier précédent n'a pas eu pour objet et n'aurait pu avoir pour effet de créer un établissement dont l'existence n'aurait pas été précédemment reconnue; que le mot *évêché*, dans ladite ordonnance, ne peut s'appliquer qu'à l'ensemble des biens constitués sous le nom de *mense épiscopale* par le décret du 6 novembre 1813 dont les évêques appelés au gouvernement des diocèses ont successivement la jouissance ou l'usufruit, en raison de l'exercice de leurs fonctions ».

Cette argumentation nous paraît absolument péremptoire et nous n'avons pas grand'chose à y ajouter. Nous nous contenterons de faire observer que c'est à tort que l'avis du 13 mai 1874 affirme que le décret du 13 thermidor an XIII permet à l'évêque de prélever le sixième du produit de la location des chaises dans les églises pour en former un fonds de secours à répartir entre les ecclésiastiques âgés et infirmes; le décret ordonne bien un prélèvement, mais sans indiquer par qui il sera effectué (1). Loin de relever l'erreur commise par l'avis de 1874, celui de 1880 l'a en quelque sorte aggravée, en déclarant que le décret du 13 thermidor an XIII a confié à l'évêque l'administration du fonds de secours; en réalité, l'article 2 dudit décret se borne à disposer que les évêques adresseront au ministre des Cultes des projets de règlement pour déterminer le mode et les précautions relatifs au prélèvement à opérer sur le produit de la location des chaises « ainsi que la manière d'en appliquer le résultat et d'en faire la distribution » (2). Le décret du 13 thermidor an XIII a simplement provoqué la formation d'un fonds spécial de secours dont la gestion devait être réglementée par décret; il n'a pas chargé les évêques du maniement des deniers prélevés dans l'intérêt des prêtres âgés ou infirmes; cette mission a été attribuée en exécution du décret de l'an XIII à des caisses de secours et des maisons de retraite, qui, moyennant l'approbation gouvernementale, constituent des établissements publics et jouissent à ce titre de la personnalité civile.

Si l'on a soin de rétablir, comme nous venons de le faire,

(1) D. 13 thermidor an XIII. — Art. 1er. Le sixième du produit de la location des bancs, chaises et places dans les églises, faite en vertu des règlements des évêques pour les fabriques de leurs diocèses, après déduction des sommes que les fabriques auront dépensées pour établir ces bancs et chaises, sera prélevé pour former un fonds de secours à répartir entre les ecclésiastiques âgés ou infirmes.

(2) D. 13 thermidor an XIII. — Art. 2. Les évêques adresseront au ministre des Cultes, dans le mois qui suivra la publication du présent décret un projet de règlement pour déterminer le mode et les précautions relatifs à ce prélèvement ainsi que la manière d'en appliquer le résultat et d'en faire la distribution.

le texte exact du décret du 13 thermidor an XIII, la solution admise par l'avis du 17 mars 1880 acquiert une force nouvelle.

Il convient d'ailleurs d'autant mieux d'accepter cette solution qu'elle cadre complètement avec les principes ordinaires de notre droit public et administratif.

D'après le droit commun, les circonscriptions territoriales établies en vue des services publics n'ont pas l'individualité juridique. Ce privilège a été accordé à titre de faveur tout à fait extraordinaire aux communes et aux départements, mais il fait défaut aux arrondissements, aux cantons, aux ressorts de Cours d'appel et de tribunaux de première instance ou de commerce, aux régions et subdivisions de régions militaires, aux arrondissements et sous-arrondissements maritimes, aux ressorts académiques, aux circonscriptions sanitaires, etc. Pourquoi les diocèses feraient-ils exception à la règle générale?

Ils ne pourraient échapper à l'empire du droit commun que si le législateur les y avait soustraits en termes exprès comme il l'a fait pour les communes et les départements; or il est constant que les diocèses n'ont été érigés à l'état de personnes morales par aucune disposition formelle de loi : l'avis du 13 mai 1874 tend simplement à établir, sans d'ailleurs y réussir, que l'individualité juridique leur a été implicitement reconnue par la loi du 18 germinal an X et le décret du 13 thermidor an XIII.

Du moment que les diocèses ne sont pas des personnes civiles, ils sont incapables de recevoir et les libéralités qui leur sont adressées sont considérées comme caduques par la jurisprudence du Conseil d'État à moins qu'elles ne soient de nature à profiter à des établissements diocésains légalement reconnus; l'avis précité du 21 décembre 1841 porte que « les libéralités faites au profit d'un diocèse ne peuvent produire leur effet qu'autant qu'elles sont destinées à des établissements diocésains légalement reconnus, auquel cas c'est au nom de ces établissements que l'autorisation d'accepter lesdites libéralités doit être accordée ». (Cf. Avis du 26 mars 1841.)

L'avis de principe du 17 mars 1880 ne s'est pas expliqué sur la question de savoir si dans l'acceptation des libéralités faites aux diocèses il est permis de remplacer ceux-ci par les établissements diocésains intéressés, mais elle a été résolue affirmativement par une note de la section de l'Intérieur du 22 décembre 1885 relative à deux legs faits au diocèse de Saint-Claude par la demoiselle Roumesse, l'un pour les prêtres âgés ou infirmes et l'autre pour la fondation d'une bourse en faveur d'un séminariste (V. *supra*, n° 50).

Cette jurisprudence ne nous paraît pas susceptible d'être approuvée sans réserves; elle n'est légitime que dans la mesure où elle tend à interpréter les donations et testaments et non à les refaire. Les établissements diocésains ne peuvent revendiquer les libéralités faites aux diocèses qu'autant que sous le nom de ceux-ci les donateurs ou testateurs ont entendu instituer ceux-là; en d'autres termes, il n'est loisible aux établissements diocésains d'intervenir au lieu et place des diocèses dans l'acceptation des dons et legs adressés à ces derniers qu'autant que cette intervention est conforme aux intentions des donateurs ou testateurs. Il ne faut donc pas dire d'une façon absolue que, par cela même qu'un don ou legs fait à un diocèse est susceptible de tourner au profit d'un établissement diocésain légalement reconnu, cet établissement a qualité pour l'accepter.

180. Si les circonscriptions ecclésiastiques ne jouissent pas de la personnalité morale, il a été institué dans chacune d'elles pour faire face aux besoins du culte et de ses ministres des établissements publics qui ont reçu la vie civile et sont aptes à recevoir des dons et des legs.

Aux paroisses se rattachent deux espèces d'établissements publics : les *fabriques* des églises curiales ou succursales et des chapelles paroissiales, simples ou vicariales, et les *menses curiales* ou *succursales* appelées aussi plus brièvement *cures* ou *succursales*.

Aux métropoles et aux diocèses correspondent les cinq catégories suivantes d'établissements publics : 1° les *fabriques* des églises métropolitaines ou cathédrales; — 2° les *menses* épiscopales et archiépiscopales, connues aussi sous le nom d'*évêchés* et d'*archevêchés*; — 3° les *menses capitulaires* ou *canoniales* ou autrement dit les *chapitres;* — 4° les *séminaires* et les *écoles secondaires ecclésiastiques* ou *petits séminaires ;* — 5° les *caisses de secours* et les *maisons de retraite* pour les prêtres âgés ou infirmes.

Nous croyons devoir faire suivre cette énumération des établissements ecclésiastiques de quelques explications qui ne comprendront que ce qu'il est indispensable de connaître pour l'intelligence de la matière des dons et legs.

181. L'article 76 de la loi du 18 germinal an X porte qu'« il sera établi des fabriques pour veiller à l'entretien et à la conservation des temples, à l'administration des aumônes ». Conformément à cette disposition qui a été précisée et développée par le décret du 30 décembre 1809, chaque église métropolitaine, cathédrale, curiale ou succursale a sa fabrique par l'organe de laquelle elle jouit de la personnalité morale (1).

De même, les chapelles paroissiales, dont les unes sont des

(1) D. 30 décembre 1809. — Art. 12. Seront soumis à la délibération du conseil... 3° l'emploi des fonds excédant les dépenses, du montant des legs et donations, et le remploi des capitaux remboursés. — Art. 36. Les revenus de chaque fabrique se forment :... 2° du produit des biens, rentes et fondations qu'elles ont été ou pourront être par nous autorisées à accepter. — Art. 58. Tout notaire devant lequel il aura été passé un acte contenant donation entre vifs ou disposition testamentaire au profit d'une fabrique sera tenu d'en donner avis au curé ou desservant. — Art. 59. Tout acte contenant des dons ou legs à une fabrique sera remis au trésorier qui en fera son rapport à la prochaine séance du bureau. Cet acte sera ensuite dressé par le trésorier avec les observations du bureau à l'archevêque ou évêque diocésain pour que celui-ci donne sa délibération s'il convient ou non d'accepter. Le tout sera envoyé au ministre des cultes sur le rapport duquel la fabrique sera, s'il y a lieu, autorisée à accepter ; l'acte d'acceptation, dans lequel il sera fait mention de l'autorisation sera signé par le trésorier au nom de la fabrique. — Art. 63. Les deniers provenant de donations ou legs, dont l'emploi ne serait pas déterminé par la fondation, les remboursements de ventes, les prix de ventes ou soultes d'échanges, les revenus excédant l'acquit des charges ordinaires seront employés dans les formes déterminées par l'avis du Conseil d'État approuvé par nous le 21 décembre 1808...—Art. 113. Les fondations, donations ou legs faits aux églises cathédrales seront acceptés, ainsi que ceux faits aux séminaires, par l'évêque diocésain, sauf notre autorisation donnée en Conseil d'Etat sur le rapport de notre ministre des Cultes.

Ord. 2 avril 1817. — Conformément à l'article 910 du Code civil et à la loi du 2 janvier 1817, les dispositions entre vifs ou par testament de biens, meubles et immeubles au profit des églises..., des fabriques..., ne pourront être acceptées qu'après avoir été autorisées par nous, le Conseil d'Etat entendu et sur l'avis préalable de nos préfets et de nos évêques, suivant les divers cas. L'acceptation des dons ou legs en argent ou en objets mobiliers n'excédant pas trois cents francs sera autorisée par les préfets. — Art. 3. L'acceptation desdits legs ou dons ainsi autorisée sera faite... par les évêques lorsque les dons ou legs auront pour objet leur évêché, leur cathédrale ou leurs séminaires; ... par les trésoriers

chapelles simples et les autres des chapelles vicariales, sont administrées par des fabriques qui leur assurent tous les avantages de la vie civile.

Les chapelles domestiques et les oratoires particuliers dont l'érection est subordonnée en vertu de l'article 44 de la loi du 18 germinal an X et du décret du 22 novembre 1812 à l'autorisation du gouvernement n'ont ni fabrique, ni personnalité morale (1).

Dès lors, une libéralité adressée à un oratoire privé ou à une chapelle domestique est nulle à moins que la chapelle ou

---

des fabriques lorsque les donateurs ou testateurs auront disposé en faveur des fabriques ou pour l'entretien des églises et le service divin.

Ord. 7 mai 1826. — A l'avenir lorsque la personne désignée en la qualité qu'elle exerce par l'ordonnance du 2 avril 1817 pour accepter avec notre autorisation les donations faites aux établissements ecclésiastiques sera elle-même donatrice, elle sera remplacée pour la formalité de l'acceptation, savoir : l'évêque,... par le trésorier de la fabrique de la cathédrale si la donation a pour objet ladite cathédrale,... le curé et le desservant par le trésorier de la fabrique; le trésorier par le président.

D 27 mars 1893. — Art. 18. Le budget des fabriques est divisé en budget ordinaire et budget extraordinaire. Ce dernier comprend la recette et l'emploi des capitaux provenant de dons et legs, d'emprunts, d'aliénations et de remboursements, de coupes extraordinaires de bois et de toutes autres ressources exceptionnelles.

(1) Circ. min. Just. 4 juillet 1882. — Monsieur le préfet, vous n'ignorez pas qu'aux termes de notre législation concordataire, et notamment des articles 44, 61 et 62 de la loi du 18 germinal an X, des décrets des 30 septembre 1807 et 22 décembre 1812, ainsi que de l'article 294 du Code pénal, l'exercice public du culte catholique doit être autorisé par décret de manière que chaque lieu de culte obtienne simultanément avec son institution canonique, un véritable état civil.

Les décrets rendus en cette matière confèrent à chaque lieu de culte un titre qui varie selon les besoins auxquels il est destiné à faire face.

Ces titres sont au nombre de cinq : 1° la cure ; 2° la succursale ; 3° la chapelle (simple ou vicariale); 4° l'oratoire public ou chapelle de secours; 5° l'oratoire particulier ou chapelle domestique.

La cure correspond, en principe, au chef-lieu de canton.

La succursale comprend une ou plusieurs communes rurales, un ou plusieurs quartiers de ville.

La chapelle est accordée à la commune qui, réunie à une autre pour le culte, désire recouvrer ou acquérir l'autonomie religieuse; l'oratoire public, — jadis appelé annexe et actuellement chapelle de secours, — à une section, un hameau ou un quartier de ville distant du chef-lieu paroissial; enfin, l'oratoire privé, à une agrégation d'habitants réunis dans un intérêt commun, industriel, scolaire, etc. (prisons, hospices, hôpitaux, lycées, usines ou habitation éloignée de tout centre, etc.).

Aux trois premiers titres seuls correspond : 1° Une circonscription territoriale distincte, dite circonscription paroissiale ; 2° une person-

l'oratoire donataire ou légataire ne dépende d'une personne morale telle qu'un hôpital, un hospice, un lycée, une communauté ou congrégation religieuse autorisée; les oratoires ou chapelles des hospices, hôpitaux et autres établissements légalement reconnus jouissent de la faculté de recevoir par l'intermédiaire desdits établissements à la condition que leur ouverture ait eu lieu dans les conditions et selon les formes voulues par la loi (1).

---

nalité civile propre ; 3° une administration ecclésiastique permanente ; 4° une administration temporelle particulière confiée à un conseil de fabrique.

Les chapelles sont dites *vicariales* quand l'État concourt au payement du prêtre appelé à les desservir (450 fr.), et *simples* quand la fabrique ou la commune pourvoient seules au traitement du chapelain.

Les chapelles de secours, oratoires ou chapelles domestiques sont placées, au spirituel, sous la surveillance et la direction des titulaires des paroisses. Au point de vue du temporel, les chapelles de secours sont confiées à la gestion du conseil de la fabrique paroissiale...

Recevez, Monsieur le préfet, l'assurance de ma considération très distinguée. — Pour le garde des sceaux, ministre de la Justice et des Cultes, le conseiller d'État, directeur général des Cultes. (*Signé* : Flourens).

(1) Note de la sect. de l'Int. 18 juillet 1890 (n° 82.804). — La section de l'Intérieur, de l'Instruction publique, des Cultes et des Beaux-Arts du Conseil d'Etat qui a de nouveau pris connaissance du projet de décret tendant à statuer sur des legs faits à divers établissements par la dame veuve Durvis, estime que l'autorisation d'accepter le legs fait à l'hospice de Pontchartrain avec charge de services religieux à célébrer dans la chapelle dudit hospice ne pourrait être accordée aux clauses et conditions imposées qu'autant que cette chapelle aurait été régulièrement ouverte au culte dans les conditions prescrites par l'article 44 de la loi de germinal an X et le décret de 1812. — Elle a, en conséquence, été d'avis de surseoir à statuer jusqu'à ce que les formalités en vue de régulariser la situation de la chapelle aient pu être remplies. Si rien ne parait s'opposer à cette régularisation elle pourrait faire l'objet d'une disposition additionnelle qui serait insérée au projet de décret sur la proposition de M. le ministre des Cultes. (M. Bienvenu Martin, rapporteur.)

Projet de décret adopté par la section de l'Intérieur le 29 avril 1891 (même affaire). — Art. 2. La commission administrative de l'hospice de Jouars-Pontchartrain (Seine-et-Oise) est autorisée à accepter aux clauses et conditions énoncées le legs fait à cet établissement par la dame veuve Durvis née Roussel suivant son testament olographe du 26 janvier 1886 et consistant en une somme de 800 francs à la charge de faire célébrer dans sa chapelle une messe par mois pendant cinquante ans. Le produit de ce legs sera placé en rentes 3 0/0 sur l'État. — Art. 3. L'ouverture d'un oratoire particulier est autorisée dans les bâtiments de l'hospice civil de Jouars-Pontchartrain (Seine-et-Oise). L'accès de cet oratoire ne sera permis qu'au personnel et aux malades de l'établissement. (M. Bienvenu Martin, rapporteur.)

Les annexes prévues par l'article 11 du décret du 30 septembre 1807 et les chapelles de secours jadis intitulées oratoires publics doivent être regardées comme des dépendances ou des prolongements des églises et chapelles paroissiales; elles sont administrées, au point de vue temporel, par les fabriques des paroisses sur le territoire desquelles elles sont situées et elles peuvent être gratifiées de dons et legs par l'entremise desdites fabriques au même titre que les églises curiales ou succursales et les chapelles simples ou vicariales auxquelles elles sont rattachées. La section de l'Intérieur s'est prononcée en ce sens par une note du 22 décembre 1891 (1) dont il n'est pas sans intérêt de rapprocher un avis du Conseil d'État du 24 février 1881 (2).

---

(1) Note de la sect. de l'Int. 22 décembre 1891 (n° 89,968). — La section de l'Intérieur, des Cultes, de l'Instruction publique et des Beaux-Arts du Conseil d'État, tout en adoptant le projet de décret relatif au legs fait par la demoiselle Dégrugillier à la chapelle de secours de Nédon (Pas-de-Calais), érigée par décret du 18 mars 1878, a cru devoir, spécifier que le trésorier de la fabrique de l'église succursale de Nédonchel, à laquelle ladite chapelle de secours est rattachée pour le culte, est autorisé à accepter ladite libéralité au nom de l'établissement fabricien. (M. Jules Noël, rapporteur.)

Projet de décret adopté par la section de l'Intérieur (même affaire). — Art 1er Le trésorier de la fabrique de l'église succursale de Nédonchel (Pas-de-Calais) au nom de cet établissement est autorisé : 1° à accepter le legs fait par la demoiselle Dégrugillier, suivant son testament public du 5 décembre 1890, à la chapelle de secours érigée à Nédon en vertu d'un décret du 18 mars 1878 et dépendant pour le culte de cette succursale, ledit legs consistant en une parcelle de terre d'une contenance de 1 hectare 43 ares 41 centiares estimée 3,300 francs à la charge de 7 recommandations au prône et de fondation de 21 messes basses chaque année à perpétuité ; 2° à vendre les immeubles légués aux enchères publiques sur une mise à prix égale au montant de l'estimation. Le produit de ladite vente sera placé en rentes 3 0/0 sur l'État au nom de la fabrique de l'église légataire avec mention sur l'inscription de la destination des arrérages. — Mention sera faite aux budgets tant à l'actif qu'au passif des charges et revenus de la rente acquise. — Il sera justifié de l'accomplissement de ces formalités auprès du préfet.

(2) Avis du C. d'Ét. 24 février 1881 (n° 38,040). — Le Conseil d'État qui, sur le renvoi ordonné par M. le ministre de l'Intérieur et des Cultes, a pris connaissance d'un projet de décret tendant, entre autres dispositions, à refuser au trésorier de la fabrique de l'église succursale de Saint-Nicolas de Véroce (Haute-Savoie) l'autorisation d'accepter deux legs de 100 francs, faits en faveur de la chapelle de Véroce par le sieur Bouvet (Joseph-Marie), suivant son testament olographe en date du 16 août 1874; — Considérant que, par son testament olographe en date

Les chapelles qui n'ont pas de titre légal sont frappées d'une incapacité absolue de recevoir; non seulement elles ne sauraient être instituées directement donataires ou légataires (1), mais encore il est interdit de faire dans leur intérêt des libéralités aux fabriques des paroisses dans la circonscription desquelles elles sont établies (V. *supra*, n° 58, Avis de la sect. de l'Int. 13 mars 1889, legs Bessède; 3 décembre 1890, legs veuve Lechevrel).

D'après une note précitée de la section de l'Intérieur du 11 février 1892 (V. *supra*, n° 50), un legs fait en vue de la célébration de messes à une chapelle sans titre peut être accepté par la fabrique de l'église paroissiale à la condition que les messes soient dites dans le second de ces lieux de culte et non dans le premier; mais cette combinaison ne nous paraît admissible que si elle s'appuie sur les termes mêmes du testament, c'est-à-dire si le testateur a pris soin de dire que, dans le cas où les messes ne pourraient être célébrées

---

du 16 août 1874, le sieur Bouvet (Joseph-Marie) a légué « la somme de cent francs pour le revenu être employé en célébration de messes à la chapelle de Véroce, et cent francs pour le revenu être employé à l'entretien de ladite chapelle »; — Considérant que la chapelle de Véroce (Haute-Savoie), créée au commencement du XVIIIe siècle, conformément à la législation en vigueur, a toujours été ouverte au culte et dépend de la succursale de Saint-Nicolas de Véroce; que la fabrique de cette succursale peut et doit être considérée comme étant la légataire désignée par le testateur; que, par suite, rien ne s'oppose à l'acceptation de ces deux legs avantageux à l'établissement légataire et à l'accomplissement des volontés du testateur, puisque la fabrique de Saint-Nicolas de Véroce est seule appelée à en assurer l'exécution;

Est d'avis qu'il y a lieu d'autoriser la fabrique de l'église succursale de Saint-Nicolas de Véroce (Haute-Savoie) à accepter les legs faits par le sieur Bouvet (Joseph-Marie). (M. Valabrègue, rapporteur.)

(1) Note de la sect. de l'Int. 21 mai 1890 (n° 82,625). — La section de l'Intérieur, de l'Instruction publique, des Cultes et des Beaux-Arts du Conseil d'État, tout en adoptant un projet de décret portant qu'il n'y a pas lieu de statuer sur des legs faits par la dame veuve Bonnet à une chapelle qui n'est pas légalement ouverte à l'exercice du culte a cru devoir, conformément à sa jurisprudence constante supprimer comme inutiles les derniers mots de l'article 1er : « et ne peut en conséquence recueillir ces libéralités ». (M. André Silhol, rapporteur.)

Projet de décret adopté par la sect. de l'Int. (même affaire). — Art. 1er. Il n'y a pas lieu de statuer sur les legs tant universel que particulier faits par la dame veuve Bonnet, née Marthe-Dorothée Bonnet, suivant son testament public du 8 octobre 1875 à la chapelle de N.-D.-du-Rocher, à Vitrolles, qui n'est pas légalement ouverte à l'exercice du culte.

dans la chapelle par lui indiquée, elles le seraient dans l'église paroissiale (1).

Les chapelles élevées sur des sépultures privées par les personnes qui sont concessionnaires de terrains dans les cimetières ne doivent pas être assimilées à des chapelles sans titre encore bien qu'elles ne soient pas autorisées par décret; en effet, elles ne sont pas destinées à l'exercice du culte et elles ont le caractère de simples monuments funèbres. Rien ne s'oppose donc à ce que l'on fasse à une fabrique une libéralité entre vifs ou par testament à charge d'entretien d'une chapelle funéraire; mais, comme le porte une note de la section de l'Intérieur du 2 juin 1886 (2), l'acceptation de cette libé-

---

(1) Note de la sect. de l'Int. 30 octobre 1889 (n° 80,156). — La section de l'Intérieur, de l'Instruction publique, des cultes et des Beaux-Arts du Conseil d'Etat qui a pris connaissance du projet de décret relatif au legs fait par la dame veuve Cavalier à la fabrique de Molières (Gard), croit devoir faire observer que la testatrice a pris soin de prescrire la célébration de messes dans l'église de Molières pour le cas où elle ne pourrait avoir lieu dans la chapelle d'Esparon. La section estime, en conséquence, conformément à sa jurisprudence, qu'il y a lieu d'inviter le conseil de fabrique à délibérer de nouveau sur l'acceptation et qu'un nouveau refus de sa part pourrait donner lieu à l'acceptation d'office. (M. Dejamme, rapporteur.)

Projet de décret adopté par la sect. de l'Int. le 23 avril 1890 (même affaire). — Art. 1er. Le trésorier de la fabrique de l'église succursale de Molières (Gard) est autorisé à accepter aux clauses et conditions imposées en tant qu'elles n'ont rien de contraire aux lois, le legs d'une somme de 2,000 francs fait à cet établissement par la dame veuve Cavalier, née Marie Foby, suivant testament public du 8 mai 1881, à la charge de faire dire une messe tous les quinze jours, le dimanche, à perpétuité, dans la chapelle d'Esparon et avec faculté de la célébrer dans l'église pour le cas où elle ne pourrait être dite dans cette chapelle. — Le produit de ce legs sera placé en rentes 3 0/0 sur l'État au nom de la fabrique de Molières avec mention sur l'inscription de la destination des arrérages à l'acquit des services religieux imposés qui seront célébrés dans l'église de Molières conformément à la délibération du conseil de fabrique du 8 décembre 1889. — Mention sera faite aux budgets des revenus et charges de la rente. — Il sera justifié au préfet de ces formalités. (M. Dejamme, rapporteur.)

(2) Note de la sect. de l'Int. 2 juin 1886 (n° 59,367). — La section de l'Intérieur, des Cultes, de l'Instruction publique et des Beaux-Arts du Conseil d'État qui a pris connaissance d'un projet de décret relatif à des legs faits par le sieur Maurin à divers établissements des Bouches-du-Rhône, estime que la disposition par laquelle le testateur a chargé son légataire universel de remettre 300 francs au bureau de bienfaisance de Peynier pour être distribués aux pauvres n'est qu'une simple charge d'hérédité sur laquelle il n'y a pas à statuer.

La section estime, en outre, que la chapelle léguée à la fabrique de

ralité ne sera autorisée que sous la réserve que la chapelle ne sera pas transformée illégalement en un lieu de culte. Cf. Note du 12 février 1891 (1).

La chapelle funéraire elle-même peut être léguée ainsi que le reconnaît la note susvisée du 2 juin 1886; au contraire, elle ne saurait être donnée entre vifs (2).

182. Nous avons rangé au nombre des établissements ecclésiastiques les archevêchés, évêchés, cures et succursales ou, pour mieux dire, les menses archiépiscopales, épiscopales, curiales et succursales qui ont pour objet l'amélioration de la

---

Peynier constitue non pas un lieu de culte mais un monument funéraire dont le testateur a eu l'intention d'assurer l'entretien en la léguant à la fabrique. La section a donc pensé qu'il n'y a pas d'inconvénient à autoriser ce legs aux clauses et conditions imposées en ajoutant : « en tant qu'elles n'ont rien de contraire aux lois » afin que cette chapelle ne se transforme pas en un lieu de culte non autorisé et en spécifiant qu'il s'agit d'une chapelle funéraire. — La section a cru devoir, en conséquence, modifier le projet de décret dans le sens des observations qui précèdent. (M. Dejamme, rapporteur.)

(1) Note de la sect. de l'Int. 12 février 1891 (n° 85,500). — La section de l'Intérieur, de l'Instruction publique, des Cultes et des Beaux-Arts du Conseil d'État, tout en adoptant le projet de décret relatif aux legs faits par la demoiselle Rivière à divers établissements (Seine-et-Oise), a cru devoir indiquer dans l'article 1er qu'il s'agit de l'entretien d'une chapelle funéraire et non d'un lieu de culte érigé dans le cimetière. (M. Dejamme, rapporteur.)

Projet de décret adopté par la section de l'Intérieur (même affaire). — Art. 1er. La commission administrative de l'hospice de Saint-Germain-en-Laye (Seine-et-Oise) est autorisée à accepter aux clauses et conditions énoncées le legs fait à cet établissement par la demoiselle Rivière (Mathilde-Charlotte-Antoinette), suivant son testament olographe en date du 23 décembre 1888, et consistant en une somme de 3,000 fr. à la charge d'entretien d'une chapelle funéraire et d'une tombe dans le cimetière. — Le produit de cette libéralité sera placé en rentes 3 0/0 sur l'État.

(2) Note de la sect. de l'Int. 3 décembre 1883 (n° 49,382). — La section de l'Intérieur, etc., qui a pris connaissance d'un projet de décret relatif à une donation faite par les époux Pouria à la fabrique de la Roé, estime qu'en l'état il ne lui est pas possible d'émettre un avis favorable. — Les époux Pouria font en effet donation à la fabrique d'une chapelle funéraire sise dans le cimetière communal. Or il est de jurisprudence constante que les concessions perpétuelles dans les cimetières ne peuvent pas être transmises au moyen d'une donation entre vifs et dans l'espèce, l'autorisation de la donation pourrait exposer la fabrique à des difficultés avec la commune. Il semble que le résultat poursuivi par les époux Pouria serait obtenu s'ils faisaient simplement donation à la fabrique de la somme de 9,000 francs à la charge d'entretenir la chapelle funéraire. (M. Mourier, rapporteur.)

situation matérielle des archevêques, évêques, curés et desservants; leur existence est prévue et réglementée par le décret du 6 novembre 1813 et l'ordonnance du 2 avril 1817 (1).

Dans l'état actuel de la législation, les archevêques, évêques, curés et desservants sont, avec les chanoines dont il sera question tout à l'heure à l'occasion des chapitres, les seuls ecclésiastiques auxquels une dotation mobilière et immobilière ait été accordée sous forme de mense; il n'a été institué de mense ni en faveur des vicaires généraux qui assistent les archevêques et évêques dans le gouvernement des métropoles et diocèses ni au profit des vicaires, chapelains et prêtres habitués qui sont adjoints aux curés et desservants pour assurer l'exercice du culte dans les paroisses.

En conséquence, les dons et legs qui s'adresseraient tant aux vicaires généraux, vicaires, chapelains et prêtres habitués en exercice au moment de la donation ou du décès du testateur qu'à leurs successeurs seraient entachés d'une nullité absolue, car il s'agirait, en définitive, de libéralités faites à des menses qui n'ont pas d'existence légale. Les vicaires généraux, vicaires, prêtres habitués et chapelains ne peuvent recevoir des dons ou des legs qu'à titre individuel et à la condition d'être désignés nominativement par les donateurs ou testateurs.

S'il est interdit de faire directement des libéralités aux vicaires généraux, vicaires, chapelains et prêtres habitués

---

(1) Ord. 2 avril 1817. — Art. 1er. Conformément à l'article 910 du Code civil et à la loi du 2 janvier 1817, les dispositions entre vifs ou par testament de biens, meubles et immeubles au profit des églises, des archevêchés et évêchés..., des cures et des succursales..., ne pourront être acceptées qu'après avoir été autorisées par nous, le Conseil d'État entendu... — Art. 3. L'acceptation desdits legs ou dons ainsi autorisée sera faite : par les évêques, lorsque les dons ou legs auront pour objet leur évêché, leur cathédrale ou leurs séminaires..., par le curé ou desservant lorsqu'il s'agira de legs ou dons faits à la cure ou succursale ou pour la subsistance des ecclésiastiques employés à la desservir...

Ord. 7 mai 1826. — Art. 1er. A l'avenir lorsque la personne désignée, en la qualité qu'elle exerce, par l'ordonnance du 2 avril 1817, pour accepter avec notre autorisation les donations faites aux établissements ecclésiastiques sera elle-même donatrice, elle sera remplacée pour la formalité de l'acceptation, savoir : l'évêque, par le premier vicaire général si la donation concerne l'évêché...; le curé ou desservant, par le trésorier de la fabrique.

pris *in globo*, l'on ne saurait davantage les gratifier collectivement de dons et de legs par l'intermédiaire des archevêchés, évêchés, cures et succursales; c'est ce qui est indiqué en termes exprès dans un arrêt de la Cour de cassation du 24 novembre 1891 (V. *supra*, n° 58) et dans deux avis de la section de l'Intérieur des 23 octobre 1888 (V. *supra*, n° 58) et 21 novembre 1889 (V. *supra*, n° 50).

Mais les fabriques des églises et chapelles paroissiales sont chargées en vertu du décret du 30 décembre 1809 (art. 37 à 40) de pourvoir au payement des vicaires et chapelains attachés à ces lieux de culte; elles auraient, par suite, qualité pour recevoir des libéralités destinées à faire face à l'acquittement du traitement desdits ecclésiastiques ou à leur assurer un supplément de traitement.

Si tout curé ou desservant a droit, en vertu de l'article 72 de la loi du 18 germinal an X et de l'article 92 du décret du 30 décembre 1809, à un presbytère, la loi n'a pas prévu qu'il y aurait des édifices spécialement affectés au logement des vicaires; dès lors, il a paru à la section de l'Intérieur, ainsi qu'il appert de deux notes des 5 février et 10 mai 1890 (1), qu'il ne convenait pas d'autoriser les fabriques à accepter des dons et legs consistant en maisons destinées à servir d'habitations particulières aux vicaires parce que « cette autorisation aurait pour résultat de placer dans le patrimoine

---

(1) Note de la sect. de l'Int. 5 février 1890 (n° 81,262). — La section de l'Intérieur, de l'Instruction publique, des Cultes et des Beaux-Arts du Conseil d'État qui a pris connaissance d'un projet de décret relatif aux legs faits par le sieur Lemercier à divers établissements du département de l'Eure, estime qu'il n'y a pas lieu d'autoriser la fabrique de Pacy-sur-Eure à accepter le legs d'une maison sise dans cette commune et destinée à servir de logement gratuit à un vicaire. Une clause du testament dispose, en effet, qu'au cas où la fabrique ne pourrait garder la maison dont il s'agit, la propriété doit en faire retour à la famille du sieur Lemercier. Il est donc impossible de prescrire la vente de l'immeuble légué et l'acceptation si elle était autorisée aurait pour effet de créer à Pacy-sur-Eure, à côté de l'église et du presbytère, un troisième immeuble de mainmorte, une sorte de maison vicariale, dont l'existence n'a été prévue par aucune loi en vigueur. (M. Simon, rapporteur.)

Note de la sect. de l'Int. 10 mai 1890 (n° 82,204). — La section de l'Intérieur, de l'Instruction publique, des Cultes et des Beaux-Arts du Conseil d'État, qui, sur le renvoi ordonné par le ministre de l'Intérieur,

des fabriques une catégorie d'immeubles dont l'existence n'est prévue par aucune loi ». L'on peut se demander si cette jurisprudence est fondée. Elle semble au premier abord justifiée par la disposition de l'article 74 de la loi du 18 germinal an X aux termes duquel les immeubles, autres que les édifices destinés au logement des curés et desservants et les jardins attenants « ne pourront être affectés à des titres ecclésiastiques ni possédés par des ministres du culte à raison de leurs fonctions; » mais cet article a été abrogé par la loi du 2 janvier 1817 qui a habilité « tout établissement ecclésiastique reconnu par la loi » à acquérir à titre gratuit ou onéreux avec l'autorisation du gouvernement toute espèce de biens immeubles.

La section de l'Intérieur met les ecclésiastiques qui desservent les chapelles paroissiales sur un pied d'égalité avec les curés et desservants et elle estime que l'on peut donner ou léguer aux fabriques desdites chapelles des maisons destinées à être mises, à titre de presbytères, à la disposition des chapelains; nous ne connaissons pas d'avis ou de note où soit formulée cette jurisprudence, mais les auteurs des *Notes de jurisprudence* publiées en 1892 sous le haut patronage de M. le président de la section de l'Intérieur déclarent après avoir analysé la note susvisée du 10 mai 1890, que « cette décision ne s'appliquerait pas s'il s'agissait d'assurer le logement d'un chapelain » (p. 204).

---

a examiné un projet de décret tendant à autoriser le trésorier de la fabrique de l'église curiale de Doullens à accepter une donation faite à cet établissement par les sieurs Bocquet et autres et consistant en une maison destinée au logement des vicaires, fait observer que l'affectation légale d'une maison au logement d'un vicaire ne saurait être autorisée. Cette autorisation aurait, en effet, pour résultat, de placer dans le patrimoine des fabriques une catégorie d'immeubles de mainmorte dont l'existence n'est prévue par aucune loi. La section rappelle qu'elle a fait récemment une application de cette jurisprudence en émettant un avis défavorable à l'acceptation par la fabrique de Pacy-sur-Eure du legs d'une maison qui, aux termes du testament, devait être affectée au logement d'un vicaire. — La section, avant de statuer définitivement, désire que les consorts Bocquet soient invités à renoncer à la clause ainsi formulée : « L'immeuble susdésigné sera à usage de maison vicariale ». Au cas où les donateurs ne consentiraient pas à cette modification, la section ne pourrait donner un avis favorable à l'acceptation de la donation. (M. Ernest Moullé, rapporteur.)

183. On entend par chapitres métropolitains et cathédraux les corps de chanoines institués auprès des archevêques et évêques en exécution des dispositions de l'article 11 du Concordat et des articles 11 et 35 de la loi du 18 germinal an X (1); leur personnalité morale a été nettement mise en relief par le décret du 6 novembre 1813 et l'ordonnance du 2 avril 1817 et ils nous apparaissent comme des établissements publics destinés à l'amélioration de la condition matérielle des chanoines (2). Ces établissements sont désignés le plus souvent sous le nom de menses capitulaires et quelquefois sous celui de menses canoniales.

Les chapitres peuvent-ils recevoir des dons et legs d'immeubles destinés à servir de maisons de retraite pour les chanoines? Cette question qui a été résolue négativement par le Conseil d'État aux termes d'une note du 11 avril 1889 sera examinée plus loin (V. *infra*, n° 250).

184. Il y a deux catégories de séminaires : 1° les séminaires

---

(1) Convention du 26 messidor an IX. — Art. 11. Les évêques pourront avoir un chapitre dans leur cathédrale et un séminaire pour leur diocèse sans que le gouvernement s'oblige à les doter.

Articles organiques de la convention du 26 messidor an IX. — Art. 11. Les archevêques et évêques pourront, avec l'autorisation du gouvernement, établir dans leurs diocèses des chapitres cathédraux et des séminaires. Tous autres établissements ecclésiastiques sont supprimés. — Art. 35. Les archevêques et évêques qui voudront user de la faculté qui leur est donnée d'établir des chapitres ne pourront le faire sans avoir rapporté l'autorisation du gouvernement, tant pour l'établissement lui-même que pour le nombre et le choix des ecclésiastiques destinés à les former.

(2) Ord. 2 avril 1817. — Art. 1er. Conformément à l'article 910 du Code civil et à la loi du 2 janvier 1817, les dispositions entre vifs ou par testament de biens, meubles et immeubles au profit... des chapitres... ne pourront être acceptées qu'après avoir été autorisées par nous, le Conseil d'Etat entendu... — Art. 3. L'acceptation desdits legs ou dons ainsi autorisée sera faite... par les doyens des chapitres si les dispositions sont faites au profit des chapitres....

Ord. 7 mai 1826. — Art. 1er. A l'avenir lorsque la personne désignée en la qualité qu'elle exerce par l'ordonnance du 2 avril 1817 pour accepter avec notre autorisation les donations faites aux établissements ecclésiastiques sera elle-même donatrice, elle sera remplacée pour la formalité de l'acceptation, savoir : ...le doyen du chapitre par le plus ancien chanoine après lui...

proprement dits ou grands séminaires ; 2° les petits séminaires ou écoles secondaires ecclésiastiques (1).

Les grands séminaires constituent indiscutablement des établissements publics au sens juridique du mot ; ils tirent cette qualité de l'article 11 du Concordat et des articles 11 et 23 de la loi du 18 germinal an X, complétés par les dispositions du décret du 6 novembre 1813 et de l'ordonnance du 2 avril 1817.

Quant aux petits séminaires, la question s'est posée de savoir s'ils jouissent d'une personnalité civile distincte de celle des grands séminaires.

Dans le sens de la négative l'on fait valoir que ni le Concordat ni les articles organiques n'ont prévu l'existence de petits séminaires et que s'il est fait allusion à ces écoles par le décret du 6 novembre 1813, qui en a rendu l'existence licite, ce décret considère les petits séminaires de chaque diocèse comme des annexes du grand (art. 64) ; il n'a pas entendu instituer de nouvelles personnes morales. L'ordon-

---

(1) Convention du 26 messidor an IX. — Art. 11. Les évêques pourront avoir un chapitre dans leur cathédrale et un séminaire pour leur diocèse sans que le gouvernement s'oblige à les doter.

Articles organiques de la convention du 26 messidor an IX. — Art. 11. Les archevêques pourront, avec l'autorisation du gouvernement, établir dans leurs diocèses des chapitres cathédraux et des séminaires. Tous autres établissements ecclésiastiques sont supprimés. — Art. 23. Les évêques seront chargés de l'organisation de leurs séminaires et les règlements de cette organisation seront soumis à l'approbation du premier consul.

D. 6 novembre 1813. — Art. 67. Tout notaire devant lequel il aura été passé un acte contenant donation entre vifs ou disposition testamentaire au profit d'un séminaire ou d'une école secondaire ecclésiastique sera tenu d'en instruire l'évêque qui devra envoyer les pièces avec son avis à notre ministre des Cultes, afin que, s'il y a lieu, l'autorisation pour l'acceptation soit donnée en la forme accoutumée... — Art. 68. Les remboursements et les placements de deniers provenant de dons ou legs aux séminaires ou aux écoles secondaires ecclésiastiques seront faits conformément aux décrets et décisions ci-dessus cités. — Art. 72. Il sera toujours pourvu aux besoins du séminaire principal de préférence aux autres écoles ecclésiastiques, à moins qu'il n'y ait, soit par l'institution de ces écoles secondaires, soit par les dons ou legs postérieurs, des revenus qui leur auraient été spécialement affectés.

Ord. 5 octobre 1814. — Art. 1er. Les archevêques et évêques de notre royaume pourront avoir dans chaque département une école ecclésiastique dont ils nommeront les chefs et les instituteurs et où ils feront

nance du 5 octobre 1814 a autorisé les archevêques et évêques à établir une école secondaire ecclésiastique dans chaque département et décidé que « les écoles ecclésiastiques seraient susceptibles de recevoir des legs et des donations, en se conformant aux lois existantes sur cette matière » ; mais une simple ordonnance n'a pu créer une catégorie nouvelle d'établissements ecclésiastiques investis de la personnalité civile : la loi seule aurait eu qualité pour le faire. L'ordonnance du 2 avril 1817 qui a trait à l'acceptation des dons et legs faits aux petits séminaires n'a pas été moins impuissante que celle du 5 octobre 1814 à leur conférer le privilège de la vie civile. Quant à la loi du 15 mars 1850, dont l'article 70 porte que « les écoles secondaires ecclésiastiques actuellement existantes sont maintenues sous la seule condition de rester soumises à la surveillance de l'État », elle a conservé purement et simplement le *statu quo* en ce qui concerne les petits séminaires.

L'affirmative se fonde principalement sur les dispositions du décret du 6 novembre 1813 qui non seulement suppose que des dons et des legs peuvent être faits aux écoles secon-

---

élever et instruire dans les lettres des jeunes gens destinés à entrer dans les grands séminaires. — Art. 6. Il ne pourra être érigé dans un département une seconde école ecclésiastique, qu'en vertu de notre autorisation donnée sur le rapport de notre ministre secrétaire d'Etat de l'Intérieur, après qu'il aura entendu l'évêque et le grand maître de l'Université. — Art. 7. Les écoles ecclésiastiques sont susceptibles de recevoir des legs et des donations en se conformant aux lois existantes sur cette matière.

Ord. 2 avril 1817. — Art. 1er. Conformément à l'article 910 du Code civil et à la loi du 2 janvier 1817, les dispositions entre vifs ou par testament de biens, meubles et immeubles au profit... des grands et petits séminaires... ne pourront être acceptées qu'après avoir été autorisées par nous, le Conseil d'Etat entendu... — Art. 3. L'acceptation desdits legs ou dons ainsi autorisée sera faite : par les évêques lorsque les dons ou legs auront pour objet... leurs séminaires...

Ord. 7 mai 1826. — Art. 1er. A l'avenir, lorsque la personne désignée en la qualité qu'elle exerce par l'ordonnance du 2 avril 1817, pour accepter avec notre autorisation les donations faites aux établissements ecclésiastiques sera elle-même donatrice, elle sera remplacée pour la formalité de l'acceptation, savoir : l'évêque... par le supérieur du séminaire s'il s'agit d'une libéralité au profit de cet établissement....

L. 15 mars 1850. — Art. 70. Les écoles secondaires ecclésiastiques actuellement existantes sont maintenues sous la seule condition de rester soumises à la surveillance de l'Etat. Il ne pourra en être établi de nouvelles sans l'autorisation du gouvernement.

daires ecclésiastiques (art. 67 et 68), mais encore établit une séparation très nette entre les deniers du grand séminaire et ceux des écoles secondaires qui y sont annexées (art. 72). La personnalité des petits séminaires date donc du décret du 6 novembre 1813 qui n'ayant pas été annulé par le Sénat pour cause d'inconstitutionnalité a force de loi; les ordonnances des 5 octobre 1814 et 2 avril 1817 les ont confirmés dans la possession de ce privilège. Au surplus, les écoles secondaires ecclésiastiques ont été expressément reconnues par la loi du 15 mars 1850 (art. 70) qui les a maintenues telles qu'elles existaient auparavant, sans les dépouiller d'aucun de leurs droits.

Telles sont les raisons sur lesquelles on s'est appuyé pour affirmer ou nier l'individualité juridique des petits séminaires.

Dans une lettre du 28 octobre 1885 qui accompagnait un projet de décret relatif à un legs fait par le sieur François à l'école secondaire ecclésiastique de Charleville, le ministre des Cultes a soutenu que la personnalité des petits séminaires s'absorbait dans celle des grands ; mais la section de l'Intérieur a été d'un avis contraire et elle a estimé que les petits séminaires avaient une personnalité propre (1).

Telle était également la solution consacrée par un avis du comité de législation du Conseil d'État du 26 mars 1841, rapporté plus haut (V. *supra*, n° 179).

Nous verrons plus loin que d'après la jurisprudence du Conseil d'État il n'y a pas lieu d'autoriser l'acceptation des dons et legs faits à une école secondaire ecclésiastique lorsqu'elle a été détournée de sa destination légale et tranformée en un établissement ordinaire d'enseignement secondaire (V. *infra*, n° 269).

---

(1) Note de la sect. de l'Int. 8 décembre 1885 (n° 55,669). — La section de l'Intérieur, des Cultes, de l'Instruction publique et des Beaux-Arts du Conseil d'État, tout en adoptant le projet de décret tendant à autoriser l'acceptation du legs fait par le sieur François à l'école secondaire ecclésiastique de Charleville, a cru devoir modifier la rédaction de l'article 1er en autorisant, conformément à la proposition primitive du ministre des Cultes et à la jurisprudence constante du Conseil d'État, l'acceptation par l'archevêque au nom de l'école secondaire ecclésiastique directement instituée par le testateur. (M. de Villeneuve, rapporteur.)

185. Les *caisses de secours* et *maisons de retraite* pour les prêtres âgés et infirmes ont été instituées en exécution du décret du 13 thermidor an XIII; leur caractère d'établissements publics a été hautement affirmé par un décret du 31 mars 1884 portant déclaration d'abus (1).

L'administration des Cultes a entrepris de concert avec le

---

(1) D. 31 mars 1884, portant déclaration d'abus et suppression des ordonnance et circulaires de l'évêque d'Angers. — Conseil d'État. — Extrait du registre des délibérations. — Séance du 27 mars 1884. — Au nom du peuple français, — le Président de la République, — Sur le rapport de la section de l'Intérieur, des Cultes, de l'Instruction publique et des Beaux-Arts du Conseil d'État; — Vu le rapport par lequel le garde des sceaux, ministre de la Justice et des Cultes, propose de déclarer qu'il y a abus dans l'ordonnance épiscopale rendue à la date du 15 juillet 1883 par l'évêque d'Angers et dans les circulaires adressées par lui les 16 août et 4 octobre 1883 aux présidents de fabrique, aux curés et desservants et aux souscripteurs de la caisse de secours pour les prêtres âgés et infirmes dudit diocèse; — Vu lesdites ordonnance et circulaires; — Vu...;

Considérant que les caisses de secours et maisons de retraite en faveur des prêtres âgés ou infirmes, quoique placées sous l'autorité directe des évêques, sont des établissements publics, et à ce titre soumises à la tutelle du gouvernement; — Que de ce droit de tutelle découle pour le gouvernement l'obligation de prescrire les mesures nécessaires pour la conservation de leurs biens, la garantie de leur gestion et la régularité de leur comptabilité; — Considérant, d'une part, que dans l'ordonnance et dans les circulaires ci-dessus visées, l'évêque d'Angers, pour s'opposer à l'exécution des mesures prescrites par le pouvoir civil à l'effet de contrôler la situation financière de la caisse de secours de son diocèse, a fait usage de son autorité épiscopale et n'a pas craint de recourir à une menace d'excommunication; qu'ainsi il a commis un excès de pouvoir et méconnu l'autorité qui appartient au gouvernement sur les établissements publics; — Considérant, d'autre part, qu'il a détourné de leur but les attributions qu'il tient du décret du 30 décembre 1809, en menaçant de refuser son approbation aux comptes et budgets des fabriques qui ne s'associeraient pas à sa résistance; — Considérant, en outre, que par les mêmes actes il a provoqué un concert entre les prêtres et les présidents des conseils de fabrique de son diocèse, afin de s'opposer au décret susvisé du 13 juin 1883; — Considérant que sous ces différents rapports les actes de l'évêque d'Angers rentrent dans les cas d'abus prévus par l'article 6 de la loi du 18 germinal an X; — Le Conseil d'État entendu;

Décrète: — Art. 1er. Il y a abus dans les ordonnance et circulaires ci-dessus visées de l'évêque d'Angers. — Art. 2. Lesdites ordonnance et circulaires sont et demeurent supprimées. — Approuvé, le 31 mars 1884. (*Signé :* Jules Grévy.) — Par le Président de la République, le garde des sceaux, ministre de la Justice et des Cultes. (Martin Feuillée.) — Pour expédition conforme : le maître des requêtes, secrétaire général du Conseil d'État. (*Signé :* A. Fouquier.)

Conseil d'État de réorganiser toutes les caisses de secours sur les bases adoptées pour celle du diocèse d'Angers par décret du 12 juin 1885; l'autorisation d'accepter des dons et legs n'est accordée à ces caisses qu'autant qu'elles ont été reconstituées conformément aux statuts modèles annexés audit décret (1).

b) Établissements des cultes protestants.

186. Il y a en France deux cultes protestants reconnus: le culte réformé ou calviniste et le culte luthérien auxquels correspondent l'*Église réformée* et l'*Église luthérienne* ou *Église de la Confession d'Augsbourg*.

La reconnaissance officielle de ces églises date de la loi du 18 germinal an X dans laquelle, à la suite des articles organiques de la convention du 26 messidor an IX, se trouvent les *articles organiques des cultes protestants;* cette loi a été

---

(1) Note de la sect. de l'Int. 25 juillet 1888 (n° 70,062). — La section de l'Intérieur, de l'Instruction publique, des Cultes et des Beaux-Arts du Conseil d'État, qui a pris connaissance d'un projet de décret tendant à statuer notamment : 1° Sur la disposition testamentaire par laquelle le sieur Bernay a chargé son frère de répartir le reste de sa fortune, entre MM. les curés de Paris *pour les besoins de leurs paroisses ;* 2° Sur un legs de 10,000 francs fait par le même testateur à l'infirmerie Marie-Thérèse, n'a pas cru devoir l'adopter en l'état, pour les raisons suivantes :

En ce qui concerne la première disposition testamentaire, la section estime qu'elle constitue un véritable legs aux fabriques qui ont précisément pour mission de *pourvoir aux besoins des paroisses.* La section ne s'explique pas que les fabriques aient ainsi renoncé à une libéralité qui constituerait pour elles une ressource précieuse ; aussi estime-t-elle qu'avant de recourir à une acceptation d'office, il y aurait lieu pour l'administration supérieure d'inviter les conseils de fabrique à délibérer de nouveau, afin que ces assemblées, mieux éclairées sur leurs véritables intérêts, demandent elles-mêmes l'autorisation d'accepter.

En ce qui concerne le legs fait à l'infirmerie Marie-Thérèse, la section a décidé que l'autorisation d'accepter des libéralités ne serait plus accordée à des caisses de secours pour les prêtres âgés et infirmes, tant que ces caisses ne seraient pas réorganisées conformément aux statuts adoptés récemment par le Conseil d'État, notamment pour la caisse du diocèse d'Angers. Or, la section ne voyant dans l'espèce aucune circonstance de nature à la faire revenir sur sa décision, estime qu'il y a lieu de surseoir à statuer, jusqu'à ce que la réorganisation de l'infirmerie Marie-Thérèse soit un fait accompli. (M. Bonthoux, rapporteur.)

remaniée dans plusieurs de ses parties essentielles par le décret-loi du 26 mars 1852.

Tandis que l'Eglise réformée est restée sous l'empire de ces dispositions législatives, la constitution de l'Eglise évangélique de la Confession d'Augsbourg a été fixée à nouveau par la loi du 1er août 1879, qui toutefois n'abroge la loi du 18 germinal an X et le décret du 26 mars 1852 qu'en ce qu'ils ont de contraire aux dispositions qu'elle édicte (art. 28).

Dans le sein de ces deux Églises l'on rencontre un certain nombre d'établissements publics que nous allons énumérer.

187. L'organisation des deux cultes protestants comporte des *conseils presbytéraux* et des *consistoires*.

Les conseils presbytéraux présentent de grandes analogies avec les fabriques des églises et chapelles paroissiales affectées à la célébration du culte catholique ; ils administrent les paroisses protestantes, aux termes mêmes de l'article 1er du décret du 26 mars 1852.

Ces conseils presbytéraux sont incontestablement des établissements publics et ils jouissent à ce titre de la personnalité morale.

L'article 1er de l'arrêté du ministre de l'Instruction publique et des Cultes du 20 mai 1853, portant règlement d'exécution du décret du 26 mars 1852, en ce qui concerne le culte réformé, dispose que le conseil presbytéral de chaque paroisse administre « les biens de l'église » et les « deniers provenant des aumônes » et qu' « il accepte, sous l'approbation de l'autorité supérieure, les legs ou donations faits aux églises de son ressort ».

L'article 10 de la loi du 1er août 1879, concernant l'Eglise de la Confession d'Augsbourg, s'exprime dans des termes à peu près semblables. Le conseil presbytéral est chargé, en vertu de cet article, de veiller à l'entretien et à la conservation des biens curiaux ; de plus, « il administre les aumônes et ceux des biens et revenus de la communauté, qui sont affectés à l'entretien du culte et des édifices religieux, le tout sous la surveillance du consistoire. — Il délibère sur l'acceptation des legs et des donations qui peuvent lui avoir été faits ».

L'article 6 du décret du 27 mars 1893 relatif au régime

financier et à la comptabilité des conseils presbytéraux des deux confessions protestantes fait figurer au budget extraor dinaire de ces établissements « la recette et l'emploi des capitaux provenant de dons et legs ».

Au-dessus des conseils presbytéraux se trouvent les consistoires qui, comme eux, doivent être mis au nombre des établissements publics. C'est dans la loi du 18 germinal an X, qu'il faut aller chercher leur origine, tandis que celle des conseils presbytéraux ne remonte qu'au décret du 26 mars 1852.

L'article 8 de la loi du 18 germinal an X, déclare que « les dispositions portées par les articles organiques du culte catholique sur la liberté des fondations et sur la nature des biens qui peuvent en être l'objet seront communes aux églises protestantes ».

Il y a là le germe de la personnalité morale dont les consistoires ont été appelés à bénéficier en vertu des articles 20 et 34 d'après lesquels ces assemblées devaient veiller « à l'administration des biens de l'église et à celle des deniers provenant des aumônes ». L'ordonnance du 2 avril 1817 a précisé la portée de ces dispositions en appelant les consistoires à accepter les libéralités faites « pour la dotation des pasteurs ou pour l'entretien des temples ».

La création des conseils presbytéraux a eu pour effet de réduire considérablement l'importance du rôle des consistoires et de faire passer de la main de ces derniers dans celle des premiers la gestion de la plupart des biens ecclésiastiques; mais les consistoires n'ont pas cessé d'être des établissements publics et de pouvoir acquérir et posséder.

L'article 6 de l'arrêté du 20 mai 1853 relatif au culte réformé dispose que le consistoire « administre les biens consistoriaux » et qu' « il accepte, sous l'approbation de l'autorité supérieure, les legs et donations faits au consistoire ou indivisément aux églises de son ressort ». De son côté, l'article 14 de la loi du 1er août 1879 concernant l'Église de la Confession d'Augsbourg dit que le consistoire « délibère sur l'acceptation des donations et legs faits au consistoire ou confiés à son administration. »

188. Outre les conseils presbytéraux et les consistoires

dont il vient d'être question, le culte réformé compte au nombre de ses organes les synodes provinciaux dont l'existence est prévue par les articles 29 et suivants de la loi du 18 germinal an X et le conseil central des églises réformées dont la création est due au décret du 26 mars 1852 (art. 6). Enfin l'on admet que dans des circonstances particulières il peut être convoqué un synode général.

La personnalité morale n'a été conférée ni aux synodes provinciaux ni au conseil central des églises réformées ; ce privilège n'appartient pas davantage au synode général dont l'on pourrait même contester le caractère licite.

189. L'organisation du culte luthérien est un peu différente de celle du culte calviniste. Au-dessus des conseils presbytéraux et des consistoires la loi du 1er août 1879 a placé des synodes particuliers et un synode général.

Les synodes particuliers sont investis de la personnalité civile ; l'article 19 de la loi du 1er août 1879 porte, en effet, que ces synodes « statuent sur l'acceptation des donations ou legs qui lui sont faits ».

Au contraire, nous ne trouvons dans la loi de 1879 aucune disposition qui permette de considérer le synode général comme un être moral capable de recevoir et de posséder.

190. Le législateur n'a établi au profit des pasteurs protestants aucun établissement comparable aux menses curiales et succursales instituées en faveur des curés et desservants catholiques.

L'article 10 de la loi du 1er août 1879 fait allusion à des *biens curiaux* mais il ne faut pas se méprendre sur le sens de cette expression. Les biens curiaux ne sont pas la propriété des pasteurs, mais celle des églises ; ils consistent dans des meubles ou immeubles qui ont été acquis par celles-ci à une époque où les pasteurs n'étaient pas encore salariés par l'État ; les revenus de ces biens doivent, en exécution de l'article 7 de la loi du 18 germinal an X, être imputés sur les traitements des pasteurs.

Au surplus, il importe de préciser les conséquences juridiques de l'absence de menses pastorales. Les dons et legs qui seraient faits directement aux pasteurs successifs d'une paroisse devraient être déclarés nuls comme s'adressant à un établissement non reconnu; mais rien n'empêcherait de faire aux conseils presbytéraux ou aux consistoires des libéralités dont le produit devrait être employé à l'amélioration de la situation matérielle des pasteurs : l'article 3 de l'ordonnance du 2 avril 1817 a expressément prévu qu'il pourrait être fait des libéralités « pour la dotation des pasteurs ».

191. Les confessions protestantes ont des séminaires dont l'existence a été prévue par les articles 9 et 10 de la loi du 18 germinal an X. M. Dalloz estime que ces séminaires forment de véritables établissements publics (1). MM. Dubief et Gottofrey partagent cette opinion à laquelle nous croyons devoir nous rallier (2).

c) Établissements du culte israélite.

192. La loi du 18 germinal an X qui, en même temps qu'elle rétablissait le culte catholique, a reconnu les cultes protestants est muette sur le culte israélite; Portalis explique ce silence de la loi en disant que « les juifs forment bien moins une religion qu'un peuple qui existe chez toutes les nations sans se confondre avec elles (3) ».

C'est en vertu de deux décrets du 17 mars 1808 dont les dispositions ont été complétées par celles du décret du 11 décembre de la même année que le culte israélite a pris place parmi les cultes reconnus et a été officiellement constitué. Il a été procédé à une refonte presque complète de son régime administratif et financier par l'ordonnance du 25 mai 1844 et les décrets des 29 août 1862 et 27 mars 1893.

L'organisation du culte israélite comporte :

1° Un consistoire central;

2° Des consistoires départementaux;

---

(1) Dalloz, *Répert.* Supplément, v° CULTE, n° 784.
(2) Dubief et Gottofrey, *Cultes*, n° 2315.
(3) Portalis. Discours sur l'organisation des cultes (*Discours, rapports et travaux inédits sur le Concordat de 1801, les articles organiques publiés en même temps que ce Concordat et sur diverses questions de droit public*, pages 53-54).

3° Des communautés analogues aux paroisses catholiques ou protestantes.

L'article 1er de l'ordonnance du 25 mai 1844 porte que « dans aucun cas, il ne peut y avoir plus d'un consistoire par département » ; mais le consistoire départemental peut comprendre dans sa circonscription plusieurs départements.

A ne consulter que l'ordonnance du 25 mai 1844 et le décret du 29 août 1862 l'on pourrait croire qu'il y a autant de communautés israélites que de synagogues; en réalité, les premières sont moins nombreuses que les secondes; il n'existe, en effet, jamais qu'une communauté dans une commune, quand bien même il s'y trouve plusieurs synagogues (D. 27 mars 1893, art. 1er et 33).

Telles sont les grandes lignes de l'organisation du culte israélite; elles étaient indispensables à connaître pour résoudre la question de savoir quels sont les établissements publics dépendant de ce culte.

193. Il est incontestable que le consistoire central ne possède aucune personnalité civile.

Il est non moins certain que les consistoires départementaux doivent être regardés comme des établissements publics dans toute la force du terme ; ils sont aptes à acquérir et à posséder (Ord. 25 mai 1844, art. 19 et 64) (1).

L'on serait tenté de soutenir que les synagogues sont également des êtres moraux, puisque l'article 19 de l'ordonnance de 1844 parle de *droits qui leur appartiennent*; mais, en descendant au fond des choses, l'on se convainc que les synagogues sont absorbées, au point de vue de leur existence civile, dans l'individualité juridique du consistoire départemental chargé de les administrer, de les représenter en justice et d'exercer leurs droits. On peut dire que le consistoire dépar-

(1) Ord. 25 mai 1844. — Art. 19. Le consistoire départemental a l'administration et la police des temples de sa circonscription et des établissements et associations pieuses qui s'y rattachent... Il représente en justice les synagogues de son ressort et exerce en leurs noms les droits qui leur appartiennent sous la réserve portée en l'article 64... — Art. 64. Les consistoires israélites ne peuvent, sans autorisation préalable, intenter une action en justice ou y défendre, accepter des donations ou legs, en faire l'emploi, vendre ou acheter.

temental est comme la fabrique centrale de toutes les synagogues de son ressort et de même qu'une église catholique n'a pas une existence distincte de celle de sa fabrique les synagogues d'une même circonscription consistoriale vivent uniquement de la vie du consistoire départemental.

Les communautés israélites ont été dotées par le décret du 27 mars 1893 d'une individualité financière très nettement caractérisée, mais elles manquent absolument de personnalité morale (Cf. note de la section de l'Intérieur du 14 juin 1890. Communauté israélite de Lille) (1) et il ne peut leur être fait de dons et legs que par l'intermédiaire des consistoires (2).

194. Il n'a pas établi de menses au profit des ministres du culte israélite; ceux-ci ne jouissent donc de la faculté de recevoir qu'à titre individuel (V. *infra*, n° 243). Pris collectivement ils ne sauraient être institués donataires ou légataires que par l'entremise des consistoires départementaux qui ont certainement qualité pour recueillir des libéralités destinées à l'amélioration de la condition matérielle des rabbins et ministres officiants.

195. Il existe à Paris un séminaire israélite appelé également école centrale rabbinique. Ce séminaire qui est adminis-

---

(1) Note de la sect. de l'Int., 14 juin 1890 (n° 82,575). — La section de l'Intérieur, de l'Instruction publique, des Cultes et des Beaux-Arts du Conseil d'État, tout en adoptant le projet de décret tendant à autoriser un emprunt par le consistoire israélite de Lille, a cru devoir changer la rédaction proposée afin de ne pas sembler reconnaitre la personnalité civile aux communautés israélites. Si, en effet, aux termes des articles 19-1° et 21 de l'ordonnance du 25 mai 1844, les consistoires israélites ont l'administration et la police des temples de leur circonscription et des établissements et associations pieuses qui s'y rattachent et s'ils peuvent instituer par délégation auprès de chaque temple et selon les besoins soit un commissaire administratif, soit une commission administrative agissant sous leur direction et sous leur autorité, ces mesures qui ont eu pour but de leur permettre de pourvoir plus facilement aux besoins des israélites établis dans les localités souvent éloignées du chef-lieu de la circonscription consistoriale n'ont pu avoir pour effet de conférer la personnalité civile sous le nom de communauté israélite à l'ensemble des israélites d'une localité. (M. Silhol, rapporteur.)

(2) L'article 5 du décret du 27 mars 1893 porte que le budget extraordinaire d'une communauté israélite « comprend la recette et l'emploi des capitaux provenant de dons et legs ».

tré par le consistoire de Paris, sous la surveillance du consistoire central, ne nous paraît pas susceptible d'être rangé au nombre des établissements publics et nous croyons que sa personnalité se confond avec celle du consistoire de Paris.

§ 8. — *Établissements d'utilité publique.*

196. Sous cette rubrique il ne sera question que des établissements d'utilité publique proprement dits, c'est-à-dire des associations reconnues comme établissements d'utilité publique par actes spéciaux de la puissance publique (V. *supra*, n° 90); nous réservons pour des paragraphes ultérieurs les communautés et congrégations religieuses autorisées qui doivent être soigneusement distinguées des associations légalement reconnues (V. *infra*, n°s 210 et suiv.), ainsi que les associations qui tiennent leur existence légale d'une disposition législative générale, c'est-à-dire les associations syndicales libres (V. *infra*, n°s 206 et 207) et les syndicats professionnels (V. *infra*, n°s 208 et 209).

C'est à des associations qu'est conférée en général la qualité d'établissement d'utilité publique, mais elle peut l'être également à une fondation instituée ou à une œuvre créée par un individu.

197. Nous n'avons point dans cet ouvrage à rechercher par qui et comment sont créés les établissements d'utilité publique; cette question sera étudiée en détail dans notre traité de la législation des établissements publics ou d'utilité publique. Mais il importe de noter ici que les règles auxquelles la loi a soumis la formation des établissements d'utilité publique sont prescrites à peine de nullité; nous voulons dire par là qu'un établissement auquel la qualité d'établissement d'utilité publique aurait été concédée par une autorité incompétente ou en dehors des formes voulues devrait être considéré comme légalement inexistant; il ne posséderait pas la personnalité civile en dépit du simulacre de reconnaissance dont il aurait été l'objet et il serait atteint d'une incapacité absolue de recevoir.

Supposons, par exemple, qu'une association formée en vue de l'enseignement supérieur ait été reconnue comme établissement d'utilité publique en vertu d'un décret délibéré en Conseil d'État ; elle serait, malgré ce décret, dépourvue de toute existence légale, car d'après l'article 7 de la loi du 18 mars 1880 la reconnaissance des associations de cette espèce ne peut émaner que d'une loi.

Si une société littéraire ou artistique venait à être reconnue comme établissement d'utilité publique par décret du Président de la République sans avis préalable de la section de l'Intérieur du Conseil d'État, l'absence de cet avis entraînerait la nullité de la reconnaissance : c'est, en effet, une règle essentielle dans l'état actuel de notre législation que les décrets portant reconnaissance d'une association ou d'une société comme établissement d'utilité publique ne peuvent être rendus qu'après que la section compétente du Conseil d'État a été entendue.

198. Il serait sans intérêt de dénombrer ici les différentes espèces d'établissements d'utilité publique ; nous nous contenterons d'attirer l'attention du lecteur sur ceux de ces établissements qui font l'objet d'une législation particulière.

199. Les établissements libres d'enseignement supérieur ouverts par des individus ou des associations peuvent, ainsi que les associations formées dans un dessein d'enseignement supérieur, recevoir des dons et des legs lorsqu'ils ont été reconnus d'utilité publique par une loi (L. du 18 mars 1880, art. 7).

Mais que deviendront les libéralités qui auront été acceptées par un établissement reconnu si celui-ci vient à disparaître par suite de la dissolution de l'association dont il dépend ou du retrait de la reconnaissance légale ? L'article 12 de la loi du 12 juillet 1875 a prévu ce cas et résolu par avance les difficultés qu'il soulève. « En cas d'extinction d'un établissement d'enseignement supérieur, soit par l'expiration de la société, soit par la révocation de la déclaration d'utilité publique, les biens acquis par donation entre vifs et par disposition à cause de mort feront retour aux donateurs ou aux successeurs des donateurs et testateurs dans l'ordre réglé par la loi, et, à défaut de successeurs, à l'État. » Le même article dispose que dans l'hypothèse où des biens donnés ou légués feront retour à l'État « il sera fait emploi de ces biens pour les besoins de l'enseignement supérieur par décrets rendus en Conseil d'État, après avis du conseil supérieur de l'Instruction publique ».

Nous verrons bientôt que des dispositions analogues à celles de l'article 12 de la loi du 12 juillet 1875 ont été prises par le législateur à l'égard des sociétés de secours mutuels déclarées établissements d'utilité publique ou approuvées par arrêté ministériel ou préfectoral ; mais, en ce qui concerne les autres établissements d'utilité publique, la loi n'a pas dit quel serait, en cas d'extinction desdites personnes morales, le sort des biens qui leur ont été donnés ou légués.

Il y a là dans notre législation une lacune qui le plus souvent est comblée par les statuts particuliers des associations ou institutions reconnues comme établissements d'utilité publique.

200. Les sociétés de secours mutuels se divisent en trois catégories : 1° les sociétés déclarées établissements d'utilité publique par application de l'article 1er de la loi du 15 juillet 1850 ; — 2° les sociétés approuvées par arrêté ministériel ou préfectoral, conformément à l'article 7 du décret-loi du 26 mars 1852 ; — 2° les sociétés autorisées en vertu de l'article 291 du Code pénal ou dépourvues de toute autorisation.

Les sociétés de secours mutuels qui ne justifient que d'une autorisation de police sont privées de toute personnalité morale (Cf. *supra*, n° 41) ; à plus forte raison ce privilège fait-il défaut aux sociétés non autorisées.

Les sociétés déclarées établissements d'utilité publique sont, au contraire, des êtres moraux et peuvent recevoir des dons ou des legs au même titre et dans les mêmes conditions que les autres établissements d'utilité publique (1).

Quant aux sociétés de secours mutuels simplement approuvées par arrêté ministériel ou préfectoral, elles occupent un échelon intermédiaire entre les sociétés reconnues comme établissements d'utilité publique et les sociétés autorisées par application de l'article 291 du Code pénal ou non autorisées ; il est permis de les regarder comme des établissements d'utilité

---

(1) L. 15 juillet 1850. — Art. 7. Les sociétés déclarées établissements d'utilité publique pourront recevoir des donations et legs après y avoir été dûment autorisées...

publique d'un ordre inférieur. Elles constituent des personnes civiles, mais leur capacité est étroitement limitée ; l'on ne saurait leur faire des dons et legs immobiliers et il y a controverse sur le point de savoir si elles peuvent recevoir des dons et legs mobiliers d'une valeur supérieure à 5,000 francs (V. *infra*, n° 280) (1).

Au surplus, il est constant que si le décret du 26 mars 1852 a permis de suppléer dans une certaine mesure à la déclaration d'utilité publique par une approbation ministérielle ou préfectorale, c'est à la condition qu'il s'agisse de sociétés de secours mutuels régulièrement constituées. Dès lors, l'approbation donnée en vertu du décret du 26 mars 1852 à une société dont les statuts s'écartent du but spécial assigné aux sociétés de secours mutuels ne peut conférer à cette association la personnalité civile et la capacité de recevoir entre vifs ou par testament. C'est ce que le Conseil d'État a décidé aux termes d'un avis du 25 janvier 1883 relatif à un legs fait par le sieur Campbell à l'Association générale de prévoyance et de secours mutuels des médecins de France (V. *supra*, n° 44).

La dissolution d'une société de secours mutuels déclarée d'utilité publique ou approuvée par arrêté ministériel ou préfectoral produit les effets suivants indiqués par l'article 10 de la loi du 15 juillet 1850 et l'article 15 du décret du 26 mars 1852.

Le premier de ces articles concernant les sociétés déclarées d'utilité publique que la loi du 15 juillet 1850 qualifie également de sociétés autorisées est ainsi conçu : « En cas de dissolution d'une société de secours mutuels, il sera restitué aux sociétaires faisant à ce moment partie de la société, le montant de leurs versements respectifs jusqu'à concurrence des fonds existants et déduction faite des dépenses occasionnées personnellement. — Les fonds restés libres après cette restitution seront partagés entre les sociétés du même genre ou établissements de bienfaisance situés dans la commune ou, à

---

(1) D. 26 mars 1852. — Art. 8. Une société de secours approuvée peut prendre des immeubles à bail, posséder des objets mobiliers et faire tous les actes relatifs à ces droits. — Elle peut recevoir, avec l'autorisation du préfet, les dons et legs mobiliers dont la valeur n'excède pas 5,000 francs.

leur défaut, entre les sociétés de secours mutuels dûment *autorisées* du même département au prorata du nombre de leurs membres. »

L'article 15 du décret du 26 mars 1852, relatif aux sociétés approuvées, est rédigé d'une façon à peu près identique ; en voici les termes : « En cas de dissolution d'une société de secours mutuels, il sera restitué aux sociétaires faisant à ce moment partie de la société le montant de leurs versements respectifs jusqu'à concurrence des fonds existants et déduction des dépenses occasionnées par chacun d'eux. — Les fonds restés libres après cette restitution seront partagés entre les sociétés du même genre ou établissements de bienfaisance, situés dans la commune, à leur défaut, entre les sociétés de secours mutuels *approuvées* du même département, au prorata du nombre de leurs membres. »

De ces dispositions il résulte qu'en cas de dissolution d'une société déclarée d'utilité publique ou approuvée, les deniers provenant de dons et legs sont, au même titre que les autres fonds composant l'actif de la société dissoute, attribués à des sociétés similaires ou à des établissements de bienfaisance, à moins qu'il ne soit nécessaire de s'en servir pour rembourser aux sociétaires existants le montant de leurs versements respectifs. Aucun droit de retour n'est stipulé au profit des donateurs ou des héritiers des donateurs et testateurs ; à ce point de vue, l'on suit une règle différente de celle qui s'applique en cas d'extinction des établissements libres d'enseignement supérieur (V. le numéro précédent).

201. Nous avons vu plus haut que la Caisse nationale d'épargne ou Caisse d'épargne postale constitue un établissement public (V. *supra*, n° 165) ; les caisses d'épargne privées qui ne peuvent, d'après l'article 1er de la loi du 5 juin 1835, se former qu'en vertu d'un décret rendu dans la forme des règlements d'administration publique sont assimilées aux établissements d'utilité publique et sont aptes, par conséquent, à recevoir entre vifs ou par testament. C'est ce que déclare expressément l'article 10 de la loi du 5 juin 1835 (1).

(1) L. 5 juin 1835. — Art. 10. Les caisses d'épargne pourront, dans

202. Le caractère des monts-de-piété est indécis ; sont-ce des établissements publics ou d'utilité publique ? Nous n'avons pas ici à prendre parti sur cette question ; si nous devions le faire, nous serions assez disposé à dire que, quels que soient les liens qui les rattachent à l'administration publique, les monts-de-piété doivent prendre place parmi les établissements d'utilité publique et non parmi les établissements publics, parce que le prêt sur nantissement en vue duquel ils ont été institués est une opération essentiellement privée et que dès lors il est impossible de les considérer comme chargés d'un service public.

Au surplus, il nous importe assez peu que les monts-de-piété soient des établissements publics ou des établissements d'utilité publique ; ce que nous tenons avant tout à constater, c'est qu'ils sont aptes à recevoir des dons et des legs : cette faculté leur est expressément reconnue par l'article 3 de la loi du 24 juin 1851 (1) et l'article 8 du décret-loi du 24 mars 1852 (2).

203. L'ordre des avocats qui exercent près d'une cour d'appel ou d'un tribunal de première instance jouit-il de la personnalité morale ? Les auteurs sont unanimes pour admettre l'affirmative ; ils ne sont en désaccord que sur le point de savoir à quel titre ce privilège a été accordé aux ordres d'avocats.

Suivant M. Béquet l'ordre des avocats est un établissement public ; « il est, en effet, essentiellement une institution créée et organisée par la loi, à laquelle la personnalité civile a été attribuée pour la gestion d'un service public — le service judiciaire — au moyen de ressources qui lui sont propres, celles

---

les formes et selon les règles prescrites pour les établissements d'utilité publique, recevoir les dons et legs qui seraient faits en leur faveur.

(1) L. 24 juin 1851, sur les monts-de-piété. — Art. 4. La dotation de chaque mont-de-piété se compose, — 1° des biens meubles et immeubles affectés à sa fondation et de ceux dont il est ou deviendra propriétaire, notamment par dons et legs...

(2) D. 24 mars 1852, sur l'administration du mont-de-piété de Paris. — Art. 8. Le conseil de surveillance est appelé à donner son avis sur les objets ci-après énoncés : — 3° l'acceptation ou la répudiation des dons et legs faits au mont-de-piété...

qui proviennent des droits de prestation de serment, les cotisations de ses membres et les dons qui peuvent lui être faits » (1). A l'appui de sa thèse, M. Béquet cite deux projets de décret adoptés, le premier par le Conseil d'État le 3 mars 1881 (2) et le second par la section de législation le 13 juin 1882 (3).

M. Cresson s'appuyant sur une consultation donnée le

---

(1) Béquet, *Avocat*, n° 30.

(2) Projet de décret adopté par le Conseil d'État, le 3 mars 1881 (n° 38,183). — Le Président de la République; — Sur le rapport du garde des sceaux, ministre de la Justice; — Vu l'extrait du testament olographe du sieur Lavaux (Antoine-Marie), avocat à la cour d'appel de Paris, ledit testament en date du 10 mai 1877; — Vu l'acte de décès du testateur en date du 9 octobre 1880; — Vu la délibération du conseil de l'ordre des avocats à la cour d'appel de Paris, en date du 30 novembre 1880, par laquelle le conseil charge le bâtonnier de poursuivre près de l'administration supérieure, en même temps que l'autorisation d'accepter le legs du sieur Lavaux, l'autorisation de vendre l'immeuble, objet du legs, en faisant connaître à l'administration que le prix sera employé en achat de rentes sur l'État français 3 0/0 ou en obligations des grandes compagnies de chemins de fer, pour pourvoir aux dépenses de la bibliothèque et aux secours accordés par l'ordre; — Vu l'acte notarié, en date du 18 novembre 1880, passé devant Me Lefèvre, notaire à Paris, par lequel les héritiers du sieur Lavaux donnent leur consentement à l'exécution du testament et à la délivrance du legs; — Vu l'avis du sénateur, préfet de la Seine, en date du 13 janvier 1881; — Vu les autres pièces produites et jointes au dossier; — Vu l'article 910 du Code civil et les décrets et ordonnances réglementaires de l'ordre des avocats des 22 ventôse an XII, 14 décembre 1810, 3 octobre 1811, 20 novembre 1822 et 27 août 1830; — Le Conseil d'État entendu;

Décrète : — Art. 1er. Le bâtonnier de l'ordre des avocats à la Cour d'appel de Paris est autorisé : 1° à accepter au nom de l'ordre, aux clauses et conditions énoncées au testament, le legs fait en sa faveur par le sieur Lavaux (Antoine-Marie), avocat à la Cour d'appel de Paris, et consistant en un immeuble sis, à Paris, rue Saint-Sulpice, n° 27; — 2° à vendre au nom de l'ordre ledit immeuble légué et à en employer le prix en achat de rentes 3 0/0 sur l'État ou en obligations des grandes compagnies de chemins de fer pour pourvoir aux dépenses de la bibliothèque et aux secours accordés par l'ordre. (M. Charles Ballot, rapporteur).

(3) Projet de décret adopté par la section de législation, le 13 juin 1882 (n° 43,364). — Le Président de la République française; — Sur le rapport du garde des sceaux, ministre de la Justice; — Vu l'extrait du testament olographe de Mme Camille-Lucile Tessier, veuve du sieur Albert Laval, ledit testament en date du 20 novembre 1877, par lequel ladite testatrice a légué à l'ordre des avocats de Paris une somme de 20,000 francs à la charge de fonder un prix au nom et au souvenir de son mari qui sera distribué au premier secrétaire de la conférence, chaque année, et à charge d'achat de livres pour la bibliothèque de l'ordre; — Vu...; — Vu l'article 910 du Code civil et les décrets et ordonnances réglemen-

12 juillet 1887 au barreau de Béziers par Me Martini, bâtonnier de l'ordre des avocats à la Cour d'appel de Paris, soutient que l'ordre des avocats est un établissement d'utilité publique. « L'ordre des avocats, dit-il, ne peut être et n'a jamais été considéré comme un établissement public ; il est placé en dehors des diverses branches d'administration et ne fait à aucun titre partie de l'organisation du pays. Mais il a été organisé par les décrets et ordonnances qui l'ont rétabli et le régissent ; il est donc permis de l'assimiler aux établissements d'utilité publique et c'est à ce titre qu'on lui reconnaît une personnalité civile, le droit de posséder et d'acquérir » (1).

M. Ch. Beudant considère les ordres d'avocats comme des personnes civiles mais il ne les range ni parmi les établissements publics ni parmi les établissements d'utilité publique ; un ordre d'avocats est, aux yeux du savant professeur, un être moral *sui generis* (2).

Pour notre part, au risque d'augmenter la confusion, nous n'acceptons aucune des opinions que nous venons d'exposer et, contrairement à la doctrine généralement admise, nous pensons qu'en principe les ordres d'avocats ne sont pas investis de la personnalité morale. En effet, d'après le droit commun, ils ne disposent d'aucune ressource. Il suffit pour s'en convaincre de lire l'ordonnance du 20 novembre 1822 qui ne prévoit même pas l'existence d'un trésorier. D'ailleurs si nous passons en revue les attributions du conseil de discipline, nous n'en trouvons pas une seule qui ait trait à un maniement quelconque de deniers, soit en recette, soit en dépense.

Tel est le droit commun. Mais il convient de remarquer que le décret du 3 octobre 1811 a autorisé la perception au profit de l'ordre des avocats à la cour de Paris d'un droit de

---

taires de l'ordre des avocats du 22 ventôse an XII, 14 décembre 1810, 3 octobre 1811, 20 novembre 1822 et 27 août 1830 ; — La section de législation du Conseil d'Etat entendue ;

Décrète : — Art. 1er. — Le bâtonnier de l'ordre des avocats à la Cour d'appel de Paris est autorisé à accepter, au nom de l'ordre, aux clauses et conditions énoncées au testament, le legs fait en sa faveur par la dame Laval, née Camille-Lucile Tessier, et consistant en une somme de 20,000 francs (M. Léon Béquet, rapporteur).

(1) Cresson, *Profession d'avocat*, t. II, p. 221.

(2) Beudant, *Revue pratique*, 1881, t. 49, p. 403.

25 francs sur chaque prestation de serment d'avocat et qu'il suppose que l'ordre possède un trésorier.

L'on peut, à la rigueur, se fonder sur les dispositions dudit décret qui ont été étendues à d'autres cours d'appel et notamment à celle de Nancy (D. 7 août 1812) pour soutenir que les ordres d'avocats auxquels elles sont applicables sont des personnes morales, mais la capacité de ces ordres est-elle assez large pour leur permettre de recevoir des libéralités ? Nous hésitons beaucoup à l'admettre : en tous cas, si la faculté d'acquérir à titre gratuit appartient aux ordres d'avocats placés sous l'empire du décret du 3 octobre 1811, elle fait incontestablement défaut à ceux que ce décret ne concerne pas. C'est donc à tort, suivant nous, que la section de l'Intérieur a approuvé, le 28 décembre 1893 (1), un projet de décret tendant à autoriser l'acceptation d'un legs fait à l'ordre des avocats de Tours qui n'a pas été appelé à bénéficier des dispositions du décret de 1811.

Nous ajouterons que, si les ordres d'avocats devaient être regardés comme des personnes morales capables de recevoir, il y aurait lieu de les assimiler aux établissements d'utilité publique plutôt qu'aux établissements publics ; les avocats ne participent à l'exécution d'un exercice public, le service judiciaire, qu'à titre individuel et non collectivement : l'ordre est une institution purement privée, une corporation qui, si par certains côtés elle est utile au pays, est avant tout chargée de gérer les intérêts des membres dont elle se compose, c'est-à-

(1) Projet de décret adopté par la sect. de l'Int. le 28 décembre 1893 (n° 98,996). — Le Président de la République française, — Sur le rapport du ministre de l'Instruction publique, des Beaux-Arts et des Cultes ; — Vu le testament du sieur Robin, en date du 1er juillet 1890 ; — Vu le consentement à délivrance donné par la légataire universelle et l'unique héritier naturel du testateur... ; — Vu la délibération du conseil de l'ordre des avocats de Tours du 26 octobre 1893 ; — Vu les autres pièces produites en exécution des ordonnances réglementaires des 2 avril 1817 et 14 janvier 1831... ; — Vu la loi du 22 ventôse an XII, le décret du 14 décembre 1810 et les ordonnances des 20 novembre 1822 et 27 août 1830 ; — Vu... ; — La section de l'Intérieur, etc., entendue ;

Décrète : — Art. 5. Le bâtonnier de l'ordre des avocats près le tribunal de Tours (Indre-et-Loire) est autorisé à accepter le legs d'ouvrages de droit et d'un portrait fait à cet ordre par le sieur Louis Robin, suivant son testament olographe du 1er juillet 1890. (M. Simon, rapporteur.)

dire des intérêts d'ordre particulier et non général. Il ne présente donc aucun des caractères d'un établissement public et sa physionomie ne saurait, à notre avis, être comparée qu'à celle des associations reconnues comme établissements d'utilité publique.

204. L'ordre des avocats au Conseil d'État et à la Cour de cassation est-il une personne morale ? L'ordonnance du 10 septembre 1817 qui a réuni sous la dénomination d'ordre des avocats au conseil du roi et à la Cour de cassation l'ordre des avocats aux conseils et le collège des avocats à la Cour de cassation place dans le conseil de discipline un secrétaire-trésorier (art. 7), ce qui suppose nécessairement que l'ordre a des ressources. Dans ces conditions, l'on peut, non sans quelque apparence de raison, prétendre qu'il a dans une mesure plus ou moins large la personnalité civile et même, quoique ce dernier point soit plus contestable, qu'il est apte à recevoir des dons et legs.

205. Les corporations, communautés et compagnies d'officiers publics ou ministériels, c'est-à-dire de notaires, avoués, huissiers, commissaires-priseurs et agents de change, ont certaines ressources qui sont versées dans des bourses communes (V. pour les notaires, l'ordonnance du 4 juin 1843, art. 39 ; — pour les avoués, l'arrêté consulaire du 13 frimaire an IX, art. 18 ; — pour les huissiers, le décret du 14 juin 1813, art. 91 et suiv. et l'ordonnance du 26 juin 1822 ; — pour les commissaires-priseurs, la loi du 18 juin 1843, art. 5 et suiv. ; — pour les agents de change, le décret du 7 octobre 1890, art. 21, 26 et 27). Dès lors, l'on admet, en général, qu'elles jouissent de la personnalité morale et de la capacité de recevoir entre vifs ou par testament (V. *infra*, n° 236, l'avis du Conseil d'État du 1er décembre 1881, relatif à un legs fait par M. Bonnomet de Vedreuil à la chambre des notaires de Paris). La section de législation du Conseil d'État a par une note du 26 novembre 1889 (1) reconnu à la chambre de discipline des

(1) Note de la sect. de Législation, 26 novembre 1889 (n° 81,131). — La section de Législation, de la Justice et des Affaires étrangeres du Conseil d'État, tout en adoptant un projet de décret ayant pour objet d'autoriser

huissiers de l'arrondissement de Tours l'aptitude nécessaire pour recueillir un legs.

§ 9. — *Associations syndicales.*

206. Les associations syndicales se divisent en deux espèces également douées de l'individualité juridique : les associations autorisées et les associations libres.

Nous avons rangé les premières au nombre des établissements publics.(V. *supra*, n° 178). Les secondes se rapprochent par leur nature des établissements d'utilité publique; si nous ne les avons pas fait figurer dans le paragraphe précédent, c'est que celui-ci est exclusivement consacré aux établissements d'utilité publique proprement dits qui tiennent leur existence légale d'actes spéciaux de la puissance publique, tandis que les associations syndicales libres doivent la leur à une disposition législative générale. Ce n'est qu'en se plaçant au point de vue de la théorie pure que l'on peut donner des établissements d'utilité publique une définition assez large pour qu'elle soit applicable même aux associations syndicales libres. Si l'on veut parler le langage de la pratique et non celui de la science, l'on doit réserver l'expression d'établissement d'utilité publique pour les institutions privées et les associations, sociétés et corporations qui jouissent de la personnalité morale en vertu d'une concession individuelle émanée de l'autorité législative ou gouvernementale; les associations syndicales libres que le législateur a appelées en bloc à la vie civile n'ont pas droit à cette qualification.

La personnalité des associations syndicales libres, comme celle des associations syndicales autorisées, se fonde sur l'article 3 de la loi du 21 juin 1865, aux termes duquel les associations syndicales « peuvent ester en justice par leurs syndics,

---

la chambre de discipline des huissiers de l'arrondissement de Tours à accepter un legs de 1,000 francs, fait à la bourse commune desdits huissiers par le sieur Polet, a cru devoir faire subir à la rédaction du projet de décret des modifications de pure forme, qui le mettent en harmonie avec les précédents en pareille matière. (M. Vacherot, rapporteur.)

acquérir, vendre, échanger, transiger, emprunter, hypothéquer ».

La loi ayant conféré aux associations syndicales la faculté d'*acquérir* sans établir de distinction entre les acquisitions à titre onéreux et les acquisitions à titre gratuit, nous estimons que celles-ci comme celles-là sont possibles et que les associations syndicales sont aptes à recevoir des dons et des legs.

207. Bien entendu, les associations syndicales libres ne bénéficient du privilège de la vie civile qu'autant qu'elles sont régulièrement constituées ; or, pour qu'elles le soient, il faut non seulement qu'elles n'aient pour objet que l'exécution ou l'entretien de travaux rentrant dans l'une des catégories limitativement énumérées par l'article 1er de la loi du 21 juin 1865, modifiée par celle du 22 décembre 1888, mais encore que les conditions et formalités exigées pour la formation de ces associations par les articles 5, 6 et 7 de la loi du 21 juin 1865 aient été observées, au moins dans ce qu'elles ont d'essentiel (Cf. *supra*, n° 44, la note de la section de l'Intérieur du 16 avril 1889, relative à un legs fait par le sieur Cadots à l'Association du Parc de Maisons-Laffitte).

§ 10. — *Syndicats professionnels.*

208. La loi du 21 mars 1884 a érigé les syndicats professionnels à l'état de personnes morales ou, du moins, elle leur a conféré certains attributs de la personnalité civile ; il y a lieu de se demander si, parmi ceux dont elle les a investis, figure la faculté de recevoir entre vifs et par testament.

La question s'est posée devant le Conseil d'État à l'occasion d'un legs de deux rentes annuelles et perpétuelles de 365 francs fait par le sieur Monchaussée à la chambre syndicale des patrons tapissiers de Paris, à charge d'emploi au profit d'ouvriers tapissiers parvenus à la vieillesse.

Il n'a pas été proposé moins de quatre solutions.

Deux systèmes également radicaux tendaient l'un à attribuer aux syndicats professionnels le droit d'acquérir toute espèce de biens par donation entre vifs ou par testament et l'autre à leur dénier absolument l'aptitude à recevoir à titre gratuit.

Entre ces deux thèses diamétralement opposées venaient se placer deux opinions intermédiaires ou transactionnelles qui consistaient à considérer les syndicats comme ayant une capacité limitée soit aux dons manuels soit aux dons et legs d'immeubles destinés aux réunions, bibliothèques et cours d'instruction professionnelle.

Le Conseil d'État était appelé à se prononcer entre ces différents systèmes; en outre, s'il venait à reconnaître aux syndicats professionnels une capacité quelconque, un autre problème surgissait immédiatement ; en effet, à supposer que les syndicats professionnels soient aptes à acquérir à titre gratuit, il reste à rechercher s'ils sont obligés d'obtenir l'autorisation préalable du gouvernement pour pouvoir accepter les libéralités qui leur sont faites.

Le Conseil d'État n'a pas cru devoir prendre parti sur toutes ces difficultés; il a émis, à la date du 30 juillet 1891 (1) un avis portant qu'aucune disposition de la loi du 21 mars 1884 ne permettait au gouvernement d'autoriser l'acceptation du legs fait par le sieur Mônchaussée à la chambre syndicale des tapissiers, mais il n'a pas dit pourquoi la loi de 1884 s'opposait à ce que cette acceptation fût autorisée, si c'était à raison de l'incapacité totale ou partielle du syndicat des tapissiers ou parce que le gouvernement était incompétent pour autoriser cette association à accepter le legs dont elle avait été gratifiée. Les syndicats professionnels ont-ils une capacité plus ou moins étroitement bornée ou n'ont-ils aucune capacité? S'ils

---

(1) Avis du C. d'Ét. 30 juillet 1891 (n° 87,096). — Le Conseil d'État qui, sur le renvoi ordonné par le ministre du Commerce, de l'Industrie et des Colonies, a pris connaissance d'un projet de décret tendant à autoriser la chambre syndicale des tapissiers à accepter le legs de deux rentes annuelles et perpétuelles, chacune de 365 francs, qui lui a été fait par le sieur Montchaussé ou Monchaussée (Paul-Théobald), suivant testament olographe du 10 décembre 1886 ; — Vu la loi du 21 mars 1884, articles 6 et 8 ;

Considérant que les droits conférés aux syndicats professionnels ont été limitativement déterminés par la loi du 21 mars 1884 ; — Considérant qu'aucune disposition de cette loi ne permet au gouvernement d'autoriser l'acceptation du legs fait à la chambre syndicale des tapissiers par le sieur Montchaussé ou Monchaussée ; — Est d'avis qu'il n'y a lieu d'adopter l'article 1er du projet de décret. (M. Léon Béquet, rapporteur.)

sont capables, le gouvernement doit-il intervenir pour autoriser l'acceptation des libéralités qui leur sont adressées? Le Conseil d'État est muet sur ces questions de principe; l'avis du 30 juillet 1891 est une simple décision d'espèce.

Quant à nous, nous ne saurions nous dérober à l'examen d'aucune des difficultés qui ont été soulevées devant le Conseil d'État et nous dirons dans quel sens, à notre avis, elles doivent être résolues.

Nous aborderons tout de suite la question de capacité; quant au point de savoir si, au cas où l'on regarderait les syndicats professionnels comme capables de recevoir, le gouvernement aurait le droit d'exercer un contrôle sur l'acceptation des libéralités qui leur sont faites, il sera traité dans un chapitre ultérieur (V. *infra*, n° 358).

209. Une première opinion tend à refuser d'une façon absolue aux syndicats professionnels la faculté de recueillir des libéralités; ses partisans prétendent qu'elle est basée sur les termes mêmes de l'article 6 de la loi du 21 mars 1884. Cet article est ainsi conçu : « Les syndicats professionnels de patrons ou d'ouvriers auront le droit d'ester en justice. — Ils pourront employer les sommes provenant des cotisations. Toutefois, ils ne pourront acquérir d'autres immeubles que ceux qui seront nécessaires à leurs réunions, à leurs bibliothèques et à des cours d'instruction professionnelle... ». Les seules acquisitions que prévoit cet article, dit-on, sont celles qui se font avec les deniers provenant des cotisations, c'est-à-dire des acquisitions à titre onéreux, et encore ces acquisitions, lorsqu'elles ont pour objet des immeubles, ne sont-elles permises que dans certaines limites. Quant aux acquisitions à titre gratuit, elles sont complètement passées sous silence par l'article 6 et, par conséquent, elles sont interdites.

Cette opinion se heurte à une objection tirée de l'article 8 de la loi du 21 mars 1884, dont voici les termes: « Lorsque des biens auront été acquis contrairement aux dispositions de l'article 6, la nullité de l'acquisition ou de la libéralité pourra être demandée par le procureur de la République ou par les intéressés. Dans le cas d'acquisition à titre onéreux, les immeubles seront vendus et le prix en sera déposé à la caisse de l'association. Dans le cas de libéralité, les biens feront retour aux disposants ou à leurs héritiers ou ayants cause ». Ne résulte-t-il pas de cet article que les libéralités faites aux syndicats professionnels ne sont nulles qu'autant qu'elles ont pour objet des biens acquis contrairement aux dispositions de l'article 6, c'est-à-dire des immeubles non nécessaires aux réunions, bibliothèques et cours d'instruction professionnelle de ces associations et qu'elles doivent, en dehors de cette hypothèse, être tenues pour valables ?

L'on a essayé de réfuter cette objection en faisant observer que par « biens acquis contrairement aux dispositions de l'article 6 », l'article 8 désigne non seulement les immeubles qui ne seraient pas indispensables aux réunions, bibliothèques et cours des syndicats, mais encore les biens qui ne seraient pas acquis avec des deniers provenant de cotisations et, par conséquent, ceux qui ont été donnés ou légués aux syndicats.

Cette manière d'interpréter l'article 8 ne laisse pas que d'être ingénieuse, mais elle le refait plutôt qu'elle ne l'explique ; elle en torture arbitrairement les termes. Quand l'article 8 prononce la nullité d'acquisitions faites contrairement aux prescriptions de l'article 6, il entend évidemment établir la sanction d'une prohibition d'acquérir inscrite dans l'article 6 ; or la seule prohibition de cette espèce qui soit édictée par l'article 6 a trait aux immeubles non nécessaires aux besoins fondamentaux des syndicats. La disposition de l'article 6 suivant laquelle les syndicats professionnels « pourront employer les sommes provenant des cotisations », loin de prohiber des acquisitions a, au contraire, pour but d'en permettre ; elle habilite les syndicats professionnels à se servir des cotisations pour acquérir des immeubles ou des valeurs mobilières, mais elle ne leur interdit pas de faire des acquisitions par d'autres moyens. L'on ne peut donc pas dire que des biens donnés ou légués sont toujours et nécessairement des biens « acquis contrairement aux dispositions de l'article 6 ».

Au surplus, une autre objection peut être faite à ceux qui prétendent que les syndicats professionnels ne sont aucunement aptes à recevoir entre vifs ou par testament ; elle est tirée des travaux préparatoires de la loi du 21 mars 1884.

Cette loi, avant d'être définitivement votée, a été longtemps ballottée entre la Chambre des députés et le Sénat. Si l'on consulte le texte admis primitivement par la Chambre, dans sa séance du 9 juin 1881, l'on voit qu'il comportait un article 6 rédigé dans des termes à peu près identiques à ceux du texte qui a été adopté en dernier lieu ; il ne se trouvait, au contraire, dans ce projet de loi, aucune disposition analogue à celle de l'article 8 de la loi du 21 mars 1884. Le Sénat estima que le silence gardé par le projet relativement à la faculté de recevoir des dons et des legs équivalait à une dénégation de cette faculté, mais il jugea plus prudent de le dire en termes exprès ; en conséquence, il introduisit dans l'article 6 une disposition ayant pour objet d'empêcher les syndicats professionnels de faire des acquisitions à titre gratuit. Le texte voté en seconde lecture par le Sénat, le 31 juillet 1882, était ainsi conçu : « Les syndicats professionnels de patrons et d'ouvriers auront le droit d'ester en justice. — Il leur est interdit de recevoir des dons et d'acquérir autrement qu'à titre onéreux ; ils peuvent employer les sommes provenant des cotisations..... ». Quand le projet de loi revint à la Chambre des députés, la commission chargée de l'examiner proposa de supprimer la prohibition insérée dans l'article 6 par le Sénat ; le rapport présenté le 6 mars 1883 par M. Lagrange, au nom de cette commission, motive cette proposition de la façon suivante : « La commission n'a pas cru devoir enlever aux syndicats déclarés la faculté de recevoir des dons. Il est à présumer que, dans la pratique, les bibliothèques syndicales et les écoles professionnelles recevront de nombreux dons de livres, d'outils, d'instruments. Il serait injuste de les obliger à dépenser pour l'acquisition de ces objets des fonds qui peuvent utilement grossir les ressources des caisses de retraite et de secours mutuels ». Les conclusions de la commission furent adoptées par la Chambre le 18 juin 1883 et la prohibition des acquisitions à titre gratuit disparut du projet de loi ; en revanche, la Chambre des députés, sur la proposition de M. Drumel, ajouta à l'article 6 une disposition qui plus tard en fut séparée et est devenue l'article 8 de la loi du 21 mars 1884. Le projet de loi fut renvoyé au Sénat qui n'y apporta que des modifications de pure forme, puis il fit retour à la Chambre des députés qui le vota sans aucun changement.

Des travaux préparatoires de la loi du 21 mars 1884 il ressort clairement, en somme, que le législateur n'a pas voulu priver les syndicats du droit de recevoir à titre gratuit; nous repoussons donc sans hésitation l'opinion d'après laquelle ce droit leur ferait défaut d'une façon absolue.

Mais il nous reste à choisir entre le système qui admet la capacité pleine et entière des syndicats professionnels, sous la réserve formulée dans l'article 6 en ce qui concerne les immeubles, et deux autres solutions moins hardies qui reconnaissent seulement aux syndicats, l'une le droit de recevoir des dons manuels et l'autre la faculté d'être gratifiés de dons et legs d'immeubles destinés aux réunions, bibliothèques et cours d'instruction professionnelle.

Ces deux solutions intermédiaires ou transactionnelles nous paraissent inacceptables.

La première a la prétention de s'appuyer sur le rapport susvisé de M. Lagrange. L'on fait observer que, parmi les choses susceptibles d'être données aux syndicats, ce document ne range que des livres, des outils, des instruments, c'est-à-dire des objets mobiliers qui se donnent ordinairement de la main à la main. Il nous est facile de répondre que les livres, outils et instruments ne sont indiqués dans le rapport de M. Lagrange qu'à titre d'exemple; l'honorable député les a mis spécialement en évidence parce qu'il supposait que l'on en ferait de « nombreux dons » aux syndicats professionnels, mais il n'a pas dit que c'étaient les seules choses qui pourraient être données à ces associations. Nous ajouterons que rien dans le rapport de M. Lagrange ne permet d'affirmer qu'en parlant de dons de livres, d'outils et d'instruments, l'honorable député ait voulu faire allusion uniquement à des dons manuels et non à des dons faits par acte entre vifs ou par testament.

D'ailleurs nous n'apercevons pas la base juridique de la distinction que l'on voudrait établir entre les dons manuels et les dons résultant d'actes entre vifs ou de testaments; la capacité de recevoir ne saurait dépendre de la forme des libéralités.

La distinction que nous combattons ne consacrerait pas seulement une hérésie, au point de vue du droit, elle aboutirait, en outre, en fait, à des résultats incohérents. L'on pourrait donner 100,000 francs à un syndicat de la main à la main et il serait interdit de lui donner 100 francs par acte entre vifs ou par testament. Est-ce là ce qu'a voulu le législateur? Nous nous refusons à le croire.

Si nous repoussons l'opinion d'après laquelle les syndicats professionnels ne seraient capables que de recueillir des libéralités manuelles, nous ne sommes pas davantage de l'avis de ceux qui soutiennent que ces associations pourraient seulement recevoir des dons ou legs d'immeubles affectés à leurs réunions, bibliothèques et cours d'instruction professionnelle.

L'article 6 de la loi du 21 mars 1884, a-t-on dit, n'a concédé expressément aux syndicats professionnels que la faculté d'acquérir des immeubles ayant cette destination ; dès lors, cette faculté seule leur appartient, mais elle leur appartient tout entière. Il n'y a aucune raison pour admettre que le législateur a voulu autoriser les acquisitions à titre onéreux et interdire les acquisitions à titre gratuit ; à moins d'introduire dans le texte de l'article 6 une distinction qui n'y est pas, l'on est obligé de reconnaître que les unes comme les autres rentrent dans le cercle des opérations auxquelles les syndicats ont le droit de se livrer.

Les conséquences véritablement absurdes de ce système suffisent pour le condamner. Il serait permis de donner un immeuble d'une valeur de 100,000 francs à un syndicat, mais l'on ne pourrait pas lui donner une somme de 100,000 francs destinée à l'achat de cet immeuble. L'on aurait toute liberté pour gratifier un syndicat des immeubles qui sont nécessaires à ses réunions, à sa bibliothèque, à ses cours d'instruction professionnelle, mais l'on serait empêché de lui donner l'argent indispensable pour approprier ces immeubles ou acheter les meubles destinés à les garnir. Une thèse dont les résultats dénotent tant d'illogisme ne saurait être exacte et il convient de l'écarter.

En définitive, ce serait une erreur de croire que les syndicats professionnels sont absolument incapables de recevoir ou qu'ils ne sont capables de recevoir que les libéralités qui leur sont faites de la main à la main ou qui consistent en immeubles destinés aux usages prévus par l'article 6 de la loi du 21 mars

1884; selon nous, ils sont aptes à recueillir toute espèce de dons et legs, à l'exception de ceux qui ont pour objet des immeubles dont ils n'auraient pas besoin pour leurs réunions, bibliothèques ou cours d'instruction professionnelle.

Cette solution ne soulève qu'une objection qui mérite d'être examinée. On reproche à ses partisans d'attribuer aux syndicats professionnels à l'aide de déductions plus ou moins hasardées un privilège qui, d'après les principes généraux, ne saurait résulter que d'une disposition législative expresse.

Cette objection n'est pas sans réplique.

Sans doute une disposition formelle de loi serait indispensable pour nous autoriser à dire que les syndicats professionnels jouissent du droit d'acquérir à titre gratuit, s'il n'était pas certain qu'ils eussent la personnalité civile; mais comme il est incontestable qu'elle leur a été conférée, ils doivent avoir tous les droits qui dérivent ordinairement de la personnalité morale sauf ceux qui leur ont été expressément enlevés. Or, la seule faculté qui leur ait été retirée est celle d'acquérir à titre gratuit ou onéreux des immeubles qui ne seraient pas nécessaires à leurs réunions, bibliothèques et cours d'instruction professionnelle; toutes les autres acquisitions à titre gratuit ou onéreux sont à leur portée par cela même qu'elles ne leur ont pas été interdites.

Cette thèse a été développée avec beaucoup de force par M. Auguste Chareyre dans l'étude qu'il a faite des *Chambres syndicales* (n° 109) et nous ne doutons pas qu'elle ne finisse par triompher.

§ 11. — *Congrégations et communautés religieuses. Confréries.*

1° Congrégations et communautés religieuses d'hommes.

210. Les congrégations et communautés religieuses d'hommes n'existent légalement et ne jouissent de la personnalité civile qu'autant qu'elles ont été autorisées par une loi; telle est la règle qui découle de la loi du 2 janvier 1817, dont les dispositions s'appliquent à tous les *établissements ecclésiastiques,*

y compris les communautés et congrégations religieuses (1).

Nous verrons tout à l'heure que la nécessité d'une autorisation législative a été à peu près complètement supprimée pour les congrégations et communautés de femmes par la loi du 24 mai 1825 et le décret-loi du 31 janvier 1852 ; elle subsiste tout entière pour les congrégations et communautés d'hommes.

Antérieurement à la loi du 2 janvier 1817, des congrégations d'hommes ont été autorisées par décret ou ordonnance ; l'on admet, en général, que ces congrégations ont une existence légale. Elles sont au nombre de quatre : 1° la congrégation des missions de Saint-Lazare ou congrégation des Lazaristes, autorisée par le décret du 7 prairial an XII et l'ordonnance du 3 février 1816 (2) ; 2° la congrégation ou association des

---

(1) L. 2 janvier 1817. — Art. 1er. Tout établissement ecclésiastique reconnu par la loi pourra accepter, avec l'autorisation du roi, tous les biens, meubles, immeubles ou rentes qui lui seront donnés par actes entre vifs ou par actes de dernière volonté. — Art. 2. Tout établissement ecclésiastique reconnu par la loi pourra également, avec l'autorisation du roi, acquérir des biens immeubles ou des rentes.

(2) Civ. Cass. 19 décembre 1864. — La Cour, — Sur le premier moyen ; — Attendu que les congrégations religieuses qui, sous l'ancienne monarchie, ne pouvaient légalement exister qu'en vertu d'une permission expresse du souverain, par lettres patentes, enregistrées dans les Parlements, n'ont aujourd'hui, depuis les lois des 2 janvier 1817 et 24 mai 1825, d'existence qu'à la condition d'être autorisées par une loi; mais qu'il en a été autrement dans la période intermédiaire, c'est-à-dire postérieurement au décret du 18 août 1792, abolitif de toutes les corporations religieuses et congrégations séculières d'hommes et de femmes, notamment à partir du Concordat de l'an X, jusqu'aux lois des 2 janvier 1817 et 24 mai 1825, relatives, l'une aux congrégations d'hommes et l'autre aux congrégations de femmes; que dans cette période et sous le régime du droit public de l'époque, il était dans les attributions du chef de l'Etat d'autoriser les établissements de cette nature; que ce pouvoir, explicitement reconnu par les articles 4 et 5 du décret du 3 messidor an XII qui, inséré au *Bulletin des lois* et non attaqué comme inconstitutionnel a conservé force de loi durant cette période intermédiaire, s'était déjà exercé par divers décrets et spécialement par celui du 7 prairial de la même année, lequel, rendu en forme de règlement, sur le rapport du ministre de la Marine et des Colonies, et le Conseil d'Etat entendu, institue à nouveau, sous le titre des *Prêtres des Missions étrangères*, l'ancienne congrégation connue sous le nom de *Lazaristes*, en règle l'organisation et lui affecte, indépendamment de certains immeubles, une dotation annuelle sur le budget; que le droit ainsi attribué au chef de l'Etat a persisté jusqu'aux lois des 2 janvier 1817 et 24 mai 1825, lesquelles ne sauraient rétroagir sur la situation des établissements religieux alors autorisés ; — Attendu que, à la vérité, le décret

Missions étrangères, autorisée par le décret du 2 germinal an XIII et l'ordonnance du 2 mars 1815 ; 3° la congrégation du Saint-Esprit, autorisée par le décret du 2 germinal an XIII et l'ordonnance du 3 février 1816 ; 4° la congrégation ou compagnie des prêtres de Saint-Sulpice, autorisée par l'ordonnance du 2 avril 1816.

La jurisprudence est d'accord avec la doctrine presque tout entière pour dire que l'on ne saurait mettre en doute la personnalité de ces congrégations parce qu'avant la loi du 2 janvier 1817 le gouvernement puisait le droit d'autoriser toute espèce de congrégations et communautés religieuses dans le décret du 3 messidor an XII qui, n'ayant pas été attaqué

---

du 7 prairial an XII fut révoqué par le décret de propre mouvement du 26 septembre 1809, non imprimé ni inséré au *Bulletin*, rappelé toutefois dans celui du 8 novembre suivant ; mais que ces deux derniers décrets ont été rapportés par les ordonnances royales des 2 mars 1815 et 3 février 1816 qui ont rétabli la congrégation dont il s'agit avec capacité de posséder et d'acquérir des biens immeubles dans le royaume : que l'existence légale de cette congrégation, remise en question à diverses reprises depuis la loi du 2 janvier 1817 sous les gouvernements qui se sont succédé, a été chaque fois, à la suite d'un nouvel examen, reconnue par le Conseil d'Etat, et qu'en conséquence de nombreux actes de ces divers gouvernements, sous forme d'ordonnances ou de décrets, ont autorisé ladite congrégation soit à recevoir des libéralités par donations ou testaments, soit à acquérir ou à aliéner certains immeubles : qu'ainsi son existence et sa capacité comme établissement religieux, régulièrement autorisé, ne saurait désormais être contestée ; — D'où il suit, qu'en le décidant ainsi, l'arrêt dénommé (Paris, 10 janvier 1863) n'a violé aucune loi ;

Sur le deuxième moyen... ; — Rejette les deux premiers moyens ;

Mais sur le troisième moyen ; — Vu les articles 549, 550 et 910 du Code Napoléon ; — Attendu que le possesseur ne fait les fruits siens qu'autant qu'il est de bonne foi et qu'il n'est légalement réputé de bonne foi que quand il possède comme propriétaire, en vertu d'un titre translatif de propriété dont il ignore les vices ; qu'il cesse d'être de bonne foi du moment où ces vices sont connus ; — Attendu que le défendeur n'ayant pu ni se mettre en possession de l'hérédité litigieuse ni acquérir à aucun titre certains biens dépendant de cette hérédité sans une autorisation préalable n'a pu ignorer le vice qui, à défaut des autorisations exigées par la loi, infectait de nullité les titres en vertu desquels il possédait ; qu'ainsi il n'est pas dans les conditions légales d'un possesseur de bonne foi et doit être soumis à l'obligation de restituer les fruits à dater de son indue possession ; — D'où il suit qu'en jugeant le contraire et en décidant que le défendeur sera tenu de restituer les fruits à partir de la demande seulement, l'arrêt dénoncé a violé les dispositions ci-dessus visées ; — Par ces motifs, casse. (M. Laborie, rapporteur.)

devant le Sénat comme inconstitutionnel, a acquis force de loi (1).

Certains auteurs prétendent que l'autorisation prévue par le décret-loi du 3 messidor an XII était une simple permission de police et qu'elle n'avait nullement les caractères d'une reconnaissance légale proprement dite, de sorte que bien que régulièrement autorisées les quatre congrégations susvisées ne seraient pas investies de la personnalité civile ; leur opinion que nous inclinons à partager gagne chaque jour du terrain et elle finira peut-être par prévaloir.

211. Les congrégations et communautés religieuses non autorisées sont frappées d'une incapacité absolue de recevoir dont nous avons étudié les conséquences dans un précédent chapitre (V. *supra*, n°s 57 et suiv.).

Divers moyens ont été employés pour tâcher de soustraire les congrégations et communautés non autorisées à cette incapacité ; c'est ainsi que quelques-unes d'entre elles se sont dissimulées sous les traits de sociétés civiles ou commerciales. Mais il y a là une fraude qu'il convient de déjouer ; ces prétendues sociétés civiles ou commerciales ne peuvent rien recevoir ni entre vifs ni par testament (V. *supra*, n° 88).

Le gouvernement lui-même s'est rendu, à certaines époques, le complice des efforts faits par les congrégations et communautés pour échapper aux effets juridiques du défaut d'autorisation ; des congrégations d'hommes, vouées à l'enseignement ou à la charité, ont été reconnues comme établissements d'utilité publique. Mais nous avons eu déjà l'occasion de faire remarquer, en nous appuyant sur un arrêt de la Cour de cassation du 3 juin 1861 et deux avis du Conseil d'État des 16 juin 1881 et 1er février 1883, que de pareilles pratiques avaient été impuissantes à conférer à des congrégations ou communautés

(1) D. 3 messidor an XII. — Art. 3. Les lois qui s'opposent à l'admission de tout ordre religieux dans lequel on se lie par des vœux perpétuels continueront d'être exécutées selon leur forme et teneur. — Art. 4. Aucune agrégation ou association d'hommes ou de femmes ne pourra se former à l'avenir sous prétexte de religion, à moins qu'elle n'ait été formellement autorisée par un décret impérial, sur le vu des statuts et règlements selon lesquels on se proposerait de vivre dans cette agrégation ou association.

d'hommes la personnalité civile qui ne pouvait leur être attribuée que par une loi (V. *supra*, n° 41).

Il importe, en effet, d'établir une distinction très nette entre les associations ordinaires, même ayant un but religieux, et les congrégations religieuses ; les premières peuvent être reconnues comme établissements d'utilité publique par décret rendu en Conseil d'État conformément au droit commun, tandis que les secondes ne peuvent, d'après la législation exceptionnelle qui les régit, être autorisées que par une loi. (Loi du 2 janvier 1817.)

Or, suffira-t-il à une congrégation, pour sortir de l'exception et rentrer dans la règle générale, de prétendre que dans l'exercice de sa mission scolaire ou charitable elle n'agit pas comme congrégation religieuse, mais comme association d'enseignement ou de charité et qu'à ce titre l'on peut lui appliquer toutes les dispositions concernant les associations ? évidemment non.

Qu'est-ce qui distingue, en effet, une congrégation ou communauté religieuse d'une association ordinaire ? En général l'on enseigne que ce qui caractérise la congrégation ou communauté religieuse, ce sont les vœux contractés par ses membres et l'approbation donnée à ses statuts et règlements par l'autorité ecclésiastique ; tels sont, en effet, le plus souvent les traits distinctifs d'une congrégation ou communauté religieuse.

Mais, pour nous, une définition plus large s'impose ; il faut voir une congrégation ou communauté religieuse dans toute collectivité dont les membres poursuivent l'accomplissement d'une œuvre religieuse ou ecclésiastique, du moment qu'ils vivent en commun et quand bien même ils ne seraient pas liés par des vœux : c'est ainsi que les membres de l'association des Missions étrangères ne prononcent aucun vœu et cependant l'on n'a jamais songé à soutenir que cette association ne constituait pas une congrégation religieuse. Il convient, en effet, de reconnaître deux genres de congrégations ou communautés religieuses ; les unes sont régulières et les autres séculières : ces dernières ne supposent pas nécessairement l'existence de vœux.

Ce qui forme l'essence de la congrégation ou communauté

religieuse, ce n'est donc pas la prestation de vœux, c'est plutôt la vie en commun ; cette dernière condition n'est peut-être même pas indispensable pour que l'on doive considérer une association comme une congrégation ou communauté religieuse et il semble qu'il y ait lieu de regarder comme telle toute association affiliée à l'Église ou placée sous sa dépendance.

Que la caractéristique des congrégations ou communautés religieuses consiste dans un lien quelconque qui les rattache à l'Église, dans la vie en commun ou dans la coexistence de vœux et de statuts approuvés par l'autorité ecclésiastique, il est bien certain qu'aucune de ces particularités ne disparaît lorsqu'on envisage une congrégation ou une communauté dans l'accomplissement de sa mission charitable ou scolaire. Les membres d'une congrégation ou communauté religieuse ne cessent pas d'être liés par leurs vœux et soumis à leurs statuts, de vivre en commun, d'être affiliés à l'Église, lorsqu'ils se livrent à l'enseignement ou à la charité. Une congrégation est toujours une congrégation, à quelque point de vue qu'on la considère, et par conséquent elle ne saurait être reconnue comme établissement d'utilité publique par le gouvernement. La loi seule peut lui donner la vie civile.

Il a été soutenu que le législateur avait ratifié les actes gouvernementaux qui depuis la loi du 2 janvier 1817 ont reconnu comme établissements d'utilité publique des congrégations ou communautés religieuses d'hommes ; à l'appui de cette assertion, l'on a cité l'article 31 de la loi du 15 mars 1850 qui porte que les instituteurs communaux sont choisis « soit sur une liste d'admissibilité et d'avancement dressée par le conseil académique du département, soit sur la présentation qui est faite par les supérieurs pour les membres des associations religieuses vouées à l'enseignement et *autorisées par la loi* ou *reconnues comme établissements d'utilité publique* », l'article 79 de la même loi qui accorde, sous certaines conditions, la dispense du service militaire aux « membres ou novices des associations religieuses vouées à l'enseignement et *autorisées par la loi* ou *reconnues comme établissements d'utilité publique* » et l'article 20-5° de la loi du 27 juillet 1872 qui fait également bénéficier d'une dispense conditionnelle du service militaire « les membres et novices des associations religieuses vouées à l'enseignement et *reconnues comme établissements d'utilité publique* ».

Nous nous garderons bien de répondre que les lois des 15 mars 1850 et 27 juillet 1872 ont été abrogées par celles des 30 octobre 1886 et 15 juillet 1889, car si les dispositions des lois de 1850 et de 1872 ont cessé d'être en vigueur, on lit encore dans l'article 23 de la loi du 15 juillet 1889 que la dispense du service militaire est accordée, en temps de paix, après un an de présence sous les drapeaux, aux « novices et membres des congrégations religieuses vouées à l'enseignement et *reconnues d'utilité publique* qui prennent l'engagement de servir pendant dix ans dans les écoles françaises d'Orient et d'Afrique subventionnées par le gouvernement français ».

Mais la question de savoir si la reconnaissance comme établissements d'utilité publique de congrégations ou communautés religieuses d'hommes a été régulière et a pu leur conférer la personnalité civile, à l'exemple d'une autorisation proprement dite donnée par la loi, ne nous paraît pas avoir été résolue par les lois de 1850, 1872 et 1889. L'on ne doit pas aller chercher la solution de difficultés de droit dans des textes législatifs qui n'ont pas eu pour objet de les trancher; les lois susvisées n'ont été destinées qu'à fixer l'organisation de l'enseignement et à assurer le recrutement de l'armée : elles n'ont pas été faites pour régler la condition juridique des congrégations ou communautés religieuses d'hommes. Elles ont été amenées à constater incidemment qu'*en fait* il y avait des congrégations ou communautés religieuses d'hommes reconnues comme établissements d'utilité publique, mais elles n'ont pas entendu dire que cet état de choses fût conforme au *droit*. C'est lire dans les lois de 1850, 1872 et 1889 ce qui n'y est pas que d'y voir l'absolution de l'illégalité que le gouvernement avait commise en reconnaissant comme établissements d'utilité publique des congrégations ou communautés religieuses d'hommes; ces lois ne sont à aucun degré des *bills d'indemnité*.

Quelles que soient les dispositions des lois des 15 mars 1850, 27 juillet 1872 et 15 juillet 1889, les congrégations ou communautés religieuses d'hommes qui ont été reconnues comme établissements d'utilité publique n'ont pas d'existence lé gale et elles ne sont pas des personnes morales capables de recevoir.

212. La thèse que nous venons de défendre en nous appuyant sur la jurisprudence de la Cour de cassation et du Conseil d'État ne s'applique pas, selon l'opinion générale, à la congrégation des frères de Saint-Yon, plus connue sous le nom d'*institut des frères des écoles chrétiennes*; en effet, si cette congrégation a été simplement reconnue comme établissement d'utilité publique et autorisée comme association enseignante par le gouvernement, c'est à une époque où, d'après ce qui est admis communément, le chef de l'État avait le droit d'autoriser les congrégations et communautés religieuses d'hommes, c'est-à-dire pendant la période comprise entre le décret du 3 messidor an XII et la loi du 2 janvier 1817. L'institut des frères des écoles chrétiennes a été incorporé à l'Université par l'article 109 du décret du 17 mars 1808 et ses statuts ont été approuvés en conseil de l'Université le 22 juin 1810; dès lors, l'on admet ordinairement qu'il jouit de la personnalité civile (Cf. C. d'Ét. Cont. 17 juin 1887).

Toutes les maisons qui dépendent de l'institut des frères des écoles chrétiennes, même celles qui ont été fondées après la loi du 2 janvier 1817, profitent de sa personnalité et peuvent recevoir des dons et legs par l'intermédiaire du supérieur général de cette congrégation, pourvu que leur existence soit régulière.

Or il résulte des statuts de l'institut des frères des écoles chrétiennes qu'il doit donner l'enseignement gratuitement; si une rétribution quelconque est exigée des élèves qui fréquentent une école dépendant de cet institut il n'y aurait pas lieu d'autoriser l'acceptation des libéralités faites en faveur de cet établissement anti-statutaire. C'est en ce sens que le Conseil d'État s'est prononcé par avis du 18 décembre 1884 (1).

---

(1) C. d'Et. 18 décembre 1884 (n° 48,753). — Le Conseil d'Etat qui, sur le renvoi ordonné par M. le ministre de l'Intérieur, a pris connaissance d'un projet de décret tendant à autoriser le supérieur général de l'institut des frères des écoles chrétiennes à accepter un legs fait par le sieur Faye en faveur de l'établissement tenu par les frères à Bordeaux.

Considérant que, malgré les réclamations réitérées de l'administration

Quant à la question de savoir si l'institut des frères des écoles chrétiennes peut fonder et entretenir des pensionnats ou des orphelinats, elle a été résolue négativement par la section de l'Intérieur aux termes d'un avis du 9 mai 1883 relatif à un projet de décret tendant à autoriser l'acceptation d'un legs fait par la dame veuve Fosseret à l'œuvre de Saint-Joseph de Grenoble (Isère) (1); mais sur les instances du mi-

---

supérieure, l'institut des frères refuse de faire connaître au Conseil l'état de l'actif et du passif de la congrégation qui constitue un élément essentiel du dossier, puisque l'autorisation d'accepter la libéralité serait donnée non à l'établissement particulier qui n'a pas d'existence légale, mais à l'institut lui-même; — Considérant, d'autre part, que si les frères des écoles chrétiennes donnent gratuitement l'enseignement primaire aux élèves reçus dans leur établissement de Bordeaux, de 8 heures du matin à 4 heures du soir, il résulte de l'instruction que tous les élèves de la classe du jour sont gardés de 4 heures à 6 heures à titre d'élèves surveillés moyennant une rétribution de 2 francs par élève et par mois; — Que, dans ces circonstances, l'école tenue par les frères, à Bordeaux, ne peut être considérée comme une école gratuite telle que le prescrivent les statuts de la congrégation; que dès lors l'institut ne saurait être admis à invoquer le bénéfice de la personnalité civile qui lui a été conférée uniquement en vue de l'enseignement gratuit pour être autorisé à accepter la libéralité faite par le sieur Faye à l'établissement de Bordeaux;

Est d'avis qu'il y a lieu de substituer à l'article 1er du décret une disposition portant refus de l'autorisation d'accepter la libéralité précitée. (M. de Villeneuve, rapporteur.)

(1) Avis de la sect. de l'Int. 9 mai 1883, portant qu'il n'y a pas lieu d'autoriser le supérieur général des frères des écoles chrétiennes à accepter la libéralité faite par la dame veuve Fosseret à l'œuvre de Saint-Joseph, à Grenoble (Isère), (n° 46.148). — La section de l'Intérieur, des Cultes, de l'Instruction publique et des Beaux-Arts, qui, sur le renvoi ordonné par M. le ministre de l'Instruction publique et des Beaux-Arts, a pris connaissance d'un projet de décret tendant à autoriser le supérieur général des frères des écoles chrétiennes à accepter, au nom de cet institut, le legs d'une somme de 1,000 francs, fait par la dame veuve Fosseret, à l'œuvre de Saint-Joseph de Grenoble (Isère), établissement dépendant de l'institut des frères; — Vu l'article 109 du décret du 17 mars 1808. — Vu les statuts de l'institut des frères des écoles chrétiennes: — Vu le rapport adressé au Président de la République par le ministre de l'Instruction publique, en date du 17 février 1883; — Ensemble les pièces du dossier;

Considérant que l'institut des frères des écoles chrétiennes a été établi en vue de l'instruction des enfants pauvres; que la fondation ou l'entretien de pensionnats ou d'orphelinats ne rentre pas dans l'objet de leur mission tel que l'ont déterminé leurs statuts, approuvés en 1810, par le grand-maître de l'Université; — Que, si le supérieur général a qualité pour accepter, au nom de l'Institut, les libéralités faites au profit des établissements qui en dépendent, c'est à la condition que ces établis-

nistre de l'Instruction publique la décision de la section de l'Intérieur a été infirmée par l'assemblée générale du Conseil d'État qui a adopté le 19 juin 1884 le projet de décret préparé par le ministre et a ainsi reconnu à l'institut des frères des écoles chrétiennes la faculté de fonder et de diriger des orphelinats et des pensionnats (1).

---

sements se conforment aux statuts approuvés pour l'institut lui-même; — Considérant que l'œuvre de Saint-Joseph, fondée à Grenoble en 1835, par les frères des écoles chrétiennes, est à la fois un orphelinat et un pensionnat ; qu'en conséquence, le supérieur général de l'institut ne peut être autorisé à accepter un legs fait à cet établissement ; — Considérant d'autre part, que l'œuvre de Saint-Joseph rend à la ville de Grenoble et au département de l'Isère des services favorablement appréciés par le conseil général, par les autorités académiques et par le ministre de l'Instruction publique, que, dans ces circonstances, cette œuvre pourrait demander à être reconnue comme établissement d'utilité publique ;

Est d'avis : — Qu'il y a lieu de substituer au projet de décret proposé, une disposition portant que le supérieur général n'est pas autorisé à accepter la libéralité faite à l'œuvre de Saint-Joseph, à Grenoble. (M. Cottu, rapporteur.)

Projet de décret de la sect. de l'Int. 9 mai 1883, portant qu'il n'y a pas lieu d'autoriser le supérieur général des frères des écoles chrétiennes à accepter la libéralité faite par la dame Fosseret à l'œuvre de Saint-Joseph, à Grenoble (Isère) (n° 46,148). — Le Président de la République française, — Sur le rapport du ministre de l'Instruction publique et des Beaux-Arts ; — Vu le testament olographe, en date du 5 novembre 1870, par lequel la dame veuve Fosseret a légué, à titre gratuit, à l'œuvre de Saint-Joseph, de Grenoble (Isère), établissement dirigé par l'institut des frères des écoles chrétiennes, une somme de 1,000 francs ; — Vu la délibération du conseil d'administration dudit institut, en date du 2 février 1880, par laquelle il sollicite l'autorisation d'accepter cette libéralité ; — Vu les consentements des héritiers naturels et des légataires institués par la testatrice ; — Vu l'état de l'actif et du passif de l'établissement bénéficiaire ; — Vu l'avis en forme d'arrêté du préfet de l'Isère, en date du 11 novembre 1880 ;

La section de l'Intérieur, des Cultes, de l'Instruction publique et des Beaux-Arts du Conseil d'État entendue, décrète : — Art. 1er. Le supérieur général des frères des écoles chrétiennes, institut légalement reconnu et dont le siège est à Paris, rue Oudinot, 27, n'est pas autorisé à accepter, au nom dudit institut, le legs d'une somme de 1,000 francs, fait par la dame veuve Fosseret, dans son testament olographe du 5 novembre 1870, au profit de l'œuvre de Saint-Joseph, de Grenoble (Isère), établissement dépendant de l'institut des frères. — Art. 2. Le ministre de l'Instruction publique et des Beaux-Arts est chargé de l'exécution du présent décret.

(1) Projet de décret adopté par le Conseil d'État le 19 juin 1884 (n° 46,148). — Le Président de la République française ; — Sur le rapport du ministre de l'Instruction publique et des Beaux-Arts ; — Vu le testament olographe en date du 5 novembre 1870 par lequel Mme veuve Fosseret a légué, à titre gratuit, à l'œuvre de Saint-Joseph de Grenoble

213. Il est généralement admis que les congrégations ou communautés de frères qui, à l'exemple de l'institut des frères des écoles chrétiennes, ont été autorisées comme associations enseignantes par décret ou ordonnance avant la loi du 2 janvier 1817 ont, au même titre que cet institut, la personnalité civile; ce privilège fait, au contraire, défaut conformément à la règle générale que nous avons posée plus haut (V. *supra* nº 211) à toutes celles qui n'ont été reconnues comme établissements d'utilité publique que postérieurement à cette loi.

C'est ce qui a été décidé pour les frères de Saint-Joseph du Mans par l'arrêt précité de la Cour de cassation du 3 juin 1861, pour les Petits frères de Marie par l'avis également précité du Conseil d'État du 1er février 1883 (V. *supra*, nº 41) et pour les frères de Saint-Gabriel par une note de la section de l'Intérieur du 12 décembre 1888 (1).

(Isère), établissement dirigé par l'institut des Frères des écoles chrétiennes une somme de 1,000 francs; — Vu la délibération du conseil d'administration dudit institut, en date du 2 février 1880, par laquelle il sollicite l'autorisation d'accepter cette libéralité; — Vu les consentements des héritiers naturels et des légataires institués par la testatrice; — Vu l'état de l'actif et du passif de l'établissement bénéficiaire; — Vu l'avis en forme d'arrêté de M. le préfet de l'Isère en date du 11 novembre 1880; — Vu le rapport du conseiller d'État chargé de toutes les affaires des cultes, en date du 10 frimaire an XII, approuvé par le premier consul; — Vu le décret du 17 mars 1808, art. 109; — Le Conseil d'État entendu;

Décrète : — Art. 1er. Le supérieur général des frères des écoles chrétiennes, institut légalement reconnu dont le siège est à Paris, rue Oudinot, 27, est autorisé à accepter au nom dudit institut le legs d'une somme de 1,000 francs fait par la dame veuve Fosseret dans son testament olographe du 5 novembre 1870 au profit de l'œuvre de Saint-Joseph, de Grenoble (Isère), établissement dépendant de l'institut des frères. (M. Valabrègue, rapporteur.)

(1) Note de la sect. de l'Int. 12 décembre 1888 (nº 54,611). — La section de l'Intérieur, de l'Instruction publique, des Cultes et des Beaux-Arts du Conseil d'État, tout en adoptant le projet de décret relatif aux legs faits par la demoiselle Mercier de la Villehervé à divers établissements des Deux-Sèvres, a cru devoir substituer à l'article 2 autorisant le supérieur général de l'institut des frères de Saint-Gabriel à renoncer au legs fait à l'établissement des frères à Parthenay, un article portant qu'il n'y a pas lieu de statuer sur cette libéralité. Les congrégations religieuses d'hommes ne pouvant être reconnues d'utilité publique qu'en vertu d'une loi, les ordonnance et décret cités (O. 11 septembre 1823 et D. 3 mars 1853) ne sauraient avoir eu pour effet de conférer la personnalité civile à l'institut de Saint-Gabriel. (M. Dejamme, rapporteur.)

2° Congrégations et communautés religieuses de femmes.

214. La loi du 24 mai 1825 veut qu'en principe l'autorisation des congrégations et communautés religieuses de femmes émane d'une loi; ce n'est que dans des cas spéciaux limitativement énumérés qu'un acte du gouvernement suffit pour leur donner une existence légale. La liste de ces cas particuliers a été tellement étendue par le décret-loi du 31 janvier 1852 que l'exception a pris la place de la règle et qu'aujourd'hui l'on peut dire que d'après le droit commun les communautés et congrégations religieuses de femmes sont autorisées par décret; ce n'est que par extraordinaire qu'elles doivent l'être par une loi.

Conformément à l'article 3 de la loi du 24 mai 1825, il appartient au gouvernement de permettre la formation d'établissements de congrégations religieuses déjà autorisées, et le législateur n'a jamais à intervenir en cette matière.

215. Dans les cas exceptionnels où une loi est nécessaire pour l'autorisation d'une congrégation ou communauté religieuse de femmes, il ne peut y être suppléé par un décret portant reconnaissance de la congrégation ou communauté comme établissement d'utilité publique (Cf. *supra* n° 211).

D'autre part, il est constant que les congrégations et communautés religieuses de femmes s'efforceraient en vain de jouir des avantages de la vie civile sans autorisation législative ou gouvernementale en se constituant sous la forme de sociétés civiles ou commerciales; de telles sociétés créées en fraude de la loi sont viciées dans leur essence et atteintes d'une incapacité absolue de recevoir (V. *supra* n°s 88 et 211).

216. On distingue les congrégations à supérieure générale des communautés à supérieure locale; les premières peuvent d'après leurs statuts être autorisées à former des établissements sous leur dépendance, tandis que cette faculté fait défaut aux secondes.

La communauté religieuse à supérieure locale ou plutôt la maison dans laquelle elle se résume constitue une personne civile et peut recevoir des dons et legs dans les limites indiquées par la loi du 24 mai 1825.

Quant à la congrégation à supérieure générale, elle n'est pas investie par elle-même de la personnalité morale; c'est à la maison mère et aux succursales régulièrement autorisées qu'appartient ce privilége. Un avis du Conseil d'État du 4 juin 1891 porte « que la congrégation religieuse autorisée ne constitue pas une personne morale unique ayant un patrimoine collectif qui serait commun à tous les établissements dépendant de cette congrégation » et qu'au contraire la loi du 24 mai 1825 « attribue la personnalité civile à chacun de ces établissements dûment autorisés » (1).

---

(1) Avis du C. d'Ét. 4 juin 1891, sur des questions relatives à la personnalité civile des congrégations religieuses (n° 86,580 *bis*). — Le Conseil d'État qui, sur le renvoi ordonné par M. le ministre de la Justice et des Cultes, a pris connaissance d'une demande d'avis sur la question de savoir : 1° Si un établissement principal ou maison mère d'une congrégation religieuse de femmes autorisée peut disposer, pour ses besoins, des biens régulièrement acquis ou possédés par les établissements particuliers; 2° *A contrario*, si l'établissement principal peut disposer des biens formant son patrimoine pour les besoins des établissements particuliers, ou encore emprunter en son nom seul pour venir en aide à un ou plusieurs desdits établissements; 3° Si, dans les actes de la vie civile, un établissement particulier, lequel a une supérieure locale, doit être représenté par cette supérieure et en vertu d'une délibération du conseil d'administration dudit établissement, ou si la supérieure générale seule doit intervenir, après délibération seulement du conseil d'administration de l'établissement principal; — Vu la dépêche ministérielle du 2 mars 1891; — Vu la loi du 24 mai 1825;

Sur la première question : — Considérant que la loi du 24 mai 1825, en disposant, dans l'article 4, que « les établissements dûment autorisés » des congrégations religieuses de femmes pourront, avec l'autorisation spéciale du gouvernement, accepter des dons et legs, acquérir à titre onéreux ou aliéner des biens immeubles et des rentes, indique nettement que la congrégation religieuse autorisée ne constitue pas une personne morale unique ayant un patrimoine collectif qui serait commun à tous les établissements dépendant de cette congrégation; qu'au contraire la loi précitée attribue la personnalité civile à chacun de ces établissements dûment autorisés; que, d'ailleurs, la discussion de la loi à la Chambre des pairs (séance du 8 février 1825), et notamment la suppression du mot « congrégations » inséré dans le texte primitif de l'article 4, ne laissent subsister aucun doute sur le sens de cette disposition; — Considérant que chaque établissement particulier, étant ainsi doté par la loi, lorsqu'il a été spécialement autorisé, d'une existence juridique séparée et de la capacité de posséder, doit, par suite, être considéré comme seul propriétaire des biens qu'il a régulièrement acquis en son nom, et comme ayant seul qualité pour en disposer avec l'autorisation du gouvernement; que la maison mère d'une congrégation n'est elle-même, en ce qui concerne la faculté d'acquérir et de disposer, qu'un établissement distinct, plus important en fait que les autres maisons

De ces principes nous avons conclu dans un chapitre précédent qu'un établissement non autorisé dépendant d'une congrégation autorisée est incapable de recevoir entre vifs ou par testament par l'intermédiaire de cette congrégation. Telle est la doctrine que la section de l'Intérieur du Conseil d'État a affirmée dans un avis du 21 juillet 1880 relatif au legs d'une rente de 200 francs fait par la demoiselle Ardy aux sœurs

---

qui lui sont rattachées au point de vue de la discipline, mais n'ayan comme elles que la capacité de faire les actes relatifs à son propre patrimoine;

Sur la deuxième question : — Considérant qu'on ne pourrait s'appuyer sur le texte ni sur l'esprit général de la loi du 24 mai 1825 pour dénier à l'établissement principal le droit de recourir à l'aliénation de ses biens propres ou à un emprunt pour venir en aide aux établissements particuliers de sa congrégation, lorsque ceux-ci ont des besoins auxquels ils ne peuvent pourvoir eux-mêmes; — Considérant qu'une semblable faculté n'est point incompatible avec les dispositions de la loi précitée; qu'en effet, elle laisse subsister intacte la règle essentielle de la séparation des patrimoines entre les divers établissements d'une même congrégation; que, d'autre part, il n'est pas à craindre qu'elle donne lieu à des abus, puisque le gouvernement est toujours appelé à en contrôler l'exercice;

Sur la troisième question : — Considérant qu'en garantissant aux établissements autorisés d'une congrégation une personnalité juridique et la capacité de posséder, la loi du 24 mai 1825 a implicitement prévu l'existence d'une administration propre et une représentation distincte pour chacun de ces établissements; qu'il suit de là que les actes de la vie civile qui concernent les établissements particuliers doivent être passés non par la supérieure générale de la congrégation, mais par leur supérieure locale préalablement autorisée par une délibération de leur conseil d'administration; qu'à la vérité, l'ordonnance du 2 avril 1817 porte que les dons et legs faits au profit des associations religieuses sont acceptés par les supérieurs de ces associations; mais, qu'à supposer que ce texte doive être interprété comme conférant à la supérieure générale le droit de représenter tous les établissements de la congrégation, il a été nécessairement modifié dans son application par la loi du 24 mai 1825, dont le sens et la portée ont été ci-dessus précisés;

Est d'avis : — Sur la première question, que, dans les congrégations religieuses de femmes à supérieure générale, l'établissement principal ou maison mère ne peut pas disposer des biens régulièrement acquis ou possédés par un établissement particulier dûment autorisé;

Sur la deuxième question, que l'établissement principal d'une congrégation peut être autorisé à disposer des biens qui lui appartiennent en propre ou à emprunter en son nom pour les besoins des établissements particuliers légalement reconnus;

Sur la troisième question, que, dans les actes de la vie civile, chaque établissement particulier doit être représenté non par la supérieure générale de la congrégation, mais par sa supérieure locale préalablement autorisée par son conseil d'administration. (M. Bienvenu Martin, rapporteur.)

de la charité de Sainte-Marie établies à Clazais (Deux-Sèvres), et dont il a été fait application par de nombreux avis subséquents, notamment par ceux des 12 janvier 1881 et 3 juillet 1884 (V. *supra*, n° 54) ; la Cour de cassation s'est prononcée en sens contraire par deux arrêts des 6 mars 1854 et 17 juillet 1856 rendus à l'occasion d'un legs fait par le sieur Lebvre de Trois-Marquets aux sœurs de Saint-Vincent-de-Paul établies à Arras, mais ces arrêts constituent jusqu'à un certain point des décisions d'espèce dont il ne faudrait pas exagérer l'importance (V. *supra*, n° 53).

La jurisprudence suivie par le Conseil d'État n'est pas sans présenter pour les congrégations religieuses d'assez sérieux inconvénients auxquels toutefois il peut être paré par la réunion dans un même décret de la reconnaissance légale de l'établissement particulier auquel une libéralité a été faite et de l'autorisation de l'acceptation de ladite libéralité. Dans l'un des considérants de l'avis du 21 juillet 1880, la section de l'Intérieur fait observer que « la faculté pour les congrégations de solliciter la reconnaissance des établissements qu'elles créent est de nature à concilier les prescriptions de la loi avec la volonté des testateurs », et dans le dispositif elle déclare « qu'il appartient au gouvernement d'apprécier dans chaque affaire si les besoins scolaires et hospitaliers de la commune sont de nature à justifier, au point de vue de l'intérêt public, la création d'un établissement nouveau et, dans l'espèce, de surseoir à statuer sur la libéralité faite aux sœurs de Clazais jusqu'à ce qu'elles aient sollicité et obtenu leur reconnaissance ».

Le gouvernement s'est montré, pendant ces dernières années, assez peu enclin à permettre la fondation d'établissements dépendant de congrégations déjà autorisées, de sorte que le tempérament apporté par l'avis du 21 juillet 1880 à la rigueur des principes est plutôt théorique que pratique. C'est ainsi notamment que le Conseil d'État s'oppose à la ondation de succursales d'une congrégation enseignante ; il estime, en effet, « que si la loi du 15 mars 1850 autorise les congrégations religieuses à fonder et à entretenir des écoles libres, le gouvernement ne saurait, en présence du principe de la neutralité de l'enseignement primaire, proclamé par notre législation, accorder le privilège de la personnalité civile à des établissements qui donnent un enseignement confessionnel » (1).

Si la congrégation qui sollicite l'autorisation de fonder une succursale est à la fois charitable et enseignante sa requête est également rejetée, à moins de circonstances exceptionnelles. Il n'y a donc guère que les congrégations purement charitables qui soient admises, dans l'état actuel de la jurisprudence, à créer des établissements particuliers.

En présence des difficultés qu'elles éprouvent à installer des succursales, les congrégations ont songé à les dissimuler sous l'apparence d'œuvres particulières qu'elles ont cherché à faire reconnaître comme établissements d'utilité publique; mais ce moyen de tourner la loi du 24 mai 1825 a été formellement réprouvé par le Conseil d'État aux termes d'un avis du 7 juillet 1892 (2).

---

(1) Avis du C. d'Ét. 10 juillet 1884 (n° 47,686). — Le Conseil d'État qui a pris connaissance d'un projet de décret tendant à autoriser la congrégation des sœurs de Saint-Joseph du Puy à former un établissement particulier de son ordre à Alleyras (Haute-Loire) et à accepter la donation faite, par la dame Vigouroux, d'un immeuble situé dans ladite commune, pour l'installation de cet établissement;

Considérant que la congrégation de Saint-Joseph-du-Puy sollicite l'autorisation : 1° de fonder dans la commune d'Alleyras (Haute-Loire) un établissement des sœurs de son ordre, qui se consacrerait au service des malades et à l'instruction des jeunes filles de cette commune et des communes environnantes, et 2° d'accepter la donation de deux immeubles à elle faite dans ce but par la dame Vigouroux, religieuse de cet ordre; — Considérant que cette congrégation n'est pas établie, de fait, dans la commune d'Alleyras et n'y possède pas d'immeubles; — Considérant, d'une part, que si la loi du 15 mars 1850 autorise les congrégations religieuses à fonder et à entretenir des écoles libres, le gouvernement ne saurait, en présence du principe de neutralité de l'enseignement primaire, proclamé par notre législation, accorder le privilège de la personnalité civile à des établissements qui donnent un enseignement confessionnel; — Considérant, d'autre part, que la création d'une maison particulière de congrégation a pour effet d'augmenter le nombre des établissements religieux de mainmorte et ne doit être autorisée que dans des circonstances exceptionnelles;

Est d'avis qu'il y a lieu de substituer au projet de décret un décret portant que la supérieure générale n'est autorisée ni à fonder un établissement particulier de son ordre, à Alleyras, ni à accepter la donation immobilière faite par la dame Vigouroux et destinée à cet objet. (M. Valabrègue, rapporteur.)

(2) Avis du C. d'Ét., 7 juillet 1892 (n° 68,848). — Le Conseil d'État qui a pris connaissance d'un projet de décret tendant : 1° à autoriser la congrégation des Filles de la Charité de Saint-Vincent-de-Paul à accepter les legs immobiliers à elle faits par la demoiselle Mérel, 2° à

217. L'article 8 de la loi du 24 mai 1825 a prévu l'hypothèse où une congrégation ou maison religieuse viendrait à s'éteindre ou à se voir retirer l'autorisation qu'elle a obtenue et il a déterminé quel serait alors le sort des biens antérieurement donnés ou légués.

Il commence par dire que « les biens acquis par donation entre vifs ou par disposition à cause de mort feront retour aux donateurs ou à leurs parents au degré successible ainsi qu'à ceux des testateurs au même degré » et que « quant aux biens qui ne feraient pas retour, ... ils seront attribués et répartis, moitié aux établissements ecclésiastiques, moitié aux hospices des départements dans lesquels seraient situés les établissements éteints ». Il ajoute que « la transmission sera opérée avec les charges et obligations imposées aux précédents possesseurs ».

Enfin il dispose que dans le cas où une congrégation ou maison religieuse est frappée d'un retrait d'autorisation les membres de cette congrégation ou maison religieuse ont droit à une pension alimentaire qui est prélevée : « 1° sur les biens acquis à titre onéreux ; 2° subsidiairement sur les biens acquis à titre gratuit, lesquels, dans ce cas, ne feront retour

---

autoriser la création d'un nouvel établissement de cette congrégation à la Guerche à charge par elle d'y fonder un orphelinat ;

Considérant, d'une part, que si la société, dite Société civile de l'orphelinat de la Guerche, se montre disposée à solliciter sa transformation en établissement d'utilité publique auquel elle ferait abandon de l'immeuble où elle fonctionne, c'est sous la condition expresse que la direction intérieure de l'orphelinat ne pourrait être confiée qu'à des sœurs appartenant à la communauté des Filles de la Charité de Saint-Vincent-de-Paul ; — Considérant, d'autre part, que si le conseil de ladite congrégation a déclaré qu'il était prêt à attribuer à l'entretien de l'orphelinat le montant des revenus du legs de la demoiselle Mérel, c'est également sous la condition expresse que les Filles de la Charité resteraient toujours chargées de la direction de cet établissement ; — Considérant que dans ces circonstances si l'orphelinat fondé à la Guerche était reconnu comme établissement d'utilité publique il ne constituerait en fait qu'un nouvel établissement religieux dont la création n'est pas justifiée ;

Est d'avis, d'accord avec le représentant du gouvernement, de substituer au projet de décret proposé un nouveau projet qui ne crée pas à la Guerche un nouvel établissement des sœurs de la Charité et porte refus d'acceptation des libéralités faites par la demoiselle Mérel au profit de ladite congrégation. (M. du Mesnil, rapporteur.)

aux familles des donateurs ou testateurs qu'après l'extinction desdites pensions ».

3° Confréries.

218. Les confréries sont des associations formées par des laïques sous les auspices du clergé en vue de certaines œuvres ou exercices de charité ou de piété, telles que l'ornementation des autels, les processions, l'assistance des malades, l'ensevelissement des morts.

La loi du 18 août 1792 a dissous « les familiarités, les confréries, les pénitents de toutes couleurs, les pèlerins et toutes autres associations de piété ou de charité » en même temps que les congrégations et communautés séculières avec lesquelles ces associations avaient une grande analogie.

La suppression des confréries a été confirmée par le décret du 28 messidor an XIII et l'article 36 du décret du 30 décembre 1809 qui ont attribué leurs biens aux fabriques.

D'assez nombreuses confréries se sont reconstituées ; leur existence est-elle licite ? Nous n'avons pas à le rechercher ici ; mais ce que nous pouvons affirmer c'est qu'elles ne sauraient jouir de la personnalité morale qu'autant qu'elles seraient reconnues dans les mêmes conditions et suivant les mêmes formes que les congrégations et communautés religieuses auxquelles il convient de les assimiler.

219. Les confréries peuvent-elles, à défaut de personnalité propre, emprunter l'individualité juridique des fabriques auxquelles elles sont attachées et recevoir des libéralités par l'intermédiaire de ces établissements ? Nous avons examiné dans un précédent chapitre cette question qui nous paraît devoir être résolue négativement (V. *supra* n° 51).

§ 12. — *Personnes morales étrangères. Saint-Siège ou Papauté.*

220. Les personnes morales étrangères jouissent-elles en France de la faculté de recevoir des dons et des legs ? L'affirmative a été admise par un avis du Conseil d'État du 12 janvier 1854 dont le dispositif porte que « tout établissement d'utilité publique étranger constituant régulièrement une per-

sonne civile a qualité pour recevoir des dons et legs de biens meubles ou immeubles situés en France » (1). Nous lisons dans les considérants de cet avis « qu'aux termes de l'article 1er de la loi du 14 juillet 1819 tout étranger a qualité pour recevoir des biens situés en France ; — que ladite loi n'a fait aucune exception en ce qui touche les personnes civiles ; —

---

(1) Avis du C. d'Ét. 12 janvier 1854. — Le Conseil d'État qui a pris connaissance d'un rapport dans lequel sont posées les questions suivantes : 1° Un établissement d'utilité publique étranger a-t-il qualité pour recevoir une donation ou un legs de biens meubles ou immeubles situés en France ? 2° L'autorisation du gouvernement français est-elle nécessaire pour qu'un pareil établissement puisse être mis en possession desdits biens ? — Vu la loi du 14 juillet 1819, relative à l'abolition du droit d'aubaine ; Vu le Code civil, art. 3 et 910 ;

Sur la première question : — Considérant qu'aux termes de l'article 1er de la loi ci-dessus visée du 14 juillet 1819 tout étranger a qualité pour recevoir des biens situés en France ; que ladite loi n'a fait aucune exception en ce qui touche les personnes civiles ; que les discussions et les rapports qui ont précédé l'adoption de ladite loi dans le sein des deux Chambres établissent au contraire que l'intention du législateur avait été de consacrer de la manière la plus large et la plus complète l'abolition de l'ancien droit d'aubaine dans toutes les applications dont il était susceptible ; — Et que, dès lors, le bénéfice des dispositions de la loi du 14 juillet 1819 ne saurait être refusé à tout établissement d'utilité publique étranger constituant régulièrement une personne civile ;

Sur la deuxième question : — Considérant qu'aux termes de l'article 910 du Code civil les dispositions entre vifs ou par testament, au profit des hospices, des pauvres, d'une commune ou d'établissements d'utilité publique n'ont effet qu'autant qu'elles sont autorisées par le chef de l'Etat ; — Considérant que le but de cette disposition, tel qu'il a été défini par les orateurs du gouvernement lors de la discussion du Code civil, est non seulement l'exercice du droit de tutelle qui appartient à l'autorité supérieure, à l'égard des établissements d'utilité publique qui existent en France, mais aussi la consécration d'un droit de souveraineté, en vertu duquel il appartient au chef de l'Etat d'annuler ou de modérer toute libéralité faite au profit d'un établissement public quelconque, s'il la juge susceptible de porter atteinte soit à l'intérêt des familles, soit à l'intérêt de l'Etat ; — Et que, dès lors, l'application des dispositions de l'article 910 ne saurait dépendre de la nationalité de l'établissement public auquel la libéralité a été faite ; — Considérant, d'ailleurs, que les termes de l'article 910 sont absolus et qu'aucune autre disposition de la loi n'y a dérogé, en ce qui touche les établissements publics étrangers ;

Est d'avis : 1° que tout établissement d'utilité publique étranger constituant régulièrement une personne civile a qualité pour recevoir des dons et legs de biens meubles ou immeubles situés en France ; 2° que lesdits dons et legs faits au profit d'établissements d'utilité publique étrangers ne peuvent avoir d'effet qu'autant qu'ils ont été autorisés par le gouvernement français. (M. de Bussierre, rapporteur.)

que les discussions et les rapports qui ont précédé l'adoption de ladite loi dans le sein des deux Chambres établissent, au contraire, que l'intention du législateur avait été de consacrer de la manière la plus large et la plus complète l'abolition de l'ancien droit d'aubaine dans toutes les applications dont il était susceptible ; — et que, dès lors, le bénéfice des dispositions de la loi du 14 juillet 1819 ne saurait être refusé à tout établissement d'utilité publique étranger constituant régulièrement une personne civile » (1).

L'avis du 12 janvier 1854 ne se réfère expressément dans son dispositif qu'aux établissements d'utilité publique étrangers, mais la doctrine qu'il exprime dans ses considérants a une portée aussi générale que possible et concerne toutes les personnes morales étrangères sans distinction. Il en a été fait de nombreuses applications à des personnes morales d'espèces très diverses ; c'est ainsi que dans ces dernières années, le Conseil d'État a considéré sans difficulté comme aptes à recevoir des libéralités en France la ville et l'hôpital de Vintimille (Note de la section de l'Intérieur du 13 décembre 1880, legs Léoni ; projet de décret adopté par le Conseil d'État le 3 août 1881) (2),

---

(1) Cf. Ducrocq, *De la personnalité civile en France du Saint-Siège et des autres puissances étrangères*, p. 7 et suiv.

(2) Note de la sect. de l'Int. 13 décembre 1880 (n° 37,111). — La section de l'Intérieur, des Cultes, de l'Instruction publique et des Beaux-Arts du Conseil d'État qui a pris connaissance d'un projet de décret tendant à autoriser la commission administrative de l'hospice de la Providence de Nice (Alpes-Maritimes) à accepter le legs universel qui lui a été fait par la dame Léoni, avant de statuer, estime qu'il y a lieu d'appeler la commission administrative de l'hospice de la Providence à délibérer de nouveau sur l'acceptation du legs universel qui lui a été fait par la dame Léoni...

Enfin, la section a remarqué qu'un legs de 50,000 francs était fait à la ville de Vintimille (Italie); elle ne s'explique pas pourquoi cette ville ne sollicite pas l'autorisation d'accepter cette libéralité; l'autorisation que cette commune aurait déjà obtenue du gouvernement italien n'est pas suffisante pour l'habiliter à demander la délivrance de son legs; d'après la jurisprudence du Conseil d'État (avis du 12 janvier 1854), les établissements publics étrangers qui jouissent régulièrement de la personnalité civile sont soumis, quand ils sont donataires de biens, meubles ou immeubles, situés en France, aux mêmes formalités que les établissements français et ne peuvent accepter une libéralité qu'après en avoir obtenu régulièrement l'autorisation des autorités françaises compétentes. (M. Valabrègue, rapporteur.)

Projet de décret adopté par le Conseil d'État le 3 août 1881 (même af-

la ville de Bruxelles (Projet de décret et note de la Section de l'Intérieur du 11 juin 1890, legs Troyaux) (1), le séminaire français de Rome (Projet de décret et note de la section de l'Intérieur du 9 août 1887, legs Sucy d'Auteuil) (2), l'hospice et la société industrielle de Mulhouse (Projet de décret et note de la section de l'Intérieur du 15 mai 1889, legs Hübner) (3), les œuvres de bienfaisance israélites de Hambourg (Projet de

---

faire). — Art. 2. Est autorisée l'exécution de la disposition testamentaire en date du 31 mars 1878 par laquelle la dame Lorenzi, épouse Léoni, a légué une somme de 50,000 francs à l'hôpital de Vintimille (Italie). (M. Valabrègue, rapporteur.)

(1) Note de la sect. de l'Int. 11 juin 1890 (nº 80,468). — La section de l'Intérieur, de l'Instruction publique, des Cultes et des Beaux-Arts du Conseil d'État, tout en adoptant le projet de décret ci-joint concernant des legs faits par la demoiselle Troyaux à divers établissements publics, a cru devoir lui apporter les modifications suivantes : ... 3º sur la proposition du ministre de l'Intérieur elle a ajouté un article troisième autorisant l'exécution en France du legs fait à la ville de Bruxelles et visé l'avis du ministre des Affaires étrangères. (M. André Silhol, rapporteur.)

Projet de décret adopté par la sect. de l'Int. le 11 juin 1890 (même affaire). — Art. 3. Est autorisée l'exécution de la disposition par laquelle la demoiselle Troyaux a, suivant son testament olographe du 11 novembre 1878, légué une somme de 12,000 francs à la ville de Bruxelles (Belgique) pour l'admission dans un hospice de cette ville d'une personne âgée de 60 ans au moins, d'une parfaite moralité et se trouvant dans l'indigence, qui sera née à Ixelles-lès-Bruxelles.

(2) Note de la sect. de l'Int. 9 août 1887 (nº 65,807). — La section de l'Intérieur, de l'Instruction publique, des Beaux-Arts et des Cultes du Conseil d'État, tout en adoptant le projet de décret tendant notamment à autoriser l'exécution de la disposition testamentaire par laquelle le sieur de Sucy d'Auteuil a légué la somme de 1,000 francs au séminaire français de Rome, a cru devoir modifier la rédaction de l'article 9 du projet de décret conformément aux précédents. Le gouvernement ne peut autoriser que l'exécution du testament et n'a point qualité pour donner une autorisation à une personne morale étrangère comme le séminaire français de Rome qui a été fondé en vertu d'actes du Saint-Siège. (M. Auzouy, rapporteur.)

Projet de décret adopté par la sect. de l'Int. le 9 août 1887 (même affaire). — Art. 9. Est autorisée l'exécution de la disposition du testament olographe du 10 mai 1878 par laquelle le sieur Jules-Charles-Hugues de Sucy d'Auteuil a légué une somme de 1,000 francs au séminaire français de Rome.

(3) Note de la sect. de l'Int. 15 mai 1889 (nº 78,596). — La section de l'Intérieur, de l'Instruction publique, des Cultes et des Beaux-Arts du Conseil d'État, tout en adoptant le projet de décret tendant à autoriser l'exécution de la disposition testamentaire faite par le sieur Hubner au profit de l'hospice de Mulhouse, a cru devoir compléter l'article 1er en autorisant spécialement l'exécution de la disposition du même testament

décret et note de la section de l'Intérieur du 10 janvier 1888, legs Süssmann dit Oppenheimer) (1), les musées de Bruxelles et de Florence (Projet de décret et note de la section de l'Intérieur du 10 janvier 1888, legs Chassagnolle) (2), le collège

---

concernant la Société industrielle de Mulhouse laquelle, d'après les principes posés par l'avis du Conseil d'État du 12 janvier 1854, a besoin de l'autorisation du gouvernement français pour recueillir le bénéfice de la libéralité qui lui a été faite. (M. de Villeneuve, rapporteur.)

Projet de décret adopté par la sect. de l'Int. le 15 mai 1889 (même affaire). — Le Président de la République française, — Sur le rapport du ministre de l'Intérieur; — Vu le testament olographe du sieur Hübner du 28 avril 1886; — l'acte de décès du testateur du 1er mai 1888 ; — les délibérations du conseil d'administration de l'hospice de Mulhouse et du conseil municipal de cette ville; — Vu la dépêche du ministre du Commerce et de l'Industrie en date du 16 avril 1889; — Vu l'avis du Conseil d'État du 12 janvier 1854; — Ensemble les autres pièces du dossier; — La section de l'Intérieur, etc.. du Conseil d'État entendue :

Décrète : — Art. 1er. Est autorisée l'exécution de la disposition testamentaire, en date du 28 avril 1886, en ce qui concerne le legs fait par le sieur Hübner (Émile) : 1° à l'hospice de Mulhouse (Alsace-Lorraine) ; 2° à la Société industrielle de Mulhouse et consistant pour chacun de ces établissements dans la moitié de sa succession. — Art. 2. Le ministre de l'Intérieur est chargé, etc.

(1) Note de la sect. de l'Int. 10 janvier 1888 (n° 52,594). — La section de l'Intérieur, de l'Instruction publique, des Cultes et des Beaux-Arts du Conseil d'État qui a pris connaissance d'un projet de décret tendant à autoriser divers établissements israélites de la Seine à accepter les libéralités qui leur ont été faites par le sieur Oppenheimer a, tout en l'adoptant, ajouté un article portant qu'il sera statué ultérieurement sur la libéralité faite par le même testateur aux œuvres de bienfaisance israélites de Hambourg. Aux termes de l'avis du Conseil d'État en date du 12 janvier 1854 « ladite libéralité ne peut avoir d'effet qu'autant que son exécution aura été autorisée par le gouvernement français ». (M. Bonthoux, rapporteur.)

Projet de décret adopté par la sect. de l'Int. le 10 janvier 1888 (même affaire). — Art. 4. Il sera statué ultérieurement sur l'autorisation d'exécuter la libéralité faite par le sieur Sussmann, dit Alexandre Berend Oppenheimer, aux œuvres de bienfaisance israélites de Hambourg.

(2) Note de la sect. de l'Int. 10 janvier 1888 (n° 67,074). — La section de l'Intérieur, de l'Instruction publique, des Cultes et des Beaux-Arts du Conseil d'État, tout en donnant un avis favorable au projet de décret qui autorise l'acceptation de legs faits par le sieur David Chassagnolle à divers établissements publics, a remarqué que le testament contient des dispositions importantes en faveur des musées de Bruxelles et de Florence. Aux termes de l'avis du Conseil d'État du 12 janvier 1854 « lesdits legs ne peuvent avoir d'effet qu'autant que leur exécution aura été autorisée par le gouvernement français ». La section a cru devoir insérer une réserve expresse à ce sujet dans le projet de décret afin que l'instruction de ces affaires puisse être complétée. (M. de Salverte, rapporteur.)

Projet de décret adopté par la sect. de l'Int. le 10 janvier 1888 (même

d'Oulx (Italie) (Note de la Section de l'Intérieur du 10 juin 1884 ; projet de décret et note du Conseil d'État du 4 décembre 1884, legs Gros) (1).

La jurisprudence du Conseil d'État est-elle fondée ? Nous ne le croyons pas.

Nous ne songeons aucunement à soutenir que le droit

---

affaire). — Art. 7. Il sera statué ultérieurement sur l'autorisation d'exécuter les legs faits par le même testateur aux musées de Bruxelles et de Florence.

(1) Note de la sect. de l'Int. 10 juin 1884 (n° 50,288). — La section de l'Interieur, des Cultes, de l'Instruction publique et des Beaux-Arts du Conseil d'État, avant de statuer sur le projet de décret autorisant l'exécution de la disposition testamentaire par laquelle le sieur Gros a légué au collège d'Oulx (Italie) l'universalité de ses biens, croit que pour donner à l'affaire une bonne et prompte solution. il serait utile d'inviter la commune d'Oulx, chargée de l'administration des biens dudit collège, à s'engager, par une délibération régulièrement approuvée, à aliéner la totalité des biens immeubles situés en France aussitôt que l'autorisation d'accepter le legs du sieur Gros lui serait accordée par le gouvernement français. (M. de Salverte, rapporteur.)

Note du C. d'Ét. 4 décembre 1884 (même affaire). — Le Conseil d'État, tout en adoptant le projet de décret qui autorise l'exécution du testament du sieur Gros en faveur du collège d'Oulx (Italie), représenté par le municipe d'Oulx conformément aux décrets royaux des 2 octobre 1750 et 25 février 1883, a cru devoir insérer dans le dispositif un article spécial reproduisant l'engagement pris par le conseil communal d'Oulx le 14 juillet 1884, et ratifié par la députation provinciale de Turin le 15 septembre 1884, de vendre après l'autorisation accordée tous les immeubles sis en France et provenant dudit legs. (M. de Salverte, rapporteur.)

Projet de décret adopté par le Conseil d'État le 4 décembre 1884 même affaire). — Le Président de la République française ; — Sur le rapport du ministre de l'Intérieur ; — Vu le testament olographe du sieur Victor Gros en date du 25 novembre 1882 ; — l'acte de décès du testateur en date du 12 janvier 1883 ; — la réclamation d'un certain nombre d'héritiers en date du 10 avril 1883 ; — la délibération de l'assemblée municipale d'Oulx (Italie) en date du 10 décembre 1883 ; — le décret du roi d'Italie en date du 25 février 1883 ; — Le Conseil d'État entendu ;

Décrète : — Art. 1er. Est autorisée aux clauses et conditions imposées l'exécution de la disposition testamentaire en date du 25 novembre 1882 par laquelle le sieur Victor Gros, sujet italien, a légué au collège d'Oulx (Italie), représenté par le municipe d'Oulx, conformément aux décrets royaux des 2 octobre 1750 et 25 février 1883, tous les biens immeubles situés aux lieux dits « la Capelette et Saint-Loup » près Marseille (Bouches-du-Rhône), d'une contenance de 3 hectares 99 ares 80 centiares environ et d'une valeur approximative de 75,000 francs. — Art. 2. Conformément à l'engagement pris le 14 juillet 1884 par le conseil communal d'Oulx et ratifié le 15 septembre 1884 par la députation provinciale de Turin, lesdits immeubles seront vendus sans délai.

d'aubaine subsiste à l'égard des personnes morales étrangère; la loi du 14 juillet 1819 l'a supprimé absolument et nous n'essayerons pas de le ressusciter.

Mais, tout en écartant du débat qui nous occupe la législation de l'aubaine, nous n'aurons pas de peine à établir que les personnes morales étrangères sont sans qualité pour recevoir en France des dons et des legs.

C'est un principe incontestable et incontesté de notre droit public qu'aucun être moral ne peut être créé en France que par un acte de l'autorité souveraine; il appartient au législateur seul, soit directement, soit par l'intermédiaire du gouvernement, auquel il a délégué une partie de ses pouvoirs, de donner la vie juridique à des abstractions. Les personnes civiles n'existent pas naturellement; elles sont une fiction de la loi. Or la loi française seule est capable de permettre à des personnes morales d'exister en France; en cette matière qui intéresse au plus haut point l'ordre public, la loi étrangère ne peut rien chez nous. La souveraineté des États est étroitement circonscrite dans leurs frontières respectives; elle ne saurait s'exercer au delà. Il peut y avoir chez un peuple étranger en vertu de sa loi nationale des personnes morales, mais la fiction légale qui leur sert de base expire à nos portes. Les personnes morales reconnues par la loi étrangère n'existent qu'au regard de cette loi; elles sont, au point de vue de la loi française, dépourvues de toute vie civile : c'est le néant juridique.

La thèse que nous venons de développer a été expressément sanctionnée par un arrêt de la Cour de cassation du 1er août 1860 (1) rendu dans les circonstances suivantes.

---

(1) Cass. 1er août 1860. — La Cour, — Sur le moyen unique du pourvoi tiré de la violation de l'article 15 du Code Napoléon, du traité fait avec la Suisse le 4 vendémiaire an XII et de ceux postérieurement intervenus, ainsi que de la fausse application de la loi du 30 mai 1857 en ce que le jugement attaqué (Valognes, 25 juin 1859) a déclaré sans droit pour ester en justice en France une société anonyme étrangère régulièrement autorisée par le gouvernement du pays dans lequel elle s'est constituée, faute par elle d'avoir obtenu l'autorisation de l'empereur;

Attendu que si de la disposition de l'article 15 du Code Napoléon résulte pour l'étranger le droit de poursuivre judiciairement en France l'exécution des obligations contractées vis-à-vis de lui par un Français et si

Antérieurement à la loi du 24 juillet 1867 les sociétés anonymes ne pouvaient être fondées en France qu'avec l'autorisation du chef de l'État; telle était la règle posée par l'article 37 du Code de commerce que cette loi a abrogé. Aujourd'hui encore les associations tontinières et les sociétés d'assurances sur la vie sont soumises à l'autorisation du gouvernement.

Or, en 1860, s'est posée devant la Cour de cassation la question de savoir si une société anonyme étrangère pouvait, sans avoir obtenu l'autorisation du gouvernement français, jouir chez nous des attributs de la personnalité morale et notamment de la faculté d'ester en justice à la seule condition d'être régulièrement constituée d'après la loi de son pays; la Cour suprême a résolu cette question dans le sens de la négative par son arrêt précité du 1er août 1860.

Cet arrêt porte que la société anonyme, et l'on en pourrait dire autant de toute personne morale privée ou publique, « n'est qu'une fiction de la loi; qu'elle n'existe que par

---

cette disposition s'applique dans sa généralité aux personnes morales comme aux personnes physiques, il faut du moins que ces personnes morales existent pour pouvoir, sous ce rapport, réclamer le bénéfice de la loi française; — Attendu que la société anonyme n'est qu'une fiction de la loi, qu'elle n'existe que par elle et n'a d'autres droits que ceux qu'elle lui confère; que la loi qui dérive de la souveraineté n'a d'empire que dans les limites du territoire sur lequel cette souveraineté s'exerce; qu'il suit de là que la société anonyme étrangère, quelque régulièrement constituée qu'elle puisse être dans le pays dans lequel elle s'est formé, en epeut avoir d'existence en France que par l'effet de la loi française et en se soumettant à ses prescriptions; que vainement on objecterait que le statut personnel suit l'étranger en France et qu'à cet égard aucune distinction n'est à faire entre les lois qui règlent la capacité des individus et celles qui règlent l'état et la capacité des êtres moraux; qu'en effet, à la différence des personnes civiles, les personnes naturelles existent par elles-mêmes et indépendamment de la loi et que l'on ne saurait confondre, quant à l'autorité qu'elles peuvent avoir en dehors du pays pour lequel elles ont été faites, les lois qui créent la personne et lui donnent l'existence et celles qui ne font que réglementer ses droits et déterminer les conditions de son existence;

Attendu d'ailleurs que la disposition de l'article 37 du Code du commerce qui soumet les sociétés anonymes à la nécessité de l'autorisation du chef de l'Etat est essentiellement une loi de police et d'ordre public qui, en France, oblige l'étranger tout aussi bien que les Français; qu'elle a pour but de protéger les regnicoles contre les dangers d'entreprises hasardeuses et mal conduites; et que l'on ne comprendrait pas qu'il fût entré dans la pensée de la loi de consacrer un privilège

elle et n'a d'autres droits que ceux qu'elle lui confère ; que la loi qui dérive de la souveraineté n'a d'empire que dans les limites du territoire sur lequel cette souveraineté s'exerce ; qu'il suit de là que la société anonyme étrangère, quelque régulièrement constituée qu'elle puisse être dans le pays dans lequel elle s'est formée, ne peut avoir d'existence en France que par l'effet de la loi française et en se soumettant à ses prescriptions. »

Nous trouvons dans cet arrêt la consécration la plus nette de la théorie que nous avons énoncée plus haut et la condamnation de la doctrine formulée par l'avis du Conseil d'État du 12 janvier 1854. La loi étrangère est impuissante à introduire des personnes morales en France ; voilà la vérité proclamée par la Cour de Cassation et méconnue par le Conseil d'État.

Au surplus, ce n'est pas seulement dans l'arrêt du 1er août 1860 que se rencontre la réfutation péremptoire de l'avis du 12 janvier 1854, c'est aussi dans les écrits des juris-

---

en faveur des sociétés étrangères et de les affranchir des garanties qu'elle exige des sociétés françaises ; — Attendu qu'à cet égard la loi du 30 mai 1857 ne permet plus aucun doute ; qu'en effet il est impossible d'admettre qu'une disposition législative et spéciale ait été jugée nécessaire pour autoriser les Sociétés régulièrement constituées en Belgique à ester en justice et à exercer leurs droits en France si déjà elles avaient trouvé cette autorisation dans le droit commun et notamment dans l'article 15 du Code Napoléon ; que la disposition de l'article 2 de la loi de 1857 qui confère au chef de l'Etat le droit d'accorder par des décrets la même autorisation aux sociétés des autres pays résiste pareillement d'une manière énergique à l'application que le pourvoi prétend faire aux sociétés étrangères de l'article 15 du Code Napoléon, application qui la rendrait inutile et sans objet ; — Attendu que le pourvoi ne trouve pas une base plus solide dans les traités intervenus entre la Suisse et la France et notamment celui de l'an XII ; qu'en effet ces traités se bornent à accorder aux Suisses le droit d'ester en France aux mêmes conditions que les Français ; et que s'il est vrai qu'ils ne distinguent pas à cet égard entre les personnes civiles et les personnes naturelles, ils ne disent rien des sociétés soumises à l'autorisation du gouvernement et ne reconnaissent par aucune disposition l'existence en France de celles qui n'auraient obtenu que l'autorisation du gouvernement suisse ;

Attendu, en fait, qu'il n'est pas même allégué que la société anonyme de la caisse franco-suisse ait été reconnue par le gouvernement français ; qu'ainsi, en la déclarant non recevable à ester en justice, le jugement attaqué, loin d'avoir violé les dispositions des lois précitées, en a fait au contraire une juste application ; — Rejette, etc. (M. d'Ubexi, rapporteur.)

consultes les mieux qualifiés qui ont pris cet avis directement à partie.

Laurent expose dans ses *Principes de droit civil français* (1) que « les personnes dites civiles n'existent pas en dehors de l'État où elles sont instituées. » Suivant lui, en effet, elles doivent leur existence qui est purement fictive « à la loi et uniquement à la loi. La loi la leur donne dans un but d'utilité publique, c'est-à-dire nationale. Donc par leur institution même, elles n'ont d'existence et ne peuvent avoir de droits que dans les limites du territoire sur lequel s'étend la souveraineté dont la loi est l'organe. Quand le législateur crée une personne civile, c'est en vue d'un service public ; comment aurait-il la prétention de conférer à un établissement national une existence universelle ? Cela est contradictoire dans les termes. Il faut dire plus : le législateur le voudrait qu'il ne le pourrait pas, car son action ne s'étend pas à tout le genre humain ; elle est restreinte à la nation qu'il représente ; son œuvre aussi est donc nécessairement bornée, c'est-à-dire que par leur essence les personnes civiles n'ont qu'une existence limitée. Au delà des frontières de l'État qui les a établies elles n'existent plus. C'est le non-être. Dès lors, il ne peut pas être question pour elles d'exercer des droits à l'étranger. »

Laurent développe les mêmes idées avec non moins de force dans son ouvrage sur le *Droit civil international* (2).

Elles ont été reprises récemment par son compatriote, M. Woeste, membre de la Chambre des représentants de Belgique et ministre d'État, qui s'exprime ainsi dans une consultation publiée par le *Journal de droit international privé*. « Les personnes morales n'existent qu'en vertu d'une loi positive et celle-ci n'étend ses effets qu'en dedans des frontières de l'État qui l'a portée. — D'autre part, un être juridique n'est jamais créé qu'en vue d'un intérêt public. Or, c'est le législateur de chaque État qui est juge de cet intérêt et lorsqu'un intérêt de ce genre est reconnu dans un pays, il ne

(1) Laurent, *Principes de droit civil français*, t. I, n°s 306 et suiv.
(2) Laurent, *Droit civil international*, t. IV, p. 231 et suiv.

l'est que pour ce pays et non pour d'autres pays regis par d'autres législateurs » (1).

M. Moreau, agrégé à la faculté de droit d'Aix, tient à peu près le même langage. « La loi constate l'existence des personnes physiques, dit-il, elle ne les crée pas ; à peine indique-t-elle les conditions nécessaires pour l'entrée dans la société qu'elle régit. — La personne morale n'existe juridiquement que par la loi. Quelquefois, il est vrai, la loi se borne à fixer les conditions requises pour l'existence de cette personne, ainsi des sociétés commerciales ; généralement elle exige l'intervention des pouvoirs sociaux. Pourquoi ? parce qu'il y a ici plus que la constatation d'un fait, il y a une appréciation du but, de la destination de l'être qui demande à vivre juridiquement » (2). Un peu plus loin M. Moreau ajoute que « la personnalité morale, pour conférer les droits civils, doit être reconnue par la loi civile intéressée », c'est-à-dire par la loi du pays où lesdits droits civils sont destinés à s'exercer (3).

M. Weiss, professeur à la faculté de droit de Paris, enseigne qu'une personne morale étrangère n'a pas par elle-même une existence juridique en dehors des frontières du pays où elle a été organisée. « La loi qui lui a donné la vie, explique-t-il, n'a aucune autorité au delà des limites du pays qu'elle régit. L'intérêt auquel cette loi s'est proposée de pourvoir par sa création est un intérêt purement national et il ne peut en être autrement, car elle n'a pas qualité pour parler au nom des intérêts du monde entier » (4).

A la doctrine professée par MM. Laurent, Woeste, Moreau et Weiss et appliquée par la Cour de cassation, l'on fait une objection tirée de la théorie du statut personnel. L'état et la capacité des personnes sont régis, en quelque lieu qu'elles se trouvent ou qu'elles aient des intérêts à débattre, par les lois de la nation à laquelle elles appartiennent ; en d'autres termes,

---

(1) Ch. Woeste, *Du droit pour une personne morale étrangère de recueillir par succession un immeuble situé en Belgique* (*Journal de droit international privé*, 1893, p. 1125).

(2) Moreau, *De la capacité des États étrangers pour recevoir par testament en France* (*Journal de droit international privé*, 1892, p. 342).

(3) Moreau, *op. cit*, p. 346.

(4) Weiss, *Traité élémentaire de droit international privé*, p. 145.

les lois concernant l'état et la capacité des personnes sont inséparables de celles-ci, elles les suivent partout, elles forment un statut qui leur est inhérent et dont elles peuvent se prévaloir dans tous les pays. Voilà en quoi consiste la théorie du statut personnel. Or, dit-on, il n'y a aucun motif plausible pour ne pas appliquer cette théorie aux personnes morales comme aux personnes physiques.

Les partisans de cette opinion se réclament de Merlin dont ils citent un passage emprunté au *Répertoire universel et raisonné de jurisprudence.* « Les lois concernant les gens de mainmorte, dit le célèbre procureur général à la Cour de cassation (1), sont-elles personnelles ou réelles? La personnalité d'un statut ne peut résulter que de deux causes : ou de ce qu'il détermine l'état universel d'une personne... ou de ce qu'il fait à l'état d'une personne une exception dont l'objet est personnel... Par la même raison, une loi ne peut être réelle que de deux manières: ou en disposant des choses abstractivement à l'état des personnes... ou en faisant à l'état des personnes une exception dont l'objet est réel... D'après cela il est clair que les lois relatives à l'établissement des gens de mainmorte sont personnelles, puisqu'elles en déterminent l'état, soit en autorisant leur existence, soit en la détruisant; et par conséquent elles doivent porter leur empire jusque sur les biens situés hors de leur territoire... Dès qu'un corps existe légitimement, dès qu'il est capable par état de contracter et d'acquérir, son existence et sa capacité doivent influer sur les biens même situés hors de la sphère de la loi qui lui a donné l'une et l'autre. Le principe que l'autorité des lois est bornée par leur territoire n'est pas contraire à cette décision ». C'est ainsi que, d'après Merlin, le parlement de Douai a pu, sans violer le principe de la territorialité des lois, déclarer valables les acquisitions faites dans son ressort par des séminaires établis sans lettres patentes dans les ressorts des parlements de Toulouse, de Bordeaux et de Rouen, de 1749 à 1762, bien qu'à la différence desdits parlements celui de Douai n'ait pas

---

(1) Merlin, *Répertoire universel et raisonné de jurisprudence*, 4e édit., 1813, . VII, Vo MAINMORTE (GENS DE), § VII.

enregistré la déclaration royale de 1762, qui reconnaît l'existence légale des séminaires fondés sans autorisation pendant cette période ; il suffit pour que la jurisprudence du parlement de Douai ou « jurisprudence belgique » soit inattaquable que les acquisitions faites par les séminaires dont s'agit l'aient été suivant les règles qu'elle prescrit. « Les établissements considérés en eux-mêmes ne la regardent pas ; dès qu'ils sont autorisés dans le lieu de leur existence, elle n'a rien à dire... Elle défère à la qualité de légitimes que la loi domiciliaire donne à ces personnes idéales ».

C'est à tort, selon nous, que l'on introduit le grand nom de Merlin dans la controverse actuelle. Non seulement l'auteur du *Répertoire universel et raisonné de jurisprudence* commente le droit ancien et non le droit moderne, mais la question qu'il examine et résout n'est pas exactement la même que celle qui retient notre attention. Merlin ne se demande pas si une personne morale régulièrement constituée en pays étranger a une existence légale en France ; la législation relative au droit d'aubaine s'opposait incontestablement avant 1789 à ce qu'une telle personne pût rien recevoir chez nous. Merlin envisage uniquement la question de savoir si une personne morale valablement instituée dans le ressort d'un parlement en vertu d'une ordonnance royale qui y a été enregistrée a une existence légale dans le ressort d'un autre parlement où cette même ordonnance n'a été l'objet d'aucun enregistrement ; il considère des pays relevant d'un même prince et placés sous la même souveraineté : dans ces conditions, il n'a pas hésité à faire aux personnes morales l'application de la théorie du statut personnel. Aurait-il adopté la même solution s'il s'était agi, depuis l'abolition du droit d'aubaine, de personnes morales venant de l'étranger en France pour y exercer des droits civils et passant ainsi du domaine d'un souverain dans celui d'un autre? Il est permis d'en douter et de supposer que dans cette hypothèse Merlin aurait reculé devant les graves conséquences du principe du statut personnel.

En tous cas, ce principe ne nous paraît pas susceptible d'être invoqué chez nous de nos jours par les personnes morales étrangères ; les règles du droit public international sont d'accord avec celles du droit public interne pour les empêcher de se prévaloir de la théorie du statut personnel. Si la loi étrangère fixe l'état et la capacité des personnes physiques étrangères résidant en France, c'est parce qu'il ne s'agit que de réglementer l'exercice des droits privés qui appartiennent aux hommes par cela même qu'ils existent; mais, quand l'on a affaire à des personnes morales étrangères, il faut, avant de déterminer la loi qui régit leur état et leur capacité, savoir si elles existent. Or, cette question intéresse au plus haut degré l'ordre public et dès lors il ne saurait être question pour la trancher de consulter la loi étrangère; la loi française seule est compétente pour statuer sur des matières qui touchent à l'ordre public: l'existence en France des personnes morales relève exclusivement du domaine de notre loi.

Tels sont précisément les arguments dont la Cour de cassation s'est servie pour s'opposer à l'invasion en France des sociétés anonymes étrangères.

L'arrêt susvisé du 1er août 1860 dit que la « société anonyme étrangère quelque régulièrement constituée qu'elle puisse être dans le pays dans lequel elle s'est formée ne peut avoir d'existence en France que par l'effet de la loi française et en se soumettant à ses prescriptions » et il ajoute « que vainement on objecterait que le statut personnel suit l'étranger en France et qu'à cet égard aucune distinction n'est à faire entre les lois qui règlent l'état et la capacité des individus et celles qui règlent l'état et la capacité des êtres moraux; qu'en effet à la différence des personnes civiles les personnes naturelles existent par elles-mêmes et indépendamment de la loi et que l'on ne saurait confondre, quant à l'autorité qu'elles peuvent avoir en dehors du pays pour lequel elles ont été faites, les lois qui créent la personne et lui donnent l'existence et celles qui ne font que réglementer ses droits et déterminer les conditions de son existence ». L'arrêt du 1er août 1860 fait observer encore « que la disposition de l'article 37, C. com., qui soumet les sociétés anonymes à la nécessité de l'autorisation du chef de l'État est essentiellement une loi de police et d'ordre public, qui, en France, oblige l'étranger tout aussi bien que les Français ».

La Cour de cassation nous paraît avoir fait justice en excellents termes de la prétention qu'ont élevée les personnes morales étrangères de jouir de plein droit de l'existence légale en France sous prétexte de statut personnel et c'est en vain que tout dernièrement M. Lainé, professeur à la Faculté de droit de Paris, a essayé de réfuter la doctrine qui se dégage de l'arrêt du 1er août 1860 (1).

M. Lainé combat la jurisprudence de la Cour de cassation, en disant que les personnes morales ne diffèrent pas essentiellement des personnes physiques.

« Sans assimiler entièrement aux personnes réelles ou physiques, dit M. Lainé, les êtres juridiques doués de certains droits propres à ces personnes et dénommés exactement pour cette raison personnes morales ou civiles, tout en reconnaissant, au contraire, qu'il y a entre ces deux classes de personnes d'importantes différences..., j'estime qu'il n'y en a point d'essentielles, de capitales au point d'exclure de plein droit les personnes morales étrangères de la vie civile accordée aux étrangers en général ».

Pour M. Lainé « les personnes morales ou civiles ne sont pas autre chose que des modalités de la vie juridique des personnes naturelles » et voici sur quel raisonnement il prétend asseoir cet axiome. « Les personnes dites morales ou civiles, déclare-t-il, ne sont pas de pures abstractions juridiques, encore moins des fictions ; ce sont des groupes, des associations d'hommes, réunis en vue d'un effort et d'un but communs et qui de par la loi se trouvent placés dans un état de droit extraordinaire. Au point de vue de l'objet de l'association, chacun d'eux a abdiqué sa personnalité propre, mais tous concourent à former un être juridique nouveau dans lequel ils s'absorbent, auquel ils ont transmis la vie qu'ils ont perdue pour eux-mêmes. Ainsi cet être juridique est composé d'éléments humains, sans lesquels il ne serait pas né, dont le renouvellement incessant lui donnera la durée, dont la force ou la faiblesse le rendra fort ou débile et dont la disparition, s'ils viennent à se dissoudre, le fera rentrer dans le néant. Assurément il a fallu la volonté et la puissance de la loi

(1) Lainé, *Des personnes morales en droit international privé* (*Journal de droit international privé*, 1893, p. 273 et suiv.).

pour conférer à cet être la vie juridique; c'est pourquoi ce n'est qu'une personne civile. Mais, de son côté, la loi n'aurait rien pu faire si elle n'avait pas eu sous la main la matière humaine, qu'elle a mise en œuvre ».

M. Lainé poursuit en disant que, si ce concours de personnes réelles est nécessaire pour former une personne morale, « rien, dans l'essence des choses, n'exclut les personnes morales étrangères de la concession des droits privés faite aux étrangers par une disposition générale. En l'absence de toute distinction, de toute réserve, les *étrangers*, ce sont les étrangers à l'état d'associations doués de personnalité, comme les étrangers à l'état d'individus ». C'est la même doctrine que M. Lainé exprime sous une autre forme lorsqu'il prétend un peu plus loin que la loi qui crée des personnes morales n'est, en somme, qu'une loi relative à la constitution juridique, à l'état et à la capacité des personnes physiques et que cette loi par conséquent, doit être, en principe, admise en tous pays. Les personnes morales étrangères peuvent à l'égal des personnes physiques étrangères s'introduire dans notre pays et y manifester leur existence à l'abri de la théorie du statut personnel; telle est, en somme, la conclusion à laquelle aboutit M. Lainé.

La thèse développée par ce jurisconsulte ne manque pas d'originalité, mais elle ne saurait être prise au sérieux; l'idée maîtresse sur laquelle elle repose tout entière ne résiste pas à l'examen.

D'après M. Lainé, il ne faut pas considérer les personnes morales comme des êtres purement fictifs, comme des abstractions juridiques; sans doute, c'est la loi qui les crée, mais elle les forme avec des hommes qu'elle dépouille d'une partie de leur personnalité juridique pour en revêtir l'association dans laquelle ils se confondent.

Cette assertion est d'une inexactitude absolue. Il n'est pas vrai que les individus qui font vivre une personne morale abdiquent au profit de celle-ci une portion de leur personnalité; aucune atteinte n'est portée à leur individualité juridique : ils conservent la jouissance intégrale et le libre exercice de tous leurs droits. Les individus dont l'existence est nécessaire à celle d'une personne morale s'effacent si peu devant ladite personne qu'il leur est loisible de plaider contre elle, de contracter avec elle, de la gratifier de dons et de legs. C'est ainsi qu'une donation entre vifs peut être faite par un évêque à sa propre mense; cette éventualité a été prévue et réglementée par l'ordonnance du 7 mai 1826 qui appelle le premier vicaire général à accepter la libéralité adressée à la mense épiscopale. La personnalité de l'évêché n'est donc pas faite de celle de l'évêque, puisque le cas échéant elle s'en sépare complètement et les idées exprimées par M. Lainé apparaissent comme fausses dans l'hypothèse même qui leur est la plus favorable, c'est-à-dire dans celle où une personne morale est représentée par une seule personne physique dont elle accapare en quelque sorte l'activité juridique.

Si l'on veut se convaincre plus complètement de l'erreur commise par le collaborateur du *Journal de droit international privé*, il convient d'examiner ce qui se passe en cas d'extinction d'une société de secours mutuels ou d'une congrégation religieuse de femmes. Les biens de la société de secours mutuels ou de la congrégation de femmes qui vient à s'éteindre ne sont pas répartis entre ses membres; mais attribués à des institutions similaires par application des lois des 24 mai 1825 et 15 juillet 1850 et du décret-loi du 26 mars 1852. S'il en est ainsi, n'est-ce pas parce que la société de secours mutuels ou la congrégation n'est pas simplement une manière d'être des membres qui la composent, mais un être à part, dont les biens ne sont en aucune façon les leurs? La personnalité d'un être juridique n'est pas un simple total des personnalités des êtres réels par lesquels il vit, mais une personnalité autonome, qui vient se superposer à toutes ces personnalités et qui, par suite, n'est qu'une abstraction, une fiction légale.

Que les personnes morales aient un caractère purement fictif, c'est ce qui est universellement admis depuis plusieurs siècles et, si ce principe n'est expressément formulé dans aucune loi, toute notre législation le suppose. Le législateur a constamment considéré les personnes morales comme des fictions qu'il dépendait de son caprice de créer, de transformer et de supprimer. Si l'on se reporte aux débats qui ont précédé au sein de l'Assemblée constituante le vote de la loi des 2-4 novembre 1789, par laquelle les biens du clergé ont été mis à la disposition de la nation, l'on voit que les orateurs qui ont parlé en faveur de cette loi, Mirabeau et Thouret entre autres, n'ont eu pour la justifier qu'à faire remarquer que l'existence des établissements de mainmorte était fondée sur une fiction à laquelle le législateur était libre de mettre fin (V. *supra*, n° 31). N'est-ce pas encore en raison du caractère purement fictif des personnes morales que la loi du 7 août 1850 n'a pas hésité à retirer à l'Université l'individualité juridique qui lui avait été concédée par la loi du 10 mai 1806 et le décret du 17 mars 1808 (V. *supra*, n° 144)? Et la loi du 15 juillet 1893 n'a-t-elle pas, de son côté, démontré que la personnalité des communes et des pauvres n'est qu'une fiction entièrement livrée à la discrétion du législateur lorsqu'elle a décidé que « l'administration des fondations, dons et legs qui ont été faits aux pauvres ou aux communes en vue d'assurer l'assistance médicale serait dévolue au bureau d'assistance » (V. *supra*, n° 129)?

Notre législation tout entière proteste contre la théorie imaginée par M. Lainé et il est constant que les personnes morales ne sont que des abstractions juridiques que la loi enfante, modifie et abolit à son gré.

Dès lors, l'on doit admettre que les personnes morales étrangères ne sont rien chez nous, car la fiction légale sur laquelle leur existence se base s'évanouit en dehors des frontières du pays où elle est née. La loi française ne saurait admettre d'autre autorité que la sienne dans les matières qui intéressent l'ordre public et elle ne peut tolérer que la loi étrangère peuple notre pays d'abstractions juridiques qui constitueraient pour lui un danger.

Notre conclusion est donc celle-ci : les personnes morales étrangères n'ont par elles-mêmes aucune existence légale en France et elles n'y sont pas investies de plein droit de la capacité de recevoir.

221. Si les personnes morales étrangères sont, à notre avis, dépourvues en France de toute existence légale, c'est, comme nous l'avons expliqué, parce que la loi de leur pays d'origine, en vertu de laquelle elles se sont constituées, ne saurait produire aucun effet en dehors de ce pays et que seule en France

la loi française a le droit et le pouvoir de procurer à des êtres abstraits les avantages de la vie civile; en d'autres termes, les personnes morales étrangères sont frappées chez nous d'une incapacité absolue d'acquérir et de posséder parce qu'elles ne sont pas une émanation de la loi française: dès lors, il est clair que l'incapacité dont lesdites personnes sont atteintes cesserait si le législateur de notre pays venait à les reconnaître, soit directement, soit par l'entremise de notre gouvernement.

Telle est l'opinion exprimée par Laurent (1) et par MM. Moreau (2) et Weiss (3).

Mais il s'agit de savoir comment les personnes morales étrangères pourront être reconnues légalement en France. Ne le seront-elles qu'individuellement, suivant les mêmes formes et aux mêmes conditions que les personnes morales françaises? Faudra-t-il qu'elles justifient qu'à tous égards et notamment au point de vue de leur organisation et de leur fonctionnement elles satisfont à toutes les prescriptions de nos lois et règlements? L'affirmative nous paraît devoir être admise dans l'état actuel de notre droit. Aussi, tant que notre législation ne sera pas modifiée, n'est-il pas à supposer que nous assistions à la reconnaissance légale en France de personnes morales étrangères.

Du moment que les règles auxquelles est subordonnée la reconnaissance des personnes morales françaises sont applicables sans aucun tempérament à celle des personnes morales étrangères, il n'est permis, en définitive, aux personnes morales étrangères de pénétrer sur notre territoire que si elles se convertissent en personnes morales françaises; or, il est évident qu'elles ne consentiront jamais à cette transformation.

Mais pourquoi les mesures prises à l'égard des sociétés anonymes étrangères ne seraient-elles pas étendues à d'autres

---

(1) Laurent, *Principes de droit civil français*, t. I, n° 306, p. 400, et n° 311, p. 411.

(2) Moreau, *De la capacité des États étrangers pour recevoir par testament en France* (*Journal de droit international privé*, 1892, p. 349).

(3) Weiss, *Traité élémentaire de droit international privé*, 2e édit, p. 145.

personnes morales étrangères? La loi du 30 mai 1857 a admis en bloc les sociétés anonymes belges formées avec l'autorisation de leur gouvernement à exercer leurs droits et à ester en justice en France, en se conformant à nos lois, et elle a décidé que la même faveur pourrait être accordée aux sociétés anonymes des autres pays par décrets rendus en Conseil d'État. En outre, le gouvernement français a passé avec certains pays des traités qui ont eu pour but et pour effet de permettre aux sociétés anonymes fondées chez eux de jouir de tous les avantages de la vie civile en France.

Ce qui a été fait pour les sociétés anonymes, c'est-à-dire pour des personnes morales privées, peut l'être pour des personnes morales publiques. Pourquoi une loi ne permettrait-elle pas au gouvernement d'attribuer en bloc, par décret rendu en Conseil d'État, le privilège de l'existence légale en France aux personnes morales publiques de tel ou tel pays ou, au moins, à certaines catégories de ces êtres juridiques? Pourquoi, par exemple, ne serait-il pas loisible au gouvernement, en vertu d'une disposition législative qui l'y autoriserait, de conférer d'un seul coup à tous les hospices et hôpitaux de Belgique, de Suisse ou d'Italie la faculté de se prévaloir de leur qualité de personne morale chez nous comme dans leur pays d'origine? Ou encore, s'il ne paraissait pas opportun de recourir à des actes unilatéraux pour ouvrir aux personnes morales étrangères les portes de la France, pourquoi ce résultat ne serait-il pas obtenu à l'aide d'accords diplomatiques?

Bien entendu, la reconnaissance légale en France de personnes morales étrangères ne saurait être qu'expresse. M. Weiss estime que l'on pourrait se contenter d'une reconnaissance tacite ou implicite, mais son opinion est évidemment erronée. C'est un principe fondamental de notre droit public que la collation de la personnalité morale ne peut résulter que d'un acte formel de l'autorité souveraine; cette règle que nous avons énoncée et dont nous avons indiqué la portée dans un chapitre précédent (V. *supra*, n° 43) doit s'appliquer aux personnes morales étrangères comme aux personnes morales françaises.

Il convient d'ailleurs de ne pas se méprendre sur ce qu'il faut entendre par reconnaissance expresse ou formelle. L'emploi de formules sacramentelles n'est nullement nécessaire pour qu'un être abstrait soit érigé à l'état de personne morale ; il suffit pour que cet être jouisse de l'individualité juridique que la volonté de rendre cet être capable d'avoir un patrimoine et de l'accroître par les modes ordinaires ait été exprimée par l'autorité souveraine d'une façon certaine et indiscutable.

En somme, l'on ne saurait dire qu'une personne morale étrangère a été reconnue légalement en France, par cela même que, dans une circonstance quelconque et dans un but quelconque, les pouvoirs publics de notre pays sont entrés en relations avec elle, soit directement, soit indirectement. La reconnaissance légale ne peut résulter que d'un acte à ce spécialement destiné.

222. Les États étrangers avec lesquels notre gouvernement entretient des rapports diplomatiques jouissent-ils chez nous de la personnalité civile ? M. Moreau, agrégé à la Faculté de droit d'Aix, a conclu en faveur de la négative (1), mais il a rencontré de nombreux contradicteurs. L'affirmative a été soutenue non seulement par des auteurs qui, comme MM. Lainé (2) et Ducrocq (3), enseignent qu'en règle générale les personnes morales étrangères ont une existence légale en France, mais encore par des jurisconsultes, tels que M. Weiss (4), qui estiment que, d'après le droit commun, ces personnes ne sont rien et ne peuvent rien chez nous. Laurent, a successivement plaidé le pour (5) et le contre (6) avec un talent égal.

De quel côté est la vérité ? A qui faut-il donner raison ? à M. Moreau ou à ses adversaires ? Nous n'hésitons pas à adopter l'opinion défendue par M. Moreau et nous sommes convaincu

---

(1) Moreau, *De la capacité des Etats étrangers pour recevoir par testament en France* (*Journal de droit international privé*, 1892, p. 346 et suiv.).

(2) Lainé, *Des personnes morales en droit international privé* (*Journal de droit international privé*, 1893, p. 289 et suiv.)

(3) Ducrocq, *De la personnalité civile en France du saint-siège et des autres puissances étrangères*, p. 8 et suiv.

(4) Weiss, *Traité élémentaire de droit international privé*, 2e édit. p. 146.

(5) Laurent, *Droit civil international*, t. IV, p. 250 et suiv.

(6) Laurent, *Principes de droit civil français*, t. I, p. 409 et suiv.

qu'après un examen attentif des arguments produits de part et d'autre le lecteur suivra notre exemple.

MM. Ducrocq et Lainé qui, d'une façon générale, prétendent que les personnes morales étrangères peuvent de plein droit acquérir et posséder en France disent qu'il n'y a aucune raison pour que cette règle ne s'applique pas aux États comme aux autres êtres juridiques.

« L'exercice de la personnalité civile des États étrangers dans notre pays, expose M. Ducrocq, dérive de l'admission en France des autres personnes civiles étrangères. — Cette vérité ressort de la définition même des établissements publics et des établissements d'utilité publique, telle que nous l'avons donnée il y a déjà longtemps et telle que la Cour de cassation l'a consacrée. — Les établissements d'utilité publique sont des établissements dont l'existence présente un caractère d'utilité générale et publique qui a été reconnu dans les conditions déterminées par la loi. Serait-il rationnel que l'État, qui opère cette reconnaissance et confère cette personnalité aux établissements admis à l'exercer au delà de la frontière, fût destitué du droit d'y exercer la sienne? — Les établissements publics... représentent d'importants services publics, c'est-à-dire des parties intégrantes de l'État. Serait-il rationnel que l'État lui-même ne pût exercer sa personnalité civile à l'étranger, lorsque ses établissements publics sont admis à y exercer la leur? Comment exclure la personnalité civile des États, tandis que celle de leurs parties intégrantes est admise en France. — Ainsi, le principe judicieusement consacré par l'avis du Conseil d'État du 12 janvier 1854 dans l'interprétation exacte et large de l'article 1er de la loi du 14 juillet 1819 a pour conséquence logique l'admission en France de la personnalité civile des États étrangers et des souverains qui les représentent dans leurs rapports avec le gouvernement français. »

De son côté, M. Lainé s'exprime ainsi : « Les États sont nécessairement des personnes juridiques et leur personnalité civile se confond avec leur personnalité politique à tel point qu'en beaucoup de matières les efforts de la plus subtile analyse ne sauraient les distinguer... Par conséquent, en droit international, dès qu'un État se trouve politiquement reconnu par un autre État, de plein droit il est pour ce dernier une personne civile en même temps qu'une personne politique. Il n'est pas besoin de faire intervenir l'idée d'une reconnaissance de la personne privée implicitement contenue dans la reconnaissance publique ni l'équivalence des traités et des lois. J'estime inutile, au point de vue de la communication des droits privés, une reconnaissance spéciale à l'égard des États étrangers comme à l'égard des autres personnes civiles étrangères. Toutes ont également le bénéfice de la concession générale faite aux étrangers. »

De ces citations il résulte que MM. Ducrocq et Lainé appliquent purement et simplement aux États étrangers leur théorie générale, d'après laquelle les personnes morales étrangères auraient de plein droit une existence légale en France sans avoir besoin de solliciter de l'État français aucun acte de concession de la vie civile ; or, nous avons démontré plus haut que cette théorie est absolument erronée (V. *supra*, n° 221).

Les personnes morales étrangères doivent être considérées en France comme inexistantes, tant que l'État français ne leur a pas attribué le droit d'y vivre ; il en est ainsi en particulier des États étrangers qui ne sauraient jouir chez nous de la personnalité morale qu'avec le consentement de l'État français. Or, il est certain que jusqu'ici aucun État étranger n'a obtenu de l'État français, d'une façon formelle, la collation de la personnalité civile.

Personne ne saurait le nier, mais l'on a soutenu que les États étrangers ont été implicitement l'objet d'une reconnaissance légale de la part de notre pays; c'est ainsi que M. Weiss dit que, par cela même qu'ils ont été reconnus par nous au point de vue politique, ils l'ont été en même temps et nécessairement dans le domaine du droit privé. Mais cette argumentation est doublement vicieuse. D'abord, une reconnaissance tacite ne suffit pas pour permettre à une personne morale d'exister en France ; une reconnaissance expresse est nécessaire. D'autre part, la reconnaissance d'un État comme personne politique n'implique pas forcément sa reconnaissance comme personne morale ; la personnalité politique et la personnalité morale sont indépendantes l'une de l'autre et peuvent exister l'une sans l'autre. C'est ce que Laurent a indiqué avec beaucoup de justesse dans ses *Principes de droit civil français* : « L'État existe, dit-il, mais en quel sens et dans quel but? Comme organe de la nation, il traite avec les nations étrangères; voilà sa seule raison d'être en face de l'étranger. Il n'a pas besoin, pour remplir cette mission, d'être propriétaire, de posséder des biens meubles ou immeubles en dehors de son territoire. » L'on ne saurait en moins de mots démontrer plus clairement qu'un État peut, à l'égard des autres États, être une personne politique sans avoir cependant aucune personnalité morale.

Dans son ouvrage sur le *Droit civil international* Laurent est revenu sur son opinion première, mais les conditions dans lesquelles il a accompli cette volte-face ne laissent pas d'être singulières. Il commence par développer longuement les raisons qui militent en faveur de la thèse qu'il a soutenue dans ses *Principes de droit civil français*, puis brusquement et avec une sobriété d'explications qui étonne chez un jurisconsulte généralement prolixe il déclare qu'il se rallie à la thèse adverse. Il y a entre les deux parties de son argumentation une telle disproportion que l'on est en droit de se demander si sa pensée est bien d'accord avec ses paroles et si ses préférences secrètes ne restent pas acquises à son opinion originaire. Au surplus, écoutons-le.

Le cercle d'action des corporations civiles, déclare-t-il d'abord, « est limité par leur nature même au pays où la loi les crée. La personne juridique la plus caractérisée, l'État, étend son action sur tout le territoire, mais elle s'arrête à la frontière ; au delà il y a d'autres États qui veillent aux intérêts généraux de la nation dont ils sont les organes. On conçoit très bien qu'un État puisse agir et remplir sa mission tout en n'ayant de droits à titre de personne juridique que dans les limites de son territoire » (1).

Quelques pages plus loin il ajoute: « Peut-on dire que l'État existe comme personne civile par cela seul qu'il est reconnu dans le monde diplomatique? Dans la subtilité du droit on peut le nier. Quand la Belgique a été reconnue par les puissances étrangères, cette reconnaissance a-t-elle eu pour

(1) *Droit civil international*, t. IV, p. 221.

objet ou pour effet de considérer l'État belge comme une personne juridique ? C'est confondre deux ordres d'idées tout à fait distincts, l'ordre politique et l'ordre civil. Dans l'ordre politique, la Belgique existait comme État indépendant et par dérogation aux traités de 1814, qui avaient créé les Pays-Bas, en vertu des nouveaux traités de 1839, où intervinrent les grandes puissances... Autre est la question de savoir quelle est la situation de l'État belge dans l'ordre des intérêts privés, comme propriétaire, créancier ou débiteur, c'est-à-dire comme personne juridique. Son existence et ses droits comme telle n'ont pas fait l'objet de traités ; c'est le législateur belge qui règle sous ce rapport la situation de l'État en Belgique ; donc, il faut dire de l'État ce que l'on dit de toutes les personnes juridiques, que la loi le crée et détermine les droits dont il jouit. Le principe étant le même, les conséquences doivent être identiques. L'État n'existe comme personne civile qu'en vertu de la loi, donc il n'a pas d'existence légale à l'étranger, et partant il y est sans droit... » (1).

Voici maintenant comment, changeant de front, Laurent combat la doctrine qu'il vient de défendre: «J'avoue, dit-il, que cette doctrine pèche par excès de subtilité ; elle sépare et distingue dans l'État deux qualités qui sont inséparables et que, dans la réalité des choses, on ne distingue point : l'État comme corps politique et l'État comme personne civile. L'État est un et non pas double. Du moment qu'il est reconnu comme corps politique et qu'il figure comme tel dans les traités, il existe... N'y aurait-il pas quelque chose d'étrange à ce que la Belgique figurât comme État politique dans les traités et qu'elle ne pût figurer comme partie dans un contrat?... Le droit public domine ici le droit privé. Il serait absurde que la Belgique pût acquérir une province par traité et que l'État belge ne pût acquérir à Paris un hôtel pour son ambassadeur » (2).

Ainsi, pour répudier son opinion, Laurent se borne à prétendre que l'on ne saurait séparer la personnalité morale de la personnalité politique et qu'il est impossible de considérer

---

(1) Laurent, *Droit civil international*, t. IV, p. 250.
(2) Laurent, *op. cit.*, p. 251.

un État comme existant en droit public et comme inexistant en droit civil. Nous pourrions répondre tout simplement à Laurent qu'il s'est chargé lui-même de démontrer qu'un État peut très bien, dans ses rapports avec les autres États, jouir de la personnalité politique sans pour cela être investi de la personnalité morale; mais nous ne nous contenterons pas de renvoyer ce jurisconsulte aux passages de ses ouvrages dans lesquels il a fait cette démonstration. Nous jetterons un coup d'œil sur notre droit interne et nous ferons observer qu'il offre de nombreux exemples de personnes publiques dépourvues de personnalité civile. « Il y a, dit M. Moreau, des personnes publiques qui ne jouissent pas de la personnalité morale au point de vue du droit civil, qui existent en droit public sans exister en droit civil, qui jouent un rôle important selon la Constitution ou dans l'Administration et qui ne peuvent acquérir. Leur nombre est assez grand pour qu'on n'ait que l'embarras du choix. Le Sénat et la Chambre des députés sont des exemples saisissants... (1) » Il convient d'ajouter que l'on voit même des organismes politiques ou administratifs qui, tout en étant munis d'une individualité financière très nettement caractérisée, sont privés de toute individualité juridique (2); tel est le cas des communautés israélites qui ont la personnalité financière par application du décret du 27 mars 1893 sans avoir cependant la personnalité civile.

Mais ce n'est pas tout, et toujours en nous plaçant sur le terrain du droit interne, il est permis de faire observer que loin de constituer un bloc indivisible la personnalité de l'État se dédouble constamment. Tantôt l'État agit comme puissance publique et tantôt comme personne morale; suivant qu'il se présente sous l'un ou l'autre de ces aspects, ses actes sont gouvernés par telles règles, ou, au contraire, par telles autres. C'est ainsi, par exemple, que les contrats que l'État passe à titre de puissance publique relèvent de plein droit de la compétence administrative, en vertu des dispositions des lois des 16-24 août 1790 et 16 fructidor an III, tandis que ceux qu'il

---

(1) Moreau, *Journal de droit international privé*, 1892, p. 347.

(2) Marques di Braga et Camille Lyon, *Comptabilité de fait*, n°s 182 et suiv.

conclut à titre de personne civile et par exemple dans l'intérêt de son domaine privé sont du ressort des tribunaux judiciaires à moins d'exceptions spécialement prévues par la loi (1). En droit interne la personnalité morale de l'État se distingue donc nettement de sa personnalité politique et s'en sépare, le cas échéant, d'une façon absolue ; celle-ci n'implique pas nécessairement celle-là. Or, nous ne voyons pas pourquoi il en serait autrement dans le droit international ; il n'y a rien dans ce droit qui s'oppose au dédoublement de la personnalité de l'État et nous pensons qu'un État étranger peut être reconnu par la France comme personne publique et ne pas l'être comme personne privée.

Mais, dit Laurent, l'on aboutira ainsi à des résultats incohérents. Est-il logique que la Belgique puisse acquérir une province par traité et qu'elle ne puisse pas acquérir un hôtel à Paris pour son ambassadeur ?

Laurent joue sur les mots ; le terme « acquérir » n'a pas le même sens dans les deux cas qu'il envisage. Dans la première hypothèse il s'agit de l'acquisition de la souveraineté et dans la seconde de celle de la propriété. Or il n'est point irrationnel que deux espèces essentiellement différentes comportent des solutions opposées. Nous sommes d'autant moins choqué de la prétendue bizarrerie signalée par Laurent que si jamais la Belgique s'annexe une province elle ne sortira pas de son territoire qu'elle ne fera qu'agrandir, tandis que si elle venait à acquérir un hôtel d'ambassade à Paris elle s'installerait sur le territoire d'autrui.

Nous persistons donc à penser, malgré les objections formulées par Laurent, que la reconnaissance d'un État au point de vue du droit public international n'entraîne pas forcément sa reconnaissance au point de vue du droit privé interne ; or, comme jusqu'ici les États étrangers n'ont été, par rapport à notre droit privé, l'objet d'aucune reconnaissance spéciale, il est certain qu'ils ne peuvent ni acquérir ni posséder chez nous.

L'on insiste pourtant et l'on fait remarquer que l'Alle-

---

(1) Laferrière, *Traité de la juridiction administrative*, t. I, p. 534 et suiv.

magne, l'Autriche, la Russie et l'Angleterre sont propriétaires d'hôtels d'ambassade à Paris ; que, de plus, la Russie et la Roumanie ont la propriété de chapelles sises rue Daru et rue Jean-de-Beauvais. Cela ne prouve-t-il pas qu'aux yeux de l'Etat français les Etats étrangers peuvent acquérir et posséder chez nous ?

Les précédents que l'on nous oppose n'ont, à notre sens, aucune portée et lorsqu'on s'efforce d'en tirer parti l'on confond le fait avec le droit. Il est bien vrai que des Etats étrangers ont passé des contrats, acquis des immeubles en France, mais c'est en vertu d'une simple tolérance de l'Etat français. Or de la tolérance, si longtemps qu'elle dure, ne saurait naître le droit.

Vainement a-t-on prétendu que dans les espèces que l'on a citées, le gouvernement français ne s'est pas borné à fermer les yeux et qu'il a donné son adhésion à ce qui a été fait parce qu'il a estimé que les Etats étrangers usaient d'un droit. D'abord cette assertion est fausse; mais fût-elle exacte il ne serait pas permis d'en conclure que les Etats étrangers sont reconnus en France à titre de personnes morales. L'allégation de nos contradicteurs tend tout au plus à prouver que les Etats étrangers ont bénéficié d'une reconnaissance tacite; or, nous avons déjà dit et nous ne saurions trop répéter qu'une reconnaissance expresse et formelle est nécessaire pour permettre à des êtres abstraits de jouir en France de la personnalité civile.

223. Nous croyons avoir surabondamment démontré que les Etats étrangers ne jouissent pas de plein droit en France de la personnalité civile; nous les avons assimilés aux autres personnes morales étrangères qui ne sauraient exister légalement dans notre pays que moyennant une reconnaissance expresse et formelle émanée de l'Etat français.

Mais nous contenterons-nous de dire que les Etats étrangers ne doivent pas être traités en France plus favorablement que les simples personnes morales étrangères et n'y a-t-il pas lieu d'ajouter que, loin de pouvoir réclamer un traitement privilégié, les Etats étrangers seraient dépourvus du droit d'acquérir et de posséder dans notre pays, alors même que cette faculté appartiendrait aux autres personnes morales étrangères ?

Dans un savant rapport lu à l'audience de la Chambre des requêtes de la Cour de cassation du 12 mars 1894 et relatif aux pourvois formés par le pape Léon XIII, le cardinal Rampolla et le comte de Colbert-Turgis contre un arrêt de la cour d'appel d'Amiens du 21 février 1893, rendu au profit des héritiers de la marquise de Plessis-Bellière, — pourvois qui soulevaient la question de savoir si le Saint-Siége peut recevoir des dons ou des legs en France, — M. le conseiller Cotelle a examiné incidemment la difficulté qui nous occupe et il l'a résolue dans des termes qui méritent d'être textuellement rapportés.

M. Cotelle, après avoir mentionné un arrêt de la Cour de cassation de Turin du 18 novembre 1882 (Sirey, 1883.4.13), qui considère comme valable un legs fait par un Italien au royaume de Danemark, a dit que cette décision se basait sur l'article 2 du Code civil italien d'après lequel les communes, provinces, établissements civils et ecclésiastiques et généralement tous les *corps étrangers* légalement reconnus sont regardés comme des personnes morales et jouissent des droits civils en Italie et il a ajouté : « Chez nous, non seulement il n'y a pas de texte semblable, mais en ce qui concerne les Etats étrangers, la jurisprudence, par un sentiment d respect poussé très loin pour leur souveraineté, les dispens des obligations qui seraient corrélatives à l'exercice des droits civils ou du moins se refuse à donner une sanction à ces obligations envers les particuliers. Supposons qu'un chef d'Etat étranger soit devenu légataire universel en France. Cette qualité d'héritier impliquerait par elle-même et virtuellement l'obligation de répondre aux actions personnelles des légataires particuliers et des créanciers de la succession. Or devant quelle juridiction ces ayants droit seraient-ils admis à procéder contre un Etat étranger ? C'est une règle du droit des gens constamment appliquée que, tout au moins en matière personnelle, un Etat ne peut être traduit devant les tribunaux d'un autre Etat. Telle est la doctrine de Foelix (t. I, n° 212), d'Heffter (p. 89), de Calvo (t. I, p. 635), de Pasquale Fiore (t. I, n° 502), qui n'exceptent que les conséquences des engagements contractés par un prince dans la sphère des relations de la vie privée..... En dépit des dissidences de M. Demangeat sur Foelix (*loc. cit.*) et de Laurent (t. III, n° 23), votre chambre civile a, par un arrêt du 5 mai 1885 (S. 1886.1.315), dénié aux particuliers le droit de former saisie-arrêt contre un Etat étranger par ce motif, à la vérité bien discutable, qu'on ne saurait avoir contre cet Etat étranger plus de droits qu'on n'en a contre l'Etat français lui-même, lequel est à l'abri de toute voie d'exécution. D'autres arrêts conçus en termes encore bien plus généraux (Cass. 22 janvier 1849, S. 1849.1.82; Paris, 25 août 1870, S. 1871.2.6; Paris, 15 mars 1872, S. 1872.1.68; Nancy, 31 août 1870, S. 1871.2.129), professent que l'article 14 du Code civil, qui permet d'assigner les étrangers en France, n'est applicable qu'entre les particuliers, à qui les voies judiciaires sont totalement fermées pour procéder contre les Etats étrangers. Cette immunité me semble impossible à concilier avec les obligations inhérentes à la qualité d'héritiers et, par suite, avec la capacité pour les Etats étrangers d'accepter une succession. »

Ce raisonnement nous paraît absolument péremptoire et il est évident que, sous peine de s'exposer à des dénis de justice révoltants, l'on doit refuser aux Etats étrangers la faculté d'être institués héritiers en France. « Les commerçants qui traitent dans l'espoir d'un bénéfice avec les Etats étrangers, dit M. Cotelle dans la suite de son rapport, s'exposent en connaissance de cause à un refus d'action dont il leur incombe de se garantir en prenant leurs sûretés pour l'exécution des conditions de leurs marchés. Telle n'est pas la situation des créanciers d'une succession; il n'a pas pu dépendre de la seule volonté de leur débiteur défunt de leur faire faillite en paralysant leurs droits sur la succession par l'institution comme héritier d'un Etat étranger vis-à-vis duquel l'article 873 du Code civil ne serait plus qu'une lettre morte, puisque la courtoisie internationale est poussée jusqu'à supprimer toute sanction, en France, pour les engagements assumés par ces Etats. »

De deux choses l'une. Ou les immunités que la jurisprudence accorde actuellement aux Etats étrangers seront supprimées et alors la question de savoir s'ils peuvent jouir de la personnalité civile en France se posera dans les mêmes termes que pour les autres personnes morales étrangères, ou, au contraire, ils continueront à être soustraits à la juridiction des tribunaux français et, dans cette hypothèse, il ne saurait y avoir lieu de se demander s'ils sont aptes à acquérir et à posséder dans notre pays. Il serait contraire au droit comme à l'équité d'admettre que les Etats étrangers ont des droits en France sans y avoir d'obligations.

M. Cotelle n'envisage dans son rapport que le cas où un Etat étranger est gratifié d'un legs universel et s'il affirme très nettement que cette libéralité est caduque, il paraît, au contraire, reconnaître, quoique à regret, que la théorie qu'il a développée ne s'opposerait pas à la validité d'une disposition à titre particulier faite au profit d'un Etat étranger.

Nous ne saurions suivre M. Cotelle dans la voie des concessions et, pour nous, les immunités dont profitent actuellement les Etats étrangers les empêchent nécessairement de réclamer aucune espèce de droit en France. Qu'il s'agisse d'un legs universel ou d'une disposition à titre particulier entre vifs ou par testament, le légataire ou le donataire peut avoir des obligations à remplir ; dans un cas comme dans l'autre elles resteraient sans sanction si le rôle de donataire ou de légataire était joué par un Etat étranger ; il en faut conclure que les Etats étrangers ne peuvent rien recevoir chez nous ni à titre universel ni à titre particulier.

Cette incapacité les atteindrait, quand bien même nous aurions eu tort de dire que d'une façon générale les personnes morales étrangères ne sont pas aptes à acquérir et à posséder en France, car elle repose sur des motifs spéciaux aux États étrangers. Tant que les immunités accordées aux États étrangers subsisteront, ils devront être considérés comme incapables d'acquérir et de posséder aux yeux de la loi française indépendamment des raisons générales qui s'opposent suivant nous à ce que les personnes morales étrangères aient une existence légale chez nous.

224. Le Saint-Siège jouit-il en France de la personnalité civile et peut-il y recevoir des dons et des legs ?

Ce problème a été agité tout récemment à l'occasion d'un legs universel fait par la dame de Pastoret, marquise de Plessis-Bellière, au Saint-Siège.

La marquise de Plessis-Bellière est décédée le 4 juillet 1890 laissant un testament, en date du 9 octobre 1889, dont les principaux passages sont ainsi conçus : « J'institue le pape Léon XIII pour mon héritier. — Déjà, il y a plus de trente ans, j'avais exprimé à S. S. Pie IX mon désir de le faire héritier de mon hôtel : ne voulant pas que ma fortune soit éparpillée après moi, je complète aujourd'hui cette pensée de donation et déclare ma volonté de laisser tous mes biens au pape existant au moment de ma mort. — Je veux témoigner ainsi de mon attachement inviolable et de mon dévouement filial à l'Église et au Saint-Siège. — Je demande instamment à Sa Sainteté d'affecter mon hôtel de Paris à la résidence du nonce, d'ordonner que cette destination soit toujours respectée. Je demande aussi instamment à Sa Sainteté d'affecter le château de Moreuil et son parc à la résidence d'été du nonce. C'est ma volonté que les tableaux, objets d'art et bibliothèque ne soient jamais vendus ni dispersés. — A ce château est annexé le sanctuaire de Notre-Dame-de-Lorette auquel je suis si affectionnée. Je supplie Sa Sainteté de le maintenir avec ses offices et son personnel ; c'est à quoi je tiens le plus. Je lui demande de consacrer à l'usage de la madone tous mes bijoux. — Si je venais à mourir après le pape actuel et avant qu'il eût été possible de le remplacer ou que pour une cause quelconque le pape Léon XIII me survivant ne recueillît pas mon héritage, j'institue à son défaut pour mon héritier le cardinal Rampolla, secrétaire d'État de Sa Sainteté. »

Un codicille en date du 16 décembre 1889 ne contenait que des dispositions en faveur des gens de service de la testatrice.

Enfin par un nouveau codicille daté du 4 juillet 1890, c'est-à-dire du jour même de son décès, la marquise de Plessis-Bellière a déclaré que, dans le cas où ni le pape Léon XIII ni le cardinal Rampolla ne recueilleraient sa succession, elle instituait légataire universel à leur défaut le comte de Colbert-Turgis, à la charge de l'exécution de son codicille du 16 décembre 1889 et que dans cette hypothèse elle laissait au pape Léon XIII et, à son défaut, à son successeur, à titre de legs particulier, son hôtel de Paris pour la nonciature, son château de Moreuil pour la résidence d'été du nonce et 400,000 francs dont les revenus serviraient à l'entretien de la chapelle, des collections et de l'asile qui en dépendent.

Le 6 octobre 1890, le pape Léon XIII a accepté sous bénéfice d'inventaire, par déclaration faite au greffe du tribunal de Montdidier, le legs universel fait à son profit et il a été envoyé en possession en vertu d'une ordonnance du président dudit tribunal.

Les héritiers naturels de la testatrice ont formé une demande en nullité des legs universels adressés au pape Léon XIII, au cardinal Rampolla et au sieur de Colbert-Turgis, mais leur réclamation a été repoussée par un jugement du tribunal de première instance de Montdidier du 4 février 1892 (1), qui

---

(1) Trib. civ. de Montdidier, 4 février 1892. — Le Tribunal, attendu que, par son testament en date du 9 octobre 1889, la marquise de Plessis-Bellière a institué le pape Léon XIII légataire universel de tous ses biens, meubles et immeubles, à la charge d'acquitter de nombreux legs particuliers désignés audit testament, et dans le cas où, pour une cause quelconque, le pape Léon XIII ne recueillerait pas sa succession, elle a institué le cardinal Rampolla légataire universel aux mêmes charges et conditions ; qu'enfin par un codicille du 4 juillet 1890 elle a institué, comme légataire universel, à défaut du pape Léon XIII et du cardinal Rampolla, le comte de Colbert-Turgis, à la charge d'exécuter les legs et dispositions, et le pape Léon XIII légataire particulier de son hôtel de Paris, pour servir de nonciature, de son château de Moreuil avec ses dépendances et ses collections comme résidence d'été pour les nonces, et d'une somme de 400,000 francs pour subvenir à l'entretien des immeubles légués ; qu'en son testament, la marquise de Plessis-Bellière a désigné comme exécuteur testamentaire Mgr de Ragnau, son aumônier, et M. Crédoz, son régisseur ; — Attendu que, par déclaration faite au greffe de ce tribunal à la date du 6 octobre 1890, par son mandataire, le pape Léon XIII a accepté sous bénéfice d'inventaire l'institution universelle faite à son profit, et que, par ordonnance en date des mêmes mois et jour, il a été envoyé en possession ; — Attendu que, postérieurement à ces faits, à la date du 23 février 1891, les dames de Latude, Giraud, Eydoux, de Sylvestre, collatéraux de la *de cujus*, ont fait assigner le pape Léon XIII devant le tribunal de Montdidier, afin de faire déclarer nulles les dispositions en sa faveur contenues tant au testament qu'au codicille de la marquise de Plessis-Bellière ; que les demanderesses prétendent que le pape Léon XIII et le cardinal Rampolla ne sont que des personnes interposées, et qu'en réalité les legs sont adressés à l'Eglise, pouvoir spirituel et incapable de posséder ; que, d'autre part, le Saint-Siège ne représente plus un pouvoir temporel ; que représentât-il ce pouvoir, il ne pourrait, comme puissance souveraine étrangère, acquérir

proclame la validité des legs universels faits par la marquise de Plessis-Bellière, tout en subordonnant à l'autorisation du gouvernement l'exécution de ceux concernant le pape Léon XIII et le cardinal Rampolla.

Le dispositif du jugement du 4 février 1892 porte que le

---

en France ; que les legs faits au pape devraient encore être déclarés nuls comme constituant substitution entre chaque pape et son successeur et en outre des obligations perpétuelles qui impliquent l'interdiction d'aliéner contrairement à la loi ; — Attendu que le pape Léon XIII soutient que c'est en sa qualité de souverain qu'il est institué, que le Saint-Siège, bénéficiaire du legs, est un Etat souverain reconnu comme tel en France ; qu'il est donc capable d'acquérir en France ; que les legs universels faits au Saint-Siège sous son nom ou sous celui du cardinal Rampolla sont donc exempts de substitution ou d'interposition prohibée ; — Attendu que les exécuteurs testamentaires se joignent au pape Léon XIII pour demander la validité de toutes les dispositions du testament ; — Attendu que les demandeurs s'en rapportent à la justice sur la validité du codicille du 16 décembre 1889 ; qu'ils attaquent la validité de celui du 4 juillet 1890, en prétendant que le comte de Colbert-Turgis n'est qu'une personne interposée ; que le legs universel fait à son nom aussi bien que le legs particulier fait à Léon XIII sont nuls comme destinés en réalité au Saint-Siège ; qu'au contraire, le comte de Colbert-Turgis soutient qu'il est institué véritable, qu'il n'a accepté aucune mission de transmettre au Saint-Siège le bénéfice du legs universel, si celui-ci était annulé ; que sur la validité de tous les legs particuliers, il demande acte de réserves expresses ; — Attendu que les dames de Sylvestre et consorts demandent acte de leurs réserves sur la validité matérielle et juridique du codicille du 4 juillet 1890 ; qu'ils demandent également à faire examiner et photographier, en l'étude de Mᵉ Manier, notaire, ledit codicille ;

En ce qui touche le legs universel fait au pape Léon XIII ; — Attendu que le pape Léon XIII a été institué légataire par la marquise de Plessis-Bellière, comme chef et représentant de la puissance souveraine désignée en droit public international sous le nom de Saint-Siège ou de Papauté ; — Attendu que cette puissance n'est pas intermittente et limitée à la vie de chaque pape, mais qu'elle se perpétue en vertu de ses propres institutions électives ; — Attendu qu'elle est reconnue depuis longtemps par la France en qualité d'État étranger ; que cette reconnaissance, manifestée par la signature de *traités* en vigueur, par des négociations fréquentes dirigées par les ministres français des Affaires étrangères, n'a pas été modifiée à la suite des événements accomplis en 1870 ; — Attendu que cette reconnaissance est un fait de droit public et un acte de gouvernement, que le tribunal civil ne peut que constater sans avoir compétence pour en discuter et apprécier les motifs ; — Attendu que les Etats étrangers constituent de plein droit et par nécessité des personnes morales de premier ordre capables de s'engager, d'acquérir et de recevoir par des traités et à plus forte raison par des contrats ou actes du droit civil ; — Attendu que la capacité de chaque Etat, intégrale dans son propre ressort, est limitée, en ce qui concerne les acquisitions à faire dans le ressort d'autres

Saint-Siège est « capable de recevoir avec l'autorisation du gouvernement français le legs universel fait à son profit, sous le nom du pape Léon XIII, par la marquise de Plessis-Bellière dans son testament olographe du 9 octobre 1889 »; le sens de cette décision est précisé par les motifs du jugement dans

---

Etats, par la souveraineté de ceux-ci, par leur législation et par les usages internationaux ; — Attendu qu'en principe, suivant la loi du 14 juillet 1819, les personnes étrangères, tant physiques que morales, jouissent en France des droits de succéder, de disposer et de recevoir; que les Etats étrangers reconnus et dans l'espèce le Saint-Siège y ont donc la capacité juridique, à défaut de traités et de dispositions législatives sur ce point ; — Attendu que les principes de la souveraineté exigent que les Etats étrangers ne puissent exercer cette capacité en France qu'avec l'autorisation du gouvernement français ; attendu qu'en fait les usages internationaux permettent aux Etats étrangers d'acquérir et posséder en France des hôtels d'ambassade, des chapelles nationales, des biens meubles; attendu que ces acquisitions ont toujours été très limitées, et que ces limites ne peuvent résulter que de leur subordination à l'autorisation du gouvernement français; — Attendu qu'en droit international, cette autorisation ne peut être astreinte à des formes rigoureuses, mais qu'elle doit être certaine, et que les bénéficiaires en cas de contestation doivent en justifier ; attendu que le tribunal n'est pas compétent pour apprécier les actes diplomatiques et administratifs discutés au procès, et décider s'il en résulte au profit du Saint-Siège une autorisation implicite ; qu'en ces circonstances il y a lieu de renvoyer le légataire devant les pouvoirs compétents pour obtenir, soit par l'interprétation de ces actes, soit autrement, l'autorisation expresse d'accepter le legs dont s'agit, et ce dans un délai de « six mois », à partir de la signification du présent jugement ; — Attendu que les charges perpétuelles jointes aux legs adressés aux personnes morales ne sont pas contraires à la loi ;

En ce qui touche le legs universel au nom du cardinal Rampolla : — Attendu que le legs comprend les mêmes biens que le précédent et qu'il a pour institué le Saint-Siège ; attendu qu'il sera nul par l'application de l'article 911 du Code civil, si le Saint-Siège n'obtient pas l'autorisation d'accepter le legs fait au nom du pape Léon XIII mais qu'il sera valide et pourra être accepté avec l'autorisation du gouvernement, si pour tout autre cause le legs précédent restait sans effet ; qu'en ce cas le cardinal Rampolla et le Saint-Siège, pour bénéficier dudit legs, devraient rapporter l'autorisation expresse du gouvernement français dans un délai de six mois à partir de la vocation réalisée en vertu de ce legs ;

En ce qui touche le codicille du 16 décembre 1889 : — Attendu que les demandeurs s'en rapportent à la justice, et qu'il y a lieu de le déclarer valable ;

En ce qui touche le codicille du 4 juillet 1890 : — Attendu que la nature et l'étendue des dispositions qu'il contient au profit du Saint-Siège ne sont pas les mêmes que celles des legs universels contenus au testament ; attendu que l'institution universelle au profit du comte de Colbert-Turgis lui attribue un émolument réel, et notamment la

lesquels on lit que « le pape Léon XIII a été institué légataire par la marquise de Plessis-Bellière comme chef et représentant de la puissance souveraine désignée en droit public international sous le nom de Saint-Siège ou de Papauté. »

Sur les appels interjetés tant par les héritiers de la testatrice que par le pape Léon XIII et le cardinal Rampolla, dont la vocation demeurait subordonnée au bon plaisir du gouvernement français, la cour d'Amiens a rendu, le 21 février 1893, un arrêt (1) par lequel elle a infirmé le jugement

---

propriété du capital affecté à des rentes viagères importantes ; — Attendu que ce codicille paraît avoir eu pour but d'attribuer au légataire universel, avec une partie des biens, les charges matérielles de la succession et de présenter tant à l'agrément du gouvernement français qu'à celui du Saint-Siège une libéralité limitée à l'installation de la nonciature ; attendu que les termes du testament et du codicille manifestent chez la testatrice la volonté absolue de choisir un légataire universel unique et que ces termes excluent formellement l'intention d'abandonner la succession *ab intestat* aux collatéraux ; — Attendu que la testatrice n'a pu ignorer la portée de l'institution universelle par elle attribuée au comte de Colbert-Turgis et que sa vocation à la totalité des biens en cas d'annulation du legs particulier est un effet légal et présumé connu par la *de cujus* de son acte de dernière volonté ; attendu que les demandeurs n'ont nullement établi et qu'il n'apparaît pas que le comte de Colbert-Turgis ait assumé l'obligation de transmettre au Saint-Siège, soit l'émolument du legs universel, soit celui du legs particulier, si ce dernier était annulé ; que les dispositions contenues au codicille du 4 juillet 1890 ne tombent pas sous l'application de l'article 911 du Code civil ; qu'il y a lieu de donner acte au comte de Colbert-Turgis de ses réserves, à l'effet de contester, s'il y a lieu, la validité des legs particuliers ;

Par ces motifs, — Déclare les demandeurs recevables en la forme ; — Au fond, déclare le Saint-Siège capable de recevoir avec l'autorisation du gouvernement français le legs universel fait à son profit, sous le nom du pape Léon XIII, par la marquise de Plessis-Bellière, dans son testament olographe du 9 octobre 1889 ; dit que l'autorisation expresse accordée par le gouvernement français pour l'acceptation de ce legs devra être établie et rapportée dans un délai de six mois à partir de la signification du présent jugement et qu'à défaut de cette autorisation, dans le délai, le legs universel subséquent, au nom du cardinal Rampolla et au profit du Saint-Siège, sera frappé de nullité, en vertu de l'article 911 du Code civil. — Dit qu'au cas où pour toute autre cause le legs universel au nom du pape n'aurait pas d'effet, le legs au nom du cardinal Rampolla se trouvera validé, etc.

(1) Amiens, 21 février 1893. — La Cour, — Sur les conclusions des consorts de Sylvestre tendant à faire dire que « le Saint-Siège n'a aucune capacité civile en France et selon le droit civil français ; que l'institution faite à son profit par la marquise de Plessis-Bellière dans son testament olographe, en date du 9 octobre 1889, serait par suite

du tribunal de Montdidier. Le dispositif de cet arrêt est conçu dans les termes suivants : « Dit que le pape représentant l'Église catholique universelle n'a aucune capacité civile en France et selon le droit civil français, qu'en conséquence l'institution universelle faite à son profit par la marquise de Plessis-Bellière est nulle et de nul effet; — Dit que l'institution faite dans les mêmes circonstances au profit du cardinal Rampolla, personne interposée, est aussi nulle et de nul effet; — Dit que l'institution faite en apparence au profit de Colbert-Turgis l'est

---

nulle » : — Considérant que dans la disposition litigieuse la testatrice exprime « la volonté de laisser tous ses biens au pape existant au moment de sa mort »; qu'il importe de déterminer en quelle qualité le pape a été ainsi gratifié; qu'il peut être envisagé ou comme particulier, ou comme chef visible de l'Église catholique, ou comme chef souverain d'un État étranger; que toutes les parties sont d'accord pour reconnaître que dans l'espèce la libéralité de la marquise ne s'adresse pas au pape pris comme simple particulier; que pour interpréter la volonté de la testatrice le juge doit s'attacher d'abord aux énonciations mêmes du testament; que la marquise de Plessis-Bellière déclare qu'elle veut « témoigner de son attachement inviolable et de son dévouement filial à l'Église et au Saint-Siège »; qu'elle rappelle que trente ans auparavant elle avait exprimé à S. S. Pie IX son désir de le faire héritier; que de ces expressions il résulte pour la cour que l'intention de la testatrice était de disposer en faveur du chef de l'Église catholique; qu'en dehors du texte même du testament tous les éléments versés au débat concourent à démontrer la piété ardente, le dévouement sans bornes à l'Église de la marquise de Plessis-Bellière, à établir que la volonté de toute sa vie était que sa fortune allât intégralement au pape, chef de la communion des fidèles catholiques, pour être consacrée à la glorification, à la prospérité et aux besoins de cette Église; que vainement le pape soutient, en s'appropriant les termes du jugement soumis à la cour, qu'il a été gratifié comme « chef et représentant de la puissance souveraine désignée en droit public international sous le nom de Saint-Siège et de Papauté », en d'autres termes que le pape aurait été envisagé par la testatrice comme le chef d'un État étranger, d'où il suivrait, dans le système du Saint-Siège, que les États étrangers ont l'aptitude à posséder en France, qu'ils ont la personnalité civile les rendant aptes à recevoir dès lors qu'ils sont reconnus diplomatiquement par le gouvernement français, circonstance qui, ajoute-t-on, existe au profit du pape qui représente le Saint-Siège;

Sur la question de savoir si la testatrice avait entendu gratifier en la personne du pape le chef d'une puissance souveraine: — Considérant que cette interprétation de la volonté de la testatrice est contredite, non seulement par les termes même du testament et les autres éléments versés au débat, mais encore par cette circonstance qu'il ressort de tous les éléments de la cause que la libéralité litigieuse ne s'adresse pas au chef de l'État temporel qui aurait été conservé par le pape; qu'en effet, gratifier un souverain pris comme chef d'État, c'est gratifier non seu-

en réalité au profit du pape représentant l'Église catholique universelle; qu'aux termes de l'article 911 du Code civil cette institution, comme les précédentes, doit être déclarée nulle et de nul effet; — Déclare nuls et de nul effet par les mêmes

---

lement ce chef d'État, mais encore les nationaux qui, avec lui, constituent cet État; que c'est seulement dans ces conditions qu'il peut être question de la personnalité morale pour le chef d'un État, qu'il est constant pour la Cour que l'intention de la testatrice n'a jamais été de concourir par ses bienfaits à la grandeur en tant que nation, au bien-être individuel, au fonctionnement des services publics chez les quelques milliers d'hommes qui habitent, autour du Pape, les domaines sur lesquels le gouvernement italien a reconnu au profit du Saint-Siège le privilège de l'exterritorialité; que cette pensée était étrangère à la testatrice, même quand elle voulait, avant 1870, choisir pour héritier Pie IX, dont la qualité de chef d'État ne donnait pas alors lieu aux difficultés qu'elle soulève aujourd'hui; que du moment où il est acquis que le pape a été institué comme chef visible de l'Église catholique universelle et non comme souverain d'un État étranger, il est sans intérêt de rechercher si, comme le soutiennent les conclusions du Saint-Siège, le Pape est demeuré un souverain temporel, au moins dans les limites réduites que lui a imposées un acte unilatéral du gouvernement italien, la loi des « garanties » du 13 mai 1871, et si la faculté pour les États étrangers de recevoir et de posséder en France constitue à leur profit un droit ou une simple tolérance du gouvernement français; qu'il est également sans intérêt d'examiner la question de savoir si le pape serait resté le chef d'un État « purement spirituel » qui partagerait l'aptitude à posséder en France, que les conclusions du Saint-Siège attribuent à tout État étranger; qu'en effet, pour la cour, la qualité de chef d'un pareil État se confond avec celle de chef visible de l'Église catholique; que le premier ne peut avoir plus d'aptitude à posséder en France que n'en aurait le second;

En ce qui concerne la capacité de posséder en France qui appartiendrait soit au chef de l'Église catholique universelle, soit à cette même Église : — Considérant qu'une pareille aptitude ne saurait être reconnue à l'Église que s'il était démontré qu'elle constitue une personne morale capable de recevoir dans les termes de l'article 910 du Code civil, qu'il incombe à la partie qui invoque le bénéfice d'une semblable personnalité d'établir qu'elle lui appartient; que l'Église catholique universelle ne saurait être considérée que comme un établissement ecclésiastique, le premier de tous; qu'il incomberait au Saint-Siège de justifier que l'aptitude à recevoir lui a été conférée soit par loi du 18 germinal an X, soit par un texte spécial modificatif de cette loi; que les articles 72, 73, 74 de la loi du 18 germinal an X règlementent les conditions sous lesquelles les ministres du culte pourront posséder des immeubles à raison de leurs fonctions ou être l'objet de fondations pour leur entretien personnel ou l'exercice du culte; que dans aucun de ces textes il n'est question du Saint-Siège; que d'ailleurs les conditions dans lesquelles était intervenu le Concordat entre le pape chef de l'Église universelle et le gouvernement de la République française expliquent ce silence; que ce dernier gouvernement avait en vue le rétablissement du culte catholique en France; que c'était exclusivement dans le but d'as-

motifs les legs particuliers faits dans le même codicille au profit du pape représentant l'Église catholique universelle. »

Deux pourvois en cassation ont été formés contre cet arrêt, l'un par le pape Léon XIII et le cardinal Rampolla et l'autre

---

surer l'exercice de ce culte dans les limites du territoire national que des moyens d'existence avaient été assurés aux ministres de la religion catholique; que les circonstances avaient amené le Saint-Siège à subir les conditions que lui faisait la puissance avec laquelle il traitait; qu'il eût été illogique que la législation française qui restreint, en la soumettant à une autorisation du gouvernement, l'aptitude à posséder des établissements ecclésiastiques nationaux, se fût départie de ces règles de prudence vis-à-vis du Saint-Siège qui, non seulement est installé hors de France, mais dont encore l'action directrice s'exerce surtout en pays non français; que d'autre part il ne peut être fait état des dispositions du Concordat de Fontainebleau (25 janvier 1813); que cet acte que le Saint-Siège a toujours repoussé comme ne l'engageant pas, ne saurait être pris à profit par lui; qu'en effet l'article 3 de ce Concordat doit être restreint à l'objet qu'il règlemente, qu'il vise les domaines personnels au Saint-Siège dans les États de l'Église qui venaient d'être réunis à l'Empire français pour former les départements du Trasimène et de Rome; que l'annexion de ces territoires prenait fin un an après et qu'avec elle cessait en fait la situation sur laquelle avait statué ledit article 3; qu'en droit le Saint-Siège a désavoué ce Concordat au lendemain du jour où il avait été signé; que le gouvernement français, tout au moins, dès la chute de l'Empire, a tenu ce traité qui n'avait pas été soumis au Parlement pour non avenu; que le Concordat du 11 juin 1817, conclu entre le roi de France et le pape (Concordat qui du reste n'a pas eu de suite parce qu'il n'a pas eu la sanction des Chambres françaises) annulait expressément celui qui fait partie de la loi du 18 germinal an X, mais gardait le silence sur celui du 25 janvier 1813; qu'il résulte des constatations qui viennent d'être faites, que les parties contractantes ont été d'accord pour réputer non avenu le traité du 25 janvier 1813;

En ce qui concerne le legs universel fait au profit du cardinal Rampolla : — Considérant qu'il résulte des termes employés par la testatrice que ce legs n'a d'autre but que de réaliser par voie indirecte ce qu'elle prévoyait que la législation française empêcherait, si la libéralité était faite par voie directe; qu'en effet ce legs est subordonné au cas où le Pape Léon XIII serait mort avant la testatrice ou bien à celui où « le pape ne pourrait recueillir l'héritage »; que le testament stipule que ce legs est fait sous les mêmes charges et conditions que celui qui s'adresse au Saint-Père, c'est-à-dire en vue de gratifier le chef de l'Église catholique universelle; que les raisons qui motivent l'annulation de cette libéralité lorsqu'elle est faite par voie directe ne sont pas moins opérantes lorsqu'elle est faite par personne interposée; qu'il résulte tant des termes du testament que de la situation qui appartient au cardinal Rampolla dans l'administration de l'Église romaine des présomptions graves, précises et concordantes qu'il n'est qu'une personne interposée entre la testatrice et le Saint-Siège;

En ce qui concerne l'institution subsidiaire faite au profit du sieur de Colbert-Turgis par le codicille du 4 juillet 1890; — Considérant que des

par le comte de Colbert-Turgis; le 14 mars 1894, contrairement à l'avis du rapporteur, M. Cotelle, et aux conclusions de M. le procureur général Manau, ils ont été admis par la chambre des requêtes et renvoyés à l'examen de la chambre civile.

---

circonstances de la cause résultent également pour la Cour des présomptions graves, précises et concordantes qu'il n'est qu'une personne interposée pour faire parvenir la libéralité litigieuse au Saint-Siège qu'il ne peut recueillir qu'à la charge d'exécuter tous les legs et toutes autres dispositions contenus audit testament que la testatrice confirme et maintient dans toutes ses parties; qu'il résulte enfin des éléments versés au débat que, si de Colbert-Turgis payait tous les legs mis à sa charge, rien ne lui resterait de l'institution universelle faite en sa faveur; que les motifs d'annulation relevés au sujet de l'institution au profit du pape s'appliquent également audit legs; que, d'ailleurs, la correspondance produite prouve que de Colbert-Turgis ne saurait prétendre qu'il tenait une place particulière dans les affections de la testatrice; qu'il vivait loin d'elle, qu'il ne l'avait vue qu'à des intervalles éloignés; qu'il ressort des circonstances de la cause que la testatrice connaissait la ferveur catholique de de Colbert-Turgis et qu'elle savait pouvoir compter sur ses sentiments de loyauté pour assurer la réalisation de ses volontés; qu'il n'est nullement nécessaire pour qu'il y ait interposition de personne de constater qu'il y aurait eu connivence entre le bénéficiaire et la testatrice, en vue d'assurer la réalisation de la disposition entachée de nullité;

Par ces motifs, — Considérant que la solution sur les points qui précèdent dispense de répondre aux autres conclusions prises respectivement par les parties; — Infirmant, — Dit que le pape représentant l'Église catholique universelle n'a aucune capacité civile en France et selon le droit civil français; qu'en conséquence l'institution universelle faite à son profit par la marquise de Plessis-Bellière est nulle et de nul effet; — Dit que l'institution faite dans les mêmes circonstances au profit du cardinal Rampolla, personne interposée, est aussi nulle et de nul effet; — Confirme le jugement dont il est appel en ce qu'il a ordonné la communication aux concluants du codicille du 4 juillet 1890 et les a autorisés à en faire prendre la photographie; — Confirme le même jugement en ce qu'il a donné acte aux concluants des réserves qu'ils font de contester tant la forme que l'écriture du codicille du 4 juillet 1890; — Dit n'avoir lieu d'impartir un délai dans lequel ladite contestation devra être soulevée et résolue; — Dit que l'institution faite en apparence au profit de de Colbert-Turgis l'est en réalité au profit du pape représentant l'Église catholique universelle; qu'aux termes de l'article 911 du Code civil cette institution, comme les précédentes, doit être déclarée nulle et de nul effet; — Déclare nuls et de nul effet par les mêmes motifs les legs particuliers faits dans le même codicille au profit du pape représentant l'Église catholique universelle; — A plus prétendre, dit les parties respectivement mal fondées, les en déboute; — Condamne les parties de Gonse, de Renard et de Raviart (ès-qualités qu'elles agissent) en tous les dépens de première instance et d'appel; — Ordonne la restitution de l'amende consignée sur l'appel principal.

Les arrêts d'admission rendus par la chambre des requêtes ne sont jamais motivés; aussi la plus grande incertitude plane-t-elle sur les raisons pour lesquelles elle a admis les pourvois des légataires universels de la marquise de Plessis-Bellière; a-t-elle estimé que les pourvois qui lui étaient soumis étaient fondés ou a-t-elle simplement pensé que les questions qu'ils soulevaient étaient tout à la fois assez neuves et assez graves pour que, même s'ils n'étaient pas justifiés, ils dussent être déférés à l'appréciation de la chambre civile? Nous inclinons à croire que c'est en se plaçant à ce second point de vue que la chambre des requêtes a prononcé l'admission des pourvois dirigés contre l'arrêt de la cour d'appel d'Amiens, car le délibéré n'a pas duré plus de vingt minutes, ce qui permet de supposer que la chambre des requêtes n'a pas examiné le fond de l'affaire.

Le système développé à l'appui des pourvois de Léon XIII et du cardinal Rampolla par Me Sabatier, dans la magnifique plaidoirie qu'il a prononcée devant la chambre des requêtes, repose tout en entier sur le droit qui appartiendrait aux personnes morales étrangères en général et spécialement aux États étrangers de recevoir entre vifs ou par testament dans notre pays (1).

La cour d'Amiens, a dit en substance Me Sabatier, a divisé le pape; elle a pensé qu'il y a dans le pape deux personnes, le souverain temporel et le chef visible de l'Église catholique universelle, le pape-roi et le pape-pontife, et elle a jugé qu'un legs adressé au chef de l'Église est nul comme fait à une personne incapable sans qu'il y ait lieu de rechercher si, comme souverain temporel, le pape est capable. Or cette théorie est fausse. Les deux qualités de chef de l'Église et de souverain temporel sont indissolublement unies et tellement confondues dans la personne du pape qu'il est impossible de les isoler l'une de l'autre par la pensée pour refuser au pontife la jouissance en France des droits dont est certainement titulaire le chef d'État au même titre que les représentants des États étrangers.

Me Sabatier a ajouté, et c'est sur ce point qu'il a fait porter

---

(1) V. *Gazette des Tribunaux* des 15 et 17 mars 1894.

l'effort principal de sa plaidoirie, que, quand bien même il serait loisible de diviser le pape et de ne considérer en lui que le chef de l'Église, à l'exclusion du souverain temporel, il n'y en aurait pas moins lieu de le tenir pour capable de recevoir des libéralités en France. En effet, le pape, pris comme chef visible de l'Église catholique universelle, ne peut être envisagé que sous deux aspects : ou il représente un établissement ecclésiastique comparable à la mense d'un évêque, ou plutôt il est le souverain d'un État spirituel. Doit-on réduire l'Église, ce qui n'est guère admissible, à n'être qu'un établissement ecclésiastique, elle ne jouit évidemment pas de la personnalité civile dans notre pays en qualité d'établissement français, mais elle y est investie de ce privilège comme établissement public étranger. Est-elle un État spirituel, elle a une existence légale en France de même que les autres États étrangers.

« Voulez-vous, s'est écrié Me Sabatier, considérer l'Église catholique existant à Rome sous le gouvernement du pape comme un établissement public étranger ? Discutons alors et appliquons au Saint-Siège les principes qui concernent la capacité des établissements publics étrangers quand ils viennent acquérir en France. Voulez-vous considérer l'Église catholique en la personne du pape comme une personne publique internationale, comme un souverain d'une nature particulière, reconnu diplomatiquement par le gouvernement français? Discutons alors et appliquons au Saint-Siège les principes relatifs à la capacité des souverains étrangers quand ils viennent en France pour acquérir ou pour posséder. Je soutiens qu'à l'un ou à l'autre point de vue, lorsqu'on ne considère plus l'Église catholique comme un établissement public français, comme un établissement public interne, quand on la considère comme un établissement public externe ou comme une souveraineté indépendante, il faut arriver à reconnaître qu'elle a capacité au même titre que tous les autres établissements, au même titre que tous les autres souverains. »

Voilà, réduite à son squelette, la thèse de droit que le pape a fait plaider devant la chambre des requêtes. Pour la réfuter il suffit de faire observer que son point de départ est faux et que la personnalité civile n'appartient en France ni aux établissements publics étrangers (V. *supra*, n°s 220 et 221) ni aux États étrangers (V. *supra*, n°s 222 et 223). Nous avons établi plus haut que le postulat sur lequel s'appuient les prétentions du Saint-Siège est erroné et il est inutile de revenir sur cette démonstration que nous croyons avoir faite aussi complète que possible.

Mais nous ne nous en tiendrons pas à cette réfutation sommaire de la théorie développée au nom du Saint-Siège et nous nous appliquerons à prouver que, quand bien même les établissements et États étrangers auraient la personnalité morale dans notre pays, elle ferait défaut au Saint-Siège, d'abord parce qu'il n'est ni un établissement étranger ni un État étranger, mais un établissement ou un État universel, et ensuite parce qu'à supposer qu'il soit, contrairement à notre avis, un établissement ou un État étranger il a été placé par des lois spéciales hors du droit commun applicable aux établissements et États étrangers.

En premier lieu, nous disons que, soit comme établissement, soit comme État spirituel ou temporel, le Saint-Siège n'est pas assimilable aux établissements et États étrangers et qu'il se caractérise par l'universalité et non par l'extranéité Si nous envisageons l'Église catholique en elle-même, indépendamment des États pontificaux qui, au dire de l'avocat du pape, ont survécu aux événements de 1870, nous constaterons que c'est elle-même qui se qualifie d'universelle; elle se pare de cette épithète que personne n'a jamais songé à lui contester et dont l'exactitude est à l'abri de toute controverse.

Quant aux États pontificaux, leur caractère universel est peut-être moins manifeste; il n'est cependant pas moins indiscutable. Le pape, devant la chambre des requêtes, a soutenu par l'organe de son avocat que ses deux qualités de chef visible de l'Église catholique universelle et de souverain temporel étaient indissolublement associées; sans admettr qu'elles soient unies par un lien infrangible, nous reconnaissons qu'elles vont normalement de pair et que la souveraineté temporelle du pape est comme le complément de sa souveraineté spirituelle.

Dans le rapport qu'il a présenté à la chambre des requêtes, M. Cotelle a dit que la souveraineté temporelle du pape n'a jamais été « que le bénéfice, la mense et le *simple accessoire* de la charte apostolique à laquelle des concessions de Pépin le Bref et de Charlemagne (Henri Martin, t. II, p. 239, 2263) l'ont primitivement attachée. » Un peu plus loin, il ajoute que le Saint-Siège est « une théocratie, une institution sacerdotale qui, si elle est douée de la souveraineté sur un certain territoire, ne l'a reçue qu'à titre de bénéfice ecclésiastique, comme accessoire de son office spirituel, pour garantir la dignité, l'indépendance de cet office et subvenir aux dépenses de son administration. » Il rappelle ensuite qu'à la tribune de la Chambre des pairs, le 3 août 1847, M. Guizot a appelé le pape le représentant par excellence de l'autorité souveraine et que dans une lettre adressée, le 1er décembre suivant, à M. Rossi, le ministre de Louis-Philippe précisait sa pensée dans les termes suivants : « Ce qui constitue vraiment l'état pontifical, c'est la souveraineté dans l'ordre spirituel. La souveraineté temporelle d'un petit territoire n'a pour objet que de garantir l'indépendance de la dignité visible du Saint-Père. » (Thureau-Dangin, t. VII, 273, 275.) M. Cotelle conclut ainsi : « Élevé à la tiare par les prêtres, prêtre lui-même, le Saint-Père ne gouverne pas l'Église catholique en vertu d'un droit attaché à la possession de la royauté temporelle du Vatican ; il n'occupe le trône du Vatican qu'en vertu d'un droit attaché à sa qualité de chef visible de l'Église, par la vertu propre du titre ecclésiastique supérieur à tous les autres, dont il a été canoniquement investi par les cardinaux. Tout son domaine terrestre, il ne le possède que comme annexe à ce titre suprême, comme bénéfice affecté au soutien des charges qui en sont la conséquence, de la même manière qu'au siècle dernier nombre de prélats possédaient encore, en France, des duchés ou comtés-pairies ou d'autres fiefs de moindre importance et, en Allemagne, de véritables principautés indépendantes, dont la souveraineté, ainsi tombée en main morte, n'était que l'apanage, la dotation de leur épiscopat, la seigneurie de la terre étant subordonnée au sacerdoce dont elle suivait la dévolution. »

Si la souveraineté temporelle du pape est l'accessoire de sa souveraineté spirituelle, elle participe de la nature de celle-ci en vertu de la règle : *accessorium sequitur principale*, elle

a. comme celle-ci, un caractère universel et l'on ne saurait la regarder comme une souveraineté étrangère.

Ainsi, sous quelque rapport que l'on considère le Saint-Siège, que l'on voie en lui un établissement ecclésiastique, un état spirituel ou un état temporel, l'on s'aperçoit que son véritable caractère n'est pas l'extranéité, mais l'universalité. L'action du Saint-Siège n'est pas circonscrite dans les limites du Vatican et de ses dépendances : elle s'exerce au dehors comme au dedans des domaines pontificaux, elle n'a pas de territoire propre. La papauté n'est pas d'un pays plutôt que d'un autre ; elle est de tous les pays. Son siège est à Rome aujourd'hui, mais il était hier à Avignon et demain il sera peut-être à Malte. Le Saint-Siège n'est pas une simple enclave de l'Italie comme la République de Saint-Marin ; il n'a pas de frontières et il rayonne sur le monde entier. Dans ces conditions, l'on voit combien grave est l'erreur dans laquelle est tombé l'avocat de Léon XIII ; il a dit : le Saint-Siège n'est pas français, donc il est étranger. Ce raisonnement est faux. Le Saint-Siège n'est ni français ni étranger ; il est universel.

Et que l'on ne vienne pas dire que nous faisons ici une simple querelle de mots ; nous nous plaçons sur le terrain des idées et nous l'allons prouver immédiatement en montrant qu'il n'est pas indifférent de parler d'extranéité ou d'universalité.

Lorsqu'il s'agit d'un établissement ou d'un État étranger, nous comprenons, à la rigueur, que, contrairement à l'opinion que nous avons exprimée, l'on dise que cet établissement ou cet état transporte avec lui en France la personnalité civile qu'il tient de sa loi nationale ; selon nous, s'il est inexact, il n'est pas absurde, au moins, de soutenir que, quand une personne morale a été créée par la loi étrangère, elle n'a pas besoin, pour exister en France, d'être créée de nouveau par la loi française. Au contraire, lorsqu'on se trouve en présence d'une institution universelle, qui est de tous les pays sans être plus particulièrement d'aucun, c'est un non-sens de soutenir qu'elle a reçu dans son pays d'origine et en vertu de sa loi nationale une personnalité qui la suit nécessairement en France. Elle n'a pas de nationalité ; elle appartient également à tous les pays sans que sa patrie soit ici plutôt que là. Elle n'est dans chaque État que ce que la loi de cet État a bien voulu la faire ; le statut qui la régit dans chaque pays est purement réel : il est impossible, en effet, de concevoir comment une institution qui n'a pas de nationalité aurait un statut personnel. Dès lors, quand une institution a un caractère universel, les différents États sont libres, chacun sur son territoire, de lui accorder ou de lui refuser la vie civile sans se préoccuper de la condition juridique qu'elle a en dehors de leurs frontières respectives; telle est la solution qui s'impose sans qu'on puisse en imaginer une autre. Ici une institution universelle sera investie de toutes les prérogatives de la personnalité civile et là elle ne sera que le néant juridique. Tel est le cas du Saint-Siège qui, en raison de son caractère universel, n'est pas en mesure d'invoquer une loi nationale qui serve de prétexte plus ou moins plausible à son existence légale dans les différents pays où il pénètre. Que le Saint-Siège possède ou non à Rome la personnalité civile, il ne l'a pas chez nous, du moment qu'elle ne lui a pas été conférée par la loi française.

Au surplus, supposons que le Saint-Siège ne soit pas une institution universelle, mais une institution étrangère ; admettons également à titre de simple supposition que les établissements et États étrangers jouissent, en règle générale, de la personnalité morale en France. Nous soutenons que, même dans cette hypothèse, la papauté ne devrait pas être admise à revendiquer l'individualité juridique dans notre pays et qu'il conviendrait de repousser ses prétentions en se fondant sur son caractère ecclésiastique et clérical qui la placerait hors du droit commun.

« Ce n'est pas d'hier, a dit M. Cotelle dans le rapport qu'il a lu à l'audience de la chambre des requêtes du 12 mars 1894, que, particulièrement en France, un intérêt spécial de premier ordre a obligé les pouvoirs publics à réagir contre l'entraînement mystique qui, sous l'influence de sentiments divers, pousse certains esprits à vouloir grossir toujours les richesses de l'Église au préjudice de leurs affections de famille et de l'utilité générale que présente le libre commerce des biens. Longtemps avant la Révolution, ces idées ont été exposées avec beaucoup de force dans le préambule d'un édit d'août 1749, dont l'article 17 prohibait à peine de nullité toute disposition testamentaire d'immeubles en faveur des gens de mainmorte. Les libéralités entre vifs, dont l'abus est toujours moins à redouter parce qu'il trouve un frein puissant dans le sacrifice que s'imposerait le donateur, n'étaient elles-mêmes permises par l'article 14 qu'à la charge d'obtenir des lettres patentes pour en autoriser l'acceptation (1). Si, d'ailleurs, la nuance de particularisme gallican, dont les mœurs religieuses étaient alors empreintes, n'eût pas suffi pour éloigner des âmes les plus ferventes l'idée d'adresser leurs dons ou legs pieux à des établissements ecclésiastiques ayant leur siège hors du royaume, de pareilles intentions n'auraient pu se réaliser, tout au moins par testament, même avant la promulgation de l'ordonnance sus-énoncée, parce qu'il était de droit commun que les étrangers ne pussent acquérir en France à titre de legs (Pothier, *Des personnes*, t. II, sect. II ; *Des donations testamentaires*, chap. III, sect. II, art. 1). Or, il est vrai que la loi du 14 juillet 1819 a relevé les étrangers de toute incapacité de recevoir et que, d'après un avis du Conseil d'État du 12 janvier 1854, ce statut libéral est applicable aux êtres purement moraux, quand ils sont reconnus comme personnes civiles, aussi bien qu'aux individus : mais, d'autre part, sont survenus, pour ce qui concerne la propriété ecclésiastique en général, le titre Ier de la Constitution des 3-14 septembre 1791 qui la supprime de fait en mettant les biens du clergé à la disposition de la nation, comme l'avait déjà fait le décret du 2 novembre 1789, puis les lois du 3 ventôse an III et du 7 vendémiaire an IV qui interdisent son rétablissement. » M. Cotelle dit encore : « Qui donc oserait contester que la papauté ne soit pas encore un établissement principalement ou, pour mieux dire, exclusivement religieux ? Le pape, entouré des cardinaux qui devront assurer son remplacement, des congrégations, de la curie qui l'assiste pour le maintien de la foi, de la hiérarchie, de la discipline dans les rangs du clergé du monde entier, est certainement un établissement ecclésiastique..... Soit que cet établissement conserve ou qu'il ait perdu la souveraineté qu'il exerçait pré-

(1) V. *supra*, n° 20.

cédemment sur un territoire italien, il est, de sa nature, clérical et comme tel placé, quant à la capacité d'acquérir, en dehors du droit commun. Se baser sur la loi de 1819 pour soutenir que les établissements religieux étrangers ont, comme personnes morales, une capacité que ne sauraient restreindre nos statuts intérieurs sur la police des cultes, ce serait évidemment dépasser le régime d'égalité qu'entre les particuliers la loi de 1819 a voulu établir et créer au profit des Églises étrangères un privilège que jamais il n'a été dans la pensée de personne de leur attribuer, puisque aux inconvénients si graves que présente toute mainmorte la mainmorte étrangère ajouterait celui d'une exportation continue du revenu de ses propriétés. Mais ce n'est point d'après la loi de 1819, c'est d'après le régime particulier, auquel est soumis le domaine ecclésiastique et que cette loi de 1819 n'a nullement modifié, qu'il convient de rechercher si la papauté peut hériter ou même recevoir un simple legs en France. »

M. Cotelle ne considère la papauté que comme un établissement clérical, le premier de tous ; mais son raisonnement ne serait pas moins bon dans le cas où on regarderait le pape soit comme un souverain temporel, soit comme un chef d'État purement spirituel. Ce qui domine dans le Saint-Siège, pris soit comme établissement, soit comme État, c'est son caractère ecclésiastique ; il est donc naturel que, s'il veut acquérir et posséder en France, on lui oppose les lois sur les biens d'Église.

La loi du 2 novembre 1789 a supprimé toute propriété ecclésiastique en France en mettant les biens du clergé à la disposition de la nation et la Constitution des 3-14 septembre 1791 a solennellement confirmé cette abolition qui avait un caractère aussi général que possible et atteignait le pape, le premier des prêtres, au même titre que les autres membres du clergé. Puis les lois des 3 ventôse an III et 7 vendémiaire an IV se sont préoccupées d'empêcher la reconstitution des biens ecclésiastiques, et à cet effet elles ont interdit absolument toute dotation destinée à subvenir aux dépenses du culte ou au logement de ses ministres.

Il est bien certain, comme l'a fait observer M. Cotelle, qu'en cet état de choses qui régnait encore chez nous à l'époque du concordat, la papauté, comme toute institution sacerdotale, était absolument incapable d'acquérir et de posséder en France.

La question qui nous reste à résoudre est celle de savoir si elle a été relevée de cette incapacité soit en vertu du concordat du 26 messidor an IX, soit par l'effet des lois, décrets et ordonnances qui l'ont suivi.

Le concordat renferme deux clauses relatives à la propriété ecclésiastique, l'une qui se réfère au passé et l'autre qui statue pour l'avenir. Aux termes de l'article 13, « Sa Sainteté, pour le bien de la paix et l'heureux rétablissement de la religion catholique, déclare que ni elle ni ses successeurs ne troubleront en aucune manière les acquéreurs des biens ecclésiastiques aliénés et qu'en conséquence la propriété de ces mêmes biens, les droits et revenus y attachés, demeureront incommutables entre leurs mains ou celles de leurs ayants cause ». Ainsi, en ce qui concerne le passé, le pape s'engage à n'élever aucune réclamation contre les lois qui ont entièrement dépouillé le clergé de ses biens ; il se résigne au fait accompli. Voici maintenant ce qui est stipulé pour l'avenir ; l'article 15 porte que le gouvernement de la République française prendra « des mesures pour que les catholiques français puissent, s'ils le veulent, faire en faveur des églises des fondations ». En vertu de cet article le pape obtient la capacité de recevoir pour les églises particulières, mais il n'obtient rien ni pour l'Église universelle ni pour le Saint-Siège.

Me Sabatier a dit cependant, à l'audience de la chambre des requêtes du 13 mars 1894, que le Saint-Siège avait été investi de la personnalité morale par le concordat. « Quelle preuve plus manifeste de la capacité civile du pape, s'est-il écrié, que ce traité de messidor an IX par lequel le pape traite avec le gouvernement français au sujet des intérêts les plus élevés qui puissent préoccuper deux gouvernements ! » (1).

Cette assertion est en contradiction flagrante avec les termes du concordat ; elle ne tient aucun compte des dispositions pourtant si précises des articles 13 et 15 de la convention du 26 messidor an IX.

Sur quoi se fonde l'éloquent avocat de Léon XIII pour sou-

---

(1) *Gazette des tribunaux* du 17 mars 1894, p. 263.

tenir une opinion qui jure si violemment avec le texte arrêté par les plénipotentiaires de Sa Sainteté le souverain-pontife Pie VII d'accord avec ceux du premier consul de la République française? Me Sabatier a refait, en l'appliquant au Saint-Siège, le raisonnement sur lequel s'est appuyé Laurent dans son *Traité de droit civil international* pour revendiquer, en faveur des États étrangers en général et spécialement de la Belgique, le privilège de la vie civile en France; nous avons rapporté plus haut le passage dans lequel Laurent a plaidé cette cause (V. *supra*, n° 222) et Me Sabatier en a donné lecture à la chambre des requêtes. Il a ajouté: « Je dirai ici ce que M. Laurent disait tout à l'heure. Comment, disait M. Laurent, n'y aurait-il pas quelque chose d'étrange à ce que la Belgique figurât comme personne politique dans un traité et qu'elle ne pût figurer dans un contrat? Je dis la même chose: comment n'y aurait-il pas quelque chose d'étrange à ce que le Saint-Siège pût figurer comme personne publique internationale dans le concordat de l'an IX et qu'il ne puisse pas signer un contrat, qu'il ne puisse pas acquérir à titre gratuit, pas même à titre onéreux? Comment, ajoutait M. Laurent, la Belgique pourrait acquérir une province par traité et le roi des Belges ne pourrait pas acheter un hôtel à Paris! Je dis de même: comment, le Saint-Siège aujourd'hui dépossédé, vaincu, dépouillé de ses États, mais toujours personne publique internationale, reconnue diplomatiquement à ce titre par le gouvernement français, pourrait reprendre ses États par traité dans un nouveau congrès de Vienne et il ne pourrait pas acheter un hôtel! Comment, voilà le Saint-Siège qui traite tous les jours, comme personne publique internationale, des intérêts religieux français, c'est-à-dire de ce qu'il y a de plus élevé, en somme, et il ne pourrait jouir d'aucun droit civil, et ce serait le seul souverain ayant la personnalité politique qui n'eût pas en même temps la personnalité civile. Cela est impossible à comprendre! »

La thèse de Me Sabatier est fondée tout entière sur une proposition dont on a voulu faire jaillir la personnalité morale des États étrangers et qui consiste à dire que la reconnaissance diplomatique implique nécessairement la reconnaissance civile. Nous avons démontré que cette proposition est erronée, mais vînt-on à établir qu'elle est exacte à l'égard des États étrangers nous n'en persisterions pas moins à soutenir qu'elle n'est pas vraie par rapport au Saint-Siége. Dans le silence des conventions diplomatiques passées par la France avec les États étrangers il est plausible jusqu'à un certain point de prétendre que ce qui n'est pas refusé est accordé et que les nations étrangères jouissent chez nous d'une personnalité morale que nous ne leur avons pas formellement ôtée. Mais toute différente est la situation du Saint-Siège. Le concordat conclu entre le gouvernement de la République française et Sa Sainteté le souverain pontife Pie VII n'offre pas les mêmes lacunes que les traités qui nous lient aux États étrangers ; le pape a figuré dans cette convention en qualité de « souverain pontife », c'est-à-dire de chef visible de l'Église catholique, il y a parlé au nom de la « religion catholique, apostolique et romaine » et il a déclaré que cette religion « avait retiré et attendait encore, en ce moment, le plus grand bien et le plus grand éclat de l'établissement du culte catholique et de la profession particulière qu'en faisaient les consuls de la République » : or quels étaient, dans l'ordre des intérêts matériels, les avantages que le pape attendait de la restauration du culte catholique dans notre pays? L'article 15 les indique : c'est le rétablissement de la personnalité morale au profit des églises et la faculté accordée aux catholiques français de leur faire des libéralités. Tels sont les seuls avantages matériels concédés au chef suprême de la catholicité. Est-il possible qu'il vienne dire ensuite : « Le concordat confère à la religion catholique, apostolique et romaine non seulement les droits qui y sont énumérés, mais aussi ceux qu'il passe sous silence ; il permet aux églises particulières de France de recevoir des libéralités et il s'abstient d'accorder la même faveur à l'Église universelle, néanmoins cette Église est apte à acquérir à titre gratuit en France par cela même que l'État français a traité avec elle? » Ce langage est inadmissible et c'est le cas de rappeler l'adage : *qui dicit de uno negat de altero.* Par cela même que le représentant de la religion catholique, apostolique et romaine n'a obtenu la capacité de recevoir que pour les églises particulières, elle lui a été refusée pour l'Église universelle, pour le Saint-Siège.

Effaçons d'ailleurs du Concordat par la pensée l'article 15 qui confère aux églises le droit de recevoir entre vifs ou par testament ; supposons que la convention du 26 messidor an IX n'ait fait aucune allusion à l'établissement de biens ecclésiastiques ni pour le permettre ni pour l'interdire. Ce mutisme gardé par le Concordat ne devrait pas être considéré comme impliquant la faculté pour le Saint-Siège d'acquérir en France. Il ne faut pas oublier, en effet, qu'au moment où a été signé cet accord diplomatique l'on était sous l'empire des lois des 2 novembre 1789, 3 ventôse an III et 7 vendémiaire an IV qui avaient supprimé la propriété ecclésiastique et interdit sa reconstitution de la façon la plus formelle ; ces mesures étaient applicables au souverain pontife comme aux autres membres ou organes du clergé. Pour que le Saint-Siège cessât d'y être soumis, il aurait fallu que le Concordat contînt à cet égard une disposition expresse. Or le Concordat n'a pas rapporté les mesures rigoureuses dont le Saint-Siège avait été l'objet ; elles sont donc restées en vigueur et la papauté a continué à être incapable de recevoir des libéralités en France.

Si le Saint-Siège ne puise pas dans le Concordat la personnalité civile dont il se prévaut, peut-il, du moins, la faire découler des lois, ordonnances et décrets subséquents ? Si attentivement que l'on scrute les articles organiques de la convention du 26 messidor an IX contenus dans la loi du 18 germinal an IX ; avec quelque soin que l'on lise le décret du 6 novembre 1813 sur les biens du clergé, la loi du 2 janvier 1817 sur les donations et legs aux établissements ecclésiastiques, l'ordonnance du 2 avril 1817 relative à l'acceptation des dons et legs faits auxdits établissements, l'on n'y trouve aucune disposition qui puisse être interprétée comme un aveu de la personnalité civile du Saint-Siège. L'on ne saurait d'ailleurs s'étonner de n'y rencontrer aucune disposition de ce genre, car, ainsi que l'a reconnu hautement l'avocat du Saint-Siège devant la chambre des requêtes, les textes législatifs et réglementaires que nous avons cités n'ont eu pour but que de mettre en pratique et de développer le principe inscrit dans l'article 15 du Concordat. Or, de même que cet article ne visait que les églises de France, à l'exclusion de l'Église universelle et de la papauté, de même les auteurs des lois des 18 germinal an X et 2 janvier 1817, du décret du 6 novembre 1813 et de l'ordonnance du 2 avril 1817 qui l'ont suivi n'ont pas porté leurs regards au delà de nos frontières et ils ont édicté des prescriptions qui ne concernent que les établissements ecclésiastiques nationaux ; c'est à ces établissements seuls qu'ils ont attribué la personnalité morale sans la conférer ni à l'Église universelle ni au Saint-Siège.

En définitive, la papauté n'a obtenu ni en exécution du Concordat ni en vertu des lois, ordonnances et décrets subséquents, l'individualité juridique et, dès lors, elle est frappée en France d'une incapacité absolue de recevoir.

225. A notre avis, la faculté de recevoir entre vifs ou par testament fait défaut en France, tant aux personnes morales étrangères (V. *supra*, n° 220), y compris les États étrangers (V. *supra*, n° 222), qu'au Saint-Siège ou à la papauté (V. *supra*, n° 224) ; ce privilège n'appartiendra pas chez nous à ces différents êtres juridiques tant qu'ils ne seront pas expressément reconnus par la loi française. Si cette reconnaissance intervenait, la faculté de recevoir qui en serait la conséquence ne pourrait-elle être exercée qu'avec l'autorisation du gouvernement français ? En d'autres termes, l'acceptation des dons et legs faits aux personnes morales étrangères, aux États étrangers, à la papauté, devrait-elle être subordonnée à l'autorisation préalable du gouvernement français comme celle des libéralités adressées aux personnes morales françaises ? Cette question sera examinée dans un chapitre ultérieur (V. *infra*, n°s 360-362).

CHAPITRE III.

LIMITES DE LA CAPACITÉ.

SECTION PREMIÈRE.

DU PRINCIPE DE LA SPÉCIALITÉ.

§ 1. — *Droit public et administratif.*

1° Établissements publics.

a) Établissements ecclésiastiques.

226. Les établissements publics sont aptes à recevoir, mais leur capacité est dominée par un principe qui en restreint singulièrement les effets ; ce principe que la jurisprudence du Conseil d'État a mis en lumière est celui de la spécialité.

Aux yeux de la haute assemblée les établissements publics n'ont pas une capacité générale ; ils ne sont investis de la personnalité civile et ils ne peuvent recueillir des dons et des legs qu'en vue de la mission spéciale qui leur a été confiée par les lois et règlements et dans les limites des attributions qui en dérivent.

M. Léon Béquet a formulé cette règle dans des termes qui méritent d'être rappelés : « La capacité des établissements publics, a-t-il dit (1), est exclusivement bornée à l'exécution du service à raison duquel ils ont été institués. C'est pour accomplir une fonction administrative que la vie civile leur a été donnée ; au delà de cette fonction, ils ne peuvent rien, ils n'ont droit à rien, ils ne sont rien. »

M. Ch. Beudant, examinant les choses de plus haut et em-

---

(1) Béquet, *De la capacité des fabriques pour recevoir des dons et legs faits en faveur des pauvres.* (*Revue générale d'administration*, 1881, t. III, p. 27.)

brassant toutes les personnes morales dans une vue d'ensemble, au lieu de concentrer son attention sur les établissements publics, a présenté les observations suivantes : « L'État, le département, la commune, les hospices, les fabriques, etc., ont chacun une mission distincte et limitée ; institutions de droit public, ils existent dans la mesure des intérêts qu'ils représentent, ils peuvent faire tous les actes qui correspondent à leur rôle ou qu'une loi les autorise à faire et pas d'autres. Se figure-t-on une commune, une fabrique, un mont-de-piété, sous prétexte de personnalité civile, se faisant fabricants ou commerçants, entrant comme associés dans une société en nom collectif en vue d'opérations étrangères à leur rôle officiel ! » (1).

Bien d'autres auteurs ont exposé et défendu la même thèse; nous citerons notamment MM. Gautier (2), Piébourg (3), Ducrocq (4) et Marguerie (5).

Ce dernier s'est exprimé de la façon suivante : « Les établissements publics ont des attributions spéciales et déterminées; le but pour lequel ils sont créés, la mission qu'ils ont à remplir se trouvent précisés soit dans une loi générale applicable à chaque nature d'établissements, soit dans les statuts approuvés régulièrement pour chacun d'eux ; c'est ce que dans le langage administratif on appelle la spécialité des établissements publics. Or il peut arriver qu'une libéralité soit faite à un établissement public sous des conditions dont l'exécution l'entrainerait à sortir de ses attributions : une semblable libéralité ne saurait être autorisée. Les établissements publics n'ont évidemment reçu de la loi une existence civile et la faculté de recevoir qu'en vue de leur destination spéciale et dans les limites d'attributions déterminées ; leur capacité

---

(1) Beudant, *Dissertation*, sous Cass., req. 10 décembre 1878, D. 79.1.5.

(2) Alf. Gautier, *Revue critique*, 1882, t. XLVIII, p. 641.

(3) Piébourg, *De quelques questions sur les personnes civiles.* (*Revue de la législation ancienne et moderne*, 1879.)

(4) Ducrocq, *De la personnalité civile en France du Saint-Siège et des autres puissances étrangères*, p. 21.

(5) Marguerie, *Dictionnaire général d'administration*, V° Dons et legs, p. 915.

légale ne saurait être étendue par la seule volonté des donateurs. »

D'après M. Ducrocq, les établissements publics « ne sont investis de la personnalité civile qu'en vue de l'accomplissement de leur fonction déterminée par la loi. Leur capacité civile est soumise, comme leur fonction, à cette règle de la spécialité. Il en est ainsi parce que, la fonction étant la raison d'être de la capacité juridique, cette dernière manque de base légale lorsqu'une libéralité est faite à l'établissement dans un but autre que celui pour lequel il a été créé et doté de la personnalité civile. Cette règle dite de la *spécialité* n'est qu'une application de cette vérité fondamentale que la capacité des personnes civiles n'est jamais aussi étendue que celle des personnes physiques; qu'elle est toujours limitée à certains actes de la vie civile; que cette limitation est variable suivant chaque nature d'établissements; et que, même chez ceux qui la possèdent de la manière la plus étendue, comme les établissements publics, elle est restreinte par la loi aux conditions et aux besoins de leur fonctionnement. En un mot, la personnalité civile n'est pas une notion juridique absolue ni toujours égale; elle est, au contraire, une notion relative, variant d'étendue avec chaque groupe d'établissements et appropriée à la nature de chacun d'eux ».

Ainsi la spécialité des établissements publics s'oppose à ce qu'ils reçoivent des dons et legs qui leur seraient faits sous des charges ou des conditions étrangères à leurs attributions légales; ce principe est, pour ainsi dire, universellement proclamé.

Mais la capacité des établissements publics n'est-elle ainsi limitée qu'au point de vue du droit public et administratif, ou l'est-elle également dans le domaine du droit civil? C'est là l'objet d'une grave controverse dans les détails de laquelle nous devrons entrer, mais, avant d'aborder cette discussion, il importe d'exposer avec soin la jurisprudence du Conseil d'État d'où est sorti le principe de la spécialité.

227. La règle de la spécialité a été reconnue à toutes les époques par le Conseil d'État, et s'il a parfois hésité, ce n'est pas sur le principe même, mais sur la manière de l'interpréter et de l'appliquer.

Les principales difficultés qu'il a été appelé à résoudre, celles qui ont eu le plus de retentissement au dehors, se sont présentées en matière de libéralités charitables ou scolaires faites aux établissements ecclésiastiques.

228. A peine le culte catholique était-il rétabli en France, en vertu du concordat du 26 messidor an IX, que l'on s'est demandé si les établissements ecclésiastiques et en particulier les fabriques, pouvaient recevoir des dons et legs pour les pauvres.

L'article 76 de la loi du 18 germinal an X porte qu' « il sera établi des fabriques pour veiller à l'entretien et à la conservation des temples, à l'administration des *aumônes* ». Or cette disposition a été l'objet de deux interprétations. Les uns ont soutenu que l'*aumône* est *ce que l'on donne pour les pauvres* et ils en ont conclu que les fabriques sont habiles à recevoir des dons et legs dans l'intérêt des indigents. Les autres ont dit que par *aumône* les auteurs de l'article 76 de la loi du 18 germinal an X ont voulu simplement désigner *ce que l'on donne pour les frais du culte ou l'entretien des églises* et que, par suite, ils n'ont pas eu l'intention d'attribuer aux fabriques une vocation charitable.

Le 22 frimaire an XII, le conseiller d'État chargé de toutes les affaires concernant les cultes, Portalis, écrivait à l'archevêque d'Autun la lettre suivante (1) : « Monsieur l'archevêque, je réponds aux diverses questions posées dans la lettre que vous m'avez fait l'honneur de m'écrire relativement à un don de 3,000 livres pour les pauvres. Vous me demandez : 1° si l'on est obligé de réduire ce don en rentes constituées sur l'État ; — 2° par qui la libéralité doit être acceptée.

« La nécessité de réduire les fondations en rentes constituées sur l'État ne porte que sur les fondations ecclésiastiques. Or un don fait pour les pauvres n'est pas fait à l'Église, un tel don intéresse l'humanité. L'État encourage tous les actes de

(1) Le texte de cette lettre a été publié pour la première fois par M. Léon Béquet dans la *Revue pratique de droit français* (1879, t. 46, p. 415 et suiv.).

bienfaisance publique et il n'a mis aucune limite à la manière dont ces actes peuvent être faits.

« Je vois par votre lettre que le donateur n'aurait pas une grande confiance dans la commune et vous me demandez, en conséquence, par qui ce don pourrait être accepté ; vous indiquez la fabrique.

« Je n'hésite point à croire que la fabrique a, pour accepter la libéralité dont il s'agit, toute la capacité que pourrait avoir la commune. D'abord les fabriques sont des établissements avoués par la loi, puisqu'elles sont expressément autorisées par les articles organiques du Concordat. En deuxième lieu, les fabriques dans tous les temps ont été réputées des établissements laïques, quoiqu'elles existent pour l'utilité de l'Église et que des ecclésiastiques en soient les principaux membres. Ce que je dis ici est enseigné par tous les ecclésiastiques français et fut particulièrement attesté dans une cause rapportée par le journal de l'ancien parlement de Bretagne et dans laquelle M. de La Chalotais, avocat général, prenait la parole. En troisième lieu, par les articles organiques du Concordat, les fabriques sont spécialement désignées pour recevoir et administrer les *aumônes*. L'objet de leur établissement se rapporte donc autant au bien des pauvres qu'à l'utilité des églises. Ici le mot *aumône* n'est pas une expression limitée à une distribution manuelle de deniers, il comprend tous les legs pieux que la charité destine ou peut destiner au soulagement du malheur ou de la misère.

« Je crois donc être en droit de conclure que la personne qui se propose de donner les mille écus peut les donner à la fabrique du lieu et que cette fabrique est capable d'accepter un pareil don.

« L'acte de donation doit être public. Quand il aura été fait et accepté, vous voudrez bien me l'adresser et je le ferai autoriser par le gouvernement ».

Mais si Portalis, qui avait été l'un des rédacteurs de la loi du 18 germinal an X, donnait à l'article 76 l'interprétation qu'on vient de voir, les ministres de l'Intérieur Chaptal et Champagny qui avaient pris part eux aussi à l'élaboration des articles organiques, entendaient ce texte d'une façon différente, ainsi qu'en fait foi la correspondance officielle conservée aux

Archives nationales (1). Chaptal et Champagny estimaient que la loi du 18 germinal an X, en chargeant les fabriques de l'administration des aumônes, ne les avaient appelées à gérer que des sommes offertes pour les frais du culte, l'entretien et la conservation des temples; à leur avis, les établissements publics de bienfaisance avaient seuls le droit de représenter les pauvres et de recevoir des libéralités charitables, ils étaient investis du monopole de la charité publique et ils pouvaient l'exercer même dans les églises.

Le 5 prairial an XI, Chaptal prit un arrêté pour les autoriser à y quêter et à y placer des troncs.

Le clergé refusa de s'incliner devant cet arrêté dont il contestait la légalité ; Champagny, qui avait succédé à Chaptal au ministère de l'Intérieur jugea que, pour avoir raison de cette résistance, le mieux était de faire consacrer par un règlement d'administration publique le privilège des établissements publics de bienfaisance.

En conséquence, il saisit le Conseil d'État d'un projet de décret ayant pour objet d'attribuer aux dits établissements, à l'exclusion des fabriques, la faculté de recueillir des aumônes pour les pauvres dans les églises au moyen de troncs ou de quêtes. Portalis s'émut de ce projet de décret et dans l'espoir d'y faire échec il adressa à l'empereur, à la date du 16 avril 1806, un rapport dont les termes sont bien connus. On y lisait notamment ce qui suit :

« Les commissions charitables n'ont été établies que par des lois dont la date est certainement bien antérieure au rétablissement du culte. On ne peut donc argumenter de ces lois pour enlever aux fabriques des églises des droits qui sont inhérents à leur existence.

« L'administration des aumônes n'est et ne peut être le privilège exclusif d'aucun établissement quelconque; les aumônes sont des dons volontaires et libres; celui qui fait l'aumône pourrait ne pas la faire; il est maître de choisir le ministre de sa propre libéralité. La confiance ne se commande pas, on peut la donner ou la refuser à qui l'on veut.....

---

(1) V. Béquet, *loc. cit.*

« Comment serait-il possible de penser que les fabriques sont exclues du droit d'administrer les aumônes qu'elles reçoivent? Dans ce système, il faudrait aller jusqu'à dire qu'il leur est interdit d'en recevoir, c'est-à dire, il faudrait détruire la liberté naturelle qu'ont les hommes qui consacrent une partie de leur fortune à des aumônes de choisir les agents de leur bienfaisance et de leur libéralité.

« La loi a prévu elle-même que les fabriques auraient des aumônes à administrer, puisque par l'article 76 de la loi du 18 germinal an X elles sont expressément chargées de cette administration.

« On voudrait donner à entendre que dans cet article le mot aumône ne s'applique qu'à ce qui est donné pour les frais du culte. Mais : 1° jamais le mot *aumône* n'a été appliqué à de pareils dons. Il faudrait renoncer à toutes les notions du droit canonique pour confondre des objets qui ne se ressemblent pas et qui ont toujours été exprimés par des mots différents; 2° on lit dans l'article 76 qu'il sera établi des fabriques pour veiller à l'entretien et à la conservation des temples, à l'administration des aumônes. Il est évident que le législateur a très bien distingué le soin de l'entretien et de la conservation des temples d'avec l'administration des aumônes. Ce sont là deux choses qu'on ne peut identifier quand la loi les sépare ; 3° j'en atteste l'histoire de tous les temps : les fabriques ont toujours été en possession de recevoir des aumônes et de les administrer; la religion a été la première amie des pauvres et il est impossible de méconnaître tout ce que l'humanité lui doit.

« Sans doute les commissions charitables sont des institutions utiles, mais ce serait dénaturer leur caractère et peut-être même détruire leur utilité que de les transformer en institutions exclusives. La bienfaisance souffle comme elle veut et si elle veut; et, si vous ne la laissez pas respirer librement, elle s'éteindra ou elle s'affaiblira dans la plupart de ceux qui sont disposés à l'exercer. J'ajoute que ce serait mal connaître l'intérêt des pauvres que de les isoler, en quelque sorte, de toutes les âmes religieuses qui peuvent les protéger et les secourir; tel confie ses aumônes à une fabrique qui ne les confierait pas à un autre établissement. Loin de prescrire des limites et des conditions imprudentes à la bienfaisance, il faut lui ouvrir toutes les voies qu'il lui plaira de choisir pour s'étendre. »

Le projet de décret préparé par Champagny n'a pas abouti ; fut-il retiré par le ministre ou rejeté par la haute assemblée à laquelle il avait été soumis ? C'est ce qu'il est impossible de savoir, en raison de la destruction des archives du Conseil d'État.

Au surplus, la question que le projet de décret avorté était destiné à trancher fut résolue par le décret du 30 décembre 1809, rendu sur le rapport des deux ministres de l'Intérieur et des Cultes et délibéré en Conseil d'État ; ce décret portant règlement d'administration publique pour l'exécution de l'article 76 de la loi du 18 germinal an X rappelle dans son article 1er que les fabriques sont chargées de l'administration des aumônes, mais aucune de ses dispositions ne permet de supposer que ce mot *aumônes* serve à désigner des libéralités faites aux pauvres. Le décret du 30 décembre 1809 garde un silence complet sur la prétendue vocation charitable des fabriques. L'article 36, qui énumère les recettes de ces établissements prévoit des quêtes faites pour les *frais du culte* et des troncs placés pour le même objet ; il n'y est point question de quêtes de bienfaisance ou de troncs dans lesquels seraient versées des offrandes affectées au soulagement des indigents. En revanche, l'article 75 confirme le droit des bureaux de bienfaisance de quêter dans les églises pour les pauvres ; il porte que « tout ce qui concerne les quêtes dans les églises sera réglé par l'évêque sur le rapport des marguilliers, sans préjudice des *quêtes pour les pauvres*, lesquelles devront toujours avoir lieu dans les églises, toutes les fois que les bureaux de bienfaisance le jugeront convenable. »

En dépit des dispositions du décret du 30 décembre 1809, le conflit qui s'était élevé entre le ministère de l'Intérieur et celui des Cultes au sujet des attributions respectives des fabriques et des établissements publics de bienfaisance a persisté jusqu'à la fin de l'Empire ; il en est résulté dans les errements suivis en matière d'acceptation de dons et legs une extrême incohérence. Tantôt les dons et legs faits à une fabrique pour les pauvres ont été acceptés par le maire ou le bureau de bienfaisance et tantôt par la fabrique elle-même; d'autres fois l'acceptation émanait du bureau de bienfaisance ou du maire et de la fabrique agissant soit conjointement, soit chacun pour ce qui le concernait.

Ces contradictions n'étaient-elles imputables qu'aux ministres entre lesquels se partageait le soin d'élaborer les projets de décret d'autorisation? La responsabilité en a-t-elle incombé également au Conseil d'État?

Il y a tout lieu de supposer que le Conseil d'État n'a jamais cessé de reconnaître aux établissements publics de bienfaisance le monopole de la charité officielle; en tous cas, il a proclamé très nettement dans les circonstances suivantes les droits exclusifs de ces établissements.

Une demoiselle Roussel, demeurant à Nomeny (Meurthe), avait fait en faveur des pauvres de cette commune un legs de 3,950 francs à charge de distribution par le curé. Le Conseil d'État fut saisi de deux projets de décret, préparés l'un par le ministre de l'Intérieur et l'autre par le ministre des Cultes; le premier tendait à faire accepter la libéralité par le bureau de bienfaisance de Nomeny et le second disposait que l'acceptation serait faite par la fabrique de l'église de cette commune. Appelé à choisir entre ces deux projets de décret, le Conseil d'État émit, le 6 juillet 1813, un avis favorable à celui qu'avait élaboré le ministre de l'Intérieur (1).

Napoléon était alors en Allemagne et avait laissé ses pou-

---

(1) Avis C. d'Ét. 6 juillet 1813. — Le Conseil, qui a entendu la section de l'Intérieur, sur le renvoi qui lui a été fait par ordre de Sa Majesté, de deux rapports, dont l'un du ministre des Cultes et l'autre du ministre de l'Intérieur, tendant à faire accepter le legs de 3,950 fr. 61, fait par la demoiselle Marie-Victorine Roussel, majeure, demeurant à Nomeny (Meurthe), pour le produit être, par le curé de cette ville, distribué aux pauvres;

Considérant que l'article 1er, § 5, du décret du 21 septembre 1812, range dans les attributions du ministre de l'Intérieur la comptabilité des établissements de charité et qu'en conséquence l'acceptation de tout legs ayant pour objet le secours des pauvres doit être proposée sur le rapport de ce ministre, quand même le testament ou autre disposition confie la distribution des secours à un curé ou autre ecclésiastique; — Est d'avis que le ministre de l'Intérieur est seul compétent pour proposer à Sa Majesté l'acceptation de tout legs ayant pour objet le secours des pauvres, quelle que soit la personne ou l'établissement chargé de l'emploi des legs ou de la distribution des secours.

voirs à l'impératrice Marie-Louise et à l'archichancelier Cambacérès ; néanmoins l'avis du Conseil d'État fut envoyé à l'empereur qui l'approuva à Dresde le 5 août 1813.

Mais le ministre des Cultes, battu au Conseil d'État, avait pris les devants et le 10 juillet 1813 il avait fait sanctionner par l'impératrice régente le projet de décret qu'il avait rédigé et qui autorisait la fabrique de Nomeny à accepter le legs fait par la demoiselle Roussel ; la décision de l'empereur arrivait donc trop tard.

229. L'un des premiers soins du gouvernement de la Restauration a été d'absorber le département des Cultes dans celui de l'Intérieur; cette fusion des deux ministères s'est faite au profit des établissements ecclésiastiques et au détriment des établissements de bienfaisance. Le ministre de l'Intérieur répudia la doctrine de Chaptal et de Champagny pour adopter celle de Portalis. Cette conversion ne fut pas suivie de celle du Conseil d'État; la haute assemblée maintint avec fermeté les principes qu'elle avait posés et elle s'efforça de protéger les établissements de bienfaisance contre les empiétements des établissements ecclésiastiques.

Le 8 janvier 1819, le ministre de l'Intérieur adressait au roi, avec un projet d'ordonnance tendant à autoriser la fabrique de l'église de Serin à accepter un legs charitable, le rapport suivant : « Sire, par un testament olographe du 16 juillet 1818, le sieur Quenesson a légué à la paroisse de Serin : 1° 500 francs pour l'acquit de 500 messes ; 2° 300 francs pour les pauvres ; 3° 1,000 francs pour la fondation d'un obit.

« M. l'évêque de Cambrai, considérant que cette fondation de services religieux est avantageuse à la fabrique et aux pauvres a fait sa déclaration en faveur de l'acceptation. Les héritiers du testateur ont réclamé...

« Je pense, avec M. le préfet du Nord, qu'il n'y a pas lieu d'accueillir leur demande et j'ai, en conséquence, l'honneur de proposer à V. M. d'autoriser le trésorier de la fabrique de Serin à accepter la libéralité dont il s'agit. Tel est l'objet du projet d'ordonnance ci-joint.

« Je suis, etc... »

Le comité de l'Intérieur du Conseil d'État, saisi de ce rapport et du projet d'ordonnance qui l'accompagnait émit, à la date du 15 janvier 1819, un avis dont le dispositif portait que c'était le bureau de bienfaisance et non pas la fabrique de l'église de Serin qu'il y avait lieu d'autoriser à accepter le legs fait aux pauvres par le sieur Quenesson (1).

Le ministre de l'Intérieur ne crut pas devoir insister auprès du Conseil d'État pour le faire changer de jurisprudence et il jugea qu'il serait plus habile d'amender la législation en vigueur. En conséquence, il soumit au Conseil d'État un projet d'ordonnance portant que « les legs et donations faits aux pauvres seraient acceptés par les fabriques ou les fonctionnaires ecclésiastiques, lorsque les fabriques ou les fonctionnaires ecclésiastiques seraient seuls nommés pour les recevoir et distribuer lesdits legs et donations ».

Ce projet d'ordonnance fut repoussé, le 20 décembre 1820, par le Conseil d'État, qui déclara, dans un avis fortement motivé, « qu'il n'y avait lieu de rien changer à la législation en vigueur en ce qui concerne l'acceptation des legs faits aux pauvres » (2). Les considérants de cet avis sont dignes d'at-

---

(1) Avis du comité de l'Int. 15 janvier 1819. — Les membres du Conseil du roi, composant le comité de l'Intérieur qui, d'après le renvoi ordonné par S. E. le ministre de l'Intérieur, ont pris connaissance d'un rapport et d'un projet d'ordonnance tendant à autoriser l'acceptation, par le trésorier de la fabrique de l'église de Serin (Nord), d'un legs de 300 francs fait aux pauvres de ladite commune et de celle d'Aniche, par le sieur Quenesson, suivant son testament du 16 juillet 1818;

Sont d'avis que le bureau de bienfaisance de la commune de Serin, et non pas la fabrique de l'église de cette commune, doit être autorisé à accepter le legs fait aux pauvres de Serin et d'Aniche et que, ce legs n'excédant pas 300 francs, le préfet du Nord, conformément à l'article 6 de l'ordonnance de 1817, est compétent pour donner ladite autorisation.

(2) Avis C. d'Et. 20 décembre 1820. — Les membres du Conseil d'Etat du roi, qui, d'après le renvoi ordonné par S. E. le ministre de l'Intérieur, ont pris connaissance d'un projet d'ordonnance portant que les legs et donations faits aux pauvres, seront acceptés par les fabriques ou les fonctionnaires ecclésiastiques lorsque les fabriques ou les fonctionnaires ecclésiastiques sont seuls nommés pour les recevoir et distribuer lesdits legs et donations; — Vu l'article 937 du Code civil et l'ordonnance du 2 avril 1817;

Considérant que nos lois ont attribué aux bureaux de bienfaisance la tutelle des pauvres et l'administration de leurs biens; — Que rien de semblable ne se trouve dans les attributions des fabriques qui ne sont instituées que pour l'administration des frais du culte; — Que sans doute, l'intervention des ministres de la religion dans les actes de bien-

tention ; il y est dit notamment que « nos lois ont attribué aux bureaux de bienfaisance la tutelle des pauvres et l'administration de leurs biens » tandis que « rien de semblable ne se trouve dans les attributions des fabriques qui ne sont instituées que pour l'administration des frais du culte ».

L'avis du 20 décembre 1820 n'eut pas l'effet qu'on en aurait pu attendre.

Le ministre de l'Intérieur et des Cultes ne renonça pas aux idées qu'il avait empruntées à Portalis et sans tenir compte des délibérations du Conseil d'État il présenta à plusieurs reprises à la signature du roi des projets d'ordonnance ayant pour objet d'autoriser l'acceptation de dons et legs charitables faits à des établissements ecclésiastiques.

En 1822, l'administration des Cultes recouvra son autonomie; elle fut détachée du ministère de l'Intérieur et érigée en ministère distinct. Dès lors, le ministère de l'Intérieur renoua la chaîne un moment interrompue de ses traditions et il reprit en main la cause des établissements de bienfaisance, tandis que le ministère des Cultes s'efforçait de faire triompher celle des établissements ecclésiastiques. La lutte qui avait éclaté au lendemain du Concordat entre les deux ministères recommença plus vive que jamais et elle paraissait devoir rester sans issue lorsque survint la Révolution de Juillet.

---

faisance doit être favorisée puisqu'elle ajoute aux effets salutaires de ces actes ; — Mais que l'acceptation d'un legs ne peut être faite que par l'individu ou l'institution à qui la loi a donné qualité pour remplir cette fonction ; — Que, s'agissant d'un legs fait aux pauvres, les bureaux de charité sont seuls investis de cette qualité ; — Que cette acceptation, qu'on ne pourrait déplacer sans inconvénient et sans irrégularité, n'empêche pas qu'on introduise dans l'ordonnance qui l'autorise toutes les dispositions pour faire respecter la volonté du testateur ; — que toutes les fois, par exemple, que dans un legs fait aux pauvres le curé est chargé par le testament de faire la distribution des choses léguées, on a toujours soin dans l'ordonnance d'autorisation de dire que le bureau de charité acceptera, mais que la distribution sera faite par le curé, ainsi que l'a voulu le testateur; — Que cette réserve concilie tous les motifs et toutes les considérations qu'on peut avoir en vue ; qu'elle est d'une exécution d'autant plus facile que presque partout les curés ou les desservants sont membres du bureau de bienfaisance ;

Sont d'avis qu'il n'y a lieu de rien changer à la législation en vigueur en ce qui concerne l'acceptation des legs faits aux pauvres, sauf à prendre dans les ordonnances d'acceptation toutes les précautions nécessaires à l'accomplissement de la volonté du testateur.

230. Sous le gouvernement de Louis-Philippe, le Conseil d'État a réglé ce différend par plusieurs avis de principe.

D'abord il a été affirmé par un avis du comité de l'Intérieur du 6 juillet 1831 que les bureaux de bienfaisance ont le monopole des quêtes de charité dans les églises et que par suite ils ont qualité pour revendiquer le montant des collectes qui y sont faites pour les pauvres par les curés et desservants.

Le comité de l'Intérieur, pour justifier sa manière de voir, a fait remarquer « que la loi du 7 frimaire an V ayant institué les bureaux de bienfaisance pour administrer les biens des pauvres, recevoir les dons qui leur sont offerts et leur distribuer le produit de ces biens et aumônes, d'après les dispositions du Code civil (art. 910 et 937), *c'est au bureau de bienfaisance seul qu'il appartient de recevoir les aumônes faites aux pauvres;* que le droit d'établir des troncs dans les églises et d'y faire des quêtes pour les pauvres, tel que ce droit a été établi par arrêté du ministre de l'Intérieur, du 5 prairial an XI, a été confirmé par l'article 75 du décret du 30 décembre 1809 qui statue que les bureaux de bienfaisance peuvent faire des quêtes toutes les fois qu'ils le jugent convenable, sans avoir besoin de l'autorisation de l'évêque » (1).

---

(1) Avis du comité de l'Int. 6 juillet 1831. — Les membres du Conseil d'État composant le comité de l'Intérieur, consultés par M. le ministre de l'Instruction publique et des Cultes sur les questions suivantes : 1° les évêques et les fabriques peuvent-ils faire dans les églises des quêtes pour une destination autre que les besoins du culte et ceux des pauvres ? 2° les évêques ont-ils le droit de faire des quêtes de cette espèce sans le consentement et même malgré le refus des fabriques ? 3° le produit de toute quête faite pour les pauvres dans les églises n'appartient-il pas exclusivement aux bureaux de bienfaisance et sans que les curés puissent y faire un appel à la charité, afin d'en distribuer eux-mêmes le produit à des pauvres honteux? — Vu les pièces jointes au dossier ; — Vu la loi du 7 frimaire an V ; — Vu l'arrêté du ministre de l'Intérieur du 5 prairial an XI ; — Vu l'ordonnance royale du 31 octobre 1821 ; — Vu la loi du 18 germinal an X ; — Vu le décret du 30 décembre 1809 sur les fabriques des églises et les articles 910 et 937 du Code civil ;

Sur la première question : — Considérant que si, dans les articles 36 et 75 du décret du 30 décembre 1809, il est question de quêtes à faire dans les églises pour les pauvres et pour les frais du culte paroissial, aucune disposition de ce décret ni d'aucune autre loi ou décret n'a limité les quêtes à ces deux objets ; — Que de tout temps on a fait dans les églises appel à la charité des fidèles en faveur des séminaires ou

L'avis du 6 juillet 1831 a établi d'une façon irréfutable qu'il n'appartient qu'aux bureaux de bienfaisance de solliciter et de recueillir des dons manuels destinés au soulagement des indigents; il a été complété par un avis du Conseil d'État du 15 février 1837, d'après lequel ces bureaux sont les seuls établissements publics capables de recevoir des legs charitables.

Le ministre de la Justice et des Cultes avait consulté la haute assemblée sur le point de savoir « par qui devaient être acceptés les legs faits aux consistoires au profit des pauvres protestants. »

Il a été répondu par l'avis du 15 février 1837 « que tous les legs faits en faveur des pauvres, à quelque classe ou religion qu'ils appartiennent, et quels que soient d'ailleurs les termes

---

pour d'autres dépenses diocésaines, quand les ressources ordinaires qui y sont affectées étaient insuffisantes ; que, toutefois, le pouvoir qui appartient à cet égard à l'autorité ecclésiastique est nécessairement subordonné aux mesures que l'autorité civile, chargée de surveiller tous les lieux de rassemblement public, croirait devoir prendre, suivant les localités et les circonstances, pour empêcher les quêtes dont le but annoncé pourrait être de nature à servir de prétexte à troubler la tranquillité publique ;

Sur la deuxième question ; — Considérant que si la jurisprudence a pu varier autrefois relativement au degré d'autorité des évêques en ce qui concerne les quêtes dans les églises de leurs diocèses, l'article 75 du décret du 30 décembre 1809 ne peut laisser aucun doute ; qu'il a statué que les évêques, sur le rapport des marguilliers, c'est-à-dire après les avoir entendus, régleront tout ce qui est relatif aux quêtes dans les églises ; que l'on conçoit, en effet, que si la décision n'appartenait pas aux évêques, les marguilliers n'appréciant pas les besoins généraux du diocèse, repousseraient souvent les quêtes destinées à y pourvoir, de crainte de voir ces quêtes nuire à celles qui doivent se faire pour leur fabrique ;

Sur la troisième question ; — Considérant que la loi du 3 frimaire an V ayant institué les bureaux de bienfaisance pour administrer les biens des pauvres, recevoir les dons qui leur sont offerts, et leur distribuer le produit de ces biens et aumônes, d'après les dispositions du Code civil (art. 910 et 937), c'est aux bureaux de bienfaisance seuls qu'il appartient de recevoir les aumônes faites aux pauvres ; que leur droit d'établir des troncs dans les églises et d'y faire des quêtes pour les pauvres, tel que ce droit a été établi par arrêté du ministre de l'Intérieur du 5 prairial an XI, a été confirmé par l'article 75 du décret du 30 décembre 1809, qui statue que les bureaux de bienfaisance peuvent faire des quêtes toutes les fois qu'ils le jugent convenable, sans avoir besoin de l'autorisation de l'évêque ;

Sont d'avis que les trois questions envoyées à l'examen du comité doivent être résolues affirmativement.

du testament, ne peuvent être régulièrement acceptés que par les bureaux de bienfaisance; que le bureau seul doit être envoyé en possession des objets légués, mais que le droit d'intervenir dans la distribution des secours, lorsque le testateur en a manifesté l'intention, doit être accordé aux consistoires, curés, ou fabriques... » Le Conseil d'État a fait dériver les droits exclusifs des bureaux de bienfaisance des dispositions de l'ordonnance du 2 avril 1817 ; il a exposé, en effet, dans les considérants de l'avis du 15 février 1837, « que toutes les libéralités faites en faveur des pauvres doivent, aux termes de cette ordonnance, être acceptées par les bureaux de bienfaisance ou les maires, qui sont leurs représentants légaux; qu'il n'appartient pas aux testateurs de modifier, à leur gré, les règles administratives et de conférer soit aux consistoires soit aux curés ou aux fabriques, dont les attributions se bornent à ce qui intéresse le service du culte, le droit de représenter les pauvres et d'exercer les actions qui leur appartiennent » (1).

(1) Avis C. d'Et. 15 février 1837. — Le Conseil d'Etat, qui, sur le renvoi ordonné par M. le ministre de la Justice et des Cultes, a examiné la question de savoir par qui devaient être acceptés les legs faits aux consistoires au profit des pauvres protestants. — Vu l'ordonnance du 2 avril 1817;

Considérant que toutes les libéralités faites en faveur des pauvres doivent, aux termes de cette ordonnance, être acceptées par les bureaux de bienfaisance ou les maires, qui sont leurs représentants légaux; qu'il n'appartient pas aux testateurs de modifier, à leur gré, les règles administratives et de conférer, soit aux consistoires, soit aux curés ou aux fabriques, dont les attributions se bornent à ce qui intéresse le service du culte, le droit de représenter les pauvres, et d'exercer les actions qui leur appartiennent.

Est d'avis : — 1° Que tous les legs faits en faveur des pauvres, à quelque classe ou religion qu'il appartiennent, et quels que soient d'ailleurs les termes du testament, ne peuvent être régulièrement acceptés que par les bureaux de bienfaisance; que le bureau seul doit être envoyé en possession des objets légués, mais que le droit d'intervenir dans la distribution des secours, lorsque le testateur en a manifesté l'intention, doit être accordé aux consistoires, curés ou fabriques; — 2° Que, dans le cas où le testateur aurait voulu que le profit du legs fût appliqué aux pauvres d'une circonscription ecclésiastique qui embrasserait plusieurs communes et où, par conséquent, plusieurs bureaux de bienfaisance seraient intéressés, l'acceptation doit être faite par le préfet, qui représente tous les établissements publics du département; — Que, dans le cas où la circonscription ecclésiastique s'étendrait sur plusieurs départements, l'acceptation doit être faite par le ministre de l'Intérieur. (M. Vuillefroy, rapporteur.)

L'avis du 15 février 1837 est, en quelque sorte, la confirmation de celui du 20 décembre 1820 (V. *supra*, n° 229). Comme ce dernier, il déclare que, si les bureaux de bienfaisance ont la vocation charitable, elle fait défaut aux établissements ecclésiastiques et il en conclut que les legs faits à ceux-ci en faveur des pauvres doivent être acceptés par les bureaux de bienfaisance, sauf à faire intervenir les établissements ecclésiastiques dans la distribution des secours.

Si dans la rédaction de l'avis du 15 février 1837 le Conseil d'État s'est inspiré de celui du 20 décembre 1820, il est loin cependant de s'être borné à le copier d'une façon plus ou moins habile; il a mis en relief une idée qui, en 1820, était restée dans l'ombre. Pour la première fois le Conseil d'État indique que les pauvres ont une personnalité propre et il dégage leur individualité juridique de celles des bureaux de bienfaisance. Sur quoi, en effet, se fonde-t-il pour attribuer aux bureaux de bienfaisance le droit de revendiquer les legs faits aux établissements ecclésiastiques pour les pauvres? Ce droit leur appartient, suivant l'avis du 15 février 1837, parce qu'ils sont les représentants légaux des pauvres : ce n'est donc pas en eux-mêmes, mais dans les pauvres que les bureaux de bienfaisance trouvent la faculté d'intervenir.

Le Conseil d'État a si bien distingué la personnalité des pauvres de celle des bureaux de bienfaisance qu'il n'a pas hésité à admettre que, si dans une commune il n'y a pas de bureau de bienfaisance, il ne faut pas cependant considérer comme caducs les legs charitables adressés en méconnaissance de la loi aux établissements ecclésiastiques de cette commune; à défaut de bureau de bienfaisance le maire a qualité, conformément à l'un des considérants de l'avis du 15 février 1837, pour réclamer lesdits legs au nom des pauvres.

De l'avis du 15 février 1837 qui a réglé le sort des libéralités charitables faites aux établissements ecclésiastiques il convient de rapprocher celui du 12 avril de la même année qui est intervenu en matière de libéralités scolaires adressées à ces mêmes établissements. Il a résolu dans le sens de la négative la question de savoir si, depuis que la loi du 28 juin 1833 ouvrant une brèche dans le monopole universitaire, avait proclamé la liberté de l'enseignement primaire, les établissements ecclésiastiques avaient qualité pour recevoir des libéralités à charge de fonder et d'entretenir des écoles.

Saisi d'un projet d'ordonnance tendant à autoriser la fabrique de Courthezon (Vaucluse) à accepter une donation à fins scolaires faite à cet établissement par le sieur et la demoiselle Jamet, le Conseil d'État l'a rejeté en faisant remarquer « que les fabriques n'ont été reconnues comme établissements publics, aptes à recevoir et à posséder, que dans l'intérêt de la célébration du culte et dans la limite des services qui leur sont confiés à cet égard par les lois et décrets; que les fabriques ne peuvent, en dehors de ces limites, invoquer leur qualité d'établissements publics pour recevoir des donations à l'effet d'établir des écoles ou de former toutes autres entreprises étrangères à leurs attributions » (1).

Les avis des 15 février et 12 avril 1837 posent en termes clairs et précis le principe de la spécialité qu'ils appliquent l'un en matière charitable et l'autre en matière scolaire, mais ils ne sont pas absolument d'accord sur les conséquences à en tirer. D'après l'avis du 15 février 1837 il y a lieu de substituer les bureaux de bienfaisance ou les maires aux établissements ecclésiastiques dans l'acceptation des legs charitables faits à ces derniers; au contraire, suivant l'avis du 12 avril 1837, l'autorisation d'accepter une donation faite à charge de création

(1) Avis C. d'Et. 12 avril 1837. — Le Conseil d'Etat, qui a pris connaissance d'un projet d'ordonnance tendant à autoriser la fabrique de Courthezon (Vaucluse), à accepter la donation faite à cet établissement par le sieur et la demoiselle Jamet: 1° d'une maison estimée 4,500 francs; 2° d'un capital de 10,000 francs, à la condition de les consacrer à l'établissement et à l'entretien d'une école; — Considérant que les fabriques n'ont été reconnues comme établissements publics, aptes à recevoir et à posséder, que dans l'intérêt de la célébration du culte et dans la limite des services qui leur sont confiés à cet égard par les lois et décrets; — que les fabriques ne peuvent, en dehors de ces limites, invoquer leur qualité d'établissements publics pour recevoir des donations à l'effet d'établir des écoles ou de former toutes autres entreprises étrangères à leurs attributions; que, par conséquent, il est superflu, dans l'espèce, d'examiner la question très grave de savoir si l'autorisation donnée à des établissements publics religieux d'établir des écoles dispenserait les communes de l'obligation qui leur est imposée par la loi d'entretenir des écoles communales et si, dans ce cas, l'autorisation accordée ne serait pas nuisible au succès de ces dernières écoles;

Est d'avis que la fabrique de Courthezon ne doit pas être autorisée à accepter la donation à elle faite par le sieur et la demoiselle Jamet.

et d'entretien d'une école doit être refusée purement et simplement à l'établissement ecclésiastique institué sans qu'il y ait lieu de faire intervenir à la place de celui-ci la commune qui représente les intérêts scolaires.

D'où vient cette contrariété de décisions ? Elle peut s'expliquer de deux façons.

Il est à remarquer tout d'abord que l'avis du 15 février 1837 est relatif à un legs tandis que l'avis du 12 avril 1837 se réfère à une donation entre vifs ; or, refuser purement et simplement l'autorisation d'accepter un legs, c'est le rendre à tout jamais caduc, tandis que la donation entre vifs, dont l'acceptation n'a pas été autorisée, peut être refaite. Le refus pur et simple d'autorisation frappe définitivement de stérilité la volonté du testateur : il n'entrave que provisoirement celle du donateur. Cette mesure est donc applicable sans grand inconvénient lorsqu'il s'agit d'une donation entre vifs tandis qu'en cas de legs elle est assez grave pour que l'on hésite à y recourir.

D'autre part, il y a lieu de noter que, lorsqu'on fait intervenir un bureau de bienfaisance ou un maire aux lieu et place d'une fabrique dans l'acceptation d'un don ou d'un legs charitable adressé à celle-ci, l'on ne substitue pas, à proprement parler, un donataire ou un légataire à celui qui a été choisi par le donateur ou le testateur ; le véritable donataire ou légataire, c'est la collectivité des pauvres qui jouit, comme on le sait, de la capacité de recevoir. La fabrique n'ayant pas qualité pour agir au nom de cet être moral, l'on charge de le représenter le maire ou le bureau de bienfaisance ; ce faisant, l'on se borne à procurer aux pauvres un mandataire capable en remplacement d'un mandataire incapable. Au contraire, si la commune acceptait un don ou un legs fait à la fabrique à charge de fonder et d'entretenir une école, il y aurait substitution de donataire ou de légataire. En effet, le service de l'enseignement ne constitue pas par lui-même une personne morale qui puisse être considérée comme ayant été instituée donataire ou légataire sous le nom de fabrique et à laquelle il soit loisible de réclamer le don ou le legs par l'organe de la commune ; au fond, comme en la forme, le don ou le legs ne s'adresse qu'à la fabrique. Dès lors, en acceptant la libéralité faite à celle-ci, la commune ne ferait pas que la supplanter dans le soin que lui a confié le donateur ou le testateur de représenter le service scolaire ; elle lui prendrait la qualité même de donataire ou de légataire. C'est ce qui a semblé inadmissible au Conseil d'État.

Si l'avis du 12 avril 1837 ne tire pas du principe de la spécialité les mêmes conséquences que celui du 15 février 1837, il l'affirme, du moins, avec la même énergie et il est d'autant plus remarquable qu'il a été rendu contrairement à l'avis du conseil royal de l'Instruction publique. « Au point de vue du droit, disait ce Conseil à la date du 10 février 1837, les fabriques sont, comme les hospices, des établissements publics, annexes des communes dans lesquelles ils sont situés et ainsi ce qui est donné à la fabrique, ne peut être considéré comme donné au préjudice de la commune ou comme enlevé à la commune. Ces établissements publics étant des personnes aptes à recevoir et à posséder sous toutes les conditions qui n'ont rien de contraire aux lois ni aux mœurs et aucune loi n'interdisant aux fabriques de recevoir et de posséder, sous la condition de fonder des écoles, on ne paraît pas légalement fondé à établir à cet égard, d'une manière générale, cette sorte d'incapacité. Dans certains cas particuliers, l'incapacité pourra être de fait appliquée par l'exercice du pouvoir laissé au gouvernement d'autoriser ou de ne pas autoriser l'acceptation des dons et legs faits aux fabriques et autres établissements publics....... Suivant l'esprit de la loi du 28 juin 1833 qui considère (art. 13) les fondations, donations ou legs comme une des premières ressources de l'instruction primaire, la faculté d'unir ensemble les intérêts d'un établissement religieux ou charitable et les intérêts de l'éducation populaire doit être laissée aux donateurs ; cela est sans inconvénient pour l'ordre public, attendu que toute école primaire, quelle que soit son origine et sa nature, d'une part, est toujours soumise, à la surveillance des autorités instituées par la loi et, d'autre part, contribue en partie, d'une manière plus ou moins directe, à l'avantage de la communauté.... ».

De son côté, le ministre de l'Instruction publique, M. Guizot, écrivait le 9 mars 1837 : « Je ne vois, en ce qui concerne les intérêts de mon ministère, aucune difficulté à ce que les fabriques soient autorisées à accepter les libéralités qui ont pour objet le service de l'instruction publique. C'est une heureuse idée que celle de réunir, par un lien aussi étroit que possible, l'intérêt de la religion et celui de l'éducation populaire. C'est elle qui inspire les donations qui se font assez fréquemment aux fabriques catholiques et aux consistoires des cultes dissidents à la charge de fonder et d'entretenir des écoles. L'autorité doit protection et encouragement à ces dispositions qui assurent l'instruction primaire par la double surveillance de la fabrique et de la commune, du pasteur et du maire. Il ne suit, du reste, nullement de là une concurrence nuisible aux écoles communales; car de deux choses l'une : ou la donation sera assez considérable pour que la commune soit dispensée de faire elle-même des sacrifices pour l'établissement d'une autre école publique ou, la donation étant insuffisante pour acquitter la dette de la commune à l'égard de l'enseignement, celle-ci sera obligée d'entretenir une seconde école. Dans l'une comme dans l'autre hypothèse, il sera pourvu à l'instruction de tous les enfants et, en cas de concurrence, il ne pourra que s'établir entre les deux écoles une émulation utile au bien du service. J'estime d'ailleurs que, toutes les fois qu'il sera fait une donation en faveur des fabriques, des évêchés ou des congrégations enseignantes à la charge de fonder des écoles publiques, il convient que l'ordonnance autorise l'établissement religieux donataire et l'autorité municipale à accepter simultanément la libéralité ».

Le Conseil d'État a fait bonne justice, dans son avis du 12 avril 1837, des arguments développés par le ministre et le conseil royal de l'Instruction publique et il a rendu au principe de la spécialité des établissements publics le plus solennel des hommages.

231. Le clergé protesta avec la dernière vivacité contre l'avis du 12 avril 1837 et il mit tout en œuvre pour en obtenir la rétractation; il y réussit dans une certaine mesure, car dès le 4 mars 1841 le Conseil d'État crut devoir atténuer la rigueur des principes qu'il avait posés en 1837 et il adopta, à titre de transaction, le système de l'acceptation conjointe qu'avait proposé M. Guizot dans sa lettre précitée du 9 mars 1837.

Voici comment se produisit ce revirement de jurisprudence.

Le 15 mars 1840, le directeur de l'Administration départementale et communale présentait au ministre de l'Intérieur un rapport dans lequel, après avoir résumé les principales objections qu'avait soulevées l'avis du 12 avril 1837, il exposait que, si l'on ne voulait pas laisser sans effet les libéralités scolaires faites aux fabriques, l'on pouvait hésiter entre trois solutions : « 1° Doit-on, disait-il, autoriser la *fabrique* seule à accepter ? 2° Doit-on autoriser la *commune* seule à accepter ? 3° Doit-on autoriser la *fabrique* à accepter la libéralité et la *commune* à accepter le bénéfice de la disposition ? » Le directeur de l'Administration départementale et communale expliquait ensuite que le premier système laissait la commune sans capacité pour recueillir le bénéfice de la condition attachée à la libéralité et par suite sans qualité pour poursuivre au besoin l'exécution de cette condition; que dans le second système les héritiers des testateurs seraient fondés à refuser la délivrance de legs qu'on voulait attribuer à des établissements non institués par le testament; que d'ailleurs il était impossible d'induire des textes qu'il appartînt exclusivement aux communes d'accepter tous les legs profitant à l'instruction primaire, même ceux qui seraient faits nominativement à des fabriques ; que le troisième système levait toutes les difficultés et conciliait tous les intérêts.

Le ministre de l'Intérieur approuva ce rapport et en renvoya l'examen au Conseil d'État qui n'en adopta les conclusions qu'en les amendant d'une façon très sensible. Le directeur de l'Administration départementale et communale estimait que, dans le cas où un legs était fait à une fabrique à charge de fonder et d'entretenir une école, il y avait lieu de le faire accepter par cet établissement et d'autoriser en même temps la commune à laquelle ressortissait la fabrique à accepter le bénéfice attaché à l'exécution de ce legs ; le Conseil d'État a mis, par avis du 4 mars 1841 rendu au rapport de M. Macarel (1), ces deux personnes morales sur un pied d'égalité et

(1) Avis C. d'Et. 4 mars 1841. — Le Conseil d'Etat, sur le renvoi qui lui a été fait par M. le garde des sceaux d'un rapport fait à M. le ministre de l'Intérieur, le 15 mars 1840, par le directeur de l'Administration départementale et communale, consulté sur la question de savoir comment il doit être procédé, en matière d'autorisation d'accepter des legs,

décidé que la commune et la fabrique devaient être autorisées à accepter conjointement le legs fait à cette dernière.

L'avis du 4 mars 1841, tout en ne se reférant dans ses visas qu'à l'avis du 12 avril 1837, qu'il a eu pour objet de rectifier, est loin de s'être renfermé dans l'hypothèse prévue par celui-ci ; il s'applique à toutes les libéralités testamentaires qui tendent à faire sortir des établissements publics du cercle de leurs attributions légales et non pas seulement à celles qui sont faites aux fabriques à charge de fonder et d'entretenir des écoles.

Il fait des solutions admises tant par l'avis du 12 avril 1837 que par celui du 15 février 1837 un seul bloc qu'il renverse

---

lorsque le testateur a nominativement désigné un établissement public pour légataire, en lui imposant des conditions qui profitent exclusivement à un autre établissement ; — Vu les articles 910 et 1121 du Code civil ; — Vu la loi du 2 janvier 1817 et l'ordonnance royale du 2 avril suivant ; — Vu l'avis délibéré par le Conseil d'Etat, le 12 avril 1837, à l'occasion d'une donation faite à la fabrique de Courthezon (Vaucluse) ;

Considérant que la question soumise aux délibérations du Conseil embrasse, dans la généralité de ses termes, deux hypothèses qu'il est essentiel de distinguer, parce que les raisons de décider et les décisions mêmes diffèrent dans les deux cas ; que, dans la première hypothèse, il s'agit de régler le mode d'autorisation royale, lorsqu'une libéralité est faite à un établissement capable de recevoir sous condition d'une fondation ou d'un service, qui sont dans les attributions d'un autre établissement, également capable de recevoir : par exemple, si une libéralité est faite à une fabrique, à condition de fonder une école gratuite, fondation qui rentre dans les attributions de l'autorité communale ; que, dans le second cas, il s'agit de régler le mode d'autorisation royale, lorsqu'une libéralité est faite à un établissement capable de recevoir, sous condition de fonder un autre établissement qui peut devenir, par suite d'une autorisation spéciale, également capable de recevoir, par exemple, si une libéralité est faite à une fabrique, sous la condition de fonder un hospice ;

Considérant, dans le premier cas, que l'établissement dans les attributions duquel rentre régulièrement la fondation ou le service imposés comme condition de la libéralité, c'est-à-dire la commune, ne peut être exclusivement autorisé, puisque cet établissement n'est pas institué par le testateur, et que l'établissement institué, c'est-à-dire la fabrique, ne peut pas non plus être exclusivement autorisé à accepter, parce que l'accomplissement de la condition est hors des limites des services qui lui sont confiés par la loi ; qu'il en résulte qu'il ne peut y avoir lieu d'autoriser séparément l'un ou l'autre des établissements à accepter ; que, si la fondation ou le service imposés comme condition de la libéralité ont un caractère évident d'utilité publique, le défaut d'acceptation aurait pour effet de nuire à l'intérêt général, en même temps qu'il empêcherait l'exécution de la volonté du testateur ; que, dès lors,

pour le remplacer par un nouveau corps de doctrines. A un certain point de vue, l'on pourrait même dire que l'avis du 4 mars 1841 s'attaque moins directement à celui du 12 avril 1837 qui est intervenu en matière de donations entre vifs qu'à l'avis du 15 février 1837 qui a trait à des legs ; en effet, il laisse de côté les libéralités entre vifs pour ne s'occuper que de libéralités testamentaires.

Par son avis du 4 mars 1841 le Conseil d'État a étudié et résolu « la question de savoir comment il doit être procédé, en matière d'autorisation d'accepter des legs, lorsque le testateur a nominativement désigné un établissement public pour légataire, en lui imposant des conditions qui profitent exclusivement à un autre établissement » ou, en d'autres termes, il a en-

---

il convient d'autoriser simultanément l'établissement institué et celui qui doit profiter de la libéralité ; que par cette manière de procéder, on satisfait tout à la fois aux règles administratives et à la volonté du testateur ; et qu'alors même qu'il résulterait du testament que le testateur a voulu que la condition fût accomplie uniquement et exclusivement par l'établissement institué et qu'il a même fait de l'inexécution de sa volonté, sous ce rapport, une clause révocatoire, ces dispositions devraient être réputées non écrites, comme étant contraires aux lois (art. 900 du Code civil) ;

Considérant, dans la seconde hypothèse (celle, par exemple, où il s'agit d'une libéralité faite à une fabrique, à la condition de fonder un hospice), que l'autorisation donnée exclusivement à l'établissement institué (la fabrique) serait insuffisante, puisqu'elle n'assurerait pas l'exécution de la condition, c'est-à-dire la fondation d'un établissement nouveau ; qu'on ne peut se borner à autoriser ce dernier établissement à accepter, puisqu'il n'existe pas encore, et que, s'il existait de fait, le legs deviendrait caduc, comme fait à une personne incapable de recevoir, au moment où la succession s'est ouverte ; qu'il convient alors d'examiner si l'établissement projeté présente un véritable caractère d'utilité publique ; que, dans le cas de la négative, la condition ne pouvant s'accomplir, il y a lieu de refuser l'autorisation d'accepter ; que, dans le cas de l'affirmative, c'est-à-dire si l'établissement projeté a un véritable caractère d'utilité publique, le gouvernement devant assurer l'accomplissement de la condition imposée, il convient que la même ordonnance autorise l'établissement institué à accepter et approuve la création de l'établissement à fonder, en déclarant que le legs devra être affecté à son service ; que si, du reste, il pouvait survenir entre les deux établissements ainsi autorisés quelques difficultés d'exécution pour l'administration des biens légués, le gouvernement aurait, dans les limites du pouvoir de tutelle qui lui est confié par les lois, l'autorité nécessaire pour prévenir ou faire cesser ces difficultés ;

Est d'avis que, dans les hypothèses ci-dessus prévues, il doit être procédé dans le sens des observations qui précèdent. (M. Macarel, rapporteur.)

tendu « régler le mode d'autorisation royale, lorsqu'une libéralité est faite à un établissement capable de recevoir, sous condition d'une fondation ou d'un service qui sont dans les attributions d'un autre établissement également capable de recevoir ; par exemple, si une libéralité est faite à une fabrique, à condition de fonder une école gratuite, fondation qui rentre dans les attributions de l'autorité communale ».

Suivant la haute assemblée, « l'établissement dans les attributions duquel rentre régulièrement la fondation ou le service imposés comme condition de la libéralité, c'est-à-dire la commune, ne peut être exclusivement autorisé puisque cet établissement n'est pas institué par le testateur, et l'établissement institué, c'est-à-dire la fabrique, ne peut pas non plus être exclusivement autorisé à accepter parce que l'accomplissement de la condition est hors des limites des services qui lui sont confiés par la loi; il en résulte qu'il ne peut y avoir lieu d'autoriser séparément l'un ou l'autre des établissements à accepter; si la fondation ou le service imposés comme condition de la libéralité ont un caractère évident d'utilité publique, le défaut d'acceptation aurait pour effet de nuire à l'intérêt général en même temps qu'il empêcherait l'exécution de la volonté du testateur; dès lors il convient d'autoriser simultanément l'établissement institué et celui qui doit profiter de la libéralité; par cette manière de procéder on satisfait tout à la fois aux règles administratives et à la volonté du testateur, et alors même qu'il résulterait du testament que le testateur a voulu que la condition fût accomplie uniquement et exclusivement par l'établissement institué et qu'il a même fait de l'inexécution de sa volonté une clause révocatoire, ces dispositions devraient être réputées non écrites, comme étant contraires aux lois (art. 900 du Code civil) ».

L'avis du 4 mars 1841 ne s'appliquait *in terminis* qu'aux libéralités faites à des établissements publics sous des charges ou conditions étrangères à leur mission légale; c'est en vue de cette seule hypothèse qu'il avait imaginé le système de l'acceptation conjointe et décidé que l'*établissement bénéficiaire* serait associé à l'*établissement institué* dans l'acceptation de la libéralité faite à ce dernier. Mais le mécanisme de l'acceptation conjointe parut si ingénieux que dans la pratique l'on n'hésita pas à en étendre le fonctionnement au cas où une libéralité faite à une personne morale capable d'en assurer l'exécution était de nature à procurer un bénéfice à une autre personne morale; c'est ainsi que les libéralités scolaires faites aux congrégations enseignantes ne furent plus acceptées par celles-ci qu'avec le concours des communes, bien que le principe de la spécialité ne s'opposât en rien à ce que les congrégations enseignantes reçussent des libéralités de cette nature.

232. Si l'avis du 4 mars 1841 avait posé le principe de l'acceptation conjointe, il avait négligé d'en déterminer avec précision le mode d'application et il ne s'était pas expliqué d'une façon suffisante sur les droits respectifs de l'établissement institué et de l'établissement bénéficiaire.

M. le garde des sceaux, ministre de la Justice et des Cultes, consulta le Conseil d'État sur la question de savoir « au nom de qui doit être inscrite une rente à acquérir avec le produit de legs faits à une *communauté religieuse* dans l'intérêt des pauvres »; le Conseil d'État, suivant avis du 30 décembre 1846, répondit que « la rente achetée avec le produit d'un legs fait à une *communauté religieuse* dans l'intérêt des pauvres, doit être inscrite au nom de la communauté légataire, avec la mention sur l'inscription de l'origine et de la destination du capital ».

Il est dit dans les considérants de l'avis du 30 décembre 1846 que « lorsqu'un legs est fait à une communauté religieuse dans l'intérêt des pauvres, il y a lieu, d'après l'avis du Conseil d'État du 4 mars 1841, d'autoriser le bureau de bienfaisance à accepter la libéralité conjointement avec la communauté légataire; — que ce mode de procéder a été adopté parce qu'il a paru convenable de faire surveiller par le représentant légal des pauvres, quoiqu'il ne fût pas institué, l'emploi d'une libéralité destinée à leur soulagement; mais qu'on n'a pas entendu transporter au bureau de bienfaisance, même pour partie, les droits de propriété qui résultent pour la communauté légataire des dispositions du testament; — qu'on ne pourrait, sans porter atteinte à ces droits, faire intervenir directement et nominativement le bureau de bienfaisance dans l'acquisition d'une rente sur l'État avec le capital provenant d'une libéralité; — qu'il convient seulement, pour assurer l'exercice du droit de surveillance attribué au bureau de bienfaisance, qu'il soit appelé à fournir ses observations et à exprimer son avis dans l'instruction qui précède la décision à prendre par l'autorité supérieure sur la demande de la communauté en autorisation de placer le capital; — qu'il y a lieu, en outre, afin de conserver la trace de la destination que le testateur a donnée à la libéralité de rappeler, par une mention sur l'inscription de rente achetée au nom de la communauté, que le capital de ladite rente provient d'un legs fait à cette communauté pour les pauvres » (Cf. Arrêt du Conseil d'État statuant au contentieux du 30 novembre 1888) (1).

L'avis du 30 décembre 1846, à la différence de celui du

---

(1) Avis C. d'Ét., 30 décembre 1846. — Le Conseil d'État, qui, sur le renvoi ordonné par M. le garde des sceaux, ministre secrétaire d'État au département de la Justice et des Cultes, a examiné la question de savoir au nom de qui doit être inscrite une rente à acquérir avec le produit de legs faits à une communauté religieuse dans l'intérêt des pauvres; — Vu les lettres adressées par M. le ministre de l'Intérieur et M. le Garde des sceaux, en date des 26 mai et 22 septembre 1846; — Vu la loi du 2 janvier 1817, l'ordonnance royale du 2 avril 1817 et celle du 14 janvier 1831; — Vu l'avis du Conseil d'État du 4 mars 1841;

Considérant que, lorsqu'un legs est fait à une communauté religieuse dans l'intérêt des pauvres, il y a lieu, d'après l'avis du Conseil d'État du 4 mars 1841, d'autoriser le bureau de bienfaisance à accepter la libéralité conjointement avec la communauté légataire; que ce mode de procéder a été adopté parce qu'il a paru convenable de faire surveiller par le représentant légal des pauvres, quoiqu'il ne fût pas institué l'emploi d'une libéralité destinée à leur soulagement: mais qu'on n'a pas entendu transporter au bureau de bienfaisance, même pour partie, les droits de propriété qui résultent pour la communauté légataire des dispositions du testament; qu'on ne pourrait, sans porter atteinte à ces droits, faire intervenir directement et nominativement le bureau de bienfaisance dans l'acquisition d'une rente sur l'État avec le capital provenant de la libéralité; qu'il convient seulement, pour assurer l'exercice du droit de surveillance attribué au bureau de bienfaisance, qu'il soit appelé à fournir ses observations et à exprimer son avis dans l'instruction qui précède la décision à prendre par l'autorité supérieure sur la demande de la communauté en autorisation de placer le capital; qu'il y a lieu, en outre, afin de conserver la trace de la destination que le testateur a donnée à la libéralité, de rappeler, par une mention sur l'inscription de rente achetée au nom de la communauté, que le capital de ladite rente provient d'un legs fait à cette communauté pour les pauvres;

Est d'avis que la rente achetée avec le produit d'un legs fait à une

4 mars 1841, n'a pas prévu le cas où un legs serait adressé dans l'intérêt des pauvres à un établissement public auquel l'exercice de la charité est interdit; il est exclusivement relatif aux legs faits pour les pauvres à des communautés *charitables*, c'est-à dire à des établissements qui ont précisément pour objet de secourir les indigents. L'on peut se demander sur quoi s'est fondé le Conseil d'État pour conférer aux bureaux de bienfaisance le droit de surveiller l'exécution de telles libéralités et s'il ne conviendrait pas d'admettre que les représentants légaux des pauvres n'ont qu'à s'abstenir, lorsqu'ils se trouvent en présence de libéralités charitables faites à des établissements capables de les recueillir; mais, si les pouvoirs de contrôle que le Conseil d'État a attribués aux bureaux de bienfaisance ne sont peut-être pas des plus faciles à justifier, ils n'ont pas du moins pour effet de permettre à ces établissements de mettre la main sur le montant des legs charitables faits aux commu-

---

communauté religieuse dans l'intérêt des pauvres doit être inscrite au nom de la communauté légataire, avec la mention sur l'inscription de l'origine et la destination du capital. (M. de Montesquiou, rapporteur.)

C. d'Ét. cont. 30 novembre 1888 (Institut des frères des écoles chrétiennes). — Le Conseil d'État statuant au contentieux; — Vu la requête... pour l'Institut des frères des Écoles chrétiennes... par laquelle il est exposé que la dame Vve Contand de Coulanges, décédée à Fontainebleau, le 10 juin 1856, a légué à cet Institut la somme de 4,000 francs pour être placée en rentes, dont les arrérages seraient employés principalement pour subvenir aux besoins de la maison des Frères établie à Fontainebleau; qu'un décret du 24 janvier 1859 a autorisé le supérieur général de l'Institut et le maire de Fontainebleau à accepter, chacun en ce qui le concernait, ledit legs et a décidé, conformément aux délibérations du conseil municipal de Fontainebleau et du conseil d'administration de l'Institut des frères des écoles chrétiennes des 14 et 30 août 1856 que les trois quarts des intérêts de la somme de 4,000 francs seraient affectés aux besoins de l'école communale de Fontainebleau, dirigée par les frères des écoles chrétiennes; qu'en exécution de ce décret, le titre de rente a été immatriculé au nom de l'Institut avec mention de la destination des arrérages et que la garde du titre a été confiée au maire de Fontainebleau; que la direction de l'école communale ayant été, dans le courant de l'année 1881, retirée aux Frères, ceux-ci ouvrirent une école libre; qu'ayant vainement demandé à la ville de Fontainebleau la délivrance des arrérages du legs qu'elle s'était crue alors autorisée à retenir, l'Institut a, le 9 juin 1886, assigné le maire devant le tribunal de Fontainebleau, en payement d'une somme de 693 fr. 50 représentant les arrérages échus depuis le 1er juillet 1881; que par jugement du 1er décembre 1886, le tribunal a sursis à statuer au fond jusqu'à l'interprétation par l'autorité administrative du décret

nautés religieuses : ils ne constituent à aucun degré une mesure de spoliation. Dans ces conditions et avec des effets aussi limités le système de l'*acceptation conjointe* était susceptible de s'appliquer sans grand inconvénient aux communautés religieuses; mais, bien entendu, l'on ne pouvait songer à faire découler de l'*acceptation conjointe* l'*immatriculation conjointe* qui aurait eu pour résultat de rendre les bureaux de bienfaisance copropriétaires du montant des legs charitables faits aux communautés religieuses et de dépouiller ainsi celles-ci d'une partie des droits et avantages attachés à ces legs.

Le Conseil d'État a donc très sagement décidé que la rente acquise avec le produit d'un legs adressé dans l'intérêt des pauvres à une communauté religieuse ne serait immatriculée qu'au nom de cet établissement et que l'inscription ne porterait pas le nom du bureau de bienfaisance.

Il fut tiré de l'avis du 30 décembre 1846 un parti inattendu.

---

du 24 janvier 1859, sur le point de savoir si l'affectation des trois quarts des intérêts du legs s'appliquait à l'école communale, qu'elle fût ou non dirigée par les frères ou bien à l'école des frères, qu'elle fût ou non communale... ; — Vu le décret du 24 janvier 1859 ; — Vu le mémoire en défense... ; — Vu la loi du 24 mai 1872 ;

Considérant que le décret ci-dessus visé du 24 janvier 1859, après avoir autorisé le supérieur général de l'Institut des frères des écoles chrétiennes et le maire de Fontainebleau à accepter, chacun en ce qui le concerne, le legs d'une somme de 4,000 francs fait à cet Institut par la dame veuve Contand de Coulanges, ajoute que les trois quarts des intérêts de cette somme seront affectés aux besoins de l'école communale gratuite de Fontainebleau, dirigée par les frères des écoles chrétiennes ; que, de ces dispositions combinées, il résulte que ledit décret n'a pas entendu transférer à la commune de Fontainebleau la propriété d'une partie d'un legs fait exclusivement, comme il prend soin de le constater, à l'Institut des frères des écoles chrétiennes, et que, s'il a appelé la ville de Fontainebleau à intervenir dans l'acceptation du legs, c'est pour permettre à cette dernière de s'assurer que les arrérages du legs seraient et continueraient d'être employés par l'Institut, principalement pour subvenir aux besoins de la maison d'école de Fontainebleau...

Il est déclaré que le décret du 24 janvier 1859 n'a entendu transférer à la ville de Fontainebleau la propriété d'aucune partie du legs fait par la dame veuve Coutand de Coulanges à l'Institut des frères des écoles chrétiennes et n'a appelé le maire de Fontainebleau à accepter le legs, en ce qui le concernait, que pour permettre à la ville de s'assurer que les arrérages en seraient et continueraient à être employés par les frères des écoles chrétiennes, principalement pour subvenir aux besoins de leur maison d'école de Fontainebleau. Dépens à la charge de la ville de Fontainebleau. (M. Maynicl, rapporteur.)

Les règles que cet avis énonçait ne concernaient que les libéralités faites pour les pauvres à des congrégations ou communautés charitables, c'est-à-dire à des établissements que rien n'empêchait d'exécuter les conditions ou charges qui leur étaient imposées; l'on ne craignit pas cependant de dire qu'elles étaient également applicables aux legs faits pour l'instruction des enfants ou le soulagement des pauvres à des établissements, tels que les fabriques, qui n'avaient aucune vocation scolaire ou charitable et étaient par suite incapables, en vertu du principe de la spécialité, de recevoir lesdits legs. L'on alla répétant que si, en exécution de l'avis du 4 mars 1841, il y avait lieu de faire accepter par les bureaux de bienfaisance ou les communes, en même temps que par les établissements publics du culte, les libéralités charitables ou scolaires faites à ces derniers, les bureaux de bienfaisance et les communes, conformément à l'avis du 30 décembre 1846, ne puisaient dans l'acceptation conjointe qu'une simple faculté de contrôle et que l'immatriculation des rentes à acquérir avec le produit des libéralités ne devait être faite qu'au nom des établissements ecclésiastiques institués légataires.

Cette extension des principes formulés par l'avis du 30 décembre 1846 était évidemment abusive; elle n'en fut cependant pas moins admise dans la pratique, sans que le Conseil d'État, dont on dénaturait la pensée, songeât à protester.

Le système issu de la combinaison des avis des 4 mars 1841 et 30 décembre 1846 n'a jamais fonctionné qu'en matière de legs; s'agissait-il de donations entre vifs à fins scolaires ou charitables, l'on continuait à observer la règle posée par l'avis du 12 avril 1837 et l'on refusait purement et simplement aux fabriques et autres établissements ecclésiastiques l'autorisation d'accepter de pareilles libéralités.

C'est ce qui a été indiqué par le ministre de l'Intérieur et des Cultes, M. Lepère, dans un rapport adressé par lui au Président de la République, le 10 novembre 1879 (V. *infra*, n° 235).

De son côté, M. Le Vavasseur de Précourt s'exprimait ainsi dans un rapport soumis en 1871 à la Commission provisoire chargée de remplacer le Conseil d'Etat: « Il est utile de remarquer que l'avis Macarel (avis du 4 mars 1841) ne prévoyait que le cas d'un legs et laissait de côté le cas où il se serait agi d'une donation ; c'est que pour une donation on pouvait éviter les difficultés en la soumettant de nouveau au donateur et en faisant insérer dans l'acte le nom de l'établissement chargé de pourvoir au service auquel devait profiter la donation. »

A la vérité, l'assertion de MM. Le Vavasseur de Précourt et Lepère est en contradiction avec ce que M. Jules Simon, ministre de l'Instruction publique et des Cultes, a avancé dans une lettre adressée au président du Conseil d'État, le 25 avril 1873 (V. *infra*, n° 234).

Il a dit que ceux qui soutenaient que l'avis de 1841 n'était applicable qu'aux legs et non aux donations émettaient une prétention « contraire à la généralité des termes de cet avis et aux principes du droit civil » et il a ajouté : « Les considérants et les motifs de l'avis de 1841 ne sont pas, en effet, spéciaux aux legs. On y emploie le mot *libéralité* qui s'applique à toutes les dispositions soit entre vifs, soit testamentaires. — La loi civile ne fait d'ailleurs aucune distinction entre la capacité de recevoir par testament et la capacité de recevoir par donation. Le chapitre II du titre II du livre III du Code civil est intitulé : *De la capacité de disposer et de recevoir par donation entre vifs ou par testament.* — L'article 902 dit également : *toutes personnes peuvent disposer et recevoir soit par donation entre vifs, soit par testament, excepté celles que la loi a déclarées incapables* et l'article 910 ne fait pas davantage de distinction entre les deux ordres de libéralités. »

M. Jules Simon affirme qu'*en droit* il n'y a aucune raison pour distinguer, au point de vue de la capacité de recevoir, entre les dons et les legs ; mais c'est par des considérations *de fait*, que nous avons exposées plus haut (V. *supra*, n° 230) et auxquels il a été fait allusion par M. Le Vavasseur de Précourt, que la jurisprudence a été amenée à s'opposer à l'exécution des donations entre vifs faites aux établissements ecclésiastiques dans l'intérêt des pauvres ou de l'instruction primaire, tandis qu'elle inventait des combinaisons destinées à permettre celle des legs charitables ou scolaires adressés à ces mêmes établissements.

Au surplus, l'on ne s'explique guère comment M. Jules

Simon a pu dire que l'avis du 4 mars 1841 était conçu dans des termes dont la généralité ne laissait aucun doute sur l'intention du Conseil d'État de soumettre les dons comme les legs au régime de l'acceptation conjointe; cette allégation ne résiste pas à une lecture quelque peu attentive dudit avis. L'avis emploie à diverses reprises le mot « libéralité » sans autre spécification; mais dans le préambule il est expliqué que la question sur laquelle le Conseil d'Etat est consulté est celle de savoir « comment il doit être procédé, en matière d'autorisation d'accepter des *legs*, lorsque le *testateur* a nominativement désigné un établissement public pour *légataire* en lui imposant des conditions qui profitent exclusivement à un autre établissement ». D'autre part, les mots *testament* et *testateur* sont répétés plusieurs fois dans les considérants de l'avis et accompagnent le mot *libéralité* dont ils précisent le sens; c'est ainsi qu'il est dit « qu'il convient d'autoriser simultanément l'établissement institué et celui qui doit profiter de la *libéralité*; que par cette manière de procéder on satisfait tout à la fois aux règles administratives et à la volonté du *testateur* ».

A une certaine époque le système de l'acceptation conjointe a été pratiqué en matière de donations entre vifs comme en cas de legs, mais ce n'est pas sous l'empire des avis des 4 mars 1841 et 30 décembre 1846, c'est seulement à partir des avis de 1863 dont nous aurons bientôt à parler et qui ont considéré l'*immatriculation conjointe* comme la conséquence logique de l'*acceptation conjointe*.

M. Marguerie le constate dans le savant article qu'il a consacré aux dons et legs dans le *Dictionnaire général d'administration* (1).

Suivant M. Marguerie, pendant la période marquée par les avis des 15 février et 12 avril 1837, 4 mars 1841 et 30 décembre 1846, « lorsqu'il s'agissait d'une donation, le Conseil d'État refusait purement et simplement l'autorisation; le donateur était averti que sa libéralité ne pouvait recevoir son exécution dans les termes où il l'avait formulée et il pouvait alors,

---

(1) Marguerie, *Dictionnaire général d'Administration*, V° *Dons et legs*, section 1, § 4, p. 915.

s'il le jugeait opportun, en modifier les conditions. Mais lorsqu'il s'agissait d'une disposition testamentaire, le Conseil ne voulant pas, par une application rigoureuse des règles administratives, priver les véritables intéressés, c'est-à-dire les pauvres, les malades, les infirmes ou les enfants en âge de fréquenter les écoles des libéralités faites en définitive à leur profit, autorisait l'établissement institué et le représentant légal, soit de l'enseignement, soit des pauvres, à accepter conjointement la libéralité. Dans la pensée du Conseil, il fallait s'attacher moins à la désignation de l'établissement chargé de l'exécution qu'au service public ou d'utilité publique que le testateur avait entendu gratifier : la désignation de l'intermédiaire était considérée comme une condition contraire aux lois que l'on pouvait réputer non écrite ». M. Marguerie expose ensuite que pendant la période à laquelle se rattachent les avis des 24 janvier et 10 juin 1863 « le Conseil ne fit plus de distinction entre les dons et les legs, les raisons de décider lui paraissant les mêmes dans les deux cas ».

Nous maintenons donc, en dépit de ce qui a été soutenu par M. Jules Simon, que le système résultant de la combinaison des avis des 4 mars 1841 et 30 décembre 1846 n'a été appliqué qu'en matière de dispositions testamentaires ; nous ajouterons que, même dans le domaine des legs, l'on s'abstenait d'y avoir recours à Paris, où les avis de 1837 étaient restés pleinement en vigueur. Mais laissons la parole à M. Le Vavasseur de Précourt. « L'avis du 4 mars 1841, interprété par celui du 30 décembre 1846, dit-il dans son rapport présenté en 1871 à la Commission provisoire chargée de remplacer le Conseil d'Etat, servit de base à la jurisprudence jusqu'en 1863. A Paris seulement les principes de ces avis ne furent pas appliqués ; à Paris, en effet, l'administration de l'Assistance publique était puissamment organisée ; il paraissait utile de centraliser entre les mains de cette administration tout ce qui concernait les pauvres et non seulement on la faisait intervenir dans tous les dons et legs concernant les pauvres de Paris, mais on la chargeait d'administrer ces dons et legs et de garder les titres de rente, dont les arrérages étaient distribués aux pauvres, quand bien même les testateurs ou donateurs avaient institué d'autres établissements. »

233. En 1863 le Conseil d'État a renoncé à appliquer en matière de legs charitables ou scolaires faits aux établissements publics des cultes reconnus les règles formulées par l'avis du 30 décembre 1846 ; il lui a paru qu'elles ne s'accordaient guère avec la doctrine qui se dégage de l'avis du 4 mars 1841.

« Il faut reconnaître, dit M. Marguerie (1), qu'entre le principe posé en 1841 et l'avis de 1846 réglant soi-disant l'application du principe il y avait une contradiction absolue : en 1841 on proclamait l'incapacité de recevoir de l'établissement institué et en 1846 on reconnaissait à ce même établissement un droit de propriété : évidemment ce n'était pas logique ».

M. Le Vavasseur de Précourt s'exprime en termes analogues dans son rapport susvisé de 1871 : « D'après l'avis de 1846, il résultait de l'acceptation conjointe de la libéralité par le représentant légal des pauvres et par l'établissement institué un double droit : droit de propriété pour l'établissement institué, droit de surveillance seulement pour le représentant des pauvres. Le titre de propriété appartenait exclusivement à l'établissement institué et cet établissement étant seul propriétaire il avait évidemment, sans qu'il fût besoin de le dire expressément, la garde du titre. Nous devons avouer que cette conséquence que le Conseil tira en 1846 de l'avis Macarel ne semble pas très-logique et on comprend difficilement que deux établissements autorisés conjointement et dans des termes identiques à accepter la même libéralité tirent de cette autorisation conjointe deux droits si différents, l'un un droit de propriété, l'autre un simple droit de contrôle ».

L'illogisme signalé par MM. Marguerie et Le Vavasseur de Précourt est imputable moins à l'avis même du 30 décembre 1846 qu'à la jurisprudence à laquelle cet avis a servi abusivement de prétexte; il y a été mis fin par deux avis des 24 janvier et 10 juin 1863.

Un sieur Rambaud avait légué au conseil presbytéral de l'Église réformée de Châtillon (Drôme), une somme de vingt-cinq mille francs pour être affectée au secours des pauvres de

---

(1) Marguerie, *Dictionnaire général d'Administration*, V° *Dons et legs*, section I, § 4, p. 916.

cette commune professant la religion évangélique protestante. Saisi d'un projet de décret tendant à autoriser l'acceptation de cette libéralité et l'emploi de la somme léguée à l'achat d'une rente sur l'État, le Conseil d'État a émis, le 24 janvier 1863, sur le rapport de M. le comte de Chantérac, un avis qui débute par les considérations suivantes : « Lorsque des dons et legs sont faits à une fabrique, à un consistoire, à une cure ou autre établissement religieux, sous la condition expresse que ces dons et legs seront affectés au soulagement des pauvres, ces derniers sont les vrais bénéficiaires de ces libéralités. Les établissements institués sont les intermédiaires appelés par la confiance du testateur ou du donateur à exécuter sa volonté ; aux termes de nos lois, le droit de représenter les pauvres appartient aux bureaux de bienfaisance ou aux maires et, à Paris, à l'administration de l'Assistance publique. Pour concilier ce principe avec le respect dû à la volonté du testateur, il y a lieu de faire simultanément accepter la libéralité par le représentant des pauvres et par l'établissement institué. » L'avis fait observer ensuite que c'est sur ces bases que repose l'avis du 4 mars 1841 qui a établi le système de l'acceptation conjointe et il conclut en déclarant « qu'en ce qui touche la garde et la possession du titre, il est juste de confier ce soin à l'établissement qui représente légalement les pauvres ; — que le titre de propriété et l'immatriculation de la rente doivent également mentionner le nom de l'établissement institué et celui du bureau de bienfaisance ; mais que la possession du titre doit être réservée au représentant légal des pauvres, à la charge par ce dernier d'en remettre les arrérages à l'établissement institué pour en faire l'emploi prescrit par le testateur (1) ».

---

(1) Avis C. d'Ét. 24 janvier 1863. — Le Conseil d'État qui, sur le renvoi ordonné par M. le ministre de l'Instruction publique et des Cultes, a pris connaissance d'un projet de décret tendant à autoriser : 1° l'acceptation du legs d'une somme de 25,000 francs fait par le sieur Rambaud au conseil presbytéral de l'Église réformée de Châtillon (Drôme), pour être affecté au secours des pauvres de ladite commune, professant la religion évangélique protestante ; 2° l'emploi desdits 25,000 francs à l'achat d'une rente sur l'Etat ; — Vu un extrait du testament olographe du sieur Rambaud, en date du 10 octobre 1858 ; — Vu la délibération du conseil presbytéral de Châtillon, en date du 18 octobre 1859, portant

Le système consacré par l'avis du 24 janvier 1863 en matière de libéralités faites dans l'intérêt des pauvres aux établissements ecclésiastiques peut se résumer ainsi : tout don ou legs de cette espèce est accepté simultanément par l'établissement institué et le représentant légal des pauvres et l'acceptation conjointe entraîne l'immatriculation conjointe, c'est-à-dire l'immatriculation du titre de rente acheté avec le produit du

---

que le bureau accepte au besoin, pour le conseil presbytéral, le legs de 25,000 francs dont il s'agit; — Vu la dépêche de M. le ministre de l'Intérieur du 5 janvier 1860, l'avis du préfet de la Drôme, ainsi que toutes les autres pièces du dossier ; — Vu l'avis du Conseil d'Etat du 4 mars 1841 et celui du 30 décembre 1846 ;

Considérant que, lorsque des dons et legs sont faits à une fabrique, à un consistoire, à une cure ou autre établissement religieux, sous la condition expresse que ces dons et legs seront affectés au soulagement des pauvres, ces derniers sont les vrais bénéficiaires de ces libéralités ; que les établissements institués sont les intermédiaires appelés par la confiance du testateur ou du donateur à exécuter sa volonté ; qu'aux termes de nos lois, le droit de représenter les pauvres appartient aux bureaux de bienfaisance ou aux maires et, à Paris, à l'administration de l'Assistance publique ; — Considérant que, pour concilier ce principe avec le respect dû à la volonté du testateur, il y a lieu de faire simultanément accepter la libéralité par le représentant des pauvres et par l'établissement institué ; que c'est sur ces bases que repose l'avis du Conseil d'État du 4 mars 1841, lequel indique la nécessité d'une acceptation conjointe en matière de dons et legs faits à des établissements intermédiaires, avec une affectation spéciale étrangère à leurs attributions ; — Considérant, en ce qui touche la garde et la possession du titre, qu'il est juste de confier ce soin à l'établissement qui représente légalement les pauvres ; que, par suite des considérations ci-dessus développées, le titre de propriété et l'immatriculation de la rente doivent également mentionner le nom de l'établissement institué et celui du bureau de bienfaisance ; mais que la possession du titre doit être réservée au représentant légal des pauvres, à la charge, par ce dernier, d'en remettre les arrérages à l'établissement institué, pour en faire l'emploi prescrit par le testateur,

Est d'avis qu'il y a lieu, à l'avenir, d'autoriser l'acceptation du don ou legs et l'immatriculation conjointe et, en général, l'inscription de la rente ou du titre de propriété sous les noms réunis de l'établissement religieux institué et du bureau de bienfaisance ou du maire (à Paris, de l'administration de l'assistance publique) ; — Et spécialement, en ce qui concerne l'emploi en une rente sur l'État de la somme de 25,000 francs provenant du legs fait par le sieur Rambaud au conseil presbytéral de Châtillon (Drôme) à la condition indiquée ci-dessus, de dire dans le décret d'autorisation qu'indépendamment de l'acceptation conjointe l'immatriculation de la rente à acquérir sera faite au nom du bureau de bienfaisance de Châtillon et du conseil presbytéral de la même ville, et que les arrérages en seront touchés par ledit bureau, à charge de les remettre, à chaque échéance, au conseil, qui en fera l'emploi prescrit par le testateur. (M. le comte de Chantérac, rapporteur.)

don ou legs, tant au nom du représentant légal des pauvres qu'à celui de l'établissement institué ; la garde du titre et la perception des arrérages sont confiées au représentant légal des pauvres, mais celui-ci est obligé de remettre les sommes qu'il encaisse, à titre de revenus, à l'établissement institué auquel il appartient de procéder à la distribution des secours.

Il importe de remarquer avec quel soin la personnalité des pauvres est mise en avant par l'avis du 24 janvier 1863 ; ce sont eux, d'après le Conseil d'État, qui sont les véritables donataires ou légataires : l'établissement institué n'est qu'un intermédiaire choisi par le donateur ou le testateur pour recevoir au nom des indigents le don ou le legs et, comme cette intermédiaire est incapable, on le remplace par un autre. En stipulant que les pauvres seront représentés par un établissement ecclésiastique le donateur ou le testateur a subordonné le don ou le legs à une condition illicite qu'il y a lieu de réputer non écrite en vertu de l'article 900 du Code civil ; la représentation des pauvres sera attribuée, comme le veut la loi, au bureau de bienfaisance ou au maire, mais, pour tenir compte des désirs exprimés par le donateur ou le testateur, l'on fera participer dans une certaine mesure l'établissement institué à l'exécution du don ou du legs.

L'avis du 24 janvier 1863 n'est relatif qu'aux libéralités charitables ; les libéralités scolaires font l'objet de l'avis du 10 juin 1863 rendu comme celui-ci au rapport de M. de Chantérac (1).

---

(1) Avis C. d'Ét. 10 juin 1863. — Le Conseil d'État..., — Considérant que, lorsqu'il s'agit de dons et legs faits à des établissements religieux et affectés à la fondation et à l'entretien d'écoles, il y a lieu de distinguer si les établissements institués sont des fabriques, consistoires, succursales, cures ou évêchés, ou bien si ce sont des communautés religieuses et enseignantes dûment autorisées ;

Considérant, en ce qui concerne les fabriques, consistoires, succursales, cures et évêchés, que les attributions de ces établissements religieux, telles qu'elles sont déterminées par la loi, ne comprennent pas la fondation et l'entretien des écoles ; — Considérant que la loi du 15 mars 1850 sur l'enseignement n'a pas eu pour objet de modifier le caractère ou d'étendre les attributions de ces établissements religieux ; que, par suite, ces mêmes établissements devraient être réputés incapables d'accepter des libéralités faites dans un but étranger à leurs attributions ; — Considérant néanmoins que, lorsqu'une libéralité est faite à ces établissements

L'avis du 10 juin 1863 est divisé en deux parties : la première a trait aux dons et legs faits dans un intérêt scolaire aux établissements publics des divers cultes reconnus et la seconde à ceux qui s'adressent aux congrégations ou communautés religieuses enseignantes.

Dans la première partie de son avis le Conseil d'État déclare que la mission de fonder et d'entretenir des écoles ne rentre pas dans les attributions légales des fabriques, consistoires, succursales, cures et évêchés et il reconnaît que, par suite, le principe de la spécialité s'opposerait à ce que ces établissements acceptassent seuls les libéralités scolaires qui leur sont faites; mais ils peuvent, sans violer la règle de la spécialité, les accepter avec le concours des communes « auxquelles appartiennent le soin et l'obligation de pourvoir à l'instruction primaire publique ». Telles sont les considérations sur lesquelles l'avis du 10 juin 1863 s'est appuyé pour maintenir le système de l'acceptation conjointe inventé par celui du 4 mars 1841.

Quelles doivent être les conséquences de ce système ? L'avis

---

sous la condition de fonder et entretenir une école, il y a le plus souvent avantage pour les pauvres et pour la commune à profiter du bénéfice d'une pareille disposition; qu'il convient d'ailleurs, autant que possible, que l'intention charitable du bienfaiteur produise son effet; qu'il y a lieu, en ce cas, pour valider la disposition, de faire intervenir la commune à laquelle appartiennent le soin et l'obligation de pourvoir à l'instruction primaire publique et de l'admettre conjointement avec l'établissement institué, à accepter le don ou legs; que telle est, d'ailleurs, la jurisprudence du Conseil d'État, conforme à son avis du 4 mars 1841; — Considérant que l'immatriculation conjointe, c'est-à-dire l'inscription du titre de propriété faite simultanément sous le nom de l'établissement institué et sous celui de la commune, doit être la conséquence de la double acceptation qui vient d'être indiquée; que ce mode de procéder permet de donner un effet à des dispositions qui autrement seraient caduques; qu'en ce cas, l'établissement religieux institué conserve un droit de surveillance quant à l'exécution et au maintien de la fondation, mais qu'à la commune appartient celui de diriger l'école, d'en fixer le régime, d'administrer les biens provenant des dons ou legs et d'en percevoir les revenus, conformément aux conditions du décret d'autorisation; qu'ainsi peuvent se concilier tout à la fois les intentions charitables des bienfaiteurs, la faveur que méritent de pareilles donations et le respect des règles tracées par la loi;

En ce qui concerne les libéralités faites aux mêmes conditions que ci-dessus à des congrégations ou communautés religieuses enseignantes dûment autorisées : — Considérant qu'on ne saurait soutenir que ces établissements n'ont pas capacité pour recevoir les libéralités dont il

du 10 juin 1863 expose « que *l'immatriculation conjointe*, c'est-à-dire l'inscription du titre de propriété faite simultanément sous le nom de l'établissement institué et sous celui de la commune, doit être la conséquence de la *double acceptation* qui vient d'être indiquée » et il ajoute que c'est à la commune qu'appartient le droit « de diriger l'école, d'en fixer le régime, d'administrer les biens provenant des dons ou legs et d'en percevoir les revenus » ; l'établissement ecclésiastique institué est investi simplement d' « un droit de surveillance quant à l'exécution et au maintien de la fondation ».

La combinaison préconisée par l'avis du 10 juin 1863 est calquée sur celle qu'a adoptée l'avis du 24 janvier 1863 et cependant elle est beaucoup plus contestable au point de vue juridique. La commune ne saurait invoquer pour participer à l'acceptation des libéralités scolaires adressées aux établissements ecclésiastiques les mêmes motifs que le bureau de bienfaisance ou le maire pour intervenir dans celle des libéralités

---

s'agit, puisqu'ils ont été autorisés en vue de l'utilité publique et dans le but, précisément, de fonder et de diriger des écoles ; que l'objet de ces fondations rentre donc dans leurs attributions spéciales ; — Mais considérant que, même dans ce cas, il y a lieu d'examiner si les écoles à fonder doivent avoir le caractère d'école communale et publique ou celui d'école libre; que, dans le premier cas, celui où l'école devra avoir un caractère communal et public, la commune, ainsi qu'il a été dit, conserve le droit de diriger l'école et d'en fixer le régime ; que, dans le second cas, celui d'une école libre, la solution ne saurait être la même ; qu'en ce dernier cas, l'immatriculation conjointe n'est pas nécessaire : il suffit de l'acceptation simultanée par la communauté religieuse et par la commune, cette dernière ne devant exercer d'autre droit que celui d'une simple surveillance pour l'exécution d'une fondation,

Est d'avis qu'il y a lieu : — 1° D'autoriser l'acceptation et l'immatriculation conjointes et, en général l'inscription du titre de propriété sous les noms réunis de l'établissement religieux institué et de la commune, quand il s'agit de dons et legs faits à des fabriques, consistoires, succursales, cures ou évêchés, sous la condition de fonder et d'entretenir des écoles, et des dons et legs faits à des communautés religieuses enseignantes dûment autorisées pour la fondation et l'entretien d'écoles devant avoir ou qui auraient le caractère d'écoles communales et publiques ; — 2° D'autoriser seulement l'acceptation conjointe par l'établissement institué et la commune, quand il s'agit de dons et legs faits à des communautés religieuses enseignantes dûment autorisées, à la charge de fonder ou d'entretenir des écoles qui devraient avoir ou qui auraient le caractère d'écoles libres et privées. (M. le comte de Chantérac, rapporteur.)

charitables faites auxdits établissements. Les pauvres jouissent de la personnalité morale et c'est à eux qu'est destiné, en définitive, le don ou le legs charitable fait à un établissement ecclésiastique; dès lors, du moment que cet établissement n'a pas qualité pour les représenter, il peut paraître assez naturel qu'ils fassent valoir par l'organe de leur mandataire officiel les droits qu'ils tiennent du don ou du legs. Au contraire, le service scolaire n'est pas une personne civile qui puisse revendiquer par l'entremise de la commune les libéralités scolaires qui lui auraient été faites à tort par l'intermédiaire d'établissements ecclésiastiques.

La seconde partie de l'avis du 10 juin 1863 est relative aux dons et legs faits à charge de fondation d'écoles aux congrégations ou communautés religieuses enseignantes; le Conseil d'État fait varier les règles applicables à ces libéralités selon que « les écoles à fonder doivent avoir le caractère d'école communale et publique ou celui d'école libre ». Si un don ou un legs adressé à une congrégation ou communauté religieuse a pour objet la fondation d'une école communale et publique, les principes auxquels il est soumis sont les mêmes que s'il s'agissait d'une libéralité scolaire faite à un établissement public du culte catholique, protestant ou israélite : il y aura acceptation conjointe, immatriculation conjointe, la commune dirigera l'école, en fixera le régime, administrera les biens donnés ou légués, en percevra les revenus, sauf à la congrégation ou communauté religieuse à exercer un contrôle sur l'exécution et le maintien de la fondation. Un don ou un legs fait à une congrégation ou communauté religieuse est-il affecté à la fondation d'une école libre, rien ne paraît faire obstacle à ce que la congrégation ou communauté religieuse l'accepte et l'exécute seule et il semble qu'il n'y ait lieu à aucune intervention de la commune. Le Conseil d'État n'en a pas moins décidé que la libéralité devrait être acceptée conjointement par la congrégation ou communauté et par la commune à laquelle il confère le droit de surveiller l'exécution et le maintien de la fondation. D'ailleurs, cette faculté de contrôle est la seule prérogative qui appartienne à la commune ; l'immatriculation ne se fera qu'au nom de la congrégation ou communauté qui sera seule chargée de la direction de l'école comme de l'administration des biens donnés ou légués et de la perception de leurs revenus.

Il est remarquable que, par rapport aux dons et legs faits en vue de l'enseignement primaire libre aux congrégations ou communautés enseignantes, l'avis du 10 juin 1863 n'a fait que reproduire les règles auxquelles celui du 30 décembre 1846 avait assujetti les libéralités de dernière volonté adressées pour les pauvres aux congrégations ou communautés charitables. Ce qui a été condamné en 1863, ce n'est donc pas l'avis du 30 décembre 1846, c'est l'extension abusive qu'il avait reçue lorsque ses dispositions qui ne concernaient que les congrégations et communautés religieuses ont été déclarées applicables aux établissements publics ecclésiastiques.

L'avis du 10 juin 1863 ne vise, en dehors des établissements publics ecclésiastiques, que les congrégations ou communautés enseignantes; ce n'est pas à dire que les congrégations ou communautés charitables aient été oubliées par le Conseil d'État: un avis de la section de l'Intérieur, en date du 29 juin 1864, les a maintenues expressément sous le régime établi par l'avis du 30 décembre 1846 (1).

Suivant un avis du Conseil d'État du 22 novembre 1866 émis à l'occasion de legs faits à l'évêché de Grenoble et à la fabrique d'Haveluy pour la fondation et l'entretien d'écoles congréganistes, la jurisprudence inaugurée par l'avis du 10 juin 1863 doit s'appliquer non seulement aux libéralités « ne comprenant que des rentes sur l'État », mais encore à celles qui « consistent en immeubles ou en rentes constituées » parce que « l'avis du

---

(1) Avis de la sect. de l'Int. 29 juin 1864. — La section de l'Intérieur, etc., qui a pris connaissance d'un projet de décret tendant notamment à autoriser la congrégation dite des Petites Sœurs des Pauvres à accepter un legs d'une somme de 4,000 francs fait par la demoiselle Borgnis-Gallanty aux Petites Sœurs des Pauvres de la paroisse Saint-Sulpice, pour la fondation d'un lit; — Vu l'avis de M. le ministre de la Justice et des Cultes tendant à ce que la congrégation des Petites Sœurs des Pauvres, en raison des reconnaissances légales dont elle a été l'objet et du caractère charitable spécial de ses statuts, soit autorisée à accepter seule le legs qui lui est fait; — Vu les avis du Conseil d'État des 4 mars 1841, 24 janvier 1863 et 10 juin 1863;

Considérant que la congrégation des Petites Sœurs des Pauvres a capacité pour recevoir la libéralité dont il s'agit, puisqu'elle a été

10 juin 1863 ayant pour but de concilier autant que possible les intentions des bienfaiteurs avec les dispositions des lois et règlements auxquels sont soumis les établissements religieux, la solution doit être indépendante de la nature des biens donnés ou légués » (V. *infra* n° 234).

D'autre part, un avis du Conseil d'État du 18 décembre 1867 a précisé la portée de celui du 24 janvier 1863 ; il porte qu'en cas de libéralité charitable faite à un établissement public ecclésiastique le représentant légal des pauvres a droit à la garde des titres de rente ou de propriété, alors même que le donateur ou le testateur l'aurait formellement confiée à l'établissement institué, mais qu'on doit remettre à celui-ci des copies certifiées des titres (testament et titres de rente) (1).

234. Les avis des 24 janvier et 10 juin 1863 ont été de la part des défenseurs des intérêts ecclésiastiques l'objet de critiques très vives dont nous trouvons un résumé dans une lettre adressée le 25 avril 1873 au président du Conseil d'État

---

autorisée précisément pour secourir et recueillir les pauvres; que dès lors il n'y a pas lieu d'appeler, pour l'habiliter, aucun autre établissement, ni d'appliquer l'avis du 24 janvier 1863, notamment quant à la garde et à la possession du titre; — Mais, considérant que cette capacité ne saurait faire obstacle aux droits de surveillance dévolus par la loi aux autorités instituées par elle, et conformes d'ailleurs à la jurisprudence du Conseil d'État formulée dans l'avis du 10 juin 1863, en ce qui concerne les congrégations ou communautés religieuses enseignantes dûment autorisées;

Est d'avis qu'il y a lieu d'autoriser la supérieure générale de la congrégation hospitalière des Petites Sœurs des Pauvres et le directeur de l'administration de l'Assistance publique, à Paris, à accepter le legs de 4,000 francs fait par la demoiselle Borgnis-Gallanty.

(1) Avis C. d'Ét., 18 décembre 1867, legs demoiselle Pagelet. — Le Conseil d'État..., Considérant que, lorsque des libéralités sont faites à des établissements religieux pour les pauvres, la garde des titres de rente ou de propriété doit être confiée au bureau de bienfaisance, seul représentant légal des pauvres; — Considérant que les mêmes raisons de décider se rencontrent dans l'espèce soumise au Conseil d'État; qu'à la vérité la demoiselle Pagelet, testatrice, a indiqué dans ses dispositions que la remise des titres de rente serait faite aux curés chargés d'en distribuer les arrérages aux pauvres; — Mais que la volonté de la testatrice n'a pu modifier les règles que chaque établissement est tenu d'observer afin de demeurer dans la limite des attributions déterminées par la loi de son institution; que c'est par application de ces principes que les avis ci-dessus visés ont prescrit l'immatriculation conjointe des titres de rente et, en outre, dans ce cas, la remise de ces titres à l'établissement civil représentant légal des pauvres; qu'au surplus la demoiselle

par le ministre de l'Instruction publique, des Beaux-Arts et des Cultes, M. Jules Simon. Le ministre expose que la jurisprudence du Conseil d'État a été combattue tout à la fois dans son principe et dans son application.

« On l'attaquait dans son principe en faisant remarquer que les incapacités comme les pénalités sont de droit étroit et qu'il n'est jamais permis de suppléer en pareil cas au silence du législateur ; — qu'on ne pouvait jamais valider, en droit civil, une libéralité faite à un incapable ou réputé tel en lui adjoignant par mesure administrative un tiers capable non dénommé au testament ; — que d'ailleurs cette adjonction était attributive de propriété au profit de tiers non appelés par le testateur ou quelquefois même exclus formellement par lui et qu'elle constituait un excès de pouvoir.

« On l'attaquait dans son application, en signalant les difficultés considérables qu'elle présenterait dans la pratique : — notamment pour le renouvellement des inscriptions hypothécaires ou des titres de rentes constituées ; — pour la transcription des actes constitutifs de la propriété donnée ou léguée ; — pour les baux en forme authentique ; — pour l'exercice des actions possessoires et autres actions judiciaires, etc... — On ajoutait enfin que ces prescriptions venaient diminuer le patrimoine des pauvres d'un vingtième environ perçu à titre de remises par le receveur municipal et qu'elles amèneraient de nombreux procès. »

Les procès annoncés se produisirent et l'on fit grand bruit autour de deux arrêts rendus par les Cours d'appel de Grenoble et d'Angers les 5 juillet 1869 et 23 mars 1871.

Pagelet n'a voulu, par la disposition précitée, qu'assurer la distribution par les curés des arrérages destinés aux pauvres et que sa volonté sera exécutée au moyen de la remise de ces arrérages, que le bureau de bienfaisance sera tenu de faire aux curés, conformément auxdits avis ; — Considérant enfin que, pour que l'accomplissement de la volonté des testateurs soit complètement garanti, il convient de donner aux établissements religieux désignés le moyen de réclamer et d'obtenir les sommes dont la distribution leur est confiée ; que, par suite, des copies certifiées des titres (testament et titres de rente) doivent leur être remises ;

Est d'avis qu'il y a lieu de statuer dans le sens des observations qui précèdent.

Par testament du 12 novembre 1864 l'abbé Menuel avait légué à l'évêché de Grenoble divers immeubles, à la charge de fonder et d'entretenir des écoles congréganistes à Saint-Siméon-de-Bressieux et à Viriville (Isère); par décret du 1er août 1864 l'évêque de Grenoble, tant en son nom qu'au nom de ses successeurs, et les maires de Saint-Siméon et de Viriville, au nom de ces communes, furent autorisés, chacun en ce qui le concernait, à accepter cette libéralité, sous la réserve qu'il ne serait pas donné suite à deux clauses du testament que le gouvernement considérait comme illicites : la première frappait les immeubles légués d'inaliénabilité et la seconde portait que le choix des instituteurs et institutrices congréganistes chargés de diriger les écoles appartiendrait à l'évêque. Le décret du 1er août 1864 ne s'expliquait pas sur le point de savoir si le soin d'administrer les immeubles légués, d'en percevoir les revenus et d'en garder les titres de propriété serait confié aux communes de Saint-Siméon et de Viriville, conformément à l'avis de principe du 10 juin 1863; le Conseil d'État a résolu affirmativement cette question par un avis susvisé du 22 novembre 1866 rendu au rapport de M. le comte de Chantérac (1).

(1) Avis C. d'Ét. 22 novembre 1866. — Le Conseil d'État..., — Considérant que les libéralités faites à des fabriques ou autres établissements religieux à la charge de fonder ou d'entretenir des écoles publiques doivent être acceptées conjointement par l'établissement religieux institué et par la commune; que cette règle a été consacrée par l'avis du Conseil d'État du 10 juin 1863; qu'aux termes du même avis la garde des titres de propriété, la perception des revenus et la direction de l'école sont attribuées à la commune, mais que le droit de surveiller l'exécution des conditions de la libéralité est réservé à l'établissement religieux légataire; que cette jurisprudence adoptée par le Conseil d'État lorsqu'il s'agit de legs ne comprenant que des rentes sur l'État doit également s'appliquer à des libéralités consistant en immeubles ou en rentes constituées; qu'en effet, l'avis du 10 juin 1863 ayant pour but de concilier autant que possible les intentions des bienfaiteurs avec les dispositions des lois et règlements auxquels sont soumis les établissements religieux, la solution doit être indépendante de la nature des biens donnés ou légués

En ce qui concerne spécialement le legs de divers immeubles fait par l'abbé Menuel à l'évêque de Grenoble et celui d'une rente constituée fait par la demoiselle Béhel à la fabrique d'Haveluy, sous la condition de fonder et d'entretenir des écoles publiques dans les communes de Viriville, de Saint-Siméon-de-Bressieux (Isère) et d'Haveluy (Nord). — Considérant que ces legs faits à des établissements religieux, tels que fabriques ou évêchés, et non à des congrégations enseignantes, doivent

Sur ces entrefaites, la demoiselle Vallet, agissant en qualité d'héritière de l'abbé Marion, légataire universel de l'abbé Menuel, forma devant le tribunal civil de Saint-Marcellin une action en révocation ou annulation du legs adressé à l'évêché de Grenoble, sous prétexte que le décret du 1er août 1864 interprété par l'avis du 22 novembre 1866 rendait impossible l'exécution des conditions sous lesquelles ce legs avait été fait et les remplaçait par des conditions qui n'étaient nullement conformes à la volonté du testateur; elle a obtenu gain de cause en vertu d'un jugement du 4 avril 1868 (1). La commune de Viriville s'est

---

être affectés à la fondation d'écoles publiques et que, suivant la distinction établie par l'avis du 10 juin 1863, rien ne s'oppose à l'application des règles rappelées ci-dessus; qu'en effet, il ne saurait y avoir d'inconvénients à confier aux communes le soin d'administrer les immeubles et la rente constituée qui ont été légués, d'en percevoir les revenus et d'en garder et conserver les titres de propriété; qu'il est au contraire plus convenable de conférer ce droit d'administration aux communes, qui, étant appelées à représenter la généralité des habitants, ont, à ce titre, un intérêt majeur et plus direct à l'exécution et au maintien des fondations; — Considérant d'ailleurs que la nature des biens légués par l'abbé Menuel et par la demoiselle Béhel et le mode d'administration de ces biens ne présentent aucune circonstance particulière qui puisse faire obstacle à ces principes;

Est d'avis qu'il y a lieu de décider dans le sens des observations qui précèdent. (M. le comte de Chantérac, rapporteur.)

(1) Trib. civ. de Saint-Marcellin, 4 avril 1868. — Le Tribunal; — Attendu que par son testament en date du 12 novembre 1854, l'abbé Menuel a fait à l'évêque de Grenoble, en sa qualité d'administrateur du diocèse, trois legs comprenant chacun divers immeubles : le premier pour fonder à Viriville une école de frères appartenant à une congrégation; le second pour fonder une école semblable à Saint-Siméon de Bressieux; le troisième pour fonder à Saint-Siméon une maison de sœurs institutrices appartenant à une congrégation religieuse; que ces trois legs sont faits sous les conditions suivantes : 1° que les fondations seront perpétuelles et les immeubles inaliénables; 2° que certaines prières seront récitées dans les écoles fondées; 3° que ces établissements recevront gratuitement les enfants pauvres qui leur seront désignés par le curé de la paroisse; — Attendu qu'après avoir fait ces legs et divers autres, l'abbé Menuel déclare que si quelques-uns des legs qu'il vient de faire étaient refusés par ses légataires, parce qu'ils les trouveraient trop onéreux, ou parce que, par des motifs qu'il ne peut prévoir, il ne leur serait pas possible d'en devenir possesseurs, les biens non recueillis par ses légataires deviendront la propriété de son héritier institué qui en disposera comme de son bien propre; qu'enfin l'abbé Menuel institue pour son héritier à titre universel et pour son exécuteur testamentaire l'abbé Marion, en expliquant que s'il ne transmet à ses parents que son patrimoine personnel, c'est parce qu'il ne veut pas leur donner des biens qui lui sont advenus pendant qu'il était prêtre; que le choix de l'abbé Ma-

inclinée devant ce jugement, mais la commune de Saint-Siméon-de-Bressieux l'a déféré à la Cour d'appel de Grenoble qui, par arrêt du 5 juillet 1869, a confirmé la décision des premiers juges. L'arrêt du 5 juillet 1869 déclare qu' « en enlevant aux évêques le choix des directeurs et directrices des écoles fondées par l'abbé Menuel, ainsi que l'administration des biens affectés à l'entretien de ces écoles, on n'a pas tenu compte de la volonté expresse du testateur et on a ouvert au profit de l'héritier une action en révocation de legs » ; il ajoute que vainement il a été soutenu au nom de la commune de Saint-Siméon que les conditions du legs à l'accomplissement desquelles a mis obstacle le décret du 1er août 1864 étaient contraires aux lois et partant devaient être réputées non écrites, en vertu de l'article 900 du Code civil; « qu'aucune loi d'ordre public ne prohibe la fonda-

---

rion pour son légataire universel, choix évidemment inspiré par l'intention d'employer la fortune qu'il avait reçue de la famille de Blanc en œuvres de bienfaisance, explique et précise la clause par laquelle l'abbé Menuel a institué subsidiairement son légataire universel à l'effet de recevoir les legs particuliers qui ne pourraient pas recevoir leur exécution ; — Attendu que les circonstances qui viennent d'être révélées et l'ensemble des faits de la cause ne permettent aucun doute sur l'esprit qui a dicté les legs faits à l'évêché ; que l'abbé Menuel voulait avant tout, faire une chose utile aux intérêts de la religion, dont il était ministre et que ses intentions peuvent se résumer en deux points essentiels : transmission à l'évêché des biens affectés à ces fondations, emploi de ces biens à l'entretien d'instituteurs congréganistes choisis, surveillés et dirigés par l'évêque ; — Attendu que si on rapproche ces intentions ainsi caractérisées des résultats auxquels conduit l'exécution du décret du 1er août 1864, qui a déterminé sous quelles conditions et de quelle manière les legs faits à l'évêché pourraient être acceptés, on est forcé de reconnaître qu'aux termes de ce décret, interprété par les avis du Conseil d'État du 10 juin 1863 et du 22 novembre 1866, l'intervention de l'évêque dans l'acceptation des legs devient purement nominale ; que la propriété et l'administration des biens, le choix des instituteurs et la direction des écoles sont attribués aux communes, de telle sorte qu'au lieu d'une libéralité faite à l'évêché dans un but éminemment religieux, l'abbé Menuel se trouverait avoir fait un legs aux communes pour l'entretien d'écoles publiques ; — Attendu que dans cette situation, Delphine Vallet, qui représente aujourd'hui le légataire universel de l'abbé Menuel, est fondée à soutenir que l'évêque étant dans l'impossibilité de se mettre en possession des legs qui lui avaient été faits, les biens affectés à ce legs doivent, conformément à la disposition subsidiaire du testament, redevenir sa propriété et lui être restitués ; — Attendu que pour repousser cette demande on ne saurait alléguer que le décret du 1er août 1864 s'est borné à faire subir aux legs de l'abbé Menuel des modifications de forme ou de détail indispensables et qui ne sont que la conséquence du prin-

tion d'une école sous la condition qu'elle sera dirigée par des religieux choisis et surveillés par l'évêque du diocèse » (1).

L'espèce dans laquelle est intervenu l'arrêt de la Cour d'appel d'Angers du 23 mars 1871 est à peu près semblable à celle dont a eu à connaître la Cour d'appel de Grenoble.

Un sieur de Langottière avait par testament du 10 avril 1856 fait un legs à la fabrique de l'église du Vieil-Baugé (Maine-et-Loire) à la charge de pourvoir au logement et à l'entretien de deux sœurs d'un ordre religieux quelconque qui auraient pour mission de soigner les malades indigents et de faire gratuitement l'école aux petites filles pauvres ; ces deux sœurs devaient, d'après le testament, être choisies par le curé et placées sous sa direction et non sous celle de l'administration municipale. Prévoyant le cas où le service confié aux sœurs

---

cipe établi par l'article 900 du Code Napoléon, aux termes duquel les conditions impossibles, contraires aux lois ou aux mœurs sont réputées non écrites dans les testaments ; qu'en droit la règle exceptionnelle écrite dans l'article 900 n'est que la consécration d'une présomption d'intention qui cesse d'exister lorsque le testateur a formellement déclaré qu'il entendait que sa volonté fût indivisible et que sa disposition fût exécutée intégralement ou annulée ; que, d'autre part, en fait, le décret dont il s'agit a supprimé des conditions dont aucune impossibilité matérielle ou légale n'interdisait l'exécution et a introduit des changements qui n'atteignent pas les dispositions du testament dans leur mode d'exécution seulement, mais bien dans leur essence et dans leur principe même ; — Attendu qu'on ne saurait pas davantage soutenir que la clause par laquelle l'abbé Menuel a institué subsidiairement son héritier pour le cas où ses legs ne pourraient pas être recueillis par ses légataires particuliers est contraire à l'ordre public et doit comme telle être annulée...

Par ces motifs, dit qu'il y a lieu de faire droit à la demande de Delphine Vallet ; prononce l'annulation et la révocation des trois legs de l'abbé Menuel que les communes de Viriville et de Saint-Siméon ont été autorisées à accepter conjointement avec l'évêché, par le décret du 1er août 1864 ; ordonne que Delphine Vallet reprendra la pleine propriété et jouissance des biens qui en faisaient l'objet, etc.

(1) Grenoble 5 juillet 1869 (affaire Menuel) — La Cour..., — Attendu que, par testament du 12 novembre 1864, l'abbé Menuel a légué divers immeubles situés sur Saint-Siméon-de-Bressieux à l'évêque de Grenoble, en sa qualité d'administrateur du diocèse, pour fonder à Saint-Siméon un établissement de frères maristes ou de la Doctrine chrétienne, ou tous autres à son choix, pour faire l'école aux jeunes garçons de la paroisse ; que par ce même testament, il a encore légué à l'évêque de Grenoble sa terre de Chassagne pour fonder à Saint-Siméon une maison de sœurs institutrices de la Providence ou des Trinitaires, ou de toutes congrégations à son choix ; que ces deux legs sont faits dans les

viendrait à être supprimé, le testateur spécifiait qu'alors la jouissance des biens légués passerait des sœurs à la fabrique, subsidiairement à la cure et plus subsidiairement encore aux pauvres de la paroisse du Vieil-Baugé. Un décret du 18 novembre 1863 autorisa la fabrique de l'église, la commune et le bureau de bienfaisance du Vieil-Baugé à accepter, chacun en ce qui le concernait, le legs fait par le sieur de Langottière, décida que l'immatriculation des titres se ferait au nom de la

---

conditions suivantes : 1° que les immeubles ne puissent être vendus, et que leurs revenus soient à perpétuité consacrés à l'entretien des écoles; 2° que les frères et sœurs feront réciter aux enfants, dans leurs écoles respectives, certaines prières et célébrer dans l'église de Saint-Siméon des messes et services pour le repos de l'âme du testateur et de celles de ses parents ; 3° que les deux écoles ainsi fondées recevront gratuitement les enfants pauvres de Saint-Siméon qui seront désignés par le curé de la paroisse; que, par une disposition finale de son testament, l'abbé Menuel déclare que si, par des motifs qu'il ne peut pas prévoir, ses légataires ne pouvaient devenir possesseurs des choses léguées, les biens légués deviendraient la propriété de son héritier institué, qui en disposerait comme son bien propre;

Attendu que, par décret rendu au Conseil le 1er août 1864, l'évêque de Grenoble, tant en son nom qu'au nom de ses successeurs, et le maire de Saint-Siméon, au nom de cette commune, ont été autorisés, chacun en ce qui le concerne, à accepter les deux legs ci-dessus sous les clauses et conditions imposées, à l'exception de celles relatives à l'inaliénabilité des immeubles légués, au choix et à la nomination des directeurs et directrices des écoles projetées, clauses dont l'acceptation n'est pas autorisée; qu'enfin, par un avis du 22 novembre 1866, le Conseil d'État a décidé que c'était à la commune et non à l'évêque qu'appartenait le droit d'administrer les immeubles légués, d'en percevoir les revenus et d'en garder les titres de propriété;

Attendu qu'il résulte clairement des termes du testament et de la qualité ecclésiastique du testateur, qu'il a voulu faire deux fondations essentiellement religieuses dans leur but et dans leur moyen; que le but qu'il se proposait était de donner aux enfants pauvres de Saint-Siméon une instruction et une éducation chrétiennes; que le moyen adopté par lui était de confier cette éducation à des personnes appartenant à une congrégation religieuse; — Attendu que, pour réaliser ces intentions, le testateur avait placé sur la tête des évêques successifs de Grenoble la propriété des immeubles, dont le revenu était affecté à l'entretien de ses fondations, et confié expressément à ces mêmes évêques le choix des religieux et religieuses chargés de faire l'école aux enfants de Saint-Siméon; — Attendu qu'en enlevant aux évêques le choix des directeurs et directrices des écoles fondées par l'abbé Menuel, ainsi que l'administration des biens affectés à l'entretien de ces écoles, on n'a pas tenu compte de la volonté expresse du testateur et on a ouvert, au profit de l'héritier institué, une action en révocation de legs ; — Attendu que la commune oppose une fin de non-recevoir, fondée sur ce que, du vivant même de l'abbé Menuel, les écoles dont il

fabrique et de a commune du Vieil-Baugé et s'opposa à l'exécution de la clause qui conférait au curé le choix et la direction des sœurs.

La fabrique de l'église du Vieil-Baugé déféra le décret du 18 novembre 1863 au Conseil d'Etat pour excès de pouvoirs, mais son recours fut rejeté comme non recevable par arrêt du 13 juillet 1870 (1).

De leur côté, les héritiers du sieur de Langottière avaient

---

s'agit avaient été confiées à des religieux maristes et qu'aujourd'hui encore elles sont dirigées par des membres de la même congrégation; mais que cette fin de non-recevoir ne saurait être accueillie; qu'en effet, et en premier lieu, il y a violation actuelle de la volonté du testateur par le fait que la gestion des biens donnés a été enlevée à l'évêque pour être confiée à la commune; — Attendu, en second lieu, que, pour revendiquer le bénéfice du legs dont il s'agit, la commune avait besoin d'être autorisée, conformément à l'article 910 du Code civil; que le décret du 1er août 1864 accorde, il est vrai, l'autorisation d'accepter le legs, mais refuse l'autorisation d'accepter la clause relative au choix et à la nomination des directeurs et directrices des écoles; que, dès lors, aux termes de l'article 910 précité, les legs dont il s'agit n'ont pu produire aucun effet au profit de la commune; — Attendu que, lesdits legs étant sans effet faute d'autorisation, la commune ne peut invoquer son désir d'exécuter toutes les volontés du testateur, et prétendre que cette inexécution lui est imposée par une force majeure; — Attendu que vainement il a été soutenu, au nom de la commune, que les conditions des legs, dont le décret du 1er août 1864 n'a pas autorisé l'acceptation, étaient contraires aux lois et, partant, réputées non écrites, en vertu de l'article 900 du Code civil; qu'aucune loi d'ordre public ne prohibe la fondation d'une école sous la condition qu'elle sera dirigée par des religieux choisis et surveillés par l'évêque du diocèse; — Attendu que, si la loi du 15 mars 1850 dispose (article 31) que les instituteurs communaux sont nommés par le conseil municipal, la même loi autorise, par ses articles 17, 27 et suivants, l'établissement d'écoles libres et qu'il suffit de se reporter à la discussion qui a précédé le vote de la loi pour se convaincre que, dans les prévisions des législateurs, la plupart de ces écoles libres devaient être placées sous la direction du clergé; qu'en supposant que, comme condition d'un legs fait au profit d'une école communale, le testateur ne puisse imposer des conditions relatives au choix et à la nomination des instituteurs, il faut admettre que, dans l'espèce, l'abbé Menuel avait en vue la fondation d'une école libre, placée sous la tutelle de l'autorité diocésaine; — Attendu qu'il est inutile, d'après ce qui précède, d'examiner la question de savoir si la clause d'inaliénabilité des immeubles légués était contraire à la loi et quelle est la conséquence du refus d'autoriser l'acceptation de cette clause, — La Cour... confirme.

(1) C. d'Ét., Cont. 13 juillet 1870. — Vu la requête... par laquelle la fabrique de la paroisse du Vieil-Baugé... expose que par testament olographe du 10 avril 1856 le sieur Menoir de Langottière lui a légué: 1° une somme de 3,000 francs destinée à l'achat d'une maison pour loger à per-

saisi le tribunal civil d'Angers d'une demande tendant à faire déclarer caduc le legs fait par ledit sieur dans le cas où, dans un délai à impartir par le tribunal, la fabrique du Vieil-Baugé ne l'accepterait pas sans l'intervention de la commune ; par jugement du 29 juillet 1867 leur requête fut rejetée. Un jugement du tribunal de Baugé, rendu à la date du 12 août 1868, fit délivrance du legs tant à la fabrique de l'église qu'à la commune du Vieil-Baugé dans les termes du décret du 18 novembre 1863. Les jugements des tribunaux d'Angers et de Baugé furent frappés d'appel devant la Cour d'Angers qui, aux termes d'un arrêt du 23 mars 1871, les réforma et déclara

pétuité deux sœurs d'un ordre religieux quelconque chargées de soigner et visiter les malades pauvres et de faire gratuitement l'école aux petites filles pauvres de la paroisse, lesdites sœurs pouvant exiger une rétribution pour celles dont les parents auraient les moyens de la payer ; 2° une somme de 600 francs destinée à l'acquisition du mobilier de cette maison ; 3° une somme de 8,000 francs dont les intérêts devraient former un traitement pour chacune des deux sœurs ; — que par le même acte le testateur avait disposé que l'emploi de toutes ces sommes serait fait par les soins de la fabrique et du curé ; que s'il cessait d'y avoir des sœurs dans la maison la jouissance des objets légués reviendrait à la fabrique et, à défaut de la fabrique, à la cure et enfin, à défaut de l'une et de l'autre, aux pauvres de la paroisse ; qu'aussitôt que des sœurs pourraient être rétablies dans la paroisse cette jouissance déléguée à la fabrique, à la cure ou aux pauvres cesserait et reviendrait aux deux sœurs ; enfin que ces deux sœurs seraient choisies par le curé et placées sous sa direction et non sous celle de l'administration municipale ; — que par un décret du 18 novembre 1863 nous avons autorisé la fabrique, le maire et le bureau de bienfaisance du Vieil-Baugé à accepter le legs ci-dessus indiqué et décidé : 1° que la somme de 8,000 francs serait employée à l'achat d'une rente qui serait immatriculée au nom de la fabrique et de la commune ; 2° que cette autorisation n'était accordée qu'à la condition que les sœurs recevraient dans l'école les enfants pauvres sur la liste dressée en exécution de l'article 45 de la loi du 15 mars 1850 ; 3° que la clause portant que les sœurs seraient au choix et sous la direction du curé n'était pas autorisée ; — Ladite requête... tendant à ce qu'il nous plaise rapporter le décret précité comme entaché d'excès de pouvoir, attendu qu'en autorisant la commune du Vieil-Baugé à accepter le legs du sieur Menoir de Langottière conjointement avec la fabrique et en décidant que le titre de rente provenant de ce legs serait immatriculé au nom de la commune, ce décret a méconnu la volonté formelle du testateur qui avait disposé au profit exclusif de la fabrique ; que la fabrique était par elle-même et sans l'intervention de la commune, capable de recevoir les libéralités qui lui ont été faites ; que si la commune avait un droit de surveillance non contesté pour veiller à l'exécution du legs qui lui bénéficie indirectement ce droit ne pouvait être transformé en un droit de propriété aussi étendu que celui du légataire institué et était suffisamment garanti par l'inscription sur le titre de

caduc le legs fait à la fabrique du Vieil-Beaugé. L'arrêt porte « qu'il suffit de comparer les termes du testament avec les conditions imposées par le décret d'autorisation pour reconnaître que la volonté du testateur a été absolument méconnue par le décret et que, à cette volonté clairement manifestée, le décret a substitué des dispositions destructives de cette volonté ; — qu'il appartenait au Conseil d'État d'accorder ou de refuser l'autorisation d'accepter le legs ; mais qu'il ne pouvait lui appartenir de changer les conditions et de créer un testament arbitraire, en remplacement de celui émané de la volonté du testateur » (1).

---

rente de la mention de sa destination ; qu'enfin, ledit décret a imposé à la fabrique des conditions non indiquées par le testament ; qu'à tous ces titres le décret attaqué a dépassé le droit de tutelle en vertu duquel il nous appartient d'autoriser les établissements publics à accepter les dons et legs qui leur sont faits ; — Vu les observations de notre Garde des Sceaux, ministre de la Justice et des Cultes tendant à ce que la requête soit rejetée ; — Ensemble les avis annexés de notre ministre de l'Intérieur, du préfet du département de Maine-et-Loire, de l'évêque d'Angers et du maire de la commune du Vieil-Baugé ; — Vu les observations de notre ministre de l'Instruction publique ; — Vu l'article 910 du Code Napoléon, l'article 76 de la loi du 18 germinal an X, le décret du 30 décembre 1809 ; — Vu la loi du 2 janvier 1817 et l'ordonnance royale du 2 avril 1817, la loi du 15 mars 1850, la loi du 10 avril 1867 ; — Vu la loi des 7-14 octobre 1790 ;

Considérant que la fabrique du Vieil-Baugé nous ayant demandé conformément à l'article 910 du Code Napoléon et à la loi du 2 janvier 1817 l'autorisation d'accepter les legs que le sieur Menoir de Langottière lui avait faits pour la fondation et l'entretien d'une école de filles, notre décret du 18 novembre 1863 n'a autorisé ladite fabrique à accepter ces legs que conjointement avec la commune et sous certaines conditions déterminées, notamment sous la condition que le titre de rente provenant dudit legs serait immatriculé aux noms de la fabrique et de la commune ; — Considérant que la fabrique ne conteste pas que ce décret ait été rendu après l'accomplissement des formalités prescrites par les lois et règlements ; que dès lors elle n'est pas recevable à l'attaquer devant nous pour excès de pouvoir en vertu de la loi des 7-14 octobre 1790 ; que si les héritiers du sieur Menoir de Langottière entendent soutenir que les conditions sous lesquelles notre décret a autorisé la fabrique à accepter les legs de leur auteur ne sont pas conformes à la volonté exprimée dans son testament, c'est à l'autorité judiciaire seule qu'il appartient de connaître de leurs réclamations et décider par interprétation dudit testament s'il y a lieu pour les héritiers à se refuser à la délivrance du legs... — Rejet. (M. Sazerac de Forge, rapporteur.)

(1) Angers, 23 mars 1871 (affaire de Langottière). — Attendu que le sieur de Langottière est mort en 1861, laissant un testament du 10 avril 1856 et un codicille du 4 décembre 1857, par lesquels il lègue à la fabrique de l'église du Vieil-Baugé une maison et un capital de 8,000 francs,

Les arrêts des Cours d'appel de Grenoble et d'Angers des 5 juillet 1869 et 23 mars 1871 ont été rendus à l'occasion de libéralités scolaires; ils laissaient donc intacte la jurisprudence suivie par le Conseil d'État en matière charitable (Avis du 24 janvier 1863); quant à la jurisprudence adoptée par la haute assemblée en matière scolaire (Avis du 10 juin 1863), elle est loin d'avoir été condamnée d'une façon complète et absolue par les arrêts susvisés. Le Conseil d'État avait formulé une double proposition. Il avait proclamé, d'une part, que les établissements

---

destinés à l'établissement, à l'acquisition du mobilier et à l'entretien de deux sœurs pour soigner les malades et instruire les enfants pauvres; — Attendu que le testateur a prescrit, comme condition formelle de sa libéralité, que l'emploi de toutes les sommes léguées à l'église de la paroisse du Vieil-Baugé sera fait par les soins de la fabrique de son église et de son curé; que les sœurs seront choisies par le curé, seront sous sa direction, et non sous celle de l'administration municipale de la commune; — Attendu que le testateur, prévoyant le cas où la maison cesserait d'être habitée par des sœurs, en transfère la jouissance ainsi que celle du mobilier et de la rente à la fabrique, à défaut de la fabrique à la cure, à défaut de la cure et de la fabrique aux pauvres de la paroisse du Vieil-Baugé, à cette condition, toutefois, qu'aussitôt que des sœurs pourraient être rétablies, la jouissance déléguée à la fabrique, à la cure et aux pauvres revienviendrait aux deux sœurs;

Attendu que la fabrique ayant demandé l'autorisation d'accepter ce legs, il a été répondu à cette demande par un décret du Conseil d'État du 18 novembre 1863, lequel autorise le trésorier de la fabrique de l'église succursale du Vieil-Baugé, au nom de l'établissement, le maire du Vieil-Baugé au nom de cette commune, et le bureau de bienfaisance de cette localité, à accepter, chacun en ce qui le concerne, et aux clauses et conditions imposées, le legs fait à cette fabrique, ordonne l'emploi des 8,000 francs légués à l'achat d'une rente 3 0/0, laquelle sera immatriculée au nom de la fabrique et de la commune du Vieil-Baugé; — Soumet cette autorisation à la condition que les sœurs qui dirigent l'école y recevront les enfants pauvres de la commune, sur la liste dressée en exécution de l'article 45 de la loi du 15 mars 1850; — Et enfin rejette, comme étant contraire à la loi, la clause du testament précité de M. de Langottière, portant que les sœurs établies au Vieil-Baugé seront au choix et sous la direction du curé de cette commune.

Attendu que les héritiers de Langottière ont, par citation, du 2 mars 1867, appelé la fabrique du Vieil-Baugé devant le tribunal d'Angers; que la fabrique a appelé la commune en cause, et que les héritiers de Langottière ont conclu à ce que la fabrique fût tenue, dans un délai à impartir par le tribunal et sans l'intervention de la commune, à accepter le legs et à ce que, faute de cette acceptation par la fabrique, le legs fût déclaré caduc; — Attendu que, sur cette première instance, un jugement du tribunal d'Angers du 29 juillet 1867 a déclaré les héritiers de Langottière mal fondés dans leur demande; — Attendu que, par citations des mois d'avril, mai et juin, le maire du Vieil-Baugé a appelé les héritiers de Langottière devant le tribunal de Baugé, et a conclu

ecclésiastiques étaient dépourvus de toute vocation scolaire et que, par suite, en vertu du principe de la spécialité, ils étaient incapables de recevoir des legs destinés à la fondation et à l'entretien d'écoles; d'autre part, il avait admis qu'il pouvait être suppléé à l'incapacité de ces établissements par l'intervention des communes auxquelles il avait attribué un rôle qui se trouve précisé dans l'avis du 10 juin 1863. Les Cours d'appel de Grenoble et d'Angers, sans examiner la question de savoir

---

contre eux à la délivrance du legs dans les termes de l'autorisation, et que les héritiers de Langottière ont mis en cause la fabrique du Vieil-Baugé; — Attendu que, sur cette seconde instance, un jugement du tribunal de Baugé, du 12 août 1868, a fait délivrance du legs à la fabrique du Vieil-Baugé, conjointement avec le maire de la commune, dans les termes du décret du 18 novembre 1863, et a ordonné que la somme de 8,000 francs sera employée à l'achat d'une rente 3 0/0, laquelle sera immatriculée au nom de la fabrique et de la commune; — Attendu que les héritiers de Langottière ont formé appel de ces deux jugements; et que ces deux appels donnent à juger la question de savoir si le décret d'autorisation a respecté la volonté du testateur et si, dans le cas où cette volonté n'aurait pas été respectée, il appartient à la justice ordinaire de prononcer la caducité du legs; — Attendu que l'autorité de la justice ordinaire n'est pas sérieusement contestée et que cette autorité a été reconnue par le décret du Conseil d'État du 13 juillet 1870, lequel déclare que si les héritiers de Langottière entendent soutenir que les conditions sous lesquelles la fabrique a été autorisée à accepter ne sont pas conformes à la volonté du testateur, c'est à l'autorité judiciaire qu'il appartient de connaître de leurs réclamations et de décider, par interprétation de ce testament, s'il y a lieu pour les héritiers à se refuser à le délivrance de ce legs; — Attendu qu'il suffit de comparer les termes du testament avec les conditions imposées par le décret d'autorisation pour reconnaître que la volonté du testateur a été absolument méconnue par le décret et que, à cette volonté clairement manifestée, le décret a substitué des dispositions destructives de cette volonté; — Attendu qu'il appartenait au Conseil d'État d'accorder ou de refuser l'autorisation d'accepter le legs; mais qu'il ne pouvait lui appartenir de changer les conditions et de créer un testament arbitraire, en remplacement de celui émané de la volonté du testateur; — Attendu que les héritiers de Langottière agissent en vertu d'un intérêt et d'un devoir; intérêt à réclamer les valeurs du legs non exécuté, devoir de faire respecter les intentions de leur auteur; — Attendu qu'ils sont donc recevables dans leur demande de caducité des legs et bien fondés dans cette demande, puisque la fabrique de l'église du Vieil-Baugé se trouve dans l'impossibilité d'accepter le legs dans les conditions stipulées par le testateur;

Par ces motifs, la Cour, joint les deux appels : — Déclare caduc le legs fait à la fabrique du Vieil-Baugé par le testament du 10 avril 1856 et le codicille du 4 décembre 1857; — Donne acte à la fabrique de ce qu'elle est toujours prête à accepter le legs et à exécuter le testament du sieur de Langottière.

si les établissements ecclésiastiques sont ou non capables de recevoir des libéralités scolaires, ont jugé qu'en associant les communes dans les conditions prévues par l'avis du 10 juin 1863 à l'acceptation et à l'exécution des legs faits en faveur de l'enseignement à ces établissements l'on violait les intentions des testateurs et que, dès lors, il y avait lieu pour les juges civils de prononcer la caducité des dits legs.

Le principe de la spécialité si énergiquement affirmé par le Conseil d'État dans son avis du 10 juin 1863 n'a pas été nié par les Cours d'appel de Grenoble et d'Angers; elles ont simplement réprouvé l'expédient qui, d'après le Conseil d'État, devait servir à éviter la caducité des libéralités scolaires adressées en violation de la règle de la spécialité aux établissements ecclésiastiques.

Si nous avons cru devoir insister sur ce point, c'est que les arrêts des 5 juillet 1869 et 23 mars 1871 n'ont pas toujours été exactement interprétés; les défenseurs des intérêts religieux en ont singulièrement exagéré la portée. L'on a dit, et M. Jules Simon, ministre de l'Instruction publique et des Cultes, a reproduit cette allégation dans des observations qu'il a soumises au Conseil d'État, le 25 avril 1873, que les Cours de Grenoble et d'Angers avaient reconnu « aux établissements ecclésiastiques la pleine capacité d'accepter et d'exécuter les libéralités qui leur étaient destinées ». Il n'y a pas dans les arrêts précités un seul mot qui puisse justifier une pareille assertion.

A la suite des arrêts des Cours d'appel de Grenoble et d'Angers les attaques dirigées contre la jurisprudence instituée par les avis des 24 janvier et 10 juin 1863 redoublèrent de vivacité; aussi la Commission provisoire chargée par décret du 15 septembre 1870 de remplacer le Conseil d'État résolut-elle d'examiner sur le rapport de sa Section de Législation s'il convenait de la modifier.

Le ministre des Cultes avait transmis à la Commission provisoire un projet de décret tendant à autoriser l'acceptation de legs faits par le sieur de Montmorant aux fabriques des églises de Villegenon et de Santranges (Cher) pour le soulagement des pauvres; ce projet était redigé conformément aux prescriptions de l'avis du 24 janvier 1863.

L'article 1er était ainsi conçu : « Le trésorier de la fabrique de l'église succursale de Villegenon (Cher) et le maire de Villegenon, à défaut de bureau de bienfaisance, sont autorisés à accepter, chacun en ce qui le concerne, aux clauses et conditions imposées, le legs fait à ladite fabrique par le sieur Jean-Louis de Montmorant, suivant son testament olographe du 22 février 1783, et consistant en une somme de 1,200 livres pour le revenu être employé au soulagement des pauvres de la paroisse par les soins du desservant. Le produit de cette libéralité sera placé en rentes 3 0/0 sur l'État au nom de la fabrique et des pauvres de Villegenon. Mention sera faite sur l'inscription de la destination des arrérages. La garde du titre sera confiée au receveur municipal ».

L'article 2 relatif au legs fait à la fabrique de l'église de Santranges s'exprimait en termes analogues.

La section de Législation, de la Justice, des Affaires étrangères, de l'Intérieur, de l'Instruction publique, des Cultes et des Beaux-Arts se livra, à propos de ce projet de décret, à un examen critique des avis des 24 janvier et 10 juin 1863 et ses conclusions sont exposées dans un remarquable rapport de M. Le Vavasseur de Précourt qui a été distribué aux membres de la Commission provisoire le 3 novembre 1871.

La section était d'avis de maintenir le système établi en 1863 : « Ce système, dit le rapport, concilie autant que cela est possible le respect dû à la volonté du disposant et les règles administratives ; l'*immatriculation conjointe* qu'il introduit semble une conséquence logique de l'*acceptation conjointe* prescrite par l'avis du 4 mars 1841. » Toutefois, sur un point qui ne manque pas d'importance, la section proposait d'amender le système adopté en 1863 ; elle estimait qu'il y avait lieu de confier la garde des titres et la perception des revenus aux *établissements institués* et non aux *établissements bénéficiaires :* ces derniers ne devaient plus avoir qu'un droit de contrôle et de surveillance qui serait suffisamment sauvegardé par la remise d'une copie certifiée des titres.

La Commission provisoire chargée de remplacer le Conseil d'État n'avait pas encore discuté les conclusions de la section de législation, lorsqu'elle fut dissoute.

Le Conseil d'État reconstitué en exécution de la loi du 24

mai 1872 reprit l'étude du problème qui s'était soulevé devant la Commission provisoire à l'occasion des legs de Montmorant et il émit, à la date du 6 mars 1873 et au rapport de M. Marbeau, un avis de principe aux termes duquel, pour la première fois depuis le commencement du siècle, il reconnut aux établissements ecclésiastiques le droit de pratiquer la charité et partant de recevoir des libéralités pour les pauvres (1).

---

(1) Avis C. d'Et. 6 mars 1873, sur la question de savoir : 1° par qui et en quelles formes doivent être acceptées des libéralités faites à des fabriques pour le soulagement des pauvres; 2° au nom de qui doivent être immatriculés les titres de rentes achetés avec le produit de ces libéralités; 3° à qui doivent être confiés la garde des titres de rentes et le soin d'en percevoir les arrérages? (n° 96,755). — Le Conseil d'Etat, qui, sur le renvoi ordonné par M. le ministre de l'Instruction publique, des Cultes et des Beaux-Arts, a pris connaissance d'un projet de décret tendant : 1° à autoriser le trésorier de la fabrique de l'église succursale de Villegenon (Cher) et le maire de Villegenon, à défaut de bureau de bienfaisance, à accepter, chacun en ce qui le concerne, le legs fait à ladite fabrique par le sieur Jean-Louis de Montmorant, suivant son testament olographe du 22 février 1783, et consistant en une somme de 1,200 livres, pour le revenu être employé au soulagement des pauvres de la paroisse par les soins du desservant; 2° à prescrire que le produit de cette libéralité sera placé en rentes 3 0/0 sur l'Etat immatriculées au nom de la fabrique et des pauvres, et que la garde du titre sera confiée au receveur municipal; 3° à autoriser dans la même forme le trésorier de la fabrique de l'église succursale de Santranges et le maire de Santranges, à défaut de bureau de bienfaisance, à accepter le legs d'une somme de 800 livres fait à cette fabrique par le sieur Jean-Louis de Montmorant par le même testament et aux mêmes conditions que le legs précédent; — Vu le testament du sieur de Montmorant en date du 22 février 1783; — Vu les dépêches et pièces comprises au dossier, notamment l'avis du préfet du département du Cher, en date du 11 juillet 1870, et l'avis de l'archevêque de Bourges, en date du 31 mars 1866; — Vu la loi du 7 frimaire an V, les lois des 20 ventôse et 16 vendémiaire an V, l'arrêté du 27 prairial an IX, les décret des 12 juillet 1807 et 14 juillet 1812; — Vu les articles 910 et 937 du Code civil, la loi du 2 janvier 1817, les ordonnances du 2 avril 1817 et du 14 janvier 1831 et la loi du 12 janvier 1849; — Vu la loi du 18 germinal an X portant organisation du culte catholique et le décret du 30 décembre 1809; — Vu la loi du 18 germinal an X et le décret du 18 mars 1852 portant organisation des cultes protestants; — Vu l'ordonnance royale du 25 mai 1844 portant règlement pour l'organisation du culte israélite; — Vu les avis du Conseil d'Etat, en date des 4 mars 1841 et 30 décembre 1846; — Vu l'avis du 24 janvier 1863;

Considérant que la jurisprudence dont le projet de décret propose de faire application aux legs laissés par le sieur de Montmorant aux fabriques de Villegenon et de Santranges pour les pauvres de ces deux paroisses est fondée sur la pensée, d'une part, que les libéralités destinées à secourir les pauvres ne peuvent pas être acceptées et excutées

Cet avis repose sur un double fondement.

D'une part, d'après le Conseil d'État, la faculté de recueillir des dons et legs charitables n'a pas été conférée, à titre exclusif, aux bureaux de bienfaisance appelés simplement par la loi du 7 frimaire an V à « recevoir les dons qui leur seraient offerts » et par l'article 937 du Code civil et l'ordonnance du 2 avril 1817 « à accepter les dons et legs qui leur sont faits » ;

---

sans l'intervention du bureau de bienfaisance ou du maire de la commune ; d'autre part, que le soin de recueillir de telles libéralités n'entre pas dans les attributions légales des fabriques ; — Considérant que ces principes ne sont écrits dans aucune disposition de loi ou de règlement ;

Sur le premier point : — Considérant, d'une part, que la loi du 7 frimaire an V, qui a créé les bureaux de bienfaisance pour recouvrer le droit des pauvres qu'elle établissait temporairement à l'entrée des théâtres, a seulement ajouté à cette mission le soin de diriger les travaux de charité ordonnés par l'autorité municipale, de recevoir les dons qui leur seraient offerts et de répartir les secours à domicile ; — que l'article 937 du Code civil et l'ordonnance royale du 2 avril 1817 n'appellent également les bureaux de bienfaisance à accepter que les dons et legs qui leur sont adressés ; — qu'à la vérité la loi du 20 ventôse an V, qui leur rendit applicable la loi du 16 vendémiaire précédent, l'arrêté du 27 prairial an IX et les décrets des 12 juillet 1807 et 14 juillet 1812 ont réparti entre eux et les hospices les biens non aliénés des anciens établissements de bienfaisance qui secouraient les pauvres ou les malades ; mais qu'aucune de ces dispositions n'a prescrit qu'à l'avenir les bureaux de bienfaisance pourraient seuls, et à l'exclusion de tout autre établissement, recueillir des libéralités destinées au soulagement des pauvres ; — Considérant, d'autre part, que si l'article 937 du Code civil et l'ordonnance du 2 avril 1817 attribuent aux maires la mission d'accepter les dons et legs faits aux pauvres d'une commune, ces dispositions ont pour objet de donner aux pauvres un représentant légal pouvant accepter et administrer les libéralités qui leur sont adressées sans autre détermination ; mais qu'elles ne s'opposent nullement à ce qu'un autre établissement légalement reconnu puisse être autorisé à recueillir, si elles lui sont adressées directement, et à employer seul, si elles se rattachent à sa mission, des libéralités ayant une destination charitable ;

Sur le second point : — Considérant qu'il ne peut être contesté que sous l'ancien régime les fabriques n'eussent les aumônes dans leurs attributions ; — que, depuis l'an X, par une suite naturelle des anciennes traditions, l'usage s'est maintenu de quêter dans les églises pour les pauvres de la paroisse et qu'un grand nombre de libéralités entre vifs ou testamentaires sont journellement adressées aux fabriques avec une destination charitable, pour être distribuées par le curé ou le desservant ; — que, pour démentir un état de choses fondé sur les considérations morales les plus élevées et confirmé si unanimement par les mœurs publiques, il faudrait un texte qui interdît aux fabriques de recueillir des offrandes pour les pauvres ; — Considérant que non seulement une

quant aux maires, l'article 937 du Code civil et l'ordonnance du 2 avril 1817 leur attribuent la mission d'accepter les dons et legs faits aux pauvres d'une commune, mais ces dispositions ont uniquement pour but « de donner aux pauvres un représentant légal pour accepter et administrer les libéralités qui leur sont adressées sans autre détermination ; elles ne s'opposent nullement à ce qu'un autre établissement légalement reconnu puisse être autorisé à recueillir, si elles lui sont

---

telle disposition n'existe dans aucune loi ni dans aucun règlement, mais qu'au contraire l'article 76 de la loi du 18 germinal an X et l'article 1er du décret du 30 décembre 1809 attribuent expressément aux fabriques *l'administration des aumônes ;* — que le mot *aumônes*, employé par le législateur avec son sens véritable et traditionnel, ne comprend pas seulement les offrandes qui sont destinées à pourvoir aux frais du culte, mais aussi celles qui sont destinées aux pauvres ; que l'interprétation donnée par Portalis à la loi qu'il avait rédigée ne peut laisser à cet égard aucun doute ; — qu'il résulte de ce qui précède qu'aucune loi ne s'oppose à ce que les fabriques puissent recueillir seules des libéralités ayant une destination charitable ; — Considérant qu'il y a lieu de rechercher, dans chaque espèce, quelle a été l'intention du testateur et d'apprécier quelles sont les mesures à prescrire pour en mieux assurer la fidèle exécution ; — que la fabrique peut être autorisée à accepter seule et sans l'intervention du maire ou du bureau de bienfaisance des sommes destinées à être distribuées aux pauvres par les soins des membres de la fabrique ou du curé ; — que, s'il s'agit d'une fondation destinée à demeurer perpétuelle et dont les revenus seuls devront être distribués, il convient, tout en autorisant la fabrique légataire à accepter le legs qui s'adresse à elle, à faire immatriculer le titre en son nom et à en conserver la garde, d'autoriser le maire à accepter le *bénéfice qui résulte du legs en faveur des pauvres de la commune,* et d'ordonner qu'un duplicata du titre lui sera délivré ; que cette mesure, sans lui donner le droit d'exercer un contrôle sur l'emploi que la fabrique et le curé feront des revenus mis à leur disposition, lui permettra de s'assurer dans l'avenir que le capital de la fondation est conservé et que le revenu est toujours inscrit avec sa destination au budget annuel de la fabrique ; — Considérant que les solutions qui viennent d'être indiquées doivent s'appliquer également aux consistoires des cultes protestants et aux conseils presbytéraux qui, aux termes de l'article 20 de la loi du 18 germinal an X, sont chargés de « veiller au maintien de de la discipline et à l'administration des deniers provenant des aumônes » et aux consistoires israélites, à qui l'ordonnance royale du 25 mai 1844 confère l'administration et la surveillance des établissements de charité spécialement destinés aux israélites ;

Est d'avis : — 1° Sur la question de principe, qu'il convient d'adopter pour règle, à l'avenir, les observations qui précèdent ; — 2° Qu'il y a lieu d'autoriser les deux fabriques à accepter les legs du sieur de Montmorant et à en placer le produit en rentes sur l'Etat immatriculées en leur nom, avec mention sur les inscriptions de la destination des arrérages ; — 3° Qu'il y a lieu d'autoriser le maire de chaque commune

adressées directement, et à employer seul, si elles se rattachent à sa mission, des libéralités ayant une destination charitable. »

D'autre part, le Conseil d'État s'appuie tant sur l'ancien droit et les vieilles traditions que sur l'article 76 de la loi du 18 germinal an X et l'article 1er du décret du 30 décembre 1809 pour affirmer que le soin de solliciter et de recevoir des aumônes pour les pauvres rentre dans les attributions légales

---

à accepter le bénéfice qui résulte pour les pauvres de ces deux fondations et de prescrire qu'un duplicata de l'inscription de rente lui sera délivré. (M. Marbeau, rapporteur.)

Projet de décret tendant à l'acceptation de legs faits par le sieur de Montmorant aux fabriques des églises de Villegenon et de Santranges (Cher) pour le soulagement des pauvres (n° 96755) (adopté par le Conseil d'État, le 6 mars 1873). — Le Président de la République française, — Sur le rapport du ministre de l'Instruction publique, des Cultes et des Beaux-Arts ; — Vu le testament du sieur de Montmorant, en date du 22 février 1783 ; — Vu les pièces constatant que depuis plus de quatre-vingts ans les héritiers exécutent ses intentions ; — Vu les autres pièces produites en exécution des ordonnances des 2 avril 1817 et 14 janvier 1831 ; — Vu l'avis du ministre de l'Intérieur ; — Le Conseil d'État entendu, Décrète :

Article 1er. Le trésorier de la fabrique de l'église succursale de Villegenon (Cher) est autorisé à accepter, aux clauses et conditions imposées, le legs fait à ladite fabrique par le sieur Jean-Louis de Montmorant, suivant son testament olographe du 22 février 1783, et consistant en une somme de douze cents livres (1,200l), pour le revenu être employé au soulagement des pauvres de la paroisse par les soins du desservant ; — Le produit de cette libéralité sera placé en rentes sur l'État, au nom de la fabrique de Villegenon. Mention sera faite sur l'inscription de la destination des arrérages. — Le maire de la commune de Villegenon est autorisé à accepter, au nom des pauvres de la commune, le bénéfice qui résulte en leur faveur de la fondation. Un duplicata de l'inscription de rente devra lui être délivré.

Art. 2. Le trésorier de la fabrique de l'église succursale de Santranges (Cher) est autorisé à accepter, aux clauses et conditions imposées, le legs fait à ladite fabrique par le sieur Jean-Louis de Montmorant, suivant son testament olographe du 22 février 1783, et consistant en une somme de huit cents livres (800l), pour le revenu être employé au soulagemen des pauvres de la paroisse par les soins du desservant. — Le produit de ce legs sera placé en rentes sur l'État, au nom de la fabrique de Santranges. Mention sera faite sur l'inscription de la destination des arrérages. — Le maire de la commune de Santranges est autorisé à accepter, au nom des pauvres de la commune, le bénéfice qui résulte en leur faveur de la fondation. Un duplicata de l'inscription de rente devra lui être délivré.

Art. 3. Le ministre de l'Instruction publique, des Cultes et des Beaux-Arts est chargé de l'exécution du présent décret. (M. Marbeau, rapporteur.)

des fabriques et que, par suite, il n'y a pas d'obstacle légal à ce que « les fabriques puissent recueillir seules des libéralités ayant une destination charitable ».

Ces principes une fois posés, le Conseil d'État déclare « qu'il y a lieu de rechercher dans chaque espèce quelle a été l'intention du testateur et d'apprécier quelles sont les mesures à prescrire pour en mieux assurer la fidèle exécution ».

Deux hypothèses sont à distinguer : le legs fait à la fabrique dans l'intérêt des pauvres a pour objet une simple distribution d'aumônes ou il est destiné à une fondation perpétuelle.

« La fabrique peut être autorisée à accepter seule et sans l'intervention du maire ou du bureau de bienfaisance des sommes destinées à être distribuées aux pauvres par les soins des membres de la fabrique et du curé. — S'il s'agit d'une fondation destinée à demeurer perpétuelle et dont les revenus seuls devront être distribués, il convient, tout en autorisant la fabrique légataire à accepter le legs qui s'adresse à elle, à faire immatriculer le titre en son nom et à en conserver la garde, d'autoriser le maire à accepter *le bénéfice qui résulte du legs en faveur des pauvres de la commune* et d'ordonner qu'un *duplicata* du titre lui sera délivré ; cette mesure, sans lui donner le droit d'exercer un contrôle sur l'emploi que la fabrique et le curé feront des revenus mis à leur disposition, lui permettra de s'assurer dans l'avenir que le capital de la fondation est conservé et que le revenu est toujours inscrit avec sa destination au budget annuel de la fabrique ».

L'avis du 6 mars 1873 met les conseils presbytéraux et les consistoires protestants et israélites sur un pied d'égalité avec les fabriques. « Les solutions qui viennent d'être indiquées, expose-t-il, doivent s'appliquer également aux consistoires des cultes protestants et aux conseils presbytéraux qui, aux termes de l'art. 20 de la loi du 18 germinal an X, sont chargés de *veiller au maintien de la discipline et à l'administration des deniers provenant des aumônes* et aux consistoires israélites à qui l'ordonnance royale du 25 mai 1844 confère l'administration et la surveillance des établissements de charité spécialement destinés aux israélites ».

Il résulte de l'avis du 6 mars 1873 que, si les établissements ecclésiastiques peuvent recevoir des libéralités charitables, cependant, en cas de fondation perpétuelle, il convient, tout en permettant à l'établissement institué d'accepter le don ou le legs qui lui est adressé, d'autoriser le maire à accepter le *bénéfice qui résulte du don ou du legs en faveur des pauvres*. Il n'y a là aucun vestige du système de l'acceptation conjointe. L'établissement institué accepte seul le *don* ou le *legs* ; ce que le représentant légal des pauvres accepte, ce n'est pas le don ou le legs, c'est le *bénéfice* en résultant pour ceux-ci. L'acceptation à laquelle procède le mandataire officiel des pauvres ne diffère pas seulement au point de vue de la forme de celle qui est faite par l'établissement institué : elle s'en distingue également au fond et elle est loin de produire les mêmes effets.

L'établissement institué est l'unique maître de la chose donnée ou léguée, il est seul à l'administrer, à en percevoir les fruits ou les intérêts et il n'incombe qu'à lui de l'employer ainsi que les revenus qu'il en tire à l'usage prévu par le donateur ou le testateur. Quant au représentant légal des pauvres, il n'est investi que d'une simple faculté de contrôle qui est singulièrement limitée, puisqu'il ne lui est pas permis de surveiller l'exécution du don ou du legs et qu'il a simplement qualité pour s'assurer « que le capital de la fondation est conservé et que le revenu est toujours inscrit avec sa destination au budget annuel de la fabrique », du conseil presbytéral ou du consistoire.

L'avis du 6 mars 1873 a rompu avec la jurisprudence appliquée depuis environ trois quarts de siècle, non seulement en considérant les établissements ecclésiastiques comme doués de la la vocation charitable, mais encore en décidant que les bureaux de bienfaisance ne participeraient plus à la représentation légale des pauvres et qu'elle serait exclusivement dévolue aux maires. Nous avons déjà dans un précédent chapitre appelé l'attention du lecteur sur cette dernière innovation (V. *supra* n° 126); aussi nous bornerons-nous ici à en signaler les conséquences. L'avis du 6 mars 1873 porte que les bureaux de bienfaisance ne peuvent accepter que les dons et legs qui leur sont faits et que les maires sont seuls qualifiés pour accepter les libéralités adressées aux pauvres sans autre détermination : de plus, c'est aux maires et non aux bureaux de bienfaisance qu'il confie le soin de s'assurer de la conservation du capital des fondations perpétuelles mises à la charge des établissements ecclésiastiques et de veiller à ce que le revenu figure toujours aux budgets desdits établissements.

Si, par l'avis du 6 mars 1873, le Conseil d'État a reconnu aux fabriques, conseils presbytéraux et consistoires la faculté de recevoir des libéralités pour les pauvres, il n'en est pas moins resté fidèlement attaché au principe de la spécialité. Il n'a pas fait cause commune avec ceux qui prétendent, en se fondant sur la loi du 2 janvier 1817, d'après laquelle « tout établissement ecclésiastique reconnu par la loi pourra accepter, avec l'autorisation du roi, tous les biens meubles, immeubles ou rentes qui leur seront donnés par actes entre vifs ou par actes de dernière volonté », que les établissements ecclésiastiques sont aptes, comme les particuliers, à accepter toute espèce de dons ou legs; il a admis que la capacité de ces établissements est mesurée sur la mission dont la loi les a investis, mais il a estimé que, quand on avait dit que le soin de recueillir des libéralités destinées à secourir les pauvres « n'entrait pas dans les attributions légales des fabriques », conseils presbytéraux et consistoires, l'on avait formulé une règle qui n'était « écrite dans aucune disposition de loi ou de règlement ». Il a affirmé que, si les maires et les bureaux de bienfaisance ont été appelés par le législateur à recevoir des dons et legs affectés au soulagement des indigents, ils n'ont aucun monopole et que d'autres établissements légalement reconnus peuvent « être autorisés à recueillir, si elles leur sont adressées directement, et à employer seuls, *si elles se rattachent à leur mission*, des libéralités ayant une destination charitable »; il s'est efforcé ensuite d'établir que la mission des fabriques, conseils presbytéraux et consistoires comporte l'exercice de la charité. Ce faisant, il a témoigné du respect qu'il professait pour le principe de la spécialité.

L'avis du 6 mars 1873 ne se réfère qu'aux libéralités charitables faites aux établissements ecclésiastiques; il a pour pendant celui du 24 juillet 1873 qui a trait aux libéralités scolaires adressées à ces mêmes établissements.

L'avis du 24 juillet 1873 a été émis au vu d'une lettre du ministre de l'Instruction publique, des Cultes et des Beaux-Arts,

M. Jules Simon, en date du 25 avril 1873 (1), et sur le rapport de M. Marbeau.

La thèse qu'il développe est la suivante.

Le gouvernement ne saurait refuser d'autoriser les établissements ecclésiastiques « à recueillir, à administrer et à em-

---

(1) Lettre du ministre de l'Instruction publique, des Cultes et des Beaux-Arts au président du Conseil d'État (Versailles, 25 avril 1873). — Monsieur le Président et cher collègue, avant de statuer sur l'acceptation d'un legs fait par la demoiselle Galtier à la fabrique de Saint-Georges-de-Luzençon (Aveyron) pour une école de filles, la section de l'Intérieur, de la Justice, de l'Instruction publique, des Cultes et des Beaux-Arts du Conseil d'État a désiré connaître mon avis sur la question de savoir dans « quelles conditions doivent être autorisées l'acceptation et l'exécution des legs faits à des établissements religieux pour des écoles et s'il y a lieu de continuer à appliquer la jurisprudence établie par l'avis du 10 juin 1863. »

Avant d'aborder l'examen de ces questions, je crois indispensable, Monsieur le président, de soumettre au Conseil d'État deux observations préliminaires.

1° Si l'on voulait attacher au terme : *Etablissements religieux* son acception rigoureuse, la note que je viens de transcrire n'exprimerait pas, vraisemblablement, la véritable pensée de la section.

Le législateur a distingué les établissements *ecclésiastiques* des établissements *religieux*. La loi du 2 janvier 1817 ne s'occupe que des établissements *ecclésiastiques* : l'ordonnance du 14 janvier 1831, articles 1 et 4, traite à la fois des établissements *ecclésiastiques* et des établissements *religieux*.

Les établissements *ecclésiastiques* sont destinés à satisfaire à des intérêts d'un ordre général ; ils sont reconnus par la loi dans le sens exact du mot, en ce sens que le seul fait de leur création dans les conditions réglées par le législateur les rend aptes à jouir de la vie civile. Chaque mense épiscopale, chaque chapitre, séminaire, fabrique, cure ou succursale, pour ne citer que les établissements sur lesquels aucun doute ne s'est élevé, n'a pas besoin d'un décret spécial pour exister légalement : tous ces êtres moraux tiennent leur vie civile des lois organiques du culte. Les bâtiments où ils ont leur siège font généralement partie du domaine national ou communal : ce sont des établissements publics et, par suite, ils sont soumis, dans tous leurs actes, au contrôle administratif.

Les établissements *religieux* sont des institutions utiles, mais non indispensables ; créés par des particuliers, ils sont reconnus, en vertu de la loi, à titre d'établissements d'utilité publique, par des décisions spéciales et en vue d'un but rigoureusement déterminé. — Ils sont propriétaires des bâtiments qu'ils occupent et ils conservent leur autonomie pour tous les actes de droit civil ou privé, relatifs à la gestion de leurs biens, qui ne sont pas expressément soumis à l'examen et à l'autorisation du gouvernement. Les seuls établissements *religieux*, *religionis intuitu*, aujourd'hui reconnus sont les congrégations, communautés et associations religieuses.

Les avis des 10 juin 1863 et 22 novembre 1866 distinguent nettement

ployer les libéralités destinées à des écoles » sous prétexte qu'ils ne seraient pas capables d'*accepter* et d'*exécuter* ces libéralités.

La question de savoir si les établissements ecclésiastiques peuvent *accepter* des libéralités scolaires est essentiellement

---

ces deux classes d'établissements et leur imposent des conditions différentes lorsqu'ils reçoivent des libéralités destinées à des écoles.

La question, dont se préoccupe aujourd'hui la section de l'Intérieur, de l'Instruction publique et des Cultes, présente peu de difficultés en ce qui concerne les établissements *religieux*; il n'en est pas de même en ce qui touche les établissements *ecclésiastiques*. Je m'occuperai donc principalement de cette classe d'établissements dans laquelle rentre, du reste, l'espèce qui a soulevé la discussion, le legs fait à la fabrique de Saint-Georges-de-Luzençon. Je reviendrai plus loin sur l'importance que j'attache à cette distinction.

2° La note de la section ne pose pas la question de savoir si les établissements ecclésiastiques *peuvent* recevoir des libéralités destinées à des écoles.

C'est, en effet, une question de capacité, qui rentre essentiellement dans le domaine de l'autorité judiciaire; l'autorité administrative, bien moins encore que le Conseil d'État, n'a pas à statuer en pareil cas; elle n'a d'autre mission que de constater les règles posées par la juridiction compétente et d'étudier les mesures à prendre pour les appliquer aux établissements placés sous son contrôle Je ne crois donc pas pouvoir discuter cette question de capacité : je me bornerai à rappeler les solutions qu'elle a reçues depuis quarante ans. Cette capacité présupposée, d'après la jurisprudence civile, j'indiquerai les conditions auxquelles on peut en subordonner l'exercice par mesure administrative.

PREMIÈRE PARTIE. — CAPACITÉ.

« Les établissements ecclésiastiques légalement reconnus peuvent-ils fonder et entretenir des écoles et, par suite, peuvent-ils acquérir pour cette destination ? »

I. Ancien droit. — Dans l'ancienne législation, cette question ne soulevait aucun doute. Il y avait, en règle générale, dans chaque paroisse, deux écoles dites de charité pour les enfants pauvres, l'une pour les garçons, l'autre pour les filles. D'après les arrêts du Parlement, le temporel de ces écoles était administré par les marguilliers, qui en rendaient compte dans un chapitre particulier du compte général de la fabrique. Le curé avait le gouvernement spirituel de l'école; il devait la visiter, veiller sur les instructions que l'on donnait et sur les livres qu'on employait, interroger et récompenser les élèves. Dans le cas de la vacance, les maîtres ou maîtresses étaient choisis par le fondateur, s'il s'était réservé ce droit; sinon, par l'assemblée générale des habitants de la paroisse. (Jousse, *Gouvernement temporel des paroisses*, p. 233; *Mémoires du clergé*, in-4°, t. I, col. 969-1085.)

Les parlements maintenaient rigoureusement ces principes et leurs déductions.

II. Avis C. d'Ét., 12 avril 1837. — Pendant le premier tiers de ce

judiciaire; or « toutes les fois que les tribunaux ont été appelés à se prononcer, ils ont jugé que les établissements religieux appartenant à l'un des cultes reconnus par l'État, et en particulier les fabriques et les consistoires, ont capacité pour recevoir des libéralités destinées à fonder ou à entretenir

---

siècle, la question de capacité n'a pas été sérieusement agitée, et le Conseil d'État a fréquemment autorisé les évêques, les conseils de fabrique, les curés et desservants à accepter des libéralités destinées à des écoles. La controverse date surtout d'un avis du 12 avril 1837, portant : « que les fabriques n'ont été reconnues comme établissements publics et autorisées à recevoir et posséder que dans l'intérêt de la célébration du culte et dans les limites des services qui leur sont confiés à cet égard par les lois et décrets; que les fabriques ne peuvent, en dehors de ces limites, invoquer leur qualité d'établissements publics pour recevoir des donations à l'effet d'établir des écoles ou former toutes autres entreprises étrangères à leurs attributions. »

III. Avis du Conseil royal de l'instruction publique du 10 février 1837. — Le Conseil royal de l'instruction publique, saisi de la même question, l'avait résolue dans un sens contraire par l'avis du 10 février 1837...

IV. Déc. min. Inst. publ., 9 mars 1837 (M. Guizot). — Le ministère de l'Instruction publique avait adopté l'opinion de son conseil...

V. Rapport du directeur de l'Administration départementale et communale, 15 mars 1840. — La doctrine de l'avis du 12 avril 1837 était donc contestée par les représentants les plus autorisés de l'instruction publique. Elle souleva, dans la pratique, de graves difficultés et de nombreuses réclamations dont le ministère de l'Intérieur crut devoir se préoccuper et se faire l'organe. Le directeur de l'Administration départementale et communale résuma les principales objections contre cette doctrine nouvelle dans un rapport présenté au ministre de l'Intérieur le 15 mars 1840. Il y exposa les trois opinions qui se produisaient alors : « 1° Doit-on autoriser la fabrique seule à accepter? » « 2° Doit-on autoriser la commune seule à accepter? » « 3° Doit-on autoriser la fabrique à accepter la libéralité et la commune à accepter le bénéfice de la disposition? »

Il démontra que le premier système laissait la commune sans capacité pour recueillir le bénéfice de la condition attachée à la libéralité, et, par suite, sans qualité pour poursuivre au besoin l'exécution de cette condition; que dans le second système, qui faisait une attribution de propriété par voie administrative, les héritiers seraient fondés à refuser la délivrance de legs qu'on voulait attribuer à des établissements non institués par le testament; que, d'ailleurs, il était impossible d'induire des textes qu'il appartient exclusivement aux communes d'accepter tous les legs profitant à l'instruction primaire, même ceux qui seraient faits nominativement à des fabriques; que le troisième système levait toutes les difficultés et conciliait tous les intérêts.

VI. Avis C. d'Ét., 4 mars 1841. — Le ministre de l'Intérieur renvoya l'examen de ce rapport au Conseil d'État, qui en adopta les conclusions dans l'avis précité du 4 mars 1841. On s'abstint de se prononcer sur la question de capacité, qui était en dehors de la compétence du Conseil d'État, mais on se plaça, sans discussion, dans une hypothèse contraire

des écoles, à la seule condition d'obtenir du gouvernement l'autorisation exigée par l'article 910 du Code civil ».

D'ailleurs, il est certain que les établissements ecclésiastiques sont aptes à *exécuter* les dons et legs ayant une destination scolaire. « Si la loi n'a imposé qu'aux autorités civiles

---

à la doctrine de l'avis de 1837, en s'attachant exclusivement « à régler le mode d'autorisation lorsqu'une libéralité est faite à un établissement capable de recevoir sous condition d'une fondation ou d'un service qui soit dans les attributions d'un autre établissement également capable de recevoir : par exemple, si une libéralité est faite à une fabrique, à condition de fonder une école gratuite, fondation qui rentre dans les attributions de l'autorité communale. »

Le Conseil d'État fut d'avis, comme le ministre de l'Intérieur, qu'on ne pouvait autoriser exclusivement l'établissement bénéficiaire ou l'établissement institué, et que, dès lors il convenait d'autoriser simultanément les deux établissements.

Ce n'étaient pas exactement les termes de la proposition du directeur de l'Administration départementale et communale, qui ne demandait pas l'acceptation conjointe proprement dite, mais bien l'acceptation de la disposition par l'institué et l'acceptation du bénéfice de la disposition par le destinataire, rédaction qui avait le grand avantage de ne soulever aucune question juridique, en donnant à l'Administration toutes les garanties compatibles avec le respect des volontés des fondateurs.

VII. Avis C. d'Ét., 30 décembre 1846. — La formule adoptée par le Conseil d'État ne tarda pas à susciter de nouvelles difficultés : on se demanda quelle pouvait être, en droit, la conséquence de l'acceptation conjointe, au point de vue de la propriété des biens donnés ou légués. Le Conseil d'État fut saisi de la question par le garde des sceaux, ministre de la Justice, dans une espèce où il s'agissait d'une libéralité faite à une communauté religieuse pour les pauvres, et il la résolut par l'avis du 30 décembre 1846, portant que le système de l'acceptation conjointe avait été adopté « parce qu'il avait paru convenable de faire surveiller par le représentant légal des pauvres, quoiqu'il ne fût pas institué, l'emploi d'une libéralité destinée à leur soulagement; mais qu'on n'avait pas entendu transporter au bureau de bienfaisance, même pour partie, les droits de propriété qui résultent, pour la communauté légataire, des dispositions du testament. » Le Conseil d'État décida en même temps que, pour conserver la trace de la destination que le testateur avait voulu donner à sa libéralité, il suffirait de rappeler, par une mention sur l'inscription de rente achetée au nom de l'établissement institué, que le capital de la rente provenait d'un legs fait à cet établissement pour une destination déterminée.

VIII. Observations sur le système des avis de 1841-1846. — Ce système des avis du 4 mars 1841-30 décembre 1846 pouvait donner lieu à des objections théoriques; mais je dois reconnaître qu'ils parurent très satisfaisants dans la pratique et qu'ils ne soulevèrent aucune objection. On essaya, il est vrai, d'en restreindre la portée en soutenant que l'avis de 1841 ne s'appliquait qu'aux legs et non aux donations. Cette prétention était évidemment contraire à la généralité des termes de cet avis et aux principes du droit civil. Les considérants et les mo-

l'obligation de créer et d'entretenir des écoles, aucune disposition n'interdit aux établissements qui représentent les intérêts religieux d'un groupe d'habitants partageant les mêmes croyances de veiller et, au besoin, de pourvoir à ce que les enfants de ces habitants reçoivent l'instruction » ; loin de là,

---

tifs de l'avis de 1841 ne sont pas, en effet, spéciaux aux legs. On y emploie le mot libéralité, qui s'applique à toutes les dispositions, soit entre-vifs, soit testamentaires. La loi civile ne fait, d'ailleurs, aucune distinction entre la capacité de recevoir par testament et la capacité de recevoir par donation. Le chapitre II du titre II du livre III du Code civil est intitulé : « De la capacité de disposer et de recevoir par donation entre-vifs ou par testament. » L'article 902 dit également : « Toutes personnes peuvent disposer et recevoir, soit par donation entre-vifs, soit par testament, excepté celles que la loi a déclarées incapables »; et l'article 910 ne fait pas davantage de distinction entre les deux ordres de libéralités.

IX. Arr. de la Cour de cass., 18 mai 1852. — Malgré ces tentatives de restriction, le système des avis de 1841-1846 resta en vigueur dans ses parties essentielles, et la doctrine de l'avis de 1837, qu'ils avaient remplacée, fut solennellement condamnée, en 1852, par la Cour de cassation, juge suprême des questions de capacité. — Par son arrêt du 18 mai, cette Cour déclara que « les établissements religieux appartenant à l'un des cultes reconnus par l'État (c'est-à-dire les établissements ecclésiastiques), et notamment les consistoires, ont capacité pour recevoir des libéralités destinées à des écoles et qu'aucune disposition de ce genre n'est défendue par aucun texte. » (Arr. Haussmann).

X. Avis C. d'Ét. 24 janvier et 10 juin 1863, 22 novembre 1866 et 18 décembre 1867. — Le Conseil d'État suivit encore pendant onze ans les règles qu'il s'était tracées pour assurer l'exécution de ces libéralités; mais, en 1863, il fit un pas en arrière : à la majorité d'une ou deux voix, il abandonna un système éprouvé par vingt années d'expérience, sans toutefois revenir franchement à la doctrine de l'avis du 12 avril 1837. Dans l'avis du 10 juin, qui reproduit les règles nouvelles introduites par l'avis du 24 janvier précédent, pour les libéralités charitables, il établit une distinction entre les libéralités faites à des établissements ecclésiastiques pour fonder et entretenir des écoles et les libéralités faites pour la même destination à des communautés religieuses enseignantes dûment autorisées. Pour les établissements ecclésiastiques, il émit l'opinion que ces établissements « devraient être réputés incapables d'accepter des libéralités faites dans un but étranger à leurs attributions » ; qu'il y avait lieu, toutefois, de valider la disposition en faisant intervenir la commune dans l'acceptation, ainsi que l'avait prescrit l'avis du 4 mars 1841. Mais il ajouta que cette double acceptation devait avoir pour conséquence la double immatriculation, c'est-à-dire, l'inscription du titre de propriété faite simultanément sous le nom de l'établissement institué et sous celui de la commune. Pour les communautés enseignantes, les mêmes règles devaient être suivies si l'école était destinée à avoir le caractère d'école communale et publique; s'il s'agissait, au contraire, d'une école libre, on n'imposerait que la double acceptation sans immatriculation conjointe. D'après les avis combinés

diverses dispositions législatives ou réglementaires reconnaissent expressément ce droit aux établissements protestants et israélites (V. notamment la loi du 18 germinal an X et le décret du 26 mars 1852 pour les cultes protestants et le décret du 17 mars 1808 et les ordonnances des 29 juin 1819,

---

des 24 janvier 1863 et 22 novembre 1866, la garde et la conservation des titres de rentes ou de propriété et la perception des revenus étaient attribuées au représentant de la commune, qui remettait les arrérages ou revenus à l'institué. Toutefois, l'avis du 18 décembre 1867 fit une concession aux réclamations qui se produisaient contre ce système. Dans une espèce où la testatrice avait expressément voulu que le titre de rente fût remis au curé chargé d'en distribuer les arrérages aux pauvres, on prescrivit néanmoins la remise de ce titre au bureau de bienfaisance, mais à la charge de délivrer au curé copie certifiée du testament et du titre.

XI. Jurisprudence pratique du Conseil d'État. — A côté de ces dispositions restrictives de la liberté des bienfaiteurs, on voyait, après comme avant 1863, le Conseil d'État revenir, dans la pratique, à la plus ancienne jurisprudence et reconnaître aux établissements ecclésiastiques, et notamment aux fabriques, la capacité d'acquérir seules, pour fonder et entretenir les écoles, non pas seulement à titre gratuit, mais, ce qui est bien plus décisif encore, à titre onéreux...

XII. Objections produites contre le système des avis de principe de 1863. — La jurisprudence inaugurée en 1863 n'était donc pas constamment suivie dans la pratique : elle était très vivement critiquée par les jurisconsultes les plus autorisés...

XIII. Arr. de la cour de Grenoble, 5 juillet 1869, et de la cour d'Angers, 28 mars 1871. — ... Dans les départements de l'Isère et de Maine-et-Loire, des héritiers ou exécuteurs testamentaires de testateurs, dont les dispositions dernières se trouvaient modifiées par les décrets d'autorisation, se refusèrent à délivrer les legs, et demandèrent qu'ils fussent déclarés caducs pour inexécution des conditions sous lesquelles ils étaient faits. Les tribunaux civils et les Cours de Grenoble et d'Angers accueillirent ces conclusions, tout en reconnaissant aux établissements ecclésiastiques la pleine capacité d'accepter et d'exécuter les libéralités qui leur étaient destinées.

La Cour de Grenoble, dans un arrêt du 5 juillet 1869 (Menuel), reconnait aux évêques la capacité de fonder et de diriger des écoles, attendu « qu'aucune loi d'ordre public ne prohibe la fondation d'une école, sous la condition qu'elle sera dirigée par des religieux choisis et surveillés par l'évêque du diocèse... que la loi du 15 mars 1850... autorise, par ses articles 17, 27 et suivants, l'établissement d'écoles libres et qu'il suffit de se reporter à la discussion qui précéda le vote de la loi pour se convaincre que, dans les prévisions du législateur, la plupart de ces écoles libres devaient être placées sous la direction du clergé. »

Dans son arrêt du 28 mars 1871, relatif à l'exécution du testament du sieur de Langottière, qui avait légué à la fabrique de Vieil-Baugé (Maine-et-Loire) une maison et un capital pour établir une école, la cour d'Angers a également reconnu la capacité de la fabrique et lui a donné acte de

20 août 1823 et 25 mai 1844, pour le culte israélite. Cf. la loi du 15 mars 1850, art. 31). « Si à l'égard des fabriques les règlements sont muets, ce n'est pas parce qu'il existerait dans leur organisation et leurs attributions une différence essentielle créant aux yeux de la loi une inégalité inexplicable

---

ce qu'elle était toujours prête à accepter le legs et à exécuter le testament du sieur de Langottière.

Plusieurs autres instances du même genre étaient pendantes, ou à la veille de s'ouvrir en 1870 : les héritiers annoncent aujourd'hui l'intention de les reprendre...

XIV. Lettre du min. de l'Instr. publ. 6 avril 1870. — Cette lutte des héritiers ou exécuteurs testamentaires contre la jurisprudence du Conseil d'État avait éveillé l'attention du ministère de l'Instruction publique avant sa réunion au ministère des Cultes. Un de mes prédécesseurs, M. Segris, consulté sur l'exécution de ce legs Langottière à la fabrique de Vieil-Baugé, répondait, le 6 avril 1870, dans le sens où il fut statué, une année plus tard, par la Cour d'Angers...

(Legs Langottière. — Fabrique de Vieil-Baugé (Maine-et-Loire).

XV. Avis de la sect. de l'Int., de l'Instr. publ. et des Cultes de la Commission provisoire chargée de remplacer le Conseil d'État (1871). — En présence de ces décisions judiciaires, la Commission provisoire chargée, en septembre 1870, de remplacer le Conseil d'État, crut devoir soumettre à un nouvel examen le système des avis de 1863, et la section de l'Intérieur, de l'Instruction publique, etc., sur un rapport très étudié de M. Le Vavasseur de Précourt, fut d'avis qu'on ne pouvait, tout au moins, maintenir la disposition qui enlevait aux établissements institués légataires la garde des titres de propriété et le soin de toucher les revenus (Distribution du 3 novembre 1871). La Commission provisoire crut toutefois devoir ajourner l'examen de l'ensemble de la question.

XVI. Avis C. d'Ét. 6 mars 1873. — Enfin, le nouveau Conseil d'État, par son avis du 6 mars dernier sur les libéralités charitables, a abandonné le système de l'immatriculation conjointe, de la remise des titres à l'établissement bénéficiaire non institué et a substitué à l'acceptation conjointe par cet établissement l'acceptation du bénéfice de la disposition. — Cet avis s'applique aux libéralités faites aux fabriques pour les pauvres, mais, en revenant sur ce point au système soutenu par le ministère de l'Intérieur, en 1840, il a résolu implicitement la question générale. Il n'y a, en effet, aucune raison de distinguer à ce point de vue de la rédaction de décrets, la libéralité faite à une fabrique pour une destination charitable ou pour une destination scolaire. Le problème est toujours le même, et il n'y a aucun motif juridique de lui donner deux solutions différentes...

DEUXIÈME PARTIE. — CONTRÔLE ADMINISTRATIF.

§ 1. — « Convient-il de maintenir la jurisprudence établie par l'avis du 10 juin 1863? »

I. Résumé des faits et conséquences. — En 1837, on s'inspire de ces idées d'incapacité absolue, de minorité des établissements publics, qui

au détriment du culte de la majorité : c'est par des considérations de fait et parce que, les conseils municipaux pouvant en général être regardés comme représentant naturellement les intérêts et les sentiments de la majorité catholique, l'intervention des conseils de fabrique paraissait inutile,

---

étaient encore en vogue, bien qu'elles fussent déjà abandonnées par nos plus éminents jurisconsultes et hommes d'État...

On veut résister alors à la volonté du testateur et on crée des incapacités relatives pour rendre leurs dispositions inutiles lorsque l'institué n'est pas en même temps le bénéficiaire. En 1841, on passe sous silence cette théorie des incapacités relatives et on adopte le système des acceptations conjointes de l'institué et du bénéficiaire, tout en déclarant, du reste, en 1846, que cette acceptation conjointe n'opère point attribution de propriété au bénéficiaire non institué. En 1852, la Cour de cassation se prononce sur la question de capacité en faveur des établissements ecclésiastiques; mais, cependant, en 1863, le Conseil d'État tire les conséquences logiques du principe de l'acceptation conjointe, à savoir : l'immatriculation conjointe, la remise des titres de rente ou des titres de propriété des immeubles entre les mains du bénéficiaire non dénommé au testament, l'administration des biens et la perception des arrérages ou revenus par ses soins. Les héritiers et les établissements ecclésiastiques voient dans ces prescriptions une attribution de propriété par voie administrative; les tribunaux civils leur donnent gain de cause et déclarent la caducité des legs pour inexécution des conditions, c'est-à-dire par le fait de l'autorité administrative.

Le Conseil d'État s'émeut de ce conflit et des conséquences fâcheuses de sa jurisprudence; il l'abandonne en partie en 1871, et complètement le 6 mars 1873, en ce qui concerne les libéralités charitables. Il me paraît, dès lors, bien difficile qu'il ne l'abandonne pas, en ce qui concerne les libéralités scolaires qui font précisément l'objet des arrêts de la Cour de cassation, des Cours de Grenoble et d'Angers. Je ne crois donc pas avoir à me prononcer sur un système que la jurisprudence des cours judiciaires rend aujourd'hui impraticable.

II. Avantages du système proposé en 1840, souvent suivi après 1841, consacré de nouveau en 1873. — Mais faut-il revenir au système de 1841-1846 ?

J'ai dit plus haut que, dans la pratique, ce système n'avait soulevé aucune difficulté. Toutefois, on doit reconnaître qu'il est défectueux dans son principe d'acceptation conjointe, lequel tend juridiquement à créer un second légataire, un copropriétaire...

Je préférerais donc la formule déjà proposée en 1840 par le ministère de l'Intérieur, fréquemment suivie dans la pratique après 1841 et consacrée de nouveau par le Conseil d'État dans son avis du 6 mars dernier, formule consistant à faire intervenir l'établissement destinataire pour accepter le bénéfice de la disposition qui l'intéresse.

Cette rédaction ne semble pouvoir soulever aucune difficulté de la part des héritiers, ni aucun conflit entre l'autorité administrative et l'autorité judiciaire, puisque le décret se borne à établir un fait incontestable, à savoir : que la commune, par exemple, est intéressée à ce que les pauvres soient secourus ou les enfants assistés, et que le

tandis que celle des consistoires était réputée nécessaire pour donner satisfaction aux intérêts religieux des minorités ».

En fait, la plupart des consistoires et un certain nombre de fabriques soutiennent des écoles et disposent à cet effet de ressources spéciales que ces établissements se sont créées avec

même décret laisse implicitement à l'autorité compétente le soin de tirer les conséquences de cette déclaration, en habilitant la commune à faire valoir, s'il y a lieu, les droits qu'elle peut en induire...

§ 2. — « Quelles conditions convient-il d'imposer à l'autorisation des libéralités faites pour des écoles à des établissements ecclésiastiques ou à des établissements religieux ? »

I. Libéralités faites pour des écoles à des établissements ecclésiastiques. — Il me paraît hors de doute et de contestation qu'on devra d'abord se conformer aux règles établies par le Conseil d'État dans son avis du 6 mars 1873, à savoir :

Si la fondation est en rentes sur l'État, mention dans l'immatriculation du titre de la destination des arrérages ; — acceptation par le maire du bénéfice de la fondation ; — remise au représentant de la commune d'une copie de l'acte constitutif de la fondation (testament ou donation), du décret d'autorisation et de l'inscription de rente.

Mais, en raison de la nature de l'établissement institué, je serais d'avis de réclamer encore quelques conditions accessoires :

1° L'inscription des recettes et dépenses de l'école dans un chapitre spécial du budget et du compte de la fabrique ou du consistoire légataire ou donataire. Cette condition était de rigueur dans l'ancienne jurisprudence sur les *petites écoles* ou *écoles de charité* ;

2° Si le legs est fait en vue de la fondation d'une école congréganiste, obligation de choisir les instituteurs ou institutrices parmi les associations ou congrégations reconnues par l'État. Si le legs est fait pour la fondation d'une école laïque, obligation de choisir les instituteurs ou institutrices sur la liste d'admissibilité dressée par les conseils départementaux, en exécution de la loi du 15 mars 1850 ;

3° L'enseignement donné dans ces écoles devra comprendre les matières qui, d'après l'article 23 de la loi du 15 mars 1850 et l'article 16 de la loi du 10 avril 1867, constituent essentiellement l'enseignement primaire.

Indépendamment de ces conditions, qui seraient brièvement indiquées dans les décrets d'autorisation des libéralités, il me semblerait opportun de convenir dès à présent de quelques règles de conduite et de jurisprudence à suivre par le Conseil d'État et par l'Administration. J'indiquerai les plus importantes à mon avis, sans préjuger les additions ou modifications qui seront ultérieurement suggérées par la pratique :

1° Les établissements ecclésiastiques ne seront autorisés qu'exceptionnellement à recevoir des libéralités qui seraient destinées à des écoles situées en dehors de leur circonscription territoriale ; 2° l'œuvre entreprise devra être et rester ce que le testateur ou donateur a voulu qu'elle soit ; 3° si le testateur ou ses héritiers n'ont pas fait connaître leurs intentions sur la nature de l'établissement à créer, cet établissement sera et restera un établissement primaire ; 4° si la fondation est présentement insuffisante, on prescrira la capitalisation des arrérages et on fixera un délai maximum pour l'ouverture de l'établissement ; 5° lorsque

l'autorisation du gouvernement. Cet état de choses ne paraît avoir jamais présenté aucun inconvénient; « au contraire, l'autorité universitaire, à diverses époques, en a reconnu les avantages ainsi que la légalité ».

Enfin « il importe de multiplier les écoles et en particulier d'augmenter le nombre de celles qui sont pourvues de dotations allégeant les charges de l'État, des départements et des communes. Presque toutes les fondations de cette nature sont inspirées par le sentiment religieux et confiées à des établissements ecclésiastiques. Au lieu de décourager les donateurs en subordonnant l'exécution de leurs libéralités à des conditions qui s'écartent complètement de leurs intentions, il est, au contraire, conforme à l'intérêt public, en même temps qu'il est juste, de leur laisser la plus grande liberté compatible avec les exigences de la loi ».

Tels sont les arguments sur lesquels le Conseil d'État s'est appuyé pour décider que, lorsqu'un don ou un legs est fait à un

---

le département ou la commune croiront opportun de subventionner l'école, dans le cas de l'article 36 de la loi du 15 mars 1850, et que l'établissement intéressé y consentira, le budget des ressources spéciales de cette école, qui, dans ce cas, tiendra lieu de l'école communale, sera communiqué chaque année au conseil municipal, sans préjudice, en ce qui concerne les fabriques, de la production des comptes en fin d'exercice, prescrite par l'article 89 du décret du 30 décembre 1809.

II. Libéralités faites pour des écoles à des établissements religieux reconnus par le gouvernement (congrégations, communautés et associations religieuses). — Ces établissements ont pleine capacité pour recevoir ces libéralités, dit l'avis du 10 juin 1863, « puisqu'ils ont été autorisés en vertu de l'utilité publique et dans le but précisément de fonder et de diriger des écoles ; l'objet de ces fondations rentre donc dans leurs attributions spéciales ». D'autre part, leur aptitude est rigoureusement déterminée et circonscrite par l'ordonnance ou le décret qui les autorise. Il pourra donc suffire de réclamer, dans ce cas, l'application des règles générales : mention de l'affectation des rentes dans l'immatriculation des titres ; — acceptation par le maire du bénéfice d'une disposition toujours avantageuse pour la commune ; — remise à ce fonctionnaire d'une copie des titres et du décret d'autorisation.

Ces clauses et conditions me paraissent suffisantes pour sauvegarder les intérêts dont le gouvernement doit se préoccuper. Elles n'ont rien de gênant pour les établissements ecclésiastiques et religieux, et elles ne sauraient soulever aucune difficulté devant les tribunaux judiciaires, puisqu'elles ne touchent en rien aux questions de capacité et de propriété.

Agréez, etc... *Le Ministre de l'Instruction publique et des Cultes* (*Signé :* Jules Simon).

établissement ecclésiastique à charge de fonder et d'entretenir une école, il convient d'autoriser cet établissement à l'accepter sans le concours de l'administration municipale et, dans le cas où le montant de la libéralité doit être placé en rente, de prescrire que le titre sera immatriculé au nom de l'établissement institué et restera en sa possession.

Mais le Conseil d'État a reconnu que, tout en laissant les établissements ecclésiastiques accepter les libéralités scolaires qui leur étaient faites, il importait « d'édicter les prescriptions nécessaires pour assurer dans l'avenir l'exécution fidèle et durable » des volontés des donateurs ou testateurs.

Ces prescriptions sont les suivantes :

D'abord, toutes les fois qu'un don ou un legs destiné à une école sera fait à un établissement ecclésiastique, le maire acceptera le *bénéfice* qui résulte du don ou du legs en faveur des enfants de la commune et il aura ainsi titre et qualité sinon pour « exercer un contrôle sur l'emploi des revenus », du moins pour « s'assurer que le capital est conservé et que le revenu est toujours inscrit, avec sa destination, au budget de l'établissement légataire ».

Si le montant de la libéralité doit être placé en rente, le titre mentionnera la destination des arrérages. Le maire de la commune recevra une expédition de ce titre, du testament ou de l'acte de donation et du décret d'autorisation.

Ces différentes mesures sont identiques à celles qui seraient applicables s'il s'agissait d'une libéralité charitable.

Mais elles n'ont pas paru suffisantes au Conseil d'État, qui les a complétées en décidant que dans tout décret d'autorisation il y aurait lieu :

1° De prescrire que les revenus et les dépenses de la fondation formeraient un chapitre spécial dans le budget de la fabrique ou du consistoire ;

2° De constater la nature de l'établissement scolaire (école primaire de garçons ou de filles, salle d'asile, etc.) ;

3° D'ordonner, dans le cas où les instituteurs ou institutrices devraient être congréganistes, qu'ils seraient choisis parmi les membres des associations ou congrégations religieuses vouées à l'enseignement et reconnues comme établissements d'utilité publique ;

4° De rappeler que l'enseignement devrait porter sur les matières déclarées obligatoires par les lois (1).

Le principe de la spécialité n'a pas été plus entamé par l'avis du 24 juillet 1873 que par celui du 6 mars précédent ; le Conseil d'État n'a pas cessé d'admettre que les établissements

---

(1) Avis C. d'Ét. 24 juillet 1873, sur la question de savoir : 1° par qui et en quelles formes doivent être acceptées les libéralités faites à des établissements ecclésiastiques pour la fondation ou l'entretien d'écoles ; 2° au nom de qui doivent être immatriculés les titres de rentes achetés avec le produit de ces libéralités ; 3° à qui doivent être confiés la garde des titres de rentes et le soin d'en percevoir les arrérages (n° 99763). — Le Conseil d'État, qui, sur le renvoi ordonné par M. le ministre de l'Instruction publique, des Cultes et des Beaux-Arts, a pris connaissance d'un projet de décret ayant pour objet : — 1° D'autoriser le trésorier de la fabrique de l'église succursale de Saint-Georges-de-Lusençon (Aveyron) et le maire de Saint-Georges-de-Lusençon, au nom de cette commune, à accepter conjointement, chacun en ce qui le concerne, et aux clauses et conditions énoncées, un legs fait à ladite fabrique par la demoiselle Galtier, consistant en une somme de 3,000 francs et une maison estimée 3,000 francs, pour l'entretien de sœurs d'un ordre religieux chargées de donner l'instruction et l'éducation aux jeunes filles de la paroisse de Saint-Georges ; 2° De prescrire que la somme de 3,000 francs sera employée à l'achat d'une rente sur l'État qui sera immatriculée aux deux noms de la fabrique et de la commune ; que la destination des arrérages sera mentionnée sur l'inscription, et que la garde du titre sera confiée au receveur municipal ; — Vu le testament et le codicille de la demoiselle Galtier ; — Vu la lettre, en date du 25 avril 1873, par laquelle M. le ministre de l'Instruction publique, des Cultes et des Beaux-Arts, exprime l'opinion que les établissements ecclésiastiques ou religieux ont capacité pour fonder et entretenir des écoles, et indique sous quelles conditions pourrait leur être donnée l'autorisation de recueillir les libéralités ayant cette destination ; — Vu la lettre, en date du 18 mai 1873, par laquelle M. le ministre de l'Intérieur adhère, en principe, aux considérations indiquées par M. le ministre de l'Instruction publique, des Cultes et des Beaux-Arts ; — Vu les autres pièces produites ; — Vu les articles 910 et 937 du Code civil, la loi du 2 janvier 1817, les ordonnances des 2 avril 1817 et 14 janvier 1831 ; — Vu la loi du 18 germinal an X, portant organisation du culte catholique, et le décret du 30 décembre 1809 sur les fabriques ; — Vu la loi du 18 germinal an X, portant organisation des cultes protestants, et le décret du 26 mars 1852 ; — Vu le décret du 17 mars 1808 et les ordonnances des 29 juin 1819, 20 août 1823 et 25 mai 1844, portant règlement pour l'organisation du culte israélite ; — Vu les avis du Conseil d'État des 12 avril 1837, 4 mars 1841, 30 décembre 1846, 10 juin 1863 et 6 mars 1873 ; — Vu l'arrêt de la Cour de cassation du 18 mai 1852 (legs Haussmann), l'arrêt de la cour d'appel de Grenoble du 5 juillet 1869 (legs Menuel), et l'arrêt de la cour d'appel d'Angers du 23 mars 1871 (legs Langottière ; — Vu l'avis du conseil royal de l'Instruction publique du 20 février 1837 ;

Considérant qu'il résulte de l'instruction que la demoiselle Galtier

ecclésiastiques ne peuvent recevoir que dans les limites de leurs attributions légales et, s'il a regardé les fabriques, conseils presbytéraux et consistoires comme capables de recueillir des libéralités scolaires, c'est parce qu'il a estimé que le soin de fonder et d'entretenir des écoles rentrait dans la mission que les lois et règlements ont confiée à ces établissements.

---

avait, depuis 1859, établi dans la maison léguée, pour les jeunes filles de la paroisse de Saint-Georges-de-Lusençon, une école libre tenue par des religieuses; — que, dans le but de perpétuer sa fondation, elle a légué la maison et une somme de 3,000 francs à la fabrique de cette paroisse, en indiquant la destination de sa libéralité;

Considérant que le projet de décret proposé autorise, conformément à l'avis du 10 juin 1863, la fabrique à accepter le legs, mais seulement à la condition : 1° que la commune interviendra dans l'acceptation conjointement avec la fabrique légataire; 2° que la rente qui sera achetée au moyen de la somme de 3,000 francs sera immatriculée conjointement aux deux noms de la commune et de la fabrique; 3° que la garde du titre sera confiée au receveur municipal, et non au trésorier de la fabrique;

Considérant que ces conditions ne découlent pas du testament comme une conséquence nécessaire des stipulations qu'il contient en faveur de la commune; qu'en effet, si la charge imposée à la fabrique constitue au profit des enfants de la paroisse un avantage qui paraît de nature à être accepté en leur nom par le maire, et qui peut donner à l'administration municipale le droit de veiller à ce que cette charge ne soit pas oubliée, elle ne justifie pas une intervention se produisant dans des termes qui semblent transporter à la commune une part dans la propriété des objets légués à la fabrique et dans la direction de l'école et qui lui attribuent un rôle prépondérant dans l'exécution du legs;

Considérant que ces conditions sont imposées par le projet de décret, en vue de suppléer à l'incapacité prétendue de la fabrique, soit pour accepter, soit pour exécuter un legs de cette nature;

Considérant que la première question est essentiellement judiciaire, et que, toutes les fois que les tribunaux ont été appelés à se prononcer, ils ont jugé, notamment par les arrêts susvisés, que les établissements religieux appartenant à l'un des cultes reconnus par l'État, et en particulier les fabriques et les consistoires, ont capacité pour recevoir des libéralités destinées à fonder ou à entretenir des écoles, à la seule condition d'obtenir du gouvernement l'autorisation exigée par l'article 910 du Code civil;

Considérant, sur le deuxième point, que, si la loi n'a imposé qu'aux autorités civiles l'obligation de créer et d'entretenir des écoles, aucune disposition n'interdit aux établissements qui représentent les intérêts religieux d'un groupe d'habitants partageant les mêmes croyances de veiller et au besoin de pourvoir à ce que les enfants de ces habitants reçoivent l'instruction; — que loin de là, diverses dispositions législatives ou réglementaires reconnaissent expressément ce droit aux établissements appartenant aux cultes non catholiques; — que l'on peut citer notamment la loi du 18 germinal an X et le décret du 26 mars 1852, sur l'organisation des cultes protestants, qui visent *la discipline ecclésias-*

Les avis des 6 mars et 24 juillet 1873 ont été le point de départ d'une série de difficultés dont les plus graves se sont présentées en matière charitable. C'est ainsi que, dans l'espèce suivante, un important débat s'est élevé sur la question de savoir

---

tique des Églises réformées de France et qui fixent les attributions des consistoires et des conseils presbytéraux; le décret du 17 mars 1808 et les ordonnances des 29 juin 1819, 20 août 1823 et 25 mai 1844, qui règlent l'organisation du culte israélite et qui fixent les attributions du consistoire central et des consistoires départementaux; — que l'article 31 de la loi du 15 mars 1850 sur l'enseignement, inspiré par la même pensée, confère aux consistoires le droit de présenter les instituteurs pour les écoles communales protestantes ou israélites; — qu'en fait la plupart des consistoires subventionnent ou entretiennent des écoles et possèdent des rentes et des immeubles qu'ils ont reçus ou acquis dans ce but avec l'autorisation du gouvernement; — Que, si à l'égard des fabriques, les règlements sont muets et si les autorisations de ce genre ont été plus rares, ce n'est pas parce qu'il existerait dans leur organisation et leurs attributions une différence essentielle créant aux yeux de la loi une inégalité inexplicable au détriment du culte de la majorité : c'est par des considérations de fait et parce que, les conseils municipaux pouvant en général être regardés comme représentant naturellement les intérêts et les sentiments de la majorité catholique, l'intervention des conseils de fabrique paraissait inutile, tandis que celle des consistoires était réputée nécessaire pour donner satisfaction aux intérêts religieux des minorités ; — que cependant, à toutes les époques, des autorisations ont été données aux fabriques, même en dehors des localités où la population catholique était en minorité ; — qu'en fait, un certain nombre de fabriques emploient des ressources spéciales à soutenir des écoles ; — que cet état de choses ne paraît avoir jamais présenté aucun inconvénient ; — qu'au contraire, l'autorité universitaire, à diverses époques, en a reconnu les avantages ainsi que la légalité (avis du conseil royal de l'Instruction publique du 10 février 1837; lettre de M. Guizot, ministre de l'Instruction publique, du 9 mars 1837; lettre de M. Segris, ministre de l'Instruction publique, du 6 avril 1870 ; lettre de M. Jules Simon, ministre de l'Instruction publique, du 25 avril 1873);

Considérant qu'aujourd'hui plus que jamais il importe de multiplier les écoles et, en particulier, d'augmenter le nombre de celles qui sont pourvues de dotations allégeant les charges de l'État, des départements et des communes; — que presque toutes les fondations de cette nature sont inspirées par le sentiment religieux et confiées à des établissements ecclésiastiques ; — qu'au lieu de décourager les donateurs en subordonnant l'exécution de leurs libéralités à des conditions qui s'écartent complètement de leurs intentions, il est, au contraire, conforme à l'intérêt public, en même temps qu'il est juste, de leur laisser la plus grande liberté compatible avec les exigences de la loi et de se borner à édicter les prescriptions nécessaires pour assurer dans l'avenir l'exécution fidèle et durable de leurs volontés ;

Que, pour atteindre ce but, il convient : — 1° D'autoriser d'une part, l'établissement légataire à accepter la libéralité; d'autre part, le maire à accepter le bénéfice qui en résulte en faveur des enfants de la commune; — 2° Dans le cas où le montant de la libéralité doit être placé

si les établissements ecclésiastiques étaient aptes à recevoir non seulement des dons et legs ayant pour objet la distribution de secours à domicile, mais encore des libéralités destinées à la création et l'entretien d'établissements hospitaliers.

Un legs avait été fait par une demoiselle Darbins à la fabrique

---

en rente, de prescrire que le titre mentionnera la destination des arrérages; qu'il sera immatriculé au nom de l'établissement légataire; qu'il restera en sa possession; que le maire de la commune recevra une expédition du titre, du testament et du décret d'autorisation; — 3° De prescrire que les revenus et les dépenses de la fondation formeront un chapitre spécial dans le budget de la fabrique ou du consistoire, ainsi que cela se pratique sans difficulté pour les chapelles de secours; — 4° De constater, dans le décret d'autorisation, la nature de l'établissement (école primaire de garçons ou de filles, salle d'asile, etc.); — 5° Dans le cas où les instituteurs ou institutrices devront être congréganistes, de prescrire qu'ils seront choisis parmi les membres des associations ou congrégations religieuses vouées à l'enseignement et reconnues comme établissements d'utilité publique; — 6° De rappeler que l'enseignement devra porter sur les matières déclarées obligatoires par les lois.

Considérant que, dans ces conditions et en présence du droit qui appartient à l'Administration d'apprécier les circonstances de chaque affaire et de refuser, s'il y a lieu, l'autorisation, il n'y a aucun inconvénient et il ne peut y avoir que des avantages à ce que les établissements ecclésiastiques soient, conformément à leurs traditions historiques, autorisés à recueillir, à administrer et à employer les libéralités destinées à des écoles; — que l'administration municipale aura titre et qualité, non pour exercer un contrôle sur l'emploi des revenus, mais pour s'assurer que le capital est conservé et que le revenu est toujours inscrit avec sa destination au budget de l'établissement légataire; — que l'établissement légataire, chargé par le fondateur de veiller à la continuation de sa pensée, administrera et emploiera librement les revenus de la fondation sans qu'aucune confusion puisse s'introduire entre ces revenus et ses ressources normales et compromettre les services que la loi lui a plus particulièrement confiés;

Considérant que, pour les solutions ci-dessus indiquées, il n'y a pas lieu de distinguer si, au moment où l'autorisation est demandée, l'école dont il s'agit est publique ou libre; — qu'en effet, d'une part, le caractère actuel de l'école peut plus tard être changé; — que, d'autre part, l'école, soit libre, soit publique, devra toujours être régie par les prescriptions générales de la loi;

En ce qui concerne spécialement le legs de la demoiselle Galtier; — Considérant qu'il résulte de l'instruction que l'école à la dotation de laquelle est destiné le legs existe depuis plusieurs années; qu'elle a le caractère d'école libre; qu'elle est dirigée par des religieuses appartenant à une congrégation légalement reconnue; qu'elle reçoit gratuitement une partie des élèves; qu'elle prospère et que le témoignage des autorités universitaires lui est favorable;

Est d'avis qu'il convient d'autoriser l'acceptation du legs et d'adopter le projet de décret, après l'avoir modifié dans le sens des observations qui précèdent. (M. Marbeau, rapporteur.)

de l'église de Samadet (Landes), à charge d'établir un hospice. La fabrique adressa au ministre de l'Instruction publique et des Cultes une demande tendant à obtenir l'autorisation d'accepter ce legs que l'héritière de la testatrice refusait de délivrer en se fondant sur ce qu'il était fait sous une condition étrangère aux attributions légales de l'établissement institué.

Le ministre de l'Intérieur, auquel la requête de la fabrique de Samadet avait été communiquée par le ministre de l'Instruction publique et des Cultes, adressa à son collègue, à la date du 27 février 1874, une dépêche dans laquelle il disait que ce serait jeter une véritable perturbation dans la législation charitable que de permettre aux fabriques de s'immiscer dans la création et l'administration des hospices ; suivant lui, il y avait lieu de faire accepter conjointement par la fabrique et la commune de Samadet le legs fait par la demoiselle Darbins et de décider que l'hospice à fonder aurait un caractère communal et serait régi conformément aux lois et règlements sur les établissements hospitaliers.

Le ministre de l'Instruction publique et des Cultes ne partagea pas cette manière de voir, mais il ne crut pas devoir prendre sur lui de substituer une solution à celle qui lui était suggérée ; en conséquence, il consulta le Conseil d'État sur la suite à donner à la demande de la fabrique de Samadet. Dans une lettre du 22 avril 1874, adressée au président du Conseil d'État, il disait qu'il verrait plus d'inconvénient à refaire le testament de la demoiselle Darbins, comme le proposait le ministre de l'Intérieur, qu'à permettre à une fabrique de diriger un hospice; il ajoutait qu'à son sens il convenait d'autoriser la fabrique de l'église de Samadet à accepter le legs fait par la demoiselle Darbins et la commune à en accepter le bénéfice, conformément au système adopté par le Conseil d'État dans ses avis des 6 mars et 24 juillet 1873 ; toutefois, en terminant, il laissait au Conseil d'État le soin de rédiger le projet de décret à soumettre à la signature du Président de la République.

La section de l'Intérieur écarta le système de l'acceptation conjointe, mais elle ne voulut pas non plus de l'application pure et simple de la jurisprudence inaugurée en 1873 ; elle fit observer, aux termes d'un avis du 7 juillet 1874, émis au rapport de M. Marbeau comme ceux des 6 mars et 24 juillet 1873 (1), qu'il était inadmissible d' « attribuer à la fabrique non seulement le soin de recueillir le legs, de pourvoir à la fondation de l'hospice et d'exercer sur la marche de cet établissement une haute surveillance, mais aussi la mission de

---

(1) Avis de la Sect. de l'Int. 7 juillet 1874 (n° 8227). — La section de l'Intérieur, de la Justice, de l'Instruction publique, des Cultes et des Beaux-Arts, consultée par M. le ministre de l'Instruction publique et des Cultes sur la suite qu'il convient de donner à la demande formée par la fabrique de Samadet (Landes) pour obtenir l'autorisation de recueillir un legs fait à cette fabrique par la demoiselle Darbins et consistant en une maison et une métairie, pour y recueillir, au choix exclusif du curé, les pauvres malades ou infirmes de la paroisse ; — Vu le testament de la demoiselle Darbins ; — Vu les observations présentées par l'héritière naturelle, qui expose notamment que la destination du legs est étrangère aux attributions légales des fabriques et rentre dans la mission du bureau de bienfaisance ; — Vu les pièces du dossier, et notamment les avis du maire, du conseil municipal, du sous-préfet, du préfet et de l'évêque, constatant l'utilité du petit hospice à fonder et concluant à l'acceptation du legs ; — Vu la dépêche en date du 27 février 1874 par laquelle M. le ministre de l'Intérieur émet l'avis que ce serait jeter une véritable perturbation dans la législation charitable que de permettre aux fabriques de s'immiscer dans la création et l'administration des établissements hospitaliers et propose, dans l'espèce, de faire accepter conjointement le legs par la fabrique et par la commune ; l'hospice à créer serait régulièrement autorisé comme hospice communal et serait régi conformément aux lois et règlements sur les établissements hospitaliers de bienfaisance ; — Vu la dépêche en date du 22 avril 1874, par laquelle M. le ministre des Cultes, en transmettant le dossier au président du Conseil d'État, reconnaît la gravité des observations présentées par M. le ministre de l'Intérieur et déclare qu'il adhérerait à la conclusion, s'il s'agissait d'une donation ; mais il ajoute, qu'en présence d'un legs, il verrait encore plus d'inconvénient à refaire le testament qu'à permettre à une fabrique de diriger un hospice ; il propose d'autoriser la fabrique à accepter le legs et la commune à en accepter le bénéfice, conformément au système adopté par le Conseil d'État dans ses avis des 6 mars et 24 juillet 1873 ; toutefois, il laisse au Conseil d'État le soin de rédiger lui-même le projet de décret ; — Vu les avis du Conseil d'État des 4 mars 1841, 6 mars et 24 juillet 1873 ;

Considérant qu'il résulte de l'avis unanime des autorités consultées que l'hospice à fonder sera utile aux habitants de la paroisse ; que, dès lors, la seule question à examiner est celle de savoir dans quelles conditions il convient d'en autoriser la fondation pour que, d'une part, les intentions de la testatrice soient accomplies et que, d'autre part, les règles d'une bonne administration ne soient pas méconnues ;

Considérant que l'acceptation conjointe par la fabrique et par la commune telle que la propose M. le ministre de l'Intérieur, en vue d'arriver à donner à l'hospice le caractère d'hospice communal, présente de sérieuses objections ; — qu'elle suppose que la commune trouve dans le testament, tel qu'il est rédigé, le droit d'exiger ncurremment avec

l'administrer, de le diriger, de le représenter et de le soutenir; qu'il était plus conforme à l'esprit de la législation et aux règles d'une bonne administration de donner aux hospices une existence distincte et d'en attribuer la gestion à des administrateurs spéciaux ». Elle estimait, par suite,

---

la fabrique, la délivrance du legs; — que la jurisprudence des tribunaux est contraire à cette interprétation et qu'il serait à craindre, si les héritiers portaient la question devant l'autorité judiciaire, qu'il ne fût jugé que la fabrique seule étant légataire peut seule se faire délivrer le legs et que la commune, ne puisant aucun droit dans le testament, n'est pas recevable à se prévaloir de l'autorisation administrative; — que le décret risquerait donc de rester inexécuté; — que, d'ailleurs, même en l'absence d'un procès immédiat, le système de l'acceptation conjointe, qui laisse indécis et vagues les droits respectifs des deux établissements, entraîne des inconvénients pratiques qui l'ont fait abandonner par le Conseil d'État et qui doivent le faire écarter;

Considérant, d'autre part, que la solution proposée par M. le ministre des Cultes aurait pour conséquence de paraître attribuer à la fabrique, non seulement le soin de recueillir le legs, de pourvoir à la fondation de l'hospice et d'exercer sur la marche de cet établissement une haute surveillance, mais aussi la mission de l'administrer, de le diriger, de le représenter et de le soutenir; — qu'il est plus conforme à l'esprit de la législation et aux règles d'une bonne administration de donner aux hospices une existence distincte et d'en attribuer la gestion à des administrateurs spéciaux; — que, dans l'espèce, les termes du testament ne font pas obstacle à ce que cette tradition soit suivie; — qu'en effet, si certaines clauses semblent peu conciliables avec les règles invariables et obligatoires qui régissent les hospices publics communaux, rien ne s'oppose à ce que l'hospice à créer ne soit érigé en établissement d'utilité publique régi par des statuts particuliers, dont l'autorité administrative et les intéressés pourront librement combiner les dispositions, en vue de se conformer aux intentions de la testatrice; — que la commune pourra, sans aucun doute, affecter à l'hospice ainsi établi le montant des legs qu'elle a déjà été autorisée à recueillir des demoiselles Portets, car les auteurs de ces libéralités, en les subordonnant à la condition qu'un hospice serait fondé dans le délai de cinq ans, ne paraissent nullement avoir exigé qu'il ait le caractère d'un établissement public communal; — qu'en conséquence, dans l'espèce, il convient: 1° d'autoriser la fabrique à recueillir le legs, en prescrivant que les revenus et les dépenses de la fondation formeront un chapitre spécial dans le budget de la fabrique; 2° d'autoriser le maire, agissant au nom de la commune, à accepter le bénéfice du legs; 3° de donner à l'hospice le caractère d'établissement d'utilité publique;

Mais, considérant qu'avant d'adopter cette solution et de rédiger un projet de décret dans ce sens il est nécessaire de compléter l'instruction et de provoquer les observations et les propositions de la fabrique et de la commune;

Est d'avis qu'il convient de répondre par les observations qui précèdent à la question de M. le ministre de l'Instruction publique et des Cultes. (M. Marbeau, rapporteur)

qu'il y avait lieu : 1° d'autoriser la fabrique à recueillir le legs, en prescrivant que les revenus et les dépenses de la fondation formeraient un chapitre spécial au budget de la fabrique ; — 2° d'autoriser le maire, agissant au nom de la commune, à accepter le bénéfice du legs ; — 3° de donner à l'hospice le caractère d'établissement d'utilité publique.

La combinaison adoptée par l'avis du 7 juillet 1874 a été empruntée presque textuellement à l'avis du 4 mars 1841 ; elle était de nature à soulever bien des objections. Il est, par exemple, permis de douter qu'un établissement public, c'est-à-dire un établissement chargé d'un service public et faisant partie intégrante de l'administration publique, puisse légalement faire servir des biens qui lui ont été légués et qui, par suite d'une acceptation régulière, sont devenus sa propriété définitive et incommutable à la fondation et à la dotation d'un établissement d'utilité publique, c'est-à-dire d'un établissement privé fonctionnant en dehors des cadres de l'administration publique.

Mais nous n'insisterons pas sur ce point; ce qu'il importe surtout de constater et de mettre en lumière, c'est que la vocation charitable qui avait été conférée aux fabriques en 1873 leur a été partiellement retirée en 1874. L'avis du 6 mars 1873 avait proclamé en termes généraux, sans distinguer entre l'assistance à domicile et l'assistance par voie d'hospitalisation, que les fabriques étaient aptes non seulement à recueillir, mais encore à employer « des libéralités ayant une destination charitable ».

Or voici que l'avis du 7 juillet 1874 déclare que, si une fabrique est capable de recevoir un legs fait à charge de création d'un hospice, « l'esprit de la législation » et « les règles d'une bonne administration » s'opposent à ce qu'elle puisse « administrer, diriger, représenter et soutenir » l'établissement hospitalier dont le testateur lui a imposé la fondation. La vocation charitable des fabriques n'est donc plus entière; elle est à peu près anéantie en matière d'hospitalisation et elle ne demeure intacte que dans le domaine de l'assistance à domicile.

En définitive, la section de l'Intérieur a reculé en 1874 devant les conséquences logiques du principe posé en 1873; elle a, sous des prétextes vagues, refusé de faire produire à la vocation charitable des fabriques les effets que celle-ci comportait et elle l'a limitée arbitrairement. N'a-t-elle pas ainsi ébranlé jusque dans ses assises le système échafaudé par les avis de 1873 au risque de faire crouler l'édifice tout entier?

235. La jurisprudence établie par les avis des 6 mars et 24 juillet 1873 n'a pas fourni une longue carrière; dès 1881, le Conseil d'État l'a répudiée et il a remis en vigueur, tout en l'amendant dans une certaine mesure, celle dont il avait jeté les bases dans ses avis des 15 février et 12 avril 1837 (V. *supra*, n° 230).

Le 10 novembre 1879, le ministre de l'Intérieur et des Cultes, M. Lepère, présentait au Président de la République un rapport dans lequel, après avoir critiqué les avis des 6 mars et 24 juillet 1873, il le priait d'inviter le Conseil d'État qui venait d'être réorganisé par application de la loi du 13 juillet 1879 à examiner derechef les difficultés tranchées par ces avis (1). Le Président de la République fit droit à la demande du ministre et il appela le Conseil d'État à délibérer de nouveau sur le point de savoir si les établissements ecclésiastiques pouvaient être autorisés à recevoir des libéralités charitables et scolaires.

Le Conseil d'État a émis les 13 avril et 13 juillet 1881 trois avis de principe qui ont résolu cette question dans le sens de la négative.

(1) Dans son rapport du 10 novembre 1879 le ministre de l'Intérieur et des Cultes ne s'est pas placé à un point de vue purement théorique pour combattre les avis des 6 mars et 24 juillet 1873; il en a signalé les déplorables effets pratiques dans les termes suivants :

« Par des avis des 6 mars, 24 juillet 1873..., le Conseil d'État a inauguré une jurisprudence nouvelle et en contradiction avec les principes que, jusqu'alors, il avait affirmés et défendus avec autant d'énergie que de persévérance. Cette jurisprudence a étendu, dans la plus large proportion, la capacité des établissements ecclésiastiques, ou, pour mieux dire, elle a supprimé les limites dans lesquelles avait été jusqu'alors renfermée cette capacité...

« Cette innovation a, dès son début, préoccupé l'opinion publique. Elle a été accueillie avec défaveur dans un pays qui ne voit pas sans une légitime appréhension l'accroissement continu des biens de mainmorte. Aujourd'hui qu'une période de plus de cinq ans s'est écoulée, il est possible d'envisager avec quelque précision les résultats qu'elle a déjà produits, les conséquences qu'elle est susceptible d'entraîner dans l'avenir. J'ai fait relever, année par année, dans un état, que je joins à

Ces avis ont définitivement fixé la jurisprudence administrative ; il est donc nécessaire d'en analyser avec soin les dispositions.

Les délibérations du Conseil d'État ont d'abord porté sur les libéralités scolaires qui ont fait l'objet de deux avis du 13 avril 1881, dont l'un a trait aux fabriques et l'autre aux conseils presbytéraux.

Le premier a été rendu au rapport de M. Hippolyte Duboy et le second au rapport de M. Hébrard de Villeneuve; ils sont conçus en termes presque identiques.

L'avis par lequel il a été statué sur la « question de savoir si une fabrique peut être autorisée à recevoir des libéralités destinées à la fondation ou à l'entretien d'une école » débute par une affirmation solennelle du principe de la spécialité ; « les fabriques, comme les autres établissements publics, déclare le Conseil d'État, n'ont été investies de la personnalité civile qu'en vue de la mission spéciale qui leur a été confiée ».

Le Conseil d'État revient un peu plus loin sur ce principe fondamental et il fait remarquer « qu'en confirmant par son article 11 la suppression de tous les établissements ecclésiastiques autres que ceux dont elle autorisait la reconstitution, la loi de germinal an X n'a pu investir ces derniers d'une attribution générale pour l'acceptation des dons et legs, parce qu'en leur conférant cette attribution générale elle leur aurait

---

ce rapport, à titre de document à consulter, le montant des dons, legs, acquisitions ou *rétrocessions* autorisés grâce à la latitude ouverte par la jurisprudence nouvelle. Il est aisé d'y voir quelle masse considérable de biens se trouve ainsi retirée annuellement de la circulation. Les conséquences, au point de vue administratif, sont plus graves encore qu'au point de vue économique. Les titulaires et les établissements ecclésiastiques se voient détournés de la mission que leur avait assignée le législateur et amenés à s'immiscer quotidiennement dans la gestion d'établissements absolument étrangers à leurs attributions. L'organisation, les finances des personnes civiles sont profondément atteintes, leur autorité morale se trouve compromise par les méfiances que ces empiètements sur le domaine des établissements rivaux font naître, par les conflits que provoque cette confusion de pouvoirs. Enfin, ce qui dans l'Administration française était sans précédent, l'État autorise l'accumulation de masses considérables de biens sans se réserver aucun contrôle ni sur l'usage auquel ils sont destinés, ni sur la manière dont ils sont gérés. »

fourni en même temps le moyen de réorganiser les établissements supprimés et d'éluder sa prohibition ».

D'autre part, il résulte du dernier considérant de l'avis qu'il appartient au gouvernement, délibérant en Conseil d'État, d'assurer le respect de la règle de la spécialité ; « qu'en effet, si la capacité d'un établissement public pour recevoir ou posséder est une question essentiellement judiciaire, le droit de veiller à ce que les établissements publics placés sous la tutelle du gouvernement ne franchissent pas les limites de leurs attributions soulève, au contraire, une question essentiellement administrative, puisqu'il s'agit d'exercer le pouvoir qui lui a été réservé par les articles 910 et 937 du Code civil ».

Le principe de la spécialité doit, suivant le Conseil d'État, conduire à décider d'une façon générale que « les fabriques ayant été instituées exclusivement dans l'intérêt de la célébration du culte et pour l'administration des aumônes ne sont aptes à recevoir et à posséder que dans les limites de ces attributions ». Il y a lieu en particulier d'admettre qu'elles ne sauraient être autorisées à accepter des libéralités scolaires.

Le droit de fonder ou d'entretenir des écoles ne figure pas au nombre des attributions conférées aux fabriques par l'article 76 de la loi du 18 germinal an X et l'article 1er du décret du 30 décembre 1809 portant règlement d'administration publique pour l'exécution de ladite loi ; il n'a été d'ailleurs accordé à ces établissements par aucune loi postérieure.

C'est en vain que pour suppléer au silence du législateur l'on a soutenu que « les fabriques pourraient être considérées comme représentant les intérêts religieux d'un groupe d'habitants et chargées, par suite, de pourvoir à la création et à l'entretien d'écoles confessionnelles » et que l'on s'est prévalu de traditions historiques et de considérations d'utilité publique. Lorsqu'il s'agit des attributions de personnes morales créées par la loi, « il faut s'en tenir rigoureusement à « la loi spéciale qui les a instituées » ; l'on ne saurait « étendre les attributions des fabriques à un service qui ne leur a été restitué ni en l'an X, ni en 1809 ».

L'on ne peut non plus invoquer en faveur des fabriques « le principe de la liberté de l'enseignement proclamé par les lois de la Révolution ; ce principe ne s'appliquait qu'au droit individuel des citoyens à enseigner et non au droit collectif ayant appartenu aux corps supprimés par ces mêmes lois; c'est, en effet, par l'article 17 de la loi du 15 mars 1850 que le droit de créer des écoles libres a été rendu aux associations, mais ce droit n'a pas été rendu par la même loi aux établissements ecclésiastiques » (1).

---

(1) Avis C. d'Et. 13 avril 1881, sur la question de savoir si les fabriques peuvent être autorisées à recevoir des libéralités en vue de fonder ou d'entretenir des écoles (n° 34, 266). — Le Conseil d'Etat, qui, sur le renvoi ordonné par M. le ministre de l'Intérieur et des Cultes, a pris connaissance d'un projet de décret tendant notamment à refuser à la fabrique de l'église paroissiale de Poudis (Tarn) l'autorisation d'accepter le legs universel en nue propriété fait à cet établissement, par la demoiselle Angélique Bonhoure, en vue de l'entretien d'une école congréganiste de filles; — Vu le testament de la demoiselle Bonhoure et les autres pièces du dossier; — Vu les articles 910 et 937 du Code civil, la loi du 2 janvier 1817, les ordonnances des 2 avril 1817 et 14 janvier 1831; — Vu la loi du 18 germinal an X, portant organisation du culte catholique, et le décret du 30 décembre 1809 sur les fabriques; — Vu les lois des 3 septembre 1791, 5 nivôse an II, 3 brumaire an IV 11 floréal an X et le décret du 17 mars 1808, qui font de l'enseignement une charge exclusive de l'Etat et des communes; — Vu la loi du 15 mars 1850, article 17, qui met les écoles publiques à la charge de l'État, des départements ou des communes, et laisse aux particuliers et aux associations la faculté de fonder des écoles libres; — Vu les avis de la section de l'Intérieur des 15 avril, 17 juin et 6 novembre 1836; — Vu les avis du Conseil d'Etat des 12 avril 1837 et 24 juillet 1873;

Considérant que le projet de décret tend à apporter une modification aux règles tracées par la jurisprudence du Conseil d'Etat; qu'il y a lieu, dès lors, d'examiner de nouveau la question de savoir si une fabrique peut être autorisée à recevoir des libéralités destinées à la fondation ou à l'entretien d'une école;

Considérant que les fabriques, comme les autres établissements publics, n'ont été investies de la personnalité civile qu'en vue de la mission spéciale qui leur a été confiée; — Considérant qu'il résulte des articles 76 de la loi du 18 germinal an X et 1er du décret du 30 décembre 1809, que les fabriques ont été établies « pour veiller à l'entretien et à la conservation des temples, à l'administration des aumônes »; — Considérant qu'aucune loi postérieure n'a modifié les attributions des fabriques et ne leur a accordé le droit de fonder ou d'entretenir des écoles; — qu'il ne peut être suppléé au silence du législateur par ce motif que les fabriques pourraient être considérées comme représentant les intérêts religieux d'un groupe d'habitants et chargées, par suite, de pourvoir à la création et à l'entretien des écoles confessionnelles; que, lorsqu'il s'agit des attributions de personnes morales, créées par la loi, ce n'est pas dans le droit commun qu'il faut chercher les règles à appliquer, mais dans la loi spéciale qui les a instituées; qu'il suit de là que, ni les traditions historiques ni les considérations d'utilité publique ne peuvent autoriser à étendre les attributions des fabriques à un service qui ne leur a été restitué, ni en

L'avis par lequel le Conseil d'État a répondu négativement à la « question de savoir si un conseil presbytéral peut être autorisé à recevoir des libéralités en vue de fonder ou d'entretenir des écoles » est motivé comme suit.

Le Conseil d'État commence par énoncer le principe de la spécialité, auquel les conseils presbytéraux sont soumis au même titre que les autres établissements publics; « les conseils presbytéraux comme les autres établissements publics, dit-il, n'ont été investis de la personnalité civile qu'en vue de la

---

l'an X, ni en 1809; — qu'en même temps, en effet, qu'il ordonnait la vente, au profit de la nation, des biens appartenant aux fabriques et aux établissements scolaires, le législateur faisait de l'instruction du peuple une charge de l'Etat; que cette obligation, constamment respectée, a été maintenue, notamment par la loi du 11 floréal an X et le décret du 17 mars 1808, préparés en même temps que la loi de germinal an X et le décret de décembre 1809; que, dans ces circonstances, la restitution aux fabriques de services relatifs à l'enseignement n'aurait pu se concilier avec l'attribution exclusive de ces mêmes services à l'Etat ou aux communes; — qu'on ne saurait davantage invoquer en faveur des fabriques le principe de la liberté de l'enseignement proclamé par les lois de la Révolution; que ce principe ne s'appliquait qu'au droit individuel des citoyens à enseigner et non au droit collectif ayant appartenu aux corps supprimés par ces mêmes lois que c'est, en effet, par l'article 17 de la loi du 15 mars 1850 que le droit de créer des écoles libres a été rendu aux associations, mais que ce droit n'a pas été étendu par la même loi aux établissements ecclésiastiques; — Considérant, d'autre part, qu'en confirmant par son article 11 la suppression de tous établissements ecclésiastiques autres que ceux dont elle autorisait la reconstitution, la loi de germinal an X n'a pu investir ces derniers d'une attribution générale pour l'acceptation des dons et legs, parce qu'en leur conférant cette attribution générale, elle leur aurait fourni en même temps le moyen de réorganiser les établissements supprimés et d'éluder sa prohibition;

Considérant, enfin, que c'est au gouvernement en Conseil d'Etat qu'il appartient de statuer sur l'autorisation réclamée; qu'en effet, si la capacité d'un établissement public pour recevoir ou posséder est une question essentiellement judiciaire, le droit de veiller à ce que les établissements publics, placés sous la tutelle du gouvernement, ne franchissent pas les limites de leurs attributions soulève au contraire une question essentiellement administrative puisqu'il s'agit d'exercer le pouvoir qui lui a été réservé par les articles 910 et 937 du Code civil,

Est d'avis : 1° Que les fabriques, ayant été instituées exclusivement dans l'intérêt de la célébration du culte et pour l'administration des aumônes, ne sont aptes à recevoir et à posséder que dans les limites de ces attributions ; 2° Qu'il y a lieu de refuser à la fabrique de Poudis (Tarn) l'autorisation de recevoir le legs de la demoiselle Bonhoure et d'en appliquer les arrérages à l'entretien d'une école. (M. Hippolyte Duboy, rapporteur.)

mission spéciale qui leur a été confiée par les lois et règlements ».

Cette règle une fois rappelée, il ne fait aucune difficulté de reconnaître que les conseils presbytéraux sont chargés, en exécution de la loi du 18 germinal an X et de l'arrêté ministériel du 20 mai 1853, rendu en vertu de la délégation contenue dans l'article 14 du décret du 26 mars 1852, de maintenir la *discipline* dans les paroisses et que le chapitre VI de l'ancienne *discipline* des Eglises réformées porte que ces Églises *feront tout devoir de faire dresser des écoles;* mais il objecte que « si les articles 5 et 20 de la loi organique du 18 germinal an X ont expressément maintenu l'ancienne discipline, ces dispositions n'ont pas eu pour effet de reconnaître aux établissements publics du culte réformé des prérogatives en contradiction avec les lois qui venaient de réorganiser l'instruction publique en France » et qui « ont fait de l'enseignement public une charge de l'État, des départements et des communes ».

Quant au principe de la liberté de l'enseignement, les conseils presbytéraux et les consistoires seraient mal venus à l'invoquer ; « si l'article 17 de la loi du 15 mars 1850 donne aux particuliers et associations le droit de fonder des écoles libres, aucun texte n'a reconnu ce droit aux conseils presbytéraux et consistoires des Églises réformées ».

Le Conseil d'État termine son avis en déclarant que « l'article 8 de la loi du 18 germinal an X, en stipulant expressément que les dispositions portées par les articles organiques du culte catholique seront communes aux Églises protestantes, ne permet pas à celles-ci de réclamer le bénéfice d'une situation privilégiée » (1).

---

(1) Avis C. d'Et. 13 avril 1881, sur la question de savoir si les conseils presbytéraux peuvent être autorisés à recevoir des libéralités en vue de fonder ou d'entretenir des écoles (n° 33, 263). — Le Conseil d'État, qui, sur le renvoi ordonné par M. le ministre de l'Intérieur et des Cultes, a pris connaissance d'un projet de décret tendant à refuser au conseil presbytéral de l'Église réformée de Saint-Germain-en-Laye (Seine-et-Oise) l'autorisation d'accepter le legs qui lui a été fait par le sieur Muller, consistant en une maison estimée 50,000 fr. environ, à charge d'employer intégralement le montant des revenus à payer les dépenses des écoles

L'avis du 13 avril 1881 ne se réfère expressément qu'aux conseils presbytéraux des Églises réformées ; mais la doctrine en est manifestement applicable tant aux conseils presbytéraux de l'Église évangélique de la confession d'Augsbourg qu'aux consistoires des deux communions protestantes. Cette extension des dispositions de l'avis du 13 avril 1881 est consacrée par une jurisprudence constante.

Le 13 juillet 1881, le Conseil d'État a émis, au rapport de M. Hippolyte Duboy, un avis sur la « question de savoir s'il rentre dans les attributions légales des fabriques et des conseils presbytéraux de recevoir les dons et legs qui leur sont faits pour le soulagement des pauvres ».

Au frontispice de son avis il a inscrit le principe de la spécialité, dont il a donné la formule suivante qui n'est pas absolument identique à celle que nous trouvons dans les avis du 13 avril 1881 : « Les établissements publics ne sont aptes à recevoir et à posséder que dans l'intérêt des services qui leur ont été spécialement confiés par les lois et dans les limites des attributions qui en dérivent ».

---

protestantes de cette ville; — Vu le testament authentique du sieur Muller, en date du 21 mai 1873; — Vu les délibérations du conseil presbytéral de Saint-Germain-en-Laye, en date des 8 octobre 1876, 11 décembre 1878 et 12 juin 1879; — Vu les délibérations du consistoire de l'Église réformée de Paris dês 8 décembre 1876 et 20 décembre 1878; — Vu la loi du 18 germinal an X, articles 5 et 20; — Vu le décret du 26 mars 1852; — Vu l'arrêté ministériel du 20 mai 1853; — Vu les lois du 3 septembre 1791, 5 nivôse an II, 3 brumaire an IV, 11 floréal an X; — Vu le décret du 17 mars 1808; — Vu les lois des 28 juin 1833 et 15 mars 1850; — Vu les avis du Conseil d'État des 12 avril 1837 et 6 juillet 1873;

Considérant que le projet de décret apporte une modification aux règles tracées par la jurisprudence du Conseil d'État et qu'il y a lieu, par suite, d'examiner de nouveau la question de savoir si un conseil presbytéral peut être autorisé à recevoir des libéralités en vue de fonder ou d'entretenir des écoles;

Considérant que les conseils presbytéraux, comme les autres établissements publics, n'ont été investis de la personnalité civile qu'en vue de la mission spéciale qui leur a été confiée par les lois et règlements; — Considérant qu'aux termes de l'article 1er de l'arrêté ministériel du 20 mai 1853, rendu en vertu de la délégation contenue dans l'article 14 du décret du 28 mars 1852, le conseil presbytéral maintient l'ordre et la discipline dans la paroisse, veille à l'entretien des édifices religieux et administre les biens de l'Eglise et les deniers provenant des aumônes; — Considérant qu'on ne saurait faire dériver des dispositions

La pensée qui anime le Conseil d'État est toujours la même; il n'y a que la façon de la rendre qui soit différente.

Au surplus, le Conseil d'État estime que le principe de la spécialité s'oppose à ce que les conseils presbytéraux et les fabriques aient « capacité pour recevoir des biens dans l'intérêt des pauvres » ; en effet « ni les fabriques, ni les conseils presbytéraux n'ont été institués pour le soulagement des pauvres et pour l'administration des biens qui leur sont destinés ».

Vainement a-t-on voulu s'emparer du mot *aumônes* employé tant par les articles organiques du Concordat que par ceux des cultes protestants pour soutenir que les conseils presbytéraux et les fabriques sont doués de la vocation charitable ; « la loi du 18 germinal an X n'a eu pour but que de pourvoir à l'administration des paroisses et au service du culte ; si les articles 76 relatif au culte catholique et 20 relatif aux cultes protestants ont parlé de l'administration des aumônes ou de l'administration des deniers provenant des aumônes, ils se

---

qui précèdent la capacité d'accepter des libéralités, à charge de créer ou d'entretenir des établissements scolaires ; — qu'à la vérité le chapitre IV de l'ancienne *discipline* des églises réformées porte que ces églises *feront tout devoir de faire dresser des écoles ;* — Mais considérant que si les articles 5 et 20 de la loi organique du 18 germinal an X ont expressément maintenu l'ancienne discipline, ces dispositions n'ont pas eu pour effet de reconnaître aux établissements publics du culte réformé des prérogatives en contradiction avec les lois qui venaient de réorganiser l'instruction publique en France ; — Considérant que les lois ci-dessus visées ont fait de l'enseignement public une charge de l'État, des départements et des communes ; qu'on ne saurait d'ailleurs invoquer le principe de la liberté de l'enseignement ; que si l'article 17 de la loi du 15 mars 1850 donne aux particuliers et associations le droit de fonder des écoles libres, aucun texte n'a reconnu ce droit aux conseils presbytéraux et consistoires des églises réformées ; — Considérant que l'article 8 de la loi du 18 germinal an X, en stipulant expressément que les dispositions portées par les articles organiques du culte catholique sur la liberté des fondations seront communes aux églises protestantes, ne permet pas à celles-ci de réclamer le bénéfice d'une situation privilégiée,

Est d'avis : 1° En principe, que les conseils presbytéraux des églises réformées ne peuvent être autorisés à accepter des dons et legs qui leur sont faits à charge de fonder ou d'entretenir des écoles; 2° dans l'espèce, qu'il y a lieu d'adopter le décret proposé, portant refus d'autoriser le conseil presbytéral de Saint-Germain-en-Laye à accepter le legs qui lui a été fait par le sieur Muller. (M. Hébrard de Villeneuve, rapporteur.)

réfèrent uniquement aux offrandes et aux dons volontaires faits par les fidèles pour les besoins du culte ».

Le mot *aumônes*, dont s'est servi l'article 1er du décret du 30 décembre 1809, y désigne, comme dans la loi du 18 germinal an X, des aumônes faites pour les besoins du culte et non des aumônes destinées aux pauvres. « Le décret du 30 décembre 1809, en chargeant les fabriques d'administrer les aumônes, n'a pas entendu donner au mot *aumônes* un sens différent de celui qu'il avait dans la loi de germinal an X; en effet, après avoir énuméré les différents biens dont il confie l'administration aux conseils de fabrique, l'article 1er détermine nettement la destination de ces biens par ces mots : et *généralement tous les fonds affectés à l'exercice du culte* » (1).

---

(1) Avis C. d'Et. 13 juillet 1881, sur la question de savoir s'il rentre dans les attributions légales des fabriques et des conseils presbytéraux de recevoir les dons et legs qui leur sont faits pour le soulagement des pauvres (legs faits par les dames Lauzero et Dupré à des fabriques en faveur des pauvres; — legs fait par le sieur Mettetal au conseil presbytéral de l'église réformée de Paris pour le service des pauvres) (n°s 36104, 33728, 35893). — Le Conseil d'Etat qui, sur le renvoi ordonné par M. le ministre de l'Intérieur et des Cultes, a pris connaissance de trois projets de décret tendant :

Le premier, à l'acceptation du legs universel fait par la dame veuve Lauzero à la fabrique de l'église Saint-Jean-Baptiste de Belleville, à Paris (Seine), à la charge, notamment, d'affecter une partie des revenus dudit legs aux œuvres paroissiales de charité;

Le deuxième, à l'acceptation de legs faits par le sieur Mettetal à divers établissements des départements de la Seine et de Seine-et-Oise, notamment d'une somme de 18,000 francs au conseil presbytéral de l'église réformée de Paris pour le service des pauvres;

Le troisième, à l'acceptation du legs universel fait par la dame veuve Dupré à la fabrique de l'église succursale de Malemont (Vaucluse), à la charge, notamment, de distribuer annuellement aux familles les plus nécessiteuses de cette commune le pain de 4 hectolitres de blé, le tout à perpétuité ; — Vu les articles 910 et 937 du Code civil, la loi du 2 janvier 1817, les ordonnances du 2 avril 1817 et du 14 janvier 1831 ; — Vu la loi du 18 germinal an X; — Vu le décret du 30 décembre 1809; — Vu le décret du 26 mars 1852 ; — Vu les avis du Conseil d'Etat, en date des 12 avril 1837 et 6 mars 1873;

Considérant que les établissements publics ne sont aptes à recevoir et à posséder que dans l'intérêt des services qui leur ont été spécialement confiés par les lois et dans les limites des attributions qui en dérivent; — Considérant que ni les fabriques, ni les conseils presbytéraux n'ont été institués pour le soulagement des pauvres et pour l'administration des biens qui leur sont destinés; que la loi du 18 germinal an X, en effet, n'a eu pour but que de pourvoir à l'administration des paroisses et au service du culte; que si les articles 76, relatif au culte

L'avis du 13 juillet 1881 ne fait pas d'allusion aux consistoires protestants, mais le sort de ces établissements est lié à celui des conseils presbytéraux et par cela même que ceux-ci n'ont pas la vocation charitable, elle fait défaut à ceux-là.

Les avis des 13 avril et 13 juillet 1881 ont gardé sur les consistoires israélites un silence absolu. Certains auteurs en avaient conclu qu'aux yeux du Conseil d'État ces établissements conservaient le droit de recueillir des libéralités scolaires et charitables, conformément aux avis des 6 mars et 24 juillet 1873 (1); mais, à la date du 8 avril 1886, la haute assemblée a émis, au rapport de M. Francisque Bonthoux, un avis aux termes duquel « les consistoires israélites ne sauraient être autorisés à accepter des libéralités faites en vue de fondation ou d'entretien d'écoles et d'établissements de bienfaisance » parce que les établissements publics ne peuvent obtenir l'autorisation de « recevoir des libéralités que dans l'intérêt des services qui leur sont légalement confiés et dans la limite des attributions qui en dérivent », et que « la fondation ou l'entretien d'établissements scolaires et charitables ne rentre dans aucune des attributions spéciales » conférées aux consistoires israélites par le règlement du 10 décembre 1806, le décret du 17 mars 1808 rendant exécutoire ce règlement et les ordonnances des 29 juin 1819 et 25 mai 1844 (2).

---

catholique, et 20, relatif aux cultes protestants, ont parlé de l'administration des aumônes ou de l'administration des deniers provenant des aumônes, ils se réfèrent uniquement aux offrandes et aux dons volontaires faits par les fidèles pour les besoins du culte; que le décret du 30 décembre 1809, en chargeant les fabriques d'administrer les aumônes, n'a pas entendu donner au mot aumône un sens différent de celui qu'il avait dans la loi de germinal an X; qu'en effet, après avoir énuméré les différents biens dont il confie l'administration aux conseils de fabrique, l'article 1er détermine nettement la destination de ces biens par ces mots « et généralement tous les fonds affectés à l'exercice du culte »;

Est d'avis que ni les conseils presbytéraux ni les fabriques n'ont capacité pour recevoir des biens dans l'intérêt des pauvres.

En conséquence, le Conseil a modifié la rédaction des projets de décret présentés dans le sens des observations qui précèdent. (M. Hippolyte Duboy, rapporteur.)

(1) Voir notamment Ch. Beudant, *Revue pratique de droit français*, 1881, t. XLIX, p. 408. — Cf. Léon Béquet, *De la personnalité civile des diocèses, fabriques et consistoires* (*Revue pratique de droit français*, 1880, t. XLVII, p. 219).

(2) Avis C. d'Ét. 8 avril 1886, sur la question de savoir si les consis-

Le Conseil d'État a affirmé purement et simplement que les consistoires israélites n'ont pas qualité pour fonder et entretenir des établissements scolaires et charitables et il ne s'est pas appliqué à justifier une assertion qui, au premier abord, peut ne pas paraître d'accord avec les articles 19 et 22 de l'ordonnance du 25 mai 1844.

Il a négligé de dire que, si l'on examine ces articles de près, l'on se convainc qu'ils n'ont eu pour but que de charger

---

toires israélites peuvent être autorisés à accepter les libéralités qui leur sont faites en vue de fondation ou d'entretien d'écoles et d'établissements de bienfaisance (legs faits par le sieur Beyfus en faveur d'œuvres qui constituent des dépendances du consistoire israélite de Paris) (n° 52,595). — Le Conseil d'Etat, qui, sur le renvoi ordonné par M. le ministre de l'Instruction publique, des Beaux-Arts et des Cultes, a pris connaissance d'un projet de décret tendant à autoriser le consistoire israélite de Paris à accepter les libéralités résultant des dispositions testamentaires prises par le sieur Beyfus, à la date du 24 avril 1882, et ainsi conçues :

« 1° Je lègue une fondation d'un lit à l'hôpital Picpus-Rothschild; — 2° je lègue au comité de bienfaisance israélite à Paris la somme de six mille francs à la charge de la partager entre les diverses institutions du comité; — 3° je lègue la somme de mille francs à l'école israélite de Paris; — 4° je lègue mes livres et brochures, mes livres et cartons de musique au comité de bienfaisance, pour être partagés entre l'école de travail et autres établissements juifs semblables, les plus dépourvus de livres. »

Vu le testament du sieur Beyfus en date du 24 avril 1882; — Vu les articles 910 et 937 du Code civil, la loi du 2 janvier 1817, les ordonnances des 2 avril 1817 et 14 janvier 1831; — Vu le règlement du 10 décembre 1806 organisant le culte israélite; — le décret du 17 mars 1808 rendant exécutoire ce règlement; — l'ordonnance du 29 juin 1819; — l'ordonnance du 25 mai 1844 portant règlement pour l'organisation du culte israélite;

Considérant que les établissements publics ne sauraient être autorisés à recevoir des libéralités que dans l'intérêt des services qui leur sont légalement confiés et dans la limite des attributions qui en dérivent; que la fondation ou l'entretien d'établissements scolaires et charitables ne rentre dans aucune des attributions spéciales conférées aux consistoires israélites de la métropole par les textes ci-dessus visés;

Est d'avis :

Que les consistoires israélites ne sauraient être autorisés à accepter des libéralités faites en vue de fondation ou d'entretien d'écoles et d'établissements de bienfaisance, et que, par suite, il y a lieu de remplacer l'article 1er du projet de décret par une disposition portant que le consistoire israélite de Paris n'est pas autorisé à accepter les libéralités faites par le sieur Beyfus (M. Fr. Bonthoux, rapporteur).

Projet de décret tendant à refuser au consistoire israélite de Paris l'autorisation d'accepter les legs faits par le sieur Beyfus, en vue

les consistoires israélites de la surveillance morale d'institutions particulières de charité ou d'enseignement.

Si l'on s'en tenait aux termes de l'avis du 8 avril 1886, ces consistoires ne seraient pas exclus complètement du domaine de la charité et il leur serait interdit seulement de fonder et d'entretenir des établissements d'assistance (cf. Note de la sect. de l'Int. 13 avril 1886, donation Léon) (1), mais il est rentré dans la pensée du Conseil d'État de leur défendre la

---

d'œuvres de bienfaisance ou de fondation d'écoles (adopté par le Conseil d'État le 8 avril 1886). — Le Président de la République française, — Sur le rapport du ministre de l'Instruction publique, des Beaux-Arts et des Cultes; — Vu le testament olographe du sieur Beyfus, en date du 24 avril 1882; — Vu l'acte extrajudiciaire de mise en demeure signifié aux héritiers naturels et institués du testateur; — Vu les publications et affiches du testament, prescrites à l'égard des héritiers inconnus; — Vu les autres pièces produites en exécution des ordonnances réglementaires des 2 avril 1817 et 14 janvier 1831; — Vu l'ordonnance réglementaire du 25 mai 1844; — Le Conseil d'Etat entendu, décrète :

Art. 1er. Le consistoire israélite de Paris (Seine) n'est pas autorisé à accepter les legs faits, par le sieur Adolphe Beyfus, suivant son testament olographe du 24 avril 1882, en faveur d'œuvres qui constituent des dépendances du consistoire israélite de Paris, lesdits legs consistant, savoir : 1° dans la somme nécessaire pour la fondation d'un lit à l'hôpital Rothschild, situé rue de Picpus, à Paris, somme fixée par le consistoire, suivant l'usage, au chiffre de quinze mille francs (15,000 fr.); — 2° en une somme de six mille francs (6,000 fr.) à partager entre les diverses œuvres du comité de bienfaisance israélite de Paris; — 3° En ses livres, brochures et cartons de musique, destinés au même comité; — 4° en une somme de mille francs (1,000 fr.) destinée à l'école israélite de Paris. — Art. 2. Le ministre de l'Instruction publique, des Beaux-Arts et des Cultes, est chargé de l'exécution du présent décret (M. Fr. Bonthoux, rapporteur).

(1) Note de la sect. de l'Int. 13 avril 1886 (n° 55, 371). — La section de l'Intérieur, des Cultes, de l'Instruction publique et des Beaux-Arts du Conseil d'État, qui a pris connaissance d'un projet de décret tendant à autoriser le consistoire de Bayonne à accepter une donation à lui faite par le sieur Léon et consistant en quatre titres de rentes 3 0/0, s'élevant ensemble à 350 francs, pour la fondation d'un lit dans la maison d'asile des israélites pauvres et malades de Bayonne, a, conformément à la nouvelle jurisprudence adoptée par le Conseil d'État, substitué à l'article 1er du projet de décret une disposition portant que le consistoire n'est pas autorisé à accepter ladite libéralité. — La section estime, d'ailleurs, que si la maison d'asile des vieillards, qui est actuellement une dépendance du consistoire de Bayonne, rend de réels services et a les ressources suffisantes pour que son existence soit assurée, elle pourrait demander à être reconnue comme établissement d'utilité publique et que, dans le cas où sa demande serait accueillie, ledit établissement pourrait solliciter l'autorisation d'accepter la donation que lui ferait le sieur Léon. (M. Bonthoux, rapporteur.)

bienfaisance sous toutes ses formes et il est certain que pour la haute assemblée ils sont dépourvus de toute vocation charitable (note du 14 mai 1890) (1).

Les avis émis par le Conseil d'État les 13 avril et 13 juillet 1881 et le 8 avril 1886 ne sont afférents qu'à des *établissements ecclésiastiques*, c'est-à-dire à des établissements publics des cultes reconnus par l'État ; ils ne concernent à aucun degré les *établissements religieux*, au premier rang desquels se placent les congrégations ou communautés religieuses.

Il est à peine besoin de noter que les congrégations ou communautés vouées à l'enseignement ou à la bienfaisance peuvent, du moment qu'elles ont été régulièrement autorisées, recevoir des libéralités scolaires ou charitables, en se conformant aux indications de leurs statuts.

236. Le Conseil d'État n'a pas seulement infirmé par ses avis des 13 avril et 13 juillet 1881 les avis des 6 mars et 24 juillet 1873 ; il a, en outre, en décidant qu'il y avait lieu de refuser purement et simplement aux fabriques et aux conseils presbytéraux l'autorisation d'accepter les libéralités charitables et scolaires qui leur sont faites, condamné le système de *l'acceptation conjointe* inventé par l'avis du 4 mars 1841 et maintenu par ceux des 30 décembre 1846, 24 janvier et 10 juin 1863. Il est revenu à la jurisprudence instituée par ses avis des 15 février et 12 avril 1837 qui avaient proclamé

(1) Note de la sect. de l'Int. 14 mai 1890 (n° 82, 372). — La section de l'Intérieur, de l'Instruction publique, des Cultes et des Beaux-Arts du Conseil d'État, qui a pris connaissance d'un projet de décret tendant à autoriser le comité de bienfaisance israélite de Paris (reconnu comm établissement d'utilité publique par décret du 26 janvier 1887) à accepter le legs universel fait par la demoiselle Hirsch, estime que le comité de bienfaisance israélite, qui n'est même pas mentionné dans le testament, ne paraît pas avoir qualité pour accepter le legs universel fai par la demoiselle Hirsch au consistoire israélite de Paris pour les indigents israélites de Paris. Le consistoire n'ayant pas qualité pour revendiquer cette libéralité, c'est à l'Administration de l'assistance publique à Paris, représentant légal des pauvres de Paris, qu'il appartient d'intervenir pour l'acceptation. La section estime, en conséquence, qu'il conviendrait d'inviter le conseil de surveillance de l'assistance publique et le conseil municipal de Paris à délibérer sur le legs dont il s'agit, ainsi que sur la réclamation des hériti rs. (M. Bienvenu Martin, rapporteur.)

sans réserves ni réticences le défaut de vocation scolaire et charitable des établissements ecclésiastiques.

Mais les avis des 13 avril et 13 juillet 1881 laissent irrésolue une question que le Conseil d'État avait eu déjà à examiner en 1837 et qui se posait de nouveau, celle de savoir quels doivent être les effets de la décision par laquelle le gouvernement refuse d'autoriser un établissement ecclésiastique à accepter une libéralité scolaire ou charitable. La libéralité doit-elle être considérée comme caduque ou bien, à défaut de l'établissement ecclésiastique institué, que le principe de la spécialité rend incapable de recevoir un don ou un legs dont la destination est étrangère à ses attributions légales, convient-il d'autoriser la commune où cet établissement a son siège ou les pauvres de ladite commune, qui sont susceptibles d'être regardés commes les véritables bénéficiaires de la libéralité, à l'accepter ?

Si l'on se reporte à l'avis du 12 avril 1837 relatif à une donation entre vifs faite par le sieur et la demoiselle Jamet à la fabrique de Courthezon à charge de fonder et d'entretenir une école, l'on voit que le Conseil d'État a estimé qu'il n'y avait qu'à refuser à l'établissement institué l'autorisation prévue par l'article 910 du Code civil et qu'il ne convenait pas d'appeler la commune de Courthezon à accepter la donation au lieu et place de la fabrique. Au contraire, l'avis du 15 février 1837 déclare que, lorsque des legs charitables sont faits aux consistoires, aux cures ou aux fabriques, les bureaux de bienfaisance ou les maires, représentants légaux des pauvres, ont qualité pour accepter ces legs, à l'exclusion des consistoires, cures et fabriques et sauf à faire intervenir ces derniers dans la distribution des secours.

Il a été dit plus haut comment se concilient les avis des 15 février et 12 avril 1837 et nous ne pouvons que renvoyer à nos précédentes explications (V. *supra*, n° 230).

Les avis des 13 avril et 13 juillet 1881 sont moins explicites que ceux de 1837; ils se contentent de déclarer que l'on ne saurait autoriser les fabriques et les conseils presbytéraux à accepter les dons et legs qui leur sont faits à charge de secourir les pauvres ou de fonder et d'entretenir des écoles et ils ne disent pas s'il convient d'accorder ou de refuser aux représentants légaux des pauvres et aux communes la permission de revendiquer les libéralités charitables et scolaires que les fabriques et les conseils presbytéraux n'ont pas été habilités à recueillir. Mais cette question ne pouvait rester longtemps en suspens et le Conseil d'État allait être bientôt mis en demeure de la trancher ; il a dû rompre le silence dans lequel il s'était d'abord réfugié. Toutefois il ne s'est expliqué dans aucun avis de principe : sa jurisprudence se trouve éparse dans des décisions d'espèce dont nous passerons en revue les plus importantes.

Le sieur Phélypeaux ayant légué à la fabrique de l'église curiale de Saint-Bonaventure de Lyon une somme de dix mille francs dont le revenu devait être employé tant à faire célébrer trois messes chaque année pour le repos de l'âme du défunt qu'à secourir les pauvres de la paroisse, le bureau de bienfaisance de Lyon demanda à être autorisé à accepter la partie du legs ayant une destination charitable, au lieu et place de la fabrique à laquelle il ne pouvait être permis de la recueillir d'après l'avis de principe du 13 juillet 1881. Cette requête donna lieu à une discussion approfondie au sein du Conseil d'État et, le 25 janvier 1883, la haute assemblée adopta, au rapport de M. Hippolyte Duboy et contrairement aux conclusions de la section de l'Intérieur, un projet de décret qui y faisait droit.

Les articles 3 et 4 du projet de décret approuvé par le Conseil d'État ont seuls trait à la question qui nous occupe; ils sont ainsi conçus : « Art. 3. Le trésorier de la fabrique de l'église curiale de Saint-Bonaventure à Lyon (Rhône) est autorisé à accepter aux clauses et conditions imposées, mais seulement jusqu'à concurrence de la somme de 500 francs, jugée nécessaire pour assurer la célébration des services religieux prévus par le testateur, le legs fait en faveur de cet établissement par le sieur Phélypeaux (Joseph-François), suivant son testament olographe du 12 novembre 1867, et consistant en une somme de 10,000 francs dont le revenu sera employé au soulagement des pauvres de cette paroisse à la charge de faire célébrer trois messes chaque année. Cette somme sera placée en rentes sur l'État, avec mention sur l'inscription de la destination des arrérages. — Art. 4. Le bureau de bienfaisance de Lyon est autorisé à accepter le legs fait aux pauvres de la paroisse de Saint-Bonaventure par le sieur Phélypeaux, après déduction de la somme de 500 francs mentionnée dans l'article précédent ».

Le projet de décret adopté par le Conseil d'Etat, le 25 janvier 1883, est conforme à un avis du 1er décembre 1881 concernant un legs charitable fait à la Chambre des notaires de Paris; le Conseil d'État a décidé, aux termes de cet avis rendu au rapport de M. Léon Béquet, que ledit établissement n'avait pas qualité pour recevoir un legs, dont l'affectation ne rentrait pas dans la limite de ses attributions légales, mais que, comme la libéralité en question s'adressait, en réalité, aux pauvres de Paris sous le couvert de la Chambre des notaires, il y avait lieu de la faire accepter par l'Administration générale de l'assistance publique qui « a seule mission, d'après les lois en vigueur, pour accepter les dons et legs faits au profit des pauvres et pour en faire la répartition » (1).

---

(1) Avis C. d'Ét. 1er décembre 1881, sur un projet de décret relatif à un legs fait par le sieur Bonnomet de Védreuil à la Chambre des notaires de Paris (n° 37,091). — Le Conseil d'État, qui, sur le renvoi ordonné par le ministre de la Justice, a pris connaissance d'un projet de décret ayant pour objet d'autoriser : 1° la Chambre des notaires de Paris à accepter le legs universel à elle fait par le sieur Bonnomet de Védreuil (Charles-Pierre); 2° le directeur de l'Administration générale de l'assistance publique à Paris à accepter le bénéfice résultant pour les pauvres de la disposition par laquelle le sieur Bonnomet de Védreuil a institué légataire universelle la Chambre des notaires de Paris, à la charge d'employer le surplus de la succession, déduction faite des legs particuliers, à des secours particuliers au profit des familles malheureuses et véritablement misérables; — Vu le testament du sieur Bonnomet de Védreuil, en date du 10 février 1877; — Vu les délibérations prises par la Chambre des notaires, les 20 novembre 1879, 3 juin et 25 novembre 1880; — Vu la délibération prise par le conseil de surveillance de l'assistance publique, le 24 juillet 1879; — Vu les lettres du ministre de l'Intérieur et des Cultes, en date des 14 mars et 9 avril 1881; — Vu la lettre du ministre de la Justice, en date du 20 juin 1881; — Vu l'article 910 du Code civil; — Vu les ordonnances des 2 avril 1817 et 14 janvier 1831; — Vu l'article 2, § 7, de l'ordonnance du 4 janvier 1843; — Vu la loi du 7 frimaire an V;

Considérant que le testament du sieur Bonnomet de Védreuil contient diverses dispositions distinctes : — 1° une institution universelle de la Chambre des notaires, en la personne de son président; — 2° des legs en faveur de ladite Chambre et au profit des familles malheureuses et misérables;

En ce qui concerne l'institution universelle : Considérant que les éta-

L'avis du 1er décembre 1881 sert à éclairer le vote émis par le Conseil d'Etat le 25 janvier 1883; il nous montre la haute assemblée rendant hommage à la personnalité dont les pauvres ont été investis. Si un legs leur est adressé par l'intermédiaire d'un établissement auquel la bienfaisance est interdite, ils n'ont pas à souffrir de l'erreur de droit commise par le testateur; la clause par laquelle celui-ci a, en violation de la loi, chargé de leur représentation un établissement dépourvu de vocation charitable doit être considérée comme non écrite par application de l'article 900 du Code civil et ils accepteront la libéralité par l'entremise de leur représentant légal.

Si le projet de décret approuvé par le Conseil d'État le 25 janvier 1883 concorde entièrement avec l'avis du 1er décembre 1881, il s'écarte sur un point de l'avis du 15 février 1837. La haute assemblée a admis en 1837 que, si les fabriques, les cures et les consistoires sont incapables de recevoir les legs charitables qui leur sont faits et s'il y a lieu de les faire remplacer dans l'acceptation de ces libéralités par les bureaux de bienfaisance ou les maires, du moins, ils peuvent intervenir dans la distribution des aumônes prescrites par les testateurs. D'après le projet de décret adopté le 25 janvier 1883, le bureau

---

blissements publics n'ont été investis de la personnalité civile qu'en vue de la mission spéciale qui leur a été confiée, et dans la limite des attributions qui en découlent; — Considérant que le droit de recevoir et de distribuer des secours aux pauvres ne rentre pas dans les attributions légales des Chambres de notaires, instituées et organisées par la loi du 25 ventôse an XI et par l'ordonnance du 25 janvier 1843;

En ce qui concerne le legs particulier fait à la Chambre des notaires : — Considérant que rien ne s'oppose à ce que la Chambre des notaires soit autorisée à accepter les différents objets qui lui ont été légués par le testateur;

En ce qui concerne la disposition relative à des secours à distribuer à des familles malheureuses et misérables : — Considérant que l'Administration de l'assistance publique, à Paris, a seule mission, d'après les lois et règlements en vigueur, pour accepter les dons et legs faits au profit des pauvres et pour en faire la répartition;

Est d'avis qu'il y a lieu d'autoriser la Chambre des notaires à accepter le legs particulier d'objets mobiliers à elle fait par le sieur Bonnomet de Védreuil; et l'Administration de l'assistance publique à accepter le legs fait par ledit testateur au profit des familles malheureuses et misérables, mais en insérant la disposition « aux clauses et conditions énoncées au testament, en tant qu'elles ne sont pas contraires à l'ordre public ». (M. Léon Béquet, rapporteur.)

de bienfaisance de Lyon est habilité à accepter le legs fait aux pauvres de la paroisse de Saint-Bonaventure sans que la fabrique par l'intermédiaire de laquelle il leur a été adressé soit appelée à participer à la répartition des secours qu seront alloués auxdits indigents.

Le Conseil d'État a exclu complètement la fabrique de l'église de Saint-Bonaventure de l'exécution du legs à elle adressé pour se conformer à un avis de principe émis le 7 juillet 1881, au rapport de M. Charles Roussel (1). Cet avis se rapporte à un legs fait aux indigents de la paroisse Notre-Dame de Calais par le sieur Isaac et, tout en reconnaissant qu'il y a lieu d'autoriser le bureau de bienfaisance de Calais, représentant légal des pauvres de ladite paroisse, à accepter le legs dont ils sont gratifiés, il décide que l'autorisation ne

---

(1) Avis C. d'Ét. 7 juillet 1881, sur la question de savoir s'il y a lieu de considérer comme contraire aux lois la clause en vertu de laquelle des tiers seraient chargés de distribuer aux pauvres le revenu de biens légués aux bureaux de bienfaisance (legs fait aux malades pauvres de la paroisse Notre-Dame de Calais, par le sieur Isaac, à charge de distribution par le curé et les vicaires) (n° 35.985). — Le Conseil d'État, qui, sur le renvoi ordonné par M. le ministre de l'Intérieur et des Cultes, a pris connaissance d'un projet de décret tendant à autoriser notamment la commission administrative du bureau de bienfaisance de Calais à accepter un legs, à titre universel, d'une part de sa fortune, fait aux malades pauvres de la paroisse Notre-Dame de Calais, par le sieur Isaac, à charge de distribution par le curé et les vicaires, a été amené à examiner la question de savoir s'il y a lieu d'insérer dans l'article 2 dudit décret la réserve que l'autorisation n'est donnée d'accepter, aux clauses et conditions du testament, qu'en tant qu'elles n'ont rien de contraire aux lois ; — Vu la disposition testamentaire ainsi conçue : « Une part formera le capital dont le produit sera distribué par le doyen de Calais à ses vicaires, paroisse de Notre-Dame, pour qu'ils soulagent les malades pauvres qu'ils visiteront » ; — Vu la loi du 7 frimaire an V ; — Vu l'ordonnance du 2 avril 1817 ; — Vu l'ordonnance du 30 octobre 1821 ;

Considérant que les établissements publics ayant été créés en vue de destinations spéciales, on ne saurait ni étendre leurs attributions, ni les en dépouiller sans violer la loi de leur institution ; — Considérant que les bureaux de bienfaisance tiennent des lois, décrets et ordonnances la mission exclusive d'administrer les biens des pauvres et celle de faire la répartition des secours ;

Est d'avis : — Qu'il y a lieu d'autoriser la commission administrative du bureau de bienfaisance de Calais, à accepter, aux clauses et conditions du testament, en tant qu'elles n'ont rien de contraire aux lois, le legs résultant en faveur des pauvres des dispositions testamentaires faites par le sieur Isaac. (M. Ch. Roussel, rapporteur.)

doit être donnée que sous la réserve qu'il ne sera pas donné suite à la clause en vertu de laquelle le testateur a chargé le curé et les vicaires de la distribution des revenus annuels de la somme léguée; le Conseil d'Etat a estimé, en effet, que « les bureaux de bienfaisance tiennent des lois, décrets et ordonnances la mission exclusive d'administrer les biens des pauvres et celle de faire la répartition des secours » et que, par suite, la clause susdite avait un caractère illicite qui, d'après l'article 900 du Code civil, devait la faire réputer non écrite.

Il est à noter que les bureaux de bienfaisance ont été réintégrés tant par l'avis du 7 juillet 1881 que par le projet de décret du 25 janvier 1883 dans la qualité de mandataires officiels des pauvres qui leur avait été ôtée par l'avis du 6 mars 1873; ils la partagent avec les bureaux d'assistance médicale, les caisses des écoles, les hospices, les hôpitaux et les maires (V. *supra*, n°s 125 et suiv.).

Si une note du 13 juin 1883 et un avis du 6 novembre 1887 ont reconnu aux bureaux de bienfaisance d'Entraigues (Vaucluse), de la Tremblade et d'Arvers (Charente-Inférieure) le droit de réclamer des legs charitables adressés par la dame veuve Perre et le sieur Corbeau à la fabrique de l'église et aux conseils presbytéraux de ces communes, le Conseil d'État a approuvé le 13 novembre 1884 un projet de décret qui tendait à accorder au maire de Malemort (Vaucluse) l'autorisation d'accepter un legs fait en faveur des pauvres à la fabrique de l'église de cette commune (V. *supra*, n° 131); ce projet de décret est d'autant plus digne de remarque qu'il s'applique à l'une des libéralités à l'occasion desquelles est intervenu l'avis de principe du 13 juillet 1881.

Nous rappellerons, en outre, la note du 24 juin 1885, d'après laquelle l'autorisation d'accepter des legs faits pour les élèves pauvres d'une école à la fabrique d'une église de Louviers (Eure) par les demoiselles de Riberprey devait être accordée à la caisse des écoles de cette ville (V. *supra*, n° 131), et celle du 25 mai 1887, qui concluait à ce qu'un legs fait par la dame veuve Cunin à la fabrique de l'église de Paroy pour les revenus servir « à l'achat de livres et de fournitures de classe pour les enfants pauvres de la paroisse » fût accepté par les caisses des écoles des communes qui composent la paroisse de Paroy (V. *supra*, n° 146).

En définitive, d'après la dernière jurisprudence du Conseil d'État attestée par les projets de décret, notes et avis ci-dessus indiqués, les maires et les établissements publics chargés de la représentation légale des pauvres peuvent être substitués aux établissements ecclésiastiques dans l'acceptation des legs charitables faits à ceux-ci ; mais les legs adressés aux établissements ecclésiastiques en vue de la fondation et de l'entretien d'écoles sont-ils considérés par la haute assemblée comme susceptibles d'être acceptés par les communes ?

Il importe, pour être à même de répondre à cette question, de consulter les « Notes de jurisprudence » publiées en 1892 sur l'initiative et sous la haute direction de M. Georges Coulon, président de la section de l'Intérieur du Conseil d'Etat ; nous en détachons les observations suivantes : « Lorsqu'un testateur institue légataire un établissement qui, par suite de l'application du principe de la spécialité, est incapable de recevoir la libéralité et que celle-ci peut être revendiquée par un autre établissement capable de la recevoir et susceptible d'en être considéré, d'après les termes du testament, comme le véritable bénéficiaire, il y a lieu soit de provoquer une entente entre les héritiers et ce dernier établissement en vue de l'attribution du legs à son profit, soit même de l'autoriser directement à l'accepter, s'il en fait la demande. — En pareil cas, il convient de s'attacher moins aux termes du testament qu'aux intentions du testateur et de considérer l'établissement institué comme n'étant qu'un simple intermédiaire qui peut être écarté sans que deviennent caduques les dispositions testamentaires dont l'exécution lui a été à tort confiée par le testateur » (1).

Ces indications n'ont rien de particulier aux libéralités adressées dans l'intérêt des indigents aux établissements dé-

(1) Notes de jurisprudence (section de l'Intérieur, des Cultes, de l'Instruction publique et des Beaux-Arts du Conseil d'État) recueillies et classées par M. Bienvenu Martin, maître des requêtes au Conseil d'État, et MM. Simon, Dejamme, Noël, Silhol, Moullé, auditeurs au Conseil d'État, p. 176.

pourvus de vocation charitable; elles sont conçues en termes généraux et applicables, par conséquent, à toutes les libéralités faites à des établissements publics sous des charges ou conditions qu'ils ne sauraient accomplir en raison du principe de la spécialité. Selon le Conseil d'État, si un établissement auquel est fait une libéralité grevée de charges ou conditions étrangères à la mission dont il a été investi par la loi est incapable de la recevoir en vertu du principe de la spécialité, elle n'est pas caduque, du moment qu'un autre établissement, dans les attributions duquel rentre l'exécution des charges ou conditions auxquelles elle est subordonnée, peut, eu égard aux circonstances, en être regardé comme le bénéficiaire; l'établissement *bénéficiaire* l'acceptera au lieu et place de l'établissement *institué*.

La règle formulée par le Conseil d'État concerne uniquement les libéralités testamentaires et l'on ne saurait s'en prévaloir en matière de libéralités entre vifs; d'autre part, les « Notes de jurisprudence » spécifient qu'elle cesse de recevoir son application « lorsqu'il résulte des termes du testament que le testateur a entendu faire de la distribution ou de l'emploi du legs par l'établissement incapable qu'il a institué la condition expresse de sa libéralité » et que, dans ce cas, l'on doit « se borner à refuser l'autorisation d'accepter le legs à *l'établissement institué* qui n'est pas apte à recevoir, sans donner à *l'établissement bénéficiaire* une autorisation qui aurait pour effet de méconnaître ouvertement la volonté du testateur » (V. *supra*, n° 132, Avis C. d'Ét. 22 février 1883, legs Toutenel, 6 mai 1891, legs Saint-Aubin, et 16 juin 1892, legs Maublanc).

Telles sont les seules réserves que comporte dans son application la règle posée par le Conseil d'État. C'est en vain que, pour soutenir qu'elle n'a d'empire qu'en matière de libéralités charitables, l'on ferait observer qu'après l'avoir énoncée les auteurs des « Notes de jurisprudence » ajoutent simplement qu'il a été « décidé, par application de ce qui précède, que l'autorisation d'accepter un legs fait à une fabrique ou à un curé pour le soulagement des pauvres doit être accordée non à la fabrique ou au curé, mais au représentant légal des pauvres, c'est-à-dire le bureau de bienfaisance ou le maire à défaut de bureau de bienfaisance » (Cf. Note de la sect. de l'Int. 17 mars 1891, legs Sauvaige, v. *supra*, n° 131).

Des recherches, auxquelles nous nous sommes livré dans les archives de la section de l'Intérieur, il résulte qu'il a été fait d'autres applications de cette règle. C'est ainsi qu'un legs ayant été fait à la fabrique de l'église cathédrale de Nice en vue d'aider les enfants de la maîtrise à parcourir la carrière ecclésiastique, la section de l'Intérieur a estimé, aux termes d'une note du 24 avril 1888, que les séminaires de Nice pouvaient être autorisés à l'accepter au lieu et place de la fabrique à laquelle il était interdit de recevoir une libéralité dont l'objet était étranger à ses attributions légales (1).

De la note du 24 avril 1888 il n'est pas sans intérêt de rapprocher celle du 21 mai 1890 par laquelle la section de l'Intérieur a décidé que, si le principe de la spécialité s'oppose à ce qu'un hospice reçoive un legs qui lui a été fait pour être employé entièrement à faire dire des messes, la fabrique de l'église paroissiale dans le ressort de laquelle est situé l'hospice est qualifiée pour réclamer le legs adressé à celui-ci (2). — Cf. Note de la sect. de l'Int. du 7 mars 1883 (V. *infra*, n° 248) et note du Conseil d'État du 22 janvier 1891 (V. *infra*, n° 249).

---

(1) Note de la sect. de l'Int. 24 avril 1888 (n° 70,227). — La section de l'Intérieur, avant de statuer sur le projet de décret relatif à des legs faits par le sieur Pellissier à divers établissements du département des Alpes-Maritimes, a pensé, en ce qui concernait le legs fait à la fabrique de l'église cathédrale de Nice, que, s'il n'y avait pas lieu d'autoriser ce legs, parce qu'il ne rentre pas dans les attributions des fabriques « d'aider les enfants de la maîtrise à parcourir la carrière ecclésiastique », il convenait d'appeler par une instruction régulière le bureau des séminaires de Nice, considérés comme véritables bénéficiaires, à délibérer sur l'acceptation ou le refus de ce legs. (M. Silhol, rapporteur.)

(2) Note de la sect. de l'Int. 21 mai 1890 (n° 82,685). — La section de l'Intérieur, de l'Instruction publique, des Cultes et des Beaux-Arts du Conseil d'État, qui a pris connaissance d'un projet de décret relatif aux legs faits par la demoiselle Augier à divers établissements des Alpes-Maritimes, est d'avis qu'il n'y a pas lieu d'autoriser la commission administrative des hospices de Grasse à accepter le legs fait à ces établissements et consistant en une somme de 500 francs, à la charge de faire célébrer annuellement cinq messes basses à perpétuité. Sans qu'il soit besoin d'examiner si, comme le soutient M. le maire de Grasse, la chapelle des hospices est régulièrement ouverte au culte, la section fait observer que le legs de la demoiselle Augier sera presque entière-

En cet état de la jurisprudence, il semble que, si une commune demandait l'autorisation d'accepter un legs adressé à une fabrique en vue de la fondation et de l'entretien d'une école, cette permission lui serait accordée, sauf, bien entendu, dans le cas où le legs serait fait sous la condition expresse que l'école à créer ou à soutenir aurait un caractère confessionnel et où cette clause, qu'il serait interdit à la commune d'observer en vertu des lois des 28 mars 1882 et 30 octobre 1886 (1), en aurait été la cause impulsive et déterminante (Cf. Notes de la sect. de l'Int. 17 juillet 1888 et 13 janvier 1891) (2).

---

ment absorbé par la charge imposée, et la jurisprudence, fondée sur le principe de la spécialité des établissements publics, ne permettrait d'accorder à la commission des hospices l'autorisation qu'elle sollicite que si les services religieux étaient une charge accessoire d'un legs véritablement avantageux. C'est aux fabriques qu'il appartient de recevoir les legs de la nature de celui dont il s'agit, et la présente décision ne fait pas obstacle à ce que le conseil de fabrique de l'église paroissiale dans le ressort de laquelle est située la chapelle des hospices de Grasse revendique à son profit un legs grevé d'une charge rentrant essentiellement dans ses attributions. (M. Simon, rapporteur.)

(1) Note de la sect. de l'Int., 11 juillet 1888 (n° 71,774). — La section de l'Intérieur, de l'Instruction publique, des Cultes et des Beaux-Arts du Conseil d'État, avant de statuer sur le projet de décret tendant à autoriser la commune de Selongey (Côte-d'Or) à accepter le legs universel fait par le sieur Géliot, estime qu'il y a lieu d'appeler le conseil municipal à délibérer de nouveau sur cette affaire qui peut soulever de sérieuses difficultés. — Par une donation du 9 février 1869, approuvée par arrêté préfectoral, le sieur Géliot avait donné à la commune de Selongey un immeuble destiné à l'établissement d'une salle d'asile desservie par des congréganistes. Le testament du sieur Géliot, en instituant ladite commune comme légataire universelle, stipule formellement que toutes les recettes et revenus provenant de ce legs devront être affectés à l'entretien de ladite salle d'asile. — La loi du 30 octobre 1886 ne permettant plus aux communes d'avoir des écoles publiques desservies par des congréganistes, la commune se trouve exposée à bref délai à une action en révocation intentée par les héritiers du sieur Géliot. — Dans ces circonstances, il paraîtrait préférable d'engager la commune à tenter avec les héritiers une transaction qui assurerait à ladite commune le bénéfice de la donation et d'une partie de la libéralité contenue dans le testament en la dégageant des conditions contraires aux lois. (M. de Villeneuve, rapporteur.)

(2) Note de la sect. de l'Int. 17 juillet 1888 (n° 59,232). — La section de l'Intérieur, de l'Instruction publique, des Cultes et des Beaux-Arts du Conseil d'État, qui a pris connaissance des observations fournies en réponse à sa dernière note, estime qu'à raison de l'abandon consenti par la fabrique de Saint-Aubin-d'Arquenay des parties de la libéralité qu'elle ne saurait accepter à la commune de Saint-Aubin, il convient, d'une part, de l'autoriser à accepter les deux quarts spécialement af-

237. Nous avons exposé dans ses grandes lignes la jurisprudence suivie par le Conseil d'État en matière de libéralités charitables ou scolaires faites à des établissements ecclésiastiques ; il nous reste maintenant à la juger.

Nous examinerons successivement :

1° Le principe même de la spécialité ;

2° Son application aux libéralités scolaires et charitables adressées aux établissements ecclésiastiques ;

3° La règle qui tend à substituer les établissements bénéficiaires aux établissements institués dans l'acceptation desdites libéralités.

238. Si l'on envisage le principe de la spécialité en lui-même, indépendamment de ses applications, nous ne croyons pas qu'on puisse reprocher à la jurisprudence administrative de l'avoir établi.

Le législateur a créé, soit par lui-même, soit par l'entremise du gouvernement, diverses espèces d'établissements publics dont il a déterminé les fonctions respectives ; or, ce serait enlever toute signification à son œuvre que de reconnaître à un établissement la faculté d'exercer, en même temps que les attributions qui lui ont été conférées, celles dont les autres établissements se trouvent investis. Chaque établissement doit

---

fectés par l'abbé Perdrieux aux besoins de la fabrique et à la célébration de messes et, d'autre part, de faire intervenir le maire de la commune, au nom des pauvres, pour accepter directement le quart de la libéralité destinée à des distributions aux pauvres. Quant au dernier quart réservé pour le traitement d'un instituteur congréganiste, la section, considérant la clause comme illégale depuis la loi du 30 octobre 1886, a pensé qu'il n'y avait lieu, ni de le faire accepter par la commune, ni même de statuer par suite des termes de l'autorisation employés pour les autres parties des dispositions testamentaires. (M. de Moüy, rapporteur.)

Note de la sect. de l'Int., 13 janvier 1891, legs dame veuve Gavelle au conseil presbytéral de l'église réformée de Meaux (n° 85,417). — La section de l'Intérieur, de l'Instruction publique, des Cultes et des Beaux-Arts du Conseil d'État, tout en adoptant les autres dispositions du décret relatif aux legs faits par la veuve Gavelle, a cru devoir supprimer l'article 3 du projet ; il a semblé, en effet, à la section qu'il serait contraire à la jurisprudence d'autoriser le maire d'une commune à accepter un legs destiné à subventionner un enseignement confessionnel. (M. de Villeneuve, rapporteur.)

être strictement cantonné dans la sphère qui lui est propre sinon l'on aboutit fatalement à la confusion et au chaos.

Il est nécessaire qu'il existe entre les différents établissements publics des barrières infranchissables, non seulement pour que l'ordre public ne soit pas troublé par les conflits incessants d'institutions rivales, mais encore pour que chacun des organismes créés par la loi produise le maximum d'utilité qu'on est en droit d'en attendre. La division du travail ne s'impose pas moins en droit public que dans le domaine de l'économie politique ; elle a pour conséquence, en droit constitutionnel, la séparation des pouvoirs; elle aboutit, en droit administratif, à la spécialisation des divers établissements publics voués à la satisfaction des besoins d'ordre collectif.

Si les établissements publics ont chacun leur spécialité dans laquelle ils sont tenus de se confiner, il est évident qu'ils ne sauraient recevoir des libéralités qu'en vue de leur mission particulière.

S'ensuit-il que les libéralités qui sont faites à des établissements publics sous des charges ou conditions étrangères à leurs attributions légales soient *nulles ?* Nous aborderons cette question plus loin (V. *infra*, nos 262 et suiv.); ici nous voulons simplement faire observer qu'il est du devoir du gouvernement d'user des pouvoirs qu'il tient des articles 910 et 937 du Code civil pour rendre de telles libéralités *inefficaces*. Que le principe de la spécialité soit ou non une règle de droit civil, il est certainement une règle de droit public et administratif. Le gouvernement, appelé par les articles 910 et 937 du Code civil à autoriser l'acceptation des dons et legs faits aux établissements publics, ne doit pas permettre celle des libéralités qui ne tiendraient pas compte de la spécialité desdits établissements; il lui incombe de veiller à ce que chaque établissement ne reçoive des dons et legs que dans les limites des attributions qui lui sont dévolues.

Il a été soutenu qu'en instituant le principe de la spécialité et en chargeant le gouvernement d'en assurer le respect dans l'exercice de l'autorité qui lui a été conférée par les articles 910 et 937 du Code civil la jurisprudence administrative a violé la loi qui a octroyé aux personnes morales la capacité générale de recevoir. L'article 902 du Code civil, a-t-on dit à l'appui de cette thèse, porte que « toutes personnes peuvent disposer et recevoir, soit par donation entre vifs, soit par testament, excepté celles que la loi en déclare incapables » ; en d'autres termes, la capacité est la règle et l'incapacité l'exception. Cet axiome conduit à décider que, du moment que la capacité des personnes morales n'a pas été limitée par la loi, elle ne comporte aucune réserve et que c'est à tort que la jurisprudence administrative en a restreint les effets en imaginant le principe de la spécialité.

Notre réponse est aisée. L'article 902 du Code civil n'a été écrit qu'en vue des personnes physiques et il ne concerne aucunement les personnes morales. Les personnes physiques ont une capacité naturelle et c'est pourquoi la faculté de recevoir ne leur manque que dans les circonstances où la loi la leur a expressément retirée ; au contraire, la capacité des personnes morales est purement artificielle, elle est une fiction de la loi ; aussi n'existe-t-elle que dans la mesure où elle est consacrée par la loi. Ici l'incapacité est la règle et la capacité l'exception ; une personne morale n'a pas, par cela même qu'elle existe, la plénitude des droits civils ; elle ne jouit de ces droits que conformément à ce qui est indiqué par la loi. Tout ce qui n'est pas prévu par la loi fait défaut aux personnes morales qu'elle a mises au monde.

Or, à moins de prêter au législateur des intentions absurdes, il n'est pas à supposer qu'il ait entendu attribuer aux personnes civiles, sans aucune restriction, la faculté de recevoir, même en vue d'objets étrangers à la mission qui leur a été confiée ; il est plus naturel d'admettre qu'il a voulu proportionner leur capacité à leurs besoins et aux services qu'elles sont destinées à rendre. La capacité des personnes morales n'est pas absolue, elle est essentiellement relative, elle dépend des attributions qui leur sont départies.

Mais n'y-a-t-il pas une exception à faire au principe de la spécialité en faveur des établissements ecclésiastiques ? Suivant certains jurisconsultes, ces établissements auraient une capacité générale en vertu de l'article 1er de la loi du 2 janvier 1817, qui porte que « tout établissement ecclésiastique reconnu par la loi pourra accepter, avec l'autorisation du roi, *tous les biens, meubles, immeubles ou rentes*, qui lui seront donnés par actes entre vifs ou par actes de dernière volonté ». Dès lors, a-t-on dit, que l'article 1er de la loi du 2 janvier 1817 déclare les établissements ecclésiastiques aptes à recevoir toute espèce de biens, l'on ne saurait, sans faire échec à la volonté du législateur, ne leur permettre de recevoir, entre vifs ou par testament, que les biens qui leur sont donnés ou légués purement et simplement ou sous des charges ou conditions qui rentrent dans leur mission légale.

Cette interprétation de l'article 1er de la loi du 2 janvier 1817 ne résiste pas à l'examen. Quiconque a jeté un coup d'œil sur les travaux préparatoires de la loi de 1817 sait à quoi s'en tenir sur le sens de cette loi, qui est absolument différent de celui qu'on s'est efforcé de fabriquer après coup.

L'article 73 de la loi du 18 germinal an X disposait que les fondations en faveur des établissements ecclésiastiques ne pourraient consister qu'en rentes sur l'État; ils étaient incapables notamment de recevoir des libéralités immobilières (même loi, art. 74). Les auteurs de la loi du 2 janvier 1817 ont voulu faire disparaître ces dispositions restrictives de la liberté des fondations religieuses et, à cet effet, ils ont décidé que désormais les établissements ecclésiastiques pourraient recevoir *tous les biens meubles, immeubles ou rentes* qui leur adviendraient par donation entre vifs ou par testament. L'article 1er de la loi du 2 janvier 1817 n'a pas d'autre signification et il ne fournit aucune arme contre le principe de la spécialité qui doit s'appliquer aux établissements ecclésiastiques comme aux autres établissements publics.

239. Dans ses avis des 13 avril et 13 juillet 1881, le Conseil d'État a, par application du principe de la spécialité, dénié tant aux fabriques qu'aux conseils presbytéraux le droit de recevoir des libéralités scolaires ou charitables.

Il s'est fondé pour le leur refuser sur des raisons qui nous paraissent irréfutables ; tout en renvoyant à son argumentation qui ne pourrait qu'être affaiblie si nous la refaisions à notre manière, nous la compléterons par quelques observations.

En ce qui concerne le défaut de vocation scolaire des fabriques et des conseils presbytéraux, il nous semble que jurisprudence du Conseil d'État puise une nouvelle force dans la loi du 30 octobre 1886, dont l'article 2 ne reconnaît que deux espèces d'établissements d'enseignement primaire : les établissements publics, « c'est-à-dire fondés et entretenus par l'État, les départements et les communes », et les établissements privés, « c'est-à-dire fondés et entretenus par des particuliers ou des associations ». Les établissements ecclésiastiques ne sont pas rangés au nombre des personnes morales susceptibles de fonder et d'entretenir des écoles primaires publiques; d'autre part, il n'y a que les particuliers et les associations qui aient la faculté de fonder et d'entretenir des écoles primaires privées : ce droit est refusé aux établissements ecclésiastiques, ainsi que celui de subventionner des établissements scolaires fondés et entretenus par des particuliers ou des associations. — Cf. Avis C. d'Ét. 19 juillet 1888 (1).

---

(1) Avis C. d'Ét. 19 juillet 1888, sur la question de savoir si les communes peuvent s'autoriser de l'article 145 de la loi municipale du 5 avril 1884 pour subventionner les écoles privées (n° 70,439). — Le Conseil d'État, consulté par les ministres de l'Intérieur et de l'Instruction publique sur la question de savoir si les communes qui se trouvent dans les conditions prévues par le paragraphe 2 de l'article 145 de la loi municipale du 5 avril 1884 peuvent subventionner les écoles privées ; — Vu la dépêche des ministres de l'Intérieur et de l'Instruction publique, en date du 22 juin 1888 ; — Vu les articles 145 et 63 de la loi du 5 avril 1884 ; — Vu la loi du 30 octobre 1886 ;

Considérant que l'article 145 susvisé ne pouvait avoir pour but et ne peut avoir pour effet d'attribuer aux communes, quelle que soit d'ailleurs leur situation financière, le droit d'inscrire à leur budget, à titre de dépenses facultatives et sans nul recours de l'autorité supérieure, des dépenses contraires aux lois ;

Considérant que la loi du 28 juin 1833 (art. 8) définissait les écoles primaires publiques celles qu'entretiennent, en tout ou en partie, les communes, les départements ou l'État ; qu'il résultait de cette disposition, d'après l'interprétation qui lui avait été donnée par le gouvernement devant la Chambre et d'après l'application qu'elle avait reçue : 1° que toute école privée qui recevait une subvention, même partielle, de la commune, devenait, par ce seul fait, école publique ; 2° qu'aucun secours ne pouvait être réservé à une école privée, dès l'instant que la commune était mise en possession d'une école publique ;

Considérant que la loi du 15 mars 1850 (art. 36) avait modifié cet état de choses ; que, « pour empêcher que la plus légère allocation de la commune à une école fît de celle-ci une école communale », elle avait ajouté une troisième catégorie d'écoles à celles prévues à l'article 17, à savoir : les écoles libres tenant lieu d'écoles publiques ; que toutefois

Quant à la vocation charitable, elle fait défaut aux fabriques, parce que si l'administration des *aumônes* fait partie de leurs attributions en vertu de l'article 76 de la loi du 18 germinal an X et de l'article 1er du décret du 30 décembre 1809 rendu pour l'exécution de cette loi, il ne s'agit dans ces articles que d'aumônes pour les frais du culte et l'entretien des églises et non d'aumônes pour les pauvres. Ce qui le prouve, c'est d'abord, comme l'a fait observer l'avis du 13 juillet 1881, que, si l'article 1er du décret du 30 décembre 1809 place les aumônes parmi les ressources dont l'administration est confiée aux fabriques, l'énumération de ces ressources se termine par ces mots qui en précisent le caractère : *et généralement tous les fonds qui sont affectés à l'exercice du culte.* D'autre part, l'article 36 du décret du 30 décembre 1809 ne comprend parmi les revenus des fabriques que les quêtes faites *pour les frais du culte.* Enfin, tout en s'abstenant de charger les fabriques du soin de quêter pour les pauvres, le décret de 1809 rappelle, dans son article 75, qu'il rentre dans les attribu-

---

l'institution de cette nouvelle catégorie devait être préalablement autorisée par le Conseil académique ; qu'elle demeurait toujours révocable et obligeait, en outre, les communes à pourvoir gratuitement à l'instruction des enfants indigents ;

Mais considérant que la loi de 1850, qui a si profondément transformé la loi de 1833, est elle-même abrogée ; que l'article 2 de la loi de 1886 ne laisse place à aucune immixtion, même partielle, des communes dans le régime financier des écoles privées ; qu'au surplus, cette loi forme un tout avec les lois des 16 juin 1881, 28 mars 1882 et les lois de finances dont les dispositions ont permis à l'État de ne plus recourir aux écoles privées; — qu'en effet, l'article 2 de la loi du 30 octobre 1886 précité a distribué les établissements d'enseignement primaire de tout ordre en deux groupes distincts et que, par les dispositions de ses titres II et III, elle a pris soin d'édicter pour le personnel, le régime d'études et la discipline de chacun d'eux des règles particulières, sans admettre en aucun lieu l'existence d'un troisième groupe formé par le concours des communes, des associations et des particuliers ;

Considérant qu'il ne peut appartenir aux conseils municipaux de créer ce troisième groupe en employant le budget communal de telle sorte qu'une partie de ses ressources soit obligatoirement destinée à seconder les intentions de l'État, tandis qu'une autre partie serait destinée, sous quelque appellation que ce soit, à favoriser l'effort des associations ou des particuliers; — Considérant que ce partage, formellement contraire au principe dominant de la loi, aurait pour résultat manifeste de faire échec aux sacrifices de l'État et des départements et de disperser abusivement les deniers des communes, qui provoqueraient la désertion

tions des bureaux de bienfaisance. Les dispositions des articles 1, 36 et 75 du décret du 30 décembre 1809 se combinent pour ne laisser aucun doute sur le manque absolu de vocation charitable des fabriques.

Vainement, pour leur ouvrir le domaine de la charité, s'est-on emparé d'un rapport susvisé du 16 avril 1806 dans lequel Portalis dit que l'*aumône* est ce qui est donné pour les pauvres et qu'en conséquence les fabriques puisent dans l'article 76 de la loi de germinal an X la faculté de recueillir des libéralités charitables; cette opinion a été contredite par les ministres de l'Intérieur Chaptal et Champagny, dont la parole n'a pas moins d'autorité que celle de Portalis, puisqu'ils ont participé comme lui, au sein du Conseil d'État, à l'élaboration de la loi du 18 germinal an X. D'ailleurs, l'avis exprimé par Portalis, si considérable soit-il, ne saurait prévaloir contre les dispositions précitées du décret du 30 décembre 1809 qui ont fixé d'une manière claire et nette le sens de l'article 76 de la loi de l'an X (V. *supra*, n° 228).

---

de l'école publique qu'elles auraient elles-mêmes fondée et qu'elles continueraient d'entretenir; — Considérant qu'on prétendrait vainement distinguer entre la fondation, l'entretien et la subvention, alors qu'aucune règle ne fixe le chiffre de cette subvention et qu'il n'est rien dit des objets auxquels elle peut s'appliquer, non plus que de la faculté qui serait laissée ou non aux communes de renouveler leurs libéralités; que dès lors la subvention, dans ces conditions arbitraires, ne serait en réalité qu'une fondation ou un entretien partiel; — Considérant, enfin, que si quelque doute pouvait subsister sur le sens des dispositions édictées par le législateur en vue de distinguer son œuvre des régimes antérieurs et sur la nullité des délibérations municipales ayant pour objet de subventionner des écoles privées, toute hésitation devrait disparaître en présence des discussions qui ont eu lieu au Sénat et à la Chambre dans les séances des 18 mars et 21 octobre 1886; — Considérant qu'à ces deux dates il ne s'est point agi seulement d'explications échangées fortuitement entre les auteurs du projet de loi et ses adversaires, mais d'amendements mûrement réfléchis et ayant pour objet d'obtenir en faveur des communes le droit de fonder, d'entretenir ou de subventionner des écoles privées; — Considérant que ces amendements ont été, après discussion dans les deux Chambres, suivis de votes de rejet d'autant plus significatifs qu'ils portent avec une égale autorité sur les trois faits de fondation, d'entretien et de subvention;

Est d'avis : — Que les communes ne peuvent se prévaloir de l'article 145 de la loi municipale pour subventionner les écoles privées. (M. Du Mesnil, rapporteur.)

L'article 20 de la loi du 18 germinal an X, dans lequel se retrouve l'expression d'*aumône,* n'a pas davantage conféré aux conseils presbytéraux la vocation charitable.

240. Quand une libéralité testamentaire est faite à un établissement public sous des charges ou conditions qui sont étrangères à sa mission légale et qui, dès lors, font obstacle à ce qu'il soit capable de la recevoir par application du principe de la spécialité, le Conseil d'État décide qu'en général il y a lieu d'autoriser l'établissement dans les attributions duquel rentre l'exécution des conditions ou charges imposées par le testateur ou, autrement dit, l'*établissement bénéficiaire* à accepter la libéralité au lieu et place de l'*établissement institué.* Cette jurisprudence s'applique notamment en matière de libéralités scolaires ou charitables adressées à des établissements ecclésiastiques.

Mérite-t-elle d'être approuvée? M. Léon Béquet l'a défendue avec beaucoup de chaleur et de talent dans un article paru dans la *Revue générale d'Administration* (1). Il commence par déterminer les relations juridiques qui existent entre l'établissement institué et l'établissement bénéficiaire et les droits que ce dernier tire du testament; pour lui, l'établissement institué sous une charge ou condition susceptible de profiter à un autre établissement est un légataire conditionnel. « Or quelle est, en droit commun, la situation d'un légataire conditionnel vis-à-vis du bénéficiaire de la condition et quelle est celle du bénéficiaire tant à l'égard du légataire conditionnel que du testateur? Les jurisconsultes sur ce point sont unanimes. Le bénéficiaire est un véritable légataire et le droit qu'il tient du testament est direct et n'est point subordonné à la capacité ou à l'incapacité du légataire conditionnel ». M. Béquet en conclut que, si un legs fait en violation du principe de la spécialité nul par rapport à l'établissement institué, rien ne s'oppose cependant à ce qu'il soit valable en ce qui concerne l'établissement bénéficiaire et à ce que celui-ci en réclame la délivrance après avoir obtenu l'autorisation de l'accepter.

(1) Léon Béquet, *Revue générale d'Administration*, 1882, t. I, p. 136.

Ici M. Béquet rencontre une objection qu'il s'applique à réfuter ; il croit pouvoir démontrer que l'on aurait tort de prétendre qu'en autorisant l'établissement bénéficiaire à se présenter au lieu et place de l'établissement institué pour accepter le legs, le gouvernement substitue « une personne à une autre personne », un légataire de son choix à celui qui a été désigné par le testateur. « A vrai dire, il n'y a pas de personne civile. Le législateur n'emploie jamais ces mots *personne civile, personnalité morale, personnification* pour désigner les établissements publics. C'est la doctrine qui les emploie pour abréger les explications (Laurent, t. 11, n° 187). Il y a des établissements chargés d'un service public; pour accomplir leur mission, il leur faut des biens, des revenus. L'impôt et la bienfaisance publics les leur donnent. Mais ces revenus, ces biens, ne sont pas pour le profit personnel de l'établissement; ils sont destinés, en totalité, à être employés à l'exécution du service public. La loi qui a organisé l'établissement peut le remplacer par tel autre qu'elle trouve mieux approprié à sa fonction; elle peut le supprimer. Et dans ces deux cas, les biens, les revenus passent de l'établissement éteint à l'établissement nouveau ou tombent dans le domaine de l'État (1). Donc quand la loi affecte à un établissement public le produit d'un impôt ou quand elle l'autorise à recevoir les revenus d'un immeuble ou d'une rente, ce n'est pas l'établissement, mais le service public qu'elle gratifie et le gouvernement, en autorisant le testateur à léguer ses biens à un établissement public, ne lui permet pas d'investir celui-ci, car l'établissement n'existe pas pour lui-même, mais le service public auquel il doit satisfaire. Il suit de là que le bienfaiteur qui donne à la fabrique, à la cure, pour les pauvres doit être supposé donner au service qui a charge des pauvres. Sans doute sa volonté intime peut être autre, mais alors celle-ci ne peut être obéie, car elle est contraire à l'ordre public (C. civ., art. 900) ».

La thèse développée par M. Béquet ne manque pas d'ingé-

---

(1) M. Béquet fait observer, en note, qu' « en exécution de la loi de 1850, lorsque l'Université a été supprimée, ses biens ont été attribués à l'État ».

niosité, mais nous croyons qu'elle ne saurait résister à une discussion sévère des arguments sur lesquels elle repose.

Quand M. Béquet dit que l'établissement institué sous une charge ou condition rentrant dans les attributions d'un autre établissement est un légataire conditionnel et que l'établissement appelé à jouer le rôle de bénéficiaire de la charge ou condition est lui-même un légataire, il ne fait qu'affirmer la stricte vérité; mais les conséquences qu'il tire de ces prémisses sont inexactes : il prétend que, la vocation de l'*établissement bénéficiaire* étant indépendante de celle de l'*établissement institué,* les dispositions testamentaires, tout en étant nulles à l'égard de celui-ci, ne le sont pas par rapport à celui-là et que l'établissement bénéficiaire a le droit de réclamer seul ce qu'il ne devait recevoir qu'avec le concours de l'établissement institué. Cette déduction est erronée.

L'établissement bénéficiaire est bien un légataire, mais le legs dont il est gratifié ne lui confère aucun droit de propriété et lui attribue un simple droit de créance vis-à-vis de l'établissement institué; le testateur a créé au profit de l'établissement bénéficiaire et à la charge de l'établissement institué une *obligation de faire :* voilà tout. Si les dispositions testamentaires sont caduques en ce qui touche l'établissement institué, elles ne sauraient avoir leur effet en ce qui regarde l'établissement bénéficiaire, car si l'établissement institué ne reçoit rien, il n'est tenu de rien; l'obligation qui lui incombait et dont l'exécution devait profiter à l'établissement bénéficiaire tombe. Vainement dirait-on que, si l'établissement institué vient à disparaître, le droit de l'établissement bénéficiaire se transforme et d'un droit de créance devient un droit de propriété; un légataire que le testateur a simplement entendu investir de la faculté de réclamer l'exécution d'une obligation de faire ne saurait, quoi qu'il arrive, prétendre à la propriété des biens affectés à l'exécution de cette obligation. Lui reconnaître la faculté de réclamer les biens qui ne sont que le gage de sa créance, ce serait refaire le testament et remplacer un légataire par un autre légataire.

M. Béquet tente échapper à cette objection en alléguant que la personnalité civile, dont les établissements publics ont été investis, n'est qu'un vain mot et qu'en réalité un legs fait à un établissement public s'adresse au service public, auquel le testateur a voulu qu'il fût appliqué, de sorte que si, en cas de violation du principe de la spécialité, l'établissement institué cède le pas à l'établissement bénéficiaire, le legs ne change cependant pas de titulaire, du moment que le service auquel il doit être attribué reste le même.

La personnalité morale ne nous paraît pas aussi inconsistante que veut bien le dire M. Béquet.

Sans doute M. Béquet a affirmé que « le législateur n'emploie jamais ces mots *personne civile, personnalité morale, personnification* pour désigner des établissements publics » et cette assertion était exacte à l'époque où elle s'est produite, c'est-à-dire en 1882; mais, depuis, le mot de personnalité civile a été employé à plusieurs reprises par le législateur. C'est ainsi qu'il figure dans l'article 111 de la loi du 5 avril 1884 qui prévoit des dons et legs faits à « un hameau ou quartier d'une commune qui n'est pas encore à l'état de section ayant la personnalité civile » et dans la loi de finances du 28 avril 1893 dont l'article 71 porte que « le corps formé par la réunion de plusieurs facultés de l'État dans un même ressort académique est investi de la personnalité civile ».

D'ailleurs, si la personnalité civile a un caractère purement artificiel et est l'œuvre du législateur qui la crée et la supprime à volonté, nous ne voyons pas pourquoi, tant qu'elle existe, elle serait à considérer comme n'existant pas. La personnalité civile n'est pas une simple apparence; elle correspond à un état de fait et de droit très nettement caractérisé et les personnes morales ont une individualité aussi prononcée que celle des personnes physiques. Les établissements publics ne font pas exception à cette règle; ils sont des personnes dans toute la force du terme et ils ne sauraient, sous aucun prétexte, être identifiés les uns avec les autres. Dès lors, si un legs fait à un établissement public, qui est sans qualité pour en exécuter les charges ou conditions, est attribué à un autre établissement public, dans les attributions duquel rentre l'accomplissement des charges ou conditions auxquelles il est soumis, l'on est mal venu à dire que, du moment qu'il sera employé au profit du service public auquel le testateur a entendu qu'il fût appliqué, il ne change pas de destinataire.

En définitive, la jurisprudence qui tend, dans le cas où un legs est fait à un établissement public qui est incapable de le recevoir, en raison du principe de la spécialité, à le faire accepter par l'*établissement bénéficiaire* ne nous paraît pas fondée.

Ce n'est pas à dire qu'une libéralité testamentaire faite à un établissement qui, par application du principe de la spécialité, est sans qualité pour la recueillir, soit toujours et nécessairement caduque et qu'il n'y ait jamais moyen pour un autre établissement de l'accepter ; mais la combinaison, qui consiste à suppléer à l'incapacité de l'établissement institué en faisant appel à un établissement capable qui le remplacera, n'est légale qu'autant qu'elle s'applique à un legs charitable. D'ailleurs elle se justifie par des motifs tout à fait différents de ceux qu'a fait valoir M. Béquet.

Un legs est-il fait pour les pauvres à un établissement public dépourvu de vocation charitable, il y a lieu de le faire accepter par le bureau de bienfaisance, le bureau d'assistance médicale, la caisse des écoles, l'hospice, l'hôpital ou le maire de la commune où l'établissement institué a son siège (V. *supra*, n° 181); il est à présumer, en effet, que sous le nom de l'établissement institué le legs s'adresse aux pauvres qui jouissent tant de la personnalité civile que de la faculté de recevoir et c'est en leur nom que le bureau de bienfaisance ou d'assistance médicale, la caisse des écoles, l'hôpital, l'hospice ou le maire, qui a reçu de la loi la mission de représenter les indigents, l'acceptera. Supposons, par exemple, qu'il ait été adressé, dans l'intérêt des pauvres, un legs à une fabrique, à un conseil presbytéral ou à un consistoire protestant ou israélite ; la fabrique, le conseil presbytéral, le consistoire n'est qu'un légataire apparent, un intermédiaire, une sorte d'exécuteur testamentaire : le véritable légataire, c'est la collectivité des pauvres. Or il importe peu que le légataire apparent n'ait pas la capacité de recevoir, du moment qu'elle appartient au véritable légataire ; l'intermédiaire choisi par le testateur disparaîtra et les pauvres viendront directement réclamer le legs ou du moins, comme ils ne peuvent agir par eux-mêmes, ils le feront revendiquer par leur représentant légal qui, suivant les cas, sera le maire, le bureau de bienfaisance ou d'assistance médicale, l'hospice, l'hôpital ou la caisse des écoles. Il n'est touché au testament que pour en éliminer, conformément à l'article 900 du Code civil, la clause illicite qui appelait un établissement qui n'a pas la vocation charitable à représenter les pauvres.

Telle est précisément la doctrine qui découle de l'avis du Conseil d'État du 15 février 1837 où nous lisons que « toutes les libéralités faites en faveur des pauvres doivent, aux termes de l'ordonnance du 2 avril 1817, être acceptées par les bureaux de bienfaisance ou les maires, qui sont leurs représentants légaux ; qu'il n'appartient pas aux testateurs de modifier à leur gré les règles administratives et de conférer soit aux consistoires, soit aux curés ou aux fabriques, dont les attributions se bornent à ce qui intéresse le service du culte, le droit de représenter les pauvres et d'exercer les actions qui leur appartiennent » (V. *supra*, n° 230).

Entre cette doctrine et celle qui a été adoptée par le Conseil d'État dans ces derniers temps et enseignée par M. Béquet il y a un abîme. D'après l'avis du 15 février 1837, comme d'après nous, les legs faits pour les pauvres aux consistoires, aux fabriques ou aux curés s'adressent moins à ces établissements qu'aux pauvres qui, s'ils ne peuvent les recevoir par l'entremise des établissements sous le nom desquels ils ont été gratifiés, les recueilleront par l'organe de leurs mandataires légaux, c'est-à-dire des bureaux de bienfaisance ou d'assistance médicale, des hôpitaux, des hospices, des caisses des écoles, ou des maires. Les maires, les caisses des écoles, les hospices, les hôpitaux, les bureaux d'assistance médicale et les bureaux de bienfaisance n'interviendront pas pour accepter les legs charitables adressés aux consistoires, aux cures ou aux fabriques, en leur propre nom et comme *bénéficiaires* desdits legs, mais au nom et comme représentants légaux des pauvres *institués* sous le couvert des fabriques, des cures ou des consistoires.

Au surplus, il est à noter que, par dérogation aux principes que nous venons de poser, un legs charitable fait à une fabrique, à une cure ou à un consistoire ne saurait être accepté par le représentant légal des pauvres s'il n'a été fait qu'en considération de la fabrique, de la cure ou du consistoire ou en d'autres termes si le testateur a voulu que les pauvres ne reçussent ce qu'il a légué que par l'intermédiaire de la fabrique, de la cure ou du consistoire ou qu'ils ne reçussent rien ; la clause par laquelle le testateur a confié à la fabrique, à la cure ou au consistoire l'exécution de ses intentions charitables apparaît-elle comme la cause impulsive et déterminante du legs, l'on ne doit pas se borner à la tenir pour nulle par application de l'article 900 du Code civil, qui veut que dans toute disposition entre vifs ou testamentaire les conditions contraires aux lois soient réputées non écrites : le legs lui-même est nul, comme ayant une cause illicite, et il n'est pas plus loisible au représentant légal des pauvres qu'à la fabrique, à la cure ou au consistoire de le recueillir (V. *supra*, n° 132).

241. D'après les avis des 13 avril et 13 juillet 1881, complétés par celui du 8 avril 1886, la faculté de recevoir des libéralités charitables ou scolaires fait défaut, en vertu du principe de la spécialité des établissements publics, aux fabriques, aux conseils presbytéraux et aux consistoires protestants et israélites, mais il ne suffit pas de dire qu'il est défendu à ces établissements ecclésiastiques de recueillir des dons et legs en vue de l'assistance ou de l'enseignement, il faut encore préciser avec soin la portée de cette interdiction.

Ainsi, il est certain qu'en raison de leur défaut de vocation charitable les fabriques ne peuvent accepter des dons ou des legs qui doivent servir à distribuer aux pauvres, soit des vêtements (1), soit du pain (2) ; néanmoins l'on s'est demandé

---

(1) Avis C. d'Ét. 3 août 1881 (n° 35,506). — Le Conseil d'État qui sur le renvoi ordonné par M. le ministre de l'Intérieur et des Cultes a pris connaissance d'un projet de décret tendant notamment à autoriser l'acceptation d'un legs consistant en une rente de 1,800 francs fait au profit de la fabrique de Saint-Sauveur-le-Vicomte par le sieur Bottin-Desylles suivant ses testament et codicille olographes des 20 avril 1872 et 30 mai 1877 ; — Considérant que le testament impose à la fabrique l'obligation de consacrer une portion des revenus dudit legs à des distributions de vêtements aux pauvres et à la fondation de prix pour les familles les plus méritantes de la paroisse ; que ce sont là des objets étrangers aux attributions légales des fabriques et que dès lors il y a lieu de substituer à l'article 1er du décret proposé un article portant refus d'autoriser l'acceptation du legs précité ;

Est d'avis de modifier le décret proposé dans le sens des observations qui précèdent. (M. de Villeneuve, rapporteur.)

(2) Note de la sect. de l'Int. 1er décembre 1892 (n° 94,345). — La sec-

si cette règle ne doit pas fléchir lorsqu'il s'agit de distributions à effectuer à l'issue d'un service religieux ; l'on a dit que, dans cette hypothèse, les dons et legs destinés au soulagement des pauvres sont moins des libéralités charitables que des libéralités pieuses que les fabriques sont qualifiées pour recevoir.

Le Conseil d'État ne s'est pas rangé à cette manière de voir. La demoiselle Stélandre ayant légué à la fabrique de l'église de Notre-Dame-de-Roubaix une somme de douze mille francs sous diverses conditions et notamment à la charge de faire célébrer un obit solennel pendant vingt ans avec distribution, à l'issue dudit obit, de quatre cents pains de trois livres aux pauvres, la haute assemblée a adopté le 23 novembre 1882 (1)

---

tion de l'Intérieur, des Cultes, de l'Instruction publique et des Beaux-Arts du Conseil d'État, tout en adoptant le projet de décret autorisant le trésorier de la fabrique d'Elbeuf-en-Bray (Seine-Inférieure) à accepter aux clauses et conditions imposées, et seulement déduction faite de la somme nécessaire pour assurer tous les ans une distribution de 25 kilogrammes de pain aux pauvres, le legs fait à cet établissement par la demoiselle Anchequesne et consistant en une somme de 3,500 francs à charge de services religieux a cru devoir, conformément d'ailleurs aux propositions de M. le ministre de l'Intérieur, le compléter par l'addition d'un article 2 portant que le maire d'Elbeuf-en-Bray au nom des pauvres de cette commune, est autorisé à répudier la libéralité résultant en leur faveur du legs précité. (M. Noël, rapporteur.)

(1) Projet de décret adopté par le Conseil d'État, le 23 novembre 1882 (n° 40,011). — Art. 1er. Le trésorier de la fabrique de l'église curiale de Notre-Dame de Roubaix (Nord) est autorisé à accepter, aux clauses et conditions imposées, le legs fait à cet établissement par la demoiselle Charlotte-Joseph Stélandre, suivant son testament public du 17 octobre 1879 et consistant en une somme de douze mille francs (12,000 fr.), à la charge de faire célébrer un obit solennel, pendant vingt ans, avec distribution, à l'issue dudit obit, de quatre cents pains de trois livres aux pauvres, de recommander chaque année au prône l'âme de la testatrice et de ses parents, pendant vingt ans, et de faire dire cent messes, chaque année, pendant vingt ans. — Le produit de ce legs sera placé en rentes sur l'État, au nom de la fabrique de Notre-Dame de Roubaix, avec mention sur l'inscription de la destination des arrérages. — Le trésorier devra justifier de ce placement auprès du préfet du Nord.

Art. 2. La commission administrative du bureau de bienfaisance de Roubaix (Nord) est autorisée à accepter la libéralité résultant, en faveur des pauvres, de l'engagement pris par le conseil de fabrique de l'église de cette ville, suivant délibération du 15 février 1882, de verser, chaque année, pendant vingt ans, dans la caisse du bureau de bienfaisance de Roubaix la somme de 201 francs pour assurer, conformément à la volonté de la demoiselle Stélandre, exprimée dans son testament public du 17 octobre 1879, la distribution de 400 pains de trois livres aux pauvres. (M. Cottu, rapporteur.)

un projet de décret qui, tout en accordant à la fabrique l'autorisation d'accepter ce legs (art. 1er), porte que chaque année, pendant vingt ans, cet établissement devra remettre au bureau de bienfaisance de Roubaix la somme de deux cent quarante francs nécessaire pour assurer l'exécution des intentions charitables de la testatrice (art. 2). Ce projet de décret n'a d'ailleurs fait qu'homologuer une convention intervenue entre la fabrique et le bureau de bienfaisance à la suite d'une note de la section de l'Intérieur du 21 décembre 1881 (1).

Le Conseil d'État nous paraît avoir eu raison de considérer la fabrique de l'église de Notre-Dame-de-Roubaix comme incapable de procéder aux distributions prévues par le testament de la demoiselle Stélandre; une distribution de pain ou de vêtements faite aux pauvres a beau être l'accessoire d'un service religieux, elle ne perd pas pour cela son caractère d'acte de bienfaisance et elle n'en reste pas moins interdite aux fabriques à raison de leur défaut de vocation charitable proclamé par l'avis du 13 juillet 1881.

---

(1) Note de la sect. de l'Int. 21 décembre 1881 (n° 40,011). — La section de l'Intérieur, des Cultes, de l'Instruction publique et des Beaux-Arts du Conseil d'État, qui a pris de nouveau connaissance d'un projet de décret tendant notamment à refuser au trésorier de la fabrique de l'église curiale de Notre-Dame de Roubaix, l'autorisation d'accepter le legs fait à cet établissement par la demoiselle Charlotte-Joseph Stélandre, suivant son testament public du 17 octobre 1879, et consistant en une somme de 12,000 francs, à la charge de faire célébrer un obit solennel pendant vingt ans, avec distribution, à l'issue dudit obit, de 400 pains de trois livres aux pauvres, de recommander, chaque année, au prône, l'âme de la testatrice et de ses parents, pendant vingt ans, et de faire dire cent messes, chaque année, pendant vingt ans, signale à M. le ministre des Cultes l'intérêt qu'il y aurait à éviter la caducité de la disposition charitable contenue dans le testament de la demoiselle Stélandre. Le Conseil d'État ayant reconnu que la fabrique ne peut être autorisée à exécuter cette disposition, il serait désirable que l'établissement légataire fût invité à se mettre en rapport avec la commission administrative du bureau de bienfaisance de Roubaix et avec les légataires universels de la testatrice, en vue d'arriver à une convention dont les bases seraient les suivantes : La fabrique, avec le consentement des légataires universels, abandonnerait au bureau de bienfaisance, sur le legs de 12,000 francs, la somme nécessaire à l'acquisition d'un titre de rente dont le produit annuel représenterait la valeur de 400 pains de trois livres. Le représentant légal des pauvres en ferait la distribution à l'époque et dans les conditions indiquées par le testament. (M. Cottu, rapporteur.)

L'on peut opposer au projet de décret du 23 novembre 1882 une note du Conseil d'État du 24 mars 1881, relative à un legs fait par la dame veuve Ménard à la fabrique de l'église de Saint-Fulcrand de Lodève; par ladite note, émise sous l'empire de la jurisprudence inaugurée par l'avis de principe du 6 mars 1873, la haute assemblée a admis que, tout en prescrivant la célébration à perpétuité d'une messe annuelle et chantée de *requiem*, la testatrice avait pu valablement imposer à la fabrique la charge de distribuer cent pains d'un franc aux pauvres qui assisteraient à cette cérémonie. D'après les termes mêmes de la note « il n'a pas paru au Conseil qu'une distribution de pains faite aux pauvres qui assisteraient à la messe d'anniversaire fondée par la testatrice pût soulever d'objections sérieuses (1) ».

Depuis l'avis de principe du 13 juillet 1881, les fabriques ne sont plus autorisées à accepter des dons et legs qui ont pour objet des distributions de pain ou de vêtements, quand bien même ces distributions devraient suivre immédiatement des services religieux; mais il n'y aurait aucun obstacle à ce que lesdits établissements recueillissent des libéralités affectées à l'habillement des enfants pauvres de la première communion (2). Ici l'on ne se trouve plus en présence d'une œuvre de bienfaisance plus ou moins arbitrairement rattachée à un acte du culte; ce que l'on se propose avant tout et surtout en donnant ou en léguant de quoi vêtir les enfants pauvres de la

(1) Note du C. d'Ét. 24 mars 1881 (n° 38,541). — Le Conseil d'État, tout en adoptant le projet de décret autorisant l'acceptation par l'hospice de Lodève, du legs universel de la dame veuve Ménard, a cru devoir également comprendre dans l'autorisation le legs de 22,504 francs fait à la fabrique. D'une part, en effet, les charges (évaluées à 421 fr. de rente) absorberont la plus grande partie du capital; — de l'autre, il 'a pas paru au Conseil qu'une distribution de pains faite aux pauvres qui assisteraient à la messe d'anniversaire fondée par la testatrice, pût soulever d'objections sérieuses. (M. de Salverte, rapporteur.)

(2) Note de la sect. de l'Int. 25 janvier 1887, legs Laurent (n° 62,955). — La section de l'Intérieur, de l'Instruction publique, des Beaux-Arts et des Cultes du Conseil d'État, qui a pris connaissance du projet de décret ci-joint, a pensé qu'il y avait lieu de modifier la rédaction dudit projet, relativement au legs de 1,000 francs fait à la fabrique de Chauvenay-Saint-Hubert, pour les revenus être employés à l'habillement des enfants de la première communion et au soulagement des pauvres de la

première communion, c'est de leur procurer une tenue digne du sacrement qu'ils vont recevoir, c'est de rehausser l'éclat d'une cérémonie religieuse. Dès lors, nous ne voyons pas sur quoi l'on se fonderait pour empêcher les fabriques d'accepter des libéralités qui ont un caractère plutôt pieux que charitable.

Mais c'est surtout en matière scolaire que se sont élevées de nombreuses controverses; le Conseil d'État a dû intervenir à maintes reprises pour dire où commençait et où finissait la prohibition faite aux établissements ecclésiastiques de s'immiscer dans l'enseignement.

Il n'est pas douteux qu'en vertu du principe de la spécialité une fabrique ne peut recevoir une libéralité qu'elle devrait employer à rétribuer des frères de la doctrine chrétienne ou des membres de tout autre ordre religieux appelés à professer dans une école primaire publique ou privée. (Cf. avis de la sect. de l'Int. du 11 mars 1884.) (1).

---

commune. Le bureau de bienfaisance, véritable bénéficiaire de la portion de ce legs destinée aux pauvres, doit être autorisé à l'accepter, et la fabrique doit intervenir également pour accepter la partie de la libéralité destinée à l'habillement des enfants de la première communion. D'après la convention intervenue entre les deux établissements, le 30 octobre 1886, la part de chacun a été fixée à cinq cents francs. (M. Simon, rapporteur.)

(1) Avis de la sect. de l'Int. 11 mars 1884 (nº 50,277). — La section de l'Intérieur, de l'Instruction publique, des Beaux-Arts et des Cultes du Conseil d'État, qui a pris connaissance du projet de décret relatif aux legs faits par la dame Rossignol, à divers établissements des Landes;

En ce qui concerne le legs d'une somme de 10,000 francs fait à la fabrique du Mas-d'Aire (Landes); — Considérant que ce legs a été fait à la fabrique dans les termes suivants : « Je donne et lègue à la fabrique du Mas-d'Aire une somme de 10,000 francs une fois payée; cette somme sera placée par les soins de ladite fabrique et l'intérêt employé annuellement et à perpétuité, à l'entretien des Frères de la doctrine chrétienne ou de tout autre ordre religieux, qui dirigeront l'école du Mas. Si par suite de quelque événement ou par quelque motif d'ailleurs que ce soit, le revenu de cette somme ne pouvait recevoir la destination que je lui affecte, je veux qu'il soit employé annuellement et à perpétuité à l'éducation d'un élève du petit ou du grand séminaire qui se destine au sacerdoce. Dans le cas enfin où l'on ne pourrait non plus donner, pour quelque motif que ce soit, cette dernière destination, le capital de 10,000 francs appartiendra purement et simplement à ladite fabrique, qui sera dès lors maîtresse d'en disposer comme elle l'entendra »; — Considérant que, d'après la jurisprudence, la fabrique du Mas-d'Aire ne peut être autorisée à recevoir pour l'entretien des Frères, ni pour l'entretien

Mais, aux termes d'une note du 8 mars 1883 (1), le Conseil d'État a décidé que, s'il est fait à une fabrique un legs, à charge de servir une rente annuelle à une congrégation ou communauté enseignante qui pourvoira gratuitement à la tenue d'une école, le principe de la spécialité ne s'oppose pas à l'exécution des volontés du testateur, du moment que la fabrique n'aura point à s'ingérer dans la direction ou la surveillance de l'enseignement qui sera donné par les membres de la congrégation ou communauté. (Cf. note de la sect. de l'Int. du 10 mai 1881.) (2).

---

d'un élève du grand ou du petit séminaire; que dès lors la troisième hypothèse du testament doit se trouver réalisée et que la fabrique n'a à accepter qu'un legs à titre gratuit;

Est d'avis de modifier le projet de décret dans le sens des observations qui précèdent. (M. Sevène, rapporteur.)

(1) Note du C. d'Ét. 8 mars 1883 (n° 44,949). — Le Conseil d'État qui a pris connaissance d'un projet de décret tendant à autoriser divers établissements des départements du Cher et de la Meuse, à accepter les libéralités qui leur ont été faites par la dame Bardot, a, tout en l'adoptant, cru devoir modifier l'article 3 par la suppression des mots : « en tant qu'elles ne sont pas contraires aux lois » et ajouter un article portant qu'il n'y a pas lieu de statuer sur la libéralité de 200 francs de rente faite aux Sœurs établies à Foëcy. — La charge imposée à la fabrique de remettre tous les ans 200 francs aux religieuses établies à Foëcy n'a pas pour effet de faire sortir la fabrique de ses attributions, car elle n'implique aucune immixtion de celle-ci dans la direction ou la surveillance de l'école, mais elle constitue une véritable libéralité faite en faveur des religieuses. Si cette libéralité ne peut recevoir son exécution, c'est uniquement parce que les Sœurs de Saint-Joseph, installées à Foëcy, ne forment pas un établissement légalement reconnu. (M. Bonthoux, rapporteur.)

(2) Note de la sect. de l'Int. 10 mai 1881 (n° 38,970). — La section de l'Intérieur, des Cultes, de l'Instruction publique et des Beaux-Arts du Conseil d'État qui, sur le renvoi ordonné par le ministre de l'Intérieur et des Cultes, a pris connaissance d'un projet de décret tendant à statuer sur le legs fait à la fabrique de l'église curiale de Monein (Basses-Pyrénées) a cru devoir modifier la rédaction du projet proposé. — La demoiselle Lafitte a légué une somme de 8,000 francs à la fabrique de Monein en lui imposant la charge de servir une rente annuelle de 250 francs aux Filles de la Croix, pour les aider à donner l'éducation gratuite aux jeunes filles pauvres de la commune. — M. le ministre de l'Intérieur a pensé que cette condition devait être considérée comme contraire aux lois et qu'en conséquence il y avait lieu d'introduire dans l'article 1er une réserve portant que le legs n'est autorisé qu'aux *clauses et conditions qui ne sont pas contraires aux lois*. — La section de l'Intérieur estime, au contraire que la condition est parfaitement licite et ne saurait être considérée comme entachée d'illégalité. — La jurisprudence du Conseil d'État refuse aux fabriques le droit de recevoir des legs pour fonder

Si le Conseil d'État avait à examiner de nouveau la question résolue par sa note du 8 mars 1883, nous ne savons s'il la trancherait encore dans le même sens; en tout cas, un changement de jurisprudence nous paraît s'imposer. C'est une erreur, en effet, que de croire qu'une fabrique n'excède pas sa mission légale lorsqu'elle charge, moyennant finances, une congrégation ou communauté religieuse de tenir une école; par cela même qu'elle fournit à une congrégation ou communauté les moyens d'enseigner, elle se mêle d'enseignement, alors même qu'elle s'abstiendrait de diriger et de surveiller l'action de la congrégation ou communauté, et elle s'aventure sur un terrain qui lui est défendu par l'avis de principe du 13 avril 1881.

Les fabriques empiètent sur le domaine de l'enseignement, dès qu'elles touchent à une des matières que la loi du 28 mars 1882 comprend dans l'instruction primaire. Aussi serait-on tenté de croire qu'une fabrique est incapable de recevoir non seulement, comme l'a jugé la section de l'Intérieur par une note du 20 juin 1883 (1), une libéralité qui serait faite pour

---

ou entretenir des écoles, parce que ces libéralités auraient pour effet de faire sortir l'établissement ecclésiastique de la mission spéciale qui lui a été assignée par les lois et règlements. — Mais dans l'espèce actuelle, le legs fait par la demoiselle Lafitte ne donne à la fabrique aucun droit de direction ou d'ingérence sur l'établissement scolaire dirigé par les Filles de la Croix; la fabrique est simplement gratifiée d'un legs grevé d'une *charge* au profit d'un établissement capable, car un décret du 20 août 1851 a autorisé les Filles de la Croix à s'établir à Monein. — Dans ces conditions, le legs ne peut être considéré comme renfermant une condition contraire aux lois et la section a pensé qu'il y avait lieu : 1° de supprimer de l'article 1er la réserve ci-dessus spécifiée; 2° de compléter le décret par un article 3 autorisant les Filles de la Croix à accepter le bénéfice résultant pour elles du legs fait à la fabrique de Monein. (M. de Villeneuve, rapporteur.)

(1) Note de la sect. de l'Int. 20 juin 1883 (n° 47,238). — La section de l'Intérieur, des Cultes, de l'Instruction publique et des Beaux-Arts du Conseil d'Etat, tout en adoptant le projet de décret ci-joint, relatif aux legs faits par l'abbé Palisse, a cru devoir ajouter un article 3, statuant sur la demande formée par la fabrique de Saint-Julien-Vocance, à l'effet d'être autorisée à accepter le legs fait pour l'instruction chrétienne des enfants de la paroisse. — La section a pensé que les mots employés par le testateur avaient une signification trop large pour qu'on pût restreindre le legs à l'enseignement religieux ou au catéchisme. — Dès lors, en présence de la jurisprudence du Conseil d'Etat sur la spécialité des établissements publics et sur la capacité des fabriques, il n'y a pas lieu d'autoriser la fabrique de Saint-Julien à accepter un legs fait dans de semblables conditions. (M. Mourier, rapporteur.)

l'*instruction chrétienne* des enfants de la paroisse, car sous cette expression vague d'instruction chrétienne, pourrait se dissimuler l'enseignement primaire tout entier, mais encore un don ou un legs qui serait affecté à l'*instruction religieuse* sans autre précision, car si l'enseignement religieux a disparu du programme des écoles publiques, il figure encore, à titre facultatif, sur celui des écoles privées (L. 28 mars 1882, art. 2).

Mais c'est au clergé paroissial qu'il incombe de donner l'instruction religieuse et les fabriques doivent supporter les frais qu'elle entraine, sauf aux fidèles à faire auxdits établissements des dons et legs destinés à l'acquittement total ou partiel de cette charge.

Il s'est trouvé des jurisconsultes pour soutenir que l'instruction religieuse a des frontières trop indécises pour qu'il soit permis aux fabriques de recueillir des libéralités consacrées à ce genre d'enseignement. Leur opinion ne nous paraît guère défendable. En tout cas, l'on ne saurait aller jusqu'à interdire d'adresser aux fabriques des libéralités pour le catéchisme de la première communion ou de persévérance; le catéchisme n'ayant pour but que l'explication des dogmes et des usages de la religion, il n'est nulle part mieux à sa place qu'à l'église et les frais qu'il nécessite incombent tout naturellement aux fabriques, qui, par suite, comme l'indique la note précitée émise par la section de l'Intérieur le 20 juin 1883, ont qualité pour accepter les dons et legs qui tendent à y pourvoir.

Toutefois, à une époque ultérieure, la section de l'Intérieur a décidé que, si les fabriques pouvaient recueillir des dons ou des legs dans l'intérêt du catéchisme de la première communion, elles ne sauraient en recevoir en faveur du catéchisme de persévérance; c'est un avis du 13 mai 1890 (1) qui a établi

(1) Avis de la Sect. de l'Int. 13 mai 1890 (n° 79,064). — La section de l'Intérieur, qui a pris connaissance d'un projet de décret ayant, notamment, pour effet d'autoriser le trésorier de la fabrique de l'église curiale de Notre-Dame, à Saint-Omer (Pas-de-Calais), à accepter, aux clauses et conditions imposées, en tant qu'elles n'ont rien de contraire aux lois, et seulement jusqu'à concurrence du tiers destiné aux besoins moraux et matériels des enfants du catéchisme de persévérance, la libéralité résultant en faveur de cet établissement, tant de la disposition du testament mystique du 7 mars 1881, par laquelle la demoiselle Delbarre a légué au curé de Notre-Dame de Saint-Omer la nue propriété

cette distinction entre les deux catéchismes; il en donne une raison curieuse : le catéchisme de la première communion, dit la section de l'Intérieur, « a pour but de donner aux enfants l'instruction religieuse exigée d'eux pour être admis à l'un des sacrements de l'Église » tandis que le catéchisme de persévérance « n'est qu'un exercice religieux facultatif ne se rattachant directement à aucun acte du culte. » Il nous est impossible, pour notre part, de distinguer entre la première communion et les communions subséquentes, auxquelles le catéchisme de persévérance prépare en même temps qu'aux autres sacrements. Les fabriques ne sortent pas de leur rôle légal en prenant à leur charge les dépenses du catéchisme de persévérance et en acceptant des libéralités qui ont pour but d'y faire face.

Les fabriques ont été créées pour pourvoir à tout ce qui concerne l'exercice du culte et notamment aux chants religieux; elles ont donc certainement le droit d'entretenir des maîtrises, c'est-à-dire des écoles dans lesquelles la musique vocale est enseignée aux enfants de chœur, et le principe de la spécialité ne fait pas obstacle à ce qu'une fabrique reçoive des libéralités pour sa maîtrise (1), si cette école n'a pas été

---

d'une somme de 5,000 francs pour être placée en rentes sur l'Etat et à la charge d'employer deux tiers des arrérages à des œuvres de charité au profit des petites filles de l'école paroissiale et un tiers aux besoins matériels et moraux des enfants du catéchisme de persévérance, que de la délibération du 8 mars 1888, par laquelle le curé a renoncé à cette libéralité en faveur de la fabrique ; — Vu le testament mystique de la demoiselle Delbarre, en date du 7 mars 1881 ; — Vu les délibérations du conseil de fabrique de l'église curiale de Notre-Dame de Saint-Omer, en date des 8 mars 1888 et 5 janvier 1890 ; — Vu les autres pièces produites en exécution des ordonnances réglementaires des 2 avril 1817 et 14 janvier 1831 et de la loi du 5 avril 1884 ; — Vu le décret du 6 novembre 1813 ;

Considérant que la libéralité dont il s'agit s'applique au catéchisme de persévérance et non au catéchisme de la première communion ; que, si la fabrique peut être autorisée à accepter une libéralité affectée au catéchisme de la première communion qui a pour but de donner aux enfants l'instruction religieuse exigée d'eux pour être admis à l'un des sacrements de l'Eglise, il n'en résulte pas qu'elle puisse être autorisée à accepter une libéralité destinée au catéchisme de persévérance, lequel n'est qu'un exercice religieux facultatif, ne se rattachant directement à aucun acte du culte ;

Est d'avis qu'il n'y a pas lieu d'autoriser l'acceptation de cette libéralité. (M. Blondot, rapporteur.)

(1) Note de la sect. de l'Int. 10 mai 1892 (n° 91,379). — La section de

détournée de son but pour devenir une véritable école primaire.

242. Il se peut qu'un don ou un legs soit fait à une fabrique, à un conseil presbytéral ou à un consistoire protestant ou israélite, tout à la fois pour les pauvres ou pour une école et pour un objet qui rentre dans ses attributions légales; si le donateur ou le testateur a pris soin de diviser lui-même la libéralité en deux parts, dont il a affecté l'une à un usage charitable ou scolaire et l'autre à tel autre usage licite, il n'y a matière à aucune difficulté; l'établissement ecclésiastique est sans qualité pour recevoir la première portion du don ou du legs, tandis qu'il lui est loisible de recueillir la seconde (1).

---

l'Intérieur, etc., qui a pris connaissance d'un projet de décret refusant notamment à la fabrique de Castelnau d'Estréfonds (Haute-Garonne) l'autorisation d'accepter le legs fait à cet établissement par la dame Regnaud, veuve Moutès, et consistant en une rente annuelle et perpétuelle de 200 francs, destinée soit à favoriser les vocations ecclésiastiques, soit à contribuer aux chants ou harmonie religieuse, estime que s'il ne rentre pas dans les attributions des fabriques de recevoir des libéralités faites en vue de favoriser les vocations ecclésiastiques, ces établissements peuvent être autorisés à accepter les libéralités faites pour « contribuer aux chants ou harmonie religieuse »; qu'une telle libéralité s'adresse, en réalité à la maîtrise, dont il appartient à la fabrique d'assurer l'entretien. — La section a cru, en conséquence, qu'il convenait d'autoriser la fabrique de Castelnau à accepter la libéralité qui lui est faite, mais en spécifiant que les revenus de ladite libéralité seront employés « à contribuer aux chants ou harmonie religieuse, à l'exclusion de tout autre emploi ». (M. Noël, rapporteur).

(1) Avis de la sect. de l'Int. 22 juillet 1881 (n° 40,131). — La section de l'Intérieur, qui a pris connaissance d'un projet de décret, portant refus aux fabriques des églises succursales des Authieux-Papion (Calvados), de Nesles-la-Gilberde (Seine-et-Marne) et de Welles-Pérennes (Oise) de l'autorisation d'accepter les legs faits à ces établissements par la dame veuve Gauldrée-Boilleau; — Vu la loi du 18 germinal an X; — Vu le décret du 30 décembre 1809; — Vu le testament de la dame veuve Gauldrée-Boilleau, en date du 17 décembre 1879;

Considérant que la dame veuve Gauldrée a légué : 1° A la fabrique de l'église des Authieux-Papion une somme de 2,000 francs, dont 500 francs à distribuer aux pauvres, 1,000 francs pour l'église et 500 francs pour la célébration de messes une fois dites ; 2° à la fabrique de l'église de Nesles-la-Gilberde, une somme de 1,500 francs, à la charge de faire distribuer 500 francs aux pauvres, de consacrer 500 francs aux besoins de l'église et 500 francs à la célébration de messes une fois dites ; 3° à la fabrique de l'église de Welles-Pérennes une somme de 1,500 francs, dont 500 francs pour les pauvres et 1,000 francs pour faire dire des messes; — Considérant que les legs faits en faveur de chacune de ces trois fabriques ne présentent pas un caractère indivisible, mais,

Mais si le donateur ou le testateur, sans faire de parts, a donné ou légué une somme à la fabrique, au conseil presbytéral ou au consistoire à charge d'en faire deux emplois dont l'un est compris dans les attributions légales de l'établissement institué, tandis que l'autre y est étranger, la faculté de recevoir la libéralité fait-elle défaut pour le tout à cet établissement ? Le Conseil d'État s'est prononcé pour la négative et il a décidé avec beaucoup de raison que l'on peut autoriser la fabrique, le conseil presbytéral ou le consistoire à accepter la libéralité jusqu'à concurrence de la somme nécessaire à l'acquittement de la charge dont sa mission légale comporte l'accomplissement (1).

Si un établissement ecclésiastique est gratifié d'une libéralité, non seulement pour un objet qui relève de ses attributions légales, mais encore en vue du soulagement des indigents, il est donc apte à la recevoir pour partie ; la portion de la libéralité qu'il ne recueillera pas pourra être réclamée par le représentant légal des pauvres : mais comment réglera-t-on

---

qu'au contraire, la testatrice en a divisé elle-même l'émolument en l'attachant à des objets distincts; qu'il est donc possible de statuer d'une manière différente suivant l'affectation donnée à chaque somme; — Considérant que si les fabriques ne peuvent être autorisées à recevoir des libéralités destinées au soulagement des pauvres, elles sont aptes à recueillir les legs faits en vue de l'entretien des églises ou de la fondation des services religieux ;

Est d'avis qu'il y a lieu d'autoriser les fabriques des Authieux-Papion, de Nesles et de Welles-Pérennes à accepter les legs contenus dans le testament de la dame veuve Gauldrée, jusqu'à concurrence des sommes affectées soit aux besoins des églises, soit à la célébration des messes, et les maires des Anthieux-Papion et de Nesles à accepter, au nom de ces communes, le bénéfice résultant pour elles des legs faits aux fabriques du même nom. (M. Cottu, rapporteur.)

(1) Note de la sect. de l'Int. 27 décembre 1881 (nº 41,519). — La section de l'Intérieur, des Cultes, de l'Instruction publique et des Beaux-Arts du Conseil d'État, après avoir pris connaissance du projet de décret ci-joint, tendant à ne pas autoriser le conseil presbytéral de Saint-Pierre d'Oléron à accepter le legs qui lui était fait par le sieur Garnier, a pensé que, si cette décision était conforme à la jurisprudence du Conseil d'État en ce qui concerne la partie de la libéralité destinée au soulagement des pauvres, rien ne s'opposait à ce que le conseil presbytéral fût autorisé à accepter pour le *traitement du lecteur*. En conséquence, au projet de décret proposé, elle a substitué un projet autorisant le conseil presbytéral à accepter la libéralité jusqu'à concurrence de la somme nécessaire à assurer le payement d'un lecteur pour l'Église réformée du Château. (M. Mourier, rapporteur.)

les droits respectifs de l'établissement ecclésiastique et du mandataire officiel des pauvres?

Le projet de décret précité, adopté par le Conseil d'État le 25 janvier 1883, a consacré la solution suivante (V. *supra*, n° 236). Le sieur Phélypeaux ayant légué à la fabrique de l'église Saint-Bonaventure de Lyon une somme de dix mille francs, dont le revenu devait être employé tant à secourir les pauvres qu'à faire dire trois messes par an, la fabrique n'a été autorisée à accepter ce legs que jusqu'à concurrence de la somme de cinq cents francs jugée nécessaire par le Conseil d'État pour assurer la célébration des services religieux prévus par le testateur; le bureau de bienfaisance de Lyon a été autorisé à accepter le surplus de la libéralité.

Dans une espèce où il s'agissait de legs adressés à des fabriques à charge de faire célébrer un certain nombre de messes et de distribuer des aumônes aux pauvres, la section de l'Intérieur a adopté une combinaison différente; les fabriques ont été habilitées à accepter la totalité des legs à elles faits, mais avec l'obligation de verser annuellement aux bureaux de bien faisance des communes intéressées l'excédent des revenus resté disponible après acquittement du prix des messes (1).

Cette combinaison avait déjà été admise par le projet de décret du 23 novembre 1882 relatif au legs fait par la demoiselle Stélandre à la fabrique de Notre-Dame de Roubaix (V *supra*, n° 241); mais, outre qu'elle était de nature à souleve des objections juridiques, elle était la source de sérieux conflits. Aussi le Conseil d'État est-il revenu dans ces derniers temps à la jurisprudence établie par le projet de décret du 25 janvier 1883.

---

(1) Note de la sect. de l'Int. 13 juillet 1886 (n° 58,410). — La section de l'Intérieur, tout en adoptant le projet de décret autorisant l'acceptation des legs faits par la dame veuve Lemanissier aux fabriques de Vaucelles, Bernières et Anguerny (Calvados), à la charge de faire célébrer un nombre de messes déterminé par la testatrice et d'employer le surplus à des distributions aux pauvres, a pensé que, pour assurer l'exécution entière des intentions de la dame Lemanissier et la célébration de toutes les messes demandées par elle, il convenait d'autoriser les fabriques à accepter la totalité des legs, à charge par elles de verser annuellement aux bureaux de bienfaisance l'*excédent disponible* après acquittement des sommes nécessaires aux services religieux. (M. de Moüy, rapporteur.)

C'est ce qui résulte des *Notes de jurisprudence* publiées en 1892 sous le haut patronage de M. le président de la section de l'Intérieur; nous en extrayons le passage suivant : « Lorsqu'une libéralité est faite à une fabrique à la fois pour le soulagement des pauvres et pour la célébration de services religieux, l'incapacité de cet établissement de recueillir pour les pauvres ne saurait faire obstacle à son droit de recevoir pour la célébration de services religieux. Les charges du legs, quoique figurant dans une seule et même disposition testamentaire, n'en restent pas moins distinctes et, si la fabrique ne peut remplir l'une d'elles, rien ne s'oppose à ce qu'elle soit mise en état d'accomplir celle qui rentre dans ses attributions. Il convient, en pareil cas, de limiter l'autorisation d'accepter, accordée à la fabrique, à la somme nécessaire à l'acquittement des charges qui lui sont spécialement imposées et d'autoriser le bureau de bienfaisance à accepter le surplus du legs (1). »

Il a été fait application de ces principes par une note de la section de l'Intérieur du 15 février 1890 relative à un legs adressé par la dame Aubry à la fabrique de l'église de Blamont (2).

La section de l'Intérieur a précisé sa jurisprudence en spécifiant dans une note et un projet de décret du 14 mai 1890 concernant un legs fait par la dame veuve Gérard à la fabrique

(1) *Notes de jurisprudence*, p. 201.

(2) Note de la sect. de l'Int. 15 février 1890 (n° 81,987). — La section de l'Intérieur, de l'Instruction publique, des Cultes et des Beaux-Arts du Conseil d'État, tout en adoptant le projet de décret relatif à des legs faits à divers établissements de Meurthe-et-Moselle par la dame Aubry, a cru devoir : 1° viser la déclaration par laquelle les héritiers ont consenti la délivrance au profit du bureau de bienfaisance de Blamont de la portion destinée aux pauvres dans le legs fait à la fabrique de Blamont; 2° modifier la rédaction de l'article 3 et de l'article 4. Il a paru que pour éviter les difficultés qui pourraient s'élever chaque année entre la fabrique et le bureau, relativement au partage des arrérages, il convenait de limiter l'autorisation d'accepter accordée à la fabrique à la somme nécessaire à l'acquit des charges qui lui sont spécialement imposées et d'autoriser le bureau de bienfaisance à accepter le surplus du legs; en d'autres termes, la section a substitué le *partage du capital* au *partage des revenus* proposé par le projet de décret. Chacun des établissements intéressés entrera ainsi en possession dès maintenant de la portion qui lui revient. (M. Bienvenu Martin, rapporteur.)

de l'église de la Ferté-sur-Amance (1) qu'au cas où la rente acquise par ladite fabrique deviendrait insuffisante pour assurer l'acquit des messes, le bureau de bienfaisance serait tenu de parfaire la différence, mais seulement jusqu'à concurrence des revenus de la somme qui lui était échue.

243. Les avis des 13 avril et 13 juillet 1881 ne visent expressément que les fabriques et les conseils presbytéraux,

---

(1) Note de la sect. de l'Int. 14 mai 1890 (n° 82,965). — La section de l'Intérieur, de l'Instruction publique, des Cultes et des Beaux-Arts du Conseil d'État, tout en adoptant le projet de décret tendant à statuer sur des legs faits à divers établissements de la Haute-Marne par la dame Gérard, a cru devoir insérer à l'article 2 une disposition additionnelle, ayant pour but d'imposer au bureau de bienfaisance l'obligation de remettre à la fabrique la somme nécessaire pour assurer l'acquit de la fondation dans le cas où, par suite de l'augmentation du tarif ou de toute autre circonstance, la rente réservée ne serait plus suffisante. (M. Bienvenu Martin, rapporteur.)

Projet de décret adopté par la section de l'Intérieur (même affaire). — Art. 1er. Le trésorier de la fabrique de l'église succursale de la Ferté-sur-Amance (Haute-Marne) est autorisé à accepter, aux clauses et conditions imposées, mais seulement jusqu'à concurrence de la somme nécessaire à l'achat d'une rente 3 0/0 sur l'État de 51 francs, suffisante d'après le tarif approuvé du diocèse pour assurer l'acquit d'une fondation de douze messes annoncées au prône, le legs fait à cet établissement par la dame veuve Gérard, née Anne-Reine Hodinot, suivant son testament olographe du 15 décembre 1877, et consistant en une somme de 4,000 francs, à la charge de faire célébrer tous les ans, à perpétuité, douze messes annoncées au prône et de distribuer tous les ans aux pauvres le surplus des revenus de ladite libéralité. — La rente 3 0/0 sur l'État provenant de ce legs sera immatriculée au nom de la fabrique de la Ferté-sur-Amance, avec mention sur l'inscription de la destination des arrérages. — Il sera fait mention aux budgets de la fabrique, tant à l'actif qu'au passif, des revenus et charges en provenant. — Le trésorier justifiera de l'accomplissement de ces formalités auprès du préfet.

Art. 2. La commission administrative du bureau de bienfaisance de la Ferté-sur-Amance (Haute-Marne) est autorisé à accepter, aux clauses et conditions énoncées, en tant qu'elles ne sont pas contraires aux lois, la libéralité faite aux pauvres de cette commune par la dame veuve Gérard, née Anne-Reine Hodinot, suivant son testament olographe du 15 décembre 1877, et consistant en une somme de 4,000 francs, déduction faite de la somme nécessaire à l'achat d'une rente 3 0/0 sur l'État de 54 francs, destinée à l'acquit d'une fondation de douze messes annoncées au prône. — Le produit de cette libéralité sera placé en rentes 3 0/0 sur l'État, au nom du bureau de bienfaisance. Dans le cas où la rente de 51 francs ci-dessus mentionnée ne serait plus suffisante pour assurer l'acquit des messes, le bureau de bienfaisance sera tenu de parfaire la différence, mais seulement jusqu'à concurrence des revenus de la somme lui revenant en vertu du présent article.

mais nous avons fait observer que si la vocation charitable et scolaire fait défaut aux conseils presbytéraux, l'on doit logiquement admettre qu'elle manque aux consistoires protestants ; nous avons indiqué, de plus, que, suivant un avis du 8 avril 1886, les consistoires israélites ne sauraient être autorisés à accepter des dons et legs faits en vue de l'enseignement et de la bienfaisance. Les autres établissements ecclésiastiques ne sont pas moins incapables de recevoir des libéralités scolaires ou charitables.

Il a été décidé, par exemple, que la mense épiscopale instituée uniquement en vue de l'amélioration du sort des évêques successifs n'est pas apte à recueillir des libéralités ayant pour objet de pourvoir à l'entretien de sœurs « chargées de l'instruction des petites filles » (Note de la sect. de l'Int. 14 mai 1889, legs Pougnet) (1) ou au « perfectionnement de l'éducation catholique » (Note du C. d'Ét. 25 juin 1885, legs Bertrand) (2). La mense épiscopale sortirait également des bornes de sa mission légale en acceptant une libéralité qui aurait une destination

---

(1) Note de la sect. de l'Int. 14 mai 1889 (n° 77,991). — La section de l'Intérieur, de l'Instruction publique, des Cultes et des Beaux-Arts du Conseil d'Etat, tout en adoptant le projet de décret ci-joint, relatif aux legs faits par le sieur Pougnet à divers établissements, a cru devoir le compléter par un article portant que l'archevêque de Besançon, au nom de la mense archiépiscopale, n'est pas autorisé à accepter le legs consistant dans la somme nécessaire pour pourvoir au logement et à l'entretien de deux sœurs chargées de l'instruction des petites filles. Il lui a paru, en effet, nécessaire de statuer explicitement sur une disposition qui aurait eu pour résultat de faire sortir la mense archiépiscopale de la limite de ses attributions. (M. Mourier, rapporteur.)

(2) Note du C. d'Et. 25 juin 1885 (n° 54,854). — Le Conseil d'Etat, qui a pris connaissance d'un projet de décret statuant sur des libéralités faites par le sieur Bertrand à divers établissements des départements de l'Aube et de l'Yonne, tout en adoptant dans son ensemble le projet de décret, a cru devoir apporter les modifications suivantes : ... 3° Enfin, à l'article 9, elle a substitué la mention : *l'archevêque n'est pas autorisé à accepter le legs*, à la rédaction proposée et portant : *il n'y a pas lieu de statuer sur le legs fait à l'archevêque de Sens*. Cette dernière rédaction n'est employée que dans le cas où il s'agit d'établissements ne jouissant pas de la personnalité civile. (M. Valabrègue, rapporteur.)

Projet de décret adopté par le Conseil d'Etat, le 25 juin 1885 (même affaire). — Art. 9. L'archevêque de Sens n'est pas autorisé à accepter le legs à titre universel fait par ledit sieur Bertrand, suivant son testament olographe du 14 juin 1876 à la condition d'en affecter le produit à l'encouragement et au perfectionnement de l'éducation catholique dans son diocèse.

charitable et qui, par exemple, devrait servir à la fondation d'un patronage (projet de décret adopté par la section de l'Intérieur le 9 août 1887, legs de Sucy d'Auteuil) (1).

Les libéralités scolaires faites à une cure ou succursale doivent, en vertu de la règle de la spécialité, être considérées comme s'adressant à un établissement incapable (Avis du C. d'Ét. du 7 août 1888, legs Ruin) (2); la cure ou succursale est, en outre, sans qualité pour recevoir des dons ou legs charitables, ainsi que l'a déclaré le Conseil d'État par ses avis des 31 mars et 3 août 1881 (3) (Cf. Avis de la sect. de

(1) Projet de décret adopté par la section de l'Intérieur, le 9 août 1887 (n° 65,807). — Art. 10. L'évêque de Saint-Dié (Vosges), tant en son nom qu'en celui de ses successeurs, n'est pas autorisé à accepter les legs faits au profit de la mense épiscopale par le sieur Jules-Charles Hugues de Sucy d'Auteuil, suivant son testament olographe du 10 mai 1878, et consistant : 1° en une maison sise à Epinal, rue de l'Hôtel-de-Ville, 44; 2° en une chapelle ; 3° en une somme de 20,000 francs, à la charge de fondation d'un patronage dirigé par les frères de la Doctrine chrétienne et de fondation de douze messes annuelles. (M. Auzouy, rapporteur.)

(2) Av. sect. Int. 7 août 1888 (n° 70,751). — La section de l'Intérieur, des Cultes, de l'Instruction publique et des Beaux-Arts du Conseil d'Etat, qui a pris connaissance d'un projet de décret tendant à autoriser les desservants successifs de Quévauvillers (Somme) à accepter le legs qui leur a été fait par l'abbé Ruin, à charge d'entretenir une salle d'asile, et à rapporter le décret du 2 mai 1872 qui avait autorisé les curés successifs de Quévauvillers et le maire de ladite commune à accepter conjointement la libéralité précitée ; — Considérant que le décret proposé serait contraire aux principes posés dans les décisions des 31 mars 1881 et 25 janvier 1883 sur la spécialité des établissements publics, et notamment des cures ; — Est d'avis qu'il n'y a pas lieu d'adopter le projet de décret. (M. de Villeneuve, rapporteur.)

(3) Note du C. d'Et. 31 mars 1881 (n° 35,408). — Le Conseil d'Etat qui, sur le renvoi ordonné par le ministre de l'Intérieur, a pris connaissance d'un projet de décret tendant à statuer sur les libéralités faites par la demoiselle Louvel de Monceaux à divers établissements du département de la Manche, tout en adoptant les autres dispositions du projet de décret, a profondément remanié l'article 4.

En vertu de cet article, la commission administrative du bureau de bienfaisance de Coutances était autorisée à accepter le legs fait en faveur des pauvres de la paroisse Saint-Pierre, consistant en une rente 3 0/0 de 1,000 francs dont les arrérages devaient être distribués par les curés successifs. — Or, aux termes du testament, le legs est fait non au bureau de bienfaisance ni aux pauvres de la commune dont cet établissement est le représentant légal, mais aux curés successifs de Saint-Pierre de Coutances qui doivent distribuer la rente léguée, sans être tenus de rendre compte à qui que ce soit. — Dans ces conditions, l'article ci-dessus méconnaissait d'une façon absolue la volonté formelle du

l'Int. 20 décembre 1882, legs Leroy (1). Toutefois il a été jugé que la cure ou succursale peut accepter des dons ou des legs destinés à assurer la célébration gratuite des services funéraires des indigents (Note de la sect. de l'Int. 16 avril 1890, legs Richard, v. *infra*, n° 248) ou faits à charge de distribuer

---

la testatrice et le Conseil n'a pu sanctionner cette substitution d'un légataire sans qualité au légataire prévu et désigné par le testament.

D'autre part, le Conseil a pensé que la cure ne pouvait pas être autorisée à accepter la libéralité dont s'agit. Comme tous les établissements publics, la cure a une capacité spéciale, limitée aux objets que la loi fait rentrer dans sa mission ; or, aucun texte de loi ne donne à la cure le droit d'administrer ou de distribuer des fonds destinés au soulagement des pauvres.

En conséquence, le Conseil a substitué à l'article 4 une disposition portant refus d'autoriser les curés successifs de Saint-Pierre de Coutances à accepter le legs qui leur a été fait par la demoiselle Louvel de Monceaux. (M. de Villeneuve, rapporteur.)

Avis C. d'Ét. 3 août 1881 (n° 39,400). — Le Conseil d'État qui, sur le renvoi ordonné par le ministre de l'Intérieur et des Cultes, a pris connaissance d'un projet de décret tendant à autoriser l'acceptation des legs faits par le sieur Aviat, suivant son testament olographe du 20 mars 1877, à divers établissements du département de l'Aube ; — Vu le testament en date du 20 mars 1877 ; — Vu l'avis du préfet de l'Aube, ensemble toutes les autres pièces du dossier ;

En ce qui concerne le legs d'une rente annuelle et perpétuelle de 1,000 francs fait à la fabrique de Saint-Julien : — I. Considérant que ce legs est grevé jusqu'à concurrence de 900 francs de charges qui peuvent être imposées à une fabrique sans la faire sortir de ses attributions ; — mais considérant que la fabrique devra remettre chaque année au desservant une somme de 100 francs pour l'aider dans ses aumônes ; que cette disposition constitue une libéralité faite à la fabrique et à la succursale en faveur des pauvres; que ni la fabrique, ni la succursale n'étant aptes à recevoir des libéralités en faveur des pauvres, il y a lieu de n'autoriser l'acceptation du legs que jusqu'à concurrence des neuf dixièmes et de supprimer du projet de décret la clause portant que 100 francs seront annuellement remis au desservant pour l'aider dans ses aumônes ;

II. Considérant que la fabrique de Saint-Julien doit chaque année affecter 300 francs, à prendre sur la rente annuelle et perpétuelle de 1,000 francs qui lui est léguée, « à un supplément de traitement du desservant » ; que cette disposition étant faite dans l'intérêt des titulaires successifs, il y a lieu d'insérer dans le projet de décret un article faisant accepter par le desservant, au nom des titulaires successifs, le bénéfice du legs fait à la fabrique ;...

Est d'avis qu'il y a lieu de modifier le projet de décret dans le sens des observations qui précèdent. (M. Valabrègue, rapporteur.)

(1) Avis de la sect. de l'Int. 20 décembre 1882 (n° 42,887). — La section de l'Intérieur, des Cultes, de l'Instruction publique et des Beaux-Arts du Conseil d'État qui a pris connaissance d'un projet de décret tendant à autoriser l'acceptation de la donation d'une somme de 50,000 francs

des vêtements aux enfants pauvres de la première communion (Avis C. d'Et. 22 décembre 1881, legs Le Bricquier du Meshir) (1). Cet avis ne tient pas compte de ce que la cure ou succursale ne doit viser qu'à l'amélioration de la condition matérielle de ses titulaires successifs.

---

faite par la demoiselle Leroy à la cure de Notre-Dame d'Amiens, sous la condition d'en employer les revenus aux œuvres de la maison de charité existant dans cette paroisse en vertu d'un décret du 16 février 1807; — Considérant que le décret du 16 février 1807 autorise le sieur Dumony, curé de l'église cathédrale d'Amiens, à recevoir pour lui et ses successeurs, curés, la cession du presbytère de la ci-devant paroisse de Saint-Firmin « pour former dans cette maison l'établissement de trois sœurs de charité dévouées à donner des secours aux pauvres malades de la paroisse et l'instruction à des enfants indigents... »; — Considérant qu'il résulte des renseignements fournis par l'évêque d'Amiens que la maison de charité est confiée à neuf sœurs qui s'occupent des soins et secours à donner à de pauvres malades, se consacrent à l'instruction des enfants pauvres et dirigent un ouvroir, un orphelinat et un patronage; — Considérant que les ressources de cette œuvre sont suffisantes, qu'il n'y a pas lieu de favoriser l'extension d'un établissement qui, dans la pensée du fondateur, ne devait avoir qu'une importance très restreinte et qui par sa nature fait sortir la cure de ses attributions légales; — Est d'avis qu'il y a lieu de substituer au projet de décret proposé une disposition portant que le curé de l'église cathédrale d'Amiens n'est pas autorisé à accepter la donation faite par la demoiselle Leroy aux curés successifs de cette paroisse. (M. Cotto, rapporteur.)

(1) Avis C. d'Et. 22 décembre 1881 (n° 38,606). — Le Conseil d'Etat qui, sur le renvoi ordonné par M. le ministre de l'Intérieur et des Cultes, a pris connaissance d'un projet de décret tendant notamment à ne pas autoriser l'acceptation du legs fait à la cure de Lannion par le sieur Le Bricquier du Meshir, suivant son testament public en date du 5 novembre 1872; — Vu le testament du sieur Le Bricquier du Meshir en date du 5 novembre 1872 et ainsi conçu : « Je lègue au curé de Lannion, une rente perpétuelle de 200 francs, qui devra lui être payée le 1er mai de chaque année. De cette rente, 50 francs serviront à donner à dîner à 25 enfants de la 1re communion, chez les frères de Lannion, et le surplus sera employé à vêtir les enfants pauvres de la 1re communion, au choix du curé »; — Vu le rapport en date du 21 février 1881 adressé à M. le ministre de l'Intérieur et des Cultes, par M. le directeur de l'administration départementale et communale ; — Vu les autres pièces du dossier; — Vu le décret du 6 novembre 1813;

Considérant que le legs dont il s'agit est plutôt un legs pieux qu'un legs charitable ; — Considérant qu'il rentre dans les attributions du curé de faciliter l'accès de la première communion aux enfants pauvres, en les mettant à même de participer à cet acte de la vie religieuse; que dès lors rien ne s'oppose à ce que le curé soit autorisé à accepter le legs en question ;

Est d'avis qu'il y a lieu de modifier le projet de décret présenté dans le sens des observations qui précèdent. (M. Mourier, rapporteur).

Au surplus, il est loisible, sous réserve des dispositions de l'article 909 du Code civil, de faire des libéralités scolaires ou charitables aux curés et desservants pris personnellement et non comme représentants des menses curiales et succursales.

Les pasteurs protestants et les ministres du culte israélite, rabbins, sous-rabbins, et ministres officiants, peuvent également recevoir à titre individuel des dons et legs affectés à l'enseignement ou à la charité; aussi ne nous expliquons-nous guère une note émise le 26 octobre 1892 par la section de l'Intérieur, au rapport de M. Robert de Moüy, au sujet de deux legs faits par la dame veuve Fould en ces termes : « Je lègue au grand rabbin de France Isidor, pour ses pauvres, 6,000 francs. — Je lègue au grand rabbin Zadoc Kahn, pour ses pauvres, la somme de 6,000 francs »; bien que le grand rabbin de France et le grand rabbin de Paris eussent été institués nominativement, la section a, aux termes de ladite note, estimé qu'il convenait de faire accepter le premier de ces legs par le ministre de l'Intérieur, au nom des pauvres de France, et le second par l'administration de l'Assistance publique au nom des pauvres de Paris (1).

---

(1) Note de la sect. de l'Int. 26 octobre 1892 (nº 93,608). — La section de l'Intérieur, des Cultes, de l'Instruction publique et des Beaux-Arts du Conseil d'Etat, qui a pris connaissance du projet de décret tendant à autoriser l'acceptation des libéralités faites à divers établissements par la dame veuve Fould, a constaté que ce projet ne contenait aucune disposition relative à celles qui concernaient les grands rabbins de France et de Paris pour les pauvres. Il lui a paru, après examen, que ces actes de dernière volonté devaient être considérés plutôt comme des libéralités faites aux pauvres que comme des legs personnels. L'Assistance publique à Paris semble avoir qualité, comme l'a déjà pensé le conseil de surveillance, pour revendiquer la somme de 6,000 francs laissée au grand rabbin de Paris, car la testataire a eu évidemment en vue d'alléger le sort des israélites pauvres de Paris. En faisant la même disposition en faveur du grand rabbin de France, sa préoccupation a été d'apporter quelque soulagement aux israélites de France : dans ce cas, il appartiendrait au ministre de l'Intérieur, conformément à la jurisprudence, de recueillir le legs en leur nom. La section estime, en conséquence, qu'avant de statuer, il y a lieu d'attirer l'attention du ministre de l'Intérieur sur cette interprétation donnée par la section aux dispositions charitables de Mme veuve Fould pour examiner s'il ne conviendrait pas de diriger à nouveau l'instruction en ce sens. (M. de Moüy, rapporteur.)

La section de l'Intérieur a proclamé à l'occasion d'un legs fait par l'abbé Laurent (Note du 8 août 1892, v. *supra*, n° 131) le défaut de vocation charitable des chapitres; le cas échéant, elle n'hésiterait pas à affirmer leur manque de vocation scolaire.

244. Ce n'est pas seulement en matière de libéralités charitables ou scolaires que le principe de la spécialité a été appliqué aux établissements ecclésiastiques; ils ont été empêchés en vertu de cette règle d'accepter bien d'autres libéralités, ainsi que l'examen de la jurisprudence du Conseil d'État permet de s'en convaincre.

245. Le recrutement du clergé ne rentre à aucun degré dans la mission légale des fabriques; elles ne peuvent donc recevoir des libéralités qui ont pour objet de favoriser les vocations ecclésiastiques ou de fonder des bourses dans les séminaires. C'est ce qui résulte de notes précitées de la section de l'Intérieur des 11 mars 1884 (V. *supra*, n° 241, legs Rossignol), 24 avril 1888 (V. *supra*, n° 236, legs Pellissier) et 10 mai 1892 (V. *supra*, n° 241, legs Moutès).

La section de l'Intérieur décide qu'il n'est pas dans les attributions des fabriques de veiller sur les sépultures particulières et que, par conséquent, il n'y a pas lieu de permettre à ces établissements d'accepter les dons et legs dont le montant devrait être employé entièrement à orner, nettoyer et réparer le tombeau du donateur ou du testateur; si l'obligation d'entretenir un tombeau ne constitue qu'une condition accessoire d'un don ou legs qui laisse, après acquittement de cette charge, un émolument plus ou moins important, la section de l'Intérieur estime que l'acceptation de la libéralité peut être autorisée. Cette jurisprudence paraît avoir été inaugurée par un avis émis le 21 novembre 1888 au rapport de M. Bonthoux (1);

(1) Avis de la sect. de l'Int. 21 novembre 1888 (n° 73,900). — La section de l'Intérieur qui a pris connaissance d'un projet de décret tendant à autoriser le trésorier de la fabrique de l'église Saint-Nicolas-du-Chardonnet à accepter, mais seulement jusqu'à concurrence de 720 francs, la rente destinée à assurer la reconstruction et l'entretien du tombeau de la famille Boudereau, le legs fait à cet établissement par le sieur Boudereau et consistant en une rente annuelle et perpétuelle de 800

elle a été rappelée par un avis et une note des 8 et 23 novembre 1892 (1).

Il serait assez difficile de justifier la défense que la section de l'Intérieur fait aux fabriques de recevoir des dons et legs qui leur sont adressés uniquement en vue de l'entretien de sépultures particulières, si l'on devait admettre que cet entretien se trouve implicitement compris dans celui des cimetières dont le quatrième alinéa de l'article 37 du décret du 30 décembre 1809 charge les fabriques. Vainement, dans cette hypothèse, objecterait-on que l'entretien des cimetières a cessé d'être une obligation des fabriques pour incomber aux com-

---

francs, destinée jusqu'à due concurrence, à l'entretien du tombeau du testateur et pour le surplus à des distributions aux pauvres ;

Considérant que, si une fabrique peut être autorisée à accepter une libéralité à laquelle le testateur a mis pour condition l'entretien de son tombeau par l'établissement légataire, lorsque cette condition ne constitue qu'une charge accessoire du legs, il n'en saurait être de même, lorsque la libéralité a pour objet unique l'entretien d'un tombeau et que tout l'émolument du legs est absorbé par cette charge, dont l'exécution ne rentre pas dans les attributions de la fabrique ;

Est d'avis qu'il y a lieu de substituer à l'article proposé un article portant que la fabrique n'est pas autorisée à accepter le legs fait à cet établissement par le sieur Boudereau. (M. Bonthoux, rapporteur.)

(1) Avis de la sect. de l'Int. 8 novembre 1892 (n° 93,637). — La section de l'Intérieur, qui a pris connaissance d'un projet de décret tendant à approuver une convention, par laquelle la demoiselle Ringeval s'est engagée à remettre à la fabrique de Montier-en-Der (Haute-Marne) une somme de 1,000 francs, à la charge : 1° de faire dire chaque année à perpétuité 6 messes basses ; 2° de nettoyer une tombe ;

Considérant que l'entretien des tombes ne rentre pas dans les attributions légales des fabriques ; — Considérant que si, par exception, la jurisprudence autorise les fabriques à recevoir des libéralités à charge d'entretien de tombe, lorsque cette condition ne constitue qu'une charge accessoire de la libéralité, dans l'espèce, la charge de l'entretien d'une tombe n'a pas ce caractère ;

Est d'avis qu'il n'y a pas lieu, en l'état, d'approuver la dite convention. (M. Delesseux, rapporteur.)

Note de la sect. de l'Int. 23 novembre 1892 (n° 94,375). — La section de l'Intérieur qui a pris connaissance d'un projet de décret relatif au legs de 1,200 francs fait par la dame Lépine à la fabrique de l'église de Poulainville (Somme) estime qu'il y a lieu d'autoriser seulement la dite fabrique à accepter le legs de 18 francs de rente destiné à assurer des services religieux. La section rappelle, en effet, que la jurisprudence ne permet l'acceptation par les fabriques des legs faits à charge de l'entretien de sépultures que quand ces legs présentent, après l'accomplissement de cette charge, un réel bénéfice pour l'établissement légataire, ce qui n'est pas le cas dans l'espèce. (M. Simon, rapporteur.)

munes, en vertu de l'article 30, n° 17 de la loi du 18 juillet 1837 et de l'article 136, n° 13 de la loi du 5 avril 1884. Il est vrai que la section de l'Intérieur estime que les lois de 1837 et de 1884 ont abrogé le quatrième alinéa de l'article 37 du décret de 1809 (1), mais il nous paraît avoir été jugé avec plus de raison par un arrêt de la Cour de cassation du 30 mai 1888 (2) que ces lois ont eu simplement pour but et pour effet de faire supporter aux communes les frais d'entretien des cimetières en cas d'insuffisance des revenus des fabriques. Celles-ci ne sont point exonérées, en principe, de la charge prévue par le décret de 1809; elles continuent à en être tenues à titre principal et les communes ne sont grevées que d'une obligation subsidiaire.

Mais nous croyons que la section de l'Intérieur n'en a pas moins bien fait de décider que les fabriques ne peuvent recevoir des libéralités destinées à l'entretien de sépultures privées qu'autant qu'après qu'elles auront déféré au vœu du donateur ou du testateur il leur restera un sérieux émolument. En effet,

---

(1) Note de la sect. de l'Int. 18 septembre 1884 (n° 52,113).—La section de l'Intérieur, des Cultes, de l'Instruction publique et des Beaux Arts du Conseil d'Etat, après avoir pris connaissance d'un projet de décret, tendant notamment à autoriser la fabrique de Chazilly à accepter une somme de 1,000 francs, destinée au cimetière, a remarqué que la commune du même nom était autorisée dans le même projet à accepter seulement le bénéfice résultant pour elle de la libéralité dont il s'agit. L'entretien des cimetières est une dépense obligatoire pour la commune et dès lors, c'est elle qui doit accepter les libéralités faites pour le cimetière. La section estime, en conséquence, que le conseil municipal de Chazilly doit être appelé de nouveau et à l'exclusion de la fabrique à délibérer sur l'acceptation du legs dont il s'agit. (M. Carré, rapporteur.)

(2) Cass. civ. 30 mai 1888. — La Cour; — Sur le premier moyen : — Attendu qu'aux termes de l'article 23 du décret du 23 prairial an XII, comme aux termes du décret du 30 décembre 1809, art. 37, les fabriques sont tenues de pourvoir à l'entretien des cimetières; que cette obligation a continué à leur incomber sous l'empire de la loi du 18 juillet 1837; qu'en effet, l'article 30 de cette loi ne déclare l'entretien des cimetières obligatoire pour les communes que dans les cas déterminés par les lois et règlements d'administration publique; que, par là même, il s'est référé à l'article 37, n° 4, du décret du 30 décembre 1809, lequel n'oblige les communes à subvenir aux dépenses d'entretien des cimetières que lorsqu'il est dûment justifié par les fabriques de l'insuffisance de leurs revenus; — Attendu que cette insuffisance des revenus doit s'entendre, d'après les termes généraux de la loi, de l'insuffisance des revenus pris dans leur ensemble; qu'ainsi l'obligation des fabriques subsiste, quand même le produit du monopole des pompes funèbres que leur confère

les établissements publics ont été créés pour la gestion d'intérêts généraux et non pour celle d'intérêts particuliers. Dès lors, une fabrique ne saurait, sans manquer à l'objet de son institution légale, recueillir un don ou un legs qui doit servir intégralement à entretenir une sépulture particulière, car il n'est pas douteux qu'une pareille libéralité ne tend à la satisfaction d'aucun intérêt général. Au contraire, une fabrique peut accepter une libéralité qui lui est faite en vue de l'entretien d'une sépulture particulière, lorsque les frais qu'il doit entraîner sont loin d'égaler l'émolument du don ou legs, parce qu'alors il n'est plus que la condition accessoire d'une libéralité dont le but principal est de pourvoir aux intérêts généraux dont les fabriques ont la garde et l'administration.

Telles sont les considérations qui doivent faire regarder la jurisprudence de la section de l'Intérieur comme bien fondée ; elles expliquent qu'il ne soit pas plus permis aux communes qu'aux fabriques d'accepter des dons et legs affectés entièrement à l'entretien de sépultures particulières (1).

---

l'article 23 du décret du 23 prairial an XII ne couvrirait pas à lui tout seul les frais d'entretien des cimetières ; — Attendu qu'il appartenait à la Cour d'appel d'apprécier souverainement, en fait, la nature et l'objet des divers travaux et services dont le coût rentrait dans la catégorie des dépenses d'entretien des deux cimetières dont il s'agit dans l'espèce ;

Sur la première branche du deuxième moyen : ... ; — Sur la deuxième branche du deuxième moyen : — Attendu que la loi du 5 avril 1884 n'a pas modifié la situation respective des communes et des fabriques, en ce qui touche l'entretien des cimetières, telle qu'elle a été réglée par l'article 37, § 4, du décret du 30 décembre 1809 et l'article 30 de la loi du 18 juillet 1837 ; qu'en effet, l'article 136, § 13, de la loi du 5 avril 1884 qui est conçu identiquement dans les mêmes termes que l'article 30 de la loi du 18 juillet 1837 ne peut pas ne pas avoir la même signification et la même portée ; qu'ainsi les communes continuent de n'être tenues de subvenir à l'entretien des cimetières qu'à la condition d'une justification régulière par les fabriques de l'insuffisance de leurs revenus ; que ni les travaux préparatoires, ni la circulaire ministérielle du 15 mai 1884 ne sauraient prévaloir contre le texte clair de la loi qui, après avoir littéralement reproduit dans son article 136, § 13, la disposition de l'article 30 de la loi du 18 juillet 1837, n'a abrogé dans son article 168 que les articles 36, § 4, 39, 49 et 92-103 du décret du 30 décembre 1809 et maintenu, par conséquent, l'article 37 de ce décret ; — qu'il suit de là que l'arrêt attaqué n'a violé aucun des textes de loi invoqués par le pourvoi et qu'il n'en a fait, au contraire, qu'une exacte application ; — Par ces motifs, rejette. (M. Monod, rapporteur.)

(1) Avis de la sect. de l'Int. 20 décembre 1890 (n° 85,225). — La section

D'après un avis de la section de l'Intérieur du 24 octobre 1882, relatif à un legs adressé par la demoiselle Duflo à la fabrique de l'église de Wervicq-sud (Nord), il n'y a pas lieu d'autoriser une fabrique à recueillir une libéralité consistant en un calvaire qui ne se rattache à aucune tradition historique ou religieuse ; cette jurisprudence a été confirmée par un avis du 28 décembre 1889 concernant une donation entre vifs faite à la fabrique de l'église de Basuel (Nord) par le sieur Claise (1). Il est permis de soutenir qu'elle est conforme aux règles d'une bonne administration, mais nous croyons que c'est à tort qu'on a voulu l'appuyer sur le principe de la spécialité; qu'un

---

de l'Intérieur, des Cultes, de l'Instruction publique et des Beaux-Arts du Conseil d'État qui a pris connaissance du projet de décret tendant à autoriser la commune du Thuel (Aisne) à accepter le legs à elle fait par le sieur Pétrot, et consistant en une somme de 5,000 francs, dont 2,000 francs pour lui élever une tombe et 3,000 francs destinés à produire des revenus affectés à l'entretien de cette tombe, de celle de sa femme et à la fondation annuelle et perpétuelle de 24 messes basses avec recommandation au prône; — Vu le testament olographe du sieur Pétrot du 13 septembre 1889 ; — Vu la délibération du conseil municipal du Thuel du 20 février 1890 ; — Vu la délibération du conseil de fabrique de l'église succursale de Noircourt du 12 janvier 1890 ; — Vu l'article 910 du Code civil ; — Vu la loi du 5 avril 1884;

Considérant qu'il résulte de l'examen des dispositions testamentaires ci-dessus visées que les charges imposées par le sieur Pétrot au legs fait par lui à la commune du Thuel, ne s'appliquent qu'à la construction, à l'entretien de son tombeau de famille et à la fondation de messes, et n'ont en vue aucun service municipal ; que, de plus, elles absorbent l'intégralité de la libéralité, sans que la commune soit appelée en quoi que ce soit à en profiter; que, dès lors, il ne convient pas d'autoriser ladite commune à accepter le legs à elle fait par le sieur Pétrot ni, par suite, la fabrique à recevoir de la dite commune la somme suffisante pour dire le nombre de messes prescrit par le testateur ;

Est d'avis qu'il n'y a pas lieu d'autoriser la commune du Thuel à accepter la libéralité du sieur Pétrot ni la fabrique de Noircourt à recevoir de cette commune l'émolument nécessaire pour dire les messes demandées par le testateur. (M. de Moüy, rapporteur.)

(1) Avis de la sect. de l'Int. 28 décembre 1889 (n° 80,989). — La section de l'Intérieur, qui a pris connaissance d'un projet de décret tendant à autoriser l'acceptation de la donation faite par le sieur Claise à la fabrique de Basuel (Nord); — Considérant que la donation en question a pour but essentiel l'entretien d'un calvaire ; — Considérant que ledit calvaire, qui vient d'être érigé, ne se rattache à aucune tradition historique ou religieuse ; que, dans ces conditions, il n'existe aucun motif de le conserver et de l'entretenir ; — Est d'avis qu'il n'y a pas lieu d'adopter le projet de décret proposé. (M. Dejamme, rapporteur.)

calvaire se rattache ou non à une tradition historique ou religieuse, son entretien n'excède pas, à notre avis, les bornes des attributions des fabriques.

246. Les conseils presbytéraux et les consistoires protestants et israélites ne sont pas enfermés, comme les fabriques, dans la sphère des intérêts matériels; ils ont des attributions d'ordre spirituel dont plusieurs touchent au recrutement des ministres du culte.

L'on ne saurait donc, en principe, leur interdire de recevoir des libéralités destinées à favoriser les vocations ecclésiastiques; cependant la section de l'Intérieur a estimé, aux termes d'un avis du 8 mai 1883, qu'il ne convenait pas d'autoriser l'acceptation d'un legs fait au consistoire de l'église réformée du Vigan (Gard) par le sieur Ourillon « pour aider les jeunes gens pauvres de la consistoriale qui se destinaient au saint ministère », sous prétexte qu'il s'agissait d'un legs charitable que le consistoire n'avait pas capacité pour recevoir (1).

Le point de vue auquel s'est placée la section de l'Intérieur pour se prononcer en faveur du refus d'autoriser l'exécution du legs fait par le sieur Ourillon est assez contestable; à notre avis, le caractère de cette libéralité était plutôt pieux que charitable. En tous cas, nous croyons que c'est à tort qu'il a été insinué dans un considérant de l'avis du 8 mai 1883 que les consistoires protestants ont été institués exclusivement pour l'administration des intérêts matériels du culte ; les consistoires ont charge d'intérêts spirituels.

---

(1) Avis de la sect. de l'Int. 8 mai 1883 (n° 45 069). — La section, de l'Intérieur, des Cultes, de l'Instruction publique et des Beaux-Arts du Conseil d'État, qui a pris connaissance du projet de décret relatif aux legs faits par le sieur Ourillon à divers établissements des départements du Gard, de la Dordogne et de Tarn-et-Garonne ; — En ce qui concerne le legs fait au consistoire de l'église réformée du Vigan (Gard), et consistant en une somme de 2.000 francs, pour les arrérages être employés à aider les jeunes gens pauvres de la consistoriale qui se destinent au saint ministère; — Considérant que ce legs a le caractère d'un legs charitable et que les consistoires, institués pour administrer les intérêts matériels du culte, n'ont pas capacité pour recevoir de semblables libéralités ;

Est d'avis de modifier le projet de décret dans le sens des observations qui précèdent. (M. Sevène, rapporteur.)

Il ne faut reconnaître aux consistoires protestants et israélites et aux conseils presbytéraux la faculté de recevoir des libéralités faites à charge d'entretien de tombes que dans la mesure où elle appartient aux fabriques.

247. Dans plusieurs grandes villes les fabriques sont associées pour l'exploitation du monopole des pompes funèbres; à Paris, elle est confiée à une union qui comprend, non seulement les fabriques, mais encore les consistoires protestants et le consistoire israélite.

Les syndicats chargés du service des pompes funèbres n'ont d'autres droits que ceux des fabriques et des consistoires, de sorte que l'entretien d'une tombe ne saurait leur être confié comme condition d'un legs que si, malgré cette charge, la libéralité leur procure un avantage sérieux.

C'est en ce sens, croyons-nous, qu'il faut interpréter un avis de la section de l'Intérieur du 5 mai 1891 concernant un legs fait par la dame veuve Paux à l'administration des pompes funèbres de Marseille (1).

248. Il a été soutenu que le principe de la spécialité s'oppose à ce que l'on fasse aux cures et succursales des dons et legs à charge de services religieux; mais cette thèse qui a été développée par le ministre de la Justice et des Cultes dans une lettre adressée au vice-président du Conseil d'État à l'occasion

---

(1) Avis de la sect. de l'Int. 5 mai 1891 (n° 87,152). — La section de l'Intérieur, qui a pris connaissance du projet de décret relatif au legs fait par la dame veuve Paux à l'administration des pompes funèbres de Marseille, et consistant en une somme de 1.290 francs, dont les intérêts annuels devront être affectés à l'entretien du tombeau de la testatrice ; — Sans qu'il y ait lieu de rechercher si le décret du 10 septembre 1808 a eu pour effet de donner à l'administration des pompes funèbres de Marseille une personnalité distincte de celle des fabriques qu'elle représente et si dans ce cas elle aurait capacité pour recevoir des dons et legs ;

Considérant que les attributions de l'administration des pompes funèbres de Marseille sont limitées par l'arrêté préfectoral du 7 juillet 1808 et le décret précité du 10 septembre suivant au transport et à l'inhumations des corps et qu'aucune disposition de la loi ne permet d'étendre ces attributions à l'entretien à perpétuité d'une tombe ;

Est d'avis qu'il y a lieu de substituer à l'article premier du projet proposé une disposition portant que l'administration des pompes funèbres de Marseille n'est pas autorisée à accepter le legs de la dame Paux. (M. Simon, rapporteur.)

d'un projet de décret relatif à un legs fait par la dame veuve Bernouville ne nous paraît pas fondée (1).

Il est bien vrai que les menses curiales et succursales ont été instituées pour l'amélioration du sort des curés et desservants et non afin de pourvoir aux cérémonies du culte; mais un don ou un legs adressé à une cure ou succursale en vue de la célébration de services religieux tend à assurer aux curés et desservants successifs des avantages pécuniaires plus ou moins considérables. En effet, des sommes mises à leur disposition par le donateur ou testateur les curés et desservants successifs feront trois parts. La première sera attribuée aux officiers et serviteurs de l'église et, s'il y a lieu, aux vicaires et prêtres habitués; la seconde servira à payer les droits dus

---

(1) Lettre du ministre de la Justice et des Cultes au vice-président du Conseil d'État (27 octobre 1888). — Monsieur le président. Par testament olographe du 9 décembre 1883, la dame veuve Bernouville a légué aux desservants de cultes la somme de 2,000 francs, à la charge d'inscription au nécrologe et de fondation en nombre indéterminé de messes. Je ne vois rien qui s'oppose à l'autorisation de ce legs, mais il peut s'élever une difficulté relativement à l'établissement ecclésiastique qu'il convient d'autoriser à accepter la libéralité. — On peut soutenir que la testatrice a eu pour but principal d'enrichir le patrimoine de la mense en faisant un legs aux desservants successifs, mais à charge de services religieux dont la célébration rentre dans le ministère des titulaires ecclésiastiques, et qu'il convient d'autoriser la mense à accepter un legs dont la fabrique, chargée de veiller à l'exécution des fondations, doit être autorisée à accepter le bénéfice. A l'appui de cette opinion, on peut citer de nombreux précédents, notamment un décret du 15 décembre 1885, legs Sergeant (Somme), un décret du 30 juin 1886, legs demoiselle Marthe (Basses-Pyrénées), un décret du 2 mai 1887, legs Gayral (Tarn), et diverses espèces relatées dans un article du *Journal des conseils de fabriques* (août et septembre 1886) qui admettait implicitement la théorie de l'acceptation conjointe. — D'autre part, il est permis de soutenir, et cette opinion me semblerait plus conforme au principe de la spécialité des établissements publics, que la testatrice, en léguant une somme aux desservants successifs à charge de fondation pieuse, a désigné par erreur un établissement qui n'est pas chargé d'acquitter les fondations et qu'il convient, par conséquent, d'autoriser la fabrique préposée seule à l'acquit des fondations pieuses, sans tenir compte des réclamations que pourraient élever les héritiers devant l'autorité judiciaire contre une substitution dont ils pourraient invoquer l'illégalité. — J'ai l'honneur, Monsieur le président, de vous soumettre le projet de décret ci-joint qui autorise l'acceptation du legs par la fabrique qui a seule qualité pour recevoir des fondations de messes, le desservant n'étant qu'un serviteur de l'église, touchant, à ce titre, une rétribution fixée par le tarif des oblations. — Agréez, etc., — Pour le ministre, — Le conseiller d'État, directeur des Cultes. — *Signé :* DUMAY.

à la fabrique; les curés et desservants conserveront la troisième qui viendra grossir leur casuel. Ils sont donc appelés à tirer de la libéralité un profit incontestable et, par suite, il est permis de dire que celle-ci contribuera à l'amélioration de leur condition matérielle, ce qui suffit pour que la cure ou succursale ait qualité pour la recevoir.

Mais il importe que les sommes à provenir du don ou legs soient régulièrement réparties entre les divers intéressés suivant les indications du tarif diocésain et que la fabrique ne soit pas frustrée de la part qui lui revient; aussi cet établissement doit-il être admis à exercer un contrôle sur l'emploi qui est fait du don ou du legs et, au besoin, à exiger le payement des sommes auxquelles il a droit. Dans ces conditions, il y a lieu, tout en autorisant la cure ou succursale à accepter le don ou le legs, d'habiliter la fabrique à accepter le bénéfice qu'il est destiné à lui procurer.

La section de l'Intérieur s'est prononcée en ce sens par une note du 19 février 1889 concernant tout à la fois le legs susvisé fait par la dame veuve Bernouville à la succursale de Culles et les legs adressés à la succursale de Vienne et à la cure de Saint-Ciers-Lalande par les dames veuve Laronce et veuve Lagrèze (1); une note du 1er décembre 1892 a maintenu cette jurisprudence (2).

---

(1) Note de la sect. de l'Int. 19 février 1889, legs Bernouville, Laronce, Lagrèze (nos 74,954; 74,955; 75,556). — La section de l'Intérieur, de l'Instruction publique, des Cultes et des Beaux-Arts du Conseil d'État, qui a pris connaissance des projets de décret ayant pour objet d'autoriser les fabriques de Culles, de Vienne et de Saint-Ciers-Lalande à accepter les libéralités faites aux desservants ou curés de ces églises, estime qu'il convient, dans le dispositif, d'abord de substituer, conformément à la jurisprudence suivie par elle, aux trésoriers des fabriques ces desservants ou curés, qui sont personnellement institués par les testateurs, et ensuite d'appeler les fabriques à accepter le bénéfice résultant pour elles des libéralités faites par les divers testateurs. (M. de Moüy, rapporteur.)

(2) Note de la sect. de l'Int. 1er décembre 1892 (n° 94.517). — La section de l'Intérieur, des Cultes, de l'Instruction publique et des Beaux-Arts du Conseil d'État, tout en adoptant le projet de décret concernant les legs faits par la dame Tréboz à divers établissements de l'Ain, a cru devoir introduire, conformément à sa jurisprudence, un article faisant accepter par la fabrique de Curiat-Dougalon le bénéfice qui résulte, en faveur de cet établissement, d'un legs fait à la cure à charge de messes. (M. Silhol, rapporteur.)

Le Conseil d'État reconnaît aux cures et succursales la faculté de recevoir des dons et legs qui ont pour objet d'assurer la célébration gratuite des services funéraires des indigents, mais quand une cure ou succursale accepte un don ou legs dont telle est la destination, la haute assemblée veut qu'en même temps le bénéfice résultant de l'exécution de la libéralité soit accepté tant par la fabrique que par le représentant légal des pauvres (V. *infra*, n° 286, note de la sect. de l'Int. et projet de décret du 16 avril 1890, legs Richard).

La cure ou succursale n'a pas à s'immiscer dans le recrutement du clergé; en conséquence, il ne lui est pas loisible de recueillir des dons et legs affectés à la fondation de bourses ou à l'entretien de jeunes gens dans un séminaire (Note de la sect. de l'Int. 29 mars 1881, legs Marlin) (1).

C'est aux fabriques, en vertu de l'article 76 de la loi du 18 germinal an X et de l'article 1er du décret du 30 décembre 1809, et non aux cures ou succursales de veiller à l'entretien et à la conservation des temples et, par suite, nous pensons qu'un curé ou desservant ne peut recevoir un legs « pour son église »; un tel legs est nécessairement caduc comme fait à un établissement incapable.

La section de l'Intérieur, tout en reconnaissant que le principe de la spécialité ne permettait pas à la cure d'Aix-La-Fayette de recueillir un legs qui lui était fait pour l'église paroissiale, a décidé par une note du 7 mars 1883 (2) que ce

---

(1) Note de la sect. de l'Int. 29 mars 1881 (n° 35,531). — La section de l'Intérieur, des Cultes, de l'Instruction publique et des Beaux-Arts du Conseil d'État, qui a pris connaissance d'un projet de décret tendant par son article premier à autoriser l'évêque d'Orléans à accepter, au nom du petit séminaire de son diocèse, le legs de 4.000 francs fait en faveur de cet établissement par la demoiselle Marlin, suivant son testament olographe, du 12 mai 1875, estime qu'il n'y a pas lieu d'adopter cet article. — Le legs de 4.000 francs a été fait au curé de Gien et non point au séminaire; on ne saurait donc substituer un légataire à un autre. — Quant au curé de Gien, il ne saurait être autorisé à accepter le legs. La cure n'a pas, en effet, la capacité pour recevoir des libéralités destinées à l'entretien des jeunes gens dans un séminaire. — Il y a donc lieu d'ajouter à l'article premier que le curé de Gien n'est pas autorisé à accepter le legs de 4.000 francs fait en faveur du petit séminaire d'Orléans. (M. Bonthoux, rapporteur.)

(2) Note de la sect. de l'Int. 7 mars 1883 (n° 45,905). — La section de l'Intérieur, des Cultes, de l'Instruction publique et des Beaux-Arts

legs pouvait être accepté par la fabrique. En appelant la fabrique à se substituer à la cure dans l'acceptation du legs adressé à celle-ci, elle n'a fait qu'appliquer une théorie qui a été exposée plus haut et qu'il convient de condamner pour les raisons que nous avons fait valoir. (V. *supra*, n° 240.)

D'après la section de l'Intérieur, une cure ou succursale aurait qualité pour recevoir une libéralité affectée aux frais du culte et par exemple à l'achat de la cire, du pain, du vin, de l'encens ou aux réparations des ornements, meubles et ustensiles d'église; c'est ce qui ressort d'un avis du 4 décembre 1889 concernant une libéralité faite par la demoiselle Bourdon à la cure de l'église cathédrale et paroissiale d'Amiens et destinée tant à la célébration d'une messe quotidienne et à l'entretien de diverses sépultures qu'à contribuer aux dépenses de célébration du culte : cet avis porte qu'aucune des charges dont la libéralité est grevée ne fait sortir la cure de la limite de ses attributions et que, par suite, il y a lieu d'autoriser cet établissement à l'accepter (1).

L'avis du 4 décembre 1889 nous paraît prêter à la critique. Les frais du culte ont été mis à la charge des fabriques par les articles 37, 45 et 46 du décret du 30 décembre 1809; ils n'incombent aucunement aux cures et succursales qui, dès lors,

---

du Conseil d'État, tout en adoptant le projet de décret relatif au legs Lafarge, a cru devoir modifier la rédaction de l'article 1er de le mettre en harmonie avec l'article 3 de l'ordonnance du 2 avril 1817, d'après lequel les libéralités faites aux séminaires sont acceptées par les évêques. — Elle a ajouté au projet un article afin d'autoriser le trésorier de la fabrique d'Aix-La-Fayette (Puy-de-Dôme) à accepter le legs fait au curé d'Aix-La-Fayette, canton de Saint-Germain-l'Herm, *pour son église*. Elle a pensé que, si l'entretien de l'église ne rentre pas dans les attributions de la cure, c'est à la fabrique qu'il appartient d'accepter les libéralités faites dans ce but. (M. Carré, rapporteur.)

(1) Avis de la sect. de l'Int. 4 décembre 1889 (n° 80,501). — La section de l'Intérieur, des Cultes, de l'Instruction publique et des Beaux-Arts du Conseil d'État qui a pris connaissance du projet de décret ci-joint, relatif aux legs faits par la demoiselle Bourdon à divers établissements de la Somme ;

En ce qui concerne le legs fait à la cure de l'église cathédrale et paroissiale d'Amiens ; — Considérant que la libéralité dont il s'agit est grevée de charges qui ne font pas sortir la cure de la limite de ses attributions ; — Considérant qu'à la vérité le curé a refusé, contrairement à la jurisprudence du Conseil d'État, de consentir à l'aliénation de l'immeuble légué; mais considérant que la résistance du titulaire

sont incompétentes pour recueillir des dons et legs qui doivent servir à les acquitter.

249. L'évêché n'a reçu avec le titre d'établissement public la personnalité morale qu'en vue de l'amélioration de la situation matérielle des évêques successifs; il n'a pas été investi de ce privilège pour pourvoir au recrutement du clergé. Il n'est donc pas apte à recevoir des libéralités qui ont pour objet de favoriser les vocations ecclésiastiques ou de fonder des bourses dans les séminaires; c'est ce qui a été décidé par une note de la section de l'Intérieur du 28 avril 1885 (1) et une note du Conseil d'État du 22 janvier 1891 (2).

---

ecclésiastique ne saurait justifier la réduction d'une libéralité considérable à la somme nécessaire pour l'acquit de l'unique messe demandée par le testateur ; que cette réduction aurait pour conséquence d'empêcher l'exécution d'une partie des volontés du testateur, qui a notamment imposé, comme charge de sa libéralité, l'entretien de diverses sépultures ;

Est d'avis qu'il y a lieu d'autoriser l'acceptation du legs fait à la cure, aux clauses et conditions imposées, en tant qu'elles n'ont rien de contraire aux lois, mais seulement jusqu'à concurrence de moitié. (M. Mourier, rapporteur.)

(1) Note de la sect. de l'Int. 28 avril 1885 (n° 53,251). — La section de l'Intérieur, des Cultes, de l'Instruction publique et des Beaux-Arts du Conseil d'État, qui a pris de nouveau connaissance d'un projet de décret relatif notamment à une libéralité faite par le sieur Jullien à l'évêque de Coutances en vue de favoriser les vocations ecclésiastiques dans le diocèse, estime que l'évêque ne saurait être autorisé à accepter un legs dont la destination ne rentre à aucun titre dans les attributions de la mense épiscopale. (M. Bonthoux, rapporteur.)

Projet de décret adopté par la section de l'Intérieur le 18 mai 1886 (n° 53,251). Article 1er. L'évêque de Coutances (Manche), tant en son nom qu'en celui de ses successeurs, n'est pas autorisé à accepter, aux clauses et conditions imposées, le legs fait aux titulaires successifs de l'évêché par le sieur Auguste-Victor Jullien, suivant son testament olographe du 3 mars 1880 et consistant en divers immeubles sis sur les territoires des communes de Neufbourg, Saint-Clément et Saint-Barthélemy, contenant en totalité 26 hectares 82 ares 63 centiares et estimés trente-cinq mille huit cent quarante francs, pour le développement des vocations ecclésiastiques dans le diocèse. (M. Bonthoux, rapporteur.)

(2) Note du C. d'Ét. 22 janvier 1891 (n° 85,132). — Le Conseil d'État, qui a pris connaissance d'un projet de décret tendant à autoriser divers établissements de Maine-et-Loire à accepter les libéralités qui leur ont été faites par la dame veuve Cesbron-Lamotte, y a apporté les modifications suivantes : 1° Le Conseil a, d'accord avec le ministre des Cultes, inséré au projet de décret un article portant que l'évêque d'Angers, tant en son nom qu'au nom de ses successeurs, n'est pas autorisé à accepter le legs de 45,000 francs qui lui a été fait et qui doit être em-

L'autorisation d'accepter des libéralités faites à charge de services religieux peut-elle être accordée aux évêchés ou autrement dit aux menses épiscopales ? Cette question nous semblerait susceptible d'être résolue affirmativement si les services religieux imposés aux menses épiscopales devaient être célébrés par les évêques eux-mêmes auxquels auraient été assurés des honoraires en compensation de l'obligation dont ils seraient tenus ; il s'agirait, en effet, dans ce cas, de dons ou legs qu tendraient à améliorer la condition matérielle des évêques.

Mais l'hypothèse à laquelle nous venons de nous référer est plus théorique que pratique. Ordinairement, lorsqu'on fait à un évêché un don ou un legs à charge de services religieux, c'est pour que les sommes ou biens donnés ou légués ou leurs revenus soient distribués par l'évêque à des prêtres qui célébreront les services prescrits par la donation ou le testament ; or, si le don ou le legs doit être employé de la sorte, il ne procurera aucun bénéfice aux titulaires successifs de l'évêché : la règle de la spécialité fait donc obstacle à ce que cet établissement soit autorisé à l'accepter.

Vainement objecterait-on que l'article 73 de la loi du 18 germinal an X a appelé les évêques à recevoir toute espèce de dons et legs pour l'exercice du culte : cet article avait un caractère purement transitoire et son but était simplement de permettre d'attendre la reconstitution des fabriques. Ces établissements ont été réorganisés par le décret du 30 décembre 1809 dont l'article 1er les charge « d'administrer les aumônes et les biens, rentes et perceptions autorisées par les lois et

ployé, savoir : quarante mille francs à faire dire des messes et cinq mille francs à aider des jeunes gens qui désirent entrer dans la carrière ecclésiastique. Cette libéralité ne saurait, en effet, être considérée comme un legs personnel fait à l'évêque, mais bien comme un legs fait à la mense épiscopale. Or, cet établissement n'a pas capacité pour recevoir en vue de la célébration de services religieux ou de la fondation de bourses dans les séminaires. Toutefois, en ce qui concerne la somme de cinq mille francs destinée à ce dernier emploi, le Conseil attire l'attention de l'Administration supérieure sur le point de savoir s'il n'y aurait pas lieu de procéder à une instruction tendant à faire accepter cette somme par le séminaire du diocèse d'Angers qui peut être considéré comme étant en réalité le véritable bénéficiaire ; 2°... (M. Bonthoux, rapporteur.)

règlements, les sommes supplémentaires fournies par les communes et généralement tous les fonds qui sont affectés à l'*exercice du culte* »; la promulgation de ce décret a eu pour effet de mettre fin à l'application de la règle provisoire posée par l'article 73 de la loi du 18 germinal an X. Dans l'état actuel de la législation les évêchés n'ont plus qualité pour recevoir des libéralités qui leur seraient adressées dans l'intérêt de l'exercice du culte.

A l'appui de notre opinion, nous citerons un avis de la section de l'Intérieur du 5 février 1890 (1).

Il ne saurait être fait des dons et legs aux évêchés en vue de l'entretien et de la conservation des églises cathédrales. A la vérité, l'article 3 de l'ordonnance du 2 avril 1817 a confié aux évêques le soin d'accepter les libéralités qui « auront pour objet... leur cathédrale ». Mais, en édictant cette règle, il n'a fait que reproduire une disposition de l'article 113 du décret du 30 décembre 1809 qui, en chargeant les évêques d'accepter « les fondations, donations ou legs faits aux églises cathédrales », n'a pu vouloir dire que cette acceptation serait faite au nom des menses épiscopales, puisqu'au moment où a paru ledit décret les menses épiscopales n'existaient pas encore;

---

(1) Avis de la sect. de l'Int. 5 février 1890 (n° 81,074). — La section de l'Intérieur, qui a pris connaissance d'un projet de décret tendant à autoriser l'évêque de Soissons, tant en son nom qu'en celui de ses successeurs, à accepter le legs fait par le sieur Mennechet aux titulaires successifs de cet évêché, et consistant en une somme de 4,000 francs, dont les revenus doivent être affectés à la célébration de messes basses;

Considérant qu'il résulte de l'avis de principe du Conseil d'État, en date du 17 mars 1880, que si l'article 73 de la loi du 18 germinal an X a désigné l'évêque pour accepter les fondations qui ont pour objet l'entretien des ministres et l'exercice du culte, cette désignation de l'évêque diocésain n'avait d'autre but que de permettre l'exécution des libéralités pieuses jusqu'à ce que les divers organes du culte catholique aient été constitués avec leurs attributions spéciales et en vue de leur mission particulière; — Considérant que, d'après l'article premier du décret du 30 décembre 1809, les fabriques ont été chargées d'administrer tous les fonds qui sont affectés à l'exercice du culte; qu'ainsi la faculté accordée aux évêques par l'article 73 précité ne saurait être considérée comme maintenue;

Est d'avis qu'il n'y pas lieu d'autoriser l'évêque de Soissons à accepter le legs du sieur Mennechet. (M. Simon, rapporteur.)

leur création ne date que du décret du 6 novembre 1813. Il est sous-entendu dans l'article 113 du décret du 30 décembre 1809 et par suite dans l'article 3 de l'ordonnance du 2 avril 1817, qui n'en est que la copie, que l'acceptation des dons et legs adressés aux cathédrales aura lieu au nom des fabriques desdites églises. Les évêchés ne puisent donc pas dans l'ordonnance de 1817 le droit de recevoir des dons et legs pour les cathédrales.

La loi du 24 juillet 1873 a autorisé l'archevêque de Paris, tant en son nom qu'en celui de ses successeurs, à acquérir à l'amiable et, au besoin, par la voie de l'expropriation pour cause d'utilité publique, les terrains nécessaires pour l'érection d'une église qui a été placée sous l'invocation du Sacré-Cœur; l'article 1er de cette loi dispose que cette église « sera construite exclusivement avec des fonds provenant de souscriptions, » de sorte qu'à notre avis elle ne saurait l'être à l'aide de deniers obtenus par testament ou par acte portant donation entre vifs dans les termes du Code civil. Sans tirer cette conséquence de l'article 1er de la loi du 24 juillet 1873, la section de l'Intérieur du Conseil d'État estime cependant depuis plusieurs années qu'il n'y a pas lieu d'autoriser l'archevêché de Paris à accepter les dons et legs qui sont faits à cet établissement en faveur de l'église du Sacré-Cœur; par un avis du 21 juillet 1880 (1), la section a déclaré que les ressources déjà recueillies par l'archevêché étaient suffisantes pour assurer l'édification du monument qu'a eu en vue la loi du 24 juillet 1873 et que dès lors il ne convenait pas de permettre qu'elles

(1) Avis de la sect. de l'Int. 21 juillet 1880 (n° 36,109). — La section de l'Intérieur, des Cultes, de l'Instruction publique et des Beaux-Arts qui, sur le renvoi ordonné par M. le ministre de l'Intérieur et des Cultes, a pris connaissance d'un projet de décret tendant à autoriser l'acceptation de legs faits à divers établissements par la demoiselle Petit ; — Tout en adoptant le projet de décret dans son ensemble ; — Considérant que la nécessité d'augmenter la dotation de la chapelle de Lourdes et de l'église du Sacré-Cœur, à Montmartre (Paris), n'est pas suffisamment justifiée ; — Est d'avis de ne pas autoriser : 1° le cardinal-archevêque de Paris à accepter le legs d'une somme de 300 francs fait par la demoiselle Petit à l'église du Sacré-Cœur, à Montmartre ; — 2° l'évêque de Tarbes à accepter le legs d'une somme de 300 francs fait par la demoiselle Petit à la chapelle de Lourdes. (M. Bonthoux, rapporteur.)

fussent augmentées au moyen de dons et legs (Cf. note de la sect. de l'Int. 16 février 1887, legs Damême) (1).

L'évêché de Tarbes est propriétaire, par suite d'une acquisition autorisée par décret du 22 août 1861, de la chapelle de Lourdes; il n'est guère contestable que cette acquisition a été faite en violation du principe de la spécialité. Dans ces conditions, nous estimons que, sans avoir à rechercher si, comme l'affirme l'avis susvisé du 21 juillet 1880, la dotation de la chapelle de Lourdes est assez importante pour qu'il soit inutile de l'accroître, l'on doit refuser à l'évêché de Tarbes l'autorisation d'accepter les libéralités qui lui sont adressées dans l'intérêt de cette chapelle.

250. D'après une note de la section de l'Intérieur du 7 mai 1890 concernant une donation entre vifs faite par le cardinal Richard (2), les chapitres cathédraux ou métropolitains pourraient, à la différence des évêchés et archevêchés, recevoir

---

(1) Note de la sect. de l'Int. 16 février 1887 (n° 63,324). — La section de l'Intérieur, de l'Instruction publique, des Beaux-Arts et des Cultes du Conseil d'État, tout en adoptant en principe le projet de décret relatif aux legs faits par la demoiselle Damême à divers établissements de la Seine, a cru devoir : 1°...; 2° en ce qui concerne le legs d'une somme de 30,000 francs à l'archevêque de Paris pour l'œuvre du vœu national de la France au Sacré-Cœur, libéralité que le projet de décret passait sous silence, ajouter un article portant, conformément à la jurisprudence, que l'archevêque de Paris n'est pas autorisé à accepter ce legs. (M. Dejamme, rapporteur.)

(2) Note de la sect. de l'Int. 7 mai 1890 (n° 82,062). — La section de l'Intérieur, de l'Instruction publique, des Cultes et des Beaux-Arts du Conseil d'Etat, qui a pris connaissance d'un projet de décret tendant à autoriser le chapitre de l'église métropolitaine de Paris à recevoir de M. le cardinal Richard deux rentes 3 0/0 sur l'État, l'une de 360 francs, à la charge de faire célébrer chaque année, à perpétuité, un service et douze messes basses; l'autre de 300 francs, à la charge de faire célébrer également à perpétuité un service, fait remarquer que, si le principe de la spécialité des établissements publics ne permet pas aux chapitres de passer avec les particuliers des contrats commutatifs ayant pour objet des services religieux, ils peuvent être autorisés à accepter des libéralités à charge de services religieux; qu'à raison de la disproportion qui existe entre la valeur des rentes offertes au chapitre par M. le cardinal Richard et l'importance des charges acceptées par ledit chapitre, la convention d'où résulte cet accord constitue une véritable donation, mais que l'acte qui la constate est un acte sous seing privé, tandis qu'aux termes de la loi, il aurait dû être passé par-devant notaire; qu'il y a donc lieu de régulariser la forme dans laquelle il été dressé. (M. Simon, rapporteur.)

des libéralités grevées de services religieux et le principe de la spécialité n'aurait pour effet que de leur interdire de passer des contrats à titre onéreux relatifs aux cérémonies du culte (Cf. Avis du 7 mai 1890, fondations Gridel et Hangard) (1).

Cette jurisprudence ne saurait être approuvée que sous certaines réserves.

Nous ne croyons pas qu'il faille affirmer d'une façon absolue que les menses capitulaires ou canoniales sont susceptibles d'être autorisées à accepter les dons et legs qui leur sont faits à charge de services religieux. Il y a selon nous une distinction à faire. Les chapitres sont capables de recueillir les libéralités destinées à procurer à leurs membres les honoraires de services religieux qu'ils célébreront eux-mêmes, parce que ces libéralités amélioreront le sort des chanoines. Mais les chapitres sont sans qualité, en vertu du principe de la spécialité, pour recevoir des dons et legs en vue de services religieux qui ne seraient pas célébrés par les chanoines, car il ne résulterait de telles libéralités pour ceux-ci aucun de ces avantages matériels dont la poursuite rentre dans les attributions des menses capitulaires ou canoniales.

Au surplus, il importerait à notre sens de faire accepter par les fabriques des églises métropolitaines et cathédrales le bénéfice résultant pour elles des dons et legs faits à charge de

---

(1) Avis de la sect. de l'Int. 7 mai 1890 (nos 82,433 et 74,015). — La section de l'Intérieur, des Cultes, de l'Instruction publique et des Beaux-Arts du Conseil d'État, qui a pris connaissance de deux projets de décret tendant à approuver les conventions résultant d'actes sous seings privés, par lesquels les demoiselles Gridel et Hangard se sont engagées à remettre au chapitre de l'église cathédrale de Nancy les sommes nécessaires à l'achat de rentes 3 0/0 sur l'État, à charge de célébration de services religieux;

Considérant que les chapitres des églises cathédrales sont des établissements publics qui ont été institués uniquement en vue d'améliorer le sort des titulaires qui les composent et qu'il ne rentre pas dans leurs attributions légales de passer avec les particuliers des contrats commutatifs ayant pour objet des services religieux; que ladite mission a été conférée par la loi, dans les églises cathédrales comme dans les autres églises, aux fabriques, qui sont des établissements publics, constitués et qualifiés à cet effet;

Est d'avis qu'il n'y a pas lieu d'approuver les conventions précitées. (M. de Villeneuve, rapporteur.)

services religieux aux chapitres desdites églises et acceptés par ceux-ci.

Le Conseil d'État a invoqué le principe de la spécialité dans une note du 11 avril 1889 pour décider qu'il y avait lieu de refuser au chapitre de l'église métropolitaine de Saint-Étienne de Toulouse l'autorisation d'accepter un legs particulier qui avait été fait à cet établissement par la dame veuve Lignières pour la création d'une chanoinerie ou maison de retraite pour les chanoines (1). Nous ne nions pas que l'établissement d'une chanoinerie pût présenter dans l'espèce certains inconvénients dont le gouvernement était libre de tenir compte en s'opposant, en vertu du pouvoir discrétionnaire qu'il tient de l'article 910 du Code civil, à l'exécution de la libéralité faite au chapitre, mais c'est à tort suivant nous que le Conseil d'État a voulu faire découler le refus d'autorisation de la règle de la spécialité, car la fondation d'une chanoinerie était un moyen d'améliorer la situation matérielle des chanoines et par conséquent elle n'avait rien que de parfaitement conforme à la destination légale des chapitres.

La dame veuve Lignières avait adressé au chapitre de l'église métropolitaine de Saint-Étienne, en outre du legs particulier dont il vient d'être question, un legs universel en nue propriété qui aurait, ce nous semble, motivé une plus juste application du principe de la spécialité; ce second legs était fait « à la condition formelle et expresse que ledit chapitre, à l'exclu-

---

(1) Note du C. d'Ét. 11 avril 1889 (n° 75,138). — Le Conseil d'État, qui, sur le renvoi ordonné par le ministre des Cultes, a pris connaissance d'un projet de décret relatif aux divers legs faits par la dame Lignières, née Deffès, a modifié les articles 4 et 5 et ajouté un article 7, d'accord avec le représentant du ministre des Cultes.

L'article 4 a été amendé de façon à refuser au chapitre l'autorisation d'accepter le legs d'un immeuble destiné à créer une chanoinerie ou maison de retraite pour les chanoines, qui ne paraît pas rentrer dans la mission légale du chapitre.

L'article 5 autorise l'acceptation du legs universel fait au chapitre, en laissant une part de l'hérédité aux parents de la testatrice, qui sont pour la plupart dans une position digne d'intérêt, et en précisant dans quelles conditions l'émolument du legs universel devra être affecté aux réparations de la cathédrale, qui est un immeuble appartenant à l'État.

Enfin, l'article 7 a pour but de régulariser la situation de l'église de Saint-Alban, qui n'a pas actuellement de titre légal. (M. de Villeneuve, rapporteur.)

sion de qui que ce soit, réaliserait tous les biens qui feraient l'objet du legs pour le produit être employé à contribuer à l'achèvement de l'église métropolitaine de Saint-Étienne de Toulouse ».

Les travaux de construction des églises métropolitaines ou cathédrales ne relèvent aucunement des chapitres; le legs universel fait par la dame veuve Lignières s'adressait donc à un établissement légalement incapable, en vertu de la règle de la spécialité, de le recevoir et nous estimons que le gouvernement aurait dû refuser au chapitre de l'église métropolitaine de Saint-Étienne l'autorisation de l'accepter.

Mais le Conseil d'État a jugé que le chapitre n'était pas chargé par la testatrice de l'achèvement de l'église et que son rôle se bornait à réaliser les biens légués et, après les avoir vendus, à en verser le prix à qui de droit; dès lors, il a paru à la haute assemblée que le chapitre n'était pas incité à excéder les bornes de ses attributions et que l'on pouvait l'autoriser à accepter le legs universel fait par la dame veuve Lignières, sauf à préciser que les fonds à provenir de la vente des biens légués passeraient des mains du chapitre dans celles de l'État qui, étant propriétaire de l'église métropolitaine de Saint-Étienne, avait seul qualité pour exécuter les travaux destinés à la terminer. L'article 5 du projet de décret adopté par le Conseil d'État est ainsi conçu: « Le doyen du chapitre de l'église cathédrale de Saint-Étienne, à Toulouse (Haute-Garonne), est autorisé à accepter... le legs universel fait à cet établissement en nue propriété par la dame veuve Lignières, née Guillemette-Rosalie Deffès, suivant testament mystique du 2 décembre 1881. Le chapitre devra réaliser les biens qui seront l'objet de ce legs pour le produit être employé à contribuer à l'achèvement de l'église métropolitaine de Saint-Étienne de Toulouse. Les fonds provenant de cette réalisation seront versés à l'État à titre de fonds de concours pour être affectés aux réparations de l'église de Saint-Étienne suivant les plans et devis régulièrement approuvés » (Cf. *infra*, n° 264; Toulouse, 9 août 1894).

Nous ne nous attarderons pas à rechercher si l'interprétation que le Conseil d'État a donnée du testament de la dame veuve Lignières était bien exacte et si la testatrice n'avait pas voulu confier à la mense capitulaire la direction des travaux d'achèvement de l'église métropolitaine; nous ferons seulement observer que, même en entendant comme l'a fait le Conseil d'État le legs universel fait au chapitre de Saint-Étienne, il n'aurait pas fallu autoriser cet établissement à l'accepter. Si le chapitre n'était appelé d'après le Conseil d'État ni à commander, ni à surveiller, ni à recevoir les travaux, il avait, du moins, pour mission de créer par la réalisation des biens de la succession les ressources financières qui devaient permettre de les exécuter; remplir une pareille fonction n'était-ce pas coopérer, à un certain point de vue, à l'achèvement de l'église? Le chapitre devenait, en quelque sorte, le banquier de l'État et le rôle qui lui était dévolu, si modeste qu'il fût, suffisait, suivant nous, pour le rendre le collaborateur d'une œuvre qui sortait du cadre de ses attributions légales; le principe de la spécialité était donc violé et l'on ne s'y serait conformé qu'en refusant au chapitre l'autorisation d'accepter le legs universel dont l'avait gratifié la dame veuve Lignières.

251. Un avis de la section de l'Intérieur du 2 février 1887 porte que « les conventions destinées à assurer la célébration de messes » ne sauraient « en dehors de toute libéralité être directement passées avec d'autres établissements que les fabriques », mais que « les séminaires peuvent recevoir des libéralités à charge de services religieux » (Cf. Avis du 20 janvier 1886, fondation de Heere) (1).

Cette jurisprudence est identique à celle qui est suivie à

---

(1) Avis de la sect. de l'Int. 2 février 1887 (n° 62,707). — La section de l'Intérieur, des Cultes, de l'Instruction publique et des Beaux-Arts du Conseil d'État, qui a pris connaissance d'un projet de décret tendant à autoriser l'évêque de Nancy, au nom du grand séminaire de son diocèse, l'évêque de Marseille, au nom du grand séminaire de Marseille, à passer avec les époux Prost des conventions, en vue de la célébration de services religieux; — Vu les décrets du 30 décembre 1809 et du 6 novembre 1813;

Considérant que le décret du 30 décembre 1809 a institué les conseils de fabrique en vue de l'administration temporelle des intérêts du culte catholique dans les paroisses, qu'ainsi la célébration de services religieux rentre essentiellement dans les attributions légales de ces établissements; que si les séminaires peuvent recevoir des libéralités à

l'égard des chapitres; elle appelle les mêmes réserves. Le gouvernement est absolument libre de permettre aux séminaires d'accepter des libéralités affectées à des services religieux qui seront célébrés par des prêtres attachés auxdits établissements, mais le principe de la spécialité s'oppose à ce que les séminaires recueillent des dons et legs dont le montant devrait servir à faire célébrer des services religieux par des ecclésiastiques étrangers à ces maisons d'éducation.

Les séminaires peuvent recevoir des libéralités destinées à l'encouragement des vocations ecclésiastiques ou à la fondation de bourses en faveur de leurs élèves; mais ce n'est pas à dire qu'ils aient le droit, comme l'ont affirmé deux notes précitées du 24 avril 1888 (V. *supra*, n° 236) et du 22 janvier 1891 (V. *supra*, n° 249), de revendiquer les legs adressés pour l'un de ces objets aux fabriques, aux curés, aux succursales, aux évêchés ou aux chapitres qui n'ont pas à s'ingérer dans le recrutement du clergé et qui, par suite, sont incapables de recueillir les libéralités dont le but est de le faciliter. Cette substitution d'un légataire à un autre ne nous paraît pas juridique (V. *supra*, n° 240); elle a, d'ailleurs, été condamnée par

---

charge de services religieux, il ne résulte pas de là que les conventions destinées à assurer la célébration de messes puissent, en dehors de toute libéralité, être *directement* passées avec d'autres établissements que les fabriques;

Est d'avis qu'il n'y a pas lieu d'autoriser les conventions passées par les époux Prost avec les évêques de Nancy et de Marseille, en vue de la fondation de services religieux dans les grands séminaires de Nancy et de Marseille. (M. Auzouy, rapporteur.)

Avis de la sect. de l'Int. 20 janvier 1886 (n° 56,928). — La section de l'Intérieur, des Cultes, de l'Instruction publique et des Beaux-Arts, qui, sur le renvoi ordonné par M. le ministre des Cultes, a pris connaissance d'un projet de décret tendant à autoriser le grand séminaire de Laval (Mayenne) à passer une convention avec les héritiers de Heere en vue de la célébration de services religieux; — Vu les décrets des 30 décembre 1809 et 6 novembre 1813;

Considérant que le décret du 30 décembre 1809 a institué les conseils de fabrique en vue de l'administration temporelle des intérêts du culte catholique dans les paroisses; qu'ainsi la célébration de services religieux rentre essentiellement dans les attributions légales de ces établissements et que c'est avec eux qu'il convient d'inviter les particuliers à passer les contrats qui doivent leur assurer la célébration de messes; — Est d'avis qu'il n'y a pas lieu d'adopter le décret proposé. (M. de Villeneuve, rapporteur.)

une note de la section de l'Intérieur du 29 mars 1881 (V. *supra*, n° 248).

252. Nous avons passé en revue les principales applications qui ont été faites aux établissements ecclésiastiques du principe de la spécialité; il nous reste à signaler brièvement un expédient dont on s'est servi au cours de ces dernières années pour atténuer la rigueur de cette règle.

La combinaison que nous allons indiquer n'a peut-être pas été inventée, mais en tout cas elle a été formulée pour la première fois avec netteté à propos de l'espèce suivante :

Une demoiselle Beringo avait fait au desservant de Pia un legs ainsi conçu : « Je lègue à M. le curé de l'église de Pia mille francs pour les pauvres de cette commune »; la section de l'Intérieur fut saisie d'un projet de décret qui, conformément à la jurisprudence inaugurée par l'avis du 13 juillet 1881 (V. *supra*, n° 235) et le projet de décret du 25 janvier 1883 (V. *supra*, n° 236), tendait à refuser au desservant l'autorisation d'accepter cette libéralité et à l'accorder au maire de Pia, représentant légal des pauvres de ladite commune. Ce projet de décret n'a pas été adopté par la section de l'Intérieur qui a décidé, aux termes d'une note du 27 mars 1889, qu'il n'y avait pas lieu de statuer sur le legs fait par la demoiselle Beringo; elle a pensé « qu'il était préférable de considérer comme une charge d'hérédité cette libéralité qui était peu considérable eu égard à la fortune laissée par la testatrice et que le conseil municipal avait considérée comme devant être distribuée en une fois aux pauvres de la commune » (1).

(1) Note de la sect. de l'Int. 27 mars 1889 (n° 77,677). — La section de l'Intérieur, de l'Instruction publique, des Cultes et des Beaux-Arts du Conseil d'Etat, qui a pris connaissance d'un projet de décret tendant à autoriser divers établissements des Pyrénées-Orientales à accepter les libéralités qui leur ont été faites par la demoiselle Beringo, tout en l'adoptant, a cru devoir supprimer l'article 3 qui autorise le maire de Pia à accepter le legs de 1,000 francs fait au curé pour les pauvres et l'article 8 qui porte que le desservant de Pia n'est pas autorisé à accepter cette libéralité. La section a pensé qu'il était préférable de considérer comme une charge d'hérédité cette libéralité qui est peu considérable eu égard à la fortune laissée par la testatrice et que le conseil municipal a considéré comme devant être distribuée en une fois aux pauvres de la commune. (M. Bonthoux, rapporteur.)

Cette note émise au rapport de M. Francisque Bonfboux a la valeur d'une véritable décision de principe; la doctrine qu'elle consacre a été confirmée par un avis de la section de l'Intérieur du 3 décembre 1889 relatif à un legs fait en ces termes à la fabrique de l'église de Saint-Louis-d'Antin par la dame veuve Morisseau : « Je donne et lègue à la fabrique de la paroisse sur laquelle je demeurerai au moment de ma mort une somme de 3,000 francs qui sera distribuée à des femmes infirmes et indigentes âgées de plus de soixante ans. Cette somme sera distribuée par la fabrique de ma paroisse à ses pauvres sans que l'Assistance publique puisse y prétendre à aucun titre ». Dans son avis du 3 décembre 1889 la section de l'Intérieur a dit qu'il n'y avait lieu d'autoriser l'Administration de l'assistance publique à accepter ce legs au lieu et place de la fabrique qui était incapable de le recueillir (1).

---

(1) Avis de la sect. de l'Int. 3 décembre 1889 (n° 80,076). — La section de l'Intérieur, des Cultes, de l'Instruction publique et des Beaux-Arts du Conseil d'État qui a pris connaissance d'un projet de décret tendant à autoriser le directeur de l'Assistance publique à Paris à accepter le legs d'une somme de 3,000 francs fait aux pauvres de la paroisse de Saint-Louis d'Antin, à Paris, par la dame veuve Morisseau; — Vu le testament; les délibérations du conseil de fabrique de Saint-Louis d'Antin et du conseil de surveillance de l'Assistance publique demandant l'autorisation d'accepter; — Vu le consentement des héritiers, selon les termes du testament, à la distribution par la fabrique, à condition que l'Assistance publique n'y puisse prétendre à aucun titre;

Considérant que la testatrice a formellement exclu l'Assistance publique de la distribution de la somme léguée et que les héritiers naturels entendent poursuivre l'exécution de ses volontés; — Qu'en fait la somme léguée est de peu d'importance relativement aux forces de la succession et à la population pauvre de la paroisse; qu'elle pourrait donc être considérée comme une charge d'hérédité; que, d'ailleurs, une contestation judiciaire pourrait absorber une notable partie du legs au détriment des pauvres de Paris;

Est d'avis qu'il n'y a lieu d'adopter le projet de décret présenté et qu'il convient de lui substituer un décret portant refus d'autorisation. (M. de Salverte, rapporteur.)

Projet de décret adopté par la section de l'Intérieur le 3 décembre 1889 (n° 80,076). — Article 1er. Le directeur de l'administration générale de l'Assistance publique à Paris (Seine) n'est pas autorisé à accepter le legs fait aux pauvres de la paroisse Saint-Louis-d'Antin, à Paris, par la dame veuve Morisseau, née Agathe-Louise Belle, suivant ses testament et codicille olographes des 29 avril 1865 et 27 juillet 1869 et consistant en une somme de 3,000 francs pour être distribuée à des femmes infirmes et indigentes âgées de plus de soixante ans, faisant partie de ladite paroisse.

Elle l'a assimilé à une charge d'hérédité dont le gouvernement n'avait ni à permettre ni à prohiber l'exécution.

En somme, les legs adressés à des établissements publics auxquels le principe de la spécialité interdit de les recevoir passent aux yeux de la section de l'Intérieur pour des charges d'hérédité, lorsqu'ils ne comportent pas de fondation et qu'ils sont modiques. Mais quand un legs est-il modique et quand ne l'est-il pas ? Il est impossible de répondre *a priori* à cette question ; sa solution dépend des circonstances et est éminemment variable suivant les espèces.

Si l'on s'en rapportait à la note du 27 mars 1889, un legs modique serait celui qui ne dépasserait pas mille francs ; mais l'avis du 3 décembre 1889 a reconnu le caractère de modicité à un legs de trois mille francs. Ce dernier legs avait, nous tenons à le noter, une certaine importance qui pourtant ne représentait pas l'extrême limite en deçà de laquelle se tiennent les libéralités modiques ; il est des legs beaucoup plus considérables que la section de l'Intérieur a regardés comme modiques et par conséquent comme assimilables aux charges d'hérédité.

Il n'y a pas à se le dissimuler, il a été ouvert une brèche des plus larges dans le système établi par les avis de principe de 1881 et la règle de la spécialité a reçu un coup qui pourrait amener sa ruine.

Au surplus, nous ne croyons pas que ce soit à bon droit que la section de l'Intérieur tend à ne voir que des charges d'hérédité dans les legs modiques.

En général, les charges d'hérédité n'absorbent pour leur exécution que de faibles sommes ou des biens sans grande valeur, mais ce n'est pas une raison pour leur assimiler les legs dont le montant n'est pas élevé. Les legs ne sauraient se confondre sous aucun prétexte et dans aucune circonstance avec les charges de succession.

Nous nous sommes efforcé dans un précédent chapitre de montrer en quoi les legs se distinguent juridiquement des charges d'hérédité (V. *supra*, n°s 69 et suiv.). Le légataire a une vocation plus ou moins étendue aux biens successoraux, tandis que le bénéficiaire de la charge d'hérédité n'est investi d'aucun droit sur ces biens. Le legs suppose au profit de celui auquel il s'adresse une institution qui n'existe pas en faveur de celui qui est éventuellement appelé à tirer avantage de la charge de succession.

Du moment que les charges de succession ne confèrent pas de titre à leurs bénéficiaires, l'on comprend que le gouvernement n'ait pas à autoriser l'exécution de celles qui sont susceptibles de tourner au profit d'établissements publics; au contraire, il suffit qu'un legs, encore qu'il soit minime et que par là il se rapproche des charges d'hérédité, nantisse le légataire d'un titre pour que, s'il est fait à un établissement public, il ne puisse avoir d'effet qu'avec la permission du gouvernement. C'est ce que la section de l'Intérieur a eu le tort de perdre de vue lorsqu'elle a admis que les legs modiques faits à un établissement public en vue d'un objet étranger à ses attributions légales pouvaient être considérés comme des charges d'hérédité et que, par conséquent, le gouvernement n'avait pas à en connaître.

b) Établissements laïques.

253. L'on a prétendu que le principe de la spécialité avait été institué en haine de la religion et qu'il n'était qu'une arme forgée pour combattre les établissements ecclésiastiques, mais cette assertion est sans fondement : les établissements ecclésiastiques ne font que subir la loi commune et ils ne sont pas plus mal traités que les établissements laïques. La jurisprudence administrative oblige ceux-ci comme ceux-là à ne pas sortir du cercle de leurs attributions légales et à se consacrer uniquement à leur mission propre.

Nous n'en voulons pour preuve que le soin avec lequel le Conseil d'État confine les établissements publics de bienfaisance dans le domaine particulier qui leur est assigné par les lois et règlements.

C'est ainsi qu'il a été décidé par le Conseil d'État, à la date du 8 février 1883, qu'un hospice ou un hôpital ne peut être autorisé à accepter une libéralité qui a pour objet la fondation d'une école, parce que les établissements hospitaliers ont un caractère exclusivement charitable et que dès lors ils sont sans qualité pour s'immiscer dans l'enseignement (1).

L'on s'est demandé si les bureaux de bienfaisance jouissent de la faculté de recueillir des dons et legs destinés à la création d'hospices ou d'hôpitaux; cette question doit, suivant nous, être résolue négativement, car les bureaux de bienfaisance ne sont préposés qu'à la distribution des secours à domicile et la loi ne les a pas appelés à exercer la charité par voie d'hospitalisation. C'est en ce sens que le Conseil d'État s'est prononcé à l'occasion d'un legs fait par le sieur Beaufils au bureau de bienfaisance de Forges-les-Eaux (Seine-Inférieure) à charge d'établir dans cette commune un hospice qui devait servir à recevoir les vieillards pauvres de Forges-les-Eaux et de plusieurs communes voisines; la haute assemblée a, par un avis précité du 11 août 1885 (V. *supra*, n° 135), conclu à ce que l'autorisation d'accepter ce legs fût refusée au bureau de bienfaisance de Forges-les-Eaux et accordée au préfet de la Seine-Inférieure, considéré comme le représentant légal des vieillards pauvres des communes désignées par le sieur Beaufils.

Cet avis a été suivi presque immédiatement d'un avis de la section de l'Intérieur portant qu'il n'y avait pas lieu d'autoriser le bureau de bienfaisance d'Aubin à accepter un legs qui avait été fait audit établissement par la demoiselle Delshens pour la fondation d'un hospice (Avis du 25 novembre 1885) (2)

---

(1) Avis C. d'Ét. 8 février 1883 (n° 43,176). — Le Conseil d'État qui, sur le renvoi ordonné par M. le ministre de l'Intérieur, a pris connaissance d'un projet de décret tendant à autoriser la commission administrative des hospices d'Amiens à accepter le legs universel fait à cet établissement par le sieur Buée;

Considérant que le legs universel fait par le sieur Buée aux hospices d'Amiens n'est destiné à secourir aucune des catégories d'indigents qui doivent être recueillis dans les établissements hospitaliers; — que ce legs, au contraire, a pour unique objet de créer, sous la dénomination d'Asile des Anges, un établissement qui a tous les caractères d'une maison congréganiste d'enseignement, et dont la gestion ne saurait, à ce titre, rentrer dans la mission exclusivement charitable des hospices;

Est d'avis qu'il y a lieu de substituer au projet de décret présenté une disposition portant refus d'autoriser les hospices à accepter la libéralité qui leur a été faite. (M. Bonthoux, rapporteur.)

(2) Avis de la sect. de l'Int. 25 novembre 1885 (n° 55,162). — La section de l'Intérieur, des Cultes, de l'Instruction publique et des Beaux-Arts du Conseil d'État, qui a pris connaissance d'un projet de décret relatif notamment au legs fait par la demoiselle Delshens au bureau de bien-

et le 9 février 1888 le Conseil d'État a adopté un projet de décret tendant à habiliter le maire, au nom des pauvres, à recueillir cette libéralité (1) (Cf. Note du C. d'Ét. 26 juillet 1888, legs Savary) (2).

La section de l'Intérieur a estimé, aux termes d'une note

---

faisance d'Aubin; — Vu le testament olographe de la demoiselle Delshens, en date du 16 novembre 1880; — l'opposition de la légataire universelle, nièce de la testatrice; — les renseignements fournis sur sa situation de fortune et sur l'importance de la succession; — l'article 910 du Code civil; — les lois des 7 frimaire an V et 5 avril 1884;

Considérant la situation digne d'intérêt dans laquelle se trouve la dame Anna Couffignal, légataire universelle de la testatrice; — Considérant, d'autre part, qu'on ne saurait autoriser un bureau de bienfaisance à fonder un hospice sans déroger au principe de la spécialité des établissements publics; — Considérant qu'en effet, d'après la loi du 7 frimaire an V, les bureaux de bienfaisance sont exclusivement chargés de la distribution des secours à domicile; — Considérant enfin que la somme de 10,000 francs, léguée au bureau de bienfaisance d'Aubin, est insuffisante pour créer et entretenir un hospice et que, même en capitalisant les revenus, il faudrait attendre un laps de temps considérable avant de réunir les fonds nécessaires pour assurer l'existence d'un établissement hospitalier;

Est d'avis qu'il n'y a pas lieu d'autoriser la commission administrative du bureau de bienfaisance d'Aubin, à accepter le legs dont il s'agit. (M. Mourier, rapporteur.)

(1) Projet de décret adopté par le Conseil d'État le 9 février 1888 (n° 69,126). — Article 1er. Est autorisée la création d'un hospice dans la commune d'Aubin (Aveyron). Cet établissement sera administré suivan les lois et règlements qui régissent les institutions de cette nature. — Article 2. Le maire d'Aubin (Aveyron) au nom des pauvres, et la commission administrative de l'hospice créé en vertu de l'article 1er du présent décret, sont autorisés à accepter, chacun en ce qui les concerne, le legs fait par la demoiselle Lucie-Léonide Delshens, suivant son testament olographe en date du 16 novembre 1880 et consistant en divers immeubles, à la charge de fonder dans une propriété de la testatrice un hospice destiné à recevoir les pauvres malades de ladite commune. (M. Mourier, rapporteur.)

(2) Note du C. d'Ét. 26 juillet 1888 (n° 71,387). — Le Conseil d'État, tout en adoptant le projet de décret tendant à statuer sur des legs faits à divers établissements du Pas-de-Calais par la demoiselle Savary, a cru devoir apporter audit projet les modifications suivantes : 1° Il a paru conforme aux précédents et à la jurisprudence du Conseil de substituer le maire de Graincourt au bureau de bienfaisance pour l'acceptation du legs fait audit établissement, à charge de fonder un hospice dans cette commune, les bureaux de bienfaisance n'ayant pas qualité pour accepter les libéralités dont le produit est destiné à la fondation et à l'entretien d'un hospice; — 2° Le testament portant que l'on devrait faire choix de religieuses pour le service de l'établissement, et une pareille clause étant de nature à entraver le libre exercice des droits conférés à la commission administrative par la loi du 7 août 1851, le Conseil a pensé

du 8 février 1882 (1), que s'il n'appartient pas à un bureau de bienfaisance de recevoir une libéralité qui a pour but la création d'un hospice ou d'un hôpital, la règle de la spécialité ne fait pas obstacle à ce qu'il soit autorisé à accepter un don ou un legs dont l'objet est simplement le placement d'indigents dans un établissement hospitalier (Cf. projet de décret adopté par le Conseil d'État le 16 juin 1881, legs Huland) (2).

Cette jurisprudence nous paraît devoir être considérée aujourd'hui comme caduque, au moins en partie, en présence des dispositions de la loi du 15 juillet 1893 sur l'assistance médicale. Il peut encore être fait aux bureaux de bienfaisance des dons et legs pour le payement des frais de séjour d'enfants, de vieillards ou d'incurables dans les *hospices*;

---

qu'il convenait d'insérer à l'article 1er la réserve habituelle relative aux conditions qui sont contraires aux lois; — 3° Dans l'article 3, l'hospice a été substitué au bureau de bienfaisance pour le versement de la somme représentant les services religieux imposés au légataire. Cette modification est la conséquence de la disposition qui appelle l'hospice à recueillir la libéralité au lieu et place du bureau de bienfaisance. (M. Bienvenu Martin, rapporteur.)

(1) Note de la sect. de l'Int. 8 février 1882 (n° 42,157). — La section de l'Intérieur, des Cultes, de l'Instruction publique et des Beaux-Arts du Conseil d'État a pris connaissance d'un projet de décret tendant à autoriser le maire de Neuville à accepter, au nom des pauvres, une somme de 5,000 francs qui a été léguée aux pauvres malades de cette commune par la demoiselle Savary, dans son testament du 13 juin 1876. — Il lui a paru qu'il convenait de faire accepter ce legs par le bureau de bienfaisance. Il ne s'agit pas, dans l'espèce, d'une fondation hospitalière qui ferait sortir le bureau de bienfaisance de ses attributions; la libéralité a pour objet d'assurer aux pauvres de la commune des secours en cas de maladie et de fournir les fonds nécessaires pour leur traitement à l'hospice de Pontoise. C'est au bureau de bienfaisance qu'il appartient de faire la désignation des pauvres appelés à bénéficier de ce traitement. En conséquence, la section a modifié la rédaction de l'article 1er dans le sens de l'observation qui précède. (M. Vacherot, rapporteur.)

(2) Projet de décret adopté par le Conseil d'État le 16 juin 1881 (n° 39,163). — Article 1er. La commission administrative du bureau de bienfaisance de Pleudihen (Côtes-du-Nord) est autorisée à accepter, aux clauses et conditions imposées, le legs universel fait à cet établissement par la demoiselle Huland Olive, suivant son testament olographe du 12 mai 1865, à la charge notamment de fonder deux lits en faveur des malades pauvres ou infirmes de la paroisse de Pleudihen. Les fonds libres provenant de cette libéralité seront placés en rentes sur l'État et le dixième des arrérages destinés à la fondation des lits sera capitalisé pour être placé de la même manière. (M. de Salverte, rapporteur.)

mais c'est aux bureaux d'assistance et non aux bureaux de bienfaisance que doivent désormais s'adresser les libéralités qui tendent à assurer le traitement des malades « privés de ressources » dans les *hôpitaux* (Cf. *supra*, n° 128).

La faculté de recevoir des libéralités destinées à la fondation d'orphelinats a été reconnue aux hospices par deux notes du Conseil d'État du 3 février 1887 (1) et du 5 janvier 1888 (2).

---

(1) Note du C. d'Ét. 3 février 1887 (n° 58,318). — Le Conseil d'État, qui a pris connaissance d'un projet de décret tendant à autoriser la commission administrative de l'hospice Barbier (à Grandvilliers) à accepter le legs qui a été fait à cet établissement par le sieur Halleur, pour la fondation d'un orphelinat de jeunes filles pauvres, y a ajouté un paragraphe portant que l'orphelinat serait administré conformément au règlement adopté par la commission administrative, dans sa séance du 7 décembre 1886. (M. Bonthoux, rapporteur.)

Projet de décret adopté par le Conseil d'État, le 3 février 1887 (même affaire). — Art. 1er. La commission administrative de l'hospice Barbier, à Grandvilliers (Oise), est autorisée à accepter, aux clauses et conditions imposées, en tant qu'elles ne sont pas contraires aux lois, le legs universel fait à cet établissement par le sieur Simon-Vincent Halleur, suivant son testament olographe du 24 juin 1881, et consistant dans le surplus de tous ses biens meubles et immeubles, à la condition expresse de fonder un orphelinat de jeunes filles pauvres. — Cet établissement sera administré conformément aux lois qui régissent les institutions de cette nature et d'après le règlement adopté par la commission administrative, dans sa séance du 7 décembre 1886, lequel restera annexé au présent décret. — Les sommes libres provenant de ce legs seront placées en rentes 3 0/0 sur l'État. Mention sera faite sur l'inscription de la destination des arrérages.

(2) Note du C. d'Ét. 5 janvier 1888 (n° 68,242). — Le Conseil d'État, tout en adoptant le projet de décret qui autorise l'acceptation par les hospices de Saint-Quentin du legs universel du docteur Cordier, a pensé qu'il y avait lieu : 1° ...; 2° de signaler à M. le ministre de l'Intérieur la nécessité d'appeler la commission administrative des hospices à délibérer sur les additions que la section propose au règlement de l'orphelinat ; 3° d'insérer au projet de décret une disposition formelle, portant qu'il sera statué ultérieurement par décret rendu en Conseil d'État sur le règlement de l'orphelinat ; 4° de réduire dans une large mesure les devis présentés pour la construction de l'orphelinat, ces devis s'élevant à près de la moitié du legs universel. (M. de Salverte, rapporteur.)

Projet de décret adopté par le Conseil d'État, le 5 janvier 1888 (même affaire). — La commission administrative des hospices de Saint-Quentin (Aisne) est autorisée : 1° à accepter, aux clauses et conditions imposées, le legs universel fait à l'Hôtel-Dieu de cette ville par le sieur Cordier (Isidore-Alexis), suivant son testament olographe du 17 avril 1885, à la charge, entre autres, de fonder un orphelinat ; — 2° à aliéner aux enchères publiques les immeubles compris dans le legs universel. — Il sera statué ultérieurement sur le règlement de l'orphelinat par un décret rendu en Conseil d'Etat. — Les fonds libres, provenant ou à provenir

Le Conseil d'État avait également jugé par deux notes des 29 mai 1873 (1) et 7 juin 1883 (2) qu'elle appartenait aux bureaux de bienfaisance, mais il est revenu sur cette manière de voir et il décide actuellement que les bureaux de bienfaisance ne sauraient être gratifiés de dons ou de legs dans l'intérêt d'orphelinats (3).

---

de la libéralité, seront placés en rentes 3 0/0 sur l'Etat, avec mention sur l'inscription de la destination des arrérages.

Art. 2. Est approuvé, pour sortir son plein et entier effet, le projet de transaction du 29 septembre 1886 et dont il sera passé acte public.

(1) Note du C. d'Ét. 29 mai 1873, legs Rougier (n° 3,849). — Le Conseil d'État, tout en adoptant le projet de décret, estime qu'il y a lieu de modifier l'article 2 qui autorise l'acceptation conjointe d'un legs de 8,000 francs par le bureau de bienfaisance de Saint-Flour et la supérieure générale de la congrégation des filles de la Charité. Il résulte, en effet, des renseignements recueillis au dossier, qu'en léguant cette somme à l'orphelinat des sœurs de Saint-Flour, la testatrice a entendu instituer l'établissement lui-même qui constitue une dépendance du bureau de bienfaisance. Le Conseil propose, en conséquence, d'écarter l'intervention des sœurs et d'autoriser seulement le bureau de bienfaisance à accepter le legs qui lui est fait. (M. de Beaumont, rapporteur.)

(2) Note du C. d'Ét. 7 juin 1883 (n° 44,720). — Le Conseil d'État, tout en adoptant le projet de décret tendant notamment à autoriser le bureau de bienfaisance de Rouvray-en-Santerre (Somme) à accepter la libéralité résultant du testament du sieur Vagond, à charge de créer une maison de retraite pour les vieillards et les orphelins, a cru devoir ajouter à l'article 4 du décret une disposition en vertu de laquelle il sera ultérieurement statué par un décret spécial sur l'organisation et le mode d'administration de l'établissement à créer en exécution des volontés du testateur. (M. de Villeneuve, rapporteur.)

(3) Note de la sect. de l'Int. 5 août 1891 (n° 87,718). — La section de l'Intérieur, des Cultes, de l'Instruction publique et des Beaux-Arts du Conseil d'État, avant de statuer sur le projet de décret relatif à des legs faits par la demoiselle Claudot à divers établissements de la Meuse, estime qu'avant d'accorder au bureau de bienfaisance de Verdun l'autorisation d'accepter le legs de 30,000 francs destiné à l'orphelinat de Saint-Maur, il conviendrait de tenter de régulariser la situation de cet orphelinat en le séparant du bureau de bienfaisance dont il dépend actuellement et qui sort de ses attributions légales en l'administrant. (M. Bienvenu Martin, rapporteur.)

Projet de décret adopté par la section de l'Intérieur le 30 juillet 1894 (même affaire). — Art. 1er. La commission administrative du bureau de bienfaisance de Verdun (Meuse) est autorisée à accepter, aux clauses et conditions énoncées, en tant qu'elles n'ont rien de contraire aux lois, le legs fait à cet établissement par la dame Marie-Jeanne-Françoise Claudot, suivant son testament olographe du 15 septembre 1877, et consistant dans la nue-propriété d'une somme de 30,000 francs dont le revenu devra être employé à l'entretien d'orphelines dans la maison de Saint-Maur, appartenant audit établissement. L'usufruit étant éteint, le produit du legs sera placé en rentes 3 0/0 sur l'État, avec mention sur l'inscrip-

D'après un projet de décret approuvé le 12 juillet 1876 par la section de l'Intérieur (1), les bureaux de bienfaisance seraient aptes à recueillir des dons et legs en vue de la création et de l'entretien de maisons de refuge et la note susvisée du Conseil d'État, du 7 juin 1883, relative à une libéralité faite par le sieur Vagond, admet que la gestion de maisons de retraite pour les vieillards peut être imposée auxdits bureaux par donation ou testament. Nous croyons que, le cas échéant, le Conseil d'État n'hésiterait pas à répudier cette jurisprudence qui est en désaccord tant avec les avis des 11 août et 25 novembre 1885 (legs Beaufils et Delshens) qu'avec les errements suivis présentement en matière de dons et legs adressés aux bureaux de bienfaisance pour des orphelinats.

Le 23 juillet 1890, la section de l'Intérieur a, sur la proposition du ministre de l'Intérieur et après avoir pris connaissance d'un rapport du directeur de l'assistance et de l'hygiène publiques (2), adopté un projet de décret tendant à accorder

---

tion de la destination des arrérages... — Art. 8. L'orphelinat de Saint-Maur, annexé au bureau de bienfaisance de Verdun, est reconnu comme établissement d'utilité publique. Sont approuvés les statuts de l'œuvre, tels qu'ils sont annexés au présent décret. — Art. 9. Est approuvée la délibération de la commission administrative du bureau de bienfaisance de Verdun (Meuse), du 24 novembre 1892, portant abandon au profit de l'orphelinat, dit de Saint-Maur, de tous les biens destinés à ce dernier établissement en vertu d'actes de fondation. (M. Bienvenu Martin, rapporteur.)

(1) Projet de décret adopté par la section de l'Intérieur, le 12 juillet 1876 (n° 18,739). — Art. 1er. La commission administrative du bureau de bienfaisance de Trets (Bouches-du-Rhône) est autorisée à accepter, aux clauses et conditions imposées, le legs fait à cet établissement par la dame Delphine Bouisson, épouse Amalbert, suivant son testament olographe du 20 septembre 1874, et consistant en deux maisons, situées dans ladite commune, pour servir à perpétuité de logement aux pauvres. (M. de Villeneuve, rapporteur.)

(2) Rapport au ministre de l'Intérieur (25 juin 1890). — Monsieur le ministre, — Par ses testament et codicille olographes des 30 septembre et 5 octobre 1886 et 27 juin 1887, la dame veuve Cartigny, entre autres dispositions, a légué au bureau de bienfaisance de Cambrai (Nord) : 1° une maison, sise en cette ville, estimée 8,000 francs, pour être affectée à un « béguinage » où seront logées quatre femmes ou filles ; 2° 400 francs de rente 3 0/0 sur l'État, dont moitié pour les béguines qui habiteront la maison et l'autre moitié pour l'entretien de l'immeuble. — L'acceptation de ce legs ne paraît devoir soulever aucune difficulté. — Il ne s'agit point, en effet, d'une fonction hospitalière imposée au bureau de bienfaisance : la charge qui lui incombe consistera simple-

au bureau de bienfaisance de Cambrai (Nord) l'autorisation d'accepter un legs fait à cet établissement par la dame veuve Cartigny, à charge de création d'un béguinage (1). D'autre part, une note de la même section intervenue le 27 mai 1891, à propos d'un legs fait par la dame Danjou au bureau de bienfaisance de Maretz (Nord), porte que « la fondation de béguinages rentre dans les attributions des bureaux de bienfaisance » et que « le béguinage est, en effet, une des formes des secours à domicile » (2).

Cette jurisprudence n'est pas sans soulever de sérieuses objections.

Il y a deux catégories de béguinages. Les uns sont des espèces de maisons religieuses ou de couvents de femmes ou de filles et les autres des institutions de bienfaisance.

---

ment à procurer la gratuité du logement à quatre femmes ou filles dans le besoin et ce mode d'assistance ne saurait être, à mon avis, considéré comme étranger à ses attributions. On ne voit pas, en effet, pour quel motif les bureaux de bienfaisance, qui sans aucun doute peuvent donner des secours de loyer en argent (décret du 12 août 1886, art. 46), ne pourraient pas également procurer ces secours en nature. — J'ai, en conséquence, l'honneur de vous prier, Monsieur le ministre, de vouloir bien renvoyer à l'examen du Conseil d'État le projet de décret ci-joint. — Veuillez agréer, etc... — Le directeur de l'assistance et de l'hygiène publiques, *Signé :* MONOD. — Renvoyé à l'examen de la section de l'Intérieur du Conseil d'Etat. — Le ministre de l'Intérieur, *Signé :* CONSTANS.

(1) Projet de décret adopté par la section de l'Intérieur, le 23 juillet 1890 (nº 83,664). — Art. 1er. La commission administrative du bureau de bienfaisance de Cambrai (Nord) est autorisée à accepter, aux clauses et conditions imposées, les legs faits à cet établissement par la dame veuve Cartigny, née Deudon, suivant son codicille olographe du 27 juin 1887 et consistant : 1° en une maison, sise à Cambrai, rue des Cygnes, nº 17, pour être affectée à un béguinage pour loger quatre filles ou femmes de Cambrai ; 2° en un titre de rente 3 0/0 sur l'État de 400 francs, dont les arrérages seront employés moitié à l'entretien et aux réparations de la maison et l'autre moitié distribuée aux béguines. — La rente léguée sera immatriculée au nom du bureau de bienfaisance avec mention sur l'inscription de la destination des arrérages. (M. de Villeneuve, rapporteur.)

(2) Note de la sect. de l'Int. 27 mai 1891 (nº 87,072). — La section de l'Intérieur, de l'Instruction publique, des Cultes et des Beaux-Arts du Conseil d'État, qui a pris connaissance du projet de décret relatif aux legs faits par la dame Danjou à divers établissements (Nord), estime que la fondation de béguinages rentre dans les attributions des bureaux de bienfaisance : le béguinage est, en effet, une des formes des secours à domicile. Il y aurait donc lieu d'autoriser l'acceptation du legs fait

Les premiers tombent sous le coup de la loi du 18 août 1792 qui a proscrit toutes les congrégations et communautés séculières « sous quelque dénomination qu'elles existassent en France » (V. *supra*, n° 29); dès lors il ne saurait être question pour les bureaux de bienfaisance de les prendre sous leur patronage.

Les seconds ne sont pas rentrés dans les prévisions de la loi du 18 août 1792, mais la section de l'Intérieur ne nous semble pas avoir été fondée à dire qu'ils se rattachent à l'assistance à domicile et à permettre, en conséquence, aux bureaux de bienfaisance de se les annexer.

L'administration des béguinages purement charitables confiée aux hospices et non aux bureaux de bienfaisance par les arrêtés gouvernementaux des 16 fructidor an VIII et 9 frimaire an XII (1). Il est vrai que lesdits arrêtés ne se sont référés expressément qu'aux « départements réunis à la France » où les béguinages se trouvaient en quelque sorte concentrés, mais le gouvernement a évidemment sous-entendu

---

à charge de fondation de béguinage au bureau de bienfaisance de Maretz qui l'a d'ailleurs revendiqué. Mais avant de statuer sur cette libéralité, la section pense qu'il y aurait lieu de s'assurer que le burea de bienfaisance est en mesure de payer les droits de mutation. Dans le cas où il n'aurait pas les ressources nécessaires à cet effet, il conviendrait de provoquer une transaction avec le mari usufruitier, aux termes de laquelle le bureau de bienfaisance recevrait immédiatement en pleine propriété une partie du legs, en renonçant à son droit de nue propriété sur le surplus. (M. Dejamme, rapporteur.)

(1) Arr. 16 fructidor an VIII. — Les consuls de la République; — Vu les divers arrêtés des administrations centrales des départements de la Lys, de la Dyle, des Deux-Nèthes, de l'Ourthe et de l'Escaut sur les établissements nommés béguinages; — Vu les actes des diverses autorités locales qui constatent que ces établissements ont toujours été consacrés au soulagement des pauvres et aux soins des malades indigents; — Vu les lois des 1er mai 1793, 3 fructidor an III, 2 brumaire et 28 germinal an IV, 16 vendémiaire et 20 ventôse an V, et 5 frimaire an VI, qui exceptent de la vente des domaines nationaux les biens dépendant de pareils établissements; — Le Conseil d'État entendu; — Sur le rapport du ministre de l'Intérieur; — Arrête : — Art. 1er. Tous les biens et revenus des établissements de secours existant dans les départements réunis à la France, et connus sous le nom de *béguinages*, continueront à être gérés et administrés, conformément aux lois, par les commissions des hospices dans l'arrondissement desquels ces établissements sont situés. —

Arr. 9 frimaire an XII. — Le gouvernement de la République; — Sur le rapport du ministre de l'Intérieur; — Vu l'arrêté du 19 floréal an VI,

que ses arrêtés s'appliqueraient, s'il y avait lieu, dans les autres départements. Il est de droit public que la loi est uniforme sur tous les points du territoire. A quelque département qu'il appartienne, un béguinage ne saurait être placé dans la dépendance d'un bureau de bienfaisance sans que celui-ci s'aventure sur un terrain qui n'est pas le sien et empiète sur les attributions conférées aux hospices par les arrêtés de l'an VIII et de l'an XII.

Une question délicate est celle de savoir si les établissements publics de bienfaisance sont capables de recevoir des libéralités faites à charge de services religieux. D'après la jurisprudence de la section de l'Intérieur, il importe de ne la trancher dans le sens de l'affirmative qu'autant qu'il s'agit de dons ou de legs qui, après acquittement du prix des services religieux, laissent un bénéfice appréciable aux établissements donataires ou légataires et il n'y a pas lieu d'autoriser les établissements charitables à accepter des dons ou des legs dont l'émolument doit être employé intégralement ou presque en entier à faire célébrer des services religieux (V. *supra*, n° 236, note de la section de l'Intérieur du 21 mai 1890, legs Augier).

Au surplus, si un établissement public de bienfaisance peut être autorisé à accepter une libéralité qui, tout en étant grevée de services religieux, lui est avantageuse, c'est à la condition qu'il ait conclu un traité avec la fabrique de l'église paroissiale en vue de la célébration des services demandés par le donateur ou testateur et il convient, en même temps que l'on autorise l'acceptation du don ou du legs, d'habiliter la fabrique à recevoir les sommes qui lui reviendront d'après le contrat intervenu entre cet établissement et l'établissement donataire

---

confirmatif de la délibération de l'administration du département de la Dyle, du 19 nivôse précédent ; — Vu pareillement l'arrêté du 16 fructidor an VIII et celui du 29 prairial an IX ; — Le Conseil d'État entendu ; — Arrête : — Art. 1er. Les biens et revenus des fondations affectées à l'entretien des cures et chapelles dépendantes des établissements de bienfaisance connus dans les départements réunis sous le nom de béguinages, ainsi qu'à la dépense de tous autres services de piété et de charité dans ces maisons, sont compris dans les dispositions de l'arrêté du 16 fructidor an VIII.

ou légataire (Note de la sect. de l'Int. du 5 juillet 1887, legs Patau) (1).

Dans le cas où l'établissement donataire ou légataire ne consent pas à passer un traité avec la fabrique de la paroisse à laquelle il ressortit pour assurer la célébration des services religieux, l'on doit lui refuser l'autorisation d'accepter le don ou le legs, comme le laisse à entendre une note de la section de l'Intérieur du 29 avril 1891 relative à un legs fait à l'hospice de la charité de Beaune par la demoiselle Billardet (2), mais pour des raisons qui ont été exposées plus haut (V. *supra*, n° 240) nous croyons que c'est à tort que la section de l'Intérieur a admis dans l'espèce à laquelle se rapporte cette note que l'on pouvait permettre à la fabrique du lieu du décès de la testatrice de revendiquer jusqu'à concurrence de la somme nécessaire pour faire face au payement du prix des services religieux imposés à l'hospice de la Charité le legs adressé à cet établissement.

Il n'aurait pas été non plus permis, suivant nous, de remplacer l'hospice de la Charité dans l'acceptation du legs dont il avait été gratifié par la fabrique de l'église paroissiale dans le ressort de laquelle est situé ledit établissement (Cf. *supra*, n° 236 note du 21 mai 1890, legs Augier). Il fallait, en effet,

---

(1) Note de la sect. de l'Int. 5 juillet 1887 (n° 65,410). — La section de l'Intérieur, de l'Instruction publique, des Beaux-Arts et des Cultes du Conseil d'Etat, tout en adoptant le projet de décret ci-joint, relatif aux legs faits par la demoiselle Patau, a cru devoir, conformément à une jurisprudence constante, compléter l'article 2 en autorisant la fabrique de Vinça à recevoir, chaque année, de la commission administrative de l'hospice de la même ville, la somme nécessaire à l'acquit des messes imposées comme charge du legs charitable. (M. Mourier, rapporteur.)

(2) Note de la sect. de l'Int. 29 avril 1891 (n° 81,978). — La section de l'Intérieur qui, sur le renvoi ordonné par le ministre de la Justice et des Cultes, a examiné un projet de décret tendant à autoriser notamment la commission administrative des hospices de Beaune, à accepter le legs fait à l'hospice de la Charité, par la demoiselle Billardet, et à charge de service religieux, estime qu'en présence du refus de la commission administrative de traiter avec une fabrique en vue d'assurer l'exécution des services religieux demandés par la demoiselle Billardet, il y a lieu d'inviter la fabrique du lieu du décès de la testatrice, à prendre une délibération pour accepter la somme nécessaire à la célébration de ces services (M. Moullé, rapporteur.)

se bien garder de substituer un légataire à un autre et de refaire le testament de la demoiselle Billardet.

Par dérogation à la règle ci-dessus énoncée, la section de l'Intérieur pense que, quand un hospice ou un hôpital pourvu d'une chapelle régulièrement ouverte au culte est autorisé à accepter une libéralité faite à charge de messes, le gouvernement n'a pas à l'obliger à recourir à l'intermédiaire de la fabrique paroissiale pour faire dire les messes prescrites par le donateur ou le testateur et qu'elles peuvent être célébrées dans la chapelle de l'hospice ou de l'hôpital par le chapelain qui la dessert. (V. *supra*, n° 181, note du 18 juillet 1890 et projet de décret du 29 avril 1891, legs Durvis. Cf. note du 11 janvier 1888, legs Patau) (1).

Cette jurisprudence a été critiquée. La concurrence que, suivant la section de l'Intérieur, il est loisible aux hospices et aux hôpitaux de faire aux fabriques a paru à certains jurisconsultes emporter violation du principe de la spécialité.

254. Depuis l'avis précité du Conseil d'État du 25 février 1883 (V. *supra*, n° 253), il est de jurisprudence constante que les établissements publics de bienfaisance ne sont pas susceptibles d'être autorisés à accepter des libéralités affectées à la création et au soutien d'écoles; mais il a été admis par le Conseil d'État jusqu'à la loi du 30 octobre 1886 que rien ne s'opposait à ce qu'ils recueillissent des dons ou des legs qui devaient être employés à subventionner des écoles privées ou, autrement dit, des écoles fondées et entretenues par des particuliers.

Sous l'empire de la loi du 30 octobre 1886, il est certain qu'ils ne sauraient plus recevoir des dons ou des legs qu auraient cette destination; en effet, l'article 2 de ladite loi ne reconnaît que deux espèces d'écoles : les écoles publiques,

(1) Note de la sect. de l'Int. 11 janvier 1888 (n° 65,410). — La section de l'Intérieur, de l'Instruction publique, des Cultes et des Beaux-Arts du Conseil d'État, qui a pris connaissance du projet de décret ci-joint, relatif au legs fait par la demoiselle Patau à l'hospice de Vinça, estime que les messes demandées par le testateur peuvent être célébrées dans la chapelle de l'hospice, puisqu'elle est régulièrement ouverte au culte. Elle a donc cru, conformément aux précédents, spécifier que les messes seront célébrées dans cette chapelle. (M. Mourier, rapporteur.)

c'est-à-dire fondées et entretenues par l'État, les départements ou les communes, et les écoles privées, c'est-à-dire fondées et entretenues par des particuliers ou des associations. Non seulement l'État, les départements et les communes sont seuls appelés, à l'exclusion des établissements publics de bienfaisance, à fonder et à entretenir des écoles publiques, mais encore l'article 2 de la loi du 30 octobre 1886 s'est abstenu de prévoir et, par suite, il prohibe l'existence d'écoles privées qui seraient subventionnées par les établissements publics de bienfaisance (Cf. *supra*, n° 239, avis C. d'Ét. 19 juillet 1888, sur la question de savoir si les communes peuvent s'autoriser de l'art. 145 de la loi municipale du 5 avril 1884 pour subventionner les écoles privées.)

Or l'on s'est demandé si l'obligation de subventionner des écoles privées, lorsqu'elle résulte de donations ou de legs dont l'acceptation a été autorisée avant la loi du 30 octobre 1886, peut continuer à être exécutée en dépit des prescriptions de cette loi ; cette question, qui s'était posée d'abord par rapport aux communes et avait été résolue négativement, en ce qui les concernait, par un avis de la section de l'Intérieur du 14 mai 1889 émis au rapport de M. Robert de Moüy (1), a été tranchée affirmativement en ce qui touche les établissements publics de

(1) Avis de la sect. de l'Int. 14 mai 1889 (n° 78,019). — La section de l'Intérieur, des Cultes, de l'Instruction publique et des Beaux-Arts du Conseil d'État qui, sur le renvoi ordonné par M. le ministre de l'Instruction publique et des Beaux-Arts, a pris connaissance de la demande d'avis sur la question de savoir si les communes peuvent se prévaloir des dispositions d'un acte testamentaire ou d'une donation, dont l'acceptation a été régulièrement autorisée avant la loi du 30 octobre 1886, pour inscrire à leur budget des subventions en faveur d'écoles privées ; — Vu l'avis du Conseil d'État en date du 19 juillet 1888 ; — Vu la loi du 30 octobre 1886 ;

Considérant que par l'avis ci-dessus visé, il a été reconnu qu'en raison des dispositions de la loi du 30 octobre 1886, les communes ne peuvent inscrire à leur budget aucune subvention pour les écoles privées ; qu'aucune distinction n'a été faite entre les ressources prises sur les fonds généraux de la commune et celles provenant des libéralités ; — Considérant que le produit des legs, quels qu'ils soient, dès qu'ils ont été régulièrement acceptés, constitue des fonds communaux au même titre que les autres recettes, et ne peuvent pas, par suite, recevoir une affectation prohibée par la loi ;

Est d'avis que les communes ne peuvent se prévaloir des dispositions d'un acte testamentaire ou d'une donation pour inscrire à leur budget des subventions en faveur d'écoles privées (M. de Moüy, rapporteur).

bienfaisance par un avis du Conseil d'État du 2 mars 1893, ntervenu au rapport de M. Bienvenu Martin (1).

Si le premier de ces avis, dont les motifs sont des mieux déduits, échappe, d'après nous, à la réfutation, le second nous paraît difficile à justifier; comment, alors que les communes, qui sont comme les représentants officiels de l'enseignement primaire, ne sauraient se prévaloir de dons ou de legs acceptés avant la loi du 30 octobre 1886 pour subventionner des écoles privées, les établissements publics de bienfaisance, auxquels cette loi dénie toute espèce de vocation scolaire, le pourraient-ils?

L'avis du 2 mars 1893 cherche à expliquer de la façon suivante pourquoi les établissements charitables jouiraient d'une faculté qui manque aux communes. « Il est vrai, porte cet avis, qu'il résulte implicitement de l'article 19 de la loi

---

(1) Avis C. d'Et. 2 mars 1893, sur la question de savoir si l'obligation de subventionner des écoles privées, imposée à un établissement public de bienfaisance comme condition d'un don ou d'un legs dont l'acceptation a été régulièrement autorisée avant la loi du 30 octobre 1886, doit être considérée comme contraire aux lois et, par suite, non exécutée (n° 94,190). — Le Conseil d'État, consulté par M. le ministre de l'Intérieur sur la question de savoir si l'obligation de subventionner des écoles privées, imposée à des établissements publics de bienfaisance comme condition de dons et legs dont l'acceptation a été régulièrement autorisée avant la loi du 30 octobre 1886, doit être considérée comme contraire aux lois et par suite non exécutée; — Vu la dépêche du ministre de l'Intérieur du 31 octobre 1892; — Vu la loi du 30 octobre 1886;

Considérant que les établissements dont il s'agit ont été autorisés, avant la loi du 30 octobre 1886, à accepter « aux clauses et charges imposées » des dons et legs qui leur ont été faits sous la condition, alors approuvée par l'autorité compétente, de subventionner des écoles privées; — Considérant que les actes intervenus, en conséquence de cette autorisation, ont un caractère irrévocable; qu'ils ont en effet créé, tant au profit des établissements gratifiés qu'à celui des tiers, des droits auxquels l'autorité administrative ne saurait porter atteinte; — Considérant, il est vrai, qu'il résulte implicitement de l'article 19 de la loi du 30 octobre 1886 que les conditions contraires à ladite loi, auxquelles auraient été soumis les dons et legs faits antérieurement aux communes, ne pourraient plus être exécutés à l'avenir; mais que cette disposition, spécialement édictée à l'égard des communes, ne saurait être étendue aux établissements de bienfaisance,

Est d'avis : — Que la loi du 30 octobre 1886 ne s'oppose pas à ce que l'obligation de subventionner une école privée, imposée à des établissements publics de bienfaisance comme condition de libéralités dont l'acceptation a été régulièrement autorisée antérieurement à cette loi, continue de recevoir son exécution (M. Bienvenu Martin, rapporteur).

du 30 octobre 1886 que les conditions contraires à ladite loi, auxquelles auraient été soumis les dons et legs faits antérieurement aux communes, ne pourraient plus être exécutées à l'avenir; mais cette disposition, spécialement édictée à l'égard des communes, ne saurait être étendue aux établissements de bienfaisance ».

Le Conseil d'État a, suivant nous, interprété inexactement l'article 19 de la loi du 30 octobre 1886, qui est ainsi conçu : « Toute action à raison des donations et legs faits aux communes, antérieurement à la présente loi, à la charge d'établir des écoles ou salles d'asile dirigées par les congréganistes ou ayant un caractère confessionnel, sera déclarée non recevable si elle n'est pas intentée dans les deux ans qui suivront le jour où l'arrêté de laïcisation ou de suppression de l'école aura été inséré au *Journal officiel*. »

Cet article n'ordonne ni expressément ni implicitement la laïcisation des écoles communales dont la fondation est due à des libéralités; il se borne à décider que, dans le cas où une école établie par une commune au moyen d'un don ou d'un legs sera laïcisée par application de la nouvelle législation sur l'enseignement primaire, l'action en révocation qui pourra compéter au donateur ou aux héritiers du donateur ou du testateur, si le don ou le legs a été fait sous la condition que l'école serait dirigée par des congréganistes ou aurait un caractère confessionnel, sera prescrite au bout de deux ans, tandis que, d'après le droit commun, elle ne l'aurait été qu'après trente années. Voilà tout ce qu'a voulu dire l'article 19; il n'a qu'un but qui est de réduire à deux ans le délai d'introduction des demandes en révocation de dons et legs auxquelles l'obligation de laïciser les écoles expose les communes. Si la laïcisation des écoles communales fondées avec des deniers provenant de dons ou de legs s'impose aussi bien que celle des établissements scolaires que les communes ont créés à l'aide de leurs fonds généraux, ce n'est pas en raison des prescriptions de l'article 19, c'est en vertu de la règle générale posée par l'article 17 d'après lequel « dans les écoles publiques de tout ordre l'enseignement est exclusivement confié à un personnel laïque ».

Dès lors, ce serait une erreur de croire que, parce qu'il n'est question dans l'article 19 que de libéralités adressées aux communes et qu'il n'y est pas fait mention des dons et legs faits aux établissements publics de bienfaisance à charge de créer des écoles dirigées par des congréganistes ou ayant un caractère confessionnel, la laïcisation des écoles dont la fondation a été imposée à ces établissements par donation ou par testament n'est pas nécessaire; elle est exigée par l'article 17 et les actions en révocation de dons et legs, dont elle peut rendre passibles les établissements publics de bienfaisance, ne nous semblent susceptibles de se prescrire que par trente ans, conformément à l'article 2262 du Code civil auquel l'article 19 de la loi du 30 octobre 1886 n'a dérogé qu'en faveur des communes.

Au surplus, l'article 19 de la loi de 1886 n'est relatif qu'aux dons et legs faits aux communes à charge de fonder et d'entretenir des écoles dirigées par des congréganistes ou ayant un caractère confessionnel et il se tait sur ceux qui leur ont été adressés sous la condition de subventionner des écoles privées, laïques ou congréganistes; cependant le Conseil d'État a reconnu que l'on serait mal venu à conclure de ce silence de l'article 19 que les communes peuvent se prévaloir de libéralités qu'elles ont reçues avant la loi du 30 octobre 1886 pour fournir des subsides à des écoles fondées et entretenues par des particuliers.

Encore moins est-il permis de soutenir, comme l'a fait l'avis du 2 mars 1893, que, parce que l'article 19 ne fait pas d'allusion aux établissements publics de bienfaisance, ils ont la faculté de subventionner des écoles privées au moyen de dons et legs recueillis avant la loi du 30 octobre 1886. A défaut de l'article 19, l'article 2 de la loi du 30 octobre 1886 empêche les établissements publics de bienfaisance de subventionner des écoles privées à l'aide de dons et legs dont l'acceptation a été autorisée avant ladite loi.

Nous nous élevons avec d'autant plus de force contre la thèse de l'avis du 2 mars 1893 que, suivant nous, c'est à tort et contrairement au principe de la spécialité que la jurisprudence administrative a permis, antérieurement à la loi de 1886, aux établissements public de bienfaisance d'accepter des libéralités qui devaient servir à allouer des subventions à des écoles privées : à notre avis, dès avant cette loi, les établissements charitables étaient sans qualité, à cause de leur absence de vocation scolaire, non seulement pour fonder et entretenir des écoles, mais aussi pour subventionner des écoles fondées et entretenues par des particuliers. Mais, à supposer que sous l'empire de la législation qui a précédé la loi du 30 octobre 1886 le gouvernement ait à bon droit autorisé des établissements publics de bienfaisance à accepter des libéralités destinées à secourir des écoles privées, il est certain qu'eu égard aux dispositions de l'article 2 de ladite loi ces libéralités ne sauraient plus recevoir l'affectation qui leur a été assignée par leurs auteurs. La loi du 30 octobre 1886 a entendu exclure complètement les établissements charitables du domaine scolaire et elle a voulu qu'ils ne pussent sous aucun prétexte et de quelque façon que ce fût s'immiscer dans l'enseignement public ou privé.

Vainement objecterait-on, avec l'avis du 2 mars 1893, que, du moment que les établissements publics de bienfaisance ont été autorisés avant la loi du 30 octobre 1886 à accepter des libéralités dans l'intérêt d'écoles privées, « les actes intervenus en conséquence de cette autorisation ont un caractère irrévocable ; qu'ils ont en effet créé, tant au profit des établissements gratifiés qu'à celui des tiers, des droits auxquels l'autorité administrative ne saurait porter atteinte ».

Sans doute, la loi du 30 octobre 1886 n'a pas d'effet rétroactif et elle n'exerce point d'influence sur les actes auxquels il a été procédé par les établissements charitables avant sa promulgation; si ces actes ne sont pas conformes aux règles qu'elle formule, elle ne les en laisse pas moins intacts. Mais si elle ne réfléchit pas sur le passé, elle dispose sans aucune réserve pour l'avenir et du jour où elle est entrée en vigueur les établissements charitables ont cessé de pouvoir s'appuyer sur les autorisations qui leur avaient été précédemment accordées pour accomplir des actes qu'elle réprouve. Les subventions, qui ont été servies à des écoles privées antérieurement à la loi du 30 octobre 1886, leur sont définitivement acquises, mais il ne saurait leur en être versé de nouvelles. La loi du 30 octobre 1886 interdit aux établissements publics de bienfaisance de prêter leur appui financier à des établissements scolaires privés, alors même que le gouvernement les y aurait autorisés avant cette loi.

Est-ce à dire qu'il y ait lieu pour le gouvernement de rapporter les décrets par lesquels, antérieurement à la loi du 30 octobre 1886, il a habilité les établissements charitables à accepter des dons et legs dont l'objet était de subventionner des écoles privées? Nous ne le pensons pas. Dès qu'une libéralité a été acceptée avec la permission du gouvernement, les droits que celui-ci tenait de l'article 910 du Code civil se trouvent épuisés; l'établissement donataire ou légataire a acquis sur les biens donnés ou légués des droits incommutables qui sont désormais placés sous la sauvegarde de l'autorité judiciaire; l'autorité gouvernementale ne saurait les anéantir par un retrait d'autorisation. Mais nous croyons que, sans rapporter les décrets en vertu desquels il a autorisé l'acceptation de dons ou de legs faits aux établissements charitables à charge de fournir des subventions à des écoles privées, ce qui équivaudrait, vis-à-vis des établissements donataires ou légataires, à une véritable expropriation, le gouvernement a le droit et même le devoir d'enjoindre à ces établissements, sous les sanctions dont il dispose, de cesser de satisfaire à des obligations auxquelles une loi postérieure à l'autorisation a imprimé sans conteste un caractère illicite.

Les dons et legs, dont les conditions ne seront plus accomplies, deviendront-ils caducs? C'est là une question qu'il n'appartiendra qu'aux tribunaux civils de résoudre sur la demande des donateurs ou des héritiers des donateurs ou testateurs. Tant que la révocation des libéralités faites aux établissements publics de bienfaisance n'aura pas été prononcée par l'autorité judiciaire, elles subsisteront et les établissements donataires ou légataires en conserveront l'émolument, encore qu'ils n'en acquittent plus les charges.

2° Établissements d'utilité publique, associations syndicales, syndicats professionnels.

255. Les établissements d'utilité publique n'échappent pas plus que les établissements publics à l'application du principe de la spécialité; ils ne peuvent recevoir des libéralités que

dans la limite de leurs attributions, telles qu'elles sont déterminées par leurs statuts et pour quelques-uns d'entre eux par les lois et règlements. C'est ce qu'il importe de mettre en lumière au moyen de quelques exemples.

L'*Association philotechnique* a été reconnue comme établissement d'utilité publique par décret du 10 février 1879; l'article 1er des statuts annexés à ce décret est ainsi conçu : « L'Association philotechnique a pour but de donner gratuitement aux adultes des deux sexes une instruction appropriée à leurs professions. — Pour atteindre ce but, elle établit, en se conformant aux lois, des cours relatifs au commerce, à l'industrie et aux arts et des conférences scientifiques et littéraires. Elle s'interdit de traiter toutes les matières politiques et religieuses. Les cours sont groupés par sections dans les différents quartiers de Paris. — L'Association distribue chaque année des mentions, prix, médailles, certificats d'études et encouragements aux élèves qui se sont le plus distingués par leur exactitude, leur travail et leurs progrès. — Elle peut provoquer, dans le département de la Seine et dans les autres départements, la création d'associations du même genre, mais qui restent indépendantes d'elle. »

Des dispositions de cet article il résulte que l'Association philotechnique est exclusivement une société d'instruction populaire et que l'enseignement qu'elle a pour mission de donner ne doit s'adresser qu'aux adultes. Le principe de la spécialité s'opposerait donc non seulement à ce que l'Association philotechnique reçut des dons ou legs qui auraient une destination charitable, mais encore à ce qu'elle fût autorisée à accepter des libéralités qui seraient affectées à des cours spéciaux où seraient admis les enfants qui se préparent à l'examen exigé pour l'obtention du certificat d'études primaires.

La plupart des associations reconnues comme établissements d'utilité publique ne sont régies que par leurs statuts.

Il en est certaines qui sont soumises tout à la fois à des statuts particuliers et à des lois et règlements généraux. C'est ainsi que les attributions des sociétés de secours mutuels déclarées établissements d'utilité publique ou munies de l'approbation ministérielle ou préfectorale, qui est une sorte de reconnaissance légale, sont définies dans leurs grandes lignes par la loi du 15 juillet 1850 et le décret du 26 mars 1852 (V. *supra*, n° 200) et qu'en outre chaque société de secours mutuels a des statuts qui précisent la tâche spéciale qu'elle est chargée d'accomplir.

L'article 2 de la loi du 15 juillet 1850 et les articles 6 et 17 du décret du 26 mars 1852 portent que les sociétés de secours mutuels déclarées établissements d'utilité publique ou approuvées ont pour but « d'assurer des secours temporaires aux sociétaires malades, blessés ou infirmes et de pourvoir à leurs frais funéraires » et qu'elles peuvent « promettre des pensions de retraite, si elles comptent un nombre suffisant de membres honoraires ». Ces articles fixent le cadre général dans lequel se meuvent les sociétés de secours mutuels, chacune suivant les indications particulières de sa charte constitutive. Dès lors pour qu'une de ces associations soit apte à recueillir un don ou un legs qui lui est fait sous des charges ou conditions, il ne suffit pas que les obligations qui lui sont imposées ne la poussent pas à franchir les frontières dans lesquelles le législateur a entendu enfermer l'ensemble des sociétés de secours mutuels; il faut encore qu'elles lui permettent de ne pas s'écarter du but spécial qui lui est assigné par ses statuts.

Ces principes seront mieux compris si nous en faisons l'application à une association déterminée.

La société de secours mutuels, dite la *Prévoyance commerciale*, a été reconnue comme établissement d'utilité publique en 1891; des articles 1 et 3 de ses statuts il résulte qu'elle a pour objet unique d'assurer des pensions de retraite à ses membres qui se recrutent parmi les employés des commerces compris sous la dénomination générale de nouveautés et industries s'y rattachant. Non seulement la *Prévoyance commerciale* ne pourrait recevoir des dons et legs qui seraient grevés d'affectations non prévues par la loi du 15 juillet 1850 et le décret du 26 mars 1852 et qui, par exemple, tendraient à faciliter l'acquisition de fonds de commerce aux membres de cette société, mais, de plus, le principe de la spécialité ferait obstacle à ce qu'elle fût gratifiée de libéralités qui devraient servir à allouer des indemnités auxdits sociétaires en cas de chômage pour cause d'accident ou de maladie. Sans doute, en distribuant des secours de cette espèce, la *Prévoyance commerciale* ne transgresserait pas les prescriptions de la loi de 1850 et du décret de 1852, mais elle agirait en dehors des limites qui lui sont tracées par ses statuts.

Les caisses d'épargne privées sont considérées comme des établissements d'utilité publique (V. *supra*, n° 201); elles sont destinées à encourager la prévoyance, mais elles ne la favorisent que sous une forme simple et pour ainsi dire rudimentaire. Elles n'ont pas à pourvoir à des modes de prévoyance plus compliqués, tels que les assurances; donc, si un don ou un legs était fait à une caisse d'épargne pour la création d'un service d'assurances sur la vie, la règle de la spécialité exigerait qu'elle ne fût pas autorisée à l'accepter.

Les communautés et compagnies d'officiers publics ou ministériels sont assimilables aux établissements d'utilité publique (V. *supra*, n° 205); elles n'ont été instituées que pour la gestion et la défense d'intérêts corporatifs. C'est pourquoi aux termes d'un avis susvisé du 1er décembre 1881 le Conseil d'État a décidé que les chambres de notaires n'avaient pas qualité pour recevoir des libéralités en faveur des pauvres. (V. *supra*, n° 236.)

Les établissements d'utilité publique ne sauraient être autorisés à accepter les dons et legs qui leur sont adressés sous des charges ou conditions étrangères à leur mission légale, mais, si ces libéralités ont un caractère charitable, elles peuvent êtres revendiquées par les mandataires officiels des pauvres avec l'autorisation du Gouvernement, comme l'indique l'avis du 1er décembre 1881.

256. Les travaux qui peuvent faire l'objet des associations syndicales sont limitativement énumérés par les lois des 21 juin 1865 et 22 décembre 1888 (V. *supra*, n° 206); en conséquence, ces associations ne sont régulièrement constituées et elles ne jouissent de la personnalité morale qu'autant que les travaux qu'elles se proposent d'exécuter et d'entretenir figurent parmi ceux que mentionnent lesdites lois (Note de la section de l'Intérieur du 16 avril 1889, legs Cadots; v. *supra*, n° 44).

Cette règle une fois rappelée, il n'est pas sans intérêt de

noter, que si une association syndicale libre dont l'acte constitutif ne prévoit que des travaux rentrant dans les catégories établies par le législateur est une personne morale, alors d'ailleurs qu'elle a été formée conformément aux prescriptions des articles 5, 6 et 7 de la loi du 21 juin 1865, cependant le principe de la spécialité veut qu'elle ne puisse être instituée donataire ou légataire qu'en vue de travaux qui non seulement correspondent aux indications de l'article 1er de la loi du 21 juin 1865 modifié par celle du 22 décembre 1888, mais encore se rapportent au « but de l'entreprise » tel que le spécifie l'acte d'association.

En d'autres termes, il ne saurait être fait à une association syndicale libre des libéralités pour des travaux que ne comporte pas son acte constitutif, alors même qu'ils seraient de ceux que le législateur a proposés à l'activité des associations syndicales.

257. Les syndicats professionnels, comme les associations syndicales libres, se forment sans l'intervention du Gouvernement et, malgré le défaut de toute attache officielle, ils sont doués de la personnalité civile, pourvu qu'ils aient été régulièrement constitués d'après les prescriptions de l'article 4 de la loi du 21 mars 1884 et que conformément à l'article 3 de ladite loi ils « aient exclusivement pour objet l'étude et la défense des intérêts économiques, industriels, commerciaux et agricoles » (V. *supra*, nos 208 et 209).

Mais, par application du principe de la spécialité, un syndicat professionnel même pourvu de la personnalité morale n'est pas apte à recevoir des dons et legs pour l'étude et la défense d'intérêts qui, tout en étant compris parmi ceux qu'énumère la loi du 21 mars 1884, ne sont pas visés par ses statuts.

En matière de dons et legs d'immeubles la loi du 21 mars 1884 entend la règle de la spécialité avec une rigueur particulière; en effet, les seules libéralités immobilières qu'il soit loisible aux syndicats professionnels de recueillir sont celles qui tendent à la satisfaction des intérêts les plus essentiels de ces associations, c'est-à-dire, pour nous servir des termes mêmes de l'article 6 de la loi du 21 mars 1884, celles qui sont destinées à procurer aux syndicats professionnels des immeubles « nécessaires à leurs réunions, à leurs bibliothèques et à des cours d'instruction professionnelle ».

3° Congrégations et communautés religieuses.

258. Les congrégations et communautés religieuses forment avec les associations religieuses vouées à l'enseignement ou à la charité ce que l'on appelle les *établissements religieux* par opposition aux *établissements ecclésiastiques* ou autrement dit aux établissements publics des cultes reconnus; ces deux espèces d'établissements sont nettement distinguées l'une de l'autre dans la lettre précitée du ministre de l'Instruction publique, des Cultes et des Beaux-Arts, M. Jules Simon, en date du 25 avril 1873 (V. *supra*, n° 234).

Au cours des controverses qui se sont élevées au sein du Conseil d'État au sujet de la question de savoir si les établissements ecclésiastiques peuvent recevoir des libéralités charitables ou scolaires, il a été incidemment fait allusion aux établissements religieux, comme l'on peut s'en convaincre par la lecture des avis des 30 décembre 1846 (V. *supra*, n° 232), 10 juin 1863 (V. *supra*, n° 233) et 29 juin 1864 (V. *supra*, n° 233).

Il est à peine besoin de dire que les communautés et congrégations charitables et enseignantes ont qualité pour recueillir des dons et des legs en faveur des pauvres ou de l'enseignement, mais leur vocation est strictement limitée par leurs statuts; elles ne peuvent se livrer à la bienfaisance ou à l'instruction que dans la mesure où leurs statuts les y habilitent.

C'est donc avec raison que la section de l'Intérieur a décidé, par un avis en date du 29 janvier 1890, qu'il n'y avait pas lieu d'autoriser l'acceptation d'une donation faite par la dame veuve de Galliera et le sieur de Ferrari, à charge de distribuer des secours de loyers, à la congrégation des Filles de la charité de Saint-Vincent-de-Paul qui, tout en ayant été reconnue comme congrégation charitable, a un caractère exclusivement hospitalier; l'avis de la section porte que « la distribution de secours de loyers, dans les conditions et sous les formes prévues par l'acte de donation, ferait sortir la congrégation des attributions qui lui sont fixées par les statuts joints audit décret (Décret du 8 novembre 1809 portant reconnaissance de la congrégation des Filles de la charité de Saint-Vincent-de-Paul) » (1).

Le Conseil d'État a fait observer par deux avis des 5 juillet 1883 et 19 juin 1884 (2) que l'institut des Frères des écoles chrétiennes était tenu par ses statuts de donner gratuitement l'enseignement et que dès lors il convenait, par application du principe de la spécialité, de ne pas l'autoriser à acheter un immeuble pour l'agrandissement d'un pensionnat payant

---

(1) Avis de la sect. de l'Int. 29 janvier 1890 (n° 80,289). — La section de l'Intérieur, des Cultes, de l'Instruction publique et des Beaux-Arts du Conseil d'État qui a pris connaissance du projet de décret ci-joint relatif à une donation faite par le sieur Philippe La Renotière de Ferrari à la congrégation des Filles de la charité de Saint-Vincent-de-Paul; — Vu l'acte notarié en date du 3 septembre 1888 portant donation par la dame veuve de Galliera aux Filles de la charité de Saint-Vincent-de-Paul; — Vu l'acte notarié en date du 30 mars 1889, par lequel le sieur de Ferrari confirme la donation dont il s'agit et, en tant que de besoin, fait dans les mêmes conditions et au même établissement donation entre vifs; — Vu les pièces produites en exécution des ordonnances réglementaires des 2 avril 1817 et 14 janvier 1831; — Vu le décret du 8 novembre 1809 concernant les Sœurs hospitalières de la charité et les statuts y annexés;

Considérant que la congrégation des Filles de la charité de Saint-Vincent-de-Paul a été reconnue par le décret susvisé comme congrégation enseignante et hospitalière; que dès lors, la distribution de secours de loyer, dans les conditions et sous les formes prévues par l'acte de donation, ferait sortir la congrégation des attributions qui lui sont fixées par les statuts joints audit décret;

Est d'avis qu'il n'y a pas lieu d'autoriser la congrégation des Filles de la charité de Saint-Vincent-de-Paul à accepter la donation dont il s'agit. (M. Mourier, rapporteur.)

(2) Avis C. d'Ét. 5 juillet 1883, portant qu'il n'y a pas lieu d'adopter le projet de décret tendant à autoriser le supérieur général des Frères des écoles chrétiennes à acquérir un immeuble en vue d'agrandir le pensionnat qu'ils dirigent à Paris-Passy (n° 47,547). — Le Conseil d'État qui sur le renvoi ordonné par M. le président du conseil, ministre de l'Instruction publique et des Beaux-Arts, a pris connaissance d'un projet de décret tendant à autoriser le supérieur général des Frères des écoles chrétiennes à acquérir un immeuble situé rue Raynouard, n° 72, à Paris-Passy, en vue d'agrandir le pensionnat qu'ils possèdent dans cette même rue et à contracter un emprunt hypothécaire de 350,000 francs; — Vu le décret du 17 mars 1808, article 109; — Vu les statuts de l'Institut des Frères des écoles chrétiennes, visés par le grand-maître de l'Université, le 10 août 1810;

Considérant qu'aux termes de l'article 1er des statuts susvisés « l'institut des Frères des écoles chrétiennes est une société dans laquelle on fait profession de tenir les écoles gratuitement »; que cette condition

que dirige cette congrégation à Paris-Passy, rue Raynouard, n° 68; l'avis du 19 juin 1884 déclare que « la congrégation, en créant et en entretenant des pensionnats dans lesquels une rétribution scolaire est payée par les élèves, se place en dehors de ses statuts et qu'elle ne peut, en conséquence, invoquer le bénéfice de sa personnalité civile ».

L'avis du 19 juin 1884 a la valeur d'une décision de principe; la doctrine qu'il consacre doit être généralisée et elle fait obstacle non seulement à ce que la congrégation des

---

est renouvelée dans l'article 1er du chapitre des statuts intitulé « de la manière dont les frères doivent se comporter dans les écoles » lequel dispose : « les frères tiendront partout les écoles gratuitement et *cela est essentiel à leur Institut* »; — Considérant que, dans le pensionnat tenu à Paris-Passy, rue Raynouard, n° 68, les élèves payent une pension annuelle de mille francs, qui permet à l'institut de réaliser, d'après le budget de cet établissement, des bénéfices annuels dépassant cent mille francs ; que, dans ces circonstances, il n'y a pas lieu d'adopter un projet de décret qui aurait pour but d'agrandir un établissement scolaire dirigé par cet institut, contrairement aux statuts qui le régissent;

Est d'avis : — Qu'il n'y a pas lieu d'adopter le projet de décret présenté. (M. Jules Valabrègue, rapporteur.)

Avis C. d'Ét. 19 juin 1884, portant qu'il y a lieu de maintenir la décision prise par le Conseil d'État dans sa séance du 5 juillet 1883 sur un projet de décret tendant à autoriser le supérieur général des Frères des écoles chrétiennes à acquérir un immeuble en vue d'agrandir le pensionnat qu'ils dirigent à Paris-Passy (n° 47,547). — Le Conseil d'Etat, qui, sur le renvoi ordonné par M. le ministre de l'Instruction publique et des Beaux-Arts a pris de nouveau connaissance du dossier relatif à une acquisition immobilière que l'institut des Frères des écoles chrétiennes demande l'autorisation de faire pour l'agrandissement du pensionnat que dirigent, rue Raynouard, n° 68, à Paris-Passy, des membres de cette congrégation; — Vu la loi du 18 août 1792; — Vu le rapport du conseiller d'État, chargé de toutes les affaires concernant les cultes, adressé le 10 frimaire an XII au premier consul et approuvé par lui;— Vu le décret du 17 mars 1808, article 109; — Vu les statuts, visés le 10 août 1810 par le grand-maître de l'Université en exécution du décret du 17 mars 1808; — Vu l'avis du Conseil d'État du 5 juillet 1883; — Vu les observations et mémoires présentés au nom de l'Institut des Frères des écoles chrétiennes; — Vu toutes les autres pièces du dossier;

Considérant que si, avant la loi du 18 août 1792 qui a supprimé leur congrégation, les Frères des écoles chrétiennes ont été autorisés par des lettres patentes enregistrées à recevoir des pensionnaires payants dans quelques-uns de leurs établissements, ce droit ne leur a été reconnu par aucun des actes qui leur ont conféré à nouveau la personnalité civile et qui seuls régissent actuellement la congrégation; — que, dans le rapport précité du 10 frimaire an XII, le conseiller d'État, chargé de toutes les affaires concernant les cultes, en proposant d'autoriser les Frères à s'établir à Lyon faisait valoir que « leur enseignement est

Frères des écoles chrétiennes passe des contrats à titre onéreux, mais encore à ce qu'elle soit gratifiée de libéralités dans l'intérêt d'établissements scolaires où les élèves ne sont pas reçus gratuitement (V. *supra*, n° 212 avis du Conseil d'État du 18 décembre 1884, legs Faye; cf. note du Conseil d'État du 17 juillet 1884, legs Cécile, et note de la section de l'Intérieur du 25 janvier 1888, legs Loslier) (1).

En revanche, le Conseil d'État a estimé que l'institut des Frères des écoles chrétiennes peut, d'après ses statuts, fonder et entretenir des orphelinats et que, par suite, il est apte à recevoir des libéralités destinées à des établissements de cette espèce (V. *supra*, n° 212 le projet de décret adopté par le Conseil d'État le 19 juin 1884, legs Fosseret).

---

gratuit »; — que l'engagement de donner gratuitement l'instruction se trouve formellement exprimé dans les statuts visés par le grand-maître de l'Université, le 10 août 1810, en exécution de l'article 109 du décret du 17 mars 1808; — qu'on lit, en effet, dans ces statuts que « la congrégation est une société dans laquelle on fait profession de tenir les écoles *gratuitement* » (art. 1er), que « les Frères doivent tenir partout les écoles *gratuitement* » et que « cela est essentiel à leur institut » (art. 1er, 2e section), « qu'ils ne peuvent recevoir, pour quelque cause que ce soit, ni présents, ni récompenses des parents ou des élèves »; — Considérant que la gratuité, telle qu'elle est stipulée par les statuts, ne peut s'entendre que de la suppression absolue de toute rétribution scolaire; — Considérant que la congrégation, en créant et en entretenant des pensionnats dans lesquels une rétribution scolaire est payée par les élèves, se place en dehors de ses statuts et qu'elle ne peut, en conséquence, invoquer le bénéfice de sa personnalité civile au profit de ces établissements; — que c'est par application de ces principes que l'autorisation d'acquérir un immeuble, destiné à l'agrandissement du pensionnat dirigé, à Paris-Passy, par les Frères des écoles chrétiennes, a été refusée au supérieur général de cet institut;

Est d'avis : — Qu'il y a lieu de persister dans la décision adoptée par le Conseil d'État le 5 juillet 1883. (M. Jules Valabrègue, rapporteur.)

(1) Note du C. d'Et. 17 juillet 1884 (n° 51,599). — Le Conseil d'Etat qui a pris connaissance d'un projet de décret tendant à autoriser divers établissements des départements de la Seine et de l'Yonne à accepter les libéralités qui leur ont été faites par la demoiselle Cécile, a substitué à l'article 2 un article portant que le supérieur général des Frères des écoles chrétiennes n'est pas autorisé à accepter le legs fait à leur établissement d'Auxerre. Cet établissement étant un *pensionnat payant*, ne saurait, conformément à la jurisprudence adoptée par le Conseil d'État, bénéficier de la personnalité civile qui a été reconnue à l'Institut. (M. Bonthoux, rapporteur.)

Note de la sect. de l'Int. 25 janvier 1888 (n° 68,427). — La section de l'Intérieur, de l'Instruction publique, des Cultes et des Beaux-Arts du Conseil d'État qui a pris connaissance d'un projet de décret tendant à

4° État, départements, communes et colonies.

259. Le principe de la spécialité est-il opposable à l'État, aux départements, aux communes et aux colonies comme il l'est aux établissements publics ou d'utilité publique, aux syndicats professionnels, aux associations syndicales, aux congrégations et communautés religieuses? Nous ne le pensons pas; la faculté de recevoir qui appartient à l'Etat, aux départements, aux communes et aux colonies n'est pas absolue comme celle des personnes physiques, mais elle n'est pas subordonnée à une destination spéciale comme celle des établissements publics ou d'utilité publique, des syndicats professionnels, des associations syndicales et des congrégations ou communautés religieuses.

Si en vertu du principe de la spécialité la capacité des établissements publics ou d'utilité publique, des associations syndicales, des syndicats professionnels, des congrégations ou communautés religieuses est exactement mesurée sur les attributions qui leur ont été formellement conférées par les lois et règlements ou par leurs statuts, celle de l'État, des départements, des communes et des colonies ne se trouve pas emprisonnée dans les formules plus ou moins étroites de textes législatifs ou réglementaires: loin de n'exister qu'en vue d'attributions préalablement et limitativement déterminées, elle est générale et elle ne cesse que là où elle se heurte à un texte précis qui a expressément ou implicitement dépouillé l'Etat, les départements, les communes ou les colonies de

---

autoriser divers établissements à accepter les legs qui leur ont été faits par le sieur Loslier, n'a pas cru, en ce qui concerne la libéralité faite à l'institut des Frères des écoles chrétiennes, devoir adopter le projet de décret. Le testateur a, en effet, mis à sa libéralité la condition que les frères fonderaient dans la commune des Sept-Frères un *pensionnat interne et externe dont les prix seraient aussi modiques que possible.* Or, la congrégation des Frères étant tenue par ses statuts de donner gratuitement l'enseignement ne saurait réaliser la condition imposée. La section a donc substitué à l'article 1er un article portant que le supérieur général de l'institut n'est pas autorisé à accepter le legs fait à cet établissement. (M. Bonthoux, rapporteur.)

telle ou telle attribution nommément désignée. Au principe de la spécialité nous opposerions volontiers le principe de la non-spécialité.

Notre thèse est facile à justifier. Si les associations syndicales, les syndicats professionnels, les congrégations ou communautés religieuses, les établissements publics ou d'utilité publique ne sont investis de la capacité de recevoir que dans les limites des attributions qui leur sont formellement reconnues par les lois et règlements ou par leurs statuts, c'est parce qu'ils ont été créés aux dépens de ces grandes personnes morales que l'on nomme l'Etat, les départements, les communes et les colonies. L'Etat, les départements, les communes et les colonies sont des foyers de vie juridique ; de temps en temps, une étincelle y est dérobée pour animer un être abstrait qui deviendra une personne civile sous le nom d'établissement public, d'établissement d'utilité publique, d'association syndicale, de syndicat professionnel, de congrégation ou communauté religieuse. En d'autres termes, les établissements publics ou d'utilité publique, les associations syndicales, les syndicats professionnels, les congrégations ou communautés religieuses sont issus de l'Etat, des départements, des communes ou des colonies et ils forment comme des démembrements de ces personnes morales, dont ils sont destinés à alléger la tâche. Or au moment où, tout en leur accordant le bienfait de la vie civile, on les a appelés à seconder et, au besoin, à suppléer l'État, les départements, les communes ou les colonies, il a fallu, sous peine de tomber dans le chaos et la confusion, préciser avec rigueur dans quelle mesure ils suppléeraient ou seconderaient ces personnes morales et déterminer d'une façon limitative leurs attributions dans leurs lois, ordonnances, décrets ou statuts organiques. C'est en vue d'une mission soigneusement définie qu'ils ont reçu la personnalité civile.

Quant à l'État, aux départements, aux communes et aux colonies, ils ont avec la personnalité civile toutes les attributions qui ne leur ont pas été enlevées pour être conférées aux personnes morales tirées de leur sein; ils ont la plénitude de la représentation des intérêts collectifs de leurs ressortissants. Tout intérêt collectif, dont la gestion ne leur a pas été expressément ou tacitement ôtée par la loi, s'incarne dans leur personnalité.

Envisageons, par exemple, les communes. Ce serait une erreur que de croire qu'elles ne sont chargées que des intérêts dont l'administration a été remise entre leurs mains par une disposition formelle de la loi ; elles ont pour mission de donner satisfaction à tous les besoins collectifs qui viennent à se manifester dans les bornes de leurs circonscriptions respectives. L'article 61 de la loi du 5 avril 1884 dispose que le « conseil municipal règle par ses délibérations les affaires de la commune », mais il ne dit pas quelles sont ces affaires, parce qu'elles sont pour ainsi dire en nombre illimité. Les articles 68 et 70 de la même loi énumèrent un certain nombre d'affaires qui sont de la compétence des conseils municipaux, mais c'est simplement pour préciser le degré d'autorité qui s'attache aux votes émis par les assemblées communales au sujet de ces affaires et non pour fixer le nombre des « affaires de la commune » ; ces articles ne contredisent aucunement l'article 61 qui ouvre un champ indéfini à l'activité des communes. De même, l'article 136 énumère les dépenses obligatoires des communes ; mais l'on ne saurait soutenir que les services auxquels il fait allusion sont les seuls qui rentrent dans les attributions des communes; d'autres services peuvent être organisés, sauf aux dépenses qui les concernent à n'être que facultatives.

La loi du 10 août 1871 n'est pas moins favorable que celle du 5 avril 1884 à la thèse que nous soutenons ; elle laisse voir très nettement que le département personnifie tous les intérêts collectifs de ses ressortissants. L'article 46 énumère, il est vrai, d'une manière limitative les affaires sur lesquelles le conseil général statue définitivement ; mais l'article 48, qui a trait aux affaires sur lesquelles le conseil général émet des délibérations dont le gouvernement peut suspendre l'exécution, se termine par ces mots « et généralement tous les objets d'intérêt départemental dont il est saisi soit par une proposition du préfet, soit sur l'initiative d'un de ses membres ».

Les attributions de l'État, des départements, des communes et des colonies ne comportent que les restrictions suivantes qui découlent de nos explications précédentes.

D'abord ces personnes morales ne sont préposées qu'à la gestion d'intérêts collectifs; elles ne sauraient s'immiscer dans celle des intérêts individuels.

D'autre part, elles ne peuvent pourvoir qu'aux besoins qui sont propres à leurs circonscriptions respectives. L'État, qui a charge des intérêts généraux de la nation, méconnaîtrait son rôle en confinant son action dans l'intérieur d'un département ou d'une commune. Le département ne peut étendre son influence à l'ensemble du pays, ni la circonscrire dans les frontières d'une commune. Quant à la commune, elle ne doit pas sortir de chez elle et toute action qui dépasse son territoire lui est interdite.

Enfin l'État, les départements, les communes et les colonies ne sauraient gérer les intérêts dont on leur a retiré le soin pour l'attribuer à des personnes morales extraites de leur sein.

De ces explications il ressort que si les attributions de l'État, des départements, des communes et des colonies ne sont pas sans bornes, elles ne sont cependant pas dominées par le principe de la spécialité. « L'État, le département et la commune, dit M. Planiol, professeur adjoint à la faculté de droit de Paris (1), forment trois groupes superposés qui ne diffèrent entre eux que par leur étendue géographique et la subordination nécessaire des deux derniers au premier. Tous trois se ressemblent par la généralité de leurs attributions; ils centralisent tous les intérêts du groupe auquel ils correspondent. Le gouvernement de l'État se charge nécessairement de tous les services qui concernent les intérêts généraux de la nation; l'administration du département répond à certains besoins régionaux; à la commune enfin incombe la charge des intérêts purement locaux. Il résulte de là que les autorités publiques qui administrent ces différentes circonscriptions ont reçu nécessairement une mission générale. Leurs pouvoirs doivent suffire à donner satisfaction à tous les besoins et à tous les intérêts. La règle de la spécialité ne saurait donc les concerner ». Elle ne concerne pas davantage la colonie.

---

(1) Dalloz, 1895.1.217, note 1.

Si au point de vue de leurs fonctions l'État, le département, la commune et la colonie échappent à l'empire de la règle de la spécialité, nous pouvons dire que leur capacité de recevoir qui va de pair avec leurs attributions légales n'est pas non plus sujette à l'application de ce principe.

260. La thèse que nous venons de développer a été repoussée par le Conseil d'État, au moins en ce qui concerne les communes auxquelles il a récemment appliqué la règle de la spécialité.

La question s'est posée de savoir s'il peut être fait des dons ou des legs aux communes pour les pauvres. La négative a été soutenue, sous prétexte que la bienfaisance n'a pas été rangée au nombre des attributions des communes, et l'on a proposé de faire accepter les libéralités adressées aux communes dans l'intérêt des pauvres par les représentants légaux de ces derniers; mais jusqu'en 1891 l'affirmative a été constamment admise par le Conseil d'État qui estimait qu'il n'y avait pas lieu de substituer les représentants légaux des pauvres aux communes dans l'acceptation des libéralités charitables dont elles étaient gratifiées.

C'est ainsi que le sieur Desgenetais ayant fait deux legs, l'un à la ville de Fécamp, à charge de fonder un orphelinat de jeunes garçons, et l'autre à la commune d'Ouainville en vue de la création d'une caisse de secours en faveur des indigents, le Conseil d'État a décidé, aux termes d'une note du 28 juin 1882, que ces legs devaient être acceptés au nom des communes et non pas au nom des pauvres (1).

A la vérité, lorsqu'un don ou un legs était fait pour les pauvres à une commune pourvue d'un bureau de bienfaisance, il paraissait opportun au Conseil d'État, tout en autorisant la commune à l'accepter, de lui imposer l'obligation de verser

---

(1) Note du C. d'Et. 28 juin 1882 (n° 40,561). Le Conseil d'Etat tout en adoptant le projet de décret relatif aux libéralités faites par le sieur Desgenetais à divers établissements de la Seine-Inférieure, a pensé qu'il y avait lieu de supprimer dans les articles 1 et 3 les mots *au nom des pauvres;* les libéralités ayant été faites au nom des communes de Fécamp et d'Ouainville et non aux pauvres de ces communes, il a modifié le 2e paragraphe de l'article 3 pour le mettre en harmonie avec les dispositions testamentaires. (M. Valabrègue, rapporteur.)

annuellement les revenus du don ou du legs entre les mains du bureau de bienfaisance pour que cet établissement procédât à la distribution des secours (V. notamment Note de la sect. de l'Int. 1er mars 1890, legs Boyet) (1). Mais l'intervention du bureau de bienfaisance, qui n'impliquait nullement que la commune n'eût pas la vocation charitable, n'était pas considérée comme légalement indispensable et elle n'avait pas lieu dans le cas où elle aurait été contraire aux intentions de l'auteur de la libéralité. Si le donateur ou le testateur avait voulu exclure le bureau de bienfaisance de la distribution des secours, elle était faite par la commune elle-même (V. notamment avis de la sect. de l'Int. 14 mars 1881, legs Vallée) (2).

---

(1) Note de la sect. de l'Intérieur 1er mars 1890 (nº 80,929). — La section de l'Intérieur, de l'Instruction publique, des Cultes et des Beaux-Arts, du Conseil d'Etat qui a pris connaissance du projet de décret tendant à autoriser l'acceptation des libéralités faites à divers établissements par la demoiselle Boyet a constaté que les *legs charitables* contenus dans le testament de ladite demoiselle étaient faits dans des termes identiques et s'adressaient chacun aux *communes* de Durette et de Regnié. Elle estime, dès lors, qu'il convient d'employer la même formule d'autorisation pour chaque libéralité et de faire intervenir, conformément à la jurisprudence, le maire, *au nom de la commune*, à charge de verser chaque année les produits du legs dans la caisse du bureau de bienfaisance. L'intervention du bureau de bienfaisance créé par le projet de décret dans la commune de Durette ne se justifierait que si la libéralité avait été uniquement faite aux pauvres dont le bureau de bienfaisance serait le représentant : or, dans l'espèce, la demoiselle Boyet a institué comme légataire la commune ; c'est donc elle seule qui, par l'intermédiaire de son maire en exercice, a qualité pour accepter le legs dont s'agit, à charge par elle, comme en ce qui concerne la commune de Regnié, de verser les arrérages du legs dans la caisse du nouveau bureau de bienfaisance. La section a en conséquence cru devoir modifier dans ce sens la rédaction de l'article 2 du projet de décret ci-joint. (M. de Moüy, rapporteur.)

(2) Avis de la sect. de l'Int. 14 mars 1881 (nº 34,519). — La section de l'Intérieur, de l'Instruction publique, des Cultes et des Beaux-Arts qui sur le renvoi ordonné par M. le ministre de l'Intérieur et des Cultes a pris connaissance d'un projet de décret autorisant les maires des communes de Barrou, du Grand-Pressigny, du Petit-Pressigny, de la Guerche, de la Celle-Guénaud, du Paulmy et de Méré à accepter au nom desdites communes le montant des legs faits à chacune d'elles par le sieur Vallée et consistant : 1º en une somme à convertir en rentes sur l'Etat pour le produit en être distribué aux pauvres malades par une commission composée du maire, président, du curé, d'un membre du conseil municipal délégué par ses collègues et d'un des plus imposés de la commune y résidant; 2º une autre somme de 300 francs à charge de faire célébrer un service dans le mois de son décès et de distribuer

Un brusque revirement s'est produit dans la jurisprudence du Conseil d'État, à la date du 22 janvier 1891. Le sieur Carel ayant fait pour les pauvres des legs à plusieurs communes, qui n'avaient pas de bureau de bienfaisance, le Conseil d'État a décidé, au rapport de notre distingué collègue, M. Jean Dejamme, que les maires des communes désignées par le testateur devaient accepter ces libéralités, non comme représentants desdites communes, mais comme représentants des pauvres (1).

---

le surplus aux pauvres ; — Vu les dispositions des articles 1, 3, 5, 7, 9, 11 et 13 aux termes desquels les arrérages des rentes provenant des legs Vallée seront versés dans la caisse du bureau de bienfaisance pour être employés par ces établissements, conformément aux intentions du testateur ; — Vu les pièces du dossiers ;

En ce qui concerne les 300 francs légués à chaque commune : Considérant qu'il ne s'agit pas là d'une fondation, mais d'une simple charge d'hérédité ;

Est d'avis qu'il y a lieu de supprimer les articles 2, 4, 6, 8, 10, 12 et 14 ;

En ce qui concerne les sommes léguées à charge de les placer en rentes sur l'État et d'en faire distribuer les arrérages par une commission composée d'éléments déterminés; — Considérant que ce sont les communes elles-mêmes que le testateur a instituées pour légataires; qu'une pareille institution est parfaitement légitime, les communes ayant pleine capacité pour recevoir en faveur des pauvres;

Est d'avis, conformément aux dispositions du décret soumis à son examen, qu'il y a lieu de faire accepter par les maires les libéralités faites aux communes dont s'agit ;

Mais en ce qui concerne la distribution des arrérages : — Considérant qu'on ne saurait admettre qu'un testateur après avoir institué une commune pour légataire puisse confier à des tiers le soin d'administrer et de gérer la chose léguée ; que l'intervention de comités semblables à ceux du sieur Vallée est donc en contradiction manifeste avec les principes qui régissent notre organisation communale ;

Qu'on ne saurait davantage faire intervenir les bureaux de bienfaisance non institués ;

Est d'avis qu'il y a lieu de modifier les articles 1, 3, 5, 7, 9, 11 et 13 en supprimant les dispositions relatives à l'intervention des bureaux de bienfaisance et en introduisant après les mots : aux clauses et conditions énoncées, la mention : mais en tant qu'elles ne sont pas contraires aux lois. (M. Cotelle, rapporteur.)

(1) Note du C. d'Et. 22 janvier 1891 (n° 84,580). — Le Conseil d'Etat, tout en adoptant en principe le projet de décret relatif aux legs faits par le sieur Carel à divers établissements (Calvados et Orne), a cru devoir modifier la rédaction des articles 2 et 4 en faisant intervenir les maires au lieu des conseils municipaux. La représentation par le maire est, en effet, la formule employée par l'ordonnance du 2 avril 1817, quand il s'agit des dons et legs faits pour le soulagement et l'instruction des pauvres de la commune. (M. Dejamme, rapporteur.)

Ce changement de jurisprudence a été confirmé et ses conséquences ont été précisées par de nombreuses notes dont nous indiquerons les principales.

Il a été spécifié que, quand une libéralité est adressée à une commune dans l'intérêt des indigents, leur représentant légal doit l'accepter seul et que sous aucun prétexte l'on ne saurait permettre à la commune de concourir à l'acceptation du don ou du legs avec le mandataire officiel des pauvres (Note du C. d'Ét. 30 juillet 1891) (1).

Du moment que la commune est exclue de l'acceptation des libéralités charitables qui lui sont faites, le conseil municipal n'a pas à délibérer dans les termes des articles 61, 111 et 112 de la loi du 5 avril 1884; il émet un simple avis conformément à l'article 70 de la même loi (Note de la sect. de l'Int. 12 février 1891, legs Barraud) (2).

L'acceptation des dons et legs adressés aux communes pour les pauvres a été confiée sous l'empire de la nouvelle jurisprudence aux bureaux de bienfaisance et, à défaut d'établissements de cette nature, aux maires qui, avant la loi du 15 juillet 1893, ont été appelés à y procéder sous l'autorité de

---

(1) Note du C. d'Et. 30 juillet 1891 (n° 87,982). — Le Conseil d'État, tout en adoptant le projet de décret tendant à autoriser l'acceptation des libéralités faites à divers établissements par la demoiselle Berthomieu a cru devoir apporter une modification dans la rédaction de l'article 1er et substituer, conformément à la jurisprudence, à la formule d'acceptation par le maire au nom de la commune et des pauvres celle qui limite l'intervention du maire au nom des pauvres qui sont les véritables bénéficiaires du legs fait par la demoiselle Berthomieu. (M. de Moüy, rapporteur.)

(2) Note de la sect. de l'Int. 12 février 1891 (n° 86,072). — La section de l'Intérieur, de l'Instruction publique, des Cultes et des Beaux-Arts du Conseil d'État, tout en adoptant le projet de décret relatif aux legs faits par la dame veuve Barraud, a cru devoir, d'une part, substituer le mot « avis » au mot » délibération » dans les visas et, d'autre part, ajouter dans le dispositif de l'article 1er que le maire de Locouville était autorisé « au nom des pauvres », afin de se conformer à la jurisprudence du Conseil d'État, suivant laquelle le maire est le représentant légal des pauvres et le conseil municipal est appelé à émettre un simple avis (art. 70, loi du 5 avril 1884) sur les libéralités qui leur sont faites sans qu'il y ait à distinguer entre le cas où le legs est fait directement *aux pauvres* et celui où il est fait *à la commune pour les pauvres*. (M. Bienvenu Martin, rapporteur.)

l'administration supérieure, conformément à l'article 92 de la loi du 5 avril 1884 (1).

Il appartenait également aux maires, en l'absence de bureaux de bienfaisance, et non aux conseils municipaux, antérieurement à la loi du 15 juillet 1893, d'allouer, s'il y avait lieu, des secours aux héritiers des testateurs ou de conclure des transactions avec eux; c'est ce qui ressort d'une note émise par la section de l'Intérieur, le 11 mars 1891, au rapport de M. Hébrard de Villeneuve (2).

---

(1) Note de la sect. de l'Int. 19 juillet 1892 (n° 92,807). — La section de l'Intérieur, des Cultes, de l'Instruction publique et des Beaux-Arts du Conseil d'Etat, tout en adoptant le projet de décret tendant à autoriser l'acceptation des libéralités faites par la demoiselle Vallée à la commune de Neuville-aux-Bois (Loiret), a cru devoir conformément à la jurisprudence du Conseil d'Etat, substituer à la formule « le maire, au nom de la commune », celle qui fait intervenir le maire au nom des pauvres, attendu que dans l'espèce, bien que la commune ait été nominativement instituée, ce sont les pauvres seuls qui doivent bénéficier des dispositions testamentaires de la demoiselle Vallée. (M. de Moüy, rapporteur.)

(2) Note de la sect. de l'Int. 11 mars 1891 (n° 86,067). — La section de l'Intérieur, de l'Instruction publique, des Cultes et des Beaux-Arts du Conseil d'État, tout en adoptant le projet de décret tendant à autoriser notamment l'acceptation des legs faits par le sieur Lafitte en faveur des pauvres de la commune d'Audignon (Landes), a cru devoir remanier la rédaction du décret de façon à la mettre en harmonie avec la jurisprudence récemment adoptée par le Conseil d'État.

Le legs fait à la commune pour les pauvres doit, en vertu de cette jurisprudence, être accepté par le maire comme représentant légal des pauvres et non comme représentant de la commune : il en résulte que c'est au maire et non au conseil municipal qu'il appartient sous le contrôle de l'autorité supérieure de consentir des allocations au profit des parents du testateur dont la situation paraît digne d'intérêt. La rédaction de l'article 3 a été modifiée en ce sens.

D'autre part, la section a pensé qu'il n'y avait pas lieu de conserver dans l'article 2 la formule usitée jusqu'ici et qui consiste à faire accepter conjointement par le maire et le bureau de bienfaisance les legs faits en faveur des pauvres d'une commune où il n'y a pas encore un établissement de cette nature. — L'ordre logique des idées lui a paru être : en premier lieu, d'autoriser l'acceptation du legs par le maire représentant légal des pauvres dont la personnalité civile existe indépendamment de l'organisation d'un établissement spécial destiné à les secourir; d'autoriser ensuite la création d'un bureau de bienfaisance en stipulant que la dotation se composera du produit du legs autorisé par l'article 1er et en prescrivant que les sommes à provenir de cette libéralité seront placées en rentes sur l'État au nom du bureau de bienfaisance.

La section, a en conséquence modifié la forme du projet de décret et elle estime qu'il y aura lieu de rédiger dorénavant les décrets semblables dans le sens des observations qui précédent. (M. de Villeneuve, rapporteur.)

De la même note il résulte que, si les dons et legs faits pour les pauvres à une commune où il n'existait pas de bureau de bienfaisance, devaient, avant la loi du 15 juillet 1893, être acceptés par le maire au nom de ces derniers, il ne conservait pas nécessairement les biens donnés ou légués par devers lui. Si les revenus desdits biens atteignaient cinquante francs, un bureau de bienfaisance était créé et l'on faisait rentrer dans sa dotation les biens donnés ou légués qu'il lui incombait d'employer à secourir les pauvres.

Depuis la loi du 15 juillet 1893, en l'absence de bureaux de bienfaisance, les maires ne sont plus qu'exceptionnellement les mandataires légaux des pauvres, et ce sont en général les bureaux d'assistance médicale qui sont chargés par la jurisprudence du Conseil d'État tant de l'acceptation des dons et legs charitables adressés aux communes que du soin de transiger, le cas échéant, avec les héritiers des auteurs de ces libéralités ou de leur allouer des secours.

Si l'on recherche les motifs sur lesquels s'appuie la jurisprudence inaugurée par la note du 22 janvier 1891, l'on constate qu'ils ne sont pas expressément indiqués dans les notes que nous avons rapportées : ils n'en sont pas moins faciles à deviner.

Le Conseil d'État a remarqué que les communes n'avaient été formellement investies de la vocation charitable ni par la loi du 5 avril 1884 ni par aucune autre loi; dès lors, d'après lui, elles ne peuvent recevoir des libéralités destinées au soulagement des pauvres. Ainsi le veut, aux yeux de la haute assemblée, le principe de la spécialité.

Cette jurisprudence ne nous paraît pas susceptible d'être approuvée; nous croyons avoir démontré plus haut que le principe de la spécialité ne s'applique pas aux communes.

Nous ne faisons aucune difficulté de reconnaître que la loi du 5 avril 1884 n'appelle pas d'une manière expresse la commune à l'exercice de la charité, mais la commune a la plénitude de la représentation des intérêts collectifs des individus qui la composent; il rentre donc dans sa mission de s'inquiéter du sort de ceux de ses habitants qui sont dans la misère et de les assister. La commune ne serait sans qualité pour venir en aide à ses membres malheureux que si le domaine de la charité lui avait été formellement interdit; or nous ne connaissons aucun texte qui le lui ait rendu inaccessible.

La note du Conseil d'État du 22 janvier 1891 a, il est vrai, insinué que, par cela même que la faculté de recevoir des dons et legs pour le soulagement et l'instruction des pauvres a été attribuée par l'ordonnance du 2 avril 1817 aux maires, elle a été enlevée aux communes. Mais la haute assemblée nous paraît s'être méprise sur la portée de l'article 3 de l'ordonnance du 2 avril 1817; cet article a uniquement prévu le cas où un don ou un legs serait fait directement aux pauvres d'une commune et il n'a jamais été dans la pensée des auteurs de l'ordonnance du 2 avril 1817, à supposer qu'ils aient eu le droit de le faire, d'appeler le maire à accepter au nom des pauvres non seulement les dons et legs qui s'adresseraient aux indigents eux-mêmes, mais encore ceux qui seraient faits à la commune pour les indigents.

Au surplus, la vocation charitable a été reconnue aux communes, sinon en termes exprès, au moins d'une manière implicite, par la loi du 25 juillet 1893 qui a fait allusion à l'existence d'« établissements de bienfaisance et d'assistance publique fondés et entretenus par les communes » (L. 19 juillet 1889, modifiée par celle du 25 juillet 1893, art. 37) (1), c'est-à-dire — les travaux préparatoires de la loi du 25 juillet 1893 en font foi — d'établissements charitables qui n'ont pas de personnalité propre et qui vivent de la vie des communes avec lesquelles ils s'identifient.

Nous estimons donc qu'une commune peut être autorisée à accepter un don ou un legs qui lui est adressé pour les pauvres,

(1) L. 25 juillet 1893. — Article 1er. Les articles 6, 11, 12, 13, 15, 18, 23, 24, 25, 29, 31, 32, 33, 34, 35, 36, 37... de la loi du 19 juillet 1889 sont modifiés ou remplacés ainsi qu'il suit... — Article 37. Les instituteurs et institutrices exerçant dans les écoles primaires annexées aux établissements de bienfaisance et d'assistance publique fondés et entretenus par l'État, les départements ou les communes, pourvu qu'ils remplissent les conditions de capacité déterminées par les lois scolaires, sont mis au nombre des instituteurs et institutrices publics. Un règlement d'administration publique déterminera les conditions dans lesquelles ces écoles seront créées, ainsi que les droits et avantages dont jouiront le maîtres et maîtresses susvisés.

mais si elle est pourvue d'un bureau de bienfaisance, c'est à cet établissement qu'il appartiendra d'administrer les biens donnés ou légués et de les employer à soulager les pauvres; il en est ainsi, au moins, quand le don ou le legs a été fait à la commune pour les pauvres sans autre précision ou que le donateur ou le testateur l'a affecté à l'assistance à domicile. Le don ou le legs doit-il être consacré à un mode d'assistance qui rentre dans les attributions du bureau d'assistance médicale ou de la caisse des écoles, c'est au bureau d'assistance médicale ou à la caisse des écoles que seront dévolus l'administration et l'emploi des biens donnés ou légués.

Sur quoi se fonde le rôle que nous assignons aux établissements communaux de bienfaisance? Nous avons dit que la commune dans les limites de son territoire a toutes les attributions nécessaires à la satisfaction des intérêts collectifs, à l'exception de celles dont elle a été formellement dépouillée et qui ont passé entre les mains d'établissements municipaux extraits de son sein. Or le bureau de bienfaisance, le bureau d'assistance médicale et la caisse des écoles, qui sont de véritables démembrements de la commune, ont été précisément créés pour gérer les biens des pauvres et les faire servir aux modes d'assistance dont ils sont respectivement chargés; ils sont ainsi investis d'attributions qui ont cessé d'être de la compétence de la commune. Celle-ci peut bien recevoir un don ou un legs pour les pauvres, mais s'il a été fait en vue d'une forme d'assistance qui relève du bureau de bienfaisance ou l'assistance médicale ou de la caisse des écoles elle ne saurait e retenir; à peine sera-t-il entré dans le patrimoine de la commune qu'il en sortira pour entrer dans celui du bureau de bienfaisance, du bureau d'assistance médicale ou de la caisse des écoles qui administrera les biens donnés ou légués et les appliquera à l'usage prescrit par le donateur ou le testateur.

261. D'après l'article 136, n° 12, de la loi du 5 avril 1884, les communes ne sont tenues que des grosses réparations des édifices communaux consacrés aux cultes; la construction d'églises ne saurait leur être imposée, mais nous ne mettons pas en doute qu'elle ne leur soit permise. Les communes n'ont jamais le devoir, mais elles ont le pouvoir d'élever des édifices

consacrés aux cultes; en effet, rien de ce qui touche aux intérêts collectifs de leurs habitants ne leur est étranger et elles ont qualité pour pourvoir à tous les besoins d'ordre matériel ou moral de l'ensemble des individus qui les composent.

Aptes à pourvoir à la construction d'églises, les communes ont capacité pour recevoir des dons et legs qui la leur faciliteront. Elles pourraient aussi être gratifiées entre vifs ou par testament d'églises toutes construites; toutefois il résulte d'un avis de la section de l'Intérieur du 6 août 1887 que les règles d'une bonne administration s'opposent à ce qu'une commune soit autorisée à accepter un don ou un legs consistant en une église ou chapelle qui n'est pas régulièrement ouverte au culte (1).

Le même avis résout affirmativement la question de savoir si l'on peut faire aux communes des libéralités à charge de messes, mais la section de l'Intérieur a précisé sa jurisprudence en décidant que, pour qu'une commune soit admise à recevoir un don ou un legs grevé de messes, il faut qu'après

(1) Avis de la sect. de l'Int. 6 août 1887 (n° 60,342). — La section de l'Intérieur, des Cultes, de l'Instruction publique et des Beaux-Arts du Conseil d'État qui a pris connaissance du projet de décret ci-joint relatif notamment aux legs faits par la dame Vve Pichonnier à la commune de Lebiez et consistant en une chapelle dite de Saint-Hubert, le terrain qui l'entoure et une somme de 5,000 francs à la charge d'entretien de cette chapelle et de la célébration de 52 messes par an; — Vu les délibérations du conseil municipal de Lebiez en date des 26 mars 1882 et 26 décembre 1886; — Vu la loi du 5 avril 1884; — Ensemble les autres pièces du dossier;

Considérant qu'il ne serait pas d'une bonne administration d'autoriser une commune à accepter le legs d'une chapelle qui n'est pas régulièrement ouverte au culte; — Considérant que la commune n'a aucun intérêt à recevoir une libéralité de cette nature grevée d'une charge d'entretien à perpétuité dont il est difficile d'apprécier exactement l'importance; — Considérant que la testatrice a par la même disposition testamentaire laissé également à la commune une somme de 5,000 franc à la charge d'entretien de ladite chapelle et de la célébration de 52 messes par an; — Considérant que la célébration des messes demandées par la testatrice exigera annuellement une somme de 130 francs; que si le legs de la chapelle ne peut être autorisé il est nécessaire cependant d'assurer, au moins dans une certaine mesure, l'exécution des dernières volontés de la testatrice et notamment de permettre la célébration des services religieux qu'elle a demandés;

Est d'avis qu'il y a lieu d'autoriser le legs dont il s'agit mais seulement jusqu'à concurrence de la somme nécessaire pour assurer l'acquit des services religieux. (M. Mourier, rapporteur.)

acquittement de la charge imposée par le donateur ou le testateur le don ou le legs lui laisse un bénéfice plus ou moins important (V. *supra*, n° 245, Avis de la sect. de l'Int. du 20 décembre 1890, legs Pétrot; cf. *infra*, n° 270, Avis du 14 juin 1890, legs Tremolet).

Ce n'est que sous la même condition que la section de l'Intérieur se montre favorable à l'autorisation de l'acceptation de dons ou de legs faits à une commune en vue de l'entretien de tombes (Avis de la sect. de l'Int. 20 décembre 1890, legs Pétrot; v. *supra*, n° 245, Note de la sect. de l'Int. et projet de décret du 22 février 1888, legs Lebleu) (1).

Bien que nous pensions que les communes échappent à l'empire du principe de la spécialité, nous n'avons aucune objection à élever contre les solutions admises par la section de l'Intérieur en matière de dons et legs destinés à la célébration de messes ou à l'entretien de tombes et nous estimons comme elle que les communes ne peuvent recevoir des libéralités affectées à l'un de ces objets que si l'acquittement des charges qui les grèvent ne doit pas en absorber complètement l'émolument.

---

(1) Note de la sect. de l'Int. 22 février 1888 (n° 62,727). — La section de l'Intérieur, de l'Instruction publique, des Cultes et des Beaux-Arts du Conseil d'État qui a de nouveau pris connaissance d'un projet de décret relatif à divers legs faits à des établissements publics du Nord par le sieur Lebleu, a cru devoir, tout en adoptant ledit projet, le modifier ou compléter sur les points suivants : ... 2° Le projet de décret a omis de statuer sur un legs de 1,200 francs fait à la ville d'Armentières, à charge d'employer le revenu de cette somme à l'entretien du tombeau de famille du testateur. La section a complété le projet en autorisant la ville d'Armentières à accepter ledit legs conformément à la délibération du conseil municipal... (M. Bienvenu Martin, rapporteur.)

Projet de décret adopté par la section de l'Intérieur, le 22 février 1888 (même affaire). — Article 1er. Le maire d'Armentières (Nord), au nom de cette ville, est autorisé à accepter, aux clauses et conditions imposées, les legs à elle faits par le sieur Jules-Désiré-Joseph Lebleu, suivant ses testaments olographes des 8 septembre 1881 et 7 mars 1884 et consistant : 1° en livres et publications composant sa bibliothèque ; 2° en une somme de 107,500 francs, à la charge d'employer chaque année, comme il suit, les revenus, évalués à 4,300 francs par le testateur, à provenir de cette dernière libéralité... ; 3° en une somme de 1,200 francs, à charge d'employer les revenus de ladite somme à l'entretien du tombeau de la famille du testateur. — Les sommes léguées seront placées en rentes sur l'État et mention sera faite sur l'inscription de la destination des arrérages. (M. Bienvenu Martin, rapporteur.)

En effet, une commune, tout en ayant charge de tous les intérêts collectifs qui se manifestent dans sa circonscription, n'a point à connaître des intérêts individuels; or une libéralité dont tout l'émolument doit servir à entretenir la tombe du donateur ou du testateur n'a en vue qu'une utilité particulière et elle ne présente aucune utilité générale; dès lors, si elle s'adresse à une commune, elle incite celle-ci à sortir de son rôle légal.

Quant aux dons et legs qui doivent être employés tout entiers en messes, il ne serait peut-être pas exact de dire qu'ils ne visent qu'une utilité particulière, lors même que les messes demandées devraient être dites pour le salut de l'âme des testateurs ou des donateurs, mais le soin de faire célébrer des services religieux pour le compte des particuliers échappe à la compétence des communes, par cela même que le législateur l'a confié aux fabriques. Du moment que les fabriques ont été instituées par l'article 76 de la loi du 18 germinal an X et le décret du 30 décembre 1809 pour assurer l'exercice du culte, les communes n'ont pas à y pourvoir et elles sont sans qualité pour recevoir des libéralités dont le montant représente exclusivement le prix de messes.

Elles sont capables de recueillir des dons et legs grevés de services religieux ou destinés à l'entretien de tombes si l'obligation dont elles sont tenues ne doit pas absorber intégralement l'émolument qui leur est attribué. Dans cette hypothèse il s'agit de libéralités qui, tout en étant subordonnées à une condition dont l'accomplissement ne rentre pas dans les attributions des communes, sont de nature, grâce au boni sur lequel on peut compter, à contribuer dans une mesure plus ou moins large à la satisfaction des intérêts municipaux; il y a donc lieu, par égard pour ces intérêts, de décider qu'elles peuvent être acceptées par les communes, sauf à celles-ci, en ce qui concerne les dons et legs faits à charge de services religieux, à se décharger sur les fabriques de la mission de faire célébrer les services prescrits par les donateurs ou les testateurs.

§ 2. — *Droit civil.*

262. Le principe de la spécialité est-il, en même temps

qu'un précepte de droit public et administratif, une règle de droit civil? En d'autres termes, influe-t-il sur la validité des dons et legs faits aux établissements publics ou d'utilité publique, aux associations syndicales, aux syndicats professionnels, aux congrégations ou communautés religieuses aussi bien que sur l'autorisation de leur acceptation?

Dans l'exercice des pouvoirs qu'il tient de l'article 910 du Code civil le gouvernement doit tenir la main à l'observation du principe de la spécialité; il ne peut, en conséquence, que refuser d'autoriser les établissements publics et les établissements d'utilité publique, auxquels les associations syndicales, les syndicats professionnels et les congrégations ou communautés religieuses sont assimilables, à accepter des libéralités qui tendraient à les faire sortir de la limite de leurs attributions légales. Mais le principe de la spécialité relève-t-il également du domaine de l'autorité judiciaire et les tribunaux civils ont-ils à en tenir compte dans l'appréciation de la validité des libéralités adressées aux établissements publics ou d'utilité publique? Telle est la question que nous nous proposons d'examiner.

Mais, avant de l'aborder, nous tenons à faire remarquer que si le gouvernement refuse l'autorisation d'accepter un don ou legs qui a été adressé à un établissement public ou d'utilité publique en violation du principe de la spécialité, le don ou le legs est par cela même caduc et il n'y a plus matière à aucun débat judiciaire : l'on se trouve devant le néant. Pour que les tribunaux civils soient amenés à se prononcer sur le principe de la spécialité et à en tirer, s'il y a lieu, telles conséquences que de droit au point de vue de la validité des dons et legs faits aux établissements publics ou d'utilité publique, il faut que l'on se trouve dans l'une des deux hypothèses suivantes.

Si nous supposons qu'un établissement public ou d'utilité publique a été autorisé à accepter une libéralité qui, dans la pensée du gouvernement, ne portait pas atteinte au principe de la spécialité, l'autorisation ne préjuge en rien la question de validité du don ou du legs : elle ne fait donc pas obstacle à ce que les juges civils soient saisis d'une demande en nullité fondée sur ce que la libéralité est faite à un établissement incapable de la recevoir par application de la règle de la spécialité.

Il se peut encore qu'avant d'avoir obtenu l'autorisation exigée par l'article 910 du Code civil un établissement public ou d'utilité publique qui jouit du droit d'acceptation provisoire forme devant la juridiction civile une action en délivrance d'un don ou d'un legs et que le défendeur conclue au rejet de la demande, en prétendant que la libéralité est nulle comme faite à un établissement que le principe de la spécialité frappe de l'incapacité de la recueillir.

Dans la première hypothèse, voici ce qui se passera si le principe de la spécialité n'est pas une règle de droit civil; les juges civils déclareront que la question de la spécialité a été définitivement tranchée par le décret d'autorisation et qu'ils n'ont pas à l'examiner après le Gouvernement : en conséquence, ils proclameront la validité du don ou du legs, s'il n'est pas attaqué pour d'autres motifs que celui tiré du principe de la spécialité. Ce principe fait-il partie, au contraire, du droit civil en même temps que du droit public et administratif? La question de la spécialité, déjà jugée par le Gouvernement, pourra l'être de nouveau par les juges civils et ceux-ci seront libres de décider que le don ou le legs a été fait en méconnaissance de la règle de la spécialité et que, par suite, il est entaché de nullité.

Nous plaçons-nous dans la seconde hypothèse, c'est-à-dire dans celle où un établissement public ou d'utilité publique qui a la faculté d'acceptation provisoire forme une action en délivrance d'un don ou d'un legs qu'il n'a pas encore été autorisé à accepter, il est certain que, si le principe de la spécialité appartient au droit civil aussi bien qu'au droit public et administratif, le tribunal saisi de la demande sera en droit de rechercher si le don ou le legs respecte ou non le dit principe; en cas de violation de la règle de la spécialité il déboutera l'établissement donataire ou légataire de son action, après avoir proclamé la nullité du don ou legs dont le Gouvernement n'aura plus à autoriser ou à ne pas autoriser l'acceptation. Le principe de la spécialité n'est-il au contraire qu'une simple règle de droit public et administratif, qui n'intéresse en rien le droit civil, le tribunal tiendra la libéralité pour valable, quand bien même elle inciterait l'établissement donataire ou légataire à sortir du cercle de ses attributions légales, et il en ordonnera la délivrance sous réserve de l'autorisation du Gouvernement, à moins qu'il n'aime mieux surseoir à statuer jusqu'à ce que celui-ci ait accordé ou refusé à l'établissement donataire ou légataire la permission d'accepter la libéralité.

Ces quelques observations étaient nécessaires pour préciser l'intérêt qui s'attache à la question de savoir si le principe de la spécialité est non seulement un précepte de droit public et administratif, mais encore une règle de droit civil.

263. MM. Marques di Braga et Camille Lyon enseignent qu'il n'existe aucun lien entre l'aptitude administrative des établissements publics et leur personnalité civile ; les restrictions apportées à la première n'exercent aucune réaction immédiate sur la seconde. « L'aptitude administrative des établissements publics, disent-ils (1), est, en effet, un attribut essentiellement relatif et rien ne le prouve mieux que les variations de la jurisprudence sur les limites de cette aptitude et sur la détermination exacte de la mission légale des établissements publics... La personnalité civile, au contraire, est, en principe, absolue... On ne saurait donc dire que la personnalité des établissements publics n'existe que dans la mesure où elle est nécessaire ou utile au fonctionnement du service ; que, par exemple si l'on admet qu'un consistoire israélite n'a et ne peut avoir la mission de gérer des deniers scolaires, sa personnalité civile, toute relative, disparaît dès qu'il s'agit pour lui de faire acte de vie civile dans un but scolaire ; qu'en particulier, la libéralité à lui faite dans ce but est faite à une personne non existante ; qu'elle est frappée de ce chef de la caducité la plus complète. » MM. Marques di Braga et Camille Lyon poursuivent en disant que la personnalité civile ne comporte d'autres limitations que celles qui résultent pour les sociétés de secours mutuels approuvées du décret du 26 mars 1852 et pour les syndicats professionnels des articles 6 et 8 de la loi du 21 mars 1884 et ils concluent ainsi : « Sous cette réserve, elle est ou elle

(1) *Traité des obligations et de la responsabilité des comptables publics*, v° COMPTABILITÉ DE FAIT, n° 187.

n'est pas. S'il incombe à l'autorité publique de renfermer, par l'exercice de son droit de tutelle et de contrôle, l'activité de l'être moral investi de cette personnalité dans une sphère compatible avec le fonctionnement normal du service qu'il a pour mission de gérer, c'est là affaire d'administration et non d'existence juridique » (1).

Nous ne saurions adhérer à l'opinion exprimée par MM. Marques di Braga et Camille Lyon et c'est, suivant nous, une erreur de croire que la capacité administrative et la capacité civile sont indépendantes l'une de l'autre et que, si la première est relative, la seconde est absolue.

D'après MM. Marques di Braga et Camille Lyon la personnalité civile est ou elle n'est pas et sa physionomie est toujours la même; à notre avis, au contraire, la personnalité civile est sujette à varier selon les êtres juridiques auxquels elle a été concédée.

Si ses effets ont de l'ampleur chez les uns, ils sont presque nuls chez les autres.

MM. Marques di Braga et Camille Lyon ont eux-mêmes appelé l'attention sur les sociétés de secours mutuels approuvées et sur les syndicats professionnels dont la capacité civile est singulièrement limitée; il est absolument interdit aux sociétés de secours mutuels approuvées de recevoir des libéralités immobilières (V. *infra*, n° 280) et les syndicats professionnels ne sauraient acquérir à titre onéreux ou gratuit d'autres immeubles que ceux qui sont nécessaires à leurs réunions, à leurs bibliothèques et à des cours d'instruction professionnelle. (V. *supra*, n° 208).

Il est bien d'autres êtres juridiques chez lesquels la personnalité civile est loin d'atteindre son entier développement. Aux termes de l'article 1er de la loi du 30 novembre 1894, les comités des habitations à bon marché « ne peuvent posséder d'autres immeubles que celui qui est nécessaire à leurs réunions ». (V. *supra*, n° 266). L'article 3 de la loi du 24 mai 1825 sur les congrégations et communautés religieuses de femmes porte que « les établissements dûment autorisés

(1) Cf. Planiol sous Cass. Civ. 26 mai 1894 (Dalloz, 1895.1.217, note 1)

pourront ... accepter les biens meubles et immeubles qui leur auraient été donnés par actes entre vifs ou de dernière volonté *à titre particulier seulement* » (V. *infra*, n° 282). Il y a des personnes morales dont l'individualité juridique a uniquement pour effet de leur permettre d'ester en justice; telles sont les sociétés hippiques qui ont été « instituées avec le concours et l'approbation de l'autorité publique ». La Cour de cassation a déclaré par arrêt du 25 mai 1887 que les sociétés d'encouragement pour l'amélioration de la race chevaline « tiennent tant de la nature de leur objet que de l'adhésion de l'autorité publique à leur institution une individualité véritable; qu'elles peuvent donc agir ou être actionnées judiciairement en la personne des membres du comité d'administration régulièrement nommé par l'assemblée générale des associés avec mission de les diriger ou administrer ». Mais il ne saurait leur être fait aucune libéralité ; c'est ce qui résulte d'un autre arrêt de la Cour de cassation du 2 janvier 1894 (V. *supra*, n° 42). Il se rencontre des personnes morales qui, tout en étant étrangères aux droits relatifs aux biens, sont investies de quelques-unes des facultés qui constituent ce que l'on appelle le droit de la famille; nous faisons allusion aux associations de bienfaisance qui ont été régulièrement autorisées par application de la loi du 24 juillet 1889 à se vouer à la protection des enfants moralement abandonnés : les tribunaux peuvent leur conférer tout ou partie des droits de puissance paternelle.

Ces quelques exemples suffisent pour prouver qu'il faut se garder de considérer la personnalité civile comme un bloc indivisible; elle n'est pas la même chez toutes les personnes civiles; tantôt elle parvient à son maximum d'intensité et tantôt elle est, pour ainsi dire, réduite à rien. Elle ne correspond à rien de fixe; elle est ondoyante et diverse.

Si, comme nous venons de le montrer, la personnalité morale varie suivant les personnes morales, c'est qu'elles n'ont pas comme les personnes physiques une capacité naturelle; elles n'ont qu'une capacité purement artificielle qui leur est octroyée par un acte de l'autorité publique. Dispensatrice souveraine de la personnalité civile, la puissance publique la confère aux êtres abstraits dans la mesure qui lui plaît et elle y attache les attributs juridiques qui lui conviennent.

La capacité des personnes morales diffère essentiellement de celle des personnes physiques qui existe par elle-même, sauf à être limitée sur certains points ou dans certains cas par des dispositions formelles de la loi; elle n'est rien en dehors de la loi qui l'a créée : c'est la loi qui fixe son étendue. Tout droit qui n'a pas été expressément ou implicitement accordé par le législateur aux personnes morales leur fait défaut.

Mais le caractère artificiel de la capacité des personnes morales n'a pas seulement pour résultat de faire dépendre de la puissance publique le nombre des facultés juridiques dont elles sont appelées à jouir; il tend, de plus, à laisser à la discrétion de l'autorité publique le soin de déterminer les matières auxquelles les personnes morales peuvent appliquer leur activité juridique.

En effet, du moment que la capacité civile attribuée aux associations, sociétés ou institutions, dont l'autorité publique a fait des personnes morales, n'a d'autre fondement que la reconnaissance légale dont elles ont été l'objet, elle doit évidemment se mesurer sur cette reconnaissance. Or il est à noter que, lorsqu'une association, une société ou une institution vient à être légalement reconnue, elle ne l'est que pour une tâche déterminée dont l'accomplissement lui incombe; l'acte par lequel la puissance publique la reconnaît indique d'une façon plus ou moins précise les attributions qu'elle aura à exercer et le but vers lequel elle doit tendre. Si la reconnaissance légale est accordée dans des termes qui en limitent la portée, la personnalité civile dont elle est la base ne saurait être sans bornes; la personnalité civile qui n'est rien en dehors de la reconnaissance légale n'est octroyée comme celle-ci qu'en vue d'une destination spéciale.

L'on a fait à notre thèse l'objection suivante. Aux termes de l'article 902 du Code civil, a-t-on dit, « toutes personnes peuvent disposer et recevoir soit par donation entre vifs soit par testament excepté celles que la loi en déclare incapables », c'est-à-dire qu'il n'y a que la loi qui puisse édicter des incapacités; or la loi n'a pas dit que les personnes morales ne seraient capables de recevoir que dans les limites de leur mission particulière. Nous avons déjà rencontré cette objection lorsque nous avons étudié le principe de la spécialité au point de vue du droit public et administratif et nous y avons fait une réponse qu'il importe de rappeler (V. *supra*, n° 238). L'article 902 du Code civil ne concerne que les personnes physiques; il n'a nullement trait aux personnes morales. Les personnes physiques ont une capacité naturelle; aussi pour elles la capacité est-elle la règle et l'incapacité l'exception. Quant aux personnes morales, elles n'ont qu'une capacité artificielle; dès lors, en ce qui les touche, l'incapacité est la règle et la capacité l'exception; les personnes morales ne sont capables qu'en vertu d'un acte de reconnaissance légale et dans la mesure que comporte cet acte.

Les établissements publics, par exemple, jouissent de la capacité de recevoir, mais leur capacité n'est pas absolue comme l'enseignent MM. Marques di Braga et Camille Lyon; elle est en corrélation avec les fonctions strictement déterminées qu'ils sont appelés à remplir au sein de l'administration publique : elle n'existe que par rapport auxdites fonctions, dont elles ne saurait excéder les bornes.

Vainement les établissements ecclésiastiques tenteraient-ils d'échapper à l'application du principe de la spécialité en s'appuyant sur l'article 1er de la loi du 2 janvier 1817 suivant lequel ils peuvent accepter, avec l'autorisation du gouvernement, tous les biens meubles ou immeubles qui leur sont donnés par acte entre vifs ou par acte de dernière volonté. Il a été expliqué plus haut que la loi du 2 janvier 1817 a eu simplement pour but d'abroger la disposition de l'article 73 de la loi du 18 germinal an X qui ne permettait aux établissements ecclésiastiques de recevoir par donation entre vifs ou par testament que des rentes sur l'État; elle ne fournit aucune arme contre le principe de la spécialité (V. *supra*, n° 238).

Ce principe est aussi solidement fondé en droit civil qu'en droit public et administratif.

La thèse que nous venons d'exposer a été défendue brillamment par M. Th. Ducrocq. Nous avons rapporté dans notre précédent paragraphe le passage d'un opuscule dans lequel le savant professeur énonce le principe de la spécialité et en indique la signification (V. *supra*, n° 226). Dans le même opuscule M. Ducrocq proteste contre « l'erreur grave qui consisterait à ne voir dans la spécialité qu'une règle d'ordre purement administratif pouvant justifier un refus d'autorisation de la part du gouvernement en Conseil d'État et ne constituant pas une condition de validité des libéralités donnant lieu à leur annulation par l'autorité judiciaire » ; il ajoute : « cette distinction nous paraît absolument contradictoire et paradoxale. S'il est vrai que les personnes civiles n'ont l'individualité juridique que dans la mesure de leur institution suivant l'expression de mon savant collègue, M. Beudant, avec lequel nous sommes d'accord sur ces principes; s'il est vrai que la destination de chacune fixe la mesure de ses droits, comment l'autorité judiciaire, dans sa sphère, pourrait-elle refuser la sanction de la nullité, tandis que l'autorité administrative dans la sienne non par des considérations de fait dans ce cas, mais par le même motif juridique du défaut de capacité, ne peut que refuser l'autorisation d'accepter la libéralité? L'établissement gratifié dans un but étranger à la spécialité de ses attributions est incapable d'acquérir la libéralité qui lui est ainsi faite. Il y a donc nullité de la disposition pour cause d'incapacité (1) ».

264. La question de savoir si la capacité civile des établissements publics est soumise comme leur capacité administrative au principe de la spécialité a été posée à plusieurs reprises devant la Cour de cassation qui jusqu'ici ne l'a pas tranchée d'une façon bien nette; la Cour suprême s'est abstenue prudemment de tout arrêt de principe et elle n'a rendu que des décisions d'espèce qui ne laissent percer qu'insuffisamment sa pensée. Il semble qu'elle n'ait pas encore une opinion définitive sur le grave problème qui nous occupe et qu'elle hésite encore sur la solution à adopter.

Le 18 mai 1852 la chambre des requêtes a rendu un arrêt qui a eu un certain retentissement. La dame Haussmann avait légué au consistoire de l'Église réformée de Paris une somme de quatre mille francs, à charge d'entretenir une école établie rue des Billettes; conformément à l'avis de principe émis par

(1) Ducrocq, *De la personnalité en France du Saint Siège et des autres puissances étrangères*, p. 24.

le Conseil d'État le 4 mars 1841 (V. *supra*, n° 231) le consistoire et la Ville de Paris furent autorisés par ordonnance royale du 28 juillet 1845 à accepter conjointement cette libéralité, mais un débat ne tarda pas à s'élever entre la ville et le consistoire au sujet de l'immatriculation du titre de rente qu'il y avait lieu d'acquérir avec les deniers légués ; le consistoire soutenait qu'il avait la propriété exclusive de ces deniers et que par conséquent son nom devait seul figurer sur le titre de rente qu'ils serviraient à acheter. Cette prétention fut favorablement accueillie par un arrêt de la Cour d'appel de Paris du 5 mai 1851 contre lequel la Ville de Paris forma un pourvoi que la chambre des requêtes a rejeté par les motifs suivants. La chambre des requêtes commence par déclarer que la Cour d'appel était souveraine pour décider par interprétation du testament de la dame Haussmann que la somme de quatre mille francs destinée à l'école de la rue des Billettes avait été léguée au consistoire et non à la Ville de Paris et elle ajoute que l'attribution faite par l'arrêt attaqué du legs au consistoire ne pourrait être critiquée que si elle était contraire à la loi ; or elle estime que « loin qu'une disposition de ce genre soit défendue par aucun texte il résulte tant de la législation en général que de l'ordonnance du 28 juillet 1845 autorisant l'acceptation du legs de la dame Haussmann que les établissements religieux appartenant à l'un des cultes reconnus par l'État et notamment les consistoires ont capacité pour recevoir de pareilles libéralités (1) ».

Ce serait méconnaître la portée de l'arrêt du 18 mai 1852 que de dire qu'il s'est prononcé contre l'introduction du principe de la spécialité dans le domaine du droit civil. Il ne s'est pas montré hostile à la règle de la spécialité; bien au con-

---

(1) Cass. Req. 18 mai 1852. — La Cour, — Attendu que la seule question qu'eût à résoudre la Cour d'appel et qu'elle ait effectivement décidée était une question d'interprétation de volonté de la testatrice, celle de savoir à laquelle des deux parties, de la ville de Paris comme agissant au nom de l'école de la rue des Billettes ou du consistoire de l'Église réformée, la dame Haussmann avait entendu léguer la somme en question ; qu'à cet égard la décision des juges d'appel (Paris, 5 mai 1851) est souveraine; qu'elle ne pourrait encourir la censure de la Cour de cassation qu'autant que l'attribution faite par l'arrêt du legs au con-

traire, il s'est incliné devant elle; en effet, si la chambre des requêtes a admis que l'on pouvait faire aux consistoires protestants des libéralités affectées à l'entretien d'écoles ce n'est pas parce qu'elle a pensé qu'il leur était loisible de recevoir des dons et legs pour des objets étrangers à leurs attributions, mais parce qu'à ses yeux il rentrait dans leurs attributions de tenir des écoles.

L'arrêt du 18 mai 1852 ne s'est pas borné à reconnaître la faculté de recevoir des libéralités scolaires aux consistoires protestants; il a dit qu'elle appartient à tous les établissements religieux des cultes reconnus par l'État. Nous ne nous arrêterons pas à faire remarquer que la chambre des requêtes s'est servie d'une expression impropre pour désigner les établissements qu'elle avait en vue et que ce n'est pas des congrégations, communautés et associations religieuses, auxquelles la dénomination d'*établissements religieux* est applicable, qu'elle a voulu parler, mais des établissements publics des cultes reconnus, c'est-à-dire des *établissements ecclésiastiques*. Ce qu'il importe de constater c'est que les consistoires protestants étaient seuls en cause; la Chambre des requêtes est donc sortie du litige qu'elle avait à juger en proclamant l'aptitude des autres établissements ecclésiastiques à recevoir des libéralités en faveur de l'enseignement et il ne faut pas attacher trop d'importance à la solution qu'elle a donnée à une question qui n'était pas en discussion.

Quarante ans se sont passés avant que le principe de la spécialité si nettement formulé par la jurisprudence du Conse d'État n'ait donné lieu à de nouveaux débats devant la Cour de cassation.

Par un testament olographe du 31 octobre 1866 la demoiselle Garnier avait légué à l'évêque de Grenoble trois maisons

---

sistoire serait prohibée par la loi; mais attendu que, loin qu'une disposition de ce genre soit défendue par aucun texte, il résulte tant de la législation en général que de l'ordonnance royale du 28 juillet 1845 autorisant l'acceptation du legs de la dame Haussmann que les établissements religieux appartenant à l'un des cultes reconnus par l'État, et notamment les consistoires, ont capacité pour recevoir de pareilles libéralités; d'où il suit que le moyen n'est pas fondé; — Rejette. (M. Hardoin, rapporteur.)

d'école sises dans les communes de Corps, de Nivolas et de Serézin « pour continuer à y faire donner l'instruction de l'Église catholique, apostolique et romaine aux jeunes filles pauvres de chacune de ces localités par des religieuses approuvées et choisies par lui » ; elle léguait d'autre part à l'évêque, pour assurer la tenue de ces écoles, une rente annuelle et perpétuelle de huit cents francs payable par ses légataires universels et leurs successeurs, à la charge desquels elle mettait, en sus de ladite rente, les frais d'entretien des locaux.

L'évêché de Grenoble a été autorisé, en vertu d'un décret du 9 juin 1874, à accepter ces libéralités à la condition que les religieuses appelées à diriger les écoles de Corps, de Nivolas et de Serézin appartiendraient à une congrégation légalement reconnue et que l'enseignement primaire qui serait donné dans ces écoles comprendrait toutes les matières déclarées obligatoires par les lois (Cf. avis de principe du C. d'Ét. du 24 juillet 1873, *supra* n° 234).

Le sieur Joseph Faidides, l'un des héritiers de la demoiselle Garnier, ayant refusé de payer la rente et les réparations d'entretien des écoles, dont l'intégralité lui incombait d'après un acte de partage passé avec ses cohéritiers, l'évêque de Grenoble l'a assigné, à la date du 5 mars 1888, devant le tribunal civil de Bourgoin pour le faire condamner à lui verser les sommes auxquelles la mense épiscopale prétendait avoir droit en vertu des legs faits par la demoiselle Garnier ; le sieur Faidides a répondu à cette action en excipant de la nullité desdits legs et le tribunal civil de Bourgoin l'a prononcée par un jugement du 14 novembre 1888 qui a rejeté la demande de l'évêque (1).

---

(1) **Trib. civ. de Bourgoin, 14 novembre 1888.** — Le Tribunal, — En fait : — Considérant que par un testament olographe du 31 octobre 1866 Césarine Garnier a légué à l'évêque de Grenoble trois maisons d'école fondées par la dame Vve G... dans les communes de Corps, Sérézin et Nivolas, des rentes annuelles et perpétuelles attachées à chacune de ces écoles, et les sommes qui seraient nécessaires à l'entretien des locaux, le tout sous la condition expresse que le légataire continuerait à faire donner dans ces écoles par des religieuses l'instruction de l'Eglise catholique aux jeunes filles pauvres de chacune de ces localités; qu'un décret du Conseil d'État en date du 9 juin 1874 a autorisé l'évêque de

Ce jugement est fondé tout entier sur le principe de la spécialité qui s'y trouve formulé avec une grande sûreté de plume. « Il est de doctrine et de jurisprudence, déclare le tribunal, que les personnes civiles ne sont capables de recevoir que dans les limites de la mission à elles donnée par les lois qui les ont reconnues et organisées; en effet, elles n'ont d'existence légale que dans ces limites et leur reconnaître

---

Grenoble à accepter ces libéralités aux clauses et conditions énoncées, — Considérant qu'à partir du décès de la testatrice et jusqu'à l'année 1880, Faidides père, auquel incombaient ces charges, en sa qualité d'usufruitier de tous les biens délaissés par Césarine Garnier a payé les rentes et quelques sommes pour les réparations; mais que Joseph Faidides fils, légataire universel chargé par le partage du 9 novembre 1881 entre les cohéritiers Faidides de l'exécution du legs dont il s'agit en a différé ou refusé jusqu'à ce jour le payement et prétend aujourd'hui que ces libéralités doivent tomber au regard de l'évêque de Grenoble par application de l'article 900 du Code civil;

En droit : — Attendu que le décret précité, n'étant que l'exercice du droit de tutelle conféré à l'autorité administrative par l'article 910 du même Code, a nécessairement laissé aux juges ordinaires l'entière appréciation de la légalité ou de l'illégalité des clauses ou des conditions imposées par la testatrice, aussi bien que l'appréciation de toutes les questions qui se rattachent à l'existence et à la validité des dispositions testamentaires en litige; — Attendu que l'évêque de Grenoble a été gratifié non comme simple particulier, mais comme représentant une personne civile, la mense épiscopale, qu'à raison de ses fonctions il gère et administre; que c'est en cette qualité qu'il a été autorisé à accepter tant en son nom qu'en celui de ses successeurs; — Attendu qu'il est de doctrine et de jurisprudence que les personnes civiles ne sont capables de recevoir que dans les limites de la mission à elles donnée par les lois qui les ont reconnues et organisées; qu'en effet elles n'ont d'existence légale que dans ces limites et que leur reconnaître la capacité de recevoir des libéralités pour des objets étrangers à leurs attributions ce ne serait pas seulement méconnaître la raison même de leur existence, mais encore créer entre ces personnes une confusion absolue, au mépris des lois qui les ont soigneusement distinguées en donnant à chacune une destination propre et une sphère d'action spéciale; — Attendu que ni l'article 73 de la loi du 18 germinal an X, ni le décret du 6 novembre 1813 n'ont compris explicitement ou implicitement dans les attributions de l'évêché la tenue des maisons d'école, l'instruction à donner aux jeunes filles pauvres; qu'un tel objet est absolument étranger à la mission légale de l'évêché et que dès lors la condition apposée par la testatrice à ses libéralités est une condition illicite; — Attendu qu'il s'agit de rechercher si cette condition illicite n'a été que l'expression d'une volonté accessoire modificative de la volonté principale de la testatrice, de son intention libérale, une simple modalité du legs ou si au contraire elle a été le but principal, le motif déterminant et impulsif de la disposition testamentaire; que dans le premier cas elle doit être

la capacité de recevoir des libéralités pour des objets étrangers à leurs attributions ce ne serait pas seulement méconnaître la raison même de leur existence, mais encore créer entre ces personnes une confusion absolue, au mépris des lois qui les ont soigneusement distinguées en donnant à chacune une destination propre et une sphère d'action spéciale. » Rarement la langue juridique a été maniée avec autant de précision et

---

réputée simplement non écrite et que dans le second elle doit entraîner la nullité de la disposition elle-même dont elle constitue en quelque sorte la substance; — Attendu que la volonté d'un testateur doit s'induire à la fois des termes employés et des circonstances dans lesquelles le testament a été fait; que les termes employés par Césarine Garnier révèlent chez la testatrice la volonté bien arrêtée d'assurer l'existence de trois maisons fondées par sa tante et la continuation de l'instruction religieuse qui y était donnée; qu'ils indiquent nettement une intention libérale à l'égard des jeunes filles pauvres des trois communes désignées beaucoup plus qu'une intention libérale à l'égard de l'évêché par l'intermédiaire duquel les libéralités devaient seulement passer pour arriver aux véritables bénéficiaires; que si l'on considère les sentiments religieux de Césarine Garnier et son profond respect des volontés des membres de sa famille qui lui auraient transmis leur fortune, il paraît évident que la testatrice a eu pour but principal en donnant à l'évêque de Grenoble de maintenir ces écoles créées par sa famille et d'assurer aux jeunes filles une instruction conforme aux sentiments et aux convictions qui avaient guidé sa vie; que c'est bien là le motif déterminant et impulsif de ses libéralités; mais qu'elle a fait erreur en choisissant le légataire qu'elle a désigné; qu'en effet, ainsi qu'il vient d'être dit, la mission donnée par elle à l'évêque de Grenoble étant dans l'état actuel de la législation contraire aux lois, la condition substantielle du legs est illicite; qu'en conséquence le legs doit tomber; — Attendu que vainement le demandeur excipe de l'exécution qui a été donnée au legs, ensuite de l'autorisation administrative et prétend en faire dériver un contrat, une convention tacite liant le légataire universel au légataire particulier et obligeant le premier à continuer au second le service des rentes; qu'en fait tout d'abord Joseph Faidides n'a jamais payé les rentes qui lui étaient réclamées; qu'en le supposant représenté à ce contrat par son père qui durant sa vie a exécuté le legs, il y a lieu de remarquer que la cause de l'obligation qu'il aurait contractée de payer les rentes serait, puisqu'il s'agit d'un contrat synallagmatique, l'obligation corrélative de l'évêque de Grenoble de tenir des écoles et qu'il résulte des considérations qui précèdent qu'une telle clause est illicite; que dès lors le contrat dont il s'agit existât-il devrait être annulé par application des articles 1131 et 1133 du Code civil; — Attendu que les communes de Corps, Sérezin et Nivolas ne sont pas en cause et qu'en conséquence il importe peu qu'elles aient été ou non autorisées à accepter les libéralités dont l'évêque de Grenoble seul réclame aujourd'hui le bénéfice;

Par ces motifs, déclare l'évêque de Grenoble mal fondé en ses demandes, fins et conclusions et l'en déboute.

d'élégance; le tribunal civil de Bourgoin ne s'exprime pas moins heureusement lorsqu'il explique que « ni l'article 73 de la loi du 18 germinal an X, ni le décret du 6 novembre 1813 n'ont compris explicitement ou implicitement dans les attributions de l'évêché la tenue des maisons d'école, l'instruction à donner aux jeunes filles pauvres; qu'un tel objet est absolument étranger à la mission légale de l'évêché et que dès lors la condition à laquelle la testatrice a soumis ses libéralités est une condition illicite ».

Mais le tribunal civil n'a peut-être pas indiqué très exactement les conséquences juridiques des principes qu'il avait énoncés lorsqu'il a ajouté qu'il y avait lieu « de rechercher si cette condition illicite n'avait été que l'expression d'une volonté accessoire modificative de la volonté principale de la testatrice, de son intention libérale, une simple modalité du legs ou si au contraire elle avait été le but principal, le motif déterminant et impulsif de la disposition testamentaire » attendu « que dans le premier cas elle devait être simplement réputée non écrite et que dans le second elle devait entraîner la nullité de la disposition elle-même, dont elle constituait en quelque sorte la substance ». Si un legs fait à un établissement public est affecté d'une condition contraire au principe de la spécialité, il convient de décider que, quand bien même elle n'en est pas la cause impulsive et déterminante, elle en entraîne la nullité, car elle rend l'établissement légataire incapable de le recevoir. C'est cette conclusion qui se dégageait logiquement des prémisses posées par le tribunal civil de Bourgoin et l'on ne s'expliquerait guère qu'il ne l'ait pas admise, s'il n'avait pas été gêné dans ses déductions par le sieur Joseph Faidides, qui avait concentré sa défense sur le terrain de l'article 900 du Code civil, sans invoquer nettement l'incapacité de l'évêché. Quoi qu'il en soit, le tribunal civil de Bourgoin a jugé que la condition à laquelle était subordonné le legs fait à l'évêché de Grenoble en avait été la cause impulsive et déterminante et que, dès lors, cette libéralité était nulle et l'évêché a été débouté de ses demandes, fins et conclusions.

Sur appel, le jugement du tribunal civil de Bourgoin a été confirmé purement et simplement par la Cour de Grenoble aux termes d'un arrêt du 8 avril 1889 (1), que la Cour de cassation a cassé par arrêt du 31 janvier 1893 (2).

L'arrêt du 31 janvier 1893 ne tend pas plus que celui du 18 mai 1852 à éliminer du droit civil le principe de la spécialité. convient de remarquer avec M. Th. Ducrocq (3) que cet arrêt « loin de nier le principe de la spécialité, prétend en faire l'application. Il affirme... que les libéralités ayant pour objet la fondation et l'entretien d'écoles primaires ne sont pas en dehors des attributions de la mense et n'excèdent pas sa capacité. Un décret du 9 juin 1874 avait en effet autorisé l'acceptation de ce legs à une époque où le Conseil d'État, conformément à des avis des 6 mars et 24 juillet 1873, interprétait les lois relatives aux établissements ecclésiastiques dans un sens très favorable à l'extension de leurs attributions. Mais ces avis mêmes du Conseil d'État de 1873 et

(1) Grenoble, 8 avril 1889. — La Cour; — Sur la fin de non-recevoir opposée par l'appelant; — Attendu que Faidides soutient que les legs faits à l'évêque de Grenoble sont nuls, par application de l'article 900 du Code civil; que la nullité invoquée est d'ordre public et peut toujours être opposée;

Au fond; attendu qu'il y a lieu d'adopter les motifs des premiers juges; — Confirme.

(2) Cass. civ. 31 janvier 1893. — La Cour, — Vu l'article 900 du Code civil; — Attendu que la loi, sans définir les attributions des évêchés ou menses épiscopales, s'est bornée à placer ces établissements ecclésiastiques sous la tutelle et le contrôle du Gouvernement qui les habilite, lorsqu'il y a lieu, à recevoir des libéralités sous les clauses et conditions dont il juge convenable d'autoriser l'acceptation; que, sans doute, et en dehors de l'autorité administrative, les tribunaux civils peuvent connaître de tous les vices dont la donation ou le legs serait entaché; qu'ils le peuvent notamment dans le cas où la cause de la libéralité serait illicite, mais qu'on ne saurait considérer comme telle, ainsi que l'a fait à tort l'arrêt attaqué, une condition qui n'est contraire à aucune loi; — Attendu que, dans l'espèce, un décret du 9 juin 1874 a autorisé l'évêque de Grenoble à accepter pour lui et pour ses successeurs le legs à lui fait par la demoiselle Garnier, à charge de pourvoir à l'entretien de diverses écoles primaires dans les termes précisés par le testament; que la Cour d'appel a décidé néanmoins que la condition susdite était illicite par le seul motif que son objet serait en dehors des attributions de la mense et excéderait sa capacité; que, par voie de conséquence, elle a déclaré que le legs était nul; qu'en statuant ainsi l'arrêt attaqué (Grenoble, 8 avril 1889) a faussement appliqué et, par suite, violé l'article 900 ci-dessus visé; — Par ces motifs, casse, etc. (M. Faure-Biguet, rapporteur.)

(3) Ducrocq, *De la personnalité civile en France du Saint-Siège et des autres puissances étrangères*, p. 23.

1874, comme l'arrêt de la Cour de cassation de 1893, bien que contraires aux interprétations données de 1837 à 1873 et de 1881 jusqu'à l'heure actuelle par le Conseil d'État sur les lois relatives aux attributions des établissements ecclésiastiques, n'en reconnaissent pas moins la règle de la spécialité ». Comme l'indique M. Ducrocq, l'arrêt du 31 janvier 1893 par la manière dont il est motivé rend un hommage indirect à cette règle. S'il a reconnu aux évêchés ou menses épiscopales la faculté de recueillir des libéralités scolaires, c'est parce que, la loi n'ayant pas défini les attributions des évêchés ou menses épiscopales, il a paru à la Cour suprême que l'on ne saurait considérer comme étranger à leurs attributions légales le soin d'entretenir des écoles; la Cour de cassation a estimé que dans le silence de la loi la Cour de Grenoble n'aurait pas dû déclarer illicite la condition à laquelle était soumis le legs fait à l'évêché de Grenoble « par le seul motif que son objet serait en dehors des attributions de la mense et excéderait sa capacité » et que dès lors en prononçant la nullité dudit legs l'arrêt attaqué avait faussement appliqué et, par suite, violé l'article 900 du Code civil.

Nous renouvellerons au sujet de l'arrêt de la Cour suprême la réflexion que nous a inspirée le jugement du tribunal civil de Bourgoin, confirmé par la Cour d'appel de Grenoble; la véritable question à débattre n'était pas celle de savoir si le legs fait à l'évêché de Grenoble était nul comme ayant une cause illicite, mais s'il l'était comme s'adressant à un incapable : le débat aurait dû être rattaché à l'article 911 du Code civil et non à l'article 900 du même Code.

La Cour de cassation a renvoyé les parties contendantes devant la Cour d'appel de Chambéry qui, par arrêt du 21 juin 1893, a infirmé le jugement du tribunal civil de Bourgoin.

Devant la Cour de Chambéry le sieur Faidides a posé nettement la question de capacité et, tout en persistant à dire que la libéralité adressée à l'évêque de Grenoble était nulle comme étant affectée d'une condition illicite qui en était la cause déterminante, il a soutenu qu'elle l'était aussi comme étant faite à une personne incapable; mais l'arrêt du 21 juin 1893 porte « que, sans examiner la question de savoir si en thèse générale les établissements publics reconnus jouissent d'une pleine capacité (sauf tutelle de l'État) ou si leur capacité est rigoureusement limitée à l'objet spécial déterminé par la loi qui les a créés, il suffit, pour la solution du litige actuel, de constater que parmi les divers documents législatifs qui reconnaissent l'existence de la personnalité civile des évêchés ils n'en est aucun qui définisse ces établissements ou réglemente leurs attributions ; — que dans ce silence de la loi, même en adoptant le système de la capacité restreinte, on ne pourrait interdire aux évêchés que les actes qui paraîtraient s'écarter du but de leur institution ; — que tel n'est pas le cas dans l'espèce ; que l'enseignement catholique que la demoiselle Garnier a voulu assurer dans ses écoles touche aux intérêts religieux dont les évêques ont d'une manière générale la surveillance ; qu'il n'y a donc rien d'anormal à ce qu'une partie des revenus de la mense soit affectée à la propagation de cet enseignement » (1).

---

(1) Chambéry, 21 juin 1893. — La Cour, — Attendu que la demoiselle Garnier est décédée laissant un testament aux termes duquel elle lègue à l'évêque de Grenoble trois maisons d'école fondées par elle ou ses auteurs dans les paroisses de Corps, de Nivolas et de Sérézin « pour continuer à y faire donner l'instruction de l'Église catholique, apostolique et romaine aux jeunes filles pauvres de chacune de ces localités par des religieuses approuvées et choisies par lui »; que, par le même acte elle crée en faveur de ces écoles et pour l'entretien des religieuses une rente de 800 francs payable annuellement par ses légataires universels entre les mains de l'évêque; — Attendu que ce legs s'adressant à l'établissement public, évêché ou mense épiscopale, dont l'évêque est le représentant légal, il est intervenu à la date du 9 juin 1874 un décret qui autorise l'évêque de Grenoble à l'accepter pour lui et ses successeurs à la condition que les religieuses institutrices appartiendront à une congrégation vouée à l'enseignement et reconnue par la loi et que d'autre part l'enseignement donné dans lesdites écoles comprendra toutes les matières déclarées obligatoires par les lois; — Attendu que pour s'exonérer du payement de la rente (qu'un acte de partage met spécialement à sa charge) Joseph Faidides, l'un des légataires universels de la demoiselle Garnier prétend que le legs susmentionné est nul, tant comme étant fai à une personne incapable que comme étant affecté d'une condition illicite qui en aurait été la cause déterminante; que Faidides ne soutient pas que la condition de donner l'enseignement religieux à des jeunes filles pauvres soit illicite en soi; qu'il ne conteste pas davantage la capacité générale de recevoir à titre gratuit que l'article 1er de la loi du 2 janvier 1817 confère expressément aux établissements ecclésiastiques; mais qu'il base son double moyen de nullité sur ce que non-seulement la tenue mais même l'entretien d'une maison d'école seraient d'après lui en dehors des attributions égales des évêchés; — Attendu

La Cour d'appel de Chambéry, en somme, a passé à côté de la question de la spécialité des établissements publics sans essayer de la résoudre; elle a jugé que les évêchés jouissaient de la vocation scolaire et qu'ils avaient par suite qualité pour recevoir des libéralités destinées à la propagation de l'enseignement catholique, ce qui coupait court dans l'espèce à toute objection tirée du principe de la spécialité et évitait à l'autorité judiciaire l'embarras de se prononcer sur le point de savoir si les établissements publics sont aptes à recevoir des libéralités pour des objets étrangers à leur mission légale.

Le dernier arrêt de la Cour de cassation que nous ayons à citer a été rendu dans l'espèce suivante.

La demoiselle Cambournac avait fait à l'hospice d'Aubigny un legs particulier destiné à la fondation et à l'entretien d'une

---

que, sans examiner la question de savoir si, en thèse générale, les établissements publics reconnus jouissent d'une pleine capacité (sauf tutelle de l'État) ou si leur capacité est rigoureusement limitée à l'objet spécial déterminé par la loi qui les a créés, il suffit, pour la solution du litige actuel, de constater que parmi les divers documents législatifs qui reconnaissent l'existence de la personnalité civile des évêchés il n'en existe aucun qui définisse ces établissements ou réglemente leurs attributions; — que dans ce silence de la loi, même en adoptant le système de la capacité restreinte, on ne pourrait interdire aux évêchés que les actes qui paraîtraient s'écarter du but de leur institution; que tel n'est pas le cas dans l'espèce; que l'enseignement catholique que la demoiselle Garnier a voulu assurer dans les écoles touche aux intérêts religieux dont les évêques ont d'une manière générale la surveillance; qu'il n'y a donc rien d'anormal à ce qu'une partie des revenus de la mense soit affectée à la propagation de cet enseignement; — Attendu qu'en outre des rentes échues l'appelant réclame le payement des réparations d'entretien du local des écoles que le testament met, en effet, à la charge des légataires universels; que cette demande qui est fondée en principe n'a été l'objet d'aucun débat devant la Cour; que les difficultés auxquelles pourrait donner lieu la fixation de la somme due de ce chef par l'intimé ne paraissent pas suffisantes pour qu'il soit nécessaire quant à présent d'ordonner une expertise;

Par ces motifs; — Statuant sur le renvoi prononcé par la Cour de cassation, réformant et faisant ce que les premiers juges auraient dû faire; — Rejette les exceptions opposées par Faidides; Condamne en conséquence ledit Faidides à payer à l'appelant ès-qualités : 1° la somme de 9,600 francs montant des rentes échues au 1er novembre 1892 sans préjudice de l'annuité courante; 2° les intérêts de la somme de 6,400 francs montant des rentes échues au moment de l'assignation depuis le 5 mar 1888 date de ladite assignation; dit que les réparations d'entretien qui auraient été exécutées par l'appelant lui seront remboursées sur le vu des factures et mémoires justificatifs, etc.

salle d'asile et l'acceptation de ce legs avait été autorisée par arrêté préfectoral du 28 mars 1881. Le légataire universel de la demoiselle Cambournac se refusa à délivrer le legs adressé à l'hospice d'Aubigny, en se fondant sur ce qu'il était nul comme s'adressant à un établissement incapable de le recevoir par application du principe de la spécialité; la Cour d'appel de Bourges a jugé, au contraire, par arrêt du 2 juin 1892 (1)

---

(1) Bourges, 2 juin 1892. — La Cour; — Considérant que, par testament en date du 20 mai 1874, la demoiselle Mélanie Cambournac, suivant en cela les dernières volontés de son frère, Spire Cambournac, aussi bien que ses propres inspirations, a fait au profit de l'hospice d'Aubigny un legs de 40,000 francs, avec indication d'employer 30,000 francs à la fondation et à l'entretien, à Aubigny, avec les autres ressources que l'on pourrait se procurer, d'une salle d'asile pour les enfants pauvres; qu'elle s'en est remise entièrement pour l'exécution de ses volontés à l'administration de l'hospice; qu'elle a seulement exprimé le désir que la direction de l'asile fût confiée à des sœurs de la Sainte-Famille; — Considérant que la testatrice est décédée le 2 mars 1880; que, par arrêté préfectoral du 28 mars 1881, l'hospice d'Aubigny a été autorisé à accepter le legs dont s'agit, aux charges, clauses et conditions imposées au testament, et qu'il a cherché alors les moyens de réaliser les intentions charitables de la testatrice; qu'aucune solution définitive n'étant intervenue avant la loi du 30 octobre 1886 qui prescrit la laïcisation des écoles publiques, la légataire universelle de la demoiselle Cambournac, prétendant que l'hospice était dans l'impossibilité d'exécuter le legs fait sous la condition que l'asile serait dirigé par des sœurs de la Sainte-Famille, a demandé la révocation du legs par application des articles 953 et 954 du Code civil; que le tribunal de Sancerre a admis la révocation jusqu'à concurrence des 30,000 francs affectés à la fondation de la salle d'asile; que l'hospice d'Aubigny a relevé appel de cette décision; qu'il échet d'examiner le mérite de cet appel;

Considérant tout d'abord que la prétendue incapacité juridique de l'hospice de s'annexer une salle d'asile ne résulte d'aucune loi et que le contraire est établi par tous les documents se rattachant à la législation sur la matière; qu'il n'existe évidemment aucune incompatibilité de nature entre un hospice et une salle d'asile, laquelle apparaîtrait plutôt comme une annexe naturelle de l'hospice;

Considérant, d'autre part, que, sans qu'il soit nécessaire de disserter sur le caractère public ou privé de la salle d'asile dont la fondation a été imposée comme condition du legs fait à l'hospice d'Aubigny, il y a lieu de décider qu'alors même que cette salle d'asile devrait être considérée comme une école publique, la condition relative à la direction congréganiste devrait être réputée non écrite, conformément à l'article 900 du Code civil; que le legs soumis à une condition contraire aux lois existantes ne doit être annulé que tout autant qu'il est manifeste que ladite condition a été la cause impulsive et déterminante de la libéralité qui sans elle n'aurait pas été faite et n'aurait plus de cause, et que seulement dans ce cas la révocation de ladite libéralité peut être demandée, par application des articles 953 et 954 du Code civil; mais qu'il ne résulte

que ledit legs était parfaitement valable et sa décision, contre laquelle le légataire universel de la demoiselle Cambournac s'était pourvu devant la Cour de cassation, a été maintenue par un arrêt de cette Cour du 26 mai 1894 (1).

L'arrêt du 26 mai 1894 est pour ainsi dire coulé dans le même moule que l'arrêt du 31 janvier 1893. La Cour de cassation déclare que « l'arrêté du 4 pluviôse an XII et l'article 910

---

nullement des circonstances dans lesquelles le testament est intervenu et de la teneur du testament lui-même, que la condition concernant la direction de la salle d'asile par des sœurs de la Sainte-Famille ait été la cause même de la libéralité, son unique ou principale raison d'être, et sans l'exécution de laquelle la testatrice n'eût pas voulu tester; qu'il ne faut pas perdre de vue que la testatrice déclare qu'elle accomplit les volontés de son frère, Spire Cambournac, volontés qu'il a fait connaître à sa famille à son lit de mort, en 1856; qu'il est impossible d'affirmer que la libéralité dont la demoiselle Cambournac s'est faite, en 1874, l'organe et l'exécutrice ait eu pour cause impulsive et déterminante le seul désir de confier la direction de la salle d'asile à des sœurs de la Sainte-Famille; que la pensée et la volonté dominantes ont bien été au contraire de faire œuvre de libéralité au profit de l'hospice d'Aubigny et de fonder une salle d'asile à Aubigny par l'intermédiaire de l'hospice; que la condition relative à la direction de cette salle d'asile par des congréganistes n'apparaît donc que comme une condition accessoire qui laisse subsister la libéralité dont elle n'est qu'une modalité; que cette libéralité qui a une cause principale doit recevoir son exécution, bien que la condition accessoire soit devenue impossible à remplir; — Par ces motifs, infirme.

(1) Cass. civ. 26 mai 1894. — La Cour, — Sur le premier moyen: — Attendu que l'arrêté du 4 pluviôse an XII et l'article 910 du Code civil concernant les acceptations de legs faits aux hospices consacrent, dans les termes les plus généraux et sans restriction, leur droit d'accepter toute libéralité sous la seule réserve de la surveillance et du contrôle du gouvernement qui les habilite, lorsqu'il y a lieu, à recevoir les libéralités, sous les clauses et conditions dont il juge convenable d'autoriser l'acceptation; que si les tribunaux, malgré cette acceptation, peuvent encore connaître des vices dont un legs serait entaché et notamment dans le cas où la cause de la libéralité serait illicite, on ne saurait considérer comme telle une condition qui n'est contraire à aucune loi; — Attendu que la demoiselle Cambournac a fait au profit de l'hospice d'Aubigny un legs de 40,000 francs avec indication d'employer 30,000 francs à la fondation et à l'entretien, à Aubigny, avec les autres ressources que l'on pourrait se procurer, d'une salle d'asile pour les enfants pauvres; que, le 28 mars 1881, l'hospice d'Aubigny a été légalement autorisé à accepter le legs aux charges et conditions portées dans le testament; que l'arrêt attaqué (Bourges, 2 juin 1892) en refusant d'annuler ce legs à la requête de l'héritier institué, en se fondant sur l'incapacité de l'hospice qui n'est nullement justifiée n'a violé ni faussement appliqué les dispositions des lois susvisées;

Sur le deuxième moyen: — Attendu que, d'après l'article 900 du Code

du Code civil concernant les acceptations de legs faits aux hospices consacrent dans les termes les plus généraux et sans restriction leur droit d'accepter toute libéralité » et que, si les tribunaux peuvent prononcer la nullité d'un don ou d'un legs fait à un hospice dans le cas où sa cause serait illicite, l'on ne saurait tenir pour telle une condition qui, comme celle qui a été imposée par la demoiselle Cambournac à l'hospice d'Aubigny, n'est contraire à aucune loi ; en conséquence, elle a disposé que c'est à bon droit que l'arrêt attaqué n'avait pas annulé le legs dont l'hospice d'Aubigny avait été gratifié.

Les deux arrêts du 31 janvier 1893 et du 26 mai 1894, quoique taillés sur le même patron, ne concordent pas en tous points. Tandis que, d'après l'arrêt du 31 janvier 1893, il est permis aux évêchés de recevoir des libéralités scolaires parce que, la loi ayant omis de définir la mission de ces établissements, l'on ne saurait dire que l'enseignement soit étranger à leurs attributions légales, l'arrêt du 26 mai 1894, sans rechercher si la loi limite les attributions des hospices, tient ces établissements pour capables de recueillir des dons et legs destinés à la fondation et à l'entretien d'écoles, parce que l'arrêté du 4 pluviôse an XII et l'article 910 du Code civil reconnaissent sans aucune réserve aux hospices la faculté d'accepter des libéralités.

Mais sans être absolument identiques les deux rédactions ne sont-elles pas équivalentes ? Si l'arrêt du 26 mai 1894 affirme que la capacité de recevoir qui appartient aux hospices leur a

---

civil, dans toute disposition testamentaire, les conditions contraires aux lois sont réputées non écrites ; que si ces conditions peuvent même entraîner la nullité d'un legs lorsqu'elles sont la cause déterminante de ce legs, ce n'est que dans ce cas que cette nullité peut être prononcée ; — Attendu, d'un autre côté, qu'il appartient souverainement aux tribunaux d'apprécier à ce point de vue les intentions du testateur ; — Attendu qu'il est constaté par l'arrêt attaqué : « qu'il ne résulte nullement des circonstances dans lesquelles le testament est intervenu et de la teneur du testament lui-même que la condition concernant la direction de la salle d'asile par des sœurs de la Sainte-Famille ait été la cause même de la libéralité, son unique ou principale raison d'être » ; que l'arrêt développe ensuite les motifs sur lesquels il fonde cette appréciation de la volonté de la testatrice ; — Attendu qu'il n'apparaît pas qu'en appréciant ainsi les intentions de la testatrice l'arrêt ait dénaturé les clauses du testament et ait ainsi violé les articles de loi susvisés ; — Rejette. (M. Féraud-Giraud, rapporteur.)

été conférée « dans les termes les plus généraux et sans restriction » n'est-ce pas parce que les attributions des hospices ne sont limitativement énumérées dans aucun texte ? L'arrêt de la Cour d'appel de Bourges contre lequel était dirigé le pourvoi qu'avait à examiner la Cour de cassation s'est efforcé de prouver que la tenue d'écoles n'a rien d'inconciliable avec la destination des hospices; il porte que la prétendue incapacité juridique de l'hospice d'Aubigny « de s'annexer une salle d'asile ne résulte d'aucune loi et que le contraire est établi par tous les documents se rattachant à la législation sur la matière; — qu'il n'existe évidemment aucune incompatibilité de nature entre un hospice et une salle d'asile, laquelle apparaîtrait plutôt comme une annexe naturelle de l'hospice ». La Cour de cassation n'a pas reproduit expressément l'argumentation de l'arrêt attaqué, mais elle se l'est implicitement appropriée lorsqu'elle a dit que la Cour de Bourges avait eu raison de refuser d'annuler le legs fait par la demoiselle Cambournac « en se fondant sur l'incapacité de l'hospice qui n'est nullement justifiée ».

Les arrêts des 18 mai 1852, 31 janvier 1893 et 26 mai 1894 sont relatifs tous les trois à des établissements publics; la question de savoir si la capacité civile des établissements d'utilité publique est dominée par le principe de la spécialité n'a jamais été agitée devant la Cour de cassation. La Cour suprême n'a jamais eu non plus à dire si la règle de la spécialité a pour effet de restreindre la capacité juridique des syndicats professionnels, des associations syndicales, des congrégations ou communautés religieuses, des colonies, des communes, des départements et de l'État.

Les Cours d'appel sont divisées sur l'accueil qu'il convient de faire au principe de la spécialité dans le domaine du droit civil.

Admise par la Cour d'appel de Grenoble dans son arrêt du 8 avril 1889 qui a été cassé par la Cour de cassation le 31 janvier 1893 la règle de la spécialité est repoussée par un arrêt de la Cour d'appel de Toulouse du 9 août 1894 (1) qui con-

---

(1) Toulouse, 9 août 1894. — La Cour; — Attendu que les auteurs de

firme par adoption des motifs des premiers juges un jugement du tribunal civil de la même ville du 10 janvier 1894 (1).

Ce jugement est intervenu, comme une note précitée du Conseil d'État du 11 avril 1889 (V. *supra*, n° 250), à l'occasion d'un legs universel fait par la dame veuve Lignières au chapitre de l'église métropolitaine de Saint-Étienne-de-Toulouse

---

Béziat, simple cessionnaire, ont constamment reconnu, dans tous les actes et procédures antérieurs à la cession qui lui a été consentie, la qualité du chapitre comme légataire universel régulièrement et valablement institué par la dame Lignières ; — Attendu qu'au surplus les motifs déduits par le jugement et que la Cour adopte démontrent le peu de fondement des prétentions de Béziat et établissent la capacité du chapitre à recevoir comme légataire universel les libéralités dont la dame Lignières l'a gratifié dans son testament du 2 décembre 1881, et démontrent aussi qu'on ne saurait s'arrêter à sa prétention que le legs serait nul comme violant la lettre et la volonté expresse du testateur qui avait chargé le chapitre de réaliser et d'employer, à l'exclusion de tous autres, le produit du legs et en avait fait une condition formelle et un motif déterminant de la disposition ; — Par ces motifs, confirme, etc.

(1) Trib. civ. de Toulouse, 10 janvier 1894. — Le tribunal ; — Attendu que Béziat en sa qualité de cessionnaire des droits appartenant aux héritiers de la dame Deffès, veuve Lignières, demande la nullité du legs universel en nue-propriété fait par ladite dame, suivant testament mystique du 2 décembre 1881, au profit du chapitre de l'église métropolitaine Saint-Étienne, et que cette demande se fonde : 1° sur ce que le légataire institué n'aurait point capacité, à raison du caractère spécial de ses attributions, pour recevoir un legs qui ne lui a été fait qu'à la condition expresse d'employer le produit des biens légués, après leur réalisation, à concourir à l'achèvement de l'église Saint-Étienne ; 2° sur ce que, dans tous les cas, le legs dont il s'agit n'a été autorisé, jusqu'à concurrence des neuf dixièmes, par décret du président de la République en date du 26 avril 1889, qu'à la charge pour le chapitre de verser à l'État, à titre de fonds de concours, pour être affecté aux réparations de l'église Saint-Étienne, le montant de la réalisation des biens légués, ce qui aurait pour résultat de méconnaître d'une manière essentielle la volonté de la testatrice ;

Attendu, en ce qui concerne le premier moyen de nullité, tiré de l'incapacité du chapitre, que la condition imposée à cet établissement par la dame veuve Lignières d'employer le produit du legs à l'achèvement Saint-Étienne n'a rien d'illicite ; que, d'un autre côté, les chapitres peuvent, d'après l'article 1er de la loi du 2 janvier 1817, accepter, avec l'autorisation du Gouvernement, tous les biens, meubles ou immeubles ou rentes, qui leur sont donnés par actes entre vifs ou de dernière volonté ; qu'enfin le chapitre de l'église Saint-Étienne, aux termes du décret précité, a été autorisé à recueillir, conformément à l'article 910 du Code civil, le legs qui lui a été fait par la dame veuve Lignières avec la destination indiquée par le testament ; que, dès lors, il y a lieu de reconnaître que le legs dont s'agit doit sortir à effet ; — Attendu, il est vrai, que le demandeur soutient que les personnes morales, comme

en vue de l'achèvement de ladite église; il dit « que le demandeur soutient que les personnes morales, comme le chapitre dans l'espèce, constituant une fiction de la loi et par cela même n'ayant pas d'existence à la différence des personnes physiques en dehors de l'objet même de leur institution, les libéralités qui leur sont faites, lorsqu'elles ont une destination

---

le chapitre dans l'espèce, constituent une fiction de la loi et, par cela même, n'ayant pas d'existence, à la différence des personnes physiques, en dehors de l'objet même de leur institution, les libéralités qui leur sont faites, lorsqu'elles ont une destination étrangère aux attributions de ces personnes morales, s'adressent en quelque sorte au néant et sont par suite frappées de nullité ou de caducité; que tel serait ici le cas de la partie défenderesse; mais que, d'une part, aucune disposition de loi ne restreint de la sorte la capacité des établissements publics et, qu'au contraire, les articles susvisés de la loi de 1817 et du Code civil ne subordonnent cette capacité qu'à l'autorisation du Gouvernement; que, dès lors, ainsi que le déclare la Cour de cassation dans son arrêt du 31 janvier 1893, l'on ne peut considérer comme illicite une libéralité par cela seul que son objet est en dehors des attributions de l'établissement public auquel elle s'adresse; que d'un autre côté, rien ne permet, en fait, d'envisager comme étranger aux attributions du chapitre le concours pécuniaire de cet établissement à l'achèvement ou à l'entretien de l'église cathédrale, à laquelle ses membres sont attachés, alors surtout que le Gouvernement, sous le contrôle discrétionnaire duquel il est placé, a approuvé une telle destination; qu'en effet, outre que la loi ne définit nulle part les attributions des chapitres, cette destination pieuse est seule en harmonie complète avec le but de leur institution, puisqu'elle a pour objet la conservation ou le relèvement de l'édifice religieux dans lequel les chanoines remplissent un ministère principalement consacré à la prière publique;

Attendu, que relativement au second moyen de nullité invoqué, qu'il n'échet pas davantage de s'arrêter à ce moyen; qu'il est exact, en effet, que dans son testament la dame veuve Lignières avait dit expressément que le chapitre, « à l'exclusion de qui que ce soit », devrait réaliser, après le décès de l'usufruitier, les biens à lui légués pour le produit en provenant être employé à contribuer à l'achèvement de l'église métropolitaine Saint-Etienne; que le décret d'autorisation ne contrarie en rien cette disposition puisqu'il donne au chapitre seul le droit de réaliser, en vue de cette affectation, les biens faisant l'objet du legs; qu'à la vérité et à la suite de leur réalisation les fonds en provenant seront versés à l'État à titre de fonds de concours, pour servir au même usage, mais que la testatrice n'a nullement indiqué que le chapitre aurait la direction des travaux à exécuter; que, loin de là, elle prévoit que, malgré l'importance considérable des biens légués, son légataire ne pourra que contribuer à l'œuvre qu'elle désigne et dont l'initiative, pas plus que la direction, ne pourraient lui appartenir, ce à quoi répond d'une manière complète et en tous cas suffisante le versement de fonds à titre de fonds de concours à l'État, qui a seul qualité pour accomplir cette œuvre; — Par ces motifs, etc.

étrangère aux attributions de ces personnes morales, s'adressent en quelque sorte au néant et sont par suite frappées de nullité ou de caducité; que tel serait ici le cas de la partie défenderesse, mais que... aucune disposition de la loi ne restreint de la sorte la capacité des établissements publics et qu'au contraire les articles susvisés de la loi de 1817 et du Code civil (L. 2 janvier 1817, art. 1er, et C. civ., art. 910) ne subordonnent cette capacité qu'à l'autorisation du gouvernement; que dès lors... l'on ne peut considérer comme illicite une libéralité par cela seul que son objet est en dehors des attributions de l'établissement public auquel elle s'adresse ». Nous opposerons à la Cour de Toulouse la Cour de Toulouse elle-même, dont un arrêt du 4 novembre 1890 est favorable au principe de la spécialité (V. *infra*, n° 266).

La Cour d'appel d'Amiens a par arrêt du 16 février 1893 (1) jugé qu'une libéralité faite à un évêché pour être employée

(1) Amiens, 16 février 1893. — La Cour ; — Considérant que les appelants élèvent trois griefs contre le testament du 15 mai 1875 : 1° la désignation, comme légataire, de l'administration épiscopale du diocèse de Soissons s'adresserait à un incapable ; 2° cette administration constituerait une personne interposée entre le testateur et l'ouvroir d'Aumont-Villequier, établissement incapable de recevoir parce qu'il ne serait pas autorisé ; 3°... ;

Sur le moyen tiré de ce que le legs universel fait au profit de l'administration épiscopale du diocèse de Soissons serait au profit d'un incapable : — Considérant que les appelants soutiennent que le légataire serait le diocèse de Soissons, auquel aucune loi n'accorderait la personnalité civile, que, par suite, la disposition litigieuse serait frappée de nullité ; — Considérant que l'expression employée par Gavet est synonyme de celle d'évêché ; que l'évêque est, en effet, l'administrateur de l'évêché ; que l'évêché est un établissement public capable de recevoir, avec l'autorisation du Gouvernement ; que rien n'autorise à décider que le testateur aurait eu en vue le diocèse, personne morale distincte de l'évêché ; qu'en matière d'interprétation des testaments la règle pour le juge est que le testateur a voulu faire une disposition susceptible de produire effet, ce qui ne se rencontrerait pas dans l'espèce, si le legs était réputé fait au profit d'une personne morale qui n'aurait pas la capacité de recevoir ;

Sur le moyen tiré de ce que l'administration épiscopale du diocèse de Soissons ne serait qu'une personne interposée entre le testateur et l'ouvroir d'Aumont-Villequier, lequel serait incapable de recevoir, parce qu'il ne constituerait pas un établissement autorisé ; que, par suite, ce legs serait nul, aux termes de l'article 911 du Code civil ; — Considérant que les appelants, pour établir que cette libéralité aurait été faite à un incapable par personne interposée, prennent à profit les mots suivants du testament litigieux : « Je donne à l'administration épiscopale

en bonnes œuvres et notamment à l'entretien d'un orphelinat-ouvroir « est valable; qu'en effet elle a le caractère d'une œuvre charitable laquelle rentre dans la destination de l'évêché ». En spécifiant que, si les libéralités charitables adressées aux évêchés sont valables, c'est parce que la bienfaisance rentre dans la mission de ces établissements, la Cour d'appel d'Amiens a laissé à entendre que les dons et legs qui seraient faits à un évêché sous des charges ou conditions étrangères à ses attributions légales seraient nulles; elle a donc reconnu que le principe de la spécialité est une règle de droit civil en même temps qu'un précepte d'ordre administratif.

265. Il a été expliqué plus haut que, d'après la jurisprudence du Conseil d'État, lorsqu'un legs est fait à un établissement public sous des charges ou conditions qui, tout en

---

du diocèse de Soissons, à charge de pourvoir à l'entretien et au développement d'un orphelinat-ouvroir de jeunes filles pauvres, existant déjà à Villequier-Aumont » ; que les appelants soutiennent que ce legs absorberait la presque totalité d'une fortune élevée à 620,000 francs (déclaration de succession), sur laquelle il n'y aurait à prélever pour les legs particuliers qu'une somme de 60,000 francs ; que, d'après les appelants, l'obligation de remettre serait conçue en termes impératifs pour l'administration épiscopale, d'où il résulterait que les biens donnés ne feraient que passer par les mains de l'intimé ès qualité pour bénéficier à l'asile-ouvroir de Villequier; — Considérant que ce dernier établissement ne puise pas dans la disposition précitée une vocation à la totalité des biens attribués à l'intimé ès qualité ; que notamment le *de cujus* exprime la volonté que les deux maisons d'habitation « soient destinées à quelque bonne œuvre » ; — Considérant que, comme l'ont proclamé à bon droit les premiers juges, le testateur ne prescrit pas d'affecter toute sa fortune audit asile-ouvroir ; qu'il ne témoigne pas davantage sa volonté sur la manière dont cette charge devra être remplie ; qu'il résulte des éléments de la cause que la disposition critiquée porte la condition d'employer en bonnes œuvres tout ou partie de l'hérédité ; qu'une pareille libéralité faite à un évêché est valable ; qu'en effet, elle a le caractère d'une œuvre charitable, laquelle rentre dans la destination de l'évêché ; qu'il résulte pour la Cour des éléments versés au débat que la disposition litigieuse caractérise une libéralité au profit d'un établissement autorisé, à charge d'un emploi en bonnes œuvres ; que, comme l'ont reconnu également à bon droit les premiers juges, le testament ne spécifie ni expressément ni tacitement la condition de recevoir en dépôt la succession, pour la remettre ensuite à un tiers qui en serait le propriétaire ;

Sur le moyen tiré... ; — Adoptant au surplus les motifs des premiers juges ; — Par ces motifs, confirme.

étant étrangères à sa mission légale, rentrent dans les attributions d'un autre établissement public, il y a lieu, tout en refusant d'habiliter l'établissement institué à le recueillir, par application de la règle de la spécialité, de permettre à l'établissement bénéficiaire de le revendiquer, pourvu qu'en substituant le second de ces établissements au premier dans l'acceptation de la libéralité l'on ne viole aucune clause formelle du testament (V. *supra*, n°s 236, 240 et 253).

Les tribunaux civils ne peuvent que s'incliner devant le décret ou l'arrêté qui refuse à un établissement public, en vertu du principe de la spécialité, l'autorisation d'accepter un legs dont il a été gratifié ; ils ne sauraient, quand bien même ils seraient convaincus de la capacité de l'établissement institué, passer outre au défaut d'autorisation et accorder audit établissement la délivrance du legs. Mais ils sont compétents, malgré l'autorisation que l'établissement bénéficiaire aurait obtenue de prendre le lieu et place de l'établissement institué, pour apprécier le mérite de son intervention au point de vue du droit civil et décider si le legs doit ou non lui être délivré.

Il serait donc intéressant de savoir si le système qui tend à substituer l'établissement bénéficiaire à l'établissement institué dans l'acceptation des legs faits à celui-ci est de nature à recevoir l'approbation des tribunaux civils. Il n'a pas encore été soumis à leur appréciation, mais nous sommes persuadé qu'ils n'hésiteraient pas, le cas échéant, à le condamner.

En effet, nous avons cité précédemment (V. *supra*, n° 234) deux arrêts des cours d'appel de Grenoble et d'Angers des 5 juillet 1869 et 23 mars 1871 (aff. Menuel et de Langottière), qui ont répudié énergiquement une combinaison infiniment moins hardie ; ces arrêts rendus à l'occasion de libéralités scolaires faites par acte de dernière volonté n'ont pas admis qu'il fût possible d'associer l'établissement bénéficiaire à l'établissement institué dans l'acceptation des libéralités et d'immatriculer, tant au nom du premier qu'au nom du second, les titres de rente à acquérir avec les deniers légués; à plus forte raison auraient-ils réprouvé la substitution pure et simple de l'établissement bénéficiaire à l'établissement institué.

Nous nous rallions sans hésitation à la jurisprudence qui se dégage des arrêts susvisés; que l'on se borne à associer l'établissement bénéficiaire à l'établissement institué ou que l'on remplace celui-ci par celui-là, l'on refait le testament, puisque l'on attribue un droit sur les biens légués à un établissement qui était simplement appelé par le testateur à profiter de l'exécution d'une obligation de *faire* imposée à l'établissement institué. La cour d'appel d'Angers a dit avec beaucoup de raison que, si le Conseil d'État est compétent pour accorder ou refuser l'autorisation d'accepter un legs fait à un établissement public, « il ne peut lui appartenir de changer les conditions et de créer un testament arbitraire, en remplacement de celui émané de la volonté du testateur. »

Au surplus, les arrêts des cours d'appel de Grenoble et d'Angers sont en parfaite harmonie avec l'arrêt précité du 18 mai 1852, par lequel la Cour de cassation a rejeté un pourvoi formé contre un arrêt de la cour d'appel de Paris du 5 mai 1851 ; celle-ci, mise en présence d'un legs fait au consitoire de l'Eglise réformée de Paris et accepté conjointement par cet établissement et la Ville de Paris, avait décidé que le titre de rente à acheter avec le produit de la libéralité ne serait immatriculé qu'au nom du consistoire qui, d'après les termes du testament, avait seul vocation aux biens légués à l'exclusion de la Ville de Paris (V. *supra*, n° 264). En écartant le recours dirigé contre cet arrêt, la Cour de cassation s'est nettement prononcée contre tout système qui, dans le cas où un legs est fait à un établissement public en violation du principe de la spécialité, tendrait à attribuer en tout ou en partie la propriété des biens légués à l'établissement bénéficiaire au détriment de l'établissement institué.

266. Si nous refusons notre approbation à la combinaison qui cherche à vivifier les legs adressés à un établissement public incapable de les recevoir, en raison de la règle de la spécialité, en les faisant accepter par l'établissement bénéficiaire, nous pensons, au contraire, que rien ne s'oppose à ce que les pauvres revendiquent, avec l'autorisation du gouvernement et par l'organe de leur représentant légal, un don ou un legs fait en leur faveur à un établissement public ou d'utilité publique, à un syndicat professionnel, à une association syndicale ou à tout autre établissement dépourvu de

vocation charitable, dans le cas, du moins, où, en raison des circonstances, ils peuvent être considérés comme les véritables institués et où l'établissement désigné par le donateur ou le testateur n'est qu'un donataire ou un légataire apparent chargé de faire parvenir le montant de la libéralité aux indigents (V. *supra*, n° 240).

Notre opinion peut-elle se réclamer de la jurisprudence judiciaire ? Il nous est permis de répondre affirmativement, malgré deux jugements des tribunaux civils de Pontoise et de Rouen qui paraissent, au premier abord, peu favorables à la thèse que nous soutenons.

La dame veuve Orth ayant fait à la fabrique de l'église du Thillay divers legs à charge de fonder et d'entretenir un hospice, un décret du 23 juin 1884 a refusé à ladite fabrique l'autorisation de les accepter et il l'a délivrée aux pauvres représentés par le maire du Thillay. Celui-ci assigna le sieur Congy, héritier de la légataire universelle de la dame veuve Orth, devant le tribunal civil de Pontoise en délivrance des legs charitables faits par ladite dame, mais sa demande a été repoussée par jugement en date du 24 juin 1886 (1).

---

(1) Trib. civ. de Pontoise, 24 juin 1886. — Le Tribunal; — Attendu que Lébert, en sa qualité de maire de la commune du Thillay et de président de la commission administrative du bureau de bienfaisance de ladite commune, actionne Emile Congy, seul et unique héritier de la veuve Congy, sa mère, légataire universelle de la veuve Orth, et Jozon, exécuteur testamentaire de ladite dame, en délivrance de différents legs qu'il prétend avoir été faits au bureau de bienfaisance et à la commune dont il est le représentant; qu'il réclame, en outre, les intérêts au taux légal des sommes d'argent faisant partie de ces legs à partir du 24 juin 1884; — que les défendeurs demandent acte de ce qu'ils réitèrent l'offre par eux faite de remettre au bureau de bienfaisance le capital de la rente de 200 francs, légué audit établissement, mais qu'ils se refusent à la délivrance des immeubles, ainsi que des autres capitaux ou rentes, et qu'ils concluent à ce que, en tous cas, les intérêts des capitaux ne soient à leur charge que du jour de la demande;

Qu'il y a lieu tout d'abord de donner acte aux défendeurs de leur offre et d'examiner ensuite sur les deux autres points leurs prétentions;

Sur la délivrance des legs : — Attendu que les dispositions testamentaires de la veuve Orth, que les défendeurs refusent d'exécuter, sont ainsi conçues : « Je lègue : 1° à l'église du Thillay les maisons, jardins et généralement tous immeubles sis au Thillay dépendant de ma succession, sous la condition d'établir un hospice dans les cinq arpents de terrain qui tiennent à notre maison bourgeoise, sauf, etc.; — 2° à ladite

Quant au jugement du tribunal civil de Rouen, qui a été

église du Thillay le capital nécessaire pour acquérir 2,000 francs de rente sur l'État français, qui sera affectée jusqu'à due concurrence aux dépenses que l'administration dudit hospice occasionnera; — Attendu que le testament de la *de cujus* renfermait différentes autres dispositions en faveur du bureau de bienfaisance et de l'église du Thillay; que, pour qu'elles puissent produire leur effet, elles furent toutes soumises à l'autorité compétente, conformément aux prescriptions de l'article 910 du Code civil; — Attendu que par décret de M. le Président de la République en date du 23 juin 1884 il a été statué à cet égard; que la fabrique n'a pas été autorisée à accepter les legs, objet du litige lesquels ont été considérés comme faits aux pauvres de la commune du Thillay, et autorisation a été accordée au maire de les accepter en leur nom;

Attendu que le tribunal n'a pas à apprécier cet acte de la puissance publique; que par application des règles en vigueur, même dans l'ancien droit, on n'a pas voulu que la fondation et, plus tard, l'administration d'un établissement hospitalier fussent soustraits au contrôle de l'autorité séculière; que, toutefois, le pouvoir judiciaire n'est pas lié par l'interprétation donnée par le décret sus-énoncé à la volonté de la testatrice; que l'article 7 de l'ordonnance royale du 2 avril 1817 réserve formellement, si tant est que cette réserve fût nécessaire, les droits des intéressés à se pourvoir contre les dispositions dont l'acceptation est autorisée; qu'il y a donc lieu de rechercher quel est le légataire que la veuve Orth a entendu instituer;

Attendu que les clauses litigieuses sustranscrites sont aussi claires, aussi précises que possible; que par deux fois la *de cujus* répète qu'elle lègue à « l'église du Thillay » les biens et capitaux dont elle dispose; — que nulle part, dans cette partie de son testament, elle ne parle des malades ou des pauvres de la commune; — que c'était donc ladite église qu'elle voulait gratifier et non pas en faire seulement l'intermédiaire, la simple dispensatrice de ses bienfaits; — que son intention se révèle clairement encore dans cette phrase où la veuve Orth n'affecte que jusqu'à due concurrence aux dépenses de l'hôpital le capital nécessaire pour acquérir deux mille francs de rente sur l'État; que ces expressions impliquent évidemment la pensée que si lesdites dépenses n'atteignent pas deux mille francs par an, le reliquat appartiendrait à l'église du Thillay et elle pourrait en faire l'emploi qu'elle jugerait convenable; qu'ainsi le véritable légataire est bien l'église ou la fabrique, son représentant légal pour les besoins du culte;

Attendu, d'autre part, que l'article 4 décret du 23 juin 1884 a refusé à la fabrique du Thillay l'autorisation d'accepter les legs dont s'agit; que ces legs ne peuvent donc, quant à présent, produire d'effets en sa faveur, puisqu'elle se trouve atteinte par l'incapacité légale qui frappe dans ce cas tous les établissements publics (art. 910, C. civ.); qu'en conséquence lesdits legs tombent sous le coup de l'article 1043 du même Code qui prononce la caducité de toute disposition testamentaire faite au profit d'un incapable.

Attendu en définitive que les principes de droit susrappelés ne permettent pas d'accueillir la demande de la commune, cette décision dût-elle avoir pour résultat de priver les pauvres d'un asile pour une de leurs plus cruelles misères, si les défendeurs n'exécutaient pas d'eux-

rendu à la date du 19 mai 1890 (1), il a trait à un legs charitable fait par l'abbé Polleux à la fabrique de l'église de Saint-Maclou de Rouen dans les termes suivants : « Je lègue à la fabrique de Saint-Maclou, ma paroisse : 1° un capital de 6,000 francs à charge par elle de faire dire, pour le repos

---

mêmes les intentions de la *de cujus*, comme ils ont déclaré à l'audience (par l'organe de leur conseil) être prêts à le faire ; — que, du reste, par suite de ce qui vient d'être dit, le tribunal n'a pas à statuer sur les autres moyens des conclusions de Congy et de Jozon et que, d'un autre côté, il ne lui appartient pas de se prononcer sur ce qu'a fait dans la plénitude de ses droits l'autorité compétente;

Sur les intérêts : — Attendu que le testament contient à cet égard les dispositions suivantes : « Ces intérêts ou arrérages ne courront, au profit de l'église, du bureau de bienfaisance et de l'église du Thillay, qu'à partir du jour de l'acceptation définitive, en vertu d'une autorisation administrative régulière » ; — que le maire du Thillay n'a pas, pour sauvegarder les droits de la commune, accepté la délivrance même des 200 francs de rente ; que l'autorisation, accordée de ce chef au bureau de bienfaisance, n'équivaut évidemment point à une acceptation définitive; que la règle des articles 1154 et 1014 du Code civil, qui fait courir les intérêts du jour de la demande en justice, reste donc seule applicable;

Par ces motifs ; — Donne acte à Lébert ès qualité de l'offre faite par Congy et Jozon ès-nom de remettre au bureau de bienfaisance de la commune du Thillay le capital nécessaire pour acheter une rente de 200 francs sur l'État français ; — Condamne en tant que besoin, en cas de non réalisation de ces offres, les défendeurs à payer audit sieur Lébert ladite somme avec les intérêts du jour de la demande, conformément aux dispositions des articles 1154 et 1014 du Code civil; — Déclare caducs et sans effet, par suite de défaut d'autorisation légale, les legs de différents immeubles spécifiés au testament de la veuve Orth du 15 mars 1872, d'une somme de 100,000 francs et du capital nécessaire pour constituer une rente de 2,000 francs faits par la *de cujus* à l'église du Thillay; — Dit en conséquence Lébert ès noms mal fondé en sa demande en délivrance et en condamnation des sommes et capitaux dont s'agit par lui introduite, l'en déboute, ainsi que de toutes ses fins, moyens et conclusions ; — Dit n'y avoir lieu de s'arrêter aux autres moyens et conclusions de Congy et de Jozon ès noms; — Condamne Lébert ès qualités en tous les dépens.

(1) Trib. civ. de Rouen, 19 mai 1890. — Le tribunal ; — Attendu que la première des dispositions du testament qui donne lieu à la difficulté actuelle est ainsi conçue : « Je lègue à la fabrique de Saint-Maclou, ma paroisse : 1° un capital de 6,000 francs, à charge par elle de faire dire pour le repos de mon âme un annuel perpétuel de 52 messes, une par semaine... ; 2° pareille somme pour ses pauvres » ; — Attendu que le bureau de bienfaisance entend faire prononcer la délivrance à son profit en se fondant sur ce que cette disposition contiendrait un legs direct aux pauvres qu'il représente;

Attendu que les termes du testament protestent contre cette interprétation ; qu'ils sont clairs, précis et ne présentent aucune ambiguïté;

de mon âme, un annuel perpétuel de 52 messes, une par semaine... ; 2° et pareille somme pour ses pauvres... ».

L'autorisation d'accepter le legs de six mille francs fait en faveur des pauvres a été refusée à la fabrique de l'église Saint-Maclou et accordée au bureau de bienfaisance de Rouen

— que le légataire institué, c'est la fabrique de l'église Saint-Maclou; — qu'on ne saurait lui en substituer un autre sans violer les dispositions de dernière volonté du testateur dont la loi assure le respect; — que sans doute le testateur a voulu que les pauvres de sa paroisse prennent une part dans sa succession, mais qu'il a entendu que ses libéralités leur parvinssent par l'intermédiaire qu'il avait choisi ; que remplacer cet intermédiaire par le bureau de bienfaisance, ce serait créer une disposition à côté de celle qui existe et contraire aux intentions du *de cujus*; — que cela est évident si on rapproche des termes précis de cette clause du testament celle qui suit et qui procède de la même pensée : assurer des ressources au milieu dans lequel l'abbé Polleux avait vécu pour venir en aide aux pauvres qu'il secourait habituellement avec l'assistance de ceux qu'il a institués; — Attendu qu'on prétend, au nom du bureau de bienfaisance, que pour exclure cet établissement il aurait fallu que l'abbé exprimât cette volonté et mît à sa libéralité la condition que le legs n'aurait d'effet que s'il était délivré au conseil de fabrique ; — que ces arguments sont sans valeur; que l'exclusion du bureau de bienfaisance eût été réputée non écrite comme contraire à l'ordre public; que, d'autre part, l'exécution des dispositions testamentaires n'est pas subordonnée à des sanctions ou à des conditions; que la simple manifestation de la volonté dernière est la loi qui s'impose à tous, lorsqu'elle est nettement et librement exprimée; — Attendu que si on éclaire enfin les dispositions du testament par les circonstances extérieures, à savoir : la rupture des relations qu'avait antérieurement l'abbé Polleux avec le bureau de bienfaisance et, comme conséquence, la constitution par lui d'un service privé de secours à côté du service public organisé, on ne peut douter que ce qu'il a entendu c'est que ses largesses fussent distribuées suivant ses intentions spéciales par les intermédiaires ordinaires de ses libéralités, confidents de ces mêmes intentions, c'est-à-dire par les membres du conseil de fabrique ; — Attendu que ce dernier s'est vu refuser l'autorisation d'accepter le legs qui lui avait été fait; que le legs de l'abbé Polleux ne peut recevoir d'exécution; que par suite ce legs est caduc;

Attendu que la seconde des dispositions litigieuses du testament est ainsi conçue : « Je désire que tout le surplus de mon mobilier soit vendu et que le produit de cette vente soit remis par mon successeur aux pauvres de ma paroisse »; — Attendu que le bureau de bienfaisance demande également et en la même qualité délivrance du produit de la vente comme étant un don ou un legs fait aux pauvres qu'il représente; — Attendu que cette prétention n'est pas fondée; — que cette disposition ne contient pas un legs, mais une charge d'hérédité dont l'exécution appartient au légataire universel; — que le bureau de bienfaisance peut avoir qualité pour surveiller l'exécution au profit des pauvres de cette disposition du testament, mais qu'il ne peut demander de délivrance, puisqu'il ne s'agit pas d'un legs ;... Pour ces motifs. — Dit le bureau de bienfaisance mal fondé dans son action, l'en déboute.

par décret du 31 mai 1889, mais le tribunal civil de cette ville a rejeté l'action en délivrance formée par ce bureau contre les héritiers du sieur Capitaine, légataire universel de l'abbé Polleux.

Un examen superficiel des jugements des tribunaux de Pontoise et de Rouen pourrait faire croire qu'ils contiennent une condamnation formelle de notre théorie, mais, si l'on scrute attentivement les motifs de ces décisions, l'on s'aperçoit qu'elles s'expliquent par des raisons d'espèce et non par un principe qui serait opposé à celui que nous avons énoncé. Les tribunaux de Pontoise et de Rouen ont jugé, en raison des circonstances des affaires qui leur étaient soumises, que les pauvres du Thillay et de Rouen ne pouvaient être regardés comme ayant été institués légataires par la dame veuve Orth et l'abbé Polleux et que les fabriques des églises du Thillay et de Saint-Maclou de Rouen n'étaient pas des légataires apparents, mais des légataires sérieux qui avaient seuls vocation aux biens légués. Or, nous avons eu soin de dire que les représentants légaux des pauvres n'avaient qualité pour réclamer le montant des libéralités testamentaires faites dans un but de bienfaisance à des établissements dépourvus de vocation charitable qu'autant que dans la pensée des testateurs elles s'adressaient moins à ces établissements qu'aux pauvres eux-mêmes (V. *supra*, n°s 132, 236 et 240) ; il n'y a donc dans les jugements des tribunaux civils de Pontoise et de Rouen rien qui soit contraire à notre doctrine.

Au surplus, la thèse que nous avons développée a été expressément consacrée par deux jugements des tribunaux civils de Marseille et de Lodève, dont l'un porte la date du 1er mai 1890 (1) et l'autre celle du 31 juillet de la même

(1) Trib. civ. de Marseille, 1er mai 1890. — Le tribunal ; — Attendu que le testament public en date du 21 avril 1879 de la dame Marie-Julie-Madeleine Mathieu, veuve Valy, contient la disposition suivante : « Je lègue au consistoire de l'Église réformée de Marseille 3,000 francs, qui devront être placés et dont le revenu sera distribué aux pauvres annuellement » ; — Attendu qu'à la suite du décès de la testatrice, la commission administrative du bureau de bienfaisance de Marseille a été, par décret en date du 26 janvier 1888, autorisée à accepter le legs susénoncé ; que la demande en autorisation faite par le consistoire de l'Église réformée de Marseille a été rejetée ; — Attendu que les défen-

deurs refusent d'opérer la délivrance de la libéralité dont s'agit au bureau de bienfaisance, en prétendant que le consistoire de l'Église réformée seul ayant été constitué légataire, le legs est devenu caduc et doit faire retour aux héritiers; — Attendu que les personnes civiles ne sont capables de recevoir et de posséder que dans les limites de leur mission légale; que la loi qui les a créées leur a donné une destination spéciale en dehors de laquelle elles ne peuvent exercer aucun droit; — Attendu que les consistoires, pas plus que les conseils presbytéraux n'ont reçu dans leurs attributions le soin de distribuer des secours aux pauvres, ni d'administrer les biens qui leur sont légués; que la loi du 18 germinal an X, en leur rendant applicables certaines des dispositions portées par les articles organiques du culte catholique, ne leur a donné pour mandat que de veiller à l'entretien et à la conservation des temples, ainsi qu'à l'administration des aumônes; que l'administration des aumônes ne comporte que la gérance des fonds qui leur sont remis par les fidèles pour pourvoir aux dépenses nécessitées par les besoins du culte et non pour être distribués aux pauvres; que cette interprétation résulte du texte même de l'article 1er du décret du 30 décembre 1809, qui dit que les fabriques sont chargées d'administrer les aumônes, les biens, les rentes, perceptions autorisées par les lois et règlements, les sommes supplémentaires fournies par les communes, et généralement tous les fonds qui sont affectés à l'exercice du culte; — Attendu que les seules personnes morales qui puissent acquérir au nom des pauvres sont les bureaux de bienfaisance; que la loi du 7 frimaire an V leur a donné mandat de recevoir les dons offerts aux pauvres et d'en faire la distribution; que ces attributions leur ont été conférées à l'exclusion de tout autre établissement public; que même l'article 75 du décret du 30 décembre 1809 leur a conféré le droit de faire faire des quêtes pour les pauvres dans les églises; — Attendu que la clause testamentaire désignant le consistoire de l'Église réformée de Marseille pour recueillir le legs fait au profit des pauvres de cette ville est entachée d'illégalité, en ce sens que non seulement elle a pour objet de donner une attribution à une personne civile qui n'a pas qualité pour le recevoir, mais encore qu'elle méconnaît la loi relative aux bureaux de bienfaisance; — Attendu qu'aux termes de l'article 900 du Code civil toute condition contraire aux lois doit être réputée non écrite; qu'il y a donc lieu de la considérer comme non avenue; — Attendu qu'il résulte de l'ensemble des dispositions testamentaires de la veuve Valy qui était catholique, mais dont le mari prédécédé avait appartenu à la religion protestante, qu'en choisissant le consistoire de l'Église réformée de Marseille pour recevoir la somme de 3,000 francs et en distribuer les revenus annuels aux pauvres, elle a voulu faire uniquement profiter de cette libéralité les pauvres protestants; que le consistoire ne devait être que l'intermédiaire chargé d'exécuter sa volonté; — Attendu que la commission administrative du bureau de bienfaisance de Marseille, qui a été autorisée à recevoir le legs aux clauses et conditions soutenues dans ce testament, a, par des conclusions versées au débat, déclaré qu'elle prenait sous sa responsabilité l'engagement formel de distribuer uniquement aux pauvres protestants les revenus annuels de la somme léguée par la dame Valy, ainsi qu'elle le fait déjà pour les sommes provenant du testament de la veuve Doxat, en date du 6 juillet 1855; — Attendu que la dame Valy n'a inséré dans son testament aucune clause irritante; que son désir est que son legs parvienne aux pauvres protestants; qu'arriver

année (1); ces décisions ont accordé aux bureaux de bienfaisance de Marseille et de Plaissan la délivrance de legs charitables qu'ils avaient été autorisés à accepter au lieu et place du consistoire de l'église réformée de Marseille et de la fabrique de la paroisse de Plaissan par décrets des 26 janvier 1888 et 23 avril 1889.

La cour d'appel de Toulouse n'a pas adhéré moins for-

à ce résultat, même par un intermédiaire autre que celui désigné par la testatrice, c'est encore exécuter ses volontés;

Par ces motifs; — Reçoit l'administration du bureau de bienfaisance dans ses demandes, fins et conclusions; — Dit qu'il a seul qualité pour recueillir le legs revendiqué par lui; — Donne acte aux héritiers de la veuve Valy de ses déclarations et conclusions additionnelles. — Ordonne que dans la huitaine de la signification du présent jugement les défendeurs seront tenus de faire au bureau de bienfaisance de Marseille la délivrance dudit legs; — Condamne les défendeurs aux dépens.

(1) Trib. civ. de Lodève, 31 juillet 1890. — Le tribunal; — Attendu que J. Fabre, en son vivant propriétaire à Plaissan, par son testament olographe en date du 12 juillet 1887, déposé aux minutes de Me F..., notaire, a institué pour sa légataire universelle la veuve D... et a légué à la fabrique de la paroisse de Plaissan la somme de 10,000 francs qui sera consacrée, dit le testament, à secourir les pauvres de ladite paroisse; — Attendu que le conseil de fabrique s'étant pourvu pour obtenir l'autorisation nécessaire pour accepter le legs de cette somme, il est intervenu le 23 avril 1889 un décret de M. le Président de la République qui a refusé cette autorisation et a autorisé la commission administrative du bureau de bienfaisance à accepter la libéralité faite aux pauvres; — Attendu que le maire de la commune de Plaissan, au nom du bureau de bienfaisance, demande à la légataire universelle la délivrance du legs; — Attendu que la défenderesse conteste le droit pour le bureau de bienfaisance de recueillir la somme léguée, soutenant que l'intention formelle du testateur a été de gratifier la fabrique, qui peut, elle aussi, d'après son institution, recevoir les aumônes et dons destinés aux pauvres, et que l'administration et la distribution par la fabrique des secours provenant du capital légué ont été la condition déterminante de la libéralité; — Attendu que les termes mêmes de la disposition en faveur de la fabrique ne laissent aucun doute sur l'intention du testateur de gratifier les pauvres de la paroisse de Plaissan; que cela résulte clairement des mots « qui sera consacrée à secourir les pauvres »; que les pauvres de Plaissan sont donc les bénéficiaires réels du don; — Attendu que les bureaux de bienfaisance sont spécialement institués pour administrer les biens des pauvres et faire la distribution des secours; — Attendu que les fabriques ont été établies en vue de pourvoir aux besoins du culte, du service divin; que l'administration des biens destinés au soulagement des pauvres, pas plus que leur distribution, n'entre dans leurs attributions; que si elles peuvent recevoir des aumônes, il faut entendre par ces mots: les offrandes et dons volontaires faits par les fidèles pour les besoins du culte, et non les fondations au profit des malheureux; — — Attendu que les établissements publics jouissant de la personnalité civile ont été institués pour des destinations spéciales; qu'on ne saurait

mellement à notre opinion en confirmant par un arrêt du 4 novembre 1890, aussi solidement motivé en droit qu'en fait, un jugement du tribunal civil de Lavaur du 31 décembre 1889 qui a fait délivrance au bureau de bienfaisance de Graulhet d'un legs charitable accepté par cet établissement en remplacement de la fabrique de l'église de Notre-Dame-des-Vignes conformément à un décret du 30 décembre 1888 (1).

étendre leurs attributions sans violer la loi de leurs institutions; — Attendu qu'il n'est pas démontré que l'administration et la distribution des secours par la fabrique avaient été la cause déterminante du legs; que rien dans le testament ne fait présumer que le testateur ait voulu priver les pauvres de tous secours s'ils ne leur parvenaient pas par l'intermédiaire du conseil de fabrique; — Attendu que l'institution de la fabrique comme représentant les intérêts des pauvres est contraire à la loi et doit être réputée illicite;

Par ces motifs; — Ordonne la délivrance du legs dont s'agit au profit de la commission administrative du bureau de bienfaisance de la commune de Plaissan.

(1) Trib. de Lavaur, 31 décembre 1889. — Attendu que le testament public en date de 27 octobre 1885, reçu par Me Guy, notaire à Graulhet, de la dame Delieux, née Borderies, aux termes duquel elle institue Elisabeth Channac, aujourd'hui épouse Solier, pour sa légataire universelle, contient la disposition ci-après qui a donné lieu au litige et qui est ainsi conçue : « Je donne et lègue à la fabrique de Notre-Dame-des-Vignes, ma paroisse, un titre de rente de 1,000 francs sur l'État français 3 0/0 à mon nom, inscrit sous le no 280,444, série deuxième ; la susdite rente sera distribuée annuellement à compter de mon décès aux pauvres de la paroisse de Notre-Dame-des-Vignes par les soins du curé qui desservira la paroisse et le capital appartiendra à la fabrique qui prélèvera nonobstant sur le capital les frais de toute nature auxquels le présent donnera lieu »; — Attendu que par décret de M. le Président de la République du 30 décembre 1888, la commission administrative du bureau de bienfaisance de Graulhet a été autorisée à accepter le legs fait par ladite dame Delieux aux pauvres de cette commune dans laquelle se trouve la paroisse de Notre-Dame-des-Vignes, autorisation que le même décret refuse d'accorder à la fabrique de cette église qui l'avait sollicitée; — Attendu qu'actionnés par le maire de Graulhet, en sa qualité de président du bureau de bienfaisance, en délivrance du legs dont il s'agit, les époux Channac-Solier résistent à la demande qui leur est faite, prétendant que le légataire n'est point le bureau de bienfaisance, mais bien la fabrique de Notre-Dame-des-Vignes, que partant la demande contre eux formée est irrecevable, mal fondée et doit être rejetée; — Attendu qu'une première question se pose dès lors, celle de savoir quel est le véritable légataire ou bénéficiaire de la libéralité résultant de la disposition testamentaire de la dame Delieux susvisée; — Attendu que cette disposition est des plus claires et que le motif impulsif et déterminant de la libéralité qu'elle renferme a été pour Mme Delieux de faire du bien aux pauvres et de plus que c'est eux qu'elle a entendu gratifier exclusivement puisqu'elle prescrit que la rente par elle léguée, toute la rente, c'est-à-dire l'entier émolument, devra être distribuée annuellement aux

Enfin nous pouvons citer en faveur de la théorie que nous avons formulée un arrêt de la cour d'appel de Paris du

---

pauvres, d'où la conséquence que c'est eux qui sont les seuls légataires et que la fabrique de Notre-Dame-des-Vignes, de même, d'ailleurs, que le curé de cette église ne sauraient être considérés que comme de tiers intermédiaires et de simples distributeurs et qu'il importe peu que la testatrice ait déclaré *in fine* de la disposition que la fabrique serait propriétaire du capital puisque l'emploi de la rente est déterminé ; qu'il est de rigueur pour la fabrique qui est tenue *in perpetuum* de la distribuer aux pauvres ; — Attendu que les véritables légataires de Mme Delieux, en vertu de la clause testamentaire précitée, étant les pauvres, il est hors de doute que c'est le bureau de bienfaisance de Graulhet, représentant légal des pauvres de cette commune, qui a seul qualité pour recueillir le legs fait à ceux-ci, ainsi du reste qu'il y a été autorisé par le décret du 30 décembre 1888 ; — Attendu, en effet, que les bureaux de bienfaisance ont été établis pour le soulagement des pauvres et l'administration de leurs biens ; qu'il n'en est pas de même des fabriques, qui n'ont d'autre mission que celle de veiller à l'entretien et à la conservation des temples et à l'administration des fonds qui sont affectés à l'exercice du culte et des aumônes, les aumônes que les lois et décrets concernant les fabriques ont eu en vue ne devant s'entendre que des dons faits en quelque sorte de la main à la main ou provenant des quêtes et nullement de ceux qui, comme le legs de Mme Delieux, constituent une véritable fondation ; — Attendu qu'il est de principe que les établissements publics ne sont aptes à recevoir et à posséder que dans l'intérêt des services qui leur ont été spécialement confiés ; qu'il suit de là qu'il y a lieu de considérer comme illicite et par suite comme non écrite la clause du testament de Mme Delieur en tant qu'elle confère à la fabrique de Notre-Dame-des-Vignes à l'exclusion du bureau de bienfaisance de Graulhet le droit de recueillir et d'administrer le legs dont s'agit (V. req., 14 juin 1875, S. 75.1.467 ; Luxembourg, 18 décembre 1885, S. 86.4,12 ; C. d'Ét. 7 juillet et 13 juillet 1881, S. 82.3.356 et 357 ; Laurent, t. XI, nos 145 et 246 ; Aubry et Rau, t. VII, p. 72 ; art. 900, 910 et 937 du C. civ.) ; — Attendu que des considérations ci-dessus il résulte que la demande en délivrance formée par le bureau de bienfaisance de Graulhet est fondée et doit être accueillie ; — Par ces motifs, condamne à faire délivrance.

Toulouse, 4 novembre 1890. — La Cour, — Attendu que la dame Delieux, née Borderies, a consigné dans son testament du 27 octobre 1885 cette disposition : « Je donne et lègue à la fabrique de Notre-Dame-des-Vignes ma paroisse un titre de rente sur l'État français 3 0/0. La susdite rente sera distribuée annuellement à compter de mon décès aux pauvres de la paroisse de Notre-Dame-des-Vignes par les soins du curé qui desservira la susdite paroisse et le capital appartiendra à la fabrique, qui prélèvera nonobstant sur ce capital les frais de toute nature auxquels le présent donnera lieu » ; — Attendu que, suivant décret du 30 décembre 1888, le Président de la République a refusé au trésorier de la fabrique l'autorisation d'accepter ; qu'il l'a au contraire accordée à la commission administrative du bureau de bienfaisance de Graulhet ; — Attendu que Mme Channac-Solier, légataire générale et universelle de la dame Delieux, soutient, au principal, que le legs doit être déclaré caduc et subsidiairement qu'en tous cas le curé de la paroisse de Notre-Dame-des-

23 janvier 1891 (1) qui a approuvé la substitution de l'Administration de l'Assistance publique, agissant comme représentant légal des pauvres de Paris, aux fabriques des églises de Saint-Nicolas-des-Champs et de Saint-Germain-l'Auxerrois dans l'acceptation de deux legs de rentes de trois cents francs faits par le sieur Poiret à ces établissements ecclésiastiques pour les pauvres, mais il importe de remarquer que l'Administration de l'Assistance publique avait pris devant la cour des conclusions tendant à ce qu'il lui fût donné acte de ce qu'elle « déclarait expressément et formellement que la volonté de M. Poiret serait respectée de la façon la plus complète et qu'elle remet-

---

Vignes doit seul répartir entre les pauvres le montant de la rente; — Mais attendu qu'il ressort de l'ensemble du testament que le mobile de la dame Delieux a été avant tout de léguer aux pauvres; qu'elle n'a jamais entendu faire bénéficier la fabrique elle-même au cas où il n'y aurait plus de pauvres à secourir dans la paroisse; que la fabrique était considérée comme un simple intermédiaire; — Attendu que la désignation du curé de la paroisse n'a pas été faite au titre d'exécuteur testamentaire; que la testatrice en attribuant successivement aux curés de Notre-Dame-des-Vignes le mandat de répartir les revenus de la rente a apposé une condition illégale qui doit être réputée non écrite; que seul le bureau de bienfaisance de la commune de Graulhet peut gérer et affecter les revenus, de même qu'au cas de legs valable à une fabrique le trésorier seul a ces pouvoirs à l'exclusion du curé (Avis du C. d'Ét. 7 juillet 1881; *Palais, Lois annotées*, t. XIV, p. 580; Cass. 14 juin 1875, P. 75.1.180; V. note, 1879, p. 1290; Comp. cass. 4 août 1856, P. 56 2.575; Cass. 22 août 1881, P. 83, 1166 et note. — *Sic.*: Vuillefroy, *De l'administration du culte ecclésiastique*, p. 289, note *a*; Laurent, *Principes du droit civil*, t. XI, n°s 215 et 1); qu'il n'apparaît pas que la dame Delieux ait fait de la distribution par le curé la condition *sine qua non* de son legs; qu'il n'y a donc pas de motif impulsif et déterminant respectable à peine de nullité; — Attendu qu'il suffira au bureau de bienfaisance de répartir entre les pauvres de la paroisse de Notre-Dame-des-Vignes les arrérages de la rente;

Par ces motifs et ceux des premiers juges; — Confirme le jugement rendu le 31 décembre 1889 par le tribunal civil de Lavaur avec cette précision que seuls les pauvres de la paroisse de Notre-Dame-des-Vignes devront profiter du legs.

(1) Paris, 23 janvier 1891. — La Cour; — Considérant que l'Administration de l'Assistance publique, agissant comme représentant légal des pauvres de Paris, réclame aux légataires universels de Poiret la délivrance de deux legs particuliers contenus dans un testament olographe en date du 12 décembre 1879 et ainsi conçus : « Je donne et lègue à la fabrique de Saint-Nicolas-des-Champs une rente perpétuelle de 300 francs à la condition que la rente sera toujours distribuée aux pauvres les plus nécessiteux et par le curé de la paroisse. Je donne et lègue à la fabrique de Saint-Germain-l'Auxerrois une rente perpétuelle de 300 francs à la condition que cette rente sera toujours distribuée par le curé aux pauvres

trait soit annuellement, soit trimestriellement, aux fabriques des paroisses de Saint-Germain-l'Auxerrois et de Saint-Nicolas-des-Champs les arrérages des deux titres de 300 francs de rente pour être distribués aux pauvres les plus nécessiteux par le curé desdites paroisses » ; la cour d'appel n'a ordonné la délivrance des legs que « sous réserve du donné acte ». Or l'arrangement offert spontanément par l'Administration de l'Assistance publique n'était pas seulement contraire à l'avis de principe du Conseil d'État du 7 juillet 1881 qui repousse toute ingérence des curés dans la distribution des secours à provenir de biens recueillis et administrés par les établissements publics de bienfaisance (V. *supra*, n° 236); il était, en outre, irrégulier en ce sens qu'il n'avait pas été autorisé par le gouvernement. L'arrêt du 23 janvier 1891 est donc susceptible de soulever certaines objections.

La Cour de cassation n'a point encore eu à se prononcer sur le mérite de la combinaison qui consiste à substituer les représentants légaux des pauvres aux établissements dépourvus de vocation charitable dans l'acceptation des libéralités faites à ceux-ci pour le soulagement des indigents, mais nous ne doutons pas qu'à la première occasion elle ne la déclare légitime.

Ce qui nous autorise à le supposer, c'est que la Cour

---

les plus nécessiteux de la paroisse »; que les fabriques désignées dans ledit testament n'ayant point capacité pour recevoir les legs dont le bénéfice est attribué non aux fabriques mais aux pauvres, l'Administration de l'Assistance publique a été régulièrement habilitée par le Conseil d'État à accepter lesdits legs aux charges et conditions imposées par le testateur; que du rapprochement des clauses du testament de 1879 avec celui d'un testament antérieur du 6 juin 1877 il résulte que le testateur s'est préoccupé avant tout du choix des personnes qui demeureraient en fait chargées de la dispensation de la libéralité ; que par des conclusions prises devant la Cour, l'Administration demande qu'il lui soit donné acte de ce qu'elle « déclare expressément et formellement que la volonté de M. Poiret sera respectée de la façon la plus complète et qu'elle remettra soit annuellement, soit trimestriellement aux fabriques des paroisses de Saint-Germain-l'Auxerrois et de Saint-Nicolas-des-Champs les arrérages des deux titres de 300 francs de rentes pour être distribués aux pauvres les plus nécessiteux par le curé desdites paroisses »; que dans ces conditions il est satisfait aux charges et conditions des legs imposées par le testateur; qu'il y a donc lieu d'en ordonner la délivrance sous la réserve du donné acte ; — Par ces motifs, infirme.

suprême a décidé, aux termes d'un arrêt précité du 6 novembre 1866 concernant un legs adressé par l'abbé Varin aux Petites-Sœurs des pauvres de Caen, qu'un legs charitable fait à un établissement dépourvu d'existence légale pouvait être revendiqué par le représentant légal des pauvres, du moment que des circonstances de l'espèce il résultait que la libéralité s'adressait moins à l'établissement désigné par le testateur qu'aux pauvres secourus par cet établissement (V. *supra*, nº 46).

Il n'y a pas de motif pour distinguer entre l'hypothèse où un établissement est incapable de recueillir une libéralité de bienfaisance, parce qu'il n'est pas légalement reconnu, et celle où il ne peut la recevoir, parce que, tout en ayant une existence légale, il manque de la vocation charitable; si dans un cas le représentant légal des pauvres a la faculté d'intervenir pour se substituer dans l'acceptation de la libéralité à l'établissement institué, ce droit ne saurait lui faire défaut dans l'autre.

§ 3. — *Extensions du principe de la spécialité.*

267. Le principe de la spécialité, tel qu'il est défini par les avis du Conseil d'État des 13 avril et 13 juillet 1881 (V. *supra*, nº 235), s'oppose à ce que les établissements légalement reconnus reçoivent des libéralités grevées de charges ou conditions étrangères à leurs attributions légales; il n'a pas d'autre but, d'après ces avis.

Cependant certains jurisconsultes, dont l'opinion a trouvé quelque crédit auprès du Conseil d'État, voudraient en élargir la portée; la règle de la spécialité tend sous leurs efforts à perdre sa simplicité primitive et à revêtir des aspects multiples. Déjà elle est parvenue à un degré de complexité dont quelques exemples permettront de juger.

268. Nous lisons dans le recueil de « Notes de jurisprudence » publié en 1892, sous le haut patronage de M. le président de la section de l'Intérieur, que « par application du principe de la spécialité il n'y a pas lieu d'autoriser la mense curiale à accepter un legs qui lui a été fait pour être employé par le desservant en *bonnes œuvres* » (Note de la section de

l'Intérieur du Conseil d'État et projet de décret du 16 février 1887, legs Lison) (1); de même, il est dit dans cet ouvrage qu' « il n'y a pas lieu d'autoriser un curé à accepter un legs à lui fait pour ses *œuvres paroissiales*, lorsque cet ecclésiastique a refusé de préciser l'emploi qu'il entendait faire du produit de sa libéralité » (Note du C. d'Ét. 20 novembre 1884, legs Massip) (2).

---

(1) Note de la sect. de l'Int. 16 février 1887 (n° 58,822). — La section de l'Intérieur, de l'Instruction publique, des Beaux-Arts et des Cultes du Conseil d'État, tout en adoptant les autres dispositions du projet de décret tendant à statuer sur les libéralités faites par la dame Lison à divers établissements du département de la Nièvre, a cru devoir substituer au deuxième paragraphe de l'article 2, qui autorisait la commission administrative du bureau de bienfaisance de Douzy (Nièvre) à accepter le legs résultant de la disposition par laquelle la testatrice avait décidé que les trois quarts d'une somme de 8,000 francs seraient remis aux curés successifs de la paroisse pour être employés en *bonnes œuvres* à leur choix et spécialement au soulagement des pauvres, un article 3, autorisant ladite commission administrative à répudier cette libéralité. — La commission administrative ayant pris, à la date du 13 novembre 1886 une délibération portant refus d'accepter le legs pouvant résulter en faveur des pauvres de la disposition précitée, il a semblé à la section, conformément d'ailleurs aux propositions de la dépêche ministérielle du 8 février 1887, qu'il n'y avait pas lieu d'autoriser d'office l'acceptation de cette libéralité. (M. de Villeneuve, rapporteur.)

Projet de décret adopté par la section de l'Intérieur le 16 février 1887 (même affaire). — Article 3. La commission administrative du bureau de bienfaisance de Douzy (Nièvre) est autorisée à répudier la libéralité pouvant résulter pour cet établissement de la disposition du testament précité, par laquelle la testatrice a décidé que les trois quarts des revenus d'une somme de 8,000 francs seraient remis au curé pour être employés en bonnes œuvres à son choix, et spécialement au soulagement des pauvres. — Article 4. Le trésorier de la fabrique de l'église curiale de Douzy (Nièvre) est autorisé à accepter, aux clauses et conditions imposées, mais seulement jusqu'à concurrence d'un quart applicable à la fondation annuelle et perpétuelle, pendant trente ans, d'un service, le legs fait à cet établissement par la dame Justine-Ferréol-Clotilde-Suzanne Bernardin, veuve du sieur Claude Lison, suivant son testament olographe du 17 novembre 1876 et consistant en une somme de 8,000 francs, à la charge d'affecter les revenus jusqu'à concurrence d'un quart à la fondation précitée et, pour le surplus, à de bonnes œuvres et spécialement au soulagement des pauvres par les soins du curé... (M. de Villeneuve, rapporteur.)

(2) Note du C. d'Ét. 20 novembre 1884 (n° 34,325). — Le Conseil d'État, tout en adoptant au fond le projet de décret ci-joint relatif aux legs faits par le sieur Massip à divers établissements de la Haute-Garonne, a cru devoir y apporter quelques modifications. — 1°... 2° En ce qui concerne le legs de 40,000 francs fait au bureau de bienfaisance de Toulouse, à la charge de verser chaque année une somme de 500 francs entre les mains du curé de Notre-Dame-du-Taur *pour ses œuvres paroissiales*, le

Des décisions analogues ont été prises à l'égard de menses épiscopales. C'est ainsi que l'évêque d'Agen ayant été gratifié par la demoiselle Delpech d'un legs à charge de le consacrer à une œuvre conforme à la volonté de la testatrice, l'acceptation de cette libéralité n'a pas été autorisée (Avis C. d'Ét. 2 mai 1883, legs Delpech) (1).

Les notes et avis susvisés ont fait une juste application du

Conseil a pensé qu'il était nécessaire d'insérer au projet de décret un article spécial portant que le curé n'est pas autorisé à accepter ce legs. En effet, à la note interlocutoire, en date du 18 février 1880, par laquelle la section de l'Intérieur avait demandé au curé d'indiquer d'une manière précise à quelles œuvres paroissiales il entendait employer cette rente de 500 francs, cet ecclésiastique a répondu en refusant de préciser l'emploi qu'il entendait donner à cette rente et en demandant une autorisation d'accepter pure et simple sans restriction. Dans ces conditions, le Conseil a pensé qu'il ne pouvait accorder au curé l'autorisation sollicitée et il a modifié le décret dans ce sens. (M. Mourier, rapporteur.)

(1) Avis C. d'Ét. 2 mai 1883 (nº 43,426). — Le Conseil d'État qui, sur le renvoi ordonné par M. le ministre de l'Intérieur et des Cultes, a pris connaissance d'un projet de décret statuant sur les libéralités faites par la demoiselle Delpech à divers établissements publics ecclésiastiques du département de la Dordogne et de Lot-et-Garonne et notamment à l'évêché d'Agen; — Vu les testament et codicille publics en date des 31 janvier 1876 et 19 octobre 1877;

Considérant que la *mense épiscopale*, qui doit recueillir le legs devenu caduc par suite de la renonciation dûment autorisée du supérieur général de l'Institut des frères des écoles chrétiennes, n'a été instituée qu'en vue de l'amélioration du sort des titulaires successifs; qu'autoriser l'évêque à accepter une libéralité dont les revenus seraient employés à une autre destination serait faire sortir cet établissement ecclésiastique des limites de ses attributions; — Considérant que si l'évêque était autorisé à accepter, au nom du *petit séminaire* de son diocèse, le legs du surplus, il pourrait, au nom de ce dernier établissement, réclamer le legs à titre particulier fait par la demoiselle Delpech suivant son testament du 31 janvier 1876 et destiné soit à la création d'une école de frères des écoles chrétiennes dans la commune de Lalaudusse, soit à toute autre destination désignée par l'évêque et conforme à la volonté de la testatrice; — Considérant que l'école secondaire ecclésiastique d'Agen reçoit déjà par le même testament un legs à titre particulier de 6,000 francs; qu'il ne paraît pas utile d'augmenter au delà de l'émolument de ce legs à titre particulier la dotation de cet établissement qui, vu la situation de la testatrice, est suffisamment gratifié; — Est d'avis qu'il y a lieu de supprimer dans l'article 2 les mentions relatives à l'acceptation du legs du surplus et d'ajouter une disposition portant que l'évêque n'est autorisé à accepter ni le legs universel ni le legs à titre particulier dont les revenus doivent être employés à une destination indiquée par l'évêque et conforme à la volonté de la testatrice. (M. Valabrègue, rapporteur.)

principe de la spécialité. Il ne faudrait pas croire, en effet, que les attributions des évêchés, cures ou succursales soient les mêmes que celles des évêques, curés et desservants ; tandis que ces ecclésiastiques sont chargés de fonctions multiples, les évêchés, cures et succursales n'ont qu'une destination qui est de pourvoir à l'amélioration de la condition matérielle de leurs titulaires successifs. Dès lors, les évêchés, cures et succursales ne peuvent recevoir que des libéralités libres de toute affectation ou affectées à un usage profitable aux évêques, curés et desservants. Or un don ou legs fait à un évêché, à une cure ou à une succursale pour les œuvres de l'évêque, du curé ou du desservant ou pour celles du diocèse ou de la paroisse, ou encore pour une œuvre conforme à la volonté du donateur ou du testateur, n'est de nature à procurer aucun bénéfice aux titulaires successifs de l'évêché, de la cure ou de la succursale; ils n'en tireront aucun avantage personnel. Le principe de la spécialité ne permet donc pas qu'ils l'acceptent.

Mais, s'il fait obstacle à ce que les personnes morales recueillent des dons et legs qui leur sont faits sous des charges ou conditions dont l'accomplissement n'est pas de leur compétence, il ne saurait les rendre incapables de recevoir des libéralités qui leur sont adressées sans charges ni conditions. Aussi peut-on se demander si le Conseil d'État n'a pas exagéré les conséquences de cette règle lorsque, se trouvant en présence d'un legs pur et simple adressé par la dame veuve Simon à l'évêque de Quimper, il a décidé aux termes d'une note du 27 février 1890 qu'il n'y avait pas lieu d'autoriser l'acceptation de ladite libéralité parce que « l'évêque de Quimper se proposait d'affecter le produit du legs fait par la dame veuve Simon en faveur de la mense épiscopale aux besoins des écoles libres congréganistes, c'est-à-dire à un emploi étranger aux attributions de la mense épiscopale (1).

(1) Note du C. d'Ét. 27 février 1890 (nos 81, 989 et 86,129). — Le Conseil d'État, tout en adoptant le projet de décret tendant à statuer sur des legs faits à divers établissements publics du Finistère par la dame veuve Simon, a cru devoir modifier plusieurs de ses dispositions. — Il a pensé, d'une part, qu'en présence des déclarations versées au dossier

Ne serait-il pas amplement satisfait au principe de la spécialité si, au lieu d'interdire l'acceptation d'un don ou d'un legs exempt de toute charge ou condition, sous prétexte que l'établissement donataire ou légataire a l'intention d'en faire un emploi contraire audit principe, le gouvernement la permettait, sauf à prescrire dans l'acte d'autorisation que le don ou le legs ne sera appliqué qu'aux objets qui rentrent dans la mission de l'établissement donataire ou légataire et à veiller à ce que dans l'exécution de la libéralité cet ordre ne soit pas transgressé?

La jurisprudence administrative n'a pas toujours fait produire au principe de la spécialité les effets qu'en a tirés la note du 27 février 1890.

La demoiselle Denis ayant légué au curé de Louront-Béconnais et à ses successeurs une rente de cent francs « pour être employée selon leur bon plaisir », la section de l'Intérieur du Conseil d'État fut saisie d'un projet de décret qui tendait à refuser par application du principe de la spécialité à la cure l'autorisation d'accepter la libéralité faite à cet établissement; elle ne l'a pas approuvé et elle a expliqué dans une note du 21 décembre 1887 que, si la demoiselle Denis avait déclaré dans son testament qu'elle était persuadée que les curés de Louront-Beconnais feraient toujours usage des biens légués en faveur des pauvres délaissés, il ne leur avait cependant été imposé aucune obligation à cet égard et que l' « on ne saurait voir une fondation charitable dans un legs pour l'emploi duquel le légataire conserve la plus grande latitude » (1).

---

et desquelles il résulte que l'évêque de Quimper se propose d'affecter le produit du legs fait par la dame veuve Simon en faveur de la mense épiscopale aux besoins des écoles libres congréganistes, c'est-à-dire à un emploi étranger aux attributions de la mense épiscopale, il n'y avait pas lieu de l'autoriser à accepter cette libéralité.

D'autre part, le Conseil d'État estime qu'il serait contraire à la jurisprudence d'autoriser d'office le maire de Brest, au nom des pauvres, à accepter les legs faits à la Société de charité maternelle et à la crèche de cette ville; aucun document de l'instruction n'établit que le conseil municipal de Brest a délibéré sur ces legs ou que le maire a demandé à être autorisé à les accepter. Le Conseil d'État a pensé dès lors qu'il convenait d'ajourner toute décision sur ces deux dispositions. (M. Bienvenu Martin, rapporteur.)

(1) Note de la sect. de l'Int. 21 décembre 1887 (n° 68,077). — L.

269. D'après une jurisprudence constante il convient de refuser d'autoriser l'acceptation de tout don ou legs fait à un établissement public ou d'utilité publique qui a été détourné de la destination spéciale en vue de laquelle il a été légalement reconnu.

Le Conseil d'État s'est notamment prononcé à plusieurs reprises contre l'autorisation de l'acceptation de libéralités faites à des petits séminaires ou écoles secondaires ecclésiastiques, parce qu'il était établi qu'au lieu de servir d'écoles préparatoires aux grands séminaires, conformément à leur mission légale, ces établissements avaient dégénéré en simples établissements d'enseignement secondaire.

Un avis du Conseil d'État du 28 juin 1882 relatif à un legs fait par la dame veuve Noché à l'école secondaire ecclésiastique de la Ferté-Macé porte, d'une part, « que les écoles secondaires ecclésiastiques n'ont été instituées en établissements publics par l'ordonnance du 5 octobre 1814 qu'en vue de faciliter le recrutement du clergé séculier ; que, malgré les diverses modifications apportées à leur régime par l'ordonnance du 16 juin 1828 et la loi du 15 mars 1850, les écoles secondaires ecclésiastiques ont conservé leur destination spéciale » et d'autre part, qu' « il résulte de l'instruction que l'établissement de la Ferté-Macé a perdu le caractère d'école secondaire ecclésiastique et qu'il ne constitue actuellement qu'un établissement ordinaire d'enseignement secondaire » ; l'avis en conclut que « dans ces circonstances il n'y a pas lieu

---

section de l'Intérieur, des Cultes, de l'Instruction publique et des Beaux-Arts du Conseil d'État, tout en adoptant le projet de décret tendant à statuer sur des legs faits à divers établissements de Maine-et-Loire par la demoiselle Denis, n'a pas cru devoir toutefois maintenir l'article 3 qui refuse au curé de la paroisse de Louront-Béconnais l'autorisation d'accepter le legs fait aux titulaires successifs de cette paroisse d'une rente de 100 francs « pour être employée selon leur bon plaisir ». Bien que la demoiselle Denis ait déclaré dans son testament qu'elle était persuadée que les bénéficiaires de cette libéralité en feraient toujours usage en faveur des pauvres délaissés, elle ne leur a imposé à cet égard aucune obligation. On ne saurait donc voir une fondation charitable dans un legs pour l'emploi duquel le légataire conserve la plus grande latitude. Le projet de décret a été en conséquence rectifié. (M. Bienvenu Martin, rapporteur.)

d'augmenter la dotation de cet établissement en l'autorisant à accepter des libéralités nouvelles » (1).

Un avis de la section de l'Intérieur du 8 novembre 1882 concernant un legs fait au petit séminaire d'Auxerre par la dame veuve Servonat est conçu en termes analogues (2) (Cf. Note de la sect. de l'Int. 5 février 1889, legs Vivier) (3).

---

(1) Avis C. d'Ét. 28 juin 1882 (n° 43,121). — Le Conseil d'État qui, sur le renvoi ordonné par M. le ministre de la Justice et des Cultes, a pris connaissance d'un projet de décret tendant à autoriser l'acceptation de diverses libéralités faites par la dame veuve Noché à divers établissements du département de l'Orne ; — Vu les ordonnances des 5 octobre 1814 et 16 juin 1828 ; — Vu la loi du 15 mars 1850, art. 70 ;

Considérant que les écoles secondaires ecclésiastiques n'ont été instituées en établissements publics par l'ordonnance du 5 octobre 1814 qu'en vue de faciliter le recrutement du clergé séculier ; que, malgré les diverses modifications apportées à leur régime par l'ordonnance du 16 juin 1828 et la loi du 15 mars 1850, les écoles secondaires ecclésiastiques ont conservé leur destination spéciale ; — Considérant qu'il résulte de l'instruction que l'établissement de la Ferté-Macé a perdu le caractère d'école secondaire ecclésiastique et qu'il ne constitue actuellement qu'un établissement ordinaire d'enseignement secondaire ; que, dans ces circonstances, il n'y a pas lieu d'augmenter la dotation de cet établissement en l'autorisant à accepter des libéralités nouvelles ;

Est d'avis qu'il y a lieu de substituer à l'article 1er du projet de décret une disposition portant que l'évêque de Séez n'est pas autorisé à accepter le legs fait par la dame Noché à l'école secondaire ecclésiastique de la Ferté-Macé. (M. Valabrègue, rapporteur.)

(2) Avis de la sect. de l'Int. 8 novembre 1882 (n° 43,627). — La section de l'Intérieur, des Cultes, de l'Instruction publique et des Beaux-Arts du Conseil d'État, qui a pris connaissance d'un projet de décret relatif aux legs faits par la dame veuve Servonat à divers établissements de l'Yonne et de l'Aube et notamment au petit séminaire d'Auxerre ; — En ce qui concerne le legs fait à ce dernier établissement ; — Vu le testament de la dame Servonat en date du 26 avril 1878 ; — Vu l'avis du ministre de l'Instruction publique en date du 14 octobre 1882 ; — Vu les autres pièces produites et jointes au dossier ;

Considérant qu'il résulte de l'instruction et notamment de l'avis ci-dessus visé du ministre de l'Instruction publique que l'école secondaire ecclésiastique d'Auxerre n'est pas seulement un petit séminaire réunissant les jeunes gens qui se préparent à entrer au grand séminaire de Sens, mais qu'elle est en même temps une école secondaire libre, qui reçoit des élèves se destinant aux diverses carrières libérales ; que cet établissement sort ainsi du caractère de son institution et que, dès lors, il n'y a pas lieu d'en favoriser le développement ; — Est d'avis de refuser l'autorisation à l'école secondaire ecclésiastique d'Auxerre. (M. Sevène, rapporteur.)

(3) Note de la sect. de l'Int. 5 février 1889 (n° 72,341). — La section de l'Intérieur, de l'Instruction publique, des Cultes et des Beaux-Arts du Conseil d'État qui, dans sa séance du 27 juin 1888, avait décidé d'autoriser l'évêque de Séez (Orne), au nom du petit séminaire, à accep-

D'une note du Conseil d'État il ressort encore qu'une société qui a été reconnue comme établissement d'utilité publique en vue de la gestion d'un hôpital dans lequel les malades doivent être reçus gratuitement ou moyennant une faible rétribution se mettrait dans le cas de n'être pas autorisée à accepter les libéralités qui lui sont adressées, si elle ne faisait pas une part suffisante à l'assistance gratuite (Note du C. d'Ét. 1er août 1889, legs Vinet) (1). Il n'est pas sans intérêt de rapprocher de cette note celle qui a été émise à propos d'un legs fait à l'hospice de Charly par la dame veuve Petel (Note du C. d'Ét. 27 mars 1890, legs Petel) (2).

---

ter le legs de 8,000 francs, à charge de fondation d'une bourse faite à cet établissement par la dame Vivier dans son testament en date du 20 septembre 1875, a cru devoir, en présence des nouveaux renseignements fournis par la direction des cultes sur la situation de l'établissement légataire au point de vue scolaire, revenir sur sa décision primitive. Elle a pensé notamment qu'en instituant des cours d'enseignement secondaire spécial, préparatoires au commerce et à l'industrie, le petit séminaire de Séez était sorti de ses attributions, dont le véritable et unique objet consiste à préparer à entrer au grand séminaire les jeunes gens qui se destinent à la carrière ecclésiastique. En conséquence, la section a substitué à l'article 2 du projet adopté par elle dans sa séance du 27 juin dernier une disposition portant qu'il n'y a pas lieu d'autoriser l'évêque de Séez, au nom du petit séminaire, à accepter le legs fait à cet établissement par la dame Vivier. (M. Jules Noël, rapporteur.)

(1) Note du C. d'Ét. 1er août 1889 (n° 72,736). — Le Conseil d'État, appelé à statuer sur un projet de décret tendant à autoriser l'acceptation du legs universel fait à l'hôpital Saint-Jacques par la demoiselle Vinet, n'a adopté ledit projet que dans la pensée que le produit de la libéralité permettrait à l'établissement institué de mieux remplir à l'avenir la mission charitable en vue de laquelle il a obtenu la reconnaissance ; aussi le Conseil d'État estime-t-il qu'en notifiant à la société légataire le décret d'autorisation il conviendrait de lui rappeler que, d'après ses statuts, elle a pour but « de recueillir et de soigner, soit gratuitement, soit au prix d'une faible rétribution, les malades indigents de la ville de Paris » et de la prévenir que, dans le cas où elle ne mettrait pas à profit les ressources considérables à provenir du legs Vinet pour accroître dans une large mesure la part faite à l'assistance gratuite, elle s'exposerait à se voir refuser l'autorisation d'accepter les libéralités qui lui seraient faites. (M. Bienvenu Martin, rapporteur.)

(2) Note du C. d'Ét. 27 mars 1890 (n° 75,120). — Le Conseil d'État, qui a pris connaissance d'un projet de décret relatif aux libéralités faites par la dame veuve Petel à divers établissements de l'Aisne, a cru devoir substituer à l'article 3 un article autorisant la commune de Charly à accepter, mais seulement jusqu'à concurrence de 75 francs de rente destinés à être distribués en fournitures classiques aux enfants pauvres, le legs de 150 francs de rente à elle fait pour les arrérages être em-

La section de l'Intérieur a jugé, par une note du 10 janvier 1894 (1), qu'une communauté religieuse qui a pour objet « le soulagement des pauvres à domicile et l'instruction gratuite des jeunes personnes » cesse de pouvoir être autorisée à ac-

---

ployés moitié en fournitures classiques aux enfants pauvres qui fréquentent l'école dirigée par les frères, moitié en récompenses aux jeunes gens qui fréquentent les réunions de la persévérance chez les frères. En effet, l'école dirigée par les frères étant une école publique, rien ne s'oppose à ce que le maire de Charly accepte la portion de la libéralité destinée aux enfants qui la fréquentent. Quant à la portion de la libéralité destinée à donner des récompenses aux jeunes gens fréquentant les réunions de persévérance, la commune ne saurait avoir qualité pour la revendiquer.

En second lieu, le Conseil, tout en adoptant l'article 1er du projet qui autorise la commission administrative de l'hospice de Charly à accepter le legs universel fait à cet établissement, croit devoir appeler l'attention de l'administration supérieure sur le point suivant : il résulte des pièces versées au dossier que l'hospice de Charly ne reçoit pas un nombre d'indigents en rapport avec ses ressources. Trois ou quatre vieillards tout au plus y sont entretenus, alors que sept lits sont occupés par des personnes valides et payant un prix de pension élevé. C'est ainsi que figure en recettes de ce chef, aux comptes de l'exercice 1888, une somme de 10,815 francs. Aussi chaque exercice se solde-t-il par un excédent considérable. Sans doute l'admission de pensionnaires a pour effet d'augmenter la dotation de l'établissement, mais elle a le grave inconvénient de détourner l'hospice du but pour lequel il a été créé et qui est de donner un asile aux vieillards infirmes et incapables de gagner leur vie. D'ailleurs, la libéralité de Mme veuve Petel va augmenter dans une proportion considérable les revenus de l'établissement qui sera désormais à même de pourvoir, à l'aide de ses propres ressources, à tous les besoins de l'hospitalisation dans la commune de Charly. En conséquence, le Conseil estime qu'en notifiant à la commission administrative le décret d'autorisation, il conviendrait de l'inviter à mieux remplir à l'avenir la mission charitable qui lui incombe. (M. Bonthoux, rarporteur.)

(1) Note de la sect. de l'Int. 10 janvier 1894 (n° 99,370). — La section de l'Intérieur, des Cultes, de l'Instruction publique et des Beaux-Arts du Conseil d'État, qui a pris connaissance du projet de décret relatif aux legs faits par la dame veuve Fourrat à divers établissements, et notamment aux sœurs du Verbe-Incarné existant à Saint-Benoît-du-Sault (Indre), a remarqué qu'aux termes de la dépêche de M. le ministre de l'Instruction publique en date du 23 novembre 1893, cet établissement comprend, non seulement un externat gratuit pour les enfants pauvres, mais encore un pensionnat avec externat payant. Il se trouve ainsi en contradiction avec l'article 1er de ses statuts, d'après lequel les religieuses du Verbe-Incarné se proposent le soulagement des pauvres à domicile et l'instruction gratuite des jeunes personnes. La section a cru devoir en conséquence substituer à l'article 3 du projet du gouvernement une disposition portant refus d'autoriser la communauté à accepter le legs de la dame Fourrat. (M. Simon, rapporteur.)

cepter des dons et legs lorsqu'elle crée « un pensionnat avec externat payant ».

Nous n'avons aucune objection à élever contre ces diverses solutions dont l'opportunité était incontestable, mais c'est à tort qu'on a voulu les justifier en invoquant le principe de la spécialité; cette règle, si on la réduit à son essence même, n'est pas applicable dans le cas où il ne s'agit pas d'une libéralité qui tend, en raison des conditions ou des charges dont elle est grevée, à faire sortir l'établissement donataire ou légataire de la limite de ses attributions, mais d'un don ou legs pur et simple adressé à un établissement qui est préalablement sorti du cercle des attributions qui lui ont été conférées par les lois, les règlements ou ses statuts. Une telle libéralité est à l'abri de tout reproche tiré de la règle de la spécialité et l'établissement auquel elle est faite est apte à la recevoir, du moment que la reconnaissance légale dont il a été l'objet n'a pas été rapportée, ainsi que l'a décidé le Conseil d'État statuant au contentieux par un arrêt du 7 août 1891 intervenu dans l'espèce à laquelle s'applique la note susvisée du 1er août 1889 (1).

(1) C. d'Ét. Cont. 7 août 1891. — Vu la requête par les sieur et dame Aubelle, tendant à ce qu'il plaise au Conseil annuler pour excès de pouvoir un décret, en date du 13 août 1889, qui a autorisé l'hôpital Saint-Jacques, situé à Paris, à accepter le legs universel fait à cet établissement par la demoiselle Vinet; attendu que l'hôpital Saint-Jacques ne fonctionne pas en conformité des statuts annexés au décret du 13 juillet 1878 qui l'a reconnu comme établissement d'utilité publique; qu'au lieu de remplir une mission charitable, il constitue, en réalité, une école de médecine homœopathique et une maison de santé payante; que, dans ces circonstances, c'est à tort qu'il a été autorisé à accepter le legs de la demoiselle Vinet; — Vu les lois des 7-14 octobre 1790 et 24 mai 1872; — Vu le décret du 2 novembre 1864;

Considérant que, pour demander l'annulation du décret attaqué, les requérants se fondent uniquement sur ce que l'hôpital Saint-Jacques ne serait pas administré conformément aux statuts annexés au décret du 13 juillet 1878 qui l'a reconnu comme établissement d'utilité publique et serait, par suite, déchu des droits que cette reconnaissance lui aurait conférés; — Mais considérant que le décret du 13 juillet 1878 n'a pas été rapporté; que, d'autre part, les requérants qui ne contestent pas que le décret du 13 août 1889, autorisant l'hôpital Saint-Jacques à accepter le legs de la demoiselle Vinet, ait été rendu après l'accomplissement des formalités prescrites par les lois et règlements, n'invoquent aucun moyen pouvant servir de base à un recours pour excès de pouvoir; qu'il suit de là que leur requête doit être rejetée. — Rejet. (M. Baudenet, apporteur.)

270. L'on s'est appuyé quelquefois sur le principe de la spécialité pour contester aux personnes morales le droit de recevoir des libéralités qui, sans les provoquer à outrepasser les bornes de leur action légale, auraient eu pour résultat de la leur faire exercer d'une façon qui aurait été plus ou moins en désaccord avec l'esprit de leur institution.

Le sieur Basile Trémolet ayant fait à la commune de Saint-Georges-de-Levejeu (Lozère) un legs destiné à la fondation d'un prix de vertu à décerner annuellement à la jeune fille de cette commune jugée la plus méritante, l'acceptation de cette libéralité n'a pas paru à la section de l'Intérieur susceptible d'être autorisée.

La section de l'Intérieur expose, dans un avis du 14 juin 1890, émis au rapport de M. Silhol, qu' « il résulte tant des mesures imposées par le sieur Trémolet pour la formation du jury chargé de décerner ce prix que des conditions que doivent remplir les concurrentes que le testateur a surtout entendu récompenser leur conduite religieuse; qu'aux termes de l'une des dispositions du testament il a voulu donner un encouragement à celles qui embrasseraient la vocation religieuse; que dès lors, l'autorisation d'accepter, donnée à la commune, aurait pour effet de la faire sortir du cercle de ses attributions légales » (1). (Cf. *supra*, n° 269, note du C. d'Ét. 27 mars 1890, legs Petel à commune de Charly.)

A notre sens les communes échappent à l'empire du principe de la spécialité (V. *supra*, n°s 259 et suiv.), mais, quand bien même il leur serait opposable, nous ne croyons pas qu'il fût

(1) Avis de la sect. de l'Int. 14 juin 1890 (n° 82,819). — La section de l'Intérieur, des Cultes, de l'Instruction publique et des Beaux-Arts du Conseil d'État qui a pris connaissance du projet de décret ci-joint tendant à autoriser la commune de Saint-Georges de Levejeu (Lozère) à accepter la partie de la somme de 30,000 francs à elle léguée par le sieur Basile Trémolet, suivant son testament olographe du 20 août 1886, nécessaire à l'achat d'une rente de 300 francs destinée à fonder un prix de vertu en faveur de la jeune fille jugée la plus méritante; — Vu le testament du sieur Trémolet; — Ensemble les autres pièces du dossier;

En ce qui concerne le legs fait à la commune : — Considérant qu'en présence de la dispositon du testament prescrivant de donner le prix de préférence à une jeune fille de la famille du testateur le bénéfice que pourrait retirer la commune du legs qui lui a été fait serait des plus minimes; que, d'ailleurs, il résulte, tant des mesures imposées par

possible de l'appliquer dans l'espèce visée par l'avis du 14 juin 1890 sans en étendre abusivement la portée.

La fondation d'un prix de vertu rentrait indiscutablement dans les attributions de la commune de Saint-Georges-de-Levejeu; elle n'était pas critiquée en elle-même et l'on s'en prenait simplement aux considérations qui l'avaient fait imposer par le testateur. Il est certain que, du moment que le prix devait servir à encourager les vocations religieuses, la commune aurait été conduite, en le décernant, à manquer à la neutralité qu'il était désirable de lui voir observer à l'égard des différents cultes, mais s'il était opportun, par suite, d'empêcher la commune de recueillir le legs qui lui avait été fait par le sieur Trémolet, c'est à tort que, pour lui refuser l'autorisation de l'accepter, l'on a invoqué le principe de la spécialité et prétendu que la commune, en exécutant les obligations mises à sa charge par le testateur, excéderait les bornes de sa mission légale; tout ce que l'on pouvait dire, c'est qu'elle ferait un mauvais usage des attributions qui lui appartenaient.

271. Les développements qui ont été donnés au principe de la spécialité l'ont rendu tellement vague et inconsistant qu'ils l'ont discrédité dans une certaine mesure et que la jurisprudence judiciaire hésite à le considérer comme susceptible de restreindre la capacité civile des établissements légalement reconnus au même titre que leur capacité administrative. (V. *supra*, n° 264.)

Le principe de la spécialité ne saurait constituer une règle

---

le sieur Trèmolet pour la formation du jury chargé de décerner ce prix que des conditions que doivent remplir les concurrentes, que le testateur a surtout voulu récompenser leur conduite religieuse; qu'aux termes de l'une des dispositions du testament il a voulu donner un encouragement à celles qui embrasseraient la vocation religieuse; que dès lors, l'autorisation d'accepter donnée à la commune aurait pour effet de la faire sortir du cercle de ses attributions légales;

En ce qui concerne la fondation de services religieux : — Considérant que les services demandés par le testateur constituent une charge du legs fait à la commune, qui disparaît en même temps que le legs devient caduc;

Est d'avis qu'il y a lieu de substituer au projet de décret proposé le projet de décret ci-joint. (M. Silhol, rapporteur.

de droit civil en même temps qu'une règle de droit public et administratif (V. *supra*, nos 262 et suiv.) qu'à la condition qu'il conserve la signification qui lui a été attribuée par les avis des 13 avril et 13 juillet 1881; en en amplifiant chaque jour les effets l'on justifie les scrupules que les tribunaux judiciaires éprouvent à admettre qu'il influe sur la validité des dons et legs adressés aux établissements publics ou d'utilité publique.

Il est parfois d'une bonne administration, mais il n'est jamais prescrit en vertu du principe de la spécialité de refuser à des personnes morales l'autorisation d'accepter des libéralités qui leur sont faites sans charges ni conditions ou sous des conditions ou charges conformes à leur destination légale.

SECTION II.

DU MAXIMUM DE DURÉE DE L'USUFRUIT DONNÉ OU LÉGUÉ A UNE PERSONNE MORALE.

272. L'article 619 du Code civil porte que « l'usufruit qui n'est pas accordé à des particuliers ne dure que trente ans » ; sans cette disposition, l'usufruit donné ou légué aux établissements publics ou d'utilité publique, aux associations syndicales, aux syndicats professionnels, aux congrégations ou communautés religieuses, aux colonies, aux communes, aux départements ou à l'État aurait pu durer perpétuellement, puisqu'aucun terme n'est fixé par avance à l'existence des personnes morales et qu'elles peuvent vivre tant que l'acte qui les a mises au monde n'est pas rapporté.

Demolombe commente en ces termes l'article 619 du Code civil : « L'usufruit, dit-il, peut être établi au profit d'une commune ou d'un établissement public, car ce sont là des *personnes*... Mais comme, en général, ces personnes fictives et abstraites ne meurent pas, il a fallu déterminer un terme au delà duquel ne pourrait pas s'étendre l'usufruit qui leur serait accordé. — Les jurisconsultes romains ne s'étaient point accordés sur la fixation de ce terme. Gaius répondait qu'un tel usufruit devait durer cent ans, terme le plus long de la vie humaine, *quia is finis vitæ longævi hominis est* (L. 56, Dig., *de usuf.*), tandis qu'Ulpien, au contraire, voulait qu'il s'éteignît au bout de trente ans, parce que telle était la durée moyenne de la vie (L. 68, Dig., *ad leg. falc.*). — Notre ancien droit avait suivi la doctrine de Gaius (Lacombe, V° *Usufruit*, sect. VI, n° 7). Mais c'est, au contraire, l'opinion d'Ulpien qui a été adoptée par notre Code (art. 619), et très justement, car c'est prendre l'exception, et même une très rare exception, pour la règle que de marquer le terme de cent ans comme celui de la vie humaine » (1).

S'il est facile d'apercevoir les raisons qui ont fait établir la règle énoncée dans l'article 619 du Code civil, l'on éprouve quelque peine à déterminer quelles doivent être ses conséquences.

Un usufruit est donné ou légué à un établissement légalement reconnu sans que le donateur ou le testateur en ait limité la durée; cette libéralité est-elle nulle comme ayant pour objet un usufruit perpétuel ou doit-on, au contraire, la tenir pour valable, sauf à décider que l'usufruit prendra fin trente ans après la donation ou la mort du testateur? Il nous semble que, pour se conformer tant à l'esprit qu'aux termes de l'article 619, il faut se prononcer en faveur de la seconde solution.

Mais l'on a soutenu que l'article 619, en fixant à trente ans le maximum de durée de l'usufruit donné ou légué à une personne morale, ne fait que répondre à la volonté présumée du donateur ou du testateur et qu'il est permis à ce donateur ou à ce testateur d'exprimer une volonté contraire aux indications dudit article et de disposer, par exemple, que l'usufruit durera quarante, cinquante ou cent ans ou qu'il subsistera aussi longtemps que l'établissement donataire ou légataire, même si celui-ci continue à exister après l'expiration du délai de trente ans fixé par l'article 619. Nous croyons, au contraire, que l'article 619 formule une règle d'ordre public qu'il est interdit au donateur ou au testateur de transgresser. C'est en ce sens que Demolombe se prononce (2).

Si le donateur ou le testateur a assigné à l'usufruit donné

---

(1) Demolombe, *Cours de Code Napoléon*, t. X, n° 243, p. 202-203.
(2) Demolombe, *op. cit.*, t. X, n° 244, p. 203-204.

ou légué une durée supérieure à trente ans, le don ou le legs est caduc. Il est tout naturel que dans le cas ou le donateur ou le testateur a donné ou légué à un établissement légalement reconnu un usufruit sans en limiter la durée, l'on regarde le don ou le legs comme valable sauf, à décider que l'usufruit cessera au bout de trente ans, car il est permis de supposer que le donateur ou le testateur n'a pas voulu déroger aux prescriptions de l'article 619 et qu'il a sous-entendu que l'usufruit n'aurait que la durée prévue par cet article. Mais lorsque le donateur ou le testateur a formulé une volonté contraire aux dispositions de l'article 619, ce serait refaire la donation ou le testament et non l'interpréter que de limiter à trente ans la durée de l'usufruit donné ou légué; d'autre part, les intentions du testateur ou donateur, telles qu'il les a exprimées, ne sont pas susceptibles d'être exécutées, puisqu'elles violent une règle d'ordre public. Le don ou le legs ne saurait donc échapper à la caducité.

L'opinion que nous venons d'exprimer est conforme à la jurisprudence de la section de l'Intérieur. Le sieur Denis ayant légué à la fabrique de l'église de Saint-Bonnet (Gard), à charge de faire dire des messes, l'usufruit d'une somme de 1,000 francs pendant 250 ans, la section a estimé que ce legs devrait rester sans aucun effet, si les héritiers du sieur Denis ne consentaient pas à en modifier les termes (1).

273. La règle, d'après laquelle l'usufruit donné ou légué à des personnes morales ne dure que trente ans, n'est point applicable aux droits d'usage prévus par les articles 625 et

---

(1) Note de la sect. de l'Int. 23 mars 1892 (n° 91,098). — La section de l'Intérieur, des Cultes, de l'Instruction publique et des Beaux-Arts du Conseil d'État qui a pris connaissance d'un projet de décret tendant notamment à autoriser la fabrique de l'église succursale de Saint-Bonnet (Gard) à accepter un legs du sieur Denis consistant en l'usufruit pendant 250 ans d'une somme de 1,000 francs pour des messes, fait observer que cette disposition est contraire aux prescriptions de l'article 619 du Code civil. Cet article limite à 30 ans la durée de l'usufruit constitué au profit d'une personne morale et la section estime qu'il y aurait lieu pour la fabrique de tenter de conclure avec les héritiers un arrangement en vertu duquel il lui serait alloué au lieu de l'usufruit une somme fixe en capital dont le chiffre serait à déterminer. (M. Simon, rapporteur.)

suivants du Code civil (1). Ceux-ci peuvent être établis à perpétuité tant en faveur des personnes morales qu'au profit des particuliers.

En outre, il importe de ne pas confondre le legs d'une rente avec celui d'un usufruit; rien ne s'oppose à ce qu'une personne morale acquière par donation entre vifs ou par testament une rente dont la durée est fixée à plus de trente ans.

SECTION III.

DE LA PROHIBITION DES DONATIONS FAITES SOUS RÉSERVE D'USUFRUIT.

274. L'article 4 de l'ordonnance royale du 14 janvier 1831 portant règlement d'administration publique pour l'exécution des lois des 2 janvier 1817 et 24 mai 1825 veut que « les donations qui seraient faites à des établissements ecclésiastiques ou religieux avec réserve d'usufruit en faveur du donateur » ne puissent être présentées à l'autorisation du gouvernement.

Cette ordonnance, sans créer une incapacité de recevoir proprement dite, ce qu'il dépendait de la loi seule de faire, met les établissements ecclésiastiques et religieux à peu près dans la même situation que s'ils n'étaient pas aptes à recueillir des donations faites sous réserve d'usufruit en faveur du donateur; en effet, tout décret portant autorisation de l'acceptation d'une donation adressée à un établissement ecclésiastique ou religieux avec réserve d'usufruit au profit du donateur serait entaché d'une violation d'un règlement d'administration publique, sur laquelle l'on pourrait se fonder soit pour solliciter le Conseil d'État de l'annuler pour excès de pouvoir, si la donation n'était pas encore acceptée, soit, dans le cas où il aurait été procédé à l'acceptation, pour demander aux tribunaux civils de la déclarer irrégulière et de dire, par suite, que la donation est inexistante.

M. Marguerie explique ainsi les raisons pour lesquelles a été édictée la disposition de l'article 4 de l'ordonnance du

---

(1) Demolombe, *op. cit.*, t. X, nos 755 et 762, p. 676 et 683.

14 janvier 1831 : « L'article 949 du Code civil permet au donateur de se réserver l'usufruit ou la jouissance des biens meubles ou immeubles donnés par lui, mais l'ordonnance du 14 janvier 1831 s'oppose à ce que les établissements religieux soient autorisés à accepter des libéralités de ce genre : le gouvernement s'est défié de ces sortes de libéralités qui, tout en ayant l'apparence de dispositions entre vifs, ne sont en définitive que de véritables dispositions à cause de mort, à l'égard desquelles il ne peut exercer son droit de contrôle et de surveillance, les héritiers n'étant pas mis en demeure de produire leurs moyens d'opposition » (1).

L'article 4 de l'ordonnance du 14 janvier 1831 est applicable, d'après ses propres termes, aux établissements ecclésiastiques et religieux, mais sous la dénomination d'*établissements religieux* il ne comprend évidemment que les congrégations ou communautés religieuses de femmes, à l'exclusion des congrégations ou communautés religieuses d'hommes; c'est ce qui ressort du titre de l'ordonnance. Elle est intitulée « ordonnance relative aux donations et legs, acquisitions et aliénations concernant les *établissements ecclésiastiques* et les *communautés religieuses de femmes* ». Dès lors, l'on a soutenu avec toutes les apparences d'une rigoureuse logique que les congrégations ou communautés religieuses d'hommes échappent aux prescriptions de l'article 4 de l'ordonnance du 14 janvier 1831.

Cette opinion est-elle fondée? Notre réponse est subordonnée à la façon dont il convient d'entendre l'expression d'« établissement ecclésiastique » employée par l'article 4 de l'ordonnance de 1831 : cette expression a-t-elle dans cet article une signification assez large pour embrasser les congrégations et communautés religieuses en même temps que les établissements publics du culte ou n'est-elle destinée qu'à désigner ces derniers?

L'ordonnance du 14 janvier 1831, qui a été rendue pour l'exécution de la loi du 2 janvier 1817 sur les donations et

---

(1) Marguerie, *Dictionnaire général d'administration*, v° DONS ET LEGS sect. IV, § 9, p. 921.

legs aux *établissements ecclésiastiques*, attribue certainement à l'expression d'*établissements ecclésiastiques* le même sens que cette loi ; or il n'est pas douteux que la loi du 2 janvier 1817 ne soit applicable aux congrégations et communautés religieuses comme aux établissements publics du culte : la démonstration en a été faite d'une manière irréfutable dans un intéressant article publié par M. Alfred des Cilleuls dans la *Revue générale d'administration* (1). L'ordonnance de 1831, à l'exemple de la loi de 1817, se réfère donc par les mots d'*établissements ecclésiastiques* aux congrégations et communautés religieuses aussi bien qu'aux établissements publics du culte et, si elle a cru devoir faire une mention spéciale des communautés religieuses de femmes, c'est parce qu'elle a pour but de pourvoir non seulement à l'application de la loi du 2 janvier 1817 mais encore à celle du 24 mai 1825 relative à ces communautés. Quant aux congrégations ou communautés religieuses d'hommes elle n'avait pas à les nommer séparément puisqu'elle ne tend à assurer l'exécution d'aucune loi qui leur soit particulière.

Du moment que les congrégations et communautés religieuses sont rangées par l'ordonnance de 1831 au nombre des *établissements ecclésiastiques* il en résulte que les prescriptions de l'article 4 de ladite ordonnance concernent les congrégations ou communautés d'hommes comme les congrégations ou communautés de femmes, bien que l'expression d'*établissements religieux* dont se sert cet article ne vise que ces dernières.

L'article 4 de l'ordonnance du 14 janvier 1831 n'interdit que les donations faites avec réserve d'usufruit en faveur du donateur ; les donations adressées à un établissement ecclésiastique ou religieux sous réserve d'usufruit au profit d'un tiers restent donc permises conformément à l'article 949 du Code civil.

Au surplus, il ne faut pas confondre les donations faites à charge de rente viagère avec celles qui sont grevées d'une réserve d'usufruit ; à la différence de celles-ci elles ne sont pas prohibées par l'ordonnance du 14 janvier 1831. Cependant

---

(1) Alfred des Cilleuls, *Du régime des établissements d'utilité publique Revue générale d'administration*, 1890, t. II, p. 161 et suiv.).

la jurisprudence administrative met ces deux espèces de libéralités sur un pied d'égalité; elle s'oppose à ce que l'acceptation d'une donation grevée d'une rente viagère au profit du donateur soit autorisée, lorsque la valeur de la rente égale ou dépasse celle de l'usufruit de la chose donnée (Avis de la section de l'Intérieur du 15 juin 1875, donation Espiau-Lemaestre) (1).

L'article 4 de l'ordonnance du 14 janvier 1831 n'a trait qu'aux établissements ecclésiastiques et religieux, mais la règle qu'il pose a été étendue par la jurisprudence du Conseil d'État à tous les établissements légalement reconnus.

Toutefois, lorsqu'une donation est faite sous réserve d'usufruit à un établissement laïque et non à un établissement ecclésiastique ou religieux, le gouvernement n'étant pas lié par la disposition de l'article 4 de l'ordonnance du 14 janvier 1831 est libre d'y déroger et d'autoriser l'acceptation de la libéralité, s'il le juge opportun en raison des circonstances particulières de l'espèce.

C'est ainsi qu'au cours de ces dernières années l'Institut de France a été habilité à recevoir la donation qui lui a été faite par M. le duc d'Aumale du domaine de Chantilly « sous la réserve que le donateur conserverait sa vie durant l'usufruit dudit domaine » (projet de décret adopté par le Conseil d'État

---

(1) Avis de la sect. de l'Int. 15 juin 1875 (n° 12,950). — La section de l'Intérieur, de la Justice, de l'Instruction publique, des Cultes et des Beaux-Arts qui, sur le renvoi ordonné par M. le ministre de l'Instruction publique et des Cultes, a pris connaissance d'un projet de décret tendant à approuver la convention résultant d'un acte notarié du 8 novembre 1874 par laquelle la demoiselle Françoise-Anne Espiau-Lemaestre s'est engagée à remettre à la fabrique de l'église succursale de Tigné (Maine-et-Loire) une somme de 2,400 francs moyennant le service d'une rente annuelle et viagère de 150 francs et à charge de services religieux; — Vu l'article 4 de l'ordonnance du 14 janvier 1831: — Vu toutes les pièces du dossier;

Considérant que l'article 4 de l'ordonnance du 14 janvier 1831 ne permet pas d'autoriser l'acceptation de donations avec réserve d'usufruit au profit du donateur; que, dans l'espèce, la demoiselle Françoise-Anne Espiau-Lemaestre se réserve le service d'une rente annuelle et viagère de 150 francs supérieure à l'usufruit du capital de 2,400 francs qu'elle s'est engagée à remettre à la fabrique de l'église succursale de Tigné; qu'en conséquence il n'y a pas lieu d'approuver la convention intervenue entre l'évêque et la demoiselle Lemaestre;

Est d'avis qu'il y a lieu de modifier le décret proposé dans le sens des observations qui précèdent. (M. Henry, rapporteur.)

le 16 décembre 1886) (1) et que le ministre de l'Instruction publique et des Beaux-Arts a été autorisé à accepter, au nom de l'État, une donation faite au musée du Louvre par [illegible] dame veuve Pommery et consistant en un tableau d[illegible] dont la donatrice se réservait l'usufruit (projet de décr[illegible] par la section de l'Intérieur le 11 mars 1890) (2).

L'on a quelquefois dit que, si, en principe, les étab[illegible]

(1) Projet de décret adopté par le Conseil d'État, le 16 décembre 1886 (nº 61,935). — Le Président de la République française; — Sur le rapport du ministre de l'Instruction publique et des Beaux-Arts; — Vu l'acte reçu en la chancellerie du consulat général de France à Londres, le 21 octobre 1886, par lequel M. le duc d'Aumale constitue pour ses mandataires MM. Bocher et Denormandie, sénateurs, Rousse, de l'Académie française, en leur donnant pouvoir de faire, conjointement, pour lui et en son nom, donation irrévocable à l'Institut de France, sous la réserve d'un usufruit : 1º du domaine de Chantilly; 2º des objets mobiliers ayant un caractère historique ou artistique et des collections rassemblés par le donateur dans le domaine de Chantilly; — Vu l'acte de donation passé à Paris, le 25 octobre 1886, en conséquence dudit mandat, par-devant MMes Fontana et Lanquest, notaires; — Vu l'extrait du procès-verbal de la séance des cinq académies de l'Institut du 27 octobre 1886; — Vu la lettre du président de l'Institut datée du même jour; — Vu l'acte notarié du 3 décembre par lequel MM. Bocher, Denormandie et Rousse renouvellent en tant que de besoin, au nom de leur mandant, la donation des biens meubles désignés dans un état estimatif annexé [illegible]dit acte; — Vu le plan certifié du domaine de Chantilly portant désig[illegible]a des parties inaliénables, aliénables ou réservées, ledit plan anne[illegible] au présent décret; — Le Conseil d'État entendu; — Décrète :

Art. 1er. L'Institut de France est autorisé à accepter aux clau[illegible] charges et conditions imposées, la donation entre vifs et irrévocable à lui faite par Henri-Eugène-Philippe-Louis d'Orléans, duc d'Aumale, suivant actes des 15 octobre et 3 décembre 1886 susvisés de la nue propriété du domaine de Chantilly, des collections, objets d'art et objets mobiliers rassemblés dans le château de Chantilly. — A l'expiration de l'usufruit et après réserve faite annuellement des sommes nécessaires à l'acquittement des fondations instituées par le donateur, les revenus du domaine devront être consacrés notamment : à l'entretien des bâtiments, parcs, jardins et collections, au développement de la bibliothèque et des galeries, à la création de pensions et d'allocations viagères en faveur des savants, hommes de lettres et artistes indigents, à la fondation de prix destinés à encourager ceux qui se vouent à la carrière des sciences, des lettres ou des arts; enfin, aux dépenses spéciales qui pourront résulter de l'ouverture au public des parcs et jardins et de la fréquentation des galeries et collections, lesquelles devront prendre le nom de *Musée Condé*. (M. du Mesnil, rapporteur.)

(2) Projet de décret adopté par la section de l'Intérieur, le 11 mars 1890 (nº 82,314). — Art. 1er. Le ministre de l'Instruction publique et des Beaux-Arts, au nom de l'État, est autorisé à accepter pour le musée national du Louvre, le don fait à cet établissement, en vertu de l'acte susvisé, par la dame Jeanne Alexandrine Mélin, veuve du sieur Louis-

laïques ne sont pas atteints par la prohibition d'accepter des donations faites sous réserve d'usufruit en faveur du donateur, elle est exceptionnellement opposable aux établissements publics de bienfaisance à l'égard desquels elle a été formellement édictée par une circulaire du ministre de l'Intérieur du 5 décembre 1863 (1); mais il est constant que les circulaires ministérielles ne valent que comme de simples instructions adressées par les ministres aux fonctionnaires qui leur sont subordonnés et qu'elles sont impuissantes à créer par rapport aux tiers des règles légalement obligatoires, dont il appartienne à la juridiction administrative ou civile d'assurer le respect. La violation des prescriptions de la circulaire du 5 décembre 1863 ne saurait vicier un décret du président de la République ou un arrêté préfectoral portant autorisation d'une donation faite à un établissement charitable.

Avant la circulaire du 5 décembre 1863 il n'existait même pas l'apparence d'un motif pour prétendre que les établisse-

---

Alexandre Pommery, d'un tableau peint par F. Millet et intitulé *les Glaneuses*, ledit tableau évalué à la somme de trois cent mille francs. — Art. 2. La dame veuve Pommery s'étant réservée l'usufruit pendant sa vie de ladite peinture, le musée du Louvre n'en aura la jouissance qu'après le décès de la donatrice. (M. du Mesnil, rapporteur.)

(1) Circ. min. Int. 5 décembre 1863. — Monsieur le préfet, plusieurs de vos collègues croient pouvoir autoriser des donations, faites à des établissements de bienfaisance, sous réserve d'usufruit au profit des donateurs. — Il me semble opportun de vous rappeler à cet égard la jurisprudence du Conseil d'État. — L'article 4 de l'ordonnance royale du 14 janvier 1831 interdit, aux établissements ecclésiastiques et aux communautés religieuses de femmes, l'acceptation des libéralités faites sous réserve d'usufruit en faveur des donateurs. Le motif, c'est que les donations de ce genre présentent presque tous les caractères de véritables dispositions testamentaires, et qu'à la différence de ces dernières, elles mettent le gouvernement dans l'impossibilité d'examiner la position des héritiers et, par suite, la convenance de l'acceptation; en effet, la situation des héritiers naturels, leur degré de parenté, leur assentiment ou leurs réclamations ne peuvent être utilement appréciés qu'au décès du donateur, c'est-à-dire à l'époque de l'ouverture de la succession. — Ces considérations ont provoqué de la part de la section de l'Intérieur du Conseil d'État plusieurs avis tendant à faire application aux établissements de bienfaisance de la règle posée par l'ordonnance de 1831 en ce qui concerne les donations sous réserve d'usufruit. J'adopte complètement cette jurisprudence et je vous prie à l'avenir de vous y conformer dans l'examen des affaires qui seront soumises à votre décision en vertu du décret de décentralisation du 25 mars 1852. — Recevez, etc. — Le ministre de l'Intérieur. (*Signé :* P. Boudet.)

ments de bienfaisance ne pouvaient être régulièrement autorisés à accepter des donations faites avec réserve d'usufruit au profit du donateur; il n'en a pas moins été allégué dans une espèce qui a donné lieu à deux arrêts du Conseil d'État statuant au contentieux qu'un préfet avait commis un excès de pouvoirs en permettant, antérieurement à ladite circulaire, à un établissement de bienfaisance d'accepter un don grevé d'une réserve d'usufruit en faveur de son auteur.

Par un arrêté du 22 janvier 1857, le préfet de l'Isère avait autorisé l'hospice de Saint-Marcellin à accepter une donation entre vifs qui lui avait été faite sous réserve d'usufruit par la demoiselle Victoire Dougier; les héritiers de la donatrice ont formé contre cet arrêté un recours pour excès de pouvoirs en se fondant sur ce qu'il avait été pris en violation de l'article 4 de l'ordonnance du 14 janvier 1831. Le Conseil d'État a écarté ce recours au moyen d'une fin de non recevoir par un arrêt du 4 août 1882 qui a déclaré que l'arrêté attaqué « ne faisait pas obstacle à ce que les requérants, s'ils s'y croyaient fondés, fissent valoir devant l'autorité judiciaire les droits qu'ils prétendaient avoir à invoquer contre la régularité de ladite donation ».

Les héritiers de la demoiselle Dougier représentés par le sieur Clermont ont alors introduit devant la juridiction civile une action en nullité de donation et, par arrêt du 13 février 1888, la cour d'appel de Grenoble a sursis à prononcer sur leur demande jusqu'à ce qu'il eût été statué par l'autorité compétente sur la validité de l'arrêté préfectoral du 22 janvier 1857.

A la suite de cet arrêt, le sieur Clermont a adressé au Conseil d'État une requête dans laquelle il lui demandait de déclarer que l'arrêté préfectoral du 22 janvier 1857 était entaché d'illégalité et devait être considéré, par suite, comme nul et non avenu. Statuant cette fois au fond le Conseil d'État a, contrairement à la thèse développée par le demandeur, proclamé la validité de l'arrêté attaqué par une décision du 6 mars 1891 qui porte que les dispositions de l'ordonnance du 14 janvier 1831 « ne concernent que les libéralités faites aux établissements ecclésiastiques ou religieux et qu'aucune disposition législative n'interdit aux préfets d'autoriser l'acceptation de donations faites aux établissements publics de bienfaisance au cas où le donateur s'est réservé l'usufruit des biens donnés » (1).

L'arrêt du 6 mars 1891, tout en constatant l'inapplicabilité dans l'espèce à laquelle il se rapporte des dispositions de l'article 4 de l'ordonnance du 14 janvier 1831, fait observer qu'aucune loi ne probibe l'autorisation de l'acceptation des donations faites aux établissements publics de bienfaisance sous réserve d'usufruit; est-ce à dire que dans la pensée du Conseil d'État une loi serait nécessaire pour la défendre? Nous ne le croyons pas. Une ordonnance royale a bien pu interdire de soumettre à l'autorisation du chef de l'État les donations faites sous réserve d'usufruit aux établissements ecclésiastiques ou religieux; il

(1) C. d'Ét. cont. 6 mars 1891. — Le Conseil d'État statuant au contentieux; ... Vu la requête présentée par le sieur Clermont dans laquelle il expose que par son arrêt en date du 13 février 1888 la cour d'appel de Grenoble a sursis à statuer sur ses conclusions tendant à faire déclarer nulle une donation faite par la demoiselle Dougier à l'hôpital civil de Saint-Marcellin jusqu'à ce qu'il ait été statué par la juridiction compétente sur la validité de l'arrêté du préfet de l'Isère en date du 22 janvier 1857 qui a autorisé l'acceptation de cette libéralité et par laquelle il conclut à ce qu'il plaise au Conseil d'Etat déclarer nul ledit arrêté préfectoral; — Ce faisant, attendu que ladite donation était faite avec réserve d'usufruit en faveur de la donatrice et que, dès lors, par application des dispositions de l'article 4 de l'ordonnance du 14 janvier 1831 le préfet ne pouvait en approuver l'acceptation; que, d'autre part, le préfet qui aux termes du décret du 25 mars 1852 n'est compétent pour autoriser l'acceptation des libéralités faites aux établissements publics de bienfaisance qu'au cas où il n'y a pas de réclamation des familles, a excédé ses pouvoirs en autorisant l'acceptation de la donation de la demoiselle Dougier, sans s'être préalablement assuré que la famille de la donatrice n'avait aucune réclamation à présenter et sans réserver aux héritiers futurs leur droit d'opposition; condamner l'hospice de Saint-Marcellin aux dépens; — Vu l'arrêté du préfet de l'Isère en date du 22 janvier 1857; — Vu la loi des 7-14 octobre 1890; — Vu l'ordonnance du 14 janvier 1831; — Vu le décret du 25 mars 1852 et les tableaux y annexés;

Considérant que par arrêt du 13 février 1888 la cour d'appel de Grenoble a sursis à statuer sur la demande du sieur Clermont tendant à faire déclarer nulle une donation faite à l'hôpital de Saint-Marcellin par la demoiselle Dougier jusqu'à ce qu'il ait été statué par la juridiction compétente sur la validité de l'arrêté du préfet de l'Isère qui a autorisé la commission administrative de l'hospice à accepter ladite donation; — Considérant qu'à la suite de cet arrêt le sieur Clermont a présenté au Conseil une requête tendant à faire décider que ledit arrêté du préfet est entaché d'illégalité et doit être déclaré nul et non avenu;

Sur le moyen tiré de ce que le préfet aurait, en autorisant l'acceptation de la donation de la demoiselle Rougier qui était faite avec réserve

n'y a aucune raison pour qu'il ne soit pas également possible de décider par un décret que les donations adressées avec réserve d'usufruit à des établissements publics de bienfaisance ne seront pas susceptibles d'être présentées à l'autorisation du président de la République ou des préfets. Il semble donc que l'arrêt du 6 mars 1891 doive être tout simplement interprété en ce sens que jusqu'ici le législateur n'est pas intervenu, à défaut du gouvernement, pour prohiber l'autorisation de l'acceptation des donations faites sous réserve d'usufruit aux établissements publics de bienfaisance.

275. Un avis de la section des Finances du Conseil d'État, intervenu le 18 juin 1884 à l'occasion d'un don adressé à la pagode de Tiroumeniajagar-Souvamy (1), porte « qu'il ne paraît

---

d'usufruit en faveur de la donatrice, violé l'ordonnance du 14 janvier 1831 ; — Considérant que les dispositions de cette ordonnance ne concernent que les libéralités faites aux établissements ecclésiastiques ou religieux et qu'aucune disposition législative n'interdit aux préfets d'autoriser l'acceptation des donations faites aux établissements publics de bienfaisance au cas où le donateur s'est réservé l'usufruit des biens donnés ;

Sur le moyen tiré de ce que le préfet aurait statué en dehors des limites de sa compétence : — Considérant qu'aux termes des dispositions de l'article 1er du 25 mars 1852 et du n° 42 du tableau A annexé à ce décret les préfets sont compétents pour autoriser les établissements publics de bienfaisance à accepter les dons et legs qui leur sont faits lorsqu'il n'y a pas réclamation des familles ; — Considérant qu'il n'est même pas allégué qu'à la date où le préfet a autorisé l'acceptation de la donation faite à l'hospice de Saint-Marcellin par la demoiselle Dongier il se soit produit aucune réclamation des membres de la famille de la donatrice ; que dès lors le préfet était compétent pour donner ladite autorisation... Arrêté du préfet de l'Isère déclaré valable. (M. Chareyre, rapporteur.)

(1) Avis de la sect. des Fin. 18 juin 1884 (n° 50,894). — La section des Finances, des Postes et Télégraphes, de la Guerre, de la Marine et des Colonies du Conseil d'État qui, sur le renvoi qui lui a été fait par le ministre de la Marine et des Colonies, a examiné diverses questions de droit et de fait soulevées par la donation faite par la dame Amarabady, veuve du sieur Marimouttoupadéatchy, à la pagode de Tirouméniajagar-Souvamy, établissement de Karikal (Indes françaises) ; — Vu la dépêche du ministre de la Marine et des Colonies adressée au président du Conseil d'État le 10 avril 1884 ; — Vu la délibération du conseil privé des établissements de l'Inde française en date du 25 novembre 1883 y compris le rapport du directeur de l'Intérieur présenté au gouverneur en conseil privé ; — Vu l'acte tabellionné en date du 16 juin 1880, dûment transcrit à la conservation des hypothèques de Karikal, par lequel la dame Amarabady, assisté d'un proche parent, fait donation irrévocable, sous réserve d'usufruit, à la pagode de Tirouméniajagar-Souvamy de diverses

exister aux Indes françaises aucun motif particulier pour s'écarter des traditions de la jurisprudence relatives à l'application comme raison écrite des dispositions de l'article 4 de l'ordonnance de 1831; qu'au contraire, quand il s'agit des natifs il est particulièrement utile, à raison des complications du droit successoral des gentils et des musulmans, de prohiber une forme de libéralité qui ne permet pas aux héritiers de se faire connaître; — que toutefois il appartient au ministre d'apprécier souverainement si, à raison des besoins spéciaux de la domination française aux Indes, il est ou non opportun d'appliquer d'une manière absolue les règles ci-dessus rappelées ».

M. Dislère s'appuie sur l'article 12 de l'ordonnance du

---

parcelles de terre, à charge d'en employer le revenu à une fondation pieuse et, pour le surplus, s'il y a lieu, aux travaux de réparation de ladite paroisse; — Vu un acte de notoriété reçu le 20 janvier 1881 par un tabellion de Karikal relatif aux droits de la dame Amarabady sur la succession du sieur Marimouttoupadéatchy, son mari prédécédé; — Vu la demande formée le 22 octobre 1883 au nom des administrateurs de la pagode donataire et tendant à l'autorisation d'accepter la libéralité ci-dessus mentionnée; — Vu l'arrêté du 6 janvier 1819 promulguant le Code civil dans les établissements français de l'Inde et garantissant aux Hindous le maintien de leur statut personnel, conformément à leurs lois, us et coutumes; — Vu les arrêts de la Cour d'appel de Pondichéry jugeant en matière hindoue en date du 21 mai, 22 juin, 17 août 1844, 30 décembre 1854, 5 novembre 1864, 11 novembre 1876; — Vu l'ordonnance du 14 janvier 1831 sur les dons et legs faits aux établissements ecclésiastiques et aux congrégations de femmes;

Sur le premier point relatif à la réserve d'usufruit formulée par la dame Amarabady dans l'acte de donation du 16 juin 1880: — Considérant que, bien que l'ordonnance du 14 janvier 1831 ne concerne que les libéralités faites aux établissements ecclésiastiques et aux congrégations de femmes du culte catholique, la jurisprudence constante du Conseil d'État et de l'administration étend les dispositions de son article 4 aux libéralités faites à toutes les personnes morales sans distinction; qu'en effet, cette prescription de ladite ordonnance est fondée sur la convenance de s'opposer à des libéralités qui, au point de vue des établissements institués, présentent les avantages excessifs d'être définitives, de n'avoir point pour contrepoids l'intérêt personnel des bienfaiteurs, puisqu'ils restent en jouissance des choses données, et surtout de ne point comporter les réclamations des héritiers, puisque la succession des donateurs n'est pas ouverte; — Considérant qu'il ne paraît exister aux Indes françaises aucun motif particulier pour s'écarter des traditions de la jurisprudence relatives à l'application, comme raison écrite, des dispositions de l'article 4 de l'ordonnance de 1831; qu'au contraire, quand il s'agit des natifs, il est particulièrement utile, à raison des complications du droit successoral des gentils et des musulmans de prohiber une forme de

30 septembre 1827 maintenu par celle du 25 juin 1833 (1) pour critiquer cet avis ; voici comment il s'exprime : « Il convient de remarquer que, par application de l'ordonnance de 1827, le gouverneur était seul compétent pour autoriser ou refuser l'acceptation *suivant les règles du pays.* Si on se reporte à ces règles toujours en vigueur aux termes de l'arrêté de promulgation du Code civil, en date du 6 janvier 1819, on se convainc que la donation devait être acceptée et que l'ordonnance de 1831 ne pouvait être appliquée, le droit hindou autorisant la donation à cause de mort ou sous réserve d'usufruit sous cette condition que le donateur n'aura pas la faculté de la mo-

---

libéralité qui ne permet pas aux héritiers de se faire connaître ; — Considérant toutefois qu'il appartient au ministre d'apprécier souverainement si, à raison des besoins spéciaux de la domination française aux Indes, il est ou non opportun d'appliquer d'une manière absolue les règles ci-dessus rappelées.

Sur le second point : — En ce qui concerne la preuve de l'existence de la donatrice, la valeur des biens donnés, l'importance et la situation financière de l'établissement donataire ; — Considérant que les renseignements joints au dossier permettent au département de statuer sur l'affaire ; — En ce qui concerne l'existence et la situation de fortune des héritiers éventuels de la dame Amarabady ; — Considérant que l'acte de notoriété du 20 janvier 1881 affirme que le sieur Marimouttoupadéatchy est décédé sans postérité, sans frères ni communs en biens ; qu'ainsi ladite dame est bien héritière de son mari ; — Considérant que cette affirmation, qui est d'ailleurs conforme aux règles du droit hindou suivant l'école de Bénarès, n'a aucune portée touchant les héritiers personnels de la donatrice ; qu'en effet, cette dame, qui est de caste Vannier, est présumée et reputée mariée selon le mode réprouvé, dit Assoura ; que dans ces circonstances, d'après la doctrine des digestes appelés Mitaeshara et Smriti-Chandrica, laquelle est suivie sur la côte de Coromandel, et conformément à la jurisprudence de la Cour de Pondichéry jugeant en matière hindoue (V. arrêt du 30 décembre 1854), la succession de la dame Amarabady s'ouvrirait au profit de ses propres parents ; que l'acte de notoriété et les autres pièces jointes au dossier sont muets sur l'existence et la situation de fortune desdits parents ; — Est d'avis qu'il y a lieu de répondre dans le sens des observations qui précèdent aux diverses questions posées par M. le ministre de la Marine et des Colonies. (M. Marques di Braga, rapporteur.)

(1) Ord. 30 septembre 1827. — Article 12. Ne sont point soumises aux dispositions de la présente ordonnance les fondations de charité faites dans nos établissements de l'Inde par les gentils et Indiens catholiques et connue sous le nom de *chandrics ;* ces dispositions continueront dans tous les cas à être autorisés, suivant les règles du pays, par l'administrateur en chef de Pondichéry.

Ord. 25 juin 1833. — Article 3. L'ordonnance royale du 30 septembre 1827 sur la matière continuera d'être exécutée dans toutes celles de ses dispositions auxquels il n'est point dérogé par la présente ordonnance.

difier ou de la révoquer sans le consentement du donataire » (1). L'argumentation de M. Dislère n'est peut-être pas sans réplique. Le Code civil (art. 949) est d'accord avec le droit hindou pour permettre aux donateurs de faire la réserve à leur profit de l'usufruit des biens donnés et cependant, tant aux termes de l'ordonnance du 14 janvier 1831 que d'après la jurisprudence qui en a développé les dispositions, l'acceptation de donations adressées, sous réserve d'usufruit, aux établissements légalement reconnus ne saurait être autorisée dans la métropole; pourquoi le serait-elle aux Indes françaises?

SECTION IV.

DE L'INCAPACITÉ DE RECEVOIR DONT SONT FRAPPÉES LES CONGRÉGATIONS OU COMMUNAUTÉS RELIGIEUSES DE FEMMES PAR RAPPORT A LEURS MEMBRES ET DE LA QUESTION DE SAVOIR S'IL EXISTE D'AUTRES INCAPACITÉS RELATIVES DE RECEVOIR.

276. Les incapacités de recevoir se divisent en deux catégories; les unes sont absolues et les autres relatives. L'incapacité absolue est celle que la loi établit à l'égard de tous; l'incapacité relative n'existe que par rapport à certaines personnes.

Les établissements dépourvus d'existence légale sont atteints d'une incapacité absolue de recevoir. Au contraire, ce n'est qu'une incapacité relative dont l'article 5 de la loi du 24 mai 1825 frappe les congrégations ou communautés religieuses de femmes; cet article est ainsi conçu : « Nulle personne faisant partie d'un établissement autorisé ne pourra disposer, par acte entre vifs ou par testament, soit en faveur de cet établissement, soit au profit de l'un de ses membres, au delà du quart de ses biens, à moins que le don ou legs n'excède pas la somme de dix mille francs. Cette prohibition cessera d'avoir son effet relativement aux membres de l'établissement, si la légataire ou donataire était héritière en ligne directe de la testatrice ou donatrice. Le présent article ne recevra son exécution, pour

(1) Dislère, *Traité de la législation coloniale*, n° 586.

les communautés déjà autorisées, que six mois après la publication de la présente loi et pour celles qui seraient autorisées à l'avenir six mois après l'autorisation accordée ».

Les dispositions de l'article 5 doivent se combiner avec celles de l'article 4 qui ne permettent aux établissements religieux d'acquérir des biens, meubles ou immeubles, par donation ou testament qu'à titre particulier; dès lors voici les conséquences auxquelles on aboutit. Un établissement ne peut recueillir, même à titre particulier, de l'une des religieuses qui le composent un don ou un legs qui dépasse le quart des biens de la donatrice ou de la testatrice, sauf dans le cas où les biens donnés ou légués ne valent pas plus de dix mille francs; quant aux dons ou legs dont le montant n'excède pas le quart des biens de la donatrice ou de la testatrice ou dix mille francs, il est loisible à l'établissement religieux de les recevoir, mais c'est à la condition qu'il ne s'agisse pas de libéralités universelles où à titre universel.

Un don ou legs adressé par une religieuse à l'un des membres de l'établissement dont elle fait partie est, en vertu d'une présomption légale, censé fait à cet établissement par personne interposée lorsqu'il ne se renferme pas dans les limites fixées par l'article 5 de la loi du 24 mai 1825. Par exception la présomption légale d'interposition de personne est inapplicable, aux termes dudit article, si le don ou le legs est fait à une héritière en ligne directe de la donatrice ou de la testatrice; supposons par exemple qu'une religieuse ait fait à sa mère, qui est la supérieure de la communauté à laquelle elle appartient, un legs dont le montant dépasse tout à la fois le quart de ses biens et dix mille francs : il n'y a pas en droit de présomption d'interposition de personne et le legs échappe à toute critique, à moins que l'on ne parvienne à établir qu'en fait la religieuse à laquelle s'adresse le legs sert de prête-nom à la communauté.

D'autre part la présomption légale d'interposition de personne établie par l'article 5 de la loi du 24 mai 1825 n'existe que dans le cas où un don ou legs excède les bornes déterminées par ledit article; du moment qu'un don ou legs se maintient dans ces limites, la religieuse donataire ou légataire n'est pas légalement censée jouer le rôle de personne interposée, quand bien même il s'agirait d'une libéralité universelle ou à titre universel (1).

D'après Demolombe, si une libéralité faite à un établissement religieux par l'un de ses membres dépassait la mesure prévue par l'article 5, « elle ne serait pas nulle ; elle serait seulement réductible, comme toute libéralité qui n'a d'autre défaut que d'excéder la quotité de biens dont la loi permettrait de disposer (arg. de l'art. 5 de la loi du 24 mai 1825 et de l'art. 920 du Code Napoléon) » (2). Demolombe s'est inspiré pour émettre cette opinion d'un arrêt de la Cour de cassation du 2 décembre 1845 (3).

277. L'article 5 de la loi du 24 mai 1825, tout en interdisant aux religieuses faisant partie d'établissements autorisés de disposer par acte entre vifs ou par testament en faveur de ces établissements au delà du quart de leurs biens, porte que cette prohibition ne sera applicable « pour les communautés déjà autorisées que six mois après la publication de la présente loi et pour celles qui seraient autorisées à l'avenir six mois après l'autorisation accordée ».

---

(1) Aubry et Rau, *Cours de droit civil français*, 4e édit., t. VII, 649, p. 37 ; — Demolombe, *Cours de Code Napoléon*, t. XVIII, n° 573, p. 574.

(2) Demolombe, *op. cit.*, t. XVIII, n° 571, p. 573.

(3) Cas. req. 2 décembre 1845. — La Cour ; — Attendu : 1° que la Cour royale a reconnu et déclaré constant, par suite d'une appréciation des preuves, documents, faits et circonstances de la cause, que la disposition de la demoiselle Chambon, religieuse de la communauté des Ursulines, à Orléans, à trois autres religieuses de la même communauté, ne contient aucune fraude à la loi et qu'aucune des légataires instituées ne peut être considérée comme une personne interposée... ; — Attendu : 2° que si l'article 4 de la loi du 24 mai 1825 n'accorde aux établissements religieux de femmes la faculté d'accepter des biens meubles et immeubles qui leur seraient donnés, soit par acte entre vifs, soit par testament, qu'à la condition que ces libéralités leur seraient faites à *titre particulier* et s'il s'ensuit alors contre ces établissements une prohibition absolue de recevoir des *dispositions universelles ou à titre universel*, cette prohibition ne saurait, à moins d'une disposition formelle de la loi, être étendue aux religieuses faisant partie de ces établissements dans le cas où elles sont personnellement et directement gratifiées par une autre religieuse ; — que l'article 5 de la même loi, qui a pour objet de régler le sort des dispositions à titre gratuit que les religieuses d'une même communauté se feraient entre elles ou pourraient faire à la communauté, se borne à en déterminer l'étendue et à fixer la quotité qu'elles ne doivent pas excéder ; — que la prohibition écrite dans l'article précédent pour le cas où la disposition est faite en

Cette disposition a donné lieu à des difficultés d'interprétation; l'on a soutenu que, si pendant les six mois qui suivent la reconnaissance légale d'une communauté l'interdiction de disposer en faveur de celle-ci au delà des limites fixées par le § 1er de l'article 5 est provisoirement suspendue en ce qui concerne les biens dont la religieuse donatrice ou testatrice était dépositaire pour le compte de la communauté, elle s'applique, au contraire, sans délai aux biens personnels des membres de la communauté. Cette opinion se fonde sur ce qu'en permettant aux religieuses de faire pendant un délai de six mois des libéralités supérieures au quart de leurs biens aux établissements dont elles font partie les auteurs de la loi du 24 mai 1825 ont voulu simplement « empêcher le tort que des établissements pourraient souffrir de l'exécution immédiate de l'article 5 » ainsi que l'expose une instruction ministérielle du 17 juillet 1825 (1); or le seul tort qu'il y eût à

---

faveur de la communauté n'étant pas reproduite dans l'article 5 pour le cas où la libéralité faite par une religieuse a pour objet de gratifier personnellement une ou plusieurs autres religieuses de la même communauté, il s'ensuit que la capacité de ces religieuses pour recevoir ne reçoit d'autres modifications et n'est soumise à d'autres conditions que celles qui se trouvent exprimées dans ledit article et qui se rattachent uniquement à la quotité ou au taux de la libéralité; — qu'ainsi elles ont capacité pour recevoir d'une autre religieuse des dispositions universelles ou à titre universel, pourvu que ces dispositions n'excèdent pas le quart des biens de la disposante ou ne dépassent pas la valeur de 10,000 francs; que s'il y a excès dans les dispositions ainsi faites, elles doivent, aux termes du droit commun, être réduites à la quotité ou au taux rendu disponible par l'article 5 de la loi précitée; — que par suite l'arrêt attaqué en décidant : 1° que le legs universel fait par la demoiselle Chambon en faveur de trois religieuses de la communauté des Ursulines d'Orléans à laquelle elle appartenait elle-même, ne constituait aucune fraude à la loi et n'avait pas pour objet de gratifier, à l'aide de personnes interposées, la communauté des Ursulines; 2° que les religieuses instituées avaient capacité pour recevoir ce legs et en ordonnant qu'en cas d'excès, il serait réduit à la quotité disponible, déterminée spécialement par la loi du 24 mai 1825, ledit arrêt, loin d'avoir violé les dispositions de la loi, en a fait, au contraire, une juste application ; — Rejette. (M. Mesnard, rapporteur.)

(1) Instruction sur l'exécution de la loi concernant les congrégations et communautés religieuses de femmes (17 juillet 1825)... — 12. La loi n'interdit point aux religieuses la libre jouissance de leurs biens, patrimoniaux et autres, qu'elles possèdent ou qui pourraient leur échoir : ici leurs droits sont ceux du reste des Français; elles peuvent même disposer de leurs biens, soit par donation, soit par testament; il n'est dérogé à leur égard au droit commun que dans les cas déter-

craindre était celui qui aurait découlé de l'impossibilité où se seraient trouvées les religieuses de restituer intégralement à leurs communautés au moyen de légs ou de donations entre vifs les biens dont celles-ci leur avaient confié le dépôt. C'est donc en vue des seuls biens détenus pour le compte des communautés que la disposition finale de l'article 5 a été édictée; quant aux biens personnels des religieuses le législateur n'y a pas songé un seul instant et ce serait méconnaître ses intentions que de suspendre provisoirement pendant un délai de six mois, en ce qui touche lesdits biens, l'application des prescriptions du paragraphe 1er de l'article 5 de la loi du 24 mai 1825.

La distinction que l'on a voulu ainsi établir entre les biens personnels des religieuses et les biens dont elles ne sont que dépositaires ne laisse pas que d'être assez rationnelle; elle n'en a pas moins été repoussée par la Cour de cassation aux termes d'un arrêt du 22 décembre 1851.

Cet arrêt présente une grande obscurité de rédaction; il contient une ébauche d'argumentation plutôt qu'une argumentation proprement dite. La Cour de cassation nous paraît avoir entendu se livrer au raisonnement suivant dont elle a à peine indiqué les linéaments; elle a considéré que le paragraphe 3 et dernier de l'article 5 de la loi du 24 mai 1825 a

---

minés par l'article 5 de la loi. — 13. Mais comme il était notoire que les propriétés de beaucoup d'établissements, même leur habitation avec ses dépendances, avaient été acceptées ou acquises par l'un ou quelques-uns de leurs membres, la loi a voulu empêcher le tort que ces établissements pourraient souffrir de l'exécution immédiate de cet article 5. En conséquence, si une religieuse veut disposer en faveur de sa communauté, elle reste dans le droit commun pendant six mois à dater du 2 juin 1825, jour de la promulgation de la loi, s'il s'agit d'établissements déjà autorisés définitivement, et pendant six mois à dater du jour de l'autorisation définitive, s'il s'agit d'établissements qui existant de fait au 1er janvier 1825 pourront être autorisés à l'avenir. — 14. Les religieuses doivent bien se pénétrer de cette disposition si favorable à leur communauté et ne pas négliger d'en profiter en temps utile; il suffira pour cela que la donation et la demande en autorisation pour accepter soient faites dans les délais fixés par la loi; mais comme ces délais sont de rigueur, une fois qu'ils seraient passés, il ne serait plus permis, ni possible d'empêcher l'exécution des dispositions textuelles de cette loi. — Approuvé par nous ministre, secrétaire d'État au département des Affaires ecclésiastiques et de l'Instruction publique. (*Signé :* Denis, évêque d'Hermopolis.).

uniquement pour but d'abolir dans une hypothèse déterminée les limites dans lesquelles le paragraphe premier renferme le droit qu'ont les religieuses de disposer en faveur de leurs communautés ou, en d'autres termes, que les communautés religieuses peuvent, en vertu du paragraphe final de l'article 5, recevoir sans aucune restriction des biens qu'il ne leur est permis d'accepter que jusqu'à concurrence d'un certain maximum d'après le paragraphe premier. Les biens, que les communautés religieuses ont toute liberté pour acquérir, en vertu du paragraphe 3 et dernier, sont exactement les mêmes que ceux dont l'acquisition est soumise à des entraves par le premier paragraphe; dès lors, si celui-ci a trait aux biens personnels des religieuses aussi bien qu'à ceux dont elles sont simplement dépositaires il s'en suit que celui-là s'applique aux uns comme aux autres. Or, il est incontestable que le paragraphe premier de l'article 5 interdit aux religieuses de donner ou de léguer aux communautés dont elles dépendent ou à leurs membres, au delà d'un certain chiffre, non seulement les biens dont elles n'ont que le dépôt mais encore ceux dont elles sont personnellement propriétaires. Il suffit pour s'en convaincre de constater qu'il est conçu dans les termes les plus généraux, car il n'est pas permis de faire une distinction là où la loi ne distingue pas. D'ailleurs, si l'on observe que le paragraphe 2 de l'article 5 qui déroge aux dispositions restrictives du paragraphe premier dans le cas où une religieuse est gratifiée d'un don ou d'un legs par une autre religieuse dont elle est l'héritière en ligne directe, n'a pu avoir en vue que les biens personnels des religieuses, l'on est bien forcé d'admettre qu'ils sont visés par le paragraphe premier : en effet, si la règle énoncée par le paragraphe premier ne concernait pas les biens personnels des religieuses, ce second paragraphe n'aurait pas eu besoin de les y soustraire. En définitive, soit que l'on examine le premier paragraphe en lui-même, soit qu'on le rapproche du second paragraphe, il apparaît comme ayant trait aux biens personnels des religieuses en même temps qu'aux biens dont celles-ci sont simplement dépositaires; l'on ne saurait donc sans arbitraire soutenir que le troisième paragraphe, qui rend inapplicables dans l'hypothèse qu'il prévoit les prescriptions du premier paragraphe, ne se rapporte qu'aux biens que les religieuses détiennent pour le compte de leurs communautés (1).

278. L'arrêt du 22 décembre 1851 s'explique sur la question suivante qui se rattache, comme celle qui vient de retenir notre attention, à la disposition finale de l'article 5 de la loi du 24 mai 1825; pour que cette disposition soit applicable à une donation entre vifs adressée à une communauté religieuse par l'un de ses membres, faut-il que la donation soit non seulement offerte mais encore acceptée en vertu d'une autorisation régulière dans les six mois qui suivent la reconnaissance légale de la communauté religieuse ou suffit-il que l'offre de donation se produise avant l'expiration du délai de six mois sauf à l'acceptation à intervenir à une époque quelconque? La Cour de cassation s'est prononcée pour cette seconde solution qui nous paraît commandée tant par l'esprit que par les termes de l'article 5 *in fine* de la loi du 24 mai 1825.

279. En dehors de l'interdiction qui est faite aux congréga-

---

(1) Cass. civ. 22 décembre 1851. — La Cour, — Sur le premier moyen : Attendu que l'article 5 de la loi du 24 mai 1825 qui défend à toute personne faisant partie d'une congrégation religieuse de disposer, au profit de l'établissement ou de l'un de ses membres, au delà du quart de ses biens s'exprime en termes généraux; qu'il ne fait point de distinction entre les biens personnels des membres des communautés auxquels il permet de disposer et les biens dont ils ne seraient que dépositaires; que l'exception à cette défense apportée par le paragraphe 2 de l'article en faveur des dons et legs faits par un membre de l'établissement au profit de ses héritiers en ligne directe indique que la faculté de disposer dans la mesure prescrite s'applique aux biens personnels comme aux autres biens; — Attendu qu'en le décidant ainsi l'arrêt attaqué n'a pas violé l'article 5 de la loi précitée;

Sur le second moyen : — Attendu que l'article 5 de la loi de 1825, précitée, en fixant le délai dans lequel les membres des communautés religieuses peuvent disposer au profit de la communauté ne leur a pas imposé d'autre obligation que de réaliser leur disposition dans ledit délai; que l'autorisation d'accepter ne dépendant ni de la donatrice ni de la communauté donataire on ne peut faire de l'acceptation dans le délai fixé une condition de la validité de la donation; que ni la loi générale ni la loi sur la matière n'ont fixé de délai pour l'acceptation des donations de la nature de celle dont il s'agit; qu'il suffit donc que la disposition ait eu lieu dans le délai fixé et que l'acceptation qui survient ultérieurement se réfère à la disposition et la valide dès son principe; que l'arrêt attaqué n'a donc pas violé le paragraphe 3 de l'article 5 de la loi précitée et en a, au contraire, fait une juste application;

Sur le troisième moyen... Rejette, etc. (M. Simoneau, rapporteur.)

tions ou communautés religieuses de femmes de recevoir de leurs membres des libéralités qui dépassent un taux déterminé, existe-t-il, en matière de dons et legs faits à des personnes morales, d'autres incapacités relatives de recevoir? L'on a parfois tenté d'opposer aux personnes morales une incapacité relative tirée de l'article 909 du Code civil qui est ainsi conçu : « Les docteurs en médecine ou en chirurgie, les officiers de santé et les pharmaciens qui auront traité une personne pendant la maladie dont elle meurt ne pourront profiter des dispositions entre vifs ou testamentaires qu'elle aurait faites en leur faveur pendant le cours de cette maladie... Les mêmes règles seront observées à l'égard du ministre du culte ».

Le maire d'une commune est médecin ; il a soigné un malade qui vient à décéder après avoir fait un don ou un legs à la commune. Un moribond après s'être confessé au curé de sa paroisse et en avoir reçu les derniers sacrements a fait un don ou un legs à la fabrique de l'église paroissiale. L'on a soutenu que les libéralités adressées à la commune et à la fabrique dans de telles circonstances sont nulles en vertu de l'article 909 du Code civil.

Cette opinion ne nous paraît pas fondée; les textes qui créent des incapacités doivent être interprétés d'une manière excessivement stricte : c'est ce que l'on exprime quelquefois en disant que les incapacités sont de droit étroit. Or l'article 909 se borne à rendre les médecins et les ministres du culte incapables de recevoir des dons et legs qui leur seraient faits dans le cas qu'il indique ; il ne dit point que l'incapacité dont ces médecins ou ces ministres du culte sont atteints rejaillira sur les personnes physiques ou morales dont ils gèrent les intérêts en vertu d'un mandat légal. Celles-ci conservent donc une pleine et entière capacité de recevoir.

L'on peut se demander cependant si l'incapacité de recevoir dont est frappé un curé ou desservant par application de l'article 909 du Code civil ne doit pas atteindre en même temps la cure ou succursale ; en effet, la cure ou succursale se confond dans une certaine mesure avec le curé ou desservant et ce qui est donné ou légué à la mense curiale ou succursale l'est au moins en partie à l'ecclésiastique qui représente cet établissement au moment de la donation ou du décès du testateur :

tout don ou legs fait à la cure ou succursale est accepté par le curé ou desservant tant en son nom qu'au nom de ses successeurs.

D'après la jurisprudence de la section de l'Intérieur, l'incapacité de recevoir édictée par l'article 909 du Code civil est absolument étrangère aux personnes morales, même dans la dernière hypothèse que nous avons envisagée (Avis du 5 février 1862, legs Rivière) (1), mais l'acceptation de libéralités faites dans les circonstances prévues par l'article 909 aux établissements représentés par des docteurs en médecine ou en chirurgie, des officiers de santé, des pharmaciens ou des

(1) Avis de la section de l'Intérieur du 5 février 1862. — La section de l'Intérieur, etc., qui, sur le renvoi qui lui a été fait par M. le ministre de l'Instruction publique et des Cultes, a pris connaissance d'un projet de décret ayant pour objet de ne pas autoriser le legs universel fait par le sieur Jean Rivière en faveur de la fabrique et du desservant de la succursale de Perricard; — Vu le testament dudit sieur Rivière; — Vu les réclamations des héritiers; — Vu les demandes en autorisation et les observations du conseil de fabrique et du desservant de Perricard; — Vu les avis du préfet de Lot-et-Garonne et de l'évêque d'Agen; — Vu les renseignements fournis sur la situation de fortune des réclamants; — Ensemble les pièces du dossier;

Considérant que les héritiers du sieur Rivière fondent principalement leur demande sur l'article 909 du Code Napoléon, aux termes duquel la libéralité précitée serait frappée de nullité; — Considérant qu'il appartiendrait exclusivement aux tribunaux de statuer sur ce point; que ce motif d'opposition pourrait, il est vrai, déterminer le gouvernement à refuser l'autorisation demandée, s'il apparaissait qu'en passant outre on exposerait l'établissement légataire à des frais et à des difficultés sans rapport avec le bénéfice à espérer et avec les chances de succès; mais que dans l'espèce l'interprétation donnée par les héritiers à l'article 909 peut faire l'objet d'une très sérieuse contestation, et qu'il est douteux que l'incapacité qui frappe le ministre des Cultes frappe en même temps la mense curiale dont il est le titulaire actuel;

Considérant que le legs du sieur Rivière n'est pas fait à titre purement gratuit et contient l'obligation de certains services religieux; — Considérant, d'autre part, que les héritiers du sieur Rivière, sans être précisément dans l'indigence, sont dans une situation de fortune qui justifie une réduction du legs universel fait à leur préjudice par leur frère et oncle; que, d'ailleurs, on peut espérer que cette réduction préviendra le procès dont ces héritiers menacent les établissements légataires; — — Considérant qu'une réduction des deux tiers donnerait une large satisfaction aux réclamants, tout en assurant dans une certaine mesure l'exécution des intentions pieuses du testateur et des services religieux qu'il a demandés; — Est d'avis qu'il y a lieu de modifier le projet de décret proposé dans le sens des observations qui précèdent. (M. de Baulny, rapporteur.)

ministres du culte ne saurait être autorisée qu'avec la plus grande circonspection il est, en général, opportun pour le gouvernement de ne pas permettre l'exécution de pareilles libéralités.

C'est ainsi que, la demoiselle Aubert ayant fait un legs à la succursale de Rennes-en-Grenouilles dont le titulaire était son confesseur, la Section a décidé aux termes d'un avis du 12 août 1879 qu'il n'y avait pas lieu d'autoriser l'acceptation de cette libéralité; l'avis porte « qu'il n'est pas contesté que le desservant de la succursale de Rennes-en-Grenouilles est resté le confesseur de la testatrice jusqu'à l'époque de la confection de son testament; — que si l'article 909 du Code civil ne prohibe formellement que les legs faits au prêtre qui a donné au testateur les secours de la religion et ne contient aucune interdiction en ce qui concerne la cure ou succursale desservie par le confesseur du *de cujus*, de hautes considérations tirées à la fois de l'intérêt moral du clergé et de l'intérêt pécuniaire des familles doivent décider l'autorité supérieure à ne pas autoriser l'acceptation de libéralités de ce genre » (1).

De cet avis nous rapprocherons celui qui a été émis à la date du 3 septembre 1890 par la section de l'Intérieur; la demoiselle Sauve est décédée à l'hospice de Malancène quelques

(1) Avis de la sect. de l'Int. 12 août 1879 (n° 31,933). — La section de l'Intérieur, etc., qui a pris connaissance d'un projet de décret tendant à autoriser l'acceptation intégrale des legs faits par la demoiselle Aubert à la cure et aux pauvres de Rennes-en-Grenouilles (Mayenne);

En ce qui touche les legs faits à la cure; — Considérant que le réclamant, frère de la testatrice, est veuf et père de quatre enfants; que sa situation est des plus précaires; que l'origine des biens légués est entièrement patrimoniale; qu'à tous ces points de vue, l'allocation de 20 francs de rente viagère offerte par l'établissement institué est absolument insuffisante; — Considérant d'ailleurs qu'il est allégué au nom de l'opposant et qu'il n'est pas contesté que le desservant de la succursale de Rennes-en-Grenouilles est resté le confesseur de la testatrice jusqu'à l'époque de la confection de son testament; que si l'article 909 du Code civil ne prohibe formellement que les legs faits au prêtre qui a donné au testateur les secours de la religion et ne contient aucune interdiction en ce qui concerne la cure ou succursale desservie par le confesseur du *de cujus*, de hautes considérations tirées à la fois de l'intérêt moral du clergé et de l'intérêt pécuniaire des familles doivent décider l'autorité supérieure à ne pas autoriser l'acceptation de libéralités de ce genre;— Mais considérant que les legs faits par la demoiselle Aubert à la succursale de Rennes-en-Grenouilles ne constituent pas des libéralités pures et

jours après avoir fait un legs à cet établissement dans lequel elle était en traitement depuis plusieurs semaines : il n'a pas paru à la section de l'Intérieur que l'acceptation d'un legs fait dans de telles circonstances fût susceptible d'être autorisée (1).

SECTION V.

DE DIVERSES RESTRICTIONS APPORTÉES A LA CAPACITÉ DE CERTAINS ÉTABLISSEMENTS.

280. Les *sociétés de secours mutuels* simplement approuvées par arrêté ministériel ou préfectoral en exécution de l'article 7 du décret-loi du 26 mars 1852 peuvent prendre des immeubles à bail conformément à l'article 8 du même décret, mais elles ne sauraient en acquérir ni à titre onéreux ni à titre gratuit, de sorte qu'il leur est absolument interdit de recevoir des dons et legs immobiliers (Note du C. d'Et. du 13 mars 1884, legs Poulain à la société de secours mutuels de Pontoise et de Saint-Ouen-l'Aumône) (2).

---

simples et sont faits à charge de services religieux; qu'il convient d'assurer l'exécution des intentions de la testatrice en ce qui concerne les messes qu'elle a voulu fonder pour le repos de son âme; qu'il y a lieu par suite : 1° d'autoriser intégralement l'acceptation du legs mobilier fait à charge de messes; 2° d'autoriser l'acceptation du legs immobilier jusqu'à concurrence d'un tiers, représentant une valeur suffisante pour fonder les services religieux prévus au testament;

Est d'avis qu'il y a lieu de modifier le projet de décret dans le sens des observations qui précèdent. (M. de Villeneuve, rapporteur.)

(1) Avis de la section de Législ. et de l'Int. 3 septembre 1890 (vacations) (n° 84,185). — La section... qui a pris connaissance du projet de décret tendant à autoriser l'hospice de Malancène (Vaucluse) à accepter le legs qui lui a été fait par la demoiselle Sauve; — Considérant que le testament de la demoiselle Sauve est à la date du 5 janvier 1889; que le 16 janvier suivant la testatrice décédait à l'hospice qu'elle a cru devoir gratifier d'un legs important eu égard à la valeur totale de la succession; qu'en présence de l'opposition à la délivrance formée par les frères de la *de cujus* qui paraissent être dans une situation digne d'intérêt, il n'y a pas lieu d'autoriser l'acceptation d'un legs fait dans les circonstances ci-dessus spécifiées;

Est d'avis qu'il n'y a pas lieu d'autoriser l'acceptation du legs fait par la demoiselle Sauve à l'hospice de Malancène. (M. de Villeneuve, rapporteur.)

(2) Note du C. d'Ét. 13 mars 1884 (n° 50,128). — Le Conseil d'Etat, tout en adoptant le projet de décret tendant à autoriser l'acceptation des legs

Quant à la question de savoir si, en matière mobilière, la capacité des sociétés de secours mutuels approuvées est illimitée, elle a donné lieu à une grave controverse qui roule tout entière sur le sens qu'il convient d'attribuer au second alinéa de l'article 8 du décret du 26 mars 1852; l'on sait qu'après avoir disposé qu' « une société de secours mutuels approuvée peut prendre des immeubles à bail, posséder des objets mobiliers et faire tous actes relatifs à ces droits », cet article ajoute dans un deuxième paragraphe qu' « elle peut recevoir, avec l'autorisation du préfet, les dons et legs mobiliers dont la valeur n'excède pas 5,000 francs ». Comment importe-t-il d'interpréter la disposition finale de l'article 8? Doit-on dire que les sociétés de secours mutuels sont incapables de recevoir les dons et legs mobiliers dont le montant dépasse cinq mille francs ou, au contraire, qu'elles sont aptes à recueillir des libéralités mobilières, quelle qu'en soit l'importance, et que le second alinéa de l'article 8 du décret du 26 mars 1852 ne tend qu'à substituer les préfets au chef de l'État dans l'autorisation de l'acceptation des dons et legs qui n'excèdent pas cinq mille francs? La Cour de cassation s'est prononcée en faveur de cette seconde interprétation par un arrêt du 22 juillet 1878; elle fait découler du premier paragraphe de l'article 8 du décret du 26 mars 1852 l'aptitude des sociétés de secours mutuels à recevoir tous dons et legs mobiliers et, à ses yeux, la disposition du second paragraphe du même article « a pour but de limiter la compétence du préfet et non la capacité de recevoir dans la personne de la société ». Il résulte seulement de « cette restriction des attributions du préfet » que l'autorisation nécessaire pour accepter une libéralité dont le montant est supérieur à cinq mille francs « doit émaner du chef même du gouvernement » (1).

---

faits par le sieur Poulain à la ville de Pontoise (Seine-et-Oise) et à divers établissements de cette commune, a cru devoir n'autoriser la société de secours mutuels de Pontoise et de Saint-Ouen-l'Aumône à accepter le legs à elle fait que jusqu'à concurrence des *valeurs mobilières*. L'article 8 de décret du 26 mars 1852 prohibe absolument la possession d'immeubles par les sociétés de secours mutuels approuvées. (M. Valabrègue, rapporteur.)

(1) Cass. Req. 22 juillet 1878. — La Cour, — Sur le moyen pris de la

Il n'est pas sans intérêt de noter que la Cour de cassation n'a fait que s'approprier la doctrine formulée par le Conseil d'Etat dans un avis du 12 juillet 1864 (1).

281. Nous avons étudié plus haut les questions qui se rattachent à la personnalité des *syndicats professionnels* et nous avons dit qu'à notre avis ces associations sont aptes à

---

violation de l'article 8 du décret du 26 mars 1852, des articles 1er et 7 de la loi du 15 juillet 1850 et de l'article 910 du Code civil ; — Attendu que les articles 1 et 7 du décret-loi du 26 mars 1852 confèrent au préfet le pouvoir de déclarer l'utilité publique des sociétés de secours mutuels et d'approuver leurs statuts ; que, d'après l'article 8 du même décret, une société, ainsi approuvée, peut prendre des immeubles à bail, posséder des objets mobiliers et faire tous les actes relatifs à ces droits ; — Attendu que si la seconde disposition du même article 8, modifiant la seconde disposition de l'article 7 de la loi du 15 juillet 1850, donne au préfet la faculté d'autoriser l'acceptation des dons et legs mobiliers dont la valeur n'excède pas 5,000 francs, cette disposition a pour but de limiter la compétence du préfet et non la capacité de recevoir dans la personne de la société ; qu'il résulte seulement de cette restriction des attributions du préfet que l'autorisation nécessaire pour accepter une libéralité plus importante doit émaner du chef même du gouvernement ;

D'où il suit, qu'en décidant que la société de secours mutuels des tanneurs et corroyeurs de Millau, approuvée par arrêté du préfet de l'Aveyron, en date du 21 juillet 1853, avait pu, en vertu de l'autorisation du président de la République, contenue dans un décret en date du 27 décembre 1876, accepter, pour les objets mobiliers seulement, le legs porté dans le testament authentique de Victor Lahiec, décédé le 9 mars 1874, la cour de Montpellier n'a violé aucune loi, mais a sainement appliqué les articles 910 du Code civil et 1, 7 et 8 du décret-loi du 26 mars 1852 ; — Par ces motifs, rejette (M. Connelly, rapporteur).

(1) Avis du Conseil d'État du 12 juillet 1864. — Le Conseil d'État qui, sur le renvoi ordonné par son Excellence M. le ministre de la Justice et des Cultes, a pris connaissance d'un projet de décret ayant pour objet, entre autres dispositions, d'autoriser la société de secours mutuels de Saint-François-Xavier, établie à Beauvais (Oise), à accepter, mais jusqu'à concurrence de 5,000 francs seulement, le legs de 6,000 franc qui lui a été fait par le sieur de Gaudechard suivant son testament olographe du 8 août 1855 ; — Vu ledit testament ; — Vu la lettre du 22 septembre 1857 dans laquelle le sieur Rigault, mandataire de la dame du Valon, sœur et héritière du testateur, consent à la délivrance du legs de 6,000 francs ; — Vu la lettre de son Excellence M. le ministre de l'Intérieur en date du 19 novembre 1863 ; — Vu le décret du 26 mars 1852 sur les sociétés de secours mutuels et notamment l'article 8 ainsi conçu : « Une société de secours mutuels approuvée peut prendre des immeubles à bail, posséder des objets mobiliers et faire tous les actes relatifs à ces droits. Elle peut recevoir, avec l'autorisation du préfet, les dons et legs mobiliers dont la valeur n'excède pas 5,000 francs » ;

Considérant que les dispositions contenues dans cet article n'ont pas

recevoir toute espèce de dons et legs mobiliers ou immobiliers sauf à tenir compte de l'injonction qui leur est faite par l'article 6 de la loi du 21 mars 1884 de ne pas « acquérir d'autres immeubles que ceux qui seront nécessaires à leurs réunions, à leurs bibliothèques et à des cours d'instruction professionnelle ». Nous ne pouvons que prier le lecteur de se reporter à nos développements antérieurs (V. *supra*, n°s 208 et 209).

Les comités des habitations à bon marché sont capables de recevoir des dons et legs, sous cette réserve qu'ils ne peuvent acquérir « d'autres immeubles que celui qui est nécessaire à leurs réunions » (V. *supra*, n° 166).

282. L'article 5 de la loi du 24 mai 1825 sur les *congrégations et communautés religieuses de femmes* édicte à l'égard des établissements religieux une incapacité *relative* de recevoir dont nous avons précédemment tâché de préciser la portée et les effets (V. *supra*, n°s 276-278).

Les établissements religieux sont, en outre, frappés de l'incapacité *absolue* de recevoir des dons et legs universels ou à titre universel; c'est ce qui ressort de l'article 4 de la loi du 24 mai 1825 qui est ainsi conçu : « Les établissements dûment autorisés pourront, avec l'autorisation spéciale du roi : 1° accepter les biens meubles et immeubles qui leur auraient été donnés par actes entre vifs ou de dernière volonté, *à titre particulier seulement*... »

Demolombe explique en ces termes la raison d'être de ladite disposition; ce serait une erreur, suivant lui, que de croire que le législateur a cherché à mettre un frein aux libé-

---

un caractère exclusif, qu'elles n'ont eu pour but que de limiter à une valeur de 5,000 francs les legs mobiliers que les sociétés de secours mutuels approuvées peuvent accepter avec l'autorisation des préfets; — Considérant que rien ne saurait faire obstacle à ce que ces sociétés soient autorisées à recueillir des legs mobiliers d'une valeur supérieure à 5,000 francs avec l'approbation de l'autorité compétente; — Considérant, d'ailleurs, que dans l'espèce l'héritier ne s'oppose pas à la délivrance du legs de 6,000 francs fait par le testateur à la société de secours mutuels de Saint-François-Xavier de Beauvais; — Est d'avis qu'il y a lieu d'autoriser cette société de secours mutuels à accepter le legs de 6,000 francs fait par le sieur Gaudechard suivant son testament olographe du 8 août 1855 susvisé et de modifier en conséquence l'article 8 du projet de décret. (M. de la Noue-Billaut, rapporteur.)

ralités exagérées dont les établissements religieux pourraient être l'objet. « Tel n'est pas évidemment ici le motif de la loi, dit-il; car lorsque la disposition émane de toute autre personne que d'un membre de l'établissement, elle peut comprendre la totalité de la fortune du disposant, dès qu'elle est à titre particulier; l'incapacité de disposer au profit de l'établissement au delà d'une certaine mesure n'est, en effet, que relative aux membres de l'établissement lui-même. — Il faut donc chercher ailleurs le motif de cette prohibition, qui est faite par l'article 4 à l'établissement lui-même, de recevoir autrement qu'à titre particulier; et c'est, en effet, surtout par des raisons de convenance, afin que les communautés religieuses de femmes ne fussent pas obligées de se départir de la retenue et de la dignité qui sont essentiellement la loi de leur institution, c'est pour cela que le législateur n'a pas voulu qu'elles pussent être investies d'un titre successif universel, qui les aurait mises en scène avec tous les embarras, et les contestations, et les responsabilités qui peuvent s'ensuivre (1). »

Les dons et legs universels ou à titre universel, faits à un établissement religieux en violation des prescriptions de l'article 4 de la loi du 24 mai 1825, ne sont pas simplement réductibles au quart des biens de la donatrice ou de la testatrice ou à la somme de dix mille francs, à la différence des dons et legs particuliers qui sont adressés à un établissement religieux en méconnaissance des dispositions de l'article 5 de ladite loi; ils sont nuls (2). La jurisprudence est fixée en ce sens comme l'attestent deux arrêts des Cours d'appel de Chambéry et d'Agen des 3 mars 1853 et 1er avril 1867 et un arrêt de la Cour de cassation du 28 mars 1859 (3).

---

(1) Demolombe, *Cours de Code Napoléon*, t. XVIII, nº 569, p. 572.

(2) Demolombe, *op. et loc. cit.*; — Aubry et Rau, *Cours de droit civil français*, t. VII, § 649, p. 36-37.

(3) Montpellier, 3 mars 1853. — La Cour; — Considérant qu'il résulte des documents de la cause que Marie-Aveline Vié, connue en religion sous le nom de *sœur Sainte-Croix*, se trouvait, en 1845, lorsqu'elle régla ses dispositions testamentaires, sous l'empire d'influences et de suggestions qui, en égarant sa volonté, lui firent mettre en oubli les sentiments d'affection qu'elle devait à sa famille; qu'elle fut ainsi amenée à instituer pour sa légataire universelle Rose Curvalle, alors tourière du couvent de Notre-Dame-de-Narbonne, auquel Marie-Aveline Vié était

attachée par les liens du noviciat; — Considérant qu'il est manifestement établi que Rose Curvalle n'était point un légataire sérieux et que l'institution faite en apparence à son profit n'avait d'autre but que de transmettre à la communauté des religieuses de Notre-Dame l'universalité de l'hoirie de Marie-Aveline Vié; que cette institution universelle avait pu paraître préférable à un legs particulier, afin de mettre la communauté à l'abri des répétitions et des recherches qu'elle pouvait avoir à craindre de la part des héritiers naturels de la testatrice; qu'il s'agit de décider si cette institution est valable et si elle doit sortir à effet;

Considérant qu'aux termes de l'article 4, § 1, de la loi du 24 mai 1825, les communautés religieuses de femmes, dûment autorisées, ne peuvent recevoir des libéralités qu'à titre particulier seulement; qu'il résulte de cet article une prohibition absolue de toutes dispositions universelles ou à titre universel en faveur desdites communautés; que de telles libéralités ne sont pas seulement réductibles, la loi dans un intérêt d'ordre public les frappant d'une nullité radicale; que réduire, d'ailleurs, un legs universel, ce ne serait point uniquement en limiter les effets utiles, mais en dénaturer essentiellement le caractère; — Considérant que la communauté religieuse de Notre-Dame-de-Narbonne, fondée par un bref du pape Paul V, en 1607, a été autorisée par ordonnance royale du 19 novembre 1826; qu'elle ne pouvait donc recevoir par donation entre vifs ou par acte de dernière volonté qu'à titre particulier seulement

Considérant qu'aux termes de l'article 911 du Code Napoléon, toute disposition faite au profit d'un incapable est nulle, soit qu'on la déguise sous la forme d'un contrat à titre onéreux, soit qu'on la fasse sous le nom de personnes interposées; — Considérant que l'énumération contenue dans ce même article des personnes légalement présumées personnes interposées, n'est pas limitative, mais bien démonstrative; qu'il appartient aux cours impériales de décider souverainement si une interposition prohibée existe et de prononcer la nullité de l'acte qui la renferme;... — Confirme.

Agen, 1er avril 1867. — Attendu que, par testament du 29 août 1834, Marie Delbos a déclaré léguer tous ses biens, meubles et immeubles, à dame Julie Barrué, religieuse, prise en sa qualité d'économe du couvent de Rudelle, où elle demeure; que les termes mêmes de ce testament et les documents de la cause démontrent que la testatrice n'a pas eu la volonté de faire une libéralité personnelle à la dame Julie Barrué et que son intention a été de laisser tous ses biens au couvent de Rudelle; qu'il suit de là que l'appelante n'est qu'une personne interposée et, qu'en réalité, le legs a été fait au profit du couvent; — Attendu qu'aux termes de l'article 4 de la loi du 24 mai 1825, les communautés de femmes ne peuvent recevoir que des libéralités à titre particulier; qu'en conséquence, le legs universel que Marie Delbos a fait au couvent de Rudelle, sous le nom de Julie Barrué, doit être annulé, en vertu de l'article 911 du Code Napoléon et qu'il y a lieu, pour ce motif, de confirmer la disposition du jugement qui condamne l'appelante à délaisser aux intimés tous les biens, meubles et immeubles, composant la succession de Marie Delbos, dont ils sont les héritiers naturels, avec restitution des fruits depuis l'ouverture de ladite succession, le tout suivant le réglement qui en sera fait, au besoin, par le notaire commis à cet effet...; — Par ces motifs, etc.

De ces arrêts il ressort que c'est en vain que pour échapper aux prescriptions de l'article 4 de la loi du 24 mai 1825 l'on recourrait à une interposition de personne; les dons et legs universels ou à titre universel dont est gratifié un établissement religieux sont nuls, conformément à l'article 911 du Code civil, lorsqu'ils lui sont adressés sous le couvert d'un prête-nom aussi bien que quand ils lui sont faits directement.

Mais il n'existe aucune présomption légale d'interposition de personne et l'on ne saurait dire que tout don ou legs universel ou à titre universel, adressé à une religieuse, doit de plein droit être censé fait à l'établissement dont elle dépend (V. *supra*, n° 276); malgré le vœu de pauvreté qu'elles ont formé, les religieuses sont, au point de vue de la loi, capables de recevoir et il n'est pas permis de prétendre d'emblée, en dehors de toute circonstance de fait qui soit de nature à faire présumer une fraude à la loi, que les biens qu'elles recueillent ne feront que passer entre leurs mains pour aboutir entre celles de leur communauté. Telle est la doctrine qui découle d'un arrêt de la Cour de cassation du 26 avril 1865 (1).

Cass. req. 28 mars 1859. — La Cour; — Attendu que l'interposition de personnes, prévue et prohibée par l'article 911 du Code Napoléon, constitue une fraude à la loi; qu'elle peut dès lors se prouver par des présomptions graves, précises et concordantes; — Attendu qu'aux termes de l'arrêt attaqué (Dijon, 14 juillet 1858), il résulte des faits de la cause que l'abbé Beurier n'est pas légataire sérieux de la demoiselle Moreau; qu'il n'a reçu d'elle que pour transmettre à des tiers; que si, par cette expression de tiers, on doit entendre avec la Cour d'appel la communauté de Saint-Julien-de Civry, c'est avec juste raison que la disposition universelle dont s'agit a été annulée, soit parce qu'il n'est point justifié que la maison de Saint-Julien ait reçu du gouvernement l'autorisation spéciale qui lui était nécessaire aux termes de l'article 2 de l'ordonnance du roi du 17 janvier 1827 et que, dès lors, elle est incapable de recevoir par testament, soit parce qu'en admettant qu'elle fût dûment autorisée, la communauté de Saint-Julien ne pouvait, d'après l'article 4 de la loi du 24 mai 1825, recueillir un legs autre qu'un legs à titre particulier; — Attendu que, dans l'hypothèse où l'on pourrait induire des termes de l'arrêt que les personnes auxquelles est destiné le legs universel sont incertaines, ce défaut de désignation précise, rendant impossible la vérification de la capacité des véritables légataires, entraînerait à cet autre point de vue la nullité de la disposition; qu'ainsi sous ce double rapport, la conséquence tirée par la Cour d'appel des faits de la cause est conforme à la loi; — Rejette. (Hardoin, rapporteur.)

(1) Cass. Req. 26 avril 1865. — La Cour, — Attendu que la seule question soumise à la Cour est celle de savoir si le legs universel fait par la demoiselle Gravelotte à la dame Joséphine Littaye, sœur de cha-

283. La faculté de recevoir des dons et legs universels ou à titre universel n'a été enlevée qu'aux congrégations ou communautés religieuses de femmes ; elle ne fait pas défaut aux congrégations ou communautés religieuses d'hommes (1).

Le contraire a été soutenu par le ministre des Cultes dans une dépêche en date du 15 février 1892 qui accompagnait un projet de décret relatif à un legs universel fait par la dame veuve Lallemand à la congrégation des prêtres de la

---

rité de Saint-Vincent-de-Paul, supérieure de l'hôpital de Pont-Saint-Esprit, doit être annulé comme ayant été fait à une personne appartenant à une corporation religieuse sans l'autorisation du gouvernement et au mépris des prohibitions légales ; —Attendu que, sans doute, suivant l'article 4 de la loi du 24 mai 1825, aucun legs ou donation ne peut être fait à un établissement religieux qu'avec l'autorisation spéciale du gouvernement ; mais que ce n'est pas à la communauté, autorisée par le décret de 1809 des sœurs de Saint-Vincent-de-Paul que le legs universel a été fait par la demoiselle Gravelotte ; que le legs a été fait personnellement à la dame Joséphine Littaye, et non à la dame Littaye comme personne interposée ; que c'est ce qui a été souverainement décidé par l'arrêt attaqué (Nîmes, 10 juin 1863) ; — Attendu que, sous la législation actuelle, les vœux formés par les personnes engagées dans les ordres religieux ne constituent qu'un engagement de conscience qui peut lier dans le for intérieur, mais qui n'est point obligatoire aux yeux de la loi civile ; qu'ensuite la profession religieuse n'enlève rien aux membres des communautés de leur capacité civile ; qu'ils peuvent donc, comme tous les autres citoyens, posséder personnellement ; qu'ils conservent la libre jouissance de leur fortune patrimoniale et de celle qui peut leur échoir par donation, ou par testament, ou de toute autre manière ; — Attendu que, dans ces circonstances, en validant le legs universel fait au profit de Joséphine Littaye comme personne privée, l'arrêt attaqué n'a violé ni les articles 4 et 5 de la loi du 24 mai 1825, ni les autres articles de lois invoqués par les demandeurs en cassation ; — Rejette. (M. de Peyramont, rapporteur.)

(1) Trib. civ. de Dunkerque, 28 mars 1878. — Le Tribunal ; — Considérant qu'il ne s'agit pas actuellement de statuer sur l'acceptation d'un legs fait à un établissement public, puisqu'une pareille acceptation ne peut avoir lieu sans qu'au préalable cet établissement ait été autorisé ; qu'il s'agit : 1° de rechercher si, en thèse générale, les frères des Écoles chrétiennes ont capacité pour recevoir un legs universel ; 2° .... ;

En ce qui touche leur capacité pour recevoir un legs universel ; — Considérant qu'en règle générale, toute capacité de recevoir un legs est absolue à moins qu'une restriction n'y ait été apportée légalement ; que l'article 4 de la loi du 24 mai 1825 ne permet, en effet, l'acceptation des dons et legs qu'autant qu'ils sont faits à titre particulier ; mais que cette loi ne s'applique qu'aux congrégations et communautés religieuses de femmes ; que, par conséquent, sont valables les legs universels faits à une congrégation religieuse d'hommes, reconnue par la loi comme l'est l'institut des frères des Écoles chrétiennes ; — Par ces motifs, déclare bon et valable le testament de la demoiselle Grawez, etc.

mission dite de Saint-Lazare (1); mais la thèse exposée dans cette dépêche a été repoussée par le Conseil d'État qui a estimé qu'il y avait lieu d'autoriser ladite congrégation à accepter la libéralité dont elle avait été l'objet (Note du Conseil d'État du 31 mars 1892) (2).

284. Les statuts de certains *établissements d'utilité publique* ou de certaines *congrégations ou communautés religieuses* apportent à leur capacité diverses restrictions qu'il serait sans intérêt de passer en revue. Nous nous contenterons de noter que la congrégation des Petites-Sœurs des Pauvres ne jouit du droit de recevoir que dans d'étroites limites; M. Marguerie expose, dans le savant article qu'il a consacré aux dons et legs dans le *Dictionnaire général d'administration*, que les statuts de cette congrégation lui interdisent la faculté de posséder des rentes ou des immeubles autres que ceux affectés au logement des sœurs (3).

---

(1) Lettre du ministre de la Justice et des Cultes (15 février 1892). — Monsieur le président, aux termes d'un testament olographe, en date du 12 avril 1877, la dame veuve Lallemand a institué pour légataire universelle la congrégation des prêtres de la mission dite des Lazaristes... Tout en constatant qu'il y a des précédents, statuant sur l'acceptation de legs universels faits aux congrégations religieuses d'hommes admises au bénéfice de la capacité civile en vertu des décisions des 7 prairial an XII, 2 germinal an XIII et 3 février 1816, je crois devoir appeler l'attention du Conseil d'État sur la question de savoir si, en l'absence de toute réglementation spéciale à leur usage, les congrégations d'hommes peuvent jouir d'un privilège que la loi du 24 mai 1825 n'a pas cru pouvoir accorder aux congrégations de femmes? Les mesures restrictives édictées par l'article 4 de la loi précitée de 1825 ne sont-elles pas applicables aux associations religieuses d'hommes et ne peut-on soutenir que, si la législation a considéré comme une mesure de sécurité publique la prohibition d'un legs universel ou à titre universel écrit en faveur d'un établissement religieux de femmes, cette prohibition doit, pour les mêmes motifs, s'étendre à des congrégations d'hommes dont l'existence légale n'est même pas à l'abri de toute contestation. — Je serais très désireux de connaître l'avis du Conseil d'État sur ce point important... — Agréez, etc. — Pour le ministre : Le conseiller d'État, directeur des Cultes (*Signé* : Dumay).

(2) Note du C. d'Et. 31 mars 1892 (nº 91,118). — Le Conseil d'Etat, qui a pris connaissance d'un projet de décret tendant à autoriser la congrégation des Prêtres de la Mission à accepter un *legs universel* qui lui a été fait par la dame veuve Lallemand a, d'accord avec le représentant du gouvernement, cru devoir ajouter à l'article 1er une disposition portant que la congrégation devra justifier de l'emploi des legs aux besoins des missions étrangères (M. Bonthoux, rapporteur).

(3) Marguerie, *Dictionnaire général d'administration*, vº DONS ET LEGS, sect. I, § 5, p. 917.

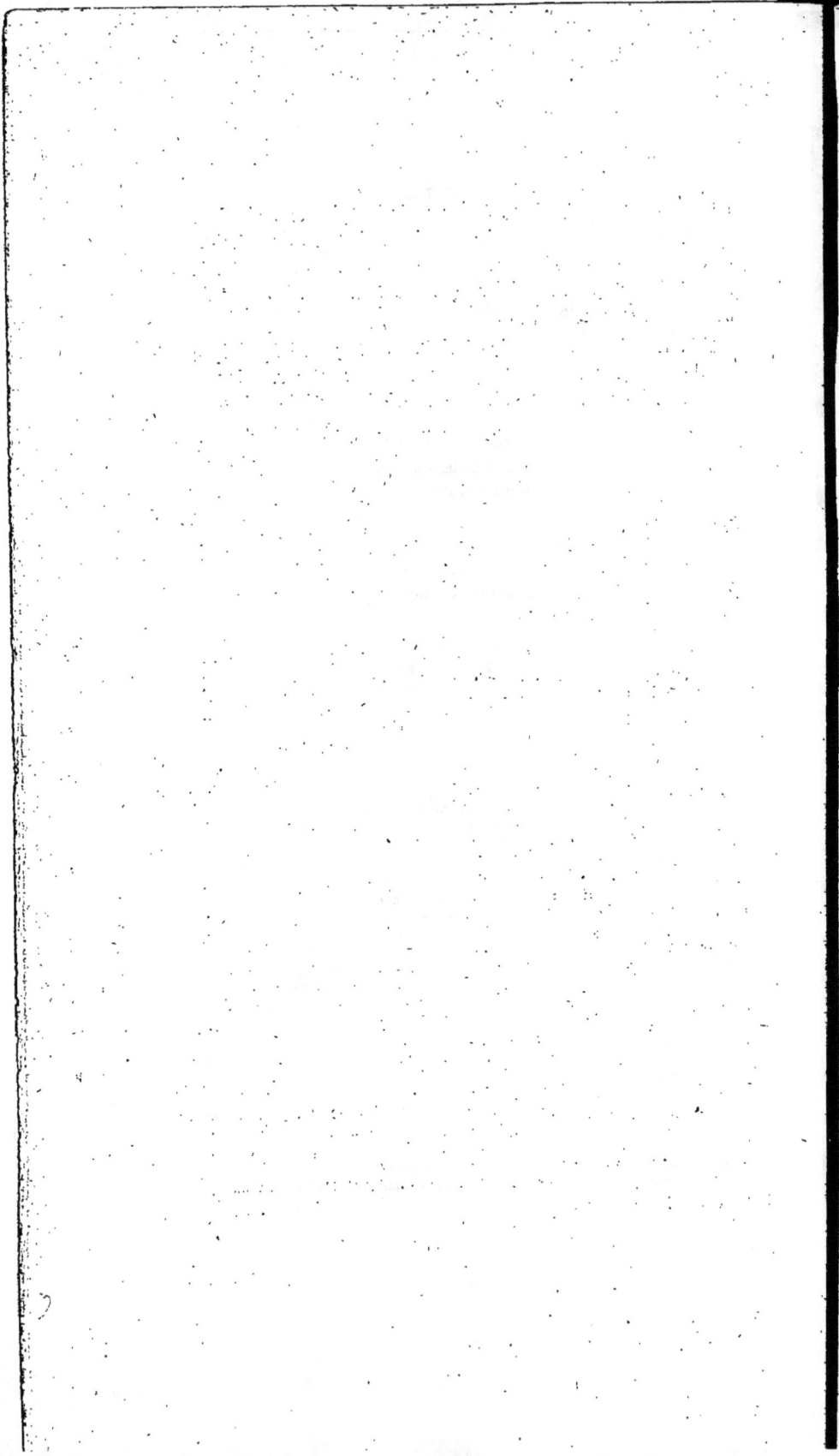

TABLE ANALYTIQUE

DES MATIÈRES CONTENUES DANS LE PREMIER VOLUME

Paris. — Imp. PAUL DUPONT, 4, Rue du Bouloi (Cl.) 57.3.96.

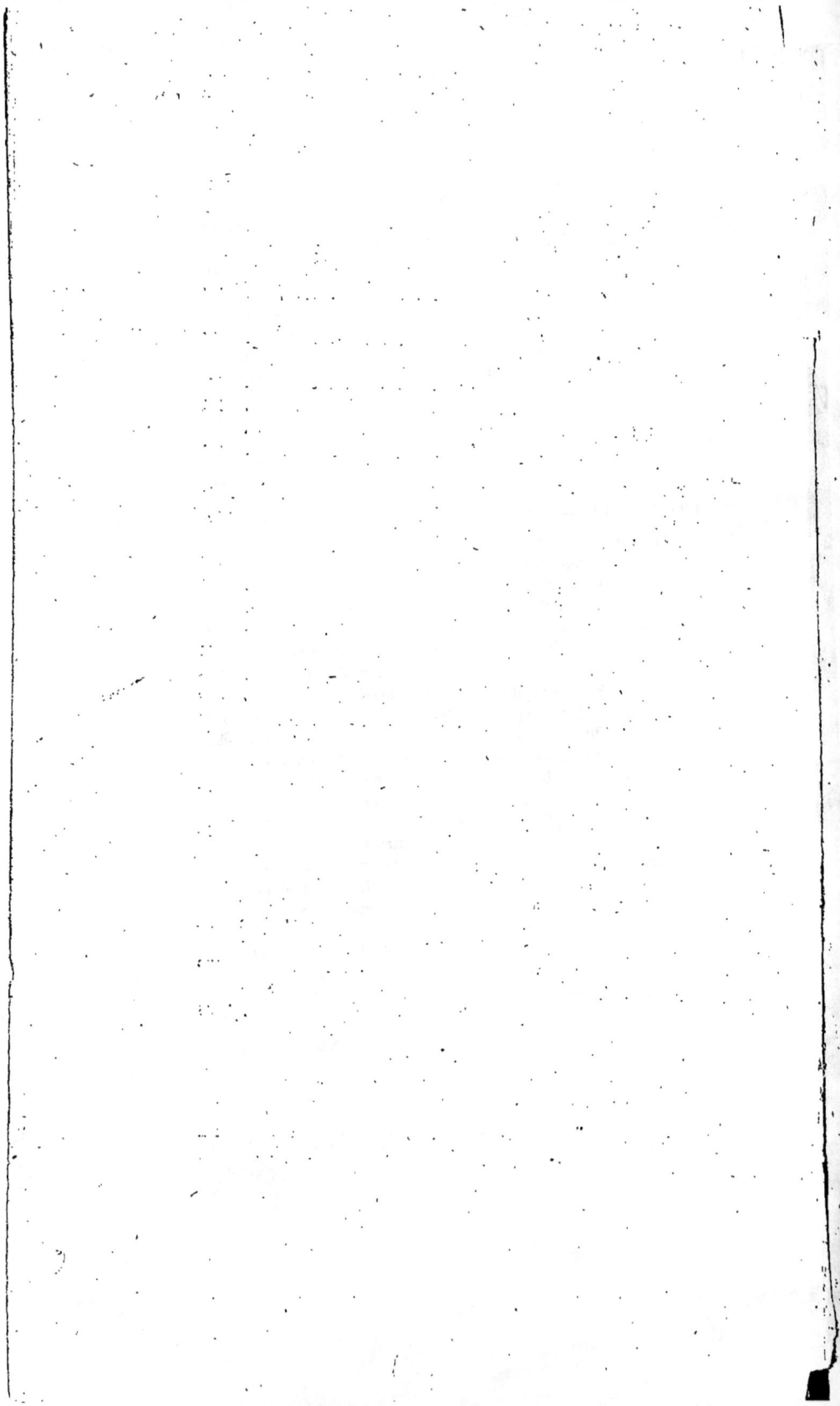